Springer-Lehrbuch

Georg Freund • Frauke Rostalski

Strafrecht Allgemeiner Teil

Personale Straftatlehre

3. Auflage

Georg Freund
Fakultät für Rechtswissenschaften
Universität Marburg
Marburg, Deutschland

Frauke Rostalski
Institut für Strafrecht und Strafprozessrecht
Universität zu Köln
Köln, Deutschland

ISSN 0937-7433　　　　　　　ISSN 2512-5214 (electronic)
Springer-Lehrbuch
ISBN 978-3-662-59029-4　　　ISBN 978-3-662-59030-0 (eBook)
https://doi.org/10.1007/978-3-662-59030-0

Die Deutsche Nationalbibliothek verzeichnet diese Publikation in der Deutschen Nationalbibliografie; detaillierte bibliografische Daten sind im Internet über http://dnb.d-nb.de abrufbar.

Springer
© Springer-Verlag GmbH Deutschland, ein Teil von Springer Nature 1998, 2009, 2019
Das Werk einschließlich aller seiner Teile ist urheberrechtlich geschützt. Jede Verwertung, die nicht ausdrücklich vom Urheberrechtsgesetz zugelassen ist, bedarf der vorherigen Zustimmung des Verlags. Das gilt insbesondere für Vervielfältigungen, Bearbeitungen, Übersetzungen, Mikroverfilmungen und die Einspeicherung und Verarbeitung in elektronischen Systemen.
Die Wiedergabe von allgemein beschreibenden Bezeichnungen, Marken, Unternehmensnamen etc. in diesem Werk bedeutet nicht, dass diese frei durch jedermann benutzt werden dürfen. Die Berechtigung zur Benutzung unterliegt, auch ohne gesonderten Hinweis hierzu, den Regeln des Markenrechts. Die Rechte des jeweiligen Zeicheninhabers sind zu beachten.
Der Verlag, die Autoren und die Herausgeber gehen davon aus, dass die Angaben und Informationen in diesem Werk zum Zeitpunkt der Veröffentlichung vollständig und korrekt sind. Weder der Verlag, noch die Autoren oder die Herausgeber übernehmen, ausdrücklich oder implizit, Gewähr für den Inhalt des Werkes, etwaige Fehler oder Äußerungen. Der Verlag bleibt im Hinblick auf geografische Zuordnungen und Gebietsbezeichnungen in veröffentlichten Karten und Institutionsadressen neutral.

Springer ist ein Imprint der eingetragenen Gesellschaft Springer-Verlag GmbH, DE und ist ein Teil von Springer Nature.
Die Anschrift der Gesellschaft ist: Heidelberger Platz 3, 14197 Berlin, Germany

Vorwort zur dritten Auflage

Fast alle Lehrbücher zum Allgemeinen Teil des Strafrechts entwickeln die Lehre von der Straftat zunächst für das vorsätzliche vollendete Begehungserfolgsdelikt. Im Anschluss werden regelmäßig die Probleme der Rechtfertigung und der (hinreichenden) Schuldhaftigkeit tatbestandsmäßigen Verhaltens diskutiert. Erst an sehr später Stelle sind die Fahrlässigkeitstat und das Unterlassungsdelikt mit ihren angeblich eigenen Regeln und Besonderheiten des jeweiligen Tatbestands das Thema. Indessen ist die vorsätzliche vollendete Begehungstat bei exakter Analyse nicht etwa der Grundtyp, sondern vielmehr eine sehr spezielle Erscheinungsform der Straftat. Diese basiert auf allgemeineren Grundtypen, wie etwa der Fahrlässigkeitstat, und kann letztlich auch nur auf deren Basis angemessen verstanden werden. Deshalb geht das hier vorgelegte Lehrbuch, dessen 3. Auflage von der Co-Autorin *Frauke Rostalski* gleichberechtigt mitgestaltet und betreut wurde, von einem tatbestandsspezifischen personalen Fehlverhalten aus, um das Vorliegen einer Straftat zu erklären und zu begründen. So erhalten auch weitere Sanktionserfordernisse klare Konturen. Das Resultat ist weder ein *drei-* noch ein *zwei*stufiger Deliktsaufbau im herkömmlichen Sinne, sondern eine quer dazu verlaufende *dualistische Straftatkonzeption:*

Deren 1. Stufe ist der tatbestandsspezifische Verhaltensnorm*verstoß*. Ein solcher liegt in der für eine Straftat erforderlichen Form nicht bereits dann vor, wenn ein grundsätzliches (unter Vorbehalt stehendes) tatbestandsspezifisches Missbilligungsurteil gefällt werden kann. Ein solcher Verstoß erfordert vielmehr zusätzlich, dass das Verhalten nicht gerechtfertigt und (hinreichend) schuldhaft ist. Nur bei Erfüllung dieser weiteren Bedingungen ist das grundlegende Erfordernis einer jeden Straftat erfüllt: Notwendig ist die (hinreichend gewichtige) Infragestellung der Geltung einer kontext- und adressatenspezifisch konkretisierten Verhaltensnorm durch die zu bestrafende Person.

Bei der 2. Stufe geht es um die Erfassung sonstiger Sanktionserfordernisse – insbesondere um spezifische Fehlverhaltensfolgen, die in vielen Tatbeständen vorausgesetzt werden. Erst nachdem das für eine Straftat erforderliche hinreichend gewichtige personale Verhaltensunrecht feststeht, kann daran anknüpfend geklärt werden, ob der tatbestandsspezifische (ggf. vorsätzliche) Verhaltensnorm*verstoß* entsprechende Folgen hatte und daher auch diese zusätzliche Deliktsvoraussetzung des vollendeten Erfolgsdelikts erfüllt ist.

Dieser Begriff der Straftat im Sinne einer konsequenten personalen Straftatlehre ist ein *materieller Straftatbegriff*. Als solcher ist er nicht auf die positivrechtliche Normierung von Straftatbeständen angewiesen, sondern beansprucht Gültigkeit, ohne an konkrete Räume und Zeiten gebunden zu sein. Dennoch ist der Bezug zu einem ganz bestimmten Rechtskreis über die konkreten Verhaltensnormen gegeben, auf die sich bestimmte Sanktionsnormen beziehen: Was in dem einen Rechtskreis eine Straftat ist, kann in einem anderen durchaus erlaubt sein. Die Entscheidung darüber hängt von den jeweils geltenden Verhaltensreglementierungen ab, die verschieden sein können. Damit ist der Straftatbegriff der personalen Straftatlehre auch in der Lage, die Probleme eines gemeineuropäischen Strafrechts aufzunehmen und zu bewältigen.

Selbstverständlich vermag der hier vertretene materielle Straftatbegriff die in den meisten nationalen Rechtsordnungen verankerte *formelle Bindung* der staatlichen Strafgewalt durch den *Gesetzlichkeitsgrundsatz* zu integrieren. Im Grunde wird der genaue Stellenwert der formellen Bindung an ein Gesetz, das die Strafbarkeit einer Tat bestimmt, bevor die Tat begangen wurde, erst vor dem Hintergrund der hier vorgestellten personalen Straftatlehre deutlich: Es geht um eine *zusätzliche* Beschränkung des Strafrechts, die nur und genau dann relevant wird, wenn es an sich vollkommen sachgerecht wäre, eine bestimmte Person zu bestrafen.

Mit seinem erstmaligen Erscheinen im Jahr 1998 setzte das vorliegende Werk einen Kontrapunkt gegenüber anderen Lehrbüchern, die – von Detailfragen abgesehen – in großer Einhelligkeit ein „System" der Straftatlehre präsentieren, das von inneren Brüchen und Unstimmigkeiten geprägt ist. Die ursprüngliche klassische Straftatkonzeption trennte strikt zwischen „objektivem Unrecht" und „subjektiver Schuld". Später zeigte sich, dass strafrechtlich relevantes Unrecht ohne subjektive Elemente undenkbar ist. Die daher gebotene Abkehr von der klassischen Unterscheidung wurde jedoch von den Nachfolgern dieses Konzepts nur halbherzig vollzogen. Besonders deutlich zeigt sich dies etwa an der nach wie vor verbreiteten „zweistufigen" Fahrlässigkeitskonzeption. Anstatt konsequent die bereits für das Unrecht relevanten Kriterien vollständig in dieses Verbrechenselement zu verlagern, werden diese bei einem zweistufigen Modell teils im Unrecht, teils in der Schuld geprüft – mit im Einzelnen abenteuerlichen Konsequenzen. Nicht zuletzt für Studierende der heutigen Semester ist dies kaum mehr nachvollziehbar und lässt sich allenfalls mit dem Verweis auf eine (bislang in den meisten Lehrbüchern unvollendet gebliebene) geschichtliche Entwicklung begründen.

In seiner konsequenten Umsetzung der Erkenntnisse einer personalen Straftatlehre bedeutete das vorliegende Lehrbuch daher im Jahr 1998 eine Revolution. Es handelte sich um den Entwurf einer neuen Konzeption, die zu Ende dachte, was andere bislang allenfalls in Ansätzen erfasst hatten. Die zwischenzeitliche Entwicklung der Strafrechtswissenschaft hat dabei seinem Autor Recht gegeben: Gerade in den letzten Jahren hat die auf *Karl Binding* zurückgehende Normentheorie, die tragende Säule des diesem Lehrbuch zugrunde liegenden Straftatkonzepts ist, (wieder) mehr und mehr Anhänger gefunden. Auch *Claus Kreß* (in: Strafrecht und Gesellschaft,

2019, S. 1, 59) sieht „die Zeichen dafür, dass die Zeit der Weitergabe des ‚goldenen Zweigs' näher gerückt sein könnte". Errungen werden könnte er schon bald mit Hilfe eines konsequent legitimatorisch ausgerichteten normativ-funktionalen Systems des gesamten Strafrechts, für das die beiden Autoren dieses Lehrbuchs – in der Tradition von *Günther Jakobs* und *Wolfgang Frisch* – mit Nachdruck eintreten. Ein solches normativ-funktionales Strafrechtssystem ist auch für *Claus Kreß* (S. 61) die Alternative zu dem oft anzutreffenden pragmatischen Umgang mit dem Strafrecht „in hochreflektiert eklektischer Deutung" und damit „die zweite große ‚strafrechtswissenschaftliche Wette' auf den Geist unserer Zeit". Ebenso wie er warten wir „gespannt ab, wie die Sache ausgehen wird" – hat doch „die Eule der Minerva ihren Flug erst begonnen".

Auf dieser Reise gibt es noch viel zu tun. Mit der Neuauflage der „personalen Straftatlehre" wird das vor 20 Jahren erstmals erschienene Werk fortgeführt. Die wesentlichen Grundaussagen bleiben erhalten und werden an unterschiedlichen Stellen präzisiert und ergänzt. Umfassender angelegt ist der einleitende Abschnitt zur straftheoretischen Grundlegung der normativ-funktionalen Straftatlehre. Diese zeigt, dass es in einem rechtsstaatlichen Tatstrafrecht nur einen legitimen Zweck von Schuldspruch und Strafe geben kann, der mit dem Instrument angemessen missbilligender Ahndung der *begangenen Tat* zu realisieren ist. Der Einsatz des spezifischen Mittels der „Strafe" zur Erreichung bestimmter Wirkungen i. S. spezieller Präventionstheorien erweist sich dagegen als eklatanter Missbrauch dieses Instituts.

Das Werk erfasst im Kern den examensrelevanten Stoff der Lehre von der Straftat und ist für die vertiefte Auseinandersetzung und die Examensvorbereitung gleichermaßen geeignet. Dabei ist besonderer Wert auf das Verständnis der sachlichen Probleme gelegt, die in einen nachvollziehbaren systematischen Begründungszusammenhang gestellt sind. So gerüstet, braucht man sich vor der Fülle des examensrelevanten Stoffs im Strafrecht nicht zu fürchten, sondern ist in der Lage, auch bislang unbekannte Probleme in den Griff zu bekommen.

Unser herzlicher Dank gilt den Mitarbeiterinnen in Marburg: *Lara Höhne, Anja Napierala, Anna Lena Nowicki, Berivan Sekerci, Franziska Walther* und *Dr. Franziska Weidenauer*, die uns nachhaltig unterstützt und so zum Gelingen des Werkes entscheidend beigetragen haben. Eine große Hilfe waren uns auch die studentischen Hilfskräfte in Marburg: *Sonja Blaas, Katharina Breitstadt, Annika Bünzel, Alina Ehlers, Janis Krahl* und *Amelie Otto*. Darüber hinaus danken wir den Kölner Mitarbeiterinnen und Mitarbeitern *Ioanna Ginou, Alisa Hastedt, Philipp Henkes, Joana Schneider, Malte Völkening, Anja Wellerdick* sowie den Kölner studentischen Hilfskräften *Eugen Esman, Judith Freese, Johann Neukirch* und *Jin Jenny Ye*. Schließlich haben wir auch Frau *Dr. Brigitte Reschke* von der Programmplanung Rechtswissenschaft des Springer-Verlages für die gute Zusammenarbeit zu danken. Anregungen zur Verbesserung dieses Lehrbuchs sind willkommen und können gerichtet werden an: freund@jura.uni-marburg.de bzw.: frauke.rostalski@uni-koeln.de.

Marburg/Köln, im Oktober 2019
Georg Freund
Frauke Rostalski

Vorwort zur ersten Auflage

Es ist an der Zeit, die im Bereich der strafrechtlichen Grundlagen gewonnenen Einsichten zu den Legitimationsbedingungen von Schuldspruch und Strafe in Form eines kompakten Lehrbuchs zum Allgemeinen Teil des Strafrechts zur Verfügung zu stellen. Das – in sich durchaus stimmige – „klassische" Strafrechtssystem mit seiner ausschließlich objektiv-äußerlichen Unrechtskonzeption, in dem Vorsatz und Fahrlässigkeit lediglich Formen schuldhaften Verhaltens eines bestimmten Subjekts waren, hat sich seit langem aufgelöst. An seine Stelle sind Systementwürfe getreten, die einen mehr oder weniger großen Anteil an „personalisiertem Unrecht" enthalten. Indessen leiden diese Entwürfe gerade dadurch an inneren Brüchen und Unstimmigkeiten. Beispielhaft sei auf die mit subjektiven Elementen durchsetzten Kategorien der „objektiven Zurechnung" und der „objektiven Fahrlässigkeit" hingewiesen. Derartiges ist nicht nur einigermaßen verwirrend, sondern auch in der Sache inakzeptabel. Es kann allenfalls auswendig gelernt, aber nicht wirklich verstanden werden.

Das vorliegende Lehrbuch stellt die sachlichen Probleme in einen nachvollziehbaren systematischen Begründungszusammenhang. Die Voraussetzungen einer Straftat werden im Hinblick auf die in Frage stehenden Rechtsfolgen – der Schuldigsprechung und der Bestrafung einer bestimmten Person – funktional bestimmt. Dabei finden nicht zuletzt die verfassungsrechtlichen Anforderungen, die an solche staatlichen Rechtseingriffe zu stellen sind, die gebührende Beachtung. Grundlegendes Erfordernis einer jeden Straftat ist danach ein tatbestandsspezifisches personales Fehlverhalten. Diesem tatbestandsspezifischen Fehlverhalten des handelnden oder unterlassenden Subjekts trägt die hier unterbreitete personale Straftatlehre durch die Einrichtung und Ausdifferenzierung einer primären Straftatkategorie Rechnung, die genau dieses personale Verhaltensunrecht (unter Einschluss der bisherigen Rechtfertigungs- und Schuldaspekte) erfasst. Auf dieser Basis erhalten auch weitere Sanktionserfordernisse – wie insbesondere tatbestandsmäßige Fehlverhaltensfolgen – ihren zutreffenden nachrangigen Stellenwert und klare Konturen.

Eine umfassende Information über Rechtsprechung und Literatur zu den einzelnen Problembereichen ist nicht angestrebt. Wer eine solche sucht, möge eines der in nicht geringer Zahl bereits vorhandenen „konventionellen" Lehrbücher zum Allgemeinen Teil des Strafrechts zur Hand nehmen. In dieser Hinsicht besteht kein Defizit. Das vorliegende Werk beschränkt sich deshalb auf die erforderlichen exemplarischen Belege und ausgewählte weiterführende Hinweise, die lediglich einen gewissen Einblick und Einstieg in den Diskussionszusammenhang vermitteln sollen. Es kann ein „großes" Lehrbuch zwar nicht ersetzen, erfasst aber im Kern den examensrelevanten Stoff der Lehre von der Straftat. Außerdem werden die Grundlagen für die Lösung nicht ausdrücklich thematisierter Teilprobleme geschaffen. Damit ist es für die vertiefte Auseinandersetzung mit dem schwierigen Stoff und die Examensvorbereitung gleichermaßen geeignet.

Bei meinen Mitarbeiterinnen und Mitarbeitern möchte ich mich ganz herzlich bedanken. Frau cand. iur. *Daniela Maas,* Frau cand. iur. *Angela Kölbl,* Herr cand. iur. *Dierk Eberhardt,* Frau stud. iur. *Christina Barth,* Frau stud. iur. *Astrid Lautebach* und Herr stud. iur. *Alexander Koch* haben mich in vielfältiger Weise unterstützt. Ohne ihren unermüdlichen und überobligationsmäßigen Einsatz hätte mein „Allgemeiner Teil" nicht in der vorgelegten Form erscheinen können. Sie haben mir nicht nur ihre äußerst wertvolle „technische" Hilfe – vor allem beim Umgang mit dem PC – zuteil werden lassen, sondern auch durch die fortlaufende kritische Durchsicht des Textes und mit weiterführenden Anregungen zum Gelingen des Werkes beigetragen. Mein Dank gilt insofern auch Frau ref. iur. *Alexandra Kremer-Bax* und Herrn ref. iur. *Reinmar Wolff,* auf deren freundliche Unterstützung ich stets bauen konnte.

Schließlich danke ich auch Frau *Jutta Becker* von der Programmplanung Rechtswissenschaft des Springer-Verlages für die gute Zusammenarbeit. Anregungen zur Verbesserung dieses Lehrbuchs sind willkommen und sollen nicht unberücksichtigt bleiben.

Marburg, im März 1998   Georg Freund

Inhaltsübersicht

Vorwort zur dritten Auflage	V
Vorwort zur ersten Auflage	IX
Inhaltsübersicht	XI
Inhaltsverzeichnis	XV
Abkürzungsverzeichnis	XXXI

§ 1 **Grundlagen** 1
    I. Legitimation und Grundbegriffe des Strafrechts 1
    II. Bedeutung der gesetzlichen Tatbestände 26
    III. Stellenwert der „Lehre von der Straftat" im System 38

§ 2 **Tatbestandsmäßiges Verhalten und sonstige Sanktionsvoraussetzungen** 49
    I. Tatbestandsmäßiges Verhalten (spezifisches Verhaltensunrecht) 52
    II. Weitere positive und negative Sanktionserfordernisse 68

§ 3 **Fehlende Rechtfertigung tatbestandsmäßigen Verhaltens** 87
    I. Grundlagen 87
    II. Allgemeines Rechtfertigungsprinzip des überwiegenden Interesses 89
    III. Konsequenzen des Eingreifens eines Rechtfertigungsgrundes 97
    IV. Einzelne Rechtfertigungsgründe 103

§ 4	**Hinreichendes Gewicht tatbestandsmäßig-rechtswidrigen Verhaltens**	137
	I. Grundlagen	137
	II. Konsequenzen bei Schuldausschluss oder Entschuldigung	145
	III. Einzelne Schuldausschließungs- und Entschuldigungsgründe	153
	IV. Exkurs: Unzureichende Entschuldigung – angemessene Bestrafung	164
	V. Zur Definition der allgemeinen Kriterien jeder Straftat	168
§ 5	**Das Fahrlässigkeitsdelikt**	171
	I. Grundlagen	171
	II. Tatbestandsmäßiges Verhalten (Verhaltensunrecht)	176
	III. Spezifische Verhaltensfolgen und gleichwertige Tatumstände	193
	IV. Vorschlag für eine gesetzliche Definition fahrlässigen Verhaltens	202
§ 6	**Begehungsgleiches und nichtbegehungsgleiches Unterlassungsdelikt**	211
	I. Grundlagen	211
	II. Tatbestandsmäßiges Verhalten (Verhaltensunrecht)	222
	III. Spezifische Verhaltensfolgen und gleichwertige Tatumstände	255
	IV. Zur gesetzlichen Regelung begehungsgleichen Unterlassens	259
§ 7	**Das Vorsatzdelikt**	269
	I. Grundlagen	269
	II. Spezifisches Verhaltensunrecht der Vorsatztat	278
	III. Vorsatz und Irrtum	295
	IV. Spezifische Verhaltensfolgen und gleichwertige Tatumstände	305
§ 8	**Das Versuchsdelikt**	323
	I. Grundlagen	323
	II. Exkurs: Verwirklichungsstufen der Güterbeeinträchtigung	328
	III. Versuchsdelikt: Zum Ausdruck gelangter Verhaltensnormverstoß	331
§ 9	**Rücktritt vom Versuch und sonstige Fälle „tätiger Reue"**	347
	I. Grundlagen	347
	II. Rücktrittsfähige Versuchstat	354
	III. Rücktrittsverhalten	363
	IV. Besondere Rücktrittsprobleme bei mehreren Beteiligten	370

Inhaltsübersicht   XIII

§ 10 Täterschaft und Teilnahme als Formen der Straftat   375
    I.   Grundlagen   375
    II. Mittelbare Täterschaft (§ 25 I Fall 2)   390
    III. Anstiftung als Form der Straftat   410
    IV. Beihilfe als Form der Straftat   420
    V. Mittäterschaft als Form der Straftat   425

§ 11 Straftateinheit und Mehrheit von Straftaten
     (Straftatenkonkurrenz)   437
    I.   Grundlagen   437
    II. Einheitliche Straftat (Straftateinheit) – Rechtsfolgen   441
    III. Mehrheit von Straftaten   453

§ 12 Fallbearbeitung   459
    I.   Ein grundlagenorientiertes Gliederungsschema   459
    II. Weitere mögliche Gliederungsschemata   461
    III. Allgemeine Hinweise zur strafrechtlichen Gutachtentechnik   463
    IV. Modelle zum Unrechtstatbestand   472
    V. Exemplifizierung der Grundschritte   472
    VI. Musterklausur/Musterhausarbeit   476

Literaturverzeichnis   485

Stichwortregister   539

Inhaltsverzeichnis

§ 1 Grundlagen 1
  I. Legitimation und Grundbegriffe des Strafrechts 1
    1. Notwendigkeit einer Legitimation der Strafe 1
    2. Die traditionellen Straftheorien 2
      a) *Absolute (zweckfreie) Straftheorien*
        (vergangenheitsbezogene Repression als „Selbstzweck") ... 4
      b) *Relative Straftheorien.* 5
          aa) Spezialprävention als Strafzweck? 6
          bb) Generalprävention als Strafzweck? 7
      c) *Vereinigungstheorien* 8
    3. Restitutive Straftheorie (*nach* Freund) und retributive
       expressive Straftheorie (*nach* Rostalski) 9
      a) *Restitutive Straftheorie (nach Freund): Schuldspruch und*
        Strafe als angemessen missbilligende Reaktion zum
        Ausgleich der durch die Straftat zu verantwortenden
        Beeinträchtigung des Rechts 11
      b) *Retributive expressive Straftheorie (nach Rostalski):*
        Schuldspruch und Strafe als angemessen missbilligende
        Antwort auf die begangene Straftat zur Bestätigung des
        Status des Täters als Gleicher im Recht 14
      c) *Zwischenfazit* 16
    4. Strafrecht als sekundäre Normenordnung – Vorfrage der
       Verhaltensnormbegründung 18
    5. Strafe als personaler Tadel und das Schuldprinzip 22
    6. Zusätzliche formale Voraussetzungen der Bestrafung 23
    7. Exkurs: Abweichende Zielsetzung der Maßregeln und des
       Feind-„Strafrechts". 25
  II. Bedeutung der gesetzlichen Tatbestände 26
    1. Tatbestand und Rechtsfolge – Strafgesetze als
       Konditionalprogramme. 26

2. Formale Begrenzungswirkung des Wortlauttatbestands – Analogieverbot 27
3. Sachlicher Regelungsgehalt – insbesondere: teleologisches Normverständnis.. 29
4. Sinn des Erfordernisses gesetzlicher Normierung 32
5. Anwendungsvoraussetzungen eines Straftatbestands im Überblick 33
6. Das dualistische Straftatkonzept als Alternative zum zwei- oder dreistufigen Deliktsaufbau 35
III. Stellenwert der „Lehre von der Straftat" im System 38
  1. Verhältnis zum Strafprozessrecht......................... 38
  2. Verhältnis zum Sanktionenrecht......................... 39
  3. Begriff der Straftat und strafrechtlicher Handlungsbegriff...... 39
  4. Zum weiteren Gang der Darstellung 41

§ 2 Tatbestandsmäßiges Verhalten und sonstige Sanktionsvoraussetzungen 49
I. Tatbestandsmäßiges Verhalten (spezifisches Verhaltensunrecht).... 52
  1. Grundsätzliches 52
  2. Die Legitimationsgründe von Verhaltensnormen als Spezifika tatbestandsmäßigen Verhaltens........................... 53
    a) *Spezifischer Nutzen der Normeinhaltung als Legitimationsgrund von Verhaltensnormen (Rechtsgüterschutzaspekt)* 53
      aa) Rechtsgüterschutz als grundlegendes Erfordernis 53
      bb) Beispielhafte Verdeutlichung 53
    b) *Rechtliche Sonderverantwortlichkeit als zusätzlicher Legitimationsgrund von Verhaltensnormen und weiteres Spezifizierungskriterium*............................ 55
      aa) Das Verhaltensnormmodell der zwei Säulen 55
      bb) Sonderverantwortlichkeit bei Ver- und Geboten 57
      cc) Ermittlung notwendiger Sonderverantwortlichkeit durch Auslegung............................... 58
    c) *Präzisierung und Klarstellung: Maßgebliche Perspektive bei der Legitimation von Verhaltensnormen* 59
      aa) Aufgabengerechte Bestimmungsgründe für Verhaltensnormen und Adressatenperspektive........ 59
        (1) Ausgeschlossene positive Bestimmungsgründe – ultra posse nemo obligatur 60
        (2) Ausgeschlossene negative Bestimmungsgründe – ohne Rücksicht auf die „Wirklichkeit" ausreichende Möglichkeiten der Güterbeeinträchtigung 60
      bb) Unstimmigkeiten abweichender „Verhaltensnormkonzepte" – insbesondere: die Inadäquität der „Obliegenheitsverletzung" 62

3. Weitere Spezifizierungskriterien – insbesondere vorsätzliches Handeln oder Unterlassen............................... 65
4. Hinreichendes Gewicht des tatbestandsspezifischen Verhaltensnormverstoßes 66
5. Zwischenbilanz... 67
II. Weitere positive und negative Sanktionserfordernisse............ 68
 1. Materiellstrafrechtliche Erfordernisse i. e. S.................. 69
  a) *Tatbestandsmäßige Verhaltensfolgen*................... 69
   aa) Anforderungen an tatbestandsmäßige Verhaltensfolgen............................... 69
   bb) Missachtung dieser Anforderungen durch die Risikoerhöhungslehren........................ 70
   cc) Legitimation der Berücksichtigung tatbestandsmäßiger Verhaltensfolgen – „Erfolgsunrecht" und Strafrecht ... 71
   dd) Bedeutung der Kausalität, der Quasi-Kausalität und der „objektiven Zurechnung" für tatbestandsmäßige Verhaltensfolgen............................... 74
    (1) Kausalität zwischen einer Handlung und einem „Erfolg"................................. 74
    (2) Quasi-Kausalität zwischen Unterlassung und „Erfolg"................................. 76
    (3) „Objektive Erfolgszurechnung" 76
   ee) Besondere Anforderungen an tatbestandsmäßige Verhaltensfolgen beim vorsätzlichen vollendeten Delikt....................................... 79
  b) *Sonstige gleichwertige Tatumstände* 79
  c) *Weitere Strafbarkeitsbedingungen* 80
 2. Überwiegend prozessual bedeutsame Sanktionserfordernisse... 81

§ 3 Fehlende Rechtfertigung tatbestandsmäßigen Verhaltens 87
I. Grundlagen.. 87
 1. Tatbestandsmäßigkeit als Vorbehaltsurteil 87
 2. Die Tatbestandserfüllung indiziert nichts................... 88
 3. Nicht alle Rechtfertigungsgründe sind gesetzlich geregelt 88
II. Allgemeines Rechtfertigungsprinzip des überwiegenden Interesses 89
 1. Grundsätzliche Anerkennung der Wahrung des überwiegenden Interesses als Rechtfertigungsgrund....................... 89
 2. Mangelndes Interesse des von dem Verhalten Betroffenen als Unterfall der Wahrung des überwiegenden Interesses 90
 3. Präzisierung und Klarstellung: Zur Perspektivenbetrachtung der Rechtfertigungsgründe.................................. 91
  a) *Verhaltensbewertung und Betroffenenperspektive* 91
  b) *Berechtigung eines subjektiven Rechtfertigungselements* ... 94

III. Konsequenzen des Eingreifens eines Rechtfertigungsgrundes 97
   1. Konsequenzen für die Bewertung des Verhaltens des Gerechtfertigten: Unrechtsausschluss 97
   2. Konsequenzen für die Bewertung des Verhaltens des von dem Verhalten Betroffenen oder Dritter........................ 98
      a) *Keine Duldungspflicht-Automatik für von dem Verhalten Betroffene* 98
      b) *Konsequenzen für die Bewertung des Verhaltens von in das Geschehen involvierten Dritten* 99
         aa) Täterschaftliche Verantwortlichkeit bei Veranlassung zu einem nicht rechtswidrigen und tatbestandslosen oder sonst rechtmäßigen Verhalten................... 100
         bb) Teilnahmeverantwortlichkeit und Begriff der Rechtswidrigkeit der Haupttat 100
   3. Exkurs: Zur Bedeutung des Rechtswidrigkeitsurteils bei (bloß) fehlender Schuldhaftigkeit des Verhaltens 101
      a) *Hintergrund: Ablehnung einer Duldungspflicht gegenüber Schuldunfähigen*.. 101
      b) *Zur angemessenen Terminologie* 102
IV. Einzelne Rechtfertigungsgründe 103
   1. Der allgemeine rechtfertigende Notstand (§ 34) 106
      a) *Notstandslage*....................................... 106
      b) *Notstandshandlung*.................................. 109
         aa) Erforderlichkeit der Notstandshandlung 109
         bb) Wahrung des wesentlich überwiegenden Interesses und Angemessenheit der Notstandshandlung.......... 110
            (1) Güter- und Interessenabwägung 110
            (2) Bedeutung der Angemessenheitsklausel......... 112
      c) *Verhältnis des § 34 zu anderen Rechtfertigungsgründen*.... 113
   2. Notstandsregeln des Bürgerlichen Gesetzbuchs............... 114
      a) *Aggressivnotstand (§ 904 BGB)*....................... 115
      b) *Defensivnotstand (§ 228 BGB)*....................... 115
   3. Notwehr (§ 32) 116
      a) *Grundlagen* 116
         aa) Allgemeines.................................... 116
         bb) Grund des schneidigen Notwehrrechts.............. 116
            (1) Dualistische Konzeption..................... 116
            (2) Monistisch-überindividuelle Konzeption 117
            (3) Monistisch-individualrechtliche Konzeption 118
      b) *Die Notwehrlage im Einzelnen*........................ 119
      c) *Die Notwehrhandlung im Einzelnen* 123
         aa) Grundsätzliches zur gerechtfertigten Verteidigungshandlung............................ 123
         bb) Grenzen des schneidigen Notwehrrechts............ 124
            (1) Nicht (voll) verantwortlicher Angreifer 124

    (2) Provokation der Notwehrlage 126
    (3) Krasses Missverhältnis zwischen den durch den
      Angriff drohenden Beeinträchtigungen und den
      drohenden Abwehrfolgen 127
    (4) Notwehreinschränkungen bei familiären
      Beziehungen? 128
    (5) Rechtstechnische Einordnung von
      Notwehreinschränkungen 129

§ 4 Hinreichendes Gewicht tatbestandsmäßig-rechtswidrigen Verhaltens. 137

 I. Grundlagen. 137
  1. Bedeutung hinreichend gewichtigen personalen
    Fehlverhaltens für die Bestrafung. 137
    a) *Erfordernis personalen Fehlverhaltens überhaupt –*
    „tatbestandsmäßig-rechtswidrig" als Vorbehaltsurteil 138
    b) *Erfordernis hinreichend gewichtigen Fehlverhaltens* 139
  2. Keine Indizfunktion des Urteils: „tatbestandsmäßig-
    rechtswidrig" – Nicht alle Schuldausschließungs- und
    Entschuldigungsgründe sind gesetzlich geregelt 141
  3. Allgemeine Prinzipien fehlenden oder nicht hinreichend
    gewichtigen personalen Verhaltensunrechts? 142
    a) *Schuldausschluss im herkömmlichen Sinne und*
    tatbestandsmäßig-rechtswidriges personales
    Fehlverhalten 142
    b) *Nicht hinreichend gewichtiges personales Verhaltensunrecht*
    bei erheblicher Erschwerung normgemäßen Verhaltens 143
 II. Konsequenzen bei Schuldausschluss oder Entschuldigung 145
  1. Keine Bestrafung wegen fehlenden oder nicht hinreichend
    gewichtigen Verhaltensnormverstoßes 145
    a) *Fälle fehlenden Verhaltensnormverstoßes (bei völligem*
    Schuldausschluss). 145
    b) *Straffreiheit trotz Verhaltensnormverstoßes (bei bloßer*
    Entschuldigung) 146
  2. Unterschiede zu Rechtfertigungsgründen – Bedeutung für die
    Fallbearbeitung. 147
  3. Exkurs: Problematik der actio libera in causa und anderer
    Fälle fehlerhaften Vorverhaltens. 148
 III. Einzelne Schuldausschließungs- und Entschuldigungsgründe 153
  1. Schuldunfähige Kinder – bedingt schuldfähige Jugendliche 153
  2. Schuldunfähigkeit nach § 20 153
  3. Entschuldigender und schuldausschließender Notstand (§ 35 I) .. 154
    a) *Voraussetzungen und Hauptrechtsfolge* 154
    b) *Rechtsfolgen bei irriger Annahme der Voraussetzungen* 156

   c) „Rechtswidrigkeit" der Tat bei entschuldigendem und
    schuldausschließendem Notstand. 156
  4. Notwehrexzess (§ 33). 157
   a) Nichtbestrafung trotz personalen Verhaltensunrechts 157
    aa) Nichtbestrafung allein wegen zu geringen Gewichts
     des Fehlverhaltens? 157
    bb) Relevanz auch der Verantwortlichkeit des
     „wirklichen" Angreifers? 158
   b) Nichtbestrafung bei Fehlen personalen
    Verhaltensunrechts. 158
  5. Nicht zu vermeidender Ver- oder Gebotsirrtum (§ 17). 159
   a) Hintergrund und gesetzliche Regelung. 159
   b) Unter- und Einzelfälle 160
IV. Exkurs: Unzureichende Entschuldigung – angemessene
  Bestrafung 164
  1. Verminderte Schuldfähigkeit (§ 21). 164
  2. Vermeidbarer Verbotsirrtum – bloße Strafmilderung oder
   Unangemessenheit der Vorsatzstrafe? 165
  3. Aussagenotstand und weitere Fälle unvollkommener
   Entschuldigung. 167
   a) Aussagenotstand (§ 157 I) 167
   b) Privilegierende Tatbestände und Strafzumessungsregeln. . . . 168
V. Zur Definition der allgemeinen Kriterien jeder Straftat. 168

§ 5 **Das Fahrlässigkeitsdelikt** 171
 I. Grundlagen. 171
  1. Erfordernis ausdrücklicher Normierung strafbarer
   Fahrlässigkeit 171
  2. Beispiele für Fahrlässigkeitsstraftaten 172
   a) Reine Fahrlässigkeitsdelikte. 172
   b) Mischtatbestände mit Vorsatz-Fahrlässigkeitskombination. . . . 173
  3. Praktische Bedeutung der Fahrlässigkeitsdelikte 174
  4. Geläufige Klassifizierungen der Fahrlässigkeit 174
   a) Bewusste und unbewusste Fahrlässigkeit. 174
   b) Leichte und besonders leichte Fahrlässigkeit 175
   c) Leichtfertigkeit 175
 II. Tatbestandsmäßiges Verhalten (Verhaltensunrecht). 176
  1. Zivilrechtlicher Fahrlässigkeitsbegriff 176
  2. Verstoß gegen eine tatbestandsspezifische Verhaltensnorm 176
   a) Zweistufige Fahrlässigkeitsprüfung vor
    normentheoretischem Hintergrund 177
   b) Angemessenheit eines einstufigen Konzepts der
    Fahrlässigkeitstat. 179
    aa) Maßgeblichkeit der individuellen Verantwortlichkeit 179

- bb) Praktische Schwierigkeiten des zweistufigen
  Konzepts bei der Bildung der Maßstabsperson 180
- cc) Sonderwissen und Sonderfähigkeiten 182
- dd) Subjektivierung der rechtlichen Bewertung bei
  Individualisierung des Bewertungsgegenstands? –
  „Maßstabsfigur" als fiktives Subjekt 184
- ee) Maßgeblicher Zeitpunkt der individuellen
  Fahrlässigkeit – Vorverhaltensproblematik 186
- ff) Vorhersehbarkeit und Vermeidbarkeit als
  Minimalbedingungen jeder Straftat 187
- gg) Normativer Aspekt des Vermeidenmüssens 187
3. Hilfen zur Konkretisierung fahrlässigen Verhaltens 189
   - a) *Regelungen des Straßenverkehrs als Orientierungshilfe* 189
     - aa) Problemfall: Unberechtigt entferntes Ortsschild 189
     - bb) Problemfall: Geschwindigkeitsbegrenzungen mit
       Zusatzschildern 191
   - b) *Weitere Orientierungshilfen und deren Grenzen* 191
4. Wahrung anderweitiger Interessen und tatbestandsmäßiges
   Verhaltensunrecht.. 192
III. Spezifische Verhaltensfolgen und gleichwertige Tatumstände...... 193
1. Schadensträchtiger Verlauf als ex ante tauglicher
   Legitimationsgrund der übertretenen Verhaltensnorm 194
2. Keine sachlich verschiedenen Zusammenhänge zwischen
   Verhalten und Erfolg..................................... 195
3. Fahrlässigkeitsunrecht und Vollendungstat bei
   Selbstmordverursachung 196
4. Risikoerhöhungslehren und vollendetes fahrlässiges
   Verletzungsdelikt 199
   - a) *„Lastwagen-Radfahrer-Fall"*......................... 200
   - b) *Risikoerhöhungslehren jenseits der Erfolgsdelikte?* 202
IV. Vorschlag für eine gesetzliche Definition fahrlässigen Verhaltens.... 202

§ 6 Begehungsgleiches und nichtbegehungsgleiches Unterlassungsdelikt.. 211
I. Grundlagen... 211
1. Tun und Unterlassen als tatbestandliche Verhaltensformen 211
2. Voraussetzungen begehungsgleichen Unterlassens 213
   - a) Einstandspflicht für den Nichteintritt eines
     tatbestandsmäßigen Erfolgs........................... 213
     - aa) Garantenstellung und Garantenpflicht.............. 213
     - bb) Erfolgsabwendungsbezug als Kriterium? 214
     - cc) „Unechtheit" des Unterlassens und weitere
       Begriffe – Zur angemessenen Terminologie 215

       b) Verstoß gegen eine „auf zwei Säulen gegründete" Verhaltensnorm als Spezifikum begehungsgleichen Unterlassens 216
       c) Verfehlte Vermengung des Gleichstellungsproblems mit der „Erfolgszurechnung" 218
       d) Ursprung und Erfolgsort der zu vermeidenden Gefahr als Ansatzpunkte zur Begründung der Sonderverantwortlichkeit 220
            aa) Sonderverantwortlichkeit als Legitimationsproblem ... 221
            bb) Bedeutsame Fallgruppen der Sonderverantwortlichkeit – Sog. Gefahrenquellen- und Schutzgarantenpflichten... 221
  II. Tatbestandsmäßiges Verhalten (Verhaltensunrecht)............. 222
    1. Nichtbegehungsgleiches Unterlassen..................... 223
       a) Nichtanzeige geplanter Straftaten (§ 138) 223
       b) Unterlassene Hilfeleistung (§ 323c I) 224
    2. Begehungsgleiches Unterlassen 226
       a) Gesetzliche Grundlagen............................. 226
       b) Traditionelle Unterlassungsdogmatik 226
       c) Angemessene Gleichstellungslehre: Vollkommene Identität der unrechtskonstituierenden Kriterien 228
       d) Wichtige Fallgruppen begehungsgleichen Unterlassens 231
            aa) Sog. Gefahrenquellenverantwortlichkeiten 231
                (1) Nur beschränkte Gefahrenabwendungspflichten auch bei „klassischen" Gefahrenquellenverantwortlichkeiten........... 232
                (2) Beschränkte, aber gegebenenfalls dualistisch fundierte Gefahrenabwendungspflichten des Hundehalters.............................. 232
                (3) Sonderverantwortlichkeit für den eigenen Körper als Gefahrenquelle 234
                (4) Übergreifender Aspekt: Dem eigenen Organisationskreis zugeordnete Gefahrenquellen 235
                (5) Reichweite und Grenzen des Organisationskreises, für den eine besondere Verantwortlichkeit besteht – weitere beispielhafte Verdeutlichung 235
            bb) Sog. Beschützerverantwortlichkeiten............... 247
                (1) Nur beschränkte Gefahrenabwendungspflichten auch bei „klassischen" Beschützerverantwortlichkeiten 248
                (2) Wichtige Fälle der Sonderverantwortlichkeit kraft Übernahme............................ 248
                (3) Spezielle rechtliche Zuordnungsverhältnisse 249

3. Wahrung anderweitiger Interessen und tatbestandsmäßiges
   Verhaltensunrecht 253
   a) Gerechtfertigtes Verhaltensunrecht bei übermäßiger
      Belastung? 253
   b) Gerechtfertigtes Verhaltensunrecht bei Pflichtenkollision?.... 254
III. Spezifische Verhaltensfolgen und gleichwertige Tatumstände...... 255
   1. (Quasi-)Kausalität bei tatbestandsmäßigen Verhaltensfolgen ... 255
   2. Weichenstellung durch die Gründe für die tatbestandliche
      Verhaltensmissbilligung 257
IV. Zur gesetzlichen Regelung begehungsgleichen Unterlassens 259

§ 7 Das Vorsatzdelikt 269
I. Grundlagen 269
   1. Gesetzlicher Befund und erste Inhaltsbestimmung 269
      a) Regelung des § 16 270
      b) Regelung des § 17 271
         aa) Vorsatztheorie 272
         bb) Schuldtheorie 272
   2. Verhaltensunrecht und Vorsatz 274
      a) Klassische objektive Unrechtslehre 274
      b) Konstituierung tatbestandsmäßigen Unrechts auch durch
         subjektive Elemente 276
II. Spezifisches Verhaltensunrecht der Vorsatztat 278
   1. Verhältnis zum Fahrlässigkeitsunrecht: Fahrlässigkeit als
      Minus 278
   2. Anforderungen an den Vorsatz 280
      a) Gegenstand des Vorsatzes 280
      b) Maßgeblicher Zeitpunkt 281
         aa) Grundsatz: Zeitpunkt der Handlung oder
             Unterlassung 281
         bb) Ausnahme: Gleichgewichtige Infragestellung im
             Vorfeld 282
      c) Erforderlichkeit eines voluntativen Vorsatzelements? 284
         aa) In voller Kenntnis der tatbestandsspezifischen
             Missbilligungsgründe gewolltes Verhalten als
             Kriterium 285
         bb) Irrelevanz emotionaler Einstellungen 285
         cc) Gewolltes Verhalten als Gemeinsamkeit von Vorsatz-
             und Fahrlässigkeitstat bei bloß verschiedener
             Wissenssituation 286
         dd) Exkurs: (Deliktisches) Vorhaben als weitere
             Bedeutung von „Wollen" und als maßgeblicher
             Bewertungs- und Vorsatzgegenstand 288
      d) Erscheinungsformen des Vorsatzes 289
         aa) Absichtlichkeit als Vorsatzform 289

    bb) Wissentlichkeit als Vorsatzform 289
    cc) Eventualvorsatz als Vorsatzform 290
        (1) Grundsätzliches............................ 290
        (2) Einwilligungs- und Billigungstheorie –
            Eventualvorsatz und voluntatives
            Vorsatzelement 290
        (3) Eventualvorsatz als Grundform des Vorsatzes 291
    dd) Gefährdungsvorsatz und bewusste Fahrlässigkeit 293
  III Vorsatz und Irrtum 295
     1. Tatumstandsirrtum 295
        a) Error in obiecto vel persona......................... 295
        b) Aberratio ictus 297
        c) Irrtum über den Kausalverlauf..................... 298
        d) Sonderproblem fehlenden Unrechtsbewusstseins – der
           Verbotsirrtum (§ 17)............................. 298
     2. Irrtümer jenseits der Tatbestandsmäßigkeit des
        Verhaltens i. e. S. 300
        a) Allgemeines 300
        b) Erlaubnisirrtum und Erlaubnistatbestandsirrtum 301
           aa) Der Erlaubnisirrtum 301
           bb) Der Erlaubnistatbestandsirrtum 302
  IV. Spezifische Verhaltensfolgen und gleichwertige Tatumstände...... 305
     1. Allgemeine Anforderungen an die Bestrafung wegen
        vollendeten Delikts.................................... 305
     2. Besondere Anforderungen an eine Bestrafung wegen
        vorsätzlichen vollendeten Delikts........................ 306
        a) Das Kriterium: Realisierung der vorsätzlich geschaffenen
           oder sonst nicht vermiedenen Schädigungsmöglichkeit 307
           aa) Unproblematische Fälle bei Entsprechung von
               Verlaufsvorstellung und (sich ereignender)
               Wirklichkeit 307
           bb) Fälle der Nichtentsprechung von Verlaufsvorstellung
               und (sich ereignender) Wirklichkeit – Zur normativen
               Gefahrentsprechung........................... 308
        b) Lehre von der „unwesentlichen Abweichung".............. 310
        c) Weitere Problemfälle 312
           aa) Fälle des Zusammenwirkens mehrerer Bedingungen .. 312
           bb) Fälle mehraktigen Geschehens.................... 314
               (1) Verwirklichung durch den zweiten Akt bei irriger
                   Annahme der Verwirklichung durch den ersten.... 314
               (2) Verwirklichung durch den ersten Akt bei geplanter
                   Verwirklichung durch den zweiten 315
           cc) Problemfälle der Opferkonkretisierung: Die sog.
               „Fallen-Fälle"................................ 316

§ 8 Das Versuchsdelikt ... 323
  I. Grundlagen ... 323
     1. Gesetzliche Vorgaben der Versuchsstrafbarkeit ... 323
     2. Strafgrund bei Versuch und Vollendung ... 326
  II. Exkurs: Verwirklichungsstufen der Güterbeeinträchtigung ... 328
     1. Entschlussfassung, Umsetzung (des Entschlusses), Gefährdung und Verletzung ... 328
     2. Reichweite der Strafbarkeit bei Vorbereitung und Versuch ... 329
     3. Rücktritt und tätige Reue ... 330
     4. Formelle Vollendung – materielle Beendigung einer Straftat ... 331
  III. Versuchsdelikt: Zum Ausdruck gelangter Verhaltensnormverstoß ... 331
     1. Beendeter Versuch (Verhaltensunrecht und sonstige Sanktionserfordernisse) ... 332
        a) *Relativ unproblematische Regelfälle* ... 332
           aa) Identisches personales Fehlverhalten bei beendetem Versuch und bei Vollendung ... 332
           bb) Abgrenzung zum „Wahndelikt" ... 333
        b) *Problematische Fälle des „Anfangs des beendeten Versuchs"* ... 335
     2. Unbeendeter Versuch (Verhaltensunrecht und sonstige Sanktionserfordernisse) ... 337
        a) *Grundsätzliches* ... 337
        b) *Fälle der angefangenen Ausführung i. e. S.* ... 338
        c) *Unmittelbares Ansetzen vor einer Teilverwirklichung des tatbestandsmäßigen Verhaltens?* ... 339
     3. Weitere Problemfälle ... 342

§ 9 Rücktritt vom Versuch und sonstige Fälle „tätiger Reue" ... 347
  I. Grundlagen ... 347
     1. Gesetzliche Regelung des Rücktritts vom Versuch ... 347
     2. Sonstige Fälle des strafmildernden oder strafbefreienden Nachtatverhaltens: „Tätige Reue" ... 347
     3. Wirkung und straftatsystematische Einordnung des Rücktritts vom Versuch ... 349
        a) *Aufhebung der sonst eingreifenden Versuchsstrafbarkeit* ... 349
        b) *Rücktritt und „Tatschuld"* ... 349
        c) *Rücktritt als persönlicher Strafaufhebungsgrund* ... 350
        d) *Rücktritt als Grund für die Verminderung oder gar Beseitigung sonst vorhandenen strafrechtlichen Reaktionsbedarfs* ... 350
     4. Ratio des Rücktrittsprivilegs ... 351
        a) *Kriminalpolitischer Gedanke der „goldenen Brücke"* ... 351
        b) *Aspekte (der Beseitigung) des Strafgrundes* ... 351

    c) Präzisierung der Ratio: Rechtzeitige Verminderung oder gar Beseitigung der eine strafrechtliche Reaktion legitimierenden (hinreichend gewichtigen) Rechtsbeeinträchtigung 352
  II. Rücktrittsfähige Versuchstat................................. 354
    1. Kein Rücktritt vom vollendeten Delikt..................... 354
    2. Kein Rücktritt vom fehlgeschlagenen Versuch............... 355
      a) Maßgebliche Perspektive zur Bestimmung des Fehlschlags... 355
      b) Bestimmungskriterien des Fehlschlags 355
        aa) Unerreichbarkeit des konkreten Handlungsziels 355
        bb) Wegfall des Motivs als Fall des Fehlschlags? 356
        cc) Fehlschlag bei Misslingen eines aus Tätersicht erfolgstauglichen und nicht mehr rücknehmbaren Einzelakts?..................................... 356
          (1) Einzelaktstheorie........................... 357
          (2) „Rücktrittsfreundliche" Gesamtbetrachtungslehre – Inhalte und Kritik 358
            (a) Ältere Rechtsprechung (Tatplantheorie) 358
            (b) Neuere Rechtsprechung (Rücktrittshorizont) .. 358
              (aa) Grundsätzliche Inhalte und Kritik 358
              (bb) Weitere Inhaltsbestimmung (räumlich-zeitliche Grenze/artgleiche Fortsetzungsmöglichkeit).............. 359
          (3) Fazit...................................... 362
  III. Rücktrittsverhalten... 363
    1. Rücktrittsverhalten beim unbeendeten Versuch.............. 363
      a) Aufgeben der Tat..................................... 363
      b) Freiwilligkeit der Tataufgabe......................... 365
    2. Rücktrittsverhalten beim beendeten Versuch bzw. beim Unterlassungsversuch.................................... 367
  IV. Besondere Rücktrittsprobleme bei mehreren Beteiligten 370

§ 10 Täterschaft und Teilnahme als Formen der Straftat 375
  I. Grundlagen.. 375
    1. Reichweite bestimmter Sanktionsnormen 375
      a) Erfassbarkeit auch mittelbar güterschädigender Verhaltensweisen durch solche Strafnormen 375
      b) Nicht oder nicht unzweifelhaft erfassbare Fälle........... 377
        aa) Problemfälle des Einsatzes anderer – § 25 I Fall 2 als für Teilbereiche konstitutive Sanktionsnorm 377
        bb) Auch mit § 25 I Fall 2 als ergänzender Sanktionsnorm nicht erfassbare Fälle 378

2. Ergänzende Sanktionsnormen für Anstifter und Gehilfen
   (§§ 26, 27) – limitierte Akzessorietät 378
   a) Grundsätzlich akzessorische Konstruktion der
      Teilnehmersanktionsnormen. 378
   b) Limitierung der Teilnahmeakzessorietät 379
      aa) Hintergrund der Limitierung 379
      bb) Keine schuldhaft begangene Haupttat erforderlich 379
      cc) Geforderte „Vorsätzlichkeit" und „Rechtswidrigkeit"
          der Haupttat 379
3. Ergänzende Sanktionsnorm mittäterschaftlicher Tatbegehung
   (§ 25 II). 382
4. Alternative zur Differenzierung nach Beteiligungsformen:
   Einheitstäterbegriff. 383
5. Allgemeine Lehren von Täterschaft und Teilnahme. 384
   a) Vorbemerkungen zum Stellenwert des Problems: Genaue
      Sanktionsvoraussetzungen und Konkurrenzfragen. 384
   b) Konkurrierende allgemeine Lehren 386
      aa) Formal-objektive Lehre 386
      bb) Subjektive Lehre 387
      cc) Materiell-objektive Lehren – insbesondere die
          Tatherrschaftslehren 388
      dd) Neuere Entwicklungen zur Lehre von Täterschaft
          und Teilnahme 390

II. Mittelbare Täterschaft (§ 25 I Fall 2). 390
   1. Tatbestandsmäßiges Verhalten des „mittelbaren" Täters
      (spezifischer Verhaltensnormverstoß). 391
      a) Verantwortlichkeit kraft überlegenen Wissens 392
         aa) Legitimierbarer Anwendungsbereich – tragfähiger
             Sachgrund. 392
         bb) Problematischer Topos der „Tatherrschaft" kraft
             überlegenen Wissens – am Beispiel des Sirius-Falls ... 393
         cc) Exkurs: Grunddilemma des Kriteriums der
             „Tatherrschaft". 394
             (1) Ergebnisoffenheit des Tatherrschaftsbegriffs 394
             (2) Problematik der „normativen Tatherrschaft" 396
      b) Verantwortlichkeit kraft überlegener Einsichts- und
         Steuerungsfähigkeit 398
         aa) Unproblematische Fälle: fehlende Verantwortlichkeit
             des Tatmittlers bei Schuldausschluss oder
             Rechtfertigung 399
         bb) Strafrechtlich (beschränkt) verantwortliche
             Tatmittler 400
             (1) Unschädliche Fahrlässigkeitsverantwortlichkeit
                 des Vordermanns 400
             (2) Problemfälle: vorsatzverantwortliche Tatmittler... 401

(a) Grundsätzliches – Zur Bedeutung des
„Verantwortungsprinzips".................. 401
(b) Beschränkt vorsatzverantwortlicher
Tatmittler............................ 402
(c) Uneingeschränkt vorsatzverantwortlicher
Tatmittler............................ 403
cc) Problem (nicht) freiverantwortlicher
Selbstschädigung............................. 404
c) Übergreifender Aspekt: die Organisationskreis-
Verantwortlichkeit 406
d) Vorsatz und Fahrlässigkeit bei (mittelbarer) Täterschaft.... 406
2. Tatbestandsmäßige Verhaltensfolgen und gleichwertige
Tatumstände 407
III. Anstiftung als Form der Straftat............................ 410
1. Tatbestandsmäßiges Anstiftungsverhalten (spezifischer
Verhaltensnormverstoß)................................ 410
a) Schutz vor mittelbarer Güterbeeinträchtigung als
Legitimationsgrund spezifischer Verhaltensmissbilligung ... 410
b) Konkretisierung des erforderlichen
„Bestimmungsverhaltens"........................... 412
aa) Grundsätzliches 412
bb) Einzelne Problemkonstellationen – Sonderfälle 414
(1) Aufforderung zur Begehung in „qualifizierter"
Form 414
(2) „Abstiftung" von „qualifizierter"
Begehungsform........................... 415
(3) Aufforderung zu erkanntermaßen untauglichem
Versuch – Fälle des „agent provocateur" 415
c) Erfordernis vorsätzlichen Handelns.................... 416
d) Weitgehende Straflosigkeit versuchter Anstiftung 417
2. Tatbestandsmäßige Verhaltensfolgen und gleichwertige
Tatumstände 417
a) Exzess des Haupttäters............................ 417
b) Error in obiecto vel persona beim Haupttäter............ 418
IV. Beihilfe als Form der Straftat.............................. 420
1. Tatbestandsmäßiges Beihilfeverhalten (spezifischer
Verhaltensnormverstoß)............................... 420
a) Grundsätzliches 420
b) Besonders bedeutsames Kriterium des „eindeutig
deliktischen Sinnbezugs"........................... 421
c) Vorsätzliches Handeln oder Unterlassen................ 423
d) Weitgehende Straflosigkeit versuchter Beihilfe 423
2. Tatbestandsmäßige Verhaltensfolgen und gleichwertige
Tatumstände 424

V. Mittäterschaft als Form der Straftat 425
  1. Grundsätzliches 425
     a) Hintergrund des § 25 II 425
     b) Missverständliche Redeweise von der „wechselseitigen
        Zurechnung fremder Tatbeiträge" 426
     c) Fälle ausgeschlossener Mittäterschaft 427
     d) Verhältnis von Allein- und Mittätersanktionsnorm 427
  2. Tatbestandsmäßiges Mittäterverhalten (spezifischer
     Verhaltensnormverstoß) 428
     a) „Tatherrschaft" als wenig hilfreiches Kriterium 428
     b) „Gemeinschaftliche Tatbegehung" i. S. v. § 25 II 428
        aa) Eindeutig deliktischer Sinnbezug als
            Mindesterfordernis 429
        bb) Kriterium des „gemeinschaftlichen Tatentschlusses" .. 429
        cc) Zeitlicher Rahmen mittäterschaftlicher Beteiligung ... 429
     c) Allgemeine Abschichtungskriterien (zur Beihilfe) in der
        Diskussion 430
     d) Fallgruppen mittätertatbestandsmäßigen Verhaltens 431
     e) Erfordernis vorsätzlichen Handelns 432
     f) Zur strafrechtlichen Erfassung mittäterschaftlichen
        Verhaltens 433
  3. Tatbestandsmäßige Verhaltensfolgen und gleichwertige
     Tatumstände 433
     a) Exzess eines Mittäters 433
     b) Error in obiecto vel persona 433

§ 11 Straftateinheit und Mehrheit von Straftaten
     (Straftatenkonkurrenz)..................................... 437
  I. Grundlagen... 437
     1. Naturalistische versus normative Bestimmung der
        Straftateinheit 438
        a) Mehrere Straftaten bei einer einzigen Körperbewegung 438
        b) Eine einzige Straftat bei mehreren Körperbewegungen 438
           aa) Zum Beispiel: „zweiaktige" Delikte 438
           bb) Zum Beispiel: unselbstständige Einzelakte bei
               wiederholter Ausführung 439
     2. Probleme der Konkurrenz mehrerer Straftaten nur bei
        Mehrheit von Straftaten 439
        a) Stellenwert der Lehre von der Konkurrenz mehrerer
           Straftaten – Verhältnis zur Straftatlehre............. 439
        b) Regelung der Konkurrenz mehrerer selbstständiger
           Straftateinheiten im Gesetz – Überblick................ 440
  II. Einheitliche Straftat (Straftateinheit) – Rechtsfolgen 441
     1. Straftateinheit trotz formaler Erfassung derselben Handlung
        oder Unterlassung durch verschiedene Sanktionsnormen 442

>   >   a) Verdrängung eines Tatbestands durch eine Qualifikation oder Privilegierung – Spezialität 442
>   >   b) Verdrängung formell oder materiell subsidiärer Tatbestände... 443
>   >   c) Übergreifender Aspekt: Vorrang abschließender Sonderregeln.. 444
>   > 2. Straftateinheit trotz (mehrfacher) formaler tatbestandlicher Erfassung verschiedener Handlungen oder Unterlassungen 445
>   >   a) Wiederholte Verwirklichung desselben Tatbestands........ 445
>   >   b) Sukzessive Verwirklichung desselben Tatbestands......... 446
>   >   c) Mitbestrafte Vor- oder Nachtat........................ 446
>   >   d) Mitbestrafte regelmäßige oder typische Begleittat......... 450
>   >   e) Wiederum übergreifender Aspekt: Vorrang abschließender Sonderregeln.. 451
>   > 3. Rechtsfolgen bei Verdrängung von Strafgesetzen 452
>   III. Mehrheit von Straftaten 453
>   > 1. Idealkonkurrenz (Tateinheit) 453
>   > 2. Realkonkurrenz (Tatmehrheit) 454
>   > 3. Kritik der gesetzlichen Differenzierung.................... 455

§ 12 Fallbearbeitung... 459
>   I. Ein grundlagenorientiertes Gliederungsschema................. 459
>   II. Weitere mögliche Gliederungsschemata 461
>   III. Allgemeine Hinweise zur strafrechtlichen Gutachtentechnik 463
>   > 1. Prüf- und Obersatzbildung............................. 463
>   > 2. Prüfung der gesetzlichen Straftatmerkmale, Subsumtion 465
>   > 3. Straftataufbau 465
>   > 4. Spezielle Hinweise zur Anfertigung von Strafrechtshausarbeiten................................. 468
>   >   a) Formalien.. 468
>   >   b) Fallbearbeitung, Art der Darstellung und Bewertungskriterien................................. 470
>   IV. Modelle zum Unrechtstatbestand............................ 472
>   > 1. Vollendetes Begehungs-Erfolgsdelikt (z. B. §§ 212, 222) 472
>   > 2. Vollendetes begehungsgleiches Unterlassungs-Erfolgsdelikt (z. B. §§ 212, 13; 222, 13) 472
>   > 3. Gemeinsames Modell für Begehen und begehungsgleiches Unterlassen... 472
>   V. Exemplifizierung der Grundschritte......................... 472
>   VI. Musterklausur/Musterhausarbeit 476

Literaturverzeichnis 485

Stichwortregister... 539

Abkürzungsverzeichnis

a.	auch
a. A.	anderer Auffassung
a. E.	am Ende
a. F.	alte Fassung
abl.	ablehnend
Abs.	Absatz
AE	Alternativentwurf zum StGB von 1966
AIDS	Acquired Immuno Deficiency Syndrome
AK StGB	Kommentar zum Strafgesetzbuch, Reihe Alternativkommentare
AMG	Arzneimittelgesetz
Anm.	Anmerkung
ARSP	Archiv für Rechts- und Sozialphilosophie
Art.	Artikel
AT	Allgemeiner Teil
Aufl.	Auflage
Aug.	August
BAK	Blutalkoholkonzentration
BayObLG	Bayerisches Oberstes Landesgericht
Bd.	Band
Beschl.	Beschluss
Bespr.	Besprechung
BGB	Bürgerliches Gesetzbuch
BGH	Bundesgerichtshof
BGHSt	Entscheidungen des Bundesgerichtshofes in Strafsachen
BGHSt(GS)	Entscheidungen des Bundesgerichtshofes in Strafsachen (Großer Senat)
BGHZ	Entscheidungen des Bundesgerichtshofes in Zivilsachen
BRD	Bundesrepublik Deutschland
BT	Besonderer Teil
BT-Drucks.	Bundestags-Drucksache
BtMG	Betäubungsmittelgesetz

BVerfG	Bundesverfassungsgericht
BVerfGE	Entscheidungen des Bundesverfassungsgerichts
BZRG	Bundeszentralregistergesetz
bzw.	beziehungsweise
CCC	Constitutio Criminalis Carolina
d. h.	das heißt
DDR	Deutsche Demokratische Republik
dens.	denselben
ders.	derselbe
Dez.	Dezember
dies.	dieselbe
Diss.	Dissertation
DLRG	Deutsche Lebens-Rettungs-Gesellschaft
DStR	Deutsches Strafrecht
DVBl	Deutsches Verwaltungsblatt
E 1962	Regierungsentwurf eines StGB mit Begründung
Einl.	Einleitung
ESJ	Entscheidungssammlung für junge Juristen
etc.	et cetera
f.	folgende (Seite oder Randnummer)
FamRZ	Zeitschrift für das gesamte Familienrecht
ff.	folgende (Seiten oder Randnummern)
Fn.	Fußnote
FS	Festschrift
GA	Goltdammer's Archiv für Strafrecht
GG	Grundgesetz
ggf.	gegebenenfalls
GS	Gedächtnisschrift
Halbb.	Halbband
Halbs.	Halbsatz
h. M.	herrschende Meinung
HansOLG	Hanseatisches Oberlandesgericht
HStVollzG	Hessisches Strafvollzugsgesetz
HRRS	Online-Zeitschrift für höchstrichterliche Rechtsprechung im Strafrecht <https://www.hrr-strafrecht.de/>
hrsg. v.	herausgegeben von
i. d. S.	in diesem Sinne
i. e. S.	im engeren Sinn
i. S.	im Sinne
i. S. v.	im Sinne von
i. V. m.	in Verbindung mit
i. w. S.	im weiteren Sinne
JA	Juristische Arbeitsblätter
JBl	Juristische Blätter
jew.	jeweils
JGG	Jugendgerichtsgesetz

JK	Jura Kartei
JR	Juristische Rundschau
Jura	Juristische Ausbildung
JuS	Juristische Schulung
JZ	Juristenzeitung
KG	Kammergericht
km/h	Kilometer pro Stunde
krit.	kritisch
L	Lernbogen in der Juristischen Schulung
LFGB	Lebensmittel-, Bedarfsgegenstände- und Futtermittelgesetzbuch (Lebensmittel- und Futtermittelgesetzbuch – LFGB)
Lfg.	Lieferung
LG	Landgericht
LK	Leipziger Kommentar
Lkw	Lastkraftwagen
LMBG	Lebensmittel und Bedarfsgegenständegesetz
m.	mit
m. a. W.	mit anderen Worten
m. w. N.	mit weiteren Nachweisen
MDR	Monatsschrift für Deutsches Recht
MedR	Medizinrecht
MLR	Marburg Law Review
n. F.	neue Fassung
NJW	Neue Juristische Wochenschrift
NK	Nomos Kommentar
Nr.	Nummer
NStZ	Neue Zeitschrift für Strafrecht
NZV	Neue Zeitschrift für Verkehrsrecht
Okt.	Oktober
OLG	Oberlandesgericht
OWiG	Gesetz über Ordnungswidrigkeiten
PfälzOLG	Pfälzisches Oberlandesgericht
PflVersG	Pflichtversicherungsgesetz
preuß.	preußisch
PrFDG	Preußisches Gesetz betreffend den Forstdiebstahl
RiFlEtikettG	Rindfleischetikettierungsgesetz
RG	Reichsgericht
RGSt	Entscheidungen des Reichsgerichts in Strafsachen
Rn.	Randnummer
S.	Satz, Seite
s.	siehe
s. a.	siehe auch
SchwZStr	Schweizerische Zeitschrift für Strafrecht
Sept.	September
SK StGB	Systematischer Kommentar zum Strafgesetzbuch
sog.	so genannt

StGB	Strafgesetzbuch
StPO	Strafprozessordnung
StraFO	Strafverteidiger Forum
StrRG	Gesetz zur Reform des Strafrechts
StV	Strafverteidiger
StVG	Straßenverkehrsgesetz
StVO	Straßenverkehrsordnung
StVollzG	Strafvollzugsgesetz
u. a.	unter anderem, und andere
u. U.	unter Umständen
Urt.	Urteil
usw.	und so weiter
v.	vom, von
vgl.	vergleiche
VTabakG	Vorläufiges Tabakgesetz
WaffG	Waffengesetz
Wistra	Zeitschrift für Wirtschaft, Steuer, Strafrecht
z. B.	zum Beispiel
z. T.	zum Teil
ZfRV	Zeitschrift für Rechtsvergleichung, Internationales Privatrecht und Europarecht
ZIS	Zeitschrift für Internationale Strafrechtsdogmatik <https://www.zis-online.com>
zit.	zitiert
ZJS	Zeitschrift für das Juristische Studium <https://www.zjs-online.com>
ZLR	Zeitschrift für das gesamte Lebensmittelrecht
ZPO	Zivilprozessordnung
ZRP	Zeitschrift für Rechtspolitik
ZStW	Zeitschrift für die gesamte Strafrechtswissenschaft
zusf.	zusammenfassend

Gesetzesparagraphen ohne Gesetzesangabe sind solche des StGB.

§ 1 Grundlagen

I. Legitimation und Grundbegriffe des Strafrechts

1. Notwendigkeit einer Legitimation der Strafe

Das Strafrecht ist Teil des **Öffentlichen Rechts**. Denn mit dem Strafrecht tritt der Staat dem Einzelnen kraft seiner staatlichen Hoheitsgewalt entgegen. Er greift etwa durch die Verhängung einer Geld- oder Freiheitsstrafe massiv in grundrechtlich verbürgte Rechtspositionen ein. Deshalb gelten für das Strafrecht dieselben Legitimationsbedingungen, die bei staatlichen **Rechtseingriffen** ganz allgemein zu beachten sind.[1]

Strafrechtliche Reglementierung ist infolgedessen von vornherein nur in dem Rahmen zulässig, der durch die staatlichen Aufgaben abgesteckt wird. Zu diesen Aufgaben gehört zwar der **Schutz der Daseins- und Entfaltungsbedingungen** des Einzelnen, der Opfer einer Straftat *werden* kann. Schuldausgleich um seiner selbst willen nach bereits *begangener* Tat gehört aber nicht dazu. Der Einsatz von Strafe muss vielmehr zweckrational[2] legitimiert sein durch die **Aufgabe** des Staates, die Rechte seiner Bürger zu schützen.[3] Staatliche Eingriffe bedürfen der verfassungsrechtlichen Rechtfertigung. Sie müssen insbesondere dem Verhältnismäßig-

1

2

---

[1] S. dazu etwa *Jäger*, in: SK StGB[9], Vor § 1 Rn. 1 ff.; *Lagodny*, Strafrecht vor den Schranken der Grundrechte – Die Ermächtigung zum strafrechtlichen Vorwurf im Lichte der Grundrechtsdogmatik dargestellt am Beispiel der Vorfeldkriminalität, 1996; *Sax*, in: Die Grundrechte Bd. 3, 2. Halbb., S. 909 ff.; *Vogel*, StV 1996, 110 ff.; vgl. a. *Hecker*, in: Schönke/Schröder[30], Vor § 1 Rn. 30 ff.

[2] Näher zur Bedeutung des Zweckgedankens im Strafrecht *Freund*, GA 1995, 4 ff.; ausführlicher *ders.*, in: Wolter/Freund, Straftat, 1996, S. 43 ff.; vgl. a. *Jakobs*, Staatliche Strafe, S. 1 ff.; *Langer*, Sonderstraftat, S. 161 f.

[3] Legitimierbar ist also nur eine „relative Straftheorie". Im Sinne einer solchen mit Recht BGHSt 24, 40, 42 (unter Berufung auf den Grundgedanken des 1. Strafrechtsreformgesetzes); s. a. *Berz*, Rechtsgüterschutz, S. 32 ff.; *Bringewat*, Grundbegriffe[3], Rn. 10 ff.; *Günther*, Strafrechtswidrigkeit, S. 149 ff.; *Jäger*, in: SK StGB[9], Vor § 1 Rn. 1 ff., jew. m. w. N.

keitsgrundsatz entsprechen – also einen legitimen Zweck verfolgen und zur Erreichung dieses Zwecks geeignet, erforderlich und angemessen sein.[4] Für die Legitimation von Strafe bedeutet dies, dass diese nicht vollkommen zweckfrei[5] erfolgen darf. Über die Frage, welcher Zweck in diesem Zusammenhang als Strafzweck überhaupt in Betracht kommt, besteht nach wie vor Uneinigkeit.

2. Die traditionellen Straftheorien

3   Mit dem Strafzweck und der Legitimation von Strafe befassen sich die so genannten Straftheorien.[6] Diese können grob in zwei Gruppen unterteilt werden:

4   Gruppe 1: **Absolute (zweckfreie) Straftheorien**, bei denen es um reine vergangenheitsbezogene Repression geht. Schuldspruch und Strafe erfolgen um ihrer selbst willen – quasi als „Selbstzweck" (dazu unten Rn. 9 ff.).

5   Gruppe 2: **Relative Straftheorien**, die mit Schuldspruch und Strafe einen ganz bestimmten Zweck verfolgen. Dieser Zweck kann entweder in einer dezidiert (**spezial- oder general-**)*präventiven* **Funktion** erblickt werden (dazu unten Rn. 12 ff.) oder aber – was leicht übersehen wird[7] – in der **Wiederherstellung des** durch die Straftat beeinträchtigten **Rechts** – also in dessen **Restitution** (dazu unten Rn. 28 ff.). Zudem bietet das Modell einer **retributiven expressiven Straftheorie** (dazu unten Rn. 37 ff.) einen Zweck von Strafe an, der keine an Drittinteressen orientierte Ausrichtung hat, sondern allein der **Bestätigung des Täters als Gleicher im Recht** und damit dessen eigenen Interessen dient.

6   Der angesprochene **Strafzweck der Restitution** unterscheidet sich wesentlich von den traditionellen Konzepten der (Spezial- oder General-)Prävention, weil es *ausschließlich* um die **angemessen missbilligende Antwort** auf die begangene Straftat geht, die bereits **als solche das beeinträchtigte Recht wiederherstellt**. Damit entspricht die restitutive Straftheorie exakt dem strafgesetzlich vorgeschriebenen Auftrag: Sie setzt die abstrakt-generelle Sanktionsnorm des **Strafgesetzes** –

---

[4] Zu den Anforderungen, die sich aus dem Verhältnismäßigkeitsgrundsatz ergeben, s. etwa *Sachs*, in: Sachs, GG[8], Art. 20 Rn. 145 ff.; ferner *Appel*, Verfassung und Strafe, S. 569 ff.; *Kaspar*, Verhältnismäßigkeit und Grundrechtsschutz, S. 27 ff., 351 ff., 619 ff.; *Lagodny*, Strafrecht vor den Schranken der Grundrechte, S. 10 ff.; ergänzend *Jestaedt/Lepsius* (Hrsg.), Verhältnismäßigkeit – Zur Tragfähigkeit eines verfassungsrechtlichen Schlüsselkonzepts, 2015.

[5] Zur Bedeutung des Zweckgedankens im Strafrecht s. die Nachw. oben (§ 1) Fn. 2.

[6] Einen knappen Überblick über die Straftheorien vermittelt *Zippelius*, Rechtsphilosophie[6], § 37 I (S. 198 ff.); s. a. *Hörnle*, Straftheorien[2]; näher zu diesen etwa *Henrici*, Die Begründung des Strafrechts in der neueren deutschen Rechtsphilosophie, 1961, S. 39 ff.

[7] Aus diesem Grund mit Recht krit. zur geläufigen Einordnung von nicht dezidiert spezial- oder generalpräventiv ausgerichteten Konzepten als vermeintlich absolut *Hörnle*, Straftheorien[2], S. 3. Ein Konzept ist schon dann nicht mehr absolut, wenn es Schuldspruch und Strafe nach begangener Tat einen (legitimen) Zweck zuzuweisen vermag.

I. Legitimation und Grundbegriffe des Strafrechts

in strikter Orientierung am **Gesetzlichkeitsgrundsatz** – in kontext- und adressatenspezifisch **konkretisierte Sanktionsanordnungen** um.[8] Mit dem Gedanken der Prävention im traditionellen Sinne hat das nichts gemein. Dennoch handelt es sich dabei nicht etwa um eine absolute Straftheorie, weil die *vergangenheitsbezogene* missbilligende Antwort mit Schuldspruch und Strafe als „verdiente" Reaktion auf die begangene Straftat durchaus *zukunftsgerichtet* einen legitimen Zweck verfolgt: Die **Wahrung des verhaltenswirksamen Geltungsanspruchs des Rechts**. Im Hinblick auf die legitimatorische Leistungsfähigkeit und auch kritische Potenz dieses Konzepts – nicht zuletzt in konkreten Strafzumessungsfragen[9] – wird die von *Freund* vertretene restitutive Straftheorie nicht bei den geläufigen relativen Theorien der Spezial- oder Generalprävention, sondern in einem selbstständigen Abschnitt (unten 3.) näher behandelt.

Ebenso verhält es sich für die Darstellung des Konzepts der von *Rostalski* vertretenen **retributiven expressiven Straftheorie** (unten Rn. 37 ff.). Dieses bricht in Gänze mit jedweder drittinteressenbezogenen Zweckverfolgung im Strafrecht. Eine angemessen missbilligende Antwort auf seine Tat verdient der Täter danach nicht, um Drittinteressen zu wahren – und sei es auch nur in Gestalt der Geltungserhaltung des Rechts. Vielmehr erfolgt **Strafe im originären Interesse des Straftäters selbst**, der trotz seiner Tat nach wie vor gleichberechtigtes gesellschaftliches Mitglied ist. Als ein solches verdient er eine Antwort, die zugleich seinen fortdauernden Status als Bürger bestätigt. Dies dient letztlich auch den übrigen Gesellschaftsmitgliedern, die daran interessiert sein müssen, dass das Recht gewahrt und insbesondere auch kein Bürger in seiner Würde verletzt wird. In dem Vernunftrecht, das dem Täter zuteil wird, sind diese Interessen mithin aufgehoben, wenngleich es ihrer zur Legitimation von Strafe nicht bedarf. 7

Auch die in diesem Buch vorgestellte **Straftheorie der Restitution** i. S. *Freunds* erlaubt **keine Berücksichtigung präventiver Elemente** im Bereich der Verbrechenslehre und der Strafzumessung. Vielmehr ist danach das legitimierbare **Mittel zur Restitution des Rechts (i. S. der Wiederherstellung des status ante delictum) ausschließlich die angemessen missbilligende Reaktion** auf die begangene Straftat. Schuldspruch und Strafe müssen exakt dem entsprechen, was der Täter mit seiner Tat verbrochen hat. Insofern besteht vollkommene Kongruenz mit dem Konzept der retributiven expressiven Straftheorie i. S. *Rostalskis*. Beide Konzepte bilden daher das solide **Fundament der personalen Straftatlehre** dieses Lehrbuchs.[10] 8

---

[8] Zur auf der Grundlage des abstrakt-generellen Strafgesetzes (als Ermächtigungsgrundlage) zu bildenden konkreten Sanktionsanordnung (als Entscheidungsnorm) aus normentheoretischer Sicht näher *Freund/Rostalski,* GA 2018, 264 ff.

[9] Zur Relevanz des Strafzwecks für die Strafzumessung s. statt vieler *Streng,* StV 2018, 593, 595.

[10] In der Sache gilt das bereits für die beiden Vorauflagen, in denen lediglich der Begriff der restitutiven Straftheorie (noch) nicht verwendet wird. Er dient von der 3. Aufl. an der deutlicheren Abgrenzung von den traditionellen Präventionstheorien der Spezial- und Generalprävention. Die von diesen besonderen Präventionstheorien benannten Zwecke liegen als *Straf*zwecke neben der Sache (näher dazu unten Rn. 12 ff., 18 ff.). Eine Neuerung stellt die Vorstellung des Konzepts einer retributiven expressiven Straftheorie dar, die Schuldspruch und Strafe als autonomes Recht der Person des Täters einer Straftat konzipiert und dabei auf jedwede an Drittinteressen orientierte präventive Zweckausrichtung verzichtet.

a) Absolute (zweckfreie) Straftheorien (vergangenheitsbezogene Repression als „Selbstzweck")

9   Absolute Straftheorien, die auf vergangenheitsbezogene Repression setzen, werden herkömmlicherweise mit dem Gedanken der Vergeltung bzw. der Sühne in Verbindung gebracht. Auch das Talionsprinzip des „Auge um Auge, Zahn um Zahn" spielt insofern eine wichtige Rolle. Nach einer absoluten Straftheorie liegen Rechtsgrund und Sinn der Strafe allein in der Vergeltung. Durch die Übelszufügung (Strafe) soll allein das vom Täter schuldhaft begangene Unrecht gerecht ausgeglichen werden.[11] Die **Strafe** ist demnach **nur *vergangenheitsbezogener* repressiver Unrechts- und Schuldausgleich** und frei – also losgelöst (= absolut) – von jeder Zweckerwägung im Sinne einer zukunftsorientierten Prävention.[12] Der Grund der Strafe wird lediglich in der Vergangenheit gesucht („punitur quia peccatum est"). Nach einer absoluten Straftheorie ist Strafe auch dann zu verhängen, wenn sie keinerlei sozialen Nutzen mehr stiftet.

10 Sehr eindrucksvoll wurde dies von *Kant* formuliert: „Selbst wenn sich die bürgerliche Gesellschaft mit aller Glieder Einstimmung auflöste (z. B. das eine Insel bewohnende Volk beschlösse, auseinanderzugehen und sich in alle Welt zu zerstreuen), müsste der letzte im Gefängnis befindliche Mörder vorher hingerichtet werden, damit jedermann das widerfahre, was seine Taten wert sind, und die Blutschuld nicht auf dem Volk hafte, das auf diese Bestrafung nicht gedrungen hat: weil es als Teilnehmer an dieser öffentlichen Verletzung der Gerechtigkeit betrachtet werden kann."[13]

11 Demgegenüber gilt es festzuhalten: Angesichts der **verfassungsrechtlichen Begrenzungen bei hoheitlichen Rechtseingriffen** ist es gegenwärtig nicht mehr möglich, eine vollkommen absolute (zweckfreie) Straftheorie zu vertreten.[14] Allerdings ist es

---

[11] Unklar bleibt freilich, wie die Zufügung eines Übels in Gestalt von Strafe begangenes Unrecht aus der Welt schaffen soll. Vielmehr führt die Bestrafung eher zur Verdoppelung der Übel: Das eine kann das andere nicht aufheben. – Vgl. dazu etwa *Roxin*, AT I[4], § 3 Rn. 8 f.; *Timm*, Gesinnung und Straftat, S. 54.

[12] D. h. die Strafe hat keinen Zweck – oder anders ausgedrückt: Sie ist Selbstzweck. – Anders demgegenüber die „relativen" Straftheorien, bei denen – freilich mit großen Unterschieden im Einzelnen – zumeist die Verhütung zukünftiger Straftaten Zweck der Strafe ist. Wie die retributive expressive Straftheorie i. S. Rostalskis unten Rn. 37 ff. zeigt, sind die Begriffe „relativ" und „präventiv" (mit Blick auf Drittinteressen) allerdings nicht synonym zu verstehen. Vielmehr bietet dieses Konzept einen Legitimationsgedanken von Strafe an, der weder Selbstzweck noch auf zukunftsgerichtete Prävention zum Schutz von Drittinteressen gerichtet ist. Näher zur – zweck- und wertrationale Aspekte verbindenden – relativen Straftheorie der Restitution i. S. *Freunds* sowie der retributiven expressiven Straftheorie i. S. *Rostalskis* unten Rn. 28 ff., 37 ff.

[13] *Kant*, Metaphysik der Sitten, S. 229. – Freilich lassen sich auch absolute Straftheorien – wenngleich mit Abstrichen – in ein zweckorientiertes Präventionsmodell integrieren; vgl. etwa *Seelmann*, JuS 1979, 687 ff. (zu Hegels Straftheorie); *Streng*, Strafrechtliche Sanktionen[3], Rn. 10 ff. m. w. N. – S. dazu noch unten Rn. 24 ff.

[14] Sachlich übereinstimmend z. B. *Haas*, Strafbegriff, S. 235 ff.; *Hörnle*, Straftheorien[2], S. 18 ff.; *Joecks*, in: MünchKommStGB[3], Einl. Rn. 59. – Näher zu den – auch zweckrationalen – Legitimationsbedingungen staatlicher Rechtseingriffe BVerfGE 45, 187, 253 f.; s. a. BVerfGE 90, 145, 171 ff. (Cannabis-Entscheidung); 73, 206, 253 f.; 39, 1, 47; *Frisch*, Tatbestandsmäßiges Verhalten, S. 77 ff., 139 ff., sowie die oben Fn. 1 genannte Literatur. – S. a. *Roxin*, AT I[4], § 3 Rn. 8: „Die

I. Legitimation und Grundbegriffe des Strafrechts

nicht ausgeschlossen, dem Gedanken der gerechten Vergeltung oder genauer noch: dem Gedanken der **angemessenen Reaktion auf den begangenen Normverstoß** in einer zweck- und wertrational fundierten restitutiven Straftheorie den ihm gebührenden und durchaus berechtigten Stellenwert zuzuweisen.[15] In besonderem Maße gelingt dies dem Konzept einer retributiven expressiven Straftheorie, das die Funktion von Schuldspruch und Strafe ausschließlich darin erblickt, den rechtlichen Status des Täters zu bestätigen, der diesem vernunftrechtlich (auch nach der begangenen Straftat) zukommt. Auf diese Weise erfolgt die uneingeschränkte und straftheoretisch konsequente Umsetzung des Ausgleichsgedankens, wonach Strafe ausschließlich eine Reaktion auf begangenes Unrecht ist, nicht aber ein Instrument zur Befriedigung diverser gesellschaftlicher Bedürfnisse.

b) Relative Straftheorien

Den absoluten (zweckfreien) Straftheorien mit vergangenheitsbezogenem Repressionscharakter steht das Lager der relativen Straftheorien gegenüber. Diese verfolgen mit Schuldspruch und Strafe einen ganz bestimmten Zweck. Soweit dieser dezidert in der Erfüllung einer (spezial- oder general-)präventiven Funktion erblickt wird, kann man von einer **besonderen Präventionstheorie** der Strafe sprechen. In deutlichem Gegensatz dazu steht die **restitutive Straftheorie**, die als legitimen Zweck von Schuldspruch und Strafe nur die Widerherstellung (Restitution) des durch die Straftat beeinträchtigten Rechts anerkennt.[16] Demgegenüber gehen die besonderen Präventionstheorien der Strafe davon aus, dass diese spezial- oder generalpräventiv auszurichten sei, was insbesondere für die Strafbemessung i. w. S. von erheblicher praktischer Bedeutung sein kann. In besonders pointierter Form vollzieht sich die Abkehr von den üblichen Präventionsgedanken im Sinne einer Orientierung an den Belangen Dritter durch das Konzept der unten (Rn. 37 ff.)

12

---

metaphysische Idee der Gerechtigkeit zu verwirklichen, ist der Staat als eine menschliche Einrichtung weder fähig noch berechtigt"; *Jescheck/Weigend*, AT⁵, § 8 III 4 (S. 71); *Zippelius*, Rechtsphilosophie⁶, § 37 I 2 (S. 200). – Zur Problematik verschiedener Gerechtigkeitsbegriffe s. etwa *Heimberger*, Der Begriff der Gerechtigkeit im Strafrecht, 1903.

[15] S. dazu unten (§ 1) Rn. 28 ff., § 2 Rn. 9 ff. et passim. – Zum Zusammenhang zwischen personalem Unrecht, Schuld und Strafe vgl. a. *Zaczyk*, FS Otto, 2007, S. 191 ff. Zu einem entsprechenden funktionalen Schuldverständnis vgl. *Streng*, Strafrechtliche Sanktionen³, Rn. 15 ff.

[16] Diese restitutive Straftheorie als spezielle Form der (relativen) präventiven Straftheorie ist auf einer anderen Ebene angesiedelt als die besonderen Präventionstheorien (der Spezial- oder Generalprävention). Zwar wird bei der restitutiven Straftheorie in Gestalt der Wahrung des Rechts dessen verhaltenswirksame Anerkennung (auch) in der Zukunft gewährleistet. Jedoch ist die insofern richtige Maßnahme genau die angemessen missbilligende Reaktion auf die begangene Straftat. Eine weitergehende präventive Ausrichtung darf gerade nicht stattfinden (näher dazu unten Rn. 13 ff., 18 ff.). Eine gänzliche Abkehr von präventiven Begründungsansätzen im herkömmlichen Sinne (Schutz von Drittinteressen) im Bereich der Straftheorie vollzieht die (relative) retributive expressive Straftheorie nach *Rostalski* (unten Rn. 37 ff.).

näher dargestellten **retributiven expressiven Straftheorie**, die einen Zweck von Strafe anbietet, der ausschließlich der Wahrung der Rechtsposition des Täters selbst dient.

aa) Spezialprävention als Strafzweck?

13 *Franz v. Liszt* versteht Strafe als Instrument zur **Einwirkung auf gefährliche Personen**.[17] Sofern sich ein Täter als gefährlich erweist, muss die Gesellschaft vor ihm geschützt werden. Damit künftig von dieser Person keine Gefahren in Gestalt weiterer Tatbegehungen ausgehen, wird sie einer Maßnahme unterworfen, die auf **Besserung, Abschreckung oder Unschädlichmachung** gerichtet ist. Sofern es sich um eine Person handelt, von der keine Besserung mehr zu erwarten ist, sieht *v. Liszt* im äußersten Fall die zeitlich unbefristete Wegsperrung („Unschädlichmachung") vor. Die Theorie richtet ihren Fokus auf den jeweiligen speziellen Täter und wird daher als Konzept der „Spezialprävention" bezeichnet. Sie weist eine „negative" und eine „positive" Spielart auf: Gegenstand der negativen Spezialprävention sind die Abschreckung und Unschädlichmachung des Täters; Gegenstand der positiven Spezialprävention seine Erziehung bzw. Besserung.

14 Seinen berechtigten Stellenwert hat der Gedanke der Spezialprävention im Kontext der **Maßregeln der Besserung und Sicherung** bzw. – allgemeiner formuliert – im Kontext **polizeilicher Gefahrenabwehr** (dazu unten Rn. 65 ff.).

15 Als *Strafzweck* taugt die **Spezialprävention** schon im Ansatz nicht. Sie ist **kein legitimer *Strafzweck***. Die spezialpräventive Lehre zielt darauf ab, bestimmte Effekte beim Täter zu erzielen. Sie macht – konsequent umgesetzt – den Einsatz von Schuldspruch und Strafe von bestimmten Eigenschaften des Täters (insbesondere seiner Gefährlichkeit) abhängig. Das bedeutet etwa: Es bedarf keiner (ggf. so erheblichen) Einwirkung auf den Täter, wenn dieser sich nach der Begehung einer Straftat als nicht gefährlich erweist. Bei **ausgeschlossener Rückfallgefahr** z. B. eines **hochbetagten Mörders**, der erst viele Jahre nach seiner Tat gefasst und überführt werden konnte, müsste konsequenterweise bereits der Schuldspruch unterbleiben. Dagegen müsste der **notorische Taschendieb**, der immer wieder **kleine Diebstähle** begeht, um sein Einkommen etwas aufzubessern – falls er sich als „unverbesserlich" erweisen sollte, notfalls zu einer langjährigen Freiheitsstrafe verurteilt werden, obwohl er diese hohe Strafe für seine begangenen Taten in keiner Weise „verdient" hat. Das lässt sich schon deshalb nicht legitimieren, weil der mit dieser harten Bestrafung verbundene **Vorwurf unberechtigt** ist.

16 Nicht anders verhält es sich, wenn es nicht um drohende Diebstähle, sondern etwa um gewichtige Körperverletzungen geht, die von demjenigen zu erwarten sind, der bislang nur relativ geringfügige begangen hat. Auch dann ist ein langjähriger Freiheitsentzug zum **Schutz der Allgemeinheit** vor der gefährlichen Person jedenfalls **nicht als *Strafe*** zu legitimieren. Der Grund dafür liegt offen zutage: Für die Sicherung der Allgemeinheit bedarf es keines Vorwurfs gegenüber der gefährlichen Person. Erst recht gilt das, wenn ein solcher im Hinblick auf die begangenen – relativ

---

[17] *v. Liszt,* ZStW 3 (1883), 1 ff.; näher dazu *Frisch,* ZStW 94 (1982), 565 ff.

I. Legitimation und Grundbegriffe des Strafrechts

geringfügigen – Taten unzutreffend überzogen ist. Kurzum: Spezialprävention liegt als Strafzweck schlicht neben der Sache![18]

Zur Vermeidung von Missverständnissen: Das Gesagte schließt es keineswegs aus, *gelegentlich* eines als Strafe legitimierten Eingriffs dem Gedanken Rechnung zu tragen, dass der Betreffende nach Verbüßung seiner Strafe möglichst nicht mehr gefährlich und (re-)sozialisiert sein sollte. Umgesetzt werden kann dieser berechtigte Gedanke etwa durch entsprechende **(Resozialisierungs-) Angebote** während eines als Strafe legitimerweise zu verbüßenden Freiheitsentzugs.[19]

bb) Generalprävention als Strafzweck?

Paul Johann Anselm von Feuerbach gilt als prominenter Vertreter einer generalpräventiven Straftheorie. Er versteht Strafe bzw. die Strafandrohung als Instrument zum **Schutz der Gesellschaft** vor künftigen Straftaten.[20] Allerdings soll der Täter seiner Auffassung nach nicht deshalb bestraft werden, weil *von ihm* ausgehende Gefahren abgewendet werden müssen. Vielmehr geht es darum, *allen* **potenziellen Tätern** die **Nachteile vor Augen zu führen**, die die Straftatbegehung mit sich bringen kann, und so für die „Verbrechenslustigen" ein möglichst zugkräftiges Vermeidemotiv zu schaffen (Theorie des „psychologischen Zwangs"). Das Konzept setzt primär auf die **Abschreckung** potenzieller Täter durch Androhung von Schuldspruch und möglichst harter Strafe. Die Bestrafung des Einzelnen nach begangener Tat dient im Grunde nur noch dazu, die Ernsthaftigkeit der Androhung aufzuzeigen. Wegen der **Tendenz zu übergroßer (unverhältnismäßiger) Härte** spricht man insofern von einer **„negativen" Generalprävention**.

Die Theorie der Generalprävention hat in der weiteren Entwicklung auch **„positive" Ausgestaltungen** erfahren, die in der heutigen Strafrechtswissenschaft sehr verbreitet sind. Danach dient die Bestrafung des Einzelnen der **Stärkung des Normbewusstseins** der übrigen Gesellschaftsmitglieder, wenn und soweit diese das nötig haben.[21]

Ebenso wie die besondere präventive Lehre der Spezialprävention zielt auch die der **Generalprävention** auf bestimmte empirisch relevante und prinzipiell **messbare Effekte** ab – allerdings nicht beim konkreten Täter, sondern bei der Allgemeinheit.

---

[18] Sachlich übereinstimmend etwa *Murmann*, GK⁴, § 8 Rn. 33; s. a. *Freund*, GA 1999, 509, 510 m. Fn. 3, 533 f.; *dens.*, GA 2010, 193, 195; *Frisch*, in: Positive Generalprävention, 1998, S. 125, 140 f. – Das gilt nicht minder für das Jugendstrafrecht, namentlich für die deshalb verfassungswidrige Jugendstrafe wegen schädlicher Neigungen; näher dazu *Konze*, Die Jugendstrafe wegen schädlicher Neigungen gemäß § 17 II Fall 1 JGG – Gemessen an den Grundsätzen angemessenen Strafens, 2015, S. 93 ff., 127 f.

[19] S. dazu *Freund*, GA 2010, 193, 202 f.; *Murmann*, GK⁴, § 8 Rn. 26 a. E.; vgl. a. *Hörnle*, Straftheorien², S. 25.

[20] *v. Feuerbach*, Lehrbuch¹⁴, §§ 13 ff.

[21] I. S. eines solchen Konzepts wohl *Kaspar*, AT² § 1 Rn. 14 ff.; *Kuhlen*, in: Positive Generalprävention, 1998, S. 55 ff. – Mit Recht krit. demgegenüber etwa *Murmann*, GK⁴, § 8 Rn. 38; s. a. *Frisch*, in: Positive Generalprävention, 1998, S. 125, 133 ff.

Die generalpräventive Lehre macht den Einsatz von Schuldspruch und Strafe abhängig von einem bestimmten **Zustand der Gesellschaft** – insbesondere davon, ob bei irgendwelchen Mitgliedern die Besorgnis besteht, dass sie ihrerseits straffällig werden. Das bedeutet etwa: Zur Generalprävention bedarf es keiner (ggf. so erheblichen) Einwirkung auf den Täter, wenn die Gesellschaft durch besonders rechtstreue Individuen geprägt ist, die nicht abgeschreckt oder an ihre Normtreue erinnert werden müssen. Dagegen müsste konsequenterweise die **Strafe** gegenüber dem Täter dann **härter** ausfallen, wenn **andere Personen** aufgrund einer **speziellen Anreizsituation** in der großen Versuchung stehen, entsprechende Taten zu begehen. Beides liegt neben der Sache: Derartiges ist als *Strafe* für den konkreten Täter wegen seiner begangenen Tat schon deshalb nicht zu legitimieren, weil der mit der verhängten **Strafe** unhintergehbar verbundene **Vorwurf** in seiner Intensität schlicht **unzutreffend** ist – das eine Mal ist er zu schwach und das andere Mal unverdient überzogen hart.[22] Jedenfalls Letzteres verstieße sogar gegen die Menschenwürde.[23] Kurzum: Auch eine derartige **Generalprävention** ist **als *Strafzweck* verfehlt**.

c) Vereinigungstheorien

21 Großer Beliebtheit erfreuen sich in der deutschen Strafrechtswissenschaft so genannte Vereinigungstheorien, die sämtliche oder jedenfalls mehrere „Straf"-Zwecke miteinander kombinieren. Auch der Bundesgerichtshof vertritt in seiner „**Spielraumtheorie**" eine Vereinigungslehre.[24] Weil keine der gängigen Straftheo-

---

[22] Ein Beispiel für eine entsprechende Fehlleistung sogar des Gesetzgebers bietet die Strafschärfungsregelung des § 164 Abs. 3 für den Fall, dass falsch verdächtigt wird, um eine (unverdiente) Milderung der eigenen Bestrafung oder gar ein Absehen von Strafe zu erreichen. Das liegt geradezu klassisch auf der Linie *Feuerbachs* mit seiner Idee der Schaffung eines zugkräftigen Vermeidemotivs bei dem, der in starker Versuchung steht, eine Straftat zu begehen. Unabhängig von der empirischen Haltbarkeit eines derartigen Konzepts ist es jedenfalls normativ inakzeptabel, gerade dem Täter einen größeren Vorwurf zu machen, der ein menschlich durchaus verständliches und für sich genommen rechtlich nicht zu beanstandendes Motiv für die Tatbegehung hat und bei dem deshalb die Tatvermeidemacht entsprechend eingeschränkt ist. Konkret: Wenn von zwei Tätern einer im Wesentlichen gleichen falschen Verdächtigung der eine unter den Voraussetzungen des § 164 Abs. 3, der andere dagegen aus purer Bosheit ohne jeden nachvollziehbaren Anlass handelt, ist die Tat des zweiten sogar erheblich gewichtiger als die des ersten. Daran kann selbst der Gesetzgeber aufgrund seiner Bindung an höherrangiges Recht nichts ändern. – Zur Kritik an § 164 III s. a. *Zopfs*, ZIS 2011, 669 ff.

[23] Zutreffend gegen generalpräventiv motivierte Strafschärfungen etwa *Köhler*, Über den Zusammenhang von Strafrechtsbegründung und Strafzumessung, 1983, S. 40 ff.; deren spekulativen Charakter rügt mit Recht *Frisch*, ZStW 99 (1987), 349, 365, 370 f.

[24] S. dazu etwa BGHSt 7, 28, 32; 24, 132, 133 f.; 27, 2, 3; *Haas*, Strafbegriff, S. 274 ff.; *Jescheck/Weigend*, AT[5], § 82 IV Nr. 6, (S. 880 f.); *Streng*, StV 2018, 593, 597 f.; *dens.*, Strafrechtliche Sanktionen[3], Rn. 626 ff., jew. m. w. N. – Speziell die Spielraumtheorie mag verlockend sein, scheitert aber, sobald die Schuldstrafenbestimmung nach rechtsstaatlich akzeptablen Kriterien vorgenommen wird und insbesondere insofern (im Wesentlichen) gleiche Fälle auch gleich behandelt werden. Dann gibt es keinen „Spielraum" mehr für präventive Spekulationen. Näher zur Kritik an der Spielraumtheorie *Frisch*, ZStW 99 (1987), 349, 362 f.; *Hörnle*, Tatproportionale Strafzumessung,

rien für sich genommen überzeugt, verfolgen solche Vereinigungstheorien die Absicht, tatsächliche oder vermeintliche Stärken der unterschiedlichen Modelle zu nutzen.

Indessen ist auch eine solche Vorgehensweise abzulehnen. Dies liegt zum einen daran, dass sich die unterschiedlichen Theorien gegenseitig widersprechen („**Antinomie der Strafzwecke**"[25]). Beispielhaft drängen Vergeltungslehren auf den Ausgleich der Tat und bemessen die Härte der Strafe daher an dem zu verantwortenden Unrecht. Demgegenüber streben besondere präventive Lehren eine Berücksichtigung der aktuellen gesellschaftlichen Verhältnisse bzw. der Gefährlichkeit des Täters an. Das führt vor allem zu erheblichen **Abweichungen** von der Strafe, die allein **tatproportional** wäre. 22

Entscheidender Kritikpunkt gegenüber Vereinigungstheorien ist freilich Folgender: Die jeweiligen **legitimatorischen Schwächen** einer Theorie (fehlender legitimer Zweck bei einer vollkommen absoluten Straftheorie; Verstoß besonderer präventiver Lehren gegen das grundlegende Erfordernis des Zutreffens des mit Schuldspruch und Strafe erhobenen Vorwurfs auch der Intensität nach) können **nicht ausgeglichen** werden. Sie bleiben vielmehr erhalten und werden in Kombinationsmodellen noch **verschärft** durch die **zusätzlichen Mängel** der übrigen Theorien. 23

3. Restitutive Straftheorie (nach Freund) und retributive expressive Straftheorie (nach Rostalski)

Nach allem Bisherigen leiden die **traditionellen Strafzweck-Konzepte** allesamt unter einem grundlegenden – jeweils unterschiedlich gearteten – **Legitimationsdefizit:** Vollkommen **absoluten Straftheorien fehlt** der unter den heutigen verfassungsrechtlichen Bedingungen unverzichtbare **legitime Zweck**, ohne den der mit Schuldspruch und Strafe verbundene Rechtseingriff nicht zu legitimieren ist. Strafe kann nicht Selbstzweck sein, sondern muss einen Zweck verfolgen, der im Aufgabenbereich des Staates liegt. Präventive Konzepte der **Spezial- oder Generalprävention** benennen zwar grundsätzlich **legitime Zwecke:** Sie erstreben den **Schutz der Allgemeinheit** durch Verhinderung zukünftiger (Straf-)Taten entsprechend gefährlicher Personen – namentlich des rückfallgefährdeten Täters selbst oder irgendwelcher anderer mehr oder weniger zu Straftaten neigender Personen. Indessen ist **zur Erreichung dieser Zwecke** das spezifische Mittel der **Strafe nicht planmäßig einsetzbar**. Mit Schuldspruch und Strafe ist unhintergehbar ein entsprechender **Vorwurf bestimmter Art und Intensität** verbunden.[26] Wenn der erhobene Vorwurf nicht stimmt, ist ein solcher nicht nur ungerecht, sondern auch 24

S. 23 ff.; *Köhler,* Strafrechtsbegründung und Strafzumessung, S. 22 ff.; s. dazu auch *Freund,* GA 1999, 509, 515 ff., 524 ff.

[25] Zur Problematik der „Antinomie der Strafzwecke" s. etwa *Jescheck/Weigend,* AT[5], § 8 V (S. 76), § 82 IV 5 (S. 879); *Streng,* Strafrechtliche Sanktionen[3], Rn. 46.

[26] Zu diesem für die Erreichung des Strafzwecks entscheidenden Quantifizierungsaspekt s. *Hörnle,* Straftheorien[2], S. 44 f.

zweckrational vollkommen unsinnig. Eine „Strafe ohne Vorwurf" wäre keine Strafe mehr, sondern eine andere Maßnahme des Staates, die als solche eigenständig legitimiert werden müsste – etwa als Maßregel der Besserung und Sicherung.

25 Mit Konzepten der „Strafe", die aus spezial- oder generalpräventiven Gründen verhängt wird, verhält es sich wie beim **Umgang mit dem Dornbusch**, dessen Dornen mehrfach ahnungslose Passanten verletzt haben und über den man zum **Schutz der Allgemeinheit** eine seinen freien Wuchs beschränkende Glasglocke mit einer Aufschrift gestülpt hat, die lautet: So werden alle Körperverletzer bestraft – und zwar lebenslang, wenn sie sich nicht bessern! – Das wäre **als Strafe absurd**.

26 Daher bleibt festzuhalten: Jede **Modifikation der Intensität der „Strafe"** aus spezial- oder generalpräventiven Gründen führt dazu, dass ein unzutreffender (zu gewichtiger oder zu schwacher) Vorwurf erhoben wird. Dafür fehlt unter jedem erdenklichen zweck- und wertrationalen Blickwinkel die Berechtigung. Darin liegt ein krasser **Etikettenschwindel** und ein eklatanter **Missbrauch** des Instituts der Strafe.[27]

27 Derartige Konzepte sind nicht zuletzt bereits im Hinblick auf elementare rechtsstaatliche Anforderungen unhaltbar: Jedenfalls in spezial- oder generalpräventiv motivierten Strafschärfungen liegt stets auch ein Verstoß gegen den Gesetzlichkeitsgrundsatz des **Art. 103 II GG**. Das **Strafgesetz als Ermächtigungsgrundlage** trägt nur **strafende Eingriffe** in Gestalt angemessen missbilligender Reaktion auf die begangene Straftat. Mehr ist spezifisch strafrechtlich nicht gestattet. Im Strafgesetz, das Schuldspruch und Strafe vorsieht, fehlt jeglicher Anhalt dafür, dass irgendwelche außerhalb seines speziellen Normprogramms liegende Eingriffe zur **Befriedigung** irgendwelcher **spezial- oder generalpräventiver Bedürfnisse** ermöglicht werden sollen. An diesem Befund ändern auch bestimme (Strafzumessungs-)**Regelungen des AT** nichts.[28] Denn zum einen sind diese ohne Weiteres im Wege verfassungskonformer Auslegung als zutreffende **Schuldstrafenkonkretisierungen** verstehbar. Und zum anderen wären sie bei fehlerhaftem Verständnis i. S. eines Freibriefs für **spezial- oder generalpräventiv motivierte Strafschärfungen** viel **zu unbestimmt**, um als dafür tragfähige Ermächtigungsgrundlage herhalten zu können.[29] Auch ein Straftäter darf von Rechts wegen nur für seine begangene Tat gemäß dem einschlägigen Strafgesetz zur Verantwortung gezogen werden. Er wird durch die Begehung einer Straftat nicht etwa „vogelfrei" und zum möglichen Objekt für beliebige Eingriffe ohne ausreichende Ermächtigungsgrundlage.

---

[27] Insofern sachlich übereinstimmend etwa *Hörnle,* Tatproportionale Strafzumessung, S. 135 ff., 388 f. m. w. N. – Dass bei Ergreifen des speziellen Mittels der Strafe der angestrebte Zweck mit der gerechten Vergeltung kompatibel sein muss, betont mit Recht *Kargl,* GA 1998, 53, 64; vgl. a. *Streng,* Strafrechtliche Sanktionen³, Rn. 34 f. – Weitergehende „Maßnahmen" sind nicht mehr *als Strafe* legitimierbar (zu den Maßregeln der Besserung und Sicherung s. unten [§ 1] Rn. 65 f.).

[28] Besonders beliebt ist etwa die Berufung auf § 46 I 2 (Berücksichtigung der Strafwirkungen für das künftige Leben des Täters in der Gesellschaft); vgl. dazu z. B. *Haas,* Strafbegriff, S. 285 ff.

[29] Näher dazu *Freund,* GA 1999, 509, 532 ff.

I. Legitimation und Grundbegriffe des Strafrechts

a) Restitutive Straftheorie (nach Freund): Schuldspruch und Strafe als angemessen missbilligende Reaktion zum Ausgleich der durch die Straftat zu verantwortenden Beeinträchtigung des Rechts

Im Hinblick auf den zwingenden Vorwurfscharakter des spezifischen Mittels der Strafe ist nach allem Bisherigen allein eine diesem *vergangenheitsbezogenen* Umstand Rechnung tragende Straftheorie ausbaufähig – also eine Konzeption, bei der **auf die *begangene* Straftat angemessen missbilligend reagiert** wird. Denn Schuldspruch und Strafe für eine noch gar nicht begangene zukünftige Tat wären nicht nur ungerecht, sondern bereits unsinnig. Allerdings fehlt noch ein – auch verfassungsrechtlich tragfähiger – guter Grund, weshalb der Staat tatsächlich auf eine Straftat mit Schuldspruch und Strafe angemessen missbilligend reagieren darf und je nach Fallgestaltung auch reagieren muss, wenn er seiner **Aufgabe** (der Gewährleistung eines freiheitlichen Zusammenlebens) **gerecht werden** soll. In der Terminologie des verfassungsrechtlichen Verhältnismäßigkeitsgrundsatzes heißt das: Mit **Schuldspruch und Strafe** muss auch und gerade im Hinblick auf deren **strikten Vergangenheitsbezug** in Form der Orientierung an der verübten Straftat ein **legitimer Zweck** verfolgt werden. Genau zu dessen Erreichung muss dieses spezifisch strafrechtliche Mittel geeignet, erforderlich und angemessen sein. Diese Voraussetzungen können von vornherein nur erfüllt sein, wenn mit Schuldspruch und Strafe nach Art und Intensität ein **zutreffender Vorwurf** erhoben wird.

28

In diesem Zusammenhang greift es zu kurz, wenn als *spezifische* **Schutzaufgabe von Strafe** – als deren legitimer Zweck – der „Rechtsgüterschutz" benannt wird. Der Schutz von Rechtsgütern[30] wie Leben, Leib, Freiheit und Eigentum liegt zwar allgemein im Aufgabenbereich des Staates, er kann aber durch das Instrument der Strafe nur in einem vermittelten Sinne erzielt werden: Wenn Strafe verhängt wird, ist „das Kind bereits in den Brunnen gefallen": Die Bestrafung des Mörders macht das Opfer nicht wieder lebendig. Durch die Bestrafung des Täters einer Sachbeschädigung wird die zerstörte Vase nicht wieder heil. Für das konkret betroffene Rechtsgut (in den Beispielen: Leben und Eigentum des Opfers) kommt die Strafe immer zu spät. Sollen diese Rechtsgüter geschützt werden, so müssen sie noch unverletzt bestehen. Derartiger **Rechtsgüterschutz** kann also **immer nur für die Zukunft** gewährt werden.[31] Der Schutz von Rechtsgütern wie Leben, Eigentum und Freiheit lässt sich nur durch das Aufstellen von Ge- und Verboten – also mit **Verhaltensnormen** – erreichen. Um eine solche

29

---

[30] Nach *Roxin*, AT I⁴, § 2 Rn. 7 „sind unter Rechtsgütern alle Gegebenheiten oder Zwecksetzungen zu verstehen, die für die freie Entfaltung des Einzelnen, die Verwirklichung seiner Grundrechte und das Funktionieren eines auf dieser Zielvorstellung aufbauenden staatlichen Systems notwendig sind."

[31] Im Anschluss an *Jakobs* mit Blick auf den Rechtsgüterschutz als zu erfüllender Aufgabe zwischen nicht mehr beeinflussbarer Vergangenheit und noch beeinflussbarer Zukunft zutreffend differenzierend etwa *Heckler*, Ermittlung der Rücktrittsleistung, S. 81 ff.; *Sancinetti*, FS Jakobs, 2007, S. 583, 599 f.

Verhaltensnorm handelt es sich etwa bei dem – freilich konkretisierungsbedürftigen – Verbot: „Du sollst nicht töten".[32]

30 Wenn Strafe ihrerseits *nach* begangener Straftat etwas schützen soll, so muss noch ein rettungsfähiges Gut vorhanden sein – ein Gut, das gerade durch Schuldspruch und Strafe als eingesetztes Mittel vor drohendem Schaden bewahrt werden kann. Dann muss der Verstoß gegen die Verhaltensnorm, der die Straftat begründet, über die bereits eingetretene Verletzung des Rechtsgutes der Verhaltensnorm hinaus die **Bedrohung eines Interesses** darstellen, gegen die noch etwas unternommen werden kann. Um diese klar zu benennen, hilft es, den Aussagegehalt der durch den Täter begangenen Straftat innerhalb der rechtlich verfassten Gemeinschaft näher zu analysieren.

31 Die **Rechtsgemeinschaft** wird **konstituiert durch Normen** – insbesondere durch rechtliche **Verhaltensnormen**, die das freiheitliche Zusammenleben regeln. Deren Wahrung sorgt dafür, dass die Bürger in friedlicher Koexistenz leben können. Wer nun aber als vernunftbegabter Bürger gegen eine Verhaltensnorm verstößt – zum Beispiel gegen das Diebstahlsverbot –, der bringt durch sein Verhalten zum Ausdruck, jedenfalls diese übertretene Vorschrift punktuell nicht zu achten. Er „kommuniziert" – ob er will oder nicht – mit der Gemeinschaft, indem er ihr **durch** seinen **Verhaltensnormverstoß in konkludenter Form** vermittelt, dass diese **Norm** im verhaltensrelevanten Zeitpunkt **für ihn keine Gültigkeit** hat. Er setzt seine eigenen Maximen über die des Rechts.[33]

32 Wer die **Straftat als bedeutungsvollen Akt** – als eine Art der Kommunikation des Täters mit der rechtlich verfassten Gemeinschaft – auffasst, erkennt zugleich, dass der Staat mit einer **angemessenen Antwort** reagieren muss. Nur dann wird der Straftäter als Bürger und Person ernstgenommen und geachtet.[34] Die Antwort hat bei der Begehung einer Straftat die Gestalt von **Schuldspruch und Strafe**. Damit formuliert die rechtlich verfasste Gemeinschaft ihren **passenden Widerspruch gegenüber dem Verhaltensnormverstoß** des Täters als der konkludenten Behauptung, das Recht nicht wahren zu müssen.[35] Sie teilt ihm mit, dass das falsch ist und dass sie trotz seines entgegenstehenden Verhaltens weiterhin an der rechtlichen Verhaltensnorm festhält, die er in der konkreten Situation hätte bilden und befolgen können und müssen, die er aber dennoch übertreten hat.[36]

---

[32] Näher zur Problematik des Tötungsverbots *Ingelfinger*, Grundlagen und Grenzbereiche des Tötungsverbots – Das Menschenleben als Schutzobjekt des Strafrechts, 2004. – Zu den Entstehungsbedingungen kontext- und adressatenspezifischer Ver- und Gebote aus normentheoretischer Sicht *Freund/Rostalski*, GA 2018, 264 ff.

[33] *Freund*, Erfolgsdelikt und Unterlassen, S. 83, 88 f.; *Jakobs*, Norm, Person, Gesellschaft³, S. 109 ff., 111 ff.; *Rostalski*, Der Tatbegriff im Strafrecht, B. I. 2.; *dies.*, RW 2015, 1, 18 ff.; *dies.*, GA 2016, 73, 74 f.; *Timm*, Gesinnung und Straftat, S. 42 f.

[34] *Rostalski*, Der Tatbegriff im Strafrecht, B. I. 2.; s. a. *Hegel*, Grundlinien, § 100.

[35] Zum Verständnis von Schuldspruch und Strafe als Widerspruch gegenüber dem Verhaltensnormverstoß des Täters s. a. *Jakobs*, AT², 1/9 ff.; *dens.*, Staatliche Strafe, S. 28 ff.; weiterführend *Frisch*, GA 2015, 65, 67 f., 75 ff.

[36] Zu den Problemen der *Bildung* und *Befolgung kontext- und adressatenspezifischer* (Verhaltens-) Normen näher *Freund/Rostalski*, GA 2018, 264 ff., 270 ff.

I. Legitimation und Grundbegriffe des Strafrechts

Schuldspruch und Strafe als angemessen missbilligende „Antwort" auf die begangene Straftat sind nicht Selbstzweck, sondern haben für das weitere Zusammenleben in der Rechtsgemeinschaft (auch mit dem Täter) eine wichtige **Funktion** – sie verfolgen einen für den Bestand der rechtlich verfassten Gemeinschaft sogar unverzichtbaren legitimen Zweck: Es geht um die **Wahrung des Rechts** als nicht nur abstraktes Gebilde, sondern **als verhaltenswirksame Ordnung des Zusammenlebens**, die in bestimmten Entscheidungssituationen zu konkretisieren und zu befolgen war und ist.[37]

33

Ein solches Legitimationsmodell kann als **restitutive Straftheorie** bezeichnet werden. Tragende Funktion der restitutiven Strafe ist demnach die **geltungssichernde ausgleichende Ahndung** eines begangenen Normverstoßes (Straftat) zur Wiederherstellung (Restitution) des status ante delictum. Die **geltungssichernde ausgleichende Ahndung** des begangenen Normverstoßes dient der Beseitigung der Rechtsbeeinträchtigung, die der Täter mit seiner Straftat zu verantworten hat.[38]

34

Die restitutive Straftheorie besitzt also eine „relative" Dimension.[39] Sie erweist sich als nicht zweckfrei, ohne aber die Fehler der besonderen präventiven Lehren zu begehen. Vielmehr erfolgt die **Bestätigung des Rechts** auf Kosten des Täters **im Interesse aller Bürger** und damit letztlich **auch des Täters selbst**. Eine unzulässige Instrumentalisierung liegt darin deshalb nicht, weil er allein nach Inhalt und Ausmaß seiner Verantwortung zur Rechenschaft gezogen wird.[40]

35

Der Unterschied zwischen der restitutiven Straftheorie und einer vollkommen absoluten Straftheorie wird an einem – zugegebenermaßen konstruierten – **Beispiel** deutlich: Wenn auf der ganzen Welt nur noch zwei Menschen leben, die eine rechtlich verfasste Gemeinschaft bilden, und einer den anderen unter Verstoß gegen eine rechtlich legitimierte Verhaltensnorm tötet, muss eine vollkommen absolute Straftheorie die Strafbarkeit bejahen. Nach der restitutiven Konzeption lässt sich in einem solchen Fall eine Bestrafung dagegen nicht mehr legitimieren, weil es an einem legitimen Strafzweck fehlt: Mit dem **Wegfall der Rechtsgemeinschaft** gibt es auch kein Recht mehr, dessen Fortbestand geschützt werden könnte.[41]

36

---

[37] Sachlich übereinstimmend *Frisch*, in: Positive Generalprävention, 1998, S. 125, 139 f.: Schuldspruch und Strafe stellen „das durch die Tat gestörte Recht(sverhältnis) wieder her".– Zum Verständnis von Schuldspruch und Strafe als Negation der Negation des Rechts s. bereits *Hegel*, Grundlinien, § 97, § 99.

[38] Auf dieser Linie liegend bereits *Freund*, Erfolgsdelikt und Unterlassen, 1992, S. 80 ff., 85 ff., 107 ff.; vgl. dazu auch *Frisch*, in: Positive Generalprävention, 1998, S. 125, 139 f.; *dens., GA* 2015, 65, 67 f., 75 ff.; *Murmann*, GK^4, § 8 Rn. 22 (wenngleich im Kontext absoluter Straftheorien): „Wiederherstellung des verletzten Rechts", jew. m. w. N.

[39] Sie lässt sich vor diesem Hintergrund begreifen als Fortentwicklung generalpräventiver Lehren, wie sie uns u. a. begegnen bei *Jakobs*, AT^2, 1/9 ff.; s. a. *dens.,* Norm, Person, Gesellschaft^3, S. 108 ff.; konkretisierend *dens.,* Staatliche Strafe, S. 28 ff.; s. ferner *Appel,* Verfassung und Strafe, S. 460 ff. (Strafe als Instrument der Normrehabilitierung); *Frisch,* in: Von totalitärem zu rechtsstaatlichem Strafrecht, 1992, S. 201, 241; *Frister,* AT^8, 2. Kap. Rn. 26 f. – Zur entsprechenden Einordnung vgl. *Hörnle,* Straftheorien^2, S. 32 ff.

[40] Vgl. zu diesem wichtigen Aspekt der Legitimation von Schuldspruch und Strafe dem davon Betroffenen gegenüber *Hörnle,* Straftheorien^2, S. 47 ff.

[41] In dem bekannten Inselbeispiel *Kants* stellt sich dagegen durchaus die Frage, ob das Inselvolk, das sich als solches auflöst und in alle Welt zerstreut, nicht auch Elemente seines Rechts weiterträgt, die in ihrem Bestand nach wie vor zu schützen sind.

b) Retributive expressive Straftheorie (nach Rostalski): Schuldspruch und Strafe als angemessen missbilligende Antwort auf die begangene Straftat zur Bestätigung des Status des Täters als Gleicher im Recht

37 Das notwendige Verständnis des Bestrafungsvorgangs als **Akt der Kommunikation** mit dem Täter, der auf seine **Infragestellung des Rechts** (= die Straftat) eine **angemessene Antwort** erhält, ist bereits angeklungen. Die **Straftheorie der Restitution nach** *Freund* weist der angemessen missbilligenden Reaktion mit Schuldspruch und Strafe die Aufgabe zu, die Geltung des Rechts als verhaltenswirksame Ordnung des Zusammenlebens zu bewahren. Diese Reaktion ist zwar strikt orientiert an der rechtlichen Bewertung der begangenen Tat, hat aber auch einen an Drittinteressen orientierten Zukunftsbezug: Es geht um **Normgeltungssicherung im Interesse aller Mitglieder der Rechtsgemeinschaft.**

38 Demgegenüber vollzieht die **retributiv expressive Straftheorie nach** *Rostalski* eine vollständige Abkehr von einer solchen **an Drittinteressen ausgerichteten Zukunftsorientierung** von Strafe. Aufbauend auf der Erkenntnis, dass die Straftat („Infragestellung des Rechts") und die Bestrafung („angemessen missbilligende Antwort") als Akte der Kommunikation zwischen dem Täter und der Gesellschaft zu klassifizieren sind, bietet sie hierfür eine Begründung, die **allein die Rechte des Einzelnen** in den Blick nimmt. So bedarf es der Bestrafung des Täters, weil dieser trotz seiner Straftat nach wie vor gleichberechtigtes Mitglied der Gesellschaft ist. In einem freiheitlichen Rechtsstaat herrscht rechtliche Gleichheit sämtlicher Bürger. Der kommunikative **Ausspruch eines Gleichberechtigten** darf aber nicht unbeantwortet bleiben – vielmehr **verdient** er als Bürger eine **Antwort auf** seine **unberechtigte Freiheitsanmaßung**, die im Fall einer Straftatbegehung in Gestalt von Schuldspruch und Strafe erfolgt.[42]

39 Im Mittelpunkt der retributiven expressiven Straftheorie steht die **angemessene Reaktion auf die spezifische Straftat**. Weil der Straftäter seinen Status als Gleicher im Recht durch sein Fehlverhalten nicht einbüßt, verhallt sein „Ruf" nicht unbeantwortet. Im Gegenteil verdient er eine Antwort, die sich konsequent an dem Gewicht (der „Lautstärke" bzw. Intensität) seiner Infragestellung des Rechts orientiert. Getragen ist dieses straftheoretische Modell von dem Gedanken des Ausgleichs unberechtigt angemaßter Freiheitssphären. Durch den Verhaltensnormverstoß nimmt sich der Täter mehr Freiheit, als ihm nach dem Gesellschaftsvertrag zusteht. Diesen Überschuss auszugleichen, dient die Strafe, die dem Einzelnen ausschließlich in diesem Umfang Freiheit nimmt. Das Konzept kann daher als **„retributive expressive Straftheorie ausgleichender Ahndung"** bezeichnet werden.

40 Es garantiert eine tatangemessene Reaktion auf das individuelle Fehlverhalten. Weil in ihrem Zentrum der kommunikative Akt des Einzelnen steht, läuft sie nicht Gefahr, diesen aus dem Blick zu verlieren. Vielmehr determiniert die Straftat sowohl

---

[42] *Rostalski*, Der Tatbegriff im Strafrecht, B. I. 2.; s. dort auch näher dazu, dass der Straftäter durch seine Tat seinen Status als Bürger nicht verliert; s. ferner dort (B. I. 3.) zu der auch im Hinblick auf eine expressive Straftheorie bestehenden Notwendigkeit der Verhängung eines zusätzlichen Strafübels neben dem Schuldspruch.

I. Legitimation und Grundbegriffe des Strafrechts

den Ausgangspunkt der strafenden Reaktion als auch deren Maß. Um im Bilde zu bleiben, provoziert der „Ruf" bzw. die „Behauptung" des Täters allein einen ebenso „lauten" Widerspruch, der mit dem richtigen Schuldspruch einzuleiten und auch im Übrigen strikt an der begangenen Tat auszurichten ist. Weil der Täter gleichberechtigter Kommunikationspartner in einem freiheitlichen Gemeinwesen ist, wird er nicht „niedergeschrien" bzw. „übertönt". Ebenso darf sein „Ruf" nicht bzw. nicht teilweise ohne Antwort verhallen. Wird er gehört, verdient der Täter als (nicht zuletzt *qua Verfassung*) gleichberechtigter Bürger eine angemessene Antwort. Aus diesem Grund hat sich die strafende Reaktion auf sein Fehlverhalten konsequent an dessen Art und Gewicht zu orientieren: Nicht nur der **Schuldspruch muss zutreffen**, sondern auch im Übrigen sind sowohl **zu harte** als auch **zu geringe Strafen** von vornherein **ausgeschlossen**.[43]

Das Modell der expressiven retributiven Straftheorie nach *Rostalski* trägt der Einsicht Rechnung, dass in einem freiheitlichen Rechtsstaat weder ein Schuldspruch noch eine Bestrafung konkreter Art und Höhe mit **präventiven Überlegungen**, die **Drittinteressen** in den Blick nehmen, legitimiert werden kann. Grund hierfür ist der damit unweigerlich einhergehende **Verstoß gegen die Menschenwürde** gemäß Art. 1 Abs. 1 GG („Instrumentalisierungseinwand").[44] Mit präventiven Straftheorien, die Strafe in den Dienst der Vermeidung künftiger Straftaten zum Schutz Dritter stellen, geht eine qua Verfassung untersagte **Instrumentalisierung** des Täters einher.[45] Ganz deutlich zeigt sich dies anhand der **generalpräventiven Lehren**. Danach wird der Einzelne bestraft, um potenzielle Täter von deren künftigen Straftaten abzuhalten – sei es durch **Abschreckung** oder die **Stärkung schwächelnder Rechtstreue**. Auf diese Weise verkommt das Individuum zum bloßen Mittel zu dem Zweck, Effekte bei anderen zu erzielen. 41

Auch **spezialpräventive Straftheorien** verstoßen gegen die Menschenwürde. Dies verdeutlicht ein Nachdenken über das **Menschenbild**, das spezialpräventive Straftheorien zugrunde legen. Darin wird der Täter als grundsätzlich gefährliche Person eingestuft, der nicht länger zugetraut wird, sich rechtskonform zu verhalten. Deutlich gesprochen heißt dies also, dass dem Täter seine Vernunft abgesprochen wird. Wer nämlich vernünftig ist, der hat eine Einsicht in die Gründe, die etwa gegen die Tötung einer Person sprechen. Von einem Vernünftigen erwarten wir daher, 42

---

[43] I. E. ebenso bereits *Freund*, Erfolgsdelikt und Unterlassen, S. 109 ff.
[44] S. *Binding*, Abhandlungen I, S. 69 f.; *Calliess*, NJW 1989, 1338, 1340; *Günther*, Recht und Moral, S. 205, 214 ff.; *Hassemer*, Hauptprobleme der Generalprävention, S. 29, 32 f.; *Köhler*, Strafrechtsbegründung und Strafzumessung, S. 36 ff., 40 ff.; *Lüderssen*, Hauptprobleme der Generalprävention, S. 54, 56 f.; *Naucke*, Hauptprobleme der Generalprävention, S. 9, 20 f., 26; *Pawlik*, Rudolphi-FS, S. 213, 216, 226 f. Speziell zur Kritik an *v. Feuerbach* s. *Jakobs*, Staatliche Strafe, S. 21 ff., 36. Eine ausführliche Auseinandersetzung mit der Frage der Verletzung der Menschenwürde des Einzelnen durch die negative Generalprävention findet sich bei *Meyer*, Gefährlichkeitsdelikte, S. 29 ff.; *Pawlik*, Person, Subjekt, Bürger, S. 25 ff.; *dems.*, ZIS 2006, 274, 282; *Timm*, Gesinnung und Straftat, S. 50 ff. – S. dazu, dass sich dieser Vorwurf auch gegen sämtliche Spielarten der Spezialprävention richtet, *Rostalski*, Der Tatbegriff im Strafrecht, B. I. 4. a.
[45] Zur „Objektformel" s. BVerfGE 9, 89, 95; 27, 1, 6; 28, 386, 391; 45, 187, 228; 50, 166, 175; 87, 209, 228; vgl. außerdem BVerfGE 5, 85, 204; 7, 198, 205; BVerwG, NJW 1982, 664, 664.

dass er künftig, auch wenn er in der Vergangenheit einmal fehlgegangen ist, grundsätzlich wieder die richtige Entscheidung treffen wird. Anders müssen dies aber die Vertreter der Spezialprävention sehen: Danach sind **Täter wie Unmündige zu „behandeln"**, sie müssen **„erzogen"** bzw. **„abgeschreckt"** werden, denn durch Vernunftgründe lassen sie sich nach dieser Position nicht länger ansprechen. Das durch spezialpräventive Straftheorien zugrunde gelegte Menschenbild widerspricht damit dem verfassungsrechtlichen Würdekonzept. Danach ist es die Vernunft – die Fähigkeit zur Selbstbestimmung – die die Würde des Menschen auszeichnet. Wer Menschen wie Unmündige behandelt, greift in besonderem Maße in ihre Würde ein.

43   Im Gegensatz dazu gelingt es der hier vorgestellten **retributiven expressiven Straftheorie**, Strafe unter **Wahrung der Würde** des einzelnen Täters und **damit im Einklang mit der Verfassung zu legitimieren**. Auf diese Weise werden nicht etwa die Rechte des Einzelnen zuletzt gegen ihn selbst ausgespielt, was in einen – seinerseits unzulässigen – Paternalismus mündete. So unterliegt der Täter, der eine Straftat begeht, in folgenschwerer Weise einer Fehleinschätzung, indem er gegen eine Rechtsordnung verstößt, die gerade auch für ihn selbst größere Vorteile bereithält als ein Leben in einem rechtlosen Naturzustand.[46] Er handelt insoweit (selbst-)widersprüchlich, weshalb es auch einzig konsequent ist, dass der mit Schuldspruch und Strafe verbundene Eingriff in seine Rechte damit begründet wird, dass nur dadurch der ihm **vernunftrechtlich zukommende Status** unter Einschluss seiner **Menschenwürde** gewahrt werden kann. Auf diese Weise werden freilich auch die Rechte Dritter gewahrt, die kein Interesse daran haben können, dass ein Gesellschaftsmitglied in seiner Würde verletzt wird. Auch entspricht es den Interessen Dritter, dass ein Ausgleich für die durch den Täter zu Unrecht erfolgte Freiheitsanmaßung erfolgt. In dem Vernunftrecht, das dem Täter zuteil wird, sind damit berechtigte Drittinteressen durchaus aufgehoben. Gleichwohl bedarf es ihrer Berücksichtigung nicht zur Legitimation von Strafe.

44   Nach alledem gilt: Durch **Strafe** erfolgt eine **angemessene ahnende Reaktion** auf eine begangene Straftat. Ihre **Funktion** liegt dabei in der **Bestätigung des Status des Täters als Gleicher im Recht**. Mit Schuldspruch und Strafe wird der Täter – wie bereits *Hegel* zutreffend formuliert hat[47] – als vernünftige Person „geehrt".

c) Zwischenfazit

45   Die Überlegungen zur Legitimation von Strafe haben gezeigt, dass die **Bestrafung nach begangener Tat** einen Zweck verfolgen muss, der gerade nicht im Schutz des Rechtsguts bestehen kann, das der Täter durch sein Verhalten beeinträchtigt (verletzt oder gefährdet) hat. Der Schutz solcher Rechtsgüter ist nicht durch **Sanktionsanordnungen** in Form von Schuldspruch und Strafe möglich. Das Strafrecht kommt mit seinem Instrumentarium „naturgemäß" stets zu spät. Wenn diese **Rechtsgüter**

---

[46] Näher zum Ganzen *Rostalski*, Der Tatbegriff im Strafrecht, B. I. 2. m. w. N.
[47] *Hegel*, Grundlinien, § 100.

I. Legitimation und Grundbegriffe des Strafrechts

angemessen geschützt werden sollen, muss die Rechtsordnung dazu allein taugliche **Verhaltensnormen** vorsehen. Erst im Anschluss an den Verstoß gegen eine solche Verhaltensnorm stellt sich die Frage nach dem **(Schutz-)Zweck** (der Funktion/der Aufgabe) von **Schuldspruch und Strafe**.

Zu unterscheiden sind daher zwei verschiedene Arten von Schutzgütern, die jeweils von einem ganz bestimmten Normtypus geschützt werden: Die **Verhaltensnorm** ge- oder verbietet ein menschliches Verhalten („Du sollst nicht töten") und schützt damit Rechtsgüter wie etwa das Leben. Schutzgut der **Sanktionsnorm**, also einer Strafvorschrift („Wer einen Menschen tötet ..., wird ... bestraft", § 212 I), ist hingegen im Sinne der restitutiven Straftheorie *Freunds* die Geltungskraft der Verhaltensnorm. Nach der retributiven expressiven Straftheorie *Rostalskis* geht es der Sanktionsnorm darum, den (dem verfassungsrechtlichen Würdekonzept zu entnehmenden) fortdauernden vernunftrechtlichen Status des Täters als Gleicher im Recht zu bestätigen. Die **restitutive** und die **retributive expressive Straftheorie** unterscheiden sich also durch die unterschiedliche **Funktion, die Schuldspruch und Strafe** legitimerweise haben. In ihren jeweiligen Konsequenzen für die Straftatlehre und die Strafzumessung stimmen beide Konzepte jedoch vollkommen überein: Die **Straftat** konstituiert sich durch den **Verhaltensnormverstoß** des Täters mit seiner Bedeutung als **Infragestellung des Rechts**. Außerdem müssen in strikter Orientierung an dieser Infragestellung des Rechts **Schuldspruch und Strafe** exakt **dem entsprechen, was der Täter** mit seiner Tat **verbrochen hat**.

Zur Klarstellung: Verbreitet wird die für das Verständnis wichtige Differenzierung zwischen der Verhaltens- und der Sanktionsnorm nicht vorgenommen und in unzutreffend verkürzender Weise etwa vom Leben oder dem Eigentum als dem **Schutzgut der Sanktionsnormen** gesprochen.[48] Ist im Folgenden vom Rechtsgut oder Schutzgut ohne weiteren Zusatz die Rede, so ist damit jeweils das Rechts- bzw. **Schutzgut der Verhaltensnorm** gemeint.

Das soeben Gesagte bedeutet freilich zugleich Folgendes: Nur wenn eine Verhaltensnormübertretung begründbar ist, gibt es ein durch das spezielle Mittel der Bestrafung zu schützendes Gut. Voraussetzung für eine Verhaltensnormübertretung aber ist allemal, dass eine solche legitimiert werden kann: Nur eine **legitimierbare Verhaltensnorm** kann **übertreten** werden. Soll insgesamt ein sinnvolles Schutzkonzept zustande kommen, muss deshalb zunächst ein System von rechtlich legitimierbaren Verhaltensnormen geschaffen werden. Dem Strafrecht vorgelagerte Ver- und Gebote müssen konzipiert werden, indem bestimmte Verhaltensweisen, die rechtlich anzuerkennende Interessen („Rechtsgüter") zu beeinträchtigen drohen, rechtliche Missbilligung erfahren. Kurzum: Ein Verhaltensnormensystem als dem Strafrecht vorgelagerte **primäre Normenordnung** wird benötigt.

---

[48] Näher zum Verhältnis von Verhaltensnorm und Sanktionsnorm etwa *Ingelfinger*, Tötungsverbot, S. 31 ff.; *Kindhäuser*, AT[8], § 2 Rn. 2 ff.; *Mikus*, Die Verhaltensnorm des fahrlässigen Erfolgsdelikts, S. 19 ff.; *Renzikowski*, FS Gössel, 2002, S. 3 ff.

49

> **Folgendes ist festzuhalten:** Im Sinne der restitutiven Straftheorie *Freunds* ist die Funktion der Strafe die geltungssichernde ausgleichende Ahndung eines *begangenen* Normverstoßes (Straftat) zur Beseitigung der Gefahr eines Normgeltungsschadens. Nach der retributiven expressiven Straftheorie *Rostalskis* erfolgt Strafe als angemessen missbilligende Reaktion auf eine begangene Straftat zur Bestätigung des fortdauernden Status des Täters als Gleicher im Recht. Im Verstoß gegen eine rechtlich legitimierte Verhaltensnorm seitens einer verantwortlichen Person ist eine Infragestellung der Normgeltung zu erblicken. Auf diese Infragestellung des Rechts gebührt dem Täter eine seine Tat angemessen missbilligende Reaktion als Antwort.
>
> In diesem Zusammenhang sind die beiden Normtypen der Verhaltensnormen und der Santionsnormen streng zu unterscheiden. Denn eine Verhaltensnorm legitimiert sich unter dem Aspekt des mit ihr verfolgten legitimen Zwecks vollkommen anders als eine Sanktionsnorm:
>
> Eine *Verhaltensnorm* → *schützt* als Rechtsgut → *etwa* das *Leben*.
>
> Restitutive Straftheorie nach *Freund:*
> Eine *Sanktionsnorm* → *schützt* als Rechtsgut → *die Verhaltensnormgeltung* durch Ausgleich der Rechtsbeeinträchtigung, und zwar im Interesse der gesamten Rechtsgemeinschaft – also auch des Täters. Eine Sanktionsnorm dient nur *vermittelt durch die Verhaltensnorm* dem Schutz des Gutes, das die Verhaltensnorm unmittelbar schützt.
>
> Retributive expressive Straftheorie nach *Rostalski:*
> Eine *Sanktionsnorm* → *schützt* als Rechtsgut → den vernunftrechtlich konstituierten *Status des Täters als Gleicher im Recht*.
> Eine Sanktionsnorm schützt als *Reflex* – ebenfalls *vermittelt durch die Verhaltensnorm* – das Gut, das die Verhaltensnorm unmittelbar schützt.

4. Strafrecht als sekundäre Normenordnung – Vorfrage der Verhaltensnormbegründung

50 Erst wenn der Verstoß gegen eine Verhaltensnorm vorliegt, taucht überhaupt die Frage der Sanktionierung eines solchen Verstoßes auf. Wenn alle die **primäre Normenordnung des rechtlich richtigen Verhaltens** befolgten, bedürfte es keiner sekundären Sanktionsordnung des Strafrechts. Das **Strafrecht** besitzt also einen

sekundären oder genauer noch: einen **akzessorischen Charakter**. Die eigentliche Rechtsgüterschutzaufgabe des Strafrechts kann bei genauem Hinsehen nur darin bestehen, dass es mit Sanktionierung auf Verhaltensnormverstöße reagiert, um so der sonst drohenden Gefahr eines (Verhaltens-)Normgeltungsschadens entgegenzuwirken. Das hat weitreichende Konsequenzen für das Verständnis der eigentlichen Funktion der Strafgesetze: Sie sollen nicht regeln, was verboten oder was geboten ist. Das regeln bereits die von den Strafgesetzen vorausgesetzten Verhaltensnormen – also die Ver- und Gebote der primären Normenordnung. Die **Strafgesetze** als solche **regeln nur, auf welche Verhaltensnormverstöße unter welchen weiteren Voraussetzungen strafrechtlich reagiert werden soll.**[49]

Bevor über die Strafbarkeitsfrage nachgedacht wird, bedarf das bei der Begründung von Ver- und Geboten ständig auftauchende Interessenkollisionsproblem unter Beachtung der **verfassungsrechtlichen Vorgaben** der angemessenen Auflösung. Schlagwortartig formuliert: Insoweit konkurriert die Handlungsfreiheit des einen Bürgers mit dem Schutz der Güter des anderen Bürgers. Die im Wege der **Güter- und Interessenabwägung** zu bestimmende **Verhaltensordnung** erschöpft sich nicht in abstrakten Normen wie etwa: „Du sollst nicht töten". Vielmehr müssen die konkreten Verhaltensanforderungen herausgearbeitet werden, die z. B. im Interesse des Lebensschutzes anderer einzuhalten sind. Denn auch angeblich absolut geschützte Güter wie das Leben genießen in Wahrheit keinen Schutz um jeden Preis, sondern müssen sich – im Interesse eines gedeihlichen Zusammenlebens – erhebliche Abstriche von einem lückenlosen Rundumschutz gefallen lassen. Ihre kausale Verletzung ist nur bei Missachtung der maßgeblichen Verhaltensregeln zu beanstanden. 51

Man denke nur an den gesamten Bereich des **Straßen- und Luftverkehrs**, der zahlreiche **tolerierte Lebensrisiken** beinhaltet. Wer die Verkehrsregeln einhält und auf dem Weg über ein solches toleriertes Risiko den Tod oder die Körperverletzung eines anderen Menschen verursacht, verstößt bereits nicht gegen ein rechtsverstandenes Tötungs- oder Körperverletzungsverbot.[50] Ein solches kann sich nicht in einem nebulösen „Verursachungsverbot" erschöpfen, sondern muss im Klartext die im Rechtsgüterschutzinteresse zu beachtenden Verhaltensanforderungen benennen.[51] 52

Nach unserem heutigen Staatsverständnis ist der **Schutz einer zu eigenverantwortlichem Handeln fähigen Person vor sich selbst keine Aufgabe des Staates.** 53

---

[49] In der Sache zutreffend differenzierend etwa *Renzikowski,* Restriktiver Täterbegriff, S. 58; s. a. *Frisch,* Tatbestandsmäßiges Verhalten, S. 77 f. Fn. 33; *dens.,* in: Von totalitärem zu rechtsstaatlichem Strafrecht, 1992, S. 201, 210 ff.; *Murmann,* GK⁴, § 8 Rn. 5 ff.; vgl. ferner *Kleinert,* Persönliche Betroffenheit, S. 71, 94 ff., 117 ff. – Näher zur Bedeutung der gesetzlichen Tatbestände sogleich unten (§ 1) Rn. 68 ff.

[50] Beispiele unten § 2 Rn. 13 f.

[51] Wer sich auf ein entsprechendes Verursachungsverbot beschränkt, erweist dem berechtigten Anliegen des Rechtsgüterschutzes einen Bärendienst: Vordergründig betrachtet scheint das Konzept der „Verursachungsverbote" zwar einen lückenlosen „Rundumschutz" zu bieten. Tatsächlich wird so aber nur Verwirrung darüber gestiftet, welche Verhaltensweisen rechtlich zu beanstanden sind und bei welchen dies nicht der Fall ist. Keiner kann bei einem „Verursachungsverbot" wirklich erkennen, was er von Rechts wegen tun oder lassen darf. – Zur Problematik von „Verursachungsverboten" s. ergänzend unten § 2 Rn. 29, 33 ff.

Deshalb kann nach dem bisher Gesagten ein (gar strafrechtliches) Verbot von Sportarten mit der Gefahr der Selbstverletzung oder das strafrechtliche Verbot eines ungesunden Lebenswandels keinen Bestand haben. Klärungsbedürftig ist in diesem Zusammenhang lediglich, unter welchen Voraussetzungen genau von solcher Freiverantwortlichkeit ausgegangen werden kann. Dass der insoweit anzulegende Maßstab umstritten ist,[52] ändert nichts an der grundsätzlichen Unzulässigkeit, den verantwortlichen Bürger bevormundend vor sich selbst zu schützen. Denn das ist keine legitime Staatsaufgabe.[53]

54   Anders verhält es sich demgegenüber bei bedrohten Rechtsgütern anderer: So lässt sich z. B. der **Schutz von Leib, Leben, Eigentum und Freiheit anderer** grundsätzlich legitimieren. Denn der Schutz solcher Daseins- und Entfaltungsbedingungen gehört jedenfalls in den **Aufgabenbereich des Staates**.[54]

55   Freilich können solche Rechtsgüterschutzinteressen nicht immer und unter allen Umständen (absolut) gewahrt werden.[55] Das geht schon deshalb nicht, weil regelmäßig eine Güter- und Interessenkollision festzustellen ist, die notwendig zum Nachteil des einen oder des anderen Rechtsgüterschutzinteresses entschieden werden muss. Mit anderen Worten: Für die **Verhaltensnormbegründung** bedarf es einer **Güter- und Interessenabwägung**. Was man der einen Seite gibt, nimmt man der anderen! Wenn sich das Kollisionsproblem nicht vermeiden lässt, muss es wenigstens angemessen aufgelöst werden. Dabei streitet gegen eine (gar strafrechtliche) Reglementierung immer mindestens die **allgemeine Handlungsfreiheit des Art. 2 I GG** (u. U. – etwa im Notstandsfall – streiten auch weitere Gegeninteressen).[56] Deren Zurücksetzung ist nach dem **verfassungsrechtlichen Verhältnismäßig-**

---

[52] Vereinfacht: Insoweit konkurrieren die Regeln über den strafrechtlichen Verantwortlichkeitsausschluss mit den Regeln über die rechtfertigende Einwilligung in die Beeinträchtigung eigener Rechtsgüter. Näher dazu noch unten § 5 Rn. 77.

[53] Vor diesem Hintergrund ist die gar bußgeldbewehrte Gurt- und Helmpflicht jedenfalls nicht unproblematisch; vgl. dazu etwa BVerfG NJW 1982, 1276 (zur Verfassungsmäßigkeit der Helmpflicht); BVerfG NJW 1987, 180 f. (zur Verfassungsmäßigkeit der Gurtpflicht); krit. dazu etwa *Dehner/Jahn*, JuS 1988, 30 ff. – Näher zur ganzen Problematik *Fischer*, Die Zulässigkeit aufgedrängten staatlichen Schutzes vor Selbstschädigung, 1997; *Schwabe*, JZ 1998, 66 ff.; s. a. *Murmann*, Selbstverantwortung, S. 422 f.; *Nestler*, in: Handbuch des Betäubungsmittelstrafrechts, § 11 Rn. 49 ff., 97 ff.

[54] Zum berechtigten Schutz von Individualrechtsgütern sowie von Rechtsgütern der Allgemeinheit (Universalrechtsgütern) s. *Freund*, in: MünchKommStGB³, Vor § 13 Rn. 47 ff. – Näher zur äußerst umstrittenen Problematik der Legitimation eines (strafbewehrten) Verbots des Beischlafs zwischen Geschwistern (§ 173 II 2) BVerfG NJW 2008, 1137 ff.; *Greco*, ZIS 2008, 234 ff.; *Roxin*, StV 2009, 544 ff.; vgl. a. *Hörnle*, Grob anstößiges Verhalten, S. 452 ff.

[55] Mit Recht betont von *Jakobs*, AT², 2/23.

[56] Selbstverständlich sind an dieser Stelle auch weitere einschlägige Grundrechte – etwa Art. 4, 5 GG – zu berücksichtigen. Die Forderung nach einer eigenständigen „Rechtfertigung durch Grundrechte" setzt daher mitunter zu spät an, weil es sich bereits um ein Tatbestandsproblem handeln kann. Andernfalls geht es auch nicht etwa um neue Rechtfertigungsgründe, sondern um die Konkretisierung des allgemeinen rechtfertigenden Prinzips der Wahrung des überwiegenden Interesses; s. dazu unten § 3 Rn. 5 ff.

I. Legitimation und Grundbegriffe des Strafrechts

keitsgrundsatz[57] als der allgemeinen Leitregel staatlichen Eingriffshandelns nur legitimierbar, wenn dies – und damit die zu legitimierende Verhaltensnorm – als geeignetes, erforderliches und angemessenes Mittel zu dem angestrebten Zweck des Rechtsgüterschutzes anzusehen ist. Die zu legitimierende **Verhaltensnorm** muss also im Einzelnen folgende Voraussetzungen erfüllen:

1. Sie muss überhaupt ein **geeignetes Mittel** zur Erreichung des angestrebten Rechtsgüterschutzzwecks sein. Demzufolge sind zur Zweckerreichung untaugliche Verhaltensnormen[58] unter keinen Umständen legitimierbar. So erklärt sich das inzwischen durchaus geläufige Erfordernis „planbarer" Vermeidung schadensträchtiger Verläufe.[59]   56
2. Die Verhaltensnorm muss das **erforderliche Mittel** zur Erreichung des angestrebten Rechtsgüterschutzzwecks sein. Das bedeutet, dass sie unter mehreren gleich geeigneten Mitteln das relativ mildeste sein muss – also das Mittel, das den Reglementierten am wenigsten belastet.[60]   57
3. Schließlich muss die Verhaltensnorm das **angemessene Mittel zur Erreichung des angestrebten Rechtsgüterschutzzwecks** sein. Für diese Angemessenheitsfeststellung bedarf es einer rechtlichen Bewertung der im Einzelnen kollidierenden Güter und Interessen.[61] Als staatlicher Eingriff in den Ablauf der Welt, wie er ohne diesen stattfände, kann die Angemessenheit einer Verhaltensnorm als Mittel des Güterschutzes nur angenommen werden, wenn bei Abwägung der widerstreitenden Güter und Interessen per saldo eindeutig ein „Gewinn" übrig bleibt. Die Entscheidung für die Geltung der in Frage stehenden **Verhaltensnorm** muss also **als Entscheidung für das eindeutig überwiegende Interesse**,   58

---

[57] S. dazu die Angaben oben (§ 1) Fn. 1 und 4. – Instruktiv zum Verhältnismäßigkeitsgrundsatz auch *Bleckmann*, JuS 1994, 177 ff.

[58] Näher dazu, dass diese elementare Legitimationsbedingung nicht selten missachtet wird, s. etwa unten § 4 Rn. 3 ff. (vgl. a. unten § 4 Rn. 13 ff.) zur Problematik des „untauglichen Normadressaten"; ferner unten § 2 Rn. 29, 33 ff. zur Frage der „Geltung" von „Verursachungsverboten".

[59] Zur grundlegenden Bedeutung ex ante planbaren Schutzes für die Konturierung zu missbilligenden Verhaltens näher *Frisch*, Tatbestandsmäßiges Verhalten, S. 71 f., 96 ff.; s. a. *dens.*, Vorsatz und Risiko, S. 76 ff., 124 ff.; *Jakobs*, FS Lackner, 1987, S. 53, 72 f.; *Mir Puig*, FS Jescheck, 1985, S. 337 ff.; *Armin Kaufmann*, Bindings Normentheorie², S. 139; *Freund*, Erfolgsdelikt und Unterlassen, S. 60 ff.

[60] Näher zu Bedeutung der Erforderlichkeit *Frisch*, Tatbestandsmäßiges Verhalten, S. 74 f., 127 ff., 137 ff.; *Freund*, Erfolgsdelikt und Unterlassen, S. 55 ff., 73 ff., jew. m. w. N.

[61] Näher zum Erfordernis der Güter- und Interessenabwägung bei der Angemessenheitsbeurteilung *Frisch*, Tatbestandsmäßiges Verhalten, S. 74 f., 129 ff., 137 ff.; *Freund*, Erfolgsdelikt und Unterlassen, S. 55 f., 78 ff., 206 ff., 221 ff., 275 ff., jew. m. w. N.; ausgehend von individuellen Rechtspositionen bei der Konkretisierung der diese schützenden öffentlich-rechtlichen Verhaltensnormen auch *Haas*, in: Operationalisierung von Verantwortung, 2004, S. 193, 217 f.; vgl. a. *Deutsch*, Allgemeines Haftungsrecht², Rn. 218; *Mir Puig*, FS Herzberg, 2008, S. 55, 71 f.; ferner *Jäger*, in: SK StGB⁹, Vor § 1 Rn. 24 f. (allerdings zur Angemessenheit der Strafe, die aber allemal die Angemessenheit der Verhaltensnorm voraussetzt, auf deren Miss- oder Nichtachtung mit Strafe reagiert werden soll). – Neben der Sache insofern der Einwand von *Kühnbach* (Solidaritätspflichten, S. 107 ff.), der Rechtsgüterschutz als ausreichende Legitimationsgrundlage für Verhaltensnormen bedeute „einen Freibrief für alle erdenklichen Verhaltensnormen".

für den eindeutig überwiegenden Wert ausgewiesen werden können. Nur so kann die Verhaltensnorm auch mit der für ihre **faktische Wirksamkeit** dringend **notwendigen Akzeptanz** durch den Betroffenen rechnen.[62]

5. Strafe als personaler Tadel und das Schuldprinzip

59   Wegen des **Vorwurfscharakters** ist Strafe – ebenso wie bereits der von ihr vorausgesetzte Schuldspruch – als spezielles Mittel nur zulässig, wenn der Vorwurf, der im Sinne eines rechtlichen Tadels gegenüber der Person erhoben wird, berechtigt ist. Würde ein solcher Vorwurf gegenüber einer Person erhoben, die kein entsprechendes personales Unrecht verwirklicht hat, wäre das ein klarer Verstoß gegen das **verfassungsrechtliche Schuldprinzip:** nulla poena sine culpa.[63] An der Berechtigung eines solchen Vorwurfs fehlt es z. B. bei der Verurteilung eines Schuldunfähigen:[64] Wenn ein Fünfjähriger alle Zukunftspläne seines Vaters, der gerade den Elektroherd anschließen will, zunichte macht, indem er beim Spielen die Sicherung wieder einschaltet, trifft ihn kein Vorwurf (Schuldunfähigkeit des Kindes; § 19). Ein entsprechender Vorwurf ist auch beim massiv Verdächtigen unberechtigt, sofern relevante Zweifel an seiner (schuldhaften) Tatbegehung bestehen: im Zweifel für den Angeklagten (in dubio pro reo).

60   Da Schuldspruch und Strafe wegen des damit verbundenen Vorwurfs nur zum Einsatz kommen dürfen, wenn ein solcher Vorwurf gegenüber einer bestimmten Person tatsächlich erhoben werden kann, sind **juristische Personen** oder **Personenvereinigungen** als solche von vornherein **nicht straffähig**: „societas delinquere non potest".[65] Strafrechtlich verantwortlich können immer nur natürliche Personen als deren Organe und Vertreter sein. Nur natürliche Personen sind in der Lage, kontext- und adressatenspezifisch relevante Verhaltensnormen zu bilden und zu befolgen. Daher können auch nur diese in strafrechtsrelevanter Weise gegen entsprechende Verhaltensnormen verstoßen, indem sie durch ihr Fehlverhalten deren Geltung infrage stellen.

61   Hieran ändern auch diverse Überlegungen zur „Zurechnung" des Verhaltens natürlicher Person zu der juristischen Person nichts. Auch Zurechnungsadressat kann

---

[62] Zur Bedeutung der zu erwartenden Akzeptanz durch den Betroffenen für die Wirksamkeit von Verhaltensnormen *Freund,* GA 1991, 387, 390 ff., 396 ff. m. w. N.

[63] Keine Strafe ohne Schuld. – Näher zum Schuldgrundsatz als einer Konkretisierung des Verhältnismäßigkeitsgrundsatzes BVerfGE 20, 323, 331; BGHSt 2, 194, 200 f.; *Roxin,* AT I[4], § 3 Rn. 48 ff.; s. a. *Frister,* Schuldprinzip, S. 29 ff., 39 ff. et passim; *Freund,* Normative Probleme der „Tatsachenfeststellung", S. 67 ff. – Für *Jakobs,* Staatliche Strafe, S. 32, liegt die Legitimation der Bestrafung des Täters in dessen Verantwortlichkeit für den (drohenden) Normgeltungsschaden.

[64] Zur Schuldunfähigkeit näher unten § 4 Rn. 13 ff., 27, 47, 49 ff.

[65] Näher zu dieser Problematik *Mulch,* Strafe und andere staatliche Maßnahmen gegenüber juristischen Personen – Zu den Legitimationsbedingungen entsprechender Rechtseingriffe, 2017; *Freund,* in: MünchKommStGB[3], Vor § 13 Rn. 146 ff. jew. m. w. N.; *Rostalski,* Der Tatbegriff im Strafrecht, E. V.

I. Legitimation und Grundbegriffe des Strafrechts

nur eine Person sein, die sämtliche Eigenschaften erfüllt, um selbst Straftaten begehen zu können. Durch „Zurechnung" kann ihnen aber die relevante Eigenschaft, Adressat rechtlicher Verhaltensnormen zu sein, gerade nicht vermittelt werden. **Zurechnungsmodelle** zur Begründung einer Verbandsverantwortlichkeit sind daher ihrerseits **zum Scheitern verurteilt**.

Dem Vorschlag zum Erlass eines Gesetzes zur Sanktionierung juristischer Personen, wie dies etwa im so genannten **„Kölner Entwurf"** vorgesehen ist,[66] muss daher eine strikte **Absage** erteilt werden. Verstanden als **strafrechtliches Sanktionsinstrument** stehen ihm bereits die vorstehenden Gründe entgegen. Auch die Überlegung, ein solches Gesetz auf ein *spezialpräventives* **Fundament** zu stellen, kann nicht überzeugen, sofern gleichwohl an rechtswidrigen Taten Einzelner als Anlass zur Sanktionierung der juristischen Person angeknüpft wird. Vielmehr müsste dann vollumfänglich damit Ernst gemacht werden, die „Sanktionierung" juristischer Personen **aus gefahrenabwehrrechtlichen Gründen** vorzunehmen. Dann aber müsste konsequenterweise im Vorfeld solcher Taten eingegriffen werden und richtigerweise handelte es sich dann nicht um eine „Sanktion" i. e. S., sondern eine **dem Polizeirecht zuzuordnende Maßnahme** zur Vermeidung künftiger Fehlentwicklungen, die Rechtsgutsverletzungen Dritter nach sich ziehen können. 62

6. Zusätzliche formale Voraussetzungen der Bestrafung

Außer der soeben skizzierten sachlichen Begrenzung der staatlichen Strafgewalt ist in formaler Hinsicht vor allem die besonders intensive **Gesetzesbindung** zu beachten. Art. 103 II GG normiert:[67] „Eine Tat kann nur bestraft werden, wenn die Strafbarkeit gesetzlich bestimmt war, bevor die Tat begangen wurde." Es gilt der Satz: nullum crimen, nulla poena sine lege[68] – also ein **strenger Gesetzlichkeitsgrundsatz**.[69] Im Einzelnen beinhaltet das nicht nur ein **Rückwirkungsverbot** für Strafgesetze (nullum crimen sine lege praevia[70]), sondern auch ein **Verbot der** entsprechenden (**analogen**) **Anwendung** belastender Strafgesetze und ein **Verbot von Gewohnheitsstrafrecht** 63

---

[66] *Henssler/Hoven/Kubiciel/Weigend,* Kölner Entwurf eines Verbandssanktionengesetzes, Köln 2017.
[67] Gleichlautend § 1 StGB. – Zu Art. 103 II GG s. etwa BVerfG JZ 1997, 142, 143 ff. m. Anm. *Starck;* BVerfG NJW 2007, 1666.
[68] Kein Verbrechen, keine Strafe ohne Gesetz.
[69] Auch wenn es nicht um eine Bestrafung i. e. S. geht, wird aus dem Rechtsstaatsprinzip (Art. 20 III GG) i. V. m. den Grundrechten für hoheitliche Eingriffe das Erfordernis einer gesetzlichen Ermächtigungsgrundlage abgeleitet und es gilt der Gesetzlichkeitsgrundsatz. Die dort auftauchende Frage, ob er in strenger Form zu beachten ist oder gewissen Modifikationen unterliegt (i. S. einer strengen Form wohl BVerfG NJW 1996, 3146), stellt sich jedenfalls im Bereich des materiellen Strafrechts i. e. S. wegen Art. 103 II GG nicht, kann aber z. B. im Strafprozessrecht auftauchen (s. dazu z. B. BVerfG JZ 1996, 1175 m. krit. Anm. *Gusy;* s. a. *Störmer,* ZStW 108 [1996], 494, 505 ff.). – Näher zum Ganzen *Schmitz,* in: MünchKommStGB³, § 1 Rn. 19 f. m. w. N.
[70] Kein Verbrechen ohne vorausgehendes Gesetz. Ein historisches Beispiel für einen Verstoß gegen das Rückwirkungsverbot bildet das am 22. Juni 1938 erlassene „Gesetz gegen Straßenraub mittels Autofallen", das mit rückwirkender Kraft zum 01.01.1936 die Todesstrafe dem androhte, der in räuberischer Absicht eine „Autofalle" stellte.

(nullum crimen sine lege scripta[71]); außerdem sind **zu unbestimmte Strafgesetze verfassungswidrig** (nullum crimen sine lege certa[72]). In der Konsequenz des nullum crimen-Satzes liegt der **fragmentarische Charakter des Strafrechts** – d. h.: Strafbarkeitslücken sind bewusst in Kauf genommen.[73] Auch darf niemand wegen derselben Tat mehrfach bestraft werden (Art. 103 III GG: **ne bis in idem**[74]).

64 **Resümieren wir kurz:** Ausgangspunkt einer material orientierten Lehre von der Straftat ist die Einsicht in die Notwendigkeit einer Legitimation der Strafe: Der Einsatz von **Strafe muss zweckrational legitimiert sein durch** die **Rechtsgüterschutzaufgabe** des Strafrechts.[75] Eine absolute, vollkommen zweckfreie Straftheorie ist nach gegenwärtigem Verfassungsrecht nicht mehr haltbar.[76] Bei der Erfüllung der Rechtsgüterschutzaufgabe sind **zwei verschiedene Arten von Rechtsgütern** zu unterscheiden, die jeweils **von** einem ganz **bestimmten Normtypus geschützt** werden: Die **Verhaltensnormen** ge- oder verbieten ein menschliches Verhalten und **schützen** dadurch **unmittelbar Rechtsgüter** wie etwa das Leben. Hingegen ist **Rechtsgut der Sanktionsnormen** (also der Strafvorschriften) die **Geltungskraft** der **Verhaltensnormen**.[77] Der Einsatz von Strafe ist zu verstehen als Widerspruch gegenüber dem Normbruch zur Bestätigung des Rechts.[78] Die **Sanktionsnormen dienen** (über den Schutz der Geltungskraft von Verhaltensnormen als spezifischem Rechtsgut der Sanktionsnormen) **nur mittelbar** dem **Schutz** jener **Rechtsgüter, die unmittelbar durch** die **Verhaltensnormen geschützt** werden (die Bestrafung des Diebes schützt unmittelbar die Geltungskraft des Diebstahlsverbots – dagegen wird das Eigentum unmittelbar durch das Diebstahlsverbot geschützt). *Bevor* über die Strafbarkeitsfrage nachzudenken ist und das Strafrecht „zum Einsatz kommen" kann, muss die **Vorfrage** der **Begründung** von **Verhaltensnormen** als primärer Normenordnung geklärt werden (sekundärer oder akzessorischer Charakter des Strafrechts).[79] Diese Legitimierbarkeit ist an der allgemeinen Leitregel des verfassungsrechtlichen **Verhältnismäßigkeitsprinzips** auszurichten, anhand deren das auftauchende **Interessenkollisionsproblem** (Handlungsfreiheit des einen Bürgers contra Schutz der Güter der anderen Bürger) angemessen aufzulösen ist.[80] Bei der Frage der Zulässigkeit von Strafe sind vor allem das verfassungsrechtliche **Schuldprinzip** (nulla poene sine culpa)[81] und der **Gesetzlichkeitsgrundsatz** des **Art. 103 II GG** (nullum crimen, nulla poena sine lege) mit seinen vielfältigen Auswirkungen zu beachten.[82]

---

[71] Kein Verbrechen ohne geschriebenes Gesetz.

[72] Kein Verbrechen ohne bestimmtes Gesetz. – Allerdings dürfen die Bestimmtheitsanforderungen auch nicht überspannt werden, sodass konkretisierungsbedürftige Gesetzesbegriffe sachbedingt möglich sind. Zur Problematik der Aufgabenverteilung zwischen Gesetzgebung und Rechtsprechung vgl. etwa *Freund*, FS Küper, 2007, S. 63 ff.

[73] Zum fragmentarischen Charakter des Strafrechts vgl. etwa *Jescheck/Weigend*, AT⁵, § 7 II 1 (S. 52 f.); *Maiwald*, FS Maurach, 1972, S. 9 ff.

[74] Wörtlich: Nicht zweimal wegen derselben Tat. – Interessant insofern auch BVerfG StraFo 2007, 369 f. zur erneuten Verurteilung eines Vaters wegen Kindesentziehung durch weiteres Unterlassen (§§ 235 II Nr. 2, 13) nach entsprechender Vorverurteilung (das BVerfG stützt seine Entscheidung allerdings vor allem auf das Gebot schuldangemessenen Strafens).

[75] S. näher oben (§ 1) Rn. 2.

[76] S. näher oben (§ 1) Rn. 9 f.

[77] S. näher oben (§ 1) Rn. 28 ff., 49

[78] S. näher oben (§ 1) Rn. 28 ff., 38 ff.

[79] S. näher oben (§ 1) Rn. 48 ff.

[80] S. näher oben (§ 1) Rn. 53 ff.

[81] S. näher oben (§ 1) Rn. 59 ff.

[82] S. näher oben (§ 1) Rn. 63 ff.

7. *Exkurs: Abweichende Zielsetzung der Maßregeln und des Feind-„Strafrechts"*

Vom Strafrecht im soeben skizzierten Sinne streng zu unterscheiden ist das auch im StGB geregelte Recht der Maßregeln der Besserung und Sicherung (vgl. §§ 61 ff.). Zwar spricht man auch insoweit von „Strafrecht" i. w. S., doch sollte man diese irreführende Terminologie besser vermeiden. Tatsächlich sind **Maßregeln keine Strafen**, sondern **ausschließlich** auf die Zukunft bezogene **Gefahrenabwehrmaßnahmen** mit Blick auf hinreichend **konkret drohende Gefahren** für **Rechtsgüter** wie Leib, Leben, Eigentum etc. Maßregeln sind damit **sachliches Polizeirecht**. Sie haben nicht die spezifische Gefährlichkeit einer begangenen Straftat für die allgemeine Normgeltung im Auge.

65

Zur Verdeutlichung des wichtigen Unterschieds ein **Beispiel:** Bei der **Strafe** geht es um die **angemessene Reaktion auf** den **begangenen Totschlag**, damit nicht der fälschliche Eindruck zurückbleibt, das Tötungsverbot brauche nicht ernst genommen zu werden. Die Maßregel der Besserung und Sicherung will etwa verhindern, dass ein unter Verfolgungswahn leidender **Geisteskranker**, der andere bereits tätlich angegriffen hat, einen anderen Menschen tötet. Die begangene „**Anlasstat**" liefert für die Maßregel **nicht den Rechtsgrund**, sondern hat lediglich neben anderen Faktoren **mittelbar-indizielle Bedeutung** im Rahmen der erforderlichen umfassenden – auf die individuelle Person bezogenen – **Gefährlichkeitsbeurteilung**. Funktion einer Maßregel der Besserung und Sicherung ist es ausschließlich, in der Zukunft zu befürchtende Güter- und Interessenbeeinträchtigungen anderer zu verhüten, die gerade seitens des der Maßregel zu Unterwerfenden hinreichend konkret drohen (**spezialpräventive**[83] Zweckrichtung der Maßregeln). Schlagwortartig formuliert: Es geht um **Rechtsgüterschutz durch Zugriff auf** die hinreichend **konkret gefährliche Person** (polizeirechtlich gesprochen: den Störer). Dagegen wird z. B. der Totschläger auch dann für seine begangene Tat zu Recht bestraft, wenn er als Person jetzt völlig ungefährlich sein sollte – eine Maßregel der Besserung und Sicherung also rechtlich unzulässig wäre.

66

Im strafrechtlichen Kontext taucht zunehmend der Begriff des **Feindstrafrechts** auf.[84] Danach soll jedem, der nicht ein Mindestmaß an kognitiver Sicherheit biete, der Bürgerstatus aberkannt werden mit der Konsequenz, dass die Regeln für die Bürger der Gesellschaft für ihn nicht mehr gelten sollen.[85] Die „Bestrafung" wandelt sich dabei von der Reaktion auf einen *begangenen* Verhaltensnormverstoß zu einer **Abwehr- und Sicherungsmaßnahme** gegen den Feind.[86] Die Bestrafung

67

---

[83] Zur spezialpräventiven Zweckrichtung der Maßregeln der Besserung und Sicherung, die bereits im Marburger Programm *Franz v. Liszts* angelegt war, näher *Frisch*, ZStW 94 (1982), 565 ff. und ZStW 102 (1990), 343 ff.; ferner *Freund*, GA 2010, 193, 196 ff.; zur Reform vgl. etwa *Schneider*, NStZ 2008, 68 ff.

[84] Am Anfang der inzwischen intensiven Auseinandersetzungen stand wohl die Verwendung des Begriffs „Feindstrafrecht" bei *Jakobs*, ZStW 97 (1985), 751 ff.

[85] Vgl. dazu bereits *Jakobs*, ZStW 97 (1985), 751, 753 f.; *dens.*, Staatliche Strafe, S. 44: „... wer die kognitive Garantie nicht leistet, er werde sich als Person im Recht verhalten, muß auch nicht als Person im Recht behandelt werden".

[86] *Jakobs*, Staatliche Strafe, S. 41, 43, spricht von der Sicherung einer Gefahrenquelle, wobei die Entpersonalisierung allerdings nur punktuell erfolgen soll. – Kennzeichnend für das Feind-„Strafrecht" sind eine weite Vorverlagerung der Strafbarkeit, keine der Vorverlagerung entsprechende Reduktion der Strafe, der Übergang zur Bekämpfungsgesetzgebung und der Abbau prozessualer

wird nicht zur Beseitigung des durch die begangene Tat angerichteten Normgeltungsschadens, sondern zur Begegnung von Gefahren eingesetzt, die von dem auffällig Gewordenen ausgehen. Gerade durch dieses spezialpräventive Element dürften die Maßnahmen des Feind-„Strafrechts" nicht dem reagierenden Strafrecht, sondern dem gefahrenabwehrenden **Maßregelrecht** zuzuordnen sein.[87]

II. Bedeutung der gesetzlichen Tatbestände

1. Tatbestand und Rechtsfolge – Strafgesetze als Konditionalprogramme

68 Der **Verbrecher** verstößt nicht gegen das **Strafgesetz**, sondern er handelt ihm gemäß (er „erfüllt" es)[88] und löst gerade dadurch dessen **Rechtsfolgen** aus: Wenn er überführt und verurteilt wird, kommt es zum **Schuldspruch** wegen eines bestimmten Delikts und dem entsprechenden **Strafausspruch**, der noch der Vollstreckung bedarf. Der **Verstoß** richtet sich nicht gegen das Strafgesetz als solches, sondern **gegen** eine **im Strafgesetz vorausgesetzte Verhaltensnorm**. Das Strafgesetz versieht diese Verhaltensnorm mit einer Strafbewehrung. Im Falle der Übertretung der Verhaltensnorm greift sodann (regelmäßig bei Erfüllung gewisser Zusatzvoraussetzungen) die konkrete **Sanktionsanordnung** ein.

69 Insoweit entspricht der Regelungsgehalt der Strafgesetze dem typischen Regelungsgehalt von Gesetzesrechtssätzen: Sie enthalten ein **Konditionalprogramm**, das freilich durch weitere Umsetzungsnormen ergänzt werden muss – etwa durch Verfolgungsvoraussetzungen, Verfahrensregeln oder Beweisanforderungen. Diese Rechtssätze weisen also eine „Wenn-dann-Struktur" auf. Die Voraussetzungen bilden den **Tatbestand**, bei dessen Erfüllung die **Rechtsfolge** eintritt. Bei Strafgesetzen geht es genau genommen um zwei Rechtsfolgen: um die Rechtsfolge des Schuldspruchs und die der Strafe. Zum **Beispiel** normiert § 222: „Wer durch Fahrlässigkeit den Tod eines Menschen verursacht, wird mit Freiheitsstrafe bis zu fünf Jahren oder mit Geldstrafe bestraft." Derartige Sätze sind nicht im Sinne einer Feststellung von Tatsachen gemeint, sondern enthalten bei Erfüllung gewisser Zusatzbedingungen die Aufforderung an die zuständigen Strafverfolgungsorgane, eine entsprechende Sanktionierung herbeizuführen. **Wenn** die genannten **Tatbestands-**

Garantien; vgl. *Jakobs*, in: Die deutsche Strafrechtswissenschaft, S. 47, 51 f. – S. freilich auch U. S. Supreme Court v. 12.06.2008 – 06-1195 (Boumediene v. Bush) – zu den Verfahrensrechten der nach den Anschlägen vom 11. September 2001 im Gefangenenlager Guantanamo auf Kuba festgehaltenen sog. „enemy combatants" (abrufbar unter <http://www.supremecourtus.gov>).

[87] Im Ergebnis übereinstimmend etwa *Greco*, GA 2006, 96, 106, der den Begriff des „Feindstrafrechts" mit Recht für überflüssig und gefährlich hält.

[88] I. d. S. mit Recht *Binding*, Handbuch des Strafrechts, S. 155. *Binding* beklagt bereits zu seiner Zeit, dass die ganz verkehrte Vorstellung, die Straftat bedeute eine Verletzung des Strafgesetzes, immer noch geläufig sei. Insofern hat sich leider bis heute nicht allzu viel geändert (vgl. etwa die Redeweise von den „Gesetzesverletzungen" in § 52; s. dazu noch unten § 11 Rn. 10 ff.).

voraussetzungen erfüllt sind, **dann sollen** die vorgesehenen **Rechtsfolgen (Schuldspruch und Bestrafung)** eingreifen. Faktisch kommt es dazu in zahlreichen Fällen nicht (z. B. wenn die Tat nicht entdeckt oder der Täter nicht überführt wird[89]).

2. Formale Begrenzungswirkung des Wortlauttatbestands – Analogieverbot

Der Voraussetzungsseite der Strafgesetze kommen dabei mehrere Funktionen zu: Mit ihrer (sprachlichen) Schilderung eines Geschehens stecken sie die äußerste Grenze dessen ab, was von der betreffenden Strafnorm nach geltendem Recht (de lege lata) erfasst sein kann. Was selbst bei großzügigem Sprachverständnis davon nicht abgedeckt wird, fällt schon wegen der **formalen Garantie des nullum crimen-Satzes**[90] aus dem zu sanktionierenden Bereich heraus. Die **Wortlautgrenze** darf nicht überschritten werden. Dies gilt unabhängig davon, ob es an sich sachgerecht wäre, die in Frage stehende Rechtsfolge eingreifen zu lassen.[91] Wer eine so entstehende Bestrafbarkeitslücke für nicht tragbar hält, kann bei Beachtung der Wortlautgrenze nur für eine Gesetzesänderung plädieren. 70

Ein „**historisches**" **Beispiel** bietet § 3 I Nr. 6 PrFDG: Der Forstdiebstahl mittels eines Lastkraftwagens ist mindestens genauso schlimm wie der mittels eines „**bespannten Fuhrwerks**". Eine Sanktionsnorm, in der als Qualifikationsgrund nur das bespannte Fuhrwerk erfasst ist, kann dennoch auf einen Forstdiebstahl mittels eines **Lastkraftwagens nicht** angewandt werden.[92] – Die lex lata ist insoweit flexibler: Nach §§ 242, 243 gibt es außer den durch **Regelbeispiele** ausdrücklich benannten auch unbenannte besonders schwere Fälle des Diebstahls.[93] 71

---

[89] Im Zweifel muss freigesprochen werden: in dubio pro reo.

[90] Näher zur formalen Garantie des nullum crimen-Satzes *Schünemann*, Grund und Grenzen, S. 56 ff.; *Krey*, Keine Strafe ohne Gesetz, 1983; s. a. *Freund*, Erfolgsdelikt und Unterlassen, S. 112; *Kuhlen*, FS Otto, 2007, S. 89 ff. – Zur im Einzelfall schwierigen Abgrenzung von zulässiger Tatbestandsauslegung und verbotener Analogie vgl. *Schmitz*, in: MünchKommStGB³, § 1 Rn. 71 ff. m. w. N.

[91] Lesenswert zur Wortsinngrenze bei der Auslegung *Scheffler*, Jura 1996, 505 ff.: „Verlust der Empfängnisfähigkeit" als „Verlust der Zeugungsfähigkeit" i. S. des § 224 (in der Fassung bis zum Inkrafttreten des 6. StrRG)? – Mit dem Inkrafttreten des dem alten § 224 (Schwere Körperverletzung) entsprechenden neuen § 226 (Schwere Körperverletzung) durch das 6. StrRG am 01. April 1998 erledigt sich freilich das konkrete Problem: Denn damit ist auch der „Verlust der Fortpflanzungsfähigkeit" ausdrücklich erfasst.

[92] Anders, aber offensichtlich verfehlt BGHSt 10, 375 f. (zu § 3 I Nr. 6 PrFDG): „Dem bloßen Wortlaut nach fällt ein Kraftfahrzeug ... nicht unter die Vorschrift, wohl aber nach ihrem Sinn. ... Demgemäß wird nach dieser Vorschrift auch bestraft, wer zum Zwecke des Forstdiebstahls ein Kraftfahrzeug mitbringt." – Zutreffend demgegenüber etwa *Kern/Langer*, Anleitung⁸, S. 34; *Frisch*, Tatbestandsmäßiges Verhalten, S. 627 f., 629, betont mit Recht, dass der Wortlaut einer Strafnorm geradezu die Sperre für eine material überzeugende Lösung bedeuten kann.

[93] Zur Problematik der Regelbeispielstechnik s. etwa *Kühl*, in: Lackner/Kühl²⁹, § 46 Rn. 11 ff.; *Strangas*, Rechtstheorie 16 (1985), 466 ff., jew. m. w. N.; vgl. auch *Freund*, ZStW 109 (1997), 455, 470 f.

72 Ein weiteres – inzwischen auch schon „historisches" – **Beispiel** bildet die **mittelbare Brandstiftung** des § 308 I Fall 2 a. F. (vor dem Inkrafttreten des 6. StrRG am 01. April 1998). Nach dieser Vorschrift müssen die in Brand gesetzten Gegenstände, **„Eigentum des Täters"** sein. Sachlich liegt der Grund für die Missbilligung solchen Verhaltens indessen anerkanntermaßen in der Gefährdung anderer Objekte (etwa einer fremden Scheune mit darin lagernden fremden Vorräten). Infolgedessen sollte die Strafvorschrift nach verbreiteter Auffassung auch auf das **Inbrandsetzen fremder Sachen mit Zustimmung des Eigentümers** sowie auf die Brandstiftung an **herrenlosen Sachen** anwendbar sein.[94] Im Hinblick auf das **Analogieverbot** wurde eine derartige „berichtigende Auslegung" von einem Teil des Schrifttums aber mit Recht abgelehnt.[95] Mit dem Inkrafttreten des 6. StrRG hat sich das Problem freilich auch in diesem Bereich erledigt.

73 Ein nach wie vor **aktuelles Beispiel** für einen **Verstoß gegen den Gesetzlichkeitsgrundsatz** sind Verurteilungen unter den Bedingungen der sog. **„echten Wahlfeststellung"**, die von der Rechtsprechung und einem Großteil des Schrifttums als zulässig angesehen werden: Wenn von zwei Strafgesetzen die Voraussetzungen nur alternativ erfüllt sind, ist anerkanntermaßen nach keinem dieser Strafgesetze eine Verurteilung möglich. Nach zutreffender Auffassung ist damit jedoch auch eine alternative Verurteilung nach geltendem Recht unzulässig, weil dafür die nach dem nullum crimen-Satz erforderliche **gesetzliche Ermächtigungsgrundlage** auch dann **fehlt**, wenn die beiden möglicherweise begangenen Straftaten „rechtsethisch und psychologisch vergleichbar" sein mögen – also die vor allem in der Rechtsprechung gängigen Kriterien der „echten Wahlfeststellung" erfüllt sind. Denn die **alternative Begehung** einer **„ähnlichen"** oder **„vergleichbaren" Straftat** ändert nichts an der Tatsache, dass die **Voraussetzungen jeweils eines der beiden Strafgesetze nicht sicher erfüllt** sind. Und ein Strafgesetz, das die alternative Verurteilung vorsieht, gibt es nicht. Sachlich wird also bei „echter Wahlfeststellung" die nach Art. 103 II GG zu beachtende **Wortlautbindung ignoriert** und verbotene Analogie betrieben.[96]

74 Aufschlussreich ist insofern der Fall einer anlässlich des Muttertages entwendeten Topfblume, bei dem unklar blieb, ob der Angeklagte die Topfblume selbst gestohlen oder aber seine Ehefrau zu dem Diebstahl angestiftet hatte.[97] Der BGH begründet die Verurteilung nicht – wie es sich gehörte – mit einem erfüllten Strafgesetz, das diese Verurteilung anordnet, sondern mit einem angeblichen „Gebot der Gerechtigkeit". Indessen gilt: Der nullum crimen-Satz kommt gerade dann zum Tragen, wenn ein Freispruch eigentlich „ungerecht" erscheint.

75 Als ebenfalls **aktuelles Beispiel** für einen Verstoß gegen den Gesetzlichkeitsgrundsatz können Verurteilungen wegen **Urkundenunterdrückung** nach § 274 I Nr. 1 in Fällen dienen, in denen der die Urkunde Unterdrückende nur sicher um die für den Beweisführungsberechtigten eintretenden Nachteile weiß.[98] Das mag zwar unter dem Aspekt des betroffenen Rechtsguts wünschenswert erscheinen, missachtet aber das im Gesetz genannte Erfordernis der entsprechenden **„Absicht"** der **Nachteilszufügung**. Diese liegt zwar vor, wenn z. B. der Schuldner den Schuldschein des Gläubigers vernichtet, um dessen Beweisführung zu vereiteln. Wenn dagegen der Entwender einer Brieftasche diese nach Entnahme des ihn allein interessierenden Geldes samt den noch darin befindlichen

---

[94] Zu dieser früher z. T. als „herrschend" bezeichneten Auffassung vgl. etwa *Wessels*, BT 1[21], Rn. 939; *Lackner/Kühl*[22], § 308 Rn. 4.

[95] S. etwa *Horn*, in: SK StGB, 23. Lfg. Sept. 1988, § 308 Rn. 6.

[96] Vgl. zur Problematik der Wahlfeststellung die Nachweise unten § 11 Rn. 66.

[97] BGHSt 1, 127 ff.

[98] Näher zu dieser Problematik *Freund*, Urkundenstraftaten[2], Rn. 294 ff.; *ders.*, in: MünchKommStGB[3], § 274 Rn. 53 ff.; *Koch*, in: NomosHK-GS, § 274 StGB Rn. 17; *Küper/Zopfs*, BT[10], Rn. 411 f., jew. m. w. N.

II. Bedeutung der gesetzlichen Tatbestände

fremden Urkunden in einen Fluss wirft, weil ihm das alles nur noch lästig ist, lässt sich auch bei weitest möglichem Wortsinn nicht mehr von der „Absicht" der Nachteilszufügung sprechen. Das ist nicht die Funktion seines Handelns. Eine dennoch erfolgende Bestrafung wegen Urkundenunterdrückung verstößt deshalb gegen Art. 103 II GG.

3. Sachlicher Regelungsgehalt – insbesondere: teleologisches Normverständnis

Die wortlautmäßige Erfassungsbreite einer Sanktionsnorm ist nicht identisch mit ihrem sachlichen Regelungsgehalt, wie er sich bei einem am „Sinn und Zweck" einer Norm ausgerichteten (ratio-orientierten, teleologischen) Verständnis ergibt. Was eine bestimmte Straftat ist, kann nicht im Wege wortlautmäßiger Ableitung (**Deduktion**) und formal-begrifflicher Unterordnung (**Subsumtion**) „festgestellt" werden. Es erschließt sich erst durch eine auf die konkret in Frage stehenden Rechtsfolgen (Schuldspruch und Strafe) ausgerichtete Betrachtungsweise.[99] Denn nur wenn diese spezifisch strafrechtlichen Rechtsfolgen durch ihre spezifische Schutzfunktion legitimierbar sind, kann mit Recht von einer Straftat gesprochen werden.[100] Deshalb müssen die einzelnen **Tatbestandsvoraussetzungen** so aufgefasst, konkretisiert und notfalls ergänzt werden, dass die erforderlichen **Legitimationsbedingungen** für den Einsatz des spezifischen Mittels der **Strafe** gewährleistet sind.[101] Im Einzelnen bedeutet das vor allem Folgendes:

Da der Schuldspruch wegen einer bestimmten Straftat immer den **Vorwurf** eines **spezifischen fehlerhaften Verhaltens** beinhaltet, muss dieser Vorwurf sachlich berechtigt sein. Kann ein bestimmtes Verhalten rechtlich schon grundsätzlich oder aber ausnahmsweise nicht beanstandet werden, liegt schon deshalb keine Straftat vor. Die einzelnen Straftatbestände treffen insoweit eine Auswahl lediglich innerhalb des Kreises rechtlich missbilligten Verhaltens. Das fehlerhafte Verhalten i. S.

76

77

---

[99] I. S. einer solchen teleologischen Betrachtungsweise konzipiert *Langer,* Sonderstraftat, S. 28 ff., 141 ff., die „tatbestandsmäßige Strafwürdigkeit" als selbstständiges Verbrechenselement neben dem „tatbestandsmäßigen Unrecht" und der „tatbestandsmäßigen Schuld" (s. a. *dens.,* FS Otto, 2007, S. 107 ff.) und schafft damit jedenfalls ein im Grundsatz begrüßenswertes materielles Filterkriterium.

[100] Insofern gibt es keine überzeugende Alternative zu einem dezidiert *funktionalen* Legitimationsansatz. Das zeigen etwa gerade die (gegenüber einem vordergründigen *Systemfunktionalismus* mit Recht) kritischen Überlegungen von *Schneider* (Kann die Einübung in Normanerkennung die Strafrechtsdogmatik leiten? – Eine Kritik des strafrechtlichen Funktionalismus, 2004), die ihrerseits von einer – durchaus begrüßenswerten – *personfunktionalen* Sicht geleitet werden. Letztlich ist der von *Schneider* konstruierte Gegensatz zwischen einer *systemfunktionalen* Sicht einerseits und einer *personfunktionalen* Sicht andererseits jedoch ein falscher: Das System hat für die Person(en) eine (dienende) Funktion und muss dementsprechend so konzipiert werden, dass es auch dem Einzelnen gerecht wird. Ohne Systemfunktionen ist aber nicht auszukommen.

[101] Näher zu dieser (Methode der) Rechtsfolgenlegitimation *Freund,* JZ 1992, 993 ff. – I. S. eines knappen Überblicks über die verschiedenen „Auslegungsmethoden" der klassischen juristischen Methodenlehre s. *Jäger,* in: SK StGB⁹, Vor § 1 Rn. 62 ff.

eines bestimmten Straftatbestands (**spezifisches Verhaltensunrecht**) wird nicht erst durch diesen konstituiert, sondern bei seiner Anwendung **als *vorhanden* vorausgesetzt!** Eine Handlung oder Unterlassung ist **nicht *wegen*** der **Erfüllung des Tatbestands unrechtmäßig**, sondern der **Tatbestand** kann **nur bei** (grundsätzlicher[102]) **Unrechtmäßigkeit der Handlung** oder **Unterlassung erfüllt** sein. Die Kategorie des Verhaltensunrechts ist also keine spezifisch strafrechtliche Kategorie, sondern eine solche der dem Strafrecht vorgelagerten **primären Normenordnung**, die das rechtlich richtige vom rechtlich zu beanstandenden Verhalten abschichtet.

78 Allerdings ist es nach wie vor Gegenstand einer heftigen Kontroverse, ob Strafgesetze Verhaltensnormen immerhin irgendwie „enthalten", sodass sie ihnen im Wege der sog. Auslegung – bzw. wohl treffender: nach einer entsprechenden Unterlegung – „entnommen" werden können.[103] Den Befürwortern eines solchen Konzepts der Auslegung von *Straf*gesetzen ist nachdrücklich zu widersprechen. Sie unterliegen einem gründlichen Missverständnis, das zu gravierenden Fehlleistungen bei der Normkonkretisierung führt – und zwar sowohl im Bereich der Verhaltensnormen als auch in dem der Sanktionsnormen. Die **Berechtigung des Vorwurfs fehlerhaften Verhaltens** ist nicht etwa die Konsequenz der Erfüllung eines richtig verstandenen Straftatbestands, sondern dessen **Anwendungsvoraussetzung!**[104]

79 Indessen erschöpft sich der Vorwurf bei Verurteilung wegen einer bestimmten Straftat regelmäßig nicht im Vorwurf fehlerhaften Verhaltens. Bei der Verurteilung z. B. wegen Mordes (§ 211), Sachbeschädigung (§ 303), fahrlässiger Tötung (§ 222) oder Körperverletzung (§ 223) – diese Straftaten gehören zur Gruppe der sog. Erfolgsdelikte – bilden tatbestandsmäßige **Verhaltensfolgen** einen zusätzlichen **Vorwurfsgegenstand:** Dem Mörder wird nicht nur die Vornahme einer bestimmten Tötungs*handlung* vorgeworfen. Eine solche liegt ja bereits dann vor, wenn in zu missbilligender Weise die *Möglichkeit* der Todesherbeiführung eröffnet worden ist. Beispiel: Eine Pistole wird in Richtung auf einen Menschen abgefeuert, jedoch verfehlt die Kugel zufällig ihr Ziel. Trifft der Schütze, wird ihm nicht nur die **Tötungshandlung** angelastet, sondern zusätzlich der daraus hervorgegangene **Todeserfolg**. Auch die sachliche Berechtigung dazu wird nicht durch den Straftatbestand konstituiert, sondern wiederum bei seiner Anwendung als gegeben vorausgesetzt. Die **Erfolgsherbeiführung** ist **nicht *wegen*** der **Tatbestandserfüllung anzulasten**, sondern nur bei anlastbar herbeigeführtem Erfolg ist der darauf abstellende Tatbestand erfüllt. Entsprechendes gilt für sonstige gleichwertige Tatumstände – etwa die tatsächliche Fremdheit der weggenommenen Sache beim Diebstahl.

---

[102] Im Tatbestandsbereich wird nur ein *grundsätzliches* rechtliches Missbilligungsurteil gefällt – genauer: es handelt sich um ein Vorbehaltsurteil. Denn ein endgültiges Missbilligungsurteil setzt das Fehlen von Rechtfertigungsgründen sowie ein hinreichendes Gewicht des personalen Fehlverhaltens voraus; s. dazu noch näher unten §§ 3, 4.

[103] Im Sinne eines solchen Konzepts nachdrücklich etwa *Herzberg*, GA 2016, 737 ff., 747 ff.; s. auch *Kindhäuser*, Gefährdung als Straftat, S. 53, 83 (mit dem Modell der aus den Sanktionsnormen abgeleiteten Verursachungsverbote; zur Kritik daran s. *Freund*, Erfolgsdelikt und Unterlassen, S. 121 ff.).

[104] Näher dazu *Freund/Rostalski*, GA 2018, 264 ff.

II. Bedeutung der gesetzlichen Tatbestände

Konstitutiv (rechtsbegründend) und nicht nur deklaratorisch (rechtsbekundend) wirkt ein **Straftatbestand** freilich insoweit, als er bestimmt, **welches Verhaltensunrecht** – u. U. in Verbindung mit der Erfüllung weiterer Sanktionsvoraussetzungen – nach geltendem Recht **bestraft** werden soll. Hier muss man sich die Summe aller unrechtmäßigen Verhaltensweisen (unter Einschluss ihrer zu verantwortenden Folgen und sonstiger gleichwertiger Tatumstände) als einen Kreis vorstellen, bei dem ein kleinerer darinliegender Kreis die **Teilmenge der Unrechtstaten** repräsentiert, **die strafbar sein sollen**. Nicht der Umfang des größeren, wohl aber der des kleineren Kreises wird durch die Straftatbestände konstituiert. Dieses Modell der Verhaltenskreise – bei dem mögliche Verhaltensweisen nach bestimmten Bewertungsgesichtspunkten klassifiziert werden – lässt sich noch weiter ausdifferenzieren: **80**

1. Der weiteste Kreis umfasst die **Gesamtheit aller tatsächlich möglichen Verhaltensweisen**; dessen äußere Grenze wird durch faktisch-technische Hindernisse, aber nicht durch rechtliche Beschränkungen gezogen. Beispielhaft und vereinfacht: Jeder kann im Rahmen des ihm Möglichen tun und lassen, was er will. – Innerhalb dieses Kreises befindet sich **81**

2. der engere Kreis der **Verhaltensweisen, die rechtlich missbilligt sind** – bei denen also ein Verstoß gegen eine rechtlich zu legitimierende Verhaltensnorm vorliegt; er zieht nach außen die Grenze zum erlaubten (unverbotenen, nicht rechtlich missbilligten) Verhalten.[105] Beispiel: Jemand verhält sich unachtsam (fahrlässig) im Hinblick auf fremdes Eigentum. Das ist zwar rechtlich missbilligt und kann zu zivilrechtlichen Schadensersatzansprüchen führen, ist aber strafrechtlich im Grundsatz irrelevant. – Innerhalb dieses Kreises befindet sich **82**

3. der engere Kreis der Verhaltensweisen, die nicht nur rechtlich missbilligt sind (die also überhaupt gegen eine rechtlich legitimierbare Verhaltensnorm verstoßen), sondern bei denen die Existenz einer Strafvorschrift (Sanktionsnorm) zu einer bedingten Strafdrohung führt. Dann liegt ein **Verhalten** vor, **das gegen eine strafbewehrte Verhaltensnorm verstößt**. Eine solche Strafbewehrung ist nicht erst dann gegeben, wenn eine definitive Strafbarkeitsanordnung vorliegt. Letztere hängt regelmäßig noch von zusätzlichen Umständen ab, die dem tatbestandsspezifischen Fehlverhalten der einschlägigen Sanktionsnorm „nachgelagert" sind. Beispiel: Jemand verhält sich unachtsam (fahrlässig) im Hinblick auf fremde Körperintegrität. Das ist nicht nur rechtlich missbilligt, sondern im Raum steht bereits eine bedingte Strafandrohung, die sich aus § 229 ergibt. Wer sich entsprechend verhält, muss damit rechnen, bestraft zu werden, wenn das Fehlverhalten Folgen hat. Ob diese Folgen eintreten oder nicht, kann der sich fahrlässig Verhaltende nicht mehr uneingeschränkt kontrollieren. – Erst innerhalb dieses Kreises der gegen eine strafbewehrte Verhaltensnorm verstoßenden Verhaltensweisen befindet sich **83**

---

[105] Ohne hier auf das Verhältnis von Recht und Moral näher eingehen zu können, umfasst der Kreis *moralisch* zu missbilligenden Verhaltens jedenfalls erheblich mehr als der Kreis des *rechtlich* zu missbilligenden Verhaltens. – Beispiel: Wer einer Bekannten wahre Liebe heuchelt, um kurzfristige persönliche Vorteile in Form sexuellen Entgegenkommens zu erlangen, verstößt zwar nicht gegen eine rechtliche, wohl aber gegen eine moralisch begründbare Verhaltensnorm.

84 4. der engere Kreis der Verhaltensweisen, in Bezug auf die eine definitive Strafbarkeitsanordnung existiert. Nur dann liegt ein **Verhalten** vor, **das strafbar ist**. Beispiel: Jemand verhält sich unachtsam (fahrlässig) im Hinblick auf fremde Körperintegrität und es kommt auch zu den nach der Sanktionsnorm des § 229 erforderlichen spezifischen Fehlverhaltensfolgen (dem „zurechenbaren Körperverletzungserfolg").

85 Das Verhalten dieses letzten Kreises (4.) ist zwar als solches nicht anders beschaffen als das Verhalten des vorletzten Kreises (3.). Beide Male verstößt es gegen eine tatbestandsspezifische Verhaltensnorm. Im Verhaltenszeitpunkt (ex ante) kann daher nur gesagt werden, dass jedenfalls gegen eine entsprechend strafbewehrte Verhaltensnorm verstoßen wird. Wenn dieses Verhalten dennoch vorgenommen wird, hängt seine **weitere (speziellere) Klassifizierung als definitiv strafbar** vom genauen Zuschnitt vorhandener Sanktionsnormen ab. Beispielsweise ist das Schießen auf eine Leiche in der irrigen Annahme, es handele sich um einen schlafenden Menschen, nicht nur ein vorsätzlicher Verstoß gegen das strafbewehrte Tötungsverbot (der bei allen vorsätzlichen Tötungsdelikten vorausgesetzt wird). Vielmehr ist dieses Schießen bereits als solches jedenfalls als versuchter Totschlag definitiv strafbar (§§ 212 I, 22, 23 I, 12 I). Demgegenüber liegt bei im Hinblick auf fremdes Menschenleben bloß fahrlässigem Verhalten – etwa im Rahmen von Schießübungen bei unübersichtlichem Gelände – zwar mit der Vornahme dieses Verhaltens ebenfalls bereits ein Verstoß gegen eine strafbewehrte Verhaltensnorm vor. Die Klassifizierung dieses Verhaltens als strafbar wäre aber voreilig, weil diese Bewertung erst möglich ist, wenn das Fehlverhalten den Tod eines Menschen zur Folge hatte (§ 222).

86 In **Kurzform** lassen sich die relevanten Verhaltenskreise folgendermaßen beschreiben: 1. Erlaubtes Verhalten – 2. rechtlich missbilligtes Verhalten – 3. strafbewehrtes Verhalten (unter einer bedingten Strafdrohung stehendes Verhalten) – 4. (definitiv) strafbares Verhalten.

4. Sinn des Erfordernisses gesetzlicher Normierung

87 Totschlag und Betrug gibt es auch ohne die §§ 212 und 263 als Formen unrechtmäßigen Verhaltens. Zu Straftaten des geltenden Rechts werden solche Verhaltensweisen erst durch die Tatbestände und auch erst unter den darin genannten weiteren Voraussetzungen neben dem tatbestandsspezifisch missbilligten Verhalten. Der Strafbarkeitsanordnung durch Schaffung entsprechender Sanktionsnormen bedarf es nicht nur wegen der bereits angesprochenen formalen Garantie, sondern vor allem auch wegen der **materialen Garantie des nullum crimen-Satzes**.[106] Danach muss der demokratisch legitimierte Gesetzgeber (selbst) bestimmen, welche strafrechtlichen Sanktionsnormen mit welchem genauen Inhalt es geben soll. Diese Aufgabe darf **nicht** etwa **an** die **Verwaltung delegiert** werden.[107]

---

[106] Näher zur materialen Garantie des nullum crimen-Satzes *Jäger*, in: SK StGB⁹, § 1 Rn. 1 ff.; *Krey*, Keine Strafe ohne Gesetz, 1983; *Schünemann*, Grund und Grenzen, S. 255 ff.; s. a. *Freund*, Erfolgsdelikt und Unterlassen, S. 112 ff.

[107] Zur Frage der unzulässigen Delegation von Gesetzgebungsbefugnissen vgl. BVerfG NJW 1989, 1663; *Ossenbühl*, DVBl 1967, 401, 402 ff.; näher zur Problematik qualifizierter Blankettgesetze (mit „Rückverweisungstechnik") *Volkmann*, ZRP 1995, 220 ff.; s. a. *Freund*, ZLR 1994, 261, 281 ff.

Der **Strafgesetzgeber** muss mit den einzelnen Sanktionsnormen **bestimmen**, 88
welches **Verhaltensunrecht** unter gegebenenfalls welchen **weiteren Voraussetzungen** eine **Straftat** sein soll. In dieser Hinsicht lassen viele Sanktionsnormen jedenfalls in einem Kernbereich kaum Zweifel aufkommen und sind deshalb relativ problemlos zu handhaben. So sind z. B. – grob gesprochen – in § 222 (fahrlässige Tötung) Verstöße gegen **Verhaltensnormen** erfasst, die im **Lebensschutzinteresse** anderer zu legitimieren sind, sofern die Verstöße tatsächlich zum Tod eines anderen geführt haben; in § 212 (Totschlag) werden **vorsätzliche folgenreiche Verstöße** solcher Art schärfer bestraft. In §§ 212, 22, 23 (versuchter Totschlag) ist eine Sanktionsnorm vorgesehen, die (auch ohne Todeserfolg) den schlichten **vorsätzlichen Verstoß gegen** eine **im Lebensschutzinteresse anderer zu legitimierende Verhaltensnorm** als solchen sanktioniert. §§ 242, 263 (Diebstahl, Betrug) erfassen bestimmte vorsätzliche Verstöße gegen Verhaltensnormen, die **fremdes Eigentum** bzw. **(bestimmte Verfügungen über) fremdes Vermögen** schützen sollen, sofern die **Zusatzbedingungen** der genannten Tatbestände erfüllt sind. Etwa beim Betrug muss das – von der **Absicht rechtswidriger Bereicherung** getragene – tatbestandsmäßige Täuschungsverhalten zu einer entsprechenden irrtumsbedingten **vermögensschädigenden Verfügung des Getäuschten** geführt haben. Freilich können auch Unklarheiten über die Schutzrichtung eines Tatbestands – genauer: über den **Schutzzweck der in Bezug genommenen Verhaltensnorm** – bestehen.

Fraglich ist z. B., ob die **Tötung auf Verlangen** (§ 216) den Verstoß gegen eine im konkret betroffenen **Lebensschutzinteresse** des Einzelnen legitimierbare Verhaltensnorm erfordert **oder** ob es um den Schutz **überindividueller Interessen der Allgemeinheit** geht (im letzteren Fall läge die Vorschrift auf derselben Linie wie z. B. die Wehrpflichtentziehung durch Selbstverstümmelung; vgl. § 109). Die geläufige Behauptung, aus § 216 folge die Indisponibilität des Rechtsguts Leben, löst das sich dabei stellende Legitimationsproblem nicht, sondern schneidet es willkürlich ab.[108]

5. Anwendungsvoraussetzungen eines Straftatbestands im Überblick

Für die Anwendbarkeit eines bestimmten Straftatbestands (einer bestimmten Sanktionsnorm) müssen vor dem soeben skizzierten Hintergrund des nullum crimen-Satzes unter strikter Beachtung des Textes der in Frage kommenden Strafnorm mehrere Fragen geklärt werden:

Zunächst gilt es zu klären, **welche spezielle Art von Verhaltensnormverstößen** sachlich erfasst werden soll. Insoweit handelt es sich um ein Problem der Bestimmung des abstrakt gemeinten tatbestandsspezifischen Verhaltensnormverstoßes. Dabei muss der **spezifische Rechtsgüterschutzaspekt** erfasst werden.[109] Außerdem

---

[108] Zur – im Detail freilich umstrittenen – Ratio des § 216 StGB s. etwa *Freund*, Erfolgsdelikt und Unterlassen, S. 271 f. auch in Fn. 21 f.; *dens.*, in Humane Orientierungswissenschaft, 2008, S. 149, 158 f.; *Herzberg*, NJW 1996, 3043, 3046 f.; *Ingelfinger*, Tötungsverbot, S. 166 ff., 214 ff.; *Murmann*, Selbstverantwortung, S. 488 ff., 514 ff.
[109] Näher dazu unten § 2 Rn. 11 ff.

ist die bei den meisten Straftatbeständen vorausgesetzte **Sonderverantwortlichkeit des Adressaten der übertretenen Verhaltensnorm** zu beachten.[110]

92 Erst nach dieser Bestimmung des **abstrakt gemeinten** tatbestandsspezifischen Verhaltensnormverstoßes kann der weiteren Frage nachgegangen werden, ob ein solcher – von der Sanktionsnorm gemeinter – tatbestandsspezifischer **Verhaltensnormverstoß in concreto auch tatsächlich** (eindeutig) vorliegt.[111]

93 Dabei ist auch zu beachten, dass **keine Rechtfertigungsgründe** eingreifen dürfen[112] und das **personale Verhaltensunrecht hinreichend gewichtig** sein muss.[113]

94 Auf dieser Grundlage kann geklärt werden, ob **etwa erforderliche zusätzliche Sanktionserfordernisse** neben dem tatbestandsspezifischen Verhaltensnormverstoß vorliegen.[114] Insoweit spielen vor allem **tatbestandsmäßige Verhaltensfolgen**, aber auch sonstige **gleichwertige Tatumstände** eine Rolle. Bei feststellbarer Nichterfüllung eines solchen zusätzlichen Sanktionserfordernisses kann selbstverständlich eine entsprechende Strafbarkeit auch sogleich mit dieser Begründung verneint werden.

95 **Beispielsweise** scheidet eine **fahrlässige Tötung** i. S. des § 222 unter allen Umständen aus, wenn der von dem zu überprüfenden Verhalten Betroffene überlebt hat und nur verletzt worden ist. Denn ein **vollendetes Tötungsdelikt** setzt immer ein **Todesopfer** voraus. In Frage kommt dann allerdings eine vorsätzliche Körperverletzung (§ 223) oder eine fahrlässige Körperverletzung (§ 229).

96 Zu den Voraussetzungen der Anwendungs eines Straftatbestands gehören selbstverständlich auch **prozessuale Erfordernisse** der Strafverfolgung bzw. der angemessenen Reaktion auf einen (möglichen) Normverstoß und nicht zuletzt solche des rechtsgenügenden Beweises. Wenn nach der „Strafbarkeit" gefragt wird, soll es aber zumindest nach üblichem Verständnis[115] auf das Vorliegen mancher solcher Anwendungsbedingungen nicht ankommen.

97 Konkret heißt das z. B., dass trotz eingetretener **Verjährung** oder fehlendem, aber für die Strafverfolgung unbedingt erforderlichem **Strafantrag** die gestellte Frage nach der „Strafbarkeit" zu bejahen und nur die strafrechtliche **Verfolgbarkeit** wegen der entsprechenden Tat **abzulehnen** ist. Andererseits ist aber anerkanntermaßen **bei nicht** vollständig **gelungenem Tatnachweis** die **Strafbarkeitsfrage** eindeutig **zu verneinen**, selbst wenn ein massiver Verdacht übrig bleibt (**in dubio pro reo**).

98 Schließlich muss – gleichsam i. S. einer **Endkontrolle** – zusätzlich überprüft werden, ob der anzuwendende **Straftatbestand** nach seinem **Wortlaut** auch tatsächlich **auf den festgestellten Sachverhalt passt**. Ist dieses Erfordernis für die Anwendung eines Straftatbestands nicht erfüllt, kann in der **praktischen Fallprüfung** die

---

[110] Näher dazu unten § 2 Rn. 19 ff., § 6 Rn. 27 ff., 65 ff.

[111] Dabei stellen sich im Strafverfahren Probleme des entsprechenden *Nachweises*. Und bei der Fallbearbeitung auf der Basis eines vorgegebenen Sachverhalts stellen sich Probleme der Unterordnung des Verhaltens und Geschehens unter die Normvoraussetzungen – also der *Subsumtion*.

[112] Näher dazu unten § 3.

[113] Näher dazu unten § 4.

[114] Näher dazu unten § 2 Rn. 52 ff.

[115] Krit. dazu *Freund*, GA 1995, 4 ff., 8 ff.

Ablehnung einer entsprechenden Strafbarkeit selbstverständlich auch sogleich daran festgemacht werden.[116]

6. Das dualistische Straftatkonzept als Alternative zum zwei- oder dreistufigen Deliktsaufbau

Für die praktische Fallprüfung bietet sich das in § 12 (unter I.) abgedruckte **grundlagenorientierte Gliederungsschema** an.[117] Es ist primär zugeschnitten auf alle vollendeten Erfolgsdelikte – und zwar sowohl in der Form des vorsätzlichen oder des fahrlässigen Delikts als auch in der Form des Begehungs- oder begehungsgleichen Unterlassungsdelikts. Damit sind die praktisch wichtigsten Fallgruppen ohne Weiteres abgedeckt. Im Übrigen ist es unschwer möglich, die danach noch offenen Bereiche durch eine geringfügige Modifikation des vorgestellten Schemas zu erfassen.

Dieses Gliederungsschema vermag eine Vielzahl unterschiedlicher Schemata zu ersetzen und führt damit zu einer erheblichen **Vereinfachung des Aufbaus der Straftat in der Fallbearbeitung**. Auch ist es direkt an den sachlichen Problemen orientiert und ermöglicht deren Diskussion, ohne in einen unfruchtbaren Streit um Systemfragen eintreten zu müssen. Soweit ein solcher Streit für die Entscheidung des konkreten Falles irrelevant ist, kann und muss er ohnehin offenbleiben. Zu ihm muss dann noch nicht einmal inzident durch einen bestimmten „Aufbau" Stellung genommen werden. Nur soweit das Endergebnis des konkreten Falles (in der Strafbarkeitsfrage!) davon abhängt, muss das entsprechende Sachproblem – das gerade kein Aufbauproblem ist – entschieden werden.

Die konsequente Orientierung des Lehrbuchs an dem sowohl in materieller als auch in formeller Hinsicht angemessen zu erfassenden „Gegenstand" – also der Straftat – hilft nicht zuletzt, Scheinprobleme als solche zu entlarven und ermöglicht so eine Konzentration auf das Wesentliche: Das gilt etwa für den seit Jahrzehnten geführten leidigen Streit um einen **zwei- oder dreigliedrigen Straftatbegriff** bzw. einen entsprechenden Deliktsaufbau.[118] Dieser **Streit liegt neben der Sache**. Mit der gängigen Einordnung des straftatrelevanten Stoffs in die drei streng getrennten „Schubladen" der Tatbestandsmäßigkeit, der Rechtswidrigkeit und der Schuld oder – alternativ – in die zwei „Schubladen" des Gesamtunrechtstatbestands und der Schuld wird straftatsystematisch gesehen nicht nur Grundverschiedenes zusammengepackt, sondern es wird auch Zusammengehöriges willkürlich getrennt. Von dem höchst unklaren weiteren Kasten, in dem als Verlegenheitslösung etwa die sog.

---

[116] Bei *Schefflers* zweistufigem Vorgehen (Jura 1996, 505, 509 f.) ist das *immer* der erste Schritt.

[117] Erstmals von *Freund* publiziert im Rahmen eines Beitrags zum Aufbau der Straftat in der Fallbearbeitung in der JuS 1997, 235 ff., 331 ff.

[118] S. zu diesem Streit etwa *Bringewat*, Grundbegriffe³, Rn. 265 f. (der nachdrücklich für den dreigliedrigen Straftatbegriff eintritt); *Wessels/Beulke/Satzger*, AT⁴⁸, Rn. 184 ff. (Rn. 194 wird immerhin angemerkt, die Kontroverse dürfe nicht zu hoch bewertet werden), jew. m. w. N.

objektiven Strafbarkeitsbedingungen untergebracht werden, soll gar nicht erst die Rede sein.

102 Beim **vollendeten Erfolgsdelikt** wird bei der Prüfung und Feststellung der Tatbestandsmäßigkeit nach dem dreistufigen Deliktsaufbau außer dem straftatsystematisch grundlegend bedeutsamen – aber unter Vorbehalt stehenden(!) – tatbestandsspezifischen Verhaltensnormverstoß und (beim Vorsatzdelikt) *dessen* Vorsätzlichkeit[119] auch geprüft, ob dieser spezifische Folgen hatte. Man prüft, ob dem tatbestandsspezifischen Fehlverhalten der in der Sanktionsnorm genannte „Erfolg" überhaupt als Unrechtserfolg „zugerechnet" werden kann und (beim Vorsatzdelikt) ob er obendrein als vorsätzlich herbeigeführt „zurechenbar" ist. Indessen gilt: Derartige **Zurechnungsüberlegungen hängen in der Luft**, solange offen bleibt, ob der (unter dem Vorbehalt möglicher Rechtfertigung stehende) tatbestandsspezifische Verhaltensnormverstoß nicht vielleicht gerechtfertigt ist und vor allem ob er auch in (hinreichend) schuldhafter Form vorliegt. Strafrechtlich ergibt es keinen Sinn, bestimmte Erfolge – gar als vorsätzlich unrechtmäßig herbeigeführt – „zuzurechnen", wenn das Verhalten gerechtfertigt oder nicht (hinreichend) schuldhaft ist.

103 Was zusammengehört, muss auch als entsprechende Einheit erfasst werden: Der **tatbestandsspezifische Verhaltensnorm*verstoß*** liegt in der für eine Straftat erforderlichen Form schon gar nicht vor, wenn ein Rechtfertigungsgrund eingreift oder das Erfordernis (hinreichend) schuldhaften Verhaltens nicht erfüllt ist. Insofern bedeutet der zweistufige Deliktsaufbau immerhin einen gewissen Fortschritt in der Problemerfassung, weil die Rechtfertigungsproblematik in einem einheitlichen Gesamtunrechtstatbestand verarbeitet werden kann. Nicht angemessen erfasst bleibt aber nach wie vor das grundlegende verhaltensbezogene Straftaterfordernis des (hinreichend) schuldhaften tatbestandsspezifischen Verhaltensnormverstoßes. Die entsprechende **Bewertungseinheit** wird noch immer durch die voreiligen erfolgsbezogenen „Zurechnungsüberlegungen" auseinandergerissen.

104 Als **Gegenmodell** zu den bisherigen drei- oder zweistufigen Konzepten mit ihren „Stufen" der Tatbestandsmäßigkeit, der Rechtswidrigkeit und der Schuld bzw. des Gesamtunrechtstatbestands und der Schuld wird daher diesem Lehrbuch ein **dualistischer Aufbau der Straftat** zugrundegelegt. Bei diesem gibt es auch zwei Stufen, die aber *quer* zu den üblichen Konzepten verlaufen:

105 Die **1. Stufe** ist der **tatbestandsspezifische Verhaltensnorm*verstoß***. Ein solcher liegt in der für eine Straftat erforderlichen Form nicht bereits dann vor, wenn ein grundsätzliches (unter Vorbehalt stehendes) tatbestandsspezifisches Missbilligungs-

---

[119] Auch diese „Vorsatzprüfung" ist nur unter Vorbehalt möglich, weil sich der Betreffende keiner rechtfertigenden Situation gegenübersehen darf. Ein *vorsätzlicher* tatbestandsspezifischer Verhaltensnorm*verstoß* setzt das Fehlen einer entsprechenden Vorstellung voraus. Ohne Berücksichtigung dieses Aspekts kann lediglich ein für eine Verurteilung wegen Vorsatztat nicht ausreichender „halber Vorsatz" festgestellt werden. Die Verdunkelung dieser einfachen Einsicht ist auf das gerügte Schubladendenken zurückzuführen, das u. a. sachlich Zusammengehöriges willkürlich trennt und auch heute noch Anhänger der sog. strengen Schuldtheorie dazu verleitet, im Falle eines Erlaubnistatbestandsirrtums eine Vorsatztat anzunehmen. – Näher zur Problematik des Erlaubnistatbestandsirrtums unten § 7 Rn. 110 ff.

II. Bedeutung der gesetzlichen Tatbestände

urteil gefällt werden kann. Ein solcher Verstoß liegt vielmehr nur dann vor, wenn das Verhalten nicht gerechtfertigt und (hinreichend) schuldhaft ist. Nur bei Erfüllung dieser weiteren Bedingungen ist das grundlegende Erfordernis einer jeden Straftat erfüllt: Erforderlich ist die (hinreichend gewichtige) **Infragestellung der Geltung einer kontext- und adressatenspezifisch konkretisierten Verhaltensnorm** durch die zu bestrafende Person.[120] Bei Vorsatztaten bedarf es der nicht weiter steigerungsfähigen Vollform der Infragestellung der Geltung der übertretenen Verhaltensnorm. Das ist nur dann der Fall, wenn die Verhaltensnorm übertreten wird, obwohl der Täter *deren* Legitimationsgründe zutreffend erfasst hat. Im Unterschied zu diesem **Vorsatztäter**, der in der normativ entscheidenden Hinsicht weiß, was er tut oder unterlässt, ist der **Fahrlässigkeitstäter** bei der *von ihm* zu erwartenden Normkonkretisierung und Normbefolgung schon vorher „steckengeblieben": Der Fahrlässigkeitstäter hätte diese Legitimationsgründe nur erkennen können und müssen.

Die **2. Stufe** ist dem auf der 1. Stufe (unter Einschluss der traditionellen Schuldaspekte) geprüften und abschließend festgestellten personalen Verhaltensunrecht der konkret handelnden oder unterlassenden Person auch sachlich nachgeordnet: Hier geht es um die Erfassung **sonstiger Sanktionserfordernisse** – insbesondere um **spezifische Fehlverhaltensfolgen**, die in vielen Tatbeständen vorausgesetzt werden. Erst nachdem das für eine Straftat erforderliche hinreichend gewichtige personale Verhaltensunrecht feststeht, kann daran anknüpfend geklärt werden, ob der tatbestandsspezifische (ggf. vorsätzliche) Verhaltensnorm*verstoß* entsprechende Folgen hatte und daher auch diese zusätzliche Deliktsvoraussetzung des vollendeten Erfolgsdelikts erfüllt ist.[121]

106

Zur Klarstellung für die **Fallbearbeitung in der universitären Ausbildung**: Ist man sich der soeben skizzierten Sachzusammenhänge bewusst, bestehen keine Einwände dagegen, die **traditionellen Prüfungspunkte** der Tatbestandsmäßigkeit, der Rechtswidrigkeit und der Schuld bzw. der sonstigen Deliktsvoraussetzungen nicht vollständig aufzugeben. Immerhin ermöglicht deren – vorläufige – Beibehaltung eine gewisse **Vorstrukturierung** des relevanten Stoffs.[122] Entscheidend ist allemal nur, dass letztlich die sich ergebenden Sachprobleme erfasst und angemessen gelöst werden. Fehler entstehen freilich, wenn die vereinfachende Vorstrukturierung zum Zwangskorsett wird, in das die Sachprobleme gepresst werden. Dann besteht die

107

---

[120] Eine bloß hypthetische Infragestellung durch einen Homunkulus als fiktiver Person genügt nicht. – Zur Bedeutung dieses Gesichtspunkts für das Verhaltensunrecht der Fahrlässigkeitstat s. etwa unten § 5 Rn. 23 ff.

[121] Daran fehlt es beispielsweise in den Fällen des Handelns in Unkenntnis der rechtfertigenden Sachlage. Die von manchen angenommene Strafbarkeit wegen vollendeter Straftat („Vollendungslösung") in derartigen Fällen ist wiederum auf das gerügte Schubladendenken zurückzuführen, bei dem es voreilig zu einer Erfolgszurechnung auf Tatbestandsebene kommt. Indessen gilt: Wenn nur geschieht, was von Rechts wegen bei zutreffender Kenntnis der Schlage geschehen durfte, ist das Nichtvermeiden dieses Verlaufs nicht geeignet, einen Verstoß gegen eine tatbestandsspezifische Verhaltensnorm zu begründen. Daher liegt *insofern* auch keine spezifische Fehlverhaltensfolge vor. – Näher zu dieser Problematik unten § 3 Rn. 19 f.

[122] S. dazu das mögliche Aufbaumodell (in verschiedenen Ausprägungsformen) unten § 12 (unter II.).

große Gefahr, dass aus zweifelhaften dogmatischen Zuordnungen Schlussfolgerungen gezogen werden, die am zu lösenden Sachproblem vorbeigehen.

III. Stellenwert der „Lehre von der Straftat" im System

1. Verhältnis zum Strafprozessrecht

108 Die Lehre von der Straftat umfasst traditionellerweise lediglich einen **Ausschnitt aus den Rechtsfolgevoraussetzungen für Schuldspruch und Strafe**. Auch wenn meist Institute wie Rücktritt vom Versuch, Strafantrag und Verjährung jedenfalls am Rande miterörtert werden, bleibt doch ein wichtiger Bereich ausgespart: Die abstrakte Sanktionsanordnung der Strafgesetze steht ja zunächst nur auf dem Papier. Sie bedarf erst noch der Umsetzung in der Wirklichkeit durch ein Strafverfahren. Dieser gesamte Bereich der Umsetzung der abstrakten Sanktionsanordnung in der Wirklichkeit bleibt bei der Lehre von der Straftat in aller Regel außer Betracht. Die entsprechenden Probleme werden als strafprozessuale Fragen an anderer Stelle erörtert. Dabei gerät die **Bedeutung des Strafprozesses für das materielle Strafrecht** und damit dessen „strafrechtsgestaltende Kraft"[123] leicht aus dem Blick.

109 Soll **Strafrecht als Recht legitimiert** sein, darf die Phase der **Umsetzung in der Wirklichkeit** nicht außer Betracht bleiben. Man darf nicht auf der abstrakten Ebene des Strafgesetzes stehen bleiben, sondern muss das Strafrecht als im konkreten Einzelfall anzuwendendes Strafrecht legitimieren – und zwar legitimieren durch den insoweit tragfähigen Gedanken der Eignung, der Erforderlichkeit und der Angemessenheit zur Erfüllung des zugedachten Zwecks. Um dieser Begründungspflicht zu genügen, muss der Strafprozess mit seinen spezifischen Schwierigkeiten und Fragestellungen mit einbezogen werden. Der **Strafprozess** bildet nicht nur einen unselbstständigen Annex des „eigentlichen" materiellen Strafrechts, sondern „schreibt" selbst ein **wesentliches Teilstück** dessen, was **angewandtes materielles Strafrecht** *ist*. Denn zu den Voraussetzungen eines strafrechtlichen Rechtseingriffs gehören eben auch dessen Anwendungsbedingungen.

110 Konkret heißt das z. B.: Die Rechtsfolgen des **Schuldspruchs** und des **Strafausspruchs** wegen eines bestimmten Delikts in bestimmter Qualität und Höhe sind solange unanwendbar, solange der Beschuldigte nicht **ordnungsgemäß überführt** ist oder solange **mildere Alternativen** (wie etwa die Verfahrenseinstellung unter Auflagen nach § 153a StPO) verfügbar sind. Die entsprechende Gestaltung der Wirklichkeit ist nur rechtens, wenn sie das **geeignete, erforderliche und angemessene Mittel** zur Erreichung des legitimierbaren Zwecks bildet, der – vereinfacht gesprochen – in der **Wiederherstellung des durch einen (möglichen) Verhaltensnormverstoß (nebst Folgen) gestörten Rechtsfriedens** zu erblicken ist.

111 Wenn im Folgenden von den Voraussetzungen für Schuldspruch und Strafe die Rede ist, sollte immer bedacht werden, dass es sich nicht um eine abschließend gemeinte Aufzählung handelt, sondern weitere Kriterien für die Strafrechtsanwendung im Einzelfall erfüllt sein müssen. Es darf also nicht aus den Augen verloren werden, dass die **„Lehre von der Straftat"** einen zwar **wichtigen, aber** eben doch

---

[123] Vgl. dazu *Peters,* Die strafrechtsgestaltende Kraft des Strafprozesses, 1963.

III. Stellenwert der „Lehre von der Straftat" im System

nur **beschränkten Stellenwert** im Gesamtzusammenhang der Strafrechtsanwendung besitzt.

2. Verhältnis zum Sanktionenrecht

Fast vollkommen außer Betracht bleibt bei der Lehre von der Straftat das **Recht der Straftatfolgen** (Sanktionenrecht). Dieses für die Strafrechtsanwendung im Einzelfall wichtige – in der juristischen Ausbildung sträflich vernachlässigte – Rechtsgebiet bedarf vor allem wegen seines Umfangs und seiner Komplexität einer **gesonderten Darstellung**. Es spielt freilich auch für die **Lehre von der Straftat** insofern eine entscheidende Rolle, als die grundsätzliche **Angemessenheit** (Adäquität) der **Rechtsfolgen** von **Schuldspruch** und **Strafe** in Frage steht. Lediglich die weitere Konkretisierung dieser spezifisch strafrechtlichen Rechtsfolgen bleibt dem eigenständigen Sanktionenrecht überlassen.[124]

112

So ist z. B. das für die **Strafzumessung** bedeutsame **Maß der Schuld** in seinen verschiedenen Ausprägungsgraden für die Straftatlehre als solche grundsätzlich irrelevant. Bei den **Entschuldigungs- oder Schuldausschließungsgründen** (vgl. § 33: Notwehrexzess; § 35: Entschuldigender Notstand; § 19: Schuldunfähigkeit des Kindes; § 20: Schuldunfähigkeit wegen seelischer Störungen) schlägt aber **Quantität in Qualität** um, und es liegt bereits keine Straftat vor, bei der die spezifisch strafrechtlichen Rechtsfolgen überhaupt noch zum Zuge kommen könnten.

113

Entsprechendes gilt für die Frage des Eingreifens eines **Qualifikationstatbestands** – z. B. der schweren Körperverletzung (§ 226) statt der einfachen Körperverletzung (§ 223): Dafür muss der **Qualifikationsgrund**, der sonst nur strafzumessungsrelevant (also für die Straftatlehre unerheblich) wäre, so beschaffen sein, dass er die durch die Qualifikation eintretende **Strafrahmenverschärfung sachlich zu tragen** vermag.[125] Ist das nicht der Fall, muss die Bejahung der Qualifikation im Wege der am Sinn und Zweck der Norm orientierten Rechtskonkretisierung vermieden werden. Man spricht insoweit von **teleologischer oder ratio-orientierter Interpretation** bzw. von **teleologischer Reduktion**.

114

3. Begriff der Straftat und strafrechtlicher Handlungsbegriff

Die Straftat im Sinne eines Gebildes, das die Rechtsfolgen des Schuldspruchs und der Bestrafung nach sich zieht, wird verbreitet definiert als „tatbestandsmäßige, rechtswidrige, schuldhafte und etwaige sonstige Strafbarkeitsvoraussetzungen erfüllende **Handlung**".[126] Das ist bedenklich, denn dabei versteht man den Begriff der tatbestandsmäßigen Handlung in einem missverständlich weiten – auch etwaige

115

---

[124] Näher zum Zusammenhang zwischen Straftatsystem und Strafzumessung *Frisch,* in: 140 Jahre Goltdammer's Archiv, 1993, S. 1 ff.; s. a. *Freund* GA 1999, 509 ff.; ferner noch unten § 2 Rn. 45 f., § 4 Rn. 80 ff., § 5 Rn. 9 ff., § 9 Rn. 1 ff., 18.

[125] Weiterführend mit einem neuen Regelungsmodell der ratio-gerechten Strafschärfung *Julia Heinrich,* Die gesetzliche Bestimmung von Strafschärfungen – Ein Beitrag zur Gesetzgebungslehre, 2016.

[126] I. d. S. z. B. *Roxin,* AT I[4], § 7 Rn. 4 ff.; *Ebert,* AT[3], S. 14 ff.; vgl. a. *Bringewat,* Grundbegriffe[3], Rn. 263 m. w. N.

Handlungs*folgen* umfassenden – Sinn. Demnach soll offenbar auch der Tod des Opfers noch zur Handlung des Täters gehören. Das kann man zwar durchaus so sehen, es ist aber keineswegs unproblematisch, weil dabei zwei grundverschiedene Dinge miteinander vermengt werden: **Fehl***verhalten* und **Fehlverhaltens***folgen* (bzw. sonstige Sanktionserfordernisse) haben zwar etwas miteinander zu tun, sind aber **nach je eigenen Regeln zu bestimmen**.[127]

116 Besonders erklärungsbedürftig ist im herkömmlichen System ferner, ob und inwiefern ein **Unterlassen als Straftat** aufgefasst werden kann. Dass das Strafgesetzbuch solche Unterlassungstaten kennt, ergibt sich z. B. aus §§ 138, 323c und § 13 i. V. m. den Tatbeständen des Besonderen Teils. Bei diesem klaren Befund kann ein Begriff der Handlung im Sinne einer **gewillkürten Körperbewegung** nicht das Rückgrat des – im Unterlassungsbereich damit recht labilen – Strafrechtssystems bilden.

117 Wählt man aus diesem Grund den **Tun und Unterlassen** umfassenden **Oberbegriff** des (menschlichen) **Verhaltens**, so wird rasch *eines* deutlich: Eine Klärung der näheren Anforderungen, die an ein solches Verhalten für das Strafrecht zu stellen sind, kann ohne Heranziehung der **Kriterien** *rechtlicher* **Verhaltensbewertung** nicht überzeugend gelingen. Vorrechtliche Bewertungen eines „Verhaltens" als „sozialerheblich" entbehren der Richtigkeitsgewähr im Hinblick auf die Lösung des anstehenden Rechtsproblems.

118 So ist z. B. nicht ausgemacht, dass die „Verhaltensweisen" des **Epileptikers beim Krampfanfall** und des auf der Straße liegenden **sinnlos Betrunkenen** nicht doch als **„sozialerheblich"** einzustufen sind. Ein gar tatbestandlich **rechtlich zu missbilligendes Verhalten** kann darin – wie noch zu zeigen sein wird – **eindeutig nicht** erblickt werden.[128] Das verstieße gegen den Grundsatz, dass Unmögliches nicht verlangt werden kann: ultra posse nemo obligatur![129]

119 Vor diesem Hintergrund erscheint es wenig ratsam, in die **Diskussion um den strafrechtlichen Handlungsbegriff**, die vor allem in den fünfziger und sechziger Jahren des letzten Jahrhunderts lebhaft geführt wurde, nunmehr aber deutlich abgenommen hat, erneut einzusteigen.[130] Ein vorrechtlicher Handlungsbegriff kann recht besehen noch nicht einmal die bescheidene Aufgabe erfüllen, die ihm z. T. noch zugesprochen wird: Der Handlungsbegriff soll angeblich sicherstellen, dass ein geeignetes Objekt strafrechtlicher Bewertung (das menschliche Verhalten) über-

---

[127] Näher dazu unten § 2 Rn. 9 ff. einerseits sowie § 2 Rn. 52 ff. andererseits.

[128] Ein Epileptiker, der bei einer Autofahrt urplötzlich einen Anfall mit einer Verkrampfung des rechten Beines und der nicht beeinflussbaren Folge des Durchtretens des Gaspedals erleidet (und so einen für einen anderen tödlichen Unfall verursacht), „verhält" sich insoweit nicht strafrechtsrelevant. Anknüpfungspunkt kann in einem solchen Fall nur die Inbetriebnahme bzw. das Führen des Fahrzeugs (als Epileptiker) sein (s. dazu näher BGHSt 40, 341 ff. m. Anm. *Foerster/Winckler*, NStZ 1995, 344 f.).

[129] Mit Recht betont *Renzikowski*, in: Matt/Renzikowski, Vor § 13 Rn. 52: „Sollen impliziert Können".

[130] Lesenswert dazu *Jakobs*, Der strafrechtliche Handlungsbegriff, 1992; s. a. *Bringewat*, Grundbegriffe³, Rn. 269 ff.; *Herzberg*, FS Jakobs, 2007, S. 147 ff.; *Walter*, in: LK¹², Vor § 13 Rn. 28 ff.; *Werle*, JuS 1986, L 41, 42 f.

haupt vorhanden ist, bevor die Bewertung anfängt.[131] Indessen kann diese Aufgabe ohne Beachtung dessen, worauf es (straf-)rechtlich für die Bewertung ankommt, nicht erfüllt werden.[132] Denn die sachgerechte **Bestimmung des Objekts der Wertung** ist **davon abhängig, welche Bewertung ansteht**. Es gibt insoweit nichts für die Bewertung fertig Vorfindbares, sondern erst die anstehende Bewertung kann etwas darüber aussagen, was genau aus der unendlichen Vielfalt möglicher Objekte der Wertung bewertungsrelevant ist. Auszugehen ist deshalb nicht von irgendeinem vorrechtlichen Handlungsbegriff als vermeintlich greifbarem „Objekt der Wertung", sondern von der in Frage stehenden Bewertung selbst: Diese in Frage stehende Bewertung besagt, dass die **Rechtsfolge** der **Bestrafung einer bestimmten Person rechtlich angemessen** sei. Nur unter diesem bewertenden Blickwinkel lassen sich die zu erfüllenden rechtlichen Anforderungen bestimmen.

4. Zum weiteren Gang der Darstellung

Statt also in die nicht weiterführende Diskussion um den strafrechtlichen Handlungsbegriff erneut einzusteigen, sollen im Folgenden sogleich die **allgemeinen Kriterien tatbestandsmäßigen Verhaltens** sowie **sonstige Sanktionsvoraussetzungen** von grundsätzlicher Bedeutung in den Blick genommen werden (§ 2). Dabei darf nicht vergessen werden, dass trotz grundsätzlicher tatbestandlicher Missbilligung eines bestimmten Verhaltens im Ergebnis eine Missbilligung dieses Verhaltens ausscheiden kann. Nur bei **fehlender Rechtfertigung** und **(vorhandenem) hinreichendem Gewicht des tatbestandsmäßig-rechtswidrigen Verhaltens** können die Rechtsfolgen von Schuldspruch und Strafe eingreifen. – Nur dann kann letztlich eine Straftat im auf diese Rechtsfolgen bezogenen (funktionalen) Sinne vorliegen (siehe dazu §§ 3, 4).

120

Das Lehrbuch folgt in seinem Aufbau damit der Einsicht, dass es grundlegende Voraussetzungen gibt, die jede Straftat erfüllen muss. Dieser **„Allgemeine Teil des Allgemeinen Teils"** des Strafrechts umfasst die in §§ 2–4 behandelten Themenkomplexe. Dabei liegt der Schwerpunkt auf dem hinreichend gewichtigen personalen Verhaltensunrecht, das die unverzichtbare Grundvoraussetzung einer jeden Straftat darstellt. Daneben werden bereits die wichtigsten sonstigen Sanktionsvoraussetzungen – insbesondere tatbestandsmäßige (Fehl-)Verhaltensfolgen – berücksichtigt, die bei bestimmten Straftattypen zu beachten sind. Im Anschluss (§§ 5 ff.) – sozusagen im **„Besonderen Teil des Allgemeinen Teils"** des Strafrechts – werden typische Erscheinungsformen der Straftat näher erläutert. Das gilt namentlich für die **Fahrlässigkeitstat** (§ 5), das **Unterlassungsdelikt** (§ 6), die **Vorsatztat** (§ 7),

121

---

[131] Zu einer solchen Funktion vgl. etwa *Kühl*, AT[8], § 2 Rn. 3 m. w. N.; krit. dazu *Herzberg*, GA 1996, 1, 7 ff.; *Armin Kaufmann*, FS Welzel, 1974, S. 393 ff.
[132] Mit Recht gegen eine solche „Vorprüfung" z. B. *Otto*, AT[7], § 5 Rn. 40 f.; zumindest i. S. der Möglichkeit einer Integration der Probleme des Handlungsbegriffs in den Bereich der Tatbestandsmäßigkeit (des Verhaltens) etwa auch *Kühl*, AT[8], § 2 Rn. 3.

den **Versuch** als Straftat (unten § 8) (an dessen Erörterung sich wegen des Sachzusammenhangs die Behandlung des Rücktritts und sonstiger Fälle der „tätigen Reue" [§ 9] anschließt) und die Straftatformen der **Täterschaft und Teilnahme** (§ 10). Aus didaktischen Gründen werden an jeweils geeigneter Stelle die im Grundsätzlichen erarbeiteten allgemeinen Kriterien tatbestandsmäßigen Verhaltens und sonstige wichtige Sanktionsvoraussetzungen (wie etwa Fragen der Kausalität, der Quasikausalität und der sog. Erfolgszurechnung) näher **exemplifiziert** und **vertieft**. Schließlich werden Fragen der **Einheitlichkeit** einer Straftat **und der Mehrheit von Straftaten** sowie der **Konkurrenz mehrerer Straftaten** thematisiert (§ 11).

Vertiefungs- und Problemhinweise

122 *Legitimation des Strafrechts; Strafzwecke: Amelung,* Rechtsgüterschutz und Schutz der Gesellschaft, 1972; *Appel,* Verfassung und Strafe – Zu den verfassungsrechtlichen Grenzen staatlichen Strafens, 1998; *Bacigalupo,* Rechtsgutsbegriff und Grenzen des Strafrechts, FS Jakobs, 2007, S. 1 ff.; *Deiters,* Legalitätsprinzip und Normgeltung, 2006, S. 29 ff., 59 ff.; *Engländer,* Revitalisierung der materiellen Rechtsgutslehre durch das Verfassungsrecht?, ZStW 127 (2015), 616 ff.; *Eser/Burkhardt,* Strafrecht I⁴, Fall 1, A 31 ff.; *Feijoo Sánchez,* Positive Generalprävention – Gedanken zur Straftheorie Günther Jakobs', FS Jakobs, 2007, S. 75 ff.; *Freund,* Der Zweckgedanke im Strafrecht?, GA 1995, 4 ff.; *ders.,* Erfolgsdelikt und Unterlassen, S. 80 ff., 86 ff.; *Frisch,* Wesentliche Strafbarkeitsvoraussetzungen einer modernen Strafgesetzgebung, in: Von totalitärem zu rechtsstaatlichem Strafrecht, 1992, S. 201 ff.; *ders.,* An den Grenzen des Strafrechts, FS Stree/Wessels, 1993, S. 69 ff.; *ders.,* Schwächen und berechtigte Aspekte der Theorie der positiven Generalprävention – Zur Schwierigkeit des „Abschieds von Kant und Hegel", in: Positive Generalprävention, 1998, S. 125 ff.; *ders.,* Voraussetzungen und Grenzen staatlichen Strafens, NStZ 2016, 16 ff.; *Gimbernat Ordeig,* Rechtsgüter und Gefühle, GA 2011, 284 ff.; *Greco,* Was lässt das Bundesverfassungsgericht von der Rechtsgutslehre übrig? – Gedanken anlässlich der Inzestentscheidung des Bundesverfassungsgerichts, ZIS 2008, 234 ff.; *Haas,* Strafbegriff, Staatsverständnis und Prozessstruktur, 2008; *Hefendehl,* Mit langem Atem: Der Begriff des Rechtsguts – Oder: Was seit dem Erscheinen des Sammelbandes über die Rechtsgutstheorie geschah, GA 2007, 1 ff.; *Henrici,* Die Begründung des Strafrechts in der neueren deutschen Rechtsphilosophie, 1961; *Hörnle,* Grob anstößiges Verhalten – Strafrechtlicher Schutz von Moral, Gefühlen und Tabus, 2005; *dies.,* Kriminalstrafe ohne Schuldvorwurf – Ein Plädoyer für Änderungen in der strafrechtlichen Verbrechenslehre, 2013; *dies.,* Straftheorien²; *Jäger,* in: SK StGB⁹, Vor § 1 Rn. 1 ff.; *Jahn/Brodowski,* Das Ultima Ratio-Prinzip als strafverfassungsrechtliche Vorgabe zur Frage der Entbehrlichkeit von Straftatbeständen, ZStW 129 (2017), 363 ff.; *Armin Kaufmann,* Strafrechtsdogmatik zwischen Sein und Wert, S. 263 ff. (Die Aufgabe des Strafrechts); *Hassemer,* Symbolisches Strafrecht und Rechtsgüterschutz, NStZ 1989, 553 ff.; *Jakobs,* Staatliche Strafe: Bedeutung und Zweck, 2004; *ders.,* System der strafrechtlichen Zurechnung, 2012; *ders.,* Rechtsgüterschutz? Zur Legitimation des Strafrechts, 2012; *Kargl,* Friede durch Vergeltung, GA 1998, 53 ff.; *Kindhäuser,* Personalität, Schuld und Vergeltung – Zur rechtsethischen Legitimation und Begrenzung der Kriminalstrafe, GA

1989, 493 ff.; *ders.,* Strafe, Strafrechtsgut und Rechtsgüterschutz, in: Modernes Strafrecht und ultima-ratio-Prinzip, 1990, S. 29 ff.; *ders.,* Straf-Recht und ultima-ratio-Prinzip, ZStW 129 (2017), 382 ff.; *Kudlich,* Die Relevanz der Rechtsgutstheorie im modernen Verfassungsstaat, ZStW 127 (2015), 635 ff.; *Lagodny,* Strafrecht vor den Schranken der Grundrechte – Die Ermächtigung zum strafrechtlichen Vorwurf im Lichte der Grundrechtsdogmatik dargestellt am Beispiel der Vorfeldkriminalität, 1996; *Lampe,* Strafphilosophie – Studien zur Strafgerechtigkeit, 1999; *Lesch,* Über den Sinn und Zweck staatlichen Strafens, JA 1994, 510 ff., 590 ff.; *ders.,* Der Verbrechensbegriff – Grundlinien einer funktionalen Revision, 1999; *ders.,* Unrecht und Schuld im Strafrecht, JA 2002, 602 ff.; *Löffler,* Rechtsgut als Verfassungsbegriff – Der Rekurs auf Güter im Verfassungsrecht unter besonderer Berücksichtigung der Rechtsprechung des Bundesverfassungsgerichts, 2017; *Maiwald,* Moderne Entwicklungen in der Auffassung vom Zweck der Strafe, in: Rechtswissenschaft und Rechtsentwicklung, 1980, S. 291 ff.; *Pawlik,* Person, Subjekt, Bürger – Zur Legitimation von Strafe, 2004; *Pérez-Barberá,* Probleme und Perspektive der expressiven Straftheorien – Eine diskursive und deontologische Rechtfertigung der Strafe, GA 2014, 504 ff.; *Robles Planas,* Das Wesen der Strafrechtsdogmatik, ZIS 2010, 357 ff.; *Rodríguez Horcajo,* Menschliches Verhalten und staatliche Strafe: Abschreckung, Kooperation und Verteilungsgerechtigkeit, GA 2018, 609 ff.; *Rostalski,* Der Tatbegriff im Strafrecht, B. I.; *Roxin,* Sinn und Grenzen staatlicher Strafe, JuS 1966, 377 ff.; *ders.,* Kritik der präventionstheoretischen Strafbegründungen, FS Rudolphi, 2004, S. 213 ff.; *ders.,* Rechtsgüterschutz als Aufgabe des Strafrechts?, in: Empirische und dogmatische Fundamente, 2005, S. 135 ff.; *ders.,* Der gesetzgebungskritische Rechtsgutsbegriff auf dem Prüfstand, GA 2013, 433 ff.; *ders.,* Prävention, Tadel und Verantwortung – Zur neuesten Strafzweckdiskussion, GA 2015, 185 ff.; *Rudolphi,* Die verschiedenen Aspekte des Rechtsgutsbegriffs, FS Honig, 1970, S. 151 ff.; *Sánchez Lázaro,* Auf dem Weg zu einer prinzipiengestützten Theorie der Strafe, ZStW 129 (2017), 177 ff.; *Scheinfeld,* Normschutz als Strafrechtsgut? – Normentheoretische Überlegungen zum legitimen Strafen, FS Roxin, 2011, S. 183 ff.; *Schmidhäuser,* Vom Sinn der Strafe^2, 1971; *Schneider,* Kann die Einübung in Normanerkennung die Strafrechtsdogmatik leiten? – Eine Kritik des strafrechtlichen Funktionalismus, 2004; *Schulte,* Die Rechtsgüter des strafbewehrten Organhandelsverbotes – Zum Spannungsfeld von Selbstbestimmungsrecht und staatlichem Paternalismus, 2009; *Schünemann* u. a. (Hrsg.), Positive Generalprävention – Kritische Analysen im deutsch-englischen Dialog (Uppsala-Symposium 1996), 1998; *Seelmann,* Hegels Straftheorie in seinen „Grundlinien der Philosophie des Rechts", JuS 1979, 687 ff.; *Sternberg-Lieben,* Die Sinnhaftigkeit eines gesetzgebungskritischen Rechtsgutsbegriffs – exemplifiziert am Beispiel der Beschimpfung religiöser Bekenntnisse, FS Paeffgen, 2015, S. 31 ff.; *Stratenwerth,* Was leistet die Lehre von den Strafzwecken?, 1995; *Streng,* Schuldausgleich im Zweckstrafrecht? – Befunde und Überlegungen zu Schuld, Vergeltung und Generalprävention, FS Schünemann, 2014, S. 827 ff.; *Stuckenberg,* Grundrechtsdogmatik statt Rechtsgutslehre – Bemerkungen zum Verhältnis von Strafe und Staat, GA 2011, 653 ff.; *ders.,* Rechtsgüterschutz als Grundvoraussetzung von Strafbarkeit?, ZStW 129 (2017), 349 ff.; *Timm,* Gesinnung und Straftat – Besinnung auf ein rechtsstaatliches Strafrecht, 2012; *Benjamin Vogel,*

Rechtsgüterschutz und Normgeltung – Zur Funktion des Rechtsguts im Schuldstrafrecht, ZStW 129 (2017), 629 ff.; *Zabel,* Die Ordnung des Strafrechts – Zum Funktionswandel von Normen, Zurechnung und Verfahren, 2017; *Zaczyk,* Über den Grund des Zusammenhangs von personalem Unrecht, Schuld und Strafe, FS Otto, 2007, S. 191 ff.

Zum sog. *„Feindstrafrecht":* *Gössel,* Widerrede zum Feindstrafrecht – Über Menschen, Individuen und Rechtspersonen, FS Schroeder, 2006, S. 33 ff.; *Greco,* Feindstrafrecht, 2010; *Hefendehl,* Organisierte Kriminalität als Begründung für ein Feind- oder Täterstrafrecht?, StV 2005, 156 ff.; *Hörnle,* Deskriptive und normative Dimensionen des Begriffs „Feindstrafrecht", GA 2006, 80 ff.; *Jakobs,* Kriminalisierung im Vorfeld einer Rechtsgutsverletzung, ZStW 97 (1985), 751; *ders.,* Das Selbstverständnis der Strafrechtswissenschaft vor den Herausforderungen der Gegenwart, in: Die deutsche Strafrechtswissenschaft, S. 47 ff.; *ders.,* Bürgerstrafrecht und Feindstrafrecht, HRRS 2004, 88 ff.; *Kindhäuser,* Schuld und Strafe – Zur Diskussion um ein „Feindstrafrecht", FS Schroeder, 2006, S. 81 ff.; *Meliá,* Feind„strafrecht"?, ZStW 117 (2005), 267 ff.; *Pérez del Valle,* Zur rechtsphilosophischen Begründung des Feindstrafrechts, FS Jakobs, 2007, S. 515 ff.; *Polaino Navarrete,* Die Funktion der Strafe beim Feindstrafrecht, FS Jakobs, 2007, S. 529 ff.; *Rostalski,* Der Tatbegriff im Strafrecht, B. I. 2.; *Sauer,* Das Strafrecht und die Feinde der offenen Gesellschaft, NJW 2005, 1703 ff.; *Schünemann,* Die deutsche Strafrechtswissenschaft nach der Jahrtausendwende, GA 2001, 205 ff.

Gesetzlichkeitsprinzip – Bestimmtheitsgrundsatz – Rückwirkungsverbot – Analogieverbot: *Becker/Martenson,* Asche zu Asche, Staub zu Staub – Wortlaut, möglicher Wortsinn und Sprachspielabhängigkeit von Bedeutung – Überlegungen anlässlich von BGH, Beschl. v. 30.06.2015 – 5 StR 71/15, JZ 2016, 779 ff.; *Dietmeier,* Blankettstrafrecht – Ein Beitrag zur Lehre vom Tatbestand, 2002; *Duttge,* Wider die Palmströmische Logik: Die Fahrlässigkeit im Lichte des Bestimmtheitsgebotes, JZ 2014, 261 ff.; *Erb,* Die Schutzfunktion des Art. 103 Abs. 2 GG bei Rechtfertigungsgründen, ZStW 108 (1996), 266 ff.; *Eser/Burkhardt,* Strafrecht I[4], Fall 2; *Freund,* Nicht „entweder – oder", sondern „weder – noch"! – Zum Verstoß gesetzesalternativer Wahlfeststellung gegen Art. 103 II GG, FS Wolter, 2013, S. 35 ff.; *ders.,* Anm. zu BGH, Urt. v. 18.09.2013 – 2 StR 365/12 (LG Bonn): Zur Blankettstrafnorm des § 95 Abs. 1 Nr. 2a i. V. mit § 6a Abs. 1 und Abs. 2 Satz 1 AMG (strafbewehrtes Dopingverbot), JZ 2014, 362 ff.; *ders.,* Verfassungswidrige Dopingstrafbarkeit nach § 95 Abs. 1 Nr. 2a AMG – Ein Beitrag zum Gesetzlichkeitsgrundsatz (Art. 103 Abs. 2 GG), FS Rössner, 2015, S. 579 ff.; *Freund/Rostalski,* Verfassungswidrigkeit des wahldeutigen Schuldspruchs – Zum eindeutigen Schuldspruch als dem zentralen Element der Bestrafung, JZ 2015, 164 ff.; *dies.,* Schlusswort: Zum Streit um die gesetzesalternative (sogenannte „echte") Wahlfeststellung (zu Stuckenberg, JZ 2015, 714 ff.) JZ 2015, 716 ff.; *dies.,* Gesetzlich bestimmte Strafbarkeit durch Verordnungsrecht? – Rückverweisungsklauseln als Verstoß gegen das Delegationsverbot aus Art. 103 II, Art. 104 I 1 GG, GA 2016, 443 ff.; *Greco,* Analogieverbot und europarechtliches Strafgesetz, GA 2016, 138 ff., 195 ff.; *Groß,* Über das „Rückwirkungsverbot" in der strafrechtlichen Rechtsprechung, GA 1971, 13 ff.; *Grünwald,* Die Entwicklung der Rechtsprechung zum Gesetzlichkeitsprinzip, FS Arthur Kaufmann, 1993, S. 433 ff.;

Herzberg, Wann ist die Strafbarkeit „gesetzlich bestimmt" (Art. 103 Abs. 2 GG)?, in: Empirische und dogmatische Fundamente, 2005, S. 31 ff.; *ders.,* Die Fahrlässigkeit als Deliktsvoraussetzung und das Bestimmtheitsgebot (Art. 103 Abs. 2 GG), ZIS 2011, 444 ff.; *Hettinger,* Die zentrale Bedeutung des Bestimmtheitsgrundsatzes (Art. 103 II GG), JuS 1997, L 17 ff., 25 ff.; *Hoven,* Zur Verfassungsmäßigkeit von Blankettstrafgesetzen – Eine Betrachtung der aktuellen Rechtsprechung zu § 52 Abs. 2 VTabakG und § 10 RiFlEtikettG, NStZ 2016, 377 ff.; *Kertai*, Strafbarkeitslücken als Argument – Gesetzesauslegung und Bestimmtheitsgebot, JuS 2011, 976 ff.; *Klatt,* Theorie der Wortlautgrenze – Semantische Normativität in der juristischen Argumentation, 2004; *Krahl,* Die Rechtsprechung des Bundesverfassungsgerichts und des Bundesgerichtshofs zum Bestimmtheitsgrundsatz im Strafrecht (Art. 103 Abs. 2 GG), 1986; *Krey,* Keine Strafe ohne Gesetz, 1983; *Kuhlen,* Die verfassungskonforme Auslegung von Strafgesetzen, 2006; *Langer,* Gesetzesanwendung und Straftataufbau, GS Meurer, 2002, S. 23 ff.; *Maiwald,* Zum fragmentarischen Charakter des Strafrechts, FS Maurach, 1972, S. 9 ff.; *Neumann,* Die Rechtsprechung im Kontext des verfassungsgerichtlichen Prüfungsprogramms zu Art. 103 Abs. 2 GG (Rückwirkungsverbot, Analogieverbot, Bestimmtheitsgebot) – Überlegungen im Anschluss an die Entscheidung des Bundesverfassungsgerichts zum „Präzisierungsgebot" (BVerfGE 126,170), FS Beulke, 2015, S. 197 ff.; *Schroeder,* Die Rechtsnatur des Grundsatzes „ne bis in idem", JuS 1997, 227 ff.; *Schulz,* Der nulla-poena-Grundsatz – ein Fundament des Rechtsstaats?, ARSP-Beiheft 65 (1996), S. 173 ff.; *Benjamin Vogel,* Zur Bedeutung des Rechtsguts für das Gebot strafgesetzlicher Bestimmtheit, ZStW 128 (2016), 139 ff.; *Wolter,* Verjährung, Strafantrag, Wahlfeststellung, Konkurrenzen: strikte Prozessrechtsinstitute in materiellem Gewand – Gesetzlichkeitsgrundsatz, Gesetzesalternativität und Großer Senat, GA 2016, 316 ff.

Auslegung, Auslegungsmethoden, Gesetzesanwendung, Rechtserkenntnis: Bleckmann, Spielraum der Gesetzesauslegung und Verfassungsrecht, JZ 1995, 685 ff.; *Deckert,* Zur Einführung: Die folgenorientierte Auslegung, JuS 1995, 480 ff.; *Engisch,* Logische Studien zur Gesetzesanwendung, 1943; *ders.,* Einführung in das juristische Denken[12], Kapitel IV, S. 95 ff.; *Eser/Burkhardt,* Strafrecht I[4], Fall 1, A 1 ff.; *Freund,* Über die Bedeutung der „Rechts"-Folgenlegitimation für eine allgemeine Theorie juristischer Argumentation, JZ 1992, 993 ff.; *Gast,* Juristische Rhetorik[5]; *Zippelius,* Juristische Methodenlehre[11].

Sinn und Struktur des Rechtssatzes: Engisch, Einführung in das juristische Denken[12], Kapitel II, S. 36 ff.; *Renzikowski,* Die Unterscheidung von primären Verhaltens- und sekundären Sanktionsnormen in der analytischen Rechtstheorie, FS Gössel, 2002, S. 3 ff.; *ders.;* Normentheorie und Strafrechtsdogmatik, in: Juristische Grundlagenforschung, S. 115 ff.; *ders.,* Pflichten und Recht – Rechtsverhältnis und Zurechnung, GA 2007, 561 ff.

Straftat – Handlung – Unrecht – Schuld – Verbrechensaufbau: Eser/Burkhardt, Strafrecht I[4], Fall 3; *Freund,* Straftatbegriff der personalen Straftatlehre und Deliktsaufbau, FS Yenisey, 2014, S. 13 ff. (chinesische Fassung des Beitrags, in: Criminal Law Review, Vol. 40, China 2015, S. 378 ff.; spanische Fassung des Beitrags, in: Cuestiones Fundamentales del Derecho Penal, Perú 2014, S. 65 ff.; portugiesische Fassung des Beitrags, in: Revista Argumentum, Vol. 19, Num. 2 [2018], 555 ff.);

Frisch, Strafwürdigkeit, Strafbedürftigkeit und Straftatsystem, GA 2017, 364 ff; *Herzberg,* Gedanken zum strafrechtlichen Handlungsbegriff und zur „vortatbestandlichen" Deliktsverneinung, GA 1996, 1 ff.; *ders.,* „Die Vermeidbarkeit einer Erfolgsdifferenz" – Überlegungen zu Günther Jakobs' strafrechtlichem Handlungs- und Verhaltensbegriff, FS Jakobs, 2007, S. 147 ff.; *Hirsch,* Der Streit um Handlungs- und Unrechtslehre, insbesondere im Spiegel der Zeitschrift für die gesamte Strafrechtswissenschaft, ZStW 93 (1981), 831 ff.; ZStW 94 (1982), 239 ff.; *Jäger,* in: SK StGB[9], Vor § 1 Rn. 30 ff.; *Jakobs,* Der strafrechtliche Handlungsbegriff, 1992; *Kuhlen,* Zur Unterscheidung von Tun und Unterlassen, FS Puppe, 2011, S. 669 ff.; *Kindhäuser,* Zum strafrechtlichen Handlungsbegriff, FS Puppe 2011, S. 39 ff.; *Puppe,* Der Aufbau des Verbrechens, FS Otto, 2007, S. 389 ff.; *Streng,* „Passives Tun" als dritte Handlungsform – nicht nur beim Betrug, ZStW 122 (2010), 1 ff.; *Walter,* in: LK[12], Vor § 13 Rn. 1 ff.

Strafrechtliche Verantwortlichkeit juristischer Personen?: Bedecarratz Scholz, Rechtsvergleichende Studien zur Strafbarkeit juristischer Personen – Eine Untersuchung ihrer Strafzurechnungsmerkmale in den Rechtsordnungen von Chile, Deutschland, England, Frankreich, Spanien und den Vereinigten Staaten, 2016; *Bürger,* Unternehmen als Täter, ZStW 130 (2018), 704 ff.; *Cigüela Sola,* Schuld und Identität in kollektiven Organisationen: eine Kritik der Kollektivschuld, GA 2016, 625 ff.; *Díaz y García Conlledo,* Strafrechtliche Verantwortlichkeit juristischer Personen? – Einige Thesen, GA 2016, 238 ff.; *v. Freier,* Zurück hinter die Aufklärung: Zur Wiedereinführung von Verbandsstrafen, GA 2009, 98 ff.; *Frisch,* Strafbarkeit juristischer Personen und Zurechnung, FS Wolter, 2013, S. 349 ff.; *ders.,* Strafrechtliche Produktverantwortlichkeit und Strafbarkeit juristischer Personen, in: Strafrechtliche Verantwortlichkeit für Produktgefahren, 2015, S. 153 ff.; *Greco,* Steht das Schuldprinzip der Einführung einer Strafbarkeit juristischer Personen entgegen? – Zugleich Überlegungen zum Verhältnis von Strafe und Schuld, GA 2015, 503, 504 ff.; *Haas,* Organisierte Unverantwortlichkeit – Wie kann man Kollektive strafrechtlich zur Verantwortung ziehen?, ARSP-Beiheft 184 (2012), 125 ff.; *Mulch,* Strafe und andere staatliche Maßnahmen gegenüber juristischen Personen – Zu den Legitimationsbedingungen entsprechender Rechtseingriffe, 2017; *Schünemann,* Das Schuldprinzip und die Sanktionierung von juristischen Personen und Personenverbänden – Lehren aus dem deutsch-spanischen Strafrechtsdialog, GA 2015, 274 ff.; *Silva Sánchez,* Zum Stand der Diskussion über den Schuldbegriff sowie über die Verbandsstrafe in der spanischen Doktrin und Gesetzgebung, GA 2015, 267 ff.; *Julien Walther,* Schuld und Haftung juristischer Personen im deutsch-französischen Vergleich – Kurze Bemerkungen zum Zusammenspiel von Dogmatik und Pragmatik, GA 2015, 682 ff.; *Zieschang,* Das Verbandsstrafgesetzbuch – Kritische Anmerkungen zu dem Entwurf eines Gesetzes zur Einführung der strafrechtlichen Verantwortlichkeit von Unternehmen und sonstigen Verbänden, GA 2014, 91 ff. – Vgl. in diesem Kontext auch *Simmler/Markwalder,* Roboter in der Verantwortung? – Zur Neuauflage der Debatte um den funktionalen Schuldbegriff, ZStW 129 (2017), 20 ff.

Zusammenhang zwischen Straftatsystem und Strafrechtsanwendung im Prozess: *Freund,* Der Zweckgedanke im Strafrecht?, GA 1995, 4 ff.; ausführlicher *ders.,* Zur Legitimationsfunktion des Zweckgedankens im gesamten Strafrechtssystem, in:

III. Stellenwert der „Lehre von der Straftat" im System

Wolter/Freund, Straftat, 1996, 43 ff.; zur *Beweisproblematik* s. *Fezer,* Tatrichterlicher Erkenntnisprozess – „Freiheit" der Beweiswürdigung, StV 1995, 95 ff.; *Freund,* Normative Probleme der „Tatsachenfeststellung", 1987; *ders.,* Zulässigkeit, Verwertbarkeit und Beweiswert eines heimlichen Stimmenvergleichs – BGHSt 40, 66, JuS 1995, 394 ff.; *Freund,* Die Tatfrage als Rechtsfrage – „Persönliche Gewißheit", „objektive Schuldwahrscheinlichkeit" und rechtsgenügender Beweis, FS Meyer-Goßner, 2001, S. 409 ff.; *Stein,* „Gewissheit" und „Wahrscheinlichkeit" im Strafverfahren, in: Zur Theorie und Systematik des Strafprozessrechts, 1995, S. 233 ff.

Fragen zu § 1: Grundlagen

1. Warum bedarf der staatliche Einsatz von Strafe der Legitimation? § 1 Rn. 1 f.
2. Warum ist eine vollkommen absolute Straftheorie nicht mehr vertretbar? § 1 Rn. 9 f.
3. Welche zwei verschiedenen Arten von Rechtsgütern sind bei der Erfüllung der Rechtsgüterschutzaufgabe zu unterscheiden? Worin liegt demnach die spezifische („akzessorische") Schutzaufgabe der Strafe (nach begangener Tat)? § 1 Rn. 28 ff., 38 ff., 49.
4. Welche Voraussetzungen muss eine zu legitimierende Verhaltensnorm im Einzelnen erfüllen? Welche beteiligten Interessen kollidieren in diesem Kontext regelmäßig miteinander? § 1 Rn. 50 ff.
5. Warum ist ein strafrechtlicher Vorwurf nur gegenüber einer Person zulässig, die ein entsprechendes personales Verhaltensunrecht verwirklicht hat? § 1 Rn. 59.
6. Wo ist der nullum-crimen Satz normiert, und was besagt er? Inwiefern bedingt er den „fragmentarischen Charakter" des Strafrechts? § 1 Rn. 63, 87 ff.
7. Worin liegt der wichtigste Unterschied zwischen einer Maßregel (der Besserung und Sicherung) und der Strafe? § 1 Rn. 65 f.
8. Um welche zwei Rechtsfolgen geht es genau genommen bei den Strafgesetzen? § 1 Rn. 68 f.
9. Wie ist der sachliche Regelungsgehalt einer Sanktionsnorm zu bestimmen? § 1 Rn. 76 ff.
10. Warum ist die herkömmliche Definition der Straftat als „tatbestandsmäßige, rechtswidrige, schuldhafte und etwaige sonstige Strafbarkeitsvoraussetzungen erfüllende Handlung" problematisch? § 1 Rn. 115.

123

§ 2 Tatbestandsmäßiges Verhalten und sonstige Sanktionsvoraussetzungen

„Die" Tatbestandsmäßigkeit eines Verhaltens (als Voraussetzung der Strafbarkeit) gibt es nicht. Möglich ist de lege lata nur ein **tatbestandsmäßiges Verhalten** im Sinne einer **ganz bestimmten Strafnorm** des StGB oder eines strafrechtlichen Nebengesetzes. 1

Viele Strafnormen sind nicht im Strafgesetzbuch geregelt, sondern finden sich als Annex im Zusammenhang mit der gesetzlichen Regelung bestimmter Lebensbereiche – stehen also neben Normen mit nichtstrafrechtlichem Inhalt: Beispielsweise steht die Strafnorm für das **Fahren ohne Fahrerlaubnis** in **§ 21 StVG**; Strafnormen für den **unerlaubten Umgang mit Betäubungsmitteln** sind **§§ 29 ff. BtMG** zu entnehmen; weitere Strafnormen des sog. Nebenstrafrechts finden sich etwa im **LFGB** (vormals LMBG), im **AMG** und im **WaffG**. Im StGB, dessen Allgemeiner Teil auch für das Nebenstrafrecht Bedeutung besitzt, ist nur das sog. Kernstrafrecht geregelt. In seiner praktischen Relevanz steht das „**Nebenstrafrecht**" dem „**Kernstrafrecht**" – trotz der missverständlichen Bezeichnung – allerdings durchaus gleichberechtigt gegenüber.[1] Sachlich haben Spezialvorschriften des Nebenstrafrechts nach allgemeinen (Konkurrenz-)Regeln sogar Vorrang vor den sonst einschlägigen Regelungen des Allgemeinen Teils des StGB. 2

Auch wenn es nach geltendem Recht immer nur eine Tatbestandsmäßigkeit im Sinne einer ganz bestimmten Strafnorm gibt (nullum crimen sine lege[2]), existieren **allgemeine Kriterien der Tatbestandsmäßigkeit**, die als Gemeinsamkeiten aller oder jedenfalls vieler Strafnormen gewissermaßen **vor die Klammer gezogen** werden können. Das fördert das Verständnis erheblich und ermöglicht einen sachgerechten Umgang auch mit unbekannten Straftatbeständen und neuen Problemen. Einige dieser allgemeinen Kriterien sind im **Allgemeinen Teil des Strafgesetzbuchs** angesprochen. **Einzelne Delikte** mit ihren Besonderheiten sind dagegen erst im **Besonderen Teil des Strafgesetzbuchs** sowie in strafrechtlichen Nebengesetzen 3

---

[1] Vgl. *Freund,* in: MünchKommStGB³, Vor § 1 AMG Rn. 10.
[2] Zum nullum crimen-Satz näher bereits oben § 1 Rn. 63.

geregelt. Zusammen mit diesen Vorschriften formen manche **Regelungen des Allgemeinen Teils weitere spezielle Strafnormen**. Beispielsweise normieren §§ 26, 27 jeweils i. V. m. § 212 die Strafvorschriften für die Anstiftung und Beihilfe zum Totschlag.[3]

4   Sieht man von den Besonderheiten spezieller Tatbestände ab, so lassen sich aus den Strafnormen **zwei** grundverschiedene **Arten von Sanktionserfordernissen** ableiten: Die eine Art betrifft das deliktsspezifische **Verhaltensunrecht** – also den Verstoß gegen eine deliktsspezifische Verhaltensnorm und damit das tatbestandsmäßige Verhalten im engeren Sinne.[4] Bei der anderen Art handelt es sich um **zusätzliche Sanktionserfordernisse**. Dabei spielen in zahlreichen Tatbeständen spezifische Folgen des tatbestandsmäßigen Verhaltens eine entscheidende Rolle. Meist ist insoweit von sog. **„Erfolgsunrecht"** die Rede.[5] Solche **Verhaltensfolgen** sind z. B. der **Tod** oder die **Körperverletzung** bei §§ **211 ff., 223, 229** oder der **Irrtum** und der **Vermögensschaden beim Betrug (§ 263)**. Auch gibt es oft den Verhaltensfolgen **gleichwertige Tatumstände**, die auch eine Art „Erfolgssachverhalt" verkörpern. Beispielsweise muss beim **vollendeten Diebstahl (§ 242)** die weggenommene **Sache** wirklich **„fremd"** sein.[6] Denkbar sind aber auch zusätzliche Sanktionserfordernisse, die nicht als Verhaltensfolgen oder diesen gleichzustellende Tatumstände zu begreifen sind. Das gilt z. B. für die sog. **objektiven Strafbarkeitsbedingungen**, den **fehlenden Rücktritt beim Versuchsdelikt** oder das **Strafantragserfordernis**.[7]

5   **Zusätzliche Sanktionserfordernisse** neben dem deliktsspezifischen Verhaltensunrecht sind als positive Erfordernisse freilich **nicht bei allen Straftaten** anzutreffen – also nicht notwendiges Kriterium jeder Straftat. Sie fehlen z. B. grundsätzlich beim strafbaren Versuch.[8] Dagegen ist eine **Straftat ohne deliktsspezifischen Verhaltensnormverstoß undenkbar**. Das entsprechende Verhaltensunrecht ist zwingende Voraussetzung einer jeden Straftat und damit Angelpunkt einer sachangemessenen (material orientierten) Lehre von der Straftat. Dieser Verstoß gegen eine deliktsspezifische Verhaltensnorm ist das tatbestandsmäßige Verhalten

---

[3] Zur strafbaren Teilnahme (Anstiftung oder Beihilfe zu einem Delikt) s. unten § 10 Rn. 11 ff., 109 ff., 137 ff.

[4] Der Verstoß gegen eine deliktsspezifische Verhaltensnorm ist notwendige Voraussetzung einer jeden Straftat; s. dazu auch *Freund*, in: MünchKommStGB³, Vor § 13 Rn. 130 ff., 133 ff.; weiterführend zum deliktsspezifischen Verhaltensunrecht auch beim Versuch *Wachter*, Das Unrecht der versuchten Tat, S. 124 ff., 183 ff. (beim untauglichen Versuch).

[5] Näher zur Problematik tatbestandsmäßiger Verhaltensfolgen und des Begriffs des „Erfolgsunrechts" unten (§ 2) Rn. 54 ff.

[6] Zum speziellen Erfolgssachverhalt bei der unterlassenen Hilfeleistung s. *Freund*, in: MünchKommStGB³, § 323c Rn. 44 ff., 52 ff.; *Schmitz*, Die Funktion des Begriffs Unglücksfall, S. 136 ff.

[7] Näher zu solchen zusätzlichen Sanktionserfordernissen neben dem deliktsspezifischen Verhaltensnormverstoß unten (§ 2) Rn. 96 ff.

[8] Dazu s. unten § 8.

§ 2 Tatbestandsmäßiges Verhalten und sonstige Sanktionsvoraussetzungen   51

(Verhaltensunrecht) im Sinne des jeweiligen Delikts.[9] Ihm soll zunächst das Augenmerk gelten.

Dabei ist die Tatbestandsmäßigkeit eines bestimmten Verhaltens allein in keinem Fall geeignet, **6** die Rechtsfolge der Bestrafung zu tragen. Sie ist zwar notwendige, aber nicht hinreichende Bedingung für die Bestrafung. Denn das *grundsätzliche* tatbestandliche **Missbilligungsurteil** über ein bestimmtes Verhalten steht unter dem Vorbehalt des Eingreifens von Rechtfertigungs-, Schuldausschließungs- oder Entschuldigungsgründen: Nur wenn das Verhalten **tatbestandsmäßig, nicht gerechtfertigt**[10] und **hinreichend gewichtig**[11] ist, liegt der für eine Bestrafung letztlich notwendige Verhaltensnormverstoß im Sinne der Verwirklichung (grundsätzlich) bestrafungsgeeigneten personalen Verhaltensunrechts vor. Bei nicht konsequent entwickeltem personalen Verhaltensunrechtsverständnis (das derzeit noch sehr verbreitet ist) fehlt jedenfalls die erforderliche (hinreichende) Schuldhaftigkeit des nur noch in ganz bestimmtem Sinne „rechtswidrigen"[12] Verhaltens.

Bei Vorliegen eines im vorstehenden Sinne grundsätzlich bestrafungsgeeigneten **personalen** **7** **Verhaltensunrechts** und einer dazu „**passenden**" **Sanktionsnorm** des materiellen Strafrechts i. e. S. hängt deren Anwendung im konkreten Einzelfall noch von **weiteren positiven und negativen Voraussetzungen** (z. B. der **fehlenden Verjährung** oder dem **gelungenen Tatnachweis**) ab. Bei der Lehre von der Straftat werden diese Sanktionsvoraussetzungen zwar überwiegend ausgeblendet und als jedenfalls schwerpunktmäßig „nur" prozessual bedeutsame Erfordernisse eingeordnet. Wegen des Sachzusammenhangs und der **weitgehenden Austauschbarkeit materiellstrafrechtlicher und prozessualer Institute** – diese sind oft funktional äquivalent – sollen sie hier jedenfalls am Rande mitberücksichtigt werden.[13]

Zur Konkretisierung des tatbestandsspezifischen Verhaltensunrechts wird von der **persona-** **8** **len Straftatlehre** die inzwischen weitgehend anerkannte[14] **Unterscheidung von Verhaltens- und Sanktionsnormen** gewinnbringend eingesetzt. Ohne diese klare Differenzierung kann die Einhaltung der Legitimationsbedingungen staatlicher Eingriffe nicht angemessen überprüft werden.[15] Für die Wahrung des verfassungsrechtlich verankerten **Verhältnismäßigkeitsgrundsatzes** mit seinen Kriterien des legitimen Zwecks, der Eignung, der Erforderlichkeit und der

---

[9] Grundlegend zum tatbestandsmäßigen Verhalten als zentralem Straftaterfordernis *Frisch*, Tatbestandsmäßiges Verhalten und Zurechnung des Erfolgs, 1988; s. a. bereits *dens.*, Vorsatz und Risiko, S. 74 ff., 118 ff.

[10] S. dazu unten § 3.

[11] S. dazu unten § 4.

[12] Zu den unterschiedlichen Bedeutungen von „rechtswidrig" s. unten § 3 Rn. 31 ff., § 4 Rn. 13 ff., § 10 Rn. 15 ff.

[13] S. bereits oben § 1 Rn. 108 ff.; ferner unten (§ 2) Rn. 100 ff.

[14] S. dazu etwa *Heger*, in: Lackner/Kühl[29], Vor § 13 Rn. 6; näher zur genauen Unterscheidung der Verhaltensnorm von der Sanktionsnorm *Burkhardt*, Rücktritt, S. 157 f.; *Frisch*, Vorsatz und Risiko, S. 59 f., 77, 348, 356 f., 502 ff.; *Jakobs*, Studien zum fahrlässigen Erfolgsdelikt, S. 9 ff.; s. a. *Freund*, Erfolgsdelikt und Unterlassen, S. 51 ff., 85 ff., 112 ff.; näher zur Entwicklung dieser dualistischen Normentheorie – als deren Vorreiter *Karl Binding* genannt werden kann – *Renzikowski*, FS Gössel, 2002, S. 3 ff.

[15] Allerdings meint etwa *Goeckenjan*, in: Verhältnismäßigkeit, 2015, S. 184, 192 ff. auf die Differenzierung zwischen der Verhaltensnorm und der Sanktionsnorm verzichten zu können (vgl. auch *Kaspar*, Verhältnismäßigkeit und Grundrechtsschutz, S. 224 ff., 365 ff., 866 f.). – Zur Kritik daran näher *Rostalski*, Der Tatbegriff im Strafrecht, B. II.

Angemessenheit eines ganz bestimmten Eingriffs gilt das schon deshalb, weil Verhaltensnormen einerseits und Sanktionsnormen andererseits **vollkommen unterschiedliche Zwecksetzungen** aufweisen.[16]

I. Tatbestandsmäßiges Verhalten (spezifisches Verhaltensunrecht)

1. Grundsätzliches

9   Als Anknüpfungspunkt für eine Bestrafung taugt nur ein rechtlich zu beanstandendes Verhalten. Die Bestrafung wegen eines rechtlich nicht zu beanstandenden Verhaltens wäre nicht nur ungerecht, sondern bereits unter *zweckrationalem* Aspekt nicht zu legitimieren. Bedürfnis und Eingriffsgrund für eine spezifisch strafrechtliche Reaktion liegen nur vor, wenn überhaupt eine Verhaltensnorm übertreten worden ist. Bevor das Strafrecht zum Zuge kommen kann, stellt sich die vorrangige Frage, wie das Recht als Ordnung des richtigen Verhaltens derjenigen Personen zu konkretisieren ist, die sich an ihm zu orientieren haben. Der **Verstoß gegen** eine rechtlich **legitimierte Verhaltensnorm** ist Mindestbedingung und damit **Prüfkriterium** einer jeden Straftat.[17]

10   Für die Anwendbarkeit einer ganz bestimmten Sanktionsnorm darf freilich nicht nur *irgendein* Verhaltensnormverstoß vorliegen. Notwendig ist vielmehr ein **spezifischer Verhaltensnormverstoß** im Sinne des betreffenden Delikts – etwa des **Diebstahls (§ 242)**, des **Betruges (§ 263)** oder der **fahrlässigen Tötung** durch Begehen (§ 222) oder durch begehungsgleiches Unterlassen (§§ 222, 13). Deshalb müssen die entsprechenden Verhaltensnormverstöße spezifiziert und von denen anderer Tatbestände sowie von strafrechtlich irrelevantem Verhalten abgeschichtet werden. Diese Spezifizierungs- und Abschichtungsleistung ermöglichen die **Legitimationsgründe der übertretenen Verhaltensnorm**. Diese Legitimationsgründe berechtigen zu spezieller Verhaltensmissbilligung. Sie müssen deshalb auch tatsächlich vorliegen, wenn der mit dem Schuldspruch wegen eines ganz bestimmten Delikts verbundene spezifische Tadel unrechtmäßigen Verhaltens zu Recht erhoben werden soll.[18]

---

[16] Zum jeweils speziellen Schutzgut der Verhaltensnorm einerseits und der Sanktionsnorm andererseits s. bereits oben § 1 Rn. 28 ff. – Zu undifferenziert insofern etwa auch *Herzberg*, GA 2016, 737 ff.

[17] Diesen Vorrang der dem Strafrecht vorgelagerten Verhaltensnormproblematik betont mit Recht *Frisch*, NStZ 2016, 16 f.; s. a. *Schmidhäuser*, FS Müller-Dietz, 2001, S. 761, 767 f.; ferner schon oben § 1 Rn 48 ff.

[18] Näher dazu *Freund*, Erfolgsdelikt und Unterlassen, S. 51 ff., 112 ff.; *ders.*, in: Münch-KommStGB³, Vor § 13 Rn. 152 ff., jew m. w. N.; weiterführend zum deliktsspezifischen Verhaltensunrecht auch beim Versuch *Wachter*, Das Unrecht der versuchten Tat, 2015, S. 124 ff., 183 ff. (beim untauglichen Versuch). – Der Sache nach ist das im Text Gesagte weithin anerkannt, findet sich allerdings meist in anderer Einkleidung (geläufig sind etwa: „Schutzzweck der Norm"; Erfordernis der „Realisierung einer in bestimmter Hinsicht zu missbilligenden Gefahrschaffung"). Weiteres dazu sogleich noch im folgenden Text.

2. Die Legitimationsgründe von Verhaltensnormen als Spezifika tatbestandsmäßigen Verhaltens

a) Spezifischer Nutzen der Normeinhaltung als Legitimationsgrund von Verhaltensnormen (Rechtsgüterschutzaspekt)

aa) Rechtsgüterschutz als grundlegendes Erfordernis

Eine erste wichtige Weichenstellung in der Frage, ob es sich um ein tatbestandsmäßiges Verhalten handelt oder nicht, wird durch das geleistet, was man gemeinhin als das „Rechtsgut" einer Sanktionsnorm bezeichnet. Insoweit lässt sich im Sinne einer ersten Groborientierung vom intendierten **Schutz** etwa des **menschlichen Lebens**, der **körperlichen Integrität, der Freiheit** oder des **Vermögens** sprechen. Freilich haben wir oben (§ 1 Rn. 28 ff.) gesehen, dass der Schutz dieser „Rechtsgüter" durch Sanktionsnormen unmittelbar gar nicht zu leisten ist, sondern nur sekundär erfolgen kann. Primär müssen diese **Güter durch** ein System von **Verhaltensnormen geschützt** werden, die sich als angemessene Auflösung des Konflikts zwischen den Gütererhaltungsinteressen einerseits und den Freiheitsentfaltungs- und sonstigen Interessen andererseits zu erweisen haben. Unmittelbares **Rechtsgut** einer **Sanktionsnorm** ist im Sinne der restitutiven Straftheorie *Freunds* die **Erhaltung der verhaltenswirksamen Geltungskraft von Verhaltensnormen**, die solche Rechtsgüter legitimerweise schützen, bzw. im Sinne der expressiven retributiven Straftheorie *Rostalskis* die Bestätigung des Status des Täters als Gleicher im Recht. Hieraus folgt: Die durch die Sanktionsnorm angeordnete Sanktionierung in Form von Schuldspruch und Strafe hat als angemessen missbilligende Reaktion den rechtlichen **status ante delictum** wiederherzustellen.[19] Nur in diesem vermittelten Sinne dienen Straftatbestände dem Schutz der genannten Güter. 11

Vielfach ist jedenfalls in einem **Kernbereich klar**, welche Art von Verhaltensnormverstößen durch eine bestimmte Sanktionsnorm erfasst werden soll. So ist eine Bestrafung wegen eines **Körperverletzungsdelikts** nur möglich, wenn eine **Verhaltensnorm** übertreten wurde, die gerade im Interesse des **Schutzes der körperlichen Integrität** anderer legitimiert werden kann. Die Sanktionsnormen der **Tötungsdelikte** setzen voraus, dass eine **Verhaltensnorm** übertreten wurde, die gerade im Interesse des **Schutzes menschlichen Lebens** legitimierbar ist. 12

bb) Beispielhafte Verdeutlichung

Fährt jemand beispielsweise mit einem Kraftfahrzeug völlig **verkehrsgerecht**, fehlt es auch dann an einem tatbestandsmäßigen Verhalten im Sinne der Körperverletzungs- oder Tötungsdelikte, wenn ein Fußgänger plötzlich auf die Fahrbahn läuft und 13

---

[19] Zur notwendigen Bildung der konkreten Sanktionsanordnung (als Entscheidungsnorm) auf der Grundlage eines abstrakt-generellen Strafgesetzes näher *Freund/Rostalski,* GA 2018, 264 ff.

es deshalb zu einem **tödlichen Unfall** kommt. Der Kraftfahrer hat hier **keine Verhaltensnorm** übertreten, die um der Vermeidung eines solchen schadensträchtigen Verlaufs willen legitimiert ist. Zu einem tatbestandsmäßigen Verhalten im Sinne der fahrlässigen Körperverletzung oder Tötung wird das Verhalten des Fahrers auch dann nicht, wenn das **Fahrzeug nicht versichert** und das Fahren deshalb in dieser Hinsicht zu beanstanden sein sollte. Die **Versicherungspflicht** dient dem **Vermögensschutz**,[20] aber nicht dem Schutz von Leib und Leben anderer Verkehrsteilnehmer.

14   Ein weiteres Beispiel mag das Gemeinte verdeutlichen: Der **habgierige Neffe N** möchte in den Genuss der **Erbschaft seines Onkels** kommen. Er **überredet** ihn deshalb **zu einer Flugreise**. Wie gewünscht stürzt die Maschine infolge eines (dem Neffen unbekannten) technischen Defekts ab.[21] Eine Strafbarkeit des Neffen wegen eines Tötungsdelikts scheitert hier wegen fehlender tatbestandsmäßiger Verhaltensmissbilligung. Der Neffe verfügte über dasselbe Wissen wie sein Onkel. Bei dieser Sachlage kann das **Verhalten des Neffen** rechtlich **nicht als Tötungsverhalten missbilligt** werden. Zwar beinhaltet das Überreden zu einer Flugreise – naturalistisch – die Schaffung eines gewissen Lebensrisikos. Jedoch wird die Gefahrschaffung vermittelt durch ein eigenverantwortliches Verhalten des Onkels, der sich als mündige Person den auch ihm bekannten Gefahren der Flugreise sehenden Auges aussetzen sollte. Aus diesem Grund fällt das Risiko des Absturzes hier im Verhältnis zu N in den alleinigen Verantwortungsbereich des Onkels. Unabhängig davon gilt, dass bei Fehlen besonderer Anhaltspunkte ganz allgemein das Überreden zu einer Flugreise nichts rechtlich Missbilligungswürdiges darstellt. Es handelt sich vielmehr um die **erlaubte Schaffung eines allgemeinen Lebensrisikos**. Jedenfalls in rechtlicher Sicht vermögen daran die **bösen Hintergedanken** des Neffen nichts zu ändern. Sie machen sein Verhalten ja nicht (lebens-)gefährlicher. In dem Verhalten des Neffen ist demzufolge kein Verstoß gegen eine im Interesse des Lebensschutzes des Onkels legitimierbare Verhaltensnorm und damit **kein tatbestandsmäßiges Tötungsverhalten** zu erblicken. Hier ist durch das Verhalten das rechtverstandene Rechtsgut der Tötungsdelikte gar nicht betroffen.

15   Deshalb ergibt sich die Straflosigkeit entgegen verbreiteter Auffassung nicht erst aus dem Gesichtspunkt eines (hier nicht erfüllten) Erfordernisses der Zurechenbarkeit des Erfolgs.[22] Nur dann lässt sich auch zwanglos erklären, dass selbstverständlich eine Versuchsstrafbarkeit ebenfalls aus-

---

[20] „Passende" Sanktionsnormen gibt es dafür in § 6 PflVersG.
[21] Zu solchen Erbonkelfällen und vergleichbaren Konstellationen s. etwa *Frisch*, Tatbestandsmäßiges Verhalten, S. 13, 15, 46, 61, 94 f.; *Freund*, in: MünchKommStGB[3], Vor § 13 Rn. 189 ff.; *Scheinfeld*, wistra 2008, 167, 169 ff. (zur Irrelevanz der bloßen Täuschungs*absicht* beim Betrug, wenn das Verhalten gar keine Täuschungsqualität hat); ferner noch unten § 5 Rn. 17, 21, 45, § 8 Rn. 37. – I. S. einer beschränkten Berücksichtigungsfähigkeit von Absichten bei der Verhaltensnormkonturierung *Murmann*, FS Herzberg, 2008, S. 123, 134 ff.
[22] Zur verbreiteten Diskussion solcher Probleme unter dem Aspekt der „Erfolgszurechnung" vgl. statt vieler *Wessels/Beulke/Satzger*, AT[48], Rn. 256 ff., 267 f.; *Kühl*, in: Lackner/Kühl[29], § 15 Rn. 41 ff., jew. m. w. N. – Dass es sich insoweit nicht nur um ein Zurechnungsproblem, sondern um ein solches des tatbestandsmäßigen *Verhaltens* handelt, betonen dagegen mit Recht etwa *Frisch*, Tatbestandsmäßiges Verhalten, S. 33 ff., 45 ff., 59 f., und *Puppe*, in: NK[5], Vor § 13 Rn. 154; s. a. *Robles Planas*, GA 2016, 284, 292.

scheidet: Die **bloß fehlende Erfolgszurechenbarkeit** stünde einem **strafbaren Versuch** ja nicht entgegen. Das Fehlen eines Verstoßes gegen eine im Interesse des Lebensschutzes zu legitimierende **(spezifische) Verhaltensnorm** ist dafür indessen ein unmittelbar einsichtiger Hinderungsgrund.[23] Vor diesem Hintergrund wird auch ein Weiteres klar: Der bisweilen in der Diskussion anzutreffende Aspekt des „**erlaubten Risikos**" kann schwerlich den Charakter eines Rechtfertigungsgrundes haben, wenn ein Verhalten schon grundsätzlich nicht zu beanstanden ist.[24] Im Übrigen handelt es sich bei dem Begriff des „erlaubten Risikos" um eine sachlich entbehrliche **Sammelbezeichnung** für durchaus **heterogene Fallgestaltungen**.[25]

Die Beurteilung des **Erbonkelfalles** ändert sich, wenn der **Neffe zufällig weiß**, dass in einer bestimmten **Maschine eine Bombe installiert** sein wird, und, um sein Ziel zu erreichen, den Onkel zu einer Flugreise mit dieser Maschine überredet. In dieser Variante des Erbonkelfalles hat der Neffe ein **rechtlich zu missbilligendes Risiko** für das Leben seines Onkels geschaffen. Von dem Neffen konnte von Rechts wegen erwartet werden, dass er das in Frage stehende Verhalten im Interesse des Schutzes des Lebens seines Onkels unterlässt.[26]

16

b) Rechtliche Sonderverantwortlichkeit als zusätzlicher Legitimationsgrund von Verhaltensnormen und weiteres Spezifizierungskriterium

aa) Das Verhaltensnormmodell der zwei Säulen

Die im Vorstehenden angestellten Überlegungen galten dem verhaltensnormbegründenden Datum des berechtigten Nutzens der Normeinhaltung, also dem sog. **Zweck der Verhaltensnorm**. Indessen wird das Verhaltensunrecht eines bestimmten Sanktionstatbestands in der Regel nicht allein durch den spezifischen Nutzen definiert, den die Einhaltung der übertretenen Verhaltensnorm gehabt hätte (**Rechtsgüterschutzaspekt**). Würde man sich auf der Sanktionsnormebene auf den Rechtsgüterschutzaspekt als Spezifizierungskriterium beschränken, käme man zu einer unangemessenen Gleichschaltung von Verstößen gegen **zwei qualitativ unterschiedliche Arten von Verhaltensnormen:**

17

---

[23] Näher dazu unten (§ 8 Rn. 35 ff.) bei der Behandlung des Versuchsdelikts.

[24] I. S. (erst) eines Rechtfertigungsgrundes aber wohl BGHZ 24, 21 ff.; *Schmidhäuser*, Studienbuch AT², 6/107 ff.

[25] I. d. S. mit Recht *Wessels/Beulke/Satzger,* AT⁴⁸, Rn. 424; s. a. *Jescheck/Weigend,* AT⁵, § 36 I 1 (S. 401: erlaubtes Risiko als gemeinsames Strukturprinzip für verschiedene Rechtfertigungsgründe) sowie § 56 III (S. 591 f.: schon kein Handlungsunrecht der Fahrlässigkeitstat). – Zur Leistungsfähigkeit des Begriffs „erlaubtes Risiko" für die Strafrechtssystematik näher *Maiwald,* FS Jescheck, 1985, S. 405 ff.; s. ferner *Kindhäuser,* GA 1994, 197 ff.; *Schlehofer,* in: MünchKommStGB³, Vor § 32 Rn. 78 ff.; *Schürer-Mohr,* Erlaubte Risiken, S. 161 ff. (zusf. S. 208 f.). – In diesen Kontext gehört auch der Gedanke der Sozialadäquanz; vgl. dazu etwa *Dölling,* FS Otto, 2007, S. 219 ff.

[26] Dass es insoweit um die rechtliche Bewertung eines in der Psyche des Subjekts vorhandenen Handlungsprojekts geht, betont zutreffend *Struensee,* GA 1987, 97, 99. – Näher zur Subjektabhängigkeit rechtlicher Verhaltensbewertung und der Problematik „äußerlich verkehrsgerechten" Verhaltens als Straftat *Freund,* JuS 2000, 754 ff. (zugleich Besprechung von BGH NJW 1999, 3132; s. dazu a. *Puppe,* AT-Rechtsprechung 1, § 15 Rn. 1 ff.); *Murmann,* FS Herzberg, 2008, S. 123, 129 ff.

18 Einige **Verhaltensnormen** lassen sich **ausschließlich** wegen des Nutzens für bestimmte anzuerkennende **Rechtsgüterschutzinteressen** legitimieren. Hierzu zählt beispielsweise die rechtliche Inpflichtnahme des bei einem **Unglücksfall** zufällig Hinzukommenden (vgl. **§ 323c I**). Wenn ihm abverlangt wird, z. B. den lebensgefährlich Verletzten ins Krankenhaus zu bringen (und darauf zu verzichten, rechtzeitig zur „Sportschau" zu Hause zu sein), so kann diese **Inpflichtnahme ausschließlich im Interesse des bedrohten Gutes** – also des Lebens des Verletzten – begründet werden. Wenn der Betreffende seiner Hilfeleistungspflicht nicht genügt, verstößt er gegen eine **Verhaltensnorm**, die gleichsam nur auf **einer Säule** ruht: dem *Rechtsgüterschutz*.[27] Er verstößt gegen eine „monistisch" fundierte Verhaltensnorm.[28]

19 Demgegenüber gibt es **Verhaltensnormen**, bei denen zur Einschränkung der Handlungsfreiheit des Normadressaten ein **zusätzlicher Legitimationsgrund** vorliegt: Es gibt **besondere Verantwortlichkeiten**, aufgrund deren gerade eine ganz bestimmte Person[29] Adressat einer dadurch qualifizierten (dualistisch fundierten) Verhaltensnorm ist. Ohne eine solche besondere Verantwortlichkeit wären viele Verhaltensnormen gar nicht legitimierbar. Denn schließlich geht nicht jeden alles an.[30] Dass derjenige, der **am Steuer eines Kraftfahrzeugs** sitzt, zur Vermeidung einer drohenden Kollision mit einem Fußgänger – anders als der Beifahrer – ggf. qualifiziert (**als Sonderverantwortlicher**) in die Pflicht genommen werden kann, ist so selbstverständlich, dass diese Sonderverantwortlichkeit regelmäßig gar nicht mehr eigens thematisiert wird. Liegt diese Sonderverantwortlichkeit zusätzlich zum Rechtsgüterschutzaspekt vor, so ist dies bei der **Interessenabwägung zu Lasten** des potenziellen **Normadressaten** anzurechnen. Dadurch ist es möglich, Verhaltensnormen zu begründen, die bei alleiniger Berücksichtigung des Rechtsgüterschutzinteresses nicht legitimierbar wären. Für die Verhaltensnormbegründung und die Einschätzung von Verhaltensnormverstößen ist die Sonderverantwortlichkeit deshalb von wesentlicher Bedeutung. Eine **Verhaltensnorm**, die nicht nur mit

---

[27] Es liegt neben der Sache, wenn gegen das hier vorgestellte Konzept der Einwand erhoben wird, der Rechtsgüterschutz als ausreichende Legitimationsgrundlage für Verhaltensnormen bedeute „einen Freibrief für alle erdenklichen Verhaltensnormen" (vgl. *Kühnbach*, Solidaritätspflichten, S. 107 ff.). Selbstverständlich müssen auch die Verhaltensnormen vom hier interessierenden Typ die verfassungsrechtlich gebotene Angemessenheitsprüfung bestehen (vgl. dazu oben § 1 Rn. 55 ff.). Insofern ist es auch nicht hilfreich, bei den entsprechend monistisch fundierten Verhaltensnormen vom Erfordernis einer „interpersonalen Pflicht zur Solidarität" als „zweiter Säule" der „personalen Zurechnung" zu sprechen – wie *Kühnbach* das tut. Denn eine tatsächlich legitimierbare „interpersonale Pflicht zur Solidarität" ist nichts anderes als das positive Ergebnis der erforderlichen Güter- und Interessenabwägung und nicht etwa – neben dem Rechtsgüterschutz – ein *zusätzlicher* Legitimationsgrund für dieselbe. Wenn eine *besondere* Verantwortlichkeit für Ursprung oder Erfolgsort der zu vermeidenden Schädigungsmöglichkeit fehlt, bleibt sachlich nur der Rechtsgüterschutz als tragende Säule für eine *allgemeine* Solidaritätsverantwortlichkeit, die es im Rahmen des Angemessenen gegenüber dem Normadressaten in concreto zu legitimieren gilt.

[28] Zu diesem Verhaltensnorm-Typ vgl. *Freund*, FS Herzberg, 2008, S. 225, 231.

[29] Bei den begehungsgleichen Unterlassungsdelikten meist als Person bezeichnet, die eine Garantenstellung inne hat, näher dazu unten § 6 Rn. 27 ff., 49 ff.

[30] Mit Recht hervorgehoben von *Jakobs*, ZStW 89 (1977), 1, 2, 30.

I. Tatbestandsmäßiges Verhalten (spezifisches Verhaltensunrecht) 57

Blick auf ihren Nutzen für berechtigte Güterschutzbelange fundiert ist, sondern sich auch auf eine besondere Verantwortlichkeit des Normadressaten für das Vermeiden bestimmter schadensträchtiger Verläufe stützen kann, steht – bildlich gesprochen – auf **zwei Säulen**: dem **Rechtsgüterschutz** und der **Sonderverantwortlichkeit**. Es handelt sich damit um den praktisch besonders bedeutsamen Verhaltensnorm-Typ, bei dem die Verhaltensnorm in zweifacher Hinsicht („dualistisch") fundiert ist.

Monistisch fundierte Verhaltensnorm Verstoß gegen eine solche nur ausreichend bei §§ 138, 323c I; z. B. Nichtanzeige eines drohenden Mordes oder Wegziehen des rettenden Armes, wenn jemand gefährlich stolpert	**Dualistisch fundierte Verhaltensnorm** Verstoß gegen eine solche vorausgesetzt bei § 212 und §§ 212, 13; z. B. Erwürgen eines fremden oder Verhungernlassen des eigenen Kindes
Rechtsgüterschutz	Rechtsgüterschutz Sonderverantwortlichkeit

20

bb) Sonderverantwortlichkeit bei Ver- und Geboten

In den praktisch bedeutsamsten Fällen der **Verhaltensnormen**, die aktive **Gefahrenschaffungen** gegenüber bestimmten Rechtsgütern **verbieten**, ist eine derartige Sonderverantwortlichkeit so gut wie immer[31] vorhanden. Wohl aus diesem Grund wird sie meist nicht eigenständig als Legitimationsgrund angeführt, sondern – mehr oder weniger bewusst – als selbstverständlich vorausgesetzt und bei der erforderlichen Interessenabwägung mit in die Waagschale geworfen:[32] Wer **fremde Sachen zerstört, indem**

21

---

[31] Zu einigen Ausnahmen näher *Frisch,* Tatbestandsmäßiges Verhalten, S. 250 ff.; *Freund,* Erfolgsdelikt und Unterlassen, S. 68 ff., jew. m. w. N.

[32] Die Auffassung, dass auch bei der Tatbestandsverwirklichung durch aktives Tun die Sonderverantwortlichkeit („Garantenverantwortlichkeit") erforderlich ist, setzt sich immer mehr durch; s. etwa *Freund,* in: MünchKommStGB³, § 13 Rn. 76 m. Fn. 123; *dens.,* in: Strafrecht und Gesellschaft, 2019, S. 379 ff.; *dens.,* Erfolgsdelikt und Unterlassen, S. 68 ff., 116 f.; *Gauger,* Konkludente Täuschung, S. 199 ff.; *Georgy,* Die strafrechtliche Verantwortlichkeit von Amtsträgern, S. 24 ff.; *Jakobs,* AT², 7/56 ff., 28/14 ff.; *ders.,* System der strafrechtlichen Zurechnung, 2012, S. 27; ferner etwa *Donner,* Zumutbarkeitsgrenzen, S. 106 f.; *Frisch,* Tatbestandsmäßiges Verhalten, S. 132 ff.; *Herzberg,* Unterlassung, S. 169 ff. (mit einem einheitlichen Konzept für das Begehungs- und das begehungsgleiche Unterlassungsdelikt in Gestalt des „vermeidbaren Nichtvermeidens in Garantenstellung"); *Pawlik,* Das Unrecht des Bürgers, S. 159 ff.; *Sangenstedt,* Garantenstellung, S. 296; *Schultz,* Amtswalterunterlassen, S. 75; *Walter,* Pflichten des Geschäftsherrn, S. 124 f. – Ohne Begründung anders z. B. *Mitsch,* JuS 2001, 105, 106: Begehungsstrafbarkeit setzte jedenfalls im Bereich der Allgemeindelikte keine Garantenstellung voraus.

er sie in einen **Abgrund wirft**, einen anderen **körperlich verletzt** oder **tötet, indem er** mit einem Messer auf ihn **einsticht**, ist selbstverständlich *in besonderer Weise* für **das schadensträchtige Geschehen verantwortlich** und deshalb nicht nur für das schlichte Nichtvermeiden des unerwünschten Erfolges verantwortlich zu machen.

22 Nicht anders verhält es sich aber etwa auch bei dem, der es **übernommen** hat, ein zweijähriges **Kind zu beaufsichtigen**: Lässt er es zu, dass es zu nahe an einem Abgrund halsbrecherischen Spielen nachgeht, **verstößt** auch er gegen eine **Verhaltensnorm**, die nicht nur um des **Nutzens der Normeinhaltung** willen (hier Vermeidung von Lebensgefahren für das Kind) zu legitimieren ist, sondern die sich zu ihrer Legitimation auch auf die *besondere Verantwortlichkeit* des **Normadressaten** gerade für die Vermeidung der in Frage stehenden Gefahren stützen kann.

cc) Ermittlung notwendiger Sonderverantwortlichkeit durch Auslegung

23 Wenn man die Reichweite einer bestimmten Sanktionsnorm richtig erfassen möchte, muss man deshalb nach dem soeben Gesagten außer dem gemeinten Rechtsgüterschutzaspekt auch klären, ob die Norm **Verstöße gegen monistisch oder dualistisch fundierte Verhaltensnormen** mit einer Strafbewehrung versehen soll. Diese Frage, die durch Auslegung des einzelnen Strafgesetzes zu klären ist, bereitet in der Regel keine größeren Schwierigkeiten: Die **meisten Tatbestände** des Strafgesetzbuchs und der strafrechtlichen Nebengesetze sind auf **dualistisch fundierte Verhaltensnormen zugeschnitten**. Sie sollen keine Verstöße gegen Verhaltensnormen erfassen, die nur wegen ihres Nutzens für berechtigte Güterschutzbelange zu legitimieren sind. Diese Tatbestände erfordern vielmehr Verstöße gegen Verhaltensnormen, die sich zu ihrer Legitimation auch auf ein zusätzliches verhaltensnormfundierendes Datum der Sonderverantwortlichkeit für das drohende schadensträchtige Geschehen stützen können.[33]

24 Zu den wenigen **Sanktionsnormen**, die sich auf **nur durch Güterschutzbelange fundierte Verhaltensnormen** beziehen, zählen die **unterlassene Hilfeleistung (§ 323c I)** und die **Nichtanzeige geplanter Straftaten (§ 138)**. Delikte wie **Totschlag, fahrlässige Körperverletzung, Sachbeschädigung** durch Begehen und begehungsgleiches Unterlassen usw. erfordern dagegen den **Verstoß gegen** eine **qualifizierte Verhaltensnorm**. Nur Verstöße gegen solche Verhaltensnormen sind erfasst, die ihre besondere Legitimation darauf stützen können, dass ihr Adressat sonderverantwortlich für die Vermeidung des konkret drohenden schadensträchtigen Verlaufs ist. Diese Sonderverantwortlichkeit ist überflüssig bei der unterlassenen Hilfeleistung und der Nichtanzeige geplanter Straftaten. In derartigen **Ausnahmefällen** wird der **x-beliebige Jedermann** (der quivis ex populo) **in die Pflicht**

---

[33] Näher dazu *Freund*, Erfolgsdelikt und Unterlassen, S. 116 f. – Zur genauen Bestimmung der Sonderverantwortlichkeit (sog. Garantenverantwortlichkeit) s. ergänzend unten § 6 Rn. 17 ff.

genommen und bei Pflichtverletzungen unter gewissen weiteren Voraussetzungen[34] entsprechend sanktioniert.

Für die Tatbestandsmäßigkeit eines Verhaltens ist damit entgegen einer noch immer weit verbreiteten Fehleinschätzung gar nicht die Verhaltens*form* (Tun oder Unterlassen) relevant, sondern allein die Qualität der Verhaltens*norm,* gegen die verstoßen wird. Entscheidend ist stets nur, ob die jeweilige Sanktionsnorm **Verstöße gegen monistisch oder gegen dualistisch fundierte Verhaltensnormen** erfassen soll.[35]

Verhaltensnormen gibt es in Form von Ver- und Geboten. **Verbote verbieten** ein ganz bestimmtes **Tun** (Handeln) – sie verlangen von ihrem Normadressaten, dieses Tun zu unterlassen. Demgegenüber wird von **Geboten** ein ganz bestimmtes **Tun gefordert** – sie verlangen von ihrem Normadressaten, dieses Tun nicht zu unterlassen. Ein Verstoß gegen eine tatbestandsspezifische Verhaltensnorm ist dementsprechend entweder durch (aktives) Tun oder aber durch (passives) Unterlassen möglich. **Tertium non datur!**

An diesem klaren Befund ändert auch die von *Streng* verfochtene „**dritte Handlungsform**" des „passiven Tuns" nichts.[36] „**Passives Tun**" ist bezogen auf den empirischen Befund eine **contradictio in adiecto** und daher terminologisch missglückt. Auch in der Sache ist eine solche Kategorie nicht geeignet, das für die Tatbestandsverwirklichung **normativ entscheidende Kriterium** auf den Punkt zu bringen. Dieses Kriterium liegt *nicht* in der *Verhaltensdifferenz* zwischen Tun und Unterlassen, sondern in der **Qualität** der durch Tun oder Unterlassen übertretenen **Verhaltensnorm**. Zu fragen ist, ob diese bloß monistisch (durch den Rechtsgüterschutz) oder dualistisch (auch durch die Sonderverantwortlichkeit des Normadressaten) zu legitimieren ist.

c) Präzisierung und Klarstellung: Maßgebliche Perspektive bei der Legitimation von Verhaltensnormen

aa) Aufgabengerechte Bestimmungsgründe für Verhaltensnormen und Adressatenperspektive

Die entscheidende Perspektive, aus der heraus beurteilt werden muss, ob und womit genau eine bestimmte Verhaltensnorm legitimierbar ist, kann schon aus in der Natur der Sache liegenden Gründen nicht die eines *Laplaceschen* **Weltgeistes**,[37]

---

[34] Näher zu Sanktionsvoraussetzungen neben dem deliktsspezifischen Verhaltensnormverstoß unten (§ 2) Rn. 52 ff.

[35] Näher dazu *Freund,* in: Strafrecht und Gesellschaft, 2019, S. 379 ff. – Die Relevanz der Abgrenzungsfrage (Tun oder Unterlassen?) wird sehr oft überschätzt; s. statt vieler etwa *Wessels/Beulke/Satzger*, AT[48], Rn. 1158 („Die Antwort darauf ist jeweils von weitreichender Bedeutung, [...]"); zur angenommenen „Abgrenzungsnotwendigkeit" vgl. auch *Haas,* in: Matt/Renzikowski, § 13 Rn. 7; *Kuhlen,* FS Puppe, 2011, S. 669 ff.; *Mosenheuer,* Unterlassen und Beteiligung, S. 51 ff. – Mit Recht krit. zur oft überschätzten Relevanz der Unterscheidung von Tun und Unterlassen etwa *Volk,* FS Tröndle, 1989, S. 219 ff.

[36] *Streng,* ZStW 122 (2010), 1 ff.

[37] Das ist einer, der alles weiß!

sondern nur die des potenziellen Normunterworfenen sein. Denn schließlich geht es um dessen Verhaltensbeurteilung und eventuelle Verhaltensbeeinflussung.[38] **Ver- oder Gebote** dürfen nicht zur Funktion von Umständen gemacht werden, die aus der Perspektive des potenziellen Normadressaten im Zeitpunkt des in Frage stehenden Verhaltens gar nicht bekannt sein können, sondern müssen **auf** seine **(Entscheidungs-)Situation** zugeschnitten sein. Andernfalls würde völlige Verwirrung über das von Rechts wegen richtige Verhalten produziert und damit eine etwa bereits vorhandene Orientierung der Rechtsgenossen an durchaus adäquaten Verhaltensrichtlinien konterkariert. Dies gilt in doppelter Hinsicht:

(1) Ausgeschlossene positive Bestimmungsgründe – ultra posse nemo obligatur

29 Auf der einen Seite wäre es unsachgemäß, Verhaltensnormen aufzustellen, die an einen Umstand anknüpfen, der bei Einschätzung der Lage aus der **Perspektive des potenziellen Verhaltensnormadressaten** gar nicht bekannt sein kann, oder die diesem etwas abverlangen, was er selbst bei unterstellter Normbefolgungsbereitschaft zu leisten gar nicht im Stande ist (**ultra posse nemo obligatur**). Denn unter diesen Umständen vermag jedenfalls eine *Verhaltensnorm* keinerlei Funktion zu erfüllen;[39] funktionslose Normen aber sind niemals zu rechtfertigen.[40]

(2) Ausgeschlossene negative Bestimmungsgründe – ohne Rücksicht auf die „Wirklichkeit" ausreichende Möglichkeiten der Güterbeeinträchtigung

30 Auf der anderen Seite wäre es jedoch genauso verfehlt, zur **Verhaltensnormkonturierung** auch nur *einschränkend* auf Umstände abzustellen, die aus der Perspektive des Normadressaten in der entscheidenden Situation nicht zu erfassen sind.[41] Für

---

[38] Zu diesem Adäquitätserfordernis bei der Verhaltensnormkonturierung und gegen die Maßgeblichkeit der Perspektive eines *Laplaceschen* Weltgeistes bereits zutreffend *Frisch,* Vorsatz und Risiko, S. 124, 352, 358, 425; *ders.,* in: Wolter/Freund, Straftat, 1996, S. 135, 175 ff.; s. a. *Freund,* GA 1991, 387, 390 ff.; *dens.,* in: MünchKommStGB³, Vor § 13 Rn. 180 ff.; *Heckler,* Ermittlung der Rücktrittsleistung, S. 85 ff.; *Rudolphi,* GS Armin Kaufmann, 1989, S. 371, 377 ff.

[39] Ob ggf. die Bewertung des Geschehens unter anderem Aspekt einen Sinn ergibt, soll an dieser Stelle offen bleiben; hier geht es ausschließlich um die Legitimationsbedingungen von Verhaltensnormen i. S. v. Handlungsfreiheit in concreto beschneidenden – grundsätzlichen – Ver- oder Geboten (zu deren Verhältnis zu etwa ausnahmsweise eingreifenden Rechtfertigungsgründen vgl. noch unten § 3; ferner *Freund,* Erfolgsdelikt und Unterlassen, S. 52 f. Fn. 6 m. w. N.).

[40] Zutreffend betont *Gallas,* Studien, S. 65, die generelle Sinnwidrigkeit etwa des Verlangens gegenüber einem Nichtschwimmer, einen Ertrinkenden durch Nachschwimmen zu retten, des Verlangens gegenüber einem Gefesselten zu handeln oder des Verlangens gegenüber einem Stummen, einen Warnruf auszustoßen; vgl. auch *Armin Kaufmann,* Bindings Normentheorie², S. 160; *Kahrs,* Vermeidbarkeitsprinzip, S. 37.

[41] Sachlich übereinstimmend *Frisch,* Vorsatz und Risiko, S. 121 ff., 352 ff., 361; die abweichende Auffassung von *Schünemann,* in: Grundfragen, 1984, S. 1, 63 dürfte auf einer Fehlintuition beruhen; näher dazu sogleich im Text und unten in Fn. 50 zu (§ 2) Rn. 40.

I. Tatbestandsmäßiges Verhalten (spezifisches Verhaltensunrecht)   61

den Fall, dass aus der Perspektive des Normadressaten ein hinreichend gewichtiges verhaltensnormfundierendes – und insofern durchaus „objektives" – Datum aufweisbar ist, darf ein rechtlich maßgebliches Ver- oder Gebot in concreto nicht deshalb abgelehnt werden, weil sich *aus anderer Perspektive* ein solches Datum nicht ergibt. Denn **auch „objektive" Gegebenheiten** sind **immer relativ!**⁴²

Das kann man am **Beispiel** des **Untersuchungshaft** anordnenden Richters unschwer erkennen: Niemand käme wohl auf die Idee, ihn bei Gegebensein der entsprechenden Voraussetzungen als nicht zur Anordnung verpflichtet anzusehen, nur weil der doch **Unschuldige** natürlich selbst regelmäßig um seine **Unschuld weiß**. Besteht – um andere Beispiele zu nennen – bei Einschätzung der Lage aus der Perspektive des potenziellen Verhaltensnormadressaten die ernsthafte Möglichkeit, dass hinter einem Gebüsch ein **Treiber** steht, **darf** der **Jäger** schon **mit Rücksicht auf** diese *Möglichkeit* **nicht schießen**, auch wenn zufällig ein **anderer** das Ziel sicher als Wild **erkennt**. Oder kann die in Aussicht genommene **Sexualpartnerin** ernsthaft noch unter die **Schutzaltersstufe** fallen, besteht ohne Rücksicht auf das tatsächliche Alter ein **Handlungsverbot**. Bestehen in einem **Strafprozess** relevante **Zweifel** an der Schuld des Angeklagten, muss unabhängig von der wirklichen Täterschaft **freigesprochen** werden.⁴³ Ist es **ernsthaft möglich**, dass der **Revolver geladen** ist, muss der **Verantwortliche** gegen dessen Abfeuern durch ein Kind **einschreiten**, auch wenn letztlich keine Patronen im Magazin sein sollten; usw.   31

Wenn sich in solchen Fällen **im Nachhinein** oder **aus anderer Perspektive** eine **veränderte Sachlage** ergibt, **berührt** dies die **Legitimierbarkeit von Verhaltensnormen** schon mit Rücksicht auf deren aufweisbaren Nutzen für berechtigte Güterschutzbelange in Gestalt der **Vermeidung einer *möglichen* Güterbeeinträchtigung nicht** im geringsten.⁴⁴   32

---

⁴² Vgl. dazu die in dieselbe Richtung weisenden Überlegungen zur Konkretisierung des polizeilichen Gefahrbegriffs bei *Drews/Wacke/Vogel/Martens*, Gefahrenabwehr⁹, § 13, S. 220 ff., 223 ff.; s. ferner *Delonge*, Interessenabwägung, S. 110 f.; *Herzberg*, JA 1989, 243 ff., 247 ff. m. w. N. und Beispielen, sowie ergänzend *Freund*, GA 1991, 387 ff., 401 ff. m. w. N.

⁴³ Näher zum (nicht mehr) tolerierten Risiko einer Fehlverurteilung – insbesondere im Bereich subjektiver Deliktsmerkmale – *Freund*, Normative Probleme der „Tatsachenfeststellung"; *ders.*, JR 1988, 116 ff.; *ders.*, StV 1991, 23 ff.

⁴⁴ Davon zu trennen ist die ganz andere Frage, ob demjenigen, der aus seiner Sicht die Ungefährlichkeit erkennt, ein Recht zusteht, dem anderen gewissermaßen „in den Arm zu fallen"; ein solches Recht bedürfte eigenständiger Fundierung; näher zur Problematik perspektivischer Betrachtung und zur entsprechenden Relativität „objektiver" Daten *Freund*, GA 1991, 387 ff., 390 ff. – Zutreffend differenzierend z. B. *Renzikowski*, GA 2007, 561, 569: „Auch der – untaugliche – Versuch ist materiell Missachtung der fremden Rechtsposition, wenngleich ohne Verletzung des subjektiven Rechts."

bb) Unstimmigkeiten abweichender „Verhaltensnormkonzepte" – insbesondere: die Inadäquität der „Obliegenheitsverletzung"

33 Vor diesem Hintergrund erweisen sich „Verhaltensnormkonzepte", die auf eine ex post-Betrachtung bei der Bestimmung einer „Verhaltensnormverletzung" abstellen, als verfehlt.[45] Zwar besticht vordergründig betrachtet die Annahme, das tatbestandsmäßig-missbilligte Verhalten sei ein solches, das den tatbestandsmäßigen Erfolg verursacht *hat,* durch ihre Klarheit und Einfachheit. Denn dabei spielen – jedenfalls auf den ersten Blick – die mitunter schwierigen Fragen der Konkretisierung der rechtlichen Ordnung des Verhaltens keine Rolle: Was strafrechtlich erlaubt oder verboten ist, steht **eindeutig** definiert fest – jedenfalls **ex post** bzw. aus der **Warte des** *Laplaceschen* **Weltgeistes** betrachtet.

34 Tatsächlich ist die **Ableitung von „Verursachungsverboten" aus Sanktionsnormen normlogisch nicht möglich.** Denn Grundlage dieser Ableitung ist nichts anderes als die Kausalität einer Handlung als *Mindestvoraussetzung* **der Sanktionierung wegen vollendeten Erfolgsdelikts**, das durch ein tatbestandsmäßiges Tun begangen sein soll. Daraus ergeben sich keinerlei Folgerungen für das rechtlich fehlerhafte – tatbestandsspezifisch missbilligte – Verhalten. Zwar hat etwa die Sanktionsnorm des § 212 I in einem solchen Fall zur Voraussetzung, dass eine bestimmte Handlung für den Tod eines Menschen ursächlich wird. Daraus folgt aber mitnichten bereits die Verhaltensnormwidrigkeit einer *jeden* erfolgskausalen Handlung.

35 Schon im Ansatz **undurchführbar** wird ein solches Ableitungskonzept beim **Versuch als Straftat.** Die entsprechende **Sanktionsnorm** – die sich etwa aus §§ 212 I, 22, 23 I, 12 I ergibt – setzt gerade **kein erfolgskausales Verhalten** voraus, sondern erfordert nur, dass sich auf der Basis der Vorstellung des zur Tatbestandsverwirklichung unmittelbar Ansetzenden im Verhaltenszeitpunkt ex ante die rechtlich zu missbilligende *Möglichkeit* der Erfolgsherbeiführung ergibt. Eine tatsächliche Erfolgsherbeiführung ist nicht notwendig. Wann genau auf der Basis der Vorstellung des unmittelbar Ansetzenden die mögliche Erfolgsherbeiführung rechtlich zu missbilligen ist, lässt sich aus der Sanktionsnorm des strafbaren Versuchs nicht ableiten. Dass diese **rechtliche Missbilligung** sachlich begründet werden kann, ist vielmehr eine der *Anwendungsvoraussetzungen* **dieser Sanktionsnorm.**

36 Letztlich kommt auch ein Konzept, das mit „Verursachungsverboten" arbeitet, um das **sachliche Problem** nicht herum, **unter welchen Bedingungen** genau **im Verhaltenszeitpunkt** aus der **Perspektive des Betroffenen** ein rechtlich zu beanstandendes Verhalten vorliegt und welches Verhalten trotz späterer Erfolgskausalität rechtlich unbeanstandet bleiben muss. Dieses Problem wird lediglich verschoben, aber einer Lösung um keinen Schritt näher gebracht, wenn es als solches der „Zu-

---

[45] I. S. einer ex post-Bestimmung des verhaltensnormwidrigen Verhaltens z. B. *Kindhäuser,* Gefährdung als Straftat, S. 53, 83; *Vogel,* Norm und Pflicht, S. 45, 55 f. – Zutreffend demgegenüber etwa *Armin Kaufmann,* FS Welzel, 1974, S. 393, 395: „Kausierungsverbote wären sinnlos"; vgl. a. *Stein,* FS Küper, 2007, S. 607, 616 ff. (zur von § 323c I vorausgesetzten Verhaltensnorm). – Näher zur Problematik von Verursachungsverboten *Freund,* Erfolgsdelikt und Unterlassen, S. 9 ff., 121 ff.; *ders.,* in: MünchKommStGB³, Vor § 13 Rn. 180 ff. m. w. N.

rechenbarkeit" eines erfolgskausalen Verhaltens **als Norm- oder Pflichtverletzung** bzw. des **Vorsatzes** oder der **Fahrlässigkeit** thematisiert wird.

Besonders bedenklich wird eine derartige **Problemverschiebung**, wenn die Strafbarkeit eines bloß wegen seiner Erfolgskausalität bereits als „normwidrig" eingestuften Verhaltens auf eine **Obliegenheitsverletzung** i. S. eines **Verschuldens gegen sich selbst** gestützt werden soll.[46] Da es im hier interessierenden Zusammenhang um die Funktion des Rechts als freiheitsgewährleistende Verhaltensordnung geht, sind bloße „Obliegenheiten" irrelevant.[47] Diese dienen im Zivilrecht dazu, Ansprüche gegenüber Dritten zu mindern oder auszuschließen, werden also im Hinblick auf die Wahrung eigener Belange postuliert.

Im hier interessierenden Kontext sind dagegen nur **Verhaltensnormen** von Bedeutung, die Freiheitsbeschränkungen im Interesse des Schutzes anderer vorsehen. Soweit diese durch hinreichend gewichtige **Güterschutzinteressen anderer** zu legitimieren sind, würden die entsprechenden Schutzinteressen grob vernachlässigt, wenn man deren Nichtbeachtung als bloße „Obliegenheitsverletzung" einstufte. **Obliegenheiten** sind im Gegensatz zu Verhaltensnormen nicht in dem Sinne verbindlich, dass sie zwingend befolgt werden müssen. Es ist vielmehr in das **Belieben des Adressaten** einer Obliegenheit gestellt, ihr gerecht zu werden oder aber die andernfalls vorgesehenen Einbußen hinzunehmen.[48] Berechtigte Belange des Schutzes potenzieller Opfer blieben auf der Strecke, stellte man es dem unerlaubt gefährlich Handelnden oder Unterlassenden anheim, ob er – statt sich richtig zu verhalten – ggf. lieber bereit sein möchte, die vorgesehene Bestrafung zu erdulden. Das Recht darf dem Adressaten einer Verhaltensnorm diese Wahlmöglichkeit zwischen dem richtigen Verhalten einerseits und der Hinnahme einer Sanktion andererseits nicht einräumen. Dabei kann die rechtlich maßgebliche **Perspektive,** aus der heraus zu bestimmen ist, ob ein bestimmtes Verhalten im Drittschutzinteresse rechtlich zu missbilligen ist, nur die des potenziellen **Verhaltensnormadressaten** sein. Maßgeblich muss die **Sachlage** sein, **die sich ihm** in der konkreten Situation **darbietet**.

Ein abweichendes „Verhaltensnormkonzept" muss all diejenigen irritieren, die ihr Verhalten von sich aus unter **angemessener Berücksichtigung** *fremder* **Gutsinteressen** ausrichten. Denn das „Obliegenheitsmodell" teilt ihnen mit, sie könnten es ohne Weiteres auf die **mögliche Beeinträchtigung** fremder Güter **„ankommen lassen"**, sofern sie nur in Kauf nähmen, gegebenenfalls bestraft zu werden.

---

[46] Zum Verständnis des Verstoßes gegen Obliegenheiten als „Verschulden gegen sich selbst" (das als Begründung für eine so genannte „außerordentliche Zurechnung" dienen soll) vgl. etwa *Hruschka,* AT², S. 415 ff.; *Joerden,* Verantwortlichkeitsbegriff, S. 46 Fn. 104; *Neumann,* GA 1985, 389, 396; *Vogel,* Norm und Pflicht, 1993, S. 77; ferner *Jakobs,* Theorie der Beteiligung, 2014, S. 18 f., 32 m. Fn. 48. – Den Begriff der Obliegenheit im strafrechtlichen Kontext mit Recht ablehnend etwa *Toepel,* Kausalität und Pflichtwidrigkeitszusammenhang, 1992, S. 38 f.

[47] *Rostalski,* GA 2016, 73, 84 m. Fn. 43.

[48] *Hruschka,* Strukturen der Zurechnung, S. 50, spricht davon, es sei bei einer Obliegenheit lediglich „ratsam", diese zu befolgen, eine Pflicht bestehe gerade nicht.

40 Außerdem führt ein abweichendes „Verhaltensnormkonzept" in einen unauflösbaren **Wertungswiderspruch:**[49] Denn gestraft werden soll durchaus dann, wenn es letztlich bzw. aus anderer Perspektive tatsächlich zu einer Gutsbeeinträchtigung kommt – etwa in den oben (§ 2) Rn. 31 genannten **Beispielsfällen** des **Jägers**, des für die **Pistole Verantwortlichen** oder des an **Sexualkontakten Interessierten**. Eine solche Bestrafung hat indessen nur bei einem tatsächlichen Verstoß gegen eine dem Betreffenden gegenüber in der konkreten Situation im Drittschutzinteresse legitimierbare (objektiv-rechtliche) Verhaltensnorm einen (guten) Sinn. Diese Voraussetzung kann aber denknotwendig nur erfüllt sein, wenn bereits im Zeitpunkt des in Frage stehenden Verhaltens aus der **Perspektive des zur Verantwortung zu Ziehenden** eine Miss- oder Nichtbeachtung der tatbestandsrelevanten Verhaltensordnung und damit ein **tatbestandlich zu missbilligendes Verhalten** vorliegt.[50]

41 Alles Weitere kann nur als äußerlich sichtbarer Ausdruck solcher Miss- bzw. Nichtbeachtung begriffen werden[51] und allenfalls zur sachgerechten Eingrenzung der *Strafbarkeit* dienen.[52] Das weitere Geschehen – insbesondere die Fehlverhaltensfolgen – sowie sonstige tatsächliche Gegebenheiten (Tatumstände) dürfen jedoch keinesfalls dazu verwendet werden, die **angemessene Verhaltensordnung** zu untergraben. Infolge des auftretenden Wertungswiderspruchs kann das nur Verwirrung stiften. Stellte man es tatsächlich dem Betreffenden anheim zu entscheiden, ob er das Strafbarkeitsrisiko eingehen will oder nicht, betrachtete man dies als ausschließlich seine eigene Angelegenheit, so läge darin eine unangemessene Abqualifikation der etwa bedrohten **Schutzinteressen** als quantité négligeable und nähme diesen die ihnen zustehende **normative Garantie**. Bei solcher Sachlage bliebe jedoch für eine Bestrafung kein Raum mehr. Soll die Bestrafung überhaupt einen

---

[49] Der Sache nach rügt einen solchen Wertungswiderspruch bereits *Frisch*, Vorsatz und Risiko, S. 125 f., 355 f.; im selben Sinne auch *Stein*, Beteiligungsformenlehre, S. 74; s. ferner *Mir Puig*, FS Jescheck, 1985, S. 345.

[50] Entgegen *Schünemann*, in: Grundfragen, 1984, S. 1, 63 handelt es sich deshalb insoweit um eine aus dem Strafgesetz zwingend abzuleitende Bestimmungsnorm, die verletzt sein muss, soll der Täter wegen seiner „Tat" getadelt werden können. Nicht überzeugend vor diesem Hintergrund auch die Ablehnung einer ex ante-Beurteilung aus der Täterperspektive und die Annahme eines Handlungsverbots mit Rücksicht auf hic et nunc gegebene Umstände (etwa das Schutzalter nach § 176 StGB) nur für den Fall ihres wirklichen Gegebenseins bei *Eisele*, in: Schönke/Schröder[30], Vor § 13 Rn. 70c. Näher zu dem insofern gleichfalls problematischen Modell der Straftat bei *Kindhäuser* (Gefährdung als Straftat, 1989) *Freund*, Erfolgsdelikt und Unterlassen, S. 121 ff.; *Renzikowski*, Restriktiver Täterbegriff, S. 255 ff. – Zur grundsätzlichen Problematik des richtigen Entscheidens s. *Freund*, GA 1991, 387 ff.

[51] Näher dazu *Freund*, Erfolgsdelikt und Unterlassen, S. 92 ff., 128 ff.

[52] Dazu, dass das Gegebensein selbst eines tatbestandsmäßig-missbilligten Verhaltens für das Eingreifen einer ganz bestimmten Sanktionsnorm regelmäßig nur *eine* Voraussetzung neben spezifischen Erfordernissen der Sanktionsnorm ist, vgl. *Frisch*, Vorsatz und Risiko, S. 356 f., sowie *Freund*, Erfolgsdelikt und Unterlassen, S. 128 ff. Neben der Sache deshalb *Schünemann*, in: Grundfragen, 1984, S. 63, der die Nichtanwendbarkeit einer Sanktionsnorm in concreto als Argument gegen von derselben Sanktionsnorm denknotwendig vorausgesetzte Bestimmungsnormen ins Feld führt.

I. Tatbestandsmäßiges Verhalten (spezifisches Verhaltensunrecht) 65

Sinn ergeben, muss vielmehr das beanstandete Verhalten in dem Augenblick, in dem es zugunsten der berechtigten Güterschutzbelange anderer noch hätte modifiziert werden können, gegen eine durch die zu wahrenden Güterschutzinteressen anderer fundierte und deshalb **im Außenverhältnis beachtliche Verhaltensnorm** verstoßen haben und darf eben nicht nur eine „Obliegenheitsverletzung", ein bloßes „Verschulden gegen sich selbst" begründen.[53] Um es nochmals deutlich zu sagen: Ein **Verschulden gegen sich selbst** gibt in einem **Rechtsgüterschutzstrafrecht** keinen tauglichen **Strafgrund** ab!

Halten wir also in Bezug auf die Beurteilungsperspektive fest: 42

Bei der Legitimation von Verhaltensnormen ist ausschließlich eine ex ante-Betrachtung aus der Perspektive des potenziellen Verhaltensnormadressaten entscheidend.[54] Maßgeblich ist die Sachlage, die sich dem Betreffenden in der konkreten Situation darbietet – man kann auch sagen: die er vorfindet.

---

3. Weitere Spezifizierungskriterien – insbesondere vorsätzliches Handeln oder Unterlassen

Anhand der bisher skizzierten **Spezifizierungskriterien** (spezieller **Rechtsgü-** 43 **terschutzaspekt** und **Sonderverantwortlichkeit**) lässt sich klären, ob es sich z. B. um ein tatbestandsmäßiges Verhalten i. S. der Körperverletzungsdelikte, der Tötungsdelikte oder anderer Straftatengruppen handelt. Damit allein gelingt indessen in der Regel noch keine eindeutige Zuordnung zu einem ganz bestimmten Sanktionstatbestand. Deshalb gilt es zu klären, welche **weiteren Spezifika** der konkret in Frage stehende Tatbestand erfordert. Dabei handelt es sich wiederum

---

[53] S. dazu *Freund,* Erfolgsdelikt und Unterlassen, S. 85 ff.

[54] Vor diesem Hintergrund kann schon an dieser Stelle gesagt werden: Es ist bereits im Ansatz verfehlt, die besondere (begehungsgleiche) Verantwortlichkeit eines Kraftfahrers, dessen pflichtwidriges Verhalten (bei Würdigung aus seiner Perspektive ex ante) *möglicherweise* zu einer lebensgefährlichen Verletzung eines anderen geführt hat, davon abhängig zu machen, ob *im Nachhinein* festgestellt werden kann, dass die Verletzung wirklich auf der Pflichtwidrigkeit beruht (i. d. S. aber offenbar *Rudolphi,* JR 1987, 162, 163 ff.). Solche Momente können allenfalls als strafbarkeitseinschränkende spezifische Erfordernisse des Sanktionstatbestands postuliert werden. Zur Verhaltensnormkonturierung taugt höchstens der *mögliche* Eintritt von in der Zukunft liegenden Faktoren. In casu kommt insofern wohl das Ergebnis eines Sachverständigengutachtens im Strafprozess gegen den Kraftfahrer in Betracht. Dieser Kraftfahrer kann und soll aber nicht auf dieses Ergebnis warten, sondern er ist unmittelbar nach dem Unfall zur Hilfe aufgerufen und hat ein Recht darauf, zu diesem Zeitpunkt zu erfahren, ob und inwieweit er gegebenenfalls mit Bestrafung wegen Körperverletzung oder Tötung rechnen muss, wenn er untätig bleibt (vgl. dazu auch *Freund,* JuS 1990, 213, 215 ff.). Näher zur – von einer Pflichtwidrigkeit des Vorverhaltens letztlich unabhängigen – begehungsgleichen Verantwortlichkeit des Kraftfahrers *Freund,* Erfolgsdelikt und Unterlassen, S. 180 ff., sowie unten § 6 Rn. 92 f.

um ein Problem, wie das **jeweilige Strafgesetz** aufzufassen ist. Dieses Problem kann nur im konkreten Kontext und gerade nicht allgemein vor die Klammer gezogen entschieden werden.

44 Freilich ist *ein weiteres Spezifizierungskriterium* noch von übergreifender Bedeutung: Sofern nicht ausdrücklich Fahrlässigkeit in einer Strafnorm als ausreichend normiert wird, gilt das Erfordernis *vorsätzlichen Handelns oder Unterlassens* (§ 15). Bei den Straftatbeständen, die Vorsatz voraussetzen, muss deshalb das entsprechende spezifische Erfordernis erfüllt sein: Der Handelnde oder Unterlassende muss die **spezifische tatbestandliche Unwertdimension** seines Verhaltens zutreffend erfasst haben. Es darf auch nicht etwa eine Nichterfassung des Unwertgehalts des Verhaltens mit Blick auf die **irrige Annahme von rechtfertigenden Umständen** vorliegen. Im letztgenannten Fall handelt es sich um einen so genannten Erlaubnistatbestandsirrtum.[55]

4. Hinreichendes Gewicht des tatbestandsspezifischen Verhaltensnormverstoßes

45 Außer den bisher thematisierten – allgemein oder jedenfalls doch übergreifend bedeutsamen – Kriterien tatbestandsspezifischen Fehlverhaltens ist noch auf ein ganz **grundlegendes Erfordernis jeder Straftat** hinzuweisen: Wegen des gewichtigen Vorwurfs, der speziell mit einer strafrechtlichen Reaktion auf Fehlverhalten verbunden ist, muss nicht nur überhaupt ein Fehlverhalten vorliegen, das einen tatbestandsspezifischen **Verhaltensnormverstoß** beinhaltet. Vielmehr muss der Verstoß gegen eine tatbestandsspezifische Verhaltensnorm auch **hinreichend gewichtig** sein, um die massive strafrechtliche Reaktion zu rechtfertigen. Es darf nicht gleichsam „mit Kanonen auf Spatzen geschossen" werden. Dadurch ginge der Ernst der staatlichen Strafe verloren.

46 Dieses Problem des „Bagatellunrechts"[56] ist gegenwärtig immerhin bei manchen Tatbeständen bereits dadurch ansatzweise berücksichtigt, dass bestimmte **„Erheblichkeitsschwellen"** für die Tatbestandsverwirklichung erfüllt sein müssen: Bei der **Körperverletzung** nach § 223 scheiden Beeinträchtigungen aus, die nur unerheblich sind.[57] Oder bei der **falschen Verdächtigung** nach § 164 I reichen bloße Übertreibungen nicht aus. Die Entwendung eines Stücks Kreide durch einen Dozenten oder Studierenden aus dem Hörsaal ist aber zumindest formal tatbestandlich als **Diebstahl** nach § 242 I erfasst. Auch die **Körperverletzung** oder **Tötung** eines anderen durch **allerleichteste Fahrlässigkeit** wird formal tatbestandlich von § 229

---

[55] Näher zu den Voraussetzungen der Vorsatztat unten § 7.
[56] *Langer*, Sonderstraftat, S. 174, verortet dieses Problem der Geringfügigkeitsfälle im von ihm sog. „Strafwürdigkeitstatbestand".
[57] Vgl. dazu etwa *Küper/Zopfs*, BT[10], Rn. 393 ff.

I. Tatbestandsmäßiges Verhalten (spezifisches Verhaltensunrecht) 67

(**Fahrlässige Körperverletzung**) und **§ 222** (**Fahrlässige Tötung**) erfasst und muss gegenwärtig über prozessuale Institute wie die Einstellung des Verfahrens wegen **Geringfügigkeit (§§ 153, 153a StPO)** ausgefiltert werden.[58]

5. Zwischenbilanz

Fassen wir kurz zusammen: Aus den Strafnormen lässt sich durchweg ein ganz bestimmtes Sanktionserfordernis ableiten: Für jede strafrechtliche Sanktionierung ist der **Verstoß gegen** eine **deliktsspezifische Verhaltensnorm** erforderlich. Dieser Verstoß ist das tatbestandsmäßige Verhalten (**Verhaltensunrecht**) im Sinne des jeweiligen Delikts, ohne den eine Straftat undenkbar ist. Grundvoraussetzung des Einsatzes der sekundären Normenordnung des Strafrechts ist demnach die Begründbarkeit eines Verhaltensnormverstoßes, der seinerseits die Legitimierbarkeit einer Verhaltensnorm voraussetzt, gegen die verstoßen worden sein soll. 47

Bei dieser notwendigen **Legitimation von Verhaltensnormen** sind *zwei* **grundverschiedene verhaltensnormfundierende Daten** denkbar, die der einzuschränkenden Handlungsfreiheit des potenziellen Verhaltensnormadressaten entgegengesetzt werden können: Es ist dies einmal der **berechtigte Nutzen der Normeinhaltung** (Rechtsgüterschutzaspekt), der als verhaltensnormfundierendes Datum taugt. Außerdem kommt grundsätzlich ein zweites verhaltensnormfundierendes Datum in Betracht. Es ist dies die **Sonderverantwortlichkeit** für die drohenden – und durch Normeinhaltung zu vermeidenden – schadensträchtigen Verläufe, die einen besonderen Inpflichtnahmegrund einer ganz bestimmten Person gegenüber abzugeben vermag. 48

Kann eine Verhaltensnorm nicht nur wegen ihres berechtigten Nutzens für die Belange des Rechtsgüterschutzes legitimiert werden, sondern auch wegen einer Sonderverantwortlichkeit des Normadressaten für die drohenden schadensträchtigen Verläufe, steht sie gewissermaßen „auf zwei Säulen"; insoweit handelt es sich um eine qualifizierte (dualistisch fundierte) Verhaltensnorm. Bei dieser Legitimation von Verhaltensnormen ist eine strikte **ex ante-Beurteilung** aus der **Perspektive des potenziellen Verhaltensnormadressaten** entscheidend. Selbstverständlich kommt es insofern nicht auf eine fehlerhafte subjektive Situationseinschätzung an, sondern auf die Sachlage, die sich dem potenziellen Verhaltensnormadressaten in der konkreten Situation darbietet. Denn gerade auf dieser Basis kann dessen persönliche (subjektive) Sicht der Dinge von Rechts wegen zu beanstanden sein. 49

---

[58] Näher zu einem solche Probleme angemessen erfassenden Gesamtsystem des Strafrechts *Freund*, GA 1995, 4 ff. (ausführlicher *ders.*, in: Wolter/Freund, Straftat, 1996, S. 43 ff.); *ders.*, in: MünchKommStGB³, Vor § 13 Rn. 207 ff.; zur Problematik der Untergrenze des Strafrechts s. a. *Frisch*, FS Stree/Wessels, 1993, S. 69 ff.; *dens*, in: Von totalitärem zu rechtsstaatlichem Strafrecht, 1992, S. 201 ff.

50 Mit den beiden Spezifizierungskriterien des Rechtsgüterschutzaspekts und der Sonderverantwortlichkeit lässt sich klären, ob es sich z. B. um ein **tatbestandsmäßiges Verhalten** im Sinne der **Körperverletzungsdelikte**, der **Tötungsdelikte** oder **anderer Straftatengruppen** handelt. Damit allein gelingt indessen noch keine eindeutige Zuordnung zu einer ganz bestimmten Sanktionsnorm. Von den deshalb erforderlichen **weiteren Spezifizierungskriterien** ist ein weiteres noch von **übergreifender Bedeutung:** Sofern nicht ausdrücklich Fahrlässigkeit in einer Strafnorm als ausreichend normiert wird, gilt das **Erfordernis vorsätzlichen Handelns (§ 15)**. Bei alledem ist auch zu beachten, ob das **Fehlverhalten hinreichend gewichtig** ist, um eine Bestrafung zu rechtfertigen.

51 Zu den allgemeinen Kriterien einer Straftat siehe die Definition unten § 4 Rn. 92.

II. Weitere positive und negative Sanktionserfordernisse

52 Wenn ein Verhaltensnormverstoß vorliegt, reicht das für eine Strafbarkeit nur, sofern eine Sanktionsnorm vorhanden ist, die den **schlichten Verhaltensnormverstoß als Straftat** normiert. Als Beispiel dafür kann die Sanktionsnorm des **versuchten Tötungsdelikts** dienen (§§ 212 I, 22, 23 I). Sie erfasst bereits das Abfeuern einer Schusswaffe auf einen anderen Menschen, ohne dass es darauf ankommt, ob die Kugel ihr Ziel tödlich trifft oder verfehlt. Im ersten Fall hat die Strafbarkeit wegen Versuchs neben der Strafbarkeit wegen vollendeten vorsätzlichen Tötungsdelikts lediglich keine selbstständige Bedeutung.[59] Wenn keine Rechtfertigung des grundsätzlich tatbestandlich missbilligten Verhaltens eingreift, der Abfeuernde nicht geisteskrank war etc., ist bereits der zum Ausdruck gelangte schlichte vorsätzliche Verstoß gegen eine im Interesse des Lebensschutzes und kraft Sonderverantwortlichkeit legitimierbare Verhaltensnorm als versuchtes Tötungsdelikt strafbar.[60]

53 In aller Regel greifen die **Sanktionsnormen** indessen trotz eines zum Ausdruck gelangten **spezifischen Verhaltensnormverstoßes** nur ein, sofern weitere Erfordernisse erfüllt sind. Diese **zusätzlichen Erfordernisse** lassen sich in unterschiedlicher Weise weiter unterteilen. Verbreitet ist gegenwärtig die Unterteilung in **materiellrechtliche Erfordernisse (i. e. S.)** einerseits und in vor allem **prozessual bedeutsame Erfordernisse** andererseits. Da indessen im Einzelnen vieles umstritten ist, dürfen aus dieser – der Einfachheit halber auch hier zugrunde gelegten – Grobeinteilung keine voreiligen Schlüsse in Bezug auf die Rechtsfolgen gezogen werden. Vielmehr ist die sachliche Bedeutung für die jeweils in Frage stehende Rechtsfolge im Einzelnen klärungsbedürftig. Deshalb erscheint es sachgerecht, hier auch solche Sanktionserfordernisse mitzuberücksichtigen, die nach tradiertem Verständnis gar nicht zur „Tatbestandsmäßigkeit" i. e. S. gerechnet werden, sondern etwa als bloße **„Verfolgungsvoraussetzungen"** gelten.[61]

---

[59] Näher zur Problematik der Straftateinheit und der Mehrheit von Straftaten unten § 11.
[60] Näher zum Versuchsdelikt unten § 8.
[61] S. dazu bereits oben § 1 Rn. 108 ff.

1. Materiellstrafrechtliche Erfordernisse i. e. S.

Innerhalb der materiellstrafrechtlichen Sanktionserfordernisse, die die „Tatbestandsmäßigkeit" i. e. S. betreffen, besitzen tatbestandsmäßige Verhaltensfolgen eine herausragende Bedeutung.

a) Tatbestandsmäßige Verhaltensfolgen

aa) Anforderungen an tatbestandsmäßige Verhaltensfolgen

Ein gutes Beispiel für ein derartiges zusätzliches Sanktionserfordernis (neben dem tatbestandsmäßigen Verhalten) bietet der wohl bedeutsamste Deliktstyp des **vollendeten (Begehungs-)***Erfolgsdelikts*. Bei diesem Deliktstyp ist für die Strafbarkeit neben dem tatbestandsmäßig-missbilligten Verhalten ein Erfolg in der Außenwelt vorausgesetzt. Dieser Erfolg muss gerade aus dem unrechtmäßigen Verhalten hervorgegangen (bzw. gerade darauf zurückzuführen) sein. Für eine entsprechende Sanktionierung muss sich ein **schadensträchtiger Verlauf** ereignet haben, dessen Vermeidung (ex ante aus der Perspektive des Normadressaten betrachtet) **Legitimationsgrund der übertretenen Verhaltensnorm** war.[62] Denn das ist der spezifische Vorwurf, der mit einer Verurteilung wegen vollendeten Delikts erhoben wird.[63]

Durch eine Bestrafung wegen vollendeten Delikts wird ein anderer – weitergehender – Vorwurf erhoben als durch eine Bestrafung, die allein eine Missbilligung des Verhaltens als solches zum Ausdruck bringt – wie beispielsweise die Versuchsbestrafung. Jedenfalls dürften die allermeisten Rechtsgenossen die nach geltendem Recht vorgesehenen Schuldsprüche entsprechend auffassen. Die Bestrafung wegen vollendeten Delikts wirft dem Normbrüchigen auch vor, dass ein schadensträchtiger Verlauf Wirklichkeit geworden sei, um dessen Verhinderung willen die übertretene Verhaltensnorm aus der maßgeblichen Perspektive des Verhaltensnormadressaten zu rechtfertigen war. Nicht nur der gar allein subjektiv verstandene Verhaltensnormverstoß als solcher wird dem Normbrüchigen durch einen Schuldspruch und eine Bestrafung wegen vollendeten Delikts angelastet. Auch das **durch Normeinhaltung** gerade **zu vermeidende Geschehen** selbst wird dem Normbrüchigen zusätzlich zur Last gelegt: Der schadensträchtige Verlauf, so wie er sich wirklich zugetragen hat, dient seinerseits eigenständig als **zusätzlicher Vorwurfsgegenstand**.

Berechtigt ist dieser weitergehende Vorwurf nur, wenn das konkrete erfolgsverursachende Geschehen ein solches ist, das – gedanklich als Möglichkeit antizipiert – Legitimationsgrund der übertretenen Verhaltensnorm war. Eine entsprechende „Unrechtsfolge" liegt nur vor, wenn sich ein **schadensträchtiger Verlauf** ereignet, der **durch richtiges Verhalten** hätte **vermieden werden können und sollen**.

---

[62] Sachlich übereinstimmend *Frisch*, Tatbestandsmäßiges Verhalten, S. 509 ff., 535 et passim; vgl. a. *Freund*, in: MünchKommStGB³, Vor § 13 Rn. 310.
[63] Näher zum Folgenden *Freund*, Erfolgsdelikt und Unterlassen, S. 128 ff. m. w. N.

bb) Missachtung dieser Anforderungen durch die Risikoerhöhungslehren

58 Diese Einsicht bedeutet in der Sache das „Aus" für die Risikoerhöhungslehren[64] jedweder Spielart. Die in verschiedenen Ausprägungsformen vertretenen Risikoerhöhungslehren haben gemeinsam, dass ein bestimmter Erfolg bereits dann „zugerechnet" werden soll, wenn das normwidrige Verhalten im Verhältnis zum hypothetischen normgerechten Verhalten das Risiko des Erfolgseintritts erhöht hat. **Beispiel:** Ein **Verkehrsunfall**, bei dem ein die Fahrbahn überquerender Fußgänger getötet worden ist, wäre nach Auskunft eines Sachverständigen bei Einhaltung der zulässigen Höchstgeschwindigkeit von 50 km/h nur möglicherweise, aber nicht sicher vermieden worden. Dennoch soll nach den Risikoerhöhungslehren der Tod des Fußgängers dem Kraftfahrer, der zu schnell gefahren ist, wegen der angenommenen[65] (unerlaubten) **Gefahrerhöhung** angelastet werden. Für den Bereich des **Unterlassens** soll die **Entziehung von Rettungschancen** ausreichen. Beispiel: X ist ins Wasser gefallen und droht zu ertrinken. A wird von der nur möglicherweise erfolgreichen Rettungsaktion durch B gewaltsam abgehalten.[66]

59 Die Annahme, eine bloße Risikoerhöhung – oder Rettungschancenminderung – könne ausreichen, um einen Erfolg „zuzurechnen", missachtet, dass bei der Sanktionierung wegen **vollendeten Verletzungsdelikts** eben mehr angelastet wird als bloß eine unerlaubte Gefährdung. Da der weitergehende Vorwurf in den fraglichen Fällen nur möglicherweise und nicht sicher berechtigt ist, liegt der Verstoß gegen den sachlichen Gehalt des Satzes **in dubio pro reo** offen zu Tage. Das grundlegende **Erfordernis des richtigen Schuldspruchs** verbietet es, Vorwürfe zu erheben, die nur möglicherweise, aber nicht sicher berechtigt sind. Mit Recht vorgeworfen werden kann in derartigen Fällen höchstens die unerlaubte Gefährdung als solche und nicht die Verletzung. Wer in solchen Fällen sanktionieren möchte, muss auf „passende" Sanktionsnormen zurückgreifen und darf dafür nicht die Sanktionsnormen der Verletzungsdelikte heranziehen. Diese Delikte sind darauf nicht zugeschnitten. Eine entsprechende Verurteilung verstieße deshalb gegen **Art. 103 II GG**.

---

[64] Grundlegend anders insoweit – also i. S. einer Risikoerhöhungslehre – *Roxin*, ZStW 74 (1962), 411 ff.; s. ergänzend z. B. *Dehne-Niemann*, GA 2012, 89 ff.; *Hoyer*, in: SK StGB⁹, Anh. zu § 16 Rn. 72 ff.; *Puppe*, in: NK⁵, Vor § 13 Rn. 135 ff., 204 f.; *Gimbernat Ordeig*, GA 2018, 65 ff. (Teil I), 127 ff. (Teil II) (allerdings S. 130 f. im Lastwagen-Radfahrer-Fall die Risikoerhöhung verneinend), jew. m. w. N. – Ablehnend gegenüber einer Risikoerhöhungslehre mit Recht BGHSt 11, 1 ff.; *Duttge*, in: MünchKommStGB³, § 15 Rn. 181 f.; *Frisch*, Tatbestandsmäßiges Verhalten, S. 543 ff.; *ders.*, JuS 2011, 205, 208; *Jäger*, in: SK StGB⁹, Vor § 1 Rn. 119, jew. m. w. N.; vgl. a. *Freund*, in: MünchKommStGB³, Vor § 13 Rn. 311 ff. – S. ferner unten § 5 Rn. 81 ff., § 6 Rn. 148 f.

[65] Dass diese Annahme einer Gefahrerhöhung nicht zu überzeugen vermag, weil sie als bloß statistisches Datum über den schadensträchtigen Verlauf im konkret zu entscheidenden Einzelfalls nichts besagt, steht auf einem anderen Blatt; s. dazu *Freund*, Erfolgsdelikt und Unterlassen, S. 131 f. Fn. 269; *dens.*, JuS 1990, 213 f.

[66] Vgl. zu einem solchen Fall *Stratenwerth*, AT I³, Rn. 225; anders verhält es sich, wenn die Rettung des X praktisch gewiss war; zu einem solchen Fall s. *Samson*, Strafrecht I⁷, Fall 4 (S. 21).

II. Weitere positive und negative Sanktionserfordernisse

Für eine angemessene Sanktionierung ist es auch gar nicht notwendig, die Dogmatik zu verbiegen und eigentlich **unpassende Sanktionsnormen** heranzuziehen. Der mögliche und allein richtige Weg liegt in der Anwendung von Sanktionsnormen, die einen passenden Vorwurf beinhalten. Nötig ist ein Rückgriff auf **Sanktionsnormen**, die den **schlichten Verhaltensnormverstoß** und gegebenenfalls einen entsprechenden „**Gefahrerfolg**" erfassen. – Sollte sich zeigen, dass de lege lata derartige Tatbestände fehlen, müssen sie durch den dazu legitimierten Gesetzgeber geschaffen werden.[67] Dem Richter oder dem sonstigen Rechtsanwender steht es nicht zu, hier kriminalpolitisch vorzugreifen: **Nullum crimen sine lege!**

60

cc) Legitimation der Berücksichtigung tatbestandsmäßiger Verhaltensfolgen – „Erfolgsunrecht" und Strafrecht

Die bisherigen Überlegungen orientierten sich am Straftatkonzept des **geltenden geschriebenen Strafrechts**. Danach *sind* tatbestandsmäßige Verhaltensfolgen in vielfältiger Weise für das „Ob", die Art und die Höhe der Bestrafung *neben* dem tatbestandsmäßigen Fehlverhalten von Bedeutung. Für einige weitere Strafbarkeitsbedingungen[68] gilt ähnliches. Die **Strafunrechtsrelevanz des Fehlverhaltens** in dem Sinne, dass sich dessen Dimensionen auf das „Ob" und das „Wie" der Bestrafung auswirken, wird nicht ernsthaft bestritten. Und in der Tat ist das tatbestandsspezifische Fehlverhalten der Dreh- und Angelpunkt eines Rechtsgüterschutzstrafrechts, das missachtete Verhaltensnormen in ihrer gefährdeten Geltungskraft stabilisieren soll. Weshalb überhaupt sonstige Sanktionsvoraussetzungen neben dem tatbestandsspezifischen Fehlverhalten vorgesehen sind, ist aber immerhin diskussionsbedürftig.

61

Dieses – meist vernachlässigte – sachliche **Legitimationsproblem** der **Berücksichtigung** bestimmter **Gegebenheiten (Tatumstände)** und **Außenweltereignisse** neben dem tatbestandsspezifischen Verhaltensnormverstoß wird deutlich, wenn man sich Folgendes vergegenwärtigt: Der für das Strafrecht bedeutsame Verhaltensnormverstoß eines Subjekts als Infragestellung der Normgeltung ist jedenfalls prima facie vollkommen unabhängig von dem, was sich ansonsten „wirklich" ereignet. Ob der **Normverstoß Folgen zeitigt** oder nicht, ist im Grunde nur noch eine Frage des nicht mehr beeinflussbaren Zufalls. So gesehen könnte es nachgerade als ungerechtfertigte Ungleichbehandlung gleichgelagerter Sachverhalte erscheinen, wenn in dem einen Fall, in dem **zufällig „etwas passiert"** ist, gestraft wird, in dem anderen Fall dagegen überhaupt nicht oder doch deutlich milder.

62

Als **Beispiel** ist hier an ein **Fehlverhalten im Straßenverkehr** zu denken, das den Tod eines anderen Verkehrsteilnehmers zur Folge hat bzw. zufällig folgenlos bleibt. Nur im erstgenannten Fall greift die Strafvorschrift für die **fahrlässige Tötung (§ 222)** ein. Oder man denke an die **folgenlose Trunkenheitsfahrt**, die

63

---

[67] Sachlich übereinstimmend etwa *Frisch,* Tatbestandsmäßiges Verhalten, S. 561 f. – Zu gewissen Defiziten im Bereich der Verantwortlichkeit für dringend gefahrverdächtige Produkte mit Abhilfevorschlägen *Freund,* ZStW 109 (1997), 455, 478 ff.; s. a. bereits *dens.,* ZLR 1994, 261 ff., 297 ff.
[68] Näher zu solchen sogleich unten (§ 2) Rn. 92 ff., 96 ff.

nach § 316 deutlich gegenüber der zufällig **folgenreichen** und deshalb von § 315c erfassten privilegiert wird.

64 Unter dem Stichwort der **„Zufallskomponente" der Erfolgsdelikte** wird in dieser Hinsicht gar von irrationalem Erfolgsdenken gesprochen oder der Vorwurf des **„Glück-Pech-Strafrechts"** laut.[69]

65 So wird die Unrechtsrelevanz tatbestandsmäßiger Verhaltensfolgen denn auch von einer **extremen monistisch-subjektiven Unrechtslehre** in Abrede gestellt.[70] Allerdings ist der sachliche Unterschied zur vorherrschenden dualistischen Unrechtskonzeption, nach der es neben dem subjektiven Verhaltensunrecht auch so etwas wie ein darauf beruhendes „Erfolgsunrecht" gibt, geringer als es zunächst scheinen könnte. Der Unterschied entpuppt sich bei näherer Betrachtung jedenfalls weitgehend als ein rein terminologischer. Denn auch Vertreter einer monistisch-subjektiven Unrechtskonzeption räumen tatbestandsmäßigen Verhaltensfolgen bestimmenden Einfluss auf die Bestrafung ein – nur eben unter dem anderen Etikett der **„objektiven Strafbarkeitsbedingungen"**.[71]

66 In diesem – nicht überzubewertenden – terminologischen Streit erscheint die Position der monistisch-subjektiven Unrechtslehre vorzugswürdig: Durch ihre bessere begriffliche Trennung zwischen dem unrechtmäßigen Verhalten und den spezifischen Folgen solchen Fehlverhaltens vermeidet sie das im Rahmen der vorherrschenden **dualistischen Konzeption** naheliegende **Fehlverständnis, „Handlungsunrecht"** und **„Erfolgsunrecht"** seien *gleichrangige* **Bewertungsfaktoren** bei der Straftatbestimmung.

67 Dass dieses Fehlverständnis als Überbleibsel einer eigentlich überholten rein objektiven Unrechtskonzeption nach wie vor gar nicht selten anzutreffen ist, zeigt deutlich die **Unbekümmertheit**, mit der **„straftatbestandsmäßige Erfolge"** festgestellt werden, obwohl noch nicht im Entferntesten ein darauf bezogenes Fehlverhalten in den Blick genommen, geschweige denn ordnungsgemäß geprüft worden ist.[72]

---

[69] Zur vielfach gerügten Zufallskomponente bei den Erfolgsdelikten vgl. die Nachw. bei *Armin Kaufmann*, Strafrechtsdogmatik, S. 133, 134 ff.; s. a. *Schaffstein*, FS Welzel, 1974, S. 557, 559 ff.; zum (in Bezug auf die Risikoerhöhungslehren berechtigten) Vorwurf des „Glück-Pech-Strafrechts" vgl. *Frisch*, Tatbestandsmäßiges Verhalten, S. 489.

[70] S. dazu etwa *Zielinski*, Unrechtsbegriff, S. 121 ff., 152 ff. et passim; zum durchaus zutreffenden berechtigten Kern der personalen Unrechtslehre vgl. a. *Struensee*, JZ 1987, 53, 57 ff., 61 ff.; *dens.*, GA 1987, 97, 99 f.

[71] S. etwa *Zielinski*, Unrechtsbegriff, S. 128 ff., 204 ff.; vgl. a. *Mir Puig*, GS Armin Kaufmann, 1989, S. 253, 262 ff.

[72] Vgl. dazu statt vieler *Otto*, Übungen im Strafrecht[6], S. 7 (Anfängerklausur Nr. 6), wo zunächst ohne Problematisierung mit dem eingetretenen Tod eines Menschen „der Erfolg" i. S. der fahrlässigen Tötung festgestellt, dann aber zutreffend ein gerade darauf bezogenes Fehlverhalten (bzw. jedenfalls die *Realisierung* einer geschaffenen missbilligten Lebensgefahr) verneint wird; s. a. den entsprechenden Gang der Überlegungen bei *Samson*, Strafrecht I7, Fall 43 (S. 251, 255); ferner *Kudlich*, Fälle zum Strafrecht AT[2], S. 117 (tatbestandsmäßiger Erfolg einer Tötung durch begehungsgleiches Unterlassen, der sogar insofern zurechenbar sein soll, obwohl an späterer Stelle die Garantenverantwortlichkeit abgelehnt wird).

Tatsächlich sind tatbestandsmäßiges Verhaltensunrecht und spezifische Folgen solchen Fehlverhaltens streng auseinanderzuhalten. Sie sind material auf grundverschiedenen Ebenen der Straftatbestimmung angesiedelt. Während das tatbestandsmäßige **Verhaltensunrecht** unverzichtbares und **primäres Element einer jeden Straftat** darstellt, sind tatbestandsmäßige **Verhaltensunrechtsfolgen** kein zwingendes Straftaterfordernis und überdies lediglich **sekundär** bedeutsam. Sie sind von entsprechendem Fehlverhalten als der „Wurzel des Übels" abgeleitet und deshalb ohne Verhaltensunrecht, auf dem sie beruhen, undenkbar. 68

Unabhängig von dem terminologischen Streit um die Existenz von „Erfolgsunrecht" bleibt freilich das **Problem der sachlichen Legitimation** einer Bestrafungsrelevanz solcher **„Strafbarkeitsbedingungen"** neben dem tatbestandsspezifischen Fehlverhalten. Zu diesem Problem kann hier nicht umfassend Stellung genommen werden. Lediglich soviel sei an dieser Stelle angemerkt:[73] Für das Recht kann der unterschiedliche Niederschlag des Normverstoßes in der Außenwelt nicht unberücksichtigt bleiben. Ein Geschehen, das durch richtiges Verhalten hätte vermieden werden können und sollen, ist seinerseits immerhin Ausdruck **(Manifestation) des Normverstoßes** in der Wirklichkeit und gibt einen sachlich zum entsprechenden Tadel berechtigenden **(Straf-)Grund** ab. An der entsprechenden Verantwortlichkeit des Normbrüchigen fehlt es nicht etwa deshalb, weil es letztlich vom Zufall abhängt, ob ein solches Geschehen Wirklichkeit wird oder nicht. Vielmehr ist es gerade Sinn der übertretenen Verhaltensnorm, *diesem* Zufall das Wirkungsfeld zu nehmen.[74] 69

So gesehen kann es allenfalls noch darum gehen, ob **bei zufällig glücklichem Ausgang** der Verhaltensnormbrüchige nicht eigentlich genauso bestraft werden müsste wie beim Eintritt tatbestandsmäßiger Verhaltensfolgen. Dafür gibt es im geltenden Recht indessen **weithin keine passenden Sanktionsnormen** – etwa für die folgenlose Fahrlässigkeit. Denn das Erfordernis eines passenden Schuldspruchs lässt sich durch solche Überlegungen nicht aus den Angeln heben: **Nullum crimen sine lege!** – Plädieren ließe sich lediglich für eine Gleichschaltung in der Art und der Höhe der Bestrafung, sofern eine entsprechende Sanktionsnorm überhaupt zur Verfügung steht. – Allerdings seien an der Sachgerechtigkeit einer solchen Gleichschaltung des folgenlosen Fehlverhaltens mit dem folgenreichen gleichfalls Zweifel angemeldet. Dieses **Strafzumessungsproblem** kann hier aber nicht weiter vertieft werden.[75] 70

---

[73] Vgl. ergänzend *Freund,* Erfolgsdelikt und Unterlassen, S. 96 ff. – Näher zur Bedeutung des Erfolgs im Strafrecht auch *Dencker,* GS Armin Kaufmann, 1989, S. 441 ff.; *Schroeder,* FS Otto, 2007, S. 165, 172 ff. – Vgl. auch noch unten § 8 Rn. 9 ff. zum Strafgrund bei Versuch und Vollendung.

[74] Von einer „Zufallshaftung" kann also keine Rede sein; sachlich übereinstimmend insoweit etwa *Walter,* in: LK[12], Vor § 13 Rn. 18 a. E.

[75] Zur Strafrahmenmilderung beim Versuch näher *Frisch,* FS Spendel, 1992, S. 381 ff.

dd) Bedeutung der Kausalität, der Quasi-Kausalität und der „objektiven Zurechnung" für tatbestandsmäßige Verhaltensfolgen

71 Die klaren Anforderungen, die nach dem oben (§ 2) Rn. 55 ff. Gesagten erfüllt sein müssen, damit tatbestandsmäßige Verhaltensfolgen vorliegen, werden derzeit verbreitet, aber alles andere als klar unter den Stichworten der **Kausalität** einer Handlung (i. S. einer gewillkürten Körperbewegung) für den Erfolg, der **Quasi-Kausalität** einer Unterlassung (i. S. der Nichtvornahme einer möglichen Körperbewegung) für den Erfolg sowie der **„objektiven Zurechnung" des Erfolgs** behandelt.[76] Danach kommt es für die Verwirklichung des so genannten „objektiven Unrechtstatbestandes" – der allerdings durchaus mit subjektiven Elementen durchsetzt ist[77] – zunächst auf die Feststellung der Kausalität (für den Bereich des Begehens) oder der Quasi-Kausalität (im Bereich des Unterlassens) an.

(1) Kausalität zwischen einer Handlung und einem „Erfolg"

72 Ausgangspunkt für die Kausalitätsfeststellung – also die Feststellung der Ursächlichkeit einer Handlung für einen Erfolg – ist oft die Bedingungstheorie: Ursache ist danach jede Bedingung eines Erfolges, die nicht hinweggedacht werden kann, ohne dass der konkrete Erfolg – man kann auch sagen: der konkrete zum Erfolg hinführende Verlauf – entfiele, also jede **conditio sine qua non**. Dabei sind alle Erfolgsbedingungen gleichwertig (äquivalent). Deshalb heißt die Bedingungstheorie auch **Äquivalenztheorie**.[78]

73 Die Conditio-Formel mit ihrer Aufforderung zu dem gedanklichen Experiment des Hinwegdenkens bestimmter Bedingungen und der Überlegung, was ohne diese geschehen wäre, hilft jedoch nicht weiter, wenn man nicht ohnehin bereits über die **konkreten Wirkmechanismen** Bescheid weiß: Einen Kausalzusammenhang kann

---

[76] Vgl. statt vieler *Wessels/Beulke/Satzger*, AT[48], Rn. 222 ff.

[77] Dass der „objektive Unrechtstatbestand" mit „subjektiven" Elementen durchsetzt ist, also gerade nicht rein objektiv-äußerlich bestimmt werden kann, sagen deutlich etwa *Arzt*, GS Schlüchter, 2002, S. 163 ff.; *Roxin*, AT I[4], § 10 Rn. 53; *Wessels/Beulke*, AT[37], Rn. 134 (bei *Wessels/Beulke/Satzger*, AT[48], Rn. 200 ff. ist diese zutreffende Erkenntnis leider verloren gegangen). – Mit Recht krit. gegenüber der geläufigen Trennung *Schmidhäuser*, FS Schultz, 1977, S. 61 ff.; *Langer*, Sonderstraftat, S. 69 Fn. 151; vgl. a. *Mir Puig*, GS Armin Kaufmann, 1989, S. 253 ff.; *Puppe*, FS Otto, 2007, S. 389, 402: „Die Erkenntnis, dass die Unterscheidung zwischen objektivem und subjektivem Tatbestand nicht durchführbar ist, würde, wenn sie sich auch in der juristischen Didaktik einmal durchsetzt, den Studenten manche unerfreuliche Pflichtübung ersparen." ... „Vor allem aber würde diese Erkenntnis dem Streit um die mangelnde Objektivität der sog. objektiven Zurechnung das verdiente Ende bereiten." – Eine ohnehin nicht durchführbare Trennung in einen „objektiven" und einen „subjektiven" Unrechtstatbestand ist sachlich verfehlt. Klar und eindeutig durchführbar sowie für das Verständnis der Straftat hilfreich ist demgegenüber die hier in diesem Lehrbuch vorgenommene Abschichtung des tatbestandsmäßigen Verhaltens von den spezifischen Folgen solchen Fehlverhaltens. – Näher zu den Vorteilen des hier zugrunde gelegten Konzepts für die Problemerfassung und die Fallbearbeitung *Freund*, JuS 2000, 754 ff.

[78] BGHSt 1, 332, 333.

II. Weitere positive und negative Sanktionserfordernisse 75

man mit diesem Verfahren nicht ermitteln, sondern lediglich die bereits vorhandene Kenntnis der Kausalität i. S. eines konkreten Wirkzusammenhangs in eine bestimmte **sprachliche Form** kleiden.

Problembewusster ist in dieser Hinsicht die auf *Engisch*[79] zurückgehende **Lehre von der gesetzmäßigen Bedingung**. Nach ihr ist eine Handlung ursächlich für einen bestimmten Erfolg, wenn sie aufgrund einer gesetzmäßigen Beziehung im konkreten Erfolg tatsächlich wirksam geworden ist. Ein sachlicher Unterschied zwischen der Conditio-Formel und der Lehre von der gesetzmäßigen Bedingung besteht nicht. Auch sie erfordert entsprechendes Erfahrungswissen über naturwissenschaftliche Kausalzusammenhänge und versagt, wenn solches nicht vorhanden ist. 74

Unter der Rubrik „Kausalität" werden teilweise auch **hypothetische Kausalverläufe** behandelt. Solche haben jedoch auf einen konkret Wirklichkeit gewordenen Kausalverlauf per definitionem keinen Einfluss. Beispiel: Dass B den X erschlagen *hätte*, wenn X nicht zuvor von A erschlagen worden wäre, ändert nichts daran, dass A den X erschlagen *hat*. Entsprechendes gilt für die **Atypizität des Geschehensablaufs:** Auch wenn die Schädeldecke eines normalen Erwachsenen dem Schlag standgehalten hätte und X nur deshalb zu Tode kommt, weil er eine atypisch dünne Schädeldecke besitzt, ändert das nichts daran, dass A ihn tatsächlich erschlagen hat.[80] 75

Die **Kausalität** bringt als Kriterium **kaum** eine nennenswerte **Eingrenzung der Strafbarkeit** wegen vollendeten Erfolgsdelikts. Ein naturalistischer Kausalstrang zu einem an sich unerwünschten „Erfolg" hin lässt sich vielfach auch in Fällen aufweisen, in denen es bereits lächerlich erscheint, überhaupt eine entsprechende Strafbarkeit in Erwägung zu ziehen: Der Erzeuger des Mörders wird für den Tod des späteren Mordopfers ebenso kausal wie der Produzent ordnungsgemäßer Kraftfahrzeuge für die auf „seine Marke" entfallenden Verkehrsunfalltoten. 76

Nicht von ungefähr hat man versucht, den uferlos weiten Kausalbegriff durch spezifisch normative Zusatzkriterien einzuschränken. Zu nennen ist hier insbesondere die im zivilrechtlichen Bereich stark verbreitete **Adäquanztheorie**, nach der nur „tatbestandsadäquate" Bedingungen als ursächlich im Rechtssinne aufzufassen sind. Eine „tatbestandsadäquate" Bedingung soll vorliegen, wenn das Verhalten die Möglichkeit des Erfolgseintritts nach allgemeiner Lebenserfahrung in nicht unerheblicher Weise erhöht hat. Adäquate Kausalität wird insbesondere bei regelwidrigen, atypischen Kausalverläufen verneint.[81] Der dahinterstehende Gedanke ist von der **Relevanztheorie**[82] unter dem Aspekt des **Schutzzwecks der Norm**[83] weiterentwickelt worden und findet sich derzeit vor allem im Rahmen der **Lehre von der „objektiven Zurechnung des Erfolgs"**. Spätestens in diesem Zusammenhang zeigt sich, dass es sachlich nicht um die Frage geht, *ob* durch ein Verhalten ein bestimmter Kausalverlauf in die Welt gesetzt (oder sonst nicht vermieden) wurde, sondern um die (strafrechtliche) Verantwortlichkeit dafür. 77

---

[79] *Engisch*, Kausalität, S. 21 ff.
[80] Zu solchen Fällen besonderer Opferanfälligkeit vgl. noch unten § 7 Rn. 144 ff.
[81] Instruktiv zur Adäquanztheorie *Engisch*, Kausalität, S. 41 ff.
[82] Zur Relevanztheorie als weiterem Vorläufer einer Zurechnungskonzeption vgl. etwa *Roxin*, AT I^4, § 11 Rn. 43.
[83] Zur Berechtigung dieses Gedankens näher bereits oben (§ 2) Rn. 11 ff. sowie unten § 5 Rn. 15, 45 ff. im Kontext der Fahrlässigkeitstat et passim.

78   Immerhin lässt sich *eines* festhalten: **Tatbestandsmäßige Verhaltensfolgen** im Rahmen eines **Begehungsdelikts** setzen *mindestens* **Kausalität** – i. S. der Conditio sine qua non-Formel und der Lehre von der gesetzmäßigen Bedingung – zwischen dem tatbestandsmäßigen Handeln und dem „Erfolg" voraus. Kausalität ist dafür notwendige, aber nicht hinreichende Bedingung.[84]

(2) Quasi-Kausalität zwischen Unterlassung und „Erfolg"

79   Das soeben zur Begehungskausalität und ihrer Bedeutung für tatbestandsmäßige Verhaltensfolgen Gesagte gilt für den Bereich des Unterlassens sinngemäß. Die geläufige Bedingungstheorie muss hier allerdings ihr „Kausalitäts-Feststellungsverfahren" ändern: **Quasi-kausal** oder **ursächlich i. w. S.** ist das **Unterlassen** einer Handlung, wenn der **„Erfolg"** bei Vornahme der erwarteten Handlung (mit an Sicherheit grenzender Wahrscheinlichkeit) **entfallen wäre**.[85]

80   Auch insoweit ist festzuhalten: Eine solche **Quasi-Kausalität** ist **notwendige**, aber **nicht hinreichende Bedingung** für die Annahme **tatbestandsmäßiger Fehlverhaltensfolgen** im Rahmen eines begehungsgleichen oder nichtbegehungsgleichen Unterlassungsdelikts.

81   Ein bemerkenswertes Konzept eines gegenüber der Äquivalenztheorie engeren – nämlich individualisierenden – Kausalitätsbegriffs hat *Haas* entwickelt.[86] Er gelangt schon zu einer Begrenzung der **rechtlich relevanten Kausalität** durch eine konsequente Orientierung am **Zuweisungsgehalt subjektiver Rechte**, deren Kehrseite die maßgebliche Ausschlussfunktion im Verhältnis zu anderen darstellt. Dementsprechend ist – jedenfalls im Grundsatz – nur eine solche Kausalität von rechtlichem Interesse, die (unmittelbar) zu einer **Rechtsverletzung** (i. S. der Beeinträchtigung des Ausschlussrechts) führt.

(3) „Objektive Erfolgszurechnung"

82   Die Notwendigkeit eines haftungsbeschränkenden Korrektivs neben der (weit verstandenen) Kausalität ist seit jeher anerkannt. Lediglich die systematische Einordnung des Problems hat verschiedentlich gewechselt: Teils wurden haftungsbeschränkende Korrektive durch **engere Kausalitätstheorien** gesucht, teils wurde hier ein **Problem subjektiver Straftatkategorien** wie des Vorsatzes und der (subjektiven) Fahrlässigkeit gesehen. Derzeit werden solche Beschränkungen der Verantwortlichkeit verbreitet in der Lehre von der **„objektiven Erfolgszurechnung"** untergebracht.

---

[84] Zum Stellenwert der Kausalitätsfeststellung nach der Conditio-Formel näher *Frisch,* FS Gössel, 2002, S. 51 ff. – Krit. gegenüber dem in der Tat oft überschätzten Stellenwert des Kausalitätskriteriums *Langer,* Sonderstraftat, S. 76 f.

[85] Näher zur Problematik der Kausalität der Unterlassung *Engisch,* Kausalität, S. 29 ff.

[86] *Haas,* Kausalität und Rechtsverletzung, S. 184 ff.; s. a. *dens.,* in: Operationalisierung von Verantwortung, 2004, S. 193, 218 ff.; vgl. dazu z. B. *Renzikowski,* GA 2007, 561, 574 ff.

II. Weitere positive und negative Sanktionserfordernisse

Dass solche Korrektive bei der Erfolgszurechnung erst viel zu spät ansetzen, zeigt 83
indessen die einfache Überlegung, dass eine sachgerechte Beschränkung der strafrechtlichen Verantwortlichkeit auch vonnöten ist, wenn ein „zuzurechnender Erfolg" fehlt und von vornherein nur die Frage einer Versuchsbestrafung ansteht. Und auch sonst ist es ein eigenständiges und der „Erfolgszurechnungsfrage" logisch und systematisch **vorgelagertes Problem** des **tatbestandsmäßigen Verhaltens**, ob ein rechtlich zu missbilligendes Fehlverhalten i. S. einer ganz bestimmten Sanktionsnorm vorliegt. Denn bejahendenfalls ist beim Eintritt spezifischer Fehlverhaltensfolgen mit einer entsprechenden Bestrafung zu rechnen – ansonsten aber gerade nicht.

Vor diesem Hintergrund nimmt es nicht Wunder, wenn die innerhalb der „**Er-** 84
folgszurechnungslehre" genannten sachlichen Gesichtspunkte der Begrenzung strafrechtlicher Verantwortlichkeit allesamt darauf hinauslaufen, **spezifische Fehlverhaltensfolgen** zu bestimmen.[87] Das gilt ersichtlich für den Begriff der rechtlich **missbilligten Gefahrenschaffung** durch eine Handlung ebenso wie etwa für den Begriff des **Schutzzwecks der übertretenen (Verhaltens-)Norm**. Indessen sollte zuallererst das Fehlverhalten näher bestimmt werden, bevor man überlegt, welche Voraussetzungen erfüllt sein müssen, damit man von spezifischen Folgen solchen Fehlverhaltens sprechen kann. Wer andersherum vorgeht, zäumt das Pferd von hinten auf.

Die hier (§ 2) Rn. 46 ff. herausgearbeiteten klaren Anforderungen, die an spezi- 85
fische Fehlverhaltensfolgen zu stellen sind, werden oft reichlich verunklart, wenn im Rahmen der Lehre von der „objektiven Erfolgszurechnung" gleich mehrere „Zusammenhänge" zwischen Verhalten und Erfolg postuliert werden. Geläufig ist die Unterscheidung des **Kausalzusammenhangs** (oder **Quasi-Kausalzusammenhangs**) vom **Zurechnungszusammenhang**. Innerhalb des Letzteren finden sich unverbunden nebeneinander stehende Topoi wie z. B. **Adäquanzzusammenhang, Schutzzweckzusammenhang, tatbestandliche Relevanz der Sorgfaltspflichtverletzung** oder das **Prinzip der Eigenverantwortlichkeit** als **Zurechnungsunterbrechungsprinzip**.[88] – Man lasse sich durch solche verschiedenen „Zurechnungszusammenhänge" nicht irritieren. Sachlich gibt es nur ein einziges Erfordernis für die Anlastung eines bestimmten „Erfolgs": Ein schadensträchtiger Verlauf muss sich ereignet haben, der durch richtiges Verhalten hätte vermieden werden können und sollen.

---

[87] Dazu, dass die Probleme der missbilligten Gefahrschaffung der Frage nach der Erfolgszurechnung vorgelagert sind, nämlich in den thematischen Bereich einer Lehre vom tatbestandsmäßigen Verhalten gehören, grundlegend *Frisch*, Tatbestandsmäßiges Verhalten, S. 33 ff., 428 f., 526 et passim; s. a. *Murmann*, Selbstverantwortung, S. 334 ff.; *Robles Planas*, GA 2016, 284, 292; ferner *Frister*, AT[8], 10. Kap. Rn. 4 m. Fn. 2.

[88] Zu solchen „zurechnungseinschränkenden" Topoi vgl. etwa *Wessels/Beulke/Satzger*, AT[48], Rn. 262; *Puppe*, in: NK[5], Vor § 13 Rn. 200 ff. m. w. N.

86
> **Anforderungen an die Vollendungstat (Erfolgszurechnung):**
>
> Ein Erfolg ist zurechenbar, wenn er das Endglied eines schadensträchtigen Verlaufs ist, der durch richtiges Verhalten hätte vermieden werden können und sollen.
>
> Anders formuliert: Für die Bestrafung wegen vollendeten Delikts muss sich ein schadensträchtiger Verlauf zugetragen haben, dessen Vermeidung ex ante Legitimationsgrund der übertretenen Verhaltensnorm war.

87 Alles Weitere ist eine Frage der Bestimmung des **tatbestandsspezifischen Verhaltensnormverstoßes** durch die **Legitimationsgründe der übertretenen Verhaltensnorm**[89] – also gerade kein Problem der Erfolgszurechnung!

88 In der **Fallbearbeitung** kann man diese Einsicht auch bei Zugrundelegung des weit verbreiteten Vorgehens nutzbringend verwerten: Innerhalb des Prüfungspunkts „**Tatbestandsmäßiges Verhalten und Erfolgssachverhalt**"[90] stellt man zunächst fest, dass eine gewillkürte Körperbewegung (eine **Handlung**) für ein bestimmtes unerwünschtes Ereignis – den „**Erfolg**" – ursächlich (im naturwissenschaftlichen Sinne) war. Sodann wird innerhalb des Unterpunktes „Zurechenbarkeit des Erfolgs" geprüft, ob das unerwünschte Ereignis die spezifische Folge eines durch die Körperbewegung geschaffenen rechtlich missbilligten Risikos war. Zur Beantwortung dieser „**Zurechnungsfrage**" muss geklärt werden, ob in der konkret interessierenden Richtung überhaupt eine **missbilligte Gefahrschaffung** vorliegt – m. a. W.: ob gerade in dieser Hinsicht durch das Verhalten eine Schädigungsmöglichkeit eröffnet wurde, die von Rechts wegen hätte vermieden werden können und sollen.

89 Die hier verwendete Terminologie des tatbestandsmäßigen Verhaltens und des Erfolgssachverhalts ist der gängigen Redeweise vom „objektiven" Tatbestand (der beim Vorsatzdelikt einem „subjektiven Tatbestand" gegenübergestellt wird) überlegen. Denn auch die **Lehre vom „objektiven" Tatbestand** kommt nicht umhin, für die Zurechnungsfrage „**subjektive" Umstände** einzubeziehen.[91] *Struensee* hat das sehr schön am **Beispiel** des **Radfahrers** verdeutlicht, der sich, um nicht absteigen zu müssen, bei Rotlicht am **Ampelmast** festhält und dadurch einen Verkehrsunfall verursacht, weil der unten durchrostende Mast auf die Kreuzung kippt.[92] Der Radfahrer handelt nicht fahrlässig (nicht „sorgfaltswidrig"), wenn und weil ihm der Zustand des Masts nicht bekannt ist (und auch nicht bekannt sein muss). Hätte er zufällig die bedrohliche Roststelle gesehen, änderte sich die rechtliche Bewertung seines Verhaltens, obwohl die Roststelle objektiv gleich geblieben ist.[93]

---

[89] Dazu näher oben (§ 2) Rn. 11 ff. sowie unten § 5 Rn. 15, 45 ff. et passim.

[90] Meist – aber schief (vgl. oben [§ 2] Rn. 71) – als „objektiver Tatbestand" bezeichnet.

[91] Aufschlussreich in diesem Zusammenhang bereits der Titel des Aufsatzes von *Arzt*, GS Schlüchter, 2002, S. 163: „Über die subjektive Seite der objektiven Zurechnung"; zur mangelnden „Objektivität" der „objektiven Zurechnung" vgl. a. *Puppe*, FS Otto, 2007, S. 389, 402; *Robles Planas*, GA 2016, 284, 293; *Seher*, JuS 2009, 1, 6 f.; ferner *Freund*, in: Estudios de Política Criminal y Derecho Penal, Perú 2015, S. 409 ff.

[92] *Struensee*, JZ 1987, 53, 59 (dort auch mit weiteren instruktiven Beispielen – etwa der Krankenschwester, die gutgläubig die vom Arzt präparierte tödliche Injektion verabreicht, ohne dadurch den Tatbestand des § 222 zu erfüllen); vgl. dazu *Scheinfeld*, GA 2007, 721, 722.

[93] Näher zur Subjektabhängigkeit rechtlicher Verhaltensbewertung und der Problematik „äußerlich verkehrsgerechten" Verhaltens als Straftat *Freund*, JuS 2000, 754 ff.; *Murmann*, FS Herzberg, 2008, S. 123, 129 ff.

ee) Besondere Anforderungen an tatbestandsmäßige Verhaltensfolgen beim vorsätzlichen vollendeten Delikt

Wir haben oben (§ 2) Rn. 44 **vorsätzliches Handeln oder Unterlassen** als generell bedeutsames Spezifizierungskriterium bei der näheren Bestimmung des tatbestandsspezifischen Verhaltensnormverstoßes kennengelernt: Der Handelnde oder Unterlassende muss die **tatbestandsspezifischen Unwertdimensionen** seines Fehlverhaltens **erfasst** haben; dazu gehört auch, dass er sich keine rechtfertigende Sachlage vorgestellt hat. Diese Erfassung der spezifischen Unwertdimension des Verhaltens reicht für einen **strafbaren Versuch** der Vorsatztat. Für die Bestrafung wegen vorsätzlichen vollendeten Delikts muss sich selbstverständlich – wie bei anderen **vollendeten Delikten** auch – ein **schadensträchtiger Verlauf** zugetragen haben, der als Möglichkeit gedacht ex ante tatsächlich **Legitimationsgrund der übertretenen Verhaltensnorm** war. 90

Beim vorsätzlichen vollendeten Delikt reicht das indessen nicht aus. Vereinfacht gesprochen: Die *fahrlässige* Folgenherbeiführung *gelegentlich* eines vorsätzlichen Handelns oder Unterlassens berechtigt noch nicht zu einer Verurteilung wegen vollendeter Vorsatztat. Vielmehr muss der Wirklichkeit gewordene **schadensträchtige Verlauf** gerade **Ausdruck des spezifischen Unrechtsgehalts vorsätzlichen Verhaltens** sein.[94] 91

b) Sonstige gleichwertige Tatumstände

Außer den im Vorstehenden genannten tatbestandsmäßigen Verhaltensfolgen haben bei vielen Tatbeständen bestimmte **tatsächliche Gegebenheiten** – etwa Umstände, unter denen das Verhalten stattfindet – die **Funktion eines zusätzlichen Sanktionserfordernisses** („Erfolgssachverhalts") im engeren materiellstrafrechtlichen Sinn.[95] 92

Zu nennen sind hier z. B. die tatbestandlichen Anforderungen an die **Tauglichkeit des Tatobjekts** bei manchen Delikten. Etwa beim **Diebstahl (§ 242 I)** und bei der **Sachbeschädigung (§ 303 I)** muss wirklich (und nicht nur in der Vorstellung des Handelnden oder Unterlassenden) eine **fremde Sache** betroffen sein. Beim **sexuellen Missbrauch von Kindern (§ 176 I, II)** muss es sich wirklich um eine **Person unter vierzehn Jahren** handeln. Ein vergleichbares Erfordernis gibt es beim **unerlaubten Entfernen vom Unfallort (§ 142)**, bei dem für die Tatbestandserfüllung wirklich ein **Unfall im Straßenverkehr** vorliegen muss.[96] Und bei der 93

---

[94] Näher dazu unten § 7 Rn. 124 ff.
[95] Die eigenständige Bedeutung solcher Tatumstände *neben* dem tatbestandsspezifischen Verhaltensnormverstoß betont mit Recht *Frisch,* Vorsatz und Risiko, S. 356 f.
[96] S. dazu näher *Freund,* GA 1987, 536, 543 f. – Zum speziellen „Erfolgssachverhalt" der unterlassenen Hilfeleistung (§ 323c I) in Gestalt des durch eine verständige Würdigung ex ante zu bestimmenden „Unglücksfalls" (sodass der auf einer Fehleinschätzung beruhende bloße Verhaltensnormverstoß für eine Vollendungsstrafbarkeit nicht genügt) näher *Freund,* in: MünchKommStGB³, § 323c Rn. 44 ff., 52 ff.; *Schmitz,* Die Funktion des Begriffs Unglücksfall, S. 136 ff.

uneidlichen **Falschaussage (§ 153)** muss die vernehmende Stelle wirklich die **Vernehmungskompetenz** besitzen.[97] Eine sachlich selbstständige Bedeutung kommt diesen Tatumständen neben den tatbestandsspezifischen Fehlverhaltensfolgen nicht zu. Bei zutreffendem normativen Verständnis lassen sie sich sogar als deren Unterfall begreifen: Zwar ist die Fremdheit der weggenommenen Sache beim Diebstahl nicht die Folge des Verhaltens des Diebes. Dessen spezifische Folge ist es aber, wenn es tatsächlich zur erfolgreichen (!) Wegnahme einer *fremden* beweglichen Sache kommt.

94 **Zusätzliche Sanktionserfordernisse** gibt es auch bei der strafbaren Teilnahme an fremder Tat. Soweit sie nicht bereits als tatbestandsmäßige Verhaltensfolgen einzuordnen sind, fungieren sie jedenfalls als gleichwertige Tatumstände. Bei den Straftaten der **Anstiftung** und der **Beihilfe** (beispielsweise zu einem Diebstahl gem. §§ 242 I, 26 bzw. §§ 242 I, 27) fungiert die **Begehung der Haupttat** für den Teilnehmer als Sanktionserfordernis neben seinem tatbestandlich missbilligten Teilnehmerverhalten.[98]

95 Genau wie bei den oben (§ 2) Rn. 90 f. behandelten tatbestandsmäßigen Verhaltensfolgen sind auch mit Blick auf gleichwertige Tatumstände selbstverständlich besondere Anforderungen an eine Bestrafung wegen *vorsätzlichen* **vollendeten Delikts** zu beachten.[99] Bei nicht hinreichender Kongruenz zwischen Vorstellung und Wirklichkeit liegt kein vorsätzliches vollendetes Delikt, sondern allenfalls ein entsprechender (untauglicher) Versuch ggf. i. V. m. einem (vollendeten) Fahrlässigkeitsdelikt vor.

c) Weitere Strafbarkeitsbedingungen

96 Eine vergleichbare Funktion der Strafbarkeitseingrenzung als Sanktionserfordernis neben dem tatbestandsmäßig-missbilligten Verhalten kommt den sog. „**objektiven Strafbarkeitsbedingungen**" zu. – Das gilt z. B. für die schwere Folge bei der **Beteiligung an einer Schlägerei (§ 231)**[100] oder die Rechtswidrigkeit der Diensthandlung beim **Widerstand gegen Vollstreckungsbeamte (§ 113 III)**. Meist werden hierzu auch die Nichterweislichkeit der ehrenrührigen Tatsache bei der **üblen Nachrede (§ 186)**, die Begehung einer rechtswidrigen Tat im **Vollrausch (§ 323a)**[101] und die Zahlungseinstellung, Konkurseröffnung oder Abweisung des Eröffnungsantrages mangels Masse in **§§ 283 VI, 283d IV** gerechnet.

---

[97] Daran fehlt es, wenn ein dazu nicht Befugter eigenmächtig eine Vernehmung durchführt und dabei von dem Vernommenen irrtümlich für den Richter gehalten wird.
[98] Näher dazu unten § 10 Rn. 11, 15 ff., 130 ff., 150.
[99] Näher dazu unten § 7 Rn. 124 ff.
[100] Näher dazu BGHSt 16, 130, 132 f.; 33, 100, 104; 39, 305, 307 ff.; *Wagner,* JuS 1995, 296 ff.; *Stree,* JR 1994, 370 f.; zur Kritik an der vorherrschenden Einordnung der schweren Folge als bloßer „objektiver Strafbarkeitsbedingung" näher etwa *Rönnau/Bröckers,* GA 1995, 549 ff. m. w. N.
[101] Zur Bedeutung der Rauschtat als „Erfolg" i. w. S. vgl. BGHSt 42, 235, 242 f.: „Erfolg" als „Schädigung von Rechtsgütern oder ... Gefährdungen ..., deren Vermeidung Zweck der jeweiligen

Im Einzelnen sind Bedeutung und Berechtigung der sog. **objektiven Strafbarkeitsbedingungen** freilich höchst **umstritten**. Dabei handelt es sich jeweils um ein Problem der Auslegung der entsprechenden Vorschriften des Besonderen Teils, ob bei einem bestimmten Merkmal z. B. ein Vorsatzbezug erforderlich ist oder nicht. Allgemein lässt sich aber jedenfalls Folgendes sagen: Solche Erfordernisse sind – genauso wie tatbestandsmäßige Verhaltensfolgen und gleichwertige Tatumstände – von dem tatbestandsmäßig-missbilligten Verhalten streng zu trennen. Sie sind allerdings mitunter nicht ohne inneren Bezug zum tatbestandlich-missbilligten Verhalten, sondern besitzen einen solchen Bezug z. B. als **Indikator der qualifizierten Gefährlichkeit der Schlägerei**, an der sich jemand beteiligt hat (§ 231);[102] oder sie sind wie beim **Vollrausch (§ 323a)** die im Vollrausch begangene Tat sogar als **spezifische Fehlverhaltensfolge** zu begreifen – mag der Bezug zum tatbestandlich-missbilligten Verhalten des Sich-Versetzens in einen Vollrausch auch umstrittener sein als bei anderen tatbestandsmäßigen Verhaltensfolgen.

97

Nach geltendem Recht bildet der *fehlende Rücktritt* **beim Versuchsdelikt** ein **negatives Sanktionserfordernis**.[103] Danach ist die sonst einschlägige Versuchsstrafnorm nicht mehr anwendbar, wenn der Versuchstäter zurückgetreten ist. Obwohl der zum Ausdruck gelangte Verhaltensnormverstoß trotz des Rücktritts nach wie vor in der Welt und nicht mehr ungeschehen zu machen ist, geht das Gesetz in § 24 I davon aus, dass in einem solchen Fall eine strafrechtliche Reaktion nicht angezeigt erscheint. Dass diese gesetzliche Bewertung nicht immer zu überzeugen vermag, sondern eine bloße **Strafmilderung** oder ein bloßes **Absehen von Strafe** mitunter **angemessener** wäre, steht auf einem anderen Blatt. Es kann aber allenfalls durch eine neue Regelung seitens des Gesetzgebers **(de lege ferenda)** wirklich bruchlos korrigiert werden.[104]

98

Zu nennen ist hier auch die **Indemnitätsregelung** für parlamentarische Äußerungen (§ 36).

99

2. Überwiegend prozessual bedeutsame Sanktionserfordernisse

Als Sanktionserfordernisse neben dem tatbestandsmäßig-missbilligten Verhalten fungieren nach geltendem Recht der **Strafantrag** bei Antragsdelikten, in manchen Fällen die Ersetzung des Strafantrags durch die Annahme eines **besonderen öffentlichen Interesses an der Strafverfolgung** (vgl. § 230 I, §§ 248a, 263 IV i. V. m.

100

Strafvorschrift ist ... Die Gefahr, der § 323a StGB mit dem Verbot des Sich-Berauschens entgegenwirken will, ergibt sich ... gerade daraus, dass der Berauschte die Kontrolle über seine körperlichen und geistigen Kräfte verliert und sich oft in ihm wesensfremder Weise sozialschädlich verhält."

[102] Vgl. dazu *Freund*, JuS 1990, L 36, 38.
[103] Näher dazu unten § 9.
[104] Weiterführend *M. Bergmann*, ZStW 100 (1988), 329 ff., 351; *Freund*, GA 2005, 321, 327 ff.; *Freund/Garro Carrera*, ZStW 118 (2006), 76 ff.; näher dazu noch unten § 9 Rn. 16 ff.

248a, 303c) und die **fehlende Verjährung**. Solche Sanktionsvoraussetzungen werden nach traditionellem Verständnis nicht mehr der eigentlichen materiell-rechtlichen Strafbarkeitsfrage zugeordnet – schon gar nicht der „Tatbestandsmäßigkeit" i. e. S. Sie gelten als bloße Verfolgungsvoraussetzungen.[105]

101 **Strafantrag** und **Verjährung** sind zwar im StGB geregelt (§§ 77 ff., 78 ff.), werden aber meist zu den positiven bzw. negativen **Prozessvoraussetzungen** gerechnet. Wie beim sonstigen Fehlen einer Prozessvoraussetzung oder beim Vorliegen eines Strafverfolgungshindernisses wird das Strafverfahren ggf. eingestellt (vgl. §§ 206a, 260 III StPO). Anders als beim Fehlen einer Strafbarkeitsvoraussetzung i. e. S. erfolgt also **kein Freispruch**.

102 Eine wichtige **Sanktionsvoraussetzung** ist auch der (gelungene) **Tatnachweis**; bei dessen Fehlen darf nicht verurteilt werden, sondern muss ein Freispruch erfolgen (**in dubio pro reo**).[106]

103 **Wir können also Folgendes festhalten:** In aller Regel verlangen die Straftatbestände neben dem durchweg erforderlichen **deliktsspezifischen Verhaltensnormverstoß** weitere – positive und negative – **Sanktionserfordernisse**. Diese zusätzlichen Erfordernisse lassen sich weiter in **materiellstrafrechtliche Sanktionserfordernisse i. e. S.**, bei denen insbesondere tatbestandsmäßige Verhaltensfolgen oder sonstige gleichwertige Tatumstände bedeutsam sind, und in vor allem **prozessual relevante Sanktionserfordernisse** einteilen.

104 Zu den allgemeinen Kriterien einer Straftat siehe die Definition unten § 4 Rn. 92.

Vertiefungs- und Problemhinweise

105 *Amelung,* Willensmängel bei der Einwilligung als Tatzurechnungsproblem, ZStW 109 (1997), 490 ff.; *Ast,* Normentheorie und Strafrechtsdogmatik – Eine Systematisierung von Normarten und deren Nutzen für Fragen der Erfolgszurechnung, insbesondere die Abgrenzung des Begehungs- vom Unterlassungsdelikt, 2010; *Bacigalupo,* Die Diskussion über die finale Handlungslehre im Strafrecht, FS Eser, 2005, S. 61 ff.; *Behrendt,* Zur Synchronisation von strafrechtlicher Handlungs-, Unrechts- und Zurechnungslehre, GA 1993, 67 ff.; *Block,* Atypische Kausalverläufe in objektiver Zurechnung und subjektivem Tatbestand – Zugleich ein Beitrag zur Rechtsfigur des Irrtums über den Kausalverlauf, 2008; *Burkhardt,* Tatbestandsmäßiges Verhalten und ex-ante-Betrachtung – Zugleich ein Beitrag wider die „Verwirrung zwischen dem Subjektiven und dem Objektiven", in: Wolter/Freund, Straftat, 1996, S. 99 ff.; *Dencker,* Erfolg und Schuldidee, GS Armin Kaufmann, 1989, S. 441 ff.; *Dölling,* Soziale Adäquanz und soziale Systeme, FS Otto, 2007, S. 219 ff.; *Dornseifer,* Unrechtsqualifizierung durch den Erfolg – ein Relikt der Verdachtsstrafe?, GS Armin Kaufmann, 1989, S. 427 ff.; *Eisele,* Die Regelbeispielsmethode im Strafrecht – Zu-

---

[105] Krit. gegenüber einer solchen Abwertung *Freund,* GA 1995, 4, 9 f., 14 f. (ausführlicher *ders.,* in: Wolter/Freund, Straftat, 1996, S. 43, 52 ff., 63 f.).
[106] Näher zur beweisrechtlichen Problematik der „Tatfrage als Rechtsfrage" *Freund,* FS Meyer-Goßner, 2001, S. 409 ff.; zum schwierigen Nachweis subjektiver Deliktsmerkmale s. *Freund,* Normative Probleme der „Tatsachenfeststellung", 1987; vgl. auch noch unten § 7 Rn. 80.

gleich ein Beitrag zur Lehre vom Tatbestand, 2004; *Engisch,* Die Kausalität als Merkmal der strafrechtlichen Tatbestände, 1931; *Fahl,* 30 Jahre und kein bisschen weiter – eigenverantwortliche Selbstgefährdung im Strafrecht, GA 2018, 418 ff.; *Freund,* Erfolgsdelikt und Unterlassen, S. 51 ff.; *ders.,* Äußerlich verkehrsgerechtes Verhalten als Straftat? – BGH, NJW 1999, 3132, JuS 2000, 754 ff.; *ders.,* Gefährdung als Straftat – Strafrechtliche Produktverantwortlichkeit de lege lata und de lege ferenda, in: Strafrechtliche Verantwortlichkeit für Produktgefahren, 2015, S. 141 ff.; *ders.,* Angemessener Lebensschutz vor voreiligen Sterbehelfern? – Überlegungen de lege lata und de lege ferenda, FS Bohl, 2015, S. 569 ff.; *ders.,* „Imputación objetiva" de los resultados del injusto personal – Un caso de imposibilidad objetiva, in: Estudios de Política Criminal y Derecho Penal, Perú 2015, S. 409 ff.; *Freund/Rostalski,* Normkonkretisierung und Normbefolgung – Zu den Entstehungsbedingungen kontext- und adressatenspezifischer Ver- und Gebote sowie von konkreten Sanktionsanordnungen, GA 2018, 264 ff.; *Frisch,* Tatbestandsmäßiges Verhalten und Zurechnung des Erfolgs, 1988; *ders.,* Straftat und Straftatsystem, in: Wolter/Freund, Straftat, 1996, S. 135 ff.; *ders.,* Die Conditio-Formel: Anweisung zur Tatsachenfeststellung oder normative Aussage?, FS Gössel, 2002, S. 51 ff.; *ders.,* Faszinierendes, Berechtigtes und Problematisches der Lehre von der objektiven Zurechnung des Erfolges, FS Roxin, 2001, S. 213 ff.; *ders.,* Zum gegenwärtigen Stand der Diskussion und zur Problematik der objektiven Zurechnungslehre, GA 2003, 719 ff.; *ders.,* Objektive Zurechnung des Erfolgs – Entwicklung, Grundlinien und offene Fragen der Lehre von der Erfolgszurechnung, JuS 2011, 19, 116, 205; *ders.,* Über das Verhältnis von Straftatsystem und Strafzumessung – Unrecht und Schuld in der Verbrechenslehre und in der Strafzumessung, GA 2014, 489 ff.; *ders.,* Strafe, Straftat und Straftatsystem im Wandel, GA 2015, 65; *ders.,* Erfolgsgeschichte und Kritik der objektiven Zurechnungslehre – zugleich ein Beitrag zur Revisionsbedürftigkeit des Straftatsystems, GA 2018, 553 ff.; *Goeckenjan,* Revision der Lehre von der objektiven Zurechnung – Eine Analyse zurechnungsausschließender Topoi beim vorsätzlichen Erfolgsdelikt, 2017; *Gössel,* Objektive Zurechnung und Kausalität, GA 2015, 18 ff.; *Gracia,* Kritische Anmerkungen zur Lehre von der objektiven Zurechnung im Verbrechensaufbau aus historischer Sicht, FS Schünemann, 2014, S. 363 ff.; *Grosse-Wilde,* Verloren im Dickicht von Kausalität und Erfolgszurechnung – Über „Alleinursachen", „Mitursachen", „Hinwegdenken", „Hinzudenken", „Risikorealisierungen" und „Unumkehrbarkeitszeitpunkte" im Love Parade-Verfahren, ZIS, 2017, 638 ff.; *Haas,* Kausalität und Rechtsverletzung – Ein Beitrag zu den Grundlagen strafrechtlicher Erfolgshaftung am Beispiel des Abbruchs rettender Kausalverläufe, 2002; *ders.,* Die strafrechtliche Lehre von der objektiven Zurechnung – Eine Grundsatzkritik, in: Operationalisierung von Verantwortung, 2004, S. 193 ff.; *ders.,* Die Bedeutung hypothetischer Kausalverläufe für die Tat und ihre strafrechtliche Würdigung, GA 2015, 86 ff.; *ders.,* Zur Bedeutung hypothetischer Geschehensverläufe für den Ausschluss des Tatunrechts, GA 2015, 147 ff.; *Hamm,* Objektive Zurechnung bei nur „statistischen" NN-Kausalitäten, FS Schünemann, 2014, S. 377 ff.; *Heinrich,* Rechtsgutszugriff und Entscheidungsträgerschaft, 2002; *Helmert,* Der Straftatbegriff in Europa – Eine rechtsvergleichende Untersuchung der allgemeinen Voraussetzungen der Strafbarkeit in Deutschland, England, Frankreich und Polen, 2011; *Herzberg,*

Straftat und Verhaltensnormverstoß, GA 2016, 737 ff.; *Hilgendorf,* Wozu brauchen wir die „Objektive Zurechnung"? – Skeptische Überlegungen am Beispiel der strafrechtlichen Produkthaftung, FS Weber, 2004, S. 33 ff.; *Jäger,* Zurechnung und Rechtfertigung als Kategorialprinzipien im Strafrecht, 2006; *ders.,* Die Lehre von der einverständlichen Fremdgefährdung als Grenzproblem zwischen Täter- und Opferverantwortung, FS Schünemann, 2014, S. 421 ff.; *Jakobs,* Regreßverbot beim Erfolgsdelikt, ZStW 89 (1977), 1 ff.; *ders.,* Tätervorstellung und objektive Zurechnung, GS Armin Kaufmann, 1989, S. 271 ff.; *ders.,* Die strafrechtliche Zurechnung von Tun und Unterlassen, 1996; *ders.,* System der strafrechtlichen Zurechnung, 2012; *Armin Kaufmann,* „Objektive Zurechnung" beim Vorsatzdelikt?, FS Jescheck, 1985, S. 251 ff.; *Kindhäuser,* Der subjektive Tatbestand im Verbrechensaufbau – Zugleich eine Kritik der Lehre von der objektiven Zurechnung, GA 2007, 447 ff.; *ders.,* Zum strafrechtlichen Handlungsbegriff, FS Puppe 2011, S. 39 ff.; *ders.,* Zurechnung bei alternativer Kausalität, GA 2012, 134 ff.; *Koriath,* Grundlagen strafrechtlicher Zurechnung, 1994; *Küper,* „Gesamttatbewertende" Deliktsmerkmale im Straftatsystem – dargestellt am Merkmal der „Verwerflichkeit", GA 2018, 477 ff.; *Küpper,* Grenzen der normativierenden Strafrechtsdogmatik, 1990; *Langer,* Die Sonderstraftat – Eine gesamtsystematische Grundlegung der Lehre vom Verbrechen (2. Aufl. des Werks „Das Sonderverbrechen"), 2007; *ders.,* Die tatbestandsmäßige Strafwürdigkeit, FS Otto, 2007, S. 107 ff.; *Maiwald,* Kausalität und Strafrecht, 1980; *ders.,* Zur strafrechtssystematischen Funktion des Begriffs der objektiven Zurechnung, FS Miyazawa, S. 465 ff.; *ders.,* An den Anfängen des Finalismus – Hellmuth von Weber, JZ 2016, 401 ff.; *ders.,* Kein Vorsatz ohne Fahrlässigkeit – Die Lehre von der objektiven Zurechnung in der italienischen Doktrin, FS Yamanaka, 2017, S. 153 ff.; *Mir Puig,* Wertungen, Normen und Strafrechtswidrigkeit, GA 2003, 863 ff.; *ders.,* Objektive Rechtswidrigkeit und Normwidrigkeit im Strafrecht, ZStW 108 (1996), 759 ff.; *ders.,* Über die Normen in Roxins Konzeption des Verbrechens, GA 2006, 334 ff.; *Montiel,* Obliegenheiten im Strafrecht?, ZStW 126 (2014), 592 ff.; *Murmann,* Die Selbstverantwortung des Opfers im Strafrecht, 2005; *Paeffgen,* Gefahr, Anscheinsgefahr und Gefahrverdacht im Polizeirecht, GA 2014, 638 ff.; *Pawlik,* „Der wichtigste dogmatische Fortschritt der letzten Menschenalter"? – Anmerkungen zur Unterscheidung zwischen Unrecht und Schuld im Strafrecht, FS Otto, 2007, S. 133 ff.; *Puppe,* Zurechnung und Wahrscheinlichkeit, ZStW 95 (1983), 287 ff.; *dies.,* „Naturgesetze" vor Gericht – Die sog. generelle Kausalität und ihr Beweis, dargestellt an Fällen strafrechtlicher Produkthaftung, JZ 1994, 1147 ff.; *dies.,* Die Lehre von der objektiven Zurechnung, dargestellt an Beispielsfällen aus der höchstrichterlichen Rechtsprechung, Jura 1997, 408 ff., 513 ff., 624 ff.; Jura 1998, 21 ff.; *dies.,* Das System der objektiven Zurechnung, GA 2015, 203 ff.; *dies.,* Die psychische Kausalität und das Recht auf die eigene Entscheidung – Der Galavit-Fall und die Hätte-Frage, JR 2017, 513 ff.; *Renzikowski,* Die Unterscheidung von primären Verhaltens- und sekundären Sanktionsnormen in der analytischen Rechtstheorie, FS Gössel, 2002, S. 3 ff.; *ders.,* Pflichten und Recht – Rechtsverhältnis und Zurechnung, GA 2007, 561 ff.; *ders.,* Ist psychische Kausalität dem Begriff nach möglich?, FS Puppe, 2011, S. 201 ff.; *Robles Planas,* Die „Lehre von der objektiven Zurechnung": Gedanken über ihren Ursprung und ihre Zukunft, GA 2016, 284 ff.; *Rönnau/Bröckers,* Die objektive Strafbarkeitsbedingung im Rahmen des § 227 StGB, GA 1995, 549 ff.; *Rostalski,* Normentheorie und Fahrlässigkeit – Zur Fahrlässigkeit als Grundform des Verhaltensnormverstoßes, GA 2016, 73 ff.; *dies.,* Die strafrechtliche Verantwortlichkeit für spezifische Fehlverhaltensfolgen bei alternativer Tatsachengrundlage und statistischen (Kausal-)Zusammenhängen am Beispiel des Bottroper Apothekerfalls, GA 2018, 700 ff.; *Rothenfußer,* Kausalität und Nachteil, 2003; *Rudolphi,* Inhalt und Funktion des Handlungsunwerts im Rahmen der personalen Unrechtslehre, FS Maurach, 1972, S. 51 ff.; *Sánchez Lázaro,* Zur Zurechnung des Erfolgs – Prolegomena einer personalen Zurechnungslehre, ZStW 126 (2014), 277 ff.; *Sancinetti,* Subjektive Unrechtsbegründung und Rücktritt vom Versuch, 1995; *ders.,* Risikoverringerungsprinzip versus Relevanz des Erfolgsunwertes in der Unrechtslehre, FS Jakobs, 2007, S. 583 ff.; *ders.,* Der Handlungsunwert als Grundlage einer rationalen Strafrechtsdogmatik, GA 2016, 411 ff.; *Schales,* Spezifische Fehlverhaltensfolgen und hypothetische Kausalverläufe – Zur Bedeutung der von Rechts wegen zu vermeidenden Kausalverläufe für Verhaltens- und Erfolgsunrecht, 2014; *Schmidhäuser,* „Objektiver" und „Subjektiver" Tatbestand: eine verfehlte Unterscheidung, FS Schultz, 1977, S. 61 ff.; *Schmoller,* Das „tatbestandsmäßige Verhalten" im Strafrecht, FS Frisch, 2013, S. 237 ff.; *Anne Schneider,* Die Verhaltensnorm im Internationalen Strafrecht, 2011; *Schumann/Schumann,* Objektive Zurechnung auf der Grundlage der personalen Unrechtslehre?, FS Küper, 2007, S. 543 ff.; *Silva Sánchez,* Über die Konstruktion der Straftat im Werk von Santiago Mir Puig – Zugleich eine Laudatio, GA 2017, 647 ff.; *Stefanopoulou,* Verantwortlichkeit und Schuldzumessung in Mitwirkungsfällen, 2018; *Stratenwerth,* Zur Relevanz des Erfolgsunwerts im Strafrecht, FS Schaffstein, 1975, S. 177 ff.; *Stübinger,* Die Unbestimmtheit des Verbrechensbegriffs – Neues zu einer alten Geschichte, FS Paeffgen, 2015, S. 49 ff.; *Toepel,* Condicio sine qua non und alternative Kausalität – BGHSt 39, 195, JuS 1994, 1009 ff.; *Triffterer,* Die „objektive Voraussehbarkeit" (des Erfolges und des Kausalverlaufs) – unverzichtbares Element im Begriff der Fahrlässigkeit oder allgemeines Verbrechenselement aller Erfolgsdelikte?, FS Bockelmann, 1979, S. 201 ff.; *Volk,* Kausalität im Strafrecht – Zur Holzschutzmittelentscheidung des BGH vom 2.8.1995 – NStZ 1995, 590, NStZ 1996, 105 ff.; *Walter,* Der Kern des Strafrechts – Die allgemeine Lehre vom Verbrechen und die Lehre vom Irrtum, 2006; *ders., Walter,* Die Lehre von der „einverständlichen Fremdgefährdung" und ihre Schwächen – eine Verteidigung der Rechtsprechung, NStZ 2013, 673 ff.; *Wohlers,* Generelle Kausalität als Problem richterlicher Überzeugungsbildung, JuS 1995, 1019 ff.; *Wolter,* Objektive und personale Zurechnung von Verhalten, Gefahr und Verletzung in einem funktionalen Straftatsystem, 1981; *ders.,* Tatbestandsmäßiges Verhalten und Zurechnung des Erfolgs, GA 1991, 531 ff.; *ders.,* Strafwürdigkeit und Strafbedürftigkeit in einem neuen Strafrechtssystem – Zur Strukturgleichheit von Vorsatz- und Fahrlässigkeitsdelikt, in: 140 Jahre Goltdammer's Archiv, 1993, S. 269 ff.; *Zaczyk,* Das Subjekt der objektiven Zurechnung und die Lehre von Günther Jakobs, FS Jakobs, 2007, S. 785 ff.; *ders.,* Kritische Bemerkungen zum Begriff der Verhaltensnorm, GA 2014, 73 ff.; *Zhang,* Der Straftatbegriff im chinesischen und deutschen Strafrecht, 2017; *Zielinski,* Handlungs- und Erfolgsunwert im Unrechtsbegriff, 1973; *Zieschang,* Die Gefährdungsdelikte, 1998; *ders.,* „Der Gefahrbegriff im Recht – Einheitlichkeit oder Vielgestaltigkeit?", GA 2006, 1 ff.; *Zimmermann/Linder*, Die Unterlassungskausalität im Fall Jalloh: Ein Schritt zur Anerkennung der hypothetischen Genehmigung?, ZStW 128 (2016), 713 ff.

Fragen zu § 2: Allgemeine Kriterien tatbestandsmäßigen Verhaltens – sonstige Sanktionsvoraussetzungen

106
1. Welches Kriterium muss jede Straftat erfüllen, und was ist der Hintergrund dieses Kriteriums? § 2 Rn. 9 f.
2. Welche beiden grundverschiedenen Legitimationsgründe für Verhaltensnormen gibt es? § 2 Rn. 11 ff., 19 ff.
3. Aus welcher Perspektive müssen Legitimationsgründe für Verhaltensnormen aufweisbar sein, und weshalb ist das so? § 2 Rn. 28 ff.
4. Was halten Sie von einer „Obliegenheitsverletzung" im Kontext der Legitimation von Strafe? § 2 Rn. 37 ff.
5. Welches Straftaterfordernis ist mit Blick auf das tatbestandsspezifische Fehlverhalten neben dem Rechtsgüterschutzaspekt und der Sonderverantwortlichkeit von übergreifender Bedeutung? § 2 Rn. 44.
6. Was steckt hinter dem Problem des „Bagatellunrechts"? § 2 Rn. 45 f.
7. Welches Sanktionserfordernis neben dem tatbestandsspezifischen Verhaltensnormverstoß hat besondere Bedeutung? § 2 Rn. 54 ff.
8. Was halten Sie von den Risikoerhöhungslehren? § 2 Rn. 58 ff.
9. Welche Probleme wirft das „Erfolgsunrecht" für die Bestrafung (als Reaktion auf Fehl*verhalten)* auf? § 2 Rn. 61 ff.
10. Bestimmen Sie den Stellenwert von (Quasi-)Kausalität und Zurechnung bei der Anlastung tatbestandsmäßiger Fehlverhaltensfolgen. § 2 Rn. 71 ff.
11. Nennen Sie Beispiele für Sanktionserfordernisse, die den Fehlverhaltensfolgen gleichwertig sind (also ebenfalls für eine Bestrafung wegen vollendeten Delikts erfüllt sein müssen). § 2 Rn. 92 ff.
12. Was ist bei der Bestrafung wegen vorsätzlichen vollendeten Delikts besonders zu beachten? § 2 Rn. 90 f., 95.
13. Welche weiteren Sanktionserfordernisse neben dem tatbestandsspezifischen Fehlverhalten und den Fehlverhaltensfolgen oder gleichwertigen Tatumständen gibt es? § 2 Rn. 96 ff.

§ 3 Fehlende Rechtfertigung tatbestandsmäßigen Verhaltens

I. Grundlagen

1. Tatbestandsmäßigkeit als Vorbehaltsurteil

Wir haben gesehen, dass Strafe als missbilligende Reaktion auf einen Verhaltensnormverstoß zweck- und wertrational nur zu legitimieren ist, wenn ein solcher **Verhaltensnormverstoß als personale Fehlleistung** tatsächlich vorliegt.[1] Bei den Überlegungen zur Tatbestandsmäßigkeit des Verhaltens hatten wir deshalb konsequenterweise solche Verhaltensweisen als nicht tatbestandsmäßig ausgeschieden, die mit Blick auf das speziell in Frage stehende Rechtsgut schon im Grundsätzlichen rechtlich nicht zu beanstanden sind oder bei denen bereits mit Blick auf die allgemeine Handlungsfreiheit des Art. 2 I GG keine rechtliche Verhaltensmissbilligung angezeigt ist. Kann über ein Verhalten ein **grundsätzliches tatbestandliches Missbilligungsurteil** gefällt werden, dann ist damit über das für eine Bestrafung erforderliche personale Verhaltensunrecht noch nicht abschließend entschieden. Denn das grundsätzliche Missbilligungsurteil z. B. über ein tatbestandsmäßiges Tötungs-, Körperverletzungs- oder Sachbeschädigungsverhalten steht **unter Vorbehalt:**[2] Das Verhalten kann **gerechtfertigt** sein. Für diesen Fall ist die Rechtsfolge der Bestrafung verfehlt. Außerdem ist zu beachten, dass ein tatbestandsmäßig-rechtswidriges Verhalten in seinem Gewicht zu gering sein kann, um die gravierende Rechtsfolge der Bestrafung zu tragen. Das vorhandene **personale Verhaltensunrecht** muss dafür **hinreichend gewichtig** sein.[3]

1

---

[1] Näher dazu oben § 1 Rn. 28 ff., § 2 Rn. 9 ff.
[2] Sachlich übereinstimmend etwa *Küper,* GA 2018, 477.
[3] Näher zu diesem weiteren Vorbehalt unten § 4.

2. Die Tatbestandserfüllung indiziert nichts

2 Dabei „indiziert" – entgegen einer verbreiteten Floskel – die Tatbestandsmäßigkeit des Verhaltens nicht dessen Rechtswidrigkeit[4] oder gar hinreichend gewichtiges personales Verhaltensunrecht, wie es für eine Bestrafung erforderlich ist. Denn das „im Tatbestandsbereich" unter Vorbehalt gefällte grundsätzliche Missbilligungsurteil sagt nichts über das etwaige Wirksamwerden oder Nichtwirksamwerden des Vorbehalts aus. Auch prozessual muss nicht der Angeklagte beweisen, dass er z. B. in Notwehr gehandelt hat.[5] Vielmehr muss die Berechtigung eines **endgültigen rechtlichen Missbilligungsurteils** über das Verhalten *positiv* und *eindeutig* **begründet** (und im Prozess auch dessen Tatsachenbasis nachgewiesen) werden. Ansonsten würde verurteilt, obwohl der erhobene Vorwurf nur möglicherweise berechtigt ist (**unzulässige Verdachtsstrafe**).

3 Für die **Fallbearbeitung** heißt das: Ist die Tatbestandsmäßigkeit des Verhaltens bejaht worden, darf nicht ohne Weiteres auch von dessen Rechtswidrigkeit ausgegangen werden. Vielmehr muss das **Fehlen von Rechtfertigungsgründen** seinerseits untersucht und positiv **festgestellt** werden. Wenn in vielen Fallprüfungen die Rechtswidrigkeit kurz mit den Worten „X handelte auch rechtswidrig." abgehandelt werden kann, liegt das nicht etwa daran, dass die Tatbestandsmäßigkeit die Rechtswidrigkeit „indiziert", sondern ausschließlich am Fehlen von rechtfertigungsrelevanten Angaben des zu bearbeitenden Sachverhalts. Sind keine solchen Informationen vorhanden, darf davon ausgegangen werden, dass im zu bearbeitenden Fall auch keine entsprechenden Umstände gegeben sind und *deshalb* eine Rechtfertigung zu verneinen ist.

3. Nicht alle Rechtfertigungsgründe sind gesetzlich geregelt

4 Eine Rechtfertigung des tatbestandsmäßigen Verhaltens kann sich (ebenso wie das für eine Bestrafung zu geringe Gewicht des vorhandenen personalen Verhaltensunrechts) nicht nur aus den gesetzlich vertypten Rechtfertigungsgründen (bzw. Schuldausschließungs- oder Entschuldigungsgründen) ergeben. Gesetzlich vertypt sind nur einige wichtige Ausnahmen von der grundsätzlichen Verhaltensmissbilligung. Beispiele sind die **Notwehr** nach **§ 32** und das **Selbsthilferecht** nach **§ 229 BGB**. Auch wenn inzwischen der rechtfertigende **Notstand** nach **§ 34** viele Fallgruppen zu erfassen vermag, muss aber u. U. auf ein **allgemeines Rechtfertigungsprinzip** (oder notfalls auf ein **allgemeines Prinzip des Schuld-**

---

[4] So aber z. B. *Haft*, AT[9], S. 65; *Jescheck/Weigend*, AT[5], § 31 I 3 (S. 324) m. w. N.; mit Recht krit. zur Indiz-Formel *Kindhäuser*, AT[8], § 8 Rn. 4; *Otto*, AT[7], § 8 Rn. 3; *Schlehofer*, in: MünchKommStGB[3], Vor § 32 Rn. 39; zumindest gegen deren Verwendung in der Fallbearbeitung *Heinrich*, AT[5] Fn. 9 zu Rn. 313.

[5] Anders war das noch zu den Zeiten der Constitutio Criminalis Carolina von 1532 – der CCC (auch bekannt unter dem Namen: Peinliche Gerichtsordnung Kaiser Karls V.).

ausschlusses oder der Entschuldigung) zurückgegriffen werden, um eine in der Sache unangemessene Rechtsfolge der Bestrafung zu vermeiden.[6] Die Erfassung solcher allgemeiner Prinzipien erleichtert das Verständnis der gesetzlich vertypten Fälle.

II. Allgemeines Rechtfertigungsprinzip des überwiegenden Interesses

1. Grundsätzliche Anerkennung der Wahrung des überwiegenden Interesses als Rechtfertigungsgrund

Eine Rechtfertigung tatbestandsmäßigen Verhaltens kann sich aus dem Prinzip der Wahrung des überwiegenden (höherrangigen) Interesses ergeben. Ein grundsätzlich tatbestandlich missbilligtes Verhalten ist ausnahmsweise rechtlich nicht zu beanstanden, wenn es das erforderliche und angemessene Mittel zur Wahrung höherwertiger Interessen ist. Dieses **Prinzip des überwiegenden Interesses** hat **in § 34 Ausdruck gefunden**. Bis zum 1. Januar 1975 galt diese jetzt positivierte Norm als sog. „übergesetzlicher Notstand" kraft Gewohnheitsrechts. Einen Markstein zu seiner Entwicklung bildet seine Anerkennung durch eine Entscheidung des Reichsgerichts im Jahre 1927.[7] Speziellere Ausprägungen desselben Grundgedankens der Wahrung des überwiegenden Interesses finden sich in **§ 904 BGB (Aggressivnotstand)** und in **§ 228 BGB (Defensivnotstand)**. Auch die **Notwehr** nach **§ 32** (weitgehend inhaltsgleich: **§ 227 BGB**) gehört in diesen Zusammenhang, weil die Interessen des Angreifers wegen seiner Verantwortlichkeit für die Kollisionssituation zurückzutreten haben. Bei der praktischen Rechtsanwendung gehen diese und andere **Spezialregelungen** zwar dem allgemeinen Prinzip vor, sie sind aber gleichsam **im Lichte des allgemeinen Prinzips zu sehen**.[8]

5

---

[6] Zum nicht abschließenden Charakter der gesetzlich normierten Rechtfertigungsgründe s. etwa *Paeffgen/Zabel*, in: NK[5], Vor § 32 Rn. 2, 56; *Jescheck/Weigend*, AT[5], § 31 III (S. 327). – Für den Bereich der Schuldausschließungs- und Entschuldigungsgründe s. *Sternberg-Lieben*, in: Schönke/Schröder[30], Vor § 32 Rn. 115 ff. – S. ergänzend unten § 4 Rn. 10 ff.

[7] RGSt 61, 242 ff. (Schwangerschaftsabbruch wegen Selbstmordgefahr).

[8] I. d. S. auch *Otto*, AT[7], § 8 Rn. 8. – Zum überwiegenden Interesse als Rechtfertigungsprinzip s. a. *Freund*, in: MünchKommStGB[3], Vor § 13 Rn. 222 f.; *Rudolphi*, GS Armin Kaufmann, 1989, S. 371 ff., 396; *Langer*, Sonderstraftat, S. 95 ff.; *Schlehofer*, in: MünchKommStGB[3], Vor § 32 Rn. 58 ff.; vgl. ferner *Mir Puig*, FS Herzberg, 2008, S. 55, 71 f., der betont, dass die ensprechende Güter- und Interessenabwägung sowohl im Bereich der grundsätzlichen tatbestandlichen Verhaltensmissbilligung als auch im Bereich der (ausnahmsweisen) Rechtfertigung für die Bildung der letztlich maßgeblichen Verhaltensnorm („Bestimmungsnorm") unverzichtbar ist.

2. Mangelndes Interesse des von dem Verhalten Betroffenen als Unterfall der Wahrung des überwiegenden Interesses

6   Als Unterfall des Rechtfertigungsprinzips der Wahrung des höherrangigen Interesses lässt sich die Rechtfertigung aus mangelndem Interesse an rechtlicher Missbilligung bestimmter Verhaltensweisen begreifen, sofern dieser Aspekt nicht bereits bei der Frage der grundsätzlichen tatbestandlichen Verhaltensmissbilligung berücksichtigt worden ist.[9] Der **Gedanke des mangelnden Interesses** an rechtlicher Missbilligung bestimmter Verhaltensweisen **hindert oft** bereits die **(grundsätzliche) tatbestandliche Verhaltensmissbilligung**. Das ist zwingend bei den Tatbeständen, bei denen schon nach dem Gesetzeswortlaut ein **Handeln gegen** oder **ohne den Willen** des von dem Verhalten Betroffenen vorausgesetzt wird: Wer eine Wohnung auf Aufforderung des Hausrechtsinhabers hin betritt, begeht schon tatbestandlich keinen **Hausfriedensbruch (§ 123 I)**. Das Einverständnis des Gewahrsamsinhabers mit der Gewahrsamsverschiebung schließt die für einen **Diebstahl (§ 242 I)** erforderliche Wegnahme aus.[10]

7   Nicht anders verhält es sich bei der Mitnahme eines anderen bei einer **Autofahrt**, bei der es trotz korrekter Fahrweise zu einem Unfall mit Verletzungsfolgen für den anderen kommt. Hierher kann man auch das Geben der vom Patienten dringend erbetenen **schmerzlindernden Spritze** (ärztlicher Heileingriff[11]), den korrekt ausgeführten **Haarschnitt des Friseurs** oder die **Tätigkeit des** für einen anderen **Kleinholz Hackenden** zählen. In diesen Beispielen gelingt es kaum, überhaupt ein grundsätzliches Missbilligungsurteil über das Verhalten als tatbestandsmäßiges Körperverletzungs- oder Sachbeschädigungsverhalten zu fällen. Für das Verhältnis von Tatbestand und Rechtswidrigkeit ist ein Regel-Ausnahme-Verhältnis im sozialen Sinnzusammenhang des Geschehens charakteristisch; daran fehlt es hier.

8   Ein weiteres Beispiel bietet die „Einwilligung" des entsprechend dispositionsbefugten Vermögensinhabers in **Risikogeschäfte bei der Untreue (§ 266)**.[12] Sehr **umstritten** ist die Behandlung des **ärztlichen Heileingriffs**.[13]

9   Indessen ist die **Einordnung** des mangelnden Interesses an rechtlicher Missbilligung **als Tatbestands- oder Rechtfertigungsproblem** für die erforderliche Verhaltensbewertung **ohne Belang**. Selbst wenn man in den genannten Beispielsfällen die Tatbestandsmäßigkeit des Verhaltens bejaht, ist doch *eines* klar: Das Verhalten ist im Endergebnis rechtlich nicht zu missbilligen – weil jedenfalls gerechtfertigt durch den Gedanken, dass der von dem Verhalten Betroffene hier kein

---

[9] Vgl. *Freund*, in: MünchKommStGB[3], Vor § 13 Rn. 225 ff.
[10] Weitere Beispiele bei *Roxin*, AT I[4], § 13 Rn. 2.
[11] Dessen Behandlung ist allerdings umstritten; vgl. dazu etwa *Sternberg-Lieben*, in: Schönke/Schröder[30], § 223 Rn. 27 ff. m. w. N.
[12] I. S. eines Tatbestandsausschlusses in solchen Fällen mit Recht etwa *Heger*, in: Lackner/Kühl[29], § 266 Rn. 20; vgl. a. *Wessels/Hillenkamp/Schuhr*, BT 2[41], Rn. 757 ff., jew. m. w. N. – Zur (Ir-)Relevanz der Einordung einer „Einwilligung" als (bloß) rechtfertigend oder (schon) tatbestandsausschließend näher *Murmann*, Selbstverantwortung, S. 369 ff.
[13] S. dazu oben in Fn. 11 zu Rn. 7.

II. Allgemeines Rechtfertigungsprinzip des überwiegenden Interesses

Interesse an einer Verhaltensmissbilligung hat. Ganz im Gegenteil kann mitunter sogar ein ganz **massives Interesse seitens des Betroffenen** an bestimmtem Verhalten bestehen (**Interesse am schnellen Fortkommen, Interesse an einer Heilbehandlung, an einer „Verschönerung" durch den Friseur** etc.). Bei dieser Sachlage ist eine Verhaltensmissbilligung niemals legitimierbar: Ein materiales Rechtsgüterschutzinteresse, dem die Verhaltensreglementierung dienen könnte, liegt gerade nicht vor. Vielmehr überwiegt ganz im Gegenteil das Interesse aller Beteiligten an der Vornahme bestimmten Verhaltens. Damit **fehlt** es an einem **Verhaltensnormverstoß** als der Grundvoraussetzung jeder Bestrafung.[14]

3. Präzisierung und Klarstellung: Zur Perspektivenbetrachtung der Rechtfertigungsgründe

a) Verhaltensbewertung und Betroffenenperspektive

Die Überlegungen zur grundsätzlichen Missbilligung bestimmter Verhaltensweisen (oben § 2 Rn. 23 ff.) haben gezeigt, dass ein solches Missbilligungsurteil nicht etwa aus einer höheren Warte – gleichsam von oben herab – gefällt werden kann. Wenn ein solches **Missbilligungsurteil** über ein bestimmtes Verhalten tatsächlich eine **verhaltensleitende Funktion** übernehmen – also den von dem Urteil Betroffenen zu rechtlich richtigem Verhalten bestimmen[15] – soll, muss vielmehr auf eine für den Betroffenen verfügbare Beurteilungsbasis Bezug genommen werden. Maßgeblich für die Verhaltensnormbegründung ist die **Betroffenenperspektive**.[16] Das heißt: Für die Frage, ob ein Verhalten rechtlich missbilligt werden kann, kommt es darauf an, angesichts welcher Sachlage jemand in einer konkreten Situation handelt oder unterlässt. Deren Maßgeblichkeit ist nicht zu verwechseln mit der persönlichen Einschätzung des konkreten Subjekts (die durchaus fehlerhaft sein kann) oder gar der Willkür des Betroffenen als dem, was ihm beliebt. Nach der Betroffenenperspektive richtet sich lediglich der Gegenstand rechtlicher Verhaltensbewertung. Dieser Gegenstand ist nicht weniger „objektiv" als die „Wirklichkeit" oder die Perspektive

10

---

[14] In der Sache ähnlich *Roxin*, AT I[4], § 13 Rn. 12 ff., der über Art. 2 GG argumentiert und davon ausgeht, die Ausübung der verfassungsrechtlich garantierten Handlungsfreiheit mache eine Tatbestandserfüllung unmöglich und eine Unterscheidung zwischen Einwilligung und Einverständnis sei nicht sachgerecht. I. S. einer durchgängigen Tatbestandslösung etwa auch *Kioupis*, Notwehr und Einwilligung – Eine individualistische Begründung, S. 203; *Rönnau*, Willensmängel bei der Einwilligung im Strafrecht, S. 124 ff.; *De Vicente Remesal*, FS Roxin, 2001, S. 379 ff. – Für eine Trennung von Einwilligung und Einverständnis mit Blick auf die angenommene Relevanz für Irrtumsfälle aber z. B. *Jescheck/Weigend*, AT[5], § 34 I 2 b (S. 375); i. S. einer Unterscheidung ferner *Haft*, AT[9], S. 73 f. – Vgl. dazu auch *Sternberg-Lieben*, Die objektiven Schranken der Einwilligung im Strafrecht, 1997.
[15] Deshalb findet sich auch der Begriff der „Bestimmungsnorm", der dieselbe Bedeutung besitzt wie der Begriff der Verhaltensnorm.
[16] Zur Maßgeblichkeit der Betroffenenperspektive s. oben § 2 Rn. 28 ff.

der oft herangezogenen, tatsächlich aber überhaupt nicht greifbaren Maßstabsperson als einem gedanklichen Konstrukt, das alles andere als klare Konturen besitzt.[17]

11 Das **Eingreifen eines Rechtfertigungsgrundes** führt dazu, dass das mit Blick auf einen bestimmten Tatbestand unter Vorbehalt gefällte grundsätzliche Missbilligungsurteil revidiert wird, weil eben dieser **Vorbehalt zum Tragen** kommt. Für die Beantwortung der Frage, ob der Vorbehalt greift, müssen aber dieselben Anforderungen gelten, die bereits für das grundsätzliche Missbilligungsurteil maßgeblich waren: Auch das Eingreifen eines Rechtfertigungsgrundes muss aus der **Betroffenenperspektive** bestimmt werden.[18]

12 Ein Rückgriff auf **Umstände**, die sich erst im Nachhinein ergeben oder die sonst für den Betreffenden in der konkreten Situation **nicht erkennbar** sind, würde auch im Bereich der Rechtfertigung nur **Verwirrung stiften**. Man stelle sich z. B. den **auf Rechtstreue bedachten Bürger** vor, dem die personifizierte Rechtsordnung auf entsprechendes Befragen Folgendes zur Auskunft gäbe: Wenn er einer Situation ansichtig werde, bei der ein **verständiger Polizeibeamter** (gleichsam als **verkörperte Rechtsordnung in Uniform**) mit Recht **davon ausginge**, es mit einem **auf frischer Tat betroffenen Straftäter** zu tun zu haben, könne es dennoch sein, dass er sich **als Privatmann** bei einer vorläufigen Festnahme dieser Person **rechtswidrig verhalte**, weil sie „**in Wahrheit**" unschuldig sei.[19] Wer sich in Anbetracht einer solchen Auskunft auf jeden Fall rechtlich richtig verhalten, also nicht Gefahr laufen möchte, im Nachhinein mit dem „Vorwurf objektiv rechtswidrigen Verhaltens" belastet zu werden,[20] **wird sich hüten**, von seinem ihm durch § 127 I StPO eingeräumten Recht zur vorläufigen Festnahme **Gebrauch zu machen**.[21]

13 Nach § 127 I StPO ist jedermann befugt, einen **auf frischer Tat Betroffenen oder Verfolgten vorläufig festzunehmen**, sofern er der Flucht verdächtig ist oder seine Identität nicht sofort

---

[17] Das Konstrukt der Maßstabsperson ist vor allem bei der Fahrlässigkeitstat geläufig; näher dazu unten § 5 Rn. 16, 22 ff.

[18] Die Frage ist sehr umstritten; i. S. eines knappen Überblicks s. die Nachw. bei *Sternberg-Lieben*, in: Schönke/Schröder[30], Vor § 32 Rn. 10. Näher dazu *Freund*, GA 1991, 387, 406 ff., sowie sogleich im Text. – Selbst wenn man die hier vertretene Position nicht teilt, ändert sich am Ergebnis des fehlenden Verhaltensunrechts in den relevanten Fällen nichts. Denn bei nicht auf Fahrlässigkeit beruhender Situationseinschätzung wahrt das Verhalten die erforderliche Sorgfalt und ist nach allgemeinen Regeln nicht rechswidrig; zutreffend dazu etwa *Sternberg-Lieben*, in: Schönke/Schröder[30], Vor § 32 Rn. 21; *Roxin*, AT I[4], § 14 Rn. 112; auch *Paeffgen*, FS Frisch, 2013, S. 403, 410 ff. lehnt bei unvermeidbarem (Erlaubnistatbestands-)Irrtum durchaus zutreffend das Gegebensein von Verhaltensunrecht ab. – Anders, aber unter Nichtbeachtung der Konstitutionsbedingungen für Verhaltensunrecht *Erb*, FS Paeffgen, 2015, S. 205, 207 ff.

[19] I. d. S. aber eine verbreitete Auffassung zu § 127 I StPO; vgl. etwa *Sternberg-Lieben*, in: Schönke/Schröder[30], Vor § 32 Rn. 81/82; *Jescheck/Weigend*, AT[5], § 35 IV 2 (S. 398), jew. m. w. N.

[20] Das Zugeständnis fehlender „Schuld" ist für den auf Rechtstreue Bedachten ein zu schwacher Trost!

[21] Sachlich richtig ist deshalb eine Konzeption zu § 127 I StPO, die auf die Beurteilung der sich darbietenden Sachlage im Verhaltenszeitpunkt (= Festnahmezeitpunkt) abstellt. Wie diese Beurteilung praktisch aussieht, zeigt – unter Offenlassung des Streits – anschaulich OLG Düsseldorf NJW 1991, 2716, 2717 (am Beispiel eines Taxifahrgastes, der nicht zahlen konnte); s. a. OLG Celle StV 2016, 295 f.

II. Allgemeines Rechtfertigungsprinzip des überwiegenden Interesses 93

festgestellt werden kann. Die soeben angesprochene Streitfrage, ob das Festnahmerecht eine **„wirklich begangene"** Tat voraussetzt oder ob deren **„Annahme ohne Fahrlässigkeit"** ausreicht, zählt zu den Standardproblemen. Für das Erfordernis einer „wirklich begangenen" Tat werden vor allem folgende Gesichtspunkte ins Feld geführt:[22] Da § 127 II i. V. m. § 112 StPO den dringenden Tatverdacht ausreichen lasse, müsse in § 127 I StPO mehr vorausgesetzt werden. Ausnahmeregelungen seien eng auszulegen. Wer seiner Sache nicht sicher sei, solle besser „die Finger von dem anderen lassen" und sich nicht in Angelegenheiten einmischen, die man besser den Behörden überlasse. Dass das **Risiko des unvermeidbaren Irrtums** bei privater Festnahme der private Festnehmer, bei amtlicher Festnahme der Festgenommene trage, sei sachlich berechtigt. Denn der Private sei zur Festnahme nur berechtigt, der Beamte dagegen verpflichtet.

Diese Gesichtspunkte vermögen nicht zu überzeugen. Sie bestätigen ganz im Gegenteil die **Sachgerechtigkeit einer Perspektivenbetrachtung** auch des Festnahmerechts Privater: Auch bei Zugrundelegung einer solchen Perspektivenbetrachtung ist das Erfordernis der „Annahme der Tatbegehung ohne Fahrlässigkeit" immer noch enger als der bloße „dringende Tatverdacht". Alle weiteren Gesichtspunkte laufen darauf hinaus, das **Festnahmerecht Privater** nicht nur „eng auszulegen", sondern letztlich **auszuheben.**[23]   14

Freilich mag man die **Aushebelung des Jedermanns-Festnahmerechts** als Rechtfertigungsgrund, der das Verhalten der auf Rechtstreue Bedachten leitet, noch damit bagatellisieren, dass dieser nicht dem Interesse des Einzelnen diene (obwohl auch das kaum überzeugt). Bei Rechtfertigungsgründen wie z. B. der **Notwehr**, dem **Notstand** oder der **rechtfertigenden Einwilligung** führt eine solche Sicht jedoch zu **indiskutablen Konsequenzen**. Oder möchte man etwa dem, der sich einer Situation gegenübersieht, bei der praktisch alles dafür spricht, dass der eine Pistole Anlegende im nächsten Augenblick einen tödlichen Schuss abgeben wird, bei einer Abwehr dieses „Angriffs" durch einen kräftigen Kinnhaken attestieren, sich **rechtswidrig verhalten** zu haben, nur weil sich der andere hinterher als Scherzbold präsentiert? Oder möchte man ernsthaft dem Schönheitschirurgen bescheinigen, nicht gerechtfertigt gehandelt zu haben, nur weil sich hinterher herausstellt, dass die Person, die sich ihre schiefe Nase korrigieren ließ, unerkannt (und auch nicht ohne Weiteres erkennbar) geisteskrank war?   15

Zu einer angemessenen Konturierung des rechtlich richtigen Verhaltens gelangt man – auch im Bereich der Rechtfertigungsgründe – nur bei einer **Beurteilung aus der Betroffenenperspektive**. Maßgeblich kann nicht irgendeine aus höherer Warte bestimmte – in der konkreten Verhaltenssituation höchst unwirkliche und auch sonst zumindest immer anzweifelbare – „Wirklichkeit" sein. Rechtlich zu würdigen ist die **Sachlage, wie sie sich dem darbietet, dessen Verhalten beurteilt werden soll.**[24] Nicht maßgeblich sind selbstverständlich Fehleinschätzungen   16

---

[22] Vgl. dazu etwa *Fischer*[66], Vor § 32 Rn. 7a; *Kühl*, in: Lackner/Kühl[29], Vor § 32 Rn. 23; ferner die Auflistung der Argumente bei *Hillenkamp/Cornelius*, 32 Probleme aus dem Strafrecht, AT[15], S. 68.

[23] Insofern sachlich übereinstimmend *Murmann*, GK[4], § 25 Rn. 164.

[24] Sachlich i. S. einer solchen Perspektivenbetrachtung bei der Bestimmung der tatsächlichen Voraussetzungen der Rechtfertigung mit Recht etwa auch *Frisch*, Vorsatz und Risiko, S. 422 f., 424 ff., 431 ff.; *Herzog*, in: NK[2], § 32 Rn. 3 (anders freilich *Kindhäuser*, in: NK[5], § 32 Rn. 27); *Hoyer*, in: SK StGB[9], Vor § 32 Rn. 59 ff.; *Rudolphi*, GS Armin Kaufmann, 1989, S. 371, 378, 381 ff.; *Suarez Montes*, FS Welzel, 1974, S. 379, 387 f.; *Zielinski*, Unrechtsbegriff, S. 247 f. (vgl. a. S. 271 ff., 293 ff.); vgl. a. *Schlehofer*, in: MünchKommStGB[3], Vor § 32 Rn. 78 ff.; s. ferner *Len-*

des betreffenden Subjekts, die von diesem in der konkreten Situation unter Berücksichtigung individueller Momente zu vermeiden sind.[25] Für die strafrechtliche **Fallbearbeitung** folgt daraus, dass es bei der Prüfung der Merkmale der Rechtfertigungslage und der zu rechtfertigenden Handlung darauf ankommt, was sich dem Betreffenden in der konkreten Verhaltenssituation darbietet.

b) Berechtigung eines subjektiven Rechtfertigungselements

17 Aus dem soeben Gesagten ergeben sich auch Grund und Grenzen eines sog. subjektiven Rechtfertigungselements. Ein solches **allgemeines Rechtfertigungselement** – neben oder besser gesagt: anstelle der äußerlichen „Wirklichkeit" – ist notwendig, damit ein grundsätzlich tatbestandlich missbilligtes Verhalten ausnahmsweise von solcher Missbilligung ausgenommen werden kann: Sieht sich derjenige, der ein tatbestandsmäßiges Verhalten vornimmt, keiner Sachlage gegenüber, bei der sein Verhalten ausnahmsweise gerechtfertigt ist, verhält er sich rechtswidrig auch dann, wenn aus höherer Warte betrachtet („wirklich") eine rechtfertigende Situation vorläge. Bei **Unkenntnis der rechtfertigenden Sachlage bleibt** also der tatbestandsspezifische **Verhaltensnormverstoß** erhalten.

18 Wer **statt des erwarteten Ehemannes** zufällig den gefährlichen **Einbrecher** mit dem **Nudelholz traktiert**, sich also im Verhaltenszeitpunkt keiner rechtfertigenden Sachlage gegenüber sieht, verstößt gegen die den Körperverletzungsdelikten zugrunde liegende **Verhaltensnorm, die den Ehemann schützen** soll.[26] Denn aus der Perspektive der zuschlagenden Ehefrau bestand die Möglichkeit der Verletzung des Ehemannes. Dass sie zufällig einen Einbrecher verletzt, rechtfertigt ihr Verhalten (gegenüber dem erwarteten Ehemann) nicht. Im Verhältnis zu diesem liegen vielmehr die Voraussetzungen eines tatbestandsmäßigen und nicht gerechtfertigten Körperverletzungsverhaltens vor, sodass insofern jedenfalls ein strafbarer **untauglicher Versuch** der gefährlichen Körperverletzung **am Ehemann** gegeben ist.

19 Mit der Aufrechterhaltung des grundsätzlichen Missbilligungsurteils über das Verhalten (im Beispielsfall: als **Körperverletzungsverhalten gegenüber dem Ehemann**) ist noch keineswegs ausgemacht, dass eine Bestrafung wegen (gar vorsätzlichen) **vollendeten Körperverletzungsdelikts** gegenüber dem Einbrecher eingreift. Eine grundlagenorientierte Straftatlehre gelangt vielmehr ohne Weiteres zum richtigen gegenteiligen Ergebnis: Es liegt **nur** ein strafbarer **untauglicher Versuch** der gefährlichen Körperverletzung **am Ehemann** vor. Ein vollendetes Körperverletzungsdelikt scheidet aus. Denn es hat sich keine der Möglichkeiten des schadensträchtigen Verlaufs ereig-

---

ckner, FS Hellmuth Mayer, 1966, S. 165, 181 ff. (der mit Recht darauf hinweist, dass bei Wahrung der erforderlichen Sorgfalt die Beanstandung des Verhaltens als rechtswidrig in einen Wertungswiderspruch führte); s. ergänzend *Freund,* GA 1991, 387, 406 ff.

[25] Zu solchen Fällen des vermeidbaren Erlaubnistatbestandsirrtums vgl. unten § 7 Rn. 110 ff.

[26] I. d. S. (für vergleichbare Fälle) mit Recht bereits *Frisch,* Vorsatz und Risiko, S. 456 f. – Ausführlich zu den Problemen des so genannten subjektiven Rechtfertigungselements *ders.,* FS Lackner, 1987, S. 113 ff.; vgl. a. *Iijima,* Die Entwicklung des strafrechtlichen Unrechtsbegriffs in Japan, 2004 S. 100 ff. (zur in Japan sog. „Zufallswehr" bei fehlendem subjektiven Rechtfertigungselement).

II. Allgemeines Rechtfertigungsprinzip des überwiegenden Interesses

net, die Legitimationsgrund der von der Ehefrau übertretenen Verhaltensnorm waren. Die **Möglichkeit**, einen gefährlichen **Einbrecher durch die Schläge abzuwehren**, taugt aus der maßgeblichen Betroffenenperspektive im Verhaltenszeitpunkt sicher **nicht als Legitimationsgrund für ein Körperverletzungsverbot**. Denn dem gefährlichen Einbrecher gegenüber kann es gerade keine Geltung beanspruchen. Und das gilt für die vollendete Vorsatz- und Fahrlässigkeitstat gleichermaßen.

Zu einem anderen Ergebnis kann eigentlich nur eine die sachlichen Zusammenhänge vernachlässigende „**Schubladendogmatik**" gelangen, die den Tatbestand der vorsätzlichen vollendeten Körperverletzung am Einbrecher (!) ohne Weiteres annimmt und dann im Bereich der Rechtfertigung feststellen muss, dass das Fehlverhalten wegen fehlender Erfassung der rechtfertigenden Sachlage nicht gerechtfertigt sein kann. Damit – so scheint es – steht der Annahme einer rechtswidrigen Verwirklichung des Tatbestands eines vollendeten Delikts nichts mehr im Wege („**Vollendungslösung**"[27]). Wer seinem Rechtsgefühl Raum gibt, versucht immerhin mit irgendwelchen Notbehelfen (die aber dogmatisch nicht bruchlos einzuordnen sind) zum als angemessen empfundenen Ergebnis zu gelangen – etwa durch die analoge Anwendung der Regeln über die Versuchsstrafbarkeit oder – damit in Zusammenhang stehend – durch die Verneinung des „Erfolgsunwerts" („**Versuchslösung**"[28]). Letzteres bedarf indessen der Einbindung in ein material orientiertes Straftatkonzept, bei dem – wie hier geschehen – **Rechtfertigungssachverhalte als taugliche Legitimationsgründe bei der Verhaltensmissbilligung ausscheiden**. Denn dann ist auch klar, dass sich insoweit in concreto keine spezifischen Fehlverhaltensfolgen ereignen, wenn einem Einbrecher das widerfährt, was ihm bei zutreffender Erfassung der Sachlage angetan werden dürfte. Hätte die Frau den Einbrecher als Einbrecher wahrgenommen, hätte sie in Anbetracht einer rechtfertigenden Sachlage gehandelt und ihr Verhalten wäre auch dann gerechtfertigt gewesen, wenn sie dabei unlautere Motive verfolgt hätte (etwa in erster Linie aus Freude darüber, endlich einmal jemandem „legal" Schmerzen zufügen zu dürfen).

Außer dem **Handeln *in Anbetracht* einer rechtfertigenden Sachlage** bedarf es keiner weitergehenden subjektiven Rechtfertigungselemente. Der bisweilen postulierte „**Verteidigung*wille***" (bei der Notwehr) oder der „**Rettungs*wille***" (beim Notstand) ist als **voluntatives Moment**[29] für die Verhaltensbewertung im Bereich

---

[27] I. S. einer solchen Vollendungslösung in der Tat etwa *Köhler*, AT, S. 323 f.; *Hirsch*, in: LK[11], Vor § 32 Rn. 59 ff. (der meint, wer einen Menschen töte, versuche dies nicht nur und sei deshalb auch nicht nur wegen Versuchs zu bestrafen); vgl. a. *Haft*, AT[9], S. 70 f.; *Schmidhäuser*, Studienbuch AT[2], 6/24. – Anders dagegen nun *Rönnau*, in: LK[12], Vor § 32 Rn. 90, der für eine unmittelbare Anwendung der Versuchsvorschriften plädiert; vgl. dazu a. die folgende Fn.

[28] Für eine direkte Versuchslösung *Hoyer*, in: SK StGB[9], Vor § 32 Rn. 80; *Roxin*, AT I[4], § 14 Rn. 104 f. (der die Versuchsstrafbarkeit damit begründet, dass der Unrechtserfolg objektiv nicht eingetreten ist und der Handlungsunwert nur einen Versuch begründen kann); wohl auch BGHSt 38, 144, 155 f.; instruktiv dazu auch *Frisch*, FS Lackner, 1987, S. 113 ff., 137 ff. Für eine analoge Anwendung der Versuchsregeln *Jescheck/Weigend*, AT[5], § 31 IV 2 (S. 330); s. a. *Engländer*, in: Matt/Renzikowski, Vor § 32 Rn. 8; *Hoven*, GA 2016, 16, 18; *Sternberg-Lieben*, in: Schönke/Schröder[30], Vor § 32 Rn. 15; *Wessels/Beulke/Satzger*, AT[48], Rn. 417 (wonach der Erfolgsunwert durch die objektive Rechtfertigungslage kompensiert wird). In dem Beispiel des Textes bezieht sich der Versuch dann selbstverständlich auf den vermeintlich wahrgenommenen Ehemann und nicht auf den Einbrecher, sodass es sich um einen Versuch am untauglichen Objekt handelt. Näher zum Versuch unten § 8.

[29] I. S. eines Erfordernisses des Verteidigungs- bzw. Rettungs*willens* z. B. *Jescheck/Weigend*, AT[5], § 31 VI 1 (S. 328); *Krey/Esser*, AT[6], Rn. 454 ff., 567; *Rengier*, AT[10], § 18 Rn. 108 („Verteidigungsabsicht"). Problematisch insofern auch BGH NJW 2003, 1955, 1958 = JZ 2003, 961, 963 a. E. (m. Anm. *Roxin*): Verteidigungswille als Voraussetzung der Rechtfertigung neben der Kenntnis der rechtfertigenden Sachlage; ebenso etwa BGH NStZ 2016, 333 f.

der Rechtfertigung ebenso **verfehlt** wie im Bereich der grundsätzlichen tatbestandlichen Verhaltensmissbilligung: Entscheidend ist nur, was jemand tut oder nicht tut (allenfalls noch: was er tun oder nicht tun „will"[30]), aber nicht, welche Empfindungen er bei seinem Tun oder Lassen hegt![31]

22 Nur zur **Klarstellung** sei hier noch auf Folgendes hingewiesen: Die Frage der **Rechtfertigung** eines Verhaltens, das ohne Vorliegen einer rechtfertigenden Sachlage etwa als Körperverletzungs- oder Tötungsverhalten grundsätzlich tatbestandlich missbilligt wäre, ist vollkommen **unabhängig davon** zu beantworten, **ob an sich ein „vorsätzliches" oder ein „fahrlässiges" Verhalten** vorläge. Die Rechtfertigungsfrage stellt sich für Vorsatz- und Fahrlässigkeitstat vollkommen identisch. Denn für die ausnahmsweise Aufhebung des grundsätzlichen tatbestandlichen Missbilligungsurteils spielt es keine Rolle, ob der Handelnde oder Unterlassende die Momente, die das grundsätzliche Missbilligungsurteil begründen, zutreffend erfasst hat oder – bei Nichtvorliegen der Ausnahmesituation – bloß hätte erfassen sollen. Entscheidend ist allein, ob die Ausnahmesituation für ihn so beschaffen ist, dass die grundsätzliche Missbilligung nicht mehr aufrechterhalten werden kann. Damit stellt sich die Frage der Abschichtung der **Vorsatz-** von der **Fahrlässigkeitstat** – genauso wie die Frage der Bestrafung wegen *vollendeten* **Delikts** – erst und nur dann, wenn das **grundsätzlich tatbestandlich missbilligte Verhalten** *nicht* **gerechtfertigt** ist.[32]

Vertiefungs- und Problemhinweise

23 *Erb,* Die Schutzfunktion des Art. 103 Abs. 2 GG bei Rechtfertigungsgründen, ZStW 108 (1996), 266 ff.; *Freund,* Richtiges Entscheiden – am Beispiel der Verhaltensbewertung aus der Perspektive des Betroffenen, insbes. im Strafrecht, GA 1991, 387, 406 ff.; *Frisch,* Grund- und Grenzprobleme des sog. subjektiven Rechtfertigungselements, FS Lackner, 1987, S. 113 ff.; *Frister,* Erlaubnistatbestandszweifel – Zur Abwägung der Fehlentscheidungsrisiken bei ungewissen rechtfertigenden Umständen, FS Rudolphi, 2004, S. 45 ff.; *Gropp,* Die „Pflichtenkollision": weder eine Kollision von Pflichten noch Pflichten in Kollision, FS Hirsch, 1999, S. 207 ff.; *Günther,* Strafrechtswidrigkeit und Strafunrechtsausschluss, 1983; *Hoven,* Ingerenz und umgekehrter Erlaubnistatbestandsirrtum, GA 2016, 16 ff.; *Hoyer,* in: SK StGB[9], Vor § 32 Rn. 1 ff.; *Hruschka,* Rechtfertigungs- und Entschuldigungsgründe: Das Brett des Karneades bei Gentz und bei Kant, GA 1991, 1 ff.; *Kuhlen,* Kongruenz zwischen Erfüllung des objektiven und des subjektiven Tatbestandes bei Rechtfertigungsgründen, FS Beulke, 2015, S. 153 ff.; *Küper,* Grund- und Grenzfragen der rechtfertigenden Pflichtenkollision im Strafrecht, 1979; *ders.,* Grundsatzfragen der „Differenzierung" zwischen Rechtfertigung und Entschuldigung, JuS 1987, 81 ff.; *ders.,* Notstand und Zeit – Die „Dauergefahr" beim rechtfertigenden und entschuldigenden Notstand, FS Rudolphi, 2004, S. 151 ff.; *Langer,* Verfassungsvorgaben

---

[30] Sachlich übereinstimmend etwa *Engländer,* in: Matt/Renzikowski, Vor § 32 Rn. 7; *Frister,* AT[8], 14. Kap. Rn. 24 f.; *Murmann,* GK[4], § 25 Rn. 105; *Schlehofer,* in: MünchKommStGB[3], Vor § 32 Rn. 100 ff.; *Schüler,* Zweifel über das Vorliegen einer Rechtfertigungslage, S. 30 ff. – Näher zur Bedeutung des „Vorhabens" bei so genannten „zweiaktigen Rechtfertigungsgründen" (z. B. dem Festnahmerecht nach § 127 I StPO) *Frisch,* FS Lackner, 1987, S. 113, 145 ff.; vgl. auch noch unten § 7 Rn. 54 ff., 62 ff.

[31] Zur Irrelevanz böser Hintergedanken für die Verhaltensmissbilligung schon oben § 2 Rn. 14.

[32] Näher zu den spezifischen Erfordernissen der Bestrafung wegen Vorsatztat unten § 7 Rn. 7, 35 ff.

für Rechtfertigungsgründe, JR 1993, 1 ff.; *Mir Puig,* Über die Normen in Roxins Konzeption des Verbrechens, GA 2006, 334 ff.; *Neumann,* Zur Struktur des strafrechtlichen Instituts der „Pflichtenkollision", FS Yamanaka, 2017, S. 171 ff.; *Perron,* Rechtfertigung und Entschuldigung im deutschen und im spanischen Recht, 1988; *Röttger,* Unrechtsbegründung und Unrechtsausschluss, 1993; *Roxin,* Rechtfertigungs- und Entschuldigungsgründe in Abgrenzung von sonstigen Strafausschließungsgründen, JuS 1988, 425 ff.; *Rudolphi,* Rechtfertigungsgründe im Strafrecht – Ein Beitrag zur Funktion, Struktur und den Prinzipien der Rechtfertigung, GS Armin Kaufmann, 1989, S. 371 ff.; *Scheid,* Grund- und Grenzfragen der Pflichtenkollision beim strafrechtlichen Unterlassungsdelikt (unter besonderer Berücksichtigung der Abwägung Leben gegen Leben), 2000; *Schüler,* Zweifel über das Vorliegen einer Rechtfertigungslage, 2004; *Silva Sánchez,* Objektive Zurechnung und Rechtfertigungsgründe – Versuch einer Differenzierung, FS Schünemann, 2014, S. 533 ff.; *Wolter,* Verfassungsrechtliche Strafrechts-, Unrechts- und Strafausschlussgründe im Strafrechtssystem von Claus Roxin, GA 1996, 207 ff.

Weitere Hinweise s. unten (§ 3) Rn. 80, 135.

III. Konsequenzen des Eingreifens eines Rechtfertigungsgrundes

1. Konsequenzen für die Bewertung des Verhaltens des Gerechtfertigten: Unrechtsausschluss

Greift ein **Rechtfertigungsgrund** ein, gilt Folgendes: Derjenige, dem der Rechtfertigungsgrund zur Seite steht, verhält sich **nicht rechtswidrig** – das grundsätzliche Missbilligungsurteil über das Verhalten wird wegen des vorliegenden Ausnahmesachverhalts außer Kraft gesetzt. Damit wirkt der Rechtfertigungsgrund als **(Verhaltens-) Unrechtsausschließungsgrund**. Es wird also für den, der sich gerechtfertigt verhält, der Bewertungszustand hergestellt, der ohne das grundsätzliche Missbilligungsurteil über das Verhalten bestünde. Eine positive Bewertung des Verhaltens (im Sinne eines Gutheißens) ist darin nicht zu erblicken.[33] Deshalb ist die verbreitete Redeweise von den Rechtfertigungsgründen als Erlaubnissätzen zumindest missverständlich. Die gerechtfertigte Tatbestandsverwirklichung ist in demselben Sinne für den Gerechtfertigten **bloß unverboten** wie die Vornahme eines tatbestandslosen Verhaltens.[34] Beide Male **fehlt** es an einem **Verhaltensnormverstoß** als der Grundvoraussetzung des Einsatzes von Strafe.

24

„Tatbestand" und „Rechtswidrigkeit" (genauer: das Fehlen von Rechtfertigungsgründen für grundsätzlich missbilligtes Verhalten) bilden im Hinblick auf die zu begründende Rechtsfolge der Bestrafung eine **Bewertungseinheit:** Beides sind zwar gedanklich prinzipiell voneinander abschichtbare, aber letztlich eben doch gleich*wertige* Momente des für eine Bestrafung in concreto notwendigen (spezifi-

25

---

[33] I. d. S. etwa auch *Roxin,* AT I⁴, § 14 Rn. 1.
[34] Sachlich übereinstimmend etwa *Frisch,* Vorsatz und Risiko, S. 424 f., 445.

schen) Verhaltensnormverstoßes. Um es einmal krass auszudrücken: Die durch Notwehr gerechtfertigte Tötung eines Menschen und die Tötung einer Fliege sind *straf*rechtlich gesehen gleichwertig – denn das eine kann ebenso wenig bestraft werden wie das andere. Insofern ist ein Verständnis der **Rechtfertigungsgründe als „negative Tatbestandsmerkmale"**[35] für das Strafrecht durchaus angemessen.[36]

26 Die Rechtfertigung *in* einer bestimmten Situation schließt es nicht aus, das Verhalten einer Person rechtlich zu missbilligen, das diese Situation herbeigeführt hat. Insoweit ist es denkbar, bereits das entsprechende **Vorverhalten** etwa **als tatbestandsmäßiges Verhalten** einer Sachbeschädigung aufzufassen (Gedanke der **actio illicita in causa**).[37]

2. Konsequenzen für die Bewertung des Verhaltens des von dem Verhalten Betroffenen oder Dritter

27 Von der für den Handelnden oder Unterlassenden selbst maßgeblichen Verhaltensbewertung (bei Rechtfertigung: kein Verhaltensnormverstoß) ist die Frage streng zu unterscheiden, wie das Verhalten anderer (das des von dem tatbestandsmäßigen, aber gerechtfertigten Verhalten Betroffenen oder das Dritter) rechtlich zu beurteilen ist.

a) Keine Duldungspflicht-Automatik für von dem Verhalten Betroffene

28 Mit der Beurteilung des Verhaltens des Gerechtfertigten selbst als nicht rechtswidrig (im Sinne von **nicht verhaltensnormwidrig**) ist noch nicht ausgemacht, dass der von dem Verhalten Betroffene seinerseits gegen die Folgen solchen nicht verhaltensnormwidrigen Verhaltens nichts unternehmen darf. Ob ihn eine solche **Duldungspflicht** trifft, richtet sich nach den **allgemeinen Regeln**, die für die Legitimation von Verhaltensnormen gelten (hier: eines Verbots, sich zu wehren).[38]

---

[35] So mit Recht *Kindhäuser,* AT[8], § 29 Rn. 20 f.; *ders., LPK*[7], Vor § 32 Rn. 39; *Schlehofer,* in: MünchKommStGB[3], Vor § 32 Rn. 36 ff.; vgl. auch *Hoffmann-Holland,* in: MünchKommStGB[3], § 22 Rn. 154 f.; *Puppe,* FS Otto, 2007, S. 389, 392, 393; *Walter,* in: LK[12], Vor § 13 Rn. 158. Zur Gegenauffassung s. etwa *Hirsch,* in: LK[11], Vor § 32 Rn. 8; *dens.,* Die Lehre von den negativen Tatbestandsmerkmalen, 1960; *Rönnau,* in: LK[12], Vor § 32 Rn. 5 ff., insb. 11 ff.; *Jescheck/Weigend,* AT[5], § 31 I 2 (S. 324).

[36] Sogar für das Recht der Maßregeln der Besserung und Sicherung (vgl. dazu oben § 1 Rn. 65 f.) ergibt die Differenzierung keinen Sinn. Denn bei gerechtfertigter Tat ist eine Maßregel allemal genauso ausgeschlossen wie bei fehlender Tatbestandsmäßigkeit des Verhaltens.

[37] S. dazu unten § 4 Rn. 43 f. das Beispiel des auf ein Kind gehetzten Nachbarshundes, der sodann unter den Voraussetzungen der gerechtfertigten Defensivnotstandshilfe erschossen wird. S. dort auch zur actio illicita in causa.

[38] Zur Legitimation von Verhaltensnormen näher oben § 1 Rn. 50 ff., § 2 Rn. 11 ff.

III. Konsequenzen des Eingreifens eines Rechtfertigungsgrundes

Wird etwa jemand von einem anderen in einer Situation **vorläufig festgenommen**, in der der andere von der Begehung einer **Straftat ausgehen** *durfte*,[39] bedeutet das nicht automatisch, dass sich der so Festgenommene, aber „in Wahrheit Unschuldige" nicht **mit maßvollen Mitteln** – z. B. leichtes Zurückstoßen – der **Festnahme entziehen darf**. 29

Das soeben Gesagte verstößt nicht etwa gegen den Grundsatz der **Einheit der Rechtsordnung**, nach dem ein und derselbe Bewertungsgegenstand nicht einmal als rechtmäßig, das andere Mal als rechtswidrig angesehen werden kann. Denn hier handelt es sich jeweils um **grundverschiedene Bewertungsgegenstände**.[40] Die Nichtbeanstandung des Verhaltens einer ganz bestimmten Person besagt nichts über die Beanstandbarkeit des Verhaltens einer davon betroffenen anderen Person. 30

Vor diesem Hintergrund ist die Annahme verfehlt, zum Wesenszug der Rechtfertigungsgründe gehöre als Kehrseite auch nur im Regelfall und bei der Notwehr gar durchweg eine **Duldungspflicht für den Betroffenen**.[41] Die Kehrseite der ausnahmsweisen Nichtmissbilligung eines bestimmten Verhaltens kraft Rechtfertigung ist zunächst einmal lediglich die rein faktische Belastung des von dem Verhalten Betroffenen mit möglichen Verhaltensfolgen. Eine Duldungspflicht kann zwar im Einzelfall vorliegen, bedarf aber jeweils **sorgfältiger eigenständiger Begründung** im Verhältnis zu dem von der damit implizierten Verhaltensnorm Betroffenen. Dagegen ist eine **Duldungspflicht-Automatik** keinesfalls anzuerkennen, und zwar auch nicht bei der Notwehr! Ob rechtlich gesehen ein Fehlverhalten des Nicht-Duldenden vorliegt, kann eben nur bezogen auf diese Person sachgerecht bestimmt werden. 31

b) Konsequenzen für die Bewertung des Verhaltens von in das Geschehen involvierten Dritten

Entsprechendes gilt **für dritte Personen**, die in das Geschehen involviert sind. Allein der Umstand, dass ein anderer gerechtfertigt handelt, bedeutet **keinen Freibrief** für diesen Dritten. Vielmehr ist es denkbar, dessen Verhalten unter dem Aspekt eines bestimmten Tatbestands rechtlich zu missbilligen. Die Veranlassung eines anderen zu einem gerechtfertigten (oder für ihn tatbestandslosen) Verhalten kann für den Veranlassenden durchaus ein tatbestandsmäßig zu missbilligendes Verhalten sein. Auch insoweit liegt kein Verstoß gegen den Grundsatz der Einheit der Rechtsordnung vor. Denn es geht wiederum um vollkommen **verschiedene Bewertungsgegenstände**.[42] 32

---

[39] S. dazu oben (§ 3) Rn. 11 ff.
[40] Näher dazu *Freund,* GA 1991, 387, 409 m. w. N. Zur Rechtswidrigkeit als relativem (funktionsbestimmtem) Rechtsbegriff s. a. *Günther,* FS Spendel, 1992, S. 189 ff.; gegen eine Duldungspflicht-Automatik bereits zutreffend *Frisch,* Vorsatz und Risiko, S. 424 f.
[41] I. d. S. aber etwa *Wessels/Beulke/Satzger,* AT[48], Rn. 191; s. a. *Haft,* AT[9], S. 69 f.; *Roxin,* AT I[4], § 14 Rn. 107 ff. (immerhin mit Ausnahmen etwa bei §§ 34, 193 bzw. bei mutmaßlicher Einwilligung); vorsichtiger und mit Recht differenzierend z. B. *Sternberg-Lieben,* in: Schönke/Schröder[30], Vor § 32 Rn. 10 ff.; vgl. a. *Graul,* JuS 1995, 1049 ff. m. w. N.
[42] Vgl. dazu bereits oben (§ 3) Rn. 30; ferner unten (§ 3) Rn. 41, § 10 Rn. 60, 80.

aa) Täterschaftliche Verantwortlichkeit bei Veranlassung zu einem nicht rechtswidrigen und tatbestandslosen oder sonst rechtmäßigen Verhalten

33 **Klassisches Beispiel** für eine der letztgenannten Fallgruppen ist die **Veranlassung eines anderen zu einer unbewussten Selbstschädigung:** A bringt B durch Täuschung dazu, eine Starkstromleitung anzufassen. Obwohl die (unbewusste) Selbsttötung des B schwerlich als rechtswidrig angesehen werden kann und sicher keinen Straftatbestand verwirklicht, liegt in dem Verhalten des A ein **tatbestandlich zu missbilligendes Tötungsverhalten.** Man kann von einer (Fremd-)Tötung in mittelbarer Täterschaft sprechen. Genauso liegt tatbestandsmäßig eine Freiheitsberaubung vor, wenn A durch eine **Falschaussage** erreicht, dass B vom Gericht unverdientermaßen **zu einer Freiheitsstrafe verurteilt** wird. Unabhängig davon, ob sich das Gericht rechtsfehlerhaft verhält (weil Anhaltspunkte für eine Lüge des A vorhanden sind) oder ob es selbst völlig korrekt entscheidet (weil die Lüge perfekt ist), verhält sich A durch seine Aussage **tatbestandsmäßig i. S. der Freiheitsberaubung.**

bb) Teilnahmeverantwortlichkeit und Begriff der Rechtswidrigkeit der Haupttat

34 Selbst **Anstiftung** und **Beihilfe** (im zuvor genannten Beispiel: zur Freiheitsberaubung), die beide eine „rechtswidrige" Haupttat voraussetzen, sind als Strafbarkeitsfiguren mit eigenständigen tatbestandlichen Voraussetzungen jedenfalls nicht von vornherein ausgeschlossen. Bei diesen Sanktionsnormen hat die vom Gesetz geforderte **„Rechtswidrigkeit" der Haupttat** als Sanktionsvoraussetzung eine völlig andere Funktion als die Rechtswidrigkeit der Haupttat bei der den Haupttäter betreffenden Sanktionsnorm: Was in Relation zu dem einen keinen Grund für eine rechtliche Verhaltensmissbilligung abgibt, kann im Verhältnis zum anderen durchaus etwas sein, was dem Recht widerspricht. Die Rechtswidrigkeitsbeurteilung ist **relativ** vorzunehmen.[43]

35 Als Beispiel können außer den schon angesprochenen Konstellationen Fälle des sog. **Nötigungsnotstands**[44] dienen: Das sind Fälle, in denen jemand etwa durch eine ernst zu nehmende **Todesdrohung** zum **Einwerfen einer fremden Fensterscheibe** oder zu einer **Falschaussage** genötigt wird. Entgegen verbreiteter Auffassung ist eine Rechtfertigung des Verhaltens des die Scheibe Einwerfenden oder des falsch Aussagenden jedenfalls nicht durchweg ausgeschlossen. Denn diese Personen verstoßen mitunter gegen keine rechtlich legitimierbare Verhaltensnorm, verdienen also u. U. nicht nur Nachsicht in Bezug auf ein vorhandenes personales Fehlverhalten. Dennoch ist es ohne Weiteres möglich zu sagen, dass **der Nötigende** (!)

---

[43] Ein weiteres Problem der Teilnahmestrafbarkeit liegt freilich im Erfordernis der Vorsätzlichkeit der Haupttat. Indessen kann dieses Problem hier nicht näher behandelt werden. Nur soviel sei gesagt: Insoweit gibt es Grenzen des Wortlauts der Strafnorm, und der fragmentarische Charakter des Strafrechts schlägt durch. S. dazu – auch zur relativierenden Bestimmung der Rechtswidrigkeit – ergänzend unten § 4 Rn. 33, § 10 Rn. 15 ff.

[44] Näher zu solchen Fällen unten § 4 Rn. 54 f.

eine „**rechtswidrige**" **Sachbeschädigung** oder eine „**rechtswidrige**" **Falschaussage** bewirkt hat. Dafür kann er auch zur Verantwortung gezogen werden: Bei der erzwungenen Sachbeschädigung handelt es sich um einen jedenfalls über die Figur der mittelbaren Täterschaft erfassbaren Fall täterschaftlicher **Sachbeschädigung des Nötigenden (§§ 303 I, 25 I Fall 2)**.[45]

Lediglich bei der **Falschaussage** ergeben sich Probleme bei der angemessenen 36 Bestrafung, weil der die Falschaussage erzwingende Hintermann kein tauglicher Täter eines Aussagedelikts ist. Dafür müsste er selbst z. B. Zeuge sein. Immerhin ist es möglich, auf ihn die Sanktionsnorm der **Anstiftung** anzuwenden (**§§ 153, 26, 28 I**). Diese verlangt zwar eine bezogen auf den Anstifter als „rechtswidrig" zu qualifizierende Haupttat, sieht aber keine Beschränkung des Täterkreises vor. Da sich **im Verhältnis zum Nötigenden** durchaus von einer Falschaussage reden lässt, die durch ihn nicht herbeigeführt werden darf – also von Rechts wegen zu vermeiden ist – ist dem **Teilnahmeerfordernis** der „**rechtswidrigen**" **Haupttat** allemal Genüge getan. Damit bleibt lediglich die Frage zu klären, ob wir es auch mit einer „vorsätzlich" i. S. des Teilnahmestrafrechts begangenen rechtswidrigen Haupttat zu tun haben. Auch das dürfte nach **Wortlaut** und **Ratio der Teilnehmerstrafnorm** anzunehmen sein.

Allerdings „versagt" das geltende Teilnehmerstrafrecht in Fällen, in denen der Zeuge nicht genö- 37 tigt wird, „vorsätzlich" falsch auszusagen, sondern durch eine **perfekte Täuschung** dazu gebracht wird, dem Gericht durch seine Aussage eine manipulierte Entscheidungsgrundlage zu unterbreiten. Eine **Anstiftung zur „vorsätzlichen" Falschaussage** scheitert hier am eindeutigen Wortlaut. Damit bleibt nur die selbst im Verhältnis zur nach § 28 I gemilderten Anstiftungsstrafbarkeit ungerechtfertigt mildere Bestrafungsmöglichkeit nach **§ 160 (Verleitung zur Falschaussage)**.[46]

3. Exkurs: Zur Bedeutung des Rechtswidrigkeitsurteils bei (bloß) fehlender Schuldhaftigkeit des Verhaltens

a) Hintergrund: Ablehnung einer Duldungspflicht gegenüber Schuldunfähigen

Ein **Rechtswidrigkeitsurteil** bei (bloß) **fehlender Schuldhaftigkeit** des Verhaltens 38 kann nur in einem speziellen „erfolgsbezogenen" Sinn gefällt werden: Das, was der Betreffende mit seinem Verhalten *bewirkt*, soll (eigentlich) nicht sein. Nur in einem solchen Sinn „verhält" sich der Schuldunfähige (oder sonst schuldlos Handelnde) rechtswidrig, wenn er ein Verhalten vornimmt, das bei einem Schuldfähigen tatbestandsmäßig und rechtswidrig *wäre*. Es handelt sich dabei um ein **hypothetisches Urteil**, dem eine ganz bestimmte Funktion zukommt: Damit soll begründet werden,

---

[45] Vgl. a. *Freund*, in: MünchKommStGB³, Vor § 13 Rn. 233; zur Strafbarkeitsfigur der mittelbaren Täterschaft noch näher unten § 10 Rn. 1 ff., 53 ff., 78 ff.
[46] Instruktiv zur Bedeutung des § 160 *Hruschka*, JZ 1967, 210 ff.; zur Reform der Strafrahmen vgl. *Freund*, ZStW 109 (1997), 455, 486 f.

dass andere gegen ein solches Verhalten von Rechts wegen etwas unternehmen dürfen und dass das Verhalten von den anderen nicht hinzunehmen ist. Dieses Rechtswidrigkeitsurteil dient also der **Ablehnung einer Duldungspflicht**.

39 Indessen bedarf es zur **Ablehnung einer** solchen **Duldungspflicht** recht besehen gar nicht der (missverständlichen) Redeweise vom „Fehlverhalten" oder vom „Verhaltensunrecht" des Schuldunfähigen (oder sonst schuldlos Handelnden). Die Ablehnung einer Duldungspflicht folgt sachlich vielmehr ohne Weiteres daraus, dass sich in den einschlägigen Fällen eine solche gegenüber dem von dem Verhalten Betroffenen nicht legitimieren lässt. Auf eine **Etikettierung des Verhaltens** des schuldlos Handelnden als „rechtswidrig" kommt es überhaupt nicht an.

b) Zur angemessenen Terminologie

40 Eine derartige Etikettierung als Verhaltensunrecht sollte auch im Interesse begrifflicher Klarheit vermieden werden.[47] Denn soweit es um die Bestrafung einer bestimmten Person geht (hier des schuldlos Handelnden), ist **schuldloses** (a-personales) **Verhaltensunrecht** *dieser* Person ein **Unbegriff**.[48] Eine Bewertung des naturalistischen Geschehens als dem Recht widersprechend ergibt nur Sinn, soweit es um die Frage geht, ob *andere* Personen dieses Geschehen beeinflussen dürfen oder nicht (oder gar zu beeinflussen haben). Wenn es aber in Wahrheit um die Frage geht, ob *andere* Personen sich rechtlich richtig oder fehlerhaft verhalten, versteht sich Folgendes von selbst:

41 Die **Veranlassung** eines **Schuldunfähigen** zu einer Tötung ist **Tötung** (§ 212 I ggf. i. V. m. § 25 I Fall 1 bzw. § 222). – Wer den Schuldunfähigen an der Tötung hindert, begeht **keine rechtswidrige Nötigung**. Wer den angreifenden gefährlichen Kampfhund in höchster Not erschießt, begeht keine rechtswidrige Sachbeschädigung (und auch keinen Verstoß gegen das Tierschutzgesetz). Auch wenn dem **Hund**

---

[47] Die „kritische[n] Bemerkungen zum Begriff der Verhaltensnorm" von *Zaczyk,* GA 2014, 73 ff. treffen lediglich einige unkritische Verwendungen des Begriffs i. S. a-personaler Konnotationen. Der Begriff der Verhaltensnorm als solcher ist dagegen durchaus sinnvoll und zur angemessenen Kennzeichnung der Sache ohne akzeptable Alternative.

[48] I. S. einer sachgerechten Differenzierung *Jakobs,* Norm, Person, Gesellschaft³, S. 99 ff.; s. a. *dens.,* Der strafrechtliche Handlungsbegriff, S. 41 ff. et passim: „Schuld als Handlungsvoraussetzung". – Für *Binding,* Der Gerichtssaal 76 (1910), 1, 32, war die Annahme, ein Schuldunfähiger begehe eine Straftat, ein „abscheuliches Gedankenmonstrum"; s. dazu auch *Grünewald,* Das vorsätzliche Tötungsdelikt, S. 208 ff.; *Pawlik,* FS Otto, 2007, S. 133 ff.; für Spanien s. *Molina Fernández,* Antijuridicidad penal y sistema del delito, Barcelona, 2001, S. 59 ff., 283 ff., 601 ff., 837 ff. et passim. – Instruktiv zum Zusammenhang zwischen Sollen und Können *Engisch,* Untersuchungen über Vorsatz und Fahrlässigkeit, S. 349 ff. – Durchaus auf der Linie der hier vertretenen *personalen Straftatlehre* liegt die von *Lesch* (Verbrechensbegriff, S. 175 ff., 205 ff., 274 f., 280; vgl. a. *dens.,* JA 2002, 602 ff.) geforderte Revision des Verbrechensbegriffs. Nach dieser Konzeption ist der Tatbestand als Unrechtstatbestand mit dem Schuld- oder Verbrechenstatbestand identisch und bezeichnet den Inbegriff der Merkmale des Verbrechens. Die Aufspaltung in einen objektiven und in einen subjektiven Unrechtstatbestand und dessen Verselbstständigung im Verhältnis zur Schuld werden mit Recht als sachlich verfehlt erkannt.

ganz gewiss **kein strafrechtlich relevantes** (und bloß schuldloses) **Verhaltensunrecht** zur Last fällt, braucht man sich von Rechts wegen nicht beißen zu lassen! – Und was bei dem Hund eine Trivialität bedeutet, gilt ganz entsprechend für die rechtliche Bewertung des „Verhaltens" eines schuldlos „handelnden" Menschen. Diese Einsicht sollte nicht durch eine unklare, grundverschiedene Dinge mit demselben Wort bezeichnende Terminologie missachtet werden.[49] Insoweit genügt es für die in Frage stehende Bewertung des Verhaltens anderer, darauf zu verweisen, dass das **„Verhalten" des schuldlos „Handelnden"** von Rechts wegen ebenso wenig hinzunehmen ist wie das eines angreifenden Tieres[50] und insoweit einem **güterbedrohenden Naturereignis** gleichsteht.

IV. Einzelne Rechtfertigungsgründe

Die **gesetzlich normierten Rechtfertigungsgründe** sind nach allem Bisherigen nicht als abschließende Regelung zu verstehen; sie sind ergänzungsfähig und -bedürftig. Wegen ihrer Bedeutung für die *Verhaltens*bewertung (und nicht erst die Sanktionierung!) sind einzelne Rechtfertigungsgründe über die gesamte Rechtsordnung verstreut – also nicht nur im StGB anzutreffen. Es gilt das sog. Prinzip der **Einheit der Rechtsordnung**.[51] Wichtige Rechtfertigungsgründe sind: 42

a) Der **allgemeine rechtfertigende Notstand** (§§ 34 StGB, 16 OWiG); 43
b) der **zivilrechtliche Notstand**, und zwar
   aa) der **aggressive Notstand** (§ 904 BGB) und
   bb) der **defensive Notstand** (§ 228 BGB);
c) die **Notwehr** (§§ 32 StGB, 227 BGB);
d) die erlaubte **Selbsthilfe** (§§ 229, 562b, 859, 860, 1029 BGB);
e) die **Wahrnehmung berechtigter Interessen** bei Ehrverletzungen (§ 193 StGB);
f) das **Festnahmerecht** (§ 127 StPO und § 87 StVollzG bzw. entsprechende landesrechtliche Regelungen wie etwa § 49 HStVollzG);
g) **Amtsbefugnisse** (z. B. §§ 81 ff. StPO,[52] 758, 808 ZPO);
h) Allgemein anerkannt, wenn auch nicht durch eine allgemeine Norm gesetzlich geregelt, sind die **rechtfertigende Einwilligung** und die **mutmaßliche Einwilligung**;
i) vor allem in den Grenzen sehr umstritten ist ein **Züchtigungsrecht** der Eltern und bestimmter Erzieher.

---

[49] Mit Recht i. S. einer funktionalen und differenzierenden Bestimmung der Begriffe *Frisch,* Vorsatz und Risiko, S. 424 ff. et passim; weiterführend auch *Mir Puig,* FS Herzberg, 2008, S. 55 ff.
[50] Zum Tierangriff vgl. noch im Kontext des Notstands unten (§ 3) Rn. 58, 71, 82, 84; ferner im Kontext der Notwehr unten (§ 3) Rn. 101.
[51] Näher dazu die gleichnamige Schrift von *Engisch,* Die Einheit der Rechtsordnung, 1935; vgl. auch *dens.,* Einführung in das juristische Denken[8], S. 160 ff.; *Kirchhof,* Unterschiedliche Rechtswidrigkeiten in einer einheitlichen Rechtsordnung, 1978; *Roxin,* AT I[4], § 14 Rn. 31 ff. m. w. N.
[52] Eine nicht unerhebliche Rolle spielt vor allem die Entnahme einer Blutprobe nach § 81a StPO.

44 Eines besonderen Rechtfertigungsgrundes der **Pflichtenkollision** beim Unterlassen bedarf es nicht, wenn die Anforderungen an die Begründung tatbestandlichen Unterlassungsunrechts beachtet werden. Danach fehlt es bei einer „Kollision" zweier gleichwertiger, aber nur alternativ erfüllbarer Gefahrenabwendungspflichten bereits an einem zu rechtfertigenden Verhaltensnormverstoß. Denn begründbar ist in einer solchen Situation von vornherein tatsächlich **nur *eine*** alternativ gefasste **Gefahrenabwendungsverpflichtung**. Wer ihr nachkommt, verletzt überhaupt keine Pflicht und bedarf deshalb insofern auch keiner Rechtfertigung.[53]

45 Das „**erlaubte Risiko**" ist **kein eigenständiger Rechtfertigungsgrund**, sondern eine Sammelbezeichnung für ganz unterschiedliche Erscheinungen, die teils für die Tatbestandsmäßigkeit eines Verhaltens, teils aber auch mit Blick auf das allgemeine Rechtfertigungsprinzip des überwiegenden Interesses bedeutsam sind.[54]

46 Unmittelbar aus den **Grundrechten** kann **kein spezieller Rechtfertigungsgrund** abgeleitet werden.[55] Sie sind vielmehr regelmäßig bereits für die Frage der grundsätzlichen tatbestandlichen Verhaltensmissbilligung von Bedeutung. Denn schon für die Legitimation eines entsprechenden **grundsätzlichen Ver- oder Gebots** bedarf es einer **Güter- und Interessenabwägung**, in deren Kontext selbstverständlich auch Grundrechte gebührend zu beachten sind.[56] Sofern ein grundsätzliches tatbestandliches Missbilligungsurteil gefällt werden kann, sind Grundrechte ebenfalls kein eigenständiger Rechtfertigungsgrund, sondern nur eine – wenngleich wichtige – **Komponente der Güter- und Interessenabwägung**, die „**auf Rechtfertigungsebene**" weitergeführt wird.

47 Als „Rechtfertigungsgrund" – neben den Instituten der ausdrücklichen und der mutmaßlichen Einwilligung – nicht ernsthaft diskutabel ist der im Zivilrecht seit längerem bekannte, inzwischen aber auch im Strafrecht vermehrt auftauchende Gedanke der „**hypothetischen Einwilligung**".[57] Wenn weder eine ausdrückliche noch eine mutmaßliche Einwilligung eingreifen, bleibt es bei der Missbilligung eines grundsätzlich tatbestandlich missbilligten Verhaltens auch dann, wenn sich im

---

[53] Sachlich übereinstimmend z. B. *Schlehofer,* in: MünchKommStGB³, Vor § 32 Rn. 237; *Gropp,* FS Hirsch, 1999, S. 207, 215 ff.; näher zum Ganzen unten § 6 Rn. 132 ff. – I. S. erst einer Rechtfertigung tatbestandsmäßigen Verhaltens etwa *Roxin,* AT I⁴, § 16 Rn. 115 ff. m. w. N. Eine Rechtfertigung in solchen Fällen ablehnend *Fischer*⁶⁶, Vor § 32 Rn. 11a; *Jescheck/Weigend,* AT⁵, § 33 V (S. 365 ff.).

[54] Vgl. dazu bereits oben § 2 Rn. 15.

[55] Zur jüngeren Diskussion um eine Anerkennung von Grundrechten als Rechtfertigungsgründe vgl. *Rönnau,* in: LK¹², Vor § 32 Rn. 138 f.; zur mittelbaren Wirkung von Grundrechten und zur verfassungskonformen Auslegung vgl. *Hecker,* in: Schönke/Schröder³⁰, Vor § 1 Rn. 32 f.; ferner etwa OLG Jena NJW 2006, 1892 ff. (Religionsfreiheit); *Valerius,* JuS 2007, 1105 ff.

[56] Näher zur Legitimation einer Verhaltensnorm oben § 1 Rn. 50 ff., § 2 Rn. 11 ff.

[57] Zur hypothetischen Einwilligung vgl. etwa BGH JR 2004, 251 f. m. Bespr. *Kuhlen,* JR 2004, 227 ff.; BGH NStZ 2004, 442; BGH MedR 2008, 158 f. = BGH StV 2008, 189 f. m. Anm. *Sternberg-Lieben; Duttge,* FS Schroeder, 2006, S. 179 ff.; *Eisele,* JA 2005, 252 ff.; *Gropp,* FS Schroeder, 2006, S. 197 ff.; *Kuhlen,* JR 2004, 227 ff.; *ders.,* JZ 2005, 713 ff.; *Mitsch,* JZ 2005, 279 ff. und 718; *Otto,* Jura 2004, 679 ff.; *Puppe,* GA 2003, 764 ff.; ferner etwa *Bollacher/Stockburger,* Jura 2006, 908, 912 ff.; *Puppe,* AT-Rechtsprechung³, § 11 Rn. 18 ff.; *Otto,* AT⁷, § 8 Rn. 134; *Stratenwerth/Kuhlen,* AT I⁶, § 9 Rn. 28.

IV. Einzelne Rechtfertigungsgründe

Nachhinein oder aus anderer Perspektive ergibt, dass der von dem Verhalten Betroffene für den Fall der entsprechenden Befragung seine Einwilligung erteilt *hätte*. **Beispiel:** Der **Arzt**, der über das Ausmaß der bei einer Operation ggf. zu entfernenden Körperteile **nicht ordnungsgemäß aufklärt**, verhält sich durch die ohne ausreichende Einwilligung durchgeführte Operation unter dem für §§ 223 ff. relevanten Gesichtspunkt des körperbezogenen Selbstbestimmungsrechts auch dann rechtswidrig, wenn sich (später) ergeben sollte, dass der operierte Patient bei entsprechender Befragung in alles eingewilligt hätte. Denn er handelt angesichts einer Sachlage, bei der sein Verhalten das **unerlaubte Schädigungspotenzial** in sich birgt, den (wahren) **Willen des Betroffenen zu verfehlen**. Es ist gerade der Sinn des Erfordernisses eines „informed consent" (also einer mangelfreien Einwilligung nach ordnungsgemäßer Aufklärung), dem vorzubeugen. Insofern kommt es entscheidend nur darauf an, ob die (auf der Basis der fehlerhaften Aufklärung) erteilte Einwilligung an einem für den in Frage stehenden Eingriff **wesentlichen Willensmangel** leidet und deshalb unwirksam ist.[58]

Auf einem anderen Blatt steht die vom spezifischen Verhaltensunrecht zu unterscheidende Frage, ob mit der unerlaubten Operation ohne Rücksicht auf den „hypothetischen Willen" des Betroffenen **spezifische Fehlverhaltensfolgen** eingetreten sind. Nur darüber lässt sich ernsthaft streiten. Die Beantwortung dieser Frage hängt nicht zuletzt vom zutreffenden **Rechtsgutsverständnis** ab. Sachlich besteht eine gewisse Nähe zu den Konstellationen der fehlenden Kenntnis einer rechtfertigenden Sachlage.[59] Insofern hat sich ergeben, dass mitunter der Erfolgssachverhalt einer Vollendungstat fehlt. Dabei erfolgte die entscheidende Weichenstellung durch die genauen Gründe für die spezifische endgültige Verhaltensmissbilligung in der konkreten Situation, in der das Fehlen einer rechtfertigenden Sachlage unausgesprochene – aber gleichwohl nötige – Voraussetzung ist. In dieser Hinsicht dürfte der bloß hypothetischen Einwilligung ein anderer Stellenwert zukommen als der nur nicht erkannten, aber gleichwohl „objektiv" vorliegenden rechtfertigenden Sachlage. Die bloß **hypothetisch gebliebene Einwilligung** ändert nichts daran, dass z. B. ein mit einer Operation verbundener **körperlicher Eingriff** von Rechts wegen **nicht sein durfte**. Anders als in den Fällen der Unkenntnis einer tatsächlich gegebenen rechtfertigenden Sachlage führt die **zutreffende Kenntnis der Situation** im hier interessierenden Bereich gerade nicht dazu, dass ohne Weiteres gehandelt (operiert) werden darf. Vielmehr muss – wenn nicht die Voraussetzungen der mutmaßlichen Einwilligung vorliegen – zunächst eine ausdrückliche Einwilligung eingeholt werden. Insofern verhält es sich nicht anders als im Falle einer **Wegnahme beim Diebstahl**, die auch nicht daran scheitert, dass der berechtigte Gewahrsamsinhaber für den Fall seiner Befragung mit der Gewahrsamsverschiebung einverstanden gewesen wäre. Nur wenn er schon im Verhaltenszeitpunkt damit einverstanden ist, fehlt der **Erfolgsunwert** einer Wegnahme und bleibt es beim **Versuchsunrecht**.[60]

48

---

[58] Insofern sachlich übereinstimmend und das verfehlte Institut der so genannten „hypothetischen Einwilligung" ablehnend etwa *Frister,* AT⁸, 15. Kap. Rn. 35 f. m. w. N. – In der Sache bejaht BGH MedR 2008, 158 f. mit Recht einen wesentlichen Willensmangel. Allerdings trennt der BGH die mit Blick auf diesen Willensmangel zu bejahende Frage des vom Arzt *verwirklichten Verhaltensunrechts* nicht angemessen von der Frage der Strafbarkeit wegen *vollendeten Delikts;* s. dazu sogleich im Text und in den folgenden Fn.

[59] Näher zu diesem Problemkreis oben (§ 3) Rn. 17 ff.

[60] Weiteres Beispiel: Wenn die Vermögensverfügung (mit Blick auf § 263) tatsächlich irrtumsbedingt war, scheidet vollendeter Betrug nicht allein deshalb aus, weil die Verfügung ohne den Irrtum (dann aber eben auf anderer Grundlage) ebenfalls vorgenommen worden *wäre.* Nur wenn der Irr-

1. Der allgemeine rechtfertigende Notstand (§ 34)

49 Als Notstand bezeichnet man eine **gegenwärtige Gefahrenlage** für **rechtlich geschützte Interessen**, die nur auf Kosten der Beeinträchtigung fremder Interessen (durch deren Verletzung oder Gefährdung) abgewandt werden kann. Wie den Rechtfertigungsgründen gemein, wird unter den Voraussetzungen des rechtfertigenden Notstandes ein Verhalten gerechtfertigt, das sonst tatbestandsmäßig-missbilligt i. S. eines bestimmten Straftatbestands wäre. Das mit der Bejahung der Tatbestandsmäßigkeit des Verhaltens grundsätzlich – aber unter dem Vorbehalt des Eingreifens eines Rechtfertigungsgrundes – gefällte **Missbilligungsurteil** wird damit **zurückgenommen**, weil der Vorbehalt wirksam wird.[61] Bei der Prüfung der Notstandsrechtfertigung hat sich die Trennung der Voraussetzungen der **Notstands*lage*** von denen der zu rechtfertigenden **Notstands*handlung*** eingebürgert. Für die korrekte Gesetzesanwendung kommt es freilich allemal darauf an, die so systematisierten einzelnen Gesetzesmerkmale richtig näher zu bestimmen und sodann unter die gefundenen Bestimmungsfaktoren zu subsumieren.

50 Soweit im Rahmen der Notstandsrechtfertigung ein so genanntes **subjektives Rechtfertigungselement** anzuerkennen ist, findet es sachlich Berücksichtigung bereits durch die Bestimmung der **Notstandsvoraussetzungen** aus der **Betroffenenperspektive**. Liegen danach die Notstandsvoraussetzungen vor, spielen etwa die Motive des in der Notstandssituation eine gerechtfertigte Notstandshandlung Vornehmenden keine Rolle mehr.

51 Zu einem anderen Ergebnis führt auch nicht der **Wortlaut** des § 34, der von einem Handeln **„um zu"** spricht. Denn selbst wenn dieser Wortlaut zwingend i. S. einer Motivrelevanz aufzufassen sein sollte – was zweifelhaft ist –, könnte er die sachlich gebotene Begrenzung des Bereichs rechtlich zu missbilligenden Verhaltens nicht hindern: **Böse Hintergedanken** allein können nicht bewirken, dass aus einem sonst erlaubten Verhalten ein verbotenes wird.[62]

a) Notstandslage

52 Damit ein tatbestandsmäßiges Verhalten nach § 34 gerechtfertigt sein kann, muss überhaupt eine Notstandslage vorliegen. Sie setzt voraus, dass für ein **rechtlich geschütztes Gut** – namentlich Leben, Leib, Freiheit, Ehre oder Eigentum, aber auch irgendein anderes rechtlich anzuerkennendes Gut – eine **gegenwärtige Ge-**

---

tum des Getäuschten schon bei dessen Entscheidung für die Verfügung gar keine Rolle gespielt hat, fehlt der Erfolgssachverhalt des Betruges (vgl. dazu den „Referendarfall" BGHSt 13, 13 ff.). – Interessant in diesem Zusammenhang auch OLG Schleswig JR 1985, 474 ff. m. Anm. *Amelung/Brauer* (zur Problematik der Freiheitsberaubung in mittelbarer Täterschaft, wenn bei zwangsweiser Unterbringung statt des erforderlichen Sachverständigen ein Hochstapler das Gutachten erstellt).

[61] S. dazu bereits oben § 2 Rn. 6.
[62] Vgl. dazu bereits oben § 2 Rn. 14, (§ 3) Rn. 21 und unten § 5 Rn. 17 i. V. m. Rn. 21.

IV. Einzelne Rechtfertigungsgründe

fahr droht, **die nicht anders abgewandt** werden kann als durch die Beeinträchtigung rechtlich ebenfalls anerkannter (fremder) Interessen.

Die in § 34 aufgezählten Güter haben dabei nur **beispielhaften Charakter**. Eine Notstandslage ist also auch dann gegeben, wenn etwa dem Vermögen oder dem Hausfrieden eine gegenwärtige Gefahr droht. Als notstandsfähig werden nicht nur **Rechtsgüter des Einzelnen**, sondern auch solche **der Allgemeinheit** angesehen, soweit sie in der konkreten Situation schutzwürdig sind.[63]   53

Jedenfalls in der typischen Notstandssituation stehen die kollidierenden Güter und Interessen verschiedenen Trägern zu. Ob § 34 auch auf die **„interne" Güter- und Interessenkollision** direkt anwendbar ist (beispielsweise erbittet ein leidender Patient vom Arzt eine schmerzlindernde Spritze, die eine Lebensverkürzung mit sich bringt)[64], erscheint eher zweifelhaft.[65] Näherliegend dürfte die Heranziehung des auch § 34 zugrundeliegenden **allgemeinen Rechtfertigungsprinzips** sein, soweit nicht bereits **andere spezielle Rechtfertigungsgründe** wie z. B. die ausdrückliche oder **mutmaßliche Einwilligung** eingreifen.[66] In manchen Fällen ist an einen Ausschluss bereits der grundsätzlichen tatbestandlichen Verhaltensmissbilligung zu denken. Letzteres ist der Annahme einer Rechtfertigung (tatbestandsmäßigen Tötungsverhaltens) etwa bei Verabreichung der dringend erbetenen **schmerzlindernden Spritze mit unvermeidlicher Lebensverkürzung** als Nebenwirkung eindeutig vorzuziehen: Die Bewertung des das Leben des Betroffenen noch einigermaßen erträglich gestaltenden Verhaltens als grundsätzlich **zu missbilligendes Tötungsverhalten** wird dessen **Sinngehalt nicht gerecht**.[67]   54

---

[63] S. dazu – z. T. auch zur sog. Staatsnotstandshilfe – etwa *Erb*, in: MünchKommStGB[3], § 34 Rn. 59; *Kühl*, AT[8], § 8 Rn. 26 ff.; *Roxin*, AT I[4], § 16 Rn. 13; *Wessels/Beulke/Satzger*, AT[48], Rn. 458 f. – Zum Recht von Tieren auf Einhaltung der gesetzlichen Tierschutzbestimmungen als notstandsfähiges Rechtsgut i. S. des § 34 s. LG Magdeburg v. 11.10.2017 – 28 Ns 182/14, BeckRS 2017, 130506 (Eindringen in eine Tierzuchtanlage zur Dokumentation und Aufdeckung von Missständen); vgl. a. *Herzog*, JZ 2016, 190 ff. – Krit. *Scheuerl/Glock*, NStZ 2018, 448 ff.

[64] Hier kollidieren nur Rechtsgüter (insbes. Leben und körperliches Wohlbefinden) des Patienten miteinander. Rechtsgüter Dritter sind nicht betroffen. Deshalb spricht man von „interner" Kollision. – Vgl. a. AG Nordenham MedR 2008, 225 f. (nach § 34 gerechtfertigte Tetanus-Impfung eines 14-jährigen Mädchens ohne Rücksicht auf den entgegenstehenden – defizitären – Willen des Mädchens und seiner Mutter).

[65] Mit Recht vorsichtig in dieser Hinsicht etwa *Wessels/Beulke/Satzger*, AT[48], Rn. 487 (Bedeutung des „Grundgedankens des § 34" – zumindest in den Fällen, in denen der Rechtsgutsträger einwilligungsunfähig sei oder aus Rechtsgründen nicht zur Disposition über das gefährdete Rechtsgut in der Lage sei) m. w. N.; s. freilich auch *Kühl*, in: Lackner/Kühl[29], Vor § 211 Rn. 7; vgl. a. *Merkel*, JZ 1996, 1145, 1148.

[66] Auf die Möglichkeit des Eingreifens einer mutmaßlichen Einwilligung macht etwa *Roxin*, AT I[4], § 16 Rn. 101, aufmerksam.

[67] In der Sache wie hier mit Recht etwa *Wessels*, BT 1[21], Rn. 26; *Frisch*, in: Osaka-Symposion, S. 103, 107 ff. – BGHSt 42, 301, 304 f. lässt bei der sog. „indirekten Sterbehilfe" offen, ob ein solches Verhalten schon nicht tatbestandsmäßig ist, und nimmt jedenfalls eine Rechtfertigung nach der Notstandsregelung des § 34 an (vgl. zu dieser Entscheidung etwa *Schöch*, NStZ 1997, 409 ff.); s. a. *Herzberg*, NJW 1996, 3043 ff.; *Schöch*, NStZ 1995, 153 ff.; *Verrel*, JZ 1996, 224 ff. – Bei *Wessels/Hettinger/Engländer*, BT 1[42], Rn. 38 wird eine gesetzliche Regelung des hier interessierenden Bereichs gefordert. Indessen ist das mit Blick auf die Fehlleistungen des Gesetzgebers der letzten Perioden (beispielsweise hat das 6. StrRG mehr Probleme geschaffen als gelöst; exemplarische Kritik bei *Wessels/Hettinger*, BT 1[31], Rn. 952: „unausgegorene Regelungen") zumindest nicht ungefährlich und sollte nur letztes Mittel sein. Hier gibt es aber bessere Alternativen mit dem dogmatischen Instrumentarium einer angemessenen Straftatlehre.

55 Den notstandsfähigen Gütern muss eine gegenwärtige Gefahr drohen. Unter einer **Gefahr** wird dabei ein **Zustand** verstanden, dessen **Weiterentwicklung** den Eintritt oder die Intensivierung eines **Schadens ernstlich befürchten** lässt, sofern **nicht alsbald Abwehrmaßnahmen** ergriffen werden.[68]

56 **Gegenwärtig** ist eine solche Gefahr, wenn sie **unmittelbar in** einen **Schaden umzuschlagen** droht oder sonst nur noch durch **unverzügliches Handeln** abwendbar ist.[69] Um eine gegenwärtige Gefahr handelt es sich auch bei einem gefahrdrohenden Zustand von längerer Dauer, bei dem ohne sofortiges Handeln in einer bestimmten Situation immer wieder mit einer weiteren Schadensintensivierung zu rechnen ist. Man spricht in einem solchen Fall von einer **„Dauergefahr"**.

57 Zur Veranschaulichung kann der sog. **Spannerfall** dienen:[70] Ein „Spanner" war mehrfach in die Wohnung eines Ehepaars zu nächtlicher Stunde eingedrungen und hatte das Ehepaar in große Angst versetzt. Nachdem Abschreckungsversuche erfolglos blieben, gab der Ehemann bei einem erneuten „Besuch" einen Schuss auf den Eindringling ab, als dieser bereits wieder die Flucht ergriffen hatte. – Die von dem „Spanner" in nicht allzu ferner Zukunft zu befürchtenden weiteren „Besuche" erfüllen die Anforderungen an eine („Dauer"-)Gefahr i. S. der Notstandsregelung. Denn wenn diese Gefahr gebannt werden soll, ist sofortiges Handeln geboten.[71]

58 Die **Gefahr** für das Gut kann **von** einem **Menschen**,[72] von **Tieren, Sachen** oder auch **Naturgewalten** ausgehen. Dabei wird nicht vorausgesetzt, dass derjenige, dessen Rechtsgut um eines anderen Rechtsguts willen beeinträchtigt wird, die Gefahrenlage selbst herbeigeführt hat.

59 Ob eine Notstandslage vorliegt, kann nach dem oben (§ 3) Rn. 10 ff. Gesagten nicht aus der Perspektive eines allwissenden Betrachters bestimmt werden, sondern muss sich nach dem **Blickwinkel der Person** richten, deren tatbestandsmäßiges Verhalten auf seine Rechtfertigung durch Notstand hin überprüft werden soll.[73] Ist deren **Einschätzung nicht zu beanstanden**, liegt **tatsächlich** – und nicht nur in der bloß fehlerhaften Einbildung dieser Person – eine **Notstandslage** vor. Sofern die weiteren Voraussetzungen des § 34 gegeben sind, ist ihr Verhalten also gerechtfertigt.

---

[68] Vgl. etwa *Fischer*[66], § 34 Rn. 4; *Wessels/Beulke/Satzger*, AT[48], Rn. 462.

[69] Vgl. etwa *Fischer*[66], § 34 Rn. 7; *Wessels/Beulke/Satzger*, AT[48], Rn. 462 ff.

[70] BGH NJW 1979, 2053 f.; vgl. dazu etwa *Hirsch*, JR 1980, 115 ff.; *Hruschka*, NJW 1980, 21 ff.; *Schroeder*, JuS 1980, 336 ff.

[71] Freilich sollte gesehen werden, dass damit die Gegenwärtigkeit der Gefahr – durchaus sachgerecht – zu einer Funktion der Erforderlichkeit der Abwehrhandlung wird (Notstandslage und Notstandshandlung sind also nicht isoliert zu betrachten!). S. dazu etwa *Kühl*, AT[8], § 8 Rn. 69 m. w. N.

[72] Geht die Gefahr von einem Menschen aus, ist an das Eingreifen des Notwehrrechts nach § 32 als speziellerer Regelung des Interessenkollisionsproblems zu denken (vgl. dazu unten [§ 3] Rn. 86 ff.). Das Nichteingreifen des § 32 schließt jedoch rechtfertigenden Notstand nicht aus (zur Frage der Konkurrenz von Rechtfertigungsgründen vgl. unten [§ 3] Rn. 78 f.).

[73] Allgemein anerkannt ist das freilich wohl noch nicht; näher zur Problematik der Bestimmung der Gefahr beim Notstand *Kühl*, in: Lackner/Kühl[29], § 34 Rn. 2 m. w. N.; s. dazu auch *Frisch*, Vorsatz und Risiko, S. 424 ff., 432 f.; *Schaffstein*, FS Bruns, 1978, S. 89 ff.; zur generell angemessenen Perspektivenbetrachtung der Rechtfertigungsgründe s. bereits oben (§ 3) Rn. 10 ff.

IV. Einzelne Rechtfertigungsgründe

Eine **spezielle Irrtumsproblematik** stellt sich damit nur in den Fällen, in denen 60
diese Einschätzung rechtlich zu beanstanden ist – vereinfacht gesprochen: auf
Fahrlässigkeit beruht.[74]

b) Notstandshandlung

Die Rechtfertigung eines tatbestandsmäßigen Verhaltens durch Notstand i. S. des 61
§ 34 setzt neben der Notstandslage voraus, dass das tatbestandsmäßige Verhalten
den an die Notstandshandlung zu stellenden Anforderungen genügt.

aa) Erforderlichkeit der Notstandshandlung

Als Notstandshandlung gerechtfertigt ist ein Verhalten nur, wenn es **erforderlich** 62
ist, um die Gefahr abzuwenden. Für diese Erforderlichkeitsbeurteilung ist ebenso
wie für die Beurteilung des Vorliegens einer Notstandslage selbstverständlich der
Blickwinkel desjenigen zugrunde zu legen, dessen Verhalten auf seine Rechtmäßigkeit oder Rechtswidrigkeit hin untersucht wird.

Grundvoraussetzung der Erforderlichkeit ist die **Eignung** zur Gefahrenabwehr. 63
Dabei dürfen freilich keine überzogenen Anforderungen gestellt werden. Bereits
jede entfernte **Chance der** effektiven **Abwendung der Gefahr** genügt dem Eignungserfordernis. Lediglich vollkommen ungeeignete Maßnahmen scheiden für
eine Notstandsrechtfertigung aus. Die mehr oder weniger große Eignung spielt lediglich im Rahmen der notwendigen Güter- und Interessenabwägung eine Rolle
(s. dazu sogleich [§ 3] Rn. 63 ff.).

Ein an sich geeignetes Mittel zur Gefahrenabwendung ist nicht erforderlich 64
(i. e. S.), wenn es andere **gleichermaßen geeignete Mittel** gibt, die nur eine **geringere Güterbeeinträchtigung** mit sich bringen. Erforderlich zur Gefahrenabwehr
i. S. des § 34 ist eine Gefahrenabwehrhandlung nur bei **Fehlen eines** solchen **milderen Mittels**.

Bisweilen wird im Rahmen der Erforderlichkeitsprüfung auf die (mildere) **Möglichkeit** verwiesen, **der Gefahr auszuweichen**.[75] Das ist indessen nicht korrekt: 65
Kann ohne nennenswerte Gutseinbuße (auch in Bezug auf die Handlungsfreiheit)
der Gefahr ausgewichen werden, fehlt es bereits an einer Notstandslage im üblicherweise definierten Sinn („keine andere Gefahrenabwendungsmöglichkeit als durch
Beeinträchtigung kollidierender Interessen"). Ist aber das Ausweichen seinerseits
mit einer **nicht unerheblichen Gutseinbuße** verbunden, stellt es insoweit kein milderes Mittel dar, sondern bedeutet nur eine Verlagerung der drohenden Gutseinbuße
in eine andere Richtung. Ob das verlangt werden kann, ist indessen kein **Problem**
der Erforderlichkeit, sondern ein solches der **Güter- und Interessenabwägung**.

---

[74] Zur Erlaubnis- bzw. Erlaubnistatbestandsirrtumsproblematik vgl. noch unten § 7 Rn. 106 ff.
[75] S. etwa *Wessels/Beulke/Satzger*, AT[48], Rn. 468.

66 Als Notstandshandlung gerechtfertigt kann auch die **Nothilfe** eines Dritten zugunsten des Rechtsgutsträgers sein. Dabei sind allerdings – auch in der konkreten Situation[76] – rechtlich beachtliche **Dispositionen des betroffenen Rechtsgutsträgers** oder entsprechend **Dispositionsbefugter** zu berücksichtigen. Solche Dispositionen können bereits bewirken, dass eine Notstandslage nicht vorliegt.

bb) Wahrung des wesentlich überwiegenden Interesses und Angemessenheit der Notstandshandlung

67 In einer Notstandslage ist die erforderliche Gefahrenabwendungsmaßnahme nur durch Notstand gerechtfertigt, „wenn bei **Abwägung der widerstreitenden Interessen**, namentlich der betroffenen Rechtsgüter und des Grades der ihnen drohenden Gefahren, das geschützte Interesse das beeinträchtigte **wesentlich überwiegt**." Und: die Tat muss **„ein angemessenes Mittel"** sein, die Gefahr abzuwenden (§ 34 S. 2). Maßgeblich ist selbstverständlich wiederum die Sachlage, wie sie sich für den von der in Frage stehenden Verhaltensbewertung Betroffenen darstellt (**Perspektivenbetrachtung**).

(1) Güter- und Interessenabwägung

68 Im Rahmen der vorzunehmenden Güter- und Interessenabwägung spielt die **abstrakte Wertigkeit** der verschiedenen **Güter** eine gewisse Rolle. In vielen Fällen bereitet die Einordnung der kollidierenden Güter in eine **Rangskala** keine größeren Probleme: Das **Leben** kommt vor der **Körperintegrität**; und die Körperintegrität rangiert vor dem **Eigentum** oder dem **Vermögen**. Allerdings stößt man bei der Erstellung einer derartigen Rangskala sehr rasch an gewisse Grenzen.[77] Nicht weiterführend ist sie ohnehin bei einer **Kollision gleicher** oder abstrakt **gleichwertiger Güter**.

69 Bei der notwendigen Güter- und Interessenabwägung ist indessen nicht nur die abstrakte Wertigkeit der Güter von Bedeutung. Weitere zu berücksichtigende Umstände sind insbesondere das konkret zu erwartende **Schadensausmaß** (z. B. ein kleiner Kratzer an der Hand eines Menschen einerseits – der Tod eines für einen anderen in mehrfacher Hinsicht wertvollen Tieres andererseits), **Intensität** und **Nähe der Gefahr** (hohe/geringe Wahrscheinlichkeit; abstrakte/konkrete Gefahr; größere/kleinere zeitliche Distanz) sowie die Stellung der involvierten Rechtsgutsträger zur Gefahr (mehr oder weniger große **Verantwortlichkeiten für die Gefahr**; besondere **Gefahrtragungspflichten**).[78]

70 Die Güter- und Interessenabwägungsklausel des **§ 34** ist **primär** auf die Situation des **aggressiven Notstands** zugeschnitten – also auf die Situation des Eingriffs in eine Gütersphäre, aus der die vorhandene Gefahr *nicht* stammt.[79] Die Gefahrver-

---

[76] Zur maßgeblichen Perspektive vgl. oben (§ 3) Rn. 10 ff.
[77] Vgl. dazu etwa *Roxin*, AT I[4], § 16 Rn. 26 ff.; *Jescheck/Weigend*, AT[5], § 33 IV 2 c (S. 362).
[78] Vgl. dazu etwa *Hoyer*, in: SK StGB[9], § 34 Rn. 39 ff., 71 ff. – Zu den für die Abwägung bedeutsamen Gesichtspunkten ausführlich *Erb*, in: MünchKommStGB[3], § 34 Rn. 105 ff. m. w. N.
[79] S. dazu etwa *Hruschka*, NJW 1980, 21 f.; *Roxin*, AT I[4], § 16 Rn. 72: Aggressivnotstand als „Normalfall" (zu den Ausnahmefällen des Defensivnotstands s. *dens.*, AT I[4] Rn. 72 ff.).

IV. Einzelne Rechtfertigungsgründe

lagerung auf einen anderen erfordert deshalb ein **„wesentliches"** und nicht nur ein einfaches **Überwiegen** des geschützten Interesses (des **„Erhaltungsguts"**) im Verhältnis zum beeinträchtigten (dem **„Eingriffsgut"**) und lässt schon gar nicht bloße Gleichrangigkeit genügen. Dahinter steht die durchaus angemessene Wertung, dass jeder die **Gefahren**, die seinen Gütern und Interessen drohen, **grundsätzlich hinzunehmen** hat und diese jedenfalls nicht ohne Weiteres anderen überbürden darf. Solange bei diesen anderen eine gleichwertige oder doch nur unwesentlich geringere Gefahr anstelle der abgewendeten „produziert" würde, muss es vielmehr bei dem grundsätzlichen Missbilligungsurteil bleiben.[80] Die Güter- und Interessenabwägung führt zur Ablehnung der Notstandsrechtfertigung.

Im zivilrechtlichen Bereich ist diese Wertung etwa an der alten Rechtsregel des **„casum sentit dominus"**[81] ablesbar. Dahinter steht jedoch eine allgemeinere Wertung. Die Sachlage ändert sich erst, „wenn **das geschützte Interesse das beeinträchtigte *wesentlich* überwiegt"**. **Beispiele:** Droht dem Nachbarn nur ein (ersatzfähiger) Schaden am Lattenzaun, darf man eine Latte abreißen, um sich damit des angreifenden **tollwutverdächtigen Fuchses** zu erwehren.[82] Ein anderes Beispiel: Ein Passant wird zur Seite gestoßen, weil nur so das eigene **Haus gelöscht** werden kann. 71

Ein die Güter- und Interessenabwägung nachhaltig beeinflussender Faktor liegt vor, wenn es nicht darum geht, eine bestimmte Gefahr durch einen Eingriff in irgendeine (zufällig involvierte) Interessensphäre abzuwehren, sondern wenn genau in die **Sphäre** eingegriffen werden soll, **aus der die Gefahr stammt**. Die mehr oder weniger große Verantwortlichkeit für die abzuwendende Gefahr ist ein Aspekt, der es in diesen Fällen des sog. **Defensivnotstands** rechtfertigt, eine Notstandshandlung unter erleichterten Voraussetzungen als **angemessene Auflösung des Konflikts** und als Wahrung des wesentlich überwiegenden Interesses aufzufassen.[83] 72

In **§ 228 S. 1 BGB** findet sich ein **Spezialfall des defensiven Notstands** ausdrücklich in der Form geregelt, dass die Zerstörung oder Beschädigung einer Sache, 73

---

[80] Nur scheinbar anders etwa *Roxin,* AT I⁴, § 16 Rn. 89 ff., der die Wesentlichkeitsklausel als Hinweis auf das Erfordernis einer zweifelsfreien und eindeutigen, aber *einfachen* Interessenübergewichtigkeit verstehen will, dabei jedoch die Beachtung des von ihm so genannten „Autonomieprinzips" voraussetzt (s. dazu dens., AT I⁴, § 16 Rn. 46 ff.); vgl. dazu auch *Jescheck/Weigend,* AT⁵, § 33 IV 2 c (S. 362). Eine „erheblich positive" Interessenbilanz verlangt aus den im Text genannten Gründen mit Recht *Jakobs,* AT², 13/33, der (in Fn. 71a) zutreffend darauf hinweist, dass sich die zu stellenden Anforderungen danach richten, welche Momente bereits in die vorgenommene Güter- und Interessenabwägung eingestellt werden. Dementsprechend kann sich die Bedeutung der Wesentlichkeitsklausel auf eine entsprechende Klarstellung reduzieren (näher dazu auch *Küper,* GA 1983, 289 ff., 296 ff.).

[81] „Den (Unglücks-)Fall spürt der Herr." Gemeint ist ein schon im römischen Recht vorhandenes Grundprinzip des Schadensrechts, wonach der Eigentümer einer Sache grundsätzlich ihren Verlust selbst zu tragen hat und den Schaden nur (ausnahmsweise) bei Vorliegen von Schadensüberwälzungsnormen von einem anderen ersetzt verlangen kann.

[82] Zum Beispiel der Abwehr eines bissigen Hundes mit einem in fremdem Eigentum stehenden Stockschirm vgl. *Wessels/Beulke/Satzger,* AT⁴⁸, Rn. 442 ff. (zugleich ein Spezialfall des rechtfertigenden Aggressivnotstands nach § 904 BGB; vgl. dazu noch unten [§ 3] Rn. 82 f.).

[83] I. d. S. mit Recht etwa *Perron,* in: Schönke/Schröder³⁰, § 34 Rn. 30. – Näher zum Defensivnotstand auch *Erb,* in: MünchKommStGB³, § 34 Rn. 152 ff.

um eine *durch sie* drohende Gefahr von sich oder einem anderen abzuwenden, nicht widerrechtlich ist, wenn die Beschädigung oder Zerstörung zur Abwendung der Gefahr erforderlich ist und der Schaden nicht außer Verhältnis zu der Gefahr steht. Selbst bei Verschuldung der Gefahr durch den Handelnden tritt Rechtfertigung ein und es wird nur eine Schadensersatzpflicht angeordnet (§ 228 S. 2 BGB).

74 Anerkanntermaßen ist die Spezialregelung des § 228 BGB **Ausdruck eines allgemeinen Rechtsgedankens**, der auch im Rahmen der Güter- und Interessenabwägung des § 34 zugunsten des Erhaltungsgutes bzw. zu Lasten des Eingriffsgutes zu berücksichtigen ist.[84]

75 Soweit entgegen der oben (§ 3) Rn. 44 vertretenen Position in den Fällen der „Kollision gleichwertiger Pflichten" die Tatbestandsmäßigkeit des Verhaltens desjenigen bejaht wird, der das von ihm rechtlich Erwartbare tut, wird für eine Rechtfertigung regelmäßig weder ein einfaches noch gar ein wesentliches Überwiegen gefordert. Das Instrumentarium dafür liefert der **behauptete „Rechtfertigungsgrund" der Pflichtenkollision**. Indessen wird mit einem solchen „Rechtfertigungsgrund" insbesondere der im Rahmen des § 34 regelmäßig postulierte Grundsatz, dass Leben gegen Leben nicht abwägbar sei, praktisch aus den Angeln gehoben. Denn über die rechtfertigende Pflichtenkollision wird letztlich eben doch die als tatbestandsmäßig angenommene Tötung eines Menschen durch die Rettung eines anderen gerechtfertigt. Der **Vater**, der nur eines seiner beiden vom **Tod durch Ertrinken bedrohten Kinder retten** kann und das unter großen Anstrengungen auch tut, hat in solcher Sicht sein anderes Kind, das er *anstelle* **des geretteten Kindes** hätte retten können, gerechtfertigt getötet. Diese Bewertung wird dem Verhalten des bedauernswerten Vaters nicht gerecht. Tatsächlich **fehlt** es in einem solchen Fall bereits an einem **tatbestandsmäßigen** *Tötungsverhalten* in der Form begehungsgleichen Unterlassens. Der Rechtfertigung einer Tötung bedarf es deshalb für das allein richtige Ergebnis der Straflosigkeit nicht.[85]

(2) Bedeutung der Angemessenheitsklausel

76 Liegt eine zur Gefahrenabwendung erforderliche Notstandshandlung vor, die nach der Güter- und Interessenabwägung der Wahrung des wesentlich überwiegenden Interesses dient, sieht **§ 34 S. 2** als zusätzliche Einschränkung für eine Notstandsrechtfertigung vor, dass die Tat als **Notstandshandlung** auch ein **angemessenes Mittel** sein muss, um die Gefahr abzuwenden. Ob es Fälle gibt, in denen die Notstandsrechtfertigung erst an der fehlenden Angemessenheit scheitert (also alle anderen Voraussetzungen erfüllt sind), hängt davon ab, welchen Umfang die vorgenommene **Güter- und Interessenabwägung** hat. Berücksichtigt man bereits bei der Güter- und Interessenabwägung die Aspekte, die z. T. mit Blick auf die Angemessenheitsklausel genannt werden, bleibt für dieselbe keine eigenständige Bedeu-

---

[84] S. dazu etwa *Wessels/Beulke/Satzger*, AT[48], Rn. 472 m. w. N.
[85] Näher dazu unten § 6 Rn. 132 ff.

IV. Einzelne Rechtfertigungsgründe 113

tung mehr; sie ist dann lediglich als Hinweis darauf zu verstehen, wirklich umfassend alles zu berücksichtigen – etwa auch gewisse Fernwirkungen oder in der Rechtsordnung vorgesehene Verfahrensregelungen, die nicht einfach ausgehebelt werden sollen.[86]

Als **Beispiel (bloß) fehlender Angemessenheit** wird etwa der Fall genannt, dass ein **mittelloser Schwerkranker** einem Millionär das für eine lebensnotwendige Operation oder Kur erforderliche, aber legal nicht beschaffbare Geld entwendet,[87] oder der Fall, dass ein anderer zu einer **lebensrettenden Blutspende gezwungen** wird.[88] Zu denken ist u. U. auch an den **Ausbruch** des zu einer langen Haftstrafe **unschuldig Verurteilten** unter Begehung einer mehr oder minder gewichtigen Körperverletzung gegenüber einem Strafvollzugsbeamten.[89] 77

c) Verhältnis des § 34 zu anderen Rechtfertigungsgründen

§ 34 kommt als allgemeine Regelung der Rechtfertigung tatbestandsmäßigen Verhaltens nur zum Zuge, wenn keine spezielle(re) Regelung der in Frage stehenden Güter- und Interessenkollision eingreift. Im Verhältnis zu § 34 sind etwa die Regelungen des **aggressiven Notstands (§ 904 BGB)**, des **defensiven Notstands (§ 228 BGB)**, aber etwa auch der **Notwehr** nach § 32 grundsätzlich **spezieller**. Denkbar ist jedoch, dass in einer Situation für verschiedene Auswirkungen desselben Verhaltens **verschiedene Rechtfertigungsgründe** wirken. Beispiel: Ein Bierkrug des Wirtes wird von einem Gast als Verteidigungsmittel gegenüber dem Angriff eines anderen Gastes eingesetzt. Der **Angreifer** wird verletzt (**§ 32**); der **Bierkrug** geht dabei zu Bruch (**§ 904 BGB**). 78

Klärungsbedürftig ist u. U., ob ein bestimmter spezieller Rechtfertigungsgrund als **abschließende Normierung** einer bestimmten Kollisionssituation zu verstehen 79

---

[86] Gegen eine eigenständige Bedeutung der Angemessenheitsklausel etwa *Haft*, AT[9], S. 105; s. a. *Perron*, in: Schönke/Schröder[30], § 34 Rn. 46; krit. auch *Roxin*, AT I[4], § 16 Rn. 91 ff., der freilich in der Angemessenheitsklausel immerhin einen selbstständig bedeutsamen Hinweis auf das Erfordernis der Wahrung der Menschenwürde erblickt (Rn. 84 ff.). Nach *Wessels/Beulke/Satzger*, AT[48], Rn. 484, ist die Angemessenheitsklausel ein Regulativ zwischen freier Selbstbestimmung und dem Solidaritätsprinzip.

[87] S. zu diesem Beispiel etwa *Wessels/Beulke/Satzger*, AT[48], Rn. 482 m. w. N.

[88] Beispiel nach *Gallas*, FS Mezger, 1954, S. 311, 325 f.; näher dazu *Wessels/Beulke/Satzger*, AT[48], Rn. 484 ff.; s. a. *Erb*, in: MünchKommStGB[3], § 34 Rn. 199 ff.; *Perron*, in: Schönke/Schröder[30], § 34 Rn. 41e (die insoweit nicht auf die Angemessenheitsklausel Bezug nehmen, aber dennoch zur Ablehnung einer Rechtfertigung gelangen); a. A. zum Fall der erzwungenen Blutspende aber etwa *Roxin*, AT I[4], § 16 Rn. 49.

[89] Instruktiv dazu *Jakobs*, AT[2], 13/36 ff. m. w. N. – Zur möglichen Sperrwirkung rechtlich geordneter Verfahren vgl. *Erb*, in: MünchKommStGB[3], § 34 Rn. 190 ff. – S. a. BGH NStZ 2018, 226 f. (Zur Rechtfertigung von BtM-Anbau zur Selbstmedikation): § 34 sei im Grundsatz wegen der abschließenden Regelungen des BtMG gesperrt und auch die Genehmigungsfähigkeit sei irrelevant.

ist oder ob er bei seinem Nichteingreifen einen **Rückgriff auf allgemeinere Regelungen** zulässt.

Vertiefungs- und Problemhinweise

80 *Archangelskij*, Das Problem des Lebensnotstandes am Beispiel des Abschusses eines von Terroristen entführten Flugzeuges, 2005; *A. Bergmann,* Die Grundstruktur des rechtfertigenden Notstandes (§ 34 StGB), JuS 1989, 109 ff.; *Erb,* Rechtfertigung und Entschuldigung von Taten zur Ermöglichung der Flucht deutscher Staatsbürger aus Krisengebieten – Zugleich Besprechung von OLG München, Urteil vom 27.04.2017, GA 2018, 399 ff.; *Gropp,* Der Radartechniker-Fall – ein durch Menschen ausgelöster Defensivnotstand? – Ein Nachruf auf § 14 III Luftsicherheitsgesetz, GA 2006, 284 ff.; *Hilgendorf,* Dilemma-Probleme beim automatisierten Fahren – Ein Beitrag zum Problem des Verrechnungsverbots im Zeitalter der Digitalisierung, ZStW 130 (2018), 674 ff.; *Hruschka,* Rechtfertigung oder Entschuldigung im Defensivnotstand?, NJW 1980, 21 ff.; *Isensee,* Leben gegen Leben – Das grundrechtliche Dilemma des Terrorangriffs mit gekapertem Passagierflugzeug, FS Jakobs, 2007, S. 205 ff.; *Jahn,* Das Strafrecht des Staatsnotstandes – Die strafrechtlichen Rechtfertigungsgründe und ihr Verhältnis zu Eingriff und Intervention im Verfassungs- und Völkerrecht der Gegenwart, 2004; *Koch,* Strafrechtliche Probleme des Angriffs und der Verteidigung in Computernetzen, 2008; *Küper,* Der „verschuldete" rechtfertigende Notstand, 1983; *ders.,* Das „Wesentliche" am „wesentlich überwiegenden Interesse", GA 1983, 289 ff.; *ders.,* Darf sich der Staat erpressen lassen?, 1986; *ders.,* Von Kant zu Hegel – Das Legitimationsproblem des rechtfertigenden Notstandes und die freiheitsphilosophischen Notrechtslehren, JZ 2005, 105 ff.; *Lenckner,* Der rechtfertigende Notstand, 1965; *Matsumiya,* Zum Nötigungsnotstand, FS Jakobs, 2007, S. 361 ff.; *Meißner,* Die Interessenabwägungsformel in der Vorschrift über den rechtfertigenden Notstand (§ 34 StGB), 1990; *Neumann,* Der strafrechtliche Nötigungsnotstand, Rechtfertigungs- oder Entschuldigungsgrund?, JA 1988, 329 ff.; *Pawlik,* Der rechtfertigende Notstand, 2002; *ders.,* Der rechtfertigende Defensivnotstand, Jura 2002, 26 ff.; *Renzikowski,* Notstand und Notwehr, 1994; *Schroeder,* Notstandslage bei Dauergefahr, JuS 1980, 336 ff.; *Stübinger,* „Not macht erfinderisch" – Zur Unterscheidungsvielfalt in der Notstandsdogmatik – am Beispiel der Diskussion über den Abschuss einer sog. „Terrormaschine", ZStW 123 (2011), 403 ff.

S. a. die Hinweise oben (§ 3) Rn. 23 und unten (§ 3) Rn. 135.

2. Notstandsregeln des Bürgerlichen Gesetzbuchs

81 Für Eingriffe in fremde Sachen (vgl. z. B. §§ 303, 248b) finden sich im Bürgerlichen Gesetzbuch spezielle Notstandsregelungen. Soweit es nicht um Eingriffe in fremde Sachen geht, ist grundsätzlich auf die allgemeinere Notstandsregelung des § 34 zurückzugreifen.

IV. Einzelne Rechtfertigungsgründe

a) Aggressivnotstand (§ 904 BGB)

Die Bezeichnung als Aggressivnotstand bringt zum Ausdruck, dass die Sache, die zugunsten eines anderen, gefährdeten Gutes beeinträchtigt wird, in keiner Beziehung zur Gefahrenquelle steht. Als klassische **Beispiele** hierfür dienen das **Abreißen einer Zaunlatte** zur Verteidigung gegen einen **tollwutverdächtigen Hund** und das **Beschädigen** von **Biergläsern des Wirtes** bei der **Abwehr eines Angriffs**.[90]

In Entsprechung zum allgemeinen rechtfertigenden Notstand des § 34 sieht § 904 S. 1 BGB vor, dass der Eigentümer einer Sache nicht berechtigt ist, die Einwirkung eines anderen auf die Sache zu verbieten, wenn die **Einwirkung zur Abwendung** einer **gegenwärtigen Gefahr notwendig** und der **drohende Schaden** gegenüber dem aus der Einwirkung entstehenden Schaden **unverhältnismäßig groß** ist. Der Eigentümer kann allerdings trotz gerechtfertigter Einwirkung auf die Sache **Ersatz seines Schadens** verlangen (**§ 904 S. 2 BGB**).

82

83

b) Defensivnotstand (§ 228 BGB)

Beim Defensivnotstand ist die Situation eine ganz spezielle: Die Gefahr für das verteidigte Rechtsgut geht gerade von der Sache aus, gegen die sich die Abwehrhandlung richtet. Als Schulbeispiel kann der **angreifende Hund** dienen, der **von dem Angegriffenen** im Defensivnotstand **verletzt oder getötet** wird. Beim Defensivnotstand wird das Interesse des Rechtsgutsträgers an der Erhaltung seines gefährdeten Gutes grundsätzlich stärker gewichtet als das des Eigentümers an der Unversehrtheit seiner gefahrträchtigen Sache. Im Hinblick auf diese **Gefahrträchtigkeit**, zu deren Abwendung eingegriffen wird, liegt ein sachlich berechtigender Grund für eine **Abweichung von der Grundregel** des „casus sentit dominus" vor. Ein – gar wesentliches – Überwiegen des bedrohten Rechtsguts ist deshalb nicht nötig. Erst wenn der bei der Abwehr der gefährlichen Sache zu erwartende **Schaden außer Verhältnis zu der Gefahr** steht, ist die Abwehr nicht mehr gerechtfertigt.

Der hinter § 228 BGB stehende allgemeine Grundgedanke hat auch für andere Rechtfertigungsgründe Bedeutung. Er ist etwa **in § 34 „einzuspiegeln"**, soweit es nicht um unmittelbar von § 228 BGB erfasste Sachgefahren geht. Ein **spezieller Ausprägungsfall des Defensivnotstands** findet sich in der **Notwehrregelung** des **§ 32** (im Wesentlichen[91] inhaltsgleich: in **§ 227 BGB**).

84

85

---

[90] Vgl. dazu auch das Beispiel des zerstörten Schirms bei *Wessels/Beulke/Satzger*, AT[48], Rn. 442; in derartigen Fällen ist nicht selten auch an eine rechtfertigende mutmaßliche Einwilligung zu denken.

[91] § 227 BGB ist etwas weiter, denn diese Regelung erfasst jede Handlung, die durch Notwehr geboten ist (nicht nur „Taten" i. S. des Strafrechts; vgl. § 11 I Nr. 5).

3. Notwehr (§ 32)

a) Grundlagen

aa) Allgemeines

86 Die durch Notwehr „gebotene" Tat ist nicht rechtswidrig (§ 32 I). Und: „Notwehr ist die Verteidigung, die erforderlich ist, um einen gegenwärtigen rechtswidrigen Angriff von sich" (= Notwehr i. e. S.) „oder einem anderen" (= Nothilfe) „abzuwenden". Dabei wird die **Notwehrlage** im Allgemeinen verstanden als von einem Menschen drohende Beeinträchtigung eines rechtlich geschützten Interesses in Widerspruch zu den Normen des Rechts. Und als gerechtfertigte **Verteidigungshandlung** begreift man das Mittel, das den Angriff bei möglichster Schonung des Angreifers zu beenden geeignet ist. Unter mehreren gleich geeigneten Mitteln muss das relativ mildeste gewählt werden. Auf unsichere Verteidigungsmittel braucht sich der Angegriffene dabei nach allgemeiner Auffassung grundsätzlich ebenso wenig verweisen zu lassen wie auf die Möglichkeit des Ausweichens. Die Notwehr ist im Gegensatz etwa zur zivilrechtlichen Selbsthilfe (§ 229 BGB) auch nicht subsidiär; denn sie verlangt nicht, dass „obrigkeitliche Hilfe nicht rechtzeitig zu erlangen ist".

87 Allerdings ist durch Notwehr nur eine Beeinträchtigung von **Gütern und Interessen des Angreifers** gerechtfertigt. Beeinträchtigungen **Dritter** können aber etwa über § 34 nach **Notstandsregeln** gerechtfertigt sein.

88 Auch in der Notwehrlage stehen sich zwei grundsätzlich anzuerkennende Rechtsgüterschutzinteressen gegenüber. Im Verhältnis zur Notstandslage beim Defensivnotstand besitzt die Notwehrlage die Besonderheit, dass die **Gefahr** für ein rechtlich geschütztes Interesse gerade **von einem Menschen ausgeht**. Im Gegensatz zu den Notstandsregeln enthält **§ 32 kein Proportionalitätserfordernis**. Eine Güter- und Interessenabwägung im Einzelfall ist nicht vorgesehen. Vielmehr ist jedenfalls nach dem Wortlaut prima facie jede Verteidigungshandlung gerechtfertigt, die erforderlich ist, um den Angriff abzuwenden. Selbst die von der Defensivnotstandsregelung des § 228 BGB bekannte Grenze des unverhältnismäßig großen Schadens, der durch die Verteidigungshandlung angerichtet wird, findet sich in § 32 nicht. Diese **„Schneidigkeit"** des Notwehrrechts – die freilich durch so genannte sozialethische Einschränkungen des Notwehrrechts z. T. wieder entschärft wird – bedarf der näheren Begründung.

bb) Grund des schneidigen Notwehrrechts

(1) Dualistische Konzeption

89 Als Erklärungsmodell für die Rechtfertigung der erforderlichen Notwehrhandlung ohne das Erfordernis einer besonderen Interessenabwägung im Einzelfall, dient in aller Regel eine dualistische Konzeption: Der Notwehr übende Verteidiger schütze nicht nur ein **Individualrechtsgut**, sondern wahre durch die Angriffsabwehr über-

dies die überindividuell zu verstehende **„Geltung der Rechtsordnung"**, welche durch den rechtswidrigen Angriff in Frage gestellt sei. Dieser Angriff richte sich nicht nur gegen das in der konkreten Kollisionssituation bedrohte Individualrechtsgut des Angegriffenen; in diesem Angriff liege zugleich (kumulativ) eine geistige Infragestellung der Geltung der Rechtsordnung. Der Notwehr Übende fungiert demzufolge gleichsam auch als Wahrer des Rechts in einer Situation, in der der Staat das Recht nicht selbst zu schützen vermag. Das Notwehrrecht ruht in solcher Sicht gleichsam auf zwei Säulen: dem **Individualschutz** und dem **überindividuellen Rechtsbewährungsinteresse**.[92] Nach der dualistischen Notwehrkonzeption sind beide Gründe zusammengenommen praktisch immer so gewichtig, dass die Vornahme der erforderlichen Verteidigungshandlung eine Entscheidung für das (wesentlich) überwiegende Interesse bedeutet.

Eine **dualistische Notwehrkonzeption** wirft bei näherer Betrachtung freilich **mehr Fragen auf** als sie beantwortet: Was ist genau mit Wahrung des überindividuell verstandenen Rechts gemeint? Inwiefern harmoniert eine solche „Beleihung" einer Privatperson mit den **öffentlich-rechtlichen Bindungen** des Staates? In welchem **Verhältnis** soll das so bestimmte **überindividuelle Interesse** zum konkret betroffenen **Individualinteresse** stehen?   90

(2) Monistisch-überindividuelle Konzeption

Das Notwehrrecht wird selten rein überindividuell begründet.[93] In solcher Sicht ist der durch die Notwehr bewirkte Schutz der Güter- und Interessen des Einzelnen lediglich ein für die Notwehrbegründung unmaßgeblicher **„Schutzreflex"**. Entscheidend soll allein das **Interesse der Gemeinschaft** an einer **Selbstbehauptung des Rechts** gegenüber dem Unrecht sein.   91

In einem solchen Konzept stellt sich zwar nicht das Problem des Verhältnisses zweier verschiedener Schutzrichtungen zueinander, wie es in einer dualistischen Notwehrkonzeption auftritt. Aber es stellen sich die **Probleme** einer **Legitimation der Verleihung hoheitlicher Befugnisse auf Privatpersonen** in verschärfter Form. Bei der entsprechenden Delegation dürften jedenfalls **öffentlich-rechtliche Bindungen** des Staates – die auch im Verhältnis zu Rechtsbrechern bestehen (!) – nicht unterlaufen werden.   92

---

[92] I. S. einer dualistischen Notwehrkonzeption etwa BGHSt 24, 356, 359; s. a. *Haft*, AT⁹, S. 84; *Jescheck/Weigend*, AT⁵, § 32 I 2 (S. 337); *Kühl*, AT⁸, § 7 Rn. 6 ff.; *Roxin*, AT I⁴, § 15 Rn. 1 ff.; *Otto*, AT⁷, § 8 Rn. 17; *Schüler*, Zweifel über das Vorliegen einer Rechtfertigungslage, S. 133 f. Eingehende Kritik der dualistischen Konzeption bei *Renzikowski*, Notstand und Notwehr, S. 76 ff.; s. a. *Retzko*, Die Angriffsverursachung bei der Notwehr, S. 113 ff. – Zu den monistischen Notwehrkonzeptionen s. sogleich im Text.

[93] I. S. einer monistisch-überindividuellen Notwehrkonzeption etwa *Schmidhäuser*, Studienbuch AT², 6/51; *ders.*, GA 1991, 97 ff.

(3) Monistisch-individualrechtliche Konzeption

93 Rein individualrechtliche Notwehrkonzeptionen sind im Vordringen begriffen. Einer rein individualrechtlichen Konzeption dient als Erklärung für das schneidige Notwehrrecht **ausschließlich** eine **Analyse und Bewertung der Individualinteressen**, die am durch den rechtswidrigen Angriff heraufbeschworenen Konflikt beteiligt sind.[94] Hiernach erweist sich im Fall eines gegenwärtigen rechtswidrigen Angriffs eine erneut vorzunehmende Interessenbewertung jedenfalls in der Regel als entbehrlich. Denn es kann grundsätzlich von einem wesentlichen Überwiegen bereits des Individualinteresses ausgegangen werden, das durch die Verteidigung gewahrt wird. Der Heranziehung überindividueller Interessen bedarf es in solcher Sicht nicht.

94 Bisherige monistisch-individualrechtliche Konzeptionen haben sicher noch einige Schwächen und provozieren deshalb berechtigte Einwände.[95] Diese dürften sich aber ohne allzu große Schwierigkeiten durch kleinere Korrekturen, gewisse Präzisierungen und Klarstellungen ausräumen lassen. Jedenfalls vermeidet eine konsequente **individualrechtliche Fundierung** des (schneidigen) **Notwehrrechts** die Ungereimtheiten und systematischen Brüche der dualistischen wie der monistisch-überindividuellen Konzeption. Außerdem bewährt sie sich vor allem auch in der **Bewältigung** des unten (§ 3) Rn. 115 ff. behandelten **Problems der sog. sozialethischen Einschränkungen.**

95 Der Gedanke der Wahrung überindividueller Interessen vermag weder die Schneidigkeit des Notwehrrechts zu begründen noch die sachlich berechtigten sozialethischen Einschränkungen der Notwehr überzeugend zu erklären. Für die **Außerkraftsetzung** oder Aufrechterhaltung des „im Tatbestandsbereich" gefällten **grundsätzlichen Missbilligungsurteils** über ein Verhalten (etwa als tatbestandsmäßiges Tötungs-, Körperverletzungs- oder Sachbeschädigungsverhalten) können **nur die bedrohten Individualinteressen des Angegriffenen** und deren **Gewichtung im Verhältnis zu den Angreiferinteressen** Bedeutung gewinnen. Die Interessen des Angreifers müssen sich nur dann eine Zurücksetzung gefallen lassen, wenn die kollidierenden Individualinteressen des Angegriffenen einen entsprechenden **Vorrang haben.**

96 Der **entscheidende Sachgrund** für einen solchen Vorrang der Interessen des Angegriffenen liegt in der **vollen und ausschließlichen Verantwortlichkeit des**

---

[94] I. S. einer monistisch-individualrechtlichen Notwehrkonzeption etwa *Erb*, in: MünchKommStGB³, § 32 Rn. 18; *Frister*, GA 1988, 291, 301 ff.; *Hoyer*, in: SK StGB⁹, § 32 Rn. 5 f.; *Haas*, Kausalität und Rechtsverletzung, S. 98 ff., 101 (Durchsetzung des subjektiven Rechts des Betroffenen); *Mitsch*, JA 1989, 79, 84; *Wagner*, Individualistische oder überindividualistische Notwehrbegründung, S. 29 ff.; vgl. a. *Hruschka*, AT², S. 137; *Kioupis*, Notwehr und Einwilligung – Eine individualistische Begründung, 1992; *Seeberg*, Aufgedrängte Nothilfe, Notwehr und Notwehrexzess, S. 66 ff.; ferner *Kargl*, ZStW 110 (1998), 38 ff. mit einem von ihm so genannten „intersubjektiven" Notwehrkonzept. – Unter dem Blickwinkel der Nothilfe instruktiv zur Ratio der Notwehr auch *Kuhlen*, GA 2008, 282 ff.

[95] Vgl. etwa die Einwände bei *Kühl*, AT⁸, § 7 Rn. 16 ff.

Angreifers für die akute **Kollisionslage**.[96] Insoweit handelt es sich bei der Notwehr um einen **Spezialfall des Defensivnotstands**, in dem der dort vorfindbare Sachgrund für eine Zurücksetzung der Güter und Interessen der gefahrträchtigen Sphäre in idealtypischer Form ausgeprägt ist: Bei der Notwehr ist die Gefahrenquelle nicht nur irgendwie der Sphäre zuzuordnen, in die eingegriffen wird, sondern der **Sphärenträger selbst** ist es, der rechtswidrig und gleichsam sehenden Auges die **Kollisionssituation** in **allein zu verantwortender Weise** heraufbeschwört. Bei dieser Sachlage wäre es unangemessen, demjenigen die Hinnahme von Einbußen anzusinnen, die er nach den – dem Angreifer bekannten – Vorentscheidungen der Rechtsordnung gerade nicht hinzunehmen hat. Hier liegt der berechtigte Kern des oft missverstandenen Satzes, dass das Recht dem Unrecht nicht zu weichen brauche. Genauer – wenngleich immer noch schlagwortartig-verkürzt – lässt sich sagen: Das **Recht des Angegriffenen** (!) braucht dem zu **verantwortenden unrechtmäßigen Angriff nicht** zu **weichen**.

Die Einbeziehung des Gedankens der (**ausschließlichen und vollumfänglichen**) **Verantwortlichkeit** für die Kollisionslage führt hier zu einer entsprechenden Modifikation der rechtlichen **Anerkennungswürdigkeit** der kollidierenden Individualinteressen und ermöglicht es, den Konflikt praktisch durchweg zu Lasten desjenigen zu entscheiden, der ihn so zu verantworten hat. Dieser Sachgrund erlaubt auch eine Begründung dafür, dass sich der Angegriffene trotz Bestehens einer Ausweichmöglichkeit wehren darf: Ein berechtigtes Individualinteresse, dem Angriff nicht ausweichen zu müssen, besteht, weil die **Ausweichpflicht** ihrerseits zu einer **Einbuße an allgemeiner Handlungsfreiheit** beim Angegriffenen führt. Es wäre verfehlt, diese Einbuße als zu vernachlässigende Größe aufzufassen.

97

Man denke insofern etwa an den Fall, dass jemand, müsste er dem Angriff ausweichen, gezwungen wäre, seine eigene Wohnung zu verlassen oder sie gar nicht erst zu betreten. Aber auch da, wo es **vordergründig** nur um „**ein paar Schritte zur Seite**" zu gehen scheint, kommt dem Individualinteresse, dies von Rechts wegen nicht tun zu müssen, oft ein nicht zu unterschätzendes Gewicht für ein angemessen geregeltes Zusammenleben zu. Insoweit geht es keineswegs allein und noch nicht einmal primär um den dafür nötigen – naturalistischen – Kraftaufwand, sondern um den entsprechenden **Freiheitswert für den Betroffenen**, der sehr viel höher einzuschätzen sein kann.

98

b) Die Notwehrlage im Einzelnen

Die Notwehrlage entsteht durch einen gegenwärtigen rechtswidrigen Angriff. Ein Angriff setzt nach geläufigem Verständnis eine durch menschliches Verhalten **drohende Verletzung rechtlich geschützter Güter oder Interessen** voraus.[97]

99

---

[96] I. d. S. etwa auch *Mitsch*, JA 1989, 79, 84; *Frister*, GA 1988, 291, 302; vgl. auch *Frisch*, FS Yamanaka, 2017, S. 49, 65, 66; *Greco*, GA 2018, 665, 676, 678 f.
[97] Vgl. etwa *Bringewat*, Grundbegriffe³, Rn. 445; *Perron/Eisele*, in: Schönke/Schröder³⁰, § 32 Rn. 3; *Wessels/Beulke/Satzger*, AT⁴⁸, Rn. 494.

100   Notwehrfähig ist jedes (**Rechtsgüterschutz-)Interesse**, das auch notstandsfähig ist. Dazu zählen neben **Leben, Gesundheit** und **Eigentum** etwa auch der **Besitz** und das **Recht am eigenen Bild**. Auch zugunsten von **Staatseigentum** und **vergleichbaren Gütern des Staates** ist Notwehr in Form der Nothilfe möglich. Lediglich mit Blick auf die Verteidigung der **öffentlichen Ordnung** bzw. der Rechtsordnung allgemein ist eine **etwaige ausschließliche Kompetenzzuweisung** an dazu berufene Organe zu beachten, die **nicht ausgehebelt werden** darf.[98]

101   Greift ein **Tier** an, gelten die Regeln des **Defensivnotstands**. Das folgt nach der hier vertretenen Sicht des Notwehrrechts schon daraus, dass ein Tier **nicht** im rechtlich relevanten Sinn für die Herbeiführung der Kollisionssituation „**verantwortlich**" ist.[99] Dementsprechend scheiden selbstverständlich auch **menschliche Körperbewegungen**, die **nicht** der **Steuerbarkeit** durch die Person unterliegenden, als Angriff i. S. des Notwehrrechts aus.[100]

102   Für einen Angriff i. S. des schneidigen Notwehrrechts ist aber entgegen der wohl noch h. M. weiter zu verlangen, dass der **Angreifer** in Bezug auf die durch ihn zu erwartende Güter- und Interessenbeeinträchtigung gleichsam sehenden Auges und vor allem **verantwortlich** handelt. Jedenfalls bei **unbewusst fahrlässigem Verhalten** und dem Verhalten von **Kindern** und anderen **nicht verantwortlichen Personen** fehlt schon im Ansatz der Sachgrund für ein im Verhältnis zum Defensivnotstand besonderes Notwehrrecht.[101]

103   Das gilt im Grunde unabhängig davon, ob das schneidige Notwehrrecht wie hier monistisch-individualrechtlich oder aber – wie wohl noch vorherrschend – dualistisch begründet wird. Denn beide Male ist ohne eine **qualifizierte personale Fehlleistung des „Angreifers"** nicht auszukommen. Dieses ratio-konforme Notwehrer-

---

[98] Näher zu diesem umstrittenen Fragenkreis etwa *Erb*, in: MünchKommStGB³, § 32 Rn. 100. – Vgl. hierzu auch das spezielle Widerstandsrecht des Art. 20 IV GG; s. dazu etwa *Hirsch*, in: LK¹¹, Vor § 32 Rn. 83; *Rönnau*, in: LK¹², Vor § 32 Rn. 128 ff. – Die Frage, ob ein Tier ein „anderer" i. S. des § 32 ist, bejahend etwa *Herzog*, JZ 2016, 190, 195; *Roxin*, AT I⁴, § 15 Rn. 34; abl. *Erb*, in: MünchKommStGB³, § 32 Rn. 100 m. w. N. pro et contra.

[99] Etwas anderes gilt, wenn das Tier von einem Menschen gehetzt wird und gleichsam als dessen verlängerter Arm fungiert. Dies ist als Angriff des Menschen zu werten, der das Tier als Mittel hierzu einsetzt. – Weitergehend freilich *Spendel*, in: LK¹¹, § 32 Rn. 38 ff.; wie hier dagegen nun *Rönnau/Hohn*, in: LK¹², § 32 Rn. 99.

[100] Im Ergebnis wie hier etwa auch *Roxin*, AT I⁴, § 15 Rn. 6 und 8 (der allerdings mit dem fehlenden Rechtsbewährungsinteresse argumentiert).

[101] Sachlich übereinstimmend z. B. *Grünewald*, Das vorsätzliche Tötungsdelikt, S. 231 f.; *Hoyer*, JuS 1988, 89, 95 f.; *ders*., in: SK StGB⁹, § 32 Rn. 11 f.; *Jakobs*, AT², 12/16 f.; *Pawlik*, Jura 2002, 26, 28 f.; s. a. *Frister*, GA 1988, 291, 305 ff.; *Hruschka*, AT², S. 140 ff.; *Otto*, AT⁷, § 8 Rn. 20 f. (der allerdings mit der fehlenden Infragestellung der Rechtsordnung argumentiert); *Renzikowski*, Notstand und Notwehr, S. 283 ff.; *Schmidhäuser*, GA 1991, 97, 127 ff. – Anders etwa *Roxin*, AT I⁴, § 15 Rn. 10 (der über den Wortlaut argumentiert und meint, § 32 setze nur einen rechtswidrigen und keinen schuldhaften Angriff voraus; *Jescheck/Weigend*, AT⁵, § 32 II 1 a (S. 338) und *Wessels/Beulke/Satzger*, AT⁴⁸, Rn. 494 fordern lediglich Handlungsqualität; ebenso *Bringewat*, Grundbegriffe³, Rn. 445; vgl. a. *Rönnau/Hohn*, in: LK¹², § 32 Rn. 100. – Dagegen will *Spendel*, in: LK¹¹, § 32 Rn. 23 ff., den Angriff „rein objektiv" bestimmen und fasst selbst Reflexbewegungen und Bewegungen im Schlaf als Angriff auf.

fordernis lässt sich bei verständiger Würdigung durchaus beim **Gesetzesbegriff des „Angriffs"** (i. S. des Notwehrrechts) verorten und führt – genauso wie beim rein sprachlich auch erfassbaren **Tier-„Angriff"** – zur Ausfilterung der nicht „gemeinten" Fälle nicht hinreichend verantwortlicher „Angreifer". Schon rein sprachlich kaum als „Angriff" lassen sich die weithin dennoch einbezogenen Fälle unbewusst fahrlässigen güterbedrohenden Verhaltens begreifen: Der **„unbewusst fahrlässige Angreifer"** ist genau genommen ein **Widerspruch in sich!**

Die voreilige und **sachwidrige Erfassung** von Konstellationen nicht (voll) verantwortlich Handelnder als i. S. des Notwehrrechts „Angreifende" wird letztlich im Wege einer **sozialethischen Beschränkung** des so zunächst eröffneten schneidigen Notwehrrechts regelmäßig wieder **korrigiert**.[102]   **104**

Die Notwehrlage i. S. des § 32 setzt einen *gegenwärtigen* Angriff voraus. Meist wird hier folgendermaßen definiert: „Gegenwärtig ist ein Angriff, der unmittelbar bevorsteht, bereits begonnen hat oder noch andauert."[103] Mit dieser Definition, die auch einen lediglich unmittelbar bevorstehenden Angriff als gegenwärtigen Angriff erfasst, wird jedoch die **Grenze des Wortlauts** sehr strapaziert. Ein Verhalten, das erst noch bevorsteht, ist schwerlich als *gegenwärtiger* Angriff zu bezeichnen.[104] Für die **schneidige Notwehr** ergibt aber gerade die Einengung auf einen solchen gegenwärtigen Angriff auch in der Sache einen guten Sinn: Für einen nur bevorstehenden – also noch nicht erfolgten, sondern allenfalls geplanten – Angriff fehlt die notwehrspezifische Verantwortlichkeit. Nur der gegenwärtig Angreifende dokumentiert hinreichend manifest seine Gefährlichkeit und Entschlossenheit. Und nur ihm gegenüber kann auch das **Risiko der Fehleinschätzung** beim Verteidiger in einem akzeptablen – tolerierbaren – Rahmen gehalten werden.[105] Ein nur bevorstehender Angriff ist mithin kein gegenwärtiger Angriff. Gegenwärtig ist nach der hier vorgeschlagenen Definition nur ein Angriff, der bereits begonnen hat oder noch andauert. Selbstverständlich fehlt es an einem gegenwärtigen Angriff, wenn der **Angriff beendet** (also fehlgeschlagen, endgültig aufgegeben oder vollständig durchgeführt) ist. Im Falle einer **Erpressung** ist der Angriff auf Eigentum und Besitz mit dem Erlangen der Beute durch den Täter nicht unbedingt beendet, sondern erst mit dem für das Opfer **endgültigen Verlust**.[106]   **105**

---

[102] Vgl. dazu noch unten (§ 3) Rn. 115 ff.
[103] S. etwa *Wessels/Beulke/Satzger*, AT[48], Rn. 498; *Kühl*, AT[8], § 7 Rn. 39 ff., jew. m. w. N. – Zum unmittelbar bevorstehenden Angriff als „Handlung, die dem Versuchsbeginn unmittelbar vorgelagert ist" vgl. BGH NStZ 2018, 84.
[104] I. d. S. etwa auch *Bottke*, JR 1986, 292, 293; *Ludwig*, Notwehr- und Notstandsrecht, S. 84; *Roxin*, GS Zong Uk Tjong, 1985, S. 137, 141.
Nach *Duden*, Band 1, ist Angriff die Eröffnung eines Kampfes. Noch deutlicher wird das Ergebnis, wenn man die Herkunft des Wortes „Angriff" untersucht: Es stammt von dem mittelhochdeutschen Wort „an[e]grif" und dem althochdeutschenWort „anagrif" ab, welche soviel wie „Berührung, Anfassen, Umarmung" bedeuteten; vgl. hierzu: *Duden*, Herkunftswörterbuch.
[105] I. d. S. etwa auch *Ludwig*, Notwehr- und Notstandsrecht, S. 88.
[106] Vgl. BGHSt 48, 207, 209 („Erpressungs-Fall"; ausführlicher abgedruckt in JZ 2003, 961 m. Anm. *Roxin*).

106 **Rechtswidrig** im Sinne des Notwehrrechts ist der Angriff, wenn er im Widerspruch zu den Normen des Rechts steht. Dabei kommt es nach der hier vertretenen Konzeption entscheidend auf das entsprechende **personale Verhaltensunrecht** (unter Einschluss der Schuldaspekte) an. Denn ohne ein solches – also bei bloß fehlender Duldungspflicht – liegt der erforderliche **Sachgrund** für das **schneidige Notwehrrecht** nicht vor.[107] Prüfungstechnisch ist das Problem allerdings bereits ein solches des „Angriffs" i. S. des Notwehrrechts, den ein schuldlos Handelnder nicht führen kann.[108]

107 Die verbreitete abweichende Bestimmung der Rechtswidrigkeit i. S. eines Abstellens auf den **„Erfolgsunwert"**[109] vermag im Hinblick auf die denkbaren Rationes der Notwehr nicht zu überzeugen und wird regelmäßig durch die Annahme einer sozialethischen Einschränkung des zu weit geratenen Notwehrrechts im Hinblick auf die **inakzeptablen Rechtsfolgen** letztlich wieder konterkariert.[110]

108 Ob eine Notwehrlage im bisher skizzierten Sinne gegeben ist, beurteilt sich nicht nach der aus gleichsam höherer Warte bestimmten Wirklichkeit, sondern auf der Basis der für den Handelnden verfügbaren Sachlage. **Maßgeblich** ist – wie sonst auch bei der Verhaltensbeurteilung – die **Perspektive des** von der Verhaltensbewertung **Betroffenen**.[111] Das gilt selbstverständlich auch für die im Folgenden näher erörterte (erforderliche und gebotene) Notwehrhandlung.

109 Deren Rechtfertigung hängt nach dem oben (§ 3) Rn. 21 Gesagten nicht davon ab, ob der Betreffende bei **Kenntnis** der maßgeblichen Sachlage einen **speziellen** (weitergehenden) **Verteidigungswillen** in dem Sinne besitzt, dass es ihm auch entscheidend (mit) darauf ankommt, Notwehr zu üben. Eine andere Sicht liefe darauf hinaus, ein erlaubtes Verhalten nur der anstößigen **Gesinnung** wegen zu missbilligen.[112] Sie lässt sich in einem dem Rechsgüterschutzgedanken verpflichteten (Straf-) Recht schlechterdings nicht legitimieren.

---

[107] S. freilich etwa auch *Jescheck/Weigend,* AT[5], § 32 II 1 c (S. 341); näher zu dieser Streitfrage *Erb,* in: MünchKommStGB[3], § 32 Rn. 36 ff.; *Roxin,* AT I[4], § 15 Rn. 14 ff. m. w. N.

[108] Vgl. dazu schon oben (§ 3) Rn. 102 f.

[109] So etwa *Jescheck/Weigend,* AT[5], § 32 II 1 c (S. 341) m. w. N.; Notwehr soll danach sogar gegen Personen zugelassen sein, die sich nicht sorgfaltswidrig verhalten (das Notwehrrecht wird lediglich in seiner Ausübung sozialethisch eingeschränkt).

[110] Vgl. dazu nur *Jescheck/Weigend,* AT[5], § 32 II 1 c (S. 341); zu den Notwehreinschränkungen mit Beispielen noch näher unten (§ 3) Rn. 115 ff.

[111] S. dazu im grundsätzlichen Zusammenhang oben § 2 Rn. 28 ff. und (§ 3) Rn. 10 ff.

[112] Problematisch insofern etwa BGH NJW 2003, 1955, 1958 = JZ 2003, 961, 963 a. E. (m. Anm. *Roxin*) (Verteidigungswille als Voraussetzung der Rechtfertigung neben der Kenntnis der rechtfertigenden Sachlage). – S. allgemein zur Irrelevanz von Gesinnungen für die strafrechtliche Bewertung *Timm,* Gesinnung und Straftat; *dies.,* JR 2014, 141, 143 ff.

IV. Einzelne Rechtfertigungsgründe

c) Die Notwehrhandlung im Einzelnen

aa) Grundsätzliches zur gerechtfertigten Verteidigungshandlung

Eine gerechtfertigte Notwehrhandlung ist gegeben, wenn der i. S. des Notwehrrechts Angegriffene selbst oder ein ihm helfender Dritter angesichts der Notwehrlage die erforderliche und gebotene Verteidigung vornimmt. Stehen mehrere gleich wirksame Verteidigungsmittel zur Verfügung, so ist nur die Verteidigung mit dem **mildesten verfügbaren Mittel** erforderlich. Auf unsichere Verteidigungsmittel muss sich der Angegriffene oder der helfende Dritte dabei allerdings grundsätzlich ebenso wenig verweisen lassen wie auf die Möglichkeit des Ausweichens.[113] Man darf von dem Angegriffenen auch nicht verlangen, „schnell beiseite zu treten" oder „sich zu ducken".[114] 110

Sachlich legitimiert ist diese „**Schneidigkeit**" des Notwehrrechts durch den Gedanken der **ausschließlichen und vollumfänglichen Verantwortlichkeit des Angreifers** für die Entstehung der Kollisionssituation wie er in abgeschwächter Form auch beim Defensivnotstand vorkommt. Er erklärt insbesondere auch das grundsätzliche **Fehlen einer Ausweichpflicht**, die ja ihrerseits mit einer Gutseinbuße beim Angegriffenen verbunden wäre. Das entsprechende Freiheitsrecht des Angegriffenen muss dem vom Angreifer zu verantwortenden unrechtmäßigen Angriff grundsätzlich eben nicht weichen – und zwar auch dann nicht, wenn der dem **Angreifer** durch die erforderliche Verteidigung **zugefügte Schaden** für sich betrachtet unverhältnismäßig größer ist.[115] 111

Aus demselben Grund besteht grundsätzlich auch **keine Pflicht, Hilfe Dritter** – etwa der **Polizei** – herbeizuholen.[116] Denn auch eine solche Pflicht liefe auf eine nicht legitimierbare Beeinträchtigung des Freiheitsrechts des Angegriffenen hinaus. 112

Für **automatisierte Abwehreinrichtungen** – wie etwa Selbstschussanlagen, Fußangeln, stromführende Drähte oder auch Hunde[117] – gelten keine Sonderregeln. Vielmehr sind auch bei diesen die Anforderungen an die erforderliche Abwehr einzuhalten. Jedenfalls tödlich wirkende Mittel sind regelmäßig nicht erforderlich.[118] 113

---

[113] S. dazu statt vieler *Jäger,* Repetitorium AT[8], Rn. 118; *Jescheck/Weigend,* AT[5], § 32 II 2 (S. 343 f.); *Kühl,* in: Lackner/Kühl[29], § 32 Rn. 8; *Roxin,* AT I[4], § 15 Rn. 49; vgl. a. BGH GA 1956, 49 f.

[114] Anders – aber aus den im Text sogleich genannten Gründen nicht überzeugend – *Wessels/Beulke/Satzger,* AT[48], Rn. 518, wo Derartiges verlangt wird, sofern dies nicht als generelle Preisgabe des Rechtsguts interpretierbar sei.

[115] Zur Verneinung einer Ausweichpflicht s. etwa *Roxin,* AT I[4], § 15 Rn. 49 (der mit dem Wortlaut argumentiert, wonach Weglaufen keine Abwehr sei; außerdem sei eine Ausweichpflicht mit dem Gedanken der Rechtsbewährung nicht vereinbar); s. dazu ergänzend *Perron/Eisele,* in: Schönke/Schröder[30], § 32 Rn. 40 m. w. N.

[116] Im Ergebnis ebenso etwa *Roxin,* AT I[4], § 15 Rn. 50.

[117] Zum Fall eines scharf abgerichteten Wachhundes, der einen harmlosen Passanten verletzt, weil Unbefugte eine Entweichungsmöglichkeit geschaffen haben, s. OLG Düsseldorf JR 1994, 372 f. m. krit. Anm. *Brammsen.*

[118] I. d. S. etwa auch *Roxin,* AT I[4], § 15 Rn. 51. – In der hier interessierenden Hinsicht bedeutsam ist auch der Fall der als „Echter Hiekes Bayerwaldbärwurz" getarnten und für Einbrecher be-

114   An die **Eignung** der tatsächlich gewählten Abwehrhandlung dürfen keine überzogenen Anforderungen gestellt werden. Auch die nur entfernte **Chance** der Angriffsabwehr oder auch nur der Angriffsabschwächung **genügt**.[119]

bb) Grenzen des schneidigen Notwehrrechts

115   Auf der Basis der hier herausgearbeiteten – im Ansatz **monistisch-individualrechtlichen**, lediglich durch den **Verantwortlichkeitsgedanken modifizierten** – **Notwehrkonzeption** verstehen sich gewisse Beschränkungen des Notwehrrechts von selbst. Sie sind auch in dem nach wie vor verbreiteten **dualistischen Notwehrkonzept** anerkannt, lassen sich in einem solchen aber zumindest teilweise nicht überzeugend begründen.[120]

(1) Nicht (voll) verantwortlicher Angreifer

116   Der hinter dem schneidigen Notwehrrecht stehende Grundgedanke ist ersichtlich nicht mehr in vollem Umfang tragfähig bei nicht voll für den Angriff verantwortlichen Personen, wie z. B. **Kindern**, schuldlos oder auch schuldhaft **Irrenden** und **Betrunkenen**. Verneint man – anders als nach der hier vertretenen Konzeption – in solchen Fälle nicht bereits einen Angriff i. S. des Notwehrrechts, bedarf es zur Vermeidung unangemessener Ergebnisse jedenfalls der Korrektur durch eine **sozialethische Einschränkung** des zunächst zu weit geratenen Notwehrrechts.[121]

117   In Fällen **nicht** oder **nicht voll verantwortlicher Angreifer** trägt zwar nach wie vor der nach dem jeweiligen Ausprägungsgrad unterschiedlich abzustufende allgemeine Gedanke des Defensivnotstands. Indessen wäre es unangemessen, schon deshalb die Kollisionslage durchweg und um jeden Preis zu Lasten der gefährlichen, aber nicht oder nur beschränkt verantwortlichen Person zu entscheiden. Denn das Recht kann mitunter auch **Rücksichtnahmen** und ein Zurückstellen an sich berech-

---

stimmten Giftflasche. In der Entscheidung des BGH (NJW 1997, 3453 f.) wird die Rechtfertigungsfrage allerdings vollkommen übergangen. Die fehlende Rechtfertigung wird vielmehr als selbstverständlich vorausgesetzt. Lediglich das Problem des Überschreitens der Versuchsschwelle zum Tötungsdelikt wird thematisiert (s. dazu noch unten § 8 Rn. 41 ff.). – Zur antizipierten Notwehr s. ergänzend *Müssig*, Antizipierte Notwehr, ZStW 115 (2003), 224 ff.

[119] Sachlich übereinstimmend etwa *Wessels/Beulke/Satzger*, AT[48], Rn. 511 („An die Effektivität der Abwehr dürfen nur minimale Anforderungen gestellt werden, um auch unterlegenen Angegriffenen das Notwehrrecht nicht zu nehmen."); s. a. *Warda*, GA 1996, 405 ff.; krit. freilich *Alwart*, JuS 1996, 953 ff.

[120] Notwehreinschränkungen insgesamt – unter anderem mit Hinweis auf Art. 103 II GG – ablehnend *Spendel*, in: LK[11], § 32 Rn. 307 ff.; s. a. *Langer*, Sonderstraftat, S. 103 ff.; abwägend dagegen *Rönnau/Hohn*, in: LK[12], § 32 Rn. 225 ff., die nur betonen, dass „beim Einsatz der Notwehreinschränkungen jedenfalls große Zurückhaltung geübt werden (muss)." – Näher zur Problematik der Einschränkungen der Verteidigungsbefugnis bei der Nothilfe *Kuhlen*, GA 2008, 282 ff.

[121] Vergleiche etwa *Erb*, in: MünchKommStGB[3], § 32 Rn. 209 ff.; *Jescheck/Weigend*, AT[5], § 32 III 3 a (S. 345); *Roxin*, AT I[4], § 15 Rn. 61 ff.; *Wessels/Beulke/Satzger*, AT[48], Rn. 542 ff. (jew. mit Argumentation über das fehlende Interesse an der Bewährung der Rechtsordnung).

tigter Eigeninteressen verlangen. Das ist in verschiedenen Zusammenhängen durchaus geläufig. Man denke nur an die rechtliche Inpflichtnahme Unbeteiligter bei Unglücksfällen. Dementsprechend darf auch eine entstandene Kollisionslage nicht um jeden Preis zu Lasten der gefährlichen, aber nicht voll verantwortlichen Person aufgelöst werden. Hier kann mitunter der Verweis auf **Ausweichmöglichkeiten** die **adäquate Auflösung der Konfliktlage** sein. Entsprechendes gilt auch für die Hinnahme von im Verhältnis zu drohenden Folgen der Abwehrhandlung geradezu **bagatellhaften Beeinträchtigungen**.[122]

Dies gilt in ganz besonderem Maße bei solchen Personen, die – wie **Kinder** oder **schuldlos Irrende** – nach rechtlichen Maßstäben für ihr Involviertsein in die Kollisionslage „nichts können" – also im Grunde fast genauso „Zufallsbetroffene" sind wie der andere Teil. Es gilt aber auch – wenngleich in abgeschwächtem Maße – für Personen, denen zwar ein rechtlicher Vorwurf in Bezug auf die Herbeiführung der Kollisionslage gemacht werden kann, die aber die Tragweite ihres Verhaltens für fremde und eigene (!) Güter und Interessen nicht in vollem Umfang überblicken. Zu denken ist etwa an **betrunkene „Angreifer"** oder an Personen, die **irrtumsbedingt fahrlässig handeln**.[123] 118

Allerdings zeigt der Blick auf die im Bereich der unterlassenen Hilfeleistung statuierbaren Verpflichtungen, dass dem Angegriffenen nicht allzuviel an hinzunehmender Güter- und Interessenbeeinträchtigung abverlangt werden darf. Keinesfalls kann die Hinnahme von mehr als bagatellhaften Beeinträchtigungen der körperlichen Integrität bzw. die Hinnahme vergleichbarer Risiken erwartet werden. **Praktische Bedeutung** gewinnt so gesehen vor allem der wohl noch am ehesten mögliche Verweis auf eine **bestehende Ausweichmöglichkeit**. Wenn eine solche nicht besteht, bleibt es bei dem Recht zum Schutze der eigenen Güter nach den Regeln des Defensivnotstands.[124] 119

Die soeben skizzierte Beschränkung des Notwehrrechts lässt sich auf der Basis der vorherrschenden **dualistischen Notwehrkonzeption** nur zum Teil überzeugend begründen. An einem Angriff auf die Geltung der Rechtsordnung fehlt es sicherlich in den Fällen völlig fehlender Verantwortlichkeit des Angreifers. Zweifelhaft wird diese Annahme indessen bereits bei Angriffen von nach den Vorschriften des JGG immerhin beschränkt verantwortlichen Personen. Und eindeutig nicht mehr aufrecht zu erhalten ist sie z. B. bei Taten von Volltrunkenen oder bei fahrlässig „Angreifenden". Fehlte es in derartigen Fällen tatsächlich an einem überindividuell bedeutsamen Angriff auf die Geltung der Rechtsordnung und damit an einem entsprechenden Rechtsbewährungsinteresse, könnte schwerlich mit Strafe reagiert werden. Das geltende Strafrecht geht jedoch davon aus, dass in derartigen Fällen durchaus eine dafür hinreichend gewichtige **Infragestellung der geltenden Rechtsordnung** vorliegt. 120

---

[122] Im Ergebnis so etwa auch *Roxin,* AT I⁴, § 15 Rn. 62: Hinnahme des Risikos „leichterer Beeinträchtigungen (etwa einiger Schläge)".
[123] Im Ergebnis wie hier (wenngleich mit Argumentation über den nicht hinreichenden Angriff auf die empirische Geltung der Rechtsordnung) *Schmidhäuser,* Studienbuch AT², 6/65.
[124] Vgl. dazu oben (§ 3) Rn. 73 f.

(2) Provokation der Notwehrlage

121 In den Fällen der Provokation der Notwehrlage zeigt sich die Überlegenheit der hier skizzierten **monistisch-individualrechtlichen** – allerdings durch den **Verantwortlichkeitsaspekt** entscheidend mitgeprägten – **Notwehrkonzeption** gegenüber dem konkurrierenden dualistischen Notwehrverständnis noch deutlicher: Erblickt man den Sachgrund des schneidigen Notwehrrechts in der ausschließlichen und vollumfänglichen Verantwortlichkeit des Angreifers für die Entstehung der Kollisionslage, versteht es sich von selbst, dass die **Mitverantwortlichkeit des Angegriffenen** Einfluss auf die angemessene Auflösung gewinnen muss. Die Notwehreinschränkung folgt aus der nicht mehr gegebenen Zufallsbetroffenheit des Angegriffenen als der stillschweigenden Voraussetzung des vollumfänglichen Notwehrrechts.

122 Klärungsbedürftig sind lediglich die genauen Voraussetzungen der Mitverantwortlichkeit sowie deren jeweiliges Ausmaß, nach dem sich die in concreto vorzunehmende Notwehreinschränkung zu richten hat. Dabei scheidet als Grund für eine Notwehreinschränkung jedenfalls ein **Vorverhalten** aus, das *rechtlich nicht zu beanstanden* ist: Der Gerichtsvollzieher mag zwar naturalistisch den von der Pfändung betroffenen Schuldner durch dieselbe „provozieren", er ist aber in rechtlicher Sicht nicht für die Entstehung dieser Kollisionssituation mitverantwortlich.[125] Nicht anders verhält es sich aber auch bei dem, der – moralisch vielleicht durchaus verwerflich – ein bestimmtes verrufenes Viertel aufsucht und dort wie zu erwarten in Bedrängnis gerät. Dagegen ist beispielsweise die angriffsprovozierende Beleidigung[126] auch und gerade mit Blick auf diese mögliche Wirkung **rechtlich zu missbilligen** und taugt deshalb zur Beschränkung des Notwehrrechts des Provokateurs.[127]

123 Eines Rückgriffs auf den **„Rechtsmissbrauchsgedanken"**[128] bedarf es hierfür nicht. Denn entweder ist das Verhalten (hier des Provokateurs) vom Rechtfertigungsgrund der Notwehr nach Wortlaut und Ratio gedeckt. Dann kann es per definitionem nicht rechtsmissbräuchlich sein. Oder aber das Notwehrrecht deckt das Verteidigungsverhalten nicht ab. Dann bedarf es keiner Versagung des Notwehrrechts unter Hinweis auf den Rechtsmissbrauchsgedanken.

124 Nach der vorherrschenden dualistischen Notwehrkonzeption ist schon im gedanklichen Ansatz unklar, inwiefern eine Provokation entscheidenden Einfluss auf das als tragende Säule angesehene **Rechtsbewährungsinteresse** gewinnen soll: Sollte etwa daran gedacht sein, dass die Provokation die (strafrechtliche) Verantwortlichkeit des Provozierten einschränkt oder gar aufhebt? Oder

---

[125] Sachlich übereinstimmend etwa *Roxin*, AT I⁴, § 15 Rn. 65 und 71; BGHSt 27, 336: „Ein sozialethisch nicht zu missbilligendes Vorverhalten des Angegriffenen kann auch nicht zu einer Einschränkung seiner Notwehrbefugnisse führen." – Zur Problematik des (rechtlich) zu missbilligenden Vorverhaltens vgl. etwa BGHSt 42, 97, 101 m. krit. Anm. *Krack*, JR 1996, 468 ff.; ferner *Frisch*, FS Yamanaka, 2017, S. 49, 67 f.

[126] Vgl. etwa BGHSt 42, 97, 101 („Zugfenster-Fall"; krit. dazu *Roxin*, AT I⁴, § 15 Rn. 72).

[127] Falls eine solche Einschränkung im Einzelfall nicht begründbar sein sollte, ist an eine strafrechtliche Verantwortlichkeit unter dem Aspekt des Vorverhaltens zu denken (actio illicita in causa); näher dazu unten § 4 Rn. 34 ff., 43 f.

[128] Auf den Rechtsmissbrauchsgedanken wird etwa abgestellt von *Wessels/Beulke/Satzger*, AT⁴⁸, Rn. 520, 534.

möchte man zwar ein entsprechendes überindividuelles Rechtsbewährungsinteresse annehmen, aber die „Rechtswohltat" des schneidigen Notwehrrechts dem nicht gewähren, der seinerseits keine „integere Person" ist? Soll es etwa – um bei dem zuletzt angesprochenen Aspekt zu bleiben – für die Notwehrrechtfertigung ganz generell eine Rolle spielen, ob der Angegriffene einen anstößigen Lebenswandel führt oder gar ein notorischer Straftäter ist?

(3) Krasses Missverhältnis zwischen den durch den Angriff drohenden Beeinträchtigungen und den drohenden Abwehrfolgen

Notwehreinschränkungen werden nicht selten auch auf den Aspekt des krassen Missverhältnisses zwischen den durch den Angriff drohenden Beeinträchtigungen einerseits und den drohenden Abwehrfolgen andererseits gestützt.[129] Als Beispiel taucht dabei etwa der Fall des erschossenen **Kirschendiebes** auf.[130] Die individualrechtlich-verantwortlichkeitsbezogene Betrachtung der Kollisionslage ergibt Folgendes: An sich gilt wohl im Grundsatz auch bei einem krassen Missverhältnis (im Beispielsfall: Leben des Kirschendiebes einerseits – Eigentum an den Kirschen andererseits), dass das **Individualrecht des Angriffsopfers** dem vollumfänglich zu verantwortenden Unrecht des Angreifers nicht zu weichen braucht, sondern sich durchsetzen darf. Jede andere Sicht liefe auf eine nicht zu legitimierende Einschränkung der Rechte des Angegriffenen hinaus. 125

Indessen gilt es zu bedenken, ob in derartigen Fällen nicht vielleicht der Gedanke der nicht uneingeschränkten Verantwortlichkeit des Angreifers eine gewisse notwehrlimitierende Bedeutung besitzt. Immerhin könnte es zumindest ernsthafte **Zweifel an der Verantwortlichkeit des Angreifers** wecken, wenn er gewissermaßen um einer Bagatelle willen sein Leben aufs Spiel setzt. So gesehen greift dann aber bereits eine Notwehrbeschränkung mit Blick auf die – als ernsthaft möglich in Rechnung zu stellende – eingeschränkte Angreiferverantwortlichkeit ein. 126

Ob weitergehende Notwehrbeschränkungen bei eindeutiger vollumfänglicher Angreiferverantwortlichkeit – also wenn der Angreifer die Kollisionslage sehenden Auges heraufbeschwört – begründbar sind, kann im hier gegebenen Rahmen nicht abschließend geklärt werden. Werden durch die Verteidigungshandlung lediglich **Bagatellinteressen** gewahrt, erscheint es immerhin möglich, vor allem das in besonderem Maße fundierte grundsätzliche Missbilligungsurteil über die Tötung eines Menschen aufrecht zu erhalten. In einem solchen Fall führt wohl selbst die zu verantwortende Herbeiführung der Kollisionslage nicht zu einer ausnahmsweisen Rechtfertigung. Die Aufhebung dieses grundsätzlichen Missbilligungsurteils erfordert vielmehr ein gewisses **Mindestmaß** an betroffenen **Individualrechtsgütern**. 127

---

[129] Vgl. dazu etwa *Wessels/Beulke/Satzger*, AT[48], Rn. 524 m. w. N. Zur Vereinbarkeit einer solchen Einschränkung mit dem nullum crimen-Satz s. das unten (§ 3) Rn. 131 f. zur rechtstechnischen Einordnung Gesagte.

[130] S. etwa *Wessels/Beulke/Satzger*, AT[48], Rn. 524; ferner *Roxin*, AT I[4], § 15 Rn. 84 (keine tödlichen Schüsse bei bagatellhaftem Diebstahl).

(4) Notwehreinschränkungen bei familiären Beziehungen?

128 Einschränkungen des Notwehrrechts im familiären Bereich werden zumeist auf die Überlegung gestützt, dass ein überindividuelles Interesse mit Blick auf den privaten Charakter der Auseinandersetzung – wenn es nicht sogar gänzlich fehle – jedenfalls erheblich reduziert sei.[131] Demgegenüber ist festzuhalten: Der **Verhaltensnormverstoß** eines Ehemannes, der seine Frau schwer misshandelt, wiegt nicht weniger als das entsprechende Verhalten eines beliebigen Dritten. Eher kann wegen der Fürsorgeverpflichtung des Ehemannes sogar eine gewisse Steigerung des für die Rechtsgemeinschaft bedeutsamen Gewichts des Normverstoßes angenommen werden! Die Bagatellisierung des entsprechenden Normverstoßes als – jedenfalls weitgehend – Privatsache verzeichnet nicht nur den **individualrechtlichen** Aspekt der **berechtigten Schutzinteressen** der Ehefrau, sondern wird auch der durchaus vorhandenen strafrechtlich-überindividuellen Bedeutung des Geschehens (für zukünftige Fälle) in keiner Weise gerecht. Mit einem fehlenden oder auch nur reduzierten **überindividuellen Rechtsbewährungsinteresse** lässt sich eine Notwehreinschränkung also nicht überzeugend begründen.

129 Nach der hier vertretenen **individualrechtlichen Konzeption** des Notwehrrechts kommt es für die Begründbarkeit einer Notwehreinschränkung bei besonderen Beziehungsverhältnissen darauf an, ob insoweit eine vom „Normalfall" der Notwehr abweichende **Würdigung der kollidierenden Individualinteressen** möglich ist. Geht man davon aus, dass die gesteigerte Verantwortlichkeit für die Unversehrtheit des anderen Teils eine gesteigerte Pflicht zur Aufopferung eigener Güter mit sich bringt, könnte es auf den ersten Blick scheinen, als sei damit eine entsprechende Notwehreinschränkung in den hier interessierenden Fällen besonderer Beziehungsverhältnisse begründbar. Indessen darf eines nicht außer Acht gelassen werden: Der Angreifende negiert durch sein Verhalten selbst die besondere Beziehung und kann deshalb ohne **Selbstwiderspruch** daraus für sich auch keine besondere **Aufopferungsverpflichtung** des anderen Teils herleiten. Außerdem wird man es mit Blick auf eben dieses Verhalten dem Angegriffenen schwerlich versagen können, seinerseits die **besondere Beziehung** mit sofortiger Wirkung **aufzukündigen**. Deutlicher als durch die Wahrnehmung des vollen Notwehrrechts, wie es auch Dritten gegenüber besteht, kann eine solche Aufkündigung wohl kaum zum Ausdruck gebracht werden.

130 Eine **Einschränkung des Notwehrrechts** im familiären Bereich und vergleichbaren besonderen Beziehungsverhältnissen ist nach alledem **abzulehnen**.[132]

---

[131] S. dazu etwa *Roxin,* AT I⁴, § 15 Rn. 93: geringeres Rechtsbewährungsinteresse; *Wessels/Beulke/Satzger,* AT⁴⁸, Rn. 531 (der auf das Spannungsverhältnis zwischen Selbstverteidigungsrecht und Garantenstellung hinweist); *Schmidhäuser,* Studienbuch AT², 6/66: „Man schlägt sich und verträgt sich auch wieder". – Aus der Rechtsprechung vgl. dazu BGH NJW 1975, 62 f.; freilich auch BGH NJW 1984, 986 f.; NStZ 1994, 581 f.

[132] Wie hier *Wohlers,* JZ 1999, 434, 442.

IV. Einzelne Rechtfertigungsgründe

(5) Rechtstechnische Einordnung von Notwehreinschränkungen

Klarstellungsbedürftig erscheint die Frage der rechtstechnischen „Verortung" der unter Ratio-Aspekten als angemessen erkannten Einschränkungen des Notwehrrechts. Insofern bietet sich das Merkmal der **„Gebotenheit"** geradezu an, als Angelpunkt für Notwehreinschränkungen trotz an sich anzunehmender Erforderlichkeit der Verteidigung zu dienen. Da der Begriff der Gebotenheit ohne Weiteres entsprechend normativ gedeutet werden kann, ist kein Grund ersichtlich, ihm einen solchen eigenständigen Sinngehalt – neben dem Erforderlichkeitskriterium – abzusprechen.[133] 131

Bei einem Teil der anzuerkennenden Fälle des eingeschränkten Notwehrrechts liegt es freilich näher, wie oben (§ 3) Rn. 102 f. geschehen, als Ansatzpunkt bereits den **Gesetzesbegriff des „Angriffs"** zu wählen. Auch wenn das Gesetz insoweit ausdrücklich nur von einem rechtswidrigen Angriff redet, erscheint es möglich und sachgerecht, als „Angriff", der zum vollen Notwehrrecht führt, nur einen solchen aufzufassen, bei dem der „Angreifer" für die Herbeiführung der Kollisionslage vollumfänglich verantwortlich zu machen ist. Jedenfalls ist das schneidige Notwehrrecht auf Personen, die für die Herbeiführung der Kollisionssituation in keiner Weise verantwortlich gemacht werden können, schon im Ansatz ganz gewiss nicht zugeschnitten. Die von solchen Personen etwa ausgehenden Gütergefahren lassen sich angemessener unter dem Blickwinkel des **Defensivnotstands**[134] beurteilen. Für das schneidige Notwehrrecht ist demgegenüber ein Angreifer erforderlich, der sich nicht nur rechtswidrig, sondern auch vorsätzlich-schuldhaft verhält.[135] 132

Zu einer beispielhaften Fallbearbeitung mit dem Problem der Notwehreinschränkung und entsprechendem Prüfungsschema s. unten § 12 (unter V.). 133

Zu den allgemeinen Kriterien einer Straftat siehe die Definition unten § 4 Rn. 92. 134

Vertiefungs- und Problemhinweise
Einzelne Rechtfertigungsgründe (allgemein): Delonge, Die Interessenabwägung nach § 34 StGB und ihr Verhältnis zu den übrigen Rechtfertigungsgründen, 1988; *Ellerbrok,* Die relative Rechtfertigung, 2001; *Erb,* Der rechtfertigende Notstand, JuS 2010, 17 ff., 108 ff.; *Frisch,* Notstandsregelungen als Ausdruck von Rechtsprinzipien, FS Puppe, 2011, S. 425 ff.; *ders.,* Strafrecht und Solidarität – Zugleich zu Notstand und unterlassener Hilfeleistung, GA 2016, 121 ff.; *Günther,* Klassifikation der Rechtfertigungsgründe im Strafrecht, FS Spendel, 1992, S. 189 ff.; *Hefendehl,* Objektive Zurechnung bei Rechtfertigungsgründen? – Begründbarkeit und Gren- 135

---

[133] Anders etwa *Spendel,* in: LK[11], § 32 Rn. 255 f., der meint, „geboten" sei identisch mit „erforderlich" und werde nur aus sprachlichen Gründen verwendet; zweifelnd auch *Rönnau/Hohn,* in: LK[12], § 32 Rn. 228, die meinen, dass „geboten" nach unbefangenem Sprachverständnis eine Umschreibung der „Erforderlichkeit der Verteidigung" sei. Zu problematischen Tendenzen, bereits die Erforderlichkeitsbeurteilung normativ – etwa mit Verhältnismäßigkeitsüberlegungen – „aufzuladen", vgl. *Lilie,* FS Hirsch, 1999, S. 277 ff. Weiterführend zur Frage der gesetzestechnischen Verortung von Notwehreinschränkungen *Krey/Esser,* AT[6], Rn. 528; *Kühl,* AT[8], § 7 Rn. 162 ff.; *Sowada,* FS Herzberg, 2008, S. 459, 465 ff., jew. m. w. N.

[134] Vgl. dazu oben (§ 3) Rn. 84 f.

[135] S. dazu bereits oben (§ 3) Rn. 102.

zen, FS Frisch, 2013, S. 465 ff.; *Hirsch,* Defensiver Notstand gegenüber ohnehin Verlorenen, FS Küper, 2007, S. 149 ff.; *Hörnle,* Töten, um viele Leben zu retten – Schwierige Notstandsfälle aus moralphilosophischer und strafrechtlicher Sicht, FS Herzberg, 2008, S. 555 ff.; *Hoyer,* Wie wesentlich muss das „wesentlich überwiegende Interesse" bei § 34 StGB überwiegen?, FS Küper, 2007, S. 173 ff.; *Koch,* Strafrechtliche Probleme des Angriffs und der Verteidigung in Computernetzen, 2008; *Kuhlen,* Objektive Zurechnung bei Rechtfertigungsgründen, FS Roxin, 2001, S. 331 ff.; *Kühnbach,* Solidaritätspflichten Unbeteiligter – Dargelegt am Beispiel von Aggressivnotstand, Defensivnotstand, unterlassener Hilfeleistung und polizeilichem Notstand, 2007; *Ludwig,* „Gegenwärtiger Angriff", „drohende" und „gegenwärtige Gefahr" im Notwehr- und Notstandsrecht – Eine Studie zu den temporalen Erfordernissen der Notrechte unter vergleichender Einbeziehung der Gefahrerfordernisse des Polizeirechts, 1991; *Neumann,* Sterbehilfe im rechtfertigenden Notstand (§ 34 StGB), FS Herzberg, 2008, S. 575 ff.; *Pawlik,* Der rechtfertigende Notstand – Zugleich ein Beitrag zum Problem strafrechtlicher Solidaritätspflichten, 2002; *ders.,* Der rechtfertigende Defensivnotstand, Jura 2002, 26 ff.; *Pelz,* Notwehr- und Notstandsrechte und der Vorrang obrigkeitlicher Hilfe, NStZ 1995, 305 ff.; *Pouleas,* Sozialethische Einschränkungen von Rechtfertigungsgründen – Am Beispiel der strafrechtlichen Notrechte, 2008; *Rath,* Das subjektive Rechtfertigungselement – Zur kriminalrechtlichen Relevanz eines subjektiven Elements in der Ebene des Unrechtsausschlusses – auf der Grundlage einer Rechtsphilosophie im normativen Horizont des Seins – Eine rechtsphilosophisch-kriminalrechtliche Untersuchung, 2002; *Renzikowski,* Notstand und Notwehr, 1994; *Rotsch,* Achtung: Gefahr! – Anregungen für eine neue Diskussion über die Voraussetzungen der Notstandslage i. S. d. § 34 StGB, FS Neumann, 2017, S. 1009 ff.; *Schaffstein,* Der Maßstab für das Gefahrurteil beim rechtfertigenden Notstand, FS Bruns, 1978, S. 89 ff.; *Schüler,* Zweifel über das Vorliegen einer Rechtfertigungslage, 2004; *Streng,* Das subjektive Rechtfertigungselement und sein Stellenwert – Grundlagen, Anforderungen und Irrtumskonstellationen, FS Otto, 2007, S. 469 ff.; *Seier,* Strafrecht: Die misslungene Festnahme, JuS 1991, L 92 ff. (Fallbearbeitung, Streifzug durch die Rechtfertigungsgründe); *Wilenmann,* Die Unabwägbarkeit des Lebens beim rechtfertigenden Notstand, ZStW 127 (2015), 888 ff. – Weitere Hinweise s. oben (§ 3) Rn. 23, 80.

Einwilligung und mutmaßliche Einwilligung (bzw. Einverständnis): *Amelung,* Willensmängel bei der Einwilligung als Tatzurechnungsproblem, ZStW 109 (1997), 490 ff.; *ders.,* Irrtum und Täuschung als Grundlage von Willensmängeln bei der Einwilligung des Verletzten, 1998; *Amelung/Eymann,* Die Einwilligung des Verletzten im Strafrecht, JuS 2001, 937; *Arzt,* Willensmängel bei der Einwilligung, 1970; *A. Bergmann,* Einwilligung und Einverständnis im Strafrecht, JuS 1989, L 65 ff.; *Beulke,* Opferautonomie im Strafrecht – Zum Einfluss der Einwilligung auf die Beurteilung der einverständlichen Fremdgefährdung, FS Otto, 2007, S. 207 ff.; *Bollacher/Stockburger,* Der ärztliche Heileingriff in der strafrechtlichen Fallbearbeitung, Jura 2006, 908 ff.; *Dölling,* Einwilligung und überwiegende Interessen, FS Gössel, 2002, S. 209 ff.; *Duttge,* Die „hypothetische Einwilligung" als Strafausschlußgrund: wegweisende Innovation oder Irrweg?, FS Schroeder, 2006, S. 179 ff.; *Eisele,* Hy-

IV. Einzelne Rechtfertigungsgründe 131

pothetische Einwilligung bei ärztlichen Aufklärungsfehlern, JA 2005, 252 ff.; *Erb,* Das Verhältnis zwischen mutmaßlicher Einwilligung und rechtfertigendem Notstand, FS Schünemann, 2014, S. 337 ff.; *Frisch,* Zum Unrecht der sittenwidrigen Körperverletzung (§ 228 StGB), FS Hirsch, 1999, S. 485 ff.; *ders.,* Einwilligung und mutmaßliche Einwilligung in ärztliche Eingriffe, in: Gegenwartsfragen, 2006, S. 33 ff.; *Göbel,* Die Einwilligung im Strafrecht als Ausprägung des Selbstbestimmungsrechts, 1992; *Gropp,* Hypothetische Einwilligung im Strafrecht?, FS Schroeder, 2006, S. 197 ff.; *Heinrich,* Rechtsgutszugriff und Entscheidungsträgerschaft, S. 38 ff.; *Jäger,* Die hypothetische Einwilligung – ein Fall der rückwirkenden juristischen Heilung in der Medizin, FS Jung, 2007, S. 345 ff.; *ders.,* Die Lehre von der einverständlichen Fremdgefährdung als Grenzproblem zwischen Täter- und Opferverantwortung, FS Schünemann, 2014, S. 421 ff.; *Jakobs,* Einwilligung in sittenwidrige Körperverletzung, FS Schroeder, 2006, S. 507 ff.; *Kindhäuser,* Zur Unterscheidung von Einverständnis und Einwilligung, FS Rudolphi, 2004, S. 135 ff.; *Kioupis,* Notwehr und Einwilligung – Eine individualistische Begründung, 1992; *Krüger,* Zur hypothetischen Einwilligung – Grund, Grenzen und Perspektiven einer verkannten Zurechnungsfigur, FS Beulke, 2015, S. 137 ff.; *Kühl,* Die sittenwidrige Körperverletzung, FS Schroeder, 2006, S. 521 ff.; *Kuhlen,* Ausschluss der objektiven Erfolgszurechnung bei hypothetischer Einwilligung des Betroffenen, JR 2004, 227 ff.; *ders.,* Hypothetische Einwilligung und „Erfolgsrechtfertigung", JZ 2005, 713 ff.; *Luzón,* Vernünftige Annahme (objektiv unvermeidbarer Irrtum) und mutmaßliche Einwilligung: erlaubtes Risiko oder Straftatbestandsausschließungsgrund, GA 2006, 317 ff.; *Menrath,* Die Einwilligung in ein Risiko, 2013; *Mitsch,* Die „hypothetische Einwilligung" im Arztstrafrecht, JZ 2005, 279 ff. und 718; *Morgenstern,* Abstoßend, gefährlich, sozialschädlich? Zur Unbestimmtheit der Sittenwidrigkeitsklausel des § 228 StGB, JZ 2017, 1146 ff.; *Murmann,* Paternalismus und defizitäre Opferentscheidungen, FS Yamanaka, 2017, S. 289 ff.; *Niedermair,* Körperverletzung mit Einwilligung und die Guten Sitten – Zum Funktionsverlust einer Generalklausel 1999; *Odenwald,* Die Einwilligungsfähigkeit im Strafrecht unter besonderer Hervorhebung ärztlichen Handelns, 2004; *Ohly,* Einwilligung und „Einheit der Rechtsordnung", FS Jakobs, 2007, S. 451 ff.; *Otto,* Einwilligung, mutmaßliche, gemutmaßte und hypothetische Einwilligung, Jura 2004, 679 ff.; *Paeffgen,* Gefahr-Definition, Gefahr-Verringerung und Einwilligung im medizinischen Bereich – Problem-Beschreibung und Methodologisches, veranschaulicht am Beispiel des virus-infektiösen Chirurgen, FS Rudolphi, 2004, S. 187 ff.; *Puppe,* Die strafrechtliche Verantwortlichkeit des Arztes bei mangelnder Aufklärung über eine Behandlungsalternative, GA 2003, 764 ff.; *Rönnau,* Willensmängel bei der Einwilligung im Strafrecht, 2001; *ders.,* Einwilligung und Einverständnis, JuS 2007, 18 ff.; *Saliger,* Alternativen zur hypothetischen Einwilligung im Strafrecht, FS Beulke, 2015, S. 257 ff.; *Stefanopoulou,* Verantwortlichkeit und Schuldzumessung in Mitwirkungsfällen, 2018; *Sternberg-Lieben,* Die objektiven Schranken der Einwilligung im Strafrecht, Tübingen 1997; *ders.,* Anm. zu BGH, Urt. v. 05.07.2007 – 4 StR 549/06 (LG Halle), StV 2008, 190 ff.; *Sturm,* Die hypothetische Einwilligung im Strafrecht – Überlegungen zu den dogmatischen Grundlagen und zum Anwendungsbereich der Rechtsfigur, 2016; *Tag,* Richterliche Rechtsfortbildung im Allgemeinen Teil am Beispiel der hypothetischen Einwilligung, ZStW 127 (2015), 523 ff.; *Theile,* Das Strafrecht und die „Dritte Halbzeit" – Zur paternalistischen Deutung von § 228 StGB, FS Beulke, 2015, S. 557 ff.; *De Vicente Remesal,* Die Einwilligung in ihrer strafrechtlichen Bedeutung – Bemerkungen über Tatbestandsausschluss und Rechtfertigungsgründe, FS Roxin, 2001, S. 379 ff.; *ders.,* Die mutmaßliche Einwilligung und ihre besondere Bedeutung im Rahmen einer Operationserweiterung, GA 2017, 689 ff.; *Yoshida,* Zur materiellen Legitimation der mutmaßlichen Einwilligung, FS Roxin, 2001, S. 401 ff.; *Zabel,* Die Einwilligung als Bezugspunkt wechselseitiger Risikoverantwortung – Haftungsbegrenzung und Opferschutz in der aktuellen Rechtfertigungsdogmatik, GA 2015, 219 ff. – Zur mutmaßlichen Einwilligung vgl. auch BGHSt 35, 246 ff.; 40, 257 ff.; 45, 219 ff.

Festnahmerecht (§ 127 StPO): BGHSt 45, 378 ff.; OLG Celle Urt. v. 26.11.2014 – 32 Ss 176/14, BeckRS 2015, 00003 (= StV 2016, 295 f.) (für Festnahmerecht nach § 127 I StPO ist *mindestens* dringender Tatverdacht erforderlich) – *Geppert,* Vorläufige Festnahme, Verhaftung, Vorführung und andere Festnahmearten, Jura 1991, 269, 272 f.; *Kargl,* Inhalt und Begründung der Festnahmebefugnis nach § 127 I StPO, NStZ 2000, 8; *Meurer/Kahle,* Strafrecht: Das Fahrrad, ein Irrtum, der Streit und ein zerrissenes Hemd, JuS 1993, L 60 ff. (Fallbearbeitung); *Mitsch,* Festnahme mit Todesfolge – BGH, NJW 2000, 1348, JuS 2000, 848 ff.; *Sickor,* Das Festnahmerecht nach § 127 I 1 StPO im System der Rechtfertigungsgründe, JuS 2012, 1074 ff.; *Trüg/Wentzell,* Grenzen der Rechtfertigung und Erlaubnistatbestandsirrtum, Jura 2001, 30 ff.

Notwehr (§ 32 StGB): BGHSt 42, 97 ff. („Zugfenster-Fall"); 48, 207, 209 ff. („Erpressungs-Fall"; ausführlicher abgedruckt in JZ 2003, 961 m. Anm. *Roxin);* BGH StV 2006, 234 f. m. Anm. *Roxin;* BGH NStZ 2016, 526 f. (Erforderlichkeit der Notwehrhandlung, Notwehreinschränkung bei Näheverhältnissen) m. Anm. *Engländer. – Alwart,* Zum Begriff der Notwehr, JuS 1996, 953 ff.; *Amelung,* Sein und Schein bei der Notwehr gegen die Drohung mit einer Scheinwaffe, Jura 2003, 91 ff.; *Burr,* Notwehr und staatliches Gewaltmonopol, JR 1996, 230 ff.; *Dencker,* Über Gegenwärtigkeit, FS Frisch, 2013, S. 477 ff.; *Engländer,* Grund und Grenzen der Nothilfe, 2008; *Erb,* Notwehr gegen rechtswidriges Verhalten von Amtsträgern, FS Gössel, 2002, S. 217 ff.; *ders.,* Aus der Rechtsprechung des BGH zur Notwehr seit 1999, NStZ 2004, 369 ff.; *ders.,* Die Rechtsprechung des BGH zur Notwehr seit 2004, NStZ 2012, 194 ff.; *Frisch,* Zur Problematik und zur Notwendigkeit einer Neufundierung der Notwehrdogmatik, FS Yamanaka, 2017, S. 49 ff.; *Frister,* Zur Einschränkung des Notwehrrechts durch Art. 2 der Europäischen Menschenrechtskonvention, GA 1985, 553 ff.; *ders.,* Die Notwehr im System der Notrechte, GA 1988, 291 ff.; *Graul,* Notwehr oder Putativnotwehr – Wo ist der Unterschied?, JuS 1995, 1049 ff.; *Greco,* Notwehr und Proportionalität, GA 2018, 665 ff.; *Grünewald,* Notwehreinschränkung – insbesondere bei provoziertem Angriff, ZStW 122 (2010), 51 ff.; *Haas,* Notwehr und Nothilfe – Zum Prinzip der Abwehr rechtswidriger Angriffe – Geschichtliche Entwicklung und heutige Problematik, 1978; *Herzog,* Nothilfe für Tiere?, JZ 2016, 190 ff.; *Jäger,* Das dualistische Notwehrverständnis und seine Folgen für das Recht auf Verteidigung – zugleich eine Untersuchung zum Verhältnis der Garantenlehre zu den sozialethischen Einschränkungen des Notwehrrechts, GA 2016, 258 ff.; *Kaspar,* Gewaltsame Verteidigung gegen den Erpresser? – Zu den Grenzen der Notwehr in den Fällen der sog. „Chantage", GA 2007, 36 ff.; *ders.,* „Rechtsbewährung" als Grundprinzip der Notwehr? Kriminologisch-empirische und verfassungsrechtliche Überlegungen zu einer Reformulierung von § 32 StGB, in: Rechtswissenschaft – Zeitschrift für rechtswissenschaftliche Forschung, 2013, 40 ff.; *Kioupis,* Notwehr und Einwilligung – Eine individualistische Begründung, 1992; *Kindhäuser,* Zur Genese der Formel „das Recht braucht dem Unrecht nicht zu weichen", FS Frisch, 2013, S. 493 ff.; *Koch,* Strafrechtliche Probleme des Angriffs und der Verteidigung in Computernetzen, 2008; *Kroß,* Notwehr gegen Schweigegelderpressung, 2004; *Kühl,* Notwehr und Nothilfe, JuS 1993, 177 ff.; *ders.,* Angriff und Verteidigung bei der Notwehr, Jura 1993, 57 ff., 118 ff., 233 ff.; *ders.,* „Sozialethische" Einschränkungen der Notwehr, Jura 1990, 244 ff.; *ders.,* Die „Notwehrprovokation", Jura 1991, 57 ff., 175 ff.; *ders.,* Die Notwehr: Ein Kampf ums Recht oder Streit, der missfällt? – Schlaglichter der Notwehrdiskussion der 2. Hälfte des 19. Jahrhunderts in Deutschland und Österreich, FS Triffterer, 1996, S. 149 ff.; *ders.,* Die gebotene Verteidigung gegen provozierte Angriffe – Überlegungen aus Anlass der neuesten Rechtsprechung des BGH zur Notwehrprovokation, FS Bemmann, 1997, S. 193 ff.; *Kuhlen,* Einschränkungen der Verteidigungsbefugnis bei der Nothilfe, GA 2008, 282 ff.; *Lilie,* Zur Erforderlichkeit der Verteidigungshandlung, FS Hirsch, 1999, S. 277 ff.; *Loos,* Zur Einschränkung des Notwehrrechts wegen Provokation, FS Deutsch, 1999, S. 233 ff.; *Müssig,* Antizipierte Notwehr, ZStW 115 (2003), 224 ff.; *Requejo,* Die Putativnotwehr als Rechtfertigungsgrund, JA 2005, 114 ff.; *Retzko,* Die Angriffsverursachung bei der Notwehr, 2001; *Robles Planas,* Notwehr, Unternehmen und Vermögen – Zugleich zum Vorrang der rechtlich institutionalisierten Verfahren und den Einschränkungen des Notwehrrechts, ZIS 2018, 14 ff.; *Roxin,* Notwehr und Rechtsbewährung, FS Kühl, 2014, S. 391 ff.; *Rückert,* Effektive Selbstverteidigung und Notwehrrecht, 2017; *Schröder,* Angriff, Scheinangriff und die Erforderlichkeit der Abwehr vermeintlich gefährlicher Angriffe, JuS 2000, 235 ff.; *Schumann,* Zum Notwehrrecht und seinen Schranken – OLG Hamm, NJW 1977, 590, JuS 1979, 559 ff.; *Seeberg,* Aufgedrängte Nothilfe, Notwehr und Notwehrexzess, 2005; *Seier,* Umfang und Grenzen der Nothilfe im Strafrecht, NJW 1987, 2476 ff.; *Sinn,* Notwehr gegen nicht sorgfaltswidriges Verhalten, GA 2003, 96 ff.; *Sowada,* Sind zwei Halbe ein Ganzes? – Zur Addierbarkeit teilverwirklichter Fallgruppen bei den sozialethischen Notwehreinschränkungen, FS Herzberg, 2008, S. 459 ff.; *Stahl,* Notwehr gegen Unterlassen, 2015; *Stangl,* „Verhältnismäßige Notwehr" – Untersuchung der Rechtsprechung zu Abwägungen bei der Auslegung des § 32 StGB, 2013; *Wagner,* Individualistische oder überindividualistische Notwehrbegründung, 1984; *Warda,* Die Geeignetheit der Verteidigungshandlung bei der Notwehr, GA 1996, 405 ff.; *Wohlers,* Die Einschränkung des Notwehrrechts innerhalb sozialer Näheverhältnisse, JZ 1999, 434 ff.; *Wössner,* Die Notwehr und ihre Einschränkungen in Deutschland und in den USA, 2006; *Yamanaka,* Zur Entwicklung der Notwehrlehre in der japanischen Judikatur – Der Streit um den Fall der selbst herbeigeführten Notwehrlage, FS Frisch, 2013, S. 511 ff.; *Zieschang,* Einschränkung des Notwehrrechts bei engen persönlichen Beziehungen?, Jura 2003, 527 ff.; *ders.,* Tödliche Notwehr zur Verteidigung von Sachen und Art. 2 II a EMRK, GA 2006, 415 ff.

Zur Problematik des Angriffs durch begehungsgleiches Unterlassen: Erb, in: MünchKommStGB[3], § 32 Rn. 65 ff.; *ders.,* Nothilfe durch Folter, Jura 2005, 24 f.; *Lagodny,* Notwehr gegen Unterlassen, GA 1991, 300 ff.

Folterproblematik: Erb, Nothilfe durch Folter, Jura 2005, 24 ff.; *ders.,* Notwehr als Menschenrecht – Zugleich eine Kritik der Entscheidung des LG Frankfurt am Main im „Fall Daschner", NStZ 2005, 593 ff.; *Gössel,* Enthält das deutsche Recht ausnahmslos geltende „absolute" Folterverbote? FS Otto, 2007, S. 41 ff.; *Merkel,* Folter und Notwehr, FS Jakobs, 2007, S. 375 ff.; *Roxin,* Kann staatliche Folter in Ausnahmefällen zulässig oder wenigstens straflos sein?, FS Eser, 2005, S. 461 ff.; ferner *Kühl,* in: Lackner/Kühl[29], § 32 Rn. 17a.

Nothilfe zugunsten von Rechtsgütern des Staates („Staatsnotwehr"): BGHSt 5, 245, 247 („Ruhrkaplan-Fall"); *Hoyer,* in: SK StGB[9], § 32 Rn. 16; *Kühl,* in: Lackner/Kühl[29], § 32 Rn. 3.

Notwehrrechtfertigung oder bloßer Schuldausschluss bei „unvermeidbarem Erlaubnistatbestandsirrtum" im „Hells Angels-Fall": BGH v. 02.11.2011 – 2 StR 375/11, BeckRS 2011, 19102 (Tötung eines Polizeibeamten durch „Hells Angel" im „unvermeidbaren Erlaubnistatbestandsirrtum") m. Bespr. *Rotsch,* ZJS 2012, 109 ff.; s. a. die Anm. von *Engländer,* NStZ 2012, 274 ff.; *Voigt/Hoffmann-Holland,* Notwehrprovokation und actio illicita in causa in Fällen der Putativnotwehr – Überlegungen aus Anlass von BGH, Urt. v. 02.11.2011 – 2 StR 375/11, NStZ 2012, 362 ff. (zum „Hells Angels-Fall"); zum Umgang mit der Problematik in der Fallbearbeitung s. *Freund/Telöken,* Der praktische Fall – Strafrecht: „Von Höllen-Engeln und Banditen", ZJS 2012, 796 ff.

Selbsthilferecht: BayObLG JR 1991, 518 m. Anm. *Laubenthal* (Fall eines nichtzahlenden Essensgastes); OLG Düsseldorf NJW 1991, 2716 (Fall eines festgehaltenen Taxifahrgastes, der sich ohne Zahlung und ohne Personalienangabe entfernen möchte); *Murmann,* GK[4], § 25 Rn. 108 ff.

Wahrnehmung berechtigter Interessen, § 193 StGB: Lenckner, Strafrecht und ziviler Ungehorsam – OLG Stuttgart NStZ 1987, 121, JuS 1988, 349, 351 ff.

Züchtigungsrecht: A. Bergmann, Strafrecht: Ohrfeigen, JuS 1987, L 53 ff. (Fallbearbeitung); *Díaz Y García Conlledo,* Zum elterlichen Züchtigungsrecht, FS Schünemann, 2014, S. 325 ff.; *Hennes,* Das elterliche Züchtigungsrecht – Ein derogierter Rechtfertigungsgrund?, 2010; *Murmann,* GK[4], § 25 Rn. 147 ff.; *Noak,* Zur „Abschaffung" des elterlichen Züchtigungsrechts aus strafrechtlicher Sicht, JR 2002, 406 ff.; *Otto,* Rechtfertigung einer Körperverletzung durch das elterliche Züchtigungsrecht, Jura 2001, 670 ff.; *Roxin,* Die strafrechtliche Beurteilung der elterlichen Züchtigung, JuS 2004, 177 ff.; *Schlehofer,* Juristische Methodologie und Methodik der Fallbearbeitung, JuS 1992, 659, 663 f. (Fallbearbeitung).

Zur Problematik der actio illicita in causa: Constadinidis, Die „actio illicita in causa" – Ein Beitrag zu den Voraussetzungen und Grenzen der strafrechtlichen Zurechnung eines Handlungserfolges sowie zur Problematik der provozierten Notwehr, 1982; *Erb,* in: MünchKommStGB[3], § 32 Rn. 228 ff.; *Freund,* Actio illicita in causa – Ein Übel oder eine Möglichkeit, das Übel an der Wurzel zu packen?, GA 2006, 267 ff.; *Küper,* Der „verschuldete" rechtfertigende Notstand – Zugleich ein Beitrag zur „actio illicita in causa", 1983; *Sternberg-Lieben,* in: Schönke/Schröder[30], Vor § 32 Rn. 23. – S. a. unten § 4 Rn. 34 ff.

IV. Einzelne Rechtfertigungsgründe

Fragen zu § 3: Fehlende Rechtfertigung tatbestandsmäßigen Verhaltens

1. Weshalb ist die verbreitete Floskel: „die Tatbestandsmäßigkeit indiziere die Rechtswidrigkeit" zumindest missverständlich? § 3 Rn. 2.
2. Ist der Katalog der gesetzlich normierten Rechtfertigungsgründe abschließend? § 3 Rn. 4 ff.
3. Welches ist das wichtigste allgemeine Rechtfertigungsprinzip? § 3 Rn. 5 ff.
4. Welche Bedeutung hat die Perspektivenbetrachtung bei der Bestimmung des Festnahmerechts nach § 127 I StPO? § 3 Rn. 12 ff.
5. Inwieweit ist ein „subjektives Rechtfertigungselement" als Rechtfertigungsvoraussetzung berechtigt? § 3 Rn. 17 ff.
6. Besteht beim Eingreifen eines Rechtfertigungsgrundes für den von dem Verhalten Betroffenen automatisch eine Duldungspflicht? § 3 Rn. 27 ff.
7. Nennen Sie einige wichtige Rechtfertigungsgründe. § 3 Rn. 43.
8. Welche Bedeutung hat die sog. „rechtfertigende Pflichtenkollision"? § 3 Rn. 44, 75; s. a. § 6 Rn. 100 ff.
9. Worin unterscheidet sich der Defensivnotstand des § 228 BGB vom Aggressivnotstand des § 904 BGB? § 3 Rn. 82 ff.
10. Welche Erklärungsmodelle gibt es für die „Schneidigkeit" des Notwehrrechts? § 3 Rn. 88 ff.
11. Kann ein Schuldunfähiger im Sinne des „schneidigen" Notwehrrechts „angreifen"? § 3 Rn. 102 ff.
12. Welche Notwehreinschränkungen gibt es, und wie lassen sie sich begründen? § 3 Rn. 115 ff.
13. Bei welchem gesetzlichen Merkmal lassen sich Notwehreinschränkungen verorten? § 3 Rn. 131 f.

§ 4 Hinreichendes Gewicht tatbestandsmäßig-rechtswidrigen Verhaltens

I. Grundlagen

1. Bedeutung hinreichend gewichtigen personalen Fehlverhaltens für die Bestrafung

Wenn über ein Verhalten ein grundsätzliches tatbestandliches Missbilligungsurteil gefällt werden kann und keine Rechtfertigung eingreift, haben wir es nicht automatisch mit einem personalen Fehlverhalten zu tun, das für eine Bestrafung hinreichend gewichtig (hinreichend „schuldhaft") ist. Dafür muss die von einer solchen Verhaltensbewertung betroffene Person zunächst überhaupt in der konkreten Situation hinter dem gerade von ihr als Individuum Erwartbaren zurückgeblieben sein. Denn nur unter dieser Voraussetzung kann überhaupt von personalem Fehlverhalten gesprochen werden. Und ohne personales Fehlverhalten[1] ist Bestrafung offensichtlich verfehlt, weil sie nach dem oben in § 1 Rn. 28 ff. Gesagten mangels Verhaltensnormverstoßes keine legitime Funktion zu erfüllen vermag.[2] Außerdem muss auch

1

---

[1] Herkömmlich würde man sagen: „ohne Schuld". – Zur Problematik des Schuldbegriffs näher *Roxin*, AT I⁴, § 19 Rn. 10 ff.; *Wessels/Beulke/Satzger*, AT⁴⁸, Rn. 624 ff., jew. m. w. N. – Ganz generell gilt: Das Wort „Schuld" wird mit unterschiedlichen Bedeutungen verwendet. Was genau gemeint ist, ergibt sich immer nur aus dem Kontext. Nicht selten ist mit dem Hinweis auf fehlende „Schuld" ein für eine Bestrafung zu geringes personales Fehlverhalten bei vorausgesetzter Rechtswidrigkeit des Verhaltens gemeint. Wenn aber z. B. jemand zu Recht beteuert, er sei „unschuldig" oder ihn treffe keine „Schuld", so will er damit regelmäßig sagen, dass er sich nicht unrechtmäßig verhalten habe; verurteilt man ihn zu Unrecht dennoch, so liegt auch darin eine Verletzung des verfassungsrechtlichen Schuldprinzips (obwohl bereits das personale Verhaltensunrecht betroffen und nicht nur die „Schuld" zu gering ist).

[2] Zu Fällen vollkommen fehlenden personalen Verhaltensunrechts s. noch unten (§ 4) Rn. 4 f., 13 ff., 27, 63, 64 ff. et passim.

dem Gewicht nach ein **personales Fehlverhalten** vorliegen, auf das speziell mit dem massiven *strafrechtlichen* **Missbilligungsurteil** zu reagieren ist.[3]

a) Erfordernis personalen Fehlverhaltens überhaupt – „tatbestandsmäßig-rechtswidrig" als Vorbehaltsurteil

2   Wir haben oben in § 3 Rn. 1 bei den Überlegungen zur Rechtswidrigkeit eines grundsätzlich tatbestandsmäßig-missbilligten Verhaltens gesehen, dass das Urteil, ein Verhalten sei **„tatbestandsmäßig"**, unter dem maßgeblichen Blickwinkel des für den Strafeinsatz notwendigen personalen Fehlverhaltens lediglich als **Vorbehaltsurteil** aufzufassen ist. Denn bei Vorliegen einer rechtfertigenden Sachlage ist das Verhalten ebenso wenig rechtlich missbilligt wie nicht tatbestandsmäßiges Verhalten.

3   Auch das Urteil, ein Verhalten sei **„tatbestandsmäßig-rechtswidrig"**, ist nur ein **Vorbehaltsurteil**. Denn für den Strafeinsatz bedarf es nicht nur des Vorliegens personalen Verhaltensunrechts überhaupt, sondern eines hinreichend gewichtigen personalen Verhaltensunrechts. Je nachdem, inwieweit dem Erfordernis vorhandenen (hinreichend gewichtigen) personalen Verhaltensunrechts bereits im Rahmen der Bestimmung des grundsätzlichen tatbestandlichen Verhaltensunrechts[4] und dessen Rechtfertigung Rechnung getragen wird, variiert natürlich die Zahl der Fälle, deren angemessene Lösung unter dem Aspekt per saldo nicht **hinreichend gewichtigen personalen Verhaltensunrechts** noch ansteht.

4   Wer etwa glaubt, über das güterbedrohende Verhalten eines **schuldunfähigen Geisteskranken** – anders als über das eines Tieres – das vermeintlich[5] selbe **„Rechtswidrigkeitsurteil"** fällen zu können wie über das einer verantwortlichen Person, muss jedenfalls wegen der fehlenden Schuldhaftigkeit ein personales Fehlverhalten letztlich doch verneinen und zum strafrechtlichen Verantwortlichkeitsausschluss gelangen. Der dafür entscheidende Gedanke verschafft sich unabhängig von der Form Geltung, in die er gekleidet wird. Das erzwingt für den hier interessierenden Bereich spätestens das aus dem Rechtsstaatsprinzip (Art. 1, 20 GG) abgeleitete verfassungsrechtliche **Schuldprinzip**, das einen staatlichen Vorwurf fehlerhaften Verhaltens bei Fehlen solchen personalen Fehlverhaltens als ungerecht verbietet. Indessen wäre eine Missachtung dieses rechtsstaatlichen Erfordernisses

---

[3] Näher zu solchen Fällen, in denen zwar personales Verhaltensunrecht und damit Schuld im Rechtssinne gegeben ist, aber dennoch wegen des zu geringen Gewichts nicht bestraft wird unten (§ 4) Rn. 6 ff., 19 ff., 28 f., 52, 57, 59 ff.

[4] S. dazu oben § 2 Rn. 9 ff., insbes. Rn. 28 ff.; s. ergänzend unten § 5 Rn. 23 ff. zur individualisierenden Bestimmung des Unrechts im Kontext der Fahrlässigkeitstat.

[5] Zur in Wahrheit völlig unterschiedlichen Bedeutung der „Rechtswidrigkeit" des Verhaltens eines Schuldunfähigen im Vergleich zur Rechtswidrigkeit des Verhaltens einer verantwortlichen Person s. bereits oben § 3 Rn. 38 ff.

I. Grundlagen

nicht nur ungerecht, sondern bereits zweckrational nicht akzeptabel:[6] Wer möchte sich etwa der Lächerlichkeit preisgeben und einen **Löwen**, der seinen **Pfleger getötet** hat (was er sicher **nicht „durfte"**), für sein Tun **tadeln** oder dem unter Verfolgungswahn leidenden **Geisteskranken**, der entsprechendes getan hat, einen Vorwurf machen?

Um nicht missverstanden zu werden: Es geht hier nicht etwa darum, den Schuldunfähigen auf das Niveau eines durch Verhaltensnormen nicht ansprechbaren Tieres herabzuwürdigen. Vermieden werden soll ganz im Gegenteil eine **unangemessene Schlechterstellung** des Erstgenannten durch die Etikettierung seines Verhaltens als „rechtswidrig". In Wahrheit **fehlt** es bei ihm ganz genauso an einem **Verhaltensnormverstoß** überhaupt und damit an der Grundvoraussetzung des Strafeinsatzes[7] wie beim durch **vis absoluta** Gestoßenen, durch den ein anderer verletzt wurde.

b) Erfordernis hinreichend gewichtigen Fehlverhaltens

Während in Fällen ausgeschlossener Schuldhaftigkeit bereits kein rechtlich relevantes personales Fehlverhalten vorliegt, ist ein solches in den Fällen der nicht hinreichenden Schuldhaftigkeit durchaus vorhanden. Lediglich die strafrechtliche Reaktion unterbleibt im Hinblick auf das zu geringe Gewicht des Fehlverhaltens. Das vorhandene Maß an rechtlicher Schuld und Verantwortlichkeit reicht eben nicht immer aus, um das „grobe Geschütz" des Strafrechts auf den Plan zu rufen. Für die zuletzt genannten Fälle hat sich in einem Teilbereich[8] der Begriff der **Entschuldigungsgründe** – im Gegensatz zu dem der **Schuldausschließungsgründe** – eingebürgert. Allerdings gilt es zu beachten, dass bei manchen sog. Schuldausschließungsgründen tatsächlich auch Fälle der Entschuldigung i. S. nicht hinreichender Schuldhaftigkeit miterfasst sein dürften. Das gilt etwa für die knapp unter dem normrelevanten Schwellenwert liegende, aber immerhin ansatzweise vorhandene **Einsichts- und Steuerungsfähigkeit** im Rahmen des § 20. Oder man denke an das **kurz vor Vollendung des 14. Lebensjahrs** stehende **Kind**, bei dem durchaus eine gewisse Verantwortlichkeitsreife vorliegt. Obwohl in derartigen Fällen ein rechtliches Fehlverhalten anzunehmen ist, unterbleibt die strafrechtliche Reaktion darauf. Dabei liegt der sachliche Grund für eine solche Nichtreaktion auf tatbestandsmäßig-rechtswidriges Fehlverhalten in dessen **zu geringem Gewicht**.

---

[6] Dass sich das sachliche Problem der Begründung individuellen Fehlverhaltens unabhängig davon stellt, ob man dem traditionellen Begriff der (strafrechtlichen Reaktion auf) Schuld verhaftet bleibt oder in den präventiven Kategorien der angemessenen Reaktion auf einen Verhaltensnormverstoß i. S. individuellen Fehlverhaltens denkt, zeigt *Frister,* Die Struktur des „voluntativen Schuldelements", S. 22 ff. – Zum Zusammenhang zwischen Schuldstrafe und zweckrational angemessener Reaktion auf den begangenen Normverstoß vgl. a. *Freund,* Erfolgsdelikt und Unterlassen, S. 106 f. m. Fn. 182, 108 m. Fn. 186.

[7] S. dazu nochmals oben § 1 Rn. 28 ff., 38 ff., 49, § 2 Rn. 9 ff.

[8] Zu weiteren Bereichen s. sogleich im Text sowie unten (§ 4) Rn. 19 ff.

7   Andererseits gibt es auch in den Fällen so genannter Entschuldigungsgründe Konstellationen, in denen ein rechtliches Fehlverhalten gänzlich fehlt, also nicht nur auf vorhandenes Fehlverhalten wegen des zu geringen Gewichts „mit Nachsicht" reagiert wird. Beispielsweise erfasst der „entschuldigende Notstand" nach § 35 trotz der insoweit missverständlichen Terminologie **auch** Fälle des **schuldausschließenden Notstands**[9] – mithin Fälle, in denen nach der hier entwickelten Konzeption personales Verhaltensunrecht als Grundvoraussetzung jeglichen Strafeinsatzes gänzlich fehlt. Erst wenn solches überhaupt vorhanden ist, stellt sich die Frage, ob es auch hinreichend gewichtig ist, um die einschneidende Rechtsfolge der Bestrafung zu tragen.

8   Das Problem des vorhandenen, aber für eine Bestrafung nicht hinreichenden personalen Fehlverhaltens taucht auch jenseits der so genannten Entschuldigungsgründe i. e. S. auf. Es wird dort allerdings meist nur unzulänglich berücksichtigt. Immerhin werden manche Tatbestände so konzipiert, dass **„Bagatellunrecht"** teilweise schon tatbestandlich nicht erfasst wird. Man denke hier etwa an die Definition der **körperlichen Misshandlung** bei § 223, die eine **„nicht unerhebliche"** Beeinträchtigung voraussetzt.[10] Oder man denke an die **falsche Verdächtigung (§ 164 I)**, bei der **bloße Übertreibungen** nicht erfasst sind.[11] Oft wird aber das angemessene Ergebnis der strafrechtlichen Nichtreaktion bei zu geringem Gewicht des Fehlverhaltens erst über die **prozessualen Einstellungsmöglichkeiten** nach § 153 StPO erzielt. Die Unterschlagung eines Cents ist zumindest formal tatbestandlich eine **Unterschlagung** i. S. des § 246 I und bei gestelltem Strafantrag (§ 248a) an sich auch zu verfolgen.[12]

9   Selbstverständlich ist es nicht ausgeschlossen, dass neben dem geringen Gewicht des Fehlverhaltens weitere Gesichtspunkte für die Strafbarkeitseinschränkung eine Rolle spielen. Etwa beim **„entschuldigenden" Notwehrexzess (§ 33)** könnte der Gedanke eine Rolle spielen, dass der Angreifer den **Schutz** durch eine *strafbewehrte* **Verhaltensnorm** verwirkt hat. Im Hinblick auf seine vollumfängliche und ausschließliche Verantwortlichkeit für die Entstehung der vom Angegriffenen fehlerhaft aufgelösten Kollisionslage liegt es jedenfalls nahe, auf die durch bestimmte asthenische Affekte (Verwirrung, Furcht oder Schrecken) mitbedingte fehlerhafte Auflösung innerhalb gewisser Grenzen strafrechtlich nicht zu reagieren.[13] So motivierte Strafbarkeitseinschränkungen stehen

---

[9] S. dazu noch unten (§ 4) Rn. 52.

[10] Vgl. nur *Küper/Zopfs*, BT[10], Rn. 393 ff.

[11] Vgl. nur *Wessels/Hettinger/Engländer*, BT 1[42], Rn. 776.

[12] Zu einem Gesamtsystem des Strafrechts, das solche Probleme angemessen erfasst, s. *Freund*, GA 1995, 4 ff. (ausführlicher *ders.*, in: Wolter/Freund, Straftat, 1996, S. 43 ff.); zur Problematik der „Untergrenze des Strafrechts" s. a. *Frisch*, FS Stree/Wessels, 1993, S. 69 ff.; *dens*, in: Von totalitärem zu rechtsstaatlichem Strafrecht, 1992, S. 201 ff.; *dens.*, GA 2017, 364, 381 f.; ferner bereits oben § 2 Rn. 45 f.

[13] Sind die Affekte so stark, dass das Verhalten nicht mehr als rechtlich fehlerhaft getadelt werden kann, bedarf es für das Ergebnis der Straflosigkeit des § 33 nicht. § 33 ergibt vielmehr nur auf der Basis vorhandenen Fehlverhaltens, auf das aus bestimmten Gründen strafrechtlich nicht reagiert werden soll, einen guten Sinn. Näher zu § 33 unten (§ 4) Rn. 58 ff.

freilich jenseits der Kriterien hinreichend gewichtigen Fehlverhaltens. Sie gehören **straftatsystematisch** gesehen zu den **sonstigen Sanktionserfordernissen** neben dem tatbestandsspezifischen Verhaltensnormverstoß.[14]

2. Keine Indizfunktion des Urteils: „tatbestandsmäßig-rechtswidrig" – Nicht alle Schuldausschließungs- und Entschuldigungsgründe sind gesetzlich geregelt

Genauso wie im Verhältnis zwischen grundsätzlichem tatbestandlichen Missbilligungsurteil über ein bestimmtes Verhalten und der für eine endgültige Verhaltensmissbilligung notwendigen Bejahung der Rechtswidrigkeit des Verhaltens gibt es **keine Beweislastumkehr** in Bezug auf die Annahme eines hinreichend gewichtigen personalen Fehlverhaltens. Letzteres ist vielmehr seinerseits wiederum positiv begründungsbedürftig, und im Prozess ist die erforderliche Tatsachenbasis auch nachzuweisen. 10

Lediglich eine **scheinbare Einschränkung** des soeben Gesagten gilt für die Annahme der Schuldfähigkeit beim „normalen" Erwachsenen: Die Annahme – man kann auch sagen: **Fiktion**[15] – der **Schuldfähigkeit** bei Fehlen besonderer Anhaltspunkte für deren nicht hinreichendes Vorliegen bedeutet sachlich nicht etwa eine unzulässige Beweislastumkehr oder gar eine unzulässige Verdachtsstrafe. Vielmehr handelt es sich dabei lediglich um das Ergebnis wohlabgewogener und rechtlich **legitimierbarer Beweisregeln**, aus denen sich ergibt, wann der erforderliche Beweis als erbracht anzusehen ist. Dass dabei u. U. auch eine **Mitwirkungsobliegenheit** des betroffenen Angeklagten eine Rolle spielen kann, ist kein Spezifikum der hier interessierenden Straftatvoraussetzung, sondern kommt auch bei anderen vor.[16] Eine Sonderbehandlung gerade der Schuldfähigkeit ist jedenfalls nicht angezeigt. 11

Das für eine Bestrafung erforderliche hinreichende Gewicht des personalen Fehlverhaltens kann nicht nur fehlen, wenn einer der gesetzlich vertypten Schuldausschließungs- oder Entschuldigungsgründe eingreift. Gesetzlich vertypt sind nur einige wichtige Fälle (näher dazu unten [§ 4] Rn. 47 ff.). Mitunter muss deshalb auf **ein allgemeines Prinzip des Schuldausschlusses oder der Entschuldigung** zurückgegriffen werden, um eine in der Sache verfehlte Bestrafung zu vermeiden.[17] 12

---

[14] Zu solchen Sanktionserfordernissen näher oben § 2 Rn. 52 ff.

[15] Vgl. dazu *Freund*, Normative Probleme der „Tatsachenfeststellung", S. 68 f., 151 f.

[16] Näher zu den Bedingungen, unter denen eine gewisse Mitwirkungsobliegenheit ohne Verstoß gegen das Verbot des Zwanges zur Selbstbelastung (nemo tenetur se ipsum accusare) angenommen werden kann, *Freund*, Normative Probleme der „Tatsachenfeststellung", S. 127 ff.

[17] Zum nicht abschließenden Charakter der gesetzlich normierten Schuldausschließungs- und Entschuldigungsgründe s. *Sternberg-Lieben*, in: Schönke/Schröder[30], Vor § 32 Rn. 115 ff.

3. Allgemeine Prinzipien fehlenden oder nicht hinreichend gewichtigen personalen Verhaltensunrechts?

a) Schuldausschluss im herkömmlichen Sinne und tatbestandsmäßig-rechtswidriges personales Fehlverhalten

13 Wir haben oben (§ 3 Rn. 5 ff., 67 ff.) als allgemeines Rechtfertigungsprinzip die Wahrung des überwiegenden Interesses kennengelernt und verschiedene Ausprägungsformen diskutiert, die dieses allgemeine Prinzip je nach konkretem Zusammenhang erhalten hat: Dabei ging es durchweg darum, den Ausnahmesachverhalten Rechnung zu tragen, in denen ein begründbares (!) grundsätzliches tatbestandliches Missbilligungsurteil nicht mehr aufrechterhalten werden kann. Bei konsequenter Umsetzung dieses Gedankens bleibt **für** den **Schuld*ausschluss*** im strengen Sinne **nichts mehr übrig:**

14 Das Verhalten des **Schuldunfähigen** ist schon grundsätzlich **kein rechtlich zu missbilligendes personales Fehlverhalten**, auf das mit Strafe reagiert werden könnte. Es wird also bereits bei der Bestimmung des tatbestandsmäßig zu missbilligenden Verhaltens ausgefiltert und bedarf weder der Rechtfertigung noch muss es als „schuldlos" aus dem Strafbarkeitsbereich ausgeschieden werden.[18]

15 Das Verhalten einer Person in einer Ausnahmesituation, in der ihr von Rechts wegen nichts anderes abverlangt werden konnte, kann nicht überzeugend als tatbestandsmäßig-rechtswidrig i. S. der Verwirklichung bestrafungsgeeigneten personalen Verhaltensunrechts etikettiert werden. Man denke hier nur an den Fall des **Nötigungsnotstands**, in dem jemand durch eine ernsthafte Todesdrohung zu einer Falschaussage gezwungen wird.[19]

16 Wer hier dennoch meint, unbedingt ein Rechtswidrigkeitsurteil über das Verhalten des Genötigten fällen zu müssen, kann natürlich nicht umhin, jedenfalls das Vorhandensein rechtlich schuldhaften Verhaltens zu verneinen, um die unberechtigte strafrechtliche Reaktion auf solches Verhalten zu vermeiden. Man hat dann jedoch das merkwürdige Phänomen, dass eine **rechtliche Verhaltensnorm** postuliert wird, die in solchen Fällen im Grunde niemals in dem Sinne „ernst gemeint" ist, dass auf ihre „Verletzung"[20] tadelnd reagiert werden kann. Eine solche Verhaltensnorm ist aber als rechtliche gedacht **funktionslos** – unter moralischem (ethischem) Blickwinkel mag anderes gelten.

---

[18] I. d. S. etwa auch *Jakobs*, Der strafrechtliche Handlungsbegriff, S. 41 ff. et passim: „Schuld als Handlungsvoraussetzung"; zur im Strafrecht verfehlten Trennung von Unrecht und Schuld s. a. *Lesch*, JA 2002, 602 ff., 609; *Pawlik*, FS Otto, 2007, S. 133 ff. m. w. N. – Der Sache nach bei von Rechts wegen nicht zu vermeidendem „Verbotsirrtum" das personale Verhaltensunrecht verneinend OLG Stuttgart StV 2008, 193 ff. = NJW 2008, 243 ff.

[19] S. dazu bereits oben § 3 Rn. 35 f. (dort und unten § 10 Rn. 15 ff. auch zur Problematik der rechtswidrigen Haupttat bei der Teilnahme).

[20] Sofern eine solche überhaupt möglich sein sollte!

I. Grundlagen

So gesehen bedarf es keines eigenständigen allgemeinen Prinzips des Schuld- 17
ausschlusses.[21] Die einschlägigen Fälle sind entweder bereits im **Tatbestandsbereich** auszufiltern oder aber nach dem oben (§ 3 Rn. 5 ff., 67 ff.) behandelten allgemeinen Prinzip der **Rechtfertigung** zu lösen: Kann mit Blick auf die Wahrung von in concreto überwiegenden eigenen oder fremden Interessen ein Missbilligungsurteil über ein Verhalten nicht gefällt werden, fehlt es am Verhaltensnormverstoß als der Grundvoraussetzung des Strafeinsatzes überhaupt.

Der oft erst unter Schuldaspekten thematisierte Gedanke der „**Unzumutbarkeit normgemäßen** 18 **Verhaltens**"[22] hat nach dem bisher Gesagten bereits für die Frage der **Tatbestandsmäßigkeit** oder aber für die **Rechtfertigungsfrage** Bedeutung: Eine Rechtsnorm, die Unzumutbares abverlangt, ist rechtlich nicht legitimierbar. Soweit der Gedanke als regulatives Prinzip etwa zur sachgerechten Begrenzung des Umfangs der „Sorgfalts- und Handlungspflichten" bei den Fahrlässigkeits- und Unterlassungsdelikten angesehen wird,[23] handelt es sich ersichtlich nicht mehr nur um ein bloßes Schuldproblem in Bezug auf tatbestandsmäßig-rechtswidriges Verhalten, sondern um ein Problem sachgerechter **Tatbestandsbegrenzung**.[24]

b) Nicht hinreichend gewichtiges personales Verhaltensunrecht bei erheblicher Erschwerung normgemäßen Verhaltens

Als Kandidaten für eine Ausfilterung mit Blick auf ein zu geringes personales Verhal- 19
tensunrecht bleiben damit nur die Fälle übrig, in denen **überhaupt ein rechtliches Missbilligungsurteil über das Verhalten** gefällt werden kann. Nur wenn von dem Betroffenen überhaupt von Rechts wegen ein anderes als das gezeigte Verhalten ernsthaft – und nicht nur auf dem Papier (!) – erwartet werden konnte, stellt sich die weitere Frage, ob das dann vorhandene personale Verhaltensunrecht – herkömmlich: ob die Schuld – hinreichend gewichtig ist, um eine Bestrafung zu rechtfertigen.

Allerdings zeigt sich: Selbst insoweit ist eine selbstständige Kategorie der Schuld 20
verzichtbar. Denn der entscheidende Aspekt ist ohne Weiteres bereits im Unrechtsbereich erfassbar: Für den Strafeinsatz ist eben nicht jedes Verhaltensunrecht ausreichend, sondern **hinreichend gewichtiges personales Verhaltensunrecht** nötig. Darin sind die bisherigen Schuldfaktoren mindestens ebenso gut aufgehoben wie

---

[21] Kritisch zur herkömmlichen Einteilung des Stoffs in die Kategorien von Unrecht und Schuld *Mir Puig*, ZStW 108 (1996), 759 ff., der zwar letztlich an einer eigenständigen Stufe der Schuld festhalten will, für diese aber so gut wie nichts mehr übrig lässt. Die Schuldstufe ist danach eine praktisch leere Schublade. – Zur Unhaltbarkeit der Trennung von Unrecht und Schuld im Strafrecht vgl. a. *Lesch*, JA 2002, 602 ff., 609.
[22] Vgl. dazu etwa *Wessels/Beulke/Satzger*, AT[48], Rn. 710 m. w. N. – *Heinrich*, AT[5], Rn. 903 ff., 916 möchte den Zumutbarkeitsgesichtspunkt mit Recht nicht erst bei der Schuld berücksichtigen.
[23] I. d. Sinne wohl *Wessels/Beulke/Satzger*, AT[48], Rn. 710.
[24] Das gilt auch für die „Zumutbarkeit" in § 323c I; instruktiv zur Problematik der „Zumutbarkeit" *Frellesen*, Die Zumutbarkeit der Hilfeleistung, 1980; s. dazu auch *Momsen*, Die Zumutbarkeit als Begrenzung strafrechtlicher Pflichten, 2006; ferner noch unten § 6 Rn. 67 f., 114 f., 131.

früher die unrechtsbestimmenden Faktoren in den als Schuldformen aufgefassten Kategorien des Vorsatzes und der Fahrlässigkeit.[25]

21 Mit einer solchen Unterbringung der Schuldfaktoren bereits im strafrechtsrelevanten Unrecht wird der **Gedanke einer personalen Unrechtslehre** in diesem Lehrbuch **konsequent umgesetzt.** Hinreichend gewichtiges personales Verhaltensunrecht ist danach ohne Schuld nicht vorstellbar.

22 Die möglichen Einwände gegen einen solchen bei der Verhaltensbewertung „**einstufigen**" **Deliktsaufbau** mit einer strikten Orientierung am missbilligten Verhalten – dem personalen Verhaltensunrecht – als maßgeblicher Kategorie sind nicht stichhaltig. So liegen etwa Überlegungen zur Notwehr gegenüber schuldlos handelnden Angreifern, die angeblich möglich sein müsse, neben der Sache. Um in solchen Fällen zu einer angemessenen Lösung des Kollisionsproblems zu gelangen, bedarf es keiner **Fiktion** eines „**rechtswidrigen" Angriffs** des Schuldunfähigen. Defensiver Rechtsgüterschutz setzt keine Verhaltensnormverletzung voraus.[26] Tatsächlich ist der Angriff eines Schuldunfähigen ein Naturereignis und in rechtlicher Hinsicht demjenigen eines Tieres gleichzustellen, der ebenfalls nicht einfach hingenommen werden muss, nur weil er kein strafrechtlich relevantes Verhaltensunrecht darstellt.[27] Sachlich handelt es sich durchweg um Fälle des (**Defensiv-)Notstands**. Das vorgeschlagene einstufige Modell verstößt auch nicht etwa deshalb gegen die Regeln der Logik, weil die **Schuld** als **Vorwurfs*grund*** vom **Unrecht** als dem ***Gegenstand*** **des Vorwurfs** unterschieden werden müsse.[28] Denn schon der Gegenstand des im strafrechtlichen Kontext erhobenen Vorwurfs kommt ohne die bislang als bloß schuldrelevant angesehenen Aspekte nicht aus: Ein vorzuwerfender Verhaltensnormverstoß liegt schon als Gegenstand nicht vor, wenn von dem Betreffenden nicht erwartet werden konnte, sich anders als geschehen zu verhalten. Es wäre irrational, Verhaltensnormen aufzustellen, die von ihrem Adressaten Unmögliches verlangen. Untaugliche Normadressaten können bereits kein entsprechendes Verhaltensunrecht verwirklichen. Deshalb bleibt es dabei: Für den Strafeinsatz ist **personales Verhaltensunrecht** erforderlich, das für diese Rechtsfolge überdies **hinreichend gewichtig** sein muss.

23 Das **zu geringe Gewicht des Verhaltensnormverstoßes** ist der allgemeine Gedanke, der hinter der Herausnahme entsprechender Fälle aus dem Anwendungsbereich des Strafrechts steht. Dieser Gedanke ist im Zusammenhang etwa mit bagatellhaften Fehlverhaltensweisen (wie der „**Unterschlagung" eines Cents**) oder solchen mit sonst per se minimalem Unwertgehalt (wie der **allerleichtesten Fahrlässigkeit**) geläufig. Im hier interessierenden Zusammenhang geht es demgegenüber auch um Konstellationen, in denen erst unter Berücksichtigung eines personalen oder situativen Ausnahmesachverhalts sonst durchaus vorhandenes gewichtiges Fehlverhalten so weit relativiert wird, dass per saldo zu wenig für den Strafeinsatz

---

[25] Zur noch nicht abgeschlossenen Entwicklung des Verhältnisses von Unrecht und Schuld s. a. noch unten § 5 Rn. 16 ff.

[26] Zutreffend betont von *Renzikowski*, in: Juristische Grundlagenforschung, S. 115, 136.

[27] S. dazu etwa *Hruschka*, AT², S. 139 ff.; *Renzikowski*, in: Juristische Grundlagenforschung, 115, 136; ferner bereits oben § 3 Rn. 38 ff., 84, 116 ff.

[28] S. zu diesem Einwand etwa *Armin Kaufmann,* FS Welzel, 1974, S. 393, 396 Fn. 4; *Kuhlen*, ZStW 120 (2008), 140, 149. – Gegen diesen neben der Sache liegenden Einwand mit Recht etwa *Renzikowski,* in: Juristische Grundlagenforschung, S. 115, 135.

übrig bleibt.²⁹ Dabei sind die Gründe, die zu einer solchen Relativierung führen können, wiederum deckungsgleich mit solchen, die grundsätzlich auch für einen Tatbestandsausschluss oder eine Rechtfertigung taugen.

Wenn etwa die fehlende Normbefolgungsfähigkeit im Tatbestandsbereich in der Weise „durchschlägt", dass bereits kein tatbestandsspezifischer Verhaltensnormverstoß des konkret Handelnden oder Unterlassenden vorliegt, können **habituell bedingte Defizite** – z. B. in Form psychischer Defekte – in dieser Hinsicht einen vorhandenen Verhaltensnormverstoß so weit relativieren, dass eine Bestrafung fehl am Platze wäre. Ein eigenständiges Prinzip zur Annahme nicht hinreichend gewichtigen personalen Verhaltensunrechts folgt daraus aber nicht. 24

Entsprechendes gilt für die Fälle, die bei bejahtem tatbestandsspezifischen Verhaltensnormverstoß nur knapp an einer Rechtfertigung vorbeigegangen sind. Man denke etwa an die nur geringfügige Überschreitung der erforderlichen Verteidigung in einer Notwehrsituation. Im Sinne einer Faustformel kann man sagen: Die Annahme nicht hinreichend gewichtigen personalen Fehlverhaltens – in herkömmlicher, aber missverständlicher Terminologie: eine Entschuldigung – kommt in solchen Fällen einer **„Nahezu-Rechtfertigung"** in Betracht. Von einem eigenständigen Prinzip der Ablehnung hinreichend gewichtigen personalen Verhaltensunrechts kann dabei aber auch nicht die Rede sein. 25

Sachlich spielen bei der Verneinung hinreichend gewichtigen personalen Fehlverhaltens – herkömmlich ausgedrückt: bei der Entschuldigung – vor allem die Fälle eine Rolle, in denen eine personal oder situativ bedingte **erhebliche Erschwerung normgemäßen Verhaltens** gegenüber dem vorausgesetzten Regelfall der in Frage stehenden Normverletzung vorliegt. Dabei fällt in den Konstellationen einer „Nahezu-Rechtfertigung" auch der Umstand ins Gewicht, dass wegen eines bewahrten Gutes **per saldo nur geringes Unrecht** verwirklicht wurde. 26

II. Konsequenzen bei Schuldausschluss oder Entschuldigung

1. Keine Bestrafung wegen fehlenden oder nicht hinreichend gewichtigen Verhaltensnormverstoßes

a) Fälle fehlenden Verhaltensnormverstoßes (bei völligem Schuldausschluss)

Ist eine Person schuldunfähig (z. B. als **Kind** nach § 19 oder infolge eines **Defektzustands** nach § 20) oder ist die Verantwortlichkeit einer Person für ihr Tun sonst ausgeschlossen (z. B. wegen **unvermeidbaren Verbotsirrtums, § 17 S. 1**), so liegt kein Verhaltensnormverstoß vor, wie er für die Rechtsfolge der Bestrafung aus 27

---

²⁹ Vgl. dazu auch *Frisch*, in: Wolter/Freund, Straftat, 1996, S. 135, 159 f.

zweck- und wertrationalen Gründen erforderlich ist.[30] Das Verhalten des Schuldunfähigen oder des sonst nicht schuldhaft Handelnden oder Unterlassenden stellt schon **keine Infragestellung von Normgeltung** dar. Daher fehlt bereits jedes Bedürfnis und jegliche Berechtigung für eine missbilligende Reaktion in Form von Schuldspruch und Strafe. Der Betreffende bleibt nicht hinter dem zurück, was ihm von Rechts wegen abverlangt werden kann. Er verwirklicht schon kein personales Verhaltensunrecht;[31] sein Verhalten ist nicht verhaltensnormwidrig und in diesem Sinne auch nicht rechtswidrig. Für die Rechtsfolge der Bestrafung spielt es deshalb keine Rolle, ob jemand gerechtfertigt oder „bloß" schuldlos handelt.

b) Straffreiheit trotz Verhaltensnormverstoßes (bei bloßer Entschuldigung)

28   Die Rechtsfolge der Bestrafung ist freilich nicht nur bei völlig schuldlosem Verhalten ausgeschlossen. In manchen Fällen sieht das Gesetz trotz vorhandenen personalen Verhaltensunrechts Straffreiheit vor.[32] Das gilt insbesondere für manche Konstellationen des **Notwehrexzesses (§ 33)** und des **entschuldigenden Notstands (§ 35)**. In solchen Fällen ist das Verhalten durchaus im echten Sinne verhaltensnormwidrig. Die Bestrafung unterbleibt dennoch, weil das **Gewicht des** vorhandenen **Normverstoßes zu gering** ist oder die Bestrafung aus anderen Gründen nicht angezeigt erscheint.

29   Außer den bereits genannten Fällen ist auch an die fehlende strafrechtliche Verantwortlichkeit von **Kindern kurz vor Erreichen des Strafmündigkeitsalters** zu denken. Diese fehlende strafrechtliche Verantwortlichkeit beruht jedenfalls nicht immer darauf, dass es an einem Verhaltensnormverstoß i. S. der Verwirklichung personalen Verhaltensunrechts überhaupt fehlt. Vielmehr ist nach der generalisierenden Regelung der absoluten Strafmündigkeit in § 19 davon auszugehen, dass der u. U. vorhandene Normverstoß jedenfalls kein hinreichendes Gewicht besitzt, um das Strafrecht auf den Plan zu rufen. Entsprechendes dürfte für **manche Fälle der Schuldunfähigkeit i. S. des § 20** gelten, in denen ein im Gewicht nur zu geringer Normverstoß aufweisbar ist.[33]

---

[30] Zu den positiven Voraussetzungen des Verhaltensnormverstoßes näher oben § 2 Rn. 11 ff.

[31] Jedenfalls der Sache nach bei von Rechts wegen nicht zu vermeidendem „Verbotsirrtum" das personale Verhaltensunrecht verneinend etwa auch OLG Stuttgart StV 2008, 193 ff. = NJW 2008, 243 ff.; vgl. a. oben (§ 4) Rn. 22.

[32] Zutreffend i. S. einer solchen Differenzierung etwa *Kühl*, AT[8], § 12 Rn. 9; *Sternberg-Lieben,* in: Schönke/Schröder[30], Vor § 32 Rn. 108 m. w. N.

[33] Zu den Konstellationen unvollkommener Entschuldigung (z. B. §§ 17 S. 2, 21), bei denen nicht das „Ob" ihrer Bestrafung problematisch ist, sondern das „Wie" s. unten (§ 4) Rn. 80 ff.

2. Unterschiede zu Rechtfertigungsgründen – Bedeutung für die Fallbearbeitung

Ausgeschlossene Tatbestandsmäßigkeit, eingreifende Rechtfertigung, Schuldausschluss und Entschuldigung haben nach dem bereits Gesagten *eine* **Konsequenz gemeinsam:** Eine **Bestrafung** ist **ausgeschlossen**, sodass es insoweit auf die häufig umstrittene Einordnung nicht ankommt. Das gilt auch für die strafrechtliche **Fallbearbeitung**, wenn nur nach der „Strafbarkeit" gefragt ist. Wenn im Rahmen einer strafrechtlichen Fallbearbeitung die Frage der Strafbarkeit einer bestimmten Person zu klären ist, darf eine solche Strafbarkeit demnach unter Hinweis auf ein *jedenfalls* nicht hinreichend gewichtiges personales Fehlverhalten verneint werden, ohne dass zuvor u. U. schwierige Fragen des tatbestandsmäßig-rechtswidrigen Verhaltens thematisiert wurden. Es darf also im Gutachten „gesprungen" werden. Der Prüfer, der bestimmte Fragen thematisiert haben möchte, muss die Aufgabe entsprechend stellen.[34]

30

Zugegeben: Die entsprechende Weitsicht des Aufgabenstellers ist leider nicht ausnahmslos vorhanden. Deshalb kann es durchaus sein, dass der Prüfling mit dem eigentlich richtigen Durchblick bei der Notengebung letztlich benachteiligt wird. Die Lösung für dieses Problem kann freilich niemals ein Zugeständnis an den möglichen Prüfer mit fehlerhaften Lösungsvorstellungen sein; dieses droht immer in einen faulen Kompromiss zu münden und zu berechtigten Punktabzügen durch den vielleicht doch sachverständigen Korrektor zu führen. Vielmehr kann insofern Abhilfe nur eine begründete **Beschwerde** gegen eine **prüfungsrechtlich fehlerhafte Bewertung** schaffen, falls es ausnahmsweise zu einer solchen kommen sollte.

31

Wenn die Aufgabe darin besteht zu klären, ob **Maßregeln der Besserung und Sicherung (§§ 61 ff.)** anzuordnen sind, kommt es auf bestimmte Differenzierungen an.[35] Denn insoweit können sich unterschiedliche Konsequenzen ergeben: Der wegen Schuldunfähigkeit freizusprechende gefährliche Geisteskranke kann in einem psychiatrischen Krankenhaus untergebracht werden. Das ist ausgeschlossen, wenn bei der „Anlasstat" zu seinen Gunsten der Rechtfertigungsgrund der Notwehr eingreift; denn dann fehlt es an einer **„rechtswidrigen Tat"** im Sinne des **§ 11 I Nr. 5**. Außerdem ist z. B. der Freispruch wegen Schuldunfähigkeit im Strafregister einzutragen (vgl. § 11 I BZRG) – der wegen Notwehr nicht.

32

Eine etwaige Teilnahme anderer an der „Tat" eines jedenfalls schuldlos Handelnden zwingt dagegen nicht zu einer Erörterung von Vorfragen, die für die Strafbarkeit des schuldlos Handelnden ohne Belang sind. Insoweit ist es allein sachgerecht,

33

---

[34] Vgl. dazu *Freund*, JuS 1997, 235, 238 f. und 331, 332 m. w. N. – Zum Springen im strafrechtlichen Gutachten s. a. *Hardtung*, JuS 1996, 610 ff., 706 ff., 807 ff.
[35] S. zu den Maßregeln bereits oben § 1 Rn. 65 f.

sämtliche Voraussetzungen der **Teilnahmestrafbarkeit** – inklusive des Erfordernisses einer **„vorsätzlich begangenen rechtswidrigen Haupttat"** i. S. der Teilnehmerstrafnorm – eigenständig beim Teilnehmer zu prüfen.[36]

3. Exkurs: Problematik der actio libera in causa und anderer Fälle fehlerhaften Vorverhaltens

34   In manchen Fällen des **Handelns in schuldunfähigem Zustand** ist die weitgehende Freistellung von strafrechtlicher Verantwortlichkeit schon immer als unbefriedigend empfunden worden. Die strafrechtliche Verantwortlichkeit wegen **Vollrauschs (§ 323a)** erfasst den verwirklichten Unwertgehalt, jedenfalls nicht immer angemessen. Hauptbeispiel: Jemand hat vor, einen Raubüberfall zu begehen oder einen anderen Menschen zu töten, und trinkt sich für die bevorstehende Ausführung des Vorhabens so viel Mut an, dass er im Zeitpunkt der Ausführung schuldunfähig ist. Im Fahrlässigkeitsbereich ist etwa an die Herbeiführung eines Verkehrsunfalls in schuldunfähigem – weil volltrunkenem – Zustand zu denken oder an den trunksüchtigen Vater, der in ebensolcher Verfassung den Kinderwagen eine Böschung hinabrollen lässt.

35   Die lange Zeit weithin akzeptierte „Rechtsfigur" der **actio libera in causa** soll hier eine als angemessen empfundene Bestrafung ermöglichen.[37] Bei einem selbstverschuldeten Defekt – etwa in Form der Volltrunkenheit oder des Drogenrausches – soll trotz Ausführung der Tat in schuldunfähigem Zustand eine entsprechende Strafbarkeit über einen Schuldvorwurf eingreifen, der an die verantwortliche Ingangsetzung des Geschehensablaufs anknüpft. Der Schuldvorwurf bezieht sich demnach auf das Vorverhalten – also den Akt, der den Defekt bewirkt und zur Tatbegehung in schuldunfähigem Zustand führt.

36   Dabei wird meist zwischen den „Figuren" der vorsätzlichen und der fahrlässigen actio libera in causa unterschieden. Eine Bestrafung wegen **vorsätzlicher** Tatbegehung soll voraussetzen, dass der Betreffende seinen Defektzustand vorsätzlich herbeigeführt hat und sein Vorsatz bereits zu diesem Zeitpunkt auf die Begehung einer hinreichend bestimmten Straftat gerichtet war, zu deren Verwirklichung es sodann im Zustand der Schuldunfähigkeit gekommen ist. Für eine Bestrafung wegen **fahrlässiger** Tatbegehung kommt dagegen eine vorsätzliche oder fahrlässige Defektherbeiführung in Betracht, wenn der Betreffende dabei eine Fahrlässigkeitsbeziehung zu der im Defektzustand begangenen Tat aufweist.

---

[36] S. dazu bereits oben § 3 Rn. 34 ff. sowie unten § 10 Rn. 15 ff.
[37] S. dazu etwa *Roxin,* AT I[4], § 20 Rn. 56 ff.; *Satzger,* Jura 2006, 513 ff.; *Wessels/Beulke/Satzger,* AT[48], Rn. 654 ff., jew. m. w. N. – Instruktiv dazu auch *Küper,* FS Leferenz, 1983, S. 573 ff.

II. Konsequenzen bei Schuldausschluss oder Entschuldigung

In der Begründung entsprechender Strafbarkeit gibt es verschiedene Modelle. Das sog. **Ausnahmemodell**[38] postuliert eine Ausnahme von dem sonst geltenden Koinzidenzprinzip, nach dem Tatbegehung und Schuld zusammentreffen müssen. Dass der Betreffende „bei Begehung der Tat" schuldunfähig war, soll in solcher Sicht entgegen § 20 unbeachtlich sein. Der Betreffende soll sich nicht darauf berufen können. Gegen diese Lösung werden mit Recht durchgreifende Bedenken mit Blick auf den nullum crimen-Satz ins Feld geführt. Strafbegründendes Gewohnheitsrecht kann hier nicht entstanden sein.[39]

Das **Tatbestandsmodell**[40] möchte diesen Bedenken Rechnung tragen und sieht im Herbeiführen des Defektzustandes bereits einen Teil der Tatbestandsverwirklichung, sodass das Koinzidenzprinzip gewahrt ist. Gegen das Tatbestandsmodell wird nicht selten der Einwand erhoben, es führe zu einer nicht akzeptablen Vorverlagerung des Beginns des strafbaren Versuchs.[41] Dieser Einwand liegt jedoch neben der Sache, weil es anerkanntermaßen jedenfalls möglich ist, dass der Beginn des strafbaren Versuchs sogar erst nach vollständiger Vornahme des tatbestandsmäßigen Verhaltens liegt.[42]

Allerdings ist die actio libera in causa als Instrument zur Schließung vermeintlicher oder wirklicher strafrechtlicher Lücken inzwischen vermehrt ins Kreuzfeuer der Kritik geraten.[43] Einen wichtigen Meilenstein in dieser Entwicklung bildet ein Urteil des 4. Strafsenats des BGH,[44] nach dem die Grundsätze der actio libera in causa auf die Straftaten der **Straßenverkehrsgefährdung** und des **Fahrens ohne Fahrerlaubnis** nicht anwendbar seien. Jedenfalls bei anderen Straftaten soll es jedoch nach Auffassung des 3. Senats des BGH[45] nach wie vor bei einer Anwendung der Grundsätze der actio libera in causa bleiben. Die weitere Entwicklung bleibt abzuwarten.[46]

---

[38] S. dazu etwa *Hruschka*, Strukturen der Zurechnung, 1976; vgl. a. *Perron/Weißer*, in: Schönke/Schröder[30], § 20 Rn. 35a (allerdings mit der Maßgabe, dass das Ausnahmemodell wegen Art. 103 II GG nur für den Bereich des § 21 – nicht aber für den des § 20 – gelten könne).

[39] S. zur Kritik am sog. Ausnahmemodell etwa *Herzberg*, FS Spendel, 1992, S. 203, 229 ff.; *Hettinger*, Die „actio libera in causa", S. 444 ff.; *Roxin*, FS Lackner, 1987, S. 307, 309 ff.

[40] Vgl. dazu etwa *Hirsch*, NStZ 1997, 230 ff.; *Roxin*, AT I[4], § 20 Rn. 59 ff.

[41] Zu diesem Einwand vgl. etwa *Kühl*, AT[8], § 11 Rn. 13 ff. m. w. N.

[42] Instruktiv zu diesem Aspekt *Herzberg*, FS Spendel, 1992, S. 203 ff.; näher dazu auch noch unten § 8 Rn. 41 ff.

[43] Grundlegend dazu *Hettinger*, Die „actio libera in causa", S. 436 ff.; s. a. dens., FS Geerds, 1995, S. 623 ff.; *Paeffgen*, in: NK[5], Vor § 323a Rn. 5 ff.; ferner *Köhler*, AT, S. 393 ff.; *Leupold*, Die Tathandlung der reinen Erfolgsdelikte, S. 203 et passim; *Sydow*, Die actio libera, S. 225 et passim; *Zenker*, Actio libera in causa, S. 21 ff., 121, 157 ff., 198 ff.

[44] BGHSt 42, 235 ff.; s. zu diesem Urteil *Hardtung*, NZV 1997, 97 ff.; *Hirsch*, NStZ 1997, 230 ff.; *Horn*, StV 1997, 264 ff.; *Hruschka*, JZ 1997, 22 ff.; *Jerouschek*, JuS 1997, 385 ff.; *Mutzbauer*, JA 1997, 97 ff.; *Spendel*, JR 1997, 133 ff.

[45] BGH NStZ 1997, 230; instruktiv zur Problematik *Hirsch*, JR 1997, 391 ff.; *ders.*, NStZ 1997, 230 ff., jew. m. w. N.

[46] I. S. eines Überblicks über den Sachstand *Kühl*, in: Lackner/Kühl[29], § 20 Rn. 25 ff.; *Wessels/Beulke/Satzger*, AT[48], Rn. 665, jew. m. w. N.

40 Die Problematik der strafrechtlichen Erfassung des durch bestimmte **Vorverhaltensweisen verwirklichten Unwertgehalts** stellte sich freilich seit jeher auch jenseits der Fälle der aktiven Herbeiführung eines bestimmten Defektzustands – etwa durch ein Sich-Berauschen – und der anschließenden aktiven Güterbeeinträchtigung in schuldunfähigem Zustand. Vergleichbare Probleme ergeben sich etwa auch bei aktiver Herbeiführung eines Defektzustands, in dem der Betreffende bestimmte Handlungen nicht vornimmt, obwohl er rechtlich gehalten ist, sich zu bestimmtem Handeln bereit zu halten und ggf. gefahrenvermeidend tätig zu werden.

41 Klassisches Beispiel: Ein **Schrankenwärter betrinkt sich** und kann deshalb nicht mehr angemessen erfassen, welche Bedeutung das Schließen der Schranke für das Leben etwaiger Passanten hat. Man spricht in solchen Fällen von einer **omissio libera in causa**. Denn für die spätere „unfreie Unterlassung" wurde „frei" eine Ursache gesetzt.[47]

42 Lässt sich der **Schrankenwärter** so „volllaufen", dass er nicht nur das „Unrechtmäßige" seines „Unterlassungsverhaltens" nicht mehr einzusehen vermag, sondern zum Schließen der Schranke schon rein **physisch nicht mehr in der Lage** ist, kann man freilich noch nicht einmal mehr von einer „unfreien *Unterlassung*" reden. Denn wer schon rein physisch nicht handeln kann, unterlässt auch nicht im Sinne derer, die – zu Unrecht[48] – annehmen, der Schuldunfähige könne im Rechtssinne handeln oder unterlassen.

43 Zu denken ist auch an Fälle, in denen ein bestimmtes unmittelbar güterschädigendes Verhalten rechtlich nicht zu beanstanden ist, weil dafür ein situativ bedingter Schuldausschließungsgrund oder ein Rechtfertigungsgrund eingreift, aber ein Vorverhalten im Hinblick auf die absehbare Beeinträchtigung der betroffenen Güter zu beanstanden ist. Beim zu beanstandenden „Hineinmanövrieren" in eine Situation gerechtfertigter Güterbeeinträchtigung spricht man von einer **actio illicita in causa**.[49] Zu denken ist etwa an den Fall, dass jemand den verhassten Nachbarshund auf ein Kind hetzt und ihn sodann unter den Voraussetzungen der Notstandshilfe nach § 228 BGB bzw. § 34 gerechtfertigt tötet.[50]

---

[47] Vgl. zur omissio libera in causa etwa *Baier*, GA 1999, 272 ff.; *Satzger*, Jura 2006, 513, 516 ff.; *Stein*, in: SK StGB[9], Vor § 13 Rn. 48; *Weigend*, in: LK[12], § 13 Rn. 67.

[48] S. dazu bereits oben § 3 Rn. 38 ff., (§ 4) Rn. 4 f., 13 ff.

[49] Zur Problematik der ganz zu Unrecht überwiegend abgelehnten Figur der actio illicita in causa näher *Erb*, in: MünchKommStGB[3], § 32 Rn. 228 ff.; *Fischer*[66], § 32 Rn. 46; *Freund*, GA 2006, 267 ff.; *Kühl*, AT[8], § 7 Rn. 242 ff., jew. m. w. N.; vgl. a. BGH NJW 2001, 1075 (Notwehrprovokationsfall) m. Anm. *Roxin*, JZ 2001, 667 f. – Nicht durchgreifend ist in diesem Zusammenhang der nur vordergründig schlagend erscheinende Einwand, das Vorverhalten könne nicht rechts*widrig* sein, weil es auf die Herbeiführung eines recht*mäßigen* Verhaltens gerichtet sei. Bei diesem Einwand wird verkannt, dass es um grundverschiedene Bewertungsgegenstände geht (vgl. dazu bereits oben § 3 Rn. 24 ff.). Wäre der Einwand richtig, könnte es auch keine mittelbare Täterschaft unter Einsatz eines rechtmäßig handelnden „Werkzeugs" geben – etwa des Gerichts bei der Freiheitsberaubung durch Falschbezichtigung des unschuldigen Angeklagten. Solche Möglichkeiten der Tatbestandsverwirklichung sind indessen allgemein anerkannt (vgl. dazu etwa unten § 10 Rn. 60). Hier rächt sich der verbreitete undifferenzierte Gebrauch des Begriffs der „Rechtswidrigkeit".

[50] Zu diesem Beispiel vgl. *Freund*, GA 2006, 267, 270 f.; *Sternberg-Lieben*, in: Schönke/Schröder[30], Vor § 32 Rn. 23, jew. m. w. N.

II. Konsequenzen bei Schuldausschluss oder Entschuldigung

Sachlich ist zu solchen „**Strafbarkeitsfiguren**" Folgendes zu sagen: Für die Strafbarkeit konstitutive Bedeutung kann ihnen nach geltendem Verfassungsrecht nicht zukommen. Strafbegründendes Gewohnheitsrecht ist durch den **Gesetzlichkeitsgrundsatz**[51] ebenso ausgeschlossen wie eine Analogie zu Lasten des Betroffenen, der gerade kein Täter ist. Deshalb kann eine Straftat in den entsprechenden Fällen nur dann angenommen werden, wenn begründet werden kann, dass sie nach **Wortlaut** und **Ratio** unmittelbar von den jeweils in Frage stehenden Sanktionsnormen erfasst sind. Dem actio- oder omissio-Gedanken kann nur in diesem Zusammenhang eine sinnvolle Funktion zukommen: Er kann helfen, den beschränkten Blick von dem unmittelbar naturalistisch güterschädigenden Verhalten auf die „Wurzel des Übels", auf das Vorverhalten zu lenken und so die eigenständige Prüfung zu eröffnen, ob dieses Vorverhalten ein i. S. einer ganz bestimmten Sanktionsnorm tatbestandsmäßig-missbilligtes (vorsätzliches oder fahrlässiges) Verhalten darstellt. Bejahendenfalls ist zu klären, ob auch die sonstigen Sanktionsvoraussetzungen erfüllt sind. Im Beispielsfall des **gehetzten Hundes** spricht einiges dafür, bereits das Hetzen unter dem Aspekt der **Sachbeschädigung** tatbestandlich zu missbilligen.[52]

44

Speziell mit Blick auf **Rauschdelikte im Straßenverkehr** ist zu beachten, dass deren tatbestandsspezifischer Verhaltensnormverstoß – etwa bei § 316 – keineswegs ausschließlich im (schuldhaften) Führen eines Kraftfahrzeugs im Zustand der trunkenheitsbedingten Fahrunsicherheit liegen kann. Das **Führen eines Kraftfahrzeugs in diesem Zustand** ist bei obendrein gegebener Schuldunfähigkeit sogar besonders gefährlich und kann auch **die Folge** eines darauf bezogenen **tatbestandsspezifischen Verhaltensnormverstoßes** sein. Diese Lesart der Sanktionsnorm, nach der tatbestandlich erfasst wird, wer aufgrund eines Verhaltensnormverstoßes im Vorfeld rechtlich zu verantworten hat, dass er ein Fahrzeug unter den genannten Umständen im Straßenverkehr führt, ist nach dem Wortlaut ohne Weiteres möglich und nach der Ratio der Strafvorschrift allemal sachgerecht.[53] Mit Recht nach § 316 zu bestrafen ist also – entgegen verbreiteter Auffassung – auch derjenige, der sich bis zum Zustand der Schuldunfähigkeit betrinkt, wenn er beim Sichbetrinken damit gerechnet hat oder zumindest damit rechnen musste, anschließend im Straßenverkehr ein Kraftfahrzeug zu führen.

45

Vertiefungs- und Problemhinweise

Baier, Unterlassungsstrafbarkeit trotz fehlender Handlungs- oder Schuldfähigkeit – Zugleich ein Beitrag zur Rechtsfigur der omissio libera in causa, GA 1999, 272 ff.; *Dehne-Niemann,* Omissio libera in causa bei „echten" Unterlassungsdelikten? – Zur

46

---

[51] Zum Gesetzlichkeitsgrundsatz näher oben § 1 Rn. 63, 68 ff.
[52] I. d. S. mit Recht etwa *Sternberg-Lieben,* in: Schönke/Schröder[30], Vor § 32 Rn. 23; vgl. a. *Freund,* GA 2006, 267, 270 f.
[53] Näher dazu *Freund,* GA 2014, 137 ff.; mit Recht begreift etwa auch *Walter,* FS Beulke, 2015, S. 327, 336 bei den Verkehrsstraftaten das „Führen des Fahrzeugs" als Element des Erfolgssachverhalts; s. dazu auch *Hölzel,* Gibt es „Tätigkeitsdelikte"?, S. 184 ff. – *Frister,* AT[8], 18. Kap. Rn. 19 sieht das zwar im Ergebnis anders, gesteht aber immerhin zu, dass die Position von *Freund,* GA 2014, 137, 142 ff. „nicht ohne überzeugende Begründung" vertreten wird.

Verhaltensgebundenheit „echten" Unterlassens am Beispiel der §§ 266a I, 323c StGB, GA 2009, 150 ff.; *Dold,* Die actio libera in causa als Sonderfall der mittelbaren Täterschaft, GA 2008, 427 ff.; *Freund,* Actio illicita in causa – Ein Übel oder eine Möglichkeit, das Übel an der Wurzel zu packen?, GA 2006, 267 ff.; *ders.,* Actio libera in causa vel omittendo bei Rauschdelikten im Straßenverkehr – Zum Begriff der Tat und zum Zeitpunkt ihrer (fahrlässigen oder vorsätzlichen) Begehung, GA 2014, 137 ff.; *Frisch,* Grundprobleme der Bestrafung „verschuldeter" Affekttaten, ZStW 101 (1989), 538 ff.; *Frister,* AT^8, 18. Kap. Rn. 17 ff.; *Gimbernat Ordeig,* Die Omissio libera in causa, FS Schünemann, 2014, 351 ff.; *Hettinger,* Die „actio libera in causa" – Strafbarkeit wegen Begehungstat trotz Schuldunfähigkeit?, 1988; *ders.,* Die „actio libera in causa": eine unendliche Geschichte?, FS Geerds, 1995, S. 623 ff.; *ders.,* Handlungsentschluss und -beginn als Grenzkriterium tatbestandsmäßigen Verhaltens beim fahrlässig begangenen sog. reinen Erfolgsdelikt – Zugleich zur sog. fahrlässigen actio libera in causa, FS Schroeder, 2006, S. 209 ff.; *Hillenkamp/Cornelius,* 32 Probleme aus dem Strafrecht, AT^{15}, S. 103 ff.; *Hirsch,* Anm. zu BGH Beschl. v. 19.02.1997 – 3 StR 632/96, JR 1997, 391 ff.; *ders.,* Zur actio libera in causa, FS Nishihara, 1998, S. 88 ff.; *Hruschka,* Die actio libera in causa – speziell bei § 20 StGB mit zwei Vorschlägen für die Gesetzgebung, JZ 1996, 64 ff.; *ders.,* Die actio libera in causa bei Vorsatztaten und bei Fahrlässigkeitstaten, JZ 1997, 22 ff.; *ders.,* „Actio libera in causa" und mittelbare Täterschaft, FS Gössel, 2002, S. 145 ff.; *Jakobs,* Die sogenannte actio libera in causa, FS Nishihara, 1998, S. 105 ff.; *Jakobs,* Bemerkungen zu einigen Modellen des Vorverschuldens, FS Neumann, 2017, S. 899 ff.; *Jerouschek,* Die Rechtsfigur der actio libera in causa: Allgemeines Zurechnungsprinzip oder verfassungswidrige Strafbarkeitskonstruktion?, JuS 1997, 385 ff.; *Leupold,* Die Tathandlung der reinen Erfolgsdelikte und das Tatbestandsmodell der „actio libera in causa" im Lichte verfassungsrechtlicher Schranken, 2005; *Mitsch,* Actio libera in causa und mittelbare Täterschaft, FS Küper, 2007, S. 347 ff.; *Neumann,* Konstruktion und Argument in der neueren Diskussion zur actio libera in causa, FS Arthur Kaufmann, 1993, S. 581 ff.; *Puppe,* Grundzüge der actio libera in causa, JuS 1980, 346 ff.; *dies.,* AT-Rechtsprechung 1, § 30 Rn. 1 ff.; *dies.,* Das sog. gerechtfertigte Werkzeug, FS Küper, 2007, S. 443 ff.; *Safferling,* Vorsatz, S. 244 ff.; *Salger/Mutzbauer,* Die actio libera in causa – eine rechtswidrige Rechtsfigur, NStZ 1993, 561 ff.; *Satzger,* Dreimal „in causa" – actio libera in causa, omissio libera in causa und actio illicita in causa, Jura 2006, 513 ff.; *Schmidhäuser,* Die actio libera in causa – Ein symptomatisches Problem in der deutschen Strafrechtswissenschaft, 1992; *Schweinberger,* Actio libera in causa: Folgeprobleme des herrschenden Tatbestandsmodells, JuS 2006, 507 ff.; *Sternberg-Lieben,* Grenzen fahrlässiger actio libera in causa, GS Schlüchter, 2002, S. 217 ff.; *Streng,* Der neue Streit um die „actio libera in causa", JZ 1994, 709 ff.; *ders.,* Actio libera in causa und verminderte Schuldfähigkeit – BGH (07.06.2000 – 2 StR 135/00) NStZ 2000, 584, JuS 2001, 540 ff.; *ders.,* Wie weit recht das Koinzidenzprinzip? – Aspekte des Zusammenhangs von Tatbestandsmäßigkeit, Rechtswidrigkeit und Schuld, FS Beulke, 2015, S. 313 ff.; *Sydow,* Die actio libera in causa nach dem Rechtsprechungswandel des Bundesgerichtshofs, 2002; *Voigt/Hoffmann-Holland,* Notwehrprovokation und actio illicita in causa in Fällen der Putativnotwehr – Überlegungen aus Anlass von BGH, Urt. v.

02.11.2011 – 2 StR 375/11, NStZ 2012, 362 ff. (zum „Hells Angels-Fall"); *Zenker,* Actio libera in causa – Ein Paradoxon als öffentlicher Strafanspruch in einem vom Schuldprinzip geprägten Rechtsstaat, 2003.
Notwehrprovokationsfall: BGH NJW 2001, 1075 m. Anm. *Roxin,* JZ 2001, 667 f.; *Freund,* in: MünchKommStGB³, Vor § 13 Rn. 285 ff.; *Mitsch,* Notwehr gegen fahrlässig provozierten Angriff – BGH, NStZ 2001, 143, JuS 2001, 751 ff.; *Stuckenberg,* Provozierte Notwehrlage und actio illicita in causa: Der Meinungsstand im Schrifttum, JA 2001, 849 ff.
S. a. unten (§ 4) Rn. 77.

III. Einzelne Schuldausschließungs- und Entschuldigungsgründe

1. Schuldunfähige Kinder – bedingt schuldfähige Jugendliche

Schuldunfähig ist, wer bei Begehung der Tat noch **nicht 14 Jahre** alt ist (§ 19). Verfahrensrechtlich wirkt sich die absolute Strafunmündigkeit bereits als Prozesshindernis aus. Deshalb ist ein **Strafverfahren einzustellen**, sobald sich die Strafunmündigkeit herausstellt. 47

Wer zur Zeit der Tat 14 Jahre, aber noch nicht 18 Jahre alt ist und damit als **Jugendlicher** im Sinne des § 1 II JGG gilt, ist strafrechtlich verantwortlich, wenn er zur Zeit der Tat nach seiner sittlichen und geistigen Entwicklung reif genug ist, das Unrecht der Tat einzusehen und nach dieser Einsicht zu handeln (§ 3 S. 1 JGG). 48

2. Schuldunfähigkeit nach § 20

Der Gesetzgeber geht davon aus, dass der normale Erwachsene schuldfähig ist. Wenn die sonstigen Voraussetzungen erfüllt sind, steht deshalb die empirische Unentscheidbarkeit des Streits zwischen **Determinismus** und **Indeterminismus**[54] der Annahme des für eine Bestrafung erforderlichen personalen Verhaltensunrechts nicht entgegen. Die entsprechende Verantwortlichkeit ist der gerechte Preis für die ermöglichte Freiheit.[55] Diese – normative – Setzung kann allerdings nicht ohne Einschränkungen durchgehalten werden. Wenn gewisse massive Defektzustände vorliegen, lassen sich 49

---

[54] Näher zu diesem Streit *Lackner,* FS Kleinknecht, 1985, S. 245, 249 ff.; *Roxin,* AT I⁴, § 19 Rn. 20 ff., 36 ff.; *Streng,* in: MünchKommStGB³, § 20 Rn. 52 ff.; weiterführend *Frister,* Die Struktur des „voluntativen Schuldelements", 1993.

[55] *Freund,* GA 2005, 321, 322 f.; zum Stellenwert der Erkenntnisse moderner Hirnforschung vgl. etwa *Hillenkamp,* JZ 2005, 313 ff., 318 ff.; *Mosbacher,* JR 2005, 61 f.; *Müller-Dietz,* GA 2006, 338 ff.; *Streng,* FS Jakobs, 2007, S. 675 ff.; *Walter,* FS Schroeder, 2006, S. 131 ff.

Freiheit und Verantwortlichkeit nicht mehr überzeugend postulieren. Deshalb sieht § 20 vor, dass ohne Schuld handelt, wer bei Begehung der Tat wegen einer **krankhaften seelischen Störung**, wegen einer **tief greifenden Bewusstseinsstörung** oder wegen **Schwachsinns** oder einer **schweren anderen seelischen Abartigkeit** unfähig ist, das Unrecht der Tat einzusehen oder nach dieser Einsicht zu handeln.

50   Als tief greifende Bewusstseinsstörung kommen beispielsweise ein **hochgradiger Affekt**[56] oder ein **Vollrausch** in Betracht. Im Falle der Alkoholisierung kann kein fester Blutalkoholgehalt angegeben werden, mit dem jemand ohne Weiteres als schuldunfähig anzusehen ist. Vielmehr kommt es auf die näheren Umstände an.[57]

51   Bei Schuldunfähigkeit im Zeitpunkt des unmittelbar güterschädigenden Verhaltens ist an eine Strafbarkeit mit Blick auf entsprechend zu beanstandendes **Vorverhalten** oder wegen **Vollrauschs** nach § **323a** zu denken.[58]

3. Entschuldigender und schuldausschließender Notstand (§ 35 I)

a) Voraussetzungen und Hauptrechtsfolge

52   Der „**entschuldigende** Notstand" nach § 35 I, der trotz der missverständlichen Bezeichnung auch Fälle des **schuldausschließenden** Notstands erfasst, setzt – wie der rechtfertigende des § 34 – eine bestimmte **Notlage** voraus. Allerdings sind die notstandsfähigen Güter gegenüber § 34 erheblich eingeschränkt: Die gegenwärtige, nicht anders abwendbare **Gefahr** muss für **Leben, Leib** oder **Freiheit** des grundsätzlich tatbestandsmäßig-missbilligt Handelnden selbst, eines Angehörigen i. S. des § 11 I Nr. 1 oder einer anderen „**nahestehenden Person**" bestehen. Zu Letzteren zählen etwa der Lebensgefährte, aber auch der Freund oder die Freundin. Als bedrohte Freiheit kommt im Rahmen des § 35 I nicht die von § 240 erfasste allgemeine Handlungsfreiheit in Betracht, sondern nur die **Fortbewegungsfreiheit** i. S. des § 239. Das ergibt sich aus dem Zusammenhang, in dem der Begriff gebraucht wird. Besonderheiten in Bezug auf die **Erforderlichkeit der Notstandshandlung** ergeben sich nicht. Anders als beim rechtfertigenden Notstand des § 34 bedarf es für den entschuldigenden und den schuldausschließenden des § 35 I aber keines wesentlichen Überwiegens des geschützten Gutes im Verhältnis zum beeinträchtigten. Nach der Terminologie des Gesetzes handelt der Betreffende bei Vorliegen der Notstandsvoraussetzungen „ohne Schuld". Damit kann er – und das ist die eigentliche Rechtsfolgeanordnung – nicht bestraft werden, selbst wenn eine gewisse rechtliche

---

[56] Zur Problematik des verschuldeten Affekts näher *Frisch,* ZStW 101 (1989), 538 ff.

[57] Instruktiv dazu – auch zur Rechtsprechungskasuistik bei affekt- und alkoholbedingter Schuldunfähigkeit – *Krümpelmann,* ZStW 99 (1987), 191 ff. – Zur Schuldfähigkeitsbeurteilung bei „Eifersuchtswahn" und Alkoholisierung vgl. BGH NJW 1997, 3101 ff.

[58] Vgl. dazu oben (§ 4) Rn. 34 ff. und unten § 5 Rn. 41 f.; ferner *Roxin,* AT I⁴, § 20 Rn. 11; zur Reform des § 323a s. etwa *Freund/Renzikowski,* ZRP 1999, 497 ff.

III. Einzelne Schuldausschließungs- und Entschuldigungsgründe

Schuld vorhanden sein sollte. Sie reicht nach der verbindlichen gesetzlichen Regelung für eine Bestrafung nicht aus. Es fehlt jedenfalls an dem für eine Bestrafung erforderlichen **hinreichend gewichtigen personalen Fehlverhalten**.

§ 35 I 2 geht für bestimmte Fälle von einer besonderen Gefahrtragungsregel aus. 53 Die Vorschrift spricht von solchen Fällen, in denen es dem Betreffenden nach den Umständen zugemutet werden konnte, die Gefahr hinzunehmen. Dies soll namentlich dann gelten, wenn der Betreffende die **Notstandslage** selbst „**verursacht**" hatte oder in einem besonderen Rechtsverhältnis mit gesteigerten Gefahrtragungspflichten stand. Als Beispiele für die zuletzt genannte Fallgruppe werden meist der **Soldat**, der **Feuerwehrmann** oder der **Polizeibeamte** genannt.[59] In solchen Ausnahmefällen kann immerhin die Strafe nach § 49 I gemildert werden, wenn die Gefahr nicht mit Rücksicht auf ein besonderes Rechtsverhältnis hinzunehmen war.

Nach verbreiteter Auffassung werden Konstellationen des sog. **Nötigungsnot-** 54 **stands** nicht von § 34, sondern nur von § 35 I erfasst.[60] Gemeint sind damit Fälle, in denen jemand durch Gewalt oder Drohung mit einer gegenwärtigen, nicht anders abwendbaren Gefahr für Leib, Leben oder Freiheit seiner selbst, eines Angehörigen oder einer ihm nahestehenden Person zu einem grundsätzlich tatbestandlich missbilligten Verhalten veranlasst wird. Zu denken ist etwa daran, dass A **mit vorgehaltener Pistole** B unter Androhung des Erschießens **zwingt, dem C die Fenster einzuwerfen**.[61] Praktisch bedeutsam ist auch die unter Todesdrohung erzwungene uneidliche oder eidliche Falschaussage.[62] Jedenfalls wenn von dem Genötigten rechtlich nicht erwartet werden konnte, dem Nötigungsdruck standzuhalten, vermag die Annahme eines rechtlich relevanten Fehlverhaltens des Genötigten nicht zu überzeugen. Normativ ist das Verhalten genauso zu bewerten wie eine nicht steuerbare Reflexbewegung oder eine Körperbewegung infolge der Anwendung unwiderstehlicher Gewalt – etwa durch gewaltsames Führen des Armes beim Einwerfen der Fenster.

Dass der Genötigte „**auf die Seite des Unrechts trete**" und sich zum „**verlängerten Arm**" des 55 Nötigenden „machen lasse" und *deshalb* rechtswidrig handle,[63] wäre als Argument nur akzeptabel, wenn der Genötigte für diese Instrumentalisierung seinerseits rechtlich verantwortlich wäre.[64] Daran fehlt es indessen ganz genauso wie in den Fällen des Erleidens unwiderstehlicher Gewalt. Auch

---

[59] Vgl. etwa *Wessels/Beulke/Satzger*, AT[48], Rn. 691 (die dort ebenfalls erfolgende Nennung des Arztes ist problematisch).

[60] *Wessels/Beulke/Satzger*, AT[48], Rn. 696; *Perron*, in: Schönke/Schröder[30], § 34 Rn. 41b m. w. N. auch zur Gegenauffassung; s. ergänzend dazu *Kühl*, AT[8], § 8 Rn. 60, 127 ff., § 20 Rn. 62.

[61] Beispiel nach *Wessels/Beulke*, AT[37], Rn. 443; bei *Wessels/Beulke/Satzger*, AT[48], Rn. 618 (Fall), 697 (Lösung) findet sich nunmehr ein anderes Beispiel: „Rockerboss R will sich an seinem Kontrahenten K rächen. Um nicht selbst Hand anlegen zu müssen, begibt er sich zu A und erklärt diesem, dass er den Sohn des A „kalt machen" werde, wenn er den K nicht ordentlich auspeitsche. Aus Angst um seinen Sohn begibt sich A zu K und versetzt diesem einige Schläge mit der Peitsche."

[62] S. zu einem solchen Fall BGHSt 5, 371 ff.; vgl. auch *Kühl*, AT[8], § 8 Rn. 127 ff. m. w. N. – S. ergänzend KG JZ 1997, 629 f. m. Anm. *Marxen*.

[63] I. d. S. etwa *Wessels/Beulke/Satzger*, AT[48], Rn. 697; ähnlich *Perron*, in: Schönke/Schröder[30], § 34 Rn. 41b.

[64] Instruktiv dazu *Küper*, Darf sich der Staat erpressen lassen?, S. 59 ff.

ist eine unangemessene Verschlechterung der Position des von dem Verhalten des Genötigten Betroffenen mit der Annahme einer Rechtfertigung anstelle eines Schuldausschlusses nicht verbunden.[65] Da die Rechtfertigung des Verhaltens des Genötigten nicht automatisch eine Duldungspflicht impliziert,[66] kann sich der Betroffene nach den Regeln des **Defensivnotstands** wehren. Ausgeschlossen ist nur das gegenüber dem für die Kollisionssituation rechtlich nicht verantwortlichen Genötigten unangemessene schneidige **Notwehrrecht**.[67]

b) Rechtsfolgen bei irriger Annahme der Voraussetzungen

56   § 35 II enthält eine besondere Regelung für die irrige Annahme von Umständen, deren Vorliegen zu einer Entschuldigung nach § 35 I führte: Bei **unvermeidbarem Irrtum** – sprich: bei nicht auf Fahrlässigkeit beruhendem Irrtum[68] – wird der Betreffende nicht bestraft. Bei rechtlich zu beanstandender **Fehleinschätzung** der Situation ist die **Strafe** nach § 49 I zu **mildern**.

c) „Rechtswidrigkeit" der Tat bei entschuldigendem und schuldausschließendem Notstand

57   In den Fällen, die als von § 35 erfasst angesehen werden, wird meist ohne Weiteres davon ausgegangen, dass die Tat „rechtswidrig" sei und ein Notwehrrecht des von der Tat Betroffenen eröffne.[69] Dabei wird auch nicht mehr weiter danach differenziert, ob es sich um Fälle handelt, in denen rechtlich überhaupt kein Vorwurf erhoben werden kann, oder um solche, in denen der durchaus erhebbare Vorwurf rechtlich fehlerhaften Verhaltens lediglich zu gering ist, um das Strafrecht auf den Plan zu rufen. Im erstgenannten Fall handelt es sich um einen **schuldausschließenden Notstand** – und nur im letztgenannten Fall geht es sachlich um eine **Entschuldigung i. e. S.** bei vorhandenem rechtlichen Fehlverhalten. Infolge der – verfehlten – Gleichschaltung ist der vollkommen schuldlos handelnde Mensch, gegen den immerhin im Grundsatz schneidige Notwehr geübt werden kann, **schlechter gestellt als** etwa ein **angreifendes Tier**, gegen das nur im Rahmen des engeren Notstandsrechts nach § 34 (bzw. § 228 BGB) vorgegangen werden kann. Tatsächlich ist das schneidige Notwehrrecht gegenüber dem schuldlos Handelnden ebenso wie gegenüber dem

---

[65] Die Verschlechterung der Position des von dem Verhalten des Genötigten Betroffenen dient als Argument für die Ablehnung einer Rechtfertigung etwa bei *Wessels/Beulke/Satzger*, AT[48], Rn. 697.
[66] S. dazu bereits oben § 3 Rn. 28 ff.
[67] S. dazu ergänzend oben § 3 Rn. 93 ff.
[68] Zu den entsprechenden Fahrlässigkeitsanforderungen vgl. unten § 5 Rn. 15 ff.
[69] I. d. S. etwa *Wessels/Beulke*, AT[37], Rn. 442 f.; vgl. a. *Wessels/Beulke/Satzger*, AT[48], Rn. 697. – Darauf, dass es sich in manchen Fällen nicht nur um ein Schuldproblem handelt, sondern bereits die rechtliche Geltung einer Verhaltensnorm in bestimmten Situationen in Frage steht, macht aber mit Recht etwa *Köhler*, AT, S. 329 ff. aufmerksam.

III. Einzelne Schuldausschließungs- und Entschuldigungsgründe 157

massiv eingeschränkt Verantwortlichen fehl am Platze.[70] Die sich stellenden Probleme der Güter- und Interessenkollision sind vielmehr sachgerecht über die **Regeln des Defensivnotstands** zu lösen.[71]

4. Notwehrexzess (§ 33)

Überschreitet jemand in einer Notwehrlage die Grenzen der Notwehr aus Verwirrung, Furcht oder Schrecken, so wird er nicht bestraft (§ 33). Ausdrücklich geregelt ist damit nur der **intensive Notwehrexzess**, d. h. dass die Abwehrhandlung gegenüber einem Angriff die Grenzen des Erforderlichen überschreitet.   58

a) Nichtbestrafung trotz personalen Verhaltensunrechts

Die von § 33 geregelte Notwehrüberschreitung wird meist als Entschuldigungsgrund angesehen.[72] Richtig daran ist Folgendes: Die Vorschrift schließt die Strafbarkeit aus, obwohl tatbestandlich zu missbilligendes und nicht gerechtfertigtes personales Fehlverhalten vorliegt. Die dahinter stehende **Ratio** ist freilich alles andere als klar.   59

aa) Nichtbestrafung allein wegen zu geringen Gewichts des Fehlverhaltens?

Erblickt man den tragenden Sachgrund für die Strafbefreiung trotz Fehlverhaltens ausschließlich im **zu geringen Gewicht** des personalen **Fehlverhaltens** desjenigen, der in einer Ausnahmesituation aus **Verwirrung, Furcht** oder **Schrecken**[73] fehlreagiert, liegt es nahe, die Vorschrift auch auf Fälle (ggf. entsprechend) anzuwenden, in denen sich der Betreffende die Notwehrsituation irrig vorstellt. Denn nach der so bestimmten Ratio kommt es letztlich nicht auf die wirkliche Notwehrsituation, sondern allein auf die Ausnahmesituation an, in der sich der Betreffende – wenngleich fehlerhaft – *sieht*. Versetzt man sich aber in solchen Fällen des **Putativnotwehrexzesses** in dessen Lage, so sieht er sich derselben Situation gegenüber wie derjenige, der sich tatsächlich zu Recht angegriffen wähnt.[74] – Ob die Vorschrift auf den **extensiven**   60

---

[70] S. dazu oben im Rahmen der Notwehr § 3 Rn. 93 ff., 116 ff.
[71] S. dazu oben § 3 Rn. 72 ff.
[72] Vgl. etwa BGHSt 39, 133, 139; *Jäger,* Repetitorium AT[8], Rn. 195; *Kühl,* AT[8], § 12 Rn. 127 f.; *Wessels/Beulke/Satzger,* AT[48], Rn. 699.
[73] Zu diesen sog. asthenischen (also Schwäche-) Affekten vgl. etwa BGHSt 39, 133, 139 f.; den Gegensatz bilden sthenische Affekte wie Wut oder Zorn.
[74] Zur angemessenen Perspektivenbetrachtung bei der Bestimmung des Notwehrrechts s. bereits oben § 3 Rn. 10 ff. Um einen Fall des Putativnotwehrexzesses handelt es sich nur, wenn die Einschätzung des sich angegriffen Wähnenden rechtlich zu beanstanden ist. Kann sie nicht beanstandet werden, sodass sich der Betreffende angegriffen sehen *durfte,* liegt ein von § 33 *direkt* erfassbarer Fall vor.

Notwehrexzess – also bei bereits abgeschlossenem Angriff – (ggf. entsprechend) anwendbar ist, hängt nach diesem Konzept davon ab, ob die relevante **psychische Ausnahmesituation** auch in einem solchen Fall vorkommt.

bb) Relevanz auch der Verantwortlichkeit des „wirklichen" Angreifers?

61 Zu einer restriktiveren Handhabung der Strafbarkeitsausnahme gelangt man freilich, wenn – wofür einiges spricht – hinter § 33 auch der Gedanke steht, dass der im Wege einer ex post-Betrachtung zu bestimmende „wirkliche" Angreifer im Hinblick auf seine vollumfängliche und ausschließliche Verantwortlichkeit für die entstandene Kollisionslage den **Schutz** durch eine *strafbewehrte* **Verhaltensnorm verwirkt** hat.[75]

62 Bemerkenswert erscheint, dass dann an die Notwehrlage in § 33 weitergehende Anforderungen zu stellen sind als nach hier vertretener Konzeption an die in § 32: Dort genügt die rechtlich nicht zu beanstandende Annahme desjenigen, der sich einem gegenwärtigen rechtswidrigen Angriff ausgesetzt sieht. Um bei rechtlich zu beanstandender Überschreitung des Notwehrrechts aus Verwirrung, Furcht oder Schrecken Straffreiheit nach § 33 zu erlangen, muss es dagegen **ex post** und aus **höherer Warte** betrachtet „**wirklich**" ein entsprechender **Angreifer** gewesen sein. Sachlich handelt es sich um ein zusätzliches negatives Sanktionserfordernis neben dem – hinreichend gewichtigen – tatbestandsspezifischen Verhaltensnormverstoß.[76] Mit dem **Wortlaut** des § 33 wäre ein solches restriktives Verständnis der Strafbefreiungsvorschrift ohne Weiteres vereinbar. Denn dasselbe Wort „**Angriff**" muss keineswegs immer dasselbe bedeuten.[77] Ob ein solches restriktives Verständnis der Strafbefreiungsvorschrift tatsächlich angemessen ist, kann hier freilich nicht abschließend geklärt werden.[78]

b) Nichtbestrafung bei Fehlen personalen Verhaltensunrechts

63 § 33 erfasst seinem Wortlaut nach auch Fälle vollkommen schuldloser und damit **rechtlich nicht zu beanstandender Notwehr-„Überschreitung"** – also Fälle, in denen ein personales Fehlverhalten zu verneinen ist. Tatsächlich handelt es sich insoweit um Fälle, in denen nach der hier zugrunde gelegten Notwehrkonzeption

---

[75] Sachlich i. d. S. etwa *Rogall,* Der Notwehrexzess – ein Schuldprivileg, GS Weßlau, 2016, S. 529 ff.; *Roxin,* FS Schaffstein, 1975, S. 105, 116 f., 119 f. – Daraus ergibt sich, dass der Gedanke des § 33 nicht auf andere Rechtfertigungsgründe übertragbar ist.

[76] Zu solchen zusätzlichen Sanktionsvoraussetzungen neben dem tatbestandsspezifischen Verhaltensnormverstoß s. bereits oben § 2 Rn. 52 ff.

[77] So werden z. B. in aller Regel Tierangriffe aus dem Anwendungsbereich des § 32 ausgeschieden (vgl. dazu oben § 3 Rn. 101), obwohl auch sie unbestreitbar in gewissem Sinne „Angriffe" sind.

[78] Näher zur Problematik des § 33 *Kühl,* AT[8], § 12 Rn. 126 ff. m. w. N.

Notwehr geübt und diese gerade nicht überschritten wird, sodass nicht erst § 33 für die Strafbefreiung sorgt. Aber auch wenn man schuldlose und dennoch rechtlich zu beanstandende Notwehrüberschreitungen anerkennen wollte,[79] führte auch ohne § 33 kein Weg an der **Straflosigkeit** solchen **schuldlosen Verhaltens** vorbei. Für derartige Fälle kann § 33 allenfalls eine klarstellende – deklaratorische – Funktion zukommen.

5. Nicht zu vermeidender Ver- oder Gebotsirrtum (§ 17)

a) Hintergrund und gesetzliche Regelung

Handeln in nicht zu vermeidendem *Verbots*irrtum ist rechtlich ebenso wenig zu beanstanden wie Unterlassen in nicht zu vermeidendem *Gebots*irrtum. Für einen solchen Irrtum ist nicht die positive Fehlvorstellung der Rechtmäßigkeit des Verhaltens nötig, sondern es reicht das **nicht zu vermeidende Fehlen der Vorstellung, Unrecht zu tun**. Auf solches Verhalten kann unter keinen Umständen mit Strafe reagiert werden. Das gilt unabhängig von irgendwelchen gesetzlichen Regelungen schon aus Gründen der Legitimation des Strafeinsatzes überhaupt. Es folgt jedenfalls aus dem verfassungsrechtlichen **Schuldprinzip**.   64

§ 17 S. 1 besagt, dass ohne Schuld handelt, wem bei Begehung der Tat die Einsicht fehlt, Unrecht zu tun, wenn er diesen Irrtum nicht vermeiden konnte. Konnte er den Irrtum vermeiden, so kann die Strafe nach § 49 I gemildert werden (§ 17 S. 2).[80] Dabei ist der Begriff der Vermeidbarkeit nicht rein empirisch zu verstehen, sondern im Sinne eines das **Vermeiden*können*** einschließenden „**Vermeiden*müssens***" gemeint. Vermeid*bar* ist vieles – wenn nicht sogar das meiste. Von Rechts wegen muss aber einiges nicht vermieden werden – etwa weil der Aufwand dafür zu groß wäre. Der entsprechende Anforderungsaspekt ist bereits oben (§ 1 Rn. 55 ff., § 2 Rn. 9 ff.) im Zusammenhang mit der **Legitimation von Verhaltensnormen** deutlich geworden und muss hier nur – soweit noch nicht geschehen – „zu Ende gedacht" werden. Es gilt zu klären, was von der konkret betroffenen individuellen Person rechtlich in der Situation, in der sie sich befand, erwartet werden konnte. Zu klären ist m. a. W.: Liegt überhaupt personales Verhaltensunrecht als Grundvoraussetzung des Strafeinsatzes vor? Wer das im **Unrechtsbereich** versäumt und sich mit dem hypothetischen Fehlverhalten eines Homunkulus als Maßstabsperson begnügt hat, um der konkret handelnden oder unterlassenden Person zu bescheinigen, *sie* habe Unrecht getan, muss das Versäumte im Schuldbereich nachholen. Dabei wird aber verkannt, dass das vermeintlich nur die persönliche Schuld betreffende Moment   65

---

[79] Dazu, dass nach der hier vertretenen Konzeption schuldloses Verhaltensunrecht nicht anzuerkennen ist, s. bereits oben § 3 Rn. 38 ff.; vgl. a. unten § 5 Rn. 19 ff., 23 ff.

[80] Zur Bedeutung dieser bloßen Milderungsvorschrift für die Reichweite der Vorsatzbestrafung s. noch unten (§ 4) Rn. 82 ff. sowie § 7 Rn. 11 ff., 106 ff.

der individuellen Fehlleistung bereits für das strafrechtsrelevante **personale Verhaltensunrecht** konstitutiv ist:[81] Schuldloses personales Verhaltensunrecht gibt es nicht!

66 Erst wenn das Vorhandensein personalen Verhaltensunrechts geklärt ist, kann der weiteren Frage nachgegangen werden, ob dieses Fehlverhalten für den Strafeinsatz auch **hinreichend gewichtig** ist. Bejahendenfalls stellt sich die Folgefrage nach der Qualität des Fehlverhaltens als (nur) „fahrlässig" oder (sogar) „vorsätzlich".[82]

67 Für die Fälle des Handelns oder Unterlassens, in denen die Einsicht, Unrecht zu tun, fehlt, ohne dass dieses Fehlen rechtlich beanstandet werden kann, sieht § 17 S. 1 **klarstellend Straffreiheit** vor. Dass das Gesetz von einem Handeln „ohne Schuld" spricht, ändert an dieser Rechtsfolge nichts und bedeutet insbesondere nicht, dass der konkret Handelnde oder Unterlassende das **personale Unrecht der Vorsatztat** verwirklicht hat.[83]

b) Unter- und Einzelfälle

68 Lediglich ein Unterfall des Verbotsirrtums liegt vor, wenn jemand bei der Vornahme eines bestimmten Verhaltens zwar um das dadurch an sich verwirklichte tatbestandsspezifische Unrecht weiß, diese Unrechtseinsicht aber dadurch neutralisiert wird, dass sich der Betreffende bei sonst korrekter Situationserfassung einen an sich nicht eingreifenden Rechtfertigungsgrund vorstellt. Beispiel: A ist gerade eben aus einem Land eingereist, in dem die maßvolle körperliche **Züchtigung fremder Kinder** als absolut unbedenklich gilt. Von diesem unserer Rechtsordnung unbekannten Züchtigungsrecht macht A Gebrauch und verwirklicht so den Tatbestand der Körperverletzung. Man spricht in einem solchen Fall meist von einem **„indirekten" Verbotsirrtum** oder einem **„Erlaubnisirrtum"**. Entsprechendes gilt für den Bereich der Tatbestandsverwirklichung durch Unterlassen.

69 Im **Kernbereich des Strafrechts** kommen Ver- oder Gebotsirrtümer Handelnder oder Unterlassender seltener vor als im weiten und unüberschaubaren Gestrüpp des Nebenstrafrechts. Das liegt vor allem daran, dass die strafbewehrten Verhaltensnormen im Kernbereich des Strafrechts weithin **internalisiert** sind, und in ihrer **Unrechtsbedeutung** auch von denen erfasst werden, die sie übertreten: Diebe, Körperverletzer, Totschläger etc. befinden sich typischerweise überhaupt nicht im Irrtum über die Unrechtsbedeutung ihres Verhaltens – schon gar nicht im rechtlich nicht zu beanstandenden – sprich: nicht auf Rechtsfahrlässigkeit beruhenden Irrtum darüber.

---

[81] Zum Hintergrund s. näher oben § 3 Rn. 38 ff., (§ 4) Rn. 13 ff.

[82] Zum spezifischen Unrecht der Vorsatztat näher unten § 7 Rn. 7, 37 ff.

[83] Die in der gesetzlichen Formulierung getroffene Unterscheidung von „Unrecht" und „Schuld" hat lediglich für die strafbare Beteiligung sowie für das Maßregelrecht Bedeutung. – Ob eine „vorsätzliche und rechtswidrige Haupttat" i. S. der Teilnehmerstrafnormen anzunehmen ist, steht deshalb auf einem anderen Blatt; näher dazu bereits oben § 3 Rn. 34 ff. und unten § 10 Rn. 15 ff.; zum Hintergrund der Maßregeln s. bereits oben § 1 Rn. 65 f.; vgl. a. (§ 4) Rn. 32.

III. Einzelne Schuldausschließungs- und Entschuldigungsgründe

In Ausnahmefällen – vor allem des indirekten Ver- oder Gebotsirrtums (**Erlaubnisirrtums**) – kann das aber anders sein. Man denke etwa an „**gutgläubige**" **Mauerschützen** an der ehemaligen innerdeutschen Grenze[84] oder an die **Festnahme** eines Straftäters durch eine **Privatperson** nach einer **Fernsehfahndung**. Hier stellt sich nicht (nur) die Frage der Rechtfertigung irgendeiner Maßstabsperson, sondern es muss auch geklärt werden, ob von der konkret handelnden Person rechtlich erwartet werden konnte, sich anders als geschehen zu verhalten. Ein rechtlich erwartbares anderes Verhalten setzt dabei auch voraus, dass die **persönliche Einschätzung** der konkret handelnden Person in tatsächlicher *und rechtlicher* Hinsicht anders hätte ausfallen können und müssen. 70

Dabei kann der **Sorgfaltsmaßstab** im Bereich der rechtlichen Einschätzung auch kein strengerer sein als im tatsächlichen Bereich. Die Konstitutionsprinzipien für die „**Rechtsfahrlässigkeit**" sind keine anderen als die der „**Tatfahrlässigkeit**".[85] 71

Vor allem die Rechtsprechung dürfte aber wohl geneigt sein, Rechtsfahrlässigkeit eher als Tatfahrlässigkeit zu bejahen. Sie nimmt nur höchst selten einen unvermeidbaren Verbots- oder Gebotsirrtum an. Dabei sind die abstrakten Kriterien durchaus für einen weiteren Anwendungsbereich offen. Danach kommt es darauf an, ob der Betreffende nach seinen **individuellen Fähigkeiten**[86] bei Einsatz „aller seiner Erkenntniskräfte und sittlichen Wertvorstellungen"[87] u. U. auch durch Erkundigung[88] zur Unrechtseinsicht hätte kommen können. Im Schrifttum wird ein nicht auf Fahrlässigkeit beruhender Irrtum überwiegend angenommen, wenn der Irrende **keinen Anlass** hatte, sich **zu informieren**, wenn er trotz **sorgfältiger Prüfung** oder Erkundigung in seinem Irrtum befangen blieb oder wenn er bei unterbliebener Erkundigung auch durch sie nicht zu besserer Einsicht gelangt wäre.[89] Unterschiede dürften hier weniger in den abstrakten Ausgangsformeln liegen als in ihrer praktischen Handhabung. 72

In der umfangreichen, aber in sich nicht ganz widerspruchsfreien Kasuistik spielt die Frage eine nicht unerhebliche Rolle, ob und inwieweit man sich auf **Rechtsauskünfte** verlassen darf.[90] 73

Bemerkenswert ist in diesem Zusammenhang eine Entscheidung des OLG Stuttgart.[91] Die entscheidenden Aussagen lauten: „Ein **Verbotsirrtum** kann unvermeidbar 74

---

[84] Zur Mauerschützenproblematik s. BGHSt 39, 1, 15 ff., 34 f.; *Kühl*, AT[8], § 9 Rn. 118e, § 12 Rn. 159, § 13 Rn. 61a m. w. N.

[85] Die Frage ist umstritten; näher dazu *Kühl*, AT[8], § 13 Rn. 61 f.; *Langer*, Sonderstraftat, S. 120 ff., insbes. S. 132; *Otto*, Jura 1990, 645, 649 f.; *Rogall*, in: SK StGB[9], § 17 Rn. 50 ff., 54. – Näher zum individualisierend zu bestimmenden Unrecht der Fahrlässigkeitstat noch unten § 5 Rn. 23 ff.

[86] Nachdrücklich betont etwa von BGHSt 3, 357, 366.

[87] BGHSt 4, 1.

[88] Vgl. etwa BGHSt 4, 1, 5; OLG Köln NJW 1996, 472, 473.

[89] S. dazu etwa *Neumann*, JuS 1993, 793, 797 m. w. N. – Instruktiv zur Vermeidbarkeit des Verbotsirrtums auch *Rogall*, in: SK StGB[9], § 17 Rn. 50 ff. m. w. N.

[90] Näher zur Problematik der Orientierung an Rechtsauskünften und Gerichtsentscheidungen *Neumann*, in: NK[5], § 17 Rn. 67 ff.; *Roxin*, AT I[4], § 21 Rn. 62 ff.; *Vogel*, in: LK[12], § 16 Rn. 76 ff.; s. etwa auch BGH JZ 2018, 253 f. (zur Vermeidbarkeit des Verbotsirrtums bei anwaltlicher Beratung) m. Anm. *Schröder*.

[91] OLG Stuttgart StV 2008, 193 ff. = NJW 2008, 243 ff.

sein, wenn gleichrangige Obergerichte eine Unrechtsfrage unterschiedlich entschieden haben, und es für den Angeklagten nicht zumutbar ist, das möglicherweise verbotene Verhalten bis zur Klärung der Rechtsfrage zu unterlassen." „Bei der Prüfung der Frage, ob es zumutbar ist, die möglicherweise verbotene Handlung so lange zu unterlassen, bis die Frage ihrer Verbotenheit endgültig geklärt ist, sind das Interesse des Einzelnen an der Vornahme der fraglichen Handlung einerseits und das Interesse der Allgemeinheit am Unterlassen möglicherweise verbotener Handlungen andererseits abzuwägen." Damit arbeitet das OLG Stuttgart in der Sache vollkommen richtig mit für die **Rechts- und Tatfahrlässigkeit gleichermaßen** gültigen Kriterien der **Güter- und Interessenabwägung**. Das sollte Schule machen!

75 Von nicht unerheblicher praktischer Bedeutung für die Verhaltensbewertung dürften auch **behördliche Genehmigungen** – etwa im Bereich des Umweltrechts zur Einleitung von Abwässern, zum Ablagern von Abfällen usw. – sein.[92]

76 Die bloße irrige Annahme, ein Verhalten, dessen Unrechtsbedeutung erfasst wurde, sei nicht strafbar, ist für das bestrafungsrelevante personale Verhaltensunrecht irrelevant. Dem Betreffenden wird durch die Bestrafung ja nicht etwa angelastet, dass er gegen eine erkanntermaßen strafbewehrte Verhaltensnorm verstoßen hat, sondern vorgeworfen wird ihm sein fehlerhaftes Verhalten. Mit einem Unterfall eines solchen irrelevanten **Strafbarkeitsirrtums** haben wir es bei einem bloßen **Subsumtionsirrtum** zu tun: Wegen Sachbeschädigung wird zu Recht auch der bestraft, der zu Unrecht meint, der von ihm vergiftete **Hund** seines Nachbarn sei keine „**Sache**" i. S. des § 303.

Vertiefungs- und Problemhinweise

77 *Achenbach,* Historische und dogmatische Grundlagen der strafrechtssystematischen Schuldlehre, 1974; *Albrecht,* Notwehrexzess und Putativnotwehr, GA 2013, 369 ff.; *Berger,* Das Gesinnungsmoment im Strafrecht, 2008; *Bernsmann,* „Entschuldigung" durch Notstand, 1989; *Berster,* Der subjektive Exzess der Notwehr und Putativnotwehr, GA 2016, 36 ff.; *Cornelius,* Die Verbotsirrtumslösung zur Bewältigung unklarer Rechtslagen – ein dogmatischer Irrweg, GA 2015, 101 ff.; *Dreher,* Die Willensfreiheit, 1987; *ders.,* Unser indeterministisches Strafrecht, FS Spendel, 1992, S. 13 ff.; *Erb,* Rechtfertigung und Entschuldigung von Taten zur Ermöglichung der Flucht deutscher Staatsbürger aus Krisengebieten – Zugleich Besprechung von OLG München, Urteil vom 27.4.2017, GA 2018, 399 ff.; *Eser/Burkhardt,* Strafrecht I[4], Fall 14, A 2 ff. (Schuldprinzip – Konsequenzen für die Grundkriterien strafrechtlichen Verschuldens – Unrechtsbewusstsein); *Feijoo Sánchez,* Strafrechtliche Schuld im demokratischen Rechtsstaat, FS Frisch, 2013, S. 555 ff.; *Frisch,* Unrecht und Schuld im Verbrechensbegriff und in der Strafzumessung, FS Müller-Dietz, 2001, S. 237 ff.; *ders.,* Gewissenstaten und Strafrecht, FS Schroeder, 2006, S. 11 ff.; *ders.,* Schuldgrundsatz und Verhältnismäßigkeitsgrundsatz, NStZ 2013, 249 ff.; *ders.,* Schwächen und Notwendigkeit einer Revision der Lehre vom Unrechtsbewusstsein, GA 2017, 699 ff.; *Frister,* Die Struktur des

---

[92] Eingehend zu diesem unter dem Stichwort der „Verwaltungsrechtsakzessorietät" geläufigen Problembereich *Frisch,* Verwaltungsakzessorietät und Tatbestandsverständnis im Umweltstrafrecht, 1993; s. a. *Schwarz,* GA 1993, 318 ff.

[93] Näher zu den Anwendungsproblemen etwa *Bresser,* NJW 1978, 1188 ff.; s. dazu a. *Frister,* Die Struktur des „voluntativen Schuldelements", S. 188 ff.

"voluntativen Schuldelements", 1993; *ders.,* Überlegungen zu einem agnostischen Begriff der Schuldfähigkeit, FS Frisch, 2013, S. 533 ff.; *Grasnick,* Über Schuld, Strafe und Sprache, 1987; *Günther,* Schuld und kommunikative Freiheit – Studien zur personalen Zurechnung strafbaren Unrechts im demokratischen Rechtsstaat, 2005; *Herzberg,* Fahrlässigkeit, Unrechtseinsicht und Verbotsirrtum, FS Otto, 2007, S. 265 ff.; *ders.,* Vorsatzausschließende Rechtsirrtümer, JuS 2008, 385 ff.; *Hillenkamp,* Strafrecht ohne Willensfreiheit? Eine Antwort auf die Hirnforschung, JZ 2005, 313 ff.; *ders.,* Hirnforschung, Willensfreiheit und Strafrecht – Versuch einer Zwischenbilanz, ZStW 127 (2015), 10 ff.; *Hirsch,* Das Schuldprinzip und seine Funktion im Strafrecht, ZStW 106 (1994), 746 ff.; *ders.,* Strafrecht und Überzeugungstäter, 1996; *Jakobs,* Das Schuldprinzip, 1993; *Kargl,* Strafbegründung im Zeichen des Determinismus – Anmerkungen zu Boris Bröckers' ‚Strafrechtliche Verantwortlichkeit ohne Willensfreiheit', GA 2017, 330 ff.; *Arthur Kaufmann,* Das Schuldprinzip², 1976; *Küper,* Grundsatzfragen der „Differenzierung" zwischen Rechtfertigung und Entschuldigung, JuS 1987, 81 ff.; *Lenckner,* Der „rechtswidrige verbindliche Befehl" im Strafrecht – nur noch ein Relikt?, FS Stree/Wessels, 1993, S. 223 ff.; *Lesch,* Unrecht und Schuld im Strafrecht, JA 2002, 602 ff.; *Luzón Peña,* Schuld und Freiheit, GA 2017, 669 ff.; *Momsen,* Überlegungen zu einem zweckrationalen Schuldbegriff, FS Jung, 2007, S. 569 ff.; *Motsch,* Der straflose Notwehrexzess – Analyse der ratio legis und Lösung der Erscheinungsformen des § 33 StGB unter besonderer Berücksichtigung neuerer Tendenzen, 2003; *Müller-Christmann,* Der Notwehrexzess, JuS 1993, L 42 ff.; *Müller-Dietz,* Hirnforschung und Schuld, GA 2006, 338 ff.; *Neumann,* Der Verbotsirrtum (§ 17 StGB), JuS 1993, 793 ff.; *Renzikowski,* Der Gegenstand des Unrechtsbewusstseins, FS Yamanaka, 2017, S. 185 ff.; *Roxin,* Das Schuldprinzip im Wandel, FS Arthur Kaufmann, 1993, S. 519 ff.; *ders.,* Über den Notwehrexzess, FS Schaffstein, 1975, S. 105 ff.; *ders.,* Rechtfertigungs- und Entschuldigungsgründe in Abgrenzung von sonstigen Schuldausschließungsgründen, JuS 1988, 425 ff.; *ders.,* Der entschuldigende Notstand nach § 35 StGB, JA 1990, 97 ff., 137 ff.; *Pawlik,* „Der wichtigste dogmatische Fortschritt der letzten Menschenalter"? – Anmerkungen zur Unterscheidung zwischen Unrecht und Schuld im Strafrecht, FS Otto, 2007, S. 133 ff.; *ders.,* Verbotsirrtum bei unklarer Rechtslage, FS Neumann, 2017, S. 985 ff.; *Puppe,* Bemerkungen zum Verbotsirrtum und seiner Vermeidbarkeit, FS Rudolphi, 2004, S. 231 ff.; *Rosenau,* Der Notwehrexzess, FS Beulke, 2015, S. 225 ff.; *Rogall,* Der Notwehrexzess – ein Schuldprivileg, GS Weßlau, 2016, S. 529; *Roxin,* Die strafrechtliche Beurteilung unbehebbarer Unrechtszweifel, GA 2018, 494 ff.; *Rudolphi,* Unrechtsbewusstsein, Verbotsirrtum und Vermeidbarkeit des Verbotsirrtums, 1969; *Safferling,* Vorsatz und Schuld – Subjektive Täterelemente im deutschen und englischen Strafrecht, 2008; *Simmler/Markwalder,* Roboter in der Verantwortung? – Zur Neuauflage der Debatte um den funktionalen Schuldbegriff, ZStW 129 (2017), 20 ff.; *Streng,* Schuld ohne Freiheit? – Der funktionale Schuldbegriff auf dem Prüfstand, ZStW 101 (1989), 273 ff.; *Streng,* Schuldbegriff und Hirnforschung, FS Jakobs, 2007, S. 675 ff.; *Theile,* Der bewusste Notwehrexess, JuS 2006, 965 ff.; *Timpe,* Grundfälle zum entschuldigenden Notstand (§ 35 StGB) und zum Notwehrexzess (§ 33 StGB), JuS 1985, 35 ff., 117 ff.; *Walter,* Hirnforschung und Schuldbegriff – Rückschau und

Zwischenbilanz, FS Schroeder, 2006, S. 131 ff.; *Wolfslast,* Die Regelung der Schuldfähigkeit im StGB, JA 1981, 464 ff.

Zur *Vermeidbarkeit eines Verbotsirrtums* bei divergierenden Gerichtsentscheidungen instruktiv OLG Stuttgart StV 2008, 193 ff. = NJW 2008, 243 ff.; s. a. BGH NStZ 2016, 460 ff. (Vermeidbarkeit eines Verbotsirrtums nicht schon bei Verstoß gegen Erkundigungspflicht, sondern nur bei hypothetisch richtiger Auskunft).

Zur *Ratio des § 33* weiterführend *Rogall,* Der Notwehrexzess – ein Schuldprivileg, GS Weßlau, 2016, S. 529 ff.; s. a. *Engländer,* Die Entschuldigung nach § 33 StGB bei Putativnotwehr und Putativnotwehrexzess, JuS 2012, 408 ff.; *Rosenau,* Der Notwehrexzess, FS Beulke, 2015, S. 225 ff.; *Roxin,* Über den Notwehrexzess, FS Schaffstein, 1975, S. 105, 116 f., 119 f. – Zur Ablehnung der Anwendbarkeit des § 33 in Fällen der Putativnotwehr durch die Rechtsprechung s. etwa BGH NStZ 2016, 333, 334.

S. a. oben (§ 4) Rn. 46.

IV. Exkurs: Unzureichende Entschuldigung – angemessene Bestrafung

1. Verminderte Schuldfähigkeit (§ 21)

78 Vermindert schuldfähig sind Personen, deren **Einsichts-** oder **Steuerungsfähigkeit** aus einem der in § 20 bezeichneten Gründe bei Begehung der Tat erheblich vermindert ist. Die erhebliche Verminderung der Schuldfähigkeit führt nicht wie deren Fehlen zu einem völligen Ausschluss der strafrechtlichen Verantwortlichkeit, sondern bildet lediglich einen **fakultativen Strafmilderungsgrund.** § 21 gehört damit streng genommen nicht mehr zur Lehre vom Vorliegen einer bestimmten Straftat überhaupt, sondern ist sachlich eine Strafzumessungsvorschrift.[93] Sie zeigt aber im Verbund mit § 20 die hier wie sonst auch fließenden Übergänge von dem einen in den anderen Bereich: An irgendeiner Stelle muss die **quantitative Verminderung** der **Schuldfähigkeit** in deren **qualitative Aufhebung** umschlagen.[94]

79 Für die Annahme verminderter Schuldfähigkeit bedeutsam sind z. B. **Triebstörungen, Affektzustände,** Folgeerscheinungen von **Alkohol-, Drogen-** oder **Medikamentenabhängigkeit** sowie insbesondere alkoholbedingte **Rauschzustände.** Die – allerdings nicht ganz einheitliche – Rechtsprechung hält verminderte Schuldfähigkeit bei einer Alkoholisierung ab etwa 2 $^0/_{00}$ BAK für naheliegend, sie wird aber im Zusammenwirken mit anderen Momenten auch bereits unterhalb dieses Wertes für möglich gehalten; ab 3 $^0/_{00}$ soll sie nahe liegen.[95] Freilich wird eine Schematisierung abgelehnt.[96]

---

[94] Zum Zusammenhang zwischen Straftatlehre und Strafzumessung s. bereits oben § 1 Rn. 112 ff.

[95] Vgl. zu diesen unklaren Formulierungen etwa BGHSt 34, 29, 31; 35, 308, 312; zusf. BGHSt 37, 231 ff.

[96] BGHSt 43, 66 ff. (unter Aufgabe von BGHSt 37, 231); s. a. *Kühl,* in: Lackner/Kühl[29], § 21 Rn. 3 m. w. N. zur Problematik.

2. Vermeidbarer Verbotsirrtum – bloße Strafmilderung oder Unangemessenheit der Vorsatzstrafe?

§ 17 wird nicht selten als gesetzgeberische Bestätigung für die Verfehltheit der „Vorsatztheorie" und die Richtigkeit der „Schuldtheorie" aufgefasst.[97] Der Gesetzgeber habe entschieden, dass die Unrechtmäßigkeit als Bewertung nicht ihrerseits zum tatbestandlichen Unrecht gehöre. Deshalb berühre das **Fehlen des Unrechtsbewusstseins** auch nicht den **(Unrechts-)Vorsatz**, sondern lediglich die **Vorsatzschuld**.[98]

80

Tatsächlich kann der Gesetzgeber über die Richtigkeit oder Verfehltheit bestimmter Sacheinsichten nicht entscheiden. Vielmehr muss er die sachlich vorhandenen Strukturen so hinnehmen wie sie sind: Der **Gesetzgeber** kann aus einer Mücke keinen Elefanten machen und aus einer **qualitativen Fahrlässigkeitstat** keine **qualitative Vorsatztat**. Er kann lediglich verschiedene Dinge in den Rechtsfolgen gleich behandeln.[99] Allerdings darf er dadurch nicht gegen das verfassungsrechtliche Verbot willkürlicher Ungleichbehandlung gleicher Sachverhalte bzw. das Verbot **willkürlicher Gleichbehandlung ungleicher Sachverhalte** verstoßen.[100]

81

Wenn die fehlende Einsicht, Unrecht zu tun, auf Fahrlässigkeit beruht, also nach dem Sprachgebrauch des Gesetzes in § 17 ein **vermeidbarer Verbotsirrtum** vorliegt, haben wir es mit einem rechtlich zu beanstandenden Fehlverhalten zu tun.[101] Auf solches kann, wenn es hinreichend gewichtig ist, grundsätzlich auch mit einem **entsprechenden Tadel**, wie er mit der Bestrafung verbunden ist, reagiert werden. Ein Verhaltensnormverstoß als Grundvoraussetzung des Strafeinsatzes liegt ja vor.[102]

82

Wenn sich das festzustellende Vermeidenmüssen auf den **Zeitpunkt des unmittelbar güterschädigenden Verhaltens** bezieht, ist dieses Verhalten selbst personales Verhaltensunrecht, auf das grundsätzlich mit Strafe reagiert werden kann. Da indessen bei dem festzustellenden Vermeidenmüssen der rechtlichen Fehleinschätzung auch fehlerhaftes Verhalten im **Vorfeld des unmittelbar güterschädigenden Verhaltens** einzubeziehen ist – man denke an die erwartbare, aber unterbliebene Erkundigung –, kann es allerdings sein, dass das unmittelbar güterschädigende Verhalten als solches gar kein Fehlverhalten im Sinne der Verwirklichung personalen Verhaltensunrechts darstellt, sondern selbst nur die spezifische *Folge* des vorangegangenen **Fehlverhaltens** bildet. Dieses Phänomen des eigenen nicht zu beanstandenden Verhaltens als Konsequenz eines vorangegangenen Fehlverhaltens als der

83

---

[97] Vgl. z. B. *Wessels/Beulke*, AT[37], Rn. 463: Die Vorsatztheorie sei durch § 17 „bedeutungslos geworden"; vgl. a. *Wessels/Beulke/Satzger*, AT[48], Rn. 733 f.; ferner etwa *Rogall*, in: SK StGB[9], § 17 Rn. 2.

[98] Näher zu diesem üblichen Konzept *Kühl*, AT[8], § 11 Rn. 27 ff. – Krit. dazu *Köhler*, AT, S. 406 f.

[99] Zutreffend herausgestrichen von *Hardwig*, Grundprobleme der Allgemeinen Strafrechtslehre, S. 28; s. a. *Langer*, GA 1976, 193, 206 ff.

[100] Näher zum verfassungsrechtlichen Willkürverbot *Rüfner*, in: Bonner Kommentar zum Grundgesetz, 67. Lfg. Okt. 1992, Art. 3 I Rn. 16 ff.

[101] Anders verhält es sich in den oben (§ 4) Rn. 64 ff. behandelten Fällen des nicht vermeidbaren Ver- oder Gebotsirrtums.

eigentlichen Wurzel des Übels begegnet auch in anderen Zusammenhängen. Man denke an die schon oben (§ 4) Rn. 34 ff. angesprochene Problematik der **actio** oder **omissio libera in causa vel omitendo**. Ferner sind z. B. die unten § 5 Rn. 40 ff. behandelten Fälle der sog. **Übernahmefahrlässigkeit** zu nennen. Sachlich gilt das dort Gesagte auch für den hier interessierenden Bereich.

84 Vor diesem Hintergrund ist § 17 S. 2 insofern unproblematisch, als darin überhaupt eine Bestrafung vorgesehen ist. Auch die nach dem Wortlaut mögliche vollumfängliche **Vorsatzbestrafung** ist in den einschlägigen Fällen mitunter sachlich begründbar. Jedoch dürfte diese **Begründbarkeit** wohl eher **die Ausnahme** darstellen – etwa wenn im Vorfeld des unmittelbar güterschädigenden irrtumsbefangenen Verhaltens die für die Vorsatzbestrafung erforderliche **qualifiziert unwertige** Entscheidung als **Vorentscheidung** aufweisbar ist.[103]

85 Fraglich ist aber, ob § 17 S. 2 das entnommen werden kann, was viele meinen: Die Anordnung der – wenn auch fakultativ zu mildernden – **Vorsatzbestrafung** für alle, die sich im **auf Fahrlässigkeit beruhenden Irrtum** über die Unrechtmäßigkeit ihres Verhaltens befinden. Nach dem bereits Gesagten kann der Gesetzgeber aus einer Fahrlässigkeitstat keine Vorsatztat machen, sondern allenfalls in den Rechtsfolgen einer solchen gleichstellen. Dabei darf er aber nicht gegen das **Willkürverbot** verstoßen.

86 Für den hier interessierenden Bereich werden damit vor allem zwei Fragen aufgeworfen: Die eine Frage bezieht sich auf den genauen Inhalt des Vorwurfs bei der Verurteilung wegen Vorsatztat. Wenn dieser Vorwurf qualifizierter personaler Fehlleistung in den Fällen der **Rechtsfahrlässigkeit** unberechtigt sein sollte – wofür einiges spricht –, ist deren Gleichschaltung mit den „echten" Vorsatzfällen willkürlich. „Retten" könnte man die durch die Strafmilderung relativierte Gleichschaltung dann allenfalls durch eine entsprechende „Verwässerung" des erhobenen Vorwurfs. Es gäbe dann unter demselben Etikett sozusagen **„echte" Vorsatztaten** und **„unechte"** mit minderer Qualität. Damit stellt sich jedoch die zweite aufgeworfene Frage in aller Deutlichkeit. Es ist die Frage, ob die **Schlechterstellung** der **Rechtsfahrlässigkeit** im Verhältnis zur **Tatfahrlässigkeit** sachlich berechtigt ist. Daran seien erhebliche Zweifel angemeldet. Hier spricht vielmehr einiges für eine **willkürliche Differenzierung:**[104]

87 Weshalb derjenige, der sich um seine Umwelt in **tatsächlicher Hinsicht** nicht kümmert und so in rechtlich zu beanstandender Weise die **Gefahren** oder sonstige Unwertigkeiten nicht sieht, die er in die Welt setzt, bei gleichem äußerlichen Tun im Verhältnis zu demjenigen privilegiert werden soll, der sich in rechtlich zu beanstandender Weise nicht um die **gefahrenregelnden Vorschriften** kümmert, ist kaum einsichtig zu machen.

---

[102] Zu diesem grundlegenden Straftaterfordernis näher oben § 1 Rn. 28 ff., 38 ff., 49, § 2 Rn. 9 ff.
[103] Zu entsprechenden Fällen s. noch im Kontext der Vorsatztat unten § 7 Rn. 47 ff.
[104] Diese Willkürlichkeit der Differenzierung rügt mit Recht auch *Herzberg,* FS Otto, 2007, S. 265, 268 ff.; sie wird bereits seit jeher von Vertretern der Vorsatztheorie bemängelt, s. nur *Langer,* Sonderstraftat, S. 120 ff.; *Schmidhäuser,* JZ 1979, 361 ff.; vgl. dazu auch *Walter,* Kern des Strafrechts, S. 389 ff.

Beispiel:[105] Wer entgegen einem strafbewehrten Verbot, Kunstwerke ins Ausland auszuführen, ein Originalgemälde in die USA veräußert und dabei genau um das Ausfuhrverbot weiß und auch grob fahrlässig das ausgeführte **Kunstwerk** für einen **wertlosen Druck** hält, ist eindeutig nicht wegen Vorsatztat strafbar. Er befindet sich in einem Sachverhaltsirrtum, sodass ihm die **Kenntnis** des **Tatbestandsmerkmals** „Kunstwerk" fehlt (§ 16 I 1).[106] Dagegen soll derjenige, der den Sachverhalt, insbesondere die Gemäldeeigenschaft kennt, vorsätzlich handeln und bei zu erwartender Verbotskenntnis auch dann entsprechend bestraft werden, wenn er selbst noch nie an ein derartiges **Verbot gedacht** hat.[107] Wer sich hier unter Berufung auf § 17 auf den Standpunkt stellt, das fehlende Unrechtsbewusstsein desjenigen, der das Ausfuhrverbot nicht kennt, lasse seinen Vorsatz in Bezug auf die Verwirklichung eines Unrechtstatbestands unberührt – das fehlende Unrechtsbewusstsein sei nur ein Problem der Quantität der (Vorsatz-?)Schuld, macht es sich doch etwas zu leicht. Eine abschließende Behandlung dieser Grundsatzproblematik ist im hier gegebenen Rahmen allerdings nicht möglich.[108] Immerhin ergeben sich aus den unten (§ 7 Rn. 47 ff.) zu den Anforderungen an eine Bestrafung wegen Vorsatztat angestellten Überlegungen die maßgeblichen Gesichtspunkte für die sachgerechte Entscheidung des Problems.

88

Tatsächlich dürfte die verbreitete Ablehnung eines Konzepts der Vorsatztat, nach dem auch die **Rechtsfahrlässigkeit vorsatzausschließende Wirkung** besitzen kann, mit der Befürchtung zusammenhängen, auf dieser Basis im Strafverfahren mit Blick auf die dann erforderlichen subjektiven Erfordernisse der Vorsatztat in Beweisnot zu geraten. Denn dann – so scheint es – „könnte ja jeder kommen" und für sich fehlendes Unrechtsbewusstsein reklamieren. Die Einstufung des fehlenden Unrechtsbewusstseins als vorsatzirrelevant bietet hier in Verbindung mit der bloß fakultativen Strafmilderung des § 17 S. 2 eine allzu bequeme Möglichkeit, das schwierige **Problem des Nachweises subjektiver Deliktsmerkmale** in diesem Bereich durch eine materiellrechtlich fragwürdige Konstruktion zu verdrängen. In der Sache führt diese Verdrängung des Beweisproblems[109] zu einem **Freibrief für Verdachtsstrafen**.

89

3. Aussagenotstand und weitere Fälle unvollkommener Entschuldigung

a) Aussagenotstand (§ 157 I)

Hat ein Zeuge oder Sachverständiger eine uneidliche **Falschaussage** oder einen **Meineid** begangen, so kann das Gericht die **Strafe** nach seinem Ermessen **mildern** (§ 49 II) und bei uneidlicher Falschaussage sogar ganz **von Strafe absehen** – sodass

90

---

[105] Nach *Ebert*, AT³, S. 103.
[106] Näher dazu noch unten (§ 7 Rn. 4 ff., 35 ff., 81 ff.) bei der Erörterung der Vorsatztat.
[107] I. d. S. die Lösung des Beispiels bei *Ebert*, AT³, S. 103.
[108] Die Bedeutung des aktuellen *Unrechtsbewusstseins* für die Qualität des Normverstoßes als Vorsatztat betont mit Recht etwa *Frisch*, in: Von totalitärem zu rechtsstaatlichem Strafrecht, 1992, S. 201, 242 f.; vgl. a. *Herzberg*, FS Otto, 2007, S. 265 ff.; *dens.,* JuS 2008, 385 ff.; *Langer*, Sonderstraftat, S. 117 ff.
[109] Näher zur Problematik des Nachweises subjektiver Deliktsmerkmale *Freund*, Normative Probleme der „Tatsachenfeststellung"; s. a. *dens.*, JR 1988, 116 ff.; *dens.*, StV 1991, 23 ff.; *Loos*, JR 1994, 511, 512 f.

nur der Schuldspruch bleibt –, wenn der Täter die Unwahrheit gesagt hat, um von einem **Angehörigen** oder **sich selbst** die **Gefahr** abzuwenden, **bestraft** oder einer **Maßregel der Besserung und Sicherung** unterworfen zu werden (§ 157 I). Die Vorschrift geht davon aus, dass in den einschlägigen Fällen keine vollständige Befreiung von strafrechtlicher Verantwortlichkeit einzutreten hat, sondern mindestens für einen Schuldspruch hinreichend gewichtiges personales Verhaltensunrecht vorliegt. Immerhin sieht man auch an dieser **„Strafzumessungsvorschrift"**, dass sich manche Fälle der **Untergrenze des Strafrechts** nähern.[110]

b) Privilegierende Tatbestände und Strafzumessungsregeln

91 Für manche Fälle unvollkommener Entschuldigung sind spezielle privilegierende Tatbestände oder aber entsprechende Strafzumessungsregeln vorgesehen. Zu nennen ist hier etwa der Tatbestand der **Tötung auf Verlangen** nach **§ 216** oder die Vorschrift des **§ 213** über **minder schwere Fälle des Totschlags**.

V. Zur Definition der allgemeinen Kriterien jeder Straftat

92 Auf der Basis des in §§ 1 bis 4 bisher Gesagten kann folgende Definition der allgemeinen Straftatkriterien gegeben werden:[111]

> **Definition der allgemeinen Kriterien einer Straftat:**
> Eine Straftat begeht, wer durch hinreichend gewichtiges[112] personales Fehlverhalten den Tatbestand eines Strafgesetzes rechtswidrig verwirklicht.
>
> Personales Fehlverhalten liegt nur vor, wenn der Täter nach seinen individuellen Verhältnissen in der Lage war, zu erkennen und zu vermeiden, dass er möglicherweise den Tatbestand eines Strafgesetzes nicht gerechtfertigt verwirklicht, und wenn genau dies von ihm rechtlich erwartet werden konnte.

---

[110] Zum Problem der Untergrenze des Strafrechts s. bereits oben § 2 Rn. 45 f., (§ 4) Rn. 1, 6 ff., 19 ff., 28 f.

[111] S. dazu bereits *Freund*, FS Küper, 2007, S. 63, 78.

[112] Das Erfordernis des hinreichenden Gewichts des Fehlverhaltens trägt dem verfassungsrechtlichen Verhältnismäßigkeitsgrundsatz Rechnung. Mit diesem materiellrechtlich relevanten Erfordernis ist nicht zuletzt eine angemessene Bewältigung des allgemeinen Problems der Untergrenze des Strafrechts möglich – man denke etwa an die schon seit langem diskutierte Problematik der minimalen Fahrlässigkeit. – Näher zu diesem Untergrenzenproblem *Freund*, in: MünchKommStGB³, Vor § 13 Rn. 207 ff., 243 ff. m. w. N.

V. Zur Definition der allgemeinen Kriterien jeder Straftat

Mit diesen Bestimmungen sind die Einsichten der **personalen Unrechtslehre konsequent umgesetzt**.[113] Wenn deren Kriterien nicht erfüllt sind, verstößt eine Bestrafung gegen das **Schuldprinzip**. Außerdem ist sie auch schon **zweckrational** nicht zu rechtfertigen, weil der mit der Bestrafung erhobene **Vorwurf** nicht zutrifft.

Vertiefungs- und Problemhinweise
S. oben (§ 4) Rn. 46, 77.

93

Fragen zu § 4: Hinreichendes Gewicht tatbestandsmäßig-rechtswidrigen Fehlverhaltens (hinreichende „Schuld")

1. Warum kann das Urteil, ein Verhalten sei „tatbestandsmäßig-rechtswidrig", nur ein Vorbehaltsurteil sein? § 4 Rn. 2 ff.
2. Worin liegt der Unterschied zwischen Entschuldigungsgründen und Schuldausschließungsgründen? Was sind die Konsequenzen eines Schuldausschließungsgrundes oder eines Entschuldigungsgrundes? § 4 Rn. 6 f., 27 ff.
3. Nennen Sie Beispiele für Entschuldigungsgründe. § 4 Rn. 28 f.
4. Welche Begründungsmodelle gibt es für die lange Zeit akzeptierte „Rechtsfigur" der *actio libera in causa*? § 4 Rn. 34 ff.
5. Warum kann die „Rechtsfigur" der *actio libera in causa* keine konstitutive Bedeutung für die Strafbarkeit haben? § 4 Rn. 44.
6. Wird der sog. Nötigungsnotstand von § 34 oder von § 35 I erfasst? § 4 Rn. 54 f.
7. Kommt es in den Fällen des Putativnotwehrexzesses auf das Vorliegen einer (aus höherer Warte bestimmten) wirklichen Notwehrsituation an? § 4 Rn. 60 ff.
8. Was versteht man unter einem „indirekten" Verbotsirrtum oder einem „Erlaubnisirrtum"? § 4 Rn. 68.
9. Erklären Sie, warum es sich bei einem bloßen Subsumtionsirrtum um einen irrelevanten Strafbarkeitsirrtum handelt. § 4 Rn. 76.
10. Was kann für die Annahme verminderter Schuldfähigkeit i. S. des § 21 von Bedeutung sein? § 4 Rn. 79.
11. Nennen Sie einige Fälle unvollkommener Entschuldigung. § 4 Rn. 90 f.

94

---

[113] Die Lösung des Problems der Anlasstat bei den Maßregeln der Besserung und Sicherung ist relativ einfach: Aus Anlass einer Straftat oder einer Tat, die bei vorhandener Einsichts- und Steuerungsfähigkeit eine Straftat *wäre*, können in den gesetzlich bestimmten Fällen Maßregeln der Besserung und Sicherung angeordnet werden. – Zur *im Strafrecht* verfehlten Trennung von Unrecht und Schuld s. a. *Grünewald*, Das vorsätzliche Tötungsdelikt, S. 208 ff.; *Lesch*, JA 2002, 602 ff., 609; *Pawlik*, FS Otto, 2007, S. 133 ff. m. w. N. (S. 148 ff. auch zur Lösbarkeit des Maßregelproblems).

§ 5 Das Fahrlässigkeitsdelikt

I. Grundlagen

1. Erfordernis ausdrücklicher Normierung strafbarer Fahrlässigkeit

Im Allgemeinen Teil des Strafgesetzbuchs ist von „fahrlässigem Handeln" oder „fahrlässiger Begehung" in §§ 15 und 16 I 2 die Rede. Nach § 15 ist nur vorsätzliches Handeln strafbar, wenn nicht das Gesetz fahrlässiges Handeln ausdrücklich mit Strafe bedroht. Die Vorschrift bewirkt, dass bei den einzelnen Deliktsbeschreibungen auch **ohne besondere Erwähnung** das zusätzliche **Erfordernis vorsätzlichen Handelns** gilt. Zum Beispiel ist nach § 303 I wegen Sachbeschädigung strafbar, „wer rechtswidrig eine fremde Sache beschädigt oder zerstört". Aus § 15 ergibt sich, dass diese Definition durch das Erfordernis vorsätzlichen Handelns zu ergänzen ist. Die Annahme einer fahrlässigen Sachbeschädigung nach § 303 verstieße gegen den **Gesetzlichkeitsgrundsatz**. 1

§ 16 I 2 stellt für gewisse Fälle des unvorsätzlichen Handelns klar, dass eine Strafbarkeit wegen **fahrlässiger Begehung unberührt** bleibt. Die Vorschrift ist aber nicht als Rechts*folge*-, sondern als Rechts*grund*verweisung[1] zu verstehen. Deshalb müssen die Voraussetzungen der Fahrlässigkeitsstrafbarkeit tatsächlich vorliegen, wenn sie eingreifen soll. § 16 I 2 normiert also keine Fahrlässigkeitsstrafbarkeit, die über die bereits geregelten Fälle hinausreicht.[2] 2

---

[1] Das bedeutet: Die Rechtsfolge der Fahrlässigkeitsstrafbarkeit greift nicht automatisch ein, sondern nur dann, wenn die dafür nötigen Bedingungen erfüllt sind – wenn also die Fahrlässigkeitsstrafbarkeit eigenständig begründet ist.
[2] Vgl. statt vieler *Kühl*, AT⁸, § 17 Rn. 2.

3   Anlass zu Zweifeln an der Vereinbarkeit der Fahrlässigkeitsstrafbarkeit mit dem verfassungsrechtlichen **Bestimmtheitsgrundsatz** besteht nicht.[3] Zwar trifft es zu, dass die Reichweite der Fahrlässigkeitsstrafbarkeit nicht ohne Weiteres einfach aus dem Strafgesetz abgelesen werden kann. Entsprechende **Deduktionsversuche** wären von vornherein zum Scheitern verurteilt. Daran vermag auch die Ersetzung des Gesetzesbegriffs der Fahrlässigkeit durch Begriffe wie „Sorgfaltswidrigkeit" oder „Sorgfaltspflichtverletzung" nichts zu ändern. Indessen erweisen sich die einschlägigen Strafnormen als durchaus hinreichend bestimmt, wenn man die hier herausgearbeiteten **Kriterien tatbestandsmäßigen Verhaltens** als **unverfügbare Bestimmungsfaktoren** der entsprechenden **Strafbarkeit** begreift.[4] Denn da diese oben in § 2 dargestellten Kriterien tatbestandsmäßigen Verhaltens für den Gesetzesanwender verbindlich sind, ist die **Grenze** zwischen strafbarem und nicht strafbarem Verhalten **exakt definiert** und damit subjektivem Belieben entrückt. Die selbstverständlich verbleibenden **Konkretisierungsprobleme** im Einzelfall sind mit *jeder* Rechts- oder Gesetzesanwendung verbunden – also **keine spezifischen Probleme der Fahrlässigkeitsstrafbarkeit**.

2. Beispiele für Fahrlässigkeitsstraftaten

a) Reine Fahrlässigkeitsdelikte

4   Beispiele für wichtige (reine) Fahrlässigkeitsdelikte des geltenden Rechts sind die fahrlässige Tötung (**§ 222**) und die fahrlässige Körperverletzung (**§ 229**). Einen Spezialfall der fahrlässigen Sachbeschädigung bildet die fahrlässige Brandstiftung (**§§ 306 I i. V. m. 306d I Fall 1**[5]). Eine fahrlässige *konkrete* Eigentumsgefährdung erfasst die Straßenverkehrsgefährdung nach **§ 315c I, III Nr. 2**. Anders als die uneidliche Falschaussage sind z. B. auch der fahrlässige Falscheid und die fahrlässige falsche Versicherung an Eides Statt Fahrlässigkeitstaten des geltenden Rechts (**§ 161 I**). Ebenso wie die beiden letztgenannten Fahrlässigkeitsdelikte zählt auch die fahrlässige Trunkenheit im Straßenverkehr (**§ 316 II**) nach tradierter Einteilung zur Gruppe der **Tätigkeitsdelikte**.[6] Viele Fahrlässigkeitsdelikte gehören in-

---

[3] Bedenken in dieser Hinsicht aber z. B. bei *Bockelmann*, Verkehrsstrafrechtliche Aufsätze und Vorträge, S. 208 ff.; *Duttge*, Bestimmtheit des Handlungsunwerts, S. 29 ff., 135 ff.; *dems.*, JZ 2014, 261 ff.

[4] Vgl. dazu grundsätzlich oben § 2 sowie im hier bedeutsamen Kontext (§ 5) Rn. 15 ff.; dass es nicht um ein Bestimmtheits-, sondern um ein Bestimmungsproblem geht, sieht z. B. a. *Bohnert*, ZStW 94 (1982), 68, 75; vgl. a. *Freund*, ZStW 112 (2000), 665, 676 f.

[5] Bis zum Inkrafttreten des 6. StrRG am 1. April 1998: §§ 309, 308 I Fall 1. – Bis dahin gab es sogar eine fahrlässige *abstrakte* Eigentumsgefährdung als Straftat (§§ 309, 308 I Fall 2, 2. Unterfall).

[6] Zur berechtigten Kritik an dieser Klassifizierung näher *Hölzel*, Gibt es „Tätigkeitsdelikte"?, 2016; s. a. bereits *Freund*, Erfolgsdelikt und Unterlassen, S. 5 Fn. 25; ferner unten § 6 Rn. 25.

I. Grundlagen

dessen zur Gruppe der **Erfolgsdelikte**, die einen vom Verhalten abschichtbaren Außenwelterfolg als zusätzliches Sanktionserfordernis vorsehen. Dabei kann dieser Erfolg ein **Verletzungs-**, aber auch ein (mehr oder weniger konkreter) **Gefährdungserfolg** sein.

b) Mischtatbestände mit Vorsatz-Fahrlässigkeitskombination

Das StGB kennt neben reinen Vorsatz- und Fahrlässigkeitstaten auch Mischtatbestände, die gewissermaßen als Grundstock einen **Vorsatzteil** und darauf aufbauend hinsichtlich einer bestimmten Tatfolge einen **Fahrlässigkeitsteil** aufweisen. Dazu zählen etwa **§§ 315 V, 315b IV, 315c III Nr. 1 i. V. m. I Nr. 1b**, bei denen der Vorsatzteil nicht selbstständig in einer Strafvorschrift erfasst ist, sowie z. B. die **§§ 178** (Sexuelle Nötigung und Vergewaltigung mit Todesfolge), **226** (Schwere Körperverletzung), **227** (Körperverletzung mit Todesfolge), bei denen der Vorsatzteil bereits durch ein entsprechendes Grunddelikt selbstständig als Straftat erfasst ist.

Im zuletzt genannten Fall spricht man von **erfolgsqualifizierten Delikten**[7]: Für diese stellt **§ 18** klar, dass hinsichtlich der anzulastenden besonderen Tatfolge das Mindesterfordernis der Fahrlässigkeit gilt, soweit der jeweilige Tatbestand selbst keine strengeren Anforderungen aufstellt – wie z. B. der Raub mit Todesfolge (**§ 251**) ausdrücklich die **Leichtfertigkeit** als besonders gravierende Form der Fahrlässigkeit. Welche genauen Anforderungen an ein tatbestandsmäßiges Verhalten und an die Erfolgsherbeiführung zu stellen sind, ist als Problem des Besonderen Teils vom Verständnis des jeweiligen Tatbestands abhängig. Insoweit ist es durchaus möglich, trotz ähnlicher Formulierungen z. B. bei der **Körperverletzung mit Todesfolge** in **§ 227 strengere Anforderungen** zu stellen als bei der **schweren Körperverletzung in § 226 I**.[8]

Die Vorsatz-Fahrlässigkeitskombinationen werden vom Gesetz als **Vorsatzdelikte** aufgefasst (§ 11 II). Damit ist eine **strafbare Teilnahme** in Form der **Anstiftung** oder **Beihilfe** möglich.[9]

---

[7] Näher zur schwierigen Problematik der erfolgsqualifizierten Delikte *Duttge*, FS Herzberg, 2008, S. 309 ff.; *Freund*, FS Frisch, 2013, S. 677 ff.; *Kahlo*, FS Puppe, 2011, S. 581 ff.; *Paeffgen*, JZ 1989, 220 ff.; *Roxin*, AT I^4, § 10 Rn. 108 ff.; *Schroeder*, in: LK^{11}, Vor § 15 Rn. 5, § 18 Rn. 1 ff.; *Stuckenberg*, FS Jakobs, 2007, S. 693 ff.; *Vogel*, in: LK^{12}, § 18 Rn. 1 ff. – Vgl. a. BGHSt 48, 34 ff. (Flucht des Opfers); BGH StV 2008, 278 (Flucht des Opfers); BGH StV 2008, 278 f. (Verwendung eines bedenklichen Narkosemittels durch einen Arzt bei unwirksamer Einwilligung).

[8] Eine nicht unwesentliche Bedeutung kommt insofern der durch die Erfolgsqualifikation bewirkten Strafrahmenverschiebung zu. Ist die Verschiebung sehr groß, liegt es nahe, sachlich ein Leichtfertigkeitserfordernis aufzustellen (vgl. dazu etwa *Paeffgen*, in: NK^5, § 18 Rn. 43 ff. m. w. N.).

[9] Zu den Straftaten der Anstiftung und der Beihilfe zu einem bestimmten Delikt noch näher unten § 10 Rn. 109 ff., 137 ff. – § 11 II enthält keine Entscheidung für oder gegen den Einheitstäterbegriff beim Fahrlässigkeitsdelikt; näher zur Problematik des Einheitstäters: *Kienapfel*, Der Einheitstäter im Strafrecht, 1971; *Sánchez Lázaro*, Täterschaft beim Fahrlässigkeitsdelikt, 2007, jew. m. w. N.

3. Praktische Bedeutung der Fahrlässigkeitsdelikte

8   Im Zuge der rasanten **Entwicklung der Technik** mit ihren vielfältigen Gefahren – man denke hier nur an den **Straßenverkehr** – ist die Zahl der **Fahrlässigkeitsstraftaten sprunghaft angestiegen**. Allein die Verurteilungen wegen **fahrlässiger Tötung** haben sich seit 1900 bis in die zweite Hälfte des zwanzigsten Jahrhunderts hinein fast verzehnfacht, solche wegen **fahrlässiger Körperverletzung** sogar mehr als verzwanzigfacht.[10] Aufgrund des jüngeren statistischen Materials kann allerdings davon ausgegangen werden, dass der Höhepunkt dieser Entwicklung überschritten und ein **gewisser Rückgang** zu verzeichnen ist.[11]

4. Geläufige Klassifizierungen der Fahrlässigkeit

a) Bewusste und unbewusste Fahrlässigkeit

9   Die geläufige Klassifizierung fahrlässigen Verhaltens in bewusst fahrlässiges einerseits und unbewusst fahrlässiges andererseits ist grundsätzlich nur für die **Strafzumessung** von Belang. Für die Tatbestandsmäßigkeit des Fehlverhaltens spielt sie dagegen regelmäßig keine Rolle.[12] Von **bewusster Fahrlässigkeit** kann man etwa sprechen, wenn dem Täter **unmittelbar vor** dem für den **Vorsatz relevanten Verhaltenszeitpunkt** die für die Tatbestandsverwirklichung relevanten Umstände **in den Sinn gekommen** sind, er diese aber wieder aus seinem Bewusstsein **verdrängt** hat.[13] Vor allem die unbewusste Fahrlässigkeit kann so gering ausgeprägt sein, dass Quantität in Qualität umschlägt und eine strafrechtlich relevante Fahrlässigkeit wegen **zu geringen Unrechtsgehalts** abzulehnen ist. Nach dem in diesem Lehrbuch vorgestellten Strafrechtskonzept folgt das ohne Weiteres aus dem grundlegenden Bestrafungserfordernis *hinreichend gewichtigen* **personalen Verhaltensunrechts**.[14] Daran kann es ungeachtet schlimmer Fehlverhaltensfolgen insbesondere in Fällen **unbewusster Fahrlässigkeit** fehlen.[15]

---

[10] S. dazu etwa *Wessels*, AT[27], Rn. 656. – *Roxin*, AT I[4], § 24 Rn. 1, geht davon aus, dass Fahrlässigkeitsstraftaten die Hälfte aller Straftaten bilden; vgl. a. *Schünemann*, JA 1975, 435.

[11] Zu diesem jüngeren Zahlenmaterial s. etwa *Duttge*, in: MünchKommStGB[3], § 15 Rn. 6 f.

[12] I. d. S. z. B. *Wessels/Beulke/Satzger*, AT[48], Rn. 1106; vgl. auch *Roxin*, AT I[4], § 24 Rn. 68. – Einschränkend in Bezug auf die Strafbarkeit der sog. unbewussten Fahrlässigkeit aber *Köhler*, AT, S. 121 f., 172 f., 177 ff., 200 ff.

[13] Zur für die spezifische Tatbestandsmäßigkeit eines bestimmten Fehlverhaltens bedeutsamen Unterscheidung der (bewussten) Fahrlässigkeit vom („bedingten") Vorsatz näher unten § 7 Rn. 7, 35 ff.

[14] S. dazu oben § 2 Rn. 45 f. sowie § 4 Rn. 6 ff., 19 ff. Nach dem hier vertretenen „einstufigen" Fahrlässigkeitskonzept führt ein nach herkömmlichem Verständnis zu geringer Schuldgehalt bereits zu einem zu geringen Unrechtsgehalt.

[15] Mit Recht für eine materiellstrafrechtliche (und nicht nur prozessuale) Entkriminalisierung gewisser Fälle unbewusster Fahrlässigkeit *Frisch*, FS Stree/Wessels, 1993, S. 69, 97 f.

I. Grundlagen

Beispiel: **Eltern** lassen ihr **fünfjähriges Kind** für kurze Zeit allein in der Wohnung und **bedenken nicht**, dass Streichhölzer in Reichweite des Kindes sind. Das unternehmungslustige Kind experimentiert mit den Streichhölzern und erleidet **schwere Verbrennungen** oder kommt gar zu **Tode**.[16]

b) Leichte und besonders leichte Fahrlässigkeit

Den unteren Grenzbereich (straf-)rechtlich relevanten Fehlverhaltens betreffen auch die Begriffe der **leichten** und der besonders leichten (**leichtesten**) **Fahrlässigkeit**. Insoweit stellt sich gleichfalls das soeben bei der unbewussten Fahrlässigkeit angesprochene Problem der **Untergrenze des Strafrechts**.[17]

c) Leichtfertigkeit

Manche Tatbestände fordern Leichtfertigkeit als eine **gesteigerte Form der Fahrlässigkeit** (z. B. §§ 97 II, 138 III, 178, 251). Die Leichtfertigkeit wird im StGB nicht näher definiert. Sie besitzt gewisse Berührungspunkte mit der groben Fahrlässigkeit im Zivilrecht, ist aber jedenfalls mit Blick auf die im Strafrecht maßgeblichen individuellen Fähigkeiten und Kenntnisse des Handelnden (oder Unterlassenden) enger aufzufassen.[18] Vereinfachend kann man sagen: Leichtfertigkeit erfordert ein **Fehlverhalten** der Person, das **vorsätzlichem Handeln oder Unterlassen** zumindest **nahe kommt**.[19]

---

[16] Auf einem anderen Blatt steht, dass die Rechtsprechung zumindest z. T. noch immer zu stark „erfolgsorientiert" ist und zu wenig auf ein Mindestmaß an Verhaltensunrecht achtet; vgl. etwa BGH JZ 2005, 685 f. (auch abgedruckt in NStZ 2005, 446 f.), außerdem in zivilrechtlicher Hinsicht BGH VersR 1998, 722 f. und OLG Köln NJW 2004, 3047 ff.

[17] Der AE von 1966 strebte in § 16 II für die leichte Fahrlässigkeit generell eine Entkriminalisierung an; vgl. a. *Stratenwerth*, AT I³, Rn. 1139 f. Eine – bewertende – Zusammenfassung der neueren zur Entkriminalisierung vertretenen Theorien liefert *Sauer*, Fahrlässigkeitsdogmatik, S. 135 ff. – Ein spezielles Ärzteprivileg für alle nicht leichtfertigen Behandlungsfehler ist allerdings verfehlt; denn es schießt weit über das berechtigte Anliegen hinaus und führt überdies zu ungerechtfertigter Ungleichbehandlung gleicher Sachverhalte; i. S. eines solchen Privilegs aber etwa *Jürgens*, Ärztliche Behandlungsfehler, 2005, S. 246.

[18] I. d. S. auch der E 1962, der nach einer Begriffsbestimmung (§ 18 III E 1962: „Leichtfertig handelt, wer grob fahrlässig handelt.") in seiner Begründung vor einer Verwechslung mit dem zivilrechtlichen Begriff der groben Fahrlässigkeit warnt (vgl. BT-Drucks. IV/650, 132); teilweise wird auf ein Außerachtlassen der Möglichkeit der Tatbestandsverwirklichung aus besonderem Leichtsinn, besonderer Gleichgültigkeit oder frivoler Rücksichtslosigkeit abgestellt; s. dazu etwa *Roxin*, AT I⁴, § 24 Rn. 81 ff. – Näher zur Problematik des Begriffs der Leichtfertigkeit *Birnbaum*, Die Leichtfertigkeit – zwischen Fahrlässigkeit und Vorsatz, 2000; *Radtke*, FS Jung, 2007, S. 737 ff.; *Wegscheider*, ZStW 98 (1986), 624 ff.

[19] Zur Leichtfertigkeit als „vorsatznaher Schuldform" vgl. etwa BGH NStZ 1998, 42, 44; BGHSt 50, 347, 351; s. a. BGHSt 33, 66, 67: „Leichtfertig handelt ..., wer die sich ihm aufdrängende Möglichkeit eines tödlichen Verlaufs aus besonderem Leichtsinn oder aus besonderer Gleichgültigkeit außer acht läßt ..."

13 **De lege ferenda** sollte § 222 um einen Abs. 2 ergänzt werden, der für eine qualifizierte Form der fahrlässigen Tötung – die (besonders) **leichtfertige Tötung** – eine strengere Strafe vorsieht.[20] Bislang werden solche Fälle nur unzureichend von den todeserfolgsqualifizierten Delikten erfasst. Mit der Einführung einer solchen Qualifikation der fahrlässigen Tötung würde insbesondere der problematische Straftatbestand der Körperverletzung mit Todefolge (§ 227) überflüssig.

II. Tatbestandsmäßiges Verhalten (Verhaltensunrecht)

1. Zivilrechtlicher Fahrlässigkeitsbegriff

14 Der Begriff des fahrlässigen Verhaltens wird im StGB nicht näher definiert. Der Gesetzgeber wollte die Gefahr einer Erstarrung der weiteren dogmatischen Entwicklung vermeiden.[21] Die in **§ 276 II BGB** vorgenommene Bestimmung fahrlässigen Handelns als Außerachtlassen der **im Verkehr erforderlichen Sorgfalt** kann allenfalls als – recht brüchige – **Eselsbrücke**[22] bei der Erfassung dessen dienen, was Fahrlässigkeit im Strafrecht heißt. Der Grund dafür liegt in den andersartigen Zielrichtungen (mit entsprechend ausgestalteten Rechtsfolgen) im Zivilrecht einerseits und im Strafrecht andererseits: Im Zivilrecht geht es regelmäßig um den nachträglichen Ausgleich eines eingetretenen Schadens – im Strafrecht dagegen um die Missbilligung eines individuell-personalen Fehlverhaltens. Deshalb mag es zwar gewisse **Überschneidungsbereiche** geben – eine **Gleichschaltung** wäre aber **verfehlt**. Im strafrechtlichen Kontext kann man in Anlehnung an die Formulierung des § 276 II BGB lediglich sagen: **Fahrlässig handelt, wer die *von ihm* zu erwartende Sorgfalt außer acht lässt.**

2. Verstoß gegen eine tatbestandsspezifische Verhaltensnorm

15 Wie jede Straftat erfordert auch das Fahrlässigkeitsdelikt die Erfüllung der allgemeinen Kriterien des tatbestandsmäßigen Verhaltens (s. dazu oben § 2 Rn. 9 ff.). Nur ein Verhalten, in dem ein Verhaltensnormverstoß i. S. des betreffenden Fahrlässigkeitsdelikts zu erblicken ist, taugt als Anknüpfungspunkt für eine entsprechende

---

[20] Zu entsprechenden Vorschlägen s. *Freund*, FS Frisch, 2013, S. 677, 693 ff.; *Rostalski*, GA 2017, 585, 595 ff.

[21] Vgl. dazu BT-Drucks. V/4095, 8 f.

[22] Im Sinne einer Eselsbrückenfunktion des § 276 II BGB etwa auch *Kaspar*, JuS 2012, 16, 19; *Kühl*, AT[8], § 17 Rn. 3. Anders aber – unter Vernachlässigung der divergierenden Rechtsfolgen von Straf- und Zivilrecht – *Herzberg*, NStZ 2004, 660 ff. – Zum Vorschlag einer gesetzlichen Definition fahrlässigen Verhaltens im StGB s. *Freund*, FS Küper, 2007, S. 63, 78; ferner unten (§ 5) Rn. 91 ff.

II. Tatbestandsmäßiges Verhalten (Verhaltensunrecht)

strafrechtliche Reaktion. Es muss also zunächst überhaupt ein Verstoß gegen eine rechtlich legitimierbare Verhaltensnorm vorliegen. Liegt ein solcher Verstoß vor, muss er ein von der in Frage stehenden Sanktionsnorm „gemeinter" sein. Man kann auch sagen: Es muss eine **spezifische Sorgfaltspflichtverletzung** gegeben sein (sofern spezifisch fahrlässiges, tatbestandsmäßig-missbilligtes Verhalten und spezifische Sorgfaltspflichtverletzung als gleichbedeutend aufgefasst werden). Konkret heißt das z. B. für die Prüfung einer **fahrlässigen Tötung (§ 222)** in der Fallbearbeitung, dass ein entsprechendes **fahrlässiges Fehlverhalten Grundvoraussetzung** der Tatbestandsverwirklichung ist.[23] Wie oben (§ 2 Rn. 11 ff.) in grundsätzlichem Zusammenhang gezeigt wurde, dienen als Spezifizierungskriterien die Legitimationsgründe der übertretenen Verhaltensnorm. Dabei handelt es sich zum einen um den Nutzen der Normeinhaltung für berechtigte Güterschutzbelange sowie daneben um besondere Verantwortlichkeiten für die in Frage stehende Gefahrenvermeidung. **Güterschutzaspekt** und **Sonderverantwortlichkeit** sind also hier wie sonst auch bei der **Konkretisierung** tatbestandsmäßig-missbilligten **Fehlverhaltens** im Auge zu behalten.

a) Zweistufige Fahrlässigkeitsprüfung vor normentheoretischem Hintergrund

Die traditionelle Fahrlässigkeitslehre will das für eine Bestrafung letztlich erforderliche (individuell-)personale Verhaltensunrecht **zweistufig** bestimmen: In einem ersten Schritt soll eine **„objektive Sorgfaltspflichtverletzung** bei **objektiver Erkennbarkeit** der Tatbestandsverwirklichung" geprüft werden. Bei Bejahung dessen kann wegen fehlender **individueller Sorgfaltspflichtverletzung** oder fehlender **individueller Vorhersehbarkeit** eine Strafbarkeit nur noch an der erforderlichen **Schuld** scheitern.[24] Art und Maß der anzuwendenden Sorgfalt sollen sich aus den Anforderungen ergeben, die bei einer **Betrachtung der Gefahrenlage ex ante** an einen **besonnenen und gewissenhaften Menschen** in der **konkreten Lage** und der **sozialen Situation bzw. Rolle** des Betreffenden zu stellen sind.[25] Die besonderen individuellen Verhältnisse des Betreffenden bleiben für das **„Zwischenurteil"** außer Betracht.[26] Sie schließen allenfalls die individuelle Schuld aus, lassen aber nach diesem Konzept das Unrecht der Fahrlässigkeitstat unberührt.

16

---

[23] Dagegen kann ein tatbestandsmäßiger Erfolg i. S. einer spezifischen Fehlverhaltens*folge* erst nachrangig bejaht werden; vgl. dazu unten (§ 5) Rn. 62 ff.

[24] S. dazu etwa *Jescheck/Weigend*, AT[5], § 54 I (S. 563 ff.); *Sternberg-Lieben/Schuster*, in: Schönke/Schröder[30], § 15 Rn. 118; zur „objektiven" Sorgfaltspflichtverletzung im Einzelnen *Kühl*, AT[8], § 17 Rn. 22 ff.; zur „subjektiven" Sorgfaltspflichtverletzung *ders.*, AT[8], § 17 Rn. 89 ff.; i. S. eines zweistufigen Vorgehens ferner etwa *Puppe*, in: NK[5], Vor § 13 Rn. 153 ff., 160 ff.

[25] S. dazu etwa *Wessels/Beulke/Satzger*, AT[48], Rn. 1114, 1118; *Maurach/Gössel/Zipf*, AT 2[8], § 43 Rn. 43.

[26] S. freilich zur Problematik des Sonderwissens und der Sonderfähigkeiten („Individualisierung nach oben") unten (§ 5) Rn. 30 ff.

17 Dass die **Fahrlässigkeit** nach heute fast einhelliger Auffassung bereits ein Problem des **Unrechtstatbestands** und nicht nur eine Frage der Schuld betrifft, ist das Ergebnis eines grundlegenden **Systemwandels**, der freilich noch keineswegs seinen Abschluss gefunden hat.[27] Die klassische – bis in die 50er-Jahre herrschende – Fahrlässigkeitslehre beschränkte den Unrechtstatbestand auf die **kausale** Herbeiführung eines Erfolges. Die **Fahrlässigkeit** selbst wurde ebenso wie der **Vorsatz** als **reine Schuldform** aufgefasst. Nach diesem Konzept wäre im Fall des jungen Mannes, der seine **Freundin** in einen Park bestellt, wo sie zufällig von einem **Meteor erschlagen** wird,[28] jedenfalls eine unrechtstatbestandsmäßige **Tötung** zu bejahen. Lediglich an der fehlenden **Fahrlässigkeits*schuld*** scheiterte die Bestrafung des im Hinblick auf den Verlust der Freundin ohnehin Bedauernswerten.

18 Vor allem **normentheoretische Überlegungen** legten es nahe, die Fahrlässigkeit bereits als Problem des Unrechtstatbestands zu behandeln: Sie zeigten die Bedeutung der Bestimmungsnormen – also der **Verhaltensnormen** nach heutiger Terminologie – für das strafrechtlich-personale Verhaltensunrecht auf und ermöglichten es, Vorsatz und Fahrlässigkeit zumindest auch als **Formen unrechtstatbestandsmäßigen Verhaltens** zu begreifen.[29]

19 In diesem Lehrbuch werden die entsprechenden Überlegungen weitergeführt, sodass vorsätzliches und fahrlässiges Verhalten wie vor der „Wanderungsbewegung" der Fahrlässigkeit von der „Schuld" in das „Unrecht" in einer **einheitlichen Systemstufe** erfasst sind. Allerdings nicht mehr im entsprechend schuldhaften, sondern im unrechtstatbestandsmäßigen Verhalten: Fahrlässigkeitsstrafnormen erfassen das entsprechende **personale *Fahrlässigkeitsunrecht*** – Vorsatzstrafnormen das **weitergehende *Vorsatzunrecht***. Vorsatz- und Fahrlässigkeitstäter verstoßen beide gegen eine Verhaltensnorm, die gerade ihnen als Person gegenüber in der konkreten Situation legitimiert werden kann.[30] Dabei ist der Verstoß des vorsätzlich Handelnden oder Unterlassenden der gravierendere, weil der **Vorsatztäter** die **Legitimationsgründe** der übertretenen Verhaltensnorm **vollumfänglich erfasst** hat, während der **Fahrlässigkeitstäter** in dieser **entscheidenden Hinsicht irrt**.[31]

20 Gleichbedeutend mit dem Begriff der Verhaltensnorm ist der Begriff der **Bestimmungsnorm** zu verstehen. Er soll zum Ausdruck bringen, dass eine solche Norm **nicht nur** die **Bewertung** eines abgeschlossenen Geschehens im Auge hat, sondern

---

[27] Zu den Anfängen dieses Systemwandels s. *Schaffstein,* FS Welzel, 1974, S. 557, 558.

[28] Beispiel nach *Roxin,* AT I[4], § 24 Rn. 3 (im Anschluss an und unter Hinweis auf *Burgstaller,* Das Fahrlässigkeitsdelikt, S. 43 und *Graßberger,* ZfRV 1964, 18, 22).

[29] Nach wie vor instruktiv dazu (mit anschaulichen Beispielen) *Engisch,* Untersuchungen über Vorsatz und Fahrlässigkeit, S. 326 ff.; s. a. bereits *Binding,* Handbuch des Strafrechts, S. 155 ff.; ferner *Schünemann,* JA 1975, 435, 436 ff.; zur Kritik des zweistufigen Aufbaus der Fahrlässigkeitstat vgl. a. *Kindhäuser,* AT[8], § 33 Rn. 40 f.; *dens.,* LPK[7], § 15 Rn. 81 f.

[30] Zur angemessenen Perspektivenbetrachtung bei der Legitimation von Verhaltensnormen näher oben § 2 Rn. 28 ff., § 3 Rn. 10 ff. – Vgl. hierzu auch die Diskussion zwischen *Burkhardt* und *Frisch,* beide in: Wolter/Freund, Straftat, 1996, S. 99 ff. bzw. 135, 167 ff.

[31] Zur Abschichtung des spezifischen Unrechts der Vorsatztat, in dem das Fahrlässigkeitsunrecht als Minus enthalten ist, näher unten § 7.

darauf abzielt, den **Normadressaten** zu einem **zukünftigen Verhalten** zu *bestimmen*. Sachlich ist damit entweder ein **Verbot** oder ein **Gebot** gemeint. Lediglich Verhaltensweisen, die gegen eine solche Verhaltensnorm verstoßen, beinhalten **Verhaltensunrecht**.

Im Gegensatz dazu geht es bei einer reinen **Bewertungsnorm** allein darum, ein bestimmtes abgeschlossenes Geschehen als „gut" oder „schlecht" zu bewerten. Dementsprechend kann etwa auch eine Naturkatastrophe, für die niemand rechtlich verantwortlich zu machen ist, negativ bewertet werden. Eine solche negative Bewertung kann z. B. für die Frage des Vorliegens eines **Versicherungsfalls** in einem bestimmten Kontext Bedeutung gewinnen. Entsprechend verhält es sich beim Tod eines geliebten Menschen – im obengenannten Beispielsfall der vom Meteor erschlagenen Freundin: Für den Hinterbliebenen ist der Tod der Freundin ein **negativ zu bewertender Verlust** – es sei denn, er war ihrer ohnehin überdrüssig und kann sich nun auf die zu erwartende Lebensversicherungssumme freuen. Auf keinen Fall aber ist der Tod der Freundin als „Unrechtserfolg" in dem Sinne aufzufassen, dass er die Folge des Verstoßes gegen eine Verhaltensnorm darstellt, die die Freundin vor solchem Tod bewahren sollte. Selbst wenn der Freund beim Arrangement des Treffens auf den Meteor spekuliert haben sollte, hat er **kein personales Verhaltensunrecht** verwirklicht.[32]

21

Die **herkömmliche Fahrlässigkeitslehre** ist insoweit mit ihrem zweistufigen Vorgehen gewissermaßen **auf halbem Wege** stehen geblieben: Sie zieht einen Teil der (Vorsatz- und) Fahrlässigkeitsprobleme in die Systemkategorie des Unrechtstatbestands und belässt den „Rest" in der „Schuld".[33]

22

b) Angemessenheit eines einstufigen Konzepts der Fahrlässigkeitstat

aa) Maßgeblichkeit der individuellen Verantwortlichkeit

Das gestufte Vorgehen der herkömmlichen Fahrlässigkeitslehre ist weder nötig noch in der Sache angemessen. Es schafft mit seinen **„Schubladen"** nur ergebnisirrelevante **Scheinprobleme**. Auch das zweistufige Vorgehen erspart nicht die Beurteilung des Verhaltens der individuellen Person; denn diese **individuelle Person** soll schließlich zur **Verantwortung** gezogen werden. Dafür kommt es nur darauf an, was man von ihr selbst – und nicht von einer irgendwie bestimmten **Kunstfigur** – erwarten kann.[34]

23

---

[32] Dabei ist natürlich vorausgesetzt, dass der Betreffende kein Sonderwissen in Bezug auf besondere Meteorgefahren im Park hatte. Zum parallel gelagerten Erbonkelfall s. bereits oben § 2 Rn. 14 f.

[33] Keinen Einwand gegen ein konsequent individualisierendes Fahrlässigkeitskonzept, sondern eine zutreffende Feststellung beinhaltet die Aussage, ein solches Konzept bedeute eine „Ineinssetzung" von Unrecht und Schuld (vgl. zu diesem Einwand etwa *Schmidhäuser*, FS Schaffstein, 1975, S. 129, 151 ff.) sowie eine Rückkehr zur Imperativentheorie. – Näher zum Zusammenhang zwischen personaler Unrechtslehre und Unrechtsbegründung beim Fahrlässigkeitsdelikt *Renzikowski*, Restriktiver Täterbegriff, S. 224 ff., 233 ff.; vgl. dazu – aus allg. normentheoretischer Sicht – auch *dens.*, in: Juristische Grundlagenforschung, S. 115, 125 f., 133 ff.

[34] I. S. einer individualisierenden Fahrlässigkeitslehre etwa a. *Castaldo*, GA 1993, 495, 496 ff.; *Duttge*, in: MünchKommStGB³, § 15 Rn. 95 ff.; *Freund*, FS Küper, 2007, S. 63, 67 ff.; *Gropp*, AT⁴, § 12 Rn. 135 ff.; *Hoyer*, in: SK StGB⁹, Anh. zu § 16 Rn. 13 ff., 25 ff.; *Jakobs*, Studien zum fahrlässigen Erfolgsdelikt, 1972, S. 64 ff.; *ders.*, Strafrecht AT², 9/5 ff.; *Kindhäuser*, GA 2007, 447,

24   Wer zunächst diese **„Maßstabsfigur"** bildet, stellt gleichsam gedanklich nicht nur eine, sondern immer zwei Personen vor Gericht: eine aus Fleisch und Blut und einen **Homunkulus**. Mit der Einschätzung, es liege eine „objektive Sorgfaltspflichtverletzung bei objektiver Erkennbarkeit der Tatbestandsverwirklichung" vor, wird gar nicht der konkrete Lebenssachverhalt **bewertet**, sondern ein ausgedachter – **hypothetischer – Fall**: *Wenn* der konkret Handelnde oder Unterlassende eine Person mit den Eigenschaften der Kunstfigur *wäre, hätte* er sich fahrlässig verhalten! – Dennoch soll dieses Urteil dazu taugen, der konkret betroffen individuellen Person zu bescheinigen, *sie* habe Unrecht getan.[35] Nun mag es zwar durchaus informativ sein zu erfahren, ob sich eine Person mit bestimmten Eigenschaften fahrlässig verhalten hätte. Für die Entscheidung des konkreten Falles ist es jedoch bedeutungslos, solange nicht das zu beurteilende **Individuum** eine **Person mit solchen Eigenschaften** *ist*. Trifft Letzteres zu, wird aber das zweistufige Prüfungsvorgehen zu einem einstufigen.

bb) Praktische Schwierigkeiten des zweistufigen Konzepts bei der Bildung der Maßstabsperson

25   Nach dem geläufigen zweistufigen Fahrlässigkeitskonzept muss zunächst „in der Wertungsstufe des Unrechts" eine „objektive Sorgfaltspflichtverletzung bei objektiver Erkennbarkeit der Tatbestandsverwirklichung" bzw. die „Verletzung der verkehrserforderlichen Sorgfalt bei objektiver Voraussehbarkeit der möglichen Erfolgsherbeiführung" geprüft werden. Dabei sollen sich Art und Maß der anzuwendenden Sorgfalt aus den Anforderungen ergeben, die bei einer Betrachtung der **Gefahrenlage „ex ante"** an einen **besonnenen** und **gewissenhaften Menschen** in der **konkreten Lage** und **sozialen Rolle** des Handelnden oder Unterlassenden zu stellen sind.[36]

26   Die Vornahme einer solchen hypothetischen Beurteilung ist indessen nicht nur überflüssig, sondern bereitet in der praktischen Durchführung ganz erhebliche Schwierigkeiten: So sind die **Kriterien** für die Bildung der Maßstabsperson **alles andere als klar**. Sie funktioniert einigermaßen in den **Standard-Fällen**, in denen

---

459 ff.; *ders.*, LPK[7], § 15 Rn. 81 ff.; *Kremer-Bax*, Verhaltensunrecht der Fahrlässigkeitstat, S. 53 ff., 83 ff., 129 ff.; *Otto*, AT[7], § 10 Rn. 13 ff.; *Stratenwerth*, FS Jescheck, 1985, S. 285 ff.; *Stratenwerth/Kuhlen*, AT I[6], § 15 Rn. 12 ff.; s. a. RGSt 30, 25, 27 (Leinenfängerfall); BayObLG NJW 1998, 3580; *Frisch*, in: Wolter/Freund, Straftat, 1996, S. 135, 193 f.; *Lesch*, Verbrechensbegriff, S. 251 ff.; *Renzikowski*, Restriktiver Täterbegriff, S. 241 ff.; *Voßgätter*, Die sozialen Handlungslehren, S. 173, 181, 189, et passim; *Walter*, Die Pflichten des Geschäftsherrn im Strafrecht, 2000, S. 102 ff.; *Weigend*, FS Gössel, 2002, S. 129, 138 ff.; für die Schweiz s. etwa *Jenny*, in: Basler Kommentar zum StGB, § 18 Rn. 79 ff. m. w. N.; für Österreich s. etwa *Moos*, FS Burgstaller, 2004, S. 111 ff.

[35] Dass dabei der Normadressat unzulässigerweise vertauscht wird, rügt mit Recht *Otto*, AT[7], § 10 Rn. 14; instruktiv dazu auch *Moos*, FS Burgstaller, 2004, S. 111, 117 ff. – Allg. zur Problematik der Argumentation mit Maßstabsfiguren *Schmoller*, JBl 1990, 631 ff., 706 ff.

[36] Vgl. dazu die Nachw. oben in Fn. 24 f. zu (§ 5) Rn. 16.

die konkret zu beurteilende Person typischerweise überhaupt keine individuellen Besonderheiten aufweist, die das Missbilligungsurteil über ihr Verhalten tangieren könnten. Wenn z. B. ein normaler erwachsener Kraftfahrer mit 80 km/h durch eine geschlossene Ortschaft fährt, ist das standardmäßig als fahrlässig in Richtung auf Leib und Leben anderer Verkehrsteilnehmer zu qualifizieren. Es liegt ein Verstoß gegen eine Leib und Leben anderer schützende Verhaltensnorm vor. Dafür gibt es **brauchbare Vorbewertungen** aus **anderen Fällen**. Die Bildung der Maßstabsperson macht aber die größten Schwierigkeiten bei **seltenen Ereignissen**: Wenn der **Krankenpfleger**, der bei vielen Operationen interessiert zugeschaut hat, bei einem Unglück an einem von der zivilisierten Welt abgeschnittenen Ort **im brasilianischen Urwald** eine **Notoperation** unter **miserablen hygienischen Bedingungen** vornimmt, kann nicht sinnvoll angegeben werden, von welchen individuellen Momenten der konkret betroffenen Person bei der Bildung der Kunstfigur (der Maßstabsperson) eigentlich abgesehen (abstrahiert) werden soll. Wollte man insoweit zwar einerseits auf das **individuelle Sonderwissen** zurückgreifen, andererseits aber z. B. die besondere **Zittrigkeit der Hände** ausblenden, wäre das willkürlich. Für die Bewertung des Verhaltens der konkreten Person ist beides gleichermaßen relevant.[37] Hier oder auch an anderer Stelle eine **Zäsur** zu machen und zu sagen, das eine betreffe das **Unrecht** der Fahrlässigkeitstat, das andere aber nur die **Schuld**, ist rational **nicht nachvollziehbar**.

Auch der Versuch, die Maßfigur an dem Leitbild eines umsichtigen Teilnehmers des betroffenen Verkehrskreises zu orientieren,[38] muss mangels eines akzeptablen Kriteriums zur Umgrenzung des **maßgeblichen Verkehrskreises** scheitern. Das zeigen nicht zuletzt die Fälle, in denen die durchgeführte Tätigkeit von Erscheinungsformen des Verhaltens abweicht, die innerhalb bestimmter Verkehrskreise geläufig sind. Sollen etwa in dem obigen Beispielsfall des im brasilianischen Urwald notoperierenden Krankenpflegers die Anforderungen an einen **Chirurgen** oder die an einen **Krankenpfleger (im Urwald)** gelten? Die entsprechende Frage stellt sich auch jenseits solcher zugegebenermaßen exotischen Fälle: Wenn ein Hausmeister Ziegel auf einem Dach deckt,[39] mit welcher fiktiven Maßstabsperson soll er dann verglichen werden? Mit einem Hausmeister? Wenn ja, mit welchem? Oder mit einem Dachdeckerlehrling? Oder gar mit einem erfahrenen Dachdeckermeister? 27

Aber auch soweit das Verhalten durchaus innerhalb der in einem bestimmten Bereich normalen Erscheinungsformen liegt, ist der so zu bildende Maßstab alles andere als klar: Welche Maßstabsfigur gilt eigentlich bei **Ausbildungsverhältnis-** 28

---

[37] Als weiteres Beispiel dafür, dass allein eine konsequente Individualisierung sinnvoll ist, kann der chilenische Bergarbeiter dienen, der zusammen mit anderen „Kumpels" im Stollen eingeschlossen ist und der nach einem über eine akustische Verbindung mit der Außenwelt absolvierten Schnellkurs erlernte medizinische Fähigkeiten einsetzen soll.

[38] I. d. S. etwa *Jescheck/Weigend*, AT[5], § 55 I 2 b (S. 578 f.); *Sternberg-Lieben/Schuster*, in: Schönke/Schröder[30], § 15 Rn. 135; *Kaminski*, Der objektive Maßstab im Tatbestand des Fahrlässigkeitsdelikts, S. 121 ff., 335 ff.

[39] Beispiel nach *Armin Kaufmann*, ZfRV 1964, 41, 51; vgl. auch *Herzberg*, Jura 1984, 402, 409 f.; *Maiwald*, FS Dreher, 1977, S. 437, 450 f.; *Castaldo*, „Non intelligere, quod omnes intelligunt", S. 113.

sen – also etwa im Falle des auszubildenden **Fahrschülers**? Soll hier etwa jedem **Ausbildungsabschnitt** – gar noch innerhalb der einzelnen **Fahrstunden** differenziert – jeweils ein **„Musterfahrschüler"** zugeordnet werden? Wie steht es, wenn der konkret betroffene Fahrschüler besonders langsam oder besonders schnell lernt?

29 Nicht unerhebliches Kopfzerbrechen dürfte auch die Bildung von **Maßstabspersonen für schuldunfähige Kinder** bereiten. Wie steht es etwa mit dem Fünfjährigen, dem ein Erwachsener beim „Räuber und Gendarm-Spiel" eine geladene Pistole in die Hand gedrückt und zum Schießen auf einen Menschen aufgefordert hat? Soll das Kind bei einem tödlichen Treffer tatsächlich „objektiv fahrlässig" in Bezug auf die Tötung gehandelt haben, sodass es lediglich mangels „Schuld" nicht bestraft werden kann (§ 19)? Da indessen nach Sachlage auch von dem gewissenhaften und besonnenen Teilnehmer des **Verkehrskreises** jedenfalls der *schuldunfähigen* **Fünfjährigen** rechtlich nicht zu erwarten war, das Spiel als Ernst zu erfassen, müsste man, um dem zweistufigen Prüfungsvorgehen treu zu bleiben, entweder ein anderes Alter zugrunde legen oder aber einen schuldfähigen Fünfjährigen als Maßstabsperson fingieren. Dabei zeigt sich jedoch, dass die Maßstabsperson aus einem „Verkehrskreis" genommen wird, dem der Fünfjährige als konkrete Person gewiss nicht angehört. Legt man dagegen einen **„Musterknaben"** mit den Eigenschaften des **konkret handelnden Fünfjährigen** zugrunde, ist das zweistufige Vorgehen zu einem einstufigen geworden: Schuldloses **personales Verhaltensunrecht** dieser Person gibt es dann allerdings nicht.[40]

cc) Sonderwissen und Sonderfähigkeiten

30 Die verbreitete Orientierung an einer fiktiven Maßfigur kann freilich nicht nur zu einer unangemessenen Negativbewertung der konkret handelnden Person (ver-)führen. Der Blick auf die **„Maßstabsfigur"** vermag auch zur **voreiligen Ausfilterung** gewisser Konstellationen aus dem strafrechtlich relevanten Bereich zu verleiten. Wenn zwar von dem konkret Handelnden oder Unterlassenden in einer bestimmten Situation rechtlich verlangt werden kann, dass er sein Handeln lässt oder etwas Bestimmtes tut, nicht aber von der gebildeten Maßstabsperson, führt die Orientierung an einer solchen zwangsläufig zur Verneinung des „objektiven Unrechtstatbestands" und damit zu einem **verfehlten Freibrief** dort, wo durchaus **personales Verhaltensunrecht** des Betroffenen vorliegt.[41]

31 Freilich wird verbreitet versucht, dieses unbillige Ergebnis dadurch zu vermeiden, dass man die Maßstabsfigur kurzerhand mit dem **Sonderwissen** und den **Sonderfähigkeiten** des Handelnden oder Unterlassenden ausstattet.[42] Indessen ist das

---

[40] Instruktiv zum Zusammenhang zwischen Sollen und Können *Engisch,* Untersuchungen über Vorsatz und Fahrlässigkeit, S. 349 ff.

[41] In der Sache wie hier etwa *Stratenwerth/Kuhlen,* AT I[6], § 15 Rn. 14 i. V. m. § 8 Rn. 22; weiterführend *Murmann,* FS Herzberg, 2008, S. 123 ff. – Zu entsprechenden Beispielen s. sogleich unten im Text in Rn. 32 ff.

[42] S. dazu etwa *Burgstaller,* Das Fahrlässigkeitsdelikt, S. 64 ff.; *Sternberg-Lieben/Schuster,* in: Schönke/Schröder[30], § 15 Rn. 133, 138 ff.; *Roxin,* AT I[4], § 24 Rn. 53 ff., 63; *Safferling,* Vorsatz, S. 195; vgl. ferner *Eisele,* in: Baumann/Weber/Mitsch/Eisele, AT[12], § 12 Rn. 39 ff.; *Murmann,* GK[4],

so meist erzielte richtige Ergebnis nur um den Preis eines Bruchs mit den eigenen Systemvorgaben zu erzielen: Entweder ist das Fehlverhalten – die „Sorgfaltspflichtverletzung" – nach Maßgabe der Maßstabsperson ein ohne Rücksicht auf die individuellen Besonderheiten des konkret Handelnden oder Unterlassenden gegebenes Datum oder aber die **individuellen Verhältnisse** des konkret Handelnden oder Unterlassenden konstituieren entscheidend das **Unrecht der Fahrlässigkeitstat.** – Tertium non datur!

Zur weiteren Verdeutlichung des soeben Gesagten mögen die Fälle des **Forschers**, der eine **neue Substanz** entdeckt, und des **Chirurgen** dienen, der als einziger auf der Welt eine **neue Operationsmethode** beherrscht. Bestimmt man hier den generellen Maßstab nach diesen Einzelpersonen oder bildet man für sie einen neuen – nur aus ihnen bestehenden – Verkehrskreis, so ist die **„Individualisierung nach oben"** unverkennbar.[43] Derartige Systembrüche – und nicht weiterführende Scheinprobleme – werden mit einer durchgängigen Individualisierung bei der Bestimmung des strafrechtlich relevanten (fahrlässigen) Fehlverhaltens vermieden. Entscheidend ist allein, was von dem konkret handelnden oder unterlassenden Subjekt rechtlich zu erwarten war. 32

Auf der Basis des bisher Gesagten versteht es sich von selbst, dass ein **DLRG-Schwimmer** sein Kind nicht ertrinken lassen darf, indem er nur so schnell schwimmt, wie es **„Familienväter mittlerer Art und Güte"** könnten.[44] Und auch ein **Rennfahrer**, dessen ausgezeichnete Fahrkünste ihm noch ein müheloses Ausweichen vor dem in die Fahrbahn gelaufenen Fußgänger und eine Beherrschung seines schleudernden Fahrzeugs erlauben, muss von diesen **Sonderfähigkeiten** Gebrauch machen. Wendet er dagegen nur die normalen Fähigkeiten eines durchschnittlichen Kraftfahrers aus Nachlässigkeit an, verhält er sich tatbestandsmäßig-missbilligt i. S. der fahrlässigen Tötung und Körperverletzung und ist bei entsprechenden Folgen auch strafrechtlich verantwortlich.[45] 33

Als Haupteinwand gegen eine Individualisierung speziell bei Sonderfähigkeiten wird vorgebracht, man könne von Sonderbegabten nicht andauernd und ausnahmslos **Spitzenleistungen** erwarten.[46] Indessen trifft dieser Einwand eine sachgerecht individualisierende Auffassung schon deshalb nicht, weil sie keineswegs zu der monierten Überforderung führt. Selbstverständlich darf auch der Rallyefahrer sein Auto im alltäglichen Straßenverkehr mit derselben Konzentration und Aufmerksamkeit führen wie jeder andere Kraftfahrer auch. Und selbst das in kritischen Verkehrssituationen punktuell abverlangte „Mehr" gegenüber dem normalen Kraftfahrer führt recht besehen ja gar nicht zu einer **Mehr**belastung, sondern lediglich zu 34

---

§ 23 Rn. 37 ff.; *Puppe*, in: NK[5], Vor § 13 Rn. 161.
[43] So ganz deutlich etwa *Roxin*, AT I[4], § 24 Rn. 57, 63; s. a. *Kaspar*, JuS 2012, 16, 18, 20.
[44] Zu diesem Fall s. a. *Otto*, JuS 1974, 702, 707.
[45] I. d. S. letztlich auch *Roxin*, AT I[4], § 24 Rn. 61; s. a. *Eisele*, in: Baumann/Weber/Mitsch/Eisele, AT[12], § 12 Rn. 39 ff.
[46] Vgl. etwa *Schroeder*, in: LK[11], § 16 Rn. 148; *Wolter*, GA 1977, 257, 270 f. – Anders – (rollentypische) Sonderfähigkeiten berücksichtigend – nun aber *Vogel*, in: LK[12], § 15 Rn. 163.

einer *Gleich*belastung mit der Folge, dass der so zu erzielende Gewinn für den Rechtsgüterschutz die entsprechende Inpflichtnahme allemal zu legitimieren vermag.[47]

dd) Subjektivierung der rechtlichen Bewertung bei Individualisierung des Bewertungsgegenstands? – „Maßstabsfigur" als fiktives Subjekt

35 Einem beliebten, aber neben der Sache liegenden Einwand gegen das hier befürwortete individualisierende Fahrlässigkeitskonzept gilt es an dieser Stelle noch zu begegnen: Die Berücksichtigung der individuellen Verhältnisse des handelnden oder unterlassenden Subjekts auf der Ebene des Unrechts der Fahrlässigkeitstat führt keineswegs zu einer Versubjektivierung der rechtlichen Bewertung. **Subjektivität** i. S. v. subjektiver **Willkür** hat hier selbstverständlich keinen Platz.[48] Die rechtlichen Sollensanforderungen richten sich natürlich nicht nach dem Gutdünken des Individuums. Die Verhaltensbewertung ist vielmehr ganz genauso eine durchaus objektive wie jede andere rechtliche Beurteilung auch. Lediglich der *Gegenstand der Bewertung* wird durch **die individuellen Verhältnisse** i. S. der „Betroffenenperspektive" – mit den sich daraus ergebenden Verhaltensalternativen – konstituiert. Ein solches Vorgehen ist ebenso wenig „subjektiv" wie – hoffentlich (!) – die rechtliche Begründung individueller „Schuld". Der Einwand, hier drohe eine Auflösung objektiv-genereller Verhaltensnormen in **„subjektive" Fahrlässigkeitsnormen**,[49] kann deshalb nur auf einer Fehlintuition beruhen.

36 Auf derselben Ebene ist der ebenfalls anzutreffende Einwand anzusiedeln, die Verhaltensnormen verlören ihre generelle Funktion und verwandelten sich in reine **„Besinnungsnormen"**.[50] Eine individuelle Fahrlässigkeitsnorm könne dem Normadressaten nicht als Leitbild und verbindliche Handlungsanweisung dienen. Der Einzelne werde schlicht auf die Resultate der eigenen Verstandeskraft verwiesen.[51] Dem ist nur hinzuzufügen: Worauf denn sonst? Rechtlich gefordert ist hier eine eigenständige **Bewertungsleistung** des handelnden oder unterlassenden Subjekts.[52] Oder soll etwa jeder Mensch einen ständigen Wegbegleiter zugeordnet bekommen, der ihm aus seiner (objektiven oder auch nur subjektiven?) Sicht sagt, „wo es lang geht"? Legitimierbare Verhaltensnormen sind

---

[47] Vgl. dazu auch *Otto*, JuS 1974, 702, 707; *Roxin*, AT I³, § 24 Rn. 61, 64; ferner *Mikus*, Die Verhaltensnorm des fahrlässigen Erfolgsdelikts, S. 84 f.; *Murmann*, FS Herzberg, 2008, S. 123, 129 ff. – Mit Blick auf den angemessenen Rechtsgüterschutz durch Verhaltensnormen nicht überzeugend auch die teilweise behauptete Irrelevanz des Sonder*wissens;* vgl. etwa *Caro John*, Regressverbot, S. 136 ff.

[48] Gegen ein Missverständnis in dieser Hinsicht wendet sich mit Recht *Lampe*, Das personale Unrecht, S. 206 ff.; s. a. *Freund*, GA, 1991, 387, 392.

[49] Einen solchen Einwand erhebt etwa *Schünemann*, FS Schaffstein, 1975, S. 159, 165.

[50] So insbes. *Schünemann*, FS Schaffstein, 1975, S. 159, 165.

[51] *Schünemann*, FS Schaffstein, 1975, S. 159, 165.

[52] Zur Bedeutung der Selbststeuerung des handelnden oder unterlassenden Subjekts zutreffend *Jakobs*, Norm, Person, Gesellschaft³, S. 92 ff. – Vgl. auch *Puppe*, in: NK⁵, Vor § 13 Rn. 21: Die Rechtsordnung muss es oft „dem einzelnen überlassen, diejenigen Sorgfaltsnormen selbst zu entwickeln, durch deren Einhaltung er den negativ bewerteten Erfolg vermeiden soll".

auf verständige Personen – auf mündige Bürger – angewiesen, die wissen, was sie jetzt gerade tun oder nicht tun. Nur wenn für die konkrete Person in der konkreten Situation ausreichende Legitimationsgründe für eine bestimmte Verhaltensnorm erkennbar sind, kann von Rechts wegen erwartet werden, dass sie eine entsprechende kontext- und adressatenspezifische Verhaltensnorm bildet und sich für das richtige Verhalten entscheidet (also die rechtlich gesehen falsche Verhaltensalternative vermeidet).[53]

Im Übrigen ist die oft bemühte „**Maßstabsfigur**" – gleich wie man sie bildet – letztlich auch nur ein bestimmtes Subjekt mit ganz bestimmten Eigenschaften. Die „Maßstabsfigur" ist allerdings ein rein **fiktives Subjekt**. Sie hat genau die Eigenschaften, mit denen sie ihr jeweiliger Schöpfer ausstattet. Das gilt zunächst für die Kenntnisse und Fähigkeiten dieses Subjekts, die für dessen Möglichkeiten zur Erkennung und Vermeidung ganz bestimmter schadensträchtiger Verläufe bedeutsam sind. Die „Maßstabsfigur" hat als Kunstfigur aber auch ganz genau den Bewertungsmaßstab, den sie durch ihren geistigen Urheber zugeteilt bekommen hat.[54] Sie ist nicht in der Lage, aus eigener Kraft die rechtlich geforderte Bewertungsleistung zu erbringen. Diese Bewertungsleistung besteht darin zu entscheiden, ob denn eine ganz bestimmte Schädigungsmöglichkeit von Rechts wegen zu vermeiden ist. Diese Frage des rechtlichen **Vermeiden-*Müssens*** lässt sich durch den Rückgriff auf eine Maßstabsperson also gar nicht lösen.[55] Vielmehr ist die Lösung dieses Problems Voraussetzung für die Bildung einer „Maßstabsperson", wenn diese mit dem korrekten Maßstab ausgestattet werden soll. 37

Der umgekehrte Weg von der irgendwo präsentierten „**Maßstabsperson**" zum **Maßstab**, vermag vor diesem Hintergrund zwar auch zufällig zur richtigen Bewertung des Verhaltens einer Person mit exakt den Eigenschaften der Maßstabsperson zu führen. So lässt sich etwa sagen, dass die konkret handelnde Person mit den Eigenschaften der Maßstabsperson dem für sie angenommenen Bewertungsmaßstab gerecht geworden ist oder nicht. Dieser Weg verbürgt jedoch keine Ergebnisrichtigkeit. Vielmehr muss jeweils hinterfragt werden, welche Bewertung denn die richtige ist. Genau diese Frage kann man dann aber auch gleich für die tatsächlich existierende Person stellen, um deren Verhaltensbeurteilung es in concreto geht. Soweit diese bewertungsrelevante Besonderheiten aufweist, ergibt es keinen Sinn, davor gleichsam eine Zeitlang die Augen zu verschließen und fiktive Personen zu beurteilen. Wegen des Erfordernisses **individuellen Fehlverhaltens** für die Bestrafung lässt sich das auf Dauer ohnehin nicht durchhalten. 38

---

[53] Zur Verhaltensnormkonkretisierung als im Verhaltenszeitpunkt (ex ante) zu erbringender Leistung des konkret handelnden oder unterlassenden Subjekts als Person näher *Freund*, GA 1991, 387, 396 ff.; *Freund/Rostalski*, GA 2018, 264 ff.; vgl. hierzu auch *Jakobs*, AT², 9/12; *Müller-Franken*, FS Bethge, 2009, S. 223, 250; *Reus*, Das Recht in der Risikogesellschaft, 2010, S. 176; *Wachter*, Das Unrecht der versuchten Tat, S. 124.

[54] Instruktiv zur Problematik der Argumentation mit Maßstabsfiguren *Schmoller*, JBl 1990, 631 ff., 706 ff., der diesen Konstrukten mit Recht im Wesentlichen den eher bescheidenen Stellenwert einer „Argumentationshilfe" zuweist.

[55] Zur eigenständigen Bedeutung des Vermeiden-*Müssens* neben dem Vermeiden-*Können* noch näher unten (§ 5) Rn. 45 ff.

39 Wenn man der konkret zu beurteilenden Person mit ihren bewertungsrelevanten Besonderheiten gerecht geworden ist und die für sie in der Situation gültige Bewertung vorgenommen hat – etwa mit dem Ergebnis, dass diese Person eine missbilligte Schädigungsmöglichkeit eröffnet hat,[56] ist die so gewonnene **Verhaltensnorm** nicht etwa auf diese spezielle Person beschränkt. Bei richtiger rechtlicher Beurteilung des Verhaltens dieser konkreten Person kommt selbstverständlich eine verallgemeinerungsfähige Verhaltensnorm heraus: Die gewonnene Verhaltensnorm gilt ganz allgemein für *solche* **Personen** in *solchen* **Situationen**.

ee) Maßgeblicher Zeitpunkt der individuellen Fahrlässigkeit – Vorverhaltensproblematik

40 Lediglich zur Klarstellung sei hier kurz auf die Frage des maßgeblichen Zeitpunkts der Fahrlässigkeit eingegangen. Nach den in grundsätzlichem Zusammenhang angestellten Überlegungen[57] kommt als Fehlverhaltenszeitpunkt selbstverständlich nur der **Zeitpunkt** des entsprechenden Verhaltens in Betracht. Beim Vorwurf fehlerhaften **Führens** eines **Kraftfahrzeugs**, fehlerhaften **Operierens**, **Beaufsichtigens** eines Kleinkindes etc. kommt es demzufolge darauf an, ob das entsprechende Verhalten auf der Basis der für den Handelnden oder Unterlassenden verfügbaren Fakten unter Berücksichtigung seiner individuellen Verhältnisse von Rechts wegen zu beanstanden ist.

41 Kann ein solches Missbilligungsurteil nicht gefällt werden – etwa weil der Betreffende in der konkreten Situation „sein Bestes" gegeben hat –, kommt als rechtlich vorzuwerfendes Fehlverhalten immerhin noch die Übernahme der Tätigkeit in Betracht, zu deren angemessener Bewältigung der Betreffende u. U. außerstande war (sog. *Übernahmefahrlässigkeit*), bzw. allgemein das Verhalten, das ihn in eine bestimmte Situation gebracht hat.[58] Wenn sich also ein **Autofahrer** ans Steuer setzt, obwohl er weiß, dass er wegen körperlicher Mängel, z. B. einer **Epilepsie, Sehschwäche** oder **Übermüdung** den Anforderungen des Straßenverkehrs nicht gewachsen ist, handelt er *schon dadurch* fahrlässig.

42 Dabei hält nicht etwa ein objektiver Maßstab Einzug in die individuelle Fahrlässigkeitsbestimmung.[59] Vielmehr wird insofern **konsequent individualisiert**, indem danach gefragt wird, ob von dem Betreffenden nach seinen individuellen

---

[56] Näher zu den für die Verhaltensbewertung bedeutsamen Legitimationsgründen oben § 2 Rn. 11 ff. Zu dem in diesem Zusammenhang wichtigen Aspekt des Vermeiden-*Müssens* noch unten (§ 5) Rn. 45 ff.

[57] Oben § 2 Rn. 28 ff., § 3 Rn. 10 ff.

[58] Auf den Zusammenhang mit der – inzwischen freilich zunehmend ins Kreuzfeuer der Kritik geratenen – „Rechtsfigur der actio libera in causa" macht etwa *Roxin*, AT I[4], § 24 Rn. 118, aufmerksam. – Zur Übernahmefahrlässigkeit vgl. *Schroeder*, in: LK[11], § 16 Rn. 139 ff.; *Vogel*, in: LK[12], § 15 Rn. 303 ff.; *Jakobs*, AT[2], 9/14; *Roxin*, AT I[4], § 24 Rn. 36 ff.; für eine extrem enge Begrenzung des Anwendungsbereichs jener Grundsätze *Duttge*, in: MünchKommStGB[3], § 15 Rn. 131 ff.

[59] I. d. S. aber der Vorwurf von *Schroeder*, in: LK[11], § 16 Rn. 146.

II. Tatbestandsmäßiges Verhalten (Verhaltensunrecht) 187

Verhältnissen von Rechts wegen zu erwarten war, dass er das spätere Geschehen vermeidet. Einer eigenständigen „Rechtsfigur" der **„actio libera in causa"** bedarf es für die strafrechtliche Erfassung solchen Fehlverhaltens ebenso wenig wie sonst auch.[60]

ff) Vorhersehbarkeit und Vermeidbarkeit als Minimalbedingungen jeder Straftat

Das tatbestandsmäßige Verhalten der Fahrlässigkeitstat wird verbreitet durch die 43 *neben* den Begriff der Sorgfaltspflichtverletzung gestellten Begriffe der Vorhersehbarkeit und der Vermeidbarkeit gekennzeichnet: **„Sorgfaltspflichtverletzung bei (objektiver) Vorhersehbarkeit und Vermeidbarkeit"**.[61] Das ist so nicht angemessen. In der Sache sind Vorhersehbarkeit und Vermeidbarkeit eines bestimmten Etwas (des Erfolgs oder der Tatbestandsverwirklichung) allenfalls unselbstständige Momente einer Sorgfaltspflichtverletzung i. S. eines tatbestandsmäßigen Verhaltens. Denn fahrlässiges (sorgfaltswidriges) Verhalten gibt es nicht per se, sondern immer nur bezogen auf ein zu vermeidendes Ereignis. Wenn jemand nicht dem **Sichtfahrgebot** entspricht, sondern schneller fährt, ist das **fahrlässig** in Richtung auf Leib und Leben anderer nur, weil und insoweit als dadurch entsprechende **Schädigungsmöglichkeiten** eröffnet werden, die von Rechts wegen nicht eröffnet werden sollen.

Vor diesem Hintergrund ist Folgendes unmittelbar einsichtig: Was sich ereignet, aber nicht vorhersehbar oder nicht vermeidbar war, kann niemals durch Fahrlässigkeit herbeigeführt worden sein. **Vorhersehbarkeit** und **Vermeidbarkeit** eines bestimmten schadensträchtigen Verlaufs oder sonstigen Ereignisses sind die **Minimalbedingungen** für eine auf entsprechende Vermeidung bezogene Verhaltensmissbilligung – sprich: Bewertung des Verhaltens als **spezifische Sorgfaltspflichtverletzung**.[62] 44

gg) Normativer Aspekt des Vermeidenmüssens

Indessen ist der Eingrenzungseffekt, der sich durch die Minimalbedingungen der 45 Vorhersehbarkeit und der Vermeidbarkeit ergibt, eher bescheiden: Vorhersehbar im strengen Sinne des Wortes ist alles, was in der Lebenswirklichkeit möglich ist, weil es nicht ausgeschlossen werden kann – auch der unerwartete Absturz eines

---

[60] Näher zur actio libera-Problematik oben § 4 Rn. 34 ff.; s. a. unten § 7 Rn. 50 ff.
[61] Vgl. etwa *Wessels/Beulke/Satzger*, AT[48], Rn. 1111; ferner *Jescheck/Weigend*, AT[5], § 55 I, II (S. 577 ff.), die die Sorgfaltspflicht für das Handlungsunrecht, die Vorhersehbarkeit und die Vermeidbarkeit für den Erfolgssachverhalt heranziehen. Zu den verschiedenen Einordnungsmöglichkeiten im Überblick s. *Roxin*, AT I[4], § 24 Rn. 8 ff. – Zum Verhältnis von objektiver Voraussehbarkeit und Sorgfaltspflichtverletzung s. a. *Triffterer*, FS Bockelmann, 1979, S. 206 ff.
[62] Ähnlich *Sternberg-Lieben/Schuster*, in: Schönke/Schröder[30], § 15 Rn. 124 f.; vgl. auch *Kühl*, AT[8], § 17 Rn. 19; *Kuhlen*, Fragen einer strafrechtlichen Produkthaftung, S. 93 ff.

Flugzeugs, das plötzliche Bremsversagen beim Auto etc. Und vermeidbar ist streng genommen das allermeiste (jedenfalls durch Nichtstun). Für die **rechtliche Missbilligung** eines Verhaltens, kommt es deshalb entscheidend darauf an, ob die damit verknüpften Schädigungsmöglichkeiten **von Rechts wegen zu vermeiden** sind:[63] Den Erbonkel darf man in der Erwartung auf die Flugreise schicken, dass die Maschine abstürzt – es sei denn, man weiß zufällig um ein geplantes Attentat gerade auf die Maschine, die der Onkel nehmen soll. Im erstgenannten Fall fehlt es an einem rechtlichen Vermeidenmüssen – im zweitgenannten ist ein solches **Vermeidenmüssen** anzunehmen![64]

46   Da die Vorhersehbarkeit eines bestimmten schadensträchtigen Verlaufs Voraussetzung seiner Vermeidbarkeit und Letztere wiederum Voraussetzung des am Ende entscheidenden Vermeiden*müssens* ist, kann man auch bei der Prüfung des Verhaltensunrechts der Fahrlässigkeitstat eine derartige Abschichtung vornehmen. Dabei sollten aber entgegen einer gerade bei der Prüfung von Fahrlässigkeitsdelikten verbreiteten Praxis die **Vorhersehbarkeit** und die **Vermeidbarkeit** in ihrem ursprünglichen naturalistischen Sinn zugrunde gelegt werden. Es ist keinesfalls sachgerecht, Vorhersehbarkeit und Vermeidbarkeit normativ mit Elementen des **Vermeidenmüssens** zu durchsetzen, ohne dies ausreichend kenntlich zu machen.[65]

---

[63] In der Sache wie hier *Kühl*, AT[8], § 17 Rn. 16 f.; zum sog. „erlaubten Risiko" s. a. *Wessels/Beulke/Satzger*, AT[48], Rn. 267 f.; *Jescheck/Weigend*, AT[5], § 55 I 2 b (S. 579) m. w. N. – Mit Recht betont bereits das Reichsgericht im Leinenfängerfall (RGSt 30, 25, 27; zu diesem Fall etwa auch *Kröger*, Aufbau der Fahrlässigkeitsstraftat, 2016, S. 271 f., 451), dass viele mit dem eigenen Verhalten verbundene Schädigungsmöglichkeiten im strengen Sinne des Wortes vorhersehbar sind, ohne dass insofern ein entsprechendes Fahrlässigkeitsurteil angemessen wäre. Ein entsprechendes Fahrlässigkeitsurteil über das Schaffen oder sonstige Nichtvermeiden einer vorhersehbaren Schädigungsmöglichkeit erfordert die rechtliche Bewertung, dass von dem Betreffenden deren Vermeidung billigerweise gefordert werden darf (also eine entsprechende Verhaltensnorm legitimiert werden kann). Insofern hilft es auch nicht weiter, zunächst einen Verkehrskreis der Kutscher zu bilden, die von ihrem Dienstherrn einen Leinenfänger als Droschkenpferd zugeteilt bekommen.

[64] Zu den Gründen für diese Wertung s. oben § 2 Rn. 14 ff.

[65] Beispielsweise wird in BGHSt 12, 75, 80 die Vorhersehbarkeit mit der Begründung abgelehnt, dass der Täter mit einem bestimmten Umstand nicht zu rechnen *brauchte*, ohne die Frage der rein naturalistischen Vorhersehbarkeit eines Schadensverlaufs von derjenigen des rechtlichen Vermeidenmüssens zu unterscheiden. – Auch *Eisele*, in: Baumann/Weber/Mitsch/Eisele, AT[12], § 10 Rn. 85, verneint die fahrlässige Tötung im Falle der leichten Verletzung eines Bluters wegen angeblich fehlender Voraussehbarkeit, die sich aus der geringen statistischen Wahrscheinlichkeit ergebe, auf einen Bluter zu treffen. Das vermag nicht zu überzeugen. Vorausseh*bar* ist alles, was möglich ist. Allenfalls lässt sich sagen, dass damit nicht gerechnet werden *musste*. – S. a. *Jescheck/Weigend*, AT[5], § 55 II 3 (S. 586 f.). – Deutlicher abgeschichtet sind die sachlichen Fragen z. B. in der Entscheidung OLG Stuttgart JR 1997, 517 ff. m. Anm. *Gössel* (Wer als Vermieter von Wohnraum im inneren Hauseingangsbereich Renovierungsabfälle zwischenlagert, ist nicht ohne Weiteres dafür verantwortlich, dass diese Abfälle von einem Brandstifter als Brandlegungsmittel missbraucht werden und bei dem Brand Menschen getötet oder verletzt werden). – Vgl. auch die Diskussion zwischen *Burkhardt* und *Frisch*, beide in: Wolter/Freund, Straftat, 1996, S. 99 ff. bzw. 135, 167 ff.

3. Hilfen zur Konkretisierung fahrlässigen Verhaltens

Für viele Lebensbereiche gibt es wichtige Orientierungshilfen bei der nicht einfachen Konkretisierung dessen, was als fahrlässiges Verhalten im Einzelfall aufzufassen ist. 47

a) Regelungen des Straßenverkehrs als Orientierungshilfe

Für den Bereich des Straßenverkehrs etwa gibt es rechtliche Regelungen des erlaubten bzw. verbotenen Verhaltens und dadurch jedenfalls mittelbar Aussagen zur Frage spezifischer Verhaltensmissbilligung.[66] Wenn in **geschlossenen Ortschaften** grundsätzlich nur 50 km/h als **Höchstgeschwindigkeit** zugelassen sind, heißt das regelmäßig zugleich: Wer schneller als erlaubt fährt, schafft dadurch rechtlich missbilligt Möglichkeiten von Unfällen mit tödlichem oder verletzendem Ausgang für andere Verkehrsteilnehmer. Sinn und (Schutz-)Zweck der Geschwindigkeitsbegrenzung ist es jedenfalls regelmäßig auch, solche Unfälle zu verhindern. Deshalb liegt bei demjenigen, der sich in rechtlich zu verantwortender Weise nicht daran hält, ein entsprechendes Fehlverhalten, eine **spezifische Sorgfaltswidrigkeit** vor. 48

Dabei wird das **Kennen-Müssen** der grundsätzlichen „Geltung" einer Höchstgeschwindigkeit von 50 km/h in geschlossenen Ortschaften (§ 3 III Nr. 1 StVO) über die entsprechende Ausbildung beim **Erwerb der Fahrerlaubnis** erreicht. Auf demselben Wege wird die Kenntnis dessen vermittelt und später erwartet, wann genau eine geschlossene Ortschaft beginnt. § 42 III StVO bestimmt hierzu, dass eine geschlossene Ortschaft an der Stelle beginnt, an der eine **Ortstafel (Zeichen 310)** aufgestellt ist. Beim Fehlen eines Ortsschildes beginnt die geschlossene Ortschaft – und damit die Geschwindigkeitsbegrenzung des § 3 III Nr. 1 StVO – da, wo erkennbar eine eindeutig geschlossene Bauweise anfängt.[67] 49

aa) Problemfall: Unberechtigt entferntes Ortsschild

Wird eine **Ortstafel** von einem Unbefugten heimlich an einer Stelle **entfernt**, an der die Bebauung den Schluss auf eine geschlossene Ortschaft nicht gestattet,[68] tauchen folgende Probleme auf: Zum einen stellt sich die Frage, ob ein Kraftfahrer, der mit einer nach den Verkehrsverhältnissen an sich nicht zu beanstandenden Geschwindigkeit von 70 km/h „in die geschlossene Ortschaft" einfährt, gegen ein Leib und Leben anderer Verkehrsteilnehmer schützendes **Verbot des zu schnellen Fahrens** 50

---

[66] Vgl. dazu etwa *Roxin*, AT I⁴, § 24 Rn. 15 ff.; allg. zur Bedeutung gesetzlicher Sondernormen für die Bestimmung der Fahrlässigkeit *Kudlich*, FS Otto, 2007, S. 373 ff.
[67] Vgl. *Burmann/Heß/Hühnermann/Jahnke*, StraßenverkehrsR²⁵, § 3 StVO Rn. 61.
[68] Tatsächlich geschehen in einem Ortsteil Marburgs mit dem „attraktiven" Namen Dagobertshausen.

in geschlossenen Ortschaften verstößt. Zum anderen ist zu klären, ob er den bei einer Geschwindigkeit von 50 km/h vermeidbaren Tod des getöteten Fußgängers, der die Straße überqueren wollte, **„durch Fahrlässigkeit verursacht"** hat – wie § 222 formuliert.

51 Will man hier mit einem generalisierenden Fahrlässigkeitsmaßstab an die Lösung des Problems herangehen, so muss zunächst geklärt werden, welche Eigenschaften die als „Maß"-geblich anzusehende Maßstabsperson denn nun genau haben soll. Dabei kann **Ortskundigkeit** schwerlich als **generelle Eigenschaft** der Maßstabsperson eines gewissenhaften und besonnenen Kraftfahrers vorausgesetzt werden. Dass alle gewissenhaften und besonnenen Kraftfahrer die örtlichen Verhältnisse, in die sie kommen, etwa durch eine vorherige Erkundung zu Fuß bereits kennen, wäre keine akzeptable Anforderung. Setzt man infolgedessen bei der gebildeten Maßstabsperson Ortskundigkeit nicht voraus, muss konsequenterweise der „objektive Unrechtstatbestand" der fahrlässigen Tötung verneint werden. Greift man aber zur Vermeidung eines falschen Ergebnisses im Einzelfall auf die tatsächlich vorhandene *individuelle* Ortskundigkeit des konkreten Kraftfahrers als Sonderwissen zurück, liegt der **Systembruch** auf der Hand.

52 Einfacher, direkter und vor allem ohne inneren Widerspruch gestaltet sich die Lösung des gestellten Problems, wenn man ein **einstufiges Fahrlässigkeitskonzept** zugrunde legt: Danach gilt selbstverständlich für den **Ortskundigen**, also den, der das eigentliche „Dasein-Müssen" des fehlenden Ortsschildes kennt, die Geschwindigkeitsbegrenzung weiter. Dies schon deshalb, weil er als individuelle Person – bei Vorhandensein der dazu erforderlichen Fähigkeiten[69] – in Rechnung zu stellen hat, dass sich andere Verkehrsteilnehmer innerhalb der Ortschaft am Vorhandensein der Geschwindigkeitsbegrenzung durch das Schild orientieren. Er als **individuelle Person** verhält sich durch das schnellere Fahren wegen der damit verbundenen Schaffung von für Leib und Leben anderer unerlaubten Gefahren (Schädigungsmöglichkeiten) **fahrlässig** in dieser Hinsicht.[70]

53 Wenn sich ex post betrachtet eine der Schädigungsmöglichkeiten ereignet, die Grund für das Verbot des zu schnellen Fahrens ex ante war, ist auch die tatbestandsmäßige Verhaltensfolge der **fahrlässigen Tötung** eingetreten: Der ortskundige Kraftfahrer hat *durch* Fahrlässigkeit im Sinne des § 222 den Tod des Fußgängers verursacht.[71]

54 Bei einem **ortsunkundigen** Kraftfahrer kann dagegen nicht gesagt werden, dass er gegen ein ihm gegenüber in der konkreten Situation legitimierbares Verbot des Fahrens mit 70 km/h verstoßen hat. Nach der Sachlage, wie sie sich für ihn darstellte, durfte er von Rechts wegen wie geschehen fahren. Er mag zwar aus höherer Warte betrachtet zu schnell gefahren sein, hat aber keine Verhaltensnorm miss- oder nichtbeachtet, die gerade *ihn* zu anderem Verhalten hätte motivieren sollen. Er hat sich damit bereits nicht fahrlässig i. S. der fahrlässigen Tötung, sondern **rechtlich**

---

[69] Besitzt er diese Fähigkeiten nicht, muss ihm die Fahrerlaubnis entzogen werden!

[70] Zu entsprechenden Konstellationen unterschiedlichen individuellen Könnens s. *Stratenwerth/Kuhlen*, AT I[6], § 15 Rn. 18.

[71] Die zugleich verwirklichte fahrlässige Körperverletzung (§ 229) tritt hinter der fahrlässigen Tötung zurück; näher zu solchen Konkurrenzproblemen unten § 11.

II. Tatbestandsmäßiges Verhalten (Verhaltensunrecht)

einwandfrei verhalten, sodass eine entsprechende Strafbarkeit schon an der Grundvoraussetzung jeglichen Strafeinsatzes scheitert.

Dass der Tod des Fußgängers damit auch nicht als „fahrlässig verursacht" angelastet werden kann, ist eine triviale Konsequenz des Fehlens von (fahrlässigem) Verhaltensunrecht und nicht etwa der eigentliche Grund für das Nichteingreifen einer Strafbarkeit wegen fahrlässiger Tötung. Hierin nur ein **„Zurechnungsproblem"** zu erblicken, hieße den fundamentalen Unterschied zwischen tatbestandsmäßigem **Fehlverhalten** und tatbestandsmäßigen **Fehlverhaltensfolgen** zu verkennen.[72]

bb) Problemfall: Geschwindigkeitsbegrenzungen mit Zusatzschildern

Seit geraumer Zeit gibt es vermehrt Geschwindigkeitsbegrenzungen, die durch ein Zusatzschild ausdrücklich z. B. mit dem Gesichtspunkt des **Lärmschutzes** begründet werden. Kommt es zu einem tödlichen Unfall, der bei Einhaltung der so begründeten Höchstgeschwindigkeit vermieden worden wäre, stellt sich die Frage, ob die Geschwindigkeitsüberschreitung überhaupt als tatbestandlich zu missbilligendes Verhalten i. S. eines Körperverletzungs- oder Tötungsdelikts aufgefasst werden kann.[73] Hier spricht einiges dafür, die Begründung der Höchstgeschwindigkeit nicht als ausschließliche zu verstehen, sondern auch den Schutz von Leib und Leben anderer als **automatisch mitbezweckt** aufzufassen. Denn nach Sachlage liegt die Schaffung der mit dem schnelleren Fahren verbundenen Zusatzrisiken in Bezug auf Leib und Leben anderer ohnehin jenseits des rechtlich zugestandenen Freiheitsraums. Im Hinblick auf die hohe Wertigkeit der in Frage stehenden Güter wäre es unter diesen Umständen aber einigermaßen ungereimt, den ohne „Zusatzkosten" erzielbaren Schutz von Leib und Leben anderer nicht mitzubezwecken. Dieser Schutz ist damit gleichfalls **Legitimationsgrund für das Verbot** schnelleren Fahrens, sodass wir es bei einem Verstoß mit einem entsprechend tatbestandsmäßig-missbilligten Verhalten zu tun haben. Auf die mögliche **Orientierung anderer Verkehrsteilnehmer** an der vorgeschriebenen Höchstgeschwindigkeit – etwa eines die Fahrbahn überquerenden Fußgängers – kommt es demzufolge nicht mehr an.

b) Weitere Orientierungshilfen und deren Grenzen

Wichtige Orientierungshilfen liefern nicht nur Regelungen des Straßenverkehrs, sondern auch **technische Regelwerke, Sicherheitsrichtlinien** von Verbänden oder für den Bereich ärztlichen Handelns die anerkannten **Regeln der ärztlichen Kunst**.[74]

---

[72] Näher zu den tatbestandsmäßigen Verhaltensfolgen als zusätzlichen Sanktionserfordernissen neben dem tatbestandsspezifischen Verhaltensunrecht oben § 2 Rn. 54 ff. sowie unten (§ 5) Rn. 62 ff.

[73] Vgl. dazu *Sternberg-Lieben/Schuster*, in: Schönke/Schröder[30], § 15 Rn. 183 und *Kühl*, AT[8], § 17 Rn. 20 (jew. mit dem Beispiel der energie- und umweltpolitisch motivierten Geschwindigkeitsbeschränkung); *Puppe*, in: NK[5], Vor § 13 Rn. 230.

[74] Für weitere Beispiele s. *Roxin*, AT I[4], § 24 Rn. 18 ff.; *Schroeder*, in: LK[11], § 16 Rn. 163 ff.; *Vogel*, in: LK[12], § 15 Rn. 220; i. S. eines Überblicks s. a. *Kühl*, in: Lackner/Kühl[29], § 15 Rn. 39.

58   Bei all diesen Orientierungshilfen ist freilich zweierlei zu beachten:[75] Sie **generalisieren** zwangsläufig, sodass im Einzelfall durchaus anderes gelten kann – und: sie geben zwangsläufig nur einen ganz bestimmten Stand der Erkenntnis bzw. Einschätzung wieder, sodass sie zu einem späteren **Zeitpunkt** bereits sachlich überholt sein können.

4. Wahrung anderweitiger Interessen und tatbestandsmäßiges Verhaltensunrecht

59   Auch Verhaltensweisen, die unter normalen Umständen als fahrlässig zu qualifizieren, also grundsätzlich tatbestandsmäßig-missbilligt sind, können ausnahmsweise gerechtfertigt und deshalb im Ergebnis nicht zu missbilligen sein.[76] Die Kriterien anhand deren diese Frage zu entscheiden ist, sind unabhängig vom Vorliegen der speziellen Voraussetzungen einer Vorsatztat. Ob ein bestimmtes Verhalten letztlich zu beanstanden ist, richtet sich allein nach den möglichen Konsequenzen dieses Verhaltens für die kollidierenden Güter und Interessen, die der Handelnde oder Unterlassende *in Rechnung zu stellen hatte,* nicht aber nach dem, was der Handelnde oder Unterlassende tatsächlich in Rechnung gestellt und in Kauf genommen *hat*. Letzteres ist lediglich für die Frage vorsätzlichen Verhaltens und auch insoweit erst bei fehlender Rechtfertigung von Belang.[77] Bei **gerechtfertigtem Verhalten** interessiert der **„Vorsatz"** nicht. Ebenso wenig interessiert, ob tatbestandsmäßige **Verhaltensfolgen** eingetreten oder ausgeblieben sind.

60   Bei Fahrlässigkeitstatbeständen dürfte es freilich regelmäßig schwer fallen, gerechtfertigtes Verhalten überhaupt unter den Wortlauttatbestand zu subsumieren. Da bereits der Begriff der Fahrlässigkeit ein endgültiges rechtliches Missbilligungsurteil über ein Verhalten impliziert, spricht einiges dafür, bei **Fahrlässigkeitsdelikten** die geläufige **Zweiteilung** in grundsätzliche tatbestandliche Missbilligung und fehlende Rechtfertigung überhaupt **aufzugeben**.[78]

61   Wenn jemand zur Abwehr eines Angriffs auf sein Leben den Angreifer mit einem Faustschlag niederstreckt, sodass dieser bei dem Sturz zu Tode kommt, mag man zwar sagen, er habe eine durch Notwehr **gerechtfertigte Körperverletzung (§ 223)** begangen. Dass er den Tod des Angreifers in gerechtfertigter Weise **durch Fahrläs-**

---

[75] Ein allgemeines Verfahren zur Konkretisierung der individuellen Verhaltensanforderungen sieht *Duttge* (Bestimmtheit des Handlungsunwerts, S. 361 ff.; ders., in: MünchKommStGB³, § 15 Rn. 121 ff.) in der Orientierung an einem sog. „Veranlassungsmoment". Danach sind acht Kategorien der „Gefahrenkognition" zu unterscheiden und auf die konkreten Merkmalsausprägungen hin zu untersuchen. Bei diesem Vorgehen werden wesentliche Gesichtspunkte fahrlässigen Fehlverhaltens erfasst. Allerdings bleibt das Wertungsproblem im Einzelfall bestehen.

[76] Zur Anwendung der Rechtfertigungsgründe bei fahrlässiger Tatbestandsverwirklichung vgl. etwa *Jescheck/Weigend,* AT⁵, § 56 I (S. 588 f.); *Kühl,* AT⁸, § 17 Rn. 77 ff.

[77] Näher zum spezifischen Unrecht der Vorsatztat unten § 7 Rn. 7, 35 ff.

[78] Sachlich ebenso z. B. *Otto,* GS Schlüchter, 2002, S. 77, 95. – Die Problematik einer Zäsur erkennt im Ansatz etwa a. *Roxin,* AT I⁴, § 24 Rn. 98 f. (der aber dennoch zwischen Tatbestand und Rechtswidrigkeit unterscheiden möchte).

sigkeit verursacht haben soll (§§ 222, 227, 18) – dagegen seien jedenfalls erhebliche Bedenken angemeldet. Insofern hilft es auch nicht weiter, die Voraussetzungen der Fahrlässigkeit in einen Unrechts- und einen Schuldtatbestand zu zerlegen und mit dieser Maßgabe zumindest den Unrechtsteil als erfüllt anzusehen.[79] Denn von der **formalen Garantie des Wortlauttatbestands** ist zwingend auch der postulierte „bloße" Schuldanteil erfasst. Eine „halbe Fahrlässigkeit" ist eben keine ganze und entspricht deshalb nicht dem, was im Gesetz steht.[80]

III. Spezifische Verhaltensfolgen und gleichwertige Tatumstände

Viele Fahrlässigkeitsdelikte gehören zu den sog. Erfolgsdelikten. Sie setzen neben dem tatbestandsmäßigen (fahrlässigen) Verhalten einen davon abschichtbaren Außenwelterfolg voraus.[81] Eine fahrlässige Tötung nach § 222 liegt nur vor, wenn durch Fahrlässigkeit der Tod eines Menschen verursacht wird. Die **folgenlose Fahrlässigkeit** ist damit gerade nicht erfasst. Selbst die gröbsten Verstöße gegen die Regeln der ärztlichen Kunst oder die größten Rücksichtslosigkeiten im Hinblick auf Leib und Leben anderer sind nicht als fahrlässige Körperverletzung oder als fahrlässige Tötung strafbar, wenn niemand an seiner Gesundheit geschädigt wird oder gar stirbt. Das impliziert problematische Strafbarkeitslücken etwa bei der Produktion und beim **Inverkehrbringen gefährlicher** oder **bedenklicher Produkte**.[82] Denn nur wenn sich tatbestandsmäßige Verhaltensfolgen (nachweislich) ereignet haben, greifen die entsprechenden Strafnormen ein. 62

Das im Folgenden zu den tatbestandsmäßigen Verhaltensfolgen Gesagte gilt sinngemäß auch für sonstige **gleichwertige Tatumstände**, die bei manchen Fahrlässigkeitsdelikten vorausgesetzt werden. Man denke z. B. an die trunkenheitsbedingte Fahruntüchtigkeit bei der **fahrlässigen Trunkenheit im Verkehr** (§ 316 II). Ein solcher Zustand wird zwar in der Regel nicht *durch* das tatbestandsspezifische Fehlverhalten hervorgerufen, sondern zählt – gedanklich als Möglichkeit antizipiert – mittelbar zu den Bedingungen, unter denen ein solches Fehlverhalten anzunehmen ist. Immerhin lässt sich aber sagen, dass das Autofahren in diesem Zustand spezifische Folge des Fehlverhaltens sein muss, aufgrund dessen es genau dazu gekommen ist. Entsprechendes gilt für die (leichtfertig nicht erkannte) Herkunft eines Gegenstands aus einer bestimmten rechtswidrigen Tat bei der **Geldwäsche** (vgl. § 261 V). Die Gleichwertigkeit mit den tatbestandsmäßigen Verhaltensfolgen ergibt 63

---

[79] Gegen diese willkürliche Trennung oben (§ 5) Rn. 16 ff.
[80] Zur formalen Garantie des Wortlauttatbestands s. oben § 1 Rn. 63, 70 ff.
[81] Zur Bedeutung des Erfolgs im (Fahrlässigkeits-)Strafrecht vgl. etwa *Schaffstein*, FS Welzel, 1974, S. 557, 559 ff.; *Stratenwerth*, FS Schaffstein, 1975, S. 177 ff.
[82] Zur strafrechtlichen Produktverantwortlichkeit s. etwa BGHSt 37, 106 ff.; *Kuhlen*, Fragen einer strafrechtlichen Produkthaftung, 1989; ferner noch unten § 6 Rn. 94 f. – Näher zur Reformbedürftigkeit der (lebensmittelstrafrechtlichen) Produktverantwortlichkeit *Freund*, ZLR 1994, 261 ff.; s. a. *dens.*, ZStW 109 (1997), 455, 479 f.

sich daraus, dass sich auch in solchen Fällen etwas wirklich ereignet, was (aus der maßgeblichen Perspektive ex ante) **Grund für die Verhaltensmissbilligung** war.

64 Allerdings treten mit Blick auf solche Tatumstände seltener Probleme auf[83] als in Bezug auf schadensträchtige Verläufe, die in den Einzelheiten oft unklar bleiben. Welche genauen Anforderungen ein schadensträchtiger Verlauf erfüllen muss, um (sicher) eine tatbestandsmäßige Verhaltensfolge zu sein, soll deshalb im Folgenden nochmals[84] anhand einiger Beispiele aus dem Fahrlässigkeitsbereich näher behandelt werden.

1. Schadensträchtiger Verlauf als ex ante tauglicher Legitimationsgrund der übertretenen Verhaltensnorm

65 Aus dem zu den allgemeinen Kriterien der Tatbestandsmäßigkeit (oben § 2) Gesagten ergeben sich ohne Weiteres die Anforderungen, die an tatbestandsmäßige Verhaltensfolgen zu stellen sind: Es muss sich ein **schadensträchtiger Verlauf** ereignen, der hätte **vermieden werden können und sollen**. Nur dann liegt überhaupt ein tatbestandsmäßiger Erfolg z. B. im Sinne der Körperverletzungs- oder Tötungsdelikte vor. Der Tod oder die Körperverletzung eines anderen Menschen sind für sich genommen noch nicht als **(Unrechts-)Erfolg** zu begreifen. Sie können genauso gut Folgen eines normalen Lebensvorgangs oder Unglücks sein. Nur wenn sie als **spezifische Folgen des Verhaltensunrechts** zu begreifen sind, werden sie von den entsprechenden Sanktionsnormen erfasst. Das gilt ganz allgemein und damit auch für die hier interessierende vollendete Fahrlässigkeitstat.[85]

66 Wenn ein Mensch infolge eines normalen Alterungsprozesses stirbt und keinen Wert auf weitere Verzögerung des Sterbeprozesses legt, ist zwar der **Tod** eines Menschen eingetreten, doch liegt darin gerade kein tatbestandsmäßiger **Erfolg** im Sinne der *Tötungs*delikte. Genauso verhält es sich, wenn sich ein Unglücksfall ereignet, für den keiner verantwortlich ist. Man denke etwa an einen unerwarteten Bergrutsch, bei dem ein Kind zu Tode kommt. Tatbestandsmäßige Verhaltensfolgen haben sich dagegen ereignet, wenn es infolge einer fahrlässigen Geschwindigkeitsüberschreitung zu einem gerade durch Einhaltung der zulässigen Höchstgeschwindigkeit zu vermeidenden Unfall mit tödlichem Ausgang für andere gekommen ist[86] oder wenn ein alkoholisierter Kraftfahrer die Körperverletzung eines anderen herbeiführt, zu der es in nüchternem Zustand nicht gekommen wäre,[87] usw. – Anders verhält es sich demgegenüber, wenn

---

[83] Vgl. dazu in grundsätzlichem Zusammenhang oben § 2 Rn. 92 ff.

[84] Zu den Anforderungen an tatbestandsmäßige Verhaltensfolgen vgl. bereits in grundsätzlichem Zusammenhang oben § 2 Rn. 54 ff.

[85] Vgl. dazu etwa *Kühl*, in: Lackner/Kühl[29], § 15 Rn. 41; *Sternberg-Lieben/Schuster*, in: Schönke/Schröder[30], § 15 Rn. 156; *Jescheck/Weigend*, AT[5], § 55 II 2 b (S. 583 f.). – Vgl. dazu auch den Fall des nicht versicherten Kraftfahrzeugs oben § 2 Rn. 13.

[86] Zum entsprechenden tatbestandsmäßig-missbilligten Fehlverhalten vgl. oben (§ 5) Rn. 48, 50 ff.

[87] Vgl. dazu *Freund*, JuS 1990, 213 ff.; *Kühl*, AT[8], § 17 Rn. 63.

III. Spezifische Verhaltensfolgen und gleichwertige Tatumstände

lediglich das **Kraftfahrzeug nicht versichert** war oder **bei trockenem Wetter abgefahrene Reifen** hatte, mit dem der deshalb „pflichtwidrig" handelnde Fahrer unterwegs war, als er in einen Unfall verwickelt worden ist, der für andere tödlich endete. Hier fehlt es an tatbestandsmäßigen Verhaltensfolgen. Solche Unfälle zu vermeiden, ist weder Funktion der Versicherungspflicht noch des Verbots, mit abgefahrenen Reifen zu fahren. Damit tatbestandsspezifische Fehlverhaltensfolgen vorliegen, muss der schadensträchtige Verlauf (zum Erfolg hin), der sich wirklich ereignet hat, ex ante als zu vermeidender Verlauf Legitimationsgrund der übertretenen Verhaltensnorm gewesen sein – und zwar auf der Basis der für den Handelnden oder Unterlassenden verfügbaren Fakten unter Berücksichtigung der individuellen Momente von Verhaltensanforderungen sowie der Sonderverantwortlichkeit.[88] Nur für diesen Fall liegen die Voraussetzungen der „Verursachung (des Erfolgs) durch Fahrlässigkeit" und damit **Verhaltensunrecht und tatbestandsmäßige Verhaltensunrechtsfolgen** der Fahrlässigkeitstat vor.[89]

Dabei verdeutlicht der hier gebrauchte Begriff der Verhaltensunrechtsfolgen besser als der weiter verbreitete Terminus des sog. **„Erfolgsunrechts"** den **nachrangigen Charakter** entsprechender Sanktionserfordernisse und deren Ableitung aus dem tatbestandsmäßigen Verhaltensunrecht als der Grundvoraussetzung jeder Straftat.[90]

67

2. Keine sachlich verschiedenen Zusammenhänge zwischen Verhalten und Erfolg

Die beim Fahrlässigkeitsdelikt geläufige Prüfung gleich mehrerer unterschiedlicher Zusammenhänge zwischen Verhalten und Erfolg kann leicht Verwirrung stiften. So findet sich etwa die Prüfung des **Kausalzusammenhangs** (oder Quasi-Kausalzusammenhangs) neben dem **Zurechnungszusammenhang**. Innerhalb des Letzteren finden sich unverbunden nebeneinander stehende Gesichtspunkte wie z. B. **Adäquanzzusammenhang, Schutzzweckzusammenhang, tatbestandliche Relevanz der Sorgfaltspflichtverletzung, Prinzip der Eigenverantwortlichkeit** als Zurechnungsunterbrechungsprinzip.[91] Sachlich geht es nur um

68

---

[88] Zu den Anforderungen an die Legitimation von Verhaltensnormen und den dabei zu treffenden Weichenstellungen für die „Zurechenbarkeit" von spezifischen Fehlverhaltensfolgen s. bereits oben § 2 Rn. 11 ff. in grundsätzlichem Zusammenhang sowie oben (§ 5) Rn. 15 ff., 45 ff. und unten (§ 5) Rn. 72, 74 ff.

[89] Beispiele dafür s. bereits oben (§ 5) Rn. 33, 45, 52 f.; zu weiteren Beispielsfällen näher sogleich im Text.

[90] Näher zur Problematik des Begriffs des „Erfolgsunrechts" oben § 2 Rn. 61 ff.

[91] Vgl. etwa *Wessels/Beulke*, AT[37], Rn. 875; *Wessels/Beulke/Satzger*, AT[48], Rn. 1111, 1126 ff. („Schutzzweckzusammenhang", „Pflichtwidrigkeitszusammenhang", „Eigenverantwortlichkeitsprinzip", „Berücksichtigung von pflichtwidrigem Verhalten des Opfers und sonstiger Dritter"). – Verbreitet wird zwischen Schutzzweckzusammenhang und Pflichtwidrigkeitszusammenhang unterschieden; vgl. *Kühl*, AT[8], § 17 Rn. 45 ff. und 68 ff.; *Jescheck/Weigend*, AT[5], § 55 II 2 b (S. 583 ff.) (unter dem Oberbegriff „Rechtswidrigkeitszusammenhang"); s. dazu a. *Hoyer*, in: SK StGB[9], Anh. zu § 16 Rn. 66.

ein einziges Erfordernis, das tatbestandsmäßige Verhaltensfolgen erfüllen müssen, um solche zu sein: Man muss sicher feststellen können, dass der schadensträchtige Verlauf, der sich wirklich ereignet hat, durch richtiges Verhalten hätte vermieden werden können und sollen.[92] Mit anderen Worten: Das **Vermeiden des Wirklichkeit gewordenen schadensträchtigen Verlaufs** muss **Legitimationsgrund** der übertretenen **Verhaltensnorm** gewesen sein.[93] Man kann auch sagen: Der Wirklichkeit gewordene schadensträchtige Verlauf muss im Schutzbereich der übertretenen **Verhaltensnorm** gelegen haben, also von deren **Schutzzweck** erfasst sein.

69 Für die **Fallbearbeitung** beim Fahrlässigkeitsdelikt bedeutet das soeben Gesagte eine erhebliche Vereinfachung: Nach der einstufigen Prüfung des fahrlässigen Fehlverhaltens anhand der Kriterien der Vorhersehbarkeit, der Vermeidbarkeit und des rechtlichen Vermeiden-Müssens einer bestimmten Schädigungsmöglichkeit (bei gegebener Sonderverantwortlichkeit) muss in einem zweiten Prüfungsschritt lediglich gefragt werden, ob sich eine von Rechts wegen zu vermeidende Schädigungsmöglichkeit letztlich tatsächlich realisiert hat. Diese Frage ist mit einer einfachen Feststellung zu beantworten, wenn im vorherigen Abschnitt bei der Prüfung des fahrlässigen Fehlverhaltens genau genug gearbeitet worden ist.

70 Mit dem klaren Kriterium der von Rechts wegen zu vermeidenden Schädigungsmöglichkeit sind nicht nur die Anforderungen inbegriffen, die gemeinhin unter dem Stichwort der **„objektiven Zurechnung des Erfolgs"** auftauchen, sondern auch die der „subjektiven Erfolgszurechnung beim Fahrlässigkeitsdelikt".[94] Weitergehende Anforderungen sind in dieser Hinsicht nur bei der Bestrafung wegen *vorsätzlichen vollendeten* Delikts zu beachten: Vorsätzliches Verhalten und fahrlässige Erfolgsherbeiführung machen zusammengenommen noch keine vollendete Vorsatztat aus.[95]

71 Bei **fehlender Kenntnis** einer tatsächlich bestehenden **rechtfertigenden Sachlage** gilt das oben in § 3 Rn. 17 ff. in grundsätzlichem Zusammenhang Gesagte: Ein schadensträchtiger Verlauf, dessen Vermeidung unter Berücksichtigung der tatsächlich bestehenden rechtfertigenden Sachlage als Legitimationsgrund der übertretenen Verhaltensnorm taugt, hat sich nicht wirklich ereignet. Damit liegt **keine vollendete Straftat** vor.

3. Fahrlässigkeitsunrecht und Vollendungstat bei Selbstmordverursachung

72 Ein interessantes Beispiel zur weiteren Verdeutlichung des spezifischen Unrechts fahrlässigen Verhaltens und der sich daraus ergebenden Anforderungen an eine vollendete Fahrlässigkeitstat bietet die Entscheidung **BGHSt 24, 342**. Dabei ging es um

---

[92] S. dazu den sog. „Lastwagen-Radfahrer-Fall" (BGHSt 11, 1 ff.); zu diesem sogleich noch unten (§ 5) Rn. 82 ff.
[93] S. dazu bereits oben in grundsätzlichem Zusammenhang § 2 Rn. 55 ff.
[94] I. S. einer entsprechenden Differenzierung bei weitgehender Übereinstimmung in den sachlichen Anforderungen *Frisch*, Tatbestandsmäßiges Verhalten, S. 569 ff., 631 ff.
[95] Näher zu diesen Anforderungen beim vollendeten Vorsatzdelikt unten § 7 Rn. 118 ff., 124 ff.

III. Spezifische Verhaltensfolgen und gleichwertige Tatumstände

folgenden – hier vereinfachten – Sachverhalt: A hatte mit Frau B, zu der er in engen Beziehungen stand und von der er wusste, dass sie – vor allem nach vorangegangenem Alkoholgenuss – häufig bedrückt und schwermütig wurde, eine Gaststätte aufgesucht, in der die B kräftig dem Alkohol zusprach. Ins Auto zurückgekommen, legte A seine geladene **Dienstpistole** auf das **Armaturenbrett**. Diese Pistole nahm die B während einer Fahrtunterbrechung, als der A gerade nicht aufpasste, an sich und erschoss sich. Zu diesem Zeitpunkt betrug der Blutalkoholgehalt von Frau B 1,45 ⁰/₀₀.

Der BGH ging in seiner Entscheidung unter weitgehendem Beifall des Schrifttums[96] davon aus, dass nicht strafbar sei, „wer **fahrlässig** den **Tod eines Selbstmörders verursacht**".[97] Diese Aussage steht zunächst in eklatantem Widerspruch zum Gesetz. Denn nach § 222 ist die Strafbarkeit genau für den Fall vorgesehen, dass jemand „durch Fahrlässigkeit den Tod eines Menschen verursacht". Da auch – potenzielle – Selbstmörder Menschen sind, lässt sich das Ergebnis der Straflosigkeit des den Tod eines Selbstmörders Verursachenden nur dann ohne Rechtsverstoß annehmen, wenn tatsächlich kein Fall der „**Todesverursachung durch Fahrlässigkeit**" i. S. der Strafnorm des § 222 vorliegt. 73

Ob eine solche Todesverursachung durch Fahrlässigkeit vorliegt, hängt zunächst davon ab, ob ein bestimmtes **Verhalten** als „**fahrlässig**" in der hier interessierenden Hinsicht qualifiziert werden kann. Es kommt nicht darauf an, ob das Verhalten in *irgendeiner* Hinsicht „fehlerhaft", „sorgfaltswidrig", „schlampig" war, ob es gegen Dienstvorschriften verstieß etc. Entscheidend ist allein, ob das Hinlegen und unbeaufsichtigte Liegenlassen der Waffe seitens des A im berechtigten **Lebensschutzinteresse** von Frau B **rechtlich zu beanstanden** war. Die mögliche Selbsttötung der B mit der Waffe war auch für A ohne Weiteres **vorhersehbar** und **vermeidbar** – darin liegt hier kein Problem. Klärungsbedürftig ist aber, ob die von A eröffnete Möglichkeit der Selbsttötung mit der Waffe von Rechts wegen nicht hätte eröffnet werden dürfen. Fraglich ist also das rechtliche **Vermeidenmüssen** einer derartigen Schädigungsmöglichkeit. 74

Ein solches rechtliches Vermeidenmüssen ist zu bejahen, wenn es sich um eine **drohende nichtfreiverantwortliche Selbsttötung**[98] der Frau B handelt. Denn wegen der qualifizierten Gefährlichkeit von Schusswaffen für potenzielle Selbstmörder sind sie von den dafür Verantwortlichen jedenfalls im Verhältnis zu nicht freiverantwortlich Handelnden zu sichern. Schusswaffen dürfen solchen Personen nicht zugänglich gemacht werden, um ihnen so den ihnen gebührenden Schutz vor eigenem 75

---

[96] Vgl. etwa *Kühl*, in: Lackner/Kühl[29], Vor § 211 Rn. 11; *Roxin*, FS Gallas, 1973, S. 241, 243 ff.; grundsätzlich zustimmend auch *Eser/Sternberg-Lieben*, in: Schönke/Schröder[30], Vor § 211 Rn. 35, die nur den Leitsatz als zu weit geraten kritisieren.

[97] Im Leitsatz des BGH heißt es zwar „*mit*ursächlich", indessen ist auch die Mitverursachung eine Form der Verursachung.

[98] Die Frage der Freiverantwortlichkeit wird in der Entscheidung BGHSt 24, 342 ff. erstaunlicherweise überhaupt nicht thematisiert, sondern offenbar als vollkommen unproblematisch angesehen. Die sachliche Bedeutung der Freiverantwortlichkeit – die gleichbedeutend mit dem Begriff der Eigenverantwortlichkeit gekennzeichnet wird – ist aber auch in der Rechtsprechung des BGH anerkannt; vgl. nur BGHSt 32, 367, 371 m. w. N. – Zum Streit um die genauen Anforderungen s. sogleich noch im Text.

unbedachten, kurzschlüssigen etc. Selbsttötungshandeln zukommen zu lassen. Deshalb liegt beispielsweise ein klarer Fall entsprechend fahrlässigen Handelns i. S. des § 222 vor, wenn der Inhaber einer Schusswaffe diese bei einem **suizidgefährdeten Geisteskranken** einfach herumliegen lässt.

76   Für den konkreten Fall der Frau B stellt sich damit nur noch das Problem, ob sie als nicht schutzbedürftige und nicht schutzwürdige freiverantwortlich handelnde Person anzusehen ist. Denn dann wäre mit Blick auf sie keine zu missbilligende Gefahrschaffung anzunehmen. Eine solche setzt vielmehr ein berechtigtes Lebensschutzinteresse gerade der Frau B an Bewahrung vor einer Selbsttötung mit dieser Waffe voraus. Dabei gilt es zu beachten, dass eine mündige Person nicht in unzulässig bevormundender Weise **vor sich selbst geschützt** werden darf.[99] Dieser Legitimationsaspekt ist hier nicht etwa deshalb ohne Bedeutung, weil es um die Reglementierung des Verhaltens desjenigen geht, der im Begriff ist, das Leben des späteren Opfers zu gefährden. Denn die Legitimation dieser Reglementierung hängt (auch) davon ab, ob im Verhältnis zu dem späteren Opfer überhaupt ein legitimer Zweck verfolgt wird.

77   Der anzulegende **Verantwortlichkeitsmaßstab** ist umstritten. Zum Teil wird eine Orientierung an den sog. **Exkulpationsregeln** – also den Regeln über den strafrechtlichen Verantwortlichkeitsausschluss – vorgeschlagen.[100] Indessen geht es vorliegend gerade nicht darum, Frau B für eine Fremdschädigung strafrechtlich zur Verantwortung zu ziehen, sondern zu beantworten ist die ganz andere Frage, ob sie ein eigenes berechtigtes Interesse am Schutz vor bestimmten Möglichkeiten der – mittelbaren – Schädigung durch andere hat.[101] Deshalb verdient die Gegenauffassung den Vorzug, die sich in etwa an den **Grundsätzen der rechtfertigenden Einwilligung** orientiert.[102] Auch bei der rechtfertigenden Einwilligung geht es thematisch um die Voraussetzungen, die erfüllt sein müssen, wenn eine rechtlich beachtliche Disposition des Rechtsgutsträgers oder sonstigen Dispositionsbefugten

---

[99] S. dazu bereits oben § 1 Rn. 53.

[100] I. S. einer Orientierung an den Exkulpationsregeln etwa *Bottke,* GA 1983, 22, 30 ff.; s. a. *dens.,* Suizid, S. 247 ff.; *Dölling,* GA 1984, 71, 78 f.; *Gallas,* Beiträge zur Verbrechenslehre, S. 165, 201 f.; *Roxin,* Täterschaft und Tatherrschaft[9], S. 688 ff. m. w. N.

[101] Zur Kritik gegenüber einer Orientierung an den Exkulpationsregeln näher etwa *Derksen,* Handeln auf eigene Gefahr, S. 187 f.

[102] S. dazu etwa *Brandts/Schlehofer,* JZ 1987, 442 ff.; *Geilen,* JZ 1974, 145 ff., 150 ff.; *M.-K. Meyer,* Ausschluss der Autonomie, S. 148 ff., 182 ff., 221 ff.; *Walter,* in: LK[12], Vor § 13 Rn. 113; z. T. krit. und modifizierend *Derksen,* Handeln auf eigene Gefahr, S. 188 ff. (der mit Recht auf die Bedeutung des opferseitig zu verantwortenden Anteils am Geschehen hinweist; die bloße Mitverantwortlichkeit des Veranlassenden oder Fördernden dürfte zwar mitunter für eine Fahrlässigkeitstäterschaft, nicht aber ohne Weiteres für eine Vorsatztäterschaft ausreichen; zur Bedeutung beschränkter Sonderverantwortlichkeit bei opfer- und drittvermittelten Gefahren vgl. *Freund,* Erfolgsdelikt und Unterlassen, S. 203 f. [Fn. 35], 232, 234 ff.) – Zur grundsätzlichen Angemessenheit der Orientierung an den Einwilligungsgrundsätzen weiterführend *Frisch,* Tatbestandsmäßiges Verhalten, S. 162 ff., 166 ff., 171 ff.; *ders.,* JuS 2011, 116, 120; *Murmann,* Selbstverantwortung, S. 397, 468, jew. m. w. N. zur Problematik. – Vgl. ergänzend OLG Stuttgart NJW 1997, 3103 f. (zur Verantwortlichkeit eines Arztes für eine 17-jährige Patientin mit latenter Suizidalität; zu oberflächlich OLG Zweibrücken JR 1995, 304 m. krit. Anm. *Horn* (zur Frage der Verschreibung von suchtfördernden Medikamenten durch einen Arzt; zu dieser Frage s. etwa auch BayObLG StV 1993, 641 f. m. Anm. *Dannecker/Stoffers; Amelung,* NJW 1996, 2393 ff.).

über ein bestimmtes Gut vorliegen soll, sodass ein **Schutzinteresse entfällt** und das grundsätzliche Missbilligungsurteil nicht aufrechtzuerhalten ist.

Im Hinblick auf den **Gemütszustand** der Frau B sowie ihren erheblichen **Alkoholisierungsgrad** kann ernsthaft nicht mehr von einer in Frage stehenden freiverantwortlichen Selbsttötung mit der Waffe gesprochen werden. Auch bei Zugrundelegung der maßgeblichen Situation und Perspektive des A war vielmehr von einer **nichtfreiverantwortlichen Selbsttötung** auszugehen. Die Eröffnung der entsprechenden Möglichkeit war folglich fahrlässig i. S. des § 222. 78

In dem konkreten erfolgsverursachenden Geschehen hat sich dementsprechend das von A geschaffene **missbilligte Risiko** für das Leben der Frau B **realisiert:** Es hat sich genau der schadensträchtige Verlauf ereignet, der durch richtiges Verhalten hätte vermieden werden können und sollen. Damit liegen die Voraussetzungen einer Verursachung des Todes eines Menschen durch Fahrlässigkeit vor. Das anderslautende Ergebnis des BGH ist verfehlt.[103] 79

Im Hinblick auf **legitime Opferschutzinteressen** mehr als bedenklich ist auch eine Entscheidung des LG Gießen, in der – kaum überzeugend – von einem möglicherweise freiverantwortlichen Suizid eines **Psychiatriepatienten** ausgegangen wird. Im konkreten Fall wurde der Patient auf eigenen Wunsch stationär aufgenommen, weil er der zuständigen Ärztin erklärt hatte, er wolle sich nicht umbringen, befürchte aber, er werde es tun. Die Ärztin stufte ihn dennoch nicht als suizidgefährdet ein und ordnete insbesondere nicht die Wegnahme von Gegenständen des Patienten an, die für einen Suizid geeignet waren. Später fand man den Patienten tot in seinem Zimmer. Er hatte sich mit seinem Gürtel im Bad erhängt. Das LG Gießen verneinte eine Strafbarkeit der Ärztin nach §§ 222, 13 I, weil angeblich nicht zweifelsfrei festzustellen sei, dass die Selbsttötung nicht freiverantwortlich war.[104] Jedenfalls zeigt die Entscheidung die de lege lata bestehende **bedenkliche Strafbarkeitslücke bei nur möglicherweise nichtfreiverantwortlichem Suizid**, wenn der die Selbsttötung Fördernde oder der diese als Sonderverantwortlicher nicht Hindernde bei seinem Verhalten gerade nicht von einer Freiverantwortlichkeit ausgehen darf. Damit liegt entsprechendes Verhaltensunrecht i. S. einer fahrlässigen Tötung vor, das als solches bereits strafrechtlich erfasst werden sollte.[105] 80

4. Risikoerhöhungslehren und vollendetes fahrlässiges Verletzungsdelikt

Ein von dem oben (§ 5) Rn. 62 ff. Gesagten abweichendes Konzept des vollendeten Delikts, das für alle Straftaten relevant ist,[106] bei denen tatbestandsmäßige Verhaltensfolgen eine entscheidende Rolle spielen, findet sich bei den Vertretern einer 81

---

[103] Vgl. dazu auch unten § 12 (unter IV.).
[104] LG Gießen NStZ 2013, 43 ff.
[105] Zu einem entsprechenden Gesetzesvorschlag s. *Freund/Timm*, GA 2012, 491, 495 f.; *Freund*, FS Bohl, 2015, S. 569, 580 ff.
[106] S. dazu deshalb schon oben in grundsätzlichem Zusammenhang § 2 Rn. 54 ff., 58 ff.; s. a. unten § 6 Rn. 148 f.

Risikoerhöhungslehre. Danach soll eine Bestrafung z. B. wegen fahrlässiger Tötung schon dann möglich sein, wenn das fahrlässige Verhalten **ex post** betrachtet das **Risiko** der Todesherbeiführung tatsächlich **erhöht** hat. Ob der eingetretene Todeserfolg bei korrektem Verhalten vermieden worden wäre, spielt dagegen keine Rolle.

a) „Lastwagen-Radfahrer-Fall"

82 Lehrbuchbeispiel im Bereich der Fahrlässigkeitstaten ist in diesem Zusammenhang der sog. „Lastwagen-Radfahrer-Fall", der einer Entscheidung des BGH[107] zugrunde lag:

83 Der Fahrer eines Lastwagens hatte einen Radfahrer überholen wollen und dabei den nach der StVO **gebotenen Seitenabstand** von 1 bis 1,5 Metern nicht eingehalten. Während des Überholvorgangs geriet der stark alkoholisierte Radfahrer, weil er infolge einer alkoholbedingten Kurzschlussreaktion das Fahrrad nach links zog, unter die Hinterreifen des Anhängers und verunglückte tödlich. Nach den Feststellungen hätte sich der Unfall **„mit hoher Wahrscheinlichkeit"** mit dem gleichen tödlichen Ausgang auch dann ereignet, wenn der Fahrer des Lastwagens einen **genügenden Zwischenraum** eingehalten hätte.[108]

84 Der BGH verneint für diesen Fall mit Recht die für eine Bestrafung wegen fahrlässiger Tötung nach § 222 erforderliche **sicher feststellbare „Verursachung"** des Todes des Radfahrers **„durch Fahrlässigkeit"**.[109] Dafür müsste das Vermeiden des schadensträchtigen Verlaufs, der sich wirklich zugetragen hat, gedanklich antizipiert als **Legitimationsgrund** der von dem Lkw-Fahrer übertretenen **Verhaltensnorm** aufgefasst werden können. Und daran fehlt es hier: Aus der für die Verhaltensnormbegründung maßgeblichen Perspektive des Lkw-Fahrers bestand kein Anlass, sich auf einen stark alkoholisierten Radfahrer einzustellen, sodass der Radfahrer von Rechts wegen mit dem **normalen Seitenabstand** hätte überholt werden dürfen. Damit bildet die **Möglichkeit**, dass es für den stark alkoholisierten Radfahrer zu einem tödlichen Unfall trotz korrekten Seitenabstands kommt, eine rechtlich **nicht missbilligte Schädigungsmöglichkeit**. Sie ist als toleriertes Restrisiko einzustufen. Wäre es bei korrektem Seitenabstand zu dem tödlichen Unfall gekommen, hätten wir es also mit einem rechtlich einwandfreien Verhalten des Lkw-Fahrers zu tun. Eine Bestrafung wegen fahrlässiger Tötung würde bereits am grundlegenden Straftaterfordernis des **Verhaltensnormverstoßes** in Form fahrlässigen Fehlverhaltens scheitern – also nicht erst mangels „Erfolgszurechnung".[110]

---

[107] BGHSt 11, 1.

[108] Vereinfachter Sachverhalt, wie er vergleichbar z. B. von *Roxin,* ESJ, Strafrecht AT, Fall 6, S. 11 f. und von *Kühl,* AT[8], § 17 Rn. 48 verwendet wird; zur Problematik der Risikorealisierung bei den Fahrlässigkeitsdelikten vgl. auch die Fallbearbeitung bei *Freund,* JuS 1990, 213 ff.

[109] Zu einem anderen Ergebnis kommen Vertreter einer Risikoerhöhungslehre, vgl. etwa *Roxin,* AT I[4], § 11 Rn. 88 ff.; ferner *Dehne-Niemann,* GA 2012, 89, 106; *Hoyer,* in: SK StGB[9], Anh. zu § 16 Rn. 72 ff., jew. m. w. N. – *Gimbernat Ordeig,* GA 2018, 127, 130 f. verneint allerdings auf der Basis einer Risikoerhöhungslehre im Lastwagen-Radfahrer-Fall die Risikoerhöhung.

[110] Näher hierzu *Freund,* in: MünchKommStGB[3], Vor § 13 Rn. 316 ff.

III. Spezifische Verhaltensfolgen und gleichwertige Tatumstände 201

Im konkreten Fall lag sicher ein solches fahrlässiges Fehlverhalten durch das 85
Unterschreiten des zulässigen **Seitenabstandes** wegen *gerade dadurch* eröffneter *zusätzlicher* **Schädigungsmöglichkeiten** vor: Wäre ein Radfahrer wegen des zu geringen Seitenabstands bei einer in Rechnung zu stellenden normalen Pendelbewegung unter die Räder geraten und getötet worden, könnte man ohne Weiteres sagen, dass sich genau eine der Schädigungsmöglichkeiten ereignet hat, deren Vermeidung Grund für das in concreto legitimierte Verbot des Überholens mit zu geringem Seitenabstand war. Wegen der starken Alkoholisierung des Radfahrers war vorliegend indessen tatsächlich von einer über das normale Maß weit hinausgehenden Pendelbewegung auszugehen, sodass der Radfahrer auch bei Einhaltung des **korrekten Seitenabstandes** zu Tode gekommen wäre. Jedenfalls war diese Möglichkeit **nicht** sicher **auszuschließen**.

Allerdings zeigt die exakte Analyse, dass sich im Beispielsfall durchaus eine Schä- 86
digungsmöglichkeit zugetragen hat, die bei korrektem Verhalten sicher vermieden worden wäre: Der Tod des alkoholisierten Radfahrers wäre bei größerem Seitenabstand auch bei übergroßer Pendelbewegung wegen des zu überwindenden größeren Zwischenraums mit Sicherheit um einige **Sekundenbruchteile später** eingetreten. *Insoweit* handelt es sich um die Realisierung einer Schädigungsmöglichkeit (in Bezug auf einen früheren Tod), die gerade durch das unerlaubte Überholen eröffnet worden ist. Indessen taugt das Vermeiden speziell dieser Schädigungsmöglichkeit nach Sachlage wohl kaum für die **Legitimation der übertretenen Verhaltensnorm** ex ante: Das Verbot des Überholens mit zu geringem Seitenabstand lässt sich im Verhältnis zu dem Radfahrer, der bei korrektem Abstand Sekundenbruchteile später sicher zu Tode käme, wohl nicht um dieses **Lebensschutzinteresses** willen legitimieren.

Um kein Missverständnis aufkommen zu lassen: Es ist durchaus denkbar, dass 87
minimale Lebensverkürzungen ja sogar **Tötungen ohne** feststellbare **Lebensverkürzung** im Lebensschutzinteresse rechtlich missbilligte **tötungstatbestandsmäßige Verhaltensweisen** darstellen und auch als **vollendete Straftat** geahndet werden können. Wer einen anderen erschießt, ist dafür auch dann verantwortlich, wenn andernfalls ein **Dritter an seiner Stelle** zu gleicher Zeit gehandelt hätte. Wer einen anderen durch Fahrlässigkeit bei einem Auffahrunfall tötet, ist dafür auch dann verantwortlich, wenn der Getötete im Falle seines Überlebens nur minimal später von einem weiteren Auffahrenden **getötet worden wäre**. Oder – um bei dem Radfahrer-Beispiel zu bleiben: Wer den vor sich fahrenden **Radfahrer**, um seinem Unmut Luft zu machen, einfach **überfährt**, ist nach **§§ 211, 212** auch dann verantwortlich, wenn der Radfahrer unerkannt stark alkoholisiert war und bei einem Überholmanöver mit korrektem Seitenabstand praktisch zur gleichen Zeit durch rechtlich nicht zu beanstandendes Verhalten **zu Tode gekommen wäre**. In all diesen Fällen verstößt der Betreffende gegen eine im Lebensschutzinteresse anderer legitimierte Verhaltensnorm. Und es hat sich auch ein schadensträchtiger Verlauf sicher zugetragen, der durch richtiges Verhalten hätte vermieden werden können und sollen.

Ließe man im **Lastwagen-Radfahrer-Fall** in der **Ausgangsform** die **vermeid-** 88
bare minimale Lebensverkürzung ausreichen, um das Verbot des Überholens mit zu geringem Seitenabstand jedenfalls mit zu legitimieren, bedürfte es für die Bestrafung wegen vollendeten Delikts keines Rückgriffs auf die Risikoerhöhungslehre. Denn dann hätte sich – wie in den vorgenannten Beispielsfällen – eine der Schädi-

gungsmöglichkeiten sicher ereignet, die durch richtiges Verhalten von Rechts wegen zu vermeiden waren. Bekommt man bei dieser Wertung aber Bedenken, helfen auch die **Risikoerhöhungslehren** darüber nicht wirklich hinweg, sondern können allenfalls dazu beitragen, das **Wertungsproblem** zu **verschleiern**.

b) Risikoerhöhungslehren jenseits der Erfolgsdelikte?

89   Bemerkenswert erscheint die bisherige Beschränkung der Risikoerhöhungslehren auf „Erfolgsdelikte" i. e. S., also auf Fälle des dem tatbestandlich zu missbilligenden Fehlverhalten nachfolgenden „Außenwelterfolgs". Indessen ist eine **Ungleichbehandlung** der tatbestandsmäßigen **Verhaltensfolgen** mit **gleichwertigen Tatumständen** – etwa der tatsächlichen Fremdheit der weggenommenen Sache bei der Bestrafung wegen vollendeten Diebstahls bei § 242 I – kaum einsichtig zu machen: Eine **ex post** festzustellende missbilligte **Gefahrerhöhung** in Bezug auf die **Wegnahme** einer tatsächlich fremden Sache ist jedenfalls genauso gut oder schlecht denkbar wie eine solche Gefahrerhöhung in Bezug auf die Herbeiführung einer **Körperverletzung**.

90   Allerdings wird bei einer Übertragung des Risikoerhöhungsgedankens auf derartige Tatbestandserfordernisse der Verstoß gegen den **nullum crimen-Satz** unverkennbar deutlich: Lässt sich im Nachhinein nicht sicher feststellen, dass die weggenommene Sache tatsächlich eine fremde war, sodass man nicht sicher sagen kann, dass das, was sich wirklich ereignet hat, **Grund für** die **spezifische Verhaltensmissbilligung ex ante** war, scheidet eine Bestrafung wegen vollendeten Diebstahls nach § 242 I aus. Denn danach muss eine sicher feststellbar tatsächlich fremde Sache weggenommen worden sein. In Frage kommt deshalb nur eine entsprechende **Versuchsbestrafung**, wenn der Wegnehmende von der Fremdheit der weggenommenen Sache ausgegangen sein sollte. – Ganz genauso scheidet aber auch ein vollendetes Erfolgsdelikt der fahrlässigen Körperverletzung aus, wenn es an der sicher feststellbaren „Verursachung" der eingetretenen Körperverletzung „durch Fahrlässigkeit" fehlt, weil der schadensträchtige Verlauf zur Körperverletzung hin möglicherweise einer war, der durch richtiges Verhalten nicht hätte vermieden werden können und sollen. Der Körperverletzungserfolg ist dann eben keiner, der sicher **durch Fahrlässigkeit verursacht** ist, wie es § 229 erfordert. Ein Unterschied zu dem Diebstahlsfall ergibt sich lediglich aufgrund der **fehlenden Versuchsstrafbarkeit** bei fahrlässigem Handeln. Darin dürfte wohl auch der **„Hauptmotor" des Risikoerhöhungsgedankens** speziell im Bereich der fahrlässigen Verletzungsdelikte zu erblicken sein.

IV. Vorschlag für eine gesetzliche Definition fahrlässigen Verhaltens

91   Die Zeit ist reif für eine Definition fahrlässigen Fehlverhaltens, die den Prozess der Rechtskonkretisierung im Einzelfall durch eine klar **strukturierte Operationalisierung** leitet. Denn unabhängig von dem bestehenden Streit um die dogmatische

IV. Vorschlag für eine gesetzliche Definition fahrlässigen Verhaltens

Einordnung bestimmter Aspekte herrscht in Folgendem Einigkeit: Auch eine Fahrlässigkeitstat muss den allgemeinen Kriterien jeder Straftat genügen. Oben in § 4 Rn. 92 wurde eine **Definition** dieser **allgemeinen Kriterien** einer jeden **Straftat** gegeben.

Nach dieser Definition begeht eine Straftat, wer durch **hinreichend gewichtiges**[111] **personales Fehlverhalten** den Tatbestand eines Strafgesetzes rechtswidrig verwirklicht. Personales Fehlverhalten liegt nur vor, wenn der Täter nach seinen **individuellen Verhältnissen** in der Lage war, zu erkennen und zu vermeiden, dass er möglicherweise den **Tatbestand eines Strafgesetzes** verwirklicht, **ohne gerechtfertigt** zu sein, und wenn genau dies **von ihm rechtlich erwartet** werden konnte.

Auf dieser Basis wird folgende Definition fahrlässigen Verhaltens vorgeschlagen:[112]

92

93

Definition fahrlässigen Verhaltens (Handelns und Unterlassens):

Fahrlässig verhält sich, wer angesichts der von ihm vorgefundenen Sachlage die nach seinen individuellen Verhältnissen vorhersehbare, vermeidbare und von Rechts wegen zu vermeidende Möglichkeit der nicht gerechtfertigten Tatbestandsverwirklichung schafft oder nicht abwendet.

Vorhersehbarkeit bedeutet: Der Täter muss individuell in der Lage sein, die drohende nicht gerechtfertigte Tatbestandsverwirklichung zu erkennen – bei Erfolgsdelikten insbesondere den drohenden Schaden. Konkrete Verlaufsvorstellungen müssen nicht gebildet werden können; es genügt, dass bestimmte Ereignisse nicht auszuschließen sind.

Vermeidbarkeit bedeutet: Dem Täter muss es durch seine individuellen Fähigkeiten und Kenntnisse möglich sein, die Gefahr nicht zu schaffen oder diese abzuwenden.

Vermeidenmüssen bedeutet: Im Rahmen einer Gesamtabwägung muss das zu schützende Interesse das Täterinteresse überwiegen (Güter- und Interessenabwägung).

Diese Definition fahrlässigen Verhaltens reformuliert zwangsläufig die zuvor bereits definierten Grundkriterien jeder Straftat. Das hängt damit zusammen, dass das **fahrlässige Verhalten** der **Grundtyp personalen Fehlverhaltens** ist. Mit der hier vorgeschlagenen Definition fahrlässigen Verhaltens wird ein für die Rechtskonkretisierung hilfreiches Prüfungsverfahren an die Hand gegeben. Die gängigen Be-

94

---

[111] Das Erfordernis des hinreichenden Gewichts des Fehlverhaltens trägt dem verfassungsrechtlichen Verhältnismäßigkeitsgrundsatz Rechnung. Mit diesem materiellrechtlich relevanten Erfordernis ist nicht zuletzt eine angemessene Bewältigung des allgemeinen Problems der Untergrenze des Strafrechts möglich – man denke etwa an die schon seit langem diskutierte Problematik der minimalen Fahrlässigkeit. – Näher zu diesem Untergrenzenproblem *Freund*, in: MünchKommStGB³, Vor § 13 Rn. 207 ff., 243 ff. m. w. N.

[112] S. zu dieser Definition bereits *Freund*, FS Küper, 2007, S. 63, 78.

griffe der Vorhersehbarkeit und der Vermeidbarkeit werden in den erforderlichen Zusammenhang mit dem normativen Kriterium des rechtlichen Vermeiden-Müssens gebracht. Ihr beschränkter Stellenwert und die zutreffende Prüfungsreihenfolge kommen klar zum Ausdruck: Die **Vorhersehbarkeit** ist Grundvoraussetzung dafür, dass etwas überhaupt vermieden werden *kann*; und die **Vermeidbarkeit** ist wiederum Grundvoraussetzung dafür, dass erforderlichenfalls etwas vermieden werden *muss* (**Vermeiden-Müssen**). Andererseits ist nicht alles, was vorhersehbar ist, auch vermeidbar, und keineswegs alles, was vermeidbar ist, *muss* von Rechts wegen vermieden werden. Mit dieser Einsicht lässt sich die bei jeder Straftat zu beachtende – nicht zuletzt rechtsstaatlich bedeutsame – Problematik der rechtlichen **Verhaltensmissbilligung** strafrechtsdogmatisch überzeugend bewältigen.[113] Dabei ist die in der vorgeschlagenen Definition angelegte[114] **individualisierende Vorgehensweise** bei der Prüfung des fahrlässigen Fehlverhaltens – nicht nur in strafrechtsdogmatischer Hinsicht, sondern auch strafprozessual gesehen – einem **„gespaltenen" Fahrlässigkeitsbegriff** überlegen. Insofern ist nur auf die Probleme des Sonderwissens und der Sonderfähigkeiten zu verweisen.[115] Diese entpuppen sich als Scheinprobleme, wenn man das Verhalten des konkret Handelnden oder Unterlassenden auf der Basis der sich ihm (im verhaltensrelevanten Zeitpunkt ex ante) darbietenden Sachlage rechtlich bewertet, wozu spätestens das rechtsstaatlich unverzichtbare **Schuldprinzip** ohnehin zwingt.

95 Zur Klarstellung: Die hier vorgeschlagene Definition fahrlässigen Verhaltens gilt rechtlich unabhängig davon, ob sie (schon) in einem Gesetz steht oder nicht.[116] Denn sie stellt jedenfalls die in der Sache unangefochtene **Konkretisierung** des **Gesetzesbegriffs** der strafrechtlichen **Fahrlässigkeit** dar. Zwischenprodukte, wie vor allem generalisierend bestimmte Fahrlässigkeitsurteile, interessieren nicht, wenn es um die strafrechtliche Verurteilung einer konkreten Person geht. Dennoch erscheint es empfehlenswert, der Definition durch die **klarstellende Aufnahme in das Gesetz** größeres Gewicht im Argumentationszusammenhang zu verschaffen.

96 Auf der Basis der oben gegebenen Definition fahrlässigen Verhaltens fällt es leicht, auch die Kriterien der fahrlässigen Vollendungstat klar zu formulieren:

---

[113] Bei dem bisher verbreiteten Prüfungsvorgehen wird die „Sorgfaltspflichtverletzung" meist zu oberflächlich bejaht – oft sogar ohne Begründung einfach nur behauptet. Merkwürdig mutet es an, wenn erst nach bejahter „Sorgfaltspflichtverletzung" Überlegungen zur Vorhersehbarkeit bzw. Vermeidbarkeit angestellt werden. War z. B. eine bestimmte Schädigungsmöglichkeit nicht vorhersehbar oder nicht vermeidbar, durfte in dieser Hinsicht auch keine spezifische „Sorgfaltspflichtverletzung" bejaht werden. Entsprechendes gilt mit Blick auf das rechtliche Vermeiden-Müssen: Oft wird erst im Kontext der spezifischen Fehlverhaltens*folgen* gefragt, ob in Bezug auf das konkrete erfolgsverursachende Geschehen eine spezifische „Sorgfalts-" bzw. „Vermeidepflichtverletzung" vorliegt, obwohl es sich bereits um ein Problem des Schutzbereichs einer übertretenen Verhaltensnorm handelt – also das spezifische *Verhaltensunrecht* der Fahrlässigkeitstat betroffen ist.

[114] In eine ähnliche Richtung gehen etwa § 18 III schwStGB und § 6 öStGB.

[115] S. zu diesen Problemen oben (§ 5) Rn. 30 ff.

[116] Einen guten Überblick über die in verschiedenen Europäischen Rechtsordnungen vorhandenen gesetzlichen Regelungen zur Definition der Fahrlässigkeit vermittelt *Duttge*, in: MünchKommStGB³, § 15 Rn. 60 ff.

> **Definition des Erfolgssachverhalts der Fahrlässigkeitstat:**
>
> Der Erfolgssachverhalt liegt vor, wenn sich die für den Täter nach seinen individuellen Verhältnissen vorhersehbare, vermeidbare und von Rechts wegen zu vermeidende Möglichkeit der nicht gerechtfertigten Tatbestandsverwirklichung realisiert.
>
> Bei Erfolgsdelikten kann man sagen: Der eingetretene Erfolg (z. B. der Tod eines Menschen) muss spezifische Folge des fahrlässigen Fehlverhaltens sein. Das ist er, wenn er das Endglied eines schadensträchtigen Verlaufs bildet, der von Rechts wegen hätte vermieden werden können und sollen.

Vertiefungs- und Problemhinweise
Burgstaller, Das Fahrlässigkeitsdelikt, 1974; *Caro John*, Das erlaubte Kausieren verbotener Taten – Regressverbot, 2007; *Castaldo*, „Non intelligere, quod omnes intelligent" – Objektive Zurechnung und Maßstab der Sorgfaltswidrigkeit beim Fahrlässigkeitsdelikt, 1992; *ders.*, Offene und verschleierte Individualisierung im Rahmen des Fahrlässigkeitsdelikts, GA 1993, 495 ff.; *Colombi Ciacchi*, Fahrlässigkeit und Tatbestandsbestimmtheit – Deutschland und Italien im Vergleich, 2005; *Duttge*, Zur Bestimmtheit des Handlungsunwerts von Fahrlässigkeitsdelikten, 2001; *ders.*, Einflüsse der Rechtsphilosophie auf die Strafrechtsdogmatik – am Beispiel des (individualisierten) Fahrlässigkeitsunrechts, FS Maiwald, S. 167 ff.; *ders.*, Erfolgszurechnung und Opferverhalten – Zum Anwendungsbereich der einverständlichen Fremdgefährdung, FS Otto, 2007, S. 227 ff.; *Engisch*, Untersuchungen über Vorsatz und Fahrlässigkeit im Strafrecht, 1930; *Erb*, Rechtmäßiges Alternativverhalten und seine Auswirkungen auf die Erfolgszurechnung im Strafrecht, 1991; *Fahl*, 30 Jahre und kein bisschen weiter – eigenverantwortliche Selbstgefährdung im Strafrecht, GA 2018, 418 ff.; *Freund*, Äußerlich verkehrsgerechtes Verhalten als Straftat? – BGH, NJW 1999, 3132, JuS 2000, 754 ff.; *ders.*, Der praktische Fall – Strafrecht: „Spritztour mit dem ultra krassen 3er BMW", JuS 2001, 475 ff.; *Freund/ Klapp*, Anm. zu BayObLG Beschl. v. 28.08.2002 – 5 St RR 179/2002: 1. Kausalität und Abgrenzung zwischen bewusster Fahrlässigkeit und bedingtem Vorsatz bei Herbeiführung einer (weiteren) Sucht durch einen Arzt anlässlich einer Substitutionsbehandlung durch Verschreibung von kontraindizierten Medikamenten mit eigenem Suchtpotenzial. 2. Zur Frage der Teilnahme an einer bewussten Selbstgefährdung durch einen Arzt bei überlegenem Sachwissen, JR 2003, 431 ff.; *Frisch*, Tatbestandsmäßiges Verhalten und Zurechnung des Erfolgs, 1988; *ders.*, Erfolgsgeschichte und Kritik der objektiven Zurechnungslehre – zugleich ein Beitrag zur Revisionsbedürftigkeit des Straftatsystems, GA 2018, 553 ff.; *Giezek*, Normative Voraussetzung der Tatbestandsverwirklichung einer fahrlässigen Straftat, FS Gössel, 2002, S. 117 ff.; *Grünewald*, Selbstgefährdung und einverständliche Fremdgefährdung, GA 2012, 364 ff.; *Haas*, Zur strafrechtlichen Verantwortlichkeit wegen fahrlässiger Tat bei Selbstgefährdungen und Selbstschädigungen des Opfers – Zu-

gleich eine Besprechung von BGH 1 StR 518/08 – vom 29.04.2009, FS Yamanaka, 2017, S. 71 ff.; *Herzberg,* Grundprobleme der deliktischen Fahrlässigkeit im Spiegel des Münchener Kommentars zum Strafgesetzbuch, NStZ 2004, 593 ff. und 660 ff.; *Hettinger,* Handlungsentschluss und -beginn als Grenzkriterium tatbestandsmäßigen Verhaltens beim fahrlässig begangenen sog. reinen Erfolgsdelikt – Zugleich zur sog. fahrlässigen actio libera in causa, FS Schroeder, 2006, S. 209 ff.; *Hoyer,* in: SK StGB⁹, Anh. zu § 16 Rn. 1 ff.; *Ida,* Inhalt und Funktion der Norm beim fahrlässigen Erfolgsdelikt, FS Hirsch, 1999, S. 225 ff.; *Jakobs,* Studien zum fahrlässigen Erfolgsdelikt, 1972; *Jordan,* Rechtmäßiges Alternativverhalten und Fahrlässigkeit, GA 1997, 349 ff.; *Kaminski,* Der objektive Maßstab im Tatbestand des Fahrlässigkeitsdelikts, 1992; *Kaspar,* Grundprobleme der Fahrlässigkeitsdelikte, JuS 2012, 16 ff., 112 ff.; *Kindhäuser,* Erlaubtes Risiko und Sorgfaltswidrigkeit – Zur Struktur strafrechtlicher Fahrlässigkeitshaftung, GA 1994, 197 ff.; *ders.,* Zur Funktion von Sorgfaltsnormen, FS Schünemann, 2014, S. 143 ff.; *Kraatz,* Die fahrlässige Mittäterschaft – Ein Beitrag zur strafrechtlichen Zurechnungslehre auf der Grundlage eines finalen Handlungsbegriffs, 2006; *Kremer-Bax,* Das personale Verhaltensunrecht der Fahrlässigkeitstat – Zur Individualisierung des Bewertungsgegenstands, 1999; *Kröger,* Der Aufbau der Fahrlässigkeitsstraftat – Unrecht, Schuld, Strafwürdigkeit und deren Bezüge zur Normentheorie, 2016; *Krümpelmann,* Schutzzweck und Schutzreflex der Sorgfaltspflicht, FS Bockelmann, 1979, S. 443 ff.; *Kudlich,* Die Verletzung gesetzlicher Sondernormen und ihre Bedeutung für die Bestimmung der Sorgfaltspflichtverletzung, FS Otto, 2007, S. 373 ff.; *Küper,* Überlegungen zum sog. Pflichtwidrigkeitszusammenhang beim Fahrlässigkeitsdelikt, FS Lackner, 1987, S. 247 ff.; *ders.,* Anmerkungen zum Irrtum über die Beteiligungsform – Die irrige Annahme „tatherrschaftsbegründender Umstände" als Versuchs-, Teilnahme- und Fahrlässigkeitsproblem, FS Roxin, 2011, S. 895 ff.; *Lenckner,* Technische Normen und Fahrlässigkeit, FS Engisch, 1969, S. 490 ff.; *Mikus,* Die Verhaltensnorm des fahrlässigen Erfolgsdelikts, 2002; *Mitsch,* Fahrlässigkeit und Straftatsystem, JuS 2001, 105 ff.; *Moos,* Die subjektive Sorgfaltswidrigkeit bei der Fahrlässigkeit als Unrechtselement, FS Burgstaller, 2004, S. 111 ff.; *Murmann,* Zur Berücksichtigung besonderer Kenntnisse, Fähigkeiten und Absichten bei der Verhaltensnormkonturierung, FS Herzberg, 2008, S. 123 ff.; *Neubacher,* Zur Konkretisierung von Sorgfaltspflichten beim fahrlässigen Erfolgsdelikt – Überlegungen im Anschluss an BGHSt 49, 1, Jura 2005, 857 ff.; *Otto,* Grundlagen der strafrechtlichen Haftung für fahrlässiges Verhalten, GS Schlüchter, 2002, S. 77 ff.; *Pfefferkorn,* Grenzen strafbarer Fahrlässigkeit im französischen und deutschen Recht, 2006; *Puppe,* Die adäquate Kausalität und der Schutzzweck der Sorgfaltsnorm, FS Bemmann, 1997, S. 227 ff.; *dies.,* Zu einem Zusammenstoß gehören zwei – Überlegungen zum Zusammentreffen mehrerer Sorgfaltspflichtverletzungen bei Unfällen im Straßenverkehr, FS Frisch, 2013, S. 447 ff.; *Quentin,* Fahrlässigkeit im Strafrecht, JuS 1994, L 41 ff., L 49 ff., L 57 ff.; *Ranft,* Berücksichtigung hypothetischer Bedingungen beim fahrlässigen Erfolgsdelikt?, NJW 1984, 1425 ff.; *Renzikowski,* Restriktiver Täterbegriff und fahrlässige Beteiligung, 1997; *ders.,* Die fahrlässige Mittäterschaft, FS Otto, 2007, S. 423 ff.; *Rostalski,* Normentheorie und Fahrlässigkeit – Zur Fahrlässigkeit als Grundform des Verhaltensnormverstoßes,

GA 2016, 73 ff.; *dies.*, Vernunft und Unvernunft in der (höchstrichterlichen) Rechtsprechung zum Fahrlässigkeitskriterium der Vorhersehbarkeit, JZ 2017, 560 ff.; *Rotsch,* „Gemeinsames Versagen" – Zu Legitimität und Legalität der fahrlässigen Mittäterschaft, FS Puppe, 2011, S. 887 ff.; *Roxin,* Zum Schutzzweck der Norm bei fahrlässigen Delikten, FS Gallas, 1973, S. 241 ff.; *Struensee,* Individueller Maßstab der Fahrlässigkeit, FS Samson, 2010, S. 199 ff.; *Sauer,* Die Fahrlässigkeitsdogmatik der Strafrechtslehre und der Strafrechtsprechung, 2003; *Schaffstein,* Handlungsunwert, Erfolgsunwert und Rechtfertigung bei den Fahrlässigkeitsdelikten, FS Welzel, 1974, S. 557 ff.; *Schatz,* Der Pflichtwidrigkeitszusammenhang beim fahrlässigen Erfolgsdelikt und die Relevanz hypothetischer Kausalverläufe – Zum Einwand rechtmäßigen Alternativverhaltens bei fehlgeschlagener Lockerungsgewährung, NStZ 2003, 581 ff.; *Schlehofer,* Täterschaftliche Fahrlässigkeit, FS Herzberg, 2008, S. 355 ff.; *Schlüchter,* Grenzen strafbarer Fahrlässigkeit, 1996; *Schmidhäuser,* Fahrlässige Straftat ohne Sorgfaltspflichtverletzung, FS Schaffstein, 1975, S. 129 ff.; *Schmoller,* Zur Argumentation mit Maßstabfiguren – Am Beispiel des durchschnittlich rechtstreuen Schwachsinnigen, JBl 1990, 631 ff., 706 ff.; *ders.,* Der „subjektive Tatbestand" des Fahrlässigkeitsdelikts, FS Kühl, 2014, S. 433 ff.; *ders.,* Zur Konturierung von „Unrecht" und „Schuld" – Überlegungen anhand des Fahrlässigkeitsunrechts, ZStW 129 (2017), 1063 ff.; *Schumann,* Strafrechtliches Handlungsunrecht und das Prinzip der Selbstverantwortung der Anderen, 1986; *Schünemann,* Neue Horizonte der Fahrlässigkeitsdogmatik?, FS Schaffstein, 1975, S. 159 ff.; *ders.,* Moderne Tendenzen in der Dogmatik der Fahrlässigkeits- und Gefährdungsdelikte, JA 1975, 435 ff., 511 ff., 575 ff., 647 ff., 715 ff., 787 ff.; *Schürer-Mohr,* Erlaubte Risiken – Grundfragen des „erlaubten Risikos" im Bereich der Fahrlässigkeitsdogmatik, 1998; *Staffler,* Presseinterview als fahrlässige Tötung: Der italienische Strafprozess gegen die Expertenkommission zum Erdbeben von L'Aquila (2009) – Die Feststellung der psychischen Kausalität im Erdbebenfall, ZIS 2017, 125 ff.; *Stefanopoulou,* Verantwortlichkeit und Schuldzumessung in Mitwirkungsfällen, 2018; *Stoppenbrink,* Verantwortung für unabsichtliches Handeln – Rechtsphilosophische und handlungstheoretische Grundlagen der Fahrlässigkeit, 2016; *Stratenwerth,* Zur Individualisierung des Sorgfaltsmaßstabes beim Fahrlässigkeitsdelikt, FS Jescheck, 1985, S. 285 ff.; *Struensee,* „Objektives" Risiko und subjektiver Tatbestand, JZ 1987, 541 ff.; *ders.,* Objektive Zurechnung und Fahrlässigkeit, GA 1987, 97 ff.; *Toepel,* Kausalität und Pflichtwidrigkeitszusammenhang beim fahrlässigen Erfolgsdelikt, 1992; *Utsumi,* Fahrlässige Mittäterschaft in Japan, ZStW 119 (2007), 142 ff.; *Weigend,* Zum Verhaltensunrecht der fahrlässigen Straftat, FS Gössel, 2002, S. 129 ff.

Auslösung riskanter Rettungsaktionen („Retterfälle"): BGHSt 39, 322 ff.; OLG Stuttgart StraFO 2008, 176 ff.; *Beckemper,* Unvernunft als Zurechnungskriterium in den „Retterfällen", FS Roxin, 2011, S. 397 ff.; *Biewald,* Regelmäßiges Verhalten und Verantwortlichkeit – Eine Untersuchung der Retterfälle und verwandter Konstellationen, 2003; *Frisch,* Tatbestandsmäßiges Verhalten und Zurechnung des Erfolgs, S. 472 ff.; *ders.,* Strafrechtssystem und Rechtsfindung – Zur Bedeutung systematischer Einsichten für die Beantwortung von Sachfragen – am Beispiel der „Zurechnung bei Retterunfällen", FS Nishihara, 1998, S. 66 ff.; *Satzger,* Die sog. „Retterfälle" als Probleme der objektiven Zurechnung, Jura 2014, 695 f.; *Sowada,*

Zur strafrechtlichen Zurechenbarkeit von durch einen Primärtäter ausgelösten Retterunfällen, JZ 1994, 663 ff.; *Strasser,* Die Zurechnung von Retter-, Flucht- und Verfolgerverhalten im Strafrecht, 2008; *Stuckenberg,* „Risikoabnahme" – Zur Begrenzung der Zurechnung in Retterfällen, FS Roxin, 2011, S. 411 ff.; *Walter,* in: LK[12], Vor § 13 Rn. 116 ff.

Ärztliches Fehlverhalten im Gefolge einer Straftat: Frisch, Tatbestandsmäßiges Verhalten und Zurechnung des Erfolgs, S. 423 ff.; *Hoyer,* in: SK StGB[9], Vor § 1 Rn. 134; *Eisele,* in: Schönke/Schröder[30], Vor § 13 Rn. 102a f.

Erfolgsqualifizierte Delikte/Leichtfertigkeit: Birnbaum, Die Leichtfertigkeit – zwischen Fahrlässigkeit und Vorsatz, 2000; *Duttge,* Zum Begriff des erfolgsqualifizierten Delikts, FS Herzberg, 2008, S. 309 ff.; *Engländer,* Der Gefahrzusammenhang bei der Körperverletzung mit Todesfolge durch Unterlassen – Zugleich Besprechung von BGH 3 StR 479/16 – Urt. v. 26.01.2017 (NStZ 2017, 410), NStZ 2018, 135 ff.; *Freund,* Die besonders leichtfertige Tötung – Zugleich ein Beitrag zur „spezifischen Gefahrverwirklichung" bei der Körperverletzung mit Todesfolge (§ 227 StGB), FS Frisch, 2013, S. 677 ff.; *Hardtung,* Versuch und Rücktritt bei den Teilvorsatzdelikten des § 11 Abs. 2 StGB – Über Erfolgsqualifikationen und andere sog. Vorsatz-Fahrlässigkeitskombinationen, 2002; *Hirsch,* Zur Problematik des erfolgsqualifizierten Delikts, GA 1972, 65 ff.; *Kahlo,* Überlegungen zum objektiven Zusammenhang zwischen Grunddelikt und qualifizierender Folge bei den todeserfolgsqualifizierten Delikten, FS Puppe, 2011, S. 581 ff.; *Kühl,* Das erfolgsqualifizierte Delikt, Jura 2002, 810; *Paeffgen,* Die erfolgsqualifizierten Delikte – eine in die allgemeine Unrechtslehre integrierbare Deliktsgruppe?, JZ 1989, 220 ff.; *Rengier,* Erfolgsqualifizierte Delikte und verwandte Erscheinungsformen, 1986; *Stuckenberg,* Körperverletzung mit Todesfolge bei Exzeß des Mittäters, FS Jakobs, 2007, S. 693 ff.; *Uekötter,* Das Merkmal Leichtfertigkeit bei strafrechtlichen Erfolgsdelikten und erfolgsqualifizierten Delikten, 1993; *Vogel,* in: LK[12], § 15 Rn. 292 ff.; *Wegscheider,* Zum Begriff der Leichtfertigkeit, ZStW 98 (1986), 624 ff.; *Wolter,* Der „unmittelbare" Zusammenhang zwischen Grunddelikt und schwerer Folge beim erfolgsqualifizierten Delikt, GA 1984, 443 ff.

Missbilligte Gefahrendimensionen einer Trunkenheitsfahrt: BGHSt 24, 31 ff.; *Freund,* Strafrecht: Ein Kneipenbummel mit Folgen, JuS 1990, 213 ff.; *Maiwald,* Zum Maßstab der Fahrlässigkeit bei trunkenheitsbedingter Fahruntüchtigkeit, FS Dreher, 1977, S. 437 ff.

Strafrechtliche Verantwortlichkeit von Ärzten eines psychiatrischen Krankenhauses durch Gewährung von *Lockerungen,* die ein *gefährlicher Patient* missbraucht – (Ir-)Relevanz hypothetischer Kausalverläufe: *Neubacher,* Zur Konkretisierung von Sorgfaltspflichten beim fahrlässigen Erfolgsdelikt – Überlegungen im Anschluss an BGHSt 49, 1, Jura 2005, 857 ff.; *Schales,* Spezifische Fehlverhaltensfolgen und hypothetische Kausalverläufe – Zur Bedeutung der von Rechts wegen zu vermeidenden Kausalverläufe für Verhaltens- und Erfolgsunrecht, 2014; *Schatz,* Der Pflichtwidrigkeitszusammenhang beim fahrlässigen Erfolgsdelikt und die Relevanz hypothetischer Kausalverläufe – Zum Einwand rechtmäßigen Alternativverhaltens bei fehlgeschlagener Lockerungsgewährung, NStZ 2003, 581 ff.

IV. Vorschlag für eine gesetzliche Definition fahrlässigen Verhaltens   209

Unfallvermeidung durch Ankunftsverzögerung als Legitimationsgrund für Geschwindigkeitsbeschränkungen: BGHSt 33, 61 ff.; *Freund,* Strafrecht: Ein Kneipenbummel mit Folgen, JuS 1990, 213 ff.
S. a. oben § 2 Rn. 105.

Fragen zu § 5: Das Fahrlässigkeitsdelikt

1. Nennen Sie einige Beispiele für reine Fahrlässigkeitsdelikte und einige für   98
   Mischtatbestände mit Vorsatz-Fahrlässigkeitskombination. § 5 Rn. 4 ff.
2. Welche Bedeutung hat die geläufige Klassifizierung fahrlässigen Verhaltens in Fälle bewusster Fahrlässigkeit einerseits und in Fälle unbewusster Fahrlässigkeit andererseits? § 5 Rn. 9 f.
3. Wie lässt sich die in manchen Tatbeständen geforderte *Leichtfertigkeit* (z. B. §§ 97 II, 138 III, 178, 251) bestimmen? § 5 Rn. 12.
4. Wie unterscheidet sich die klassische Fahrlässigkeitslehre von dem einstufigen Konzept der Fahrlässigkeitstat? § 5 Rn. 16 ff.
5. Welche praktischen Schwierigkeiten ergeben sich nach dem zweistufigen Konzept der Fahrlässigkeitstat bei der Bildung der Maßstabsperson? § 5 Rn. 25 ff.
6. Warum sind die Vorhersehbarkeit und die Vermeidbarkeit (des Erfolges oder der Tatbestandsverwirklichung) lediglich Minimalbedingungen der Straftat? § 5 Rn. 43 ff.
7. Welche Probleme ergeben sich bei der Beurteilung einer Geschwindigkeitsüberschreitung in einer Ortschaft, wenn das Ortsschild unbefugt entfernt worden ist und die Bebauung den Schluss auf eine geschlossene Ortschaft nicht gestattet? § 5 Rn. 50 ff.
8. Welches Erfordernis müssen tatbestandsmäßige Verhaltensfolgen erfüllen, um solche zu sein? § 5 Rn. 68 ff.
9. Im „Pistolenfall" (BGHSt 24, 342) ging der BGH davon aus, dass nicht strafbar sei, wer den Tod eines Selbstmörders durch Fahrlässigkeit mitverursache. Welche Problematik steht hinter diesem Fall? § 5 Rn. 72 ff.
10. Erklären Sie die Risikoerhöhungslehre anhand des „Lastwagen-Radfahrer-Falles" (BGHSt 11, 1). § 5 Rn. 81 ff.

§ 6 Begehungsgleiches und nichtbegehungsgleiches Unterlassungsdelikt

I. Grundlagen

1. Tun und Unterlassen als tatbestandliche Verhaltensformen

Zum Einstieg ein kleiner Fall: Der **Entführer** E enthält seinem **herzkranken Opfer** O dessen **lebenswichtiges Medikament** vor. O stirbt an seiner Herzerkrankung. Durch die Gabe des Medikaments hätte das verhindert werden können. Auf den ersten Blick scheinen die meisten Tatbestände des Besonderen Teils nur durch ein Verhalten in der Form des **aktiven Tuns** erfüllbar. Man denke etwa an die Körperverletzung (§ 223), die eine körperliche **Miss***handlung* oder eine **Gesundheits-***schädigung* verlangt, oder an den Totschlag (§ 212 I), der ein „**Töten**" voraussetzt. Ausschließlich Verhalten in der Form des **Unterlassens** scheinen dagegen im Besonderen Teil nur ganz wenige Tatbestände zu erfassen. Insofern stößt man im Wesentlichen auf die **unterlassene Hilfeleistung (§ 323c I)** und die **Nichtanzeige geplanter Straftaten (§ 138)**. Hierzu könnte man – mit gewissen Vorbehalten – etwa auch die **Verletzung der Fürsorge-** oder **Erziehungspflicht (§ 171)** zählen. 1

Allerdings kennt das StGB eine Reihe von Strafnormen, in denen Tun *und* Unterlassen schon auf den ersten Blick erkennbar nebeneinander erfasst sind. Zu nennen sind z. B. der **Landesverrat (§ 94 I)**, bei dem außer der „**Mitteilung**" (in Nr. 1) auch ein „**Gelangen***lassen*" (in Nr. 2) eine ausdrückliche tatbestandliche Verwirklichungsform bildet, oder die **Körperverletzung im Amt (§ 340 I)**, bei der neben der „**Begehung**" auch das „**Begehen***lassen*" einer Körperverletzung erfasst ist.[1] 2

Freilich hängt auch in den zuletzt genannten Beispielen die Annahme einer tatbestandsmäßigen Verhaltensmissbilligung in gewissen Fällen des Unterlassens von der Erfüllung der allgemeinen Voraussetzungen tatbestandlicher Verhaltensmissbilligung ab. 3

---
[1] Ferner erfasst z. B. § 235 schon prima vista ausdrücklich etwa auch den Fall, dass jemand den Eltern ihr Kind „vorenthält". Entsprechendes gilt für das Imstichlassen in hilfloser Lage nach § 221 I Nr. 2.

Indessen dürfte klar sein, dass das bloße Vorliegen der **Verhaltensform des Unterlassens** für sich genommen keinen Hinderungsgrund für eine **Subsumtion** unter den entsprechenden **Wortlaut** der Strafnorm bildet. Vielmehr legt dieser Wortlaut eine Gleichschaltung von Tun und Unterlassen sogar nahe.

4   Bei näherer Betrachtung zeigt sich, dass eine solche **Gleichschaltung gewisser Unterlassungsfälle mit** den **Fällen tatbestandsmäßigen aktiven Tuns** sogar bei den Tatbeständen **möglich** und in der Sache **berechtigt** ist, bei denen eine oberflächliche Betrachtung nur die Erfassung aktiven Tuns annähme. Beispielsweise kann der Tatbestand des **Totschlags (§ 212 I)** auch durch Unterlassen verwirklicht werden. Nicht nur derjenige tötet, der einen anderen Menschen erschlägt, sondern auch die **Mutter**, die ihr **Kleinkind verhungern lässt**, oder der **Entführer**, der dem herzkranken Entführungsopfer das lebensrettende **Medikament vorenthält**.[2] Das Unterlassen der Medikamentengabe ist in dem oben genannten Beispielsfall des Entführers E in gleicher Weise rechtlich zu missbilligen wie eine aktive Tötungshandlung. Bei entsprechendem Vorsatz und eingetretener spezifischer Folge des (vorsätzlichen) Tötungsverhaltens sind daher die Voraussetzungen eines **Totschlags durch begehungsgleiches Unterlassen** erfüllt.[3] Auch liegen die Voraussetzungen einer Aussetzung durch begehungsgleiches Unterlassen nach § 221 I Nr. 1 in der Form des **Versetzens in eine hilflose Lage** vor, wenn ein „Garantenverantwortlicher" die Aussetzung des Opfers durch einen anderen nicht verhindert.[4]

5   Dass § 13 in diesem Zusammenhang keine strafbarkeitskonstitutive, sondern lediglich eine **klarstellende Bedeutung** hat, entspricht exakt der Position des Bundesgerichtshofs. Dieser geht mit Recht schon immer von der bloß klarstellenden Funktion des § 13 und damit auch davon aus, dass die Tatbestände des Besonderen Teils sowohl durch Tun als auch durch (begehungsgleiches) Unterlassen *unmittelbar* erfüllt werden können. Der **Bundesgerichtshof** betont: „Die Vorschrift des § 13 StGB ist durch das 2. Gesetz zur Reform des Strafrechts vom 4. Juli 1969 eingefügt worden. Diese Bestimmung brachte aber keine Änderung des bis dahin geltenden Strafrechts, sie begründete nicht erst die Strafbarkeit für unechte Unterlassungsdelikte."[5] Diese im Wesentlichen zutreffende Position des Bundesgerichtshofs wird freilich von einem Großteil des Schrifttums bislang leider vollkommen ignoriert.[6]

---

[2] S. zu solchen Fällen etwa auch *Otto*, AT[7], § 9 Rn. 16; *Wessels/Beulke/Satzger*, AT[48], Rn. 1154.

[3] *Schmidhäuser*, FS Müller-Dietz, 2001, S. 761, 763 stellt (unter Hinweis auf *Feuerbach*) zutreffend fest, dass die Formulierungen der Strafgesetze (z. B. „tötet") ohne Weiteres auch so gelesen werden können, dass bestimmte Unterlassungen darunter fallen.

[4] BGH NStZ 2018, 209 f.

[5] BGHSt 36, 227; vgl. auch *Freund*, in: MünchKommStGB[3], § 13 Rn. 14 f., 25 ff., 65 ff.; i. S. einer bloßen Klarstellungsfunktion des § 13 I StGB etwa auch *Perdomo-Torres*, FS Jakobs, 2007, S. 497, 498.

[6] S. dazu etwa *Gropp*, AT[4], § 11 Rn. 12: „Der Obersatz einer unechten Unterlassungsstraftat setzt sich somit aus der gesetzlichen Unwertbeschreibung einer Straftat, die eine Veränderung in der Außenwelt beschreibt (Erfolgsstraftat)[,] und den spezifischen Voraussetzungen in § 13 zusammen." – Deutlicher kann man kaum ausdrücken, dass hier mit grundverschiedenen Tatbeständen „gearbeitet" wird! – S. ferner stellvertretend für viele *Frister*, AT[8], 7. Kap. Rn. 15; *Kaspar*, AT[2], § 10 Rn. 2 ff., 5 (Strafbarkeit des Unterlassenden werde „erst über die Brücke des § 13" begründet); *Kindhäuser*, AT[8], § 35 Rn. 2; *Kuhlen*, FS Puppe, 2011, S. 669, 671 („[…] unterscheidet sich nach geltendem Recht der Tatbestand des unechten Unterlassungsdelikts und der des Begehungsdelikts […]"); *Murmann*, GK[4], § 29 Rn. 7; *Stein*, in: SK StGB[9], Vor § 13 Rn. 19.

I. Grundlagen

2. Voraussetzungen begehungsgleichen Unterlassens

Die gesetzliche Regelung des § 13 I **stellt** immerhin **klar**, dass auch primär auf aktives Tun zugeschnittene Tatbestände durch begehungsgleiches Unterlassen verwirklicht werden können.[7]

Nach § 13 II i. V. m. § 49 I ist in solchen Unterlassungsfällen eine Milderung der Strafe *möglich* – nicht zwingend. Die **Milderungsvorschrift** hat also nur fakultativen Charakter. Dieser fakultative Charakter liegt darin begründet, dass keineswegs in allen Fällen begehungsgleichen Unterlassens eine Milderbehandlung angezeigt ist.[8]

Zur Klärung der Voraussetzungen begehungsgleichen Unterlassens trägt § 13 I indessen recht wenig bei, wenn es darin heißt: „Wer es **unterlässt**, einen **Erfolg abzuwenden**, der zum Tatbestand eines Strafgesetzes gehört, ist nach diesem Gesetz nur dann strafbar, wenn er **rechtlich dafür einzustehen** hat, dass der **Erfolg nicht eintritt**, und wenn das **Unterlassen** der **Verwirklichung** des gesetzlichen **Tatbestandes durch** ein **Tun entspricht**."

a) Einstandspflicht für den Nichteintritt eines tatbestandsmäßigen Erfolgs

aa) Garantenstellung und Garantenpflicht

§ 13 I spricht davon, dass der Unterlassende „**rechtlich dafür einzustehen**" haben muss, „**dass der Erfolg nicht eintritt**". Verbreitet wird aus dieser Formulierung des § 13 I die **Garantenstellung** des Unterlassenden **als Tatbestandsmerkmal** begehungsgleichen Unterlassens abgeleitet.[9] Bei den sog. „reinen" Erfolgsdelikten – das sind solche ohne nähere Verhaltensbeschreibung im Text der Strafnorm des Besonderen Teils – soll das Gleichstellungskriterium der Garantenstellung bereits Begehungsgleichwertigkeit verbürgen. Eine zusätzliche Prüfung anhand der so genannten **Entsprechensklausel**, nach der das Unterlassen der Verwirklichung des gesetzlichen Tatbestands durch ein Tun entsprechen muss

---

[7] Zur Missverständlichkeit der Formulierung des § 13 I s. noch unten (§ 6) Rn. 11 f.; ebenfalls missverständlich sind die geläufigen Begriffe des „echten" und des „unechten" Unterlassens; vgl. dazu unten (§ 6) Rn. 14.

[8] Näher zur Problematik der Ratio der Milderungsvorschrift (unterlassungsspezifisch geringeres Verhaltensunrecht trotz *qualitativer* Begehungsgleichwertigkeit) *Frisch*, Die Entscheidung über den Strafrahmen, § 2 V (unveröffentlichtes Manuskript); s. a. *Jescheck/Weigend*, AT[5], § 58 V (S. 610 f.); *Freund*, Erfolgsdelikt und Unterlassen, S. 19 f. Fn. 6, jew. m. w. N. – Die Milderungsvorschrift ist fragwürdig und sollte bei der notwendigen Gesetzesreform entfallen; näher dazu unten (§ 6) Rn. 149 f.

[9] S. dazu etwa *Heger*, in: Lackner/Kühl[29], § 13 Rn. 6; *Wessels/Beulke/Satzger*, AT[48], Rn. 1174; anders aber *Langer*, Sonderstraftat, S. 454 ff., insbes. S. 459, der die Garantenverhältnisse in der Entsprechensklausel vertatbestandlicht sieht. – Zum Verständnis der Garantenstellung als Tatbestandsmerkmal begehungsgleichen Unterlassens s. a. bereits die grundlegende Entscheidung BGHSt (GS) 16, 155, 158.

(**§ 13 I letzter Halbs.**), wird meist nur in den übrigen Fällen für erforderlich gehalten.[10]

10   Dem geläufigen Gleichstellungskriterium der Garanten*stellung* korrespondiert die daraus abgeleitete Erfolgsabwendungs*pflicht*. Der Begriff der Erfolgsabwendungspflicht wird regelmäßig als Synonym mit dem Begriff der **Garanten(rechts-)pflicht** aufgefasst und soll aus dem Gegebensein der **Garanten***stellung* resultieren, die als **Inbegriff** der tatsächlichen **Voraussetzungen** der **Garantenpflicht** aufgefasst wird. So hat z. B. auch die Mutter eines Kleinkindes in spezifischer Weise rechtlich dafür einzustehen, dass jedenfalls bestimmte (mögliche) Rechtsgutsverletzungen bei ihrem Kind vermieden werden. Sie hat damit die üblicherweise aus § 13 I abgeleitete Garantenstellung und damit praktisch verbunden eine spezifische Erfolgsabwendungspflicht. Lässt sie ihr Kind vorsätzlich verhungern, erfüllt sie den Tatbestand des Totschlags.

bb) Erfolgsabwendungsbezug als Kriterium?

11   Da § 13 I von der rechtlichen Einstandspflicht für den Nichteintritt eines bestimmten Erfolgs als dem entscheidenden Kriterium spricht, liegt es in der Tat zunächst nahe, darin den Ansatzpunkt zur Lösung des Problems begehungsgleichen Unterlassens zu erblicken: Begehungsgleiches Unterlassen liegt danach bei **Verletzung einer Erfolgsabwendungspflicht** vor, während das nichtbegehungsgleiche Unterlassen (insbesondere nach **§§ 323c I, 138**) durch die Verletzung „**schlichter" Handlungspflichten (ohne Erfolgsbezug)** gekennzeichnet erscheint. In solcher Sicht sind begehungsgleiche Unterlassungsdelikte **Erfolgsdelikte** (oder gleichbedeutend: erfolgsverbundene Delikte), die im Gegensatz zu den als **schlichte Tätigkeits- bzw. Untätigkeitsdelikte** aufgefassten nichtbegehungsgleichen Unterlassungstaten stehen.[11]

12   Dass der vorhandene oder fehlende Erfolgsbezug nicht das entscheidende Differenzierungskriterium sein kann, lässt sich indessen leicht zeigen: Der Gesetzgeber könnte zukünftig ohne Weiteres einen qualifizierten Fall der unterlassenen Hilfeleistung bei durch die Leistung der erforderlichen Hilfe vermiedenen Folgen vorsehen (wie in **§ 95 I Fall 2 öStGB**[12]) oder er könnte die Strafbarkeit der unterlassenen

---

[10] Dabei ist in erster Linie an Tatbestände wie etwa den Betrug zu denken, bei dem die Möglichkeit einer „Täuschung" durch begehungsgleiches Unterlassen umstritten ist (vgl. dazu nur *Perron*, in: Schönke/Schröder[30], § 263 Rn. 18 ff. m. Nachw. zum Streitstand); spätestens als Problem der Entsprechensklausel ist aber z. B. auch die Frage zu thematisieren, ob die Tötung durch begehungsgleiches Unterlassen „in Verdeckungsabsicht" dem Verdeckungsmord (durch aktives Tun) entspricht (vgl. dazu *Freund/Schaumann*, JuS 1995, 801, 805 f.; *Haas*, FS Weber, 2004, S. 235 ff.). – Zum Stellenwert der Entsprechensklausel näher *Freund*, in: MünchKommStGB[3], § 13 Rn. 202 ff.

[11] I. d. S. etwa *Bringewat*, Grundbegriffe[3], Rn. 307; *Jescheck/Weigend*, AT[5], § 58 III 2 (S. 605 f.); *Heger*, in: Lackner/Kühl[29], § 13 Rn. 4; *Otto*, AT[7], § 9 Rn. 13 (der allerdings nur von einer aufbautechnischen Gleichheit spricht); *Wessels/Beulke/Satzger*, AT[48], Rn. 1153 f.

[12] Vgl. dazu z. B. *Kienapfel*, FS Bockelmann, 1979, S. 591 ff., 596 f.: „erfolgsqualifiziertes echtes Unterlassungsdelikt". Zur Frage der Folgenverantwortung s. *Heil*, Die Folgen der Unterlassenen Hilfeleistung gemäß § 323c StGB, S. 137 ff.; *Spendel*, in: LK[11], § 323c Rn. 185; vgl. ferner die entsprechenden Strafzumessungsüberlegungen in BGH GA 1971, 336, 337.

I. Grundlagen

Hilfeleistung überhaupt davon abhängig machen, dass das tatbestandlich missbilligte Verhalten entsprechende Folgen hat. Dann gäbe es einen **tatbestandsmäßigen Erfolg der unterlassenen Hilfeleistung**; und der entsprechende Erfolgsbezug der Hilfeleistungspflicht könnte nicht mehr länger in Abrede gestellt werden. Dennoch handelte es sich in den einschlägigen Fällen selbstverständlich nicht um Fälle begehungsgleichen Unterlassens. Vielmehr wären es nach wie vor Fälle „**einfachen**" und nicht im erforderlichen Sinne „**qualifizierten" (begehungsgleichen) Unterlassens**.

Dass ein tatsächlich eingetretener und zurechenbarer (tatbestandsmäßiger) Erfolg keinen tauglichen Ansatzpunkt darstellen kann, wird auch im oben genannten Fall der **Mutter** deutlich: Sollte das **Kind** aufgrund glücklicher Umstände **überleben**, liegt ja gerade **kein Erfolg** vor. Die Mutter in solchen Fällen nur wegen einer unterlassenen Hilfeleistung zur Verantwortung zu ziehen, erscheint indes nicht sachgerecht. Vielmehr ist eine Bestrafung wegen immerhin versuchten Totschlags anzunehmen. Ein zurechenbarer Erfolg kann daher nicht zur **Unterscheidung** der verschiedenen Unterlassungsarten herangezogen werden. Insofern ist beim **spezifischen Verhaltensunrecht** anzusetzen. Nur so kann der Unwertgehalt des **versuchten Totschlags** (durch begehungsgleiches Unterlassen) von dem der **unterlassenen Hilfeleistung** sachgerecht abgeschichtet werden. Auch der versuchte Totschlag (durch begehungsgleiches Unterlassen) ist ebenso wie die unterlassene Hilfeleistung insofern ein **schlichtes Tätigkeits-** bzw. **Untätigkeitsdelikt**, als es für die Tatbestandsverwirklichung auf einen eingetretenen und zurechenbaren Erfolg nicht ankommt. Und mit einem möglicherweise eintretenden **Todeserfolg**, den der Täter **von Rechts wegen** nach Möglichkeit **abwenden muss**, hat man es auch bei der unterlassenen Hilfeleistung zu tun. Dennoch liegen zwischen beiden Straftaten Welten. 13

cc) „Unechtheit" des Unterlassens und weitere Begriffe – Zur angemessenen Terminologie

Anerkanntermaßen sachlich verfehlt ist die historisch überkommene Bezeichnung der begehungsgleichen Unterlassungsdelikte als „**unechte Unterlassungsdelikte**" (im Gegensatz zu den „**echten Unterlassungsdelikten**" der §§ **138, 323c**).[13] Hinter dieser Bezeichnung stand die Fehlvorstellung, begehungsgleiches Unterlassen sei „eigentlich" ein Begehen (z. B. wegen der aktiven Unterdrückung des sonst gleichsam von alleine wirkenden Handlungsimpulses). In dieser Sicht handelte es sich bei den begehungsgleichen Unterlassungsdelikten nicht um echte Unterlassungsdelikte (delicta omissiva), sondern eben um „unechte Unterlassungsdelikte" – in Wahrheit aber um Begehungsdelikte (deshalb: delicta commissiva per omissionem). 14

Wenig hilfreich bei der Bestimmung der Kriterien begehungsgleichen Unterlassens sind indessen nicht nur die Begriffe der **Erfolgsbezogenheit** sowie der „**Unechtheit**" des Unterlassens. Nichts anderes gilt auch für blumig umschreibende Formulierungen 15

---

[13] Vgl. statt vieler *Jescheck/Weigend*, AT⁵, § 58 III 2 (S. 606), die dennoch an der überkommenen Terminologie festhalten möchten; dahingehend auch *Heinrich*, AT⁵, Rn. 857 ff. – Zutreffend krit. zur falschen Terminologie *Schmidhäuser*, FS Müller-Dietz, 2001, S. 761, 762 ff.

wie: der begehungsgleich Unterlassende **wende es** dem anderen **zum Schlechten**, er sei die **Zentralgestalt** des Geschehens, er habe die **Herrschaft über den Grund des Erfolges**, sein Verhalten sei **genauso gefährlich** wie aktives Tun, verstoße gegen eine **Erwartungs-Erwartung** etc.[14]

16 Nicht angemessen ist letztlich auch das von *Berster* in Anknüpfung an *Schünemann* entwickelte Konzept, das mit einer **Dreiteilung der Zurechnungslehre** arbeitet.[15] *Berster* unterscheidet 1. die Zurechnung aufgrund einer Herrschaft über eine naturgesetzliche (physikalische) Wirkkraft, 2. die Zurechnung aufgrund einer Herrschaft über eine psychische Wirkkraft (bei psychisch wirksamem Verhalten wie insbesondere bei der Anstiftung und der mittelbaren Täterschaft) und 3. die Zurechnung aufgrund eines Pflichtenverstoßes bei sog. Pflichtdelikten.[16] Der Ansatz *Bersters* und alle auf dieser Linie liegenden Konzepte scheitern an ihren nicht haltbaren Prämissen. Denn es ist keineswegs die Herrschaft über eine erfolgskausale Körperbewegung, die den Grund für eine deliktsspezifische Folgenverantwortlichkeit abgibt.[17] Auch und gerade in der Welt des Rechts sind Wertungen unverzichtbar. Ohne diese bleibt es beim empirischen Befund „blinden" Naturgeschehens. Jede Form der **Folgenverantwortlichkeit** ist nur normativ mit einem Verstoß gegen eine **rechtlich legitimierte Verhaltensnorm** begründbar, deren Einhaltung genau den anzulastenden schädigenden Kausalverlauf vermeiden sollte.

b) Verstoß gegen eine „auf zwei Säulen gegründete" Verhaltensnorm als Spezifikum begehungsgleichen Unterlassens

17 Tatsächlich gibt es ein einfaches und klares Kriterium zur Unterscheidung des **nichtbegehungsgleichen** und des **begehungsgleichen Unterlassens**. Bereits oben (§ 2 Rn. 11 ff.) haben wir die beiden Aspekte des **Rechtsgüterschutzes** einerseits und der rechtlichen **Sonderverantwortlichkeit** für eine ganz bestimmte Gefahrenvermeidung andererseits als mögliche verhaltensnormfundierende Daten herausgearbeitet. Sie erlauben eine klare und sachgerechte Unterscheidung: Während sich nichtbege-

---

[14] Zu solchen Topoi s. den Überblick bei *Heger*, in: Lackner/Kühl[29], § 13 Rn. 12; näher dazu *Maiwald*, JuS 1981, 473 ff.; *Seelmann*, in: AK StGB, § 13 Rn. 38 ff.; zur Kritik insbesondere der „faktischen Erwartungs-Erwartung" *(Brammsens)*, der „Herrschaft über den Grund des Erfolgs" *(Schünemanns)* und der „Entscheidungshoheit des Individuums" *(Sangenstedts)* s. *Freund*, Erfolgsdelikt und Unterlassen, S. 137 ff., 139 ff., 149 ff.

[15] *Berster*, Das unechte Unterlassungsdelikt – Der gordische Knoten des Allgemeinen Teils, 2014.

[16] *Berster*, Unterlassungsdelikt, S. 58 ff., 65 ff., 69 f. – Zur „Pflichtdeliktslehre" und zur Problematik der Unterlassungsdelikte als „Pflichtdelikte" vgl. etwa *Sánchez-Vera*, Pflichtdelikt und Beteiligung, S. 22 ff., 38 ff.; krit. zur Pflichtdeliktslehre *Freund*, in: MünchKommStGB[3], Vor § 13 Rn. 473 f. sowie § 13 Rn. 81 f. m. w. N.

[17] Auch *Schünemann*, GA 2016, 301, 302 ff. möchte die Entsprechung des Unterlassens immer noch auf die bei der Tatbestandsverwirklichung durch Tun von ihm als entscheidend angesehene Tatherrschaft beziehen. – Dass die bloß faktische Herrschaftsbeziehung für sich genommen noch keinen Grund für eine nur normativ zu begründende (besondere) Verantwortlichkeit darstellt, betont mit Recht etwa *Pawlik*, Das Unrecht des Bürgers, S. 159.

hungsgleiches Unterlassen im Verstoß gegen eine Verhaltensnorm erschöpft, die ausschließlich durch den Gedanken des Rechtsgüterschutzes – also durch den Nutzen der Normeinhaltung – legitimiert ist, erfordert begehungsgleiches Unterlassen demgegenüber den Verstoß gegen eine gleichsam auf **zwei Säulen** ruhende **Verhaltensnorm**. Die eine Säule ist ebenfalls der **Rechtsgüterschutz** – die andere ein zusätzlicher Legitimationsgrund in Gestalt der Sonderverantwortlichkeit des Normadressaten für die Gewährleistung des gerade in Frage stehenden Rechtsgüterschutzes. Dabei darf die Sonderverantwortlichkeit (oder sog. **Garantenverantwortlichkeit**) selbstverständlich nicht nur behauptet werden. Diese Sonderverantwortlichkeit muss **tatsächlich begründbar** sein, wenn der entsprechende zusätzliche Legitimationsgrund für die in Frage stehende Verhaltensnorm eingreifen soll.[18]

Nichtbegehungsgleiches Unterlassen und begehungsgleiches Unterlassen unterscheiden sich so gesehen durch die **Qualität der übertretenen Verhaltensnorm**. 18

Zum besseren Verständnis nochmals ein praktisch wichtiger Fall:[19] **Kraftfahrer K** fährt nachts auf 19
unbeleuchteter Straße mit überhöhter Geschwindigkeit, als ihm der **Fußgänger F** vor den Wagen
läuft. Trotz sofortiger Einleitung eines Bremsmanövers wird F erfasst und zur Seite geschleudert. Bei
ordnungsgemäßer Fahrweise wäre der **Zusammenstoß vermieden** worden. K steigt aus und findet
F schwerverletzt auf der Böschung liegend vor. Er erkennt, dass F zu verbluten droht und sofortiger
Hilfe bedarf, fährt aber gleichwohl weiter, weil er befürchtet, strafrechtlich belangt zu werden. F **verblutet; bei rechtzeitiger Hilfe** wäre er **gerettet worden**. Auch die **Verhaltensnorm**, gegen die K
verstößt, findet eine dualistische Fundierung: Einerseits ist es im Grunde schon für sich genommen
der **Rechtsgüterschutz**, der die vergleichsweise geringe Beschränkung der Freiheit und damit die
Verhaltensnorm legitimiert. Dieser Aspekt reicht bereits für eine Strafbarkeit wegen **unterlassener
Hilfeleistung (§ 323c I)**. K ist jedoch in der Sache weitergehend für die in Frage stehende Gefahrenabwendung **sonderverantwortlich**. Er hat eine entsprechende „Garantenverantwortlichkeit" inne:
Gerade sein **Fehlverhalten** war der **spezifische Grund** für eine Situation, in der F sich nicht allein
zu helfen vermochte. Jedenfalls deshalb ist er kraft einer qualifizierten Rechtspflicht gehalten, diese
Gefahr, die er in unerlaubter Weise in die Welt gesetzt hat, als entsprechend Sonderverantwortlicher
abzuwenden.[20] Die Konsequenz ist eine Strafbarkeit wegen Tötung durch begehungsgleiches
Unterlassen. K erfüllt jedenfalls die Voraussetzungen des Totschlags (§§ 212 I, 13).[21]

---

[18] Neben der Sache deshalb die Kritik von *Schünemann*, in: Internationale Dogmatik, 1995, S. 49, 51 ff., der meiner Konzeption begehungsgleichen Unterlassens den Vorwurf macht, sie laufe auf eine Tautologie hinaus, dabei aber verkennt, dass diese Konzeption nicht beansprucht, ein Patentrezept zur Lösung aller anstehenden Wertungsprobleme zu liefern, sondern diese Probleme lediglich auf den Punkt bringt und so eine weiterführende Diskussion ermöglicht. Wer demgegenüber – wie *Schünemann* (aaO S. 53) – bei den Begehungsdelikten davon ausgeht, der Sachverhalt, der das rechtliche Unwerturteil auslöse, sei, vorbehaltlich normativer Restprobleme (wie etwa des erlaubten Risikos), bereits deskriptiv fixiert, schneidet jede weitere Diskussion jedenfalls im Grundsatz ab. Zugestanden wird eine solche nur noch in einem „Restbereich". – Oder sollte der „Restbereich" auch bei den Begehungsdelikten vielleicht doch größer sein, als *Schünemann* glauben machen möchte? (Näher zu solchen „normativen Restproblemen" in diesem Lehrbuch, insbes. in §§ 2, 5–10).

[19] Nach BGHSt 7, 287; vgl. dazu *Freund*, Erfolgsdelikt und Unterlassen, S. 180 ff.

[20] Letztlich ist die pflichtwidrige Herbeiführung der Gefahr für die entsprechende Ingerenz-Verantwortlichkeit nicht unbedingt erforderlich. Liegt sie vor, kommt es aber auf den bestehenden Streit nicht an; näher dazu unten (§ 6) Rn. 92 ff.

[21] Zur umstrittenen Frage des Verdeckungsmordes durch begehungsgleiches Unterlassen in solchen und vergleichbaren Fällen vgl. etwa *Freund*, NStZ 2004, 123, 125 f.; *dens.*, JuS 1990, 213, 217; *Freund/Schaumann*, JuS 1995, 801, 805 f.; *Haas*, FS Weber, 2004, S. 235 ff.; *Schneider*, in: MünchKommStGB³, § 211 Rn. 248 ff. m. w. N.

20 Anders verhält es sich dagegen, wenn K – um den Fall abzuwandeln – als bis dahin **Unbeteiligter** den von einem geflüchteten Motorradfahrer schwer verletzten F zufällig am Straßenrand findet und ihn sterben lässt, weil er in ihm den Nebenbuhler um die Gunst einer schönen Frau erkennt. In dieser Variante ist **keine Sonderverantwortlichkeit** des K zur Abwendung der in Frage stehenden Lebensgefahr begründbar. Die gegenüber K geltende Verhaltensnorm legitimiert sich allein durch die Säule des Rechtsgüterschutzes. K ist wegen nichtbegehungsgleichen Unterlassens[22] strafbar, also nur wegen **unterlassener Hilfeleistung (§ 323c I)**.

c) Verfehlte Vermengung des Gleichstellungsproblems mit der „Erfolgszurechnung"

21 Mit der Frage der **Erfolgszurechnung** als solcher hat die besondere Qualität der übertretenen Verhaltensnorm beim begehungsgleichen Unterlassen direkt nicht das Mindeste zu tun.[23] Erfolgszurechnung ist auch **beim nichtbegehungsgleichen Unterlassen** denkbar: Die bereits oben erwähnte Anlastung von Folgen der unterlassenen Hilfeleistung findet nach geltendem **deutschen Strafrecht** zwar nur – aber immerhin – im Bereich der **Strafzumessung** statt. Sie könnte jedoch ohne Weiteres durch den Gesetzgeber auf die Tatbestandsebene verlagert werden, ohne dass die solchermaßen **erfolgsqualifizierte unterlassene Hilfeleistung** dadurch zu einem begehungsgleichen Unterlassungsdelikt aufrücken würde.[24] Das entzieht sich der Regelungsmacht des Gesetzgebers.[25]

22 Allenfalls *eines* lässt sich sagen: **Tatbestandsmäßige Verhaltensfolgen** sind in den Fällen begehungsgleichen Unterlassens wegen des qualifizierten Verhaltensnormverstoßes auch *besonders* anlastbar (und deshalb als Erfolg **qualifiziert „zurechenbar"**). Indessen liegt darin lediglich das selbstverständliche Sekundärphänomen des für die Unterscheidung vom nichtbegehungsgleichen (Jedermanns-)Unterlassen allein maßgeblichen **qualifizierten Verhaltensnormverstoßes**.

23 Als Frucht solcher unguten Verquickung des **Gleichstellungsproblems** mit den Begriffen des „Erfolgs" und des „Erfolgsdelikts" erscheint etwa die recht seltsam anmutende Aussage im Kontext des § 323c I, die **Hilfeleistungspflichten** seien nicht „erfolgsbezogen" und begründeten keine Verantwortlichkeit für einen etwaigen

---

[22] In diesem Zusammenhang ist der Begriff des „echten Unterlassens" (als vermeintlichem Gegensatz zum „unechten Unterlassen") zu vermeiden. Diese schiefe Begrifflichkeit ist irreführend und daher gefährlich. – I. S. der hier gewählten – vorzugswürdigen – Terminologie etwa auch schon *Jakobs*, GS Armin Kaufmann, 1989, S. 271, 276 (Pflicht beim Begehungsdelikt versus „nicht-begehungsgleiche Pflicht" bei der unterlassenen Hilfeleistung).

[23] Der Erfolgsaspekt wird aber etwa betont von *Jescheck/Weigend*, AT[5], § 58 III 2 (S. 605 f.); *Wessels/Beulke/Satzger*, AT[48], Rn. 1154.

[24] Zur entsprechenden Gesetzeslage in Österreich vgl. *Freund*, in: MünchKommStGB[3], § 13 Rn. 43.

[25] Zu den Grenzen der Regelungsmacht des Gesetzgebers vgl. auch oben § 4 Rn. 83 ff.

I. Grundlagen

„Erfolg".[26] Demgegenüber gilt es festzuhalten: Ein Nichthelfender, dessen Hilfe ein Menschenleben gerettet hätte, ist **für die (Todes-)Folge seiner Untätigkeit** rechtlich auch **verantwortlich** zu machen und muss – im Rahmen der Bestrafungsmöglichkeiten nach § 323c I – schärfer bestraft werden als derjenige, dessen ex ante erforderliche Hilfe ex post betrachtet nichts genützt hätte.[27]

Was den ersteren vom Begehungstäter unterscheidet, ist nicht die fehlende Verantwortlichkeit für die *Folgen* des Normverstoßes, sondern der **Verhaltensnormverstoß** selbst ist ein **qualitativ verschiedener**. Denn die übertretene Verhaltensnorm war im Falle des § 323c I bloß um des berechtigten Nutzens der Normeinhaltung für die Belange des Güterschutzes willen zu fundieren, während beim Begehungstäter dessen besondere Verantwortlichkeit für das drohende schadensträchtige Geschehen einen zusätzlichen verhaltensnormfundierenden Tatumstand bildete. Im Hinblick auf die solchermaßen **unterschiedlich fundierten Normverstöße** lässt sich dann sagen, dass der Begehungstäter für etwa eingetretene Folgen seines Normbruchs in **besonderer (gesteigerter) Weise verantwortlich** zu machen ist.

Welche gravierenden **Fehlverständnisse** die verbreitete Perspektive der Erfolgszurechnung produziert, zeigt auch die bereits angesprochene Einordnung der begehungsgleichen Unterlassungsdelikte in die Gruppe der **Erfolgsdelikte**, während die nichtbegehungsgleichen Unterlassungsdelikte zu den *Tätigkeitsdelikten* gerechnet werden. Bei diesem **angeblichen Gegensatz** zwischen den Erfolgsdelikten und den Tätigkeitsdelikten wird verkannt, dass die Tätigkeitsdelikte des StGB typischerweise – ganz genauso wie z. B. **Vollendung** und **Versuch** eines **Erfolgsdelikts** als Straftat – einen Verstoß gegen eine qualifizierte (i. S. v. dualistisch fundierte) Verhaltensnorm voraussetzen. Wer **§§ 138, 323c** als tatbestandliche Normierungen nichtbegehungsgleichen Unterlassens als Pendant etwa zum gemeinhin bei den Tätigkeitsdelikten eingeordneten **Meineid (§ 154 I)** auffasst, wirft **grundverschiedene Formen unrechtmäßigen Verhaltens** in denselben Topf.[28] Ganz im Gegenteil liegt gerade auch bei einem Tatbestand wie dem Meineid dieselbe Unrechtsqualität des Verhaltensnormverstoßes wie beim sonstigen Begehen und beim begehungsgleichen Unterlassen vor. Wie beim sonstigen Begehen lässt sich das Verbot des Meineids gegenüber dem Normadressaten nicht nur durch den Güterschutzaspekt (vereinfacht gesprochen: die „Gefährdung der Wahrheitsfindung") begründen, sondern

---

[26] S. dazu etwa die Nachw. oben in Fn. 11 zu (§ 6) Rn. 11 und bei *Freund,* Erfolgsdelikt und Unterlassen, S. 186 Fn. 91, 298 f. Fn. 48; ergänzend *Kühl,* FS Herzberg, 2008, S. 177, 183 f.; missverständlich etwa auch *Kühl,* in: Lackner/Kühl[29], § 323c Rn. 1: Die Vorschrift schütze zwar die bedrohten Individualrechtsgüter – ihr „Strafgrund" sei aber das „Allgemeininteresse an solidarischer Schadensabwehr in akuten Notlagen" (vgl. auch *Kühl,* FS Spendel, 1992, S. 75, 92 m. w. N.).
[27] Mit Recht weist *Spendel,* in: LK[11], § 323c Rn. 185 auf die Strafzumessungsrelevanz der zu verantwortenden Folgen auch bei § 323c I hin und rügt in dieser Hinsicht missverständliche, wenn nicht sogar unzutreffende Aussagen in der Literatur.
[28] I. d. S. aber etwa *Jescheck/Weigend,* AT[5], § 58 III 2 (S. 605 f.); *Kühl,* FS Herzberg, 2008, S. 177, 183; vgl. auch *Bringewat,* Grundbegriffe[3], Rn. 307; *Ebert,* AT[3], S. 175.

der Normadressat ist hier derjenige, der durch sein normwidriges Verhalten gerade die Gefahr schafft, die er zu vermeiden hat. Er selbst ist der Urheber der Gefahr. Ihn trifft deshalb genauso eine **besondere Verantwortlichkeit** für die Gefahrenvermeidung wie den Jäger im Wald, dem ein Treiber vor das Visier geraten ist, oder den Autofahrer, dem ein Kind vor das Auto gelaufen ist, das ohne sofortiges Bremsmanöver überrollt zu werden droht.

26 Die **Sonderverantwortlichkeit** des **Meineidigen** ist übrigens unabhängig davon, ob die Rechtsgutsgefährdung entscheidend vermittelt ist durch eine (aktive) Lüge oder ob sie nur damit zusammenhängt, dass bei der Aussage ein entscheidender Punkt verschwiegen wird. Da auch die unvollständige **Aussage** im Ganzen gesehen als „**falsch**" i. S. der Aussagedelikte aufgefasst wird, bedarf es zur tatbestandlichen Erfassung der entsprechenden Fälle noch nicht einmal der Heranziehung des § 13 I.[29] Die Tatbestände des Meineids und anderer Aussagedelikte sind vielmehr so beschaffen, dass sie ohne Weiteres auch die relevanten Fälle des Zurückbleibens hinter dem rechtlich Abverlangten erfassen können.

d) Ursprung und Erfolgsort der zu vermeidenden Gefahr als Ansatzpunkte zur Begründung der Sonderverantwortlichkeit

27 Die für Begehen und begehungsgleiches Unterlassen erforderliche Sonderverantwortlichkeit als zusätzlicher Legitimationsgrund (neben dem Nutzen der Normeinhaltung für gewisse Güterschutzbelange) kann sich aus **zwei Ansatzpunkten** ergeben: Zum einen kann der Normadressat einen besonderen Bezug zum **Ursprung** der zu vermeidenden Gefahr aufweisen – wie etwa im oben (§ 6) Rn. 25 f. angesprochenen Fall des **Meineidigen** oder im Fall des **Kraftfahrers**, dem ein **Kind vor das Auto gelaufen** ist. Auch in dem oben (§ 6) Rn. 19 genannten Fall weist der Kraftfahrer K jedenfalls deshalb einen besonderen Bezug zu der zu vermeidenden Gefahr auf, weil er gerade durch sein falsches Fahrverhalten Rechtsgüter des F in dieselbe gebracht hat. Zum anderen kann der Normadressat in besonderer Weise mit dem **Erfolgsort** der zu vermeidenden Gefahr verbunden sein – wie beispielsweise im Fall der **Kindesmutter**, die den **Säugling verhungern lässt**.

28 Vor diesem Hintergrund erweist sich die der **Funktionenlehre** zugrundeliegende Strukturierung des Stoffs als durchaus hilfreich. Die Funktionenlehre unterscheidet „**besondere Schutzpflichten** für bestimmte **Rechtsgüter**" von der „**Verantwortlichkeit** für bestimmte **Gefahrenquellen**". Dabei ist allerdings zu beachten, dass zwischen beiden Bereichen Überschneidungen denkbar sind und manche Sonderverantwortlichkeitsfälle nur mit Mühe oder gar nicht in dieses an Gegensätzen ausgerichtete – also dichotome – Ordnungsschema gebracht werden können.[30] In der Sache entscheidend ist allemal die Begründbarkeit einer Sonderverantwortlichkeit für die gerade in Frage stehende Gefahrenvermeidung.

---

[29] Zur Möglichkeit einer falschen Verdächtigung (§ 164) durch Verschweigen von Tatsachen bei einer sonst wahrheitsgemäßen Anzeige vgl. OLG Brandenburg NJW 1997, 141 f.
[30] I. d. S. auch BGHSt 48, 77, 91 f.; *Bringewat*, Grundbegriffe³, Rn. 405; *Wessels/Beulke/Satzger*, AT[48], Rn. 1175 f. m. w. N.

I. Grundlagen

Die Funktionenlehre hat die frühere Einteilung der Garantenpflichten in solche aus **Gesetz, Vertrag, vorangegangenem gefährdenden Tun (Ingerenz)** und **enger Lebensbeziehung** bis zu einem gewissen Grad in den Hintergrund gedrängt, allerdings keineswegs vollkommen ersetzt.[31]

29

aa) Sonderverantwortlichkeit als Legitimationsproblem

Wann genau ein Bezug des Normadressaten zu Ursprung oder Erfolgsort der abzuwendenden Gefahr von einer Qualität ist, die es gestattet, von einer Sonderverantwortlichkeit für den (drohenden) schadensträchtigen Verlauf zu reden, wie sie bei der aktiven Gefahrenschaffung praktisch so gut wie immer vorliegt, ist ein rein **normatives Problem**. Bei seiner Lösung gilt es insbesondere, den Hintergrund der Legitimation von Verhaltensnormen gerade einer ganz bestimmten Person gegenüber nicht aus den Augen zu verlieren: Nur wenn der Bezug des Verhaltensnormadressaten zu dem (drohenden) Geschehen so geartet ist, dass er auch wirklich eine **eigenständige** materiale **verhaltensnormfundierende Funktion** übernehmen kann, steht das entsprechende Gefahrenabwendungsgebot genauso auf zwei Säulen wie regelmäßig die Verbote aktiver Gefahrenschaffungen.[32]

30

Diese *spezielle* Inpflichtnahme des für die Gefahrenvermeidung Sonderverantwortlichen im Verhältnis zum *nur* aus Güterschutzgründen in die Pflicht genommenen Jedermann (etwa bei § 323c I StGB) besitzt eine bemerkenswerte Parallele im Polizeirecht: Dort wird sachlich richtig bei der Inanspruchnahme zwischen dem **Störer** und dem **Nichtstörer** unterschieden. Der Störer als Sonderverantwortlicher darf eher und stärker in Anspruch genommen werden als der Nichtstörer. Dessen Heranziehung ist lediglich nach Notstandsregeln möglich.[33]

31

bb) Bedeutsame Fallgruppen der Sonderverantwortlichkeit – Sog. Gefahrenquellen- und Schutzgarantenpflichten

Eine Sonderverantwortlichkeit für mögliche schadensträchtige Verläufe kommt in erster Linie mit Blick auf Gefahren in Betracht, die dem eigenen **Organisationskreis** zu entspringen drohen. Dass eine **Gefahrenquelle** zum Organisationskreis einer Person zu rechnen ist, rechtfertigt es im Allgemeinen, gerade diese Person und nicht irgendwelche beliebigen Dritten in besonderer Weise in die Pflicht zu nehmen. Dabei spielt es keine Rolle, ob dritte Personen genauso gut oder vielleicht sogar

32

---

[31] S. dazu etwa auch *Jakobs,* AT², 29/27.

[32] Zu der deshalb neben der Sache liegenden Kritik *Schünemanns* an meiner Gleichstellungslehre s. bereits oben in Fn. 18 zu (§ 6) Rn. 17. – Näher zum Stellenwert von Duldungspflichtverletzungen beim Bestehen von Notstandsrechten für die Tatbestandsverwirklichung durch aktives Tun *Silva Sánchez,* GA 2006, 382 ff.

[33] Zur besonderen Verantwortlichkeit des Störers im Verhältnis zum Nichtstörer im Polizeirecht s. etwa *Denninger,* in: Lisken/Denninger, Handbuch des Polizeirechts⁶, D Rn. 71 ff., 140 ff.; *Kingreen/Poscher,* Polizei- und Ordnungsrecht¹⁰, § 9 Rn. 2.

besser zur Gefahrenabwendung in der Lage sind. Die (**besondere**) **Inpflichtnahme** des Organisationskreisinhabers erscheint als selbstverständliche **Kehrseite** der in der Innehabung eines bestimmten gefährlichen Organisationskreises liegenden **Ausübung von Freiheit**.

33 Ein klassisches Beispiel für eine derartige Sonderverantwortlichkeit wegen eines besonderen Bezugs zu einer Gefahrenquelle bietet der **Hundehalter**, der – anders als der Nachbar – kraft einer qualifizierten Verpflichtung gehalten ist, bestimmte Gefahren zu vermeiden, die von *seinem* Vierbeiner ausgehen. Entsprechendes gilt für den **Eigentümer eines Hauses**, von dessen Dach wegen einiger **loser Dachziegel** Gefahren für Passanten drohen.[34]

34 Auch bei Gefahren, die Rechtsgütern drohen, deren Träger selbst zu einer angemessenen Gefahrenbewältigung außerstande ist, liegt nicht selten *neben* dem Nutzen für die berechtigten Belange des Güterschutzes ein besonderer Inpflichtnahmegrund vor. So ist beispielsweise die Gefahrenabwehraufgabe der **Eltern** gegenüber ihren minderjährigen Kindern die selbstverständliche Kehrseite der Eltern*rechte,* deren Innehabung als auch eine Art von Freiheit eben nicht umsonst sein kann. Auch hier liegt der erforderliche zusätzliche Inpflichtnahmegrund der Sonderverantwortlichkeit in Anbetracht der gegenwärtigen rechtlichen **Organisationsstrukturen** von **Familie** und **Gesellschaft** vor.[35]

II. Tatbestandsmäßiges Verhalten (Verhaltensunrecht)

35 Das tatbestandsmäßige Verhalten (Verhaltensunrecht) beim nichtbegehungsgleichen und beim begehungsgleichen Unterlassungsdelikt muss nach allem Bisherigen selbstverständlich den **allgemeinen Kriterien tatbestandsmäßigen Verhaltens** genügen. Es muss speziell mit Blick auf ein von einem ganz bestimmten Tatbestand gemeintes **Rechtsgüterschutzinteresse** grundsätzlich rechtlich zu missbilligen sein und daneben auch unter den **Wortlaut** dieses Tatbestands fallen. Das gilt für Begehungsdelikt, begehungsgleiches und nichtbegehungsgleiches Unterlassungsdelikt gleichermaßen.

36 Diese allgemeinen Kriterien sind etwa beim **Schießen** auf einen Menschen ebenso erfüllt wie beim **Verhungernlassen** des **eigenen Kindes** und beim **Verblutenlassen** eines **Unfallopfers**.[36] In all diesen Fällen lassen sich grundsätzlich Verhaltensnormen – als Ver- oder Gebote – im Lebensschutzinteresse legitimieren, um das es in bestimmten Tatbeständen geht. Der Verstoß gegen eine dem Schutz des Lebens des jeweils bedrohten Opfers dienende Verhaltensnorm ist nicht etwa nur bei den **Tötungsdelikten** der §§ 211 ff. erfasst, sondern – neben Verstößen gegen andere Rechtsgüter schützende Verhaltensnormen – beispielsweise auch bei der **Nichtanzeige geplanter Straftaten (§ 138)** und bei der **unterlassenen Hilfeleistung (§ 323c I)**.

---

[34] Weiteres zu den Gefahrenquellenverantwortlichkeiten unten (§ 6) Rn. 66 ff.
[35] Zu den Beschützerverantwortlichkeiten näher unten (§ 6) Rn. 111 ff.
[36] Weiteres Beispiel: Nichtretten eines in einem Kellerverlies im Nachbarhaus von einem Dritten ohne Nahrung Eingesperrten, der dort verhungert.

II. Tatbestandsmäßiges Verhalten (Verhaltensunrecht) 223

1. Nichtbegehungsgleiches Unterlassen

Wenn eine Verhaltensnorm ausschließlich im Lebensschutzinteresse legitimiert 37
werden kann, liegt in deren Miss- oder Nichtbeachtung noch kein tatbestandsmäßiges Verhalten im Sinne der Tötungsdelikte. Entsprechendes gilt für fast alle weiteren Straftatbestände. Nur ganz wenige Strafnormen erfassen Verstöße gegen **ausschließlich im Rechtsgüterschutzinteresse** legitimierbare Verhaltensnormen. Die meisten setzen Verstöße gegen qualifizierte (im Sinne von auch durch eine Sonderverantwortlichkeit fundierte) Verhaltensnormen voraus. Im Besonderen Teil des StGB sind es nur die **§§ 138, 323c I**, die sich mit einem Verstoß gegen eine „**monistisch**" (nur mit einer Säule: dem Rechtsgüterschutz) **begründete Verhaltensnorm** begnügen.[37]

a) Nichtanzeige geplanter Straftaten (§ 138)

Die Nichtanzeige geplanter Straftaten (§ 138) betrifft lediglich einen bestimmten 38
Katalog besonders schwerwiegender Straftaten – z. B. Mord und Totschlag (§§ 211, 212), erpresserischen Menschenraub (§ 239a), Geiselnahme (§ 239b), Raub (§ 249) und räuberische Erpressung (§ 255). Bei der Vorschrift geht es um den Schutz derjenigen Rechtsgüter, die durch die anzeigepflichtigen Straftaten verletzt zu werden drohen.[38] Obwohl die Vorschrift anerkanntermaßen kein begehungsgleiches Unterlassen regelt, knüpft der Tatbestand die Anzeigepflicht – unter dem maßgeblichen Aspekt des Rechtsgüterschutzes zu Recht – an die noch bestehende Möglichkeit der **Abwendung der Tatausführung** oder jedenfalls des **Erfolgs** (!) an. Die Anzeigepflicht besitzt also einen deutlichen **Erfolgsbezug**. Auch sind etwa eingetretene **spezifische Folgen** der Nichtanzeige selbstverständlich **strafzumessungsrelevant**. Dennoch handelt es sich der Qualität nach nur um den Verstoß gegen eine monistisch fundierte Verhaltensnorm. Für die Annahme einer qualifizierten – auch durch eine Sonderverantwortlichkeit des Nichtanzeigenden legitimierten – Verhaltensnorm reicht der Umstand zufälliger Kenntniserlangung von einem entsprechenden Vorhaben eben nicht aus. Als **Legitimationsgrund** für die Anzeigepflicht bleibt damit **nur der Rechtsgüterschutzaspekt**.

Das kommt nicht zuletzt in der gegenüber den anzeigepflichtigen Straftaten 39
deutlich **geringeren Strafdrohung** zum Ausdruck. Selbst im reinen Vorsatzfall des § 138 I ist mit Blick auf alle anzeigepflichtigen Straftaten (also auch einen nicht angezeigten bevorstehenden Mord oder Totschlag, der ausgeführt wird) lediglich

---

[37] Vor diesem Hintergrund nicht sachgerecht etwa *Heinrich*, AT[5], Rn. 860 ff., der zwar durchaus das Erfordernis der *besonderen* Vermögensbetreuungspflicht bei § 266 erkennt, die Untreue in der Verwirklichungsform des begehungsgleichen Unterlassens aber dennoch als „echtes Unterlassungsdelikt" deshalb einstuft, weil es für die entsprechende Strafbarkeit des Rückgriffs auf § 13 StGB offensichtlich nicht bedarf. Indessen hat § 13 zumindest in der Regel ohnehin nur eine Klarstellungsfunktion: Auch die Mutter, die ihr Kind verhungern lässt, anstatt es zu erwürgen, erfüllt *unmittelbar* den Tatbestand des § 212 I; vgl. dazu *Freund*, FS Herzberg, 2008, S. 225, 228 ff., 241.
[38] I. d. S. mit Recht z. B. *Kühl*, in: Lackner/Kühl[29], § 138 Rn. 1 m. w. N.

Freiheitsstrafe bis zu fünf Jahren oder Geldstrafe angedroht. Bei glaubhafter Kenntniserlangung und leichtfertiger Nichtanzeige (§ 138 III) wird gar nur Freiheitsstrafe bis zu einem Jahr oder Geldstrafe angedroht.

b) Unterlassene Hilfeleistung (§ 323c I)

40   Ein weiterer Tatbestand, bei dem es allein auf den Rechtsgüterschutzaspekt ankommt, ist die unterlassene Hilfeleistung nach § 323c I. Aufgrund dieser Vorschrift wird mit Freiheitsstrafe bis zu einem Jahr oder mit Geldstrafe bestraft, „wer bei **Unglücksfällen** oder **gemeiner Gefahr** oder **Not** nicht Hilfe leistet, obwohl dies **erforderlich** und ihm den Umständen nach **zuzumuten**, insbesondere ohne erhebliche eigene Gefahr und ohne Verletzung anderer wichtiger Pflichten möglich ist".

41   Die Vorschrift erfasst Verstöße gegen Verhaltensnormen, die dem **Schutz der bedrohten Individualrechtsgüter** des in Not Geratenen dienen.[39] Gemeint sind also insbesondere Verstöße gegen Normen, die **Leben** und **Gesundheit** anderer schützen. Die entsprechenden Rechtsgüterschutzinteressen sind u. U. so gewichtig, dass eine Einschränkung der Handlungsfreiheit durch die Auferlegung einer Hilfspflicht schon allein damit begründet werden kann, ohne dass es auf einen zusätzlichen Inpflichtnahmegrund der Sonderverantwortlichkeit ankommt.

42   Freilich ist das Vorhandensein eines solchen **zusätzlichen Inpflichtnahmegrundes** für die Erfüllung des Tatbestands der unterlassenen Hilfeleistung unschädlich. Insoweit handelt es sich lediglich um ein **Konkurrenzproblem**. Dieses Konkurrenzproblem ist regelmäßig so zu lösen, dass die Strafbarkeit wegen unterlassener Hilfeleistung neben der weitergehenden wegen begehungsgleichen Unterlassens – etwa nach §§ 212 I, 13 – nicht mehr selbstständig zum Ansatz kommt.[40]

43   Das tatbestandsmäßige Verhalten der unterlassenen Hilfeleistung setzt aber immerhin das Gegebensein **hinreichend gewichtiger Rechtsgüterschutzinteressen** voraus. Das ist unproblematisch im Fall des bei einem Unglück lebensgefährlich Verletzten, der **ins Krankenhaus gebracht** werden muss oder für den ein **Rettungswagen zu alarmieren** ist. Wer hier vorbeifährt, um rechtzeitig zur „Sportschau" zu Hause sein zu können, verstößt gegen eine in dem vorhandenen Rechtsgüterschutzinteresse legitimierbare Verhaltensnorm.

44   Die Sachlage ändert sich, wenn eine **freiverantwortlich handelnde Person** bei einer lebensbedrohlichen Erkrankung die an sich lebensverlängernde Operation

---

[39] Vgl. dazu etwa *Freund*, in: MünchKommStGB³, § 323c Rn. 2 ff.; *Kühl*, in: Lackner/Kühl²⁹, § 323c Rn. 1 m. w. N. auch abweichender Auffassungen. – S. allerdings auch die problematische Aussage zum „Strafgrund" bei *Kühl*, in: Lackner/Kühl²⁹, aaO. – Näher zum neben dem tatbestandsspezifischen Verhaltensnormverstoß des § 323c I für die Sanktionsnorm erforderlichen Erfolgssachverhalt *Freund*, in: MünchKommStGB³, § 323c Rn. 44 ff., 52 ff.; *Schmitz*, Die Funktion des Begriffs Unglücksfall, S. 136 ff.; vgl. dazu auch *Stein*, FS Küper, 2007, S. 607, 620 ff.
[40] So mit Recht z. B. BGHSt 39, 164, 166. – Vgl. zu solchen Konkurrenzproblemen noch unten § 11.

II. Tatbestandsmäßiges Verhalten (Verhaltensunrecht)

ablehnt. Das **Selbstbestimmungsrecht** dieser Person verbietet es, ihr Hilfe gegen ihren Willen aufzuzwingen. Dies gilt uneingeschränkt auch für den Fall, dass die lebensbedrohliche Situation durch ein **Selbsttötungsunternehmen** eines freiverantwortlich Handelnden entstanden ist: Der freiverantwortlich Handelnde darf **keiner Zwangsbehandlung** unterworfen werden.[41]

Das soeben Gesagte schließt es nicht aus, in allen Fällen, in denen auch nur der 45 leiseste **Zweifel an der Freiverantwortlichkeit** eines Selbsttötungsunternehmens besteht, die Selbsttötung als **Unglücksfall** aufzufassen und im Rechtsgüterschutzinteresse eine Hilfspflicht zu statuieren. Das dürfte bis auf wenige Ausnahmen wohl auf **fast alle Selbsttötungsfälle** zutreffen.

Bei alledem ist umstritten, wann genau Freiverantwortlichkeit im hier interessierenden Zusammenhang gegeben ist. Insofern konkurrieren vor allem **zwei Lösungsmodelle**: Das eine orientiert sich an den sog. **Exkulpationsregeln** – also den Regeln über den Schuldausschluss oder die Entschuldigung im strafrechtlichen Sinne. Das andere Modell orientiert sich dagegen an den **Regeln über die (rechtfertigende) Einwilligung** in die Beeinträchtigung eigener Güter.[42] 46

Die Anwendbarkeit der Strafnorm des § 323c I ist bereits nach ihrem eindeutigen 47 **Wortlaut** davon abhängig, dass jemand hinter dem (an Leistung) zurückbleibt, was erforderlich und gerade ihm als individueller Person **möglich** und **zumutbar** ist.[43]

Dazu ein Beispielsfall: Der **gehbehinderte Rentner R** kommt auf einem seiner 48 täglichen Spaziergänge an einem See vorbei, in dem der **Junge J zu ertrinken droht**. Um das Leben des J zu retten, wäre es erforderlich, sofort ins Wasser zu springen und ihn herauszuholen. R kann jedoch wegen seiner Behinderung selbst nicht mehr schwimmen. Auch ist keiner in der Nähe, den R zur Hilfe holen könnte. – § 323c I setzt voraus, dass dem Betreffenden die Hilfeleistung unter Berücksichtigung seiner **individuellen Verhältnisse** möglich und zumutbar ist. Wer aus physischen oder psychischen Gründen **nicht helfen kann**, wem **zu große Opfer** abverlangt würden oder wer etwas **mindestens genauso Wichtiges** tut, verstößt gegen keine von der Strafnorm der unterlassenen Hilfeleistung vorausgesetzte Verhaltensnorm. Aufgrund seiner Behinderung war es R physisch nicht möglich, J zu retten. Da auch andere Hilfsmaßnahmen ausschieden, hat R gegen **keine Verhaltensnorm verstoßen** und deshalb den Tatbestand der unterlassenen Hilfeleistung nicht erfüllt.

---

[41] Näher zu diesem Fragenkreis *Freund*, in: MünchKommStGB³, § 323c Rn. 57 ff. – Zum Stellenwert des Selbstbestimmungsrechts bei der Durchführung einer ärztlichen Behandlung zutreffend etwa auch GenStA Nürnberg NStZ 2008, 343 f.
[42] S. dazu bereits oben § 5 Rn. 77 (im Kontext der Fahrlässigkeitstat).
[43] I. d. S. mit Recht z. B. *Wessels/Beulke/Satzger*, AT⁴⁸, Rn. 1231; s. a. *Frellesen*, Die Zumutbarkeit der Hilfeleistung, S. 219. – Die „Zumutbarkeit" ist bei § 323c I schon nach dem Gesetzestext Voraussetzung für das tatbestandsspezifische „Unrecht" und nicht erst für die (individuelle, persönliche) „Schuld" von Bedeutung.

2. Begehungsgleiches Unterlassen

a) Gesetzliche Grundlagen

49 Begehungsgleiches Unterlassen gibt es im Besonderen Teil des StGB auch ohne Heranziehung des § 13. Bei manchen Strafnormen sind solche Unterlassungsfälle bereits klar neben primär aktives Tun assoziierenden Verwirklichungsformen angesprochen oder sogar von vornherein ohne Weiteres inbegriffen. Zu nennen ist hier etwa der **Hausfriedensbruch** in der Form des **sich nicht Entfernens nach Aufforderung** durch den Berechtigten (**§ 123 I Fall 2**) oder die **Untreue** nach § 266 in der Form der **Verletzung** einer besonderen **Vermögensbetreuungs***pflicht* (!) durch Untätigbleiben. Beispiel: Zur Vermögensanlage anvertrautes Kapital bleibt ungenutzt liegen, obwohl es ertragreich hätte angelegt werden können und sollen.[44]

50 Als Beispiel unter vielen außerhalb des StGB sei auf **§ 21 I Nr. 2 StVG** hingewiesen, der außer dem „Anordnen" auch das „**Zulassen**" des **Fahrens ohne Fahrerlaubnis** durch den Halter schon nach seinem Wortlaut unzweifelhaft erfasst. Für andere Tatbestände **stellt § 13** immerhin **klar**, dass sie grundsätzlich auch durch begehungsgleiches Unterlassen verwirklicht werden können. Die näheren Voraussetzungen, unter denen dies angenommen werden kann, lassen sich § 13 allerdings nicht entnehmen. Wann genau ein **Unterlassen** der **Verwirklichung** eines bestimmten **Tatbestands durch Tun entspricht** – wie § 13 rätselhaft formuliert –, ist gerade die offene Frage.

b) Traditionelle Unterlassungsdogmatik

51 Sogar **irreführend** ist das andere in § 13 angesprochene „**Kriterium**" der **Einstandspflicht** für den Nichteintritt eines bestimmten Erfolgs. Diese Formulierung wird meist als gesetzliche Normierung der Garantenstellung als angeblichem speziellen Tatbestandsmerkmal begehungsgleichen Unterlassens missverstanden. Dabei wird die **Garanten***stellung* als **Inbegriff der Voraussetzungen** aufgefasst, die die spezielle **Garanten***pflicht* begründen, sodass die einzelnen Umstände, die die Garantenstellung begründen, ihrerseits zu entsprechend **untergeordneten Tatbestandsmerkmalen** werden.[45]

52 Da die Garantenstellung von denjenigen, die sie als Tatbestandsmerkmal beim begehungsgleichen Unterlassen ansehen, regelmäßig nicht als **Tatbestandsmerkmal des Begehungsdelikts** aufgefasst wird, ist nicht nachvollziehbar, wie dennoch behauptet werden kann, es liege ein Fall begehungs*gleichen* (oft noch sog. „unechten") Unterlassens vor. In diesem Konzept ist der Straftatbestand des Begehungs-

---

[44] Vgl. auch RGSt 76, 115 (Verletzung einer Pflicht, andere zu beaufsichtigen, sodass dem Vermögen des Treugebers Schaden entsteht).
[45] I. d. S. etwa BGHSt (GS) 16, 155, 158; *Wessels/Beulke/Satzger,* AT[48], Rn. 1174; ebenso *Heger,* in: Lackner/Kühl[29], § 13 Rn. 6 m. w. N. zu dieser weithin vorherrschenden Auffassung.

II. Tatbestandsmäßiges Verhalten (Verhaltensunrecht) 227

delikts bei genauer Analyse ein ganz anderer als der des **begehungsgleichen Unterlassungsdelikts**.[46]

In diesem Zusammenhang ist auch der teilweise vorfindbare **Systembruch** der traditionellen Unterlassungsdoktrin beim **Fahrlässigkeitsdelikt** bemerkenswert: Beim Fahrlässigkeitsdelikt wird – anders als bei der Vorsatztat – sachlich z. T. mit einem für Begehen und begehungsgleiches Unterlassen einheitlich konzipierten Deliktstyp gearbeitet. Etwa im Falle des Hundehalters oder des Hauseigentümers wird bei eingetretener Schädigung eines Dritten geprüft, ob sich der eine oder der andere „fahrlässig" („**sorgfaltswidrig**") verhalten, ob er eine ihn treffende „Verkehrspflicht" verletzt habe, ohne dass es darauf ankommt, ob dabei an ein Tun oder Unterlassen angeknüpft werden kann. Ganz entsprechend verhält es sich bei dem **Autofahrer**, für dessen Beurteilung es letztlich gleich bleibt, ob er jemanden fahrlässig handelnd – durch Gasgeben – oder nicht-handelnd – indem er es unterlässt zu bremsen – überrollt.[47] 53

Teilweise wird gesagt, beim Fahrlässigkeitsdelikt sei die **Unterscheidung von Tun und Unterlassen** nicht sinnvoll[48] – schließlich sei jeder Fahrlässigkeitstat in der Form der Nichterbringung der nötigen Sorgfalt ein Unterlassungsmoment zu eigen.[49] Indessen ist die Sonderbehandlung des Fahrlässigkeitsdelikts im Verhältnis zur Vorsatztat nicht berechtigt. Insbesondere entspringt die Redeweise vom **Unterlassungsmoment jeder Fahrlässigkeitstat** (als deren vermeintliche Besonderheit) einer Fehlintuition: Die damit reklamierte Nichterbringung der etwa „geschuldeten", sorgfaltsgemäßen Handlung mag zwar in der Tat auch bei vielen fahrlässigen Begehungsstraftaten festzustellen sein. Diese Nichterbringung ist jedoch lediglich die selbstverständliche Kehrseite des Umstands, dass mit dem aktiven Tun eine **von Rechts wegen zu vermeidende Schädigungsmöglichkeit** verbunden war. Wenn aber die Vermeidung dieser Schädigungsmöglichkeit durch schlichtes Unterlassen (Nichtstun) möglich ist, beruht die Redeweise vom Unterlassungsmoment jeder Fahrlässigkeitstat in der Form der Nichterbringung der geschuldeten Sorgfalt auf einer unzulässigen Begriffsvertauschung. Mit derselben Berechtigung ließe sich sagen, jedem vorsätzlichen **Begehungsdelikt** sei ein **Unterlassungsmoment** zu eigen, weil der Begehungstäter das geschuldete Verhalten – nicht (vorsätzlich) Schädigungsmöglichkeiten zu schaffen – nicht erbracht habe.[50] Eine **Sonderdogmatik** der (für Begehen und begehungsgleiches Unterlassen einheitlichen) Fahrlässigkeitstat ist vor diesem Hintergrund nicht haltbar. 54

---

[46] S. dazu die Nachw. oben (§ 6) Fn. 6.
[47] Vgl. zu diesem Beispiel sachlich zutreffend – wenngleich in anderem Zusammenhang – *Jakobs*, AT², 7/56, 18/14.
[48] Vgl. etwa *Herzberg*, JZ 1988, 573, 579.
[49] Zum „Unterlassungsmoment" der (Begehungs-)Fahrlässigkeit s. etwa *Armin Kaufmann*, Unterlassungsdelikte, S. 167 f.; *Androulakis*, Studien, S. 134 ff.
[50] Vgl. dazu *Schmidhäuser*, FS Schaffstein, 1975, S. 129, 134.

55 Soweit bei der Fahrlässigkeitstat in der Form begehungsgleichen Unterlassens wie bei der Vorsatztat mit einem dem entsprechenden Begehungsdelikt unbekannten Tatbestandsmerkmal der **Garantenstellung** gearbeitet wird, handelt es sich ebenfalls um **grundverschiedene Tatbestände**.[51] Deshalb ist nicht nachvollziehbar, wie beide Tatbestände **dasselbe Unrecht** erfassen sollen.

c) Angemessene Gleichstellungslehre: Vollkommene Identität der unrechtskonstituierenden Kriterien

56 Zu einem **identischen (!) Tatbestandsverständnis** beim **Begehen** und beim **begehungsgleichen Unterlassen** ohne Differenzierung zwischen Vorsatz- und Fahrlässigkeitstat gelangt man dagegen durch das hier entworfene Konzept der Straftat: Die tatbestandlichen Normierungen beziehen sich danach gar nicht auf das vordergründig-naturalistische Phänomen des Tuns oder Unterlassens.[52] Sie normieren **Verstöße gegen ganz bestimmte Verhaltensnormen** als Straftat (regelmäßig bei Erfüllung gewisser weiterer Sanktionserfordernisse).

57 **Begehungsgleiche Unterlassungsdelikte** sind in diesem Konzept nicht etwa verkappte Begehungsdelikte (also: „unechte Unterlassungsdelikte"); bei ihnen wird auch nicht etwa gegen ein *Ver*bot verstoßen (wie noch immer z. T. angenommen wird[53]). Vielmehr verwirklichen begehungsgleiche Unterlassungsdelikte **denselben Tatbestand** als normativ bestimmten Unrechtstypus. Für diesen Unrechtstypus ist es irrelevant, ob die eine oder andere Verhaltensform gegeben ist – ob ein Verstoß gegen ein Ver- oder Gebot vorliegt. Entscheidend ist allein, ob qualitativ der gemeinte Verhaltensnormverstoß (gegen eine auf **zwei Säulen** gegründete **Verhaltensnorm**) stattgefunden hat.[54] Im Verhältnis zum nichtbegehungsgleichen Unterlassen beinhalten das Begehen und das begehungsgleiche Unterlassen demzufolge ein spezifisches Mehr.[55]

58 Genauso wie nichtbegehungsgleiches Unterlassen setzt auch begehungsgleiches Unterlassen das Vorhandensein eines materialen Güterschutzinteresses voraus. Sonderverantwortlichkeit allein reicht niemals für ein tatbestandsmäßiges Unterlassen aus – denn **Sonderverantwortlichkeit** gibt es recht besehen lediglich als Teilmoment einer **auch** unter **Rechtsgüterschutzaspekten** legitimierbaren Verhaltensnorm.

---

[51] Vgl. dazu die Nachw. oben (§ 6) Fn. 6.

[52] S. dazu auch *Jakobs,* Die strafrechtliche Zurechnung von Tun und Unterlassen, S. 36 f.; ferner *Donner,* Zumutbarkeitsgrenzen, S. 117 f., 129 ff. et passim; *Freund,* in: Strafrecht und Gesellschaft, 2019, S. 379 ff.; *Gauger,* Konkludente Täuschung, S. 199 ff.; *Georgy,* Die strafrechtliche Verantwortlichkeit von Amtsträgern, S. 24 ff., jew. m. w. N. zu dieser Auffassung.

[53] Z. B. bei *Wessels/Beulke/Satzger,* AT[48], Rn. 1154; auch die Überschrift zu § 13 spricht missverständlich von „Begehen" durch Unterlassen, obwohl nur die Tatbestandserfüllung gemeint sein kann.

[54] Zum grundlegenden Bestrafungserfordernis des Verhaltensnormverstoßes siehe bereits oben § 1 Rn. 28 ff., 38 ff., 49.

[55] S. dazu bereits oben § 2 Rn. 17 ff.

II. Tatbestandsmäßiges Verhalten (Verhaltensunrecht)

Wenn eine lebensgefährlich erkrankte Person in **freiverantwortlicher Entscheidung** die **lebensrettende Maßnahme ablehnt**, liegt beim (sonst) behandelnden Arzt in der unterlassenen (Zwangs-)Behandlung kein tatbestandlich-missbilligtes Unterlassen im Sinne der Tötungs- oder Körperverletzungsdelikte vor. Entsprechendes gilt für den Ehegatten, der nicht für eine derartige (Zwangs-)Behandlung sorgt. Auch wenn **Arzt** und **Ehegatte** nach wie vor zu gewissen Gefahrenabwendungen in qualifizierter (sonderverantwortlicher) Weise verpflichtet sein mögen, fallen die abgelehnte Behandlung oder deren Veranlassung jedenfalls nicht in irgendeinen Pflichtenkreis – schon gar nicht in einen besonderen. Es **fehlt** – im Hinblick auf das zu wahrende Selbstbestimmungsrecht des Betroffenen – an der Legitimierbarkeit einer **Pflicht zur Bevormundung** überhaupt und damit erst recht an einer kraft Sonderverantwortlichkeit qualifizierten Pflicht.[56]

59

Konkret von Bedeutung ist das soeben Gesagte etwa für die ärztliche Behandlung von **Zeugen Jehovas:**[57] Angenommen, Frau F ist lebensgefährlich erkrankt. Um ihr Leben zu retten, wäre eine **Bluttransfusion** dringend erforderlich. F lehnt jedoch als überzeugte Zeugin Jehovas die lebensrettende Maßnahme auch für den Fall ab, dass sie nach einer Operation bewusstlos werden sollte und keine weiteren eigenen Entscheidungen mehr treffen kann.[58] Diese Situation tritt ein. Entsprechend ihrem Willen ist ihr **Ehegatte** E auf Befragen des Arztes gegen eine Behandlung, sodass der **Arzt** A untätig bleibt. Um sich eines Tötungsdelikts schuldig gemacht zu haben, müssen A und E in tatbestandlich zu missbilligender Weise die Behandlung der F unterlassen bzw. vereitelt haben. Dazu muss ihnen gegenüber eine Verhaltensnorm zu legitimieren sein, die sie zu einer Bluttransfusion bzw. zu deren Ermöglichung im Interesse des Schutzes des Lebens der F zwingt. Indessen läge darin eine unzulässige Bevormundung. Mit der Ablehnung der Bluttransfusion hat F ihr **verfassungsrechtlich abgesichertes** körperbezogenes **Selbstbestimmungsrecht** in rechtsverbindlicher Weise ausgeübt. Eine Bluttransfusion gegen ihren klaren Willen wäre

60

---

[56] In der Sache wie hier *Derksen,* Handeln auf eigene Gefahr, S. 246; s. a. *Freund,* in: MünchKommStGB³, § 13 Rn. 68 ff.; *Otto,* AT⁷, § 9 Rn. 58 ff.; *Weigend,* in: LK12, § 13 Rn. 28; BGH NStZ 1983, 117, 118 (keine Rechtspflicht zu aufgezwungener Lebensverlängerung bei freiverantwortlicher Ablehnung entsprechender Maßnahmen); ferner *Jakobs,* FS Schewe, 1991, S. 72 ff.; vgl. freilich auch BGHSt 32, 367 ff. (zur Frage, unter welchen Voraussetzungen ein behandelnder Arzt der seinen Patienten nach einem Selbstmordversuch bewusstlos antrifft, sich wegen eines Tötungsdelikts oder wegen unterlassener Hilfeleistung strafbar machen kann, wenn er nichts zur Rettung seines Patienten unternimmt [Wittig-Fall]). – Zur Problematik des Behandlungsabbruchs s. BGHSt 40, 257 ff.; zur Bedeutung einer vormundschaftsgerichtlichen Genehmigung *Deichmann,* MDR 1995, 983 ff. – Zum „AE-Sterbebegleitung" vgl. *Schöch/Verrel,* GA 2005, 553 ff.; näher zum Ganzen auch *Freund,* in: Humane Orientierungswissenschaft, 2008, S. 149, 152 ff.

[57] Näher zu solchen (Problem-)Konstellationen *Hillenkamp,* FS Küper, 2007, S. 123 ff.

[58] Mit Blick auf das zu wahrende Selbstbestimmungsrecht in einem vergleichbaren Fall einer Zeugin Jehovas nicht überzeugend die Ablehnung von Schadensersatzansprüchen durch OLG München NJW-RR 2002, 811 ff. Bei entsprechend klarer Ablehnung einer Bluttransfusion ist es unangemessen, von dem Betreffenden zusätzlich zu verlangen, er solle sich andere Ärzte für die Behandlung suchen. Vielmehr ist es Sache der Ärzte, bei Gewissensproblemen die Behandlung einer solchen Patientin gar nicht erst zu übernehmen.

rechtswidrig und u. U. sogar als Körperverletzung strafbar. Damit kann die Bluttransfusion bzw. deren Ermöglichung keine Rechtspflicht von A und E sein, erst recht keine besondere Rechtspflicht. A und E haben sich damit **nicht in** rechtlich **missbilligter Weise verhalten**. Eine Strafbarkeit ist weder nach § 212 I (ggf. i. V. m. § 13) noch nach § 323c I begründbar.

61 An einer Rechtspflicht zur Missachtung des Selbstbestimmungsrechts fehlt es auch in dem Extremfall, dass z. B. der Ehegatte trotz entsprechender Möglichkeit die **freiverantwortliche Selbsttötung** des anderen nicht verhindert, und zwar auch dann noch, wenn der Suizident das Bewusstsein verloren hat.[59]

62 Die **herkömmliche Dogmatik** des begehungsgleichen Unterlassungsdelikts tut sich insofern bei der Problemlösung recht schwer. Denn sie bestimmt die Verwirklichung des Unrechtstatbestands einer solchen Straftat als „**Nichtabwendung des Erfolgs trotz Möglichkeit in Garantenstellung**". Im Falle der Nichtvornahme einer zwangsweisen Lebensrettung (bei deren freiverantwortlicher Ablehnung durch den Betroffenen) ist diese Definition jedenfalls dann ohne Weiteres erfüllt, wenn man wie üblich bei Ehegatten eine Garantenstellung annimmt.[60] Wenn in einem solchen Fall dennoch der Tatbestand eines begehungsgleichen Unterlassungsdelikts (z. B. **mangels Garantenpflicht**) abgelehnt wird, ist das nur um den Preis einer **Inkonsequenz** möglich. Denn da die Garantenstellung als Tatbestandsmerkmal ja gerade verstanden wird als Inbegriff der die Garantenpflicht begründenden tatsächlichen Umstände, muss bei konsequentem Vorgehen auch die Garantenpflicht bejaht werden. Tut man das nicht, hat man den **Tatbestand umdefiniert**, ohne diese Umdefinition offenzulegen oder gar in der erforderlichen Weise zu begründen.

63 Auch der **Arzt**, der das verlöschende Leben des Schwerkranken um einige Tage durch Einsatz von **Intensivmedizin** verlängern könnte, erfüllt die **Definitionskriterien des Unrechtstatbestands** der **herkömmlichen Dogmatik** begehungsgleichen Unterlassens: Er hätte durchaus die Möglichkeit der Abwendung des konkret drohenden Todes des Patienten und erfüllt auch die geläufigen Anforderungen an die Garanten*stellung*. Nach der hier als **angemessen** ausgewiesenen **Gleichstellungslehre** kommt es dagegen für die Verwirklichung tötungstatbestandlichen Verhaltensunrechts darauf an, ob der Arzt gegen eine im Lebensschutzinteresse des Patienten und kraft (ärztlicher) Sonderverantwortlichkeit für die abzuwendende Lebensgefahr legitimierbare Verhaltensnorm verstößt, wenn er dem **Sterbeprozess seinen Lauf** lässt. Jedenfalls wenn sich der Patient in rechtlich beachtlicher Weise eine derartige Lebensverlängerung ausdrücklich verboten hat, scheitert ein tatbestandsmäßiges Tötungsverhalten in der Form begehungsgleichen Unterlassens bereits wegen des **fehlenden Rechtsgüterschutzinteresses** an einer entsprechenden Gefahrenabwendungspflicht überhaupt. Damit kann erst recht keine qualifi-

---

[59] Zutreffend dazu etwa *Weigend*, in: LK[12], § 13 Rn. 28 m. w. N. (auch zur überholten Gegenauffassung). – Zur Frage, wann von einer freiverantwortlichen Selbsttötung auszugehen ist („Exkulpationsregeln" oder „Einwilligungsregeln"?), näher bereits oben § 5 Rn. 77; vgl. auch noch unten § 10 Rn. 95 ff.

[60] Zur üblicherweise ohne Weiteres angenommenen „Garantenstellung" von Ehegatten s. etwa BGHSt 2, 150, 153 f.; *Wessels/Beulke/Satzger*, AT[48], Rn. 1180.

II. Tatbestandsmäßiges Verhalten (Verhaltensunrecht) 231

zierte Gefahrenabwendungspflicht kraft Sonderverantwortlichkeit statuiert werden, sodass der unterlassende Arzt **weder** gegen eine von **§ 323c I** vorausgesetzte Verhaltensnorm verstößt **noch** den Patienten gar durch **begehungsgleiches Unterlassungsverhalten** tötet.

Die Sachlage ändert sich bei sonst vollkommen gleichen Umständen, wenn der **Patient** dringend um eine eintägige **Lebensverlängerung gebeten** hat.[61] Unterlässt hier der Arzt oder pflegende Angehörige die mögliche Lebensverlängerung,[62] verstößt er gegen eine im Lebensschutzinteresse des Betroffenen und kraft Sonderverantwortlichkeit legitimierbare Verhaltensnorm. Damit liegt ein **tatbestandsmäßiges Tötungsverhalten** in der Form begehungsgleichen Unterlassens vor. Im Beispielsfall kommt sogar **Mord** (aus Habgier) nach **§§ 211, 13 I** in Betracht.[63]   64

d) Wichtige Fallgruppen begehungsgleichen Unterlassens

Auch wenn manche Fälle der für begehungsgleiches Unterlassungsverhalten erforderlichen Sonderverantwortlichkeit nicht oder nur mit Mühe in das von der **Funktionenlehre** entwickelte **Ordnungsschema** passen, hat sich eine Einteilung in qualifizierte Pflichten zur Überwachung und Eindämmung von Gefahrenquellen und solchen zum Schutz bestimmter Rechtsgüter auch vor dem Hintergrund einer angemessenen Gleichstellungslehre bewährt. Denn die Sonderverantwortlichkeit als Spezifikum begehungsgleichen Unterlassens kann sich nur aus einer besonderen Beziehung zum **Ursprung** oder zum **Erfolgsort** der abzuwendenden **Gefahr** ergeben. Dabei kann es sich um längerdauernde, aber auch um lediglich kurzfristige, ja sogar nur punktuelle besondere Beziehungen handeln.[64]   65

aa) Sog. Gefahrenquellenverantwortlichkeiten

Gefahrenquellenverantwortlichkeiten sind vielfältig aufweisbar: Der **Halter** eines **Hundes**, der **Inhaber** einer **Schusswaffe**, der **Halter** oder **Führer** eines **Kraftfahrzeugs**, der **Inhaber** eines **gefährlichen Betriebs** und der **Aufsichtspflichtige** über einen zu üblen Streichen aufgelegten **Minderjährigen** – sie alle gelten in herkömmlicher Sicht als Garanten, die dafür zu sorgen haben, dass niemand durch die von ihnen zu überwachenden Gefahrenquellen zu Schaden kommt. Hierzu mag man auch denjenigen zählen, der durch ein **pflichtwidriges** oder auch **pflichtgemäßes Vorverhalten** einen gefährlichen Kausalverlauf ausgelöst hat und nun kraft **Ingerenz** eine Garantenstellung innehaben soll.   66

---

[61] Etwa deshalb, weil er noch gerne sein Testament ändern möchte (ohne dass es freilich auf einen solchen Grund für die Berechtigung des Verlangens ankommt).
[62] Etwa deshalb, weil er von dem Testament, das geändert werden soll, profitiert.
[63] Vgl. dazu die Entscheidung BGHSt 42, 301, 303 (die sich freilich primär mit der sog. „indirekten Sterbehilfe" befasst; vgl. dazu bereits oben § 3 Rn. 54).
[64] Näher dazu *Freund*, Erfolgsdelikt und Unterlassen, S. 68 ff., 71 ff., 116 ff., 159 ff., 265 ff.; *ders.*, in: MünchKommStGB³, § 13 Rn. 98 f.

*(1) Nur beschränkte Gefahrenabwendungspflichten auch bei „klassischen"
Gefahrenquellenverantwortlichkeiten*

67 Tatsächlich liegen die Dinge nicht ganz so einfach. Denn absolute Gewähr für Gefahrenfreiheit kann niemand bieten und eine entsprechende „Garantie" kann niemandem rechtlich abverlangt werden.[65] Vielmehr kann es immer nur um das **Vermeiden** ganz **bestimmter Schädigungsmöglichkeiten** gehen, für das die genannten Personen in sonderverantwortlicher Weise zu sorgen haben. Insoweit steht die Legitimation einer dualistisch zu fundierenden Verhaltensnorm in Frage. Deshalb muss die bei jeder Einschränkung der Handlungsfreiheit erforderliche **Güter- und Interessenabwägung** ergeben, dass den Guterhaltungsinteressen gegenüber den Interessen des Unterlassenden am Nichtergreifen bestimmter Maßnahmen der Gefahrenabwendung der **Vorrang** gebührt, und zwar bezogen auf den Zeitpunkt, in dem etwas zu tun sein soll, und bezogen auf die **Situation** und **Perspektive** desjenigen, der eingreifen soll.[66]

68 Lediglich in diesem speziellen Kontext der **Begründung** einer ganz bestimmten **Verhaltensnorm** hat der Gesichtspunkt der **besonderen Verantwortlichkeit** für das in Frage stehende Vermeiden eines möglichen schadensträchtigen Verlaufs seine Berechtigung. Jenseits legitimierbarer Gefahrenabwendungspflichten lässt sich dagegen nicht sinnvoll von **Garantenstellungen** sprechen.[67]

*(2) Beschränkte, aber gegebenenfalls dualistisch fundierte
Gefahrenabwendungspflichten des Hundehalters*

69 Zum Einstieg ein Fall: **Hundehalter** H hat einen besonders bissigen Hund. Um Bissverletzungen zu vermeiden, hält er ihn, wenn er Besucher empfängt, **angeleint** an seiner Hundehütte und **weist Besucher** darüber hinaus **darauf hin**, dem Hund wegen seiner **Bissigkeit** nicht zu nahe zu kommen. Auch G erhält eine solche Warnung. Da er sich jedoch für besonders hundeerfahren hält, schlägt er diese in den Wind und nähert sich dem Hund, um ihn zu streicheln. Seinen Instinkten folgend beißt der Hund zu. In Betracht kommt eine Strafbarkeit des H nach **§§ 229, 13 I** wegen **fahrlässiger Körperverletzung** an G, indem er ihn nicht weiter davon abhielt, sich dem Hund zu nähern. Indessen hat H alles von Rechts wegen Erforderliche getan, um die Beißrisiken in einem akzeptablen Rahmen zu halten. Sich trotz aller Vorsichtsmaßnahmen und Warnungen dem Hund zu nähern, war eine Entscheidung, die allein G zu verantworten hat (sog. freiverantwortliche Selbstgefährdung). Dem Hundehalter ist somit **kein** tatbestandlich **zu missbilligendes**

---

[65] Insofern ist insbesondere der Grundsatz des ultra posse nemo obligatur zu beachten; weitergehend muss die zu legitimierende Verhaltensnorm aber auch angemessen sein; grundlegend dazu oben § 1 Rn. 55 ff.

[66] Zu den Anforderungen an die Legitimation von Verhaltensnormen s. nochmals oben § 2 Rn. 11 ff., 28 ff. – Weiterführend zur grundsätzlichen Problematik der Bildung und Befolgung kontext- und adressatenspezifischer Verhaltensnormen aus normentheoretischer Sicht *Freund/Rostalski*, GA 2018, 264 ff., 270 ff.

[67] Näher dazu *Freund*, in: MünchKommStGB³, § 13 Rn. 100 ff., 107 ff.

II. Tatbestandsmäßiges Verhalten (Verhaltensunrecht)

(Unterlassungs-)Verhalten vorzuwerfen. Er ist nicht strafbar. Die Annahme einer entsprechenden Strafbarkeit unter Hinweis auf die **Nichtabwendung des (Beiß-)Erfolges trotz Möglichkeit** (durch noch größere Vorsorge) **in Garantenstellung** läge ersichtlich neben der Sache – aber ganz auf der Linie der **traditionellen Unterlassungsdogmatik**.[68]

Für den Fall einer letztlich legitimierbaren Gefahrenabwendungspflicht lässt sich allerdings die für begehungsgleiches Unterlassen erforderliche **Sonderverantwortlichkeit** als „zweites Standbein" der in Frage stehenden Verhaltensnorm aufweisen: Die Belastung des Inhabers des Organisationskreises, dem die Gefahrenquelle zuzuordnen ist, ist die selbstverständliche **Kehrseite** der mit der Innehabung eines solchen Organisationskreises verbundenen Ausübung von **Freiheit**. Hier wird nicht irgendein quivis ex populo[69] in die Pflicht genommen, sondern genau derjenige, dessen **Organisationskreis** im Übermaß gefährlich zu werden droht.[70]

Genau dieses Phänomen findet sich auch beim **begehungstatbestandsmäßigen Verhalten**. Der Täter des Begehungsdelikts verstößt ganz genauso wie der des begehungsgleichen Unterlassungsdelikts gegen eine **in zweifacher Hinsicht fundierte Verhaltensnorm**. Auch beim Begehungstäter ist die übertretene Verhaltensnorm nicht allein um der **Güterschutzinteressen** willen zu fundieren, sondern im Verhältnis zu demjenigen, der selbst die Gefahrenquelle darstellt, in ganz besonderer Weise. Die **Sonderverantwortlichkeit** desjenigen, von dem die Gefahr ausgeht, wird beim Begehungstäter als so selbstverständlich empfunden, dass sie regelmäßig gar nicht mehr eigens thematisiert wird. Wo sie trotz aktiven Tuns ausnahmsweise fehlt, liegt kein begehungstatbestandsmäßiges Verhalten vor.[71]

70

71

---

[68] Zum richtigen Ergebnis gelangt man auf ihrer Basis nur durch gewisse Inkonsequenzen; zu den Friktionen der traditionellen Unterlassungsdogmatik näher *Freund*, Erfolgsdelikt und Unterlassen, S. 154 ff., 162 f. Fn. 13, 164 f. Fn. 19, 196 ff., 281 ff., 308 f. et passim. – Ohne jedes Problembewusstsein in der hier interessierenden Hinsicht etwa AG Neuwied NStZ 1997, 239 f. m. Anm. *Quednau* (Annahme einer Körperverletzung seitens des Hundehalters, wenn der Hund ein Pferd zum Scheuen bringt, sodass dessen Reiter Schaden nimmt, unter schlichtem Hinweis auf Vorsehbarkeit und Vermeidbarkeit ohne Thematisierung des konkreten rechtlichen Vermeiden-*Müssens*; zu dieser Frage bereits oben § 5 Rn. 45 ff.); die Frage spezifischen *Fehl*verhaltens des Hundehalters stellt demgegenüber in der Sache zutreffend etwa OLG Hamm NJW 1996, 1295.

[69] Also ein x-beliebiger „Jedermann".

[70] Nur im Ergebnis richtig die Entscheidung des OLG Düsseldorf JR 1994, 372 f. (zum Fall eines scharf abgerichteten Wachhundes, der einen harmlosen Passanten verletzt, weil Unbefugte eine Entweichungsmöglichkeit geschaffen haben); s. dazu die mit Recht krit. Anm. von *Brammsen*, JR 1994, 373 ff. – Näher zur Gefahrenquellenverantwortlichkeit in Bezug auf unmittelbar gefährliche Gegenstände des eigenen Organisationskreises *Freund*, Erfolgsdelikt und Unterlassen, S. 162 ff. (zum Hundehalter vgl. S. 79, 159, 165 m. Fn. 22, 166, 168, 169 m. Fn. 37, 175, 180, 183 f., 213 f.). – Einen knappen, aber instruktiven Überblick über einige sicherungspflichtige Gegenstände (Waffen, Sprengstoffe, Kraftfahrzeuge) gibt OLG Stuttgart JR 1997, 517, 518 m. Anm. *Gössel*; näher zu solchen sicherungspflichtigen – weil sondergefährlichen – Gegenständen *Freund*, Erfolgsdelikt und Unterlassen, S. 228 ff.

[71] Als Beispielsfall kann das deliktsermöglichende Verlassen eines Raumes dienen; s. dazu *Freund*, in: MünchKommStGB³, Vor § 13 Rn. 168 f., § 13 Rn. 85. – Näher zu solchen Fällen, die nicht selten in Verkehrung des empirischen Befundes um des erwünschten Ergebnisses willen als „normatives Unterlassen" eingestuft werden, *Frisch*, Tatbestandsmäßiges Verhalten, S. 132 ff., 250 ff.; *Samson*, FS Welzel, 1974, S. 579 ff.; *Freund*, Erfolgsdelikt und Unterlassen, S. 68 ff., jew. m. w. N.

(3) Sonderverantwortlichkeit für den eigenen Körper als Gefahrenquelle

72 Gleichsam mit der **Urform** der **(besonderen) Gefahrenquellenverantwortlichkeit** haben wir es in Bezug auf den **eigenen Körper** zu tun. Er ist der elementare Organisationskreis, den jeder von Natur aus besitzt[72] und den jeder in seinen Außenwirkungen auf einem für die Rechtsgüter anderer tolerablen Niveau zu halten hat:[73] Wer spürt, dass er einen **Krampfanfall** bekommen wird, muss einen **Porzellanladen** kraft einer qualifizierten Rechtspflicht verlassen – d. h. aufgrund einer Rechtspflicht, die auch durch seine Sonderverantwortlichkeit für die vom eigenen Körper ausgehenden unerlaubten Gefahren fundiert ist.[74] Insofern handelt es sich um denselben Sachgesichtspunkt, der auch für die polizeirechtliche (besondere) Störerverantwortlichkeit maßgeblich ist. Im Verhältnis dazu wird der Nichtstörer nur hilfsweise nach Notstandsregeln herangezogen.[75]

73 In diesem Zusammenhang ist auch die **Behinderung von Rettungsmaßnahmen** durch **Nichtfreimachen der Rettungsgasse** bei Unglücksfällen zu sehen: Wer auf dem Rettungsweg steht und diesen nicht frei macht, obwohl er das könnte, verstößt gegen eine dualistisch legitimierte Verhaltensnorm. Er ist als **Störer** für die Beseitigung dieser Störung sonderverantwortlich und wird nicht etwa nur nach Notstandsregeln in die Pflicht genommen. Kommt es wegen des Pflichtverstoßes etwa zum Tod eines Menschen, ist der Betreffende bei fehlendem Tötungsvorsatz jedenfalls wegen fahrlässiger Tötung durch begehungsgleiches Unterlassen strafbar. Er begeht nicht etwa nur eine unterlassene Hilfeleistung nach § 323c I bzw. eine Straftat nach § 323c II.[76] Die für den Verstoß gegen eine **dualistisch legitimierte Verhaltensnorm** nötige Sonderverantwortlichkeit resultiert jedenfalls aus den Besonderheiten des **Subsystems Straßenverkehr**, an dem die **Teilnahme nur unter** entsprechenden **Bedingungen gestattet** ist.

---

[72] Näher zum rechtlichen Körperbegriff unter Schutzbedürftigkeits- und Schutzwürdigkeitsaspekten *Freund/Heubel,* MedR 1995, 194 ff. Danach können durchaus auch abgetrennte (z. B. als Reimplantat vorgesehene) Körperteile im Rechtssinne noch zum menschlichen Körper zählen. – Hier geht es allerdings nicht um den Schutz *des* Körpers, sondern um den Schutz *vor* dem Körper als Gefahrenquelle.

[73] Sachlich übereinstimmend etwa *Weigend,* in: LK[12], § 13 Rn. 50.

[74] Beispiel nach *Jakobs,* AT[2], 29/31; zu einem ähnlichen Fall s. *Joerden,* Verantwortlichkeitsbegriff, S. 56; vgl. auch das Beispiel des Nasenblutens desjenigen, der auf einer fremden Couch sitzt, bei *Herzberg,* Unterlassung, S. 173. – Näher zum interessanten Fall eines trunksüchtigen Handelsvertreters als einer im Straßenverkehr übergefährlichen Person BayObLG JR 1979, 289 ff. m. Anm. *Horn; Freund,* Erfolgsdelikt und Unterlassen, S. 178.

[75] Zur besonderen Verantwortlichkeit des Störers im Verhältnis zum Nichtstörer im Polizeirecht s. bereits oben (§ 6) Rn. 31.

[76] § 323c II stellt eine gesetzgeberische Fehlleistung dar; näher dazu *Freund,* in: MünchKommStGB[3], § 323c Rn. 132 ff.; *Koch,* GA 2018, 323 ff. – Zur Überflüssigkeit des § 323c II und zu sich ergebenden „innertatbestandlichen" Konkurrenzproblemen vgl. auch *Fahl,* ZStW 130 (2018), 745, 749 f. Fn. 28 a. E.

(4) Übergreifender Aspekt: Dem eigenen Organisationskreis zugeordnete Gefahrenquellen

Entsprechendes gilt für alle Gefahrenquellen, die dem **eigenen Organisationskreis** bei wertender Betrachtung zuzuordnen sind. Deshalb ist etwa der erziehungsberechtigte **Vater** für das Vermeiden von auf seinen **minderjährigen Sohn** zurückführbare Gefahren unter gewissen Bedingungen kraft einer entsprechenden Sonderverantwortlichkeit für den **Ursprung der Gefahr** – also für seinen Sohn – zuständig. 74

Entdeckt der **Vater** beispielsweise im **Kinderzimmer** als neuen Wandschmuck ein mit dem attraktiven Namen „**Dagobertshausen**"[77] des Nachbarorts versehenes Ortsschild, das der muntere Sprössling – wie der Vater sogleich erfasst – eigenhändig abmontiert und nach Hause gebracht hat, ist der Vater – entsprechende individuelle Erkenntniskräfte vorausgesetzt – kraft einer qualifizierten Rechtspflicht gehalten, die daraus resultierenden Gefahren im Rahmen des Möglichen und Angemessenen zu vermeiden – etwa durch unverzügliche **Rückschaffung der Ortstafel**. Kommt er dieser dualistisch fundierten Verpflichtung nicht nach, unterlässt er begehungsgleich und ist für die Folgen solchen Fehlverhaltens entsprechend sonderverantwortlich. Kommt es etwa zu einem tödlichen Unfall, weil ein **ortsunkundiger Kraftfahrer** wegen des fehlenden Ortsschildes die für die **Geschwindigkeitsbegrenzung** maßgebliche „geschlossene Ortschaft" nicht zu erkennen vermag, liegen die Voraussetzungen einer **fahrlässigen Tötung** durch begehungsgleiches Unterlassen vor (§§ 222, 13 I). 75

(5) Reichweite und Grenzen des Organisationskreises, für den eine besondere Verantwortlichkeit besteht – weitere beispielhafte Verdeutlichung

Eine solche besondere Verantwortlichkeit lässt sich auch noch in den oben angesprochenen Fällen der **Ingerenz** begründen.[78] Dabei spielen zunächst Fälle des rechtlich zu beanstandenden – **pflichtwidrigen** – gefährdenden **Vorverhaltens** eine Rolle. Hauptbeispiel ist der **Kraftfahrer**, der durch verkehrswidriges (fahrlässiges) Verhalten einen anderen Verkehrsteilnehmer lebensgefährlich verletzt hat und deshalb **besonders verpflichtet** ist, ihn zu retten. Anders als beim zufällig am Unfallort vorbeikommenden Dritten, der gleichfalls – aber eben nur kraft einer monistisch fundierten Rechtspflicht – zur Lebensrettung aufgerufen ist, fungiert der Umstand, dass die entstandene **Gefahrenlage** von dem Ingerenten **zu verantworten** ist, diesem gegenüber als **zusätzlicher Grund der Inpflichtnahme**. Auf dieser Basis ergibt sich auch die systematisch fundierte Lösung für den oben (§ 6) Rn. 19 geschilderten Fall des Kraftfahrers K: Der Kraftfahrer ist kraft Ingerenz in der speziellen Form des unerlaubt gefährdenden Vorverhaltens für die in Frage stehende Gefahrenabwendung sonderverantwortlich. 76

---

[77] Dagobertshausen ist eine kleine Ortschaft in der Nähe von Marburg/Lahn.

[78] Man beachte aber auch die vereinzelt gebliebene Gegenposition, die bei „vorangegangenem gefährdenden Tun" die Garantenverantwortlichkeit abgelehnt wissen will; z. B. *Langer*, Sonderstraftat, S. 452, 460 f.

77 Für diese besondere Verantwortlichkeit ist es irrelevant, dass der **schadensträchtige Kausalverlauf** naturalistisch gesehen die Ingerentensphäre bereits verlassen und die **Opfersphäre erreicht** hat. Bei wertender Betrachtung verhält es sich nicht anders als in folgendem Fall: **Hundehalter** H geht mit seinem Pitbull (einem Kampfhund) an einer als absolut sicher geltenden Leine spazieren. Infolge eines für H unerkennbaren Materialfehlers kann sich der Hund in der Nähe eines Kinderspielplatzes losreißen. Beute witternd stürmt er auf eines der Kinder zu. Da Rufe des H keine Wirkung zeigen, bliebe diesem als einzige Möglichkeit, seinen Hund durch einen gezielten Schuss aus seiner rechtmäßig mitgeführten Waffe außer Gefecht zu setzen. Da er aber zu sehr an dem Tier hängt, nutzt er diese Möglichkeit nicht. Deshalb zerfleischt der Hund ein kleines Mädchen. Bei diesem Hundehalter, der seinen Vierbeiner zwar nicht mehr durch Zurufe beherrscht, aber durch einen **finalen Rettungsschuss** außer Gefecht setzen könnte, handelt es sich um einen geradezu klassischen Fall der fortbestehenden besonderen Verantwortlichkeit für eine Gefahrenquelle. Er verstößt durch sein Nichteinschreiten gegen eine qualifizierte Verhaltensnorm und ist wegen **begehungsgleichen Unterlassens** strafbar – im Vorsatzfall also jedenfalls nach §§ 212 I, 13 I.

78 Die besondere Verantwortlichkeit des Hundehalters für die von dem Hund ausgehende oder – nach einem lebensgefährlichen Biss – geschaffene Gefahr ist unabhängig davon, ob der Hund von sich aus aktiv geworden ist oder auf Geheiß seines Herrchens „gehandelt" hat. Selbst wenn der Hundehalter den Hund **mit Tötungsvorsatz** auf das Kind **gehetzt** haben sollte bzw. dies nicht auszuschließen ist, trifft ihn eine qualifizierte Lebensrettungspflicht. Auch bei **vorsätzlichem** (pflichtwidrigem) gefährdenden **Vorverhalten** ist eine besondere Ingerenz-Verantwortlichkeit zur Gefahrenabwendung anzunehmen. Solange eine solche besondere Verpflichtung lebensrettend wirken kann, darf die entsprechende normative Garantie für das bedrohte Rechtsgut im Interesse des angemessenen Opferschutzes nicht entfallen.[79] Denn wer sehenden Auges in Bezug auf die missbilligte Schaffung einer bestimmten Schädigungsmöglichkeit gehandelt hat, ist für die Gefahrenabwendung **erst recht sonderverantwortlich**.[80] Ein sachlicher Grund dafür, den für die Hundegefahr Sonderverantwortlichen aus dieser besonderen Verantwortung zu entlassen, ist nicht ersichtlich. Die Rettung des Kindes vor dem gefährlichen Hund darf nicht allein der freien (Rücktritts-)Entscheidung des Hundehalters überlassen bleiben. Diesen trifft vielmehr eine entsprechende **besondere Rechtspflicht** zur Lebensrettung in jeder Phase des Geschehens, in der diese Rettung (noch) möglich ist.

---

[79] Fehlerhaft insoweit BGH JR 1999, 294 f. m. zutr. abl. Bespr. von *Stein*, JR 1999, 265 ff. (der mit Recht vorschlägt, die Entscheidung des BGH als „Versehen" einzustufen). – Eine Garantenverantwortlichkeit bei *vorsätzlich*-pflichtwidrigem Vorverhalten bejahend etwa RGSt 57, 193, 197; BGH JR 1954, 271; s. a. *Fischer*[66], § 13 Rn. 55 ff.; *Freund*, NStZ 2004, 123, 124 f.; *dens.*, in: MünchKommStGB[3], § 13 Rn. 130 ff.; *Herzberg*, Unterlassung, S. 282 ff.; *Wessels/Beulke/Satzger*, AT[48], Rn. 1196. – Zur Gegenauffassung s. etwa *Hillenkamp*, FS Otto, 2007, S. 287 ff.; *Armin Kaufmann*, Unterlassungsdelikte, S. 228 f. Fn. 301; *Tag*, JR 1995, 133, 136.

[80] Treffend gegen die in diesem Zusammenhang bisweilen vorgebrachten abwegigen Argumente *Stein*, JR 1999, 265, 270 ff.; s. a. *Fischer*[66], § 13 Rn. 55 ff.; *Rengier*, AT[10], § 50 Rn. 76.

II. Tatbestandsmäßiges Verhalten (Verhaltensunrecht)

Auf dieser Basis steht aber auch ein **tatbestandsmäßiges Verhalten** i. S. eines **begehungsgleichen Unterlassungsdelikts** fest, das unter Umständen – keineswegs immer – mit einer Tatbestandsverwirklichung durch aktives Tun konkurriert. Die Gegenposition leugnet wohl meist nicht den in der **Unterlassungsphase verwirklichten Unwertgehalt**, sondern bestreitet nur dessen tatbestandliche Relevanz unter dem Aspekt des begehungsgleichen Unterlassungsdelikts.[81] Andernfalls könnte sie kaum davon ausgehen, dass das Geschehen in der Unterlassungsphase von der Tatbestandsverwirklichung durch aktives Tun miterfasst werde – also gewissermaßen Teil bzw. Folge des alles überlagernden (im Vorverhalten erblickten) *Verbots*verstoßes sei.

Indessen ist das zu kurz gedacht. Ein Problem des genauen Verhältnisses verschiedener Tatbestandsverwirklichungsformen zueinander (also eine Art „Konkurrenzproblem") wird auf die Ebene der Tatbestandsverwirklichung verschoben, ohne zu beachten, dass damit im **Verhaltensnormbereich** unangemessene Ergebnisse erzielt werden: Das bedrohte Rechtsgut – im Extremfall das Leben eines Menschen – wird dem Gutdünken des Unterlassenden preisgegeben – bestenfalls „lockt" man ihn mit dem Angebot der Strafbefreiung bei „freiwilligem" Rücktritt. Auch im **Sanktionsnormbereich** wird nicht beachtet, dass materiellrechtlich relevante „echte" Strafbarkeitsvoraussetzungen **eindeutig erfüllt** sein müssen. Liegen diese möglicherweise nicht vor, darf nicht verurteilt werden. Stünde also der Vorsatz in der Phase des aktiven Tuns tatsächlich der besonderen Verantwortlichkeit in der Phase des Unterlassens entgegen, könnten die Voraussetzungen des begehungsgleichen Unterlassungsdelikts bereits im Falle des **möglichen**, aber letztlich nicht beweisbaren **Vorsatzes** in der Phase des aktiven Tuns ebenfalls nicht eindeutig bejaht werden.[82]

Der zentrale Angriff gegen die hier vertretene Position, der von *Hillenkamp* geführt worden ist, richtet sich gegen den oben (§ 6) Rn. 78 geltend gemachten **Erst-Recht-Schluss**.[83] Ein solcher sei deshalb nicht tragfähig, weil die Legitimationsgründe der qualifizierten Verhaltensnorm bei (bloß) fahrlässigem Vorverhalten im entsprechenden Fall der vorsätzlichen Ingerenz nicht gegeben seien. Dabei geht *Hillenkamp* davon aus, die qualifizierte Rechtspflicht werde im Fall fahrlässigen Vorverhaltens entscheidend durch das empirisch **begründete Vertrauen** der Rechtsgemeinschaft legitimiert, dass derjenige, der fahrlässig einen Kausalverlauf in Gang gesetzt habe, die in einer späteren Geschehensphase zutreffend erkannte Schädigungsmöglichkeit abwenden werde. Beim Vorsatztäter gebe es dieses Vertrauen nicht. Vielmehr sei es geradezu illusionär anzunehmen, der Vorsatztäter werde im Laufe der Zeit seinen Sinn ändern.

---

[81] Vgl. dazu etwa *Hillenkamp*, FS Otto, 2007, S. 287, 292 ff., 301 f., 306.
[82] Wenn qualifizierende Umstände erst in der Unterlassungsphase verwirklicht werden (z. B. das Mordmerkmal der Grausamkeit oder die Voraussetzungen der *leichtfertigen* Tötung beim erfolgsqualifizierten Delikt), würde auch das seinerseits problematische Institut der Wahlfeststellung (vgl. dazu oben § 1 Rn. 73 f. sowie die Nachweise unten § 11 Rn. 66) nicht mehr aus dem Dilemma helfen, in das die Verschiebung eines Konkurrenzproblems auf Tatbestandsebene führt.
[83] *Hillenkamp*, FS Otto, 2007, S. 287, 300 ff.

82   Indessen basiert der von *Hillenkamp* geführte Angriff auf den Erst-Recht-Schluss auf einer **unzutreffenden Prämisse** und ist deshalb als Versuch, die hier vertretene Position zu erschüttern, ein untauglicher: Für die rechtliche Inpflichtnahme zur Gefahrenabwendung kraft Sonderveranwortlichkeit kommt es nur darauf an, dass der Betreffende seinen ihm von Rechts wegen zugestandenen **Freiheitsraum unerlaubt überschritten** und dadurch jene **Gefahr geschaffen** hat, die er nicht hätte schaffen dürfen. Die Legitimation der besonderen Rechtspflicht ist auch bei fahrlässiger Ingerenz unabhängig davon, ob ein empirisch begründbares Vertrauen in nachträgliche Gefahrenabwendungsmaßnahmen besteht. Ein solches Vertrauen mag z. B. bei einem als skrupellos bekannten Straßenverkehrsrowdy faktisch vollkommen unbegründet (jedenfalls nicht mehr als eine vage Hoffnung) sein. Für die normative Verbindlichkeit einer besonderen Rechtspflicht zur Gefahrenabwendung ist die **statistische Wahrscheinlichkeit** ihrer Befolgung **kein Geltungskriterium**. Deshalb ist der Erst-Recht-Schluss von der Geltung einer besonderen Rechtspflicht zur Gefahrenabwendung im Falle der vorsätzlichen Ingerenz zwingend: Der vorsätzliche Ingerent überschreitet den ihm zugestandenen Freiheitsraum mit der Gefahrschaffung nicht minder als der fahrlässige. Vielmehr überschreitet er diesen Freiheitsraum unter sonst gleichen Umständen in rechtlich gesehen gewichtigerer Weise und ist deshalb für die entstandene Gefahr in gesteigerter Form – also erst recht – verantwortlich.[84]

83   Die soeben angesprochene Problematik belegt exemplarisch die dringende Notwendigkeit, auch im strafrechtlichen Kontext die **primäre Frage** der **Legitimation** einer **Verhaltensnorm**[85] und der Begründung eines Verhaltensnormverstoßes strikt von der sekundären Frage der (weiteren) speziellen Sanktionsnormvoraussetzungen zu trennen. Es ist symptomatisch für die **strafrechtliche Blickverengung** und Fixierung auf ganz bestimmte Sanktionsnormen und ganz bestimmte naturalistische Formen der Tatbestandsverwirklichung, dass die rechtlich angemessene Lösung des Verhaltensnormproblems und damit auch des **legitimen Opferschutzes** entgleitet. Wer den zweiten Schritt vor dem ersten tut, darf sich nicht wundern, wenn er stolpert und hinfällt. Wird dagegen die hier primär relevante Frage der Legitimation einer Verhaltensnorm direkt thematisiert,[86] kann überhaupt nicht ernstlich zweifelhaft sein, dass z. B. auch derjenige kraft einer besonderen Rechtspflicht gehalten ist, die Lebensgefahr abzuwenden, der diese zuvor durch aktives Tun sehenden Auges selbst erst heraufbeschworen hat. Es mag zwar ganz auf der Linie **verbrecherischer „Psycho-Logik"** liegen, den Nichtschwimmer ertrinken zu lassen, den man zuvor mit Tötungsvorsatz ins Wasser gestoßen hat, oder denjenigen weiter zu würgen und anschließend nicht wiederzubeleben, den man auf jeden Fall sterben sehen will. Indessen geben derartige psychologische Überlegungen mitnichten einen tragfähigen Grund für eine Kapitulation des Rechts vor dem unrechtmäßigen Verhaltensprojekt ab.

---

[84] Zum Plus-Minus-Verhältnis von Vorsatz und Fahrlässigkeit vgl. unten § 7 Rn. 35 ff.
[85] Zu den Legitimationsgründen für Verhaltensnormen (Rechtsgüterschutz und Sonderverantwortlichkeit) vgl. nochmals oben § 2 Rn. 11 ff.
[86] Erst sekundär geht es um die Begründung eines spezifischen Verhaltensnormverstoßes, der für die Frage der angemessenen strafrechtlichen Ahndung von Bedeutung ist.

II. Tatbestandsmäßiges Verhalten (Verhaltensunrecht)

Mit einer solchen Kapitulation der rechtlich angemessenen Verhaltensordnung vor der normwidrigen Intention des Subjekts schösse man weit über das berechtigte Anliegen einer konsequenten **Imperativentheorie** hinaus: Die **Verhaltensnorm** findet zwar ihre Grenze an der **Fähigkeit** des Normadressaten, die für ihn kontext- und adressatenspezifisch maßgebliche Norm zu bilden und sich ihr gemäß zu verhalten.[87] Auf die Idee, die rechtliche Verhaltensnorm zu einer direkten Funktion des guten oder bösen Willens zu machen, ist aber – soweit ersichtlich – noch niemand ernsthaft gekommen: Das wäre keine rechtliche Verhaltensnorm mehr, wenn **subjektives Gutdünken** über deren Geltung entschiede. Dass das bloß subjektive Gutdünken nicht die Kraft haben kann, eine ansonsten im Rechtsgüterschutzinteresse und kraft Sonderverantwortlichkeit legitimierbare rechtliche Verhaltensnorm in Frage zu stellen, ändert sich nicht etwa, sobald der Normunterworfene seinen Entschluss zum Normverstoß in die Tat umgesetzt hat. Wer mit der Tötung des Opfers durch Erwürgen begonnen hat, mag sich aus seiner Sicht konsequent verhalten, wenn er seine Tat zum bitteren Ende bringt. Von Rechts wegen ist er im Lebensschutzinteresse und kraft Sonderverantwortlichkeit in jeder Phase des Geschehens verpflichtet, in die **Legalität zurückzukehren**, indem er mit dem Würgen aufhört oder – falls nötig – Lebensrettungsmaßnahmen einleitet. Das ist ihm nicht etwa unzumutbar.[88]

Zur Klarstellung: Die Annahme einer solchen Rechtspflicht steht einem strafbefreienden Rücktritt durch „**freiwilliges**" Aufgeben der weiteren Tatausführung oder „freiwilliges" Verhindern ihrer Vollendung nicht entgegen.[89] Auf solche Abwege kann von vornherein nicht geraten, wer im Rücktrittskontext das **Freiwilligkeitserfordernis** jedenfalls im Grundsatz dezidert **normativ bestimmt**.[90] Auf dieser Basis versteht es sich von selbst, dass das normgemäße Verhalten nicht schon deshalb „unfreiwillig" sein kann, weil es einer Rechtspflicht entspricht. Selbstverständlich ist normativ gesehen das Freiwilligkeitserfordernis im Sinne der Rücktrittsregelung erfüllt, wenn der Täter seiner entsprechenden Rechtspflicht gemäß nach gewonnener besserer Einsicht mit dem Würgen des Opfers aufhört oder wenn er die durch das Würgen geschaffene Lebensgefahr durch Wiederbelebungsmaßnahmen abwendet. Hier die Garantenrechtspflicht abzulehnen, nur um ihm einen „freiwilligen" Rücktritt zu ermöglichen, ist nicht nur ein überflüssiger Schönheitsfehler, sondern vernachlässigt zudem in sträflicher Weise den begründeten **Rechtsanspruch** des Opfers auf das **Rücktrittsverhalten** des Versuchstäters.

Tritt der Täter entgegen seiner fortbestehenden Rechtspflicht nicht zurück, verhält er sich tatbestandsmäßig missbilligt im Sinne des § 212 I (ggf. i. V. m. § 13). Ein sachlicher Grund dafür, die entsprechende **Sanktionsnorm** für unanwendbar zu er-

---

[87] Vgl. dazu oben § 2 Rn. 24 ff.; § 4 Rn. 1 ff., 13 ff.; ferner im Kontext der Fahrlässigkeitstat § 5 Rn. 23 ff.; weiterführend zu den Problemen der Normkonkretisierung und Normbefolgung *Freund/ Rostalski*, GA 2018, 264 ff., 270 ff.

[88] Verfehlt sind deshalb die von manchen angestellten „Zumutbarkeitsüberlegungen"; vgl. dazu z. B. *Hillenkamp*, FS Otto, 2007, S. 287, 295 f.

[89] Fehlerhaft insofern etwa *Hillenkamp*, FS Otto, 2007, S. 287, 294 f., der in diesem Zusammenhang überdies viel zu undifferenzierte Strafzumessungsüberlegungen anstellt.

[90] Zur „Freiwilligkeit" beim Rücktritt s. unten § 9 Rn. 57 ff.

klären, ist nicht ersichtlich. Vielmehr sprechen Wortlaut und Ratio dafür, das entsprechende Verhalten – ob aktives Tun oder Unterlassen bleibt sich gleich – als tatbestandsverwirklichend aufzufassen.[91] Auch das **Sterbenlassen** nach vorangegangener (vorsätzlicher) aktiver Tötungshandlung ist seinerseits ein **vollwertiges Töten**, das schon für sich genommen eine entsprechende Strafbarkeit zu begründen vermag.

87 Freilich wird das oft nicht bemerkt, weil neben dem tatbestandsverwirklichenden begehungsgleichen Unterlassen ein ebenfalls tatbestandsverwirklichendes aktives Tun gegeben ist und der richtige Schuldspruch problemlos an dieses aktive Tun anknüpfen kann. Wenn die Voraussetzungen eines vorsätzlichen Begehungsdelikts erfüllt sind, hat das in der **„Nachphase"** verwirklichte **begehungsgleiche Unterlassungsdelikt** daneben regelmäßig keine den Schuldspruch modifizierende Bedeutung. Insoweit handelt es sich um ein Problem des Verhältnisses verschiedener Tatbestandsverwirklichungsformen zueinander – also um eine Art **„Konkurrenzproblem"**.[92] Dieser Aspekt ist jedoch nicht etwa geeignet, die Tatbestandsverwirklichung auch durch begehungsgleiches Unterlassen in den entsprechenden Fällen in Frage zu stellen.

88 Wer hier von einem falschen Gegensatz ausgeht und fragt, ob ein bestimmter Tatbestand durch Tun *oder* durch Unterlassen erfüllt worden sei, läuft Gefahr, den durch das tatbestandsmäßge Tun *und* das tatbestandsmäßige Unterlassen *insgesamt* verwirklichten Unwertgehalt der „Straftateinheit" nicht vollständig zu erfassen.[93] Selbst wenn der Schuldspruch nicht verändert wird, ist das tatbestandsspezifische Verhaltensunrecht in der Unterlassungsphase immerhin für die Strafzumessung von erheblicher Bedeutung. Insofern macht es stets einen Unterschied, ob etwa jemand nur durch eine Handlung oder aber auch durch anschließendes Unterlassen einen anderen Menschen tötet oder verletzt.

89 Die **Tatbestandsverwirklichung durch Unterlassen** hat allerdings in manchen Fällen durchaus auch bereits für den Schuldspruch **selbstständige Bedeutung**. Diese zeigt sich, sobald dessen alleinige Anknüpfung an ein tatbestandsverwirklichendes aktives Tun dem **verwirklichten Unwertgehalt** unter dem Aspekt einer tatbestandlichen **Qualifikation** nicht gerecht zu werden vermag. Zu denken ist etwa an Fälle, in denen erst in der Unterlassungsphase qualifizierende Merkmale erfüllt werden.

---

[91] Viel zu undifferenziert beschwört *Hillenkamp*, FS Otto, 2007, S. 287, 295, 306, in diesem Zusammenhang die Gefahr der Aufrollung der Beteiligungslehre (vom Unterlassen her) herauf. Indessen besteht diese Gefahr bei Zugrundelegung einer angemessenen Beteiligungsformenlehre, welche die Reichweite der Sonderverantwortlichkeit beachtet, nicht (zu den Grundzügen einer solchen Lehre s. bereits *Freund*, Erfolgsdelikt und Unterlassen, S. 118 f., 234 ff., 258 f., 311 f.). Im Übrigen wäre es auch unangemessen, Mängel der Beteiligungslehre durch ein Ignorieren der Tatbestandsverwirklichung lösen zu wollen. Sachlich können – bei richtigem Tatbestandsverständnis – allenfalls noch Fragen der Konkurrenz (z. B. unter dem Aspekt der Sperrwirkung einer privilegierenden Spezialregelung) auftreten.

[92] In der Sache wie hier *Stein*, JR 1999, 265, 270 ff.; *ders.*, in: SK StGB[9], § 13 Rn. 58; *Weigend*, in: LK[12], § 13 Rn. 10. – S. dazu noch unten § 11 Rn. 41 ff.

[93] Daher ist auch die verbreitete Frage nach dem „Schwerpunkt der Vorwerfbarkeit" im Ansatz verfehlt, wenn es darum geht zu klären, ob ein bestimmter Straftatbestand erfüllt worden ist. – Zur verbreiteten Fragestellung nach dem „Schwerpunkt der Vorwerfbarkeit" s. statt vieler *Krey/Esser*, AT[6], Rn. 1107 m. w. N.

Nicht anders verhält es sich, wenn nach einem (aktiven) Tötungshandeln, das die 90
Voraussetzungen des § 216 StGB erfüllt, das **Opfer sein Tötungsverlangen widerruft**. Kann der Täter das Opfer noch retten, ist er als Ingerent für diese Rettung sonderverantwortlich. Wenn er es sterben lässt, tötet er es durch begehungsgleiches Unterlassen. Dass die Lebensgefahrschaffung in der Phase des aktiven Tuns vorsätzlich und nicht nur fahrlässig geschah, vermag daran nichts zu ändern.[94] Entsprechendes gilt, wenn die eindeutige Anknüpfung an das aktive Tun am prozessualen Nachweis scheitert, aber immerhin eine vorsätzliche Ingerenz *möglich* erscheint. Außerdem ist z. B. an Fälle der **Anstiftung** zu der in der Unterlassungsphase begangenen Straftat zu denken, in denen die Strafbarkeit des Teilnehmers vom Gegebensein einer **vorsätzlichen rechtswidrigen Haupttat** abhängt.[95]

In diesem Zusammenhang mutet es schon etwas merkwürdig an, die monierten 91
Lücken in der strafrechtlichen Erfassung unwertigen Verhaltens mit dem Argument zu bagatellisieren, es seien ja gar nicht viele, und die Produktion solcher durch das Strafgesetz keineswegs vorgezeichneter Lücken (in Wahrheit sind es „hausgemachte") obendrein durch die Berufung auf den **fragmentarischen Charakter des Strafrechts** zu veredeln.[96] Der fragmentarische Charakter des Strafrechts (nicht zu verwechseln mit der ultima ratio-Funktion) ist nichts weiter als die notgedrungen in Kauf zu nehmende Kehrseite des nullum crimen-Satzes, aber gerade **kein Selbstzweck**.[97] Da **Wortlaut** und **Ratio** die strafrechtliche Erfassung auch der Unterlassungsfälle ermöglichen, kann die künstliche Erzeugung entsprechender Strafbarkeitslücken nicht auf Verständnis hoffen. Es bleibt also dabei: Wer **vorsätzlich** eine **besonders** zu verantwortende Gefahr **begründet**, ist selbstverständlich (!) **erst recht** gehalten, diese kraft einer **qualifizierten Garantenrechtspflicht** wieder aus der Welt zu schaffen.

Indessen zeigt gerade das oben (§ 6) Rn. 77 genannte Hundehalter-Beispiel, 92
dass besondere Gefahrenquellenverantwortlichkeiten nicht notwendig ein rechtlich zu beanstandendes Vorverhalten voraussetzen, sondern **vorangegangenes (vorsätzliches oder fahrlässiges) Fehlverhalten** lediglich einen **evidenten Fall** begründbarer **besonderer Gefahrenabwendungspflichten** bildet. Ganz allgemein gilt: Wer **qualifiziert riskante Tätigkeiten** ausübt, die mit dem mehr oder weniger

---

[94] Er ist also jedenfalls wegen Totschlags strafbar. Unterlässt er die Rettung aus Habgier, weil er als Erbe eingesetzt ist, erfüllt er sogar die Voraussetzungen des Mordes.

[95] Beispiel: Nachdem A den Nichtschwimmer B mit Tötungsvorsatz ins Wasser gestoßen hat, reut ihn sein Tun und er entschließt sich, sein Opfer wieder aus dem Wasser zu ziehen. C überredet ihn jedoch, B ertrinken zu lassen. Ohne vorsätzliche rechtswidrige Haupttat in der Unterlassungsphase gäbe es auch keine strafbare Teilnahme. Das wäre evident sachwidrig: Auch das Sterbenlassen nach vorsätzlicher Lebensgefahrschaffung ist tatbestandsmäßige Tötung (durch begehungsgleiches Unterlassen) und damit eine teilnahmefähige Haupttat. Der nullum crimen-Satz steht dem nicht entgegen. – Zur Relevanz der strafbaren Teilnahme vgl. auch *Wessels/Beulke/Satzger,* AT[48], Rn. 1196.

[96] Vgl. dazu etwa *Hillenkamp,* FS Otto, 2007, S. 287, 304 f.

[97] Zum fragmentarischen Charakter des Strafrechts vgl. oben § 1 Rn. 63, 70 ff.; zur davon zu unterscheidenden – auf dem verfassungsrechtlichen Verhältnismäßigkeitsgrundsatz beruhenden – ultima ratio-Funktion vgl. etwa *Frisch,* Tatbestandsmäßiges Verhalten, S. 77 f., 143 f.; *Hilgendorf/Valerius,* AT[2], § 1 Rn. 40; *Kindhäuser,* ZStW 129 (2017), 382 ff.; *Yoon,* Strafrecht als ultima ratio, S. 7 ff.

ausdrücklichen oder stillschweigenden – weil selbstverständlichen – **Vorbehalt versehen** sind, sich nachträglich konkretisierende Schädigungsmöglichkeiten abzuwenden, muss das – wenn er diese Tätigkeit ausüben möchte – dann auch kraft einer entsprechenden Sonderverantwortlichkeit tun. Wer das nicht akzeptieren möchte, darf solche Tätigkeiten nicht ausüben. Man kann nicht die entsprechenden **Vorteile** haben wollen, ohne dafür die angemessene „**Gegenleistung**" zu erbringen.[98]

93 Dementsprechend besteht eine **besondere Verantwortlichkeit** des **Kraftfahrers** für die ohne Weiteres mögliche Rettung des Menschen, der von ihm – als Folge der Realisierung des allgemeinen **Betriebsrisikos** seines Kraftfahrzeugs – lebensgefährlich verletzt worden ist.[99]

94 Aufgrund des **Gedankens** der **bedingten Gestattung** bestimmter qualifiziert riskanter Tätigkeiten ergibt sich gleichfalls eine überzeugende Lösung mancher Probleme der **strafrechtlichen Produktverantwortlichkeit**. Hier bereiten auch die Fälle keine größeren Schwierigkeiten mehr, in denen das Inverkehrbringen eines Produkts nach den zu diesem Zeitpunkt vorhandenen Erkenntnissen rechtlich nicht zu beanstanden war, aber im Nachhinein mögliche Schädigungen erkennbar wurden, die Anlass für gegensteuernde Maßnahmen wie Warnung oder Rückruf sind. Wegen der selbstverständlich auch nach dem **Inverkehrbringen** fortbestehenden **Sonderverantwortlichkeit** für bestimmte Gefahrenabwendungsmaßnahmen haben wir es bei einer durch richtiges Verhalten zu vermeidenden möglichen Schädigung anderer an Leib oder Leben mit einem tatbestandsmäßigen Körperverletzungs- oder Tötungsverhalten zu tun.

95 Eines Rekurses auf den fragwürdigen Gedanken eines – trotz fehlender Sorgfaltspflichtverletzung (!) – „objektiv pflichtwidrigen" gefahrbegründenden Vorverhaltens bedarf es für die Annahme begehungsgleichen Unterlassens nicht. Der BGH verdunkelt mit diesem in der **„Lederspray-Entscheidung"** (BGHSt 37, 106 ff.) herangezogenen Begriff[100] nur, was er getan hat und was auch durchaus richtig ist,

---

[98] Wie hier etwa *Heger*, in: Lackner/Kühl[29], § 13 Rn. 13; *Otto*, AT[7], § 9 Rn. 81; *Herzberg*, JZ 1986, 986, 990; *Rengier*, JuS 1989, 802, 807 (anders freilich nunmehr *ders.*, AT[10], § 50 Rn. 84 ff.). S. dazu auch *Freund*, in: MünchKommStGB[3], § 13 Rn. 121 ff. – Zur Gegenauffassung, die durchweg ein pflichtwidriges Vorverhalten verlangt, vgl. *Fischer*[66], § 13 Rn. 52 m. w. N.

[99] Sachlich übereinstimmend etwa *Herzberg*, Unterlassung, S. 298; *ders.*, JZ 1986, 986, 990; *Rengier*, JuS 1989, 802, 807; im Grundsatz auch *Jakobs*, AT[2], 29/42, der jedoch zu Unrecht eine Haftung wegen begehungsgleichen Unterlassens ablehnen möchte, wenn das betrunkene Opfer in die Fahrbahn getorkelt war (vgl. den Fall BGHSt 25, 218 ff.). Denn dass Autofahren eine qualifiziert riskante Tätigkeit ist, zeigt sich auch und gerade im Falle der Verletzung von „Nichtverantwortlichen" – wie Betrunkenen, Kindern und alten Menschen. – Eine Verantwortlichkeit wegen begehungsgleichen Unterlassens in solchen Fällen aber ablehnend etwa BGHSt 25, 218, 221 f.; *Otto*, AT[7], § 9 Rn. 84 (Fall 3); vgl. auch *dens.*, FS Gössel, 2002, S. 99, 115 f. – In Bezug auf das Pflichtwidrigkeitserfordernis schwankend *Wessels/Beulke/Satzger*, AT[48], Rn. 1197 i. V. m. Rn. 1198.

[100] Zutreffend krit. dazu *Kuhlen*, NStZ 1990, 566, 568; deutlich herausgestrichen wird die sachliche Aufgabe des Pflichtwidrigkeitserfordernisses (trotz gegenteiliger verbaler Beteuerung) durch den BGH in der „Lederspray-Entscheidung" mit Recht auch von *Kühl*, AT[8], § 18 Rn. 103; vgl. auch *Wessels/Beulke/Satzger*, AT[48], Rn. 1200: Vorverhalten muss – wenn es um den Rückruf gefährlicher Produkte geht – nicht pflichtwidrig gewesen sein.

nämlich das Pflichtwidrigkeits-(Zusammenhangs-)Erfordernis aufzugeben, was sich bereits in BGHSt 34, 82[101] deutlich abzeichnete.

Diese berechtigte **Aufgabe des Pflichtwidrigkeitserfordernisses** bei der Ingerenzverantwortlichkeit bedeutet selbstverständlich nicht, dass jede kausale Herbeiführung einer Gefahrenlage **sonderverantwortlichkeitsbegründend** wirkt. Vielmehr bedarf es dafür eines sachlichen Grundes – wie insbesondere der **bedingten Gestattung** einer qualifiziert riskanten Tätigkeit. Nun kann aber nicht jede beliebige Tätigkeit im hier interessierenden Sinne lediglich bedingt gestattet werden. So ist etwa der **Verkauf** eines normalen **Küchenmessers** unter normalen Umständen sicher nicht nur unter der Bedingung zu gestatten, dass der Verkäufer bei Bedarf die drohende Tötung eines Menschen mit diesem Messer kraft einer qualifizierten Verpflichtung verhindert. Hier greift für den Verkäufer lediglich die **allgemeine Hilfspflicht** ein (§§ 323c I, 138). 96

Ebenso wenig lässt sich derjenige, der ohne eigene „Schuld" von einem **vollverantwortlichen Angreifer** zu einer **Notwehrhandlung** veranlasst worden ist, kraft einer Sonderverantwortlichkeit qualifiziert in die Rettungspflicht nehmen.[102] Denn die Kollisionssituation, die ihn zu der Notwehrhandlung „gezwungen" hat, ist ausschließlich von dem Angreifer zu verantworten. Deshalb wäre es unangemessen, die Vornahme der Notwehrhandlung mit irgendwelchen **Sonderverantwortlichkeits-Hypotheken** zu belasten. Auch hier greift lediglich die **allgemeine Hilfspflicht** zugunsten des verletzten und hilfsbedürftigen Angreifers ein.[103] 97

Dagegen lassen sich Gefahrenabwendungspflichten des für die **Sicherungsverwahrung** oder auch den **Straf-** oder **Maßregelvollzug** zuständigen **Beamten** kraft einer entsprechenden Sonderverantwortlichkeit legitimieren. Dabei ist die Sonderverantwortlichkeit des Gefahrenvermeidepflichtigen davon unabhängig, ob der unmittelbar güterschädigend Agierende selbst **verantwortlich** oder **nichtverantwortlich** handelt.[104] 98

Wenn jemand für bestimmte **Räumlichkeiten verantwortlich** ist, muss unterschieden werden: Der bloße Missbrauch einer Wohnung zur Begehung einer Straftat durch einen Dritten vermag keine Sonderverantwortlichkeit des 99

---

[101] Mit krit. Anm. *Rudolphi*, JR 1987, 162 ff.; s. a. *Ranft*, JZ 1987, 859, 864.

[102] Für Fälle der – etwa wegen Provokation – eingeschränkten Notwehr (näher dazu oben § 3 Rn. 115 ff., 121 ff.) gilt das aber jedenfalls nicht ohne Weiteres.

[103] Übereinstimmend insoweit etwa BGHSt 23, 327, 328; BGH NStZ 2018, 84, 85; *Otto*, FS Gössel, 2002, S. 99, 112; *Wessels/Beulke/Satzger*, AT[48], Rn. 1197; vgl. auch *Walther*, FS Herzberg, 2008, S. 503 ff. (mit Bedenken, ob der Erfassungsbereich des § 323c I ausreicht). – Zur angemessenen Differenzierung bei anderen Rechtfertigungsgründen näher *Kühl*, AT[8], § 18 Rn. 96 ff. m. w. N.

[104] Näher zur Amtsträgerverantwortlichkeit und ihren Grenzen *Freund*, Erfolgsdelikt und Unterlassen, S. 256 ff., 259 f., 291 ff.; *Puppe*, AT-Rechtsprechung[3], § 29 Rn. 19 ff., jew. m. w. N. – Zur speziellen Problematik der Strafvereitelung durch Unterlassen seitens des Leiters einer Justizvollzugsanstalt, der schwere, von Gefangenen während der Haft begangene Straftaten nicht zur Anzeige bringt, vgl. HansOLG Hamburg JR 1996, 521 ff. m. krit. Anm. *Küpper*; s. a. *Klesczewski*, NStZ 1996, 103 f.; *Volckart*, StV 1996, 608 ff. – Zur Verantwortlichkeit eines Bürgermeisters wegen Gewässerverunreinigung durch Unterlassen vgl. BGHSt 38, 325 ff. m. Bespr. *Michalke*, NJW 1994, 1693 ff.; *Nestler*, GA 1994, 514 ff.

Wohnungsinhabers zu begründen. Das gilt entgegen verbreiteter Auffassung selbst für den Sonderfall, dass die Wohnung nicht als beliebig **austauschbarer Ort** der Straftatbegehung aufzufassen sein sollte, sondern vermöge ihrer Beschaffenheit die Straftat irgendwie **begünstigt**.[105]

100 Man kann sich hier etwa den Fall vorstellen, dass die **Hilferufe** des Opfers wegen der besonders guten **Schallisolierung** der Wände allenfalls schwach nach außen dringen, oder den Fall, dass keine aussichtsreichen **Fluchtmöglichkeiten** existieren. Freilich ist das angesprochene Differenzierungskriterium recht unklar: Soll etwa der Umstand, dass verbotenerweise heimlich im fremden Garten angepflanzter **Cannabis** mit **Nährstoffen** aus eben diesem fremden Boden versorgt wird, ein (entscheidend) fördernder Faktor zum Gelingen des Anbaus darstellen?[106]

101 Eine besondere Verantwortlichkeit lässt sich in den hier interessierenden Fällen nur begründen, soweit die **Wohnung** oder andere **Räumlichkeit** selbst als dem eigenen Organisationskreis zuzuordnende **unmittelbare Gefahrenquelle** fungiert: Hat etwa ein **Entführer** sein Opfer in einen fremden **Wohnungskeller gesperrt**, um es dort verhungern zu lassen, und wird es vom für den Keller Verantwortlichen entdeckt, muss er es nicht nur kraft einer durch § 323c I strafbewehrten allgemeinen Hilfspflicht befreien. Im Hinblick auf die **unmittelbare Gefährlichkeit** *seines* **Kellers** für Freiheit, Leib und Leben des Opfers greift vielmehr eine qualifizierte Befreiungspflicht ein, wie sie für **begehungsgleiches Unterlassen** spezifisch ist.[107]

102 Ein **Ehegatte** ist nicht kraft einer qualifizierten Verpflichtung gehalten, güterschädigendes Verhalten des anderen zu vermeiden. Das gilt uneingeschränkt **auch bei Nichtverantwortlichkeit** des anderen – etwa beim plötzlichen Ausbruch einer psychischen Erkrankung mit der Gefahr der Verletzung Dritter. Qualifizierte – also kraft einer Sonderverantwortlichkeit mitfundierte – Verpflichtungen können beim Ehegattenverhältnis **niemals** im **Drittschutzinteresse** legitimiert sein.[108]

103 Solche für eine Strafbarkeit wegen begehungsgleichen Unterlassens erforderlichen qualifizierten Rechtspflichten können sich hier nur **im Interesse des schutzbedürftigen** und **schutzwürdigen anderen Teils** ergeben: Droht der andere **nichtverantwortliche Ehegatte** selbst Schaden zu nehmen, lässt sich bei Gegebensein der sonstigen Inpflichtnahmevoraussetzungen die für begehungsgleiches Unterlassen erforderliche Sonderverantwortlichkeit aufweisen.[109]

---

[105] Für den Sonderfall eine Verantwortlichkeit wegen begehungsgleichen Unterlassens jedoch bejahend z. B. BGHSt 30, 391 ff.; OLG Zweibrücken StV 1986, 483 f.; *Rudolphi*, NStZ 1984, 149, 153 f.; *Bosch*, in: Schönke/Schröder[30], § 13 Rn. 54, jew. m. w. N. (Die bloße Duldung von Rauschgiftgeschäften in einer Wohnung soll aber nicht ausreichen; vgl. BGH StV 1993, 28 f.). – Dagegen stellt etwa *Otto*, AT[7], § 9 Rn. 89 darauf ab, ob der Inhaber eines Herrschaftsbereichs das Vertrauen erweckt hat, bestimmte Gefahren abzuwehren.

[106] Vgl. dazu den Fall OLG Zweibrücken StV 1986, 483 f.; die Brauchbarkeit der Unterscheidung zwischen bloßem Ort und förderndem Faktor mit Recht ablehnend z. B. auch *Otto*, JK 87, StGB § 13/11.

[107] Anders verhält es sich dagegen bei der Schallisolierung der Wände in dem oben (§ 6) Rn. 100 genannten Beispiel: Diese wirkt sich nicht *unmittelbar* güterschädigend aus. – Näher zur Problematik der Verantwortlichkeit für bestimmte Räumlichkeiten bei vermittelndem Agieren Dritter *Freund*, Erfolgsdelikt und Unterlassen, S. 239 ff. m. w. N.

[108] Übereinstimmend z. B. *Fischer*[66] § 13 Rn. 24.

[109] Zu solchen Beschützerverantwortlichkeiten s. sogleich unten (§ 6) Rn. 111 ff.

Nochmals zur **Klarstellung:** Die für die Verwirklichung der meisten Tatbestände 104
notwendige Sonderverantwortlichkeit in Bezug auf bestimmte Gefahrenquellen
muss nicht nur bei der **Verhaltensform** des **Unterlassens,** sondern ebenso bei der
Tatbestandsverwirklichung durch ein **Tun** normativ begründet werden. Sie kann
nicht einfach aus der naturalistischen (möglichen) Kausalität der Handlung für eine
Schädigung abgeleitet werden. Dass die notwendige **Sonderverantwortlichkeit
für das Vermeiden einer Güterschädigung** trotz pflichtwidrigen erfolgskausalen
Tuns fehlen kann, haben die oben § 2 Rn. 20 und (§ 6) Rn. 71 Fn. 71 genannten
Beispiele gezeigt: Wer nur den rettenden Arm wegzieht, wenn jemand gefährlich
stolpert oder das deliktische Tötungsverhalten anderer dadurch ermöglicht, dass er
einen Raum verlässt, mag zwar erfolgskausal handeln. Er ist aber nicht wegen Körperverletzung oder Tötung verantwortlich, sondern nur wegen Verstoßes gegen die
allgemeine Hilfeleistungspflicht.

In diesen Kontext gehört auch ein bemerkenswertes Beispiel, das *Jakobs* gelie- 105
fert hat und das regelmäßig unzureichend nur unter dem Aspekt der Relevanz oder
Irrelevanz von **Sonderwissen** diskutiert wird. *Jakobs* möchte die Relevanz von
Sonderwissen verneinen, wenn es bei der Wahrnehmung bestimmter Rollen nur
zufällig vorhanden ist. Sein Beispiel: Ein **Biologiestudent als Aushilfskellner** entdeckt in einem exotischen Salat dank seiner im Studium erworbenen Kenntnisse
eine **giftige Frucht,** serviert den Salat aber trotzdem.[110] *Jakobs* verneint in diesem
Fall zumindest im Grundsatz die Verantwortlichkeit des Studenten wegen Tötung
oder Körperverletzung und lässt es mit einer Verantwortlichkeit wegen unterlassener Hilfeleistung bewenden. Seine Überlegung dazu: „Was geht den Biologiestudenten der Gast an, anders formuliert, warum sollte bei der Interaktion zwischen
Kellner und Gast zum Kellner ein Wissen aus seiner Rolle als Biologiestudent gehören?"

Immerhin kommt *Jakobs* zur Strafbarkeit des Studenten wegen Tötung oder Kör- 106
perverletzung, wenn der Student die giftige Frucht zurückhält, bis ein Gast kommt,
dem er den Schaden gönnt. Denn dann sei der Verlauf seine eigene Organisation.[111]
Dass es sachlich letztlich gar nicht darum geht, ob das zufällige Wissen des Studenten bei der rechtlichen Bewertung seines Verhaltens zu berücksichtigen ist, zeigt
bereits der Blick auf das Ergebnis der Strafbarkeit, das *Jakobs* in der Abwandlung
seines Falles erzielt. Aber auch die mindestens gegebene Strafbarkeit des Studenten
wegen unterlassener Hilfeleistung im Ausgangsfall belegt die **Berücksichtigung
des Sonderwissens,** die nicht ernsthaft abgelehnt werden kann.

Erst auf dieser Basis kommt das eigentliche normative Problem der vorhande- 107
nen oder fehlenden Sonderverantwortlichkeit des Studenten für das Vermeiden der
infrage stehenden Schädigungsmöglichkeit zum Vorschein: Auf der Grundlage des
auf jeden Fall zu berücksichtigenden Wissens ist mit normativen Überlegungen zu
klären, ob das **Servieren der giftigen Frucht** in den **besonderen Verantwortungsbereich** des Aushilfskellners fällt oder nicht – genauer noch: ob dieser

---
[110] *Jakobs,* GS Armin Kaufmann, 1989, S. 271, 273.
[111] *Jakobs,* GS Armin Kaufmann, 1989, S. 271, 286.

dadurch gegen eine monistisch (nur) durch den Rechtsgüterschutz legitimierte Verhaltensnorm verstößt oder aber gegen eine **dualistisch** (auch) durch seine entsprechende Sonderverantwortlichkeit **legitimierte Verhaltensnorm**.

108 *Jakobs* Lösung dieses Problems im Ausgangsfall i. S. einer Ablehnung der Sonderverantwortlichkeit unter Rekurs auf den angeblichen Zuschnitt der „Rolle" eines Aushilfskellners vermag nicht zu überzeugen. Da die normativ relevante **Rolle** durch die in diesem Kontext dem Betreffenden gegenüber rechtlich legitimierbaren **besonderen Rechtspflichten konstituiert** wird, lässt sich aus bestimmten Rollenüblichkeiten nichts ableiten. Zwar dürften bestimmte Überprüfungspflichten für einen Kellner regelmäßig als zu weitgehend abzulehnen sein. Dieser Umstand ist aber nicht aussagekräftig, wenn es um die Frage geht, ob das Nichtservieren einer erkanntermaßen giftigen Frucht zum **besonderen Pflichtenkreis** eines Kellners gehört. Diese Frage ist entgegen *Jakobs* zu bejahen:

109 Zunächst ist festzustellen, dass im Ausgangsfall von *Jakobs* das Vermeiden der Güterschädigung jedenfalls ganz eindeutig in den Pflichtenkreis des Aushilfskellners fällt. Er kann sich gerade nicht auf den Standpunkt stellen: Das Leben des Gastes geht mich nichts an! Vielmehr ist er Adressat jedenfalls einer **monistisch** im Lebens- und Gesundheitsschutzinteresse des Gastes **legitimierten Verhaltensnorm**. Bei einem Verstoß dagegen macht er sich strafbar nach § 323c I. Anders wäre es etwa, wenn der Kellner auf dem Tablett zufällig einen vom Koch für den Gast geschriebenen **Zettel mit einer Beleidigung** entdecken würde, die er – weil sie in einer Fremdsprache geschrieben ist – nur deshalb versteht, weil er die Sprache studiert hat. Wenn er unter diesen Umständen den Zettel mit der Beleidigung auf dem Tablett weiter servieren darf, liegt das nicht etwa daran, dass sein Sonderwissen nicht zu berücksichtigen wäre. Vielmehr lässt sich auch auf der Basis dieses berücksichtigten Sonderwissens ein entsprechendes Verbot überhaupt nicht begründen. Damit kann auch eine etwaige Sonderverantwortlichkeit von vornherein nicht entstehen.[112]

110 Anders verhält es sich, wenn auf der Basis einer schon im Rechtsgüterschutzinteresse zu legitimierenden Pflicht zu klären ist, ob zusätzlich eine **besondere Vermeideverantwortung** begründet werden kann. Im Ausgangsfall von *Jakobs* darf der Kellner die giftige Frucht unter keinen Umständen servieren. Er muss im Rechtsgüterschutzintesse des Gastes, die **drohende Schädigung verhindern**. Das müsste er ja auch schon dann, wenn er zufällig erkannt hätte, dass ein nichtsahnender Kollege im Begriff ist, die Frucht zu servieren.[113] Auf der Basis dieses Zwischenergebnisses darf er aber **erst recht nicht** seinerseits **gefahrvermittelnd tätig**

---

[112] Eine Sonderverantwortlichkeit gibt es nur als Teilmoment einer *auch* unter Rechtsgüterschutzaspekten legitimierbaren Verhaltensnorm; s. dazu bereits oben (§ 6) Rn. 58 ff.
[113] In diesem Fall bliebe es bei der Strafbarkeit des Aushilfskellners wegen unterlassener Hilfeleistung. Für eine theoretisch denkbare Strafbarkeit nach § 138 I fehlen ausreichende Anhaltspunkte.

werden.[114] Als **Überbringer der tödlichen Speise** ist er der **entscheidende Faktor** beim todbringenden Geschehen und trägt, für das, was er tut, nach allgemeinen Regeln die besondere Verantwortung. Die giftige Frucht darf er aus seinem Organisationskreis nicht entlassen. Vielmehr hat er als entsprechend Sonderverantwortlicher zu vermeiden, dass es dazu kommt. Insofern gilt für den Kellner nichts anderes als für den Koch, der die giftige Frucht von einem bis dahin stets zuverlässigen Lieferanten bezogen hat, und der deren Giftigkeit ebenfalls nur zufällig erkennt.

bb) Sog. Beschützerverantwortlichkeiten

Die grundsätzliche Berechtigung von **besonderen Schutzverantwortlichkeiten** neben besonderen Gefahrenquellenverantwortlichkeiten steht außer Frage: Das **Rechtsgüterschutzkonzept** hätte eine inakzeptable **offene Flanke**, sorgte es sich nur um die Abwendung von Gefahren bestimmter Organisationskreise. Wie die Erfahrung lehrt, ist diese Güterschutzstrategie nicht immer erfolgreich. Nicht nur, dass dennoch tagtäglich zahlreiche schadensträchtige Verläufe – sei es toleriert oder nicht toleriert – in Gang kommen. Es gibt auch viele Gefahrenquellen, die nicht oder nur schwer dem Organisationskreis einer bestimmten Person in dem Sinne zugeordnet werden können, dass diese Person zum „Im-Zaume-Halten" der Gefahrenquelle sonderverantwortlich verpflichtbar wäre:

111

Unbilden der Natur – wie **Hitze, Kälte** oder **Gewitter** – können Rechtsgütern gefährlich werden, ohne dass für die Quelle der Gefahr jemand verantwortlich wäre. Und auch die schlichte Nichterfüllung von **Bedürfnissen des menschlichen Körpers** kann rechtsgüterbedrohend sein, ohne dass der Ursprung der Gefahr in den besonderen Verantwortungsbereich einer bestimmten Person fiele. Außerdem können manifeste Gefahrenabwendungsbedürfnisse in Bezug auf **Rechtsgüter der Allgemeinheit** bestehen, die nur durch die Schaffung einer entsprechenden Einrichtung angemessen abzudecken sind. Sollen nicht elementare und berechtigte Rechtsgüterschutzinteressen weithin vernachlässigt werden, bedarf es deshalb einer ergänzenden und flankierenden Strategie des Güterschutzes. Diese ergänzende und flankierende Güterschutzstrategie muss die Bedürfnisse nach Gefahrenabwendung gewissermaßen mit **Blick auf das Opfer** bestimmen, auf ihre Berechtigung hin untersuchen und prüfen, ob die Befriedigung der berechtigten Bedürfnisse einer ganz bestimmten Person in sonderzuverantwortender Weise normativ zugeordnet werden kann.

112

---

[114] Zur mittelbaren Relevanz allgemeiner Hilfspflichten, die im Rechtsgüterschutzinteresse legitimiert sind, für Legitimation *besonderer* Rechtspflichten, die entsprechende Güterschädigung erst recht nicht herbeizuführen, näher *Frisch*, Tatbestandsmäßiges Verhalten, S. 313 ff.; *ders.*, FS Lüderssen, 2002, S. 539, 549 ff. (unter zutreffendem Hinweis auch auf die in § 34 und § 904 BGB enthaltenen Wertungen); s. a. *Freund*, Erfolgsdelikt und Unterlassen, S. 233 ff.; *Georgy*, Die strafrechtliche Verantwortlichkeit von Amtsträgern, S. 176 ff.

113   Schutz- oder **Obhutsverantwortliche** sind ebenso häufig anzutreffen und genauso vielgestaltig wie Gefahrenquellenverantwortliche: Die **Kindeseltern**, der **Bergführer**, der **Schwimm-** oder **Fahrlehrer**, aber auch **Organe juristischer Personen** des Privatrechts oder bestimmte Organe und **Amtswalter** juristischer Personen des Öffentlichen Rechts gelten u. U. als Schutzverantwortliche und sollen dann für eine Rundumverteidigung des zu schützenden Rechtsguts zu sorgen haben.[115]

(1) Nur beschränkte Gefahrenabwendungspflichten auch bei „klassischen" Beschützerverantwortlichkeiten

114   Tatsächlich liegen auch im hier interessierenden Bereich die Dinge nicht ganz so einfach. Denn auch Beschützerverantwortlichkeiten führen nicht etwa zu einer gar nicht möglichen Gewähr absoluter Gefahrenfreiheit. Deshalb ist das Bild von der „**Rundumverteidigung**" einigermaßen schief. Von einer derartigen „Garantie" eines entsprechenden „Garanten" kann keine Rede sein. Auch Beschützerverantwortlichkeiten haben immer nur eine **begrenzte Reichweite** und lassen es ohne Weiteres zu, dass der Schützling anderen Schädigungsmöglichkeiten von Rechts wegen ausgesetzt bleiben darf oder dass solche anderen Schädigungsmöglichkeiten jedenfalls nicht kraft einer Sonderverantwortlichkeit zu vermeiden sind.

115   Wer den Unrechtstatbestand eines begehungsgleichen Unterlassungsdelikts bereits bei „**Nichtabwendung des Erfolges trotz Möglichkeit in Garantenstellung**" annimmt, geht auch hier erheblich zu weit und erfasst rechtlich völlig einwandfreies Verhalten so genannter „Garanten". Dabei wird die Grundvoraussetzung tatbestandlichen Unrechts vernachlässigt: Solches setzt den **Verstoß gegen** eine rechtlich legitimierbare **Verhaltensnorm** voraus. Der Aspekt der Sonderverantwortlichkeit gewinnt lediglich in diesem konkreten Begründungszusammenhang Bedeutung und ist jenseits des Bereichs legitimierbarer **Einschränkung** der **Handlungs-** oder **Unterlassungsfreiheit** ohne Belang.[116]

116   In solcher Sicht zeichnet sich begehungsgleiches Unterlassen ebenso wie tatbestandsmäßiges aktives Tun durch eine **Sonderverantwortlichkeit** desjenigen aus, der den schadensträchtigen Verlauf in rechtlich missbilligter Weise nicht vermeidet.

(2) Wichtige Fälle der Sonderverantwortlichkeit kraft Übernahme

117   Zum besseren Verständnis ein Fall: **Kindermädchen** K verbringt den Abend damit, ein zweijähriges Kind zu hüten. Statt das Kind bei seinem **Bad zu beaufsichtigen**, verbringt K die Zeit am Telefon, um mit ihrem neuen Freund zu plaudern. Nach zwei Stunden Telefonat liegt das Kind **ertrunken** in der Badewanne. Qualifizierte i. S. v. dualistisch fundierte Gefahrenabwendungsverpflichtungen finden sich allgemein bei Personen, die sich zu **bestimmten Gefahrenabwendungen** ausdrück-

---

[115] Zum Gedanken der Rundumverteidigung s. etwa *Armin Kaufmann*, Unterlassungsdelikte, S. 283.

[116] Näher zur Kritik am geläufigen, aber nicht sachgerechten Umgang mit dem Begriff der Garantenstellung *Freund*, Erfolgsdelikt und Unterlassen, S. 39 ff., 154 ff., 162 f. (m. Fn. 13), 164 f. (m. Fn. 19), 170 f., 281 f., 294 f., 306, 308.

lich oder konkludent **bereiterklärt** und damit entsprechende Pflichten wirksam **übernommen** haben. Beispiele dafür sind der **Leibwächter**, der **Bademeister**, der **Arzt**[117] oder das **Kindermädchen** des Einstiegsfalls. Dabei kommt eine **wirksame Verantwortungsübernahme** auch bei zivilrechtlich nichtigem oder anfechtbarem Vertrag in Betracht. Die Sonderverantwortlichkeit ergibt sich in derartigen Fällen ohne Weiteres daraus, dass sich der Betreffende als verantwortliche Person „**beim Wort nehmen**" lassen muss und sich selbstwidersprüchlich verhielte, wenn er die übernommene Gefahrenabwendungsaufgabe nicht als die seine auffassen wollte.[118]

Ein Unterfall solcher **Übernahme** liegt vor, wenn sich Personen kurzfristig oder langfristig zusammenschließen und nach dem Zuschnitt des Zusammenschlusses eine **gegenseitige Hilfszusage** zumindest stillschweigend angenommen werden kann. Klassisches Beispiel für einen längerfristig angelegten Zusammenschluss bilden die **Ehegatten**.[119] Bei diesen reicht aber selbstverständlich nicht das bloß noch auf dem Papier bestehende **formale Eheband**, sondern es muss **material** die für begehungsgleiches Unterlassen erforderliche gegenseitige Hilfszusage **noch wirksam** sein.[120] Da Letztere vom formalen Eheband unabhängig möglich ist, haben inzwischen **eheähnliche Verhältnisse** vermehrt praktische Relevanz erlangt. **118**

Zum Einstiegsfall des **Kindermädchens:** Durch ihre Tätigkeit hat K die Verantwortung übernommen, während ihrer Aufsichtszeit bestimmte Rechtsgutsgefährdungen von ihrem Schützling abzuwenden. Auf diese Gewähr müssen sich die Eltern im Interesse ihres Kindes verlassen können. K ist damit als Beschützerverantwortliche anzusehen. Während des Gesprächs hat sie – bei angemessener Würdigung der kollidierenden Güter und Interessen – ihrer im Interesse des Schutzes des Lebens des Kindes anzunehmenden Aufsichtspflicht nicht entsprochen und damit in tötungstatbestandlich-missbilligter Weise unterlassen. Sie hat sich daher im Ergebnis der **fahrlässigen Tötung** durch begehungsgleiches Unterlassen gemäß §§ 222, 13 I schuldig gemacht. **119**

(3) Spezielle rechtliche Zuordnungsverhältnisse

Die Sorge*pflicht* der **Eltern** ist als qualifizierte Pflicht die selbstverständliche Kehrseite des elterlichen Sorge*rechts*.[121] Deshalb sind rechtlich missbilligte Nichtabwendungen von Gefahren, die ihren Kindern drohen, in diesem Rahmen begehungsgleich tatbestandlich missbilligte Unterlassungen der Eltern.[122] **120**

---

[117] Zur Verantwortlichkeit des Arztes für Folgen behandlungsbedingter Fahrunsicherheit auch in der Form begehungsgleichen Unterlassens s. *Riemenschneider/Paetzold*, NJW 1997, 2420 ff.
[118] Zu solchen Fällen der *Übernahme* einer Gefahrenabwendungsaufgabe s. a. *Kühl*, AT[8], § 18 Rn. 68 ff.; *Heger*, in: Lackner/Kühl[29], § 13 Rn. 9; *Otto*, AT[7], § 9 Rn. 64 ff., jew. m. w. N.; ferner BGHSt 47, 224 ff. (Wuppertaler Schwebebahn) m. Anm. *Freund*, NStZ 2002, 424 f.; BGH NStZ 2008, 391 f. (Fuhrpark-Wartungstätigkeiten) (= NJW 2008, 1897 ff. m. Anm. *Kühl*).
[119] S. dazu etwa *Böhm*, Garantenpflichten, S. 193 ff.; *Kühl*, AT[8], § 18 Rn. 56 ff., jew. m. w. N.
[120] Zum Erlöschen der qualifizierten Pflichten näher BGHSt 48, 301 ff. m. Bespr. *Freund*, NJW 2003, 3384 ff.; *Fischer*[66], § 13 Rn. 21.
[121] Vgl. §§ 1626, 1631 BGB; zu weiteren bedeutsamen Aspekten s. *Kühl*, AT[8], § 18 Rn. 48 ff. m. w. N.; vgl. ferner *Böhm*, Garantenpflichten, S. 203 ff.
[122] Zur Klarstellung: Jenseits des Bereichs legitimierbarer Gefahrenabwendung gibt es auch keine Garantenverantwortlichkeit. – Auf das wenig diskutierte Problem der Pflichtgrenzen macht mit Recht *Kühl*, AT[8], § 18 Rn. 51 f. aufmerksam.

121 Im umgekehrten Fall lässt sich dagegen eine rechtliche Sonderverantwortlichkeit nicht begründen: Die Sorge für die Eltern gehört nach dem rechtlichen Zuschnitt dieses Verhältnisses **nicht in** den **besonderen Pflichtenkreis der Kinder**.[123] Die **Unterhaltspflicht** nach § 1601 BGB und die gegenseitige Pflicht zu **Beistand** und **Rücksichtnahme** nach § 1618a BGB geben den Kindern gegenüber keinen sachlichen Grund für deren sonderverantwortliche Inpflichtnahme ab. Diese Vorschriften setzen einen solchen Grund allenfalls voraus, was aber eher zweifelhaft erscheint. Dass die Statuierung einer Verpflichtung durch den Gesetzgeber für sich allein genommen noch nichts über die Qualität einer Pflichtverletzung aussagt, zeigt bereits der Blick auf die nach §§ 138, 323c gesetzlich vorausgesetzten Hilfsverpflichtungen. Erst recht fehlt es an einer besonderen Gefahrenabwehrverpflichtung der **Enkel** im Verhältnis zu den **Großeltern**. Der z. T. für eine derartige Sonderverantwortlichkeit ins Feld geführte Hinweis auf die „**enge natürliche Verbundenheit**"[124] gibt keinen tragfähigen Legitimationsgrund ab.[125]

122 Auch der Vater des **nichtehelichen Kindes** hat nach seiner rechtlichen Stellung nicht schon als solcher qualifizierte Gefahrenabwendungsverpflichtungen. Aus §§ 1626a, 1671 und 1684 BGB ergibt sich nichts anderes. Die bloße rechtliche *Möglichkeit* des Umgangs mit dem Kind sowie die der Erlangung des Sorgerechts für dieses genügen für eine qualifizierte Gefahrenabwendungspflicht noch nicht. Dafür bedarf es der tatsächlichen Ausübung des Umgangs oder des Erwerbs der entsprechenden Rechtsstellung als Sorgeberechtigter.[126] Auch die **leibliche Mutter**, der das **Sorgerecht entzogen** wurde, hat keine qualifizierten Gefahrenabwendungspflichten mehr. Die bloße Blutsverwandtschaft genügt dafür nicht. Entsprechend verhält es sich unter **Geschwistern**, bei denen die „**Blutsbande**" ebenfalls keinen zusätzlichen Legitimationsgrund für Gefahrenabwendungspflichten abgibt.[127]

123 Eine spezielle Problematik wirft die gleichgeschlechtliche **Elternschaft zweier miteinander verheirateter Frauen** auf. Eine qualifizierte Schutzverpflichtung gegenüber dem „gemeinsamen" Kind scheitert im Verhältnis zu der mit der leiblichen Mutter des Kindes verheirateten Frau nicht etwa an der faktischen

---

[123] Die Frage ist sehr umstritten. Für eine Sonderverantwortlichkeit der Kinder etwa BGHSt 19, 167 ff.; *Ebert*, AT[3], S. 178; *Wessels/Beulke/Satzger*, AT[48], Rn. 1180. – S. dazu auch *Böhm*, Garantenpflichten, S. 218 f.; *Freund*, Erfolgsdelikt und Unterlassen, S. 290 f.; *Kühl*, AT[8], § 18 Rn. 54 f., jew. m. w. N. pro et contra.

[124] S. etwa *Wessels/Beulke/Satzger*, AT[48], Rn. 1201.

[125] Zur Klarstellung: In einer intakten Familie kann sich eine Sonderverantwortlichkeit der Kinder für die Eltern (wie für andere Personen auch) aus dem Gedanken einer gegenseitigen konkludenten Übernahme entsprechender Schutzfunktionen ergeben. Mit der Familien- oder gar Blutsbande hat das aber nichts zu tun!

[126] Sachlich übereinstimmend etwa *Albrecht*, Begründung von Garantenstellungen, S. 218 f.; *Jakobs*, AT[2], 29/62; *Roxin*, AT II, § 32 Rn. 41 (der eine Betreuungsübernahme für erforderlich hält); *Weigend*, in: LK[12], § 13 Rn. 26 Fn. 74 (der eine Sorgeerklärung gem. § 1626a BGB als Grundlage verlangt); vgl. ferner *Gaede*, in: NK[5], § 13 Rn. 60; a. A. etwa *Bosch*, in: Schönke/Schröder[30], § 13 Rn. 18 a. E.

[127] Jedenfalls im Ergebnis wie hier *Jakobs*, AT[2], 29/62; *Schünemann*, Grund und Grenzen, S. 357 f.; *Stein*, in: SK StGB[9], § 13 Rn. 67, jew. m. w. N. auch zur abweichenden Auffassung.

II. Tatbestandsmäßiges Verhalten (Verhaltensunrecht) 251

Unmöglichkeit der biologischen Abstammung des Kindes von ihr.[128] Selbst wenn man mit dem BGH davon ausgeht, dass in solchen Fällen § 1592 Nr. 1 BGB nicht (analog) anwendbar ist,[129] wird jedenfalls von der mit der Mutter verheirateten Frau, die der Zeugung des gemeinsamen Kindes zugestimmt hat, ein der Elternstellung entsprechendes Rechtsverhältnis begründet. Das gilt auch schon vor der dringend notwendigen Anpassung der (einfach-)gesetzlichen Regelungen des Abstammungsrechts.[130]

Qualifizierte Gefahrenabwendungspflichten lassen sich ohne Weiteres bei bestimmten **Amtsträgern** begründen: Der zu einer bestimmten Strafverfolgungsmaßnahme berufene **Staatsanwalt** oder **Polizeibeamte** verstößt bei rechtlich missbilligtem Unterlassen derselben gegen eine auch durch den Sonderverantwortlichkeitsaspekt fundierte Verhaltensnorm: Man kann nicht die entsprechende **Strafverfolgungsaufgabe** übernehmen und dann doch nicht ausführen wollen. Deshalb kommt bei pflichtwidrigem Untätigbleiben eine Strafbarkeit wegen Strafvereitelung (im Amt) durch begehungsgleiches Unterlassen nach §§ 258, 13 I bzw. §§ 258, 258a, 13 I in Betracht. 124

In diesem Zusammenhang sind weiterhin zu nennen: Für den **Gewässerschutz** verantwortliche Beamte, Verantwortliche der **Lebensmittelüberwachung** oder der **Führerscheinstelle** und Polizeibeamte in ihrer Funktion **polizeilicher Gefahrenabwehr**.[131] 125

Ob die **Zeugenstellung** für eine „Garantenverantwortlichkeit" hinsichtlich der staatlichen Strafrechtspflege genügt, ist sehr umstritten.[132] Tatsächlich reicht sie dafür bei zutreffender materieller Betrachtung des legitimierenden Hintergrunds nicht aus. Zwar ist die Zeugenstellung als besondere prozessuale Pflichtenstellung aufzufassen, deren Strafzumessungsrelevanz im Verhältnis zu einem bloßen Teilnehmer ohne diese Pflichtenstellung nach zutreffender Auffassung sogar zur **Anwendung** 126

---

[128] Von der speziellen Konstellation der Eizellspende – die zu einer „gespaltenen" Mutterschaft führt – soll hier abgesehen werden.
[129] Die Analogie ablehnend BGH v. 10.10.2018 XII ZB 231/18; *Helms*, StAZ 2018, 33, 34, jew. m. w. N. (auch zur Gegenposition).
[130] Mit Recht schlägt *Helms*, StAZ 2018, 33, 34 vor, den Grundsatz des § 1592 Nr. 1 BGB auf die Ehepartnerin der Geburtsmutter zu erstrecken.
[131] Zur Garantenverantwortlichkeit von Beamten der Schutzpolizei näher BGHSt 38, 388 ff.; *Donner*, Zumutbarkeitsgrenzen, S. 204 f.; *Laubenthal*, JuS 1993, 907 ff.; *Mitsch*, NStZ 1993, 384 f.; *Pawlik*, ZStW 111 (1999), 335 ff.; *Rudolphi*, JR 1995, 167 f. – Näher zum Problem der besonderen Amtsträgerverantwortlichkeit *Freund*, Erfolgsdelikt und Unterlassen, S. 259 f., 291 ff., 305 ff.; *Kühl*, AT[8], § 18 Rn. 78 ff.; *Puppe*, AT-Rechtsprechung[3], § 29 Rn. 19 ff., jew. m. w. N. – Zur Sonderverantwortlichkeit von Mitarbeitern des Jugendamts mit Blick auf ein vom Sorgeberechtigten vernachlässigtes Kind vgl. OLG Oldenburg StV 1997, 133 ff. m. Anm. *Bringewat* und *Cramer*, NStZ 1997, 238 f.
[132] Eine Garantenverantwortlichkeit des Zeugen bejahend etwa OLG Hamm 09.11.2017 – 4 RVs 127/17, BeckRS 2017, 132877 (unter Rekurs auf eine postulierte besondere strafprozessuale Pflichtenstellung des Zeugen); *Hecker*, in: Schönke/Schröder[30], § 258 Rn. 17; *Jahn*, JuS 2018, 296 ff., jew. m. w. N. pro et contra.

des § 28 I führt.[133] Aber dennoch reicht die unberechtigte Zeugnisverweigerung nicht für eine Strafbarkeit wegen Strafvereitelung durch begehungsgleiches Unterlassen. Denn es **fehlt** – bei aller Wichtigkeit des Zeugen für die ordnungsgemäße Strafrechtspflege – an einem für die Strafbarkeit wegen begehungsgleichen Unterlassens **erforderlichen** *besonderen* **Inpflichtnahmegrund**.

127 Ein solcher **kann nicht einfach „zugeschrieben" werden** – auch nicht durch eine gesetzliche Regelung. Hier stieße selbst der Gesetzgeber an die Grenzen seiner Regelungsmacht, weil die Fiktion kein Sachargument liefert. Als sachlich legitimierender Inpflichtnahmegrund kann im Verhältnis zum Zeugen stets nur der zu erzielende Rechtsgüterschutz veranschlagt werden. Die **Zeugenpflicht** ist eine **lediglich monistisch nach Notstandsregeln legitimierte Pflicht** im Verhältnis zu einem Zufallsbetroffenen. Diese kann zwar mit den dafür vorgesehenen Zwangsmitteln durchgesetzt werden. Für eine Strafbarkeit wegen Strafvereitelung reicht ein entsprechender Pflichtverstoß aber nicht. Insofern bedürfte es vielmehr eines besonderen Bezugs des Normadressaten zum Ursprung oder zum Erfolgsort der zu vermeidenden Gefahr.

128 Im Hinblick auf das Unrecht der Strafvereitelung ist dies aber nicht der Fall. Der Zeuge weist insbesondere keine hervorgehobene Pflichtenstellung im Hinblick auf die staatliche Rechtspflege auf. Es liegt nicht im speziellen Pflichtenkreis des Zeugen, dass es zur Verurteilung eines Straftäters kommt. Vielmehr übt der Zeuge in diesem Zusammenhang eine bloße Hilfstätigkeit gegenüber den staatlichen Strafverfolgungsorganen aus. Allein die Letzteren sind mit der spezifischen Aufgabe betraut, begangene Straftaten zu ahnden. Dem einzelnen Bürger wird diese Pflicht aus gutem Grund nicht auferlegt. In eine **rechtliche Sonderrolle in Bezug auf die Straftatenverfolgung** kann er allein unter der Prämisse gelangen, dass er zusätzliche Risiken schafft – etwa ein falsches Alibi gibt. Dagegen genügt es nicht, wenn die Tat in Ermangelung einer belastenden Aussage lediglich nicht aufzuklären ist. Insbesondere bringt auch sein „Sonderwissen" den Zeugen nicht in die erforderliche rechtliche Sonderstellung. Grund hierfür ist das spezifische Rechtsgut der Rechtspflege, das nach dem Zuschnitt unserer Rechtsordnung ausschließlich in die Hand der staatlichen Organe gelegt wird.

129 Dementsprechend begeht auch der Zeuge, der pflichtwidrig eine den unschuldigen Angeklagten **entlastende Aussage verweigert**, keine falsche Verdächtigung durch begehungsgleiches Unterlassen und auch keine Freiheitsberaubung durch begehungsgleiches Unterlassen, wenn der Unschuldige zu einer Freiheitsstrafe verurteilt wird. Mangels sachlich begründbarer Sonderverantwortlichkeit kommt in solchen Fällen lediglich eine Strafbarkeit wegen **unterlassener Hilfeleistung** in Betracht.

---

[133] I. S. einer Anwendbarkeit des § 28 I etwa *Roxin*, AT II, § 27, Rn. 66 (unter zutreffendem Hinweis auf die sonst nicht zu erklärende milde Strafe des § 160); s. a. *Hoyer*, in: SK StGB[9], § 28 Rn. 37 m. w. N. – Zur Gegenauffassung s. etwa *Bosch/Schittenhelm*, in: Schönke/Schröder[30], Vor § 153 ff. Rn. 42.

II. Tatbestandsmäßiges Verhalten (Verhaltensunrecht) 253

3. Wahrung anderweitiger Interessen und tatbestandsmäßiges Verhaltensunrecht

Man denke insofern etwa an folgenden Fall: Die beiden fünfjährigen **Zwillinge A und B** sind in einen reißenden Fluss gefallen. Ihr **Vater** kann nur **alternativ** eines der beiden Kinder **retten**. Er entscheidet sich dafür, sein Kind A zu retten; B ertrinkt.[134] – Probleme des **tatbestandlichen Verhaltensunrechts** beim Unterlassen werden derzeit noch immer verbreitet erst auf Rechtswidrigkeitsebene behandelt. Ohne zuvor tatsächlich das vorausliegende Problem der Begründung grundsätzlich tatbestandlich zu missbilligenden Verhaltens auch nur angesprochen zu haben, wird oft schlicht davon ausgegangen, dass derjenige, der **„in Garantenstellung"** den tatbestandlichen **„Erfolg nicht abwendet**, obwohl er physisch-real dazu in der Lage wäre", den entsprechenden Unrechtstatbestand verwirklicht – sprich: begehungsgleich unterlässt. Im Klartext heißt das z. B.: Der Vater, der sein Kind eine **Rauchvergiftung** erleiden oder gar **im Feuer umkommen** lässt, weil er aus berechtigter **Sorge um** sein **eigenes Leben** lieber auf das Eintreffen der von ihm alarmierten Feuerwehr wartet, hat sein Kind durch begehungsgleiches (!) Unterlassen **verletzt** oder **getötet**. An diesem Urteil über das Verhalten des bedauernswerten Vaters soll sich selbst dann nichts ändern, wenn er bei einem solchen Brand **von zwei Kindern nur eines retten** kann und das auch tut, aber das andere schweren Herzens in den Flammen umkommen lässt. Zum allein richtigen und akzeptablen Ergebnis der Straflosigkeit gelangt man vielfach erst über eine Rechtfertigung des – **vermeintlich** – verwirklichten **tatbestandlichen Unrechts**.[135]

130

a) Gerechtfertigtes Verhaltensunrecht bei übermäßiger Belastung?

Die Annahme erst einer Rechtfertigung grundsätzlich tatbestandlich missbilligten Verhaltens in den Fällen einer übermäßigen Belastung des Betroffenen vermag indessen nicht zu überzeugen. Da die **Rechtsgüter des** in die Pflicht zu nehmenden **Vaters** – um bei dem Beispiel des im Falle eines Brandes um sein eigenes Leben besorgten Vaters zu bleiben – **nicht weniger schutzbedürftig und schutzwürdig** sind als die des verletzten oder ums Leben gekommenen Kindes, fehlt bereits der grundsätzlichen **Verpflichtung** zur Lebensrettung unter diesen Umständen die Legitimation. Es bedarf nicht erst der ausnahmsweisen **Außerkraftsetzung** des **Tötungs-** oder **Körperverletzungsverbots** durch einen besonderen Rechtfertigungsgrund.[136]

131

---

[134] S. dazu *Freund*, Erfolgsdelikt und Unterlassen, S. 281 ff.
[135] Vgl. dazu die entsprechende Problematik bei der sog. Pflichtenkollision oben § 3 Rn. 44, 75 sowie sogleich noch im Text (§ 6) Rn. 132 ff.
[136] S. dazu *Deutsch*, Haftungsrecht I, S. 18 f.: „Wenn das kleine Kind in den Fluss gefallen ist, hat ihm der Vater nachzuspringen und es an Land zu bringen. Ist der Fluss zu reißend, besteht diese Pflicht nicht. Die Rechtgüter und absoluten Rechte genießen Bereichsschutz gegen positives Tun; sie haben aber gewissermaßen eine weiche Unterseite: nur einzelne Verhaltensnormen wenden sich gegen die Unterlassung." (Nicht mehr ganz so pointiert *ders.*, Allgemeines Haftungsrecht[2],

b) Gerechtfertigtes Verhaltensunrecht bei Pflichtenkollision?

132 Ganz genauso verhält es sich in den Fällen der sog. „**Kollision zweier Handlungspflichten**". Kann ein Elternteil zwei Kindern drohende Lebensgefahren zwar alternativ, aber nicht kumulativ abwenden, treffen ihn nicht zwei Verpflichtungen zur Gefahrenabwendung, sodass die **Verletzung** der einen durch die **Erfüllung** der anderen erst noch gerechtfertigt werden müsste, wie verbreitet angenommen wird.[137] Begründbar ist in einem solchen Fall vielmehr nur **eine** einzige **alternativ gefasste Gefahrenabwendungspflicht**.[138] Denn die Erfüllung beider Handlungsanforderungen durch ein und denselben Pflichtadressaten ist für diesen unmöglich. Und etwas Unmögliches kann rechtlich nicht gesollt sein: **Ultra posse nemo obligatur!**

133 Auch im oben (§ 6) Rn. 130 eingangs genannten Fall der in den **Fluss gefallenen Zwillinge** geht es nicht etwa um eine (ausnahmsweise) Außerkraftsetzung des Tötungsverbots durch einen speziellen Rechtfertigungsgrund der „**Pflichtenkollision**".[139] Vielmehr gilt für den Vater von vornherein nur eine einzige – und **zwar alternativ gefasste** – (besondere) **Rechtspflicht** zur Lebensrettung: Der Vater hat entweder sein Kind A oder sein Kind B zu retten. Nur wenn er beide Kinder ertrinken lässt, verstößt er gegen das Tötungsverbot. Er hat dann auch nur *ein* **vollendetes Tötungsdelikt** begangen. Und dafür spielt es keine Rolle, welches der beiden ertrunkenen Kinder er dann eigentlich durch begehungsgleiches Unterlassen getötet hat; für die entsprechende Verurteilung kommt es nur darauf an, dass er überhaupt für den **Tod eines der beiden Kinder** strafrechtlich **verantwortlich** ist.

134 Wer im Falle des Vaters, der das Mögliche getan und eines von zwei bedrohten Kindern vor dem Tod durch Ertrinken gerettet hat, eine **tatbestandsmäßige Tötung** des anderen Kindes annimmt, unterliegt einem begriffsjuristischen **Fehlschluss**. Dieser Fehlschluss wird durch die herkömmliche Dogmatik begehungsgleichen Unterlassens veranlasst, nach der die „**Nichtabwendung des Erfolges trotz Möglichkeit in Garantenstellung**" bereits den entsprechenden Unrechtstatbestand ausmachen soll. Weil das Ergebnis der Strafbarkeit natürlich abwegig wäre, ist man zu einer Verbiegung der **Dogmatik** der Rechtfertigungsgründe gezwungen und muss etwa die sonst vehement abgelehnte **Rechtfertigung** der **Tötung** eines Menschen **durch** die **Rettung** eines anderen zulassen.[140]

Rn. 108). – Vgl. auch BGH NStZ 1994, 29 (m. Anm. *Loos,* JR 1994, 511 ff.): Zur Wahrnehmung einer minimalen Chance zur Rettung der vom Tod durch Ertrinken bedrohten Ehefrau kann rechtlich nicht die Eingehung einer konkreten eigenen Lebensgefährdung abverlangt werden (ohne dass sich die Frage der Rechtfertigung tatbestandsmäßigen Tötungsunrechts stellt). – Vgl. dazu auch *Freund,* Erfolgsdelikt und Unterlassen, S. 279 f.

[137] S. etwa *Wessels/Beulke/Satzger,* AT[48], Rn. 1170, 1211 ff.; *Renzikowski,* Notstand und Notwehr, S. 215 ff.

[138] Sachlich übereinstimmend etwa *Frisch,* in: Von totalitärem zu rechtsstaatlichem Strafrecht, 1992, S. 201, 234; *Küper,* Pflichtenkollision, S. 23 ff.; s. a. *dens.,* JuS 1987, 81, 89 f.

[139] Näher zu dieser Problematik *Freund,* Erfolgsdelikt und Unterlassen, S. 281 ff.; *Gropp,* FS Hirsch, 1999, S. 207 ff.; *Schlehofer,* in: MünchKommStGB[3], Vor § 32 Rn. 237 ff.

[140] Zur Annahme einer Rechtfertigung bei bloßer „Gleichwertigkeit der kollidierenden Pflichten" s. etwa *Kühl,* in: Lackner/Kühl[29], § 34 Rn. 15; *Stein,* in: SK StGB[9], Vor § 13 Rn. 45; *Wessels/Beulke/Satzger,* AT[48], Rn. 1212 f. – Konsequent demgegenüber, jedoch in der Sache nicht überzeugend die Bejahung selbst der Rechtswidrigkeit etwa bei *Androulakis,* Studien, S. 127 f.; *Jescheck/Weigend,* AT[5], § 33 V 1 c (S. 367).

An einem tatbestandsmäßigen Tötungsverhalten durch begehungsgleiches Unterlassen fehlt es auch für den Fall der **Rettung** eines **fremden Kindes statt eines eigenen**. Hier lässt sich nicht etwa eine als höherrangig einstufbare Verpflichtung zur Rettung des eigenen Kindes statuieren, die praktisch auf ein Verbot der Rettung des anderen hinausliefe. Da vor dem Recht das **Leben** beider Kinder **gleich viel wert** ist, kann von Rechts wegen **keine Vorrangentscheidung** zugunsten des einen und gegen das andere getroffen werden.[141] 135

Wenn die Anforderungen an die Begründung tatbestandlichen Verhaltensunrechts beachtet werden, bedarf es keiner besonderen **Rechtfertigungs-, Schuldausschließungs-** oder **Entschuldigungsgründe** in den Fällen des Unterlassens. Vielmehr gelten die ganz **allgemeinen Anforderungen** an die Rechtfertigung grundsätzlich begründbaren tatbestandlichen Verhaltensunrechts.[142] Und auch mit Blick auf das erforderliche **hinreichende Gewicht** des **personalen Verhaltensunrechts** ergeben sich keine Besonderheiten.[143] Eines speziellen Korrektivs – etwa in Gestalt von „Zumutbarkeitsgrenzen" – bedarf es deshalb nicht.[144] 136

III. Spezifische Verhaltensfolgen und gleichwertige Tatumstände

Für Strafnormen, die tatbestandsmäßige Verhaltensfolgen[145] oder andere gleichwertige Tatumstände[146] voraussetzen, gilt im Bereich tatbestandsmäßigen Unterlassungsverhaltens dasselbe wie im Bereich tatbestandsmäßigen aktiven Tuns. 137

1. (Quasi-)Kausalität bei tatbestandsmäßigen Verhaltensfolgen

Zu einer Modifizierung der für **tatbestandsmäßige Verhaltensfolgen** geltenden Kriterien ist nur genötigt, wer das Begehungsdelikt zum Prototyp der Straftat macht und dann beim Unterlassungsdelikt etwas verlegen feststellen muss, dass es die beim Begehen naturalistisch vorgefundenen Merkmale nicht aufweist: Das **Unterlassen (einer Gefahrenabwendung)** ist nun einmal **keine aktive Gefahrenschaffung** in der Außenwelt wie z. B. das Abfeuern einer Schusswaffe auf einen anderen Menschen. Deshalb ist es auch nicht in demselben Sinne erfolgskausal. Denkt man sich das Abfeuern weg und setzt man nichts an dessen Stelle, so entfällt der Todeserfolg, der infolge des Treffers eingetreten ist. Das bloße Nichtstattfinden eines Ereignisses (Abfeuern der Waffe) führt dazu, dass der Tod des Opfers jedenfalls nicht infolge 138

---

[141] Nicht überzeugend deshalb z. B. *Wessels/Beulke/Satzger,* AT[48], Rn. 1214 f.; *Fischer*[66], Vor § 32 Rn. 11b; *Haft,* AT[9], S. 107.
[142] Zur Rechtfertigung tatbestandsmäßigen Verhaltens näher oben § 3.
[143] Vgl. dazu oben § 4.
[144] Instruktiv dazu *Donner,* Zumutbarkeitsgrenzen, S. 29 ff., 103, 105 ff., 131 f., der mit Recht dem Zumutbarkeitsgedanken bei den Unterlassungsdelikten keine *spezifische* Relevanz zuerkennt.
[145] Zu solchen s. oben § 2 Rn. 54 ff.
[146] Zu solchen s. oben § 2 Rn. 92 ff.

des tödlichen Schusses eintritt. Man kann sagen: Die aktive Schaffung der Möglichkeit des Treffers ist **conditio sine qua non** für den Todeserfolg; oder: es liegt ein **naturgesetzmäßiger Wirkzusammenhang** vor; oder: der Schuss war **gesetzmäßige Bedingung** für den Erfolgseintritt.

139   Dass ein solcher Kausalzusammenhang im naturwissenschaftlichen Sinne für die Bejahung tatbestandsmäßiger Verhaltensfolgen beim Begehungsdelikt gar nicht ausreicht, haben wir bereits gesehen. Normativ entscheidend ist vielmehr die rechtlich zu missbilligende sonderverantwortliche Schaffung der entsprechenden Möglichkeit des schadensträchtigen Verlaufs, der sich dann tatsächlich ereignet. Allgemein formuliert heißt das: Es muss das **rechtlich zu missbilligende sonderverantwortliche Nichtvermeiden** der **Möglichkeit** gerade des **schadensträchtigen Verlaufs** vorliegen, der sich dann **tatsächlich ereignet**.

140   Beim begehungsgleichen (und beim nichtbegehungsgleichen) **Unterlassen** fehlt es an einem einfachen Wirkzusammenhang, wie wir ihn naturalistisch beim Begehen antreffen. Wenn man nur etwas aus dem tatsächlich ablaufenden Geschehen gedanklich entfernt, bleibt das entscheidende Moment unverändert: Zum Beispiel **verhungert** der **Säugling**, den die Mutter nicht mit Nahrung versorgt, selbst wenn man die ganze Person der Mutter (mit all dem, was sie aktiv tut) aus dem Geschehen eliminiert. Das unerwünschte Ereignis (Hungertod des Kindes) kann nur durch **eine positive Leistung** (der Mutter oder vielleicht auch anderer Personen) vermieden werden. Den Zusammenhang zwischen der Unterlassung als der Nichtvornahme der rechtlich erwarteten Gefahrenabwendungsmaßnahme (hier: Ernährung des Säuglings) und dem Erfolg (Hungertod) bezeichnet man als **quasi-kausalen Zusammenhang**, sofern – **ex post betrachtet** – der Erfolg durch richtiges Verhalten praktisch gewiss („mit an Sicherheit grenzender Wahrscheinlichkeit") **vermieden** worden wäre. Diese Quasikausalität des Unterlassens ist im Beispielsfall unproblematisch vorhanden, wenn sich feststellen lässt, dass der Säugling tatsächlich infolge der unterbliebenen Ernährung verhungert ist. In terminologischer Hinsicht wird von manchen als Oberbegriff für den kausalen und den quasi-kausalen Zusammenhang zwischen Verhalten und Erfolg der Begriff des Konditionalzusammenhangs vorgeschlagen.[147]

141   Anders als beim Begehungsdelikt, bei dem es auf die Herbeiführung des **Erfolges** in seiner **konkreten Gestalt** ankommen soll, wird beim Unterlassen z. T. darauf abgestellt, ob der im Gesetz **abstrakt umschriebene Erfolg** durch richtiges Verhalten vermieden worden wäre. Verständlich wird diese Abweichung von dem ansonsten aufgestellten Grundsatz (dass es auf den Erfolg in seiner konkreten Gestalt ankommt) vor dem Hintergrund, dass es Gefahrenabwendungsmaßnahmen gibt, die ihrerseits mit neuen – wenn auch geringeren – Risiken behaftet sind.

142   Als Beispiel kann ein Fall dienen, der einer Entscheidung des Bundesgerichtshofs[148] zugrunde lag: Bei einem nächtlichen **Brand** war A mit seinen beiden Kleinkindern in einer **Dachgeschosswohnung** von den Flammen eingeschlossen.

---

[147] Etwa von *Spendel*, FS Herzberg, 2008, S. 247, 253.
[148] BGH MDR 1971, 361 bei *Dallinger* = JZ 1973, 173 (hier verwendeter vereinfachter Sachverhalt bei *Wessels/Beulke/Satzger*, AT[48], Rn. 1173). – S. zu diesem Brandfall *Schrott*, Unterlassungszurechnung, S. 126.

Ein Entkommen durch das Treppenhaus war unmöglich. Da mit einem raschen Eintreffen der Feuerwehr nicht zu rechnen war, bestand die einzige **Rettungschance** für die **Kinder** darin, sie durch ein **Fenster** 6 bis 7 m tief nach unten zu **werfen**, wo drei kräftige Männer mit ausgebreiteten Armen zum Auffangen bereitstanden. Trotz ihrer wiederholten Zurufe konnte A sich wegen des hohen Verletzungsrisikos jedoch nicht entschließen, die Kinder hinabzuwerfen. In letzter Sekunde brachte er sich selbst durch einen Sprung nach unten in Sicherheit, während beide Kinder in den Flammen umkamen.

Der BGH fragt zur Feststellung des „Ursachenzusammenhangs" nicht etwa danach, ob die Kinder dem **Flammentod** entgangen wären, sondern ob sie **am Leben geblieben**, also gerettet worden wären, wenn A sie rechtzeitig aus dem Fenster in die Arme der bereitstehenden Helfer geworfen hätte.

143

2. Weichenstellung durch die Gründe für die tatbestandliche Verhaltensmissbilligung

Da es sachlich um das normative Problem der **Anlastung** eines ganz bestimmten unerwünschten Ereignisses im Verhältnis zu einer bestimmten Person geht, muss der dabei **erhobene Vorwurf berechtigt** sein. Dafür reicht die Bejahung der Quasikausalität eines Unterlassens für ein unerwünschtes Ereignis (im Beispielsfall: den Flammentod der Kinder) ebenso wenig aus wie die bloße Kausalität eines aktiven Tuns (etwa das Einschalten des unerkannt defekten Elektrogeräts, das den Brand ausgelöst hat): Die **Vermeidung** dessen, was sich tatsächlich ereignet hat, muss – **ex ante** aus der Perspektive des Verhaltensnormadressaten betrachtet – **Legitimationsgrund** einer übertretenen **Verhaltensnorm** gewesen sein. Nur dann kann von einer spezifischen Folge des entsprechenden Verhaltensnormverstoßes gesprochen werden.

144

Aus diesem Grund führen in dem Brandrettungsfall des BGH Überlegungen zur (Quasi-)Kausalität des unterlassenen Hinabwerfens der Kinder für deren Feuertod ohne Blick auf das normativ geforderte richtige Verhalten und dessen genauen Legitimationsgrund (Nutzen der Normeinhaltung) nicht weiter. Spielt das Geschehen im **20. Stock** eines **Hochhauses**, erscheint die Feststellung, das **Nichthinabwerfen** sei **kausal** für den **Flammentod**,[149] zwar nicht falsch; sie liegt aber in einem Strafrechtsfall neben der Sache. Denn der Nichtaustausch der Todesart kann rechtlich jedenfalls nicht als Tötungsverhalten missbilligt werden.[150] Sachlich und systematisch handelt es sich dabei bereits um ein Problem des **tatbestandlich zu missbilligenden Tötungsverhaltens**.

145

---

[149] I. d. S. etwa *Herzberg*, MDR 1971, 881 ff.; *Spendel*, JZ 1973, 137, 140; *ders.*, FS Herzberg, 2008, S. 247, 252; *Wessels/Beulke/Satzger*, AT[48], Rn. 1173.

[150] Insoweit sachlich übereinstimmend *Wessels/Beulke/Satzger*, AT[48], Rn. 1173. – Ob eine Missbilligung als Körperverletzungsverhalten in extremen Ausnahmefällen denkbar ist, kann hier nicht diskutiert werden.

146   Nur wenn das Hinabwerfen eine **Möglichkeit des Überlebens eröffnet**, weil es ex ante aus der maßgeblichen Perspektive des Verhaltensnormadressaten betrachtet denkbar, wahrscheinlich oder vielleicht sogar sicher erscheint, dass die **auffangbereiten Helfer** die Kinder auffangen können und diese so dem sicheren oder jedenfalls näherliegenden Feuertod entgehen, stellt sich überhaupt die Frage, ob wegen vollendeten (vorsätzlichen oder fahrlässigen) Tötungsdelikts bestraft werden kann.

147   Ergibt sich im Nachhinein, dass die **Rettung** praktisch sicher **geglückt wäre**, liegen die für eine Bestrafung wegen vollendeten Delikts erforderlichen tatbestandsmäßigen Verhaltensfolgen vor. Legitimationsgrund für die Verhaltensnorm, die Kinder hinabzuwerfen, war ex ante aus der Perspektive des Normadressaten betrachtet die mehr oder weniger sichere Möglichkeit, so ihr Leben zu retten. **Tatbestandsmäßige Verhaltensfolgen** liegen sicher vor, wenn die Kinder ex post betrachtet praktisch gewiss gerettet worden wären (was u. U. auch bei ex ante gesehen [noch] unsicherer Rettungsmöglichkeit festgestellt werden kann).

148   Ergibt sich ex post betrachtet, dass die **Kinder** durch das Hinabwerfen gleichfalls zu Tode gekommen wären (z. B. weil unten nicht drei kräftige Männer die Arme ausbreiten, sondern – von oben nicht ersichtlich – nur ein **volltrunkener Schwächling**, der selbst kaum stehen kann, die Arme ausbreitet), liegen sicher keine tatbestandsmäßigen Verhaltensfolgen vor. Bleibt diese Möglichkeit ex post gesehen bestehen, liegen die Voraussetzungen für eine Bestrafung wegen vollendeten Delikts nicht (sicher) vor. Die sog. **Risikoerhöhungslehren** sind auch für den Bereich des Unterlassungsdelikts **abzulehnen**.[151] Insoweit gilt das oben in § 2 Rn. 58 ff., § 5 Rn. 81 ff. Gesagte.

149   Wenn weitere Aufklärung im Einzelfall das sichere Nichtvorliegen tatbestandsmäßiger Verhaltensfolgen ergeben kann, ist eine in Anbetracht der entsprechenden Unklarheit erfolgende Verurteilung wegen vollendeten Delikts der Sache nach eine **unzulässige Verdachtsstrafe**.

---

[151] Auch für den Bereich des Unterlassungsdelikts wird eine Risikoerhöhungslehre vertreten etwa von *Brammsen*, MDR 1989, 123 ff.; *Stratenwerth*, FS Gallas, 1973, S. 227, 237 f.; *Otto*, AT[7], § 9 Rn. 99 ff. (mit der Fehlintuition, andernfalls entfalle die Versuchsstrafbarkeit bei bloß möglicher, aber nicht sicherer Gefahrenabwendung). – Weil dabei auf das naturalistische Merkmal der Quasikausalität des Unterlassungsverhaltens für die Folgen (?) als Erfordernis für eine Bestrafung wegen vollendeten Delikts verzichtet wird, lehnen einige Autoren, die im Begehungsbereich eine Risikoerhöhungslehre (wegen des vorhandenen Kausalzusammenhangs zwischen Handlung und Erfolg) für mit dem Gesetz vereinbar halten, dieselbe im Bereich des Unterlassens ab; im Sinne einer solchen Differenzierung z. B. *Schünemann*, GA 1985, 341, 354 ff.; *ders.*, StV 1985, 229 ff.; *ders.*, JA 1975, 647, 655; *Heger*, in: Lackner/Kühl[29], Vor § 13 Rn. 14 f. sowie *Kühl*, in: Lackner/Kühl[29], § 15 Rn. 44; vgl. auch *Herzberg*, Die Verantwortung für Arbeitsschutz, S. 217 ff.; *Kahlo*, Pflichtwidrigkeitszusammenhang, S. 118 f., 262 ff., 320 f. – In der Sache gilt dagegen Folgendes: Sowohl beim Begehungs- wie beim Unterlassungsdelikt ist zu begründen und im Prozess auch nachzuweisen, dass tatbestandsmäßige Verhaltensfolgen tatsächlich vorliegen. Insofern leistet der beim Begehen aufweisbare naturalistische Kausalstrang zum Erfolg hin nichts Entscheidendes. Denn er ist für sich genommen überhaupt kein tauglicher *Vorwurfsgegenstand*. Deshalb lässt sich die Risikoerhöhungslehre auch für das Begehungsdelikt nicht halten. Bei diesem kann die illegitime Strafbarkeitsausdehnung durch den Hinweis auf den nach dem Gesetz offenbar (nur?) geforderten Kausalstrang allenfalls verschleiert werden. Zu den Anforderungen an tatbestandsmäßige Fehlverhaltensfolgen näher oben § 2 Rn. 54 ff.; vgl. etwa auch oben § 5 Rn. 62 ff.

IV. Zur gesetzlichen Regelung begehungsgleichen Unterlassens

Das **Unterlassungsdelikt** ist – nach allem Bisherigen – nicht etwa ein aliud gegenüber dem entsprechenden **Handlungsdelikt** oder auch nur ein Minus. Vielmehr sind die **Kriterien der Tatbestandsverwirklichung** für Tun und Unterlassen vollkommen **identisch**.[152] Für fast alle Tatbestände des Besonderen Teils ist ein Verstoß gegen eine auf zwei Säulen gegründete Verhaltensnorm nötig. Tötung, Körperverletzung, Sachbeschädigung usw. erfordern den Verstoß gegen eine qualifizierte Verhaltensnorm. Diese Tatbestände erfordern das **Vermeidenmüssen** einer entsprechenden **Schädigungsmöglichkeit** bei gegebener **Sonderverantwortlichkeit** („Garantenverantwortlichkeit"). Bei fehlender Sonderverantwortlichkeit liegt trotz aktiven Tuns allenfalls ein tatbestandsmäßiges Verhalten im Sinne der §§ 323c I, 138 vor. Die Verwirklichung dieser Tatbestände ist nicht nur in der Verhaltensform des Unterlassens möglich. Auch Handeln im Sinne von aktivem Tun kann diese Tatbestände erfüllen.[153] Das **begehungsgleiche Unterlassen** und das **Begehen im Sinne der Tötung, Körperverletzung usw.** beinhalten im Verhältnis zum nichtbegehungsgleichen Unterlassen und zum mangels Sonderverantwortlichkeit ausnahmsweise nichtbegehungsgleichen (nur scheinbaren) „Begehen" ein **spezifisches Mehr**.[154]

150

Vor diesem Hintergrund ist die gesetzliche Regelung des § 13 zwar bei korrektem Vorgehen unschädlich, aber bei der erforderlichen Rechtskonkretisierung in den hier interessierenden Bereichen nicht wirklich hilfreich[155] und im ungünstigen Falle sogar **irreführend**. Deshalb sollte die Regelung in ihrer jetzigen Form nicht beibehalten werden.[156] **De lege ferenda** ratsam ist eine **Neufassung**, die bei der Tatbestandskonkretisierung hilft und die vor allem deutlich macht, dass die normativen Kriterien der *Tatbestandsverwirklichung* für Tun *und* für Unterlassen identisch sind:[157]

151

---

[152] *Freund*, Erfolgsdelikt und Unterlassen, S. 51 ff., 68 ff., 116 f., 124 ff.; *ders.*, in: MünchKommStGB³, § 13 Rn. 53, 65 ff. – Auch die Fahrlässigkeitstat hat insoweit keine Sonderstellung. Der Fahrlässigkeitstatbestand erfasst vielmehr die Grundform der Tatbestandsverwirklichung, das heißt: bei der Vorsatztat ist nur noch zusätzlich der Vorsatz zu prüfen. Insoweit liegt zwischen Vorsatz- und Fahrlässigkeitstat ein Plus-Minus-Verhältnis vor. Näher dazu *Freund*, FS Küper, 2007, S. 63, 80. Instruktiv zum Verhältnis von Vorsatz- und Fahrlässigkeitstat *Herzberg*, JuS 1996, 377, 379 ff.; *ders.*, NStZ 2004, 593, 595 ff.

[153] Näher dazu *Freund*, FS Herzberg, 2008, S. 225, 232 ff.; *ders.*, in: MünchKommStGB³, § 323c Rn. 89, 138 f. (dort – Rn. 132 ff. – auch zur Problematik des relativ jungen und gründlich missratenen § 323c II).

[154] *Freund*, in: MünchKommStGB³, Vor § 13 Rn. 171 ff., 176, § 13 Rn. 67.

[155] Zutreffend spricht etwa *Otto*, AT⁷, § 9 Rn. 38 davon, dass § 13 StGB „zu nichtssagend" ist. – Näher zur Problematik der Leistungsfähigkeit und hinreichenden Bestimmtheit des § 13 StGB *Albrecht*, Begründung von Garantenstellungen, S. 137 ff. m. w. N.

[156] Zu bisherigen Regelungsvorschlägen s. *Roxin*, AT II, § 31 Rn. 34 ff.; ferner die Nachw. bei *Freund*, in: MünchKommStGB³, § 13 Rn. 27; rechtsvergleichend *Jescheck*, FS Tröndle, 1989, S. 795 ff. – Der Vorschlag von *Schrägle*, Das begehungsgleiche Unterlassungsdelikt, S. 320 f. ist nicht weiterführend, weil er zu stark am bisherigen – gründlich misslungenen – § 13 angelehnt ist.

[157] S. zu diesem Vorschlag *Freund*, FS Herzberg, 2008, S. 225, 243.

> **§ 13 StGB (neu) Tatbestandsverwirklichungen durch aktives Tun und Unterlassen**
>
> 152
>
> (1) Eine Straftat wird durch aktives Tun oder Unterlassen nur begangen, wenn es eine im Interesse des Rechtsgüterschutzes und durch die Sonderverantwortlichkeit des Normadressaten legitimierte besondere Rechtspflicht zum Handeln oder Unterlassen gibt (Garantenrechtspflicht). Ausnahmsweise genügt für die Tatbestandsverwirklichung der Verstoß gegen eine allein im Interesse des Rechtsgüterschutzes legitimierte Verhaltensnorm, sofern das dem Strafgesetz zu entnehmen ist. Der Verhaltensnormverstoß muss immer den tatbestandsspezifischen Unwertgehalt erfüllen.
>
> (2) Eine besondere Rechtspflicht kann sich aus der besonderen Verantwortlichkeit für eine Gefahrenquelle oder für ein zu schützendes Rechtsgut ergeben. Sie kann insbesondere erwachsen aus
>
> 1. einer speziellen gesetzlichen Verpflichtung oder einer entsprechenden Verantwortungsübernahme,
>
> 2. einer Stellung als Amtsträger,
>
> 3. der pflichtwidrigen Schaffung einer Gefahr für das zu schützende Rechtsgut,
>
> 4. einer riskanten Tätigkeit, die nur unter der Bedingung gestattet ist, sich nachträglich konkretisierende Schädigungsmöglichkeiten abzuwenden oder
>
> 5. dem bei aktivem Tun regelmäßig gegebenen Umstand, dass die handelnde Person selbst die Quelle der zu vermeidenden Gefahr ist.

153 Die vorgeschlagene Regelung zur Tatbestandsverwirklichung durch aktives Tun und Unterlassen hat eine wichtige **Klarstellungsfunktion**. Unter den näher geschilderten Voraussetzungen erfüllt auch das (begehungsgleiche) Unterlassen den jeweiligen Deliktstatbestand unmittelbar. Sachlich geht es etwa um die Anforderungen an ein Tötungs- oder Körperverletzungsverhalten im Unterschied zu Verstößen gegen Verhaltensnormen, die zwar auch das Leben und die körperliche Integrität schützen, aber zu ihrer Legitimation nicht auf eine Sonderverantwortlichkeit des Normadressaten für die Gefahrenabwendung Bezug nehmen können. Die Unterscheidung soll durch den Begriff der **besonderen rechtlichen Verpflichtung** zum **Handeln** oder **Unterlassen** geleistet werden. Bei nahezu allen Straftaten muss für die Tatbestandsverwirklichung gegen eine solche besondere Rechtspflicht verstoßen werden – bedarf es also der Sonderverantwortlichkeit (**„Garantenverantwortlichkeit"**).[158] Nach derzeitiger Gesetzeslage sind – soweit ersichtlich – Ausnahmen im StGB nur §§ 138, § 323c I StGB.

---

[158] Zur wichtigen Unterscheidung dieser „normalen" Sonderverantwortlichkeit von der für § 28 StGB relevanten „besonderen" Sonderverantwortlichkeit s. *Freund*, FS Herzberg, 2008, S. 225, 238 ff.

IV. Zur gesetzlichen Regelung begehungsgleichen Unterlassens 261

Die Klausel, dass der Verhaltensnormverstoß immer den **tatbestandsspezifi-** 154
schen Unwertgehalt erfüllen muss, soll der voreiligen Annahme einer Tatbestandsverwirklichung entgegenwirken. Praktische Bedeutung erlangt die Klausel im Bereich des Unterlassens etwa für die **Täuschung** beim Betrug[159] oder für Delikte mit **bestimmten Absichten**, deren Realisierung durch aktives Tun einen anderen Stellenwert haben kann als durch Unterlassen. Man denke etwa an eine Tötung durch begehungsgleiches Unterlassen in **Verdeckungsabsicht**, bei der der Täter durch richtiges Verhalten aktiv die Strafverfolgung gegen sich selbst fördern würde. Wegen der damit für ihn verbundenen Erschwerung normgemäßen Verhaltens wird der Unwertgehalt eines Verdeckungsmordes nicht erreicht, der bei einer Tötung durch aktives Tun in Verdeckungsabsicht typischerweise vorliegt.[160] **§ 13 II (neu)** nennt die praktisch **wichtigsten Fallgruppen** anerkannter besonderer Rechtspflichten, bei denen die Verhaltensnorm nicht nur im Interesse des Rechtsgüterschutzes, sondern auch durch die Sonderverantwortlichkeit des Normadressaten zu legitimieren ist (**Verhaltensnormmodell der zwei Säulen**).

Auf eine dem bisherigen § 13 II entsprechende fakultative **Strafrahmenmilde-** 155
rung wurde bewusst **verzichtet**.[161] Auf diese Weise erledigen sich nicht wenige Scheinprobleme, deren Bearbeitung für die angemessene strafrechtliche Reaktion nicht wirklich hilfreich ist. Eine Festlegung dahingehend, dass in Fällen der Tatbestandsverwirklichung durch Unterlassen der Unwertgehalt *immer* geringer sei, wäre verfehlt.[162] Damit geht es sachlich allein um die Strafzumessungsfrage, ob im Einzelfall ein spezieller Milderungsgrund eingreift und wie groß ggf. der Abschlag von der ansonsten verwirkten Strafe zu sein hat. Mit einer Strafrahmenmilderung ist insoweit wegen der **begrenzten Orientierungsleistung** der einzelnen **Strafrahmen** bei der konkreten Strafzumessungsentscheidung kein weiterführender Er-

---

[159] Auch die gegen eine spezielle Rechtspflicht zur Aufklärung verstoßende Nichtaufklärung eines Irrtums ist keine tatbestandsmäßige Täuschung; instruktiv dazu *Herzberg*, Unterlassung, S. 70 ff.; *Kargl*, ZStW 119 (2007), 250 ff.

[160] Näher dazu *Freund*, NStZ 2004, 123, 125 f.; *Freund/Schaumann*, JuS 1995, 801, 805 f.; vertiefend *Haas*, FS Weber, 2004, S. 235 ff. – Zur Gegenauffassung vgl. etwa *Schneider*, in: MünchKommStGB[3], § 211 Rn. 248 ff. m. w. N.

[161] Mit Recht krit. zu der bisherigen fakultativen Strafmilderungsmöglichkeit, welche die Gefahr einer voreiligen Annahme begehungsgleichen Unterlassens begründet, *Silva Sánchez*, FS Roxin, 2001, S. 641, 647 ff. m. w. N. Allerdings löst dessen Vorschlag einer „Dreiteilung der Unterlassungsdelikte" in einfache, verschärfte nichtbegehungsgleiche und begehungsgleiche Unterlassungsdelikte die im Ansatz erkannten Strafzumessungsprobleme nicht angemessen. Denn die entsprechenden Strafzumessungsprobleme gibt es ganz genauso bei Tatbestandsverwirklichungen durch aktives Tun. Deshalb sollte insofern auch kein Gegensatz aufgebaut werden. Vielmehr bedarf es einer einheitlichen Strafzumessungsdogmatik zur sachgerechten Differenzierung zwischen verschiedenen Unterfällen der Verwirklichung *eines* Tatbestands. – Die Berechtigung der bisherigen Milderungsmöglichkeit des § 13 II verneint zutreffend *Lermann*, GA 2008, 78 ff.; krit. insofern etwa auch *Perdomo-Torres*, FS Jakobs, 2007, S. 497, 511 ff.

[162] Zutreffend etwa *Vogel*, Norm und Pflicht, S. 143 ff.; s. a. *Freund*, in: MünchKommStGB[3], § 13 Rn. 295. – Für eine Milderbestrafung „im Regelfall" *Herzberg*, MDR 1971, 881, 883; s. a. *Stein*, in: SK StGB[9], Vor § 13 Rn. 91 (typischerweise Minderung der Schuld wegen eines höheren Motivationsaufwands).

kenntnisgewinn verbunden.[163] Die Gewährung der Strafrahmenmilderung droht vielmehr zu einem **Scheinsieg des Verurteilten** zu werden, weil das Gericht – wie aus zuverlässiger Quelle bekannt geworden ist – bisweilen zwar die Strafrahmenmilderung zugesteht, dann aber doch genau die Strafe verhängt, die auch ohne Rahmenmilderung verhängt worden wäre. Auch fehlt praktisch durchweg ein Bedürfnis für eine solche Strafrahmenverschiebung. Denn die **Strafrahmen** sind ohnehin regelmäßig „**nach unten" offen**. Damit ist es auch ohne eine vorangegangene Strafrahmenmilderung leicht möglich, auf das begehungsgleiche Unterlassen **angemessen zu reagieren** und einen etwa geminderten Verhaltensunwert bei der Strafzumessung genauso zu berücksichtigen wie in entsprechenden Fällen der Tatbestandsverwirklichung durch aktives Tun.[164]

156

Prüfungsschema des vollendeten begehungsgleichen Unterlassungsdelikts (ohne Vorsatzerfordernis):
1. Tatbestandsmäßiges Verhalten
  - **Gefahrenlage:** Möglichkeit eines schadensträchtigen Verlaufs
  - Individuelle **Möglichkeit** der Gefahrenabwendung
  - Nichtabwendung entgegen **qualifizierter Rechtspflicht** zur Gefahrenabwendung

    Rechtsgüterschutz und Sonderverantwortlichkeit/Garantenverantwortlichkeit des Unterlassenden für die Abwendung des (drohenden) schadensträchtigen Verlaufs:

    Für eine besondere Inpflichtnahme normativ hinreichender Bezug des Normadressaten zu Ursprung oder Erfolgsort der zu vermeidenden Gefahr (sog. *Gefahrenquellen-* und *Beschützerverantwortlichkeiten* als bedeutsame Fallgruppen der Sonderverantwortlichkeit)

    Im Wege einer Güter- und Interessenabwägung zu ermittelnder Vorrang der Gutserhaltungsinteressen ggü. den Interessen des Unterlassenden am Nichtergreifen von Gefahrenabwendungsmaßnahmen

2. Tatbestandsmäßige Verhaltensfolge(n)
- Realisierung des schadensträchtigen Verlaufs, der hätte vermieden werden können und sollen.

---

[163] Zur beschränkten Leistungsfähigkeit der Strafrahmen bei der konkreten Rechtsfolgenbestimmung näher *Freund*, GA 1999, 509, 516 ff.; sachlich übereinstimmend etwa *Kühl*, in: Lackner/Kühl[29], § 46 Rn. 48.
[164] Näher zu dieser Problematik *Frisch*, Die Entscheidung über den Strafrahmen, unveröffentlichtes Manuskript, § 2 V; vgl. auch *Freund*, in: MünchKommStGB[3], § 13 Rn. 304 ff.

IV. Zur gesetzlichen Regelung begehungsgleichen Unterlassens

Vertiefungs- und Problemhinweise
BGH v. 05.08.2015 – 1 StR 328/15, BeckRS 2015, 20113 m. Anm. *Roxin* StV 2016, 428 f. (Totschlag durch Unterlassen bei bewusster Selbstgefährdung, aber erwartungswidriger Weiterentwicklung des Geschehens). – *Arzt,* Zur Garantenstellung beim unechten Unterlassungsdelikt, JA 1980, 553 ff., 647 ff., 712 ff.; *Ast,* Normentheorie und Strafrechtsdogmatik, 2010; *Behrendt,* Die Unterlassung im Strafrecht, 1979; *Marcus Bergmann,* Strafbarkeit vertragswidrigen Unterlassens – Zur Rechtspflicht nach § 13 Abs. 1 StGB unter besonderer Berücksichtigung des Vertrages mit Schutzwirkung für Dritte, 2012; *Berster,* Das unechte Unterlassungsdelikt – Der gordische Knoten des Allgemeinen Teils, 2014; *Beulke/Swoboda,* Beschützergarant Jugendamt – Zur Strafbarkeit von Mitarbeitern des Jugendamtes bei Kindestod, Kindesmisshandlung oder -missbrauch innerhalb der betreuten Familie, FS Gössel, 2002, S. 73 ff.; *Blassl,* Zur Garantenpflicht des Compliance-Beauftragten, 2017; *ders.,* Strafrechtliche Pflichten des Compliance Officers, WM 2018, 603 ff.; *Böhm,* Garantenpflichten aus familiären Beziehungen – Zur Deutung des § 13 Abs. 1 StGB als Blankettvorschrift, 2006; *Bottek,* Unterlassungen und ihre Folgen – Handlungs- und kausalitätstheoretische Überlegungen, 2014; *Dencker,* Ingerenz: Die defizitäre Tathandlung, FS Stree/Wessels, 1993, S. 161 ff.; *Dießner,* Die Unterlassungsstrafbarkeit der Kinder- und Jugendhilfe bei familiärer Kindeswohlgefährdung, 2008; *Freund,* Erfolgsdelikt und Unterlassen, 1992; *ders.,* Anm. zu BGH, Urt. vom 31.01.2002 – 4 StR 289/01 (LG Wuppertal): Zur Garantenstellung und Garantenpflicht bei arbeitsteiliger Beseitigung einer Gefahrenquelle im schienengebundenen Verkehr, NStZ 2002, 424 f.; *ders.,* Erlöschen strafrechtlicher Garantenpflichten bei Ehegatten, NJW 2003, 3384 ff.; *ders.,* Tatbestandsverwirklichungen durch Tun und Unterlassen – Zur gesetzlichen Regelung begehungsgleichen Unterlassens und anderer Fälle der Tatbestandsverwirklichung im Allgemeinen Teil des StGB, FS Herzberg, 2008, S. 225 ff.; *ders.,* Jakobs und die Unterlassungsdelikte – Von der Verhaltens*form* zur Qualität der Verhaltens*norm,* in: Strafrecht und Gesellschaft, 2019, S. 379 ff.; *Freund/Timm,* Die Aussetzung durch „Im-Stich-Lassen in hilfloser Lage" (§ 221 Abs. 1 Nr. 2 StGB) im Kontext der Unterlassungsdelikte – Zugleich Besprechung von BGH v. 19.10.2011 – 1 StR 233/11, HRRS 2011 Nr. 1164, in: HRRS 2012, 223 ff.; *Greco,* Kausalitäts- und Zurechnungsfragen bei unechten Unterlassungsdelikten, ZIS 2011, 674 ff.; *Grünewald,* Zivilrechtlich begründete Garantenpflichten im Strafrecht?, 2001; *Haas,* Die Beteiligung durch Unterlassen, ZIS 2011, 392 ff.; *Haft,* Die Unterlassungsdelikte – ein Lernprogramm, JA 1982, 473 ff.; *Hernández Basualto,* Die Betriebsbezogenheit der Garantenstellung von Leitungspersonen im Unternehmen, FS Frisch, 2013, S. 333 ff.; *Herzberg,* Die Unterlassung im Strafrecht und das Garantenprinzip, 1972; *Hillenkamp,* Garantenpflichtwidriges Unterlassen nach vorsätzlichem Tatbeginn?, FS Otto, 2007, S. 287 ff.; *Hoven,* Ingerenz und umgekehrter Erlaubnistatbestandsirrtum, GA 2016, 16 ff.; *Jakobs,* Die strafrechtliche Zurechnung von Tun und Unterlassen, 1996; *Jescheck,* Probleme des unechten Unterlassungsdelikts in rechtsvergleichender Sicht, in: 140 Jahre Goldammer's Archiv, 1993, S. 115 ff.; *Kahlo,* Das Problem des Pflichtwidrigkeitszusammenhanges bei den unechten Unterlassungsdelikten, 1990; *Konu,* Die Garantenstellung des Complianceofficers, 2013; *Krüger,* Beteiligung durch Unterlassen an fremden Straftaten – Überlegungen aus An-

lass des Urteils zum Compliance Officer, ZIS 2011, 1 ff.; *Kühl,* Die Unterlassungsdelikte als Problemfall für Rechtsphilosophie, Strafrechtsdogmatik und Verfassungsrecht, FS Herzberg, 2008, S. 177 ff.; *ders.,* Die strafrechtliche Garantenstellung – Eine Einführung mit Hinweisen zur Vertiefung, JuS 2007, 497 ff.; *Laubenthal,* Strafrechtliche Garantenhaftung von Polizisten und außerdienstliche Kenntniserlangung – BGH, NJW 1993, 544, JuS 1993, 907 ff.; *Luzón Peña,* Gleichwertigkeit der Unterlassung mit der Begehung: Schaffung oder Erhöhung der Gefahr durch die Unterlassung – Eine Skizze, GA 2016, 275 ff.; *ders.,* Kausalität beim unechten Unterlassungsdelikt?, GA 2018, 520 ff.; *Maiwald,* Grundlagenprobleme der Unterlassungsdelikte, JuS 1981, 473 ff.; *Michalke,* Die Strafbarkeit von Amtsträgern wegen Gewässerverunreinigung (§ 324 StGB) und umweltgefährdender Abfallbeseitigung (§ 326 StGB) in neuem Licht, NJW 1994, 1693 ff.; *Mosenheuer,* Unterlassen und Beteiligung – Zur Abgrenzung von Täterschaft und Teilnahme bei Unterlassungsdelikten, 2009; *Murmann,* Anm. zu BGH, Urt. v. 21.12.2011 – 2 StR 295/11 (NStZ 2012, 319) (Totschlag durch Unterlassen bei GBL-Gefahren), NStZ 2012, 387 ff.; *ders.,* Beteiligung durch Unterlassen, FS Beulke, 2015, S. 167 ff.; *Otto,* Ingerenz und Verantwortlichkeit, FS Gössel, 2002, S. 99 ff.; *ders.,* Entwicklungen im Rahmen der Garantenstellung aus enger menschlicher Verbundenheit, FS Herzberg, 2008, S. 255 ff.; *Otto/Brammsen,* Die Grundlagen der strafrechtlichen Haftung des Garanten wegen Unterlassens, Jura 1985, 530 ff., 592 ff., 646 ff.; *Paradissis,* Unterlassungsstrafbarkeit in sog. Weiterungsfällen – Zugleich ein Beitrag zu Legitimität und Grenzen der Garantenstellung aus Ingerenz, 2015; *Pawlik,* Der Polizeibeamte als Garant zur Verhinderung von Straftaten, ZStW 111 (1999), 335 ff.; *ders.,* „Das dunkelste Kapitel in der Dogmatik des Allgemeinen Teils" – Bemerkungen zur Lehre von den Garantenpflichten, FS Roxin, 2011, S. 931 ff.; *Perdomo-Torres,* Garantenpflichten aus Vertrautheit, 2006; *ders.,* Das Begehen durch Unterlassen im positiven Recht, FS Jakobs, 2007, S. 497 ff.; *Puppe,* AT-Rechtsprechung³, §§ 28 ff.; *Rahmani,* Raub durch Unterlassen, 2017; *Ransiek,* Das unechte Unterlassungsdelikt, JuS 2010, 490 ff., 585 ff., 678 ff.; *Ranft,* Bemerkungen zu Täterschaft und Teilnahme durch garantiepflichtwidriges Unterlassen, FS Otto, 2007, S. 403 ff.; *Richter,* Strafvereitelung wegen Nichtanzeige von Straftaten nach Prüfung durch die Stellen zur Bekämpfung von Fehlverhalten im Gesundheitswesen, 2017; *Robles Planas,* Negative und positive Pflichten im Strafrecht, GA 2013, 624 ff.; *Rotsch,* „Ledersprayˮ redivivus – Zur konkreten Kausalität bei Gremienentscheidungen – Zugleich ein Beitrag zu der vermeintlichen Notwendigkeit der Abgrenzung von Tun und Unterlassen und den Voraussetzungen der Mittäterschaft, ZIS 2018, 1 ff.; *Rudolphi,* Die Gleichstellungsproblematik der unechten Unterlassungsdelikte und der Gedanke der Ingerenz, 1966; *Schall,* Grund und Grenzen der strafrechtlichen Geschäftsherrenhaftung, FS Rudolphi, 2004, S. 267 ff.; *Schmakowski,* Die Garantenstellung aus Verantwortung für gefährliche Sachen – Zu Legitimation und Umfang der Gefahrquellenverantwortlichkeit beim Unterlassungsdelikt, 2017; *Schmidhäuser,* Über Unterlassungsdelikte – Terminologie und Begriffe, FS Müller-Dietz, 2001, S. 761 ff.; *Schrägle,* Das begehungsgleiche Unterlassungsdelikt – Eine rechtsgeschichtliche, rechtsdogmatische und rechtsvergleichende Untersuchung und die Entwicklung eines Systems der Garantietypen, 2017; *Schrott,* Unterlassungszurechnung bei drittvermittelten Rettungsgeschehen – Unter besonderer Berücksichtigung von Compliance-Systemen, 2014; *Schünemann,* Grund und Grenzen der unechten Unterlassungsdelikte, 1971; *ders.,* Die unechten Unterlassungsdelikte: Zehn Kardinalfragen, -fehler und -fixpunkte, GA 2016, 301 ff.; *Seebode,* Zur gesetzlichen Bestimmtheit des unechten Unterlassungsdelikts, FS Spendel, 1992, S. 317 ff.; *ders.,* Anm. zu BVerfG Kammer-Beschl. v. 21.11.2002 – 2 BvR 2202/01, JZ 2004, 305 ff. (zur Strafvereitelung im Amt durch begehungsgleiches Unterlassen bei außerdienstlich erlangter Kenntnis); *Seelmann,* Opferinteressen und Handlungsverantwortung in der Garantenpflichtdogmatik, GA 1989, 241 ff.; *Silva Sánchez,* Zur Dreiteilung der Unterlassungsdelikte, FS Roxin, 2001, S. 641 ff.; *ders.,* Notstandsrechte und Duldungspflichtverletzungen, GA 2006, 382 ff.; *Spendel,* Kausalität und Unterlassung, FS Herzberg, 2008, S. 247 ff.; *Stein,* Beendeter und unbeendeter Versuch beim Begehungs- und Unterlassungsdelikt, GA 2010, 129 ff.; *Streng,* Die Struktur des Raubtatbestands – Zugleich ein Beitrag zum Raub als unechtem Unterlassensdelikt, GA 2010, 671 ff.; *Tenkhoff,* Zur Anwendbarkeit des § 13 StGB auf schlichte Tätigkeitsdelikte, FS Spendel, 1992, S. 347 ff.; *Vogel,* Norm und Pflicht bei den unechten Unterlassungsdelikten, 1993; *Walter,* Die Pflichten des Geschäftsherrn im Strafrecht, 2000; *Welp,* Vorangegangenes Tun als Grundlage einer Handlungsäquivalenz der Unterlassung, 1968; *Yamanaka,* Abgrenzung von Beihilfe und Mittäterschaft bei Unterlassungsdelikten, FS Schünemann, 2014, S. 561 ff.; *Zaczyk,* Zur Garantenstellung von Amtsträgern, FS Rudolphi, 2004, S. 361 ff.; *Zimmermann/Linder,* Die Unterlassungskausalität im Fall Jalloh: Ein Schritt zur Anerkennung der hypothetischen Genehmigung?, ZStW 128 (2016), 713 ff.

Unterscheidung des Tuns vom Unterlassen: Engisch, Tun und Unterlassen, FS Gallas, 1973, S. 163 ff.; *Herzberg,* Die Differenz zwischen Unterlassen und Handeln im Strafrecht, FS Röhl, 2003, S. 270 ff.; *Kuhlen,* Zur Unterscheidung von Tun und Unterlassen, FS Puppe, 2011, S. 669 ff.; *Merkel,* Die Abgrenzung von Handlungs- und Unterlassungsdelikt – Altes, Neues, Ungelöstes, FS Herzberg, 2008, S. 193 ff.; *Samson,* Begehung und Unterlassung, FS Welzel, 1974, S. 579 ff.; *Seelmann,* Probleme der Unterscheidung von Handeln und Unterlassen im Strafrecht, JuS 1987, L 33 ff.; *Streng,* „Passives Tun" als dritte Handlungsform – nicht nur beim Betrug, ZStW 122 (2010), 1 ff.; *ders.,* Straflose „aktive Sterbehilfe" und die Reichweite des § 216 StGB – Zugleich ein Beitrag zum System der Handlungsformen, FS Frisch, 2013, S. 739 ff.; *Struensee,* Handeln und Unterlassen, Begehungs- und Unterlassungsdelikt, FS Stree/Wessels, 1993, S. 133 ff.; *Volk,* Zur Abgrenzung von Tun und Unterlassen, FS Tröndle, 1989, S. 219 ff. – Zur *Irrelvanz der Unterscheidung* für die Tatbestandsverwirklichung s. *Freund,* Jakobs und die Unterlassungsdelikte – Von der Verhaltens*form* zur Qualität der Verhaltens*norm,* in: Strafrecht und Gesellschaft, 2019, S. 379 ff.

Bedeutung der Entsprechensklausel (§ 13 I a. E.): Ingelfinger, Die Körperverletzung mit Todesfolge durch Unterlassen und die Entsprechensklausel des § 13 Abs. 1 Halbs. 2 StGB, GA 1997, 573 ff.; *Jescheck/Weigend,* AT^5, § 59 V (S. 629 f.); *Nitze,* Die Bedeutung der Entsprechensklausel beim Begehen durch Unterlassen (§ 13 StGB), 1989; *Roxin,* Die Entsprechungsklausel beim unechten Unterlassen, FS Lüderssen, 2002, S. 577 ff.

Mord durch Unterlassen?: Arzt, Mord durch Unterlassen, FS Roxin, 2001, S. 855 ff.; *Berster,* Anm. zu BGH v. 07.07.2009 – 3 StR 204/09 (Zur Begehung eines Mordes durch Unterlassen aufgrund der Mordmerkmale „mit gemeingefährlichen Mitteln" und „Heimtücke"), ZIS 2011, 255 ff.; *Freund,* Verdeckungsmord durch Unterlassen? – Zugleich eine Besprechung von BGH, Urt. v. 12.12.2002 – 4 StR 297/02 (LG Rostock), NStZ 2003, 312 f., in: NStZ 2004, 123 ff.; *Haas,* Zur Erfüllung des Mordmerkmals der Verdeckungsabsicht durch Unterlassen, FS Weber, 2004, S. 235 ff.; *Rauber,* Mord durch Unterlassen? – Ist es möglich, die Mordmerkmale des § 211 II StGB im Falle einer Tötung durch Unterlassen zu verwirklichen?, 2008.

Unterlassene Hilfeleistung und Nichtanzeige geplanter Straftaten: BGH JZ 1997, 45 ff. (zu § 138) m. Anm. *Lagodny;* zu dieser Entscheidung auch *Puppe,* NStZ 1996, 597 f.; BGH NStZ 2016, 153 (keine Strafbarkeit wegen unterlassener Hilfeleistung bei unklarem Todeszeitpunkt; zur Gegenposition s. *Freund,* in: MünchKommStGB³, § 323c Rn. 29 ff.; i. E. auch die Beschlussempfehlung des Ausschusses für Recht und Verbraucherschutz BT-Drs. 18/12153, 7). – *Dehne-Niemann,* Omissio libera in causa bei „echten" Unterlassungsdelikten? – Zur Verhaltensgebundenheit „echten" Unterlassens am Beispiel der §§ 266a I, 323c StGB, GA 2009, 150 ff.; *Frisch,* Strafrecht und Solidarität – Zugleich zu Notstand und unterlassener Hilfeleistung, GA 2016, 121 ff.; *Heil,* Die Folgen der Unterlassenen Hilfeleistung gemäß § 323c StGB – Zur Begründung der Hilfeleistungspflicht und der Bewertung der Unterlassensfolgen bei der Strafzumessung, 2001; *v. Hirsch/Neumann/Seelmann* (Hrsg.), Solidarität im Strafrecht – Zur Funktion und Legitimation strafrechtlicher Solidaritätspflichten, 2013; *Kühl,* Zur Legitimität der Strafvorschrift „Unterlassene Hilfeleistung", FS Frisch, 2013, S. 785 ff.; *Kühnbach,* Solidaritätspflichten Unbeteiligter – Dargelegt am Beispiel von Aggressivnotstand, Defensivnotstand, unterlassener Hilfeleistung und polizeilichem Notstand, 2007; *Koch,* Unterlassene Hilfeleistung durch Behindern von Rettungsmaßnahmen – Nichts tun ist bisweilen besser als Aktionismus – auch auf der Ebene der Gesetzgebung, GA 2018, 323 ff.; *Robles Planas,* Zwischen Beihilfe zur Tat und unterlassener Hilfeleistung – Zugleich ein Beitrag über die Verletzung der Solidaritätspflichten im Strafrecht, GA 2008, 18 ff.; *Roja,* Grundprobleme der allgemeinen Verbrechenslehre bei der unterlassenen Verbrechensanzeige – §§ 138, 139 StGB, GA 2017, 147 ff.; *Schmitz,* Die Funktion des Begriffs Unglücksfall bei der unterlassenen Hilfeleistung unter Berücksichtigung spezieller inhaltlicher Problemfelder – Ein Beitrag zum personalen Verhaltensunrecht und zum Erfolgssachverhalt des § 323c StGB, 2006; *Schöch,* Zur Strafbarkeit der Behinderung von hilfeleistenden Personen, GA 2018, 510 ff.; *Seelmann,* „Unterlassene Hilfeleistung" oder: Was darf das Strafrecht?, JuS 1995, 281 ff.; *Spendel,* „Zum Vergehen der unterlassenen Hilfeleistung", FS Seebode, 2008, S. 377 ff.; *Tag,* Nichtanzeige geplanter Straftaten, unterlassene Hilfeleistung oder Freispruch?, JR 1995, 133 ff.; *Wittmann,* Die unterlassene Hilfeleistung aus rechtsvergleichender und rechtsethischer Sicht, FS Yamanaka, 2017, S. 363 ff.; *Zopfs,* „Begründet die Sachgefahr einen Unglücksfall im Sinne des § 323c?", FS Seebode, 2008, S. 448 ff.

IV. Zur gesetzlichen Regelung begehungsgleichen Unterlassens 267

Fragen zu § 6: Begehungsgleiches und nichtbegehungsgleiches Unterlassungsdelikt

1. Ist der „Erfolgsabwendungsbezug" ein brauchbares Kriterium zur Abgrenzung begehungsgleichen Unterlassens vom nichtbegehungsgleichen Unterlassen? § 6 Rn. 11 f., 21 ff. **158**
2. Weshalb ist die noch immer verbreitete Bezeichnung begehungsgleichen Unterlassens als „unechtes" Unterlassen problematisch? § 6 Rn. 14.
3. Worin liegt der Unterschied zwischen begehungsgleichem und nichtbegehungsgleichem Unterlassen? § 6 Rn. 17 f.
4. Welche Ansatzpunkte zur Begründung der für begehungsgleiches Unterlassen spezifischen Sonderverantwortlichkeit gibt es? § 6 Rn. 27 ff.
5. Nennen Sie die beiden wichtigsten Tatbestände, die nichtbegehungsgleiches Unterlassen als Straftat normieren. § 6 Rn. 37 ff.
6. Weshalb ist die Annahme der traditionellen Unterlassungsdogmatik problematisch, die „Garantenstellung" sei ein (dem Begehungsdelikt fremdes) spezifisches Tatbestandsmerkmal begehungsgleichen Unterlassens? § 6 Rn. 51 ff.
7. Wie kann begründet werden, dass begehungsgleiches Unterlassen denselben Tatbestand als normativ bestimmten Unrechtstyp verwirklicht wie entsprechendes tatbestandsmäßiges aktives Tun? § 6 Rn. 56 ff.
8. Nennen Sie einige wichtige Fallgruppen des begehungsgleichen Unterlassens. § 6 Rn. 65 ff., 111 ff.
9. Liegt ein tatbestandsmäßiges begehungsgleiches Unterlassen vor, wenn ein Handeln (etwa eine riskante Rettungsaktion) den untätig Bleibenden übermäßig belasten würde? § 6 Rn. 130 f.
10. Tötet ein Elternteil das eine von zwei Kindern durch begehungsgleiches Unterlassen, wenn er in einer Situation, in der nur eines gerettet werden kann, (nur) eines rettet? § 6 Rn. 132 ff.
11. Welche Bedeutung haben Kausalität und Quasi-Kausalität für tatbestandsmäßige Fehlverhaltensfolgen beim Unterlassungsdelikt? § 6 Rn. 138 ff.
12. Was ist im „Brandrettungsfall" des BGH (vgl. § 6 Rn. 142) zu beachten? § 6 Rn. 144 ff.

§ 7 Das Vorsatzdelikt

I. Grundlagen

1. Gesetzlicher Befund und erste Inhaltsbestimmung

Fahrlässiges Verhalten ist nur strafbar, sofern in einem bestimmten Strafgesetz ausdrücklich **fahrlässiges Handeln oder Unterlassen** mit Strafe bedroht ist (§ 15 2. Halbsatz); ansonsten gilt nach der generellen Anordnung des § 15 (1. Halbsatz) bei allen Straftatbeständen das **Erfordernis vorsätzlichen Handelns**, auch wenn es in denselben nicht ausdrücklich erwähnt wird. Schon diese Gegenüberstellung zeigt: Nach dem Gesetz ist vorsätzliches Verhalten – bei sonst gleichbleibenden Umständen – eher als fahrlässiges Verhalten *überhaupt geeignet,* die Rechtsfolge der Bestrafung nach sich zu ziehen. 1

Die strengere Behandlung vorsätzlichen Verhaltens zeigt sich indessen auch ganz deutlich, wenn eine entsprechende Fahrlässigkeitstat existiert. Ein Blick auf die **Strafrahmen** des Totschlags nach § 212 I (angedroht ist Freiheitsstrafe *nicht unter* **fünf Jahren**) und der fahrlässigen Tötung nach § 222 (angedroht sind Geldstrafe und Freiheitsstrafe *bis zu* **fünf Jahren**) lässt die extrem unterschiedliche Beurteilung deutlich werden. Obwohl es für das getötete Opfer keinen Unterschied macht, ob es Opfer einer vorsätzlichen oder einer fahrlässigen Tötung geworden ist, gibt es bei den für die Täter grundsätzlich[1] vorgesehenen Strafrahmen noch nicht einmal einen Überschneidungsbereich. Vorsätzliches Verhalten muss also eine **Qualität** aufweisen, die eine **solche strengere Beurteilung rechtfertigt**. 2

---

[1] Sieht man von den minder schweren Fällen der vorsätzlichen Tötung (nach § 213) ab.

a) Regelung des § 16

3   Anders als der Entwurf 1962, der in §§ 16 bis 18 Begriffsbestimmungen für Vorsatz, Absicht, Wissentlichkeit, Fahrlässigkeit und Leichtfertigkeit enthält, **definiert** das geltende StGB diese **Begriffe nicht**. Man wollte eine Festlegung auf den als defizitär empfundenen Stand der Erkenntnis vermeiden.[2]

4   Wesentliche Aussagen zum Verständnis des Vorsatzbegriffs lassen sich jedoch § **16** entnehmen. Dort findet sich in **Abs. 1** eine Regelung über Fälle fehlenden Vorsatzes: „Wer **bei Begehung der Tat** einen **Umstand nicht kennt**, der zum **gesetzlichen Tatbestand** gehört, handelt nicht vorsätzlich. Die Strafbarkeit wegen fahrlässiger Begehung bleibt unberührt."

5   Beispiel: Wer beim Verlassen eines Lokals den eigenen **Mantel** mit einem **fremden verwechselt**, begeht keinen Diebstahl nach § 242 I. Ihm fehlt – außer der erforderlichen Absicht rechtswidriger Zueignung – die erforderliche Kenntnis der Fremdheit des Gegenstandes, und er weiß auch nicht um die Voraussetzungen der Wegnahme.

6   Weiteres Beispiel: Wer als **Jäger** einen **Treiber** in der irrigen Annahme erschießt, es handle sich um ein **Reh**, begeht keine vorsätzliche Tötung. Denn er weiß nicht, dass er einen Menschen tötet. Wie § 16 I 2 klarstellt, kommt jedoch eine **fahrlässige Tötung** in Frage. Für eine solche Strafbarkeit aus § 222 müssen aber deren **Voraussetzungen** tatsächlich erfüllt sein.

7   Im Sinne einer **ersten Inhaltsbestimmung** lässt sich sagen: **Vorsätzliches Verhalten** liegt vor, wenn der (willentlich) Handelnde oder Unterlassende die **Umstände kennt**, aufgrund deren sein Verhalten tatbestandsmäßig-missbilligt ist. Dagegen irrt der fahrlässig Handelnde oder Unterlassende in dieser entscheidenden Hinsicht: er erfasst die **tatbestandsrelevante Unwertdimension** seines Verhaltens jedenfalls nicht in vollem Umfang.

8   Eine **klarstellende Spezialregelung** über die irrige Annahme privilegierender Tatumstände enthält § **16 II**. Danach kann bei irriger Annahme von **Umständen**, welche den Tatbestand eines **milderen Gesetzes** verwirklichen würden, wegen vorsätzlicher Begehung nur nach dem milderen Gesetz bestraft werden.

9   Ein mit dem Inkrafttreten des 6. StrRG[3] freilich nur noch **historisches Beispiel**: Eine Frau, die ihr Kind in oder gleich nach der Geburt tötete, meinte irrig, das **Kind sei nichtehelich**. Aus § 16 II folgte, dass eine Verurteilung wegen Vorsatztat nur nach § 217 I (a. F.) möglich war. Eine Verurteilung nach der ohne den Irrtum eingreifenden Strafnorm des Totschlags oder gar des Mordes war ausgeschlossen. Zu demselben Ergebnis gelangte man freilich auch ohne Heranziehung des § 16 II mittels einer am **Sinn und Zweck** der privilegierenden Strafnorm des § 217

---

[2] Näher dazu *Roxin,* JuS 1973, 197, 201 f. – Zu konkreten aktuellen Gesetzgebungsvorschlägen s. oben § 5 Rn. 91 ff.; vgl. auch unten (§ 7) Rn. 117, 158.
[3] Am 1. April 1998.

I. Grundlagen

(a. F.) orientierten Gesetzesauslegung. Nach der einschlägigen gesetzlichen Vorwertung wurde unwiderleglich vermutet, dass sich eine Frau, die ein nichteheliches Kind zur Welt bringt, in einer besonderen Konfliktsituation befindet. Danach kam es für das Eingreifen der Privilegierung von vornherein nur auf das **Vorstellungsbild** der Frau an. Die Abschaffung der privilegierenden Strafvorschrift des § 217 durch das 6. StRG hat dazu geführt, dass solche Fälle jetzt von den strengeren Vorschriften der **§§ 211, 212** erfasst werden. Lediglich die für den Bereich des § 212 geltende Strafzumessungsvorschrift des § 213 kann ein vergleichbares Ergebnis in der Bestrafungshöhe ermöglichen.

Ein nach wie vor aktuelles Beispiel bietet die **Tötung auf Verlangen** (§ 216) bei der das **Vorstellungsbild** des zur Tötung Veranlassten über die Anwendbarkeit dieses privilegierenden – strengere Strafvorschriften „sperrenden" – Tatbestands entscheidet.[4]

b) Regelung des § 17

Für das Verständnis der Vorsatztat im Sinne des geltenden Strafrechts mittelbar bedeutsam ist auch die Vorschrift des § 17. Diese Norm regelt unmittelbar den so genannten **Verbotsirrtum:** „Fehlt dem Täter bei Begehung der Tat die **Einsicht, Unrecht zu tun**, so handelt er ohne Schuld, wenn er diesen Irrtum nicht vermeiden konnte. Konnte der Täter den Irrtum vermeiden, so kann die Strafe nach § 49 I gemildert werden."

Beispiel: Der **23-jährige B** unterhält eine Liebesbeziehung zu seiner 25-jährigen Schwester S. Die beiden vollziehen dabei regelmäßig den Beischlaf miteinander. B und S gehen davon aus, dass der Beischlaf unter volljährigen leiblichen Geschwistern erlaubt ist.[5] Ist B nach § 173 II („**Geschwisterinzest**") zu bestrafen?[6]

Meist wird die Regelung des § 17 als gesetzgeberische Absage an die Vorsatztheorie und als Bekenntnis zur vorherrschenden Schuldtheorie verstanden.[7]

---

[4] Im Sinne einer „subjektiven" Interpretation der Vorschrift (ohne Heranziehung des § 16 II) etwa *Horn*, in: SK StGB, 50. Lfg. 2000, § 216 Rn. 3; für eine Heranziehung des § 16 II dagegen etwa *Kühl*, in: Lackner/Kühl[29], § 216 Rn. 5; *Sinn*, in: SK StGB[9], § 216 Rn. 3; vgl. dazu auch *Mitsch*, JuS 1996, 309, 311 f.

[5] Zur Vereinfachung soll unterstellt werden, dass die beiden mit dieser Einschätzung falsch liegen. Sicher ist das – auch nach der Inzest-Entscheidung des Bundesverfassungsgerichts zu dieser Frage (BVerfG NJW 2008, 1137 ff.) – keineswegs; s. zu dieser schwierigen Problematik etwa *Greco*, ZIS 2008, 234 ff.; *Roxin*, StV 2009, 544 ff.; vgl. a. *Hörnle*, Grob anstößiges Verhalten, S. 452 ff.

[6] S. a. das weitere Beispiel des Verkaufs eines Kunstwerkes ins Ausland bei Unkenntnis der solches verbietenden Vorschrift oben § 4 Rn. 90. – Außerdem könnte man an den Inuit denken, der auf Verwandtenbesuch in Köln ist und sich – wie er das in seiner Heimat gewohnt ist – an einen Fluss (den Rhein) setzt und eine Fischmahlzeit angelt. Dass man dafür eine spezielle Erlaubnis benötigt, hat er noch nie gehört. Ist er dennoch strafbar wegen Fischwilderei nach § 293? (dazu Fn. 9).

[7] Vgl. etwa *Wessels/Beulke/Satzger*, AT[48], Rn. 733 ff.; *Kühl*, in: Lackner/Kühl[29], § 17 Rn. 1. – S. dazu freilich schon oben § 4 Rn. 82 ff.

aa) Vorsatztheorie

14   Nach der Vorsatztheorie ist das **aktuelle Bewusstsein, Unrecht zu tun**, für eine Bestrafung wegen Vorsatztat notwendig. In solcher Sicht – in der das Unrechtsbewusstsein **konstitutiver Bestandteil des Vorsatzes** ist – beinhaltet § 17 gar keine Regelung für Vorsatztaten, sondern nur eine solche für Fahrlässigkeitstaten, die – wie § 16 I 2 klarstellt – trotz Verneinung einer Vorsatztat vorliegen können. **§ 17 S. 2** regelt danach allein die Frage der **Milderung** der **Fahrlässigkeitsstrafe**.[8]

15   Im **Beispielsfall** scheidet danach eine Bestrafung nach § 173 II aus, weil das fehlende Bewusstsein, dass der Beischlaf unter erwachsenen leiblichen Geschwistern verboten ist, den Vorsatz entfallen lässt. Allenfalls käme – bei „Vermeidbarkeit" des Irrtums – eine Fahrlässigkeitsstrafe in Betracht, die nach § 17 S. 2 gemildert werden könnte. Auf die Vermeidbarkeit kommt es hier indessen gar nicht an, weil der **fahrlässige Geschwisterinzest** ohnehin **nicht unter Strafe gestellt** ist, sodass B straffrei bleibt.[9]

bb) Schuldtheorie

16   Die Schuldtheorie sieht im **aktuellen** oder **potenziellen Unrechtsbewusstsein** ein vom Tatbestandsvorsatz zu trennendes **selbstständiges Schuldelement** (daher der Name Schuldtheorie). Demzufolge berührt das Fehlen der aktuellen Einsicht, Unrecht zu tun, als bloßer Verbotsirrtum nicht den „Vorsatz", sondern allein die „Schuld". **Selbst** bei „unvermeidbarem" – treffender: bei **nicht vorwerfbarem** – **Irrtum** soll also ein **vorsätzliches Verhalten** in Bezug auf die Verwirklichung eines *Unrechts*tatbestands vorliegen. Die Strafbarkeit soll lediglich mangels „Schuld" ausgeschlossen sein. Im **Beispielsfall handelte B** damit **vorsätzlich**, weil sein Irrtum allenfalls schuldausschließend wirkte. Für seine Bestrafung nach § 173 II kommt es infolgedessen nur darauf an, ob der Irrtum des B vermeidbar war. Nahe liegt es, dass sich B hätte erkundigen müssen, ob er den Beischlaf mit seiner erwachsenen leiblichen Schwester vollziehen darf. Sein Irrtum war danach vorwerfbar (beruhte auf **Fahrlässigkeit**). Er wäre dann **nach § 173 II zu bestrafen**, wobei allerdings der Strafrahmen nach §§ 17 S. 2, 49 I gemildert werden kann.

17   Innerhalb der Schuldtheorie gibt es diverse Spielarten: Die Vertreter der **„strengen" Schuldtheorie** sehen jeden Irrtum über die Rechtswidrigkeit der Tat als Verbotsirrtum mit den in § 17 normierten Rechtsfolgen an. Demnach kommt es nicht

---

[8] S. insbes. *Schmidhäuser*, JZ 1979, 361 ff.; *ders.*, JZ 1980, 396; *Langer*, GA 1976, 193 ff.; *dens.*, Sonderstraftat, S. 117 ff., 81 ff., 69 f. – Eine einheitliche „Vorsatztheorie" gibt es allerdings ebenso wenig wie eine einheitliche „Schuldtheorie". – Das Unrechtsbewusstsein als Element des Vorsatzes fasst neuerdings auch *Herzberg*, FS Otto, 2007, S. 265 ff. auf; vgl. auch *dens.*, JuS 2008, 385 ff.

[9] Entsprechendes gilt für den fischenden Inuit (oben Fn. 6), der nach der Vorsatztheorie nicht vorsätzlich i. S. des § 293 handelt. Fahrlässigkeit ist bei der Fischwilderei ohnehin nicht strafbar. Daher spielt auch in diesem Fall die „Vermeidbarkeitsfrage" keine Rolle.

I. Grundlagen

darauf an, ob der Handelnde oder Unterlassende sein Verhalten *generell* für unverboten gehalten hat oder ob er erst infolge eines Irrtums über Bestehen, Art oder Umfang eines Rechtfertigungsgrundes *indirekt* zur Annahme der Erlaubtheit des Verhaltens gelangt ist. Und es wird im letztgenannten Bereich auch nicht danach differenziert, ob der Irrende bei zutreffender Erfassung der Sachlage lediglich *rechtlich fehlerhaft* wertet oder ob er die der Bewertung (seines Verhaltens als gerechtfertigt) *zugrundeliegende Sachlage* fehlerhaft beurteilt. Derjenige, der sich fehlerhaft in einer Situation sieht, bei deren wirklichem Gegebensein sein Verhalten gerechtfertigt wäre, wird also genauso behandelt wie derjenige, der bloß aufgrund fehlerhafter rechtlicher Einschätzung zur Annahme der Rechtfertigung gelangt. **Erlaubnistatbestandsirrtum**[10] und **Erlaubnisirrtum**[11] werden also **gleich behandelt**: Straffreiheit greift nur bei rechtlich nicht zu beanstandendem Irrtum ein – ansonsten wird durchweg wegen Vorsatztat bestraft.[12]

Diese Konsequenz wird von den verschiedenen Formen der weit verbreiteten **„eingeschränkten" Schuldtheorie** nicht gezogen. Danach wird die (vorwerfbar) irrige Annahme der sachlichen Voraussetzungen eines anerkannten Rechtfertigungsgrundes (der sog. **Erlaubnistatbestandsirrtum**) dem **Tatbestandsirrtum** jedenfalls in seinen Rechtsfolgen **gleichgestellt**. Dabei wird überwiegend angenommen, dass **analog § 16 I 1** der **Vorsatzschuldvorwurf** entfalle.[13] Möglich bleibt allenfalls eine **Fahrlässigkeitsbestrafung**, sofern eine solche überhaupt vorgesehen ist.

18

Für den Fall des Erlaubnistatbestandsirrtums gelangt die **Lehre von den negativen Tatbestandsmerkmalen**[14] zu demselben Ergebnis des Ausschlusses der Vorsatzbestrafung wie die eingeschränkten Schuldtheorien. Da sie die sachlichen Voraussetzungen der Rechtfertigungsgründe als negativ gefasste Merkmale des **Gesamtunrechtstatbestands** begreift, gelangt sie zu diesem Ergebnis ohne Weiteres über eine direkte Anwendung der für den Tatbestandsirrtum geltenden Regelung des **§ 16 I 1**.

19

In den verbleibenden Fällen des **„vermeidbaren"** – genauer: des rechtlich zu beanstandenden – **Rechtsirrtums**, greift nach den verschiedenen Formen der Schuldtheorie indessen die allenfalls gemilderte **Vorsatzbestrafung** ein. Die Berechtigung dazu entnimmt man der als Absage an die Vorsatztheorie verstandenen gesetzlichen Regelung des § 17 I 2.

20

---

[10] Näher zu dieser – auch Erlaubnissachverhaltsirrtum genannten – Irrtumsform noch unten (§ 7) Rn. 110 ff.

[11] Zum Erlaubnisirrtum als Unterfall des Verbotsirrtums (sog. indirekter Verbotsirrtum) vgl. bereits oben § 4 Rn. 64 ff., 68 ff., 82 ff. sowie unten (§ 7) Rn. 107 ff., 116.

[12] Auf der Linie einer solchen strengen Schuldtheorie aus jüngerer Zeit etwa *Erb,* FS Paeffgen, 2015, S. 205 ff.; *Heuchemer,* Der Erlaubnistatbestandsirrtum, 2005, S. 201 ff., 292 ff., jew. m. w. N.

[13] Vgl. dazu etwa *Wessels/Beulke/Satzger,* AT[48], Rn. 739, 755 f. m. w. N.

[14] Grundlegend zur Lehre von den negativen Tatbestandsmerkmalen *Arthur Kaufmann,* JZ 1954, 653 ff.; JZ 1956, 353 ff., 393 ff.; vgl. auch *dens.,* FS Lackner, 1987, S. 185 ff.; *Joecks,* in: MünchKommStGB[3], § 16 Rn. 128, 135; *Kindhäuser,* Gefährdung als Straftat, S. 111 f.; *Samson,* Strafrecht I[7], S. 122 ff.; ferner etwa *Hoffmann-Holland,* in: MünchKommStGB[3], § 22 Rn. 154 f.; *Puppe,* FS Otto, 2007, S. 389, 393; *Schlehofer,* in: MünchKommStGB[3], Vor § 32 Rn. 36 ff.

21 Fazit: Während also bei einem **„unvermeidbaren" Verbotsirrtum** das Ergebnis der vollkommenen **Straflosigkeit** von dem Theorienstreit überhaupt nicht berührt wird[15], sodass er in der Fallbearbeitung auch nicht entschieden werden muss, ist bei einem „vermeidbaren" (treffender: **bei einem rechtlich zu beanstandenden) Irrtum** der Ergebnisunterschied zwischen der Vorsatztheorie einerseits und den verschiedenen Schuldtheorien andererseits gravierend: Nach den **Schuldtheorien** ist eine Strafbarkeit wegen Vorsatztat gegeben; und nur die Vorsatzstrafe kann über §§ 17 S. 2, 49 I gemildert werden (während die **Vorsatztheorie** zur Verneinung der Strafbarkeit wegen Vorsatztat und bei fehlender Fahrlässigkeitsstrafnorm zur völligen Straflosigkeit gelangt).[16]

2. Verhaltensunrecht und Vorsatz

22 Der Tatbestandsvorsatz wird in der Regel als Merkmal des sog. subjektiven Unrechtstatbestands aufgefasst und dem sog. objektiven Unrechtstatbestand gegenübergestellt.[17] Diese Aufspaltung ist indessen verfehlt, da ein **„objektiver Unrechtstatbestand"** ohne Einbeziehung des **Subjekts**, das ihn verwirklichen soll, nicht denkbar ist.[18] Die Stoffeinteilung in einen objektiven Tatbestand einerseits und einen subjektiven Tatbestand andererseits wurde im Kern von einer **Unrechtsauffassung** übernommen, die heute in der Sache kaum mehr vertreten wird, sondern als **überholt** angesehen werden kann:

a) Klassische objektive Unrechtslehre

23 Nach der klassischen objektiven Unrechtslehre[19] gehörte alles **Objektive** zum **Unrecht** und alles **Subjektive** zur **Schuld**. Dabei verstand man unter dem Objektiven das Äußere (das, was sich in der Außenwelt ereignet); mit dem Subjektiven war demgegenüber das gemeint, was sich im Inneren des Täters (in dessen Psyche) abspielt. Dieses Verständnis zeigt sich ganz deutlich etwa in älteren Entscheidungen

---

[15] Der Satz nulla poena sine culpa, der das Ergebnis der Straflosigkeit erzwingt, hat Verfassungsrang und steht gleichsam über dem Theorienstreit; er ist sogar der Dispositionsmacht des Gesetzgebers entzogen.

[16] Zur eigenen Position in dem Streit s. bereits oben § 4 Rn. 82 ff. sowie unten (§ 7) Rn. 107 ff., 116.

[17] Vgl. statt vieler *Kühl*, AT[8], § 4 einerseits und § 5 andererseits; *Wessels/Beulke/Satzger,* AT[48], § 6 einerseits und § 7 andererseits. – Zur berechtigten Kritik an der geläufigen, aber eben nicht bruchlos durchgeführten Unterscheidung des „objektiven" vom „subjektiven" Tatbestand s. *Schmidhäuser,* FS Schultz, 1977, S. 61 ff.

[18] S. dazu in grundsätzlichem Zusammenhang oben § 2 Rn. 28 ff.; s. a. § 3 Rn. 10 ff., § 4 passim, § 5 Rn. 23 ff.

[19] Näher dazu etwa *Eser/Burkhardt,* Strafrecht I[4], Fall 3 A 91.

I. Grundlagen

des Bundesgerichtshofs, in denen (anders als in jüngeren Entscheidungen) vom **„äußeren"** und vom **„inneren" Tatbestand** gesprochen wird.[20]

Nach der klassischen „objektiven Unrechtslehre" wurde das Unrecht *formell* als durch eine Bewertung festzustellender Widerspruch des objektiven (= äußeren) Geschehens zur Rechtsordnung und *materiell* als **Rechtsgutsverletzung** oder **Rechtsgutsgefährdung** verstanden. In einem solchen am Äußeren orientierten Unrechtskonzept ist es nichts Ungewöhnliches, z. B. **Mäusefraß** in einem Getreidespeicher als „Unrecht" zu qualifizieren.[21] Im Verhältnis zum „Unrechtstäter" genügte im Verhaltensbereich jedes gewillkürte (i. S. der **kausalen Handlungslehre**) erfolgskausale Verhalten. **Vorsatz** und **Fahrlässigkeit** wurden als Voraussetzungen des subjektiven (inneren) Verschuldens aufgefasst, also der **Systemkategorie der Schuld** zugewiesen. 24

Das Abstellen allein auf das objektive (äußere) Geschehen hat Berechtigung, soweit es etwa um einen ausgleichspflichtigen Schaden im Verhältnis zu einer **Versicherung** gegen den Mäusefraß oder – beim **Unfalltod** eines Menschen – um die Auszahlung einer Lebensversicherungssumme beim Bestehen einer entsprechenden Versicherung geht. Genauso außer Frage sollte indessen stehen, dass für das Strafrecht eine solche „Unrechtsbewertung" nur wenig leistet. Da ein Schluss vom schlimmen Ereignis auf ein zugrunde liegendes Fehlverhalten einer Person keineswegs zwingend, in unserer heutigen technisierten Welt sogar noch nicht einmal besonders naheliegend ist, kann das schlimme Ereignis als solches allenfalls der äußere Anlass sein, nach dem für das **Strafrecht** entscheidenden **Fehlverhalten einer Person** zu fahnden und zu klären, ob das unerwünschte Ereignis **spezifische Folge** eines Fehlverhaltens war. 25

Der Begriff des „Unrechts" hat im Strafrechtssystem der hier nur skizzierten objektiven Unrechtslehre eine ganz andere Bedeutung als der heute geläufige Begriff des **(personalen) Verhaltensunrechts**. Die Einordnung eines jeden unerwünschten Ereignisses als tatbestandsmäßigen Erfolg ist – wie gezeigt – voreilig, weil das unerwünschte Ereignis auch von niemandem zu verantworten sein kann. Eine tatbestandsmäßige Verhaltensfolge und damit ein tatbestandsmäßiger Erfolg liegt dann nicht vor. Beispielsweise ist der Tod eines Menschen nicht ohne Weiteres ein tatbestandsmäßiger **Erfolg** im Sinne der §§ 212, 222, sondern kann auch Folge eines von niemandem zu verantwortenden **Unglücks** oder eines ganz **normalen Sterbevorgangs** sein. 26

Der eigentlich überholten objektiven Unrechtslehre steht die heute nach wie vor verbreitete, aber verfehlte Redeweise vom **„Erfolgsunrecht"** nahe. Nach dieser Lehre steht ein eingetretener Erfolg als Unrechtsbestandteil selbstständig *neben* dem **Verhaltensunrecht**, das in dem Verstoß gegen eine Verhaltensnorm liegt. Damit werden aber grundverschiedene Dinge gleichgeschaltet: Die spezifischen Folgen eines rechtlichen Fehlverhaltens und das Fehlverhalten selbst haben für 27

---

[20] Vgl. etwa BGHSt 15, 224, 226 („innere Tatseite"); 18, 133, 134 („äußerer Tatbestand"); 19, 79 („innerer Tatbestand"); vgl. auch BGHSt 21, 288, 291 (Vorsatz und Fahrlässigkeit als „Schuldmerkmale") – demgegenüber etwa BGHSt 36, 64, 67 („subjektiver Tatbestand"); 37, 106, 132 („objektiver Tatbestand").

[21] Vgl. zu diesem Beispiel *Engisch,* Auf der Suche nach der Gerechtigkeit, S. 35.

die Bestrafung einen jeweils eigenständigen Stellenwert. **Selbstständig unrechtskonstituierend** wirkt nur das von Rechts wegen **zu missbilligende Verhalten**. Fehlverhaltensfolgen bewirken dies allenfalls in abgeleiteter Form. Insofern bedarf die (im Falle entsprechender gesetzlicher Anordnung) angenommene **strafbarkeitsbegründende** und **-schärfende Funktion** eingetretener **Fehlverhaltensfolgen** der zusätzlichen sachlichen Legitimation neben der entsprechenden Funktion des Fehlverhaltens selbst.[22]

b) Konstituierung tatbestandsmäßigen Unrechts auch durch subjektive Elemente

28 Nach und nach ist die am äußeren Geschehen orientierte objektive Unrechtslehre im Strafrecht immer mehr ins Wanken geraten; sie wird heute kaum mehr vertreten.[23] Ausgelöst wurde diese Entwicklung nicht zuletzt durch die Entdeckung **subjektiver Unrechtselemente:** Bereits das Unrecht (und nicht erst die Schuld) des Diebstahls setzt mehr voraus als die Wegnahme einer fremden beweglichen Sache; nötig ist auch die **Zueignungsabsicht** als subjektives Unrechtselement. Das Unrecht der Wilderei (§ 292) in der Form des dem Wilde **„Nachstellens"** kann im Grunde nur unter Heranziehung des (subjektiven) Vorhabens des Betreffenden angemessen bestimmt werden. Wer selbst glaubt, die Wahrheit zu sagen, **„täuscht"** nicht i. S. des Unrechtstatbestands speziell des Betrugs (§ 263 I). Ganz allgemein ist das Unrecht des **Versuchs** einer Straftat ohne Berücksichtigung dessen, was der Betreffende **(subjektiv) vorhat**, nicht bestimmbar.

29 Dass jedenfalls beim Vorsatzdelikt ein bestimmter subjektiv-personaler Bezug – ein spezifischer Pflichtwidrigkeitsbezug – zum Unrecht der Vorsatztat gehört, ist inzwischen weitgehend anerkannt. Der Vorsatz ist also jedenfalls nicht als reine Schuldform zu begreifen, sondern die **Vorsatztat** bildet eine ganz bestimmte **Form tatbestandsmäßigen Unrechts**.

30 Allerdings wird derzeit immer noch verbreitet angenommen, ein bestimmter „Vorsatzanteil" – welcher genau ist höchst unklar – verbleibe in der Systemkategorie der „Schuld". Dem **Vorsatz** soll danach eine **Doppelfunktion** zukommen: Der Vorsatz soll einerseits eine ganz bestimmte Form **unrechtmäßigen Verhaltens** charakterisieren und auch bei vollkommen schuldlosem Verhalten denkbar sein – andererseits soll er auch eine ganz bestimmte Form **schuldhaften Verhaltens** kennzeichnen.[24] Für eine Bestrafung wegen vorsätzlichen Handelns oder Unterlassens müssen auch nach einem solchen doppelfunktionellen Vorsatzkonzept selbstverständlich beide Elemente vorliegen. Das erzwingt wiederum jedenfalls das verfassungsrechtliche **Schuldprinzip**.

---

[22] Näher dazu bereits in grundsätzlichem Zusammenhang oben § 2 Rn. 61 ff.
[23] Zu den „Überbleibseln" s. allerdings etwa oben § 2 Rn. 67.
[24] Zu dieser Doppelfunktion des Vorsatzes s. etwa *Wessels/Beulke/Satzger*, AT[48], Rn. 208 ff., 755.

I. Grundlagen

Diese bei unbefangener Betrachtung recht merkwürdig – um nicht zu sagen: spitzfindig – anmutende Aufspaltung des einheitlichen Substrats vorsätzlichen Verhaltens ist nur vor dem Hintergrund dessen verständlich, dass man für die Strafnormen der **Teilnahme** (§§ **26, 27**) eine vorsätzliche **Haupttat** benötigt. Indessen wird dabei verkannt, dass der Begriff der „vorsätzlichen Tat" für den Haupttäter einen gänzlich anderen Stellenwert besitzt als für den Teilnehmer. Deshalb sagt auch die Inhaltsbestimmung der „vorsätzlichen Tat" bei der Teilnahme nichts darüber aus, ob z. B. der schuldlos Handelnde selbst vorsätzliches personales Verhaltensunrecht verwirklicht. Das trifft nach dem oben (§ 3 Rn. 38 ff., § 4 Rn. 3 ff., 13 ff., 27) Gesagten gerade nicht zu.[25] Daher gibt es keinen berechtigten Grund, vorsätzliches Verhalten einer Person mit Bezug auf diese selbst nicht ausschließlich als eine ganz bestimmte Form unrechtmäßigen Verhaltens aufzufassen. **Vorsätzliches Verhalten** ist dann kein merkwürdiges Zwitterwesen, sondern kennzeichnet **ausschließlich** eine bestimmte **Verhaltensunrechtsform**. 31

Auch mit Blick auf die in manchen Fällen des **Vollrausches** (§ **323a**) erforderliche „vorsätzliche" Rauschtat ergibt sich nichts anderes. Danach muss die als „rechtswidrige Tat" umschriebene Rauschtat i. S. des § 323a zwar nach § 11 I Nr. 5 „den Tatbestand eines Strafgesetzes" erfüllen – also bei Vorsatztatbeständen begrifflich noch als „vorsätzliches Verhalten" aufgefasst werden können. Aus dem Kontext ist aber zu entnehmen, dass damit gleichsam auch gewisse Minderformen vorsätzlichen Verhaltens erfasst werden sollen, bei denen das spezifische personale Unrecht der Vorsatztat gerade fehlt. Welche genauen Anforderungen an den **„Vorsatz"** bei der **Rauschtat** i. S. des § 323a zu stellen sind, hängt von dem jeweils in Frage stehenden Tatbestand und von der legitimierbaren Funktion des § 323a ab. Meist wird – in der Sache kaum weiterführend – ein sog. „natürlicher Vorsatz" als ausreichend angesehen, der bereits beim Einsatz der Körperkraft für bestimmte Zwecke vorliegen soll.[26] Im Einzelnen ist hier freilich manches ungeklärt.[27] 32

Die Einsicht, dass auch fahrlässiges Verhalten nicht als „bloßes" Schuldproblem angesehen werden kann, beginnt sich immer mehr durchzusetzen.[28] Nach dem oben in § 5 Rn. 19 Gesagten ist auch **fahrlässiges Verhalten** *ausschließlich* eine bestimmte **Form unrechtmäßigen Verhaltens**. Bei sachgerechter konsequenter Individualisierung des spezifischen personalen Verhaltensunrechts der Fahrlässigkeitstat bleibt auch dort für eine weitere selbstständige Kategorie der (Fahrlässigkeits-) 33

---

[25] Zur Bedeutung der „vorsätzlichen Haupttat" für die Teilnehmerstrafnorm vgl. bereits oben § 3 Rn. 34 ff. sowie unten § 10 Rn. 15 ff.

[26] Vgl. etwa BGHSt 1, 124, 126 f.; *Heger*, in: Lackner/Kühl[29], § 323a Rn. 7. – Zur Kritik am Begriff des „Natürlichen", wenn es um normative Probleme geht, vgl. in diesem Lehrbuch etwa unten § 11 Rn. 4, 8; vgl. auch oben § 1 Rn. 119 und unten § 9 Rn. 44; treffend in diesem Zusammenhang auch die Kritik von *Kusch*, Der Vollrausch, S. 85, der vorschlägt, auf den Begriff des „natürlichen Vorsatzes" zu verzichten.

[27] *Otto*, Jura 1986, 478 ff.; *Kusch*, Der Vollrausch, S. 84 ff. – Zum Sonderproblem der Behandlung rauschbedingter Irrtümer beim Vollrauschtatbestand s. etwa *Heger*, in: Lackner/Kühl[29], § 323a Rn. 9; *Paeffgen*, in: NK[5], § 323a Rn. 73 ff., jew. m. w. N.

[28] Vgl. dazu etwa *Wessels/Beulke/Satzger*, AT[48], Rn. 1102, 1108 ff.

Schuld kein Raum. Das bisher einigermaßen willkürlich auf die „Schubladen" des Verhaltensunrechts und der Schuld Verteilte wird aufgenommen von dem grundlegenden Straftaterfordernis **personalen Fehlverhaltens**.

34 Doch auch wenn man die Dinge in dieser Hinsicht anders beurteilen sollte: Jedenfalls *eines* ist klar: Das Subjektiv-Individuelle bei der Straftat ist nicht mehr nur ein Schuldproblem, sondern jedenfalls *auch* – nach hier zugrunde gelegtem Verständnis *nur* – ein solches des **tatbestandsspezifischen Unrechts**.

II. Spezifisches Verhaltensunrecht der Vorsatztat

1. Verhältnis zum Fahrlässigkeitsunrecht: Fahrlässigkeit als Minus

35 Wir haben oben (§ 5 Rn. 15 ff., 23 ff.) gesehen, dass die Fahrlässigkeitstat eine individuell-personale Fehlleistung voraussetzt. Ein fahrlässiges Körperverletzungs- oder fahrlässiges Tötungsverhalten erfordert den Verstoß gegen eine tatbestandsspezifische Verhaltensnorm. Die erforderliche Spezifizierung des Verhaltensnormverstoßes erfolgt dabei – wie gezeigt – durch die **Legitimationsgründe der übertretenen Verhaltensnorm** (Rechtsgüterschutzaspekt und Sonderverantwortlichkeit).

36 Das Gesetz differenziert in verschiedenen Zusammenhängen zwischen vorsätzlichem und fahrlässigem Verhalten: Vorsätzliches Verhalten wird eher und härter geahndet als fahrlässiges. Diese unterschiedliche Behandlung in den Rechtsfolgen bedarf der sachlichen Begründung – soll nicht Willkür herrschen, sondern Recht gesprochen werden. Dabei gilt es, wegen der harten Zäsuren im Rechtsfolgenbereich nicht nur einen quantitativen, sondern einen **qualitativen Unterschied**[29] zwischen den Fahrlässigkeits- und den Vorsatzfällen aufzuzeigen. Bei lediglich fließenden Übergängen wäre es dagegen unangemessen, die ganz nahe beieinander liegenden Sachverhalte derart unterschiedlich zu behandeln wie das geltende Recht die Vorsatz- und die Fahrlässigkeitstat.[30]

37 Worin der qualitative Unterschied zwischen Vorsatz und Fahrlässigkeit zu sehen ist, wird bei einem Blick auf die (oben in § 1 Rn. 28 ff. herausgearbeitete) spezifische Rechtsgüterschutzaufgabe des Strafrechts deutlich: Durch angemessen missbilligende Reaktion auf den Verhaltensnormverstoß nebst Folgen (= Straftat) soll der darin zum Ausdruck gelangenden **Infragestellung der Normgeltung** begegnet werden. Der Verhaltensnormverstoß, der die Normgeltung in Frage stellt, soll als

---

[29] Näher zu diesem Angemessenheitserfordernis – wenn auch in anderem Kontext – *Frisch*, Die Entscheidung über den Strafrahmen (unveröffentlichtes Manuskript), § 1 III 2; zum Erfordernis eines sachlichen Differenzierungsgrundes vgl. auch *Pawlowski*, Methodenlehre für Juristen³, Rn. 77; *Freund*, JZ 1992, 993, 996.
[30] Zu den harten Zäsuren s. z. B. oben (§ 7) Rn. 1 f.

Unrecht gekennzeichnet werden, um in dieser Hinsicht das Recht als verhaltenswirksame Ordnung des Zusammenlebens zu wahren und die entstandene Schieflage wieder gerade zu rücken.

Die Infragestellung der Normgeltung liegt uneingeschränkt vor und erreicht dementsprechend eine besondere Qualität, wenn der Normbrüchige in vollem Umfang erfasst hat, was er tut – genauer: wenn er die Legitimationsgründe der übertretenen Verhaltensnorm vor Augen stehen hat und sich dennoch für den Normverstoß entscheidet. In einem solchen Fall kann weitere Aufklärung durch Information über die normrelevanten Aspekte nichts bewirken. Während sich im Falle **fahrlässigen Verhaltens** der fahrlässig Handelnde oder Unterlassende in irgendeiner **wesentlichen Hinsicht irrt**,[31] entscheidet sich der Täter des Vorsatzdelikts gleichsam sehenden Auges gegen das durch die von ihm übertretene Verhaltensnorm geschützte Rechtsgut (ggf. in Kenntnis seiner Sonderverantwortlichkeit). Sein Verhaltensnormverstoß stellt die Normgeltung in einer ernster zu nehmenden Weise in Frage als der Normbruch des Fahrlässigkeitstäters; der Normbruch des Vorsatztäters ist „schlimmer", weil die maßgeblichen Unwertdimensionen anders als im entsprechenden Fahrlässigkeitsfall vollumfänglich erfasst sind. Zum Beispiel hat der **Vorsatztäter** der Körperverletzung bei seinem Verhalten bereits die Verletzung als in concreto mögliche Verhaltensfolge gedanklich korrekt antizipiert und das mögliche weitere Geschehen in dieser Hinsicht **ohne Fehleinschätzung zu Ende gedacht**.[32]

38

Vor diesem Hintergrund zeigt sich, dass trotz des qualitativen Unterschieds zwischen vorsätzlichem und **fahrlässigem Verhalten** das Unrecht des Letzteren im Erstgenannten als **Minus** enthalten ist; anders gewendet: Das Unrecht **vorsätzlichen** Verhaltens umfasst im Verhältnis zum fahrlässigen Verhalten ein **spezifisches Mehr**.[33]

39

---

[31] Der Fahrlässigkeitstäter erfasst die Legitimationsgründe der von ihm übertretenen Verhaltensnorm überhaupt nicht (z. B. bei unbewusster Fahrlässigkeit) oder jedenfalls im entscheidenden Augenblick nicht uneingeschränkt (in Fällen der bewussten Fahrlässigkeit). So kann der Fahrlässigkeitstäter etwa beim Überholen an einer unübersichtlichen Stelle die Gefahren im entscheidenden Zeitpunkt (beim Einleiten des Überholmanövers) falsch einschätzen und deshalb fehlerhafte Schlussfolgerungen für sein Verhalten ziehen.

[32] Eingehend zur Ratio der Vorsatzstrafe *Frisch*, Vorsatz und Risiko, S. 46 ff., 195 ff. et passim.

[33] Sachlich übereinstimmend etwa *Frisch*, Tatbestandsmäßiges Verhalten, S. 40 m. w. N.; dezidiert wie hier ferner *Puppe*, in: NK^5, Vor § 13 Rn. 154, § 15 Rn. 5 („Vorsatz als Spezialfall der Fahrlässigkeit"); ungeachtet des anderen Konzepts der Straftat sachlich i. S. des Textes auch *Schmidhäuser*, FS Schaffstein, 1975, S. 129 ff., 158 (Unterschied zwischen Vorsatz- und Fahrlässigkeitstat *allein* im Schuldtatbestand); ebenso *Langer*, Sonderstraftat, S. 89 ff., 131 ff.; s. ferner *Hardtung*, in: MünchKommStGB^3, § 222 Rn. 1 f.; *Hoyer*, in: SK StGB^9, Anh. zu § 16 Rn. 2 ff.; *Voßgätter*, Die sozialen Handlungslehren, S. 186 f.; *Walter*, Kern des Strafrechts, S. 172. – Die zutreffende Annahme eines *qualitativen* Sprungs von der Fahrlässigkeit zum Vorsatz steht der Annahme eines solchen Plus-Minus-Verhältnisses nicht entgegen (vgl. aber etwa *Duttge*, in: MünchKommStGB^3, § 15 Rn. 102 ff.; i. S. eines Aliud-Verhältnisses ferner z. B. *Beulke*, Klausurenkurs I^7, Rn. 85; *Safferling*, Vorsatz, S. 192 f.; dagegen zutreffend *Herzberg*, NStZ 2004, 593, 595 ff.). Auch im Mord ist der Totschlag und im Raub der Diebstahl (als Minus) enthalten.

Nur so lässt sich zwanglos erklären, weshalb es möglich und sachgerecht ist, im Falle des nicht selten scheiternden Vorsatznachweises wegen Fahrlässigkeitstat zu verurteilen.[34]

2. Anforderungen an den Vorsatz

40 Nach vorherrschender Definition ist Vorsatz als psychischer Sachverhalt der **Wille zur Verwirklichung** des Straftatbestands in **Kenntnis** aller seiner objektiven Tatumstände – auf eine Kurzformel gebracht: **Wissen** und **Wollen** der Tatbestandsverwirklichung.[35]

a) Gegenstand des Vorsatzes

41 Unabhängig von dem Streit um die Berechtigung eines Wollens als Vorsatzelement (sog. voluntatives Vorsatzelement)[36] ist nicht nur die erwähnte Kurzformel sprachlich und sachlich schief. Bereits die dieser zugrunde liegende ausführlichere Definition führt bei präziser Subsumtion in die Irre. Wer „will" schon einen Straftatbestand verwirklichen? „Gewollt" ist zumeist etwas ganz anderes. Die **Straftatbestandsverwirklichung** ist regelmäßig die durchaus **unerwünschte Nebenfolge** des anderen Zielen dienenden Verhaltens. Nicht ernst gemeint sein kann auch das in der Definition (und der Kurzformel) aufgestellte Erfordernis der **Kenntnis** *aller* **objektiven Tatumstände**. Denn zum Tatbestand des vollendeten Erfolgsdelikts gehört, dass der Erfolg eingetreten *ist*. Im für das vorsätzliche Handeln (oder Unterlassen) allein maßgeblichen Zeitpunkt kann aber niemand – noch nicht einmal die Kunstfigur des *Laplaceschen* Weltgeistes – wissen, dass der Erfolg eingetreten *ist*, sondern allenfalls mit dessen späterem Eintritt (als sicher oder möglich) *rechnen*. Gegenstand des Vorsatzes ist deshalb nicht – wie verbreitet irreführend proklamiert wird – der gesamte sog. objektive Tatbestand.[37] Als **Vorsatzgegenstand**

---

[34] Auf diesen oft vernachlässigten prozessualen Aspekt macht mit Recht *Puppe*, in: NK[5], § 15 Rn. 5 aufmerksam; vgl. auch BGHSt 17, 210, 212 f. – Zur Problematik des Vorsatznachweises näher *Freund*, Normative Probleme der „Tatsachenfeststellung"; zum Nachweis des Tötungsvorsatzes s. a. *Schwarz*, JR 1993, 31 ff.

[35] I. d. S. etwa BGHSt 19, 295, 298; *Wessels/Beulke/Satzger*, AT[48], Rn. 316.

[36] S. dazu unten (§ 7) Rn. 54 ff.

[37] Zur Kritik dieser Auffassung treffend *Frisch*, Vorsatz und Risiko, S. 56 ff.; s. a. *dens*., Tatbestandsmäßiges Verhalten, S. 572 f. – Zu beachten ist in diesem Zusammenhang auch folgendes: Die gegenwärtig verbreitete Kategorie des sog. „objektiven Tatbestands" ist – anders als die des „objektiv-äußeren" Tatbestands der klassischen objektiven Unrechtslehre – alles andere als rein objektiv aufzufassen; sie kommt ohne Einbeziehung subjektiv-individueller Momente nicht aus; ein „subjektiv mitkonstituierter objektiver Tatbestand" kann aber wohl kaum als geglückte Konstruktion aufgefasst werden; vgl. dazu bereits oben § 2 Rn. 71, (§ 7) Rn. 22 ff.

II. Spezifisches Verhaltensunrecht der Vorsatztat

taugt vielmehr nur ein Teilstück des Tatbestands: das **tatbestandsmäßige Verhalten** mit seinen maßgeblichen Unwertdimensionen.[38] Diese Unwertdimensionen werden durch die **Legitimationsgründe** der übertretenen **Verhaltensnorm** bestimmt und müssen für die Erfüllung des Erfordernisses vorsätzlichen Handelns oder Unterlassens im aktuell verhaltensrelevanten Bewusstsein hinreichend erfasst sein. Der Vorsatztäter kennt die Umstände, welche die (nicht gerechtfertigte) Tatbestandsverwirklichung begründen, und entscheidet sich dennoch für sein Verhalten. Darin liegt der spezifische Unwertgehalt vorsätzlichen Verhaltens.

Von dem im Vorstehenden skizzierten Erfordernis vorsätzlichen *Verhaltens* ist ein zusätzliches Sanktionserfordernis des vorsätzlichen *vollendeten* Delikts zu unterscheiden: Die zu verantwortenden Verhaltensfolgen müssen gerade solche des vorsätzlich-tatbestandsmäßigen Verhaltens sein. Vorsätzliches Verhalten und *gelegentlich* eines solchen Verhaltens fahrlässig herbeigeführter Erfolg machen zusammengenommen noch nicht das Unrecht des vollendeten Vorsatzdelikts aus. Vielmehr muss der Erfolg gerade vorsätzlich – also gerade *durch das vorsätzliche Verhalten* – herbeigeführt worden sein.[39] 42

b) Maßgeblicher Zeitpunkt

aa) Grundsatz: Zeitpunkt der Handlung oder Unterlassung

Nach den hier gewonnenen Einsichten zur Ratio der härteren Vorsatzbestrafung kann der maßgebliche Zeitpunkt vorsätzlichen Verhaltens jedenfalls grundsätzlich nur der Zeitpunkt der Vornahme dieses Verhaltens sein – genauer: der **Zeitpunkt der Umsetzung der Entscheidung** für dieses Verhalten in der Außenwelt. In diesem Zeitpunkt muss der Betreffende, um das Erfordernis vorsätzlichen Verhaltens zu erfüllen, die Legitimationsgründe der gerade übertretenen Verhaltensnorm **im aktuell verhaltensrelevanten Bewusstsein** erfasst haben und dennoch seine Entscheidung für den Verhaltensnormverstoß umsetzen.[40] Um eine moderne bildhafte Umschreibung zu wählen: Es genügt nicht, wenn die notwendigen Erkenntnisse „auf der Festplatte" gespeichert sind; vielmehr muss der Betreffende bei seiner Entscheidung für das falsche Verhalten diese „auf dem Bildschirm" haben. 43

Nicht ausreichend ist vorheriges, im entscheidenden Zeitpunkt aber fehlendes Wissen (sog. **dolus antecedens**); ebenso nachträglich erlangtes Wissen (sog. **dolus subsequens**). Anderseits ändert es nichts mehr am vorsätzlichen Normverstoß, 44

---

[38] I. d. S. mit Recht *Frisch*, Vorsatz und Risiko, S. 94 ff., 118 ff., 210 ff.; sachlich übereinstimmend z. B. auch *Herzberg*, JuS 1986, 249, 261; s. a. *Stein*, in: SK StGB[9], § 16 Rn. 14; *Küper*, GA 1987, 479, 504 ff.; ferner *Freund*, JR 1988, 116, 117. Mit Recht werden etwa in der Entscheidung BGHSt 19, 295, 298, als vom Vorsatz zu erfassende Tatumstände (nur) die Merkmale des im Strafgesetz umschriebenen *Verhaltens* begriffen. – Der eingetretene Erfolg ist aber kein Merkmal des Verhaltens selbst, sondern eine spezifische Verhaltensfolge.

[39] Näher dazu unten (§ 7) Rn. 110 ff.

[40] Zu diesen Legitimationsgründen s. insbes. oben § 2 Rn. 11 ff.

wenn der vorsätzlich Handelnde oder Unterlassende zu einem späteren Zeitpunkt nicht mehr mit dem Erfolgseintritt rechnet oder diesen etwa nur nicht mehr „will". Beispiel: Am **vorsätzlich-tatbestandsmäßigen Tötungsverhalten** ändert sich nach der Abgabe des **gezielt tödlichen Schusses** auf das Opfer nichts mehr, wenn der Schütze irrig davon ausgeht, das Opfer nicht lebensgefährlich verletzt zu haben, oder wenn ihn sein Tun reut.

45 Keine Frage vorsätzlichen Handelns oder Unterlassens, sondern allenfalls eine solche der Bestrafung wegen **vorsätzlichen *vollendeten* Delikts** ist berührt, wenn **subjektive Merkmale** nach Vornahme eines tatbestandsmäßigen Verhaltens nicht mehr vorliegen.[41] Im soeben genannten Beispiel stehen die **nachträgliche irrige Annahme** der nicht lebensgefährlichen Verletzung des Opfers oder gar nur die nachträgliche **Unerwünschtheit** des späteren Todeseintritts der Bestrafung wegen vorsätzlichen vollendeten Delikts nicht entgegen, wenn das Opfer an dem mit Tötungsvorsatz abgegebenen und tatsächlich tödlichen Schuss verstirbt.

46 Nach dem bisher Gesagten reicht es für vorsätzliches Verhalten nicht aus, wenn der Handelnde oder Unterlassende bloß in einem gewissen zeitlichen Zusammenhang kurz vor oder nach seinem entsprechend tatbestandsmäßigen Verhalten die relevanten Legitimationsgründe der übertretenen Verhaltensnorm erfasst. Um das **Wissenselement** des Vorsatzes zu erfüllen, muss der Betreffende eine im Verhältnis zur Fahrlässigkeitstat qualitativ gesteigert unwertige Entscheidung treffen und diese in die Tat umsetzen. Das trifft unproblematisch zu, wenn der Betreffende unmittelbar bei seinem tatbestandsmäßigen Verhalten die **Legitimationsgründe** der **gerade übertretenen Verhaltensnorm** erfasst und sich dennoch für sein Verhalten entscheidet.

bb) Ausnahme: Gleichgewichtige Infragestellung im Vorfeld

47 Eine schwierige – hier nicht näher zu diskutierende – Frage ist es, ob und inwieweit eine Einbeziehung gewisser Fälle der gesteigert unwertigen Entscheidungen im Vorfeld der eigentlichen Vornahme des tatbestandsmäßig-missbilligten Verhaltens in den Bereich der **Vorsatzbestrafung** möglich und angemessen ist.[42] Nur soviel sei gesagt: Die Einbeziehung erscheint möglich und sachgerecht, wenn das eigentliche tatbestandsmäßige Verhalten **genauso Ausdruck** einer **Entscheidung gegen** die **übertretene Verhaltensnorm** ist wie in den Fällen des aktuellen Vor-Augen-Stehens der relevanten Legitimationsgründe. Wegen der getroffenen Vorentscheidungen muss in dem konkreten Normverstoß eine gleichgewichtige Infragestellung der Normgeltung zu erblicken sein.

---

[41] Vgl. dazu *Herzberg*, FS Oehler, 1985, S. 163 ff.
[42] Näher zu solchen Problemfällen *Frisch,* Vorsatz und Risiko, S. 231 ff.

II. Spezifisches Verhaltensunrecht der Vorsatztat

Beispiel: Der **Attentäter**, der an sich aus den Vorüberlegungen um die möglicherweise tödliche Wirkung für Unbeteiligte genau weiß und den schlimmen Ausgang durchaus einkalkuliert hat, denkt aktuell bei der Fernzündung der Bombe außer an das anvisierte Opfer nur noch an die **technischen Probleme der Durchführung** im Einzelnen. Das Leben Unbeteiligter interessiert ihn dabei nicht (mehr); es ist ihm gleichgültig. Trotz des fehlenden aktuellen Daran-Denkens liegt ein Fall vorsätzlichen Handelns vor, weil das tatbestandsmäßige Handeln noch **Ausdruck** der bereits **im Vorfeld getroffenen unwertigen Entscheidung** auch gegen das Leben der Unbeteiligten ist.[43]

48

Kontrastfall: Der Attentäter rechnet zu keinem Zeitpunkt mit der Tötung Unbeteiligter. Auch wenn die mögliche Tötung Unbeteiligter eine handgreiflich naheliegende Möglichkeit sein sollte, fehlt die für entsprechend vorsätzliches Handeln erforderliche **Kenntnis** der relevanten **Legitimationsgründe** der übertretenen Verhaltensnorm. Vorsätzliche Tötungsdelikte sind deshalb nicht erfüllt. – Nicht anders verhält es sich, wenn der Attentäter die mögliche Tötung Unbeteiligter zwar irgendwann im Vorfeld als möglich in Erwägung zieht, aber später nicht mehr ernst nimmt, **nicht mehr** mit ihr **rechnet**. Erst recht liegt kein Fall vorsätzlichen Handelns vor, wenn der Betreffende für sich – wenn auch fehlerhaft – davon ausgeht, dass andere nicht zu Schaden kommen, wenn er also positiv auf einen **guten Ausgang vertraut**.

49

Für die angemessene Abschichtung der Fälle legitimierbarer Bestrafung wegen Vorsatztat von den dafür nicht in Betracht kommenden Fällen des bloßen dolus antecedens kommt es darauf an, ob die einmal **getroffene Vorentscheidung** auch tatsächlich „**in die Tat umgesetzt**" worden ist. Denn nur unter dieser Voraussetzung greift die oben herausgearbeitete Ratio der im Verhältnis zur Fahrlässigkeitsbestrafung hervorgehobenen Vorsatzstrafe ein und nur dann liegt das erforderliche **qualitative Abschichtungskriterium** vor.

50

Diesem Kriterium kommt auch eine Schlüsselfunktion in den Fällen der sog. **actio libera in causa zu**.[44] Sofern in den einschlägigen Fällen von einem tatbestandsmäßigen Verhalten – etwa i. S. der Tötungsdelikte – gesprochen werden kann, stellt sich mit Blick auf die hier interessierende Bestrafung wegen vorsätzlicher Tatbegehung die weitere Frage, ob das Verhalten auch als Umsetzung der in Kenntnis der relevanten Unwertdimension getroffenen Vorentscheidung in die Tat aufgefasst werden kann.

51

Beispiel: A plant ein **Attentat** mittels einer **Paketbombe**. Er hat von den Angriffen gegen die „Rechtsfigur der actio libera in causa" gehört und möchte durch die Maschen des Gesetzes schlüpfen. Deshalb bereitet er das Paket mit dem Sprengsatz **in verantwortlichem Zustand** vor, versieht es mit der Adresse des in Aussicht genommenen Opfers (O) und macht es versandfertig. Den Auftrag, das Paket zur Post zu bringen, will er in volltrunkenem Zustand seinem zehnjährigen Sohn erteilen, der von alledem nichts weiß. Sodann betrinkt er sich bis zu einem Blutalkoholgehalt, bei dem in Verbindung mit den sonstigen Umständen seine **Schuldunfähigkeit** anzunehmen ist (§ 20). Der **Plan** des A **gelingt**: Das Paket gelangt wie vorgesehen zu dem Opfer und führt dessen Tod herbei.

52

---

[43] S. dazu auch *Frisch*, GS Armin Kaufmann, 1989, S. 311, 325 f.

[44] Zu den Problemen der so genannten actio libera in causa als Problemen der Anforderungen an tatbestandsmäßige Verhaltensweisen s. bereits oben § 4 Rn. 34 ff., § 5 Rn. 41 f.; zur Frage des Versuchsbeginns vgl. noch unten § 8 Rn. 41 ff.

53 In dem Beispielsfall haben wir es nach den oben (§ 2 Rn. 11 ff.; vgl. a. § 5 Rn. 45 ff., § 6 Rn. 56 ff.) gewonnenen Einsichten jedenfalls mit einem von A in rechtlich zu missbilligender Weise geschaffenen Risiko für das Leben des O zu tun: A hat in verantwortlichem Zustand einen in dieser Hinsicht schadensträchtigen Kausalverlauf zunächst in Gang gesetzt und später beim Sich-Versetzen in einen Zustand der Schuldunfähigkeit aus dem von ihm zu verantwortenden Organisationskreis gelangen lassen. Damit sind die Anforderungen an eine **fahrlässige Tötung** des O allemal erfüllt, ohne dass es dazu des Rückgriffs auf die „Rechtsfigur der actio libera in causa" bedarf. Die weitergehende Verantwortlichkeit wegen vorsätzlicher Tötung des O hängt auf dieser Basis nur noch von einem ab: A muss seinen Entschluss zur Tötung des O mit der Paketbombe – in Kenntnis der maßgeblichen Risikodimension seines Verhaltens – in verantwortlichem Zustand „in die Tat umgesetzt" haben. Da diese Voraussetzung ohne Weiteres erfüllt ist, hat A den O **schuldhaft-vorsätzlich getötet**. § 20 ist *insoweit* gar nicht einschlägig. Deshalb geht die Rechnung des A bei zutreffender Bestimmung dessen, was **„vorsätzliche Begehung einer Tat"** bedeutet, letztlich nicht auf.[45]

c) Erforderlichkeit eines voluntativen Vorsatzelements?

54 Die Berechtigung eines voluntativen Vorsatzelements neben dem im Vorstehenden skizzierten Wissenselement ist sehr umstritten. Nach der schon erwähnten herrschenden Begriffsbestimmung ist Vorsatz der Wille zur Verwirklichung eines Straftatbestands in Kenntnis aller seiner objektiven Tatumstände. Zum Teil wird angenommen, dass ohne ein solches voluntatives Vorsatzelement eine sachgerechte Abgrenzung zwischen (bedingtem) Vorsatz und (bewusster) Fahrlässigkeit nicht möglich sei. Denn jemand könne sich die Schädigung als mögliche Folge seines Handelns vorstellen, ohne diese Folge zu wollen; dann sei aber vorsätzliches Handeln zu verneinen.[46] Im Wesentlichen geht es dabei um die **angemessene Terminologie** bei weitgehender **Einigkeit in der Sache**.[47]

55 Zur Illustration folgender Beispielsfall:[48] A hatte aufgrund der ernst genommenen Lebensgefahr zunächst davon abgesehen, den schlafenden B mit einem **Lederriemen bis zur Bewusstlosigkeit zu würgen**, um sodann dessen Wohnung ausräumen zu können. Stattdessen versuchte er, diesen durch einen Schlag mit einem Sandsack „außer Gefecht zu setzen". Der Sandsack platzte jedoch und zeigte nicht die gewünschte Wirkung. Nun griff A auf den Lederriemen zurück und

---

[45] Sein Irrtum ist ein für die Vorsatzbestrafung vollkommen irrelevanter bloßer Strafbarkeitsirrtum (Subsumtionsirrtum); zu Irrtumsfragen s. näher unten (§ 7) Rn. 81 ff.

[46] I. d. S. etwa *Gropp*, AT[4], § 5 Rn. 155; *Wessels/Beulke/Satzger*, AT[48], Rn. 318.

[47] Lesenswert dazu *Frisch*, GS Karlheinz Meyer, 1990, S. 533, 536 ff., 545 ff.

[48] Vgl. BGHSt 7, 363 ff. („Lederriemen-Fall") m. Anm. *Roxin*, JuS 1964, 58 ff. – Anders als in dem im Text genannten Beispielsfall ist allerdings im „Lederriemen-Fall" des BGH fraglich, ob die normativen Beweisanforderungen in Bezug auf die vorsatzbegründenden Umstände erfüllt sind. Es erscheint nicht ausgeschlossen, dass fehlerhaft allein von der objektiven Gefährlichkeit des

würgte B, bis dieser sich nicht mehr rührte. B verstarb. Der Tod des B war A zwar „höchst unerwünscht", jedoch hatte er die **Risikodimension** seines Vorgehens **intellektuell uneingeschränkt** erfasst.

aa) In voller Kenntnis der tatbestandsspezifischen Missbilligungsgründe gewolltes Verhalten als Kriterium

Einigkeit besteht zunächst insofern, als Wissen allein noch keinen Vorsatz ausmacht. Das ist nach der hier skizzierten Ratio der Vorsatzbestrafung auch trivial: Da es um die Erfassung **qualitativ gesteigert unwertiger Entscheidungen** für ein bestimmtes Verhalten geht, muss der vorsätzlich Handelnde oder Unterlassende sich wissentlich **tatbestandlich missbilligt** *verhalten* – also etwas zu Missbilligendes tun oder unterlassen. Dieses Verhalten interessiert aber für das Strafrecht nur als Ausdruck der Autonomie der Person und muss deshalb von dieser gesteuert oder zumindest steuerbar und in diesem Sinne auch gewollt sein. Ein „ungewolltes Verhalten" im Sinne eines „Verhaltens", das nicht der Steuerung durch die Person unterliegt, ist jedenfalls für das Strafrecht als Naturvorgang per se irrelevant. Das **personaler Steuerung** unterliegende Verhalten „will" die Person in dem umschriebenen Sinn aber immer: Wenn die Person genau **weiß**, welche **Unwertdimensionen** ihr Verhalten aufweist, kann sie nicht mehr sagen, sie habe diese im normativ allein maßgeblichen Sinne nicht gewollt. Ihr kann das Nichtvermeiden dieser Unwertdimensionen allenfalls leidtun; oder diese Unwertdimensionen können ihr **unerwünscht** sein. Und in diesem gänzlich anderen Sinn kann die Person sagen, sie habe „das alles eigentlich nicht gewollt".

56

bb) Irrelevanz emotionaler Einstellungen

Auf ein Wollen im zuletzt genannten Sinn kommt es für die Frage vorsätzlichen Verhaltens anerkanntermaßen nicht an. Der oben erwähnte Attentäter, der weiß, dass Unbeteiligte zu Tode kommen werden, handelt auch vorsätzlich, wenn ihm das gar nicht recht ist, sondern sehr leidtut, aber als **unvermeidliche Nebenfolge** seines anderen Zielen dienenden Handelns nolens volens in Kauf nimmt. Gleiches gilt indessen auch für den Fall, dass er die bloße Möglichkeit der Tötung Unbeteiligter sieht und als mögliche Nebenfolge in Kauf nimmt. Für die hier interessierende

57

Verhaltens auf das Vorliegen der speziellen subjektiven Voraussetzungen vorsätzlichen Tötungsunrechts geschlossen wurde. Denn nach den Umständen sind intellektuelle Defizite der Angeklagten in Bezug auf die Einschätzung der möglichen Todesfolge im verhaltensrelevanten Zeitpunkt durchaus nicht fernliegend. – Zum schwierigen Nachweis subjektiver Deliktsmerkmale in entsprechenden Fällen näher *Freund*, Normative Probleme der „Tatsachenfeststellung", S. 32 ff., 56 ff., 96 ff.

Frage vorsätzlicher Missachtung der **im aktuell verhaltensrelevanten Bewusstsein erfassten** Legitimationsgründe der übertretenen Verhaltensnorm macht es keinen Unterschied, ob sich der Attentäter über das Vorhandensein der von ihm verwirklichten Unwertdimensionen freut oder ob es ihm eigentlich leidtut und ihm deren Fehlen lieber wäre. Kurz gesagt: Vorsätzlich handelt auch, wem die erkannte Verwirklichung des Straftatbestands keine Freude bereitet. Es genügt, wenn er sich etwa lediglich für das nach seiner Einschätzung „kleinste Übel" entscheidet. Ein beliebig abstufbares **Lust-** oder **Unlusterlebnis** bei der Begehung einer Straftat taugt nicht zur Abschichtung des fahrlässigen Verhaltens vom vorsätzlichen. Dafür sind die Unterschiede in den Rechtsfolgen zu gravierend.[49]

58   Was jemand aktuell oder pro futuro gerne mag (und in diesem Sinne „will") oder aus welchen Beweggründen er handelt – das hat mit der hier interessierenden Frage vorsätzlichen Verhaltens nichts zu tun. Die **emotionale Beziehung** einer Person zu vergangenen, gegenwärtigen oder zukünftigen Ereignissen oder Zuständen in der Außenwelt spielt für die Vorsätzlichkeit eines Verhaltens ebenso wenig eine Rolle wie die emotionale Beziehung der Person zu ihrem eigenen Verhalten. Sofern es ihrer **Steuerbarkeit** unterliegt, hat sie es auch im normativ maßgeblichen Sinne **gewollt**. Vor dem Vorwurf vorsätzlichen Verhaltens bei Verwirklichung einer bestimmten Unwertdimension durch das Verhalten kann sie nur noch ein **Wissensdefizit** – genauer: das Fehlen einer zutreffenden Erfassung dieser Unwertdimension – bewahren.

cc) Gewolltes Verhalten als Gemeinsamkeit von Vorsatz- und Fahrlässigkeitstat bei bloß verschiedener Wissenssituation

59   So gesehen bietet das **Willenskriterium** im Erfordernis vorsätzlichen Verhaltens, soweit es – mit Blick auf die erforderliche Verhaltens*steuerbarkeit* – berechtigt ist, gerade **kein Spezifikum vorsätzlichen Handelns** oder **Unterlassens**.[50] Ein solches Willenskriterium ist vielmehr – bei lediglich anderer Wissenssituation – ganz genauso bei fahrlässigem Verhalten anzutreffen. Zur Abgrenzung des Vorsatzes von der (bewussten) Fahrlässigkeit ist es demzufolge ungeeignet.

60   Dennoch wird verbreitet angenommen, dolus eventualis (sog. bedingter Vorsatz) als eine vermeintliche Sonderform des Vorsatzes[51] sei nur durch ein voluntatives Vorsatzelement sachgerecht von den Fällen der bewussten Fahrlässigkeit zu unterscheiden.

---

[49] Zum Erfordernis eines *qualitativen* Abschichtungskriteriums, das die gravierenden Unterschiede in den Rechtsfolgen trägt, s. bereits oben (§ 7) Rn. 36.
[50] Insofern sachlich übereinstimmend etwa *Langer,* Sonderstraftat, S. 81 ff.
[51] Zum dolus eventualis als der eigentlichen Grundform des Vorsatzes dagegen zutreffend *Frisch,* Vorsatz und Risiko, S. 496 f.

II. Spezifisches Verhaltensunrecht der Vorsatztat

Im kognitiven Bereich – also in Bezug auf die Wissenssituation – sei kein Unterschied auszumachen.[52] Dass es indessen für die Abgrenzung – entgegen allen Beteuerungen – nicht auf die innere Einstellung ankommt, wird von den **Verfechtern** eines **voluntativen Vorsatzelements** selbst dadurch bestätigt, dass sie – mit Recht – danach unterscheiden, ob der Betreffende bei seinem Fehlverhalten ungeachtet der zunächst gesehenen Möglichkeit der Tatbestandsverwirklichung konkret für sich etwa auf einen guten Ausgang vertraut hat oder ob er die gesehene Möglichkeit der Tatbestandsverwirklichung nicht verdrängt, sondern **ernst** und **sehenden Auges in Kauf genommen** hat – oder ob er sich mit ihr **abgefunden** hat.

Der **Autofahrer**, der pünktlich zum Dienst erscheinen will und aus diesem Grund seine Eile nicht 61 zügelt, auf einer schmalen Landstraße während des Berufsverkehrs im dichten Nebel einen Lastzug **überholt** und dabei einen entgegenkommenden Rad- oder Motorradfahrer tödlich verletzt[53], hat typischerweise keine vorsätzliche, sondern lediglich eine fahrlässige Tötung begangen.[54] Die Verneinung vorsätzlichen Handelns beruht in einem solchen Fall nicht etwa auf der – nicht hinreichend unwertigen – inneren Einstellung zu dem, was der Autofahrer im Bewusstsein bei der Einleitung des Überholmanövers erfasst hat, wie viele meinen. Entscheidend ist vielmehr der Umstand, dass ein solcher Autofahrer typischerweise genau bei der Umsetzung der getroffenen Fehlentscheidung in die Wirklichkeit – also **bei Einleitung des Überholmanövers** – für sich davon ausgeht: „*Jetzt wird mir das Überholen ohne Kollision mit Gegenverkehr gelingen.*"[55] – Käme er zu einer anderen Einschätzung der Situation, müsste es sich schon um einen Selbstmordkandidaten handeln oder um jemanden, der rational kalkulierend „Russisches Roulette" mit sich und anderen spielt, wenn er trotz zutreffender Situationsanalyse dennoch überholt.[56] Die **irrationale Verdrängung**, dass sich die zunächst gesehene Möglichkeit eines für andere tödlichen Unfalls in

---

[52] So etwa BGHSt 36, 1, 9 ff. („HIV-Infektionsfall"); BGHSt 51, 100, 118 ff., 120 ff. („Kantherfall" mit Besonderheiten der Untreue bei schadensgleicher Vermögensgefährdung); *Kaspar,* AT², § 5 Rn. 132 f.; *Wessels/Beulke/Satzger,* AT⁴⁸, Rn. 318; vgl. dazu a. *Ebert,* AT³, S. 60 ff.

[53] Beispiel nach *Wessels/Beulke/Satzger,* AT⁴⁸, Rn. 336.

[54] So auch das Ergebnis bei *Wessels/Beulke/Satzger,* AT⁴⁸, Rn. 336.

[55] So auch *Frisch,* Vorsatz und Risiko, S. 215 ff., 327 ff.; ebenso kommt etwa *Frister,* AT⁸, 11. Kap. Rn. 25 in solchen fällen zutreffend ohne ein voluntatives Vorsatzelement aus.

[56] Selbst in Konstellationen des „Russischen Roulettes" ist das Fehlen des Vorsatzes nicht vollkommen ausgeschlossen. Ohne es zu bemerken – also unvorsätzlich – und sicher auch ungewollt liefert dafür *Herzberg,* JZ 2018, 122, 125, 128 ein eindrucksvolles Beispiel: Der „reiche Sadist S fordert Frau F auf, seinen Revolver, in dessen Trommel eine einzige Kugel steckt, an den Kopf ihres schlafenden Mannes M zu halten und abzudrücken. Als Belohnung für ihren Mut bietet er ihr 10.000 € an. F liebt ihren Mann und will ihn keinesfalls töten. Das Ehepaar braucht aber dringend Geld. So beruhigt sich F mit dem zutreffenden Rechenergebnis, dass das Tötungsrisiko nur knapp 17 % betrage und wagt guten Mutes die Tat. Das Unwahrscheinlichere [gemeint ist wohl: das weniger Wahrscheinliche, aber immerhin Mögliche] tritt ein, die Kugel tötet M." *Herzberg* meint (nicht zuletzt unter Berufung auf eine von ihm durchgeführte Meinungsumfrage), den Tötungsvorsatz der armen F bejahen zu können, und will gegenüber der vermeintlichen Vorsatztäterin lediglich mit einer Strafmilderung (de lege ferenda mit einer fakultativen Strafrahmenmilderung) etwas Nachsicht üben (*Herzberg,* JZ 2018, 122, 129 f.). Das reicht aber nicht, weil schon der erhobene Vorwurf vorsätzlicher Tatbegehung falsch ist. Bei lebensnaher Würdigung des Sachverhalts ist vielmehr

concreto realisieren kann, führt also zu einem **Wissensdefizit** im für den Vorsatz **maßgeblichen Zeitpunkt**. Damit ist das Fehlverhalten nicht mehr Ausdruck einer qualifiziert unwertigen Entscheidung gegen das tatbestandlich geschützte Rechtsgut, wie sie für vorsätzliches Verhalten notwendig ist.

dd) Exkurs: (Deliktisches) Vorhaben als weitere Bedeutung von „Wollen" und als maßgeblicher Bewertungs- und Vorsatzgegenstand

62 Mit dem für vorsätzliches Verhalten irrelevanten „Wollen" im Sinne einer emotionalen Beziehung der Person zu einem bestimmten Gegenstand der Außenwelt oder dem eigenen Verhalten nicht zu verwechseln ist ein anderer Begriff des „Wollens": Wenn jemand **etwas vor hat**, etwas **tun** oder **unterlassen „will"**, soll das heißen, dass er sich zu einem bestimmten Verhalten entschlossen hat. Wenn jemand in diesem Sinne etwas tun oder unterlassen will, so ist das für den Straftatbestand des **Versuchs** einer Straftat[57], aber auch in verschiedenen anderen Sanktionsnormen von Bedeutung.

63 Beispielsweise liegt in der Herstellung einer unechten Urkunde nur dann eine Urkundenfälschung i. S. des § 267 I, wenn die Herstellung **„zur Täuschung im Rechtsverkehr"** erfolgt. „Will" der Fälscher das Falsifikat nur zum eigenen Privatvergnügen an die Wand hängen, hat er also nicht vor, anderen die Echtheit vorzuspiegeln und sie zu einem rechtserheblichen Verhalten zu veranlassen, begeht er keine Straftat nach § 267 I. Das weitere deliktische Vorhaben des Gebrauchmachens von dem Falsifikat zur Täuschung im Rechtsverkehr ist bereits für das Unrecht der Urkundenfälschung in der Form des Herstellens einer unechten Urkunde wesentlich.

64 Allerdings ist bei näherer Betrachtung das *eigene* deliktische Vorhaben gar nicht der entscheidende Gesichtspunkt: Der Fälscher muss sein Falsifikat nicht unbedingt selbst gebrauchen wollen; es reicht ein entsprechendes **Vorhaben anderer** Personen, um das der **Fälscher weiß**, mit dem er auch nur **rechnet** oder welches er **in Kauf nimmt**. Im letztgenannten Fall handelt es sich ersichtlich wiederum um das ganz normale Vorsatzerfordernis in Bezug auf eine bestimmte Unwertdimension des eigenen Verhaltens, das anderen die Gebrauchsmöglichkeit eröffnet.[58]

---

nicht auszuschließen, ja sogar anzunehmen, dass F bei der Betätigung des Abzugs davon ausgegangen ist, ihr Mann werde dadurch nicht zu Tode kommen; denn sie nahm das auch nach den statistischen Vorgaben durchaus Mögliche an: Die Kammer, auf die der Abzugshahn trifft, ist leer! Das mag in hohem Maße irrational und fahrlässig sein, schließt aber dennoch die für den Vorsatz erforderliche Kenntnis der Schädigungsmöglichkeit *im verhaltensrelevanten Zeitpunkt* aus. – Zur Unterscheidung des Schädigungsvorsatzes vom Gefährdungsvorsatz und von der bewussten Fahrlässigkeit s. ergänzend unten (§ 7) Rn. 77 ff.

[57] Zur Versuchsstraftat näher unten § 8.
[58] Näher zum Erfordernis des Handelns zur Täuschung im Rechtsverkehr *Freund*, Urkundenstraftaten[2], Rn. 212 ff. – Dass für solche Unrechtselemente – deren gesetzliche Umschreibung lediglich mit der Vorverlagerung des Vollendungszeitpunkts zusammenhängt – sachlich der einfache Vorsatz genügt (sofern der Wortlaut ein derartiges Verständnis zulässt), betont mit Recht *Puppe*, in: NK[5], § 15 Rn. 108 f.

d) Erscheinungsformen des Vorsatzes

Meist werden **drei Erscheinungsformen** vorsätzlichen Verhaltens unterschieden:[59]   65

aa) Absichtlichkeit als Vorsatzform

Die erste ist das Handeln oder Unterlassen bei mindestens erkannter Möglichkeit 66
der Tatbestandsverwirklichung mit entsprechender Verwirklichungsabsicht als **Zielvorstellung** (Absichtlichkeit als Vorsatzform). Bei den sog. Erfolgsdelikten handelt es sich um einen zielgerichteten Erfolgswillen. Dabei braucht der erstrebte Erfolg nicht das Endziel zu sein; vielmehr genügt das Erstreben eines bestimmten Erfolgs als **Zwischenziel**. Ob sich der Betreffende die Erfolgsherbeiführung oder – allgemeiner formuliert – die Tatbestandsverwirklichung als sicher oder nur als möglich vorstellt, ist ohne Belang: Eine **absichtliche Tötungshandlung** liegt etwa auch bei einem letztlich der Erbschaft wegen abgegebenen **Schuss** auf den Erbonkel **aus großer Entfernung** mit geringer Trefferwahrscheinlichkeit vor.

Mit der Absicht als besonderer Vorsatzform sind die in manchen Strafvorschriften angesprochenen 67
„besonderen Absichten" (etwa die **Bereicherungsabsicht** in §§ 253, 263 oder die **Absicht rechtswidriger Zueignung** in § 242) nicht gleichzusetzen. Vielmehr ist jeweils durch Auslegung zu ermitteln, welche Bedeutung diesen Erfordernissen im Einzelfall zukommt. Entsprechendes gilt für vergleichbare Wendungen bestimmter Strafnormen wie **„um zu"** oder **„zum Zwecke"** oder – wie soeben in (§ 7) Rn. 63 f. angedeutet – **„zur" Täuschung** im Rechtsverkehr.

bb) Wissentlichkeit als Vorsatzform

Eine zweite Erscheinungsform liegt vor bei einem Handeln oder Unterlassen mit dem 68
sicheren Wissen um die oder der sicheren Voraussicht der Tatbestandsverwirklichung (**Wissentlichkeit als Vorsatzform**; auch **dolus directus** oder **direkter Vorsatz** genannt). Wer trotz dieses Wissens oder trotz dieser Voraussicht willentlich tätig wird, nimmt in seinen Verwirklichungswillen alles auf, was er sich als die notwendige und sichere **Folge seines Verhaltens** vorstellt. Auf eine etwaige **Unerwünschtheit** bestimmter Verhaltensfolgen kommt es anerkanntermaßen nicht an:[60] Wissentlich handelt etwa auch der **Attentäter**, der es schweren Herzens, aber sehenden Auges hinnimmt, dass der am Steuer des Politikerwagens sitzende **„unschuldige" Fahrer** durch die ferngezündete Bombe mit dem verhassten Politiker zusammen ums Leben kommt.

---

[59] Vgl. dazu etwa *Joecks*, in: MünchKommStGB³, § 16 Rn. 22 ff.; *Kühl*, AT⁸, § 5 Rn. 28 ff.; *Wessels/Beulke/Satzger*, AT⁴⁸, Rn. 326 ff.
[60] Das hierzu vom BGH im Lederriemen-Fall (BGHSt 7, 363, 369 f.) für den bedingten Tötungsvorsatz Gesagte gilt für die anderen Vorsatzformen erst recht; s. dazu etwa a. BGHSt 18, 246, 248; 21, 283, 284 f.; *Wessels/Beulke/Satzger*, AT⁴⁸, Rn. 332.

cc) Eventualvorsatz als Vorsatzform

(1) Grundsätzliches

69 Die dritte Form vorsätzlichen Verhaltens liegt vor bei einem Handeln oder Unterlassen mit (bloß) **erkannter Möglichkeit** der **Tatbestandsverwirklichung** einschließlich etwaiger Erfolgsherbeiführung und entsprechender **Inkaufnahme** als Konsequenz oder Begleitmoment[61] des Verhaltens (Eventualvorsatz; auch sog. **dolus eventualis** oder missverständlich sog. bedingter Vorsatz). Ein solcher Eventualvorsatz liegt vor, wenn der Täter es ernstlich und konkret für möglich hält (sich damit abfindet/es in Kauf nimmt), dass sein Verhalten zur Tatbestandsverwirklichung (einschließlich Erfolgsherbeiführung) führt.[62] Sieht etwa der **Attentäter** in dem Politikerbeispiel oben (§ 7) Rn. 68 die **Möglichkeit**, dass ein weiterer Fahrgast im Zeitpunkt der Zündung der Bombe in dem Auto sein könnte, und nimmt er auch dessen Tötung **in Kauf**, handelt er mit entsprechendem Vorsatz. Im Grunde weiß er ganz genau, dass er auch insoweit eine Tötungshandlung vornimmt.[63] Lediglich ein Fall bewusster Fahrlässigkeit liegt demgegenüber vor, wenn der Handelnde oder Unterlassende diese Vorstellung nicht hat (weil er z. B. auf das **Nichtvorliegen** eines bestimmten Tatumstands oder auf das **Ausbleiben** des Erfolgs **vertraut**). Geht etwa der Attentäter bei zunächst abstrakt reflektierter Möglichkeit der Tötung auch weiterer Personen für sich letztendlich – wenngleich irrational – davon aus, dass nur der Politiker und sein Fahrer im Auto sein werden, handelt er allenfalls **bewusst fahrlässig**.

(2) Einwilligungs- und Billigungstheorie – Eventualvorsatz und voluntatives Vorsatzelement

70 Vornehmlich in der Rechtsprechung findet sich zum dolus eventualis eine sog. **Einwilligungs-** oder **Billigungstheorie:** Danach muss der Betreffende, um mit dolus eventualis zu handeln (oder zu unterlassen), den für möglich gehaltenen Erfolg „billigen" oder „billigend in Kauf nehmen".[64] Allerdings bejaht die Rechtsprechung ein Billigen **„im Rechtssinne"** bereits dann, wenn der Erfolg (im sog. Lederriemen-Fall[65] der Erstickungstod des mit einem Lederriemen gedrosselten Raubopfers) dem

---

[61] Ein solches Begleitmoment ist z. B. die Fremdheit der Sache beim Diebstahl oder das Alter des Opfers bei bestimmten Sexualdelikten; zu solchen den tatbestandsmäßigen Verhaltensfolgen gleichwertigen Tatumständen als Sanktionsvoraussetzung vgl. bereits in grundsätzlichem Zusammenhang oben § 2 Rn. 92 ff.

[62] Instruktiv dazu *Frisch,* GS Karlheinz Meyer, 1990, S. 533, 536 ff.

[63] Zum Eventualvorsatz als der eigentlichen Grundform des Vorsatzes, in der das normativ allein erforderliche Wissensmoment durchaus voll ausgeprägt ist, vgl. noch unten (§ 7) Rn. 71 f.

[64] Vgl. z. B. RGSt 76, 115, 116 („innerliche Billigung" nötig; bloße „Inkaufnahme" reicht nicht); verbal wird ein voluntatives Vorsatzelement i. S. eines „Billigens" auch in der Rechtsprechung des BGH akzentuiert; s. dazu nur BGHSt 7, 363, 369 f.; *Joecks,* in: MünchKommStGB³, § 16 Rn. 52 ff. m. w. N. der Rechtsprechung.

[65] BGHSt 7, 363 ff. (vgl. dazu etwa *Kühl,* AT⁸, § 5 Rn. 57 m. w. N.).

II. Spezifisches Verhaltensunrecht der Vorsatztat

Täter höchst unerwünscht ist, dieser sich jedoch mit ihm abfindet.⁶⁶ Damit wird zwar verbal z. T. mit einem voluntativen Vorsatzelement gearbeitet, in der Sache wird es aber nicht ernst genommen, sondern lediglich ein **Handeln** oder **Unterlassen** bei **zutreffender Einschätzung** der **Sachlage** verlangt.⁶⁷

(3) Eventualvorsatz als Grundform des Vorsatzes

Wenn sich aus der jeweiligen Strafnorm des Besonderen Teils nichts Abweichendes ergibt, genügt für die Vorsatzbestrafung Eventualvorsatz (**dolus eventualis**). Die Berechtigung dieser allgemeinen Einschätzung wird klar, wenn man erkannt hat, dass der so genannte dolus eventualis keine Minderform, sondern in Wahrheit die **Grundform vorsätzlichen Handelns** oder Unterlassens bildet.⁶⁸ Tatsächlich ist die ganze Lehre von den drei verschiedenen Vorsatzformen nur auf der Basis der Fehlvorstellung entstanden, der Vorsatz müsse sich auf den gesamten sog. objektiven Tatbestand (einschließlich eingetretenem Erfolg) beziehen. Wie gezeigt, kann **Gegenstand vorsätzlichen Verhaltens** jedoch nur das tatbestandsmäßige Verhalten (mit seinen entsprechenden **Unwertdimensionen**) sein. Die typische Unwertdimension – etwa eines tatbestandsmäßigen **Tötungsverhaltens** in der Form der Abgabe eines Schusses auf eine bestimmte Person – liegt jedoch gerade in der rechtlich zu missbilligenden **Möglichkeit der Erfolgsherbeiführung**. Wenn nun der Handelnde im Beispielsfall diese Möglichkeit zutreffend erfasst hat und dennoch handelt, dann **weiß** er **sicher** um das Vorhandensein der **tatbestandsrelevanten Unwertdimension** und handelt uneingeschränkt vorsätzlich im Rechtssinne.

71

Entsprechendes gilt auch für tatbestandsrelevante gegenwärtige Umstände.⁶⁹ Besteht etwa die **Möglichkeit**, dass das von dem **Jäger** anvisierte Objekt kein **Wildschwein**, sondern ein **Treiber** ist, und hat der Jäger diese Möglichkeit zutreffend erkannt, weiß er sicher um die tatbestandsrelevante Unwertdimension. Ganz genauso verhält es sich z. B. mit Blick auf die *mögliche* **Fremdheit** der Sache beim Diebstahl oder die **Möglichkeit**, dass die in Aussicht genommene Sexualpartnerin noch unter die **Schutzaltersstufe** fällt.

72

Vorsätzliches Verhalten erfordert nach allem Bisherigen die **Kenntnis der** damit in der Lebenswirklichkeit konkret verbundenen **Schädigungsmöglichkeit(en)**. Ist diese Kenntnis vorhanden, handelt es sich um die **nicht weiter steigerbare Vollform des Vorsatzes**. Denn der Täter hat uneingeschränkte Tatvermeidemacht.

73

---

⁶⁶ In der jüngeren Rechtsprechung des BGH wird interessanterweise *entweder* ein „Billigen" *oder* ein „Sich-Abfinden" verlangt; vgl. BGHSt 36, 1, 9 f.; BGH NStZ 1992, 587, 588 und NStZ 1994, 483, 484; vgl. dazu etwa *Roxin*, AT I⁴, § 12 Rn. 36 ff.; mit Recht krit. gegenüber der Billigungsformel z. B. auch *Langer*, GA 1990, 435, 460: „Leerformel"; s. a. *Puppe,* in: NK⁵, § 15 Rn. 43: „Die Willenstheorie hat ihre Ausgangsthese, dass Vorsatz Wollen sei, weder normativ gerechtfertigt, noch inhaltlich bestimmt, noch konsequent durchgehalten."

⁶⁷ S. dazu bereits oben (§ 7) Rn. 60.

⁶⁸ I. d. S. mit Recht *Frisch,* Vorsatz und Risiko, S. 496 ff.

⁶⁹ S. dazu *Frisch,* Vorsatz und Risiko, S. 345 ff., 352 ff.

Er kennt genau die Legitimationsgründe der Verhaltensnorm, die ihn veranlassen sollten, von seinem Vorhaben Abstand zu nehmen. Die damit verbundene Infragestellung der Normgeltung kann auch nicht mehr dadurch gewichtiger werden, dass der Täter obendrein den als möglich erkannten Eintritt der Folgen beabsichtigt.[70]

74 Andererseits kann auf das Vorsatzerfordernis der aktuell verhaltensrelevanten Kenntnis der mit dem Verhalten verbundenen Schädigungsmöglichkeit(en) keinesfalls verzichtet werden. Andernfalls würde man unzutreffenderweise Fälle der (gravierenden) Fahrlässigkeit als Vorsatztaten einstufen. Genau dieser Fehler ist dem **Landgericht Berlin** unterlaufen.[71] Es hat in einem besonders krassen Fall eines **gefährlichen Autorennens** die Angeklagten wegen **vorsätzlicher Tötung** unter Erfüllung eines Mordmerkmals schuldig gesprochen und zu lebenslanger Freiheitsstrafe verurteilt. Die beiden Angeklagten waren mit ihren Kraftfahrzeugen nachts im Stadtzentrum von Berlin unterwegs. Ihre Geschwindigkeit betrug bis zu einhundertsiebzig Kilometer pro Stunde. Sie rasten über elf Kreuzungen mit mehreren roten Ampeln. Bei einem Zusammenstoß wurde ein unbeteiligter Kraftfahrer getötet.

75 Die **Aufhebung dieser Verurteilung** durch den **Bundesgerichtshof** ist nach dem Gesagten vollkommen richtig.[72] Zwar haben die beiden Angeklagten über einen längeren Zeitraum erhebliche Schädigungsmöglichkeiten in Bezug auf Leben und Körperintegrität anderer Verkehrsteilnehmer geschaffen. Daher ist es durchaus denkbar, dass es zumindest Phasen gab, in denen sie die möglichen Folgen ihrer riskanten Fahrweise zutreffend einschätzten. Indessen reicht ein nur **möglicherweise gegebener Vorsatz** nicht für den Schuldspruch wegen Vorsatztat. Es gilt: in dubio pro reo! Auch in dem Berliner Fall ist es bei lebensnaher Würdigung des Verhaltens der beiden „Rennfahrer" gerade nicht ausgeschlossen, dass sie in den entscheidenden Momenten auf den jeweils guten Ausgang vertraut haben. Das war zwar vollkommen irrational und **in gravierendem Maße fahrlässig**. Es rechtfertigt aber nicht den kontrafaktischen Schuldspruch wegen einer vorsätzlichen Tötung.

---

[70] Zutreffend und weiterführend dazu *Stam*, JZ 2018, 601 ff. m. w. N. auch zu abweichenden Auffassungen. – S. ergänzend *Herzberg*, JZ 2018, 122, 130, der (unter Berufung auf die nach dem Gesetz vermeintlich relevante Gesinnung) meint, es mache „zweifellos einen großen Unterschied", ob etwa der Tod eines Menschen beabsichtigt bzw. gleichgültig hingenommen werde oder aber ob der Täter den Eintritt des Erfolges verabscheue und hoffe, er werde nicht eintreten. – S. allgemein zur Irrelevanz von Gesinnungen im Strafrecht *Timm*, Gesinnung und Straftat; *dies.*, JR 2014, 141, 143 ff.

[71] LG Berlin (535 Ks) 251 Js 52/16 (8/16). – Dieser Fehler unterläuft auch *Herzberg*, JZ 2018, 122 ff. (der im Berliner Raser-Fall den Tötungsvorsatz bejaht, dann aber zur Korrektur seines Ergebnisses de lege ferenda vorschlägt, eine [fakultative] Strafrahmenmilderung für die Fälle vorzusehen, in denen der Täter hofft, den Tatbestand nicht zu verwirklichen; das ist grob sachwidrig: Da der Schuldspruch unberechtigt ist, kann dieser Fehler durch eine Strafrahmenmilderung niemals kompensiert werden.); im Berliner Raser-Fall den Tötungsvorsatz bejahend etwa auch *Kubiciel/Hoven*, Die Strafbarkeit illegaler Straßenrennen mit Todesfolge, NStZ 2017, 439, 442.

[72] BGH 1.3.2018 – 4 StR 399/17, BeckRS 2018, 2754 (= NStZ 2018, 409 ff. m. zust. Anm. *Tonio Walter*; s. a. *Tonio Walter*, NJW 2017, 1350 ff. – Zur Ablehnung des Tötungsvorsatzes in den Raser-Fällen bereits im Vorfeld der BGH-Entscheidung näher *Rostalski*, GA 2017, 585 ff.

Die für vorsätzliches Verhaltensunrecht erforderliche zutreffende Situationseinschätzung lässt sich nicht durch eine in besonderem Maße vorwerfbare Fehleinschätzung ersetzen. Daher ist etwa die Position von *Pawlik* abzulehnen, beim Vorsatz von der konkreten Person zu abstrahieren und vorsätzliches Verhalten schon dann anzunehmen, wenn ein um Rechtstreue bemühter Bürger zur korrekten Einschätzung der zu verantwortenden Schädigungsmöglichkeiten gelangt wäre.[73] Ein solcher **bloß hypothetischer Vorsatz** ist keiner, der es rechtfertigt, die konkrete Person wegen vorsätzlicher Tatbestandsverwirklichung schuldig zu sprechen. Mehr als eine **qualifizierte Form der Fahrlässigkeit** lässt sich in solchen Fällen nicht begründen.[74]

76

dd) Gefährdungsvorsatz und bewusste Fahrlässigkeit

Auf der Basis des richtigen Vorsatzkonzepts fällt es auch nicht schwer, den bei manchen Straftatbeständen ausreichenden **Gefährdungsvorsatz** vom **Verletzungs- bzw. Schädigungsvorsatz** zu unterscheiden. In engem Zusammenhang mit dieser Unterscheidung steht eine weitere: Die **Unterscheidung der bewussten Fahrlässigkeit vom Vorsatz**. Insofern erfolgt die Weichenstellung durch die Analyse der genauen Gegenstände des Vorwurfs bei bestimmten Sanktionsnormen. Beispielhaft: Beim **Totschlag** wird dem Täter vorgeworfen, einen anderen Menschen vorsätzlich getötet zu haben. Daher erfordert tötungsvorsätzliches Handeln, dass sich der Täter der möglichen Herbeiführung des Todes eines anderen Menschen aktuell handlungsrelevant bewusst ist. Dagegen wird dem Täter beim in zweifacher Hinsicht vorsätzlichen **gefährlichen Eingriff in den Straßenverkehr** nach § 315b I Nr. 2 – etwa durch Hindernisbereiten mit Herbeiführung einer konkreten Lebensgefahr für andere Verkehrsteilnehmer – genau dies zum Vorwurf gemacht – nicht mehr, aber auch nicht weniger: Der entsprechende Vorsatztäter muss daher zunächst um die Tatumstände des „Eingriffs in den Straßenverkehr wissen" – also in dieser Hinsicht die Möglichkeit der Tatbestandsverwirklichung erkennen. Außerdem muss er die Möglichkeit des Entstehens der **tatbestandsmäßigen Gefahrensituation** vor Augen haben – etwa einen Unfall in Rechnung stellen, bei dem grundsätzlich auch mit einem tödlichen Ausgang zu rechnen ist. Verdrängt der Täter auf der Basis dieser Vorstellung sodann bei seinem Tun die entsprechende Schädigungsmöglichkeit

77

---

[73] Vgl. etwa *Pawlik*, Das Unrecht des Bürgers, S. 381: „Da sie [*Pawliks* Auffassung] aber nicht an das Wissen anknüpft, welches der individuelle Delinquent aktuell besaß, sondern an das, welches er vernünftiger- und zumutbarerweise hätte haben müssen, entkoppelt sie das Urteil über die Rechtsfeindlichkeit eines Verhaltens von dem beim Täter real vorfindbaren psychischen Befund."; S. 394 spricht *Pawlik* von einer vollkommenen „Gleichstellung" der „schlechthin unentschuldbare[n] Unkenntnis" mit der „real vorhandene[n] Kenntnis"; S. 396: „Entscheidend ist vielmehr, weshalb der Täter zu der betreffenden Fehleinschätzung gelangt ist." – Ähnlich *Jakobs*, ZStW 114 (2002), 584 ff.; i. S. einer Verobjektivierung des Vorsatzes ferner *Pérez-Barberá*, GA 2013, 454 ff.
[74] Näher zum Ganzen, insbesondere zur Auseinandersetzung mit dem „hypothetischen" Vorsatz *Rostalski*, GA 2017, 585, 588 ff.

und vertraut er auf einen letztlich guten Ausgang, schließt das zwar den Verletzungs- bzw. Schädigungsvorsatz nach § 212 I aus. Die Entscheidung des Täters ist aber durchaus eine vorsätzliche im Hinblick auf den nach dem Tatbestand des § 315b I Nr. 2 erforderlichen **konkreten (Lebens-)***Gefährdungs***erfolg**. Diesen Gefährdungserfolg hat er in der für den tatbestandsspezifischen Vorwurf erforderlichen Form als mögliche Handlungsfolge erkannt.

78 Diese Entscheidung ist zugleich eine **bewusst fahrlässige** in Bezug auf die **Todesherbeiführung**: Der Täter hat **im Verlauf seines Entscheidungsprozesses** immerhin diese Schädigungsmöglichkeit **zunächst in Betracht gezogen** und **erst in einem zweiten Schritt** in rechtlich zu beanstandender Weise **verworfen**. Regelmäßig handelt es sich insofern (im Verhältnis zur unbewussten Fahrlässigkeit) um eine **gravierendere Form der Fahrlässigkeit**, weil der Täter *ganz besonderen Anlass* hat, sich der möglichen Schädigungsfolgen seines Verhaltensnormverstoßes auch im maßgeblichen Verhaltenszeitpunkt bewusst zu sein und den Verstoß deshalb zu unterlassen. Schädigungsvorsatz hat er dennoch nicht. Ebenso wie bei der unbewussten Fahrlässigkeit fehlt ihm im Zeitpunkt des Verhaltens die verhaltensrelevante Kenntnis der tatbestandsmäßigen Schädigungsmöglichkeit. Im Gegensatz zur unbewussten Fahrlässigkeit ist aber die Fehlleistung des Täters regelmäßig gewichtiger, weil er **im Vorfeld seines normwidrigen Verhaltens bei der Normbildung** immerhin schon ein gutes Stück weiter gekommen ist als derjenige, der schon gar nicht die Idee hatte, dass jemand als Konsequenz seines Verhaltens zu Tode kommen könnte.

79 Die **gängige Kennzeichnung** dieser Fälle als solche der **„bewussten Fahrlässigkeit" ist missverständlich**. Denn in Bezug auf den jeweiligen tatbestandsmäßigen (Verletzungs- bzw. Schädigungs-)Erfolg fehlt im aktuell verhaltensrelevanten Bewusstsein die Vorstellung der entsprechenden Verletzungs- bzw. Schädigungsmöglichkeit ganz genauso wie in den Fällen der unbewussten Fahrlässigkeit. Sachlich relevantes Merkmal der sog. „bewussten Fahrlässigkeit" ist vielmehr die **Bewusstheit der Verletzungs- bzw. Schädigungsmöglichkeit im Vorfeld** des tatbestandsspezifisch missbilligten Verhaltens – genauer: in einer bestimmten **Frühphase der Normbildung**. Bei der konkreten Entscheidung für ein bestimmtes Verhalten ist diese Verletzungs- bzw. Schädigungsmöglichkeit gerade nicht mehr in ausreichender Form bewusst. Die sog. bewusste Fahrlässigkeit ist daher nur als **dynamischer** und **zeitlich gestreckter Vorgang beim Normadressaten** richtig zu verstehen.

80 Der **Nachweis des Vorsatzes** bereitet im Prozess ebenso wie der sonstiger subjektiver Deliktsmerkmale besondere Schwierigkeiten. Die gegenwärtig verbreitete „Lösung" dieser Probleme über die sog. **freie richterliche Beweiswürdigung** (vgl. § 261 StPO) ist, soweit hier Wahrscheinlichkeiten und irrationale subjektive Überzeugungserlebnisse in isolierter oder kombinierter Form als maßgeblich angesehen werden, rechtsstaatlich inakzeptabel. Abhilfe kann insoweit nur eine **normative Beweistheorie** schaffen, bei der das mit einer Verurteilung verbundene Fehlverurteilungsrisiko im Einzelnen auf seine Legitimierbarkeit hin untersucht wird.[75]

---

[75] Vgl. dazu bereits oben § 2 Rn. 102.

III Vorsatz und Irrtum

Vorsatzlehre und Lehre vom vorsatzausschließenden Irrtum sind nur zwei Seiten derselben Medaille. Wann genau ein **Irrtum** anzunehmen ist, der eine Bestrafung wegen vorsätzlichen tatbestandsmäßigen Verhaltens ausschließt, ist nur die **Kehrseite** der genauen Anforderungen an eine Strafbarkeit wegen vorsätzlicher Tatbestandsverwirklichung.

81

1. Tatumstandsirrtum

a) Error in obiecto vel persona

Relativ unproblematisch ist die Einschätzung von Irrtümern im Bereich der Tatbestandsmäßigkeit des Verhaltens im engeren Sinne. § 16 I 1 geht insoweit klarstellend von einem die Vorsätzlichkeit des Verhaltens ausschließenden **Tatumstandsirrtum** aus.[76]

82

Um einen solchen vorsatzausschließenden Tatumstandsirrtum handelt es sich etwa im Fall des **Jägers**, der auf einen **Treiber** oder einen **Pilzsammler** schießt, den er fälschlich für ein **Wildschwein** hält. Denn der Jäger erfasst nicht, dass er in Richtung auf den Treiber oder Pilzsammler als einen Menschen schießt und so die Möglichkeit eröffnet, dass dieser konkrete Mensch tödlich getroffen werden könnte. Ihm bleibt die entscheidende Unwertdimension seines tatbestandsmäßigen Tötungsverhaltens im Verhältnis zum Treiber verborgen. Damit fehlt ihm die **Kenntnis** eines **Umstands**, der für die Qualität seines Verhaltens als tatbestandsmäßiges **Tötungsverhalten** gegenüber dem Treiber oder dem Pilzsammler wesentlich ist. Folglich handelt er insoweit ohne Tötungsvorsatz.[77] Das wird durch § 16 I 1 lediglich klargestellt; der entsprechende Tötungsvorsatz fehlt auch ohne Heranziehung dieser Norm.

83

Der im Vorstehenden behandelte Fall der Verwechslung des Treibers mit einem Wildschwein, in dem ein vorsatzausschließender Irrtum anzunehmen ist, lässt sich als **error in obiecto vel persona**[78] bezeichnen. Von einem solchen spricht man, wenn sich die Fehlvorstellung auf die Identität oder eine sonstige Eigenschaft des Tatobjekts oder der von dem Verhalten betroffenen Person bezieht.

84

---

[76] Dass § 16 I 1 insofern missverständlich formuliert ist, als er zu der Fehlvorstellung verleitet, der Vorsatz sei auf alle Merkmale des sog. objektiven Tatbestands zu beziehen, steht auf einem anderen Blatt; s. dazu bereits oben (§ 7) Rn. 40 f.

[77] Der Tötungsvorsatz in Bezug auf das vorgestellte Wildschwein vermag daran nichts zu ändern. Der Jäger kann sich aber nach § 222 strafbar gemacht haben. – Hat sich allerdings der Pilzsammler so perfekt als Wildschwein verkleidet, dass von dem Jäger nicht zu erwarten war, einen möglichen Schuss in Richtung auf einen Menschen in Rechnung zu stellen, fehlt es an einem tatbestandlich zu missbilligenden Tötungsverhalten, sodass selbst eine fahrlässige Tötung ausscheidet und die Vorsatzfrage bei sachgerechtem Vorgehen gar nicht erst auftaucht.

[78] Also als Irrtum über ein Objekt oder eine Person.

85   Anders als im Treiber-Wildschwein-Fall, in dem der Jäger die **Tötungsqualität** seines **Verhaltens** gegenüber dem Treiber als einem Menschen nicht erfasst und deshalb nicht entsprechend tötungsvorsätzlich handelt, hindern andere Fälle des error in obiecto vel persona die Annahme vorsätzlichen Verhaltens nicht:

86   Wenn der **Jäger** in einer Abwandlung des Beispielsfalls vorhat, den ihm verhassten **Treiber A** – geschickt als Jagdunfall getarnt – zu erschießen, dabei aber den **Treiber B mit A verwechselt** und deshalb auf B schießt, nimmt er gegenüber B nicht nur ein tatbestandsmäßiges **Tötungsverhalten** vor, sondern handelt in dieser Hinsicht auch **tötungsvorsätzlich**.[79]

87   Dass der Jäger eigentlich gar nicht B, sondern A töten „**will**", spielt dafür keine Rolle. Entscheidend ist nicht, was er will, sondern was er **wissentlich getan** hat. Insoweit hat der Jäger in Richtung auf den Menschen B gleichsam sehenden Auges die Möglichkeit des tödlichen Treffers geschaffen. Er hat also genau die Unwertdimension seines Verhaltens als **Tötungsverhalten gegenüber B** erfasst und dennoch gehandelt. Für das insofern von dem Jäger vorsätzlich missachtete Tötungsverbot kommt es auf die **Identität des Opfers** – solange es sich nur um einen Menschen handelt – nicht an. Der Beweggrund seines Verhaltens, seine **Motive** oder **Absichten** ändern nichts am vorhandenen Tötungsvorsatz. Sie können lediglich ein für eine weitere Differenzierung innerhalb der vorsätzlichen Tötungsdelikte relevantes Begleitmoment bilden. Beispielsweise kann ein Habgier- oder Rachemotiv außerhalb des Vorsatzes für die Qualifikation der vorsätzlichen Tötung als **Mord** Bedeutung erlangen. Für die Frage, ob der Jäger in Bezug auf B tötungsvorsätzlich handelt, spielt die Identität der Person des anvisierten und als Menschen identifizierten Opfers aber keine Rolle.[80]

88   Ein weiteres Beispiel: Jemand nimmt eine **fremde bewegliche Sache** einem anderen in der Absicht weg, sich dieselbe rechtswidrig zuzueignen (§ 242 I), und geht dabei **irrig** davon aus, **Eigentümer** der Sache sei **A**, obwohl sie in Wahrheit **B** gehört. In diesem Irrtumsfall ist das Tatbestandserfordernis **vorsätzlichen Handelns** in Bezug auf die Fremdheit der Sache, die nach dem Vorhaben des Betreffenden weggenommen werden sollte, unproblematisch erfüllt. Das Vorhaben war auf die Begehung eines Diebstahls gerichtet.

89   Eine ganz andere Frage ist die, ob die irrige Vorstellung über die Eigentumsverhältnisse eine Bestrafung wegen vorsätzlichen *vollendeten* Delikts ausschließt – oder ob es sich insoweit nur um eine „**unwesentliche Abweichung**" der Wirklichkeit von der Vorstellung" handelt.[81]

---

[79] Trifft er B tödlich, liegen auch die Voraussetzungen einer Bestrafung wegen vorsätzlichen *vollendeten* Delikts vor. Trifft er dagegen B nicht, sondern prallt die Kugel an einem Baum ab, sodass zufällig der gar nicht im Blickfeld des Jägers befindliche A tödlich getroffen wird, liegt nur eine versuchte (vorsätzliche) Tötung des B vor (s. dazu noch unten [§ 7] Rn. 92 ff.; zum Versuch als Straftat unten § 8); in Bezug auf A handelt es sich dagegen allenfalls um eine (vollendete) fahrlässige Tötung (sofern deren Voraussetzungen gegeben sind; näher dazu oben § 5).

[80] Zur etwaigen Bedeutung für die Anstiftungsstrafbarkeit, falls A im Auftrag getötet werden sollte, s. den Hoferbenfall (BGHSt 37, 214 ff.) sowie unten § 10 Rn. 132 ff.

[81] Näher zu den Problemen der Bestrafung wegen vorsätzlichen vollendeten Delikts unten (§ 7) Rn. 118 ff.

Selbst in dem Extremfall, dass jemand auf sein **eigenes Spiegelbild**, das er für den **90** verhassten **Widersacher hält**, eine Kugel abfeuert, fehlt es nicht an einem tötungsvorsätzlichen Handeln: Der Betreffende sieht sich einer **Sachlage** gegenüber, bei der er **nicht schießen darf**. Denn aus seiner maßgeblichen Perspektive besteht die Möglichkeit eines für einen Menschen tödlichen Treffers. Mit Rücksicht darauf lässt sich eine qualifizierte (im Sinne von dualistisch fundierte) **Verhaltensnorm** (Verbot) ihm gegenüber **legitimieren**.[82] Da nun der Betreffende die Legitimationsgründe dieser von ihm mit der Schussabgabe übertretenen Verhaltensnorm genau erfasst hat, handelt er insoweit auch **mit Tötungsvorsatz**.

Dass die Tat wegen der **Untauglichkeit** des **Tatobjekts** nicht zur Vollendung gelangen kann, vermag daran nichts zu ändern. Dies betrifft wiederum nur die – hier klar zu verneinende – Frage der Bestrafung wegen *vollendeten* Tötungsdelikts. Im Beispielsfall liegt demzufolge nur, aber immerhin ein untauglicher Versuch eines Tötungsdelikts vor, bei dem das **Vorhaben** (beim Versuch der sog. **Tatentschluss**) aber auch auf die vorsätzliche Vornahme eines tatbestandsmäßigen Tötungsverhaltens gerichtet sein muss.[83] **91**

b) Aberratio ictus

Die vorstehend skizzierte Konstellation der Objektsverwechselung besitzt gewisse **92** Gemeinsamkeiten mit den solchen Konstellationen meist gegenübergestellten Fällen des **Fehlgehens der Tat** (aberratio ictus). Als Fälle der aberratio ictus bezeichnet man Sachverhalte, bei denen der Angriff auf ein bestimmtes Tatobjekt gelenkt wird, dieses jedoch nicht trifft, sondern abirrt und ein anderes Objekt verletzt, in Bezug auf das im maßgeblichen Verhaltenszeitpunkt die Voraussetzungen vorsätzlichen Verletzungsverhaltens nicht erfüllt sind.

Beispiel: A zielt in Richtung auf den von ihm wahrgenommenen B; gerade als er schießt, bückt **93** sich B, sodass die **Kugel** ihr **Ziel verfehlt**, an der nächsten Hauswand **abprallt** und C, den A nicht gesehen hat, tödlich **trifft**.

Dass in diesem Fall der aberratio ictus A **mit Tötungsvorsatz gehandelt** hat, weil **94** die von A erkannte Möglichkeit bestand, B tödlich zu treffen, ist nach dem bisher Gesagten trivial. Dieser Tötungsvorsatz entfällt nicht etwa deshalb, weil A versehentlich den Falschen getroffen hat. Deshalb liegen die Voraussetzungen eines strafbaren **Tötungsversuchs an B** allemal vor.[84]

---

[82] Zu den Legitimationsbedingungen und -gründen für Verhaltensnormen näher in grundsätzlichem Zusammenhang oben § 2 Rn. 11 ff.
[83] Näher zum Versuch unten § 8.
[84] Näher zum Versuch unten § 8.

95 Eine davon zu trennende – und mit der h. M.[85] zu verneinende – Frage ist es indessen, ob A wegen **vorsätzlichen vollendeten Tötungsdelikts gegenüber C** belangt werden kann.[86] Im Verhältnis zu C liegen nur die Voraussetzungen eines **vollendeten Tötungsdelikts in fahrlässiger Form** vor.[87]

c) Irrtum über den Kausalverlauf

96 Keine besonderen Probleme des vorsätzlichen Verhaltens werfen die gemeinhin unter dem Stichwort des Irrtums über den Kausalverlauf diskutierten Konstellationen auf: Wenn A auf B schießt, um ihn zu töten, und dabei fest davon ausgeht, ihn sofort **tödlich** ins **Herz zu treffen**, aber der Tod infolge eines **Treffers in den Kopf** oder die Lunge und vielleicht auch erst einige Tage später eintritt, liegt selbstverständlich ein **tötungsvorsätzliches Verhalten** vor. Dies auch dann noch, wenn das Opfer gar nicht lebensgefährlich verletzt wird, sondern nur von einem leichten Streifschuss erfasst wird. Kommt der so nur **leicht Verletzte** auf dem **Weg zur Apotheke**, wo er sich ein Pflaster kaufen möchte, ums Leben, hat A gleichwohl mit Tötungsvorsatz geschossen. Eine differenzierende Beurteilung der Fälle ergibt sich lediglich unter dem unten (§ 7) Rn. 118 ff. näher behandelten Aspekt des *vorsätzlichen vollendeten Delikts*. Auch im zuletzt genannten Fall liegt nicht etwa ein tötungsvorsätzliches Verhalten ausschließender Irrtum (über den Kausalverlauf) vor. Sonst wäre die allemal sachgerechte **Versuchsbestrafung** ebenfalls ausgeschlossen – was niemand vertritt.[88]

d) Sonderproblem fehlenden Unrechtsbewusstseins – der Verbotsirrtum (§ 17)

97 Während einige der zuletzt angesprochenen Irrtümer vorsätzliches Verhalten unberührt lassen und lediglich ein Problem der Bestrafung wegen vorsätzlichen *vollendeten* Delikts aufwerfen[89], betrifft das **fehlende Unrechtsbewusstsein** ein echtes Problem vorsätzlichen Handelns oder Unterlassens. Wer hier unter Hinweis auf die Regelung des § 17 kein Problem des Vorsatzes und der Vorsatzbestrafung, sondern nur ein solches der möglicherweise geminderten oder ausgeschlossenen Schuld

---

[85] Vgl. dazu statt vieler BGHSt 34, 53, 54 f.; *Joecks,* in: MünchKommStGB³, § 16 Rn. 100 ff.; *Kühl,* AT⁸, § 13 Rn. 29 ff.; *Safferling,* Vorsatz, S. 164 ff.; *Wessels/Beulke/Satzger,* AT⁴⁸, Rn. 377, 379 f. – Zur Gegenauffassung s. etwa *Heuchemer,* JA 2005, 275 ff.; *Loewenheim,* JuS 1966, 310, 312 ff.; *Puppe,* GA 1981, 1 ff.; *dies.,* JZ 1989, 728, 730 ff.

[86] Näher zu den Voraussetzungen einer Bestrafung wegen vorsätzlichen vollendeten Delikts unten (§ 7) Rn. 118 ff.

[87] Näher zur Fahrlässigkeitstat oben § 5.

[88] Zu den im Beispielsfall vorliegenden Voraussetzungen des strafbaren Versuchs näher unten § 8.

[89] S. zu diesem Problem unten (§ 7) Rn. 118 ff.

sieht, greift zu kurz. Denn die sachliche **Legitimation der Vorsatzbestrafung** und der Schlechterstellung der „**Rechtsfahrlässigkeit**" im Verhältnis zur „**Tatfahrlässigkeit**" in den entsprechenden Fällen ist damit allein nicht geleistet.

Für die Lösung des Problems ist das bereits oben in § 4 Rn. 80 ff. Gesagte zu berücksichtigen: Danach ist es dem Gesetzgeber zwar grundsätzlich unbenommen, bestimmte unterschiedliche Sachverhalte in den Rechtsfolgen gleichzustellen – hier: Fälle der „Rechtsfahrlässigkeit" dem Vorsatzschuldspruch und der fakultativ gemilderten Vorsatzstrafe zu unterwerfen – oder aber bestimmte ähnliche Sachverhalte unterschiedlich zu behandeln – hier: die „Tatfahrlässigkeit" gegenüber der „Rechtsfahrlässigkeit" zu privilegieren. Der **Gesetzgeber darf** dabei aber **nicht willkürlich verfahren**. Eine sachliche Begründung für die vorgenommene Gleichschaltung bzw. Differenzierung mag zwar für gewisse Fälle **qualifiziert fehlerhafter Vorentscheidungen** gegeben werden können[90], sodass die Vorschrift des § 17 S. 2 bei entsprechend restriktivem Verständnis verfassungsrechtlich nicht beanstandet werden muss.[91] **Im Übrigen** ist aber die **Vorsatzbestrafung verfehlt**.[92]

98

Nicht von ungefähr sind etwa im Bereich des **Nebenstrafrechts** schon immer relativ viele bereit, dem sachlichen Zusammenhang zwischen dem Unrechtsbewusstsein und der Vorsatzbestrafung Rechnung zu tragen.[93] Da indessen eine nebenstrafrechtliche **Sonderdogmatik** nicht haltbar ist, offenbart sich insoweit nur erneut der grundsätzliche Mangel der sog. Schuldtheorien: Dem Erfordernis einer **qualitativen Abschichtung** des spezifischen **Unwertgehalts** vorsätzlichen Verhaltens vom fahrlässigen wird nicht angemessen Rechnung getragen.[94]

99

---

[90] Zu entsprechend gelagerten Fällen vgl. oben (§ 7) Rn. 47 ff.

[91] Zur Vereinbarkeit der Vorschrift mit Verfassungsrecht s. BVerfGE 41, 121 ff.; näher dazu etwa *Kramer/Trittel,* JZ 1980, 393 ff.; krit. insbes. *Schmidhäuser,* JZ 1979, 361 ff.; 1980, 396; *Langer,* GA 1976, 193 ff.

[92] Dass sich Gegenteiliges auch nicht etwa aus einer entsprechenden Bindungswirkung der Entscheidung des Bundesverfassungsgerichts zur Vereinbarkeit des § 17 mit der Verfassung ergibt, zeigt *Langer,* GA 1976, 193, 205 f. – Die inhaltliche Ausfüllung der strafgesetzlichen Irrtumsregelung war und ist originäre Aufgabe der Strafrechtswissenschaft bzw. des Gesetzesanwenders im Einzelfall. – Treffend in diesem Zusammenhang auch *Arthur Kaufmann,* FS Lackner, 1987, S. 185, 186 f.: Die Frage, *was* Verbotsirrtum und *was* Tatbestandsirrtum ist, wird durch die gesetzlichen Irrtumsregelungen nicht entschieden und ist durch sie auch nicht zu entscheiden. – Zur Bedeutung des aktuellen *Unrechtsbewusstseins* für die Qualität des Verhaltensnormverstoßes als Vorsatztat s. a. *Frisch,* in: Von totalitärem zu rechtsstaatlichem Strafrecht, 1992, S. 201, 242 f.; *Herzberg,* FS Otto, 2007, S. 265 ff.; *dens.,* JuS 2008, 385 ff.; vgl. auch *Langer,* Sonderstraftat, insbes. S. 125.

[93] Darauf macht mit Recht *Langer,* GA 1976, 193, 209 (unter Hinweis auf *Tiedemann,* ZStW 81 [1969], 869, 876 f.) aufmerksam. – Bemerkenswert in diesem Zusammenhang (wenngleich zu einer bloßen Ordnungswidrigkeit) auch BayObLG NJW 1997, 1319 f.: Die Unkenntnis der Erforderlichkeit einer Erlaubnis zum Halten eines Kampfhundes stellt einen Tatbestandsirrtum dar.

[94] Zu diesem Erfordernis s. oben (§ 7) Rn. 36.

2. Irrtümer jenseits der Tatbestandsmäßigkeit des Verhaltens i. e. S.

a) Allgemeines

100 Die bisherigen Überlegungen galten den Auswirkungen von Fehlvorstellungen oder auch nur fehlenden Vorstellungen im Bereich der Tatbestandsmäßigkeit des Verhaltens im engeren Sinne (Tatumstandsirrtum) auf die Vorsatzbestrafung, und zwar unter Einschluss der schwierigen Problematik der Fehleinschätzung im Bereich der spezifischen Missbilligung des in seinen naturalistischen Dimensionen an sich zutreffend erfassten Verhaltens (Verbotsirrtum). Nach der **Ratio** der im Verhältnis zur Fahrlässigkeitsbestrafung **härteren Bestrafung** der **Vorsatztat** kommt es für die Annahme vorsätzlichen Verhaltens richtigerweise entscheidend auf die korrekte **Erfassung der Legitimationsgründe** der **übertretenen Verhaltensnorm** an, die von einem bestimmten Tatbestand vorausgesetzt wird.

101 Ganz genauso wie die **grundsätzliche Verhaltensmissbilligung** mit dem **Vorbehalt** ausnahmsweiser Nichtmissbilligung im Endergebnis zu versehen ist, und etwa vorhandenes personales Verhaltensunrecht für eine Bestrafung hinreichend gewichtig sein muss, muss auch die Annahme spezifischen **Verhaltensunrechts der Vorsatztat** bei **Kenntnis** der **grundsätzlichen Legitimationsgründe** der übertretenen Verhaltensnorm mit entsprechenden **Vorbehalten** versehen werden. Das wird sofort klar, wenn man sich etwa den Fall des tatsächlichen Vorliegens von Voraussetzungen der ausnahmsweisen Nichtmissbilligung tatbestandsmäßigen Verhaltens vor Augen führt: Derjenige, dessen Verhalten letztlich von Rechts wegen nicht beanstandet werden kann, erfüllt die Voraussetzungen strafrechtlicher Reaktion überhaupt nicht – folglich erst recht nicht die der härteren Reaktion der Vorsatzstrafe. Beispiel: Der durch **Notwehr Gerechtfertigte** verwirklicht **kein Vorsatzunrecht** der Körperverletzung.

102 Das soeben Gesagte zeigt: Die Vorsatzbestrafung ist nicht schon dann berechtigt, wenn jemand die **Legitimationsgründe** der **Verhaltensnorm** kennt, die **ohne** den die Missbilligung aufhebenden **Ausnahmesachverhalt übertreten** worden **wäre**. Vielmehr kann trotz entsprechender Kenntnis eine Bestrafung mangels (hinreichend gewichtigen) **personalen Verhaltensunrechts** überhaupt verfehlt sein. Dann muss aber zumindest geklärt werden, wie es sich auf die Berechtigung der Vorsatzbestrafung auswirkt, wenn die Voraussetzungen der ausnahmsweisen Nichtmissbilligung bzw. des nicht hinreichenden Gewichts des personalen Fehlverhaltens nicht vorliegen, der Betreffende aber – wenngleich in rechtlich zu beanstandender Weise – von ihrem Gegebensein ausgegangen ist.

103 Bei **rechtlich nicht zu beanstandender Annahme** der **Nichtmissbilligungsvoraussetzungen** des Verhaltens fehlt es bereits am personalen Verhaltensunrecht als der Grundvoraussetzung der Bestrafung überhaupt, sofern es sich – wie regelmäßig – um Momente handelt, die für den von der Verhaltensbewertung Betroffenen selbst verhaltensleitend sein dürfen. Im Grunde **liegen** dann die normativ maßgeblichen – „perspektivisch" zu bestimmenden – Voraussetzungen für die Nichtmissbilligung sogar

III Vorsatz und Irrtum   301

tatsächlich vor und sind gar nicht nur eingebildet, sodass es sich nur bei naturalistischer Betrachtung um einen Irrtumsfall handelt, in normativer Sicht dagegen nicht.[95]

Die Beschränkung des soeben Gesagten auf **Momente**, die für den von der Verhaltensbewertung Betroffenen selbst überhaupt **verhaltensleitend** sein dürfen, versteht sich eigentlich von selbst. Ihre Notwendigkeit zeigt der zugegebenermaßen exotische Sonderfall der rechtlich nicht zu beanstandenden irrigen Annahme der eigenen **Schuldunfähigkeit** i. S. des § 20. Das Verhalten dessen, der tatsächlich schuldfähig ist und sich nur – wenn auch unvermeidbar – irrig schuldunfähig wähnt, kann selbstverständlich rechtlich beanstandet werden. Ganz allgemein geht es bei der „**Irrtumslehre**" nicht darum, ob Irrtümer als solche rechtlich zu beanstanden sind oder nicht. Sachlich geht es dabei immer nur um die **rechtliche Beurteilung** bestimmter **Verhaltensweisen** *in Anbetracht* einer bestimmten **Sachlage**. 104

Ist die **Annahme von Umständen**, die zu einem **nicht hinreichenden Gewicht** des **personalen Fehlverhaltens** führen, rechtlich nicht zu beanstanden, gilt das soeben Gesagte entsprechend: Es fehlt am für eine Bestrafung notwendigen **hinreichend gewichtigen Verhaltensunrecht**. Davon geht auch die Vorschrift des § 35 II 1 aus. Deshalb betreffen die folgenden Überlegungen nur noch die Irrtumsfälle, in denen überhaupt hinreichend gewichtiges personales Verhaltensunrecht aufweisbar ist – also die Fälle, in denen das Verhalten mit der entsprechenden Fehlvorstellung rechtlich hinreichend massiv zu beanstanden ist (vereinfacht gesprochen: auf **hinreichend gewichtiger Fahrlässigkeit** beruht[96]). 105

b) Erlaubnisirrtum und Erlaubnistatbestandsirrtum

Im Bereich der Rechtfertigung lassen sich zwei Arten von Irrtümern unterscheiden: Der Erlaubnisirrtum und der Erlaubnistatbestandsirrtum. 106

aa) Der Erlaubnisirrtum

Um einen Erlaubnisirrtum handelt es sich, wenn jemand bei seinem **grundsätzlich tatbestandsmäßig-missbilligten Verhalten** *dessen* **Unwertdimension an sich erfasst** und auch in Anbetracht einer Sachlage handelt, die gerade keine ausnahmsweise Nichtmissbilligung ergibt, jedoch – in rechtlich **zu beanstandender Weise**[97] – 107

---

[95] Zur Bedeutung der Perspektivenbetrachtung für die Konturierung auch der Gründe für die ausnahmsweise Nichtmissbilligung tatbestandsmäßigen Verhaltens s. bereits oben § 3 Rn. 10 ff.
[96] Zum grundsätzlichen Erfordernis hinreichend gewichtigen personalen Fehlverhaltens bei der Bestrafung näher oben § 2 Rn. 45 f., § 4 Rn. 1, 6, 8, 19 ff. et passim.
[97] Bei nicht möglicher Beanstandung fehlt es am personalen Verhaltensunrecht überhaupt, sodass sich das Problem der Vorsatzbestrafung gar nicht erst stellt; s. dazu nochmals oben § 3 Rn. 10 ff., § 4, § 5 Rn. 23 ff.

die **Unerlaubtheit** seines Verhaltens **nicht erkennt**. Das ist denkbar durch die irrige Annahme, das geltende Recht erlaube solches Verhalten ausnahmsweise durch einen speziellen Ausschlussgrund für die Missbilligung, der aber jedenfalls so tatsächlich nicht existiert. Die geläufige Unterscheidung der irrigen Annahme eines überhaupt nicht existenten Grundes für den Missbilligungsausschluss von der Überdehnung eines „an sich" existenten ist ohne sachliche Bedeutung.

108 Praktische Beispiele: **Notwehrüberschreitung** durch weitere Verletzung des bereits am Boden liegenden Angreifers aus Wut in der **Annahme**, das sei noch durch das zuvor gegebene **Notwehrrecht** abgedeckt; **Festnahme** eines **Straftäters** durch eine Privatperson nach einer **Fernsehfahndung** in der irrigen **Annahme**, hier sei das **Jedermannsrecht** zur vorläufigen Festnahme gegeben (**§ 127 I StPO**).

109 Für den **Erlaubnisirrtum**, der als **indirekter Verbotsirrtum** lediglich einen Unterfall desselben bildet, gilt das bereits ganz allgemein zum Verbotsirrtum oben (§ 4 Rn. 64 ff., 80 ff.) Gesagte. Insbesondere ist auch insoweit das Problem einer sachlichen **Legitimation** gerade der **Vorsatzbestrafung** ernst zu nehmen. Es kann nicht einfach durch einen Hinweis auf den Gesetzeswortlaut des § 17 abgetan werden.[98]

bb) Der Erlaubnistatbestandsirrtum

110 Bezieht sich die Fehlvorstellung auf das Gegebensein der tatsächlichen Voraussetzungen eines Rechtfertigungsgrundes, spricht man im Allgemeinen von einem sog. Erlaubnistatbestandsirrtum. Gleichbedeutend werden bisweilen die Begriffe des **Erlaubnistatumstandsirrtums** oder **Erlaubnissachverhaltsirrtums** verwendet.[99]

111 Der Betreffende geht beim Erlaubnistatbestandsirrtum nicht wie beim Erlaubnisirrtum von einem so nicht existierenden Rechtfertigungsgrund aus (z. B. von einem nicht existierenden Züchtigungsrecht in Bezug auf fremde Kinder oder von einem Recht, einen angreifenden Geisteskranken trotz Ausweichmöglichkeit in Notwehr töten zu dürfen). Vielmehr stellt sich der Betreffende eine **Sachlage** vor, bei deren **tatsächlichem Gegebensein** die **Voraussetzungen** eines **Rechtfertigungsgrundes** für sein Verhalten **vorlägen**. Beispiel: In einem **Mietshaus** hört A Schreie und **Hilferufe** aus der Nachbarswohnung und bricht die Tür auf (§ 303), um zu helfen. Tatsächlich läuft dort nur ein **Horrorvideo**. Das hätte A **bei gehöriger Sorgfalt** erfassen können. Die Voraussetzungen des rechtfertigenden Notstands nach § 228 BGB werden hier von A in rechtlich zu beanstandender Weise angenommen.

---

[98] S. dazu etwa *Herzberg,* FS Otto, 2007, S. 265 ff.; *dens.,* JuS 2008, 385 ff.; *Langer,* Sonderstraftat, S. 118 ff.
[99] Zur uneinheitlichen Terminologie vgl. *Kühl,* AT[8], § 13 Rn. 67.

Dabei kommt allerdings nicht nur eine **Fehlvorstellung** in Bezug auf „Tatsachen" im engeren Sinne des Wortes in Betracht. Als Erlaubnistatbestandsirrtum kann auch eine **rechtliche Fehleinschätzung** zu bewerten sein. Auch im Tatbestandsbereich im engeren Sinne hat sich gezeigt, dass beispielsweise ein klarer Fall des vorsatzausschließenden **Tatumstandsirrtums** (Tatbestandsirrtums) mit Blick auf den Diebstahlstatbestand vorliegt, wenn jemand irrig bereits aufgrund des schuldrechtlichen Kaufvertrages sein **Eigentum** an der weggenommenen Sache annimmt (es fehlt der **Vorsatz** in Bezug auf die **Fremdheit** der Sache; außerdem fehlt die Absicht rechtswidriger Zueignung). Ganz genauso gibt es im Bereich der Rechtfertigungsvoraussetzungen rechtliche Fehleinschätzungen, die mit Blick auf die Ratio der hervorgehobenen Vorsatzbestrafung als sog. **Erlaubnistatbestandsirrtümer** einzuordnen sind. Geht jemand z. B. aufgrund fehlerhafter rechtlicher Würdigung der **Eigentumslage** davon aus, ein Dritter sei im Begriff, eine ihm (und nicht dem Dritten) gehörende Flasche Wein zu konsumieren, irrt er zwar im rechtlichen Bereich, unterliegt aber dennoch nicht nur einem Erlaubnisirrtum. Denn unter dem Aspekt der **Notwehr-**, der **Selbsthilfe-** oder der **Notstandsrechtfertigung** liegt in der vorgestellten Verteidigung des eigenen Eigentums nicht die qualifizierte personale Fehlleistung, die zur Vorsatzbestrafung berechtigt. Die genaue Abgrenzung der vorsatzrelevanten von den nicht vorsatzrelevanten Fehlvorstellungen ist allerdings in vielen Bereichen noch **wenig geklärt**. Das kommt nicht von ungefähr. Hier zeigt sich erneut, dass die Abschichtung des spezifischen **Unrechts der Vorsatztat** von dem der Fahrlässigkeitstat mit den Kategorien des Tatbestandsirrtums und des Erlaubnistatbestandsirrtums einerseits sowie des Verbotsirrtums und des Erlaubnisirrtums andererseits – also der **Tat-** im **Gegensatz** zur **Rechtsfahrlässigkeit** – **nicht angemessen** gelingen kann.[100]

112

Der weitgehend konsentierte **Ausschluss der Vorsatzbestrafung** in den Fällen des **Erlaubnistatbestandsirrtums** ergibt sich nicht schon aus den gesetzlichen Irrtumsregelungen.[101] Der ursprüngliche Plan einer gesetzlichen Regelung des Erlaubnistatbestandsirrtums wurde nicht verwirklicht. § 16 betrifft direkt nur den Irrtum über Tatumstände im engeren Sinne. Und § 17 erfasst – nach h. M.[102] – nur die irrige Annahme von so nicht existenten Rechtfertigungsgründen für das Verhalten des Betreffenden. **Nicht ausdrücklich geregelt** ist dagegen die irrige Annahme von Umständen, bei deren wirklichem Gegebensein das Verhalten tatsächlich durch einen Rechtfertigungsgrund „gedeckt" wäre.

113

---

[100] Mit Recht kritisch zu den das sachliche Problem nicht angemessen erfassenden Kategorien z. B. *Arzt,* Die Strafrechtsklausur[7], S. 47: Der begriffliche Konsens ist trügerisch, weil die Fall-zu-Fall-Entscheidung durch ihn nicht ausgeschaltet, sondern verschleiert wird.
[101] S. dazu *Frisch,* in: Rechtfertigung und Entschuldigung III, 1990, S. 217 ff., 247 ff. m. w. N.
[102] Näher dazu – auch kritisch – oben § 4 Rn. 64 ff., 82 ff., (§ 7) Rn. 11 ff., 107 f.

114   Der **Erlaubnistatbestandsirrtum** entspricht strukturell und in seiner sachlichen Bedeutung für die qualifizierte unwertige Entscheidung des Vorsatztäters dem **Tatumstandsirrtum**. Infolge der Verkennung der Situation, in der sich der Betreffende befindet, bleibt ihm die entscheidende **Unwertdimension** seines Verhaltens letztlich genauso **verborgen** wie dem im Tatumstandsirrtum Befindlichen. Zwar weiß er, dass er z. B. einen anderen Menschen verletzt. Aber er sieht sich etwa einem gegenwärtigen rechtswidrigen Angriff ausgesetzt und übt nur die für den Fall des Zutreffens dieser Vorstellung erlaubte Verteidigung. Auch wenn das Verhalten des Betreffenden rechtlich zu beanstanden ist[103], wäre es verfehlt, ihn mit einem Messerstecher gleichsam auf eine Stufe zu stellen. Er wertet im Grunde nicht anders als die Rechtsordnung; er ist (jedenfalls **bezogen auf** den **Vorwurf vorsätzlichen Fehlverhaltens**) „**an sich rechtstreu**"[104] – mithin jemand, bei dem (bezogen auf die konkrete Tat) Aufklärung über die wahre Sachlage Aussicht darauf hätte, dass der Normverstoß vermieden würde: Ihm bleiben zwar nicht die Legitimationsgründe für die grundsätzliche Missbilligung seines Verhaltens (etwa als Körperverletzungsverhalten) verborgen, wohl aber der **Legitimationsgrund** für die **Aufrechterhaltung** dieses grundsätzlichen **Missbilligungsurteils** (Fehlen einer ausnahmsweise rechtfertigenden Sachlage).

115   So gesehen lässt sich durchaus Folgendes sagen: Der im Erlaubnistatbestandsirrtum Befindliche irrt über einen für die Vorsatzbestrafung wesentlichen „**Tatumstand**" im weiteren Sinne, der von der Regelung des **§ 16** bei entsprechend weitem Tatbestandsverständnis sogar **direkt** oder jedenfalls **analog** erfasst wird.[105,106]

116   Damit ist es freilich keineswegs ausgeschlossen, die Angemessenheit der Vorsatzstrafe auch in Fällen abzulehnen, die herkömmlich als bloße **Verbotsirrtumsfälle** – einschließlich der Spezialfälle des **Erlaubnisirrtums** – eingestuft werden. Hier geht es nur darum, eine Konstellation aufzuzeigen, in der die Vorsatzbestrafung verfehlt ist, ohne dass damit eine abschließende Aussage zu

---

[103] Nur diese Fälle sind im hier interessierenden Rahmen noch von Interesse. In den Fällen des rechtlich nicht zu beanstandenden Verhaltens (vereinfacht: „Der Irrtum beruht nicht auf Fahrlässigkeit") fehlt es bereits an der Grundvoraussetzung jeder Bestrafung, sodass sich die Frage der Angemessenheit gerade der Vorsatzbestrafung nicht mehr stellt.

[104] BGHSt 3, 105, 107. – Nach *Roxin/Schünemann/Haffke*, Strafrechtliche Klausurenlehre⁴, S. 84, ist er kein „Schurke" sondern nur ein „Schussel". – Zur Gegenposition einer strengen Schuldtheorie vgl. aus jüngerer Zeit etwa *Erb*, FS Paeffgen, 2015, S. 205 ff.; *Heuchemer*, Der Erlaubnistatbestandsirrtum, 2005, S. 201 ff., 292 ff., jew. m. w. N.

[105] Freilich mit der Maßgabe, dass sich die Rechtsfolge des Ausschlusses der Vorsatzbestrafung auch ohne § 16 begründen lässt – die Vorschrift also ohnehin nur eine Klarstellungsfunktion besitzt. – Mit Blick auf die Ratio der Vorsatzbestrafung trifft die Lehre von den negativen Tatbestandsmerkmalen sachlich das Richtige, wenn sie das Fehlen von Rechtfertigungsgründen mit dem Tatbestand i. e. S. zu einem Gesamtunrechtstatbestand als Einheit verbindet und für die Vorsatzbestrafung *daran* anknüpft. – Für eine analoge Anwendung etwa *Kühl*, AT⁸, § 13 Rn. 73. – Zur traditionellen Behandlung der Probleme des Erlaubnistatbestandsirrtums näher *Kühl*, AT⁸, § 13 Rn. 63 ff. m. w. N. insbes. auch zu Übungsfällen. – Mit eingehender Begründung in der Sache wie hier *Frisch*, in: Rechtfertigung und Entschuldigung III, 1990, S. 217 ff., 247 ff.

[106] Eine ganz andere Frage ist die nach den Konsequenzen für die Reichweite der strafbaren Teilnahme; s. dazu etwa *Safferling*, Vorsatz, S. 208; ferner unten § 10 Rn. 15 ff.

IV. Spezifische Verhaltensfolgen und gleichwertige Tatumstände

den vorsatzausschließenden Irrtümern verbunden ist.[107] Ganz im Gegenteil belegt gerade die mit Bezug auf Fälle des fahrlässigen Erlaubnistatbestandsirrtums verbreitet anzutreffende Argumentation in Richtung auf die Unangemessenheit der Vorsatzstrafe deren Unangemessenheit auch in nicht wenigen Fällen des auf Fahrlässigkeit beruhenden **Verbots-** bzw. **Erlaubnisirrtums:** In den letztgenannten Fällen verhalten sich die Betreffenden genauso **„an sich rechtstreu"** wie in den erstgenannten. Solange eine **Aufklärung** über die **Sach-** *oder* **Rechtslage Erfolgsaussichten** hätte, also damit zu rechnen ist, dass der Betreffende bei richtiger Erfassung der Sach- *und* Rechtslage von seinem Fehlverhalten Abstand nähme, **fehlt** es im konkreten Fall an der **qualifizierten personalen Fehlleistung** der **Vorsatztat.**[108]

Definition vorsätzlichen Verhaltens: 117
Vorsätzlich handelt oder unterlässt, wer die Umstände kennt, welche die nicht gerechtfertigte Tatbestandsverwirklichung begründen.[109]

IV. Spezifische Verhaltensfolgen und gleichwertige Tatumstände

Die Lehrdarstellungen zum Vorsatzdelikt unterscheiden meist nicht klar genug die beiden grundverschiedenen Fragestellungen nach den Anforderungen **vorsätzlichen Verhaltens** einerseits und nach den genauen Anforderungen an eine Bestrafung wegen vorsätzlichen vollendeten Delikts andererseits.[110] In der Sache ist aber anerkannt, dass trotz vorsätzlichen tatbestandsmäßigen Verhaltens i. S. der Strafnorm eine Strafbarkeit wegen vorsätzlichen vollendeten Delikts abzulehnen sein kann. Für eine solche Strafbarkeit müssen gewisse zusätzliche Sanktionsvoraussetzungen gerade des **vorsätzlichen vollendeten Delikts** vorliegen.   118

1. Allgemeine Anforderungen an die Bestrafung wegen vollendeten Delikts

Hier interessieren nicht mehr die allgemeinen Erfordernisse der Bestrafung wegen vollendeten Delikts, die wir bereits in grundsätzlichem Zusammenhang (oben § 2 Rn. 52 ff.), beim Fahrlässigkeitsdelikt (oben § 5 Rn. 62 ff.) und beim Unterlas-   119

---

[107] S. dazu bereits oben § 4 Rn. 82 ff., (§ 7) Rn. 97 ff.
[108] Zur erforderlichen *qualitativen* Abschichtung des spezifischen Unrechts der Vorsatztat s. näher oben (§ 7) Rn. 36 ff. – Vgl. dazu auch die oben in § 4 Rn. 87 f., (§ 7) Rn. 108 genannten Beispiele des verbotenen Verkaufs eines Kunstwerks ins Ausland und der Festnahme eines Straftäters durch eine Privatperson nach einer Fernsehfahndung; ferner *Herzberg,* FS Otto, 2007, S. 265, 269 ff.; *dens.,* JuS 2008, 385 ff., jew. m. w. instruktiven Beispielen.
[109] S. zu dieser Definition bereits *Freund,* FS Küper, 2007, S. 63, 82.
[110] Vgl. etwa *Wessels/Beulke/Satzger,* AT[48], Rn. 314 ff., 366 ff.; *Kühl,* AT[8], § 5 (zur Vorsatzlehre), § 13 (zur Irrtumslehre). – I. S. einer strikten Trennung der Fragestellungen mit Recht aber z. B. *Frisch,* Tatbestandsmäßiges Verhalten, S. 570.

sungsdelikt (oben § 6 Rn. 137 ff.) kennengelernt haben: Beim vollendeten Erfolgsdelikt muss das tatbestandsmäßig-missbilligte Verhalten spezifische Folgen zeitigen – genauer: es muss sich ein **schadensträchtiger Verlauf** ereignen, dessen **Vermeidung ex ante** aus der Perspektive des Verhaltensnormadressaten betrachtet **Legitimationsgrund** der übertretenen **Verhaltensnorm** war.

120 Entsprechend verhält es sich bei den Tatbeständen, die zwar nicht auf einen vom Verhalten abschichtbaren Außenwelterfolg als zusätzliches Sanktionserfordernis abstellen, aber das Verhalten nur bei **wirklichem Gegebensein** bestimmter Umstände tatbestandlich erfassen.

121 Man denke z. B. an die Strafvorschrift über den **fahrlässigen Falscheid**, die nach vorherrschendem Verständnis trotz fahrlässigen Aussageverhaltens nicht eingreift, wenn der Aussagende **zufällig das Richtige** (die – wie auch immer bestimmte – „Wirklichkeit") trifft. Wenn sich das nicht ereignet, was Grund für die Verhaltensmissbilligung war, kommt eine darauf abstellende Bestrafung wegen **vollendeten Delikts** nicht in Betracht – und natürlich erst recht keine wegen *vorsätzlichen vollendeten* **Delikts**.

122 **Entwendet** jemand seine **eigene Sache** einem anderen, der sie in Gewahrsam hat, in der **irrigen Annahme**, sie **gehöre** dem **Gewahrsamsinhaber**, scheidet vollendeter Diebstahl nicht etwa erst wegen Fehlens spezifischer Voraussetzungen gerade des vorsätzlichen vollendeten Delikts aus. Vielmehr fehlt es schon grundsätzlich an einem Geschehen, das der **Eigentumsordnung** (wie sie ist und wie sie sein soll) zuwiderläuft. Der zum Ausdruck gelangte spezifische vorsätzliche Verhaltensnormverstoß reicht allenfalls für eine Strafbarkeit wegen **untauglichen Diebstahlsversuchs**.[111]

123 Nicht anders verhält es sich in folgendem Fall: A **entwendet** B eine **Sache** in der Absicht, sich dieselbe rechtswidrig zuzueignen, und **meint** dabei, sie **gehöre B**. Tatsächlich **gehört** sie aber **E, der A** zu seinem Tun **bestimmt hat**. In einem solchen Fall gelingt zwar formal die Subsumtion des (Wegnahme-)Verhaltens des A unter den Wortlauttatbestand des § 242 I. Dennoch liegt material gesehen der **Widerspruch** zur **Eigentumsordnung** gleichfalls nicht wirklich, sondern **nur in** der **Vorstellung** des Handelnden vor. Da die konkrete Wegnahmeaktion dem Willen des Eigentümers (E) der Sache entspricht, hat sich nichts ereignet, was zu vermeiden einen Grund für eine Missbilligung des Verhaltens des A als Diebstahlsverhalten abgibt.[112] Hier kommt allenfalls eine **Strafbarkeit wegen Versuchs** in Betracht.

2. Besondere Anforderungen an eine Bestrafung wegen vorsätzlichen vollendeten Delikts

124 Auf spezifische Erfordernisse gerade der Bestrafung wegen *vorsätzlichen vollendeten Delikts* kommt es demzufolge nur noch in den Fällen an, in denen das, was sich wirklich ereignet hat, als Möglichkeit gedacht tatsächlich – ex ante – Grund für eine

---

[111] Zum Versuch als Straftat s. unten § 8.
[112] Das gilt selbst in dem Extremfall, dass der Auftraggeber der Wegnahmeaktion selbst nicht weiß, dass er seine eigene Sache entwenden lässt. – In derartigen Fällen kommt allenfalls die Verwirklichung des Unrechts anderer Tatbestände (etwa der Pfandkehr nach § 289) in Betracht.

IV. Spezifische Verhaltensfolgen und gleichwertige Tatumstände 307

spezifische Verhaltensmissbilligung war und auch ein vorsätzliches Verhalten i. S. der gerade in Frage stehenden Sanktionsnorm vorliegt.[113]

a) Das Kriterium: Realisierung der vorsätzlich geschaffenen oder sonst nicht vermiedenen Schädigungsmöglichkeit

Das Besondere gerade des vorsätzlichen vollendeten Delikts im Verhältnis zur bloßen Addition von vorsätzlichem tatbestandsmäßigen Verhalten und zu missbilligender (fahrlässiger) Herbeiführung tatbestandsmäßiger Verhaltensfolgen (oder der entsprechenden Verantwortlichkeit für sonstige gleichwertige Tatumstände) kann im Grunde nur in einem erblickt werden: Das, **was sich ereignet**, muss **spezifische Folge** (oder sonst **Ausdruck**) gerade **des vorsätzlich-tatbestandsmäßigen Verhaltens** sein. In ihm muss sich die qualifizierte personale Fehlleistung des vorsätzlich Handelnden oder Unterlassenden ausdrücken. Es genügt nicht, dass *gelegentlich* eines vorsätzlichen Verhaltens fahrlässig etwas bewirkt wird.[114]

125

aa) Unproblematische Fälle bei Entsprechung von Verlaufsvorstellung und (sich ereignender) Wirklichkeit

Die spezifischen Bedingungen einer Bestrafung wegen vorsätzlichen vollendeten Delikts sind ohne Weiteres erfüllt, wenn die Vermeidung dessen, was sich ereignet hat, nicht nur **Legitimationsgrund** der übertretenen **Verhaltensnorm** war, sondern auch genau mit Blick auf diese missbilligterweise geschaffene oder sonst nicht vermiedene Möglichkeit vorsätzliches Verhalten vorliegt.

126

Beispiel: **A schießt auf B** mit dem **Ziel**, ihn durch einen **Herzschuss** zu töten. B stirbt an einem **Treffer ins Herz**. Hier hat sich genau das ereignet, was Grund für die Missbilligung des Verhaltens des A als vorsätzliches Tötungsverhalten war: Die im Bewusstsein genau erfasste Möglichkeit des für B tödlichen Geschehensverlaufs ist Wirklichkeit geworden. Mehr kann man schlechterdings für eine Bestrafung wegen vorsätzlichen vollendeten Delikts nicht verlangen.

127

Indessen ist fraglich, ob es nicht schon zu viel verlangt ist, wenn man für das vorsätzliche vollendete Delikt die **Erfassung genau** der **Wirklichkeit gewordenen Möglichkeit** (des schadensträchtigen Verlaufs oder sonstiger gleichwertiger Tatum-

128

---

[113] Zutreffend *Frisch,* Tatbestandsmäßiges Verhalten, S. 575, 578.
[114] I. S. eines solchen Erfordernisses z. B. auch *Frisch,* Tatbestandsmäßiges Verhalten, S. 585; s. a. *Jakobs,* AT², 8/65: Der Erfolg muss „wegen des vorsätzlich geschaffenen Risikos und nicht nur *gelegentlich* dieses Risikos eintreten"; ferner *Stein,* in: SK StGB⁹, § 16 Rn. 36, 44: „Realisierung der *vorsätzlich* in die Tat umgesetzten tatbestandsrelevanten Gefährlichkeit" (Hervorhebung im Original). – Näher zu dieser Problematik *Freund,* FS Maiwald, S. 211 ff.

stände) verlangt. Um bei dem gewählten Beispiel zu bleiben: Sollte es einer Verurteilung wegen vorsätzlichen vollendeten Tötungsdelikts etwa entgegenstehen, wenn der **Schuss wider Erwarten** oder sogar entgegen der festen Überzeugung **nicht das Herz**, sondern den **Kopf** trifft?[115]

bb) Fälle der Nichtentsprechung von Verlaufsvorstellung und (sich ereignender) Wirklichkeit – Zur normativen Gefahrentsprechung

129   Tatsächlich stieße eine Verurteilung wegen versuchten (vorsätzlichen) Tötungsdelikts in Tateinheit (§ 52) mit (vollendeter) fahrlässiger Tötung[116] in einem derartigen Fall wohl nicht nur bei dem Schützen, sondern ganz allgemein auf Unverständnis. Als angemessen(er) wird eine Verurteilung wegen **vorsätzlichen vollendeten Delikts** empfunden. Das bedeutet jedoch, dass der mit einer Verurteilung wegen vorsätzlichen vollendeten Delikts verbundene **spezifische Vorwurf** keine vollkommene Entsprechung zwischen dem im Bewusstsein erfassten und dem sich realisierenden Risiko impliziert. Denn es hat sich eben nicht ganz genau das als Missbilligungsgrund taugliche Geschehen ereignet, das in der Vorstellung des Handelnden oder Unterlassenden vorhanden war und durch dessen Vorstellung ihm die tatbestandsspezifische Unwertdimension vor Augen gestanden hat: Realisiert hat sich aber immerhin die mit der vorsätzlich geschaffenen Möglichkeit des tödlichen Treffers ins Herz *spezifisch verknüpfte* **Möglichkeit des tödlichen Treffers** in den Kopf des Opfers. Wegen des **inneren Zusammenhangs** der verschiedenen möglichen **schadensträchtigen Verläufe** lassen sich dieselben bei wertender Betrachtung zu einer einheitlichen Lebensgefahr verbinden, die der Schütze sehenden Auges geschaffen hat.[117] Normativ zählen hier letztlich **beide Todesarten gleich** viel. Sie sind nur gleichwertige Unterfälle der vorsätzlich geschaffenen **Lebensgefahr** in Gestalt des **drohenden Todes durch Erschießen**. In solcher Sicht hat sich dann sogar ganz genau die vorsätzlich geschaffene Lebensgefahr realisiert.

130   Deshalb kann man sagen: Die Todesherbeiführung durch den Kopftreffer ist ganz genauso eine spezifische Folge des vorsätzlichen Tötungsverhaltens wie im Fall des Herztreffers. Der Tod durch den Treffer in den Kopf ist ebenfalls **Ausdruck der qualifizierten personalen Fehlleistung** des **tötungsvorsätzlich Handelnden** und deshalb spezifisch tatbestandsmäßiger Erfolg im Sinne der Vorsatztat.

131   Die Berechtigung dieser Einschätzung wird durch eine nähere Betrachtung dessen bestätigt, was genau an (Verlaufs-)Vorstellung notwendig ist, um ein Verhalten als vorsätzlich auszuzeichnen. Man darf sich in dieser Hinsicht durch **überflüssig**

---

[115] Zu entsprechenden Beispielen vgl. *Burkhardt,* FS Nishihara, 1998, S. 15, 31; *Joecks,* in: Münch-KommStGB³, § 16 Rn. 93.
[116] Zum Konkurrenzverhältnis der sog. Tateinheit näher unten § 11 Rn. 54 ff.
[117] Zu diesem Kriterium der Realisierung einer *erkannten* Schädigungsmöglichkeit s. a. *Freund,* FS Maiwald, S. 211 ff., 223. Es leitet sich zwingend daraus ab, dass vorsätzliches Verhalten die Kenntnis der damit in der Lebenswirklichkeit konkret verbundenen Schädigungsmöglichkeit(en) erfordert. Die Realisierung einer bloß gleichwertigen, aber nicht erkannten genügt nicht.

IV. Spezifische Verhaltensfolgen und gleichwertige Tatumstände

präzise und **einengende Verlaufsvorstellungen** nicht irritieren lassen.[118] Im Beispielsfall desjenigen, der auf einen Menschen schießt, genügt es, wenn der Schütze erfasst, dass die von ihm abgefeuerte Kugel überhaupt tödliche Wirkungen (deren Auslösung rechtlich missbilligt ist) bei dem anvisierten Opfer haben kann. Es bleibt sich unter dem Aspekt tötungs**tatbestandlicher Missbilligung gleich**, ob das Opfer tödlich in das Herz, in den Kopf oder in die Lunge getroffen werden könnte oder ob es an den unvermeidlichen Risiken einer zur Lebensrettung indizierten Operation versterben könnte. Als **Tötungsverhalten** ausgezeichnet wird es durch **jede** der genannten **Möglichkeiten**. In erforderlicher, aber auch ausreichender Weise als Tötungsverhalten im Bewusstsein erfasst wird es bereits dann, wenn der Schütze überhaupt die Vorstellung (i. S. des „Für-sich-so-Sehens") besitzt, das Abfeuern der Kugel habe die eine oder andere *solcher* Wirkungen. Bereits dann erfasst er die Tötungsqualität seines Verhaltens. Deshalb hat es auch spezifische Folgen, wenn sich einer der tatbestandlich erfassten Verläufe ereignet.

Auch wenn sich der Scharfschütze sicher ist, sein Opfer ins Herz (und sonst nirgendwo hin) zu treffen, handelt er nicht nur tötungsvorsätzlich, weil er die Möglichkeit des tödlichen Treffers erfasst hat. Sein vorsätzliches Verhalten hat auch bei einem unerwarteten Kopftreffer exakt die Folge des tödlichen Treffers, die in der **überkonkretisierten Ausprägungsform** des Herztreffers als *allgemeinere Form* des tödlichen Treffers **miterfasst** war. 132

Freilich gibt es **Grenzen der Abstraktion von den naturalistischen schadensträchtigen Verläufen** bei der Qualifikation eines Verhaltens als vorsätzliches Verhalten i. S. eines bestimmten Tatbestands. Etwa für ein vorsätzliches Tötungsverhalten genügt es nicht, dass überhaupt die Vorstellung besteht, es könne zum Tod des von dem Verhalten Betroffenen führen. Damit allein ist ein Missbilligungsurteil noch nicht tragfähig begründet. Vielmehr muss das mögliche Geschehen so weit konkretisiert werden, dass das tatbestandliche Missbilligungsurteil Bestand haben kann. Dafür reicht zwar der „möglicherweise tödliche Treffer" bei Abgabe eines Schusses auf einen Menschen, der gleichsam mehrere naturalistische Risikodimensionen in sich aufzunehmen vermag. Nicht erfasst sind damit aber alle möglichen weiteren Risikodimensionen des entsprechenden Verhaltens: Wird durch den fehlgehenden Schuss eine **Kuhherde erschreckt**, die in Panik das in Aussicht genommene Opfer zu Tode trampelt,[119] so fehlt es an der vorsätzlichen Herbeiführung gerade dieser Todesfolge, wenn der Schütze zwar mit dieser Geschehensentwicklung rechnen musste,[120] daran aber nicht gedacht hat. Die zu missbilligende Schädigungsdimension in dieser Hinsicht ist durch die Angabe: „möglicherweise tödlicher Treffer" nicht abgedeckt. **Ohne** die (mögliche Reaktion der) **Kühe** ist der **Schuss insoweit harmlos**. Die **Tötungseignung** des Abfeuerns der Kugel auf einen Menschen steht bei genauerer Betrachtung nur in einem **zufälligen Zusammenhang** mit der ganz anderen Gefahrendimension, die sich letztlich realisiert hat. 133

---

[118] S. dazu auch *Frisch*, Tatbestandsmäßiges Verhalten, S. 571 ff., 585 ff., 601 ff.

[119] Zu vergleichbaren Beispielen wild gewordener Pferde bzw. Wildschweine vgl. *Burkhardt*, FS Nishihara, 1998, S. 15, 18; *Sternberg-Lieben/Schuster*, in: Schönke/Schröder[30], § 15 Rn. 55.

[120] Wenn er damit nicht rechnen musste, ist die Folge überhaupt nicht anlastbar.

134   Das zeigt folgende einfache Überlegung: Ersetzt man das vorsätzliche Tötungsverhalten (Abfeuern einer Kugel auf einen Menschen mit der Gefahr des tödlichen Treffers) durch einen als erschreckend gedachten **Schuss aus einer Schreckschusspistole** oder durch das **Zünden eines Feuerwerkskörpers**, ändert sich an der tödlichen Schreckreaktion der Kühe nichts. Dagegen entfallen z. B. Kopf- und Lungentreffergefahr ohne Weiteres. Deshalb liegen bei der **Tötung durch die Kühe** keine spezifischen, sondern **zufällige Folgen der Vorsatztat** vor, während bei tödlichem Kopftreffer trotz des anvisierten Herzens durchaus solche spezifischen Folgen gegeben sind.

135   Wie beim nicht speziell bedachten Kopftreffer verhält es sich im bekannten Schulfall desjenigen, der ein **Kleinkind** in der Annahme in den **Fluss wirft**, das Kind werde ertrinken, während es tatsächlich durch den Aufprall am **Brückenpfeiler** oder am Bug eines unter der Brücke hervorschnellenden Segelbootes zerschmettert und getötet wird.[121] Die **unerlaubt tödliche Wirkung** des **Hinabwerfens** ist dabei durchaus erfasst, ohne dass es auf die konkret erwartete Todesart ankommt.

b) Lehre von der „unwesentlichen Abweichung"

136   Solche und ähnliche Fälle des Auseinanderfallens von Vorstellung und (sich ereignender) Wirklichkeit werden verbreitet unter dem Stichwort der **unwesentlichen Abweichung** des **Kausalverlaufs vom Vorsatz** behandelt. Während sich vorsätzliches Verhalten – wie gezeigt – durch eine entsprechende Möglichkeitsvorstellung im Sinne des Für-sich-so-Sehens auszeichnet, bezieht man zunächst den Vorsatz auf den Wirklichkeit gewordenen Kausalverlauf „in seinen wesentlichen Zügen" und muss dann einräumen, dass selbst die wesentlichen Züge dieses Kausalverlaufs u. U. nicht erfasst waren, sondern eine Diskrepanz zur Vorstellung besteht. Um dennoch zu einer als angemessen empfundenen Strafbarkeit wegen Vorsatztat gelangen zu können, werden gewisse Abweichungen zwischen dem vorgestellten und dem wirklichen Kausalverlauf kurzerhand für „unwesentlich" erklärt. **Unwesentlich** sollen **Abweichungen** sein, wenn sie sich noch **in den Grenzen** des nach **allgemeiner Lebenserfahrung Voraussehbaren** halten und **keine andere Bewertung** der Tat **rechtfertigen**.[122]

137   Das Kriterium der **Voraussehbarkeit** (in den Grenzen der Lebenserfahrung) bringt dabei nach dem bereits Gesagten keinerlei Eingrenzung. Es ist **funktionslos**, weil das, was nicht voraussehbar ist, schon als tatbestandsspezifischer Missbilligungsgrund

---

[121] S. zu solchen Fällen *Frisch,* Tatbestandsmäßiges Verhalten, S. 459, 593 (Fn. 122), 605 ff.; *Wessels/Beulke/Satzger,* AT[48], Rn. 388, jew. m. w. N.

[122] S. dazu etwa BGHSt 7, 325, 329 (Blutrauschfall); 14, 193, 194 (Jauchegrubenfall); 23, 133, 135 (Schuldunfähigkeitsaffekt); *Sternberg-Lieben/Schuster,* in: Schönke/Schröder[30], § 15 Rn. 55; *Wessels/Beulke/Satzger,* AT[48], Rn. 385.

IV. Spezifische Verhaltensfolgen und gleichwertige Tatumstände

ausscheidet.[123] Damit bleibt als „**Kriterium**" die **fehlende Rechtfertigung einer anderen Bewertung** übrig. Und das ist eine nichtssagende Leerformel, die lediglich auf die Selbstverständlichkeit hinweist, dass die in Frage stehende Rechtsfolge angemessen sein muss. Als Kriterium dafür, ob das zutrifft, taugt sie nicht.[124]

Als unwesentlich wird die Abweichung u. a. angesehen, wenn das Opfer durch **Beilhiebe** getötet werden soll, aber nicht an der beabsichtigten Zertrümmerung des Schädels, sondern an einer **Wundinfektion** stirbt.[125] Die Leerformel der „Rechtfertigung einer anderen Bewertung der Tat" ist inhaltlich durch das hier herausgearbeitete Kriterium auszufüllen: Das, was sich wirklich ereignet (ob gleichzeitig oder als Kausalverlauf zeitlich nach dem Verhalten bleibt sich gleich), muss **Ausdruck** der **qualifizierten personalen Fehlleistung** des vorsätzlich Handelnden oder Unterlassenden sein. In den bisherigen Beispielsfällen trifft das regelmäßig zu. **138**

An einer spezifischen Konsequenz gerade des vorsätzlichen Tötungsverhaltens fehlt es dagegen in folgendem Fall:[126] **A meint**, für **Kleinkinder** seien **alle Pilze giftig**, und serviert einem Kind eine Portion **Dosenchampignons**, die für ihn **erkennbar verdorben** sind – allerdings ohne dass er das Verdorbensein der Pilze bemerkt. Das Kind stirbt infolge der verdorbenen Pilze. Darüber, ob die Abweichung des Kausalverlaufs von der Vorstellung, die sich A gebildet hat, „**wesentlich**" ist, ließe sich wohl trefflich streiten. Jedenfalls für A selbst dürfte insoweit „im Wesentlichen alles in Ordnung" sein. Dennoch liegen die Voraussetzungen für eine Bestrafung wegen vorsätzlichen vollendeten Delikts selbstverständlich nicht vor: **139**

In diesem **Pilzgerichtfall** ist der zum Tod führende Kausalverlauf zwar durch ein rechtlich in dieser Hinsicht spezifisch zu **missbilligendes (Tötungs-)Verhalten** herbeigeführt worden. Und das Verhalten war in bestimmter Hinsicht auch ein **tötungsvorsätzliches**. Indessen steht dieses tötungsvorsätzliche Verhalten lediglich in einem **naturalistisch-zufälligen Zusammenhang mit** dem **fahrlässigen Tötungsverhalten**. In Wirklichkeit ist das vorsätzliche Tötungsverhalten als solches gänzlich harmlos und nur wegen der Fehleinschätzung rechtlich zu beanstanden. Deshalb kann es gleichsam aus dem tatsächlichen Geschehen eliminiert werden (etwa durch **korrekte Information** über die **Harmlosigkeit von Dosenchampignons** für Kleinkinder), ohne dass sich an der Lebensgefährlichkeit der konkreten Ernährungsweise mit verdorbenen Pilzen etwas ändert. Die Todesherbeiführung ist deshalb **nicht** mehr **Ausdruck** der **qualifizierten personalen Fehlleistung** des **vorsätzlich Handelnden**. **140**

Daran ändert sich nichts, wenn der Betreffende ohne sein **untaugliches Tötungsvorhaben** nie auf die Idee gekommen wäre, dem Kind ein Pilzgericht zu servieren. Denn solange die entsprechende Form der Ernährung grundsätzlich nicht als Tötungsverhalten zu beanstanden ist, kann das entsprechende Vorhaben nicht den qualifizierten Unwert **vorsätzlichen Tötungsverhaltens** begründen. **141**

---

[123] Zum Stellenwert der Voraussehbarkeit für die tatbestandliche Verhaltensmissbilligung näher oben § 2 Rn. 28 ff., § 5 Rn. 23 ff., 43 f.
[124] Zur Kritik der „Abweichungslehre" treffend *Frisch*, Tatbestandsmäßiges Verhalten, S. 571 ff.
[125] I. d. S. z. B. RGSt 70, 257, 258 f.
[126] Nach *Jakobs*, AT², 8/67.

c) Weitere Problemfälle

aa) Fälle des Zusammenwirkens mehrerer Bedingungen

142 Zu Problemfällen der Bestrafung wegen vorsätzlichen vollendeten Delikts gehören auch die oft nur unter Kausalitätsaspekten diskutierten Fälle des Zusammenwirkens mehrerer Bedingungen. Die dabei auftauchenden Begrifflichkeiten der **alternativen**, der **kumulativen** und der **Doppelkausalität** sind zur Problemlösung wenig hilfreich. Besondere Kausalitätsprobleme werfen derartige Fälle nicht auf.[127] Allenfalls ein ganz normales Beweisproblem kann sich bei der Ermittlung dessen ergeben, was den Erfolg tatsächlich bewirkt hat. Ist aber z. B. die **Todesursache geklärt**, werfen solche Fälle zunächst auch nur das allgemeine Problem auf, ob die Schaffung einer solchen **Möglichkeit** des **schadensträchtigen Verlaufs** als **tatbestandsmäßig-missbilligte Gefahrschaffung** anzusehen ist. Bei Bejahung dieser Frage ist der so herbeigeführte Erfolg auch anlastbar. Denn es hat sich ja genau das ereignet, was durch richtiges Verhalten hätte vermieden werden können und sollen. Auf dieser Basis kann sodann in einem weiteren Schritt geklärt werden, ob die spezifischen Zusatzerfordernisse der Bestrafung wegen vorsätzlichen vollendeten Delikts erfüllt sind.

143 Ein erstes Beispiel:[128] **A** trinkt gerne **Limonade**. **X** schüttet ihm heimlich eine **tödliche** Menge von einem Gramm **Zyankali** ins Glas. **Y** tut – ohne von der Tat des X zu wissen – kurz darauf **das Gleiche**. Nachdem sich das Gift aufgelöst hat, trinkt A das halbe Glas und stirbt noch bevor er die zweite Hälfte zu sich nehmen kann am **Zusammenwirken** der jeweils *hälftigen* **Giftmenge** beider Giftgeber.

144 Die konkrete **Todesherbeiführung** ist im Beispielsfall auf das **Zusammenwirken** von zwei jeweils **für sich** genommen gar **nicht tödlichen Giftmengen** zurückzuführen. Nicht anders verhält es sich, wenn in einer **Variante des Beispielsfalls** X und Y jeweils eine für sich allein genommen unter normalen Umständen gar nicht tödliche Giftmenge in der irrigen Annahme in das von A später vollständig geleerte Glas tun, die Dosis sei für das Opfer tödlich. Denn auch im **Grundfall** hat sich der **überschießende Giftanteil** wegen des vorher eingetretenen Todes des Opfers **nicht** mehr tödlich **ausgewirkt**. Dass das Gift beider jeweils für sich allein genommen zur Todesherbeiführung ausgereicht hätte, muss als **hypothetisches Geschehen** wie sonst auch außer Betracht bleiben.[129] Damit stellt sich für den Grundfall wie für die Variante die entscheidende Frage, ob der konkrete **Kausalverlauf** zum Tode hin so beschaffen ist, dass die **Eröffnung** einer entsprechenden **Möglichkeit** durch beide

---

[127] Darauf weist mit Recht *Jakobs*, AT², 7/21 hin.
[128] Nach *Samson*, Strafrecht I⁷, S. 22 Fall 5; s. a. das vergleichbare Beispiel bei *Ebert*, AT³, S. 47 f.
[129] Zutreffend betont von *Kühl*, AT⁸, § 4 Rn. 20; s. dazu auch *Walter*, in: LK¹², Vor § 13 Rn. 77. – Eine ganz andere Frage ist es, ob der tödlich Vergiftete bereits als getötet angesehen werden kann – was jedoch zweifelhaft erscheint; näher zur Problematik einer solchen Vorverlagerung des Erfolgs *Dencker*, NStZ 1992, 311 ff.; krit. dazu *Joerden*, NStZ 1993, 268 ff.

Giftgeber rechtlich als Tötungsverhalten zu missbilligen ist. Nur wenn insofern von der Schaffung eines **missbilligten Lebensrisikos** gesprochen werden kann, ist der Tod für beide Giftgeber eine spezifische Folge ihres (dann) in dieser Hinsicht tatbestandsmäßig zu missbilligenden Tötungsverhaltens.[130]

Die konkrete Todesherbeiführung lässt sich **in beiden Fällen** und für beide Giftgeber als für das Opfer **tödlicher Kausalverlauf** auffassen, der durch Unterlassen der Giftgabe jedes Einzelnen von Rechts wegen hätte **vermieden werden können und sollen**.[131] Ein „**Vertrauensgrundsatz**" dergestalt, dass jeder davon ausgehen darf, dass andere durch bestimmte Verhaltensweisen das Opfer nicht für bestimmte Giftstoffe „**sonderanfällig**" machen, ist nicht anzuerkennen. Vielmehr ist in den hier interessierenden Fällen auch die Gabe einer unter normalen Umständen noch nicht tödlich wirkenden Giftmenge im **Lebensschutzinteresse** des **konkret betroffenen Opfers** rechtlich zu missbilligen. Die statistische Seltenheit des zufälligen Zusammentreffens ändert nichts an dessen **Schutzbedürftigkeit** und **Schutzwürdigkeit** in dieser Hinsicht. Damit ist der Todeserfolg den beiden Giftgebern immerhin überhaupt als tötungstatbestandsmäßige Verhaltensfolge anzulasten. Es liegt also **(mindestens) fahrlässige Nebentäterschaft** vor.

145

Eine Orientierung an dem, was „normalerweise" tödlich wirkt, führte dagegen zu einer unangemessenen Vernachlässigung berechtigter Opferschutzinteressen auch in einer **weiteren Variante** des Grundfalls: Gibt lediglich X eine für tödlich gehaltene, **unter normalen Umständen** aber noch **nicht tödliche Dosis** eines Giftes heimlich in das Glas des A und stirbt A nur deshalb „ausnahmsweise", weil er in dasselbe Glas eine illegale – die **Giftwirkung verdoppelnde** – **Droge** getan hat, wäre die Ablehnung einer missbilligten Gefahrschaffung seitens des X für das Leben des A verfehlt. Denn A hat – auch bei illegalem Drogenkonsum – ein von X zu wahrendes **berechtigtes Interesse** daran, auch vor solchen nur ab und zu vorkommenden „ausnahmsweisen" Todesherbeiführungen bewahrt zu werden.[132] Die Orientierung am „**Normalfall**" wäre hier ebenso unangemessen wie im Fall des Opfers mit einer individuell **besonders dünnen Schädeldecke**, bei dem der tödlich gemeinte Schlag, der mit einer normalerweise noch nicht tödlichen Wucht ausgeführt wird, ausnahmsweise eben doch den Tod herbeiführt.[133] In all diesen Fällen liegt ein **vollendetes Tötungsdelikt** vor. Damit stellt sich die Folgefrage, ob nicht sogar die Anforderungen an ein vorsätzliches vollendetes Tötungsdelikt erfüllt sind.

146

---

[130] I. S. einer solchen zutreffenden Fragestellung etwa *Eisele*, in: Schönke/Schröder[30], Vor § 13 Rn. 83 (wo freilich mit Blick auf die „völlige Inadäquanz eines solchen Geschehensablaufs" die gestellte Frage zu Unrecht verneint wird; vgl. dazu sogleich im Text).

[131] Im Ergebnis anders etwa *Eisele*, in: Schönke/Schröder[30], Vor § 13 Rn. 83; wohl auch *Köhler*, AT, S. 146; vgl. ferner *Eisele*, in: Baumann/Weber/Mitsch/Eisele, AT[12], § 10 Rn. 77.

[132] Anderes mag gelten, wenn ein Arzt, dem der Drogenkonsum des A nicht bekannt ist und auch nicht bekannt sein muss, eine „normalerweise" nicht tödlich wirkende Medikation verordnet, die sich im Zusammenwirken mit der Droge letztlich doch tödlich auswirkt.

[133] Zu weiteren Problemfällen abnormer Konstitution des Opfers s. etwa *Jescheck/Weigend*, AT[5], § 28 IV 6 (S. 289); *Heinrich*, AT[5], Rn. 249, jew. m. w. N. – Zu einem Fall der (unvorsätzlichen) Herbeiführung eines „Reflextodes" als „medizinischer Rarität" durch einen normalerweise nicht

147 Im **Grundfall** der beiden **Giftgeber** wie in den Fallvarianten hat die **Verlaufsvorstellung** der Handelnden den speziellen Kausalverlauf wohl kaum erfasst. Die Frage, ob der infolge der Giftgabe eingetretene Tod dennoch als spezifische Folge der vorsätzlichen Schaffung eines Lebensrisikos durch den jeweiligen Giftgeber zu begreifen ist, lässt sich nach Maßgabe der hier herausgearbeiteten normativen Gefahrbeurteilung durchaus bejahen: Denn nach dem soeben Gesagten hatte jede der unter normalen Umständen noch nicht tödlich wirkenden **Giftgaben** mit Blick auf das konkret in Aussicht genommene Opfer sehr wohl **Tötungsqualität**. Da die vorhandene Eigenschaft des Giftes, den Tod des konkreten Opfers herbeiführen zu können, von den Handelnden **zutreffend erfasst** wurde, ist das konkrete erfolgsverursachende Geschehen als spezifische Folge tötungsvorsätzlichen Verhaltens aufzufassen. Damit liegen die Anforderungen an eine Bestrafung wegen **vorsätzlichen vollendeten Delikts** ebenso vor wie in dem Fall des auf ein Opfer mit **besonders dünner Schädeldecke** mit der zutreffenden Vorstellung Einschlagenden, die gewählte Intensität des Schlagens reiche aus, um den Tod effektiv herbeizuführen.

bb) Fälle mehraktigen Geschehens

148 Als weitere **Sonderfälle** der **Abweichung** des **Kausalverlaufs** vom Vorsatz lassen sich Konstellationen auffassen, die ein mehraktiges Geschehen aufweisen. Auch bei ihnen liegt allgemein gesprochen eine Abweichung der gegenwärtigen oder künftigen Wirklichkeit von der Vorstellung des Handelnden oder Unterlassenden vor.

(1) Verwirklichung durch den zweiten Akt bei irriger Annahme der Verwirklichung durch den ersten

149 Zunächst ist es denkbar, dass der Handelnde (oder Unterlassende) glaubt, durch ein erstes Verhalten etwas Bestimmtes bereits verwirklicht zu haben, während er dies tatsächlich erst durch ein weiteres Verhalten bewirkt.

150 Beispiel: Wenn A **mit Tötungsvorsatz** B bis zur Bewusstlosigkeit **würgt** und in der irrigen Annahme, B sei tot, die **vermeintliche Leiche** in einer **Jauchegrube** versenkt, in der B den Tod findet, hängt die Strafbarkeit wegen vorsätzlichen vollendeten Delikts wiederum davon ab, ob der Tod des B spezifische Folge gerade des vorsätzlichen Tötungsverhaltens ist. Das muss jedenfalls klar verneint werden, wenn das **Erstverhalten** nur in der **Vorstellung** des Betreffenden, nicht aber in **Wirklichkeit** tödliche Wirkungen haben konnte und ein **weitergehendes Tötungsverhalten nicht geplant** war.[134]

151 Zu diesem Ergebnis kommt letztlich sogar die problematische Lehre vom „**dolus generalis**"[135], nach der in den Fällen, in denen das **Zweitverhalten** (Verbergen der

---

tödlichen Fußtritt gegen den Oberkörper s. BGH v. 15.11.2007 – 4 StR 453/07, JuS 2008, 273 f. (der BGH bejaht nicht nur die Voraussetzungen der fahrlässigen Tötung, sondern in problematischer Weise weitergehend sogar eine Körperverletzung mit Todesfolge).

[134] So auch *Frisch,* Tatbestandsmäßiges Verhalten, S. 620 ff.

[135] Vgl. hierzu insbes. den „Jauchegrubenfall" BGHSt 14, 193 ff.; näher dazu – auch zur Kritik – etwa *Kühl*, AT[8], § 13 Rn. 46 ff. m. w. N.

IV. Spezifische Verhaltensfolgen und gleichwertige Tatumstände 315

Leiche) bei einem Tötungsvorhaben von vornherein eingeplant ist, ein insgesamt von einem **generellen Tötungsvorsatz** getragenes **Tötungsverhalten** vorliegen soll. Wird der Wille zur Beseitigung des Opfers dagegen erst nach der vermeintlichen Tötung gefasst, liegt auch nach dieser Auffassung **Tötungsversuch** in Tatmehrheit mit **fahrlässiger Tötung** vor.[136]

In dem „klassischen" **Jauchegrubenfall** des BGH[137] hatte eine Frau (A) einer anderen (B) zunächst mit bedingtem **Tötungsvorsatz Sand in den Mund** gestopft, um sie am Schreien zu hindern. Als die B **regungslos** dalag, hielt A sie für tot und warf sie in eine **Jauchegrube**, wo B **ertrank**. Obwohl der BGH die Lehre vom dolus generalis ausdrücklich verwarf, kam er in diesem Fall dennoch über den Gedanken einer unwesentlichen **Abweichung des Kausalverlaufs** vom Vorsatz zur Annahme eines vollendeten vorsätzlichen Tötungsdelikts. Dieses Ergebnis ist indessen verfehlt.[138] Es beruht auf einer Verkennung der spezifischen Anforderungen des *vorsätzlichen* vollendeten Delikts. Denn die **Todesherbeiführung** ist nach Lage des Falles gerade nicht als **Realisierung** der **spezifischen Gefährlichkeit vorsätzlichen Tötungsverhaltens** zu begreifen. 152

(2) Verwirklichung durch den ersten Akt bei geplanter Verwirklichung durch den zweiten

Der umgekehrte Fall – bereits ein Verhalten, das vor dem geplanten Tötungsverhalten vorgenommen wird, führt zum Tod des Opfers – wirft nicht nur spezifische Probleme der Bestrafung wegen vorsätzlichen *vollendeten* Delikts auf. Fraglich ist in solchen Fällen bereits, ob überhaupt ein vorsätzliches Tötungsverhalten vorliegt. Nach dem oben (§ 7) Rn. 35 ff. zur Ratio der Vorsatzbestrafung Gesagten reicht das nicht in die Tat umgesetzte Tötungsvorhaben noch nicht für vorsätzliches Handeln im Rechtssinne. Die bloße **Vorbereitung** einer **vorsätzlichen Tötung** ist eben noch keine vorsätzliche Tötung – mag bei derselben auch der (an sich erwünschte) Todeserfolg herbeigeführt werden. Diskutabel ist deshalb allenfalls, ob bei *nach* **Eintritt in** das **Versuchsstadium** vorzeitig herbeigeführtem Erfolgseintritt eine **vollendete vorsätzliche Tötung** angenommen werden kann. 153

Wenn A seinen Revolver hochreißt, um B zu erschießen, und sich schon **beim Hochreißen** der Waffe der **tödliche Schuss löst**, ist zwar das (Versuchs-)Verhalten bereits Ausdruck der qualifizierten personalen Fehlleistung des Vorsatztäters. Auf dieser Basis kann dann auch gesagt werden, dass diese qualifizierte personale Fehlleistung spezifische Folgen hatte.[139] Indessen sind es gerade **nicht** die **spezifischen** 154

---

[136] I. d. S. z. B. *Welzel*, Das Deutsche Strafrecht[11], S. 74.
[137] BGHSt 14, 193 f.
[138] Mit Recht kritisch zu dieser Entscheidung etwa *Hettinger*, FS Spendel, 1992, S. 237 ff.; s. a. *Frisch*, Tatbestandsmäßiges Verhalten, S. 620 ff.
[139] Für eine Bestrafung wegen vorsätzlicher vollendeter Tat in einem solchen Fall z. B. *Welzel*, Das Deutsche Strafrecht[11], S. 74; zur Gegenposition s. etwa *Frisch*, Tatbestandsmäßiges Verhalten, S. 623; *Wolter*, ZStW 89 (1977), 649, 697 f.; vgl. auch *dens.*, GA 2006, 406 ff.; ferner *Stein*, in: SK StGB[9], § 16 Rn. 45 a. E.

Folgen des **vorsätzlichen vollendeten Delikts:** Da der Betreffende bei seinem Verhalten davon ausging, noch nicht alles getan zu haben, was zur Vollendung erforderlich ist, entbehrt der Vorwurf des vorsätzlichen vollendeten Delikts ihm gegenüber der Berechtigung.

155   Das soeben Gesagte gilt entsprechend, wenn das **Opfer** bereits an den nur **als betäubend gedachten Schlägen stirbt**, obwohl es erst zu einem späteren Zeitpunkt getötet werden sollte.[140] Jedenfalls bei zu großer zeitlicher Distanz zwischen geplanter Betäubung und in Aussicht genommener Tötung ist die Betäubung nicht mehr als Ausdruck der qualifizierten personalen Fehlleistung des vorsätzlich Tötenden (und nicht nur des eine Tötung Planenden!) zu begreifen. Einschlägig ist in einem derartigen Fall der Tatbestand der **Körperverletzung mit Todesfolge** (§ 227) mit einem dem verwirklichten Unrecht entsprechenden Strafrahmen.

cc) Problemfälle der Opferkonkretisierung: Die sog. „Fallen-Fälle"

156   In den klassischen Fällen der aberratio ictus wird von den meisten zutreffend erkannt, dass eine Verurteilung wegen vollendeter Vorsatztat nicht berechtigt ist. Der damit erhobene Vorwurf wäre sachlich unzutreffend.[141] Allerdings wird verbreitet angenommen, das sei anders, wenn der Täter sein Opfer überhaupt nur über dessen Stellung im Kausalverlauf individualisiere bzw. identifiziere.[142] Klassisches Beispiel ist die **Sprengfalle**, die von A in einem Auto angebracht wird, die nicht zum Tod des ins Auge gefassten Opfers X führt, sondern eines Dritten Y, mit dem der die Sprengfalle Anbringende nicht gerechnet hat. Wenn in einem solchen Fall argumentiert wird, der Täter handle vorsätzlich in Bezug auf die Tötung *jeder* Person, die die Sprengfalle auslöse (hier des Y), geht das an dem vorbei, wovon der Täter tatsächlich ausgegangen ist. Wenn sich der Täter sicher war, dass nur X das Auto benutzen werde, fehlt ihm die Kenntnis der tatbestandsmäßigen Schädigungsmöglichkeit, die sich tatsächlich realisiert hat. Dass Y sterben könnte, hätte er nur erkennen können. Mehr als ein Fahrlässigkeitsvorwurf lässt sich damit aber nicht begründen.[143]

157   Bestätigt wird das Gesagte durch eine Abwandlung des Falles: Wenn es A darum geht, seine **Selbsttötung durch Manipulation der Bremsanlage** seines eigenen Pkws und einen dadurch bedingten Unfall zu erreichen, liegt **keine vorsätzliche**

---

[140] Anders, aber verfehlt z. B. *Welzel,* Das Deutsche Strafrecht[11], S. 74; s. a. RG DStR 1939, 178 f. – Näher zur Problematik *Frisch,* Tatbestandsmäßiges Verhalten, S. 623 m. w. N.

[141] S. dazu oben (§ 7) Rn. 92 ff.; ferner *Freund,* FS Maiwald, S. 211, 224 f.; jew. m. w. N.

[142] S. dazu etwa *Jakobs,* AT[2], 8/81; *Prittwitz,* GA 1983, 110, 130; *Puppe,* GA 1981, 1, 7 f.; *Roxin,* AT I[4], § 12 Rn. 197.

[143] Näher zum Ganzen *Freund,* FS Maiwald, S. 211, 225 ff.

Tötung eines anderen Menschen vor, der wider Erwarten das Fahrzeug vor A benutzt und aufgrund des Bremsanlagendefekts tödlich verunglückt. Dass A damit hätte rechnen können und müssen, reicht wiederum nur für einen entsprechenden Fahrlässigkeitsvorwurf.

> **Definition der Anforderungen an eine vollendete Vorsatztat:** 158
> Die vollendete Vorsatztat erfordert, dass sich im Erfolgssachverhalt die spezifische Gefährlichkeit des vorsätzlich-tatbestandsmäßigen Verhaltens realisiert. Notwendig ist die Realisierung einer erkannten Schädigungsmöglichkeit.

Vertiefungs- und Problemhinweise
Bloy, Funktion und Elemente des subjektiven Tatbestandes im Deliktsaufbau, JuS 159 1989, L 1 ff.; *Frisch,* Vorsatz und Risiko, 1983; *ders.,* Vorsatz und Mitbewusstsein – Strukturen des Vorsatzes, GS Armin Kaufmann, 1989, S. 311 ff.; *ders.,* Gegenwartsprobleme des Vorsatzbegriffs und der Vorsatzfeststellung – am Beispiel der AIDS-Diskussion, GS Karlheinz Meyer, 1990, S. 533 ff.; *Gaede,* Auf dem Weg zum potenziellen Vorsatz? – Problematik und Berechtigung der zunehmenden Tendenzen zur normativen Relativierung des Vorsatzerfordernisses, ZStW 121 (2009), 239 ff.; *Greco,* Objektive Zurechnung als Vorsatzgegenstand? – Überlegungen aus Anlass des BGH-Urteils zum Göttinger Transplantationsskandal (BGHSt 62, 233), GA 2018, 539 ff.; *Herzberg,* Das vollendete vorsätzliche Begehungsdelikt als qualifiziertes Versuchs-, Fahrlässigkeits- und Unterlassungsdelikt, JuS 1996, 377 ff.; *Hettinger,* Notiz zum „dolus generalis", GA 2006, 289 ff.; *Hillenkamp,* Die Bedeutung von Vorsatzkonkretisierungen bei abweichendem Tatverlauf, 1971; *Jakobs,* Über die Behandlung von Wollensfehlern und von Wissensfehlern, ZStW 101 (1989), 516 ff.; *ders.,* Gleichgültigkeit als dolus indirectus, ZStW 114 (2002), 584 ff.; *ders.,* Dolus malus, FS Rudolphi, 2004, S. 107 ff.; *ders.,* Altes und Neues zum strafrechtlichen Vorsatzbegriff, Rechtswissenschaft – Zeitschrift für rechtswissenschaftliche Forschung (RW) 2010, 283 ff.; *Kargl,* Der strafrechtliche Vorsatz auf der Basis der kognitiven Handlungstheorie, 1993; *Armin Kaufmann,* „Objektive Zurechnung" beim Vorsatzdelikt?, FS Jescheck, 1985, S. 251 ff.; *Kindhäuser,* Gleichgültigkeit als Vorsatz?, FS Eser, 2005, S. 345 ff.; *Köhler,* Die bewusste Fahrlässigkeit, 1982; *Mylonopoulos,* Vorsatz als Dispositionsbegriff, FS Frisch, 2013, S. 349 ff.; *Puppe,* Vorsatz und Zurechnung, 1992; *dies.,* Der Vorstellungsinhalt des dolus eventualis, ZStW 103 (1991), 1 ff.; *dies.,* Tötungsvorsatz und Affekt – Über die neue Rechtsprechung des BGH zum dolus eventualis in Bezug auf den möglichen Todeserfolg bei offensichtlich lebensgefährlichen Gewalthandlungen, NStZ 2014, 183 ff.; *dies.,* Neuere Entwicklungen in der Rechtsprechung des BGH zum Tötungsvorsatz bei lebensbedrohlicher Gewalt, NStZ 2016, 575 ff.; *Rönnau/Becker,* Vorsatzvermeidung durch Unternehmensleiter bei betriebsbezogenen Straftaten, NStZ 2016, 569 ff.; *Roxin,* Zur Normativierung des dolus eventualis und zur Lehre von der Vorsatzgefahr, FS Rudolphi, 2004, S. 243 ff.; *Ruppenthal,* Der bedingte

Tötungsvorsatz – Eine rechtsvergleichende Studie, 2017; *Safferling,* Vorsatz und Schuld – Subjektive Täterelemente im deutschen und englischen Strafrecht, 2008; *Sancinetti,* „Dolus generalis" und „strafrechtliches Glück", FS Roxin, 2001, S. 349 ff.; *Schild,* Vorsatz als „sachgedankliches Mitbewusstsein", FS Stree/Wessels, 1993, S. 241 ff.; *Schmidhäuser,* „Objektiver" und „subjektiver" Tatbestand: Eine verfehlte Unterscheidung, FS Schultz, 1977, S. 61 ff.; *ders.,* Strafrechtlicher Vorsatzbegriff und Alltagssprachgebrauch, FS Oehler, 1985, S. 135 ff.; *Schroth,* Die Differenz von dolus eventualis und bewusster Fahrlässigkeit, JuS 1992, 1 ff.; *Schroeder,* Zwischen Absicht und dolus eventualis, FS Rudolphi, 2004, S. 285 ff.; *Schulz,* Parallelwertung in der Laiensphäre und Vorsatzbegriff – Skizzen zur Dogmengeschichte eines dogmatischen Kuriosums, FS Bemmann, 1997, S. 246 ff.; *Stam,* Strafzumessungsrelevanz der Vorsatzform? – Überlegungen anlässlich des Anfragebeschlusses des 2. Strafsenats des BGH vom 01.06.2016 – 2 StR 150/15, JZ 2018, 601 ff.; *Stein,* Vorsatz bei Gefährlichkeits-, Gefährdungs- und Verletzungsdelikten, FS Wolter, 2013, S. 521 ff; *Steinberg,* Indizwert einer höchst lebensgefährlichen Tathandlung für den Tötungsvorsatz, JZ 2010, 712 ff.; *Steinberg/Stam,* Der Tötungsvorsatz in der Revision des BGH, NStZ 2011, 177 ff.; *Sternberg-Lieben/ Sternberg-Lieben,* Vorsatz im Strafrecht, JuS 2012, 884 ff., 976 ff.; *Stuckenberg,* Vorstudien zu Vorsatz und Irrtum im Völkerstrafrecht, 2007; *Toepel,* Sich Abfinden mit der Tatbestandsverwirklichung, FS Paeffgen, 2015, S. 177 ff.; *Vogel,* Normativierung und Objektivierung des Vorsatzes?, GA 2006, 386 ff.; *Weigend,* Vorsatz und Risikokenntnis – Herzbergs Vorsatzlehre und das Völkerstrafrecht, FS Herzberg, 2008, S. 997 ff.

Vollendete Vorsatztat: Block, Atypische Kausalverläufe in objektiver Zurechnung und subjektivem Tatbestand – Zugleich ein Beitrag zur Rechtsfigur des Irrtums über den Kausalverlauf, 2008, S. 175 ff.; *Burkhardt,* Abweichende Kausalverläufe in der Analytischen Handlungstheorie, FS Nishihara, 1998, S. 15 ff.; *Erb,* Zur Unterscheidung der aberratio ictus vom error in persona, FS Frisch, 2013, S. 389 ff.; *Freund,* Das Spezifikum der vollendeten Vorsatztat, FS Maiwald, S. 211 ff.; *Frisch,* Tatbestandsmäßiges Verhalten, S. 569 ff.; *Herzberg,* Wegfall subjektiver Tatbestandsvoraussetzungen vor Vollendung der Tat, FS Oehler, 1985, S. 163 ff.; *ders.,* Vollendeter Mord bei Tötung des falschen Opfers?, NStZ 1999, 217 ff.; *ders.,* Mordauftrag und Mordversuch durch Schaffung einer Sprengfalle am falschen Auto – BGH, NStZ 1998, 249, JuS 1999, 224 ff.; *Prittwitz,* Zur Dikrepanz zwischen Tatgeschehen und Tätervorstellung, GA 1983, 110 ff.; *Puppe,* Die Zurechnung des Erfolges zum Vorsatz, ZStW 129 (2017), 1 ff.; *Schlehofer,* Vorsatz und Tatabweichung, 1996; *Shimada,* Über die Erfolgszurechnung bei vorzeitig ausgelöstem Kausalverlauf in Japan, GA 2011, 103 ff.; *Tsai,* Die vorsätzlich-vollendete Zurechnung, FS Frisch, 2013, S. 281 ff.; *Wolter,* Vorsätzliche Vollendung ohne Vollendungsvorsatz und Vollendungsschuld? – Zugleich ein Beitrag zum „Strafgrund der Vollendung", FS Leferenz, 1983, S. 545 ff.; *ders.,* Zum umgekehrten dolus generalis – Subjektive Zurechnung eines beendeten (tauglichen) Versuchs bei objektiver Zurechnung der Vollendung, GA 2006, 406 ff.

Irrtumsproblematik: Brocker, Wider die Angst vor dem sog. doppelten Irrtum im Strafrecht – „Der Mauswieselfall", JuS 1994, L 17 ff.; *Erb,* Zur Unterscheidung der

IV. Spezifische Verhaltensfolgen und gleichwertige Tatumstände

aberratio ictus vom error in persona, FS Frisch, 2013, S. 389 ff.; *Erb,* Der Erlaubnistatbestandsirrtum als Anwendungsfall von § 17 StGB, FS Paeffgen, 2015, S. 205 ff.; *Fakhouri Gómez,* Vorsatztheorie vs. Schuldtheorie – Zum Umgang mit der Irrtumsproblematik bei normativen Tatbestandsmerkmalen und Blankettstrafgesetzen, GA 2010, 259 ff.; *Freund/Telöken,* Der praktische Fall – Strafrecht: „Von Höllen-Engeln und Banditen", ZJS 2012, 796 ff.; *Frisch,* Der Irrtum als Unrechts- und/oder Schuldausschluss im deutschen Strafrecht, in: Rechtfertigung und Entschuldigung III, 1990, S. 217 ff.; *Geerds,* Der vorsatzausschließende Irrtum, Jura 1990, 421 ff.; *Grotendiek,* Strafbarkeit des Täters in Fällen der aberratio ictus und des error in persona, 2000; *Hettinger,* Der Irrtum im Bereich der äußeren Tatumstände – eine Einführung, JuS 1988, L 71 f., JuS 1989, L 17 ff., L 41 ff., JuS 1990, L 73 ff., JuS 1991, L 9 ff., L 25 ff., L 33 ff., L 49 ff.; *ders.,* Der sog. dolus generalis: Sonderfall eines „Irrtums über den Kausalverlauf"?, FS Spendel, 1992, S. 237 ff.; *Herzberg,* Erlaubnistatbestandsirrtum und Deliktsaufbau, JA 1989, 243 ff., 294 ff.; *ders.,* Tatbestands- oder Verbotsirrtum?, GA 1993, 439 ff.; *ders.,* Fahrlässigkeit, Unrechtseinsicht und Verbotsirrtum, FS Otto, 2007, S. 265 ff.; *ders.,* Vorsatzausschließende Rechtsirrtümer, JuS 2008, 385 ff.; *Herzberg/Hardtung,* Grundfälle zur Abgrenzung von Tatumstandsirrtum und Verbotsirrtum, JuS 1999, 1073 ff.; *Herzberg/Scheinfeld,* Der Erlaubnistatbestandsirrtum – dargestellt in Form eines Seminarvortrags, JuS 2002, 649 ff.; *Heuchemer,* Der Erlaubnistatbestandsirrtum, 2005; *ders.,* Zur funktionalen Revision der Lehre vom konkreten Vorsatz: Methodische und dogmatische Überlegungen zur aberratio ictus, JA 2005, 275 ff.; *Hirsch,* Einordnung und Rechtswirkung des Erlaubnissachverhaltsirrtums – Über eine vermittelnde Schuldtheorie, FS Schroeder, 2006, S. 223 ff.; *Jakobs,* Der sogenannte Erlaubnistatbestandsirrtum, FS Paeffgen, 2015, S. 221 ff.; *Kelker,* Erlaubnistatumstands- und Erlaubnisirrtum – Eine systematische Erörterung, Jura 2006, 591 ff.; *Kindhäuser,* Zur Unterscheidung von Tat- und Rechtsirrtum, GA 1990, 407 ff.; *Koriath,* Einige Gedanken zur aberratio ictus, JuS 1997, 901 ff.; *ders.,* Einige Überlegungen zum error in persona, JuS 1998, 215 ff.; *ders.,* Die Schuldtheorie und der Erlaubnistatbestandsirrtum, FS Müller, 2008, S. 357 ff.; *Kuhlen,* Die Unterscheidung von vorsatzausschließendem und nichtvorsatzausschließendem Irrtum, 1987; *ders.,* Eine Anmerkung zur Lehre vom Doppelirrtum, FS Paeffgen, 2015, S. 247 ff.; *Neumann,* Der Verbotsirrtum (§ 17 StGB), JuS 1993, 793 ff.; *Paeffgen,* Anmerkungen zum Erlaubnistatbestandsirrtum, GS Armin Kaufmann, 1989, S. 399 ff.; *ders.,* Zur Unbilligkeit des vorgeblich „Billigen" – oder: Höllen-Engel und das Gott-sei-bei-uns-Dogma – (Noch einmal) einige Gedanken zum Erlaubnis-Tatbestandsirrtum, FS Frisch, 2013, S. 403 ff.; *Puppe,* Zur Revision der Lehre vom „konkreten" Vorsatz und der Beachtlichkeit der aberratio ictus, GA 1981, 1 ff.; *dies.,* Tatirrtum, Rechtsirrtum, Subsumtionsirrtum, GA 1990, 145 ff.; *dies.,* Vorsatz und Rechtsirrtum, FS Herzberg, 2008, S. 275 ff.; *Rath,* Zur strafrechtlichen Behandlung der aberratio ictus und des error in objecto des Täters, 1993; *Roxin,* Gedanken zum „dolus generalis", FS Th. Würtenberger, 1977, S. 109 ff.; *Scheffler,* Der Erlaubnistatbestandsirrtum und seine Umkehrung, das Fehlen subjektiver Rechtfertigungselemente, Jura 1993, 617 ff.; *Schlehofer,* Vorsatz und Tatabweichung, 1996; *Schlüchter,* Irrtum über normative Tatbestandsmerkmale im Strafrecht, 1983; *dies.,*

Zur Abgrenzung von Tatbestands- und Verbotsirrtum – BayObLG, NJW 1992, 2306, JuS 1993, 14 ff.; *Schreiber,* Grundfälle zu „error in obiecto" und „aberratio ictus" im Strafrecht, JuS 1985, 873 ff.; *Streng,* Der Erlaubnistatbestandsirrtum und die Teilnahmefrage – Elemente einer Akzessorietätslösung, FS Paeffgen, 2015, S. 231 ff.; *Trüg/Wentzell,* Grenzen der Rechtfertigung und Erlaubnistatbestandsirrtum, Jura 2001, 30 ff.; *Walter,* Der Kern des Strafrechts – Die allgemeine Lehre vom Verbrechen und die Lehre vom Irrtum, 2006; *Warda,* Grundzüge der strafrechtlichen Irrtumslehre, Jura 1979, 1 ff., 71 ff., 113 ff., 286 ff.

Vorsatztheorie: Hardwig, Vorsatz bei den Unterlassungsdelikten, ZStW 74 (1962), 27, 38 ff.; *Herzberg,* Fahrlässigkeit, Unrechtseinsicht und Verbotsirrtum, FS Otto, 2007, S. 265 ff.; *ders.,* Vorsatzausschließende Rechtsirrtümer, JuS 2008, 385 ff.; *Koriath,* Überlegungen zu einigen Grundsätzen der strafrechtlichen Irrtumslehre, Jura 1996, 113 ff.; *Langer,* Vorsatztheorie und strafgesetzliche Irrtumsregelung, GA 1976, 193 ff.; *Otto,* Der Verbotsirrtum, Jura 1990, 645, 647.

Vorsatz bei illegalen Kraftfahrzeugrennen: BGH 01.03.2018 – 4 StR 399/17, BeckRS 2018, 2754 (= NStZ 2018, 409 ff. m. zust. Anm. *Tonio Walter* 412 f.); *Eisele,* Bedingter Tötungsvorsatz bei verbotenen Kraftfahrzeugrennen? – Zu BGH, Urteile v. 01.03.2018 – 4 StR 399/17, 311/17 und 158/17, JZ 2018, 549 ff.; *Herzberg,* Setzt „vorsätzliches Handeln" (§ 15 StGB) ein „Wollen" der Tatbestandsverwirklichung voraus?, JZ 2018, 122 ff.; *Kubiciel/Hoven,* Die Strafbarkeit illegaler Straßenrennen mit Todesfolge, NStZ 2017, 439 ff.; *Rostalski,* Der (straf-)rechtliche Umgang mit illegalen Kraftfahrzeugrennen – Überlegungen de lege lata und de lege ferenda, GA 2017, 585 ff.; *Hartmut Schneider,* Anm. zu BGH 01.03.2018 – 4 StR 399/17 (Mord durch illegales Autorennen); *Tonio Walter,* Der vermeintliche Tötungsvorsatz von „Rasern", NJW 2017, 1350 ff.

Vorsatznachweis: Freund, Normative Probleme der „Tatsachenfeststellung", 1987; *Frisch,* Gegenwartsprobleme des Vorsatzbegriffs und der Vorsatzfeststellung – am Beispiel der AIDS-Diskussion, GS Karlheinz Meyer, 1990, S. 533 ff.; *Hruschka,* Über Schwierigkeiten mit dem Beweis des Vorsatzes, FS Kleinknecht, 1985, S. 191 ff.; allgemein zur Beweisproblematik *Freund,* Die Tatfrage als Rechtsfrage – „Persönliche Gewißheit", „objektive Schuldwahrscheinlichkeit" und rechtsgenügender Beweis, FS Meyer-Goßner, 2001, S. 409 ff.; *Stein,* „Gewissheit" und „Wahrscheinlichkeit" im Strafverfahren, in: Zur Theorie und Systematik des Strafprozessrechts, 1995, S. 233 ff.

IV. Spezifische Verhaltensfolgen und gleichwertige Tatumstände   321

Fragen zu § 7: Das Vorsatzdelikt
1. Welche Bedeutung haben die gesetzlichen Regelungen der §§ 15, 16 und 17? **160**
   § 7 Rn. 1 ff.
2. Kennzeichnen Sie kurz die „Vorsatztheorie" und die „Schuldtheorie(n)". § 7 Rn. 14 ff.
3. Wird die Unrechtsauffassung, von der die noch immer weit verbreitete Aufteilung des Tatbestands in einen „objektiven" und einen „subjektiven" Tatbestand übernommen wurde, heute noch als zutreffend angesehen? Wo liegen die Probleme eines solchen Unrechtskonzepts? § 7 Rn. 22 ff., 28 ff.
4. Wie verhalten sich das spezifische Verhaltensunrecht der Vorsatz- und der Fahrlässigkeitstat zueinander? § 7 Rn. 35 ff.
5. Was muss für vorsätzliches Handeln oder Unterlassen erfasst sein? § 7 Rn. 41.
6. Auf welchen Zeitpunkt kommt es für die Vorsätzlichkeit des Verhaltens an? § 7 Rn. 43 ff.
7. Was halten Sie vom Erfordernis eines voluntativen Vorsatzelements (als Spezifikum vorsätzlichen Verhaltens im Gegensatz zum fahrlässigen)? § 7 Rn. 54 ff.
8. Welche drei Erscheinungsformen des Vorsatzes werden meist unterschieden? § 7 Rn. 65 ff.
9. Weshalb ist der sog. dolus eventualis die eigentliche Grundform des Vorsatzes? § 7 Rn. 71 f.
10. Erläutern Sie, was ein Tatumstandsirrtum ist. § 7 Rn. 82 ff.
11. Welche Bedeutung hat das Fehlen des Unrechtsbewusstseins? § 7 Rn. 97 ff.
12. Worin liegt der Unterschied zwischen einem Erlaubnisirrtum und einem Erlaubnistatbestandsirrtum? § 7 Rn. 106 ff.
13. Welche besonderen Anforderungen müssen für eine Bestrafung wegen vorsätzlichen vollendeten Delikts erfüllt sein? § 7 Rn. 124 ff.
14. Was ist von der Lehre von der „unwesentlichen Abweichung" (des Kausalverlaufs bzw. sonstigen Wirklichkeit von der Vorstellung) zu halten? § 7 Rn. 136 ff.
15. Wie ist der „Limonadenfall" (vgl. § 7 Rn. 143) zu lösen? § 7 Rn. 144 ff.
16. Hat der BGH im „Jauchegrubenfall" (BGHSt 14, 193) richtig entschieden? § 7 Rn. 152.

§ 8 Das Versuchsdelikt

I. Grundlagen

1. Gesetzliche Vorgaben der Versuchsstrafbarkeit

Der Versuch eines **Verbrechens** ist stets strafbar. Was ein Verbrechen ist, ergibt sich aus § 12 I: Verbrechen sind rechtswidrige Taten, die im Mindestmaß mit einem Jahr Freiheitsstrafe bedroht sind. – Demgegenüber sind Vergehen rechtswidrige Taten, die im Mindestmaß mit geringerer Freiheitsstrafe oder mit Geldstrafe bedroht sind (§ 12 II). Der Versuch eines **Vergehens** ist nur strafbar, wenn das in der jeweiligen Strafnorm ausdrücklich bestimmt ist (§ 23 I).[1] Demzufolge ist z. B. versuchter Totschlag wegen des Verbrechenscharakters der Tat durch die vor die Klammer gezogene Regelung des § 23 I Fall 1 eine Straftat des geltenden Rechts; dagegen werden z. B. versuchter Diebstahl und versuchter Betrug als Strafnormen durch §§ 242 II und 263 II konstituiert. 1

Der Versuch eines **Fahrlässigkeitsdelikts** ist konstruktiv ohne Weiteres möglich. Denn das, was vollzogen werden kann, kann auch als entsprechendes Vorhaben gedanklich vorweggenommen (antizipiert) und begonnen werden, und was erfolgreich begangen werden kann, kann auch erfolglos bleiben.[2] Die notwendige Bewertung eines bestimmten **Vorhabens** – eines Handlungs- oder Unterlassungsprojekts – als tatbestandsmäßig-missbilligt ist unabhängig davon möglich, ob derjenige, der das Handlungsprojekt in die Wirklichkeit umsetzen möchte, dabei die Anforderungen an ein **vorsätzliches Verhalten** erfüllt. Beispielsweise ist das **Handlungsprojekt**: „Werfen von Dachziegeln" auf den Bürgersteig ohne Absicherung" als solches ein unter dem Aspekt eines Körperverletzungs- oder Tötungsdelikts **tatbestandlich missbilligtes Verhalten**, ohne dass es darauf ankommt, ob derjenige, der 2

---

[1] Zur „Dichotomie" (Zweiteilung) der Straftaten in Verbrechen und Vergehen näher *Roxin*, AT I⁴, § 9 Rn. 5 ff.; *Jescheck/Weigend*, AT⁵, § 7 IV (S. 55 f.).
[2] I. d. S. mit Recht z. B. *Jakobs*, AT², 25/28 m. w. N. auch zur Gegenposition.

solches vorhat, eine **mögliche Schädigung** anderer gesehen und in Kauf genommen oder ob er daran **nicht gedacht** oder die Gefahr nicht ernst genommen hat.

3   Deshalb ist im Beispielsfall ohne Weiteres selbst ein **unbewusst fahrlässiger Versuch** der Körperverletzung bzw. Tötung konstruktiv möglich und lediglich mangels entsprechender Sanktionsnorm im geltenden Strafrecht nicht erfasst. Denn der Versuch eines Fahrlässigkeitsdelikts ist wegen der Beschränkungswirkung des § 15 und wegen des **Vergehenscharakters** der Fahrlässigkeitsdelikte grundsätzlich **nicht strafbar**.

4   Die geläufige Prüfung des „**Tatentschlusses**" beim Versuchsdelikt[3] hat vor dem soeben skizzierten Hintergrund eine Doppelfunktion: Der Tatentschluss muss einmal ein Vorhaben i. S. eines **Handlungs-** oder **Unterlassungsprojekts** ergeben, das im Falle seiner Ausführung ein entsprechend tatbestandlich zu missbilligendes Verhalten darstellt. Außerdem muss derjenige, der solches vorhat, insoweit auch noch in antizipierender Form die Anforderungen an ein **vorsätzlich-tatbestandsmäßiges Verhalten** erfüllen. Die Frage der tatbestandlichen Verhaltensmissbilligung und das davon unabhängige Vorsatzproblem werden derzeit allerdings meist nicht klar genug voneinander abgeschichtet.[4]

5   Vereinzelt erfassen manche Straftatbestände allerdings sachliche Fälle des **fahrlässigen Versuchs**. Beispielsweise erfasst § 315c III Nr. 2 i. V. m. I Nr. 2f, 2. Fallgruppe auch Fälle des „**versuchten**" **Wendens** auf einer Kraftfahrstraße unter leichtfertiger Verkennung ihrer speziellen Eigenschaft.[5] Aber auch sonst sind sachliche Fälle des fahrlässigen Versuchs als fahrlässige Gefährdungen tatbestandlich erfasst (so z. B. § 315 I, VI: Fahrlässige **gefährliche Eingriffe** in den **Bahn-, Schiffs-** und **Luftverkehr**; § 315b I, V: Fahrlässige gefährliche Eingriffe in den **Straßenverkehr**; § 306f I, III: Fahrlässiges **Herbeiführen** einer **Brandgefahr**).

6   Der Versuch kann milder bestraft werden (§ 23 II). Die Gewährung der Milderung ist z. B. sachgerecht in den Fällen der sog. Erfolgsdelikte. Denn dort rechtfertigt das Fehlen der Vollendung eine durchgängige Milderung.[6] Ansonsten muss aber im Hinblick auf die **Ratio der Milderung** differenziert werden. Danach kommt es – vereinfacht gesprochen – auf das Vorhandensein eines versuchsspezi-

---

[3] Zur üblichen Prüfung des Tatentschlusses beim Versuchsdelikt vgl. statt vieler *Kühl*, AT[8], § 15 Rn. 23 ff.; näher zu den entsprechenden sachlichen Anforderungen unten (§ 8) Rn. 29 ff.

[4] Man denke hier etwa an den klassischen Fall des auf eine Flugreise geschickten Erbonkels, dessen Lösung durch bloße Ablehnung der „Erfolgszurechnung" bei tödlichem Ausgang oder durch bloße Verneinung des Vorsatzes nicht überzeugend gelingen kann. Tatsächlich handelt es sich in der Sache um ein Problem der rechtlichen Bewertung des aus der Perspektive des Schickenden zu bestimmenden Handlungsprojekts. Dieses Handlungsprojekt ist unter normalen Umständen rechtlich nicht als tatbestandsmäßiges Tötungsverhalten zu bewerten. Damit stellt sich für das Vollendungsdelikt kein „Zurechnungsproblem" und für den Versuch kein Problem des Vorsatzes. – In der Sache wie hier *Frisch*, Vorsatz und Risiko, S. 141 f. m. w. N. Zum Erbonkelfall s. ergänzend oben § 2 Rn. 14 ff. – Näheres noch unten (§ 8) Rn. 29 ff.

[5] Im Sinne einer solchen Einordnung mit Recht auch *Jakobs*, AT[2], 25/28.

[6] Jedenfalls liegt das genau auf der Linie des Konzepts unseres geltenden Strafgesetzbuchs, nach dem tatbestandsmäßige Verhaltensfolgen und gleichwertige Tatumstände eine Strafschärfungs- und eine Strafbegründungsfunktion übernehmen können und sollen; zu dem damit verbundenen Legitimationsproblem s. bereits oben § 2 Rn. 61 ff. sowie ergänzend unten (§ 8) Rn. 11 ff.

I. Grundlagen

fischen Defizits im Verhältnis zur Vollendung an. Deshalb ist z. B. bei Delikten wie dem **Herstellen** einer **unechten Urkunde** und dem **Diebstahl** als einem ohnehin schon **erfolgskupierten**[7] **Delikt**, bei denen keine besondere materiale Zäsur zwischen Versuch und Vollendung liegt, die **Strafrahmenmilderung** grundsätzlich **zu versagen.**[8]

Eine außerordentliche **Strafmilderungsmöglichkeit**, die bis zum Absehen von Strafe reicht, sieht § 23 III vor, wenn der Täter „aus grobem Unverstand verkannt" hat, dass der Versuch „überhaupt nicht zur Vollendung führen konnte". Beispiel: Jemand gibt seinem Kleinkind **Dosenchampignons** in Tötungsabsicht, denn er meint grob unverständig, sie seien für Kleinkinder tödlich.[9] Bisweilen wird im Umkehrschluss aus der bloßen Milderungsanordnung[10] der untaugliche Versuch als nach geltendem Recht grundsätzlich strafbar angesehen. Tatsächlich ergibt sich die **Strafbarkeit des untauglichen Versuchs** bereits aus den allgemeinen Regeln der §§ **22, 23 I**.[11] Eine Streichung des § 23 III würde *daran* nichts ändern.

Eine gesetzliche **Begriffsbestimmung** des Versuchs enthält § 22: Danach versucht eine Straftat, wer nach seiner **Vorstellung von der Tat** zur **Verwirklichung** des Tatbestandes **unmittelbar ansetzt**.[12]

7

8

---

[7] Erfolgskupierte Delikte sind solche, bei denen für die formelle Vollendung noch gar nicht die letztlich zu unterbindende materiale Gutsbeeinträchtigung eingetreten sein muss: Das Herstellen einer unechten Urkunde ist nur des *möglichen* späteren täuschenden Gebrauchs wegen missbilligt. Beim Diebstahl steht die mit der Wegnahme verbundene *Gefahr* der dauernden Enteignung des Berechtigten im Hintergrund. Zu einem entsprechenden Erfolg muss es für die Tatbestandsverwirklichung aber nicht kommen.

[8] Näher dazu *Frisch*, FS Spendel, 1992, S. 381 ff., 397 ff.

[9] Zu einer Variante dieses Champignonfalles vgl. oben § 7 Rn. 139 ff.

[10] Zumindest missverständlich in diesem Sinne etwa *Bringewat*, Grundbegriffe³, Rn. 529; *Krey/Esser*, AT⁶, Rn. 1202.

[11] Vertiefend *Herzberg*, GA 2001, 257 ff.; krit. zur Strafbarkeit des untauglichen Versuchs etwa *Roxin*, FS Jung, 2007, S. 829 ff.; *Spendel*, NJW 1965, 1881 ff.; *ders.*, JuS 1969, 314 ff.; vgl. zum Ganzen auch *Langer*, Sonderstraftat, S. 429 ff.; *Rath*, Das subjektive Rechtfertigungselement, S. 635 ff. – Speziell die Strafbarkeit des untauglichen Versuchs beim begehungsgleichen Unterlassungsdelikt stellt *Niepoth*, JA 1994, 337 ff., in Frage, indem zwar die „Strafwürdigkeit" bejaht, aber wegen angeblich fehlender „Strafbedürftigkeit" für einen Strafausschließungsgrund plädiert wird. Mit anderen Erwägungen gelangt *Zaczyk*, in: NK⁵, § 22 Rn. 60 ebenfalls zur Straflosigkeit speziell des untauglichen Versuchs beim begehungsgleichen Unterlassen. – Zur Gegenauffassung und deren Gründen s. *Freund*, Erfolgsdelikt und Unterlassen, S. 100 Fn. 163 m. w. N.; ferner *Stein*, in: SK StGB⁹, Vor § 13 Rn. 64. – Eine vermittelnde Position nimmt etwa *Malitz* (Untauglicher Versuch, S. 174 ff., 230 f.) ein, die jedenfalls de lege ferenda mit einer verobjektivierten Gefahrbeurteilung generell zu einer eingeschränkten Strafbarkeit des untauglichen Versuchs gelangen möchte; erfasst sollen wohl nur solche untauglichen Versuche werden, die durch einen objektiven Beurteiler bei verständiger Würdigung ex ante noch nicht als solche erkennbar sind. De lege lata ist das nicht nur mit § 23 III unvereinbar, sondern kollidiert auch mit § 22.

[12] Zur Konkretisierung s. näher unten (§ 8) Rn. 29 ff.

2. Strafgrund bei Versuch und Vollendung

9   Der Strafgrund des Versuchs wird – anders als beim vollendeten Delikt – verbreitet als problematisch empfunden.[13] In der Diskussion spielen vor allem die Gesichtspunkte der rechtsfeindlichen **Gesinnung** des Täters einerseits und der **objektiven Gefährlichkeit** der (Versuchs-)Tat andererseits eine große Rolle. Dass die eine oder andere Extremposition jedenfalls mit der Regelung des § 22 schwerlich in Einklang gebracht werden kann, ist leicht ersichtlich: Auch eine noch so rechtsfeindliche Gesinnung ersetzt nicht das gesetzliche Erfordernis des **unmittelbaren Ansetzens** zur **Tatbestandsverwirklichung**. Anderseits schließt die Berücksichtigung der **Vorstellung des Täters** von seiner Tat ein Abstellen auf rein objektive Gefährlichkeitskriterien aus. Überdies impliziert § 23 III die grundsätzliche Strafbarkeit auch des tatsächlich ungefährlichen Versuchsverhaltens.

10   Infolgedessen ist inzwischen eine **„gemischt subjektiv-objektive Theorie"** zum Strafgrund des Versuchs vorherrschend.[14] Danach liegt der Strafgrund des Versuchs in der Betätigung des rechtsfeindlichen Willens, deren Eindruck auf die Allgemeinheit zu einer Erschütterung des Rechtsbewusstseins und zur Gefährdung des Rechtsfriedens führen kann. In diesem Zusammenhang ist auch der Begriff der **„Eindruckstheorie"** geläufig. Während man in der Strafbarkeitsanordnung beim vollendeten Delikt eine Reaktion auf die Beeinträchtigung der *realen* Güter (Leib, Leben, Freiheit usw.) erblickt, sieht man sachlich in der Versuchsstrafbarkeit eine Reaktion auf die Beeinträchtigung *ideeller* **Rechtsgüter**.[15]

11   Tatsächlich ist der Strafgrund beim Versuch keineswegs problematischer und anders zu bestimmen als beim vollendeten Delikt. Ganz im Gegenteil ist der **Strafgrund** des Versuchs und der vollendeten Tat **identisch**.[16] Beide Male geht es um die **angemessen missbilligende Reaktion** auf den **Verhaltensnormverstoß** des Täters, um in dieser Hinsicht das Recht als verhaltenswirksame Ordnung des Zusammenlebens zu wahren, den Täter in seiner Stellung als Gleicher im Recht zu bestätigen und die entstandene Schieflage wieder gerade zu rücken. Insofern bereitet es sogar größere Schwierigkeiten zu legitimieren, dass im Falle des vollendeten Delikts eher und ggf. härter gestraft wird als im Versuchsfall. Jedenfalls wenn der Betreffende aus seiner Sicht alles getan hat, was zur Herbeiführung der Vollendung

---

[13] S. dazu etwa *Eser/Bosch,* in: Schönke/Schröder[30], Vor § 22 Rn. 17 ff.; *Kühl,* AT[8], § 15 Rn. 38 ff.; *Jäger,* in: SK StGB[9], Vor § 22 Rn. 12 ff.

[14] I. d. S. etwa *Eser/Bosch,* in: Schönke/Schröder[30], Vor § 22 Rn. 22; *Jescheck/Weigend,* AT[5], § 49 II 2, 3 (513 f.); *Wessels/Beulke/Satzger,* AT[48], Rn. 930.

[15] I. d. S. wohl *Eser/Bosch,* in: Schönke/Schröder[30], Vor § 22 Rn. 22 (mit Blick auf den untauglichen Versuch: „zwar nicht ein konkretes Rechtsguts*objekt*, wohl aber das geschützte Rechts*gut* ... gefährdet"); *Wessels/Beulke/Satzger,* AT[48], Rn. 930 („Störung des Rechtsfriedens"); näher zur Differenzierung zwischen (ideellem) Rechtsgut und (konkret betroffenem) Rechtsgutsobjekt *Berz,* Formelle Tatbestandsverwirklichung und materialer Rechtsgüterschutz, S. 34 ff., der (S. 32 ff., 38) zutreffend davon ausgeht, dass die Strafbarkeit wegen versuchter und die wegen vollendeter Tat dieselbe Wurzel hat.

[16] Sachlich übereinstimmend etwa *Hoffmann-Holland,* in: MünchKommStGB[3], § 22 Rn. 12; *Jakobs,* AT[2], 25/15; vgl. auch *Heckler,* Ermittlung der Rücktrittsleistung, S. 89 f.

I. Grundlagen

nötig war (also in den Fällen des beendeten Versuchs), ist die für das Strafrecht als Anknüpfungspunkt entscheidende **personale Fehlleistung** mit der des vollendeten Delikts vollkommen **identisch**.[17] Denn es hängt nur noch vom **Zufall** ab, ob es beim Versuch bleibt oder ob Vollendung eintritt. Das besondere Legitimationsproblem, das sich daraus ergibt, dass bei zufälliger **Vollendung** eher und härter bestraft wird als bei **folgenlosem Fehlverhalten**, wird verbreitet nicht angemessen erfasst.[18]

Den harten Vorwurf des **Glück-Pech-Strafrechts** auszuräumen, fällt bei dem skizzierten klaren Befund gewiss nicht leicht. Es gelingt nur deshalb, weil das, was beim vollendeten Delikt eine Strafbegründungs- oder Strafschärfungsfunktion erfüllt, bei richtigem Vorgehen eben doch nicht der blanke Zufall ist, sondern eine spezifische **Folge des Fehlverhaltens** und damit seinerseits störende Manifestation des Verhaltensnormverstoßes in der Außenwelt.[19]   12

Wer beim vollendeten Delikt guten Gewissens straft und plötzlich bei der Bestrafung wegen Versuchs Gewissensbisse bekommt, hat nicht erfasst, dass der **Legitimationsbedarf** bei der Bestrafung wegen vollendeten Delikts im Verhältnis zu dem schon bei der Versuchsbestrafung bestehenden ein **weitergehender** ist.[20] Denn das naturalistisch-äußerliche Verhalten und Geschehen (nebst unerwünschtem „**Erfolg**") gibt überhaupt **keinen selbstständigen Strafgrund** ab, sondern hat nur als Ausdruck der für das Strafrecht entscheidenden personalen Fehlleistung – als Ausdruck des vorsätzlichen oder fahrlässigen Verhaltensnormverstoßes – eine gewisse mittelbare Bedeutung. Die für das Strafrecht unmittelbar relevante personale Fehlleistung „erbringt" aber ersichtlich ohne Weiteres auch der Versuchstäter. Wenn nicht bereits auf dessen **personale Fehlleistung** eine strafrechtliche Reaktion berechtigt wäre, ließe sich eine solche Reaktion auch im Vollendungsfall nicht legitimieren – schon gar nicht in gegenüber dem Versuch verschärfter Form.   13

Problematisch ist vor diesem Hintergrund nicht der Strafgrund des Versuchs, sondern lediglich, in welchen Fällen er „trägt". **Strafgrund** ist wie bei jeder Straftat auch beim Versuch die Schieflage, die durch die Infragestellung der Geltungskraft der Verhaltensnorm entstanden ist. Diese Infragestellung liegt nicht nur in der Übertretung der für die Vollendungstat relevanten Verhaltensnorm, sondern auch im Verstoß gegen die Verhaltensnorm, auf die das entsprechende Versuchsdelikt Bezug nimmt. § 22 verlangt insofern,– dass der Täter nach seiner Vorstellung von der Tat unmittelbar zur Tatbestandsverwirklichung ansetzt. Der auch damit verbundenen   14

---

[17] S. dazu insbes. *Zielinski,* Unrechtsbegriff, S. 121 ff., 152 ff. et passim; ferner etwa *Renzikowski,* in: Juristische Grundlagenforschung, S. 115, 123 Fn. 42: „Der Täter eines versuchten Delikts verstößt gegen dieselbe Verhaltensnorm wie der Täter des entsprechenden Vollendungsdelikts. Normtheoretisch lässt sich das damit begründen, dass die Verhaltensnormen aufgrund ihrer Bestimmungsfunktion notwendig auf die Vorstellung des Normadressaten zum Handlungszeitpunkt abstellen müssen, damit für ihn entscheidbar ist, ob er die Norm übertritt".
[18] Vgl. dazu bereits in grundsätzlichem Zusammenhang oben § 2 Rn. 61 ff.
[19] S. ergänzend dazu oben § 2 Rn. 54 ff., 61 ff. S. dort auch zur problematischen Kategorie des gleichrangig neben dem Verhaltensunrecht stehenden „Erfolgsunrechts", obwohl es sich tatsächlich nur um spezifische Fehlverhaltens*folgen* handelt – also um eine sekundäre Größe.
[20] Zutreffend verlangt *Lüderssen,* FS Herzberg, 2008, S. 109, 116 eine *weitere Begründung,* wenn – über den Verhaltensunwert hinaus – ein Erfolg *zusätzlich* angelastet werden soll.

Infragestellung der Verhaltensnormgeltung soll – wie sonst auch – durch **angemessen missbilligende Reaktion** auf den Verhaltensnormverstoß begegnet werden, um insofern das Recht gegenüber dem Unrecht zu behaupten.

> 15 **Definition des Tatentschlusses:**
> Der Tatentschluss erfordert ein tatbestandsmäßiges Handlungs- oder Unterlassungsprojekt in Kenntnis der Umstände, welche die nicht gerechtfertigte Tatbestandsverwirklichung begründen.
> Bei manchen Tatbeständen müssen auch sonstige spezielle subjektive Merkmale erfüllt sein (wie z. B. beim versuchten Diebstahl die Absicht rechtswidriger Zueignung).

II. Exkurs: Verwirklichungsstufen der Güterbeeinträchtigung

1. Entschlussfassung, Umsetzung (des Entschlusses), Gefährdung und Verletzung

16 Betrachtet man die **Verletzung** eines **Rechtsguts** – etwa die vorsätzliche oder fahrlässige Herbeiführung des Todes oder der Körperverletzung eines anderen Menschen oder die Entziehung seiner Freiheit durch Einsperrung –, so lassen sich bei dem dahinführenden schadensträchtigen Geschehen verschiedene **Verwirklichungsstufen** unterscheiden:

17 Die „Wurzel allen Übels" ist dabei immer der **innere Entschluss**, ein tatbestandlich-missbilligtes Verhalten vorzunehmen.[21] Sodann kommt dessen **Umsetzung** durch das entsprechende äußerliche Verhalten als unmittelbarer Folge der getroffenen Fehlentscheidung. Und schließlich kommt es zu den **spezifischen Folgen** des tatbestandlich-missbilligten Verhaltens als mittelbaren Folgen der getroffenen Fehlentscheidung.

18 Im Falle der **Tötung** handelt es sich dabei um einen mit dem Eintritt des Todes abgeschlossenen irreversiblen Verletzungsvorgang. Im Falle der **Körperverletzung** wird zwar nicht selten ein teilweise oder sogar vollkommen reversibler Zustand herbeigeführt, doch macht die spätere Heilung die eingetretene Verletzung nicht vollkommen ungeschehen, auch wenn diese nur einen vorübergehenden Zustand darstellt. Entsprechend verhält es sich bei der **Freiheitsberaubung** für die zurückliegende Zeit. Soweit die weitere Beraubung der Freiheit aufgehoben wird, entfällt für die Zukunft die – sonst eintretende – Verletzung des Rechtsguts

---

[21] Insoweit geht es um das Vorhaben als bestimmtes Handlungs- oder Unterlassungsprojekt. – Davon zu unterscheiden sind die entsprechenden Anforderungen an die Vorsätzlichkeit; vgl. dazu bereits oben § 7 Rn. 7, 40 ff. sowie unten (§ 8) Rn. 29 ff.

II. Exkurs: Verwirklichungsstufen der Güterbeeinträchtigung   329

Fortbewegungsfreiheit ebenso wie im entsprechenden Fall z. B. die **weitere Körperverletzung** des sonst unter der Folterfessel weiter Leidenden.[22]

Vor oder statt einer endgültigen Verletzung können unter Umständen bereits mehr oder weniger **abstrakte** oder **konkrete Gefährdungszustände** ausfindig gemacht werden. Die verschiedenen Stufen und Übergänge – vom Entschluss, über die Umsetzung des Entschlusses und die Situation der Gefährdung, bis hin zur Verletzung – lassen sich gut auf einer die **Verletzungsnähe** ausdrückenden **Skala** einordnen. 19

Dabei können **Entschlussfassung, Umsetzung, Gefährdung** und **Verletzung** weit auseinander liegen: A entschließt sich, beim **Ausbau** einer **Dachgeschoßwohnung** aus Kostengründen gewisse **feuerpolizeiliche Vorschriften** nicht einzuhalten. Nach einigen Wochen setzt er sein Vorhaben in die Tat um. Jahre später kommt ein nichtsahnender Mieter infolge eines ausgebrochenen Brandes wegen des defizitären feuerpolizeilichen Zustands der Wohnung ums Leben, nachdem er zunächst tagelang mit dem Tod gerungen hat (**§ 222**). 20

Entsprechende Beispiele gibt es auch aus dem Vorsatzbereich: A **fälscht** aufgrund lange zuvor gefassten Entschlusses eine **Urkunde**, um diese zu einem viel späteren Zeitpunkt in einem Prozess verwenden zu können. Das geschieht dann auch. Der Richter fällt auf die perfekte Fälschung herein und trifft auf dieser Grundlage eine materiell fehlerhafte Entscheidung zum Nachteil der anderen Partei. 21

Das Ganze kann aber auch sehr **nahe beieinander** liegen oder praktisch sogar weitgehend zusammenfallen. Beispiel: A wird von B **geohrfeigt**. Kurzerhand **schlägt A zurück**. 22

Der bloße **Entschluss** eines Einzelnen, ein deliktisches Vorhaben zu verwirklichen, ist strafrechtlich irrelevant. Als **bloßes Internum** beinhaltet er für das geltende Strafrecht noch keine hinreichend gewichtige Infragestellung der Verhaltensnormgeltung. Solange man es mit einer **verantwortlichen Person** zu tun hat, wird bis zum Beweis des Gegenteils von Rechts wegen angenommen, dass sich der Betreffende noch eines Besseren besinnt. 23

Anders bewertet freilich z. B. § 30 II das **Sichbereiterklären** zur **Begehung eines Verbrechens**. Wer sich z. B. zur Begehung eines Mordes bereiterklärt, soll bereits dadurch nach §§ 211, 30 II strafbar sein.[23] 24

2. Reichweite der Strafbarkeit bei Vorbereitung und Versuch

Grundsätzlich straflos sind auch **Vorbereitungshandlungen** für materielle Güterbeeinträchtigungen. Allerdings stellt z. B. § 30 II die **Verbrechensverabredung** generell unter Strafe. Außerdem sind gewisse Vorbereitungshandlungen zu 25

---

[22] Die geläufige Auffassung, Körperverletzung sei ein „Zustandsdelikt", Freiheitsberaubung (oder Hausfriedensbruch) dagegen ein „Dauerdelikt" (vgl. etwa *Ebert*, AT[3], S. 42; *Wessels/Beulke/Satzger*, AT[48]), ist insoweit irreführend; sie trifft nur im Regelfall zu.

[23] Mit Recht krit. zu diesem Vorfeldtatbestand *Puschke*, Legitimation, Grenzen und Dogmatik von Vorbereitungstatbeständen, S. 343 f., 420 m. w. N. zur Problematik.

verschiedenen schweren Verbrechen zu besonderen Straftaten verselbstständigt (vgl. z. B. § 83: **Vorbereitung** eines **hochverräterischen Unternehmens**; § 149: Vorbereitung der **Fälschung von Geld- und Wertzeichen**; § 234a III: Vorbereitung einer **Verschleppung**; § 316c III: Vorbereitung eines **Angriffs auf** den **Luft- und Seeverkehr**).[24] Entsprechendes gilt sachlich für manche Vergehen – wie etwa die Urkundenfälschung in der Form des **Herstellens** einer **unechten Urkunde** (§ 267 I Fall 1). Das Herstellen einer unechten Urkunde ist formell als vollendete Straftat ausgestaltet. Sachlich geht es darum, einen späteren Gebrauch zur Täuschung im Rechtsverkehr schon im Vorfeld zu unterbinden. Auf einer gedachten Skala der Verwirklichungsstufen handelt es sich damit um eine **Vorbereitungshandlung** für den späteren deliktischen Gebrauch. Noch weiter vorverlagert wird die Strafbarkeit durch die bei der **Urkundenfälschung** angeordnete **Versuchsstrafbarkeit** (§ 267 II).

26 Anders als Vorbereitungshandlungen, die grundsätzlich nicht als Straftat erfasst sind, werden – wie bereits oben (§ 8) Rn. 1 näher ausgeführt – nicht wenige Fälle des Versuchs einer Straftat als **Versuchsstraftat** erfasst: Bei **Verbrechen** gleichsam „flächendeckend" – bei **Vergehen** durch die häufige ausdrückliche Normierung der Versuchsstrafbarkeit.

3. Rücktritt und tätige Reue

27 Die unten in § 9 näher behandelte Vorschrift über den **strafbefreienden Rücktritt** (§ 24) betrifft nur den Versuch. Bei manchen als Vollendungsdelikt konstruierten Straftaten kennt das Gesetz vergleichbare Vorschriften der **„tätigen Reue"**, die allerdings typischerweise nur eine **Strafmilderung** bis hin zum **Absehen von Strafe** vorsehen.[25] In manchen Bereichen wie etwa bei den Urkundenstraftaten fehlen entsprechende Vorschriften, sodass sich die Frage der **analogen Anwendung** zugunsten des Betreffenden stellt.[26] Beispiel: Den **Urkundenfälscher** reut unmittelbar nach Fertigstellung des Falsifikats sein Tun; deshalb zerreißt er es sogleich wieder.

---

[24] Ausführlich zu den Problemen solcher Vorfeldtatbestände *Puschke,* Legitimation, Grenzen und Dogmatik von Vorbereitungstatbeständen, 2017.
[25] Näher dazu unten § 9 Rn. 4.
[26] I. S. einer solchen analogen Anwendung mit Recht etwa *Jakobs,* Urkundenfälschung, S. 93. – Nur die Analogie zum Nachteil des Betroffenen (in malam partem) ist unzulässig; s. dazu oben § 1 Rn. 63, 68 ff.; zur umstrittenen Frage der analogen Anwendung des § 24 bei der unterlassenen Hilfeleistung s. etwa *Freund,* in: MünchKommStGB³, § 323c, Rn. 121 f.; *Heinrich,* AT⁵, Rn. 36, jew. m. w. N; vgl. auch noch unten § 9 Rn. 58 ff.

4. Formelle Vollendung – materielle Beendigung einer Straftat

Nach dem bisher Gesagten versteht es sich von selbst, dass es nach vollständiger **formeller Vollendung** eines Deliktstatbestands noch eine Nachzone der **materiell** abschließenden **Beendigung** geben kann. Relevanz besitzt diese Einsicht für die Frage der Verwirklichung **qualifizierender Merkmale**, für die Frage der **Beteiligung** und die Frage der **Verjährung**, die nach § 78a mit der Beendigung der Tat beginnt. Das Problem der Verwirklichung qualifizierender Merkmale stellt sich etwa im Falle des Täters einer räuberischen Erpressung (§ 255), der nach formeller Tatvollendung auf der Flucht zur Beutesicherung gegen das ihn verfolgende Opfer Gewalt anwendet und dieses so leichtfertig tötet. Die begangene räuberische Erpressung kann nur als räuberische Erpressung mit Todesfolge (§§ 255, 251) qualifiziert werden, wenn man die leichtfertige Todesherbeiführung in der Phase der materiellen Beendigung ausreichen lässt. Im Einzelnen ist insoweit freilich vieles umstritten,[27] kann aber als Problem der jeweiligen speziellen Strafnorm hier nicht näher behandelt werden.

28

III. Versuchsdelikt: Zum Ausdruck gelangter Verhaltensnormverstoß

Das Versuchsdelikt umfasst – wie jede Straftat[28] – das **spezifische Verhaltensunrecht**[29] sowie u. U. etwaige Fehlverhaltensfolgen oder sonstige Tatumstände als zusätzliche Straftaterfordernisse.

29

Strafgrund des Versuchs ist wie bei jeder Straftat der zum Ausdruck gebrachte Verhaltensnormverstoß im Sinne des jeweiligen Delikts. Im Falle des sog. **beendeten Versuchs** – also wenn der Betreffende bereits alles getan hat, was nach seiner Vorstellung zur Verwirklichung des Delikts erforderlich war – unterscheidet sich das tatbestandsmäßige **personale Verhaltensunrecht** nicht von dem des entsprechenden vollendeten Delikts. In anderen Versuchsfällen liegt trotz des hinter dem tatbestandsmäßigen Verhalten des vollendeten Delikts zurückbleibenden äußeren Versuchsverhaltens immerhin der von dem jeweiligen (**Versuchs-)Delikt** erfasste **spezifische Verhaltensnormverstoß** vor. Dabei ist der von dem Versuchsdelikt erfasste Verhaltensnormverstoß vom jeweils entsprechenden **Vollendungsdelikt abgeleitet**. Seine nähere Bestimmung folgt deshalb grundsätzlich denselben Regeln. Mithin bleibt es sich auch gleich, ob ein **Begehungsdelikt** oder ein **Unterlassungsdelikt** in Frage steht.

30

Zur **Definition des Tatentschlusses** siehe bereits oben (§ 8) Rn. 15.

31

---

[27] S. dazu etwa *Jescheck,* FS Welzel, 1974, S. 683 ff.; ferner BGHSt 20, 194, 197; BGH NJW 1985, 814 m. Bespr. *Küper,* JuS 1986, 862 ff.

[28] Vgl. dazu oben § 2 Rn. 9 ff. in grundsätzlichem Zusammenhang.

[29] Zum deliktsspezifischen Verhaltensunrecht auch beim Versuch näher *Wachter,* Das Unrecht der versuchten Tat, S. 124 ff., 183 ff. (beim untauglichen Versuch).

1. Beendeter Versuch (Verhaltensunrecht und sonstige Sanktionserfordernisse)

a) Relativ unproblematische Regelfälle

aa) Identisches personales Fehlverhalten bei beendetem Versuch und bei Vollendung

32   Das tatbestandsmäßige Versuchsverhalten im Sinne der (vorsätzlichen) Tötung, Körperverletzung oder Sachbeschädigung erfordert in den Fällen des beendeten Versuchs den Verstoß gegen eine auch von dem jeweiligen **Vollendungsdelikt** erfasste Verhaltensnorm. Der **Verhaltensnormverstoß** ist hier so weit abgeschlossen, dass er sogar als tatbestandsmäßiges Verhalten für das vollendete Delikt ausreicht. Auch der Versuchstäter, dessen **Kugel** knapp ihr **Ziel verfehlt**, verstößt ganz genauso gegen das dem entsprechenden Vollendungsdelikt zugrunde liegende Tötungsverbot wie der Vollendungstäter.[30]

33   Dementsprechend kann auch die praktische **Fallprüfung** insoweit ohne Weiteres vollkommen **parallel** verlaufen: Weder in Bezug auf das Erfordernis eines tatbestandsmäßig-missbilligten **Tötungs-, Körperverletzungs-** oder **Sachbeschädigungsverhaltens** noch in Bezug auf das Erfordernis entsprechend **vorsätzlich-tatbestandsmäßigen Verhaltens** ergibt sich ein sachlicher Unterschied. Insoweit kann auf das dazu oben in § 2 Rn. 9 ff. Gesagte uneingeschränkt verwiesen werden. Der einzige Unterschied besteht im Nichtvorliegen spezifischer Fehlverhaltensfolgen oder gleichwertiger Tatumstände,[31] sodass das jeweilige Vollendungsdelikt ausscheidet. Soweit der entsprechende Versuch aber überhaupt strafrechtlich erfasst ist, liegen dessen Voraussetzungen bei bloßem Fehlen tatbestandsmäßiger **Verhaltensfolgen** oder **gleichwertiger Tatumstände** grundsätzlich[32] vor.[33]

34   Selbstverständlich ist auch eine korrekte Versuchsprüfung nach dem geläufigen Aufbaumuster: „**1. Tatentschluss – 2. unmittelbares Ansetzen**" möglich.[34] Dabei gilt es allerdings Folgendes zu beachten:

35   Nach dem oben (§ 8) Rn. 2 ff. Gesagten umfasst die von § 22 geforderte „**Vorstellung von der Tat**", zu deren Verwirklichung der Betreffende „**unmittelbar**

---

[30] Dagegen verstößt nicht etwa nur der, der getötet *hat!* – Zur Verhaltensnormproblematik s. näher oben § 2 Rn. 11 ff., 28 ff.

[31] Beispiel: Die weggenommene Sache ist nur vermeintlich fremd, tatsächlich gehört sie demjenigen, der sie einem anderen in der Absicht wegnimmt, sich dieselbe rechtswidrig zuzueignen. Hier scheitert die Strafbarkeit wegen vollendeten Diebstahls nur an der fehlenden Fremdheit der weggenommenen Sache. Die Voraussetzungen des strafbaren Versuchs liegen aber allemal vor (§§ 242 I, II, 22, 23).

[32] Zu problematischen Fällen des „Anfangs des beendeten Versuchs" s. sogleich im Text (§ 8) Rn. 41 ff.

[33] Eine Orientierung an dem in § 12 (unter I.) vorgestellten Aufbauschema ist ohne Weiteres möglich.

[34] S. dazu etwa *Kühl*, AT[8], § 15 Rn. 7a, 17 ff., 38 ff. m. w. N.

III. Versuchsdelikt: Zum Ausdruck gelangter Verhaltensnormverstoß

angesetzt" haben muss, zwei Aspekte: Zunächst geht es darum, ob ein bestimmtes Handlungs- oder Unterlassungsprojekt – ein **Vorhaben** – *als solches* den *grundsätzlichen Anforderungen* an ein **tatbestandsmäßig-missbilligtes Verhalten** i. S. einer bestimmten Vollendungstat entspricht. Erst wenn diese Frage bejaht worden ist, kann es auf den zweiten Aspekt der entsprechenden **Vorsatzanforderungen** *zur weiteren Spezifizierung* tatbestandsmäßigen Verhaltens ankommen.[35] Bei der **ersten Frage** geht es um die von dem Projektierenden rechtlich **zu erwartende Einschätzung** des Handlungs- oder Unterlassungsprojekts – also um die Frage, ob das Handlungsprojekt überhaupt **tatbestandsrelevante Unwertdimensionen** enthält. Bei der **zweiten** geht es dagegen darum, zu welcher **Einschätzung** der tatbestandsrelevanten Unwertdimensionen der Projektierende **tatsächlich gelangt** ist.[36] – Wenn sich der Betreffende eine ausreichende „Vorstellung von der Tat" i. S. des § 22 gebildet hat, sein Handlungsprojekt also für den Fall seiner Verwirklichung den Tatbestand des entsprechenden Vollendungsdelikts erfüllen würde, kann weiter geprüft werden, ob er auf der Basis seiner für eine Vollendungstat ausreichenden Tatvorstellung „zur Verwirklichung" des entsprechenden (Vollendungs-)**„Tatbestandes unmittelbar angesetzt"** hat – wie es § 22 ebenfalls fordert.

bb) Abgrenzung zum „Wahndelikt"

Das „Wahndelikt" ist keine Straftat des geltenden Rechts. Strafbar ist allenfalls der Versuch einer Straftat, die das geltende Strafrecht kennt. Im Rahmen der herkömmlichen **Tatentschlussprüfung** geht man bisweilen recht großzügig mit den insoweit zu erfüllenden Anforderungen um.

Wenn etwa die Feststellung, A **wolle** den Tod eines Menschen herbeiführen, für den Tatentschluss zur Begehung eines – gar vorsätzlichen – Tötungsdelikts ausreichen soll, ist das deutlich zu wenig.[37] Wer – um ein bekanntes Beispiel

---

[35] Zu dieser wichtigen Abschichtung s. bereits in grundsätzlichem Zusammenhang oben § 2 Rn. 11 ff., 44; ferner § 7.

[36] Hier kommt es auf den spezifischen Unwertgehalt vorsätzlichen Verhaltens an; näher dazu – im Kontext der Vorsatztat – oben § 7 Rn. 7, 37 ff.; s. ergänzend (§ 8) Rn. 39 f. – Auch für die Fälle des auf Fahrlässigkeit beruhenden Erlaubnistatbestandsirrtums fehlt unter dem hier interessierenden Gesichtspunkt das für den Versuch erforderliche Vorsatzunrecht; zutreffend dazu *Herzberg*, in: MünchKommStGB, § 22 Rn. 174 ff., 180 (vgl. a. *Hoffmann-Holland*, MünchKommStGB³, § 22 Rn. 154 f.); s. a. die das Sachproblem angemessen verarbeitende Vorsatzdefinition oben § 7 Rn. 117.

[37] Zur problematischen Argumentation, die auf die Anstößigkeit des Wollens (der Tötung eines Menschen der Gattung nach) abstellt, vgl. aber beispielsweise *Loewenheim*, JuS 1966, 310, 312 f.; *Puppe*, GA 1981, 1, 3 (im Kontext der Frage, ob in den Fällen der aberratio ictus wegen *vorsätzlicher* vollendeter Tötung des versehentlich Getöteten zu bestrafen ist; s. dazu oben § 7 Rn. 92 ff.); vgl. auch *Ebert*, AT³, S. 49 zur Bejahung immerhin des Vorsatzes im Falle des Neffen, der den Erbonkel bei heraufziehendem Gewitter hinausschickt (die Ablehnung der Erfolgszurechnung erfasst das Problem nicht angemessen). – Mit Recht krit. gegenüber der Argumentation mit dem „Wollen" dagegen z. B. *Herzberg*, ZStW 85 (1973), 867, 875 f., 877 f.

aufzugreifen – den Tod seines Erbonkels durch Überreden zu einer Flugreise herbeiführen will, verstößt ungeachtet seines anstößigen Wollens (!) nicht gegen eine auch beim versuchten Tötungsdelikt vorausgesetzte Verhaltensnorm. Sein **Vorhaben** ist vielmehr **rechtlich erlaubt**, sodass darin auch kein ausreichender Entschluss zur Verwirklichung des Tatbestands eines Tötungsdelikts gesehen werden kann. – Kurzum: Das Vorhaben des Betreffenden muss ein im Sinne des entsprechenden Vollendungsdelikts spezifisches sein, um bei unmittelbarem Ansetzen zu seiner Verwirklichung ein tatbestandsmäßiges Versuchsverhalten zu begründen. Andere Vorhaben genügen nicht für einen eine Versuchsstrafbarkeit begründenden Tatentschluss im Sinne einer in Aussicht genommenen Tatbestandsverwirklichung, sondern können nur zu einem straflosen – weil dem geltenden Recht unbekannten – **Wahndelikt** führen, sofern der Betreffende meint, sein Vorhaben entspreche einer Straftat i. S. der §§ 211 ff. Die unzutreffende Subsumtion unter die Merkmale einer Straftat – hier: des **„Tötens"** i. S. der Tötungsdelikte – vermag die fehlende Verwirklichung dieser Merkmale eben nicht zu ersetzen.[38]

38   Ganz genauso verhält es sich selbstverständlich im Falle des **Angeklagten**, der irrig davon ausgeht, bei einer Lüge vor Gericht die Voraussetzungen der **Falschaussage** (§ 153) zu verwirklichen. In Anbetracht der Sachlage, wie sie sich ihm darstellt, kann er deren Voraussetzungen nicht erfüllen, sodass auch ein strafbarer untauglicher Versuch ausscheidet. Denn die **bloße Einbildung**, ein entsprechender Straftatbestand werde erfüllt, ersetzt nicht dessen mit Blick auf den **nullum crimen-Satz** zu beachtendes tatsächliches Fehlen. Das **Wahndelikt** des Angeklagten ist keine Straftat des geltenden Rechts.

39   Nichts anderes gilt für sexuelle Handlungen an einem 15-jährigen Mädchen in der Annahme, das sei rechtlich zu missbilligender und strafbarer **sexueller Missbrauch eines Kindes** (§ 176 I): Bei der Sachlage, die sich dem Betreffenden darstellt, kann er die Voraussetzungen dieser Straftat nicht verwirklichen. Die **Sachlage ändert sich** grundlegend, wenn der Betreffende **irrig davon ausgeht**, das kindlich wirkende 15-jährige Mädchen sei **erst 13 Jahre** alt. Unter diesen Umständen entspricht sein Vorhaben einem tatbestandlich sub specie § 176 I zu missbilligenden, sodass er einen für die **Versuchsstrafbarkeit** ausreichenden Tatentschluss aufweist – oder genauer noch: Seine gebildete **„Vorstellung von der Tat"** ist eine für die Tat nach § 176 I ausreichende.[39]

---

[38] Vgl. dazu etwa den auch unter dem Aspekt der Feststellung subjektiver Deliktsmerkmale interessanten Fall BGH NStZ 1994, 29 (m. Anm. *Loos*, JR 1994, 511 ff.): Irrig angenommene Pflicht zur Wahrnehmung einer minimalen Chance zur Rettung der vom Tod durch Ertrinken bedrohten Ehefrau bei konkreter eigener Lebensgefährdung.

[39] Bei Ausführung des Vorhabens in Anbetracht dieser Vorstellung liegen grundsätzlich auch die Voraussetzungen des „unmittelbaren Ansetzens" vor. Eine Eingrenzung des strafbaren Versuchs ließe sich dann allenfalls noch durch die Postulierung zusätzlicher Sanktionserfordernisse *neben* dem tatbestandsspezifischen personalen Fehlverhalten erreichen; zu solchen Problemen s. noch unten (§ 8) Rn. 41 ff.

III. Versuchsdelikt: Zum Ausdruck gelangter Verhaltensnormverstoß   335

Bemerkenswert erscheint, dass das Vorhaben auch dann unter dem Aspekt des § 176 I grundsätzlich **tatbestandlich zu missbilligen** sein kann, wenn der Betreffende selbst nicht zu der Einschätzung gelangt ist, das 15-jährige Mädchen sei erst 13 Jahre alt, sondern sich etwa überhaupt keine Gedanken in dieser Hinsicht gemacht hat. Eine solche grundsätzliche Missbilligung ist möglich, wenn nach der Sachlage, wie sie sich ihm darstellte, mit der **ernst zu nehmenden Möglichkeit** zu rechnen war, dass es sich bei der ins Auge gefassten Sexualpartnerin noch um ein 13-jähriges **Kind** handeln könnte. Für den Fall, dass der Betreffende diese Möglichkeit nicht in Rechnung gestellt hatte, obwohl dies von ihm rechtlich zu erwarten gewesen wäre, scheitert eine Strafbarkeit allein am nicht erfüllten **Vorsatzerfordernis** in Bezug auf die entscheidende Unwertdimension (§ 16) – und nicht etwa an *deren* Fehlen.[40]   40

b) Problematische Fälle des „Anfangs des beendeten Versuchs"

Auf den ersten Blick scheint es problematische Fälle des „Anfangs des beendeten Versuchs" nach dem bisher Gesagten gar nicht geben zu können. Denn – so scheint es – wenn der Betreffende bereits **alles getan** hat, was nach seiner Vorstellung von der Tat zur Tatbestandsverwirklichung erforderlich war – und so lautet die geläufige Definition des beendeten Versuchs –, muss der Betreffende doch eigentlich immer **(mindestens) unmittelbar angesetzt** haben – muss also der strafbare Versuch der Straftat eigentlich immer begonnen haben.   41

Indessen liegen die Dinge nicht ganz so einfach. Auch hier steckt – wie oft – „der Teufel im Detail". Bei Erfüllung der im Vorstehenden genannten Kriterien des beendeten Versuchs mag zwar in den **(unproblematischen) Regelfällen** ein strafbarer Versuch vorliegen. Diese Kriterien allein garantieren aber noch keine vollkommene Ergebnisrichtigkeit.   42

Das Problem können etwa Fälle verdeutlichen, in denen ein tatbestandlich zu missbilligendes Verhalten lange Zeit vor der eigentlichen Rechtsgutsschädigung in abgeschlossener Form vorliegt. Zu denken ist z. B. an das **Vergiften eines Getränks** kurz nach Antritt einer sechsmonatigen **Urlaubsreise** des in Aussicht genommenen Opfers in dessen Vorratsschrank[41] oder an die täuschende **Manipulation** einer **Urkunde**, die sich erst nach **längerer Zeit** auswirken soll.[42] Hierher kann man auch die stärker diskutierten Problemfälle des **Versuchsbeginns** bei der   43

---

[40] Zur insoweit nötigen Abschichtung s. bereits oben (§ 8) Rn. 2 ff., 35; vgl. dazu auch in grundsätzlichem Zusammenhang oben § 2 Rn. 11 ff., 44 und § 7.
[41] Instruktiv dazu BGH NJW 1997, 3453 f. m. Anm. *Roxin,* JZ 1998, 211 f. (zum Fall einer für mögliche Einbrecher aufgestellten – als „Echter Hiekes Bayerwaldbärwurz" getarnten Giftflasche). Zu einem entsprechenden Fall s. *Roxin,* FS Maurach, 1972, S. 213, 214 ff.; zu einem Spezialfall s. *Küper,* NJW 1984, 777 f.
[42] Zu einem solchen Beispiel vgl. *Freund,* JA 1995, 660, 663 f.

mittelbaren **Täterschaft**[43] und bei der **Mittäterschaft**[44] ebenso zählen wie gewisse Konstellationen der sog. **actio libera in causa** und verwandte Erscheinungsformen.[45]

44 Inwieweit hier neben einem tatbestandlich zu missbilligenden Verhalten zusätzliche Sanktionserfordernisse erfüllt sein müssen, kann nicht mit einer allgemeingültigen Zauberformel beantwortet werden. Dazu ist die Problematik zu vielschichtig und zu komplex. Entscheidend kommt es letztlich darauf an, wie der jeweilige **Tatbestand** des *vollendeten* **Delikts** genau konstruiert ist. Denn zu *dessen* Verwirklichung muss der betreffende Versuchstäter nach seiner Vorstellung von der Tat „unmittelbar angesetzt" haben. Damit findet man auch beim Versuchsdelikt – wenngleich in rudimentärer Form – mitunter so etwas wie ein Erfordernis tatbestandsmäßiger Verhaltensfolgen oder gleichwertiger Tatumstände. Auch das Versuchsdelikt kennt also u. U. in abgeschwächter Form einen notwendigen **Erfolgssachverhalt** oder **vergleichbare Bedingungen** der **Strafbarkeit**.

45 Mit dieser Maßgabe ist es beispielsweise möglich, bei der täterschaftlichen **Hehlerei** in der Form der **Absatzhilfe** (§ 259 I Fall 3) den Versuchsbeginn lange Zeit nach dem Tätigwerden des Absatzhelfers – in Gestalt der Vermittlung eines Kaufinteressenten – anzusetzen und erst dann anzunehmen, wenn der **Vortäter selbst** mit dem „**Weiterschieben** der gestohlenen Sache in die nächste Hand" **beginnt**.[46] Ebenso ist es auf dieser Basis mit dem BGH möglich, in den Fällen des sog. „**Maklerbetrugs**" den Versuchsbeginn von der Vornahme der tatbestandsmäßigen Täuschungshandlung abzukoppeln und gar an ein eigenes nicht tatbestandsmäßiges Verhalten zu binden.[47]

46 Bei der **Strafvereitelung** nach § 258 I ist es – um ein weiteres Beispiel zu nennen – jedenfalls nicht von vornherein ausgeschlossen, den strafbaren Versuch auf solche Fälle zu begrenzen, in denen **tatsächlich** eine **Vortat vorliegt**, derentwegen zu strafen oder zu maßregeln war.[48] Auch könnte man über ein entsprechendes zusätzliches strafbarkeitsbegrenzendes Erfordernis beim **Betrug** zu einer differenzierenden Lösung der Fälle einer **Fehleinschätzung** in Bezug auf die Rechtmäßigkeit oder Rechtswidrigkeit der erstrebten **Bereicherung** gelangen: Bei irriger Annahme **rechtmäßiger** Bereicherung kommt jeder Fehleinschätzung in dieser Hinsicht eine

---

[43] Zum Versuchsbeginn bei mittelbarer Täterschaft s. etwa BGHSt 40, 257, 268 f.; *Eser/Bosch*, in: Schönke/Schröder[30], § 22 Rn. 54 f.; *Hoffmann-Holland*, in: MünchKommStGB[3], § 22 Rn. 126 ff., jew. m. w. N.

[44] Zum Versuchsbeginn bei Mittäterschaft s. etwa BGHSt 36, 249 ff.; 39, 236 ff.; *Eser/Bosch*, in: Schönke/Schröder[30], § 22 Rn. 55 f.; *Hoffmann-Holland*, in: MünchKommStGB[3], § 22 Rn. 138 ff.; *Küper*, Versuchsbeginn und Mittäterschaft, 1978; zum untauglichen Versuch bei Schein-Mittäterschaft s. BGHSt 40, 299 ff. (Münzhändlerfall); *Graul*, JR 1995, 427 ff.; *Joerden*, JZ 1995, 735 f.; *Zopfs*, Jura 1996, 19 ff., *Heckler*, GA 1997, 72 ff.; *Roßmüller/Rohrer*, MDR 1996, 986 ff.

[45] Näher zu solchen Konstellationen oben § 4 Rn. 34 ff., § 7 Rn. 51 ff.; zur Frage des Versuchsbeginns vgl. a. *Eser/Bosch*, in: Schönke/Schröder[30], § 22 Rn. 56 f. m. w. N.

[46] Näher dazu *Küper*, JuS 1975, 633 ff., 637; s. a. *Freund/M. Bergmann*, JuS, 1991, 221, 224.

[47] BGHSt 31, 178, 181 f.; s. zu dieser Entscheidung *Bloy*, JR 1984, 123 ff.; *Lenckner*, NStZ 1983, 409 ff.; *Maaß*, JuS 1984, 25 ff.

[48] S. dazu etwa *Schmidhäuser*, BT[2], 23/33; zum Versuchsbeginn bei der Strafvereitelung vgl. auch BGHSt 31, 10, 12 ff.

vorsatzausschließende Wirkung zu, weil dem Betreffenden die betrugsspezifische Unwertdimension seines Verhaltens verborgen bleibt. Dagegen führt im umgekehrten Fall die irrige Annahme der **Rechtswidrigkeit** der **beabsichtigten Bereicherung** nicht automatisch zu einem strafbaren untauglichen Betrugsversuch.[49] Ein solcher könnte trotz betrugsspezifischen Verhaltensnormverstoßes mit Blick darauf abzulehnen sein, dass die erstrebte Bereicherung bei korrekter rechtlicher Beurteilung der vorgestellten Sachlage nicht rechtswidrig ist. Eine abschließende Klärung der einschlägigen Fragen kann hier indessen nicht erfolgen. An dieser Stelle geht es nur darum zu zeigen, dass überhaupt die **Möglichkeit zusätzlicher Sanktionsvoraussetzungen** des Versuchs neben dem tatbestandsspezifischen personalen Fehlverhalten in Erwägung zu ziehen ist.

2. Unbeendeter Versuch (Verhaltensunrecht und sonstige Sanktionserfordernisse)

a) Grundsätzliches

Auch in den Fällen des unbeendeten Versuchs muss der Qualität nach zu demselben Verhaltensnormverstoß wie beim entsprechenden Vollendungsdelikt (mindestens) unmittelbar angesetzt werden. Nur wenn das Vorhaben des Betreffenden für den Fall seiner Verwirklichung einen spezifischen Verhaltensnormverstoß im Sinne des jeweiligen Vollendungsdelikts begründen würde, kann dessen Teilverwirklichung bzw. ein unmittelbares Ansetzen zu seiner Verwirklichung ein **tatbestandsmäßiges Versuchsverhalten** darstellen.[50] Auch das zu den Problemfällen des „Anfangs des beendeten Versuchs" bzw. zum Erfordernis eines etwaigen „Erfolgssachverhalts" beim strafbaren Versuch oben (§ 8) Rn. 41 ff. Gesagte gilt selbstverständlich erst recht in Fällen des unbeendeten Versuchs. Fälle des unbeendeten Versuchs werfen indessen darüber hinausgehende Probleme auf.

47

In Fällen des unbeendeten Versuchs geht es um die weitere Frage, inwieweit **Abstriche** von dem beim Vollendungsdelikt und beim beendeten Versuch geltenden Erfordernis der **vollständigen Vornahme des Verhaltens** möglich sind, das den spezifischen Verhaltensnormverstoß ausmacht.

48

Dabei ist nach dem bisher Gesagten die Behandlung der Extremfälle allerdings klar vorgezeichnet: Der **Erwerb** der **Waffe** im Vorfeld der geplanten Tötung ist sicher noch kein im Sinne der Versuchsregelung ausreichendes unmittelbares Ansetzen zur Tatbestandsverwirklichung eines Tötungsdelikts. Entsprechendes gilt für alle anderen

49

---

[49] I. S. eines solchen „Umkehrprinzips" aber etwa BGHSt 42, 268, 272 f. m. Anm. *Arzt*, JR 1997, 469 ff., und *Kudlich*, NStZ 1997, 432 ff.; vgl. auch LG Mannheim NJW 1995, 3398 f. (erschlichene Nichtzahlung bei sittenwidrigen Telefonsex-Verträgen; dazu *Behm*, NStZ 1996, 317 ff.; *Scheffler*, JuS 1996, 1070 f.). – Näher zur Bedeutung der Lehre vom Irrtum für den Versuch etwa *Puppe*, in: NK[5], § 16 Rn. 140 ff.
[50] Zur Wahndeliktsproblematik s. bereits oben (§ 8) Rn. 36 ff.

Verhaltensweisen, die die Verwirklichung der für einen viel späteren Zeitpunkt geplanten Tat ermöglichen oder erleichtern sollen. Zu nennen sind z. B. das **Beschaffen** eines **Nachschlüssels** für ein Kraftfahrzeug in diebischer Absicht,[51] das **Auskundschaften** und das bloße **Aufsuchen** des vorgesehenen **Tatortes** oder das **Hinschaffen** von **Tatwerkzeugen**.[52] Andererseits ist das Abfeuern einer Schusswaffe auf das Opfer als Extremfall des bereits oben (§ 8) Rn. 32 ff. behandelten beendeten Versuchs ein für die Versuchsstrafbarkeit allemal ausreichendes unmittelbares Ansetzen.

50 Der gesetzlichen Regelung lässt sich immerhin Folgendes entnehmen: Es soll überhaupt strafbare Versuchsfälle geben, in denen das eigentliche tatbestandsmäßige Verhalten (ein Tötungs-, Körperverletzungs- oder Sachbeschädigungsverhalten usw.) noch nicht in vollständiger Form vorliegt, sondern erst teilweise vollzogen worden ist. Der Hintergrund dieser Versuchsstrafbarkeit muss geklärt werden (dazu sogleich [§ 8] Rn. 51 ff.). Klärungsbedürftig ist weiterhin, ob und ggf. inwieweit darüber hinausgehend ein **Vorfeldverhalten** so **eng mit** dem **tatbestandsmäßigen Verhalten** des **Vollendungsdelikts verknüpft** sein kann, dass in ihm bereits ein unmittelbares Ansetzen zur Tatbestandsverwirklichung – und damit ein **tatbestandsmäßiges Versuchsverhalten** – liegt (dazu [§ 8] Rn. 55 ff.).

b) Fälle der angefangenen Ausführung i. e. S.

51 Schon die erstgenannten Fälle, in denen wegen der teilweisen Vornahme des tatbestandsmäßigen Verhaltens von einem Anfang der Ausführung i. e. S. gesprochen werden kann, werfen Probleme auf. Denn solange der Verhaltensnormverstoß des Vollendungsdelikts noch nicht in vollständiger Form vorliegt, erscheint es keineswegs unbedenklich, in dem **Rudiment** eines solchen **Verstoßes** bereits eine hinreichende Manifestation des Normbruchs des entsprechenden Delikts zu erblicken, auf die strafrechtlich reagiert werden muss. Immerhin könnte man sagen: Solange der **Normverstoß** nicht **in vollständiger Form** vorliegt, könnte sich der Betreffende ja noch eines Besseren besinnen und die Norm achten, die **zu übertreten** er **im Begriff** ist.

52 Indessen zeigt gerade diese Überlegung, dass die Versuchsstrafbarkeit in den einschlägigen Fällen letztlich durchaus sachgerecht ist.[53] Überdies steuert sie einen für den strafbefreienden Rücktritt vom Versuch wichtigen Gesichtspunkt bei: Die bloße Vorbereitung eines tatbestandsmäßigen Verhaltens im Sinne des jeweiligen Vollendungsdelikts bedeutet noch keinen Verstoß gegen die dem Vollendungsdelikt zugrunde liegende Verhaltensnorm (sondern bereitet einen solchen Verstoß eben nur vor). Dagegen ist derjenige, der **Teilstücke** des **tatbestandsmäßigen Verhaltens** verwirklicht, **bereits dabei**, gegen die entsprechende Verhaltensnorm zu verstoßen. Insoweit liegt in derartigen Fällen der – im Verhältnis zu straflosen Vorbereitungshandlungen – **qualitative Sprung** vor, der die Versuchsstrafbarkeit rechtfertigt. Sollte sich der Versuchstäter im Laufe der Tatausführung zur **Rückkehr** (!) in die

---

[51] BGHSt 28, 162, 163 f.
[52] BGH NStZ 1996, 38; 1989, 473 f.
[53] Zur ausreichenden Teilverwirklichung des tatbestandsmäßigen Verhalten s. etwa *Kühl*, AT[8], § 15 Rn. 55.

Legalität entschließen, kann dies allenfalls Grund für die Annahme eines **strafbefreienden Rücktritts** sein.[54]

Nicht nur derjenige, der sein in Aussicht genommenes Tötungsopfer so lange würgt, bis dessen Tod zu erwarten ist, verstößt manifest gegen das Tötungsverbot, sondern auch derjenige, der mit dem **Würgen** des in Aussicht genommenen **Tötungsopfers** beginnt und nur durch eine für das Opfer glückliche Fügung von einem Dritten an der weiteren Tatausführung gehindert wird. Das Gleiche gilt für die erste von **mehreren Giftgaben**, die erst zusammengenommen den Tod des Opfers herbeiführen sollen, oder für das **Niederschlagen** des in Aussicht genommenen **Raubopfers**. Auch wenn es nicht mehr zur Wegnahme des Geldes kommt, liegt deshalb ein **Raubversuch** vor. 53

Die genannten Verhaltensweisen verstoßen bereits gegen die von den entsprechenden Tatbeständen vorausgesetzte **spezifische Verhaltensnorm**. Schon gegenüber diesen Verhaltensweisen tragen die entsprechenden Legitimationsgründe (in den Beispielsfällen: ein *Verbot* ihrer Vornahme). In derartigen Verhaltensweisen, die eine **Teilverwirklichung** des **Tatbestands** beinhalten, liegt deshalb ein **unmittelbares Ansetzen** zur Verwirklichung des Tatbestands im Sinne der jeweiligen Versuchsstrafnorm. 54

c) Unmittelbares Ansetzen vor einer Teilverwirklichung des tatbestandsmäßigen Verhaltens?

Verschiedene – allerdings primär am aktiven Tun orientierte – Versuchstheorien haben sich mit der hier interessierenden Frage befasst: Nach der älteren **formal-objektiven Theorie** kann der „Anfang der Tatausführung"[55] und damit der Beginn der Versuchsstrafbarkeit nur in der Vornahme eines Teilstücks der tatbestandsmäßigen Ausführungshandlung im strengen Sinne liegen.[56] Demzufolge gibt es vor einer formalen Teilverwirklichung des tatbestandsmäßigen Verhaltens keinen strafbaren Versuch. Allerdings wird die ältere formal-objektive Theorie meist als zu eng und überholt angesehen.[57] 55

Die sog. **materiell-objektiven Theorien** rechnen zum Versuchsbeginn bereits alle Tätigkeitsakte, die „vermöge ihrer notwendigen Zusammengehörigkeit mit der Tatbestandshandlung für die natürliche Auffassung als deren Bestandteil erscheinen"[58] oder die bereits eine „unmittelbare Gefährdung des geschützten Handlungsobjekts" bewirken.[59] 56

---

[54] Näher zum strafbefreienden Rücktritt unten § 9.
[55] I. d. S. die ältere Gesetzesformulierung.
[56] Vgl. etwa RGSt 70, 151, 157.
[57] Vgl. etwa *Eser/Bosch,* in: Schönke/Schröder[30], § 22 Rn. 26; *Jescheck/Weigend,* AT[5], § 49 IV 1 (S. 519).
[58] *Frank,* StGB[5-7], § 43 II 2 a (S. 70).
[59] Vgl. RGSt 53, 217 ff. (Entfernen des Hofhundes, um im sofortigen Anschluss daran zum Stehlen überzugehen); 54, 182 ff. (Eindringen in den Stall, um Ziegen zu entwenden); 59, 386 (Anlegen der geladenen Waffe auch bei noch nicht gespanntem Hahn); BGHSt 2, 380 f. (Hervorholen und Bereitlegen einer für einen Einbruchsdiebstahl benötigten Winde); 20, 150, 151 f. (Beladen eines Fahrzeugs bei vorgesehener ungenehmigter Ausfuhr); 22, 80, 82 (Rütteln an den Vorderrädern eines Pkw zwecks Überprüfung der Lenkradsperre bei vorgesehener unbefugter Ingebrauchnahme).

57 Die in diesem Zusammenhang häufig genannte rein **subjektive Theorie**, nach der es entscheidend auf die deliktische Intention ankommt,[60] ist jedenfalls durch das geltende Recht überholt.

58 Als herrschend gilt eine **„gemischt subjektiv-objektive Theorie"**, die von der Vorstellung des Täters und der Unmittelbarkeit des Angriffs auf das geschützte Tatobjekt ausgehend subjektive und objektive Kriterien kombiniert.[61]

59 Tatsächlich liefern solche „Theorien" keinen über die bereits im Gesetz selbst enthaltenen Hinweise hinausgehenden Lösungsansatz für das anstehende Problem. Dass **„Objektives"** und **„Subjektives"** beim Versuch (wie bei jeder anderen Straftat auch) miteinander als Einheit verschlungen ist, die anhand rechtlicher Maßstäbe bewertet wird, sollte selbstverständlich sein.[62] Daher kommt weder eine rein objektive noch eine rein subjektive Versuchstheorie in Betracht. Die **„Kombinationslehre"** der h. M. hilft aber in problematischen Fällen kaum weiter. Denn in diesen Fällen erscheint es gerade fraglich, ob die Verbindung zum eigentlichen tatbestandsmäßigen Verhalten des Vollendungsdelikts hinreichend eng ist, um die Versuchsstrafbarkeit zu rechtfertigen.

60 Immerhin erlauben in diesem Zusammenhang manche bildhaften Umschreibungen eine gewisse Groborientierung: Ein unmittelbares Ansetzen wird bei Verhaltensweisen angenommen, die nach dem Tatplan bei ungestörtem Fortgang unmittelbar (also **ohne wesentliche Zwischenakte**) in die Tatbestandsverwirklichung einmünden sollen, sofern der Betreffende bereits dadurch die **Schwelle** zum „**Jetzt-geht-es-los**" überschreite.[63] Andere sprechen davon, dass der Betreffende die **„Feuerprobe" der kritischen Situation** bestanden haben müsse.[64]

61 Hier kann die Problematik des unmittelbaren Ansetzens vor einer Teilverwirklichung des tatbestandsmäßigen Verhaltens des entsprechenden Vollendungsdelikts nicht abschließend behandelt werden. Lediglich Folgendes sei an dieser Stelle angemerkt: Bei grundsätzlicher Anerkennung der Möglichkeit eines strafbaren Versuchs, obwohl der Betreffende noch nichts getan oder unterlassen hat, was bei materialer Betrachtung bereits Teilstück des Tatbestands des entsprechenden Vollendungsdelikts ist, besteht die große Gefahr eines Abgleitens in ein nicht akzeptables **Gesinnungsstrafrecht**. Das bloße Vorhaben eines Normbruchs reicht eben –

---

[60] Ob diese Extremposition tatsächlich je vertreten worden ist, muss bezweifelt werden. Die in diesem Zusammenhang regelmäßig genannten Entscheidungen RGSt 72, 66 (Übergabe von registrierten Waren, die bei einem fingierten Einbruch der Versicherung als gestohlen gemeldet werden sollten, an die Helfershelfer als Teil der Täuschungshandlung) und BGHSt 6, 302 ff. (Verabredung mit einem Kind, um es bei dem späteren Zusammentreffen zu sexuellen Handlungen zu verleiten), mögen zwar, was die Ausdehnung der Versuchsstrafbarkeit anlangt, problematisch sein, sind aber kaum in diesem rein subjektiven Sinne zu deuten.

[61] Vgl. dazu etwa BGHSt 30, 363, 364; *Wessels/Beulke/Satzger*, AT[48], Rn. 944 ff.; *Kühl*, AT[8], § 15 Rn. 38 ff.; *Eser/Bosch*, in: Schönke/Schröder[30], § 22 Rn. 31 ff., jew. m. w. N.

[62] Vgl. dazu etwa oben § 2 Rn. 28 ff., 71, § 3 Rn. 10 ff., § 5 Rn. 23 ff., § 7 Rn. 23 ff.; ferner unten § 10 Rn. 43 ff. et passim.

[63] I. d. S. z. B. BGHSt 28, 162, 164; 36, 249, 250; *Wessels/Beulke/Satzger*, AT[48], Rn. 947. – Vgl. zu dieser Formulierung *Küper*, JZ 1979, 775, 781; *Zaczyk*, Das Unrecht der versuchten Tat, S. 313.

[64] *Bockelmann*, JZ 1954, 468, 473; *ders.*, JZ 1955, 193, 194.

III. Versuchsdelikt: Zum Ausdruck gelangter Verhaltensnormverstoß

auch wenn dessen Realisierung unmittelbar bevorsteht – noch nicht für den Versuch eines solchen Verhaltensnormverstoßes (im Sinne einer hinreichenden Manifestation) aus. Etwas Derartiges mag bereits die **polizeiliche Gefahrenabwendung** erforderlich machen – eine *eindeutige* **Infragestellung** der **Normgeltung** im Sinne des Versuchsdelikts liegt darin nicht. Festzustellen ist im Grunde nur der – vielleicht massive – **Verdacht**, dass der Betreffende bereit wäre, ein tatbestandsmäßiges Verhalten i. S. des Vollendungsdelikts zu verwirklichen.

In dieser Hinsicht sind bereits die Konstellationen der Teilverwirklichung eines Tatbestands (also die Fälle des unbeendeten Versuchs) nicht ganz unbedenklich – wenn auch letztlich noch sachgerechterweise in den Bereich des strafbaren Versuchs einbeziehbar. Eine noch weitergehende Einbeziehung von Fällen, in denen noch nicht einmal bei **materialer Betrachtung** von einer **Teilverwirklichung** des **tatbestandsmäßigen Verhaltens** des **Vollendungsdelikts** gesprochen werden kann, ist aber abzulehnen. Denn sie führte zu einer kaum noch kontrollierbaren Ausuferung. 62

Zu welchem Dammbruch es führt, wenn man grundsätzlich bereit ist, auch Vorfeldverhaltensweisen in den Bereich des strafbaren Versuchs einzubeziehen, zeigt exemplarisch die Entscheidung des Bundesgerichtshofs im sog. **Pfeffertütenfall**[65]: 63

A hatte sich vorgenommen, einen **Geldboten**, der regelmäßig Geld transportierte, zu überfallen, ihm die Geldtasche zu entreißen und mit einem bereitgestellten Kraftwagen zu fliehen. Mit seinem Kraftfahrzeug fuhr er zu dem geplanten Tatort, der unweit von einer **Straßenbahnhaltestelle** lag, an der der Bote auszusteigen pflegte. A begab sich dorthin und wartete; nach seiner Berechnung musste B alsbald mit der Straßenbahn eintreffen. A hielt Pfeffer, den er B in die Augen streuen wollte, bereit und ließ bei Ankunft einer jeden Straßenbahn den Motor des Wagens anlaufen, um sofort nach der Tat das Weite suchen zu können. Nachdem er **vier Straßenbahnen abgewartet** hatte, erkannte er, dass B an diesem Tage ausbleiben werde. Nach einiger Zeit entfernte er sich vom „Tatort". 64

Die Annahme eines versuchten Raubes im Pfeffertütenfall seitens des Bundesgerichtshofs ist in der Literatur mit Recht auf Kritik gestoßen.[66] Nach der hier vertretenen Position scheidet versuchter Raub eindeutig aus, weil die Verhaltensweisen des A selbst bei großzügigem – auch materialen Gesichtspunkten Rechnung tragenden – Verständnis nicht als **Teilverwirklichung** des **tatbestandsmäßigen Verhaltens** des **Raubes** zu begreifen sind. Auf die Idee, sie dennoch ausreichen zu lassen, kann nur kommen, wer grundsätzlich bereit ist, auch Vorfeldverhaltensweisen in den Bereich des strafbaren Versuchs einzubeziehen. 65

Zumindest Problemfälle bilden das **Anlegen** und **Zielen** auf das Opfer beim versuchten Tötungsdelikt[67] oder das **Auflauern** zwecks Tötung oder Beraubung, wenn sich das erwartete Opfer nach der Vorstellung des Auflauernden dem Hinterhalt 66

---

[65] BGH NJW 1952, 514 f. m. Anm. *Mezger*. – Gewisse Parallelen zum Pfeffertütenfall besitzen die sog. „Klingelfälle", die die jüngere Rechtsprechung beschäftigt haben; vgl. etwa BGHSt 26, 201 ff.; BGH StV 1984, 420; s. dazu *Kühl*, AT[8], § 15 Rn. 64 m. w. N.
[66] S. etwa die abl. Anm. von *Mezger*, NJW 1952, 514; *Wessels/Beulke/Satzger,* AT[48], Rn. 952.
[67] S. dazu etwa RGSt 77, 1 ff.; BGH NStZ 1993, 133 f.

nähert und der Auflauernde seine **Angriffsmittel** in eine **tätige Beziehung zum** in Aussicht genommenen **Angriffsobjekt** setzt.[68]

67 Durchaus vereinbar mit einem engen Verständnis des tatbestandsmäßigen Versuchsverhaltens ist es dagegen, wenn bereits die **Betäubung** eines Kindes, um ihm nach Eintritt der Bewusstlosigkeit die **Pulsadern aufzuschneiden**, als erstes **Teilstück** eines **tatbestandsmäßigen Tötungsverhaltens** aufgefasst wird.[69]

68 Anzuerkennen ist somit allenfalls eine extensive Auslegung bei der Bestimmung der dem Versuchsdelikt zugrunde liegenden Verhaltensnorm: Auch ein für sich genommen noch nicht lebensgefährliches Verhalten kann bereits Teilstück einer Tötungshandlung sein und deshalb ein **tatbestandsmäßiges Versuchsverhalten** (im Sinne eines Tötungsdelikts) begründen. Andere Verhaltensweisen sind dagegen lediglich Vorbereitungshandlungen und reichen jedenfalls nicht für einen strafbaren Versuch.[70]

3. Weitere Problemfälle

69 Auch das Problem des **Versuchsbeginns** beim **Unterlassungsdelikt** lässt sich auf der Basis des bisher Gesagten lösen: Da im Falle des Unterlassens das schadensträchtige Geschehen einfach abläuft, ohne dass noch etwas aktiv „ins Werk gesetzt" zu werden braucht, befindet sich der Unterlassende immer in einer Situation, in der er etwas Gefahrenvermeidendes tun muss, um eine Vollendung der Tat zu verhindern. Dabei muss der Betreffende allerdings bereits ein **tatbestandsmäßig Unterlassender** sein, indem er einer tatbestandsspezifischen Rechtspflicht zur Gefahrenabwendung nicht nachkommt.[71] Unter dieser Voraussetzung scheint die Unterscheidung zwischen einem **beendeten** und einem **unbeendeten Versuch** beim Unterlassen ihren Sinn zu verlieren. Denn der Unterlassende ist ja ohnehin gehalten, etwas Gefahrenvermeidendes zu tun.[72] Jedenfalls ein Rücktritt vom Unterlassungsversuch durch bloßes weiteres Untätigbleiben ist kaum vorstellbar.[73]

---

[68] S. dazu etwa BGH GA 1953, 50; vgl. a. BGH StV 1989, 526 (vergebliches Auflauern).

[69] So mit Recht in einem solchen Fall RGSt 59, 157, 158: Einflößung des Betäubungsmittels als Bestandteil der Tötungshandlung. – Zur ganz anderen Frage, ob in einem solchen Fall, wenn wider Erwarten bereits das als bloße Betäubung gedachte Verhalten zum Tod führt, wegen vorsätzlichen vollendeten Delikts gestraft werden kann, oben § 7 Rn. 118 ff., 153 ff.

[70] Schon gar nicht für eine vollendete Vorsatztat; vgl. dazu die vorhergehende Fn.

[71] Allg. zu der entsprechenden Verhaltensnormproblematik beim Versuch als Straftat *Stein*, GA 2010, 129, 138 ff., 145 ff.

[72] I. d. S. etwa *Herzberg*, MDR 1973, 89, 93; *Kudlich*, in: Satzger/Schluckebier/Widmaier³, § 13 Rn. 45; auch die Vorauflage dieses Lehrbuchs ging in diese Richtung.

[73] Das von *Wessels/Beulke/Satzger*, AT⁴⁸, Rn. 1226 genannte Beispiel überzeugt nicht, weil es die abzulehnende Gesamtbetrachtungslehre als Prämisse hat: Wenn der Vater die ungeliebte Tochter, die als Nichtschwimmerin bei einer Segeltour ins Wasser gefallen ist, nicht rettet und diese sich nur zufällig gerade noch selbst in Sicherheit bringen kann, liegt bereits eine nicht mehr rücktrittsfähige fehlgeschlagene Versuchstat vor. Der Verzicht darauf, T erneut ins Wasser zu werfen, ist kein „Aufgeben" der begonnenen – aber erfolglos gebliebenen – durch begehungsgleiches Unterlassen begangenen versuchten Tötungstat. „Aufgeben" kann man nur, was man vorhat! – S. zur Rücktrittsproblematik noch unten § 9 Rn. 22 ff., 27 ff., 50 ff., 65 ff.

III. Versuchsdelikt: Zum Ausdruck gelangter Verhaltensnormverstoß 343

Dennoch kann die Unterscheidung zwischen den verschiedenen Versuchsformen 70
auch im Unterlassungsbereich durchaus hilfreich sein. Sie ermöglicht es immerhin,
die Probleme der Verhaltensnormlegitimation und der (für die Strafzumessung bedeutsamen) verwirklichten unterschiedlichen Unterwertgehalte präziser als meist
üblich herauszuarbeiten.[74] Ein Überschreiten der Schwelle zum strafbaren Versuch
kann jedenfalls nur angenommen werden, wenn sich die **Schädigungsmöglichkeit**
so weit **verdichtet** hat, dass von einem **unmittelbaren Ansetzen** zur Verwirklichung des **Tatbestands** des entsprechenden **Vollendungsdelikts** gesprochen werden kann.[75]

Prüfungsschema des Versuchs: 71
1. Tatbestandsmäßiges und nicht gerechtfertigtes vorsätzliches Handlungs- oder Unterlassungsprojekt (sog. Tatentschluss)

a) *Vorhaben i. S. eines Handlungs- oder Unterlassungsprojekts*, welches im Falle seiner Ausführung ein entsprechend tatbestandlich zu missbilligendes und nicht gerechtfertigtes Verhalten darstellt.

b) *Vorsätzliches* Vorhaben: *Kenntnis der Umstände*, welche die nicht gerechtfertigte Tatbestandsverwirklichung begründen (bezogen auf den Zeitpunkt des geprüften Verhaltens – also des Verhaltens, das ein unmittelbares Ansetzen darstellen soll).

Die spezifischen Anforderungen vorsätzlichen Versuchsunrechts verwirklicht z. B. nicht der im vermeidbaren Erlaubnistatbestandsirrtum befindliche Täter.

Bei manchen Tatbeständen müssen auch sonstige spezielle subjektive Merkmale erfüllt sein (wie z. B. beim versuchten Diebstahl die Absicht rechtswidriger Zueignung)

2. Unmittelbares Ansetzen (tatbestandsmäßiges Versuchsverhalten)
Unmittelbares Ansetzen liegt vor, wenn sich der Täter vollständig oder zumindest teilweise tatbestandsmäßig i. S. des Vollendungsdelikts verhält und aus Tätersicht bereits die Vollendung der Tatbestandsverwirklichung droht.

Ein teilweises tatbestandsmäßiges Verhalten i. S. des Vollendungsdelikts kann sich auch aus dem Zusammenhang ergeben, in dem es vorgenommen wird: Z. B. ist bereits die Betäubung des Opfers Teil der Tötungshandlung, wenn die Tötung des betäubten Opfers unmittelbar folgen soll.

Das Fehlverhalten muss für eine Bestrafung selbstverständlich hinreichend gewichtig sein.

---

[74] Weiterführend dazu *Stein*, GA 2010, 129, 136 ff.
[75] Vgl. dazu etwa *Jakobs*, AT², 29/118; *Wessels/Beulke/Satzger,* AT⁴⁸, Rn. 1221 f.

Vertiefungs- und Problemhinweise

72 *Adams/Shavell*, Zur Strafbarkeit des Versuchs, GA 1990, 337 ff.; *Alwart*, Strafwürdiges Versuchen, 1982; *Fahl*, Der „fehlgeschlagene Versuch" – ein „Fehlschlag"?, GA 2014, 453 ff.; *Guhra*, Das vorsätzlich-tatbestandsmäßige Verhalten beim beendeten Versuch – Ein Beitrag zur personalen Unrechtslehre, 2002; *Gropp*, Vom Rücktrittshorizont zum Versuchshorizont – Überlegungen zur Abgrenzung zwischen Vorbereitung und Versuch, FS Gössel, 2002, S. 175 ff.; *Hardtung*, Gegen die Vorprüfung beim Versuch, Jura 1996, 293 ff.; *ders.*, Versuch und Rücktritt bei den Teilvorsatzdelikten des § 1 Abs. 2 StGB – Über Erfolgsqualifikationen und andere so genannte Vorsatz-Fahrlässigkeitskombinationen, 2002; *Herzberg*, Zur Strafbarkeit des untauglichen Versuchs, GA 2001, 257 ff.; *ders.*, Rechtsirrige Annahme einer Straftatbegehung – Versuch oder Wahndelikt?, GS Schlüchter, 2002, S. 189 ff.; *Hillenkamp*, Zur „Vorstellung von der Tat" im Tatbestand des Versuchs, FS Roxin, S. 689 ff.; *Hirsch*, Untauglicher Versuch und Tatstrafrecht, FS Roxin, 2001, S. 711 ff.; *Jakobs*, Kriminalisierung im Vorfeld einer Rechtsgutsverletzung, ZStW 97 (1985), 751 ff.; *Kühl*, Grundfälle zu Vorbereitung, Versuch, Vollendung und Beendigung, JuS 1979, 718 ff., 874 ff., JuS 1980, 120 ff., 273 ff., 506 ff., 650 ff., 811 ff., JuS 1981, 193 ff., JuS 1982, 110 ff., 189 ff.; *ders.*, Versuchsstrafbarkeit und Versuchsbeginn, FS Küper, 2007, S. 289 ff.; *Küper*, „Erfolgsqualifizierter" oder „folgenschwerer" Versuch? – Über die Grundlagen des sog. erfolgsqualifizierten Versuchs, FS Herzberg, 2008, S. 323 ff.; *Küper*, Anmerkungen zum Irrtum über die Beteiligungsform – Die irrige Annahme „tatherrschaftsbegründender Umstände" als Versuchs-, Teilnahme- und Fahrlässigkeitsproblem, FS Roxin, 2011, S. 895 ff.; *Modrey*, Grenzen der Strafbarkeit des Versuchs im deutschen und niederländischen Recht, 2008; *Putzke*, Der strafbare Versuch, JuS 2009, 894 ff., 985 ff., 1083 ff.; *Radtke*, An der Grenze des strafbaren untauglichen Versuchs – BGH, NJW 1995, 2176, JuS 1996, 878 ff.; *Rath*, Zum Standort einer error in obiecto-Prüfung im Unrechtsaufbau des Versuchs, JuS 1997, 424 ff.; *ders.*, Grundfälle zum Unrecht des Versuchs, JuS 1998, 1006 ff., 1106 ff. und JuS 1999, 32 ff., 140 ff.; *Renzikowski*, Wahnkausalität und Wahndelikt – Zur Strafbarkeit des untauglichen Versuchs, in: Wahn und Wirklichkeit, 2003, S. 309 ff.; *Roxin*, Der Anfang des beendeten Versuchs, FS Maurach, 1972, S. 213 ff.; *ders.*, Tatentschluss und Anfang der Ausführung beim Versuch, JuS 1979, 1 ff.; *ders.*, Die Abgrenzung von untauglichem Versuch und Wahndelikt, JZ 1996, 981 ff.; *ders.*, Über den Strafgrund des Versuchs, FS Nishihara, 1998, S. 157 ff.; *ders.*, Zur Strafbarkeit des untauglichen Versuchs, FS Jung, 2007, S. 829 ff.; *ders.*, Zum unbeendeten Versuch des Einzeltäters, FS Herzberg, 2008, S. 341 ff.; *ders*, Der Strafgrund beim untauglichen und beim tauglichen Versuch, GA 2017, 656 ff.; *Sancinetti*, Subjektive Unrechtsbegründung und Rücktritt vom Versuch, 1995; *ders.*, Risikoverringerungsprinzip versus Relevanz des Erfolgsunwertes in der Unrechtslehre, FS Jakobs, 2007, S. 583 ff.; *Sonnen/Hansen-Siedler*, Die Abgrenzung des Versuchs von Vorbereitung und Vollendung, JA 1988, 17 ff.; *Stein*, Beendeter und unbeendeter Versuch beim

Begehungs- und Unterlassungsdelikt, GA 2010, 129 ff.; *Streng,* Der Irrtum beim Versuch – ein Irrtum?, ZStW 109 (1997), 862 ff.; *Struensee,* Verursachungsvorsatz und Wahnkausalität, ZStW 102 (1990), 21 ff.; *Vehling,* Die Abgrenzung von Vorbereitung und Versuch, 1991; *Vogler,* Der Beginn des Versuchs, FS Stree/ Wessels, 1993, S. 285 ff.; *Wachter,* Das Unrecht der versuchten Tat, 2015; *Wedding,* Mittelbare Täterschaft und Versuchsbeginn bei der Giftfalle – Eine Auseinandersetzung mit dem „Passauer Apothekerfall" (BGHSt 43, 177 ff.); *Wachter,* Das Unrecht der versuchten Tat, 2015; *Wendeburg,* Die Bedeutung des Irrtums über täterschaftsbegründende Umstände – Eine Untersuchung der vermeintlichen und verkannten Täterschaft, 2018; *Zaczyk,* Das Unrecht der versuchten Tat, 1989.

Unterlassungsversuch: Herzberg, Der Versuch beim unechten Unterlassungsdelikt, MDR 1973, 89 ff.; *Malitz,* Der untaugliche Versuch beim unechten Unterlassungsdelikt – Zum Strafgrund des Versuchs, 1998; *Niepoth,* Der untaugliche Versuch beim unechten Unterlassungsdelikt – zugleich Anm. zum Urteil des BGH vom 22. September 1992 (BGHSt 38, 356), JA 1994, 337 ff.; *Stein,* Beendeter und unbeendeter Versuch beim Begehungs- und Unterlassungsdelikt, GA 2010, 129 ff.; *Weigend,* in: LK[12], § 13 Rn. 78 ff.

Versuch bei mehreren Beteiligten: Erb, Zur Konstruktion eines untauglichen Versuchs der Mittäterschaft bei scheinbarem unmittelbarem Ansetzen eines vermeintlichen Mittäters zur Verwirklichung des Tatbestandes, NStZ 1995, 424 ff.; *Heckler,* Versuchsbeginn bei vermeintlicher Mittäterschaft, GA 1997, 72 ff.; *Ingelfinger,* „Schein"-Mittäter und Versuchsbeginn, JZ 1995, 704 ff.; *Küper,* Versuchs- und Rücktrittsprobleme bei mehreren Beteiligten, JZ 1979, 775 ff.; *Küpper/Mosbacher,* Untauglicher Versuch bei nur vermeintlicher Mittäterschaft – BGH, NJW 1995, 142, JuS 1995, 488 ff.; *Riemenschneider,* Der praktische Fall – Strafrecht: „Ein Beifahrer steigt aus", JuS 1997, 627 ff.; *Roxin,* Zur Mittäterschaft beim Versuch, FS Odersky, 1996, S. 489 ff.; *Zopfs,* Vermeintliche Mittäterschaft und Versuchsbeginn, Jura 1996, 19 ff.

Versuchsmilderung der Strafe: Frisch, Die Strafrahmenmilderung beim Versuch, FS Spendel, 1992, S. 381 ff.; *Wolters,* Die Milderung des Strafrahmens wegen versuchter Tat beim echten Unternehmensdelikt, FS Rudolphi, 2004, S. 347 ff.

Problematik von Vorbereitungstatbeständen/Versuch der Beteiligung (§ 30): Becker, Der Strafgrund der Verbrechensverabredung gem. § 30 Abs. 2, Alt. 3 StGB, 2012; *Jakobs,* Kriminalisierung im Vorfeld einer Rechtsgutsverletzung, ZStW 97 (1985), 751 ff.; *Lagodny,* Strafrecht vor den Schranken der Grundrechte – Die Ermächtigung zum strafrechtlichen Vorwurf im Lichte der Grundrechtsdogmatik dargestellt am Beispiel der Vorfeldkriminalität, 1996; *Puschke,* Der Ausbau des Terrorismusstrafrechts und die Rechtsprechung des Bundesgerichtshofs – Kritische Betrachtung des Gesetzes zur Änderung der Verfolgung der Vorbereitung von schweren staatsgefährdenden Gewalttaten, StV 2015, 457 ff.; *ders.,* Legitimation, Grenzen und Dogmatik von Vorbereitungstatbeständen, 2017; *Thalheimer,* Die Vorfeldstrafbarkeit nach §§ 30, 31 StGB, 2008.

Fragen zu § 8: Das Versuchsdelikt

73
1. Wann ist der Versuch eines Delikts strafbar? § 8 Rn. 1 ff.
2. Was umfasst der sog. Tatentschluss? § 8 Rn. 4, 35.
3. Skizzieren Sie kurz die verschiedenen Ansatzpunkte zur Bestimmung des Strafgrunds des Versuchs. § 8 Rn. 9 ff.
4. Kann der bloße Entschluss zur Verwirklichung eines deliktischen Vorhabens – sofern er geäußert wird – strafrechtlich relevant werden? § 8 Rn. 23 f.
5. Erläutern Sie den Unterschied zwischen formeller Vollendung und materieller Beendigung einer Straftat und dessen Relevanz. § 8 Rn. 28.
6. Wann liegt ein beendeter Versuch vor? § 8 Rn. 32.
7. Wie ist das Vorhaben des Betreffenden bei einem sog. Wahndelikt im Unterschied zum eine Versuchsstrafbarkeit begründenden Tatentschluss beschaffen? § 8 Rn. 36 ff.
8. Nennen Sie einige Beispiele, in denen es angemessen erscheint, zur Erfüllung des Versuchstatbestands neben dem tatbestandsspezifischen personalen Fehlverhalten das Vorliegen zusätzlicher Sanktionsvoraussetzungen zu fordern. § 8 Rn. 43 ff.
9. Warum ist es sachgerecht, auch die Teilverwirklichung eines Straftatbestands als strafbaren (unbeendeten) Versuch zu erfassen? § 8 Rn. 51 ff.
10. Kann ein „unmittelbares Ansetzen" i. S. des § 22 bereits vor einer Teilverwirklichung des Tatbestands des entsprechenden Vollendungsdelikts angenommen werden? § 8 Rn. 55 ff.
11. Wie ist der Pfeffertütenfall (BGH NJW 1952, 514) zu beurteilen? § 8 Rn. 64 f.

§ 9 Rücktritt vom Versuch und sonstige Fälle „tätiger Reue"

Die grundsätzlichen „positiven" Voraussetzungen des strafbaren Versuchs wurden oben in § 8 behandelt. Hier geht es um die zusätzliche **negative Strafbarkeitsvoraussetzung** des **Rücktritts** vom Versuch – die für einen letztendlich strafbaren Versuch fehlen muss – sowie um strukturell vergleichbare Konstellationen der **„tätigen Reue"**.

1

I. Grundlagen

1. Gesetzliche Regelung des Rücktritts vom Versuch

Wegen Versuchs wird nicht bestraft, wer freiwillig die **weitere Ausführung** der **Tat aufgibt** oder deren **Vollendung verhindert** (§ 24 I 1). Wird die Tat ohne Zutun des Rücktrittswilligen nicht vollendet, so wird er straflos, wenn er sich freiwillig und ernsthaft **bemüht**, die **Vollendung zu verhindern** (§ 24 I 2).

2

Sind an der Tat **mehrere beteiligt**, so wird wegen Versuchs nicht bestraft, wer freiwillig die **Vollendung verhindert** (§ 24 II 1). Jedoch genügt zu seiner Straflosigkeit sein freiwilliges und ernsthaftes **Bemühen**, die **Vollendung** der Tat zu **verhindern**, wenn sie **ohne** sein **Zutun nicht vollendet** oder **unabhängig von** seinem **früheren Tatbeitrag begangen** wird (§ 24 II 2).

3

2. Sonstige Fälle des strafmildernden oder strafbefreienden Nachtatverhaltens: „Tätige Reue"

Die Regelung des strafbefreienden Rücktritts vom Versuch ist auf Straftaten zugeschnitten, die vom Gesetz **formell als Versuchstaten** konzipiert sind. § 24 betrifft also nur solche Taten, die als Straftat (von der Sanktionsnorm des entsprechenden

4

Vollendungsdelikts abgeleitet) über §§ 22, 23 I normiert werden.[1] Manche als Vollendungsdelikt konstruierte Straftaten sind jedoch unter dem materialen Aspekt der Verwirklichungsstufen der Güterbeeinträchtigung[2] sachliche Versuchsfälle oder gar nur Vorbereitungshandlungen. Auf solche Fälle ist die Vorschrift über den strafbefreienden Rücktritt vom Versuch indessen jedenfalls nicht unmittelbar anwendbar.[3] In manchen solcher Fälle sieht das Gesetz eigenständige rücktrittsähnliche Regelungen zur sog. **„tätigen Reue"** vor (vgl. etwa §§ 83a, 142 IV,[4] 149 II, III, § 158: Berichtigung einer falschen Angabe). Solche Regelungen zur „tätigen Reue" führen jedoch typischerweise **nur** zu einer **Strafmilderung**, die zwar u. U. bis hin zum **Absehen von Strafe** reicht, aber immerhin noch einen **Schuldspruch** ermöglicht.

5   In gewissen Bereichen, z. B. bei den Urkundenstraftaten, fehlen allerdings entsprechende Vorschriften zur „tätigen Reue". Der **Urkundenfälscher**, der das soeben angefertigte Falsifikat sofort wieder zerreißt, weil ihn sein Tun reut, kann dadurch jedenfalls nicht in direkter Anwendung der **Rücktrittsregelung** des § 24 oder in direkter Anwendung von Vorschriften der **„tätigen Reue"** von Strafe verschont werden. In einem solchen Fall ist lediglich an eine **analoge Anwendung** solcher Vorschriften zu denken, notfalls auch an eine **„prozessuale" Lösung** über eine **Verfahrenseinstellung** nach §§ 153, 153a StPO. – Auch wenn der Fall für die praktische Strafrechtspflege nur höchst selten relevant werden dürfte (in der Lebenswirklichkeit mag er aber gar nicht so selten vorkommen!), ist er für das Verständnis des Strafrechts äußerst aufschlussreich: Bei konsequenter Anwendung einer **absoluten Straftheorie** führt an der effektiven Verhängung der „an sich verdienten" Strafe kein Weg vorbei. Da indessen im Beispielsfall die Erfüllung einer **legitimierbaren Straffunktion** kaum überzeugend zu begründen ist,[5] darf letztlich von Rechts wegen nicht gestraft werden, obwohl der Fälscher etwas Unrechtes getan hat und sein Verhalten auch unter den **Wortlauttatbestand** eines Strafgesetzes (des § 267 I) **subsumierbar** ist.[6]

---

[1] Zu solchen Versuchsstraftaten oben § 8.

[2] S. dazu oben § 8 Rn. 16 ff.

[3] Die sog. „Unternehmensdelikte" i. S. des § 11 I Nr. 6 nehmen eine Sonderstellung ein. Bei diesen spricht einiges dafür, die neben der Vollendung erfassten Versuchsfälle auch als solche zu behandeln und insbesondere den strafbefreienden Rücktritt nach § 24 zuzulassen. Zwar drohen die Unternehmensdelikte bereits für materiell versuchte Gutsbeeinträchtigungen die Vollendungsstrafe an, doch lässt sich hieraus nicht ohne Weiteres ableiten, der Versuch sei bei den formellen Unternehmensdelikten zu einem nicht rücktrittsfähigen „delictum sui generis" erhoben. Wortlaut und Ratio der Rücktrittsvorschriften sprechen vielmehr dafür, auch für den „Versuch der Tat" i. S. des § 11 I Nr. 6 Strafbefreiung vorzusehen. Deren Versagung wäre willkürlich. Weiterführend und in der Sache wie hier *Wolters*, Unternehmensdelikt, S. 177 ff.; vgl. a. *dens.*, FS Rudolphi, 2004, S. 347 ff. (zur Versuchsmilderung).

[4] Die Möglichkeit wurde durch das am 1. April 1998 in Kraft getretene 6. StrRG geschaffen.

[5] Vgl. dazu noch unten (§ 9) Rn. 10 ff. zur Ratio des Rücktrittsprivilegs.

[6] Vgl. dazu nochmals oben § 1 Rn. 1 ff., 76 ff., § 2 Rn. 45 f., 52 ff.

I. Grundlagen 349

3. Wirkung und straftatsystematische Einordnung des Rücktritts vom Versuch

a) Aufhebung der sonst eingreifenden Versuchsstrafbarkeit

Die mit Erfüllung der positiven Sanktionsvoraussetzungen des Versuchsdelikts zunächst grundsätzlich vorgesehene **Rechtsfolge** der entsprechenden Versuchsstrafbarkeit wird durch den freiwilligen Rücktritt wieder **aufgehoben**. Auf die Rechtsfolge der Bestrafung bezogen ist der Rücktritt vom Versuch damit **negatives Sanktionserfordernis** bei der Versuchsstrafbarkeit. Dabei handelt es sich um ein zusätzliches Sanktionserfordernis neben dem zum Ausdruck gebrachten spezifischen Verhaltensnormverstoß des Versuchsdelikts. Die überzeugende **Einordnung** in den herkömmlichen **Deliktsaufbau** mit seinen „Schubladen" des **Tatbestands**, der **Rechtswidrigkeit** und der **Schuld** gelingt kaum:

6

b) Rücktritt und „Tatschuld"

Legt man den herkömmlichen Deliktsaufbau zugrunde, ist es nicht ohne Weiteres überzeugend anzunehmen, der freiwillige Rücktritt vom Versuch habe entschuldigende Wirkung für die begangene Tat.[7] Möglich ist eine solche Sicht nur auf der Basis eines **Straftatverständnisses**, bei dem sich auch **Nachtatverhaltensweisen** auf die **Tatschuld** auswirken können: Wenn sich z. B. der **Beleidiger** beim Beleidigten **entschuldigt**, muss es zumindest denkbar sein, das Vorhandensein einer (hinreichend) schuldhaften Tat zu verneinen. Ein solches rechtsfolgenorientiertes Verständnis der Straftat lässt sich zwar durchaus hören,[8] passt aber nicht in den traditionellen Diskussionsrahmen der „schuldhaften Tatbegehung". Denn die „Tatschuld" im traditionellen Sinne ist bezogen auf die Versuchstat als solche in den Fällen des strafbefreienden Rücktritts durchaus noch vorhanden. Sie wird allenfalls in ihrer **rechtsfriedenstörenden Wirkung** durch den freiwilligen Rücktritt vom Versuch **nachträglich** so weit **kompensiert**, dass eine **strafrechtliche Reaktion entbehrlich** erscheint. Das ist sachlich aber etwas völlig anderes als z. B. die Begehung einer „Tat" im entschuldigenden Notstand (§ 35 I), bei der zu keinem Zeitpunkt eine hinreichend schuldhafte und deshalb strafrechtliche Reaktionen legitimierende (Straf-)Tat vorliegt. Dass die Rechtsfolge (im Ergebnis keine Bestrafung) identisch ist und *insoweit* letztlich durchaus eine strafrechtliche Gleichwertigkeit der Konstellationen vorliegt, ändert an diesem Befund nichts. In dieser Hinsicht verhält es sich beim freiwilligen Rücktritt vom Versuch nicht anders als bei der **Verjährung**, die gleichfalls dazu führt, dass nach ihrem Eintritt eine **strafrechtliche Reaktionen legitimierende Tat** nicht mehr gegeben ist.

7

---

[7] I. d. S. mit Recht etwa auch *Frisch*, in: 140 Jahre Goltdammer's Archiv, 1993, S. 1, 15 ff.
[8] Ein solches funktionales Schuldverständnis, nach dem es auf das Ausmaß der Rechtsfriedensstörung im Zeitpunkt der Entscheidung ankommt, entwickelt etwa *Streng*, ZStW 101 (1989), 273, 322 ff.

c) Rücktritt als persönlicher Strafaufhebungsgrund

8   Die von der vorherrschenden Auffassung vorgenommene Einordnung des strafbefreienden Rücktritts als persönlicher Strafaufhebungsgrund[9] ist zwar in terminologischer Hinsicht nicht zu beanstanden und bringt auch zutreffend zum Ausdruck, dass eine **strafbare Teilnahme** an der **Versuchstat** trotz Rücktritts möglich bleibt,[10] bedeutet jedoch eine **Verlegenheitslösung**. Denn es trifft zwar zu, dass der freiwillige Rücktritt die zunächst grundsätzlich vorhandene Versuchsstrafbarkeit beschränkt auf den Zurücktretenden wieder aufhebt. Diese zutreffende Rechtsfolgenaussage lässt jedoch den sachlichen Grund und – damit in Zusammenhang stehend – das Verhältnis des **„Rücktrittsprivilegs"** zum **materiellrechtlichen Straftatbegriff** völlig offen.

d) Rücktritt als Grund für die Verminderung oder gar Beseitigung sonst vorhandenen strafrechtlichen Reaktionsbedarfs

9   Der strafbefreiende Rücktritt lässt sich ohne Weiteres in ein Straftatkonzept einordnen, das sich an den Legitimationsbedingungen staatlicher Rechtseingriffe orientiert – hier: der **strafrechtlichen Reaktion** auf einen begangenen **Verhaltensnormverstoß** zur **Wahrung des Rechts durch Beseitigung der Schieflage**, die durch den Verhaltensnormverstoß des Täters entstanden ist.[11] Denn dann ist klar, dass ein solcher Reaktionsbedarf nachträglich aus bestimmten Gründen entfallen kann. So ist es denkbar, dass die einen Reaktionsbedarf begründende Schieflage infolge Zeitablaufs nicht mehr besteht – wie das Institut der **Verjährung** zeigt (§§ 78 ff.).[12] – Denkbar ist auch, dass die zunächst entstandene (vom Täter zu verantwortende) **Rechtsbeeinträchtigung** von dem Betreffenden **selbst** wieder **beseitigt** oder in ihrem Gewicht doch so weit **reduziert** wird, dass eine strafrechtliche Reaktion auf den begangenen Normverstoß zur Wiederherstellung eines gestörten Rechtsfriedens nicht mehr erforderlich ist. Damit sind wir über die Frage der richtigen straftatsystematischen Einordnung bei der Frage nach der Ratio des strafbefreienden Rücktritts angelangt.

---

[9] Vgl. statt vieler *Wessels/Beulke/Satzger,* AT[48], Rn. 1001. – Den Rücktritt vom Versuch ordnet *Langer,* Sonderstraftat, S. 179, 181, der „Strafwürdigkeit" zu.

[10] Rücktritt gilt als strafausschließendes besonderes persönliches Merkmal i. S. des § 28 II (vgl. etwa *Ebert,* AT[3], S. 130; *Jescheck/Weigend,* AT[5], § 51 VI 3 [S. 549 f.], § 52 III 2 [S. 554]). – Zu den selbstständigen Anforderungen an die teilnahmefähige Haupttat näher unten § 10 Rn. 11 ff. sowie bereits oben § 3 Rn. 34 ff.

[11] Näher dazu oben § 1 Rn. 1 ff., 28 ff., 38 ff.

[12] Auf den ersten Blick könnte man geneigt sein, an dieser Stelle auch den Gedanken der *poena naturalis* und § 60 mit seiner Möglichkeit des Absehens von an sich verwirkter Strafe heranzuziehen (i. d. S. auch noch die Vorauflage). Indessen bestehen dagegen bei genauerer Betrachtung erhebliche Bedenken; näher zu dieser Problematk *Sprotte,* poena naturalis, S. 5 ff., 78 ff., 86 ff., 114.

I. Grundlagen

4. Ratio des Rücktrittsprivilegs

Angesichts der verständlichen Schwierigkeiten, den strafbefreienden Rücktritt in das herkömmliche Straftatsystem mit seinen „Schubladen" des Tatbestands, der Rechtswidrigkeit und der Schuld einzuordnen, verwundert es nicht, dass über die Ratio des Rücktrittsprivilegs in Rechtsprechung und Rechtslehre keine Einigkeit besteht. Zur Erklärung der Straflosigkeit des Versuchs bei freiwilligem Rücktritt nach § 24 werden verschiedene Gesichtspunkte genannt.[13]

10

a) Kriminalpolitischer Gedanke der „goldenen Brücke"

Teilweise wird angenommen, dem Versuchstäter solle „eine goldene Brücke zum Rückzug" gebaut werden.[14] Diese auch sog. *kriminalpolitische Theorie* zielt darauf ab, durch die **Honorierung des freiwilligen Rücktritts** der Vollendung von Straftaten entgegenzuwirken. Jedenfalls soll der Rückweg in die Legalität nicht dadurch abgeschnitten werden, dass sich an der Strafbarkeit durch einen Rücktritt nichts mehr ändern lässt. Gegen diese Erklärung des Rücktrittsprivilegs wird mit Recht eingewandt, dass der **Täter** beim Versuch in den meisten Fällen gar **nicht an die strafrechtlichen Folgen denkt** und dass er oft noch **nicht** einmal **weiß**, noch weniger sich vor Augen hält, dass er sich **Straflosigkeit verschaffen** kann, wenn er sein deliktisches Vorhaben aufgibt.[15] Das schließt es nicht aus, dem Gedanken der goldenen Brücke in manchen Fällen eine gewisse Berechtigung einzuräumen. Eine durchweg tragfähige Ratio des strafbefreienden Rücktritts ist damit indessen nicht benannt.

11

b) Aspekte (der Beseitigung) des Strafgrundes

Vor allem in der Rechtsprechung spielt der Gedanke eine Rolle, dass der **verbrecherische Wille** des Zurücktretenden **nicht so stark** gewesen sei, wie es zur Durchführung der Tat erforderlich gewesen wäre, und dass sich deshalb die im Versuch zum Ausdruck gekommene Gefährlichkeit des Täters nachträglich als wesentlich geringer erwiesen habe. Die Bestrafung des Versuchs sei damit „nicht mehr nötig, um den Täter von künftigen Straftaten abzuhalten, um andere abzuschrecken und die verletzte Rechtsordnung wieder herzustellen".[16]

12

Außerdem findet sich in der Literatur und in einigen jüngeren Entscheidungen des Bundesgerichtshofs der Gedanke der Verdienstlichkeit des freiwillig gewählten

13

---

[13] Zu verschiedenen Begründungen des Rücktrittsprivilegs vgl. den knappen Überblick bei *Günther*, GS Armin Kaufmann, 1989, S. 541, 546 f.
[14] Vgl. dazu RGSt 73, 52, 60; *Puppe*, NStZ 1984, 488, 490.
[15] So zutreffend BGHSt 9, 48, 52.
[16] BGHSt 9, 48, 52; 14, 75, 80.

Rücktritts als einer **„honorierfähigen Umkehrleistung"**.[17] Danach wird die im Versuch liegende negative Einwirkung des Täters auf das Rechtsbewusstsein der Allgemeinheit durch den freiwilligen Rücktritt jedenfalls zum großen Teil wieder ausgeglichen, sodass auf den Versuch als solchen nicht mehr mit Strafe reagiert werden muss. Teilweise auf derselben Linie liegt die von der **Strafzwecktheorie** vertretene Auffassung, bei Freiwilligkeit des Rücktritts sei die Bestrafung des Versuchs weder aus generalpräventiven noch aus spezialpräventiven Gründen geboten.[18]

14 Einen – jedenfalls auf den ersten Blick – ganz anderen Gesichtspunkt stellt *Herzbergs* von ihm selbst sog. **„Schulderfüllungstheorie"** in den Mittelpunkt: Danach soll der Sinn des § 24 darin zu erblicken sein, dass die gesetzliche Strafdrohung sich erledige, wenn der Täter die Vollendung der Tat durch eine ihm **zurechenbare Leistung** verhindere und so die ihm obliegende – als Pflicht zur Wiedergutmachung verstandene – „Schuld" erfülle.[19]

15 Auf der Basis des hier entwickelten Straftatkonzepts gilt Folgendes: Da der Rücktritt die sonst eingreifende Rechtsfolge der Bestrafung aufhebt, muss die Ratio des Rücktrittsprivilegs so bestimmt werden, dass diese gravierende Änderung in der **Rechtsfolge sachlich begründet** (und nicht willkürlich) ist. Von daher gesehen kann die sachlich tragfähige Begründung für einen strafbefreienden Rücktritt nur auf der Linie einer entsprechenden **strafzwecktheoretischen Konzeption** gefunden werden.

c) Präzisierung der Ratio: Rechtzeitige Verminderung oder gar Beseitigung der eine strafrechtliche Reaktion legitimierenden (hinreichend gewichtigen) Rechtsbeeinträchtigung

16 Eine sachliche Begründung für die Ausnahme von der sonst eingreifenden Rechtsfolge der Bestrafung ergibt sich, wenn man darauf abstellt, dass der **Strafgrund des Versuchs** wegen des freiwilligen Rücktritts **nicht mehr (uneingeschränkt) trägt:**[20] Strafgrund des Versuchs (wie des vollendeten Delikts) ist – wie gezeigt – die in der Versuchstat zu erblickende Infragestellung der Geltungskraft der übertretenen Verhaltensnorm. Die Bestrafung hat die Funktion, im Verhältnis dazu das Recht durch

---

[17] BGH NStZ 1986, 264 f. (krit. insofern freilich BGHSt 39, 221, 231); aus der Literatur vgl. *Bockelmann/Volk*, AT[4], S. 214; *Jescheck/Weigend*, AT[5], § 51 I 3 (S. 539); *Puppe*, NStZ 1986, 14, 18. – Näher zu diesem berechtigten Gedanken der Kompensation durch einen „actus contrarius" i. S. einer „honorierungswürdigen Umkehrleistung" auch *Heckler*, Ermittlung der Rücktrittsleistung, S. 121 ff., 187 ff., 196 ff.

[18] S. dazu etwa *Mitsch*, in: Baumann/Weber/Mitsch/Eisele, AT[12], § 23 Rn. 11; *M. Bergmann*, ZStW 100 (1988), 329, 334 f.; vgl. a. *Eser/Bosch*, in: Schönke/Schröder[30], § 24 Rn. 2b; *Jäger*, in: SK StGB[9], § 24 Rn. 5 (mit dem Gedanken der bewirkten oder zumindest versuchten Gefährdungsumkehr).

[19] *Herzberg*, FS Lackner, 1987, S. 325; *ders.*, NStZ 1989, 49 ff.; *ders.*, NStZ 1990, 172 f.; kritisch gegenüber Herzbergs Schulderfüllungstheorie *M. Bergmann*, ZStW 100 (1988), 329, 336 f., 350 f.; *Rudolphi*, NStZ 1989, 508, 510 f.; *Eser/Bosch*, in: Schönke/Schröder[30], § 24 Rn. 2c.

[20] Sachlich übereinstimmend etwa *Heckler*, Ermittlung der Rücktrittsleistung, S. 122.

Beseitigung der durch die (Versuchs-)Tat entstandenen Schieflage zu wahren und den Täter in seiner Eigenschaft als Gleicher im Recht zu bestätigen. Dessen bedarf es jedenfalls nur noch in einem eingeschränkten Maße, wenn der **Versuchstäter** bereits selbst den **rechtserschütternden Eindruck** zu einem guten Teil **kompensiert**, indem er durch sein Rücktrittsverhalten letztlich doch die zunächst übertretene Verhaltensnorm in jeglicher Hinsicht anerkennt und dies auch hinreichend manifestiert.[21] Dabei zeichnet sich der freiwillige Rücktritt vor sonstigem Nachtatverhalten durch einen besonders engen sachlichen Zusammenhang mit der Versuchstat aus. In zeitlicher Hinsicht ist der geistige Angriff auf die Normgeltung als unwidersprochener nur ganz kurzzeitig in der Welt. Vor allem aber sorgt der freiwillig Zurücktretende durch seinen Selbstwiderspruch für die unter Normgeltungsaspekten dringend erforderliche Richtigstellung, die der Versuchstat gleichsam auf dem Fuße folgt.

Dieses Verständnis des strafbefreienden Rücktritts ergibt sich ohne Weiteres aus der **restitutiven Straftheorie**, wie sie oben in § 1 Rn. 28 ff. näher dargestellt worden ist. Spezialpräventive Aspekte – insbesondere maßregelspezifische Elemente spezialpräventiver Gefährlichkeit[22] – sind dagegen ohne Belang. Auch die **retributive expressive Straftheorie** *Rostalskis* räumt dem Rücktritt vom Versuch einen bedeutsamen Stellenwert im Rahmen der Strafhöhenbemessung bei. Dem liegt die Überlegung zugrunde, dass der vom Versuch zurücktretende Täter sich jedenfalls in Teilen selbst die Antwort auf seine unberechtigte Infragestellung des Rechts gegeben hat. Er räumt gewissermaßen in eigener Person – bereits ohne den gesellschaftlichen Hinweis – ein, sich falsch verhalten zu haben, indem er nachträglich die übertretene Norm anerkennt. Dies macht eine gesellschaftliche Reaktion auf sein Fehlverhalten jedenfalls nur noch in einem eingeschränkten Maße notwendig.

Allerdings ist zu beachten, dass sich der Täter die Antwort auf seine unberechtigte Infragestellung des Rechts zumindest in aller Regel nicht in vollem Umfang selbst geben kann.[23] Das sowohl der restitutiven Straftheorie *Freunds* als auch der retributiven Straftheorie *Rostalskis* zugrundeliegende Bild des Bestrafungsvorgangs als Kommunikation zwischen Täter und Gesellschaft lässt es allenfalls in engen Grenzen zu, als „Selbstgespräch" ausgestaltet zu sein. Grund dafür ist der Umstand, dass der Täter durch seine Infragestellung der übertretenen Verhaltensnorm bereits in Kommunikation mit der Gesellschaft getreten ist. Er interagiert auf diese Weise mit den übrigen Gesellschaftsmitgliedern, indem er das gemeinsame Normensystem jedenfalls punktuell in seiner Geltung anzweifelt. *Diese* Infragestellung des Rechts kann er grundsätzlich nicht mehr ohne Beteiligung seiner Kommunikationsadressaten bereinigen. Mit dieser Erkenntnis stimmt die gegenwärtige Gesetzeslage jedoch

---

[21] *Rostalski*, Der Tatbegriff im Strafrecht, E. I. 2.; *dies.*, JR 2017, 620, 621 f. In der Sache ähnlich *M. Bergmann*, ZStW 100 (1988), 329, 335; *Schall*, JuS 1990, 623, 630; *Ranft*, JZ 1989, 1128, 1129; s. a. *Streng*, JZ 1990, 212, 215: Rücknahme der Auflehnung gegen die Rechtsordnung; *Jakobs*, AT², 26/4: „Freiwilliger Tatwiderruf".
[22] Zur wichtigen Abschichtung des Zwecks der Strafe von dem der Maßregeln der Besserung und Sicherung s. oben § 1 Rn. 65 f.
[23] Näher zum Ganzen *Rostalski*, Der Tatbegriff im Strafrecht, E. I. 2. m. w. N. sowie *dies.*, JR 2017, 620, 622 f.

nicht überein. Der Rücktritt vom Versuch als **nachträgliche Anerkennungsleistung** im Hinblick auf die Geltung der übertretenen Verhaltensnorm muss zwar zwingend **strafmildernd** berücksichtigt werden. Allein eine gänzliche Strafbefreiung – insbesondere der Verzicht auch auf einen Schuldspruch in gewichtigen Fällen – lässt sich damit nicht rechtfertigen. Dieser Befund muss als Kritik an der momentanen Fassung des § 24 StGB eingestuft werden, dessen vollständige **Straffreistellung** in den meisten Fällen **bedenklich** erscheint. Dies wirft die Frage auf, ob neben der vorgenommenen Ratiobestimmung weitere tragfähige Rationes ausfindig zu machen sind. Bei negativem Ergebnis muss dieser Befund in eine **Kritik an der lex lata** mit ihren dann willkürlichen und deshalb verfehlten Strafbarkeitsausnahmen münden.[24]

II. Rücktrittsfähige Versuchstat

1. Kein Rücktritt vom vollendeten Delikt

19 Rücktritt vom Versuch ist bei Vorliegen einer vollendeten Tat ausgeschlossen. Denn nach § 24 wird „wegen Versuchs nicht bestraft, wer …".[25]

20 Keine Ausnahme bilden die Fälle, in denen zwar bei oberflächlicher Betrachtung von einem eingetretenen tatbestandsmäßigen Erfolg gesprochen werden könnte, aber die genauen **Voraussetzungen** einer **tatbestandsmäßigen Verhaltensfolge** gar **nicht vorliegen**. Kommt der mit Tötungsvorsatz von einem Messerstecher Verletzte bei einem „normalen" Verkehrsunfall zu Tode, liegen die Voraussetzungen eines vollendeten Tötungsdelikts nicht vor. Deshalb ist strafbefreiender Rücktritt vom versuchten Tötungsdelikt nicht etwa wegen des eingetretenen Todes – der in Wahrheit eben doch kein tatbestandsmäßiger Erfolg ist[26] – ausgeschlossen. Ausgeschlossen ist lediglich ein strafbefreiender Rücktritt von der mit der Verletzung des Opfers vollendeten gefährlichen Körperverletzung (§§ 223, 224 I).

21 Beim **formell vollendeten Delikt** kann eine **tätige Reue** als Nachtatverhalten allenfalls zu einer **Strafmilderung** – in manchen Fällen sogar zu einer **Strafrahmenmilderung** oder gar zu einem **Absehen von Strafe** – führen.[27] Bei möglichem Absehen von Strafe ist allerdings grundsätzlich ein **Schuldspruch** vorgesehen.[28]

---

[24] Zu möglichen Fällen nicht ratio-konformen strafbefreienden Rücktritts de lege lata s. unten (§ 9) Rn. 57 ff.

[25] Zur Kritik an vereinzelten abweichenden Positionen näher *Knörzer,* Rücktritt, S. 198 ff. – Eine Sonderstellung nehmen die sog. „Unternehmensdelikte" i. S. des § 11 I Nr. 6 ein, bei denen einiges dafür spricht, die neben der Vollendung erfassten Versuchsfälle auch als solche zu behandeln und insbesondere den strafbefreienden Rücktritt nach § 24 zuzulassen; näher dazu *Wolters,* Unternehmensdelikt, S. 177 ff.

[26] Zum verbreiteten voreiligen Feststellen eines „tatbestandsmäßigen Erfolgs" s. oben § 2 Rn. 67. Zu den Anforderungen an tatbestandsmäßige Verhaltensfolgen näher oben § 2 Rn. 54 ff., § 5 Rn. 62 ff., § 6 Rn. 137 ff., § 7 Rn. 118 ff.

[27] S. dazu oben (§ 9) Rn. 4 f.

[28] Bei einer Verfahrenseinstellung nach § 153b StPO unterbleibt auch ein Schuldspruch.

II. Rücktrittsfähige Versuchstat 355

2. Kein Rücktritt vom fehlgeschlagenen Versuch

Ein strafbefreiender Rücktritt kommt bei fehlgeschlagenem Versuch nicht in Betracht. Dass ein fehlgeschlagener Versuch nicht rücktrittsfähig ist, ergibt sich aus den gesetzlichen Erfordernissen des „**Aufgebens der Tat**" bzw. der „**Verhinderung der Vollendung**" (oder **entsprechender Bemühungen**). Nur eine fortsetzbare Tat kann aufgegeben werden und nur eine drohende Vollendung ist – durch entsprechende Bemühungen – verhinderbar. 22

a) Maßgebliche Perspektive zur Bestimmung des Fehlschlags

Dabei kommt es freilich nicht auf die aus höherer Warte bestimmte Wirklichkeit an. Entscheidend ist vielmehr die Vorstellung des Versuchstäters. Das ist nach der hier jedenfalls primär zugrunde gelegten **Ratio des Rücktrittsprivilegs** selbstverständlich: Wie der geistige Angriff auf die Normgeltung erst durch die entsprechende **Vorstellung des Versuchstäters** konstituiert wird,[29] erhält auch der **actus contrarius** des freiwilligen Rücktritts durch dessen (vermittelbaren) Sinngehalt für den Zurücktretenden erst seine entscheidende Kontur. 23

Beispiel: Wer dabei ist, ein wertvolles Gemälde aus einem Museum zu entwenden und nicht weiß, dass das Gebäude längst umstellt ist, sodass er aus höherer Warte betrachtet keine Chance mehr hat, den Diebstahl zu vollenden, kann die Tat dennoch i. S. des § 24 I „aufgeben". Solange er sich einer **Situation gegenübersieht**, die ihm die **Vollendung** der Tat noch **gestattet**, kann ein Verlassen des Gebäudes ohne das Gemälde die Infragestellung des Diebstahlsverbots, die im unternommenen Diebstahlsversuch zu erblicken ist, wieder (weitgehend) zurücknehmen. Dem steht der aus **anderer Perspektive** längst feststehende **Fehlschlag** nicht entgegen. 24

b) Bestimmungskriterien des Fehlschlags

aa) Unerreichbarkeit des konkreten Handlungsziels

Unproblematische Fälle des fehlgeschlagenen und damit nicht mehr rücktrittsfähigen Versuchs sind solche, in denen der Versuchstäter von der **Unerreichbarkeit** seines **konkreten Handlungsziels** ausgeht. Beispiele dafür sind der vom Einbrecher vorgefundene **leere Tresor** und die **nicht funktionierende Bombe** des Attentäters.[30] Hierher wird man auch den Fall rechnen können, dass in dem aufgebrochenen 25

---

[29] Zur Angemessenheit der Perspektivenbetrachtung bei der Konturierung einer auch vom Versuchstäter übertretenen Verhaltensnorm näher in grundsätzlichem Zusammenhang oben § 2 Rn. 28 ff.; s. a. oben § 3 Rn. 10 ff., § 5 Rn. 23 ff.
[30] Zu weiteren Beispielen s. *Kühl*, AT[8], § 16 Rn. 13 ff.

Tresor wider Erwarten nur eine **minimale Summe** des Geldes ist.[31] Der intendierte **weitergehende Diebstahl** kann nicht mehr aufgegeben werden, sondern ist **undurchführbar** geworden.

bb) Wegfall des Motivs als Fall des Fehlschlags?

26 Nicht unproblematisch ist demgegenüber die Annahme eines fehlgeschlagenen Versuchs, wenn der Attentäter, der bereits unmittelbar zur Tat angesetzt hat, in letzter Sekunde erkennt, dass das **anvisierte Opfer nicht** der **verhasste Politiker** ist.[32] Denn die Tötung der anvisierten Person könnte durchaus noch vollendet werden. Dass deren Tötung für den Attentäter sinnlos ist, ändert an der möglichen Vollendung der unternommenen Tötung der anvisierten Person nichts. Der **Wegfall des Motivs** für die konkret unternommene Tötung kann allenfalls dazu führen, dass das Aufgeben der Tat nicht dem normativ zu bestimmenden **„Freiwilligkeitserfordernis"** genügt und *deshalb* ein strafbefreiender Rücktritt ausscheidet.[33] Fehlgeschlagen ist der Versuch im Hinblick auf die konkret anvisierte Person aber nicht. Ein Fehlschlag kommt deshalb allenfalls dann in Betracht, wenn man davon ausgeht, dass in dem **tauglichen Versuch** gegenüber der **anvisierten Person** *zugleich* – nicht zusätzlich – der **untaugliche Versuch** gegenüber der **eigentlich gemeinten** liegt.[34] Dieser untaugliche Versuch ist in der Tat nach dem Bemerken der Verwechslung **fehlgeschlagen**. Auf dieser Basis wäre die Umsetzung eines Entschlusses zur Tötung der ursprünglich gar nicht gemeinten Person eine vollkommen neue Tat.[35] Deren Nichtbegehung stellt daher kein Aufgeben der weiteren Ausführung der (fehlgeschlagenen) untauglichen Versuchstat gegenüber dem verhassten Politiker dar.

cc) Fehlschlag bei Misslingen eines aus Tätersicht erfolgstauglichen und nicht mehr rücknehmbaren Einzelakts?

27 Ob ein fehlgeschlagener und damit nicht mehr rücktrittsfähiger Versuch vorliegt, wenn der Versuchstäter einen aus seiner Sicht bereits erfolgstauglichen und nicht mehr rückgängig zu machenden (nicht revozierbaren) Versuch unternommen hat, ist umstritten.

---

[31] Vgl. zu einem entsprechenden Fall *Kühl*, AT[8], § 16 Rn. 15 m. w. N.

[32] Für die Annahme eines fehlgeschlagenen Versuchs in einem solchen Fall aber z. B. *Kühl*, AT[8], § 16 Rn. 15; anders demgegenüber *Feltes*, GA 1992, 395, 413.

[33] Näher dazu unten (§ 9) Rn. 57 ff.

[34] Näher dazu, dass in einer bestimmten Straftat zugleich ein untauglicher Versuch zu sehen sein kann, ohne dass damit zwei selbstständige Straftaten nebeneinander gegeben sind, *Puppe*, in: NK[5], § 16 Rn. 110 f.; s. a. *Freund*, JuS 1990, L 36, 37, 39.

[35] In der Sache ähnlich *Herzberg*, in: MünchKommStGB, § 24 Rn. 90 ff. („Weiterhandeln ist Anfügung einer neuen Tat"); vgl. a. *Scheinfeld*, Der Tatbegriff des § 24 StGB, S. 94, 98, 141 (der das Problem zutreffend als solches der Tatidentität auffasst).

(1) Einzelaktstheorie

Die sog. Einzelaktstheorie[36] nimmt in einem solchen Fall einen fehlgeschlagenen Versuch an. Wer z. B. auf sein Opfer mit Tötungsvorsatz einen **Schuss abgibt**, der sein **Ziel verfehlt**, kann danach nicht mehr dadurch strafbefreiend zurücktreten, dass er davon Abstand nimmt, auf sein Opfer **weitere** mögliche **Schüsse** abzugeben. Denn dieser „Verzicht" bezieht sich nur auf die Nichtvornahme weiterer – für eine Versuchsstrafbarkeit selbstständig ausreichender – Tötungsakte. Darin einen actus contrarius zur Versuchstat zu erblicken, der die Infragestellung der Normgeltung hinreichend kompensiert, erscheint in der Tat einigermaßen gewagt.

28

Allerdings hat die Einzelaktstheorie mit einem nahe liegenden Einwand zu rechnen: Sie scheint den **vorbeischießenden Täter schlechter zu stellen** als den, der sein Opfer lebensgefährlich verletzt und anschließend durch aktive **Verhinderungsbemühungen** dessen Leben rettet.[37] Denn in dem zuletzt genannten Fall soll der Versuchstäter nach Auffassung vieler jedenfalls mit Blick auf den **Wortlaut des § 24 I 1 Fall 2 Strafbefreiung** wegen aktiven Rücktritts vom beendeten Versuch des Totschlags erlangen. Indessen ist das keineswegs zwingend. Beide Fälle können auf der Basis einer **strengen Einzelaktskonzeption** unter dem Blickwinkel des versuchten Tötungsdelikts durchaus gleich behandelt werden.

29

Der **Wortlaut des § 24 I 1 Fall 2** ist in der entscheidenden Hinsicht (der Verhinderung der Vollendung einer „Tat") konkretisierungsbedürftig und programmiert einen über Gebühr weiten Tatbegriff jedenfalls nicht zwingend. Bei zutreffendem Verständnis gilt: Eine **ausgebliebene Vollendung** ist **nicht mehr zu verhindern**. Und was schon endgültig ausgeblieben ist, kann und muss nicht mehr abgewendet werden.[38] Das gilt nicht nur im Falle des tödlich gemeinten Schusses, der sein Ziel vollständig verfehlt, sondern auch dann noch, wenn der Schuss, der ins Herz treffen sollte, lediglich eine periphere Verletzung bewirkt, deren Lebensgefährlichkeit der Täter noch beseitigen kann. Wer insofern Probleme mit dem Wortlaut des § 24 I 1 Fall 2 hat, sollte die Gesetzeslage kritisieren und den Gesetzgeber auffordern, **de lege ferenda** eine sachgerechte Regelung dieser Fälle vorzunehmen. Dagegen ist es verfehlt, Fälle, in denen nach derzeitiger Gesetzeslage allenfalls notgedrungen strafbefreiender Rücktritt einzuräumen ist, als Ansatzpunkt dafür zu nehmen, die verfehlte Rechtsfolge ohne gesetzliche Notwendigkeit auf weitere Fälle zu übertragen.[39]

30

---

[36] Instruktiv dazu *M. Bergmann*, ZStW 100 (1988), 329 ff., 339 ff.; s. a. *Eser/Bosch*, in: Schönke/Schröder[30], § 24 Rn. 20 f.; *Heckler*, Ermittlung der Rücktrittsleistung, S. 196 ff.; *Rostalski*, Der Tatbegriff im Strafrecht, E. I. 2.; *Timpe*, Ad Legendum (Juridicum Münster) 2014, 236 ff.

[37] S. zu diesem beliebten Einwand etwa *Kühl*, AT[8], § 16 Rn. 19.

[38] Zu diesem in den Rechtsfolgen sachgerechten und auch den Wortlaut beachtenden Verständnis des § 24 I 1 Fall 2 treffend *Jakobs*, AT[2], 26/19 (krit. dazu aber etwa *Scheinfeld*, Der Tatbegriff des § 24 StGB, S. 25 ff., 100 ff.). – Die Angemessenheit einer strengen Einzelaktskonzeption zeigt sich auch in Fällen des „antizipierten Rücktritts"; s. dazu unten (§ 9) Rn. 69 f.

[39] Zur notwendigen Reform des Rücktritts vom Versuch und vergleichbarer Sachverhalte weiterführend *M. Bergmann*, ZStW 100 (1988), 329, 351 ff.; *Freund*, GA 2005, 321, 331 f.; vgl. a. *Freund/Garro Carrera*, ZStW 118 (2006), 76 ff.; *Rostalski*, Der Tatbegriff im Strafrecht, E. I. 2. –

(2) „Rücktrittsfreundliche" Gesamtbetrachtungslehre – Inhalte und Kritik

31　Dass der Versuch, einen Fehler durch einen weiteren auszugleichen, nur zusätzliche Probleme produziert, zeigt beispielhaft die Entwicklung der Versuchsdogmatik auf der Basis der rücktrittsfreundlichen Gesamtbetrachtungslehre, die sich inzwischen in der Rechtsprechung, aber auch weitgehend in der Literatur durchgesetzt hat: Nach dieser Gesamtbetrachtungslehre liegt kein (endgültig) fehlgeschlagener Versuch vor, wenn der Versuchstäter noch die **Möglichkeit** sieht, durch **weitere gleichwertige Akte** den **Angriff zu wiederholen** – z. B. nach dem ersten Fehlschuss weitere Schüsse abzugeben – oder aber durch andere Akte fortzusetzen – z. B. nach erkanntem Fehlschlagen des Erschießens mit der letzten Kugel das Opfer nunmehr zu überfahren, zu erschlagen, zu erwürgen oder mit Benzin zu übergießen und zu verbrennen etc. Dabei ist **freilich unklar**, wo die **Grenze** zu ziehen sein soll und welche neuen Möglichkeiten der Zielerreichung außer Betracht zu bleiben haben – also wann genau eine **neue Versuchstat** angenommen werden muss und der bisherige Versuch in diesem Konzept fehlgeschlagen ist.[40]

(a) Ältere Rechtsprechung (Tatplantheorie)

32　Die ältere Rechtsprechung hatte in dieser Hinsicht immerhin noch ein einigermaßen klares Kriterium. Denn sie stellte auf den **Tatplan** ab[41]: Ging der Täter davon aus, er werde mit der ersten Kugel treffen, war sein durch den Tatplan fest umrissener Versuch bei einem Fehlschuss fehlgeschlagen und nicht mehr rücktrittsfähig. Hatte er dagegen „in weiser Voraussicht menschlicher Unzulänglichkeit" einen **Fehlschuss einkalkuliert** und sich vorgenommen, notfalls alle Kugeln einzusetzen oder gar zu anderen Tötungsmitteln zu greifen, konnte er die weitere Tatausführung aufgeben, solange sein vorgesehenes Reservoir noch nicht erschöpft war. Von vornherein nicht weiterführend war das Tatplankriterium allerdings, wenn ein **festumrissener Plan fehlte** oder seine genauen Umrisse jedenfalls nicht geklärt werden konnten. In diesen Fällen blieb kaum etwas anderes übrig, als eben doch auf den Rücktrittshorizont abzustellen.

(b) Neuere Rechtsprechung (Rücktrittshorizont)

(aa) Grundsätzliche Inhalte und Kritik

33　Nicht zuletzt unter dem Eindruck der massiven Kritik des Schrifttums hat die Rechtsprechung inzwischen das Tatplankriterium zugunsten der durchgängigen **Maßgeblichkeit** des **Rücktrittshorizonts** aufgegeben. Als entscheidend wird nunmehr die

---

Dass es durchaus auch schon de lege lata unter Beachtung von Wortlaut und Ratio möglich ist, angemessene Ergebnisse zu erzielen, zeigt *Jakobs,* AT², 26/19; vgl. dazu auch noch unten (§ 9) Rn. 69 f. zu den Fällen des „antizipierten Rücktritts".

[40] Zur weiteren Kritik an der Gesamtbetrachtungslehre s. *Rostalski,* Der Tatbegriff im Strafrecht, E. I. 2.

[41] Vgl. dazu BGHSt 10, 129, 131 („Flachmann-Fall"); 22, 330, 331.

Vorstellung des Versuchstäters nach Abschluss der letzten (Versuchs-)Ausführungshandlung angesehen.⁴²

Die frühere Rechtsprechung mit dem Tatplankriterium führte in der Tat zu einer nicht überzeugenden Privilegierung des besonders umsichtig planenden und mit **besonders intensiver krimineller Fantasie** ausgestatteten Täters. Indessen hat die Änderung der Rechtsprechung entgegen dem ersten Anschein keineswegs zu einer Beseitigung, sondern allenfalls zur Verschiebung der **unangemessenen Privilegierung** solcher Täter geführt. Denn nunmehr kommt immer noch derjenige viel schlechter weg, der unter dem Aspekt potenzieller krimineller Betätigungen eine eher zurückhaltend-zaghafte Natur besitzt: Wem nach dem ersten missglückten Versuch nichts neues Erfolgversprechendes mehr einfällt, dessen Versuch ist nach wie vor fehlgeschlagen, während der in dieser Hinsicht Erfindungsreiche bei sonst gleicher Sachlage von der weiteren Tatausführung noch Abstand nehmen und so Straffreiheit erlangen kann. Das ist alles andere als eine überzeugende Differenzierung im Hinblick auf die in Frage stehende Rechtsfolge. 34

In den Fällen, in denen bereits ein aus Sicht des Täters erfolgstauglicher und **nicht mehr revozierbarer (Teil-)Akt** vorliegt und nur die Möglichkeit besteht, dessen Erfolglosigkeit durch weitere Aktionen abzuhelfen, ist nach dem bereits Gesagten die Annahme eines **strafbefreienden Rücktritts** durchweg **verfehlt**. Abschichtungskriterien innerhalb dieser Fälle können deshalb die Auswirkungen des grundsätzlichen Fehlers nur zahlenmäßig begrenzen. 35

(bb) Weitere Inhaltsbestimmung (räumlich-zeitliche Grenze/artgleiche Fortsetzungsmöglichkeit)

Dies gilt etwa für das Erfordernis der Einhaltung einer gewissen – keineswegs klaren – „**räumlich-zeitlichen Grenze**".⁴³ Denn abgesehen davon, dass Raum und Zeit recht formale Aspekte des Geschehens betreffen, sind beides im Grunde **beliebig graduierbare Größen**, an die jedenfalls nicht direkt die hier in Frage stehenden gravierenden Rechtsfolgenunterschiede geknüpft werden sollten. Insoweit mag man das tatnähere Nachtatverhalten zwar – wie die sofortige Entschuldigung nach einer Beleidigung – bei der **Strafzumessung** stärker gewichten als zeitlich etwas später angesiedeltes **Nachtatverhalten** mit gleicher Bedeutung. Strafbefreienden Rücktritt nur wegen der größeren (Versuchs-)Tatnähe zuzulassen, erscheint dagegen nicht angemessen. 36

Auch das Kriterium der mit den bisherigen Ausführungsakten „**artgleichen Fortsetzungsmöglichkeiten**" vermag nicht zu überzeugen. Es führt zu einer 37

---

⁴² S. dazu die grundlegende Entscheidung BGHSt 31, 170, 176. – I. S. der Gesamtbetrachtungslehre etwa auch BGH NStZ 2015, 26 f.; NStZ 1994, 535, 535 f.; auf dieser Linie auch *Herzberg/ Hoffmann-Holland*, in: MünchKommStGB³, § 24 Rn. 61; *Kaspar*, AT², § 8 Rn. 103. – Im Sinne einer modifizierten Gesamtbetrachtungslehre etwa *Jäger*, Repetitorium AT⁸, § 8 Rn. 314 m. w. N.

⁴³ Ob sie etwa überschritten ist, wenn der Versuchstäter den Tatort erst verlassen und mit neuen Tatmitteln zurückkehren müsste, ist durchaus offen und dürfte davon abhängen, wie weit die neuen Tatmittel entfernt sind (im Raum nebenan, in demselben Haus, in derselben Straße etc.). Näher zum Kriterium der „zeitlich-räumlichen Grenze" etwa *Kühl*, AT⁸, § 16 Rn. 35 m. w. N.

formalistischen Überbewertung, des naturalistischen (ersten) Tatmittels, wenn zwar z. B. ein **weiterer Schuss** als Fortsetzungsmöglichkeit zählt, nicht aber z. B. das **Erwürgen nach** missglücktem **Messerstich**.[44]

38 Die **geringere Eignung** und die **größere Riskantheit** der bestehenden Fortsetzungsmöglichkeiten sind zwar sicherlich Aspekte, die für die Bewertung des „Verzichts auf solche Fortsetzungsmöglichkeiten" bedeutsam sind.[45] Beispielsweise mag man bei zu großem Risiko das „Abstandnehmen" als nicht mehr (hinreichend) freiwillig einstufen. Sieht man von den Extremfällen einmal ab, überzeugt es dagegen kaum, von solchen Gesichtspunkten den von vornherein nicht mehr rücktrittsfähigen fehlgeschlagenen Versuch vom noch rücktrittsfähigen Versuch abzugrenzen. Denn schließlich gilt es zu berücksichtigen, dass es eben durchaus auch an sich risikofreudige Täter und solche Täter gibt, die an sich bereit sind, auch auf geringe Erfolgschancen zu setzen.

39 Das **Abgrenzungsdilemma** der **Gesamtbetrachtungslehre** beim Rücktritt vom Versuch zeigt sich nicht zuletzt in den Fällen des erreichten oder nicht mehr erreichbaren **„außertatbestandlichen Handlungsziels"**. Als Beispiel ist der Fall des auf dem Rückzug befindlichen Räubers zu nennen, der auf seinen Verfolger schießt und dabei dessen Tötung in Kauf nimmt, wenn der Räuber erkennt, dass schon der erste nicht tödliche Treffer die erwünschte Wirkung hat, den Verfolger abzuschütteln. Für diese Fälle ist diskutiert worden, ob solche Fortsetzungsmöglichkeiten ausscheiden, die **„eine neue, anders motivierte Entschließung"** erfordern würden.[46]

40 Auch wenn der (Versuchs-)Täter in dem genannten Beispielsfall weitere Schüsse auf den Verfolger abgeben könnte, liegt im Verzicht darauf ganz gewiss keine Abkehr von der bisherigen Tat. Die **Tötung des Verfolgers** wäre in Anbetracht der grundlegend neuen Situation vielmehr eine ganz **neue Tat**. Damit scheidet strafbefreiender Rücktritt aus. Nachdem die Rechtsprechung ursprünglich derselben Auffassung war,[47] hat sich inzwischen mit der Entscheidung des Großen Senats in Strafsachen vom 19. Mai 1993[48] die Auffassung durchgesetzt, dass maßgeblich nur „die Tat im sachlich-rechtlichen Sinne, also die in den gesetzlichen Straftatbeständen umschriebene tatbestandsmäßige Handlung und der tatbestandsmäßige Erfolg" sei, nicht dagegen das außertatbestandliche Handlungsziel.

41 Das überzeugt nun selbst grundsätzliche Befürworter einer Gesamtbetrachtungslehre nicht mehr.[49] Denn hier wird allenfalls eine **Tat „aufgegeben"**, die der Betreffende (noch) gar **nicht vorhatte**. – Auf solche Abwege gerät von vornherein

---

[44] Ablehnend gegenüber einer solchen Differenzierung mit Recht etwa auch *Kühl*, AT[8], § 16 Rn. 36.
[45] Vgl. zu diesen Aspekten etwa *Kühl*, AT[8], § 16 Rn. 37.
[46] Näher dazu etwa *Kühl*, AT[8], § 16 Rn. 38 m. w. N.
[47] S. z. B. BGH NStZ 1990, 77 f.
[48] BGHSt 39, 221 ff. m. abl. Anm. *Roxin*, JZ 1993, 896; dem BGH zustimmend etwa *Hauf*, MDR 1993, 929 ff.; *Lilie/Albrecht*, in: LK[12], § 24 Rn. 189 ff.; s. dazu auch den Vorlagebeschluss BGH JZ 1993, 358 ff. mit krit. Bespr. *Puppe*, JZ 1993, 361 ff.; vgl. ferner *Streng*, NStZ 1993, 257 ff. – Der BGH hält an diesem Konzept auch in jüngerer Zeit fest; vgl. etwa BGH StV 2008, 245, 246.
[49] S. etwa *Kühl*, AT[8], § 16 Rn. 41; *Wessels/Beulke*, AT[37], Rn. 635 (auf der Linie des BGH nunmehr freilich *Wessels/Beulke/Satzger*, AT[48], Rn. 1047).

II. Rücktrittsfähige Versuchstat

nicht, wer die Versuchstat im rücktrittsrechtlichen Sinne als fehlgeschlagen ansieht, wenn der Täter einen aus seiner Sicht erfolgstauglichen und nicht mehr rückgängig zu machenden Versuch unternommen hat.

Soweit im hier interessierenden Zusammenhang der Gedanke des **Opferschutzes**[50] benutzt wird, um die Rechtsfolge des strafbefreienden Rücktritts zu rechtfertigen, liegt ein Missverständnis der Möglichkeiten und Bedingungen strafrechtlicher Verhaltensmotivation vor. Schon rein faktisch wissen die meisten Versuchstäter von alledem ohnehin nichts, sodass auch keine entsprechend opferschützende Motivation aufgebaut werden kann. Entscheidend gegen einen so zu realisierenden Opferschutz spricht freilich die Unstimmigkeit, die auf diese Weise dem Strafrechtssystem implantiert wird: Der Schutz des potenziellen Opfers einer Straftat kann nur über Verhaltensnormen erfolgen, die primär an die **Einsicht des Normadressaten** in die Richtigkeit der Norm appellieren; sekundär mag man auch noch auf die **angemessene (!) Strafbewehrung** dieser Verhaltensnorm setzen. Beides zusammengenommen muss jedoch als normativ hinreichende Gewähr für die Normbefolgung durch das Subjekt angesehen werden. Zusätzliche Anreize in Gestalt **unverdienter Vorteile**, die versprochen und gewährt werden, konterkarieren das bis dahin stimmige Schutzsystem und machen es **korrupt**.[51] Sie haben deshalb zu unterbleiben. 42

Das muss auch und gerade mit Blick auf Personen gelten, die der Versuchung ausgesetzt sein könnten, bestimmte Straftaten zu begehen, und die durch ihr Vorverhalten die ihnen mögliche Überwindung der entsprechenden Hemmschwelle bereits unter Beweis gestellt haben. Angemessener Opferschutz muss für alle potenziellen Opfer von Straftaten gleich ausfallen. Der staatliche **Verzicht** auf an sich **verdiente** und notwendige **Strafe** zur **Förderung künftiger Rechtstreue** mag vielleicht im Rahmen einer eng begrenzten Amnestie erwägenswert sein – unproblematisch ist er selbst insofern nicht. Jedenfalls als generelles Institut im Kontext des strafbaren Versuchs **untergräbt** er die **Überzeugungskraft** des **Konzepts strafbewehrter Verhaltensnormen**. Denn er stellt in Frage, dass die von Rechts wegen vorgesehene Strafbewehrung der Verhaltensnorm in concreto angemessen ist und insbesondere auch für alle Bürger gleichermaßen eine **normativ ausreichende Garantie** für Normbefolgung darstellt. 43

Neben der Sache liegt der bisweilen gegen eine konsequente Einzelaktskonzeption erhobene Vorwurf, diese reiße einen **einheitlichen Lebensvorgang** willkürlich auseinander.[52] Willkürlich ist in diesem Zusammenhang vielmehr die ohne tragfähiges normatives Fundament agierende Gesamtbetrachtungslehre. Denn die allein maßgeblichen Kriterien für die Bewertung eines bestimmten Sachverhalts („Lebensvorgangs") können von vornherein nur dezidiert normative sein: Was eine **rücktrittsfähige Versuchstat** ist, schreibt nicht etwa „das Leben" oder „die natürliche Auffassung" vor, sondern wird durch die strafrechtlichen Regelungen 44

---

[50] Vgl. dazu z. B. BGHSt 39, 221, 232; BGH NStZ 1986, 264, 265; *Kühl*, AT[8], § 16 Rn. 20 m. w. N. – Zum Folgenden s. a. schon *Freund,* GA 2005, 321, 330 f.
[51] *Rostalski,* Der Tatbegriff im Strafrecht, E. I. 2; *dies.,* JR 2017, 620, 621 f.
[52] Vgl. zu diesem beliebten Einwand z. B. *Hilgendorf/Valerius*, AT[2], § 10 Rn. 80 („einheitlichen Lebenssachverhalt" künstlich auseinanderzureißen); *Wessels/Beulke/Satzger,* AT[48], Rn. 1016.

bestimmt, mit denen – unter Beachtung des **Wortlauts** – **ratio-konform** umzugehen ist.[53]

(3) Fazit

45 Nur eine strikte Orientierung am **materiellrechtlichen Straftatbegriff** – also an der jeweiligen Strafnorm – erlaubt ein einigermaßen stimmiges Gesamtkonzept des Rücktritts schon de lege lata.[54] Danach erlangt der Versuchstäter Strafbefreiung nur in zwei – von sonstigen Konstellationen „strafmildernden Nachtatverhaltens" deutlich unterscheidbaren – Fällen:

46 Einmal sind es die Fälle, in denen der **Verhaltensnormverstoß** des entsprechenden **Vollendungsdelikts nur rudimentär** vorhanden ist – also die „echten" Fälle des unbeendeten Versuchs, in denen der Täter noch nichts getan hat, was aus seiner Sicht bereits vollendungstauglich war.

47 Außerdem sind es die Fälle, in denen der **Verhaltensnormverstoß** des entsprechenden **Vollendungsdelikts** zwar bereits **vollumfänglich** vorliegt, also Fälle des beendeten Versuchs, in denen der Täter aber die **Auswirkungen** genau dieses Versuchsverhaltens **neutralisiert** – dies mindestens nach seiner Vorstellung. Das trifft grundsätzlich zu im Beispiel des Urkundenfälschers, der unmittelbar nach der Herstellung der Fälschung von seinem früheren Plan abrückt und diese zerreißt. Bereits größere Schwierigkeiten werfen allerdings die Fälle des Bombenattentäters auf, der die bereits gezündete **Zündschnur** in letzter Sekunde wieder **löscht**, sowie das Beispiel desjenigen, der sein **Opfer lebensgefährlich stranguliert**, aber sodann **genau** die von ihm **geschaffene Lebensgefahr** wieder **aus der Welt schafft**, indem er das bedrohte Leben des Opfers rettet. In den beiden zuletzt genannten Fällen erscheint angesichts des Gewichts der gefährdeten Rechtsgüter jedenfalls ein **Schuldspruch** als Reaktion auf das Verhalten **unverzichtbar**. Ein Rücktritt in Ermangelung einer rücktrittsfähigen Tat kommt aber in jedem Fall nicht mehr für den in Betracht, dessen Kugel den Tod des Opfers bereits unwiderruflich hätte bringen können und die das Opfer nur zufällig verfehlt oder nur zufällig noch abwendbar lebensgefährlich verletzt.

---

[53] Normativ zu lösen ist deshalb z. B. auch die sich mitunter stellende „Konkurrenzfrage"; vgl. dazu unten § 11 Rn. 8; ferner etwa zum Handlungsbegriff oben § 1 Rn. 119.

[54] Das Konzept ist als im Rahmen der derzeitigen gesetzlichen Vorgaben entworfene schadensbegrenzende Maßnahme zu sehen und schließt es nicht aus, sondern ein, eine bessere Abschichtung der verschiedenen Fallgruppen de lege ferenda vorzunehmen; weiterführend insofern *M. Bergmann*, ZStW 100 (1988), 329, 351 ff.; *Freund*, GA 2005, 321, 331 f.; vgl. a. *Freund/Garro Carrera*, ZStW 118 (2006), 76 ff. sowie zur analogen Problematik im Hinblick auf die steuerrechtliche *strafbefreiende* Selbstanzeige *Rostalski*, JR 2017, 620 ff. – In dieses Reformkonzept einzubeziehen ist auch die von *Scheinfeld*, Der Tatbegriff des § 24 StGB, S. 114 f., als „Argument" gegen die Einzelaktstheorie eingesetzte Konstellation des zunächst gescheiterten Herstellens einer unechten Urkunde mit anschließender „Reue" des Möchtegern-Fälschers. Dieses Beispiel beweist gerade nicht, was es soll. Denn selbst das gelungene Herstellen ist material ohnehin nur eine Vorbereitungshandlung zum unter Rechtsgüterschutzaspekten zu unterbindenden späteren Gebrauch. Zum angemessenen Umgang mit solchen Fällen de lege lata vgl. oben (§ 9) Rn. 5.

Am Rande bemerkt sei, dass eine große Zahl an Problemen, die im Bereich der 48
Frage nach der Rücktrittsfähigkeit der Versuchstat auftreten, bereits durch eine **Abkehr vom Kriterium des „Fehlschlagens"** vermieden werden kann. Vorzugswürdig erscheint demgegenüber eine ausschließliche Orientierung am Gesetzeswortlaut, der allein auf die **normativ zu konturierende „Versuchstat"** abstellt. Wie gezeigt, besteht zwar die Möglichkeit, eine Definition des „nicht fehlgeschlagenen" Versuchs zu wählen, die sich keiner naturalistischen Merkmale bedient. Weniger fehleranfällig ist allemal die **Orientierung am Gesetzeswortlaut**. Eine solche würde es vor allem den Vertretern der Gesamtbetrachtungslehre erheblich erschweren, ihre naturalistischen – rechtlich *irrelevanten* – Kriterien ohne Weiteres in die Rücktrittsprüfung zu integrieren.

III. Rücktrittsverhalten

Das Gesetz unterscheidet in § 24 I die Fälle des Aufgebens der weiteren Tatausführung bei unbeendetem Versuch von denen des Verhinderns der Tatvollendung bzw. entsprechender ernsthafter Verhinderungsbemühungen bei beendetem Versuch. 49

1. Rücktrittsverhalten beim unbeendeten Versuch

Bei unbeendetem Versuch entfällt die Strafbarkeit, wenn der Täter freiwillig die 50
weitere Ausführung der **Tat aufgibt** (§ 24 I 1 Fall 1). Unbeendet ist der Versuch, wenn der Täter noch nicht alles getan zu haben glaubt, was nach seiner Vorstellung von der Tat zu ihrer Vollendung notwendig ist. Nach dem oben (§ 9) Rn. 22 ff. zur rücktrittsfähigen Versuchstat Gesagten, darf es sich nicht um einen – nach der Tätervorstellung zu bestimmenden – fehlgeschlagenen Versuch handeln. Denn die weitere Ausführung einer **fehlgeschlagenen** (Versuchs-)**Tat** kann **nicht mehr** – wie es das Gesetz in § 24 I 1 Fall 1 verlangt – **aufgegeben** werden.

a) Aufgeben der Tat

„Aufgeben" der Tat bedeutet, von der **weiteren Vornahme** des **Verhaltens**, das als 51
tatbestandsmäßig-missbilligt im Sinne des entsprechenden Vollendungsdelikts aufzufassen ist, **Abstand zu nehmen**. Dafür reicht es mit Blick auf die Ratio des strafbefreienden Rücktritts aus, wenn der Versuchstäter davon ausgeht, den Tatbestand des Vollendungsdelikts noch verwirklichen zu können und – beim **Begehungsdelikt** – dennoch **einfach aufhört**, weiterzumachen. Denn schon das genügt nach dem Vorstellungsbild des Versuchstäters, um sicherzustellen, dass keine Vollendung eintritt.

Beim **Unterlassungsdelikt** kann schlichtes Untätigbleiben die Vollendungsverhinderung niemals sicherstellen. Um vom Versuch des Unterlassungsdelikts 52 strafbefreiend zurückzutreten, müssen immer (mindestens) **aktive Verhinderungsbemühungen** vorgenommen werden.[55] *Wessels/Beulke/Satzger* möchten ein Beispiel bringen, in dem angeblich schlichtes Unterlassen ausreichen soll: Vater V unternimmt mit seiner ungeliebten Tochter T eine Segeltour. Als letztere aufgrund einer Unachtsamkeit über Bord fällt und – da sie Nichtschwimmerin ist – in Lebensgefahr gerät, fasst V den Entschluss, sie ertrinken zu lassen. Im letzten Moment gelingt es T, ein Seil zu ergreifen und wieder aufs Schiff zu klettern. V verzichtet darauf, T erneut ins Wasser zu stoßen.[56] Der Vater soll in diesem Fall angeblich nach § 24 I 1 Fall 1 strafbefreiend vom Tötungsversuch durch Unterlassen zurückgetreten sein. Zwar habe er erkannt, dass das bloße Unterlassen der Rettung nicht länger zur Erfolgsherbeiführung genügt, jedoch stünden ihm dafür noch andere Mittel zur Verfügung wie etwa der „Stoß ins Wasser". Indessen geht diese Lösung von der ohnehin abzulehnenden Gesamtbetrachtungslehre aus.[57] Tatsächlich liegt mit der zufällig gelungenen Eigenrettung der T eine nicht mehr rücktrittsfähige fehlgeschlagene Versuchstat vor. Der „Verzicht" darauf, T erneut ins Wasser zu werfen,[58] ist kein „Aufgeben" der begonnenen – aber erfolglos gebliebenen – durch begehungsgleiches Unterlassen begangenen versuchten Tötungstat. „Aufgeben" kann man nur, was man vorhat!

53 Der gleichzeitig mit dem Aufgeben der konkret unternommenen Tatbestandsverwirklichung gefasste Entschluss, es zu einem späteren Zeitpunkt noch einmal zu versuchen, ändert am Aufgeben der konkreten – bis ins strafbare Versuchsstadium gediehenen – Tat nichts. In älteren Entscheidungen des Bundesgerichtshofs wird in dieser Hinsicht missverständlich angenommen, nur derjenige könne strafbefreiend zurücktreten, der die Durchführung des kriminellen Entschlusses „im ganzen und endgültig" aufgebe.[59] Die jüngere Rechtsprechung lässt demgegenüber zu Recht das **Abstandnehmen** von der **konkret begonnenen Tat** genügen.[60] Dabei legt sie allerdings z. T. einen recht **weiten Begriff der Tat** im materiellstrafrechtlichen Sinne zugrunde.[61]

---

[55] Vgl. dazu noch unten (§ 9) Rn. 65 ff.; zur dennoch möglichen und sinnvollen Unterscheidung des beendeten vom unbeendeten Versuch beim Unterlassungsdelikt s. oben § 8 Rn. 69 im Kontext des Versuchs.

[56] *Wessels/Beulke/Satzger,* AT[48], Rn. 1226.

[57] Die Gesamtbetrachtungslehre liegt auch den Überlegungen zugrunde, die *Engländer,* JZ 2012, 130 ff. anstellt, um zu zeigen, dass auch bloßes Untätigbleiben für einen Rücktritt vom versuchten Unterlassungsdelikt möglich sei. Mit der abzulehnenden Prämisse entbehrt auch die Schlussfolgerung der Berechtigung. – Einen möglichen Rücktritt in solchen Konstellationen selbst auf der Basis einer Gesamtbetrachtungslehre ablehnend *Murmann,* GA 2012, 711 ff., 718 ff. – Zur insgesamt abzulehnenden Gesamtbetrachtungslehre s. oben (§ 9) Rn. 31 ff.

[58] Was übrigens unzählige Male wiederholbar wäre, solange es T bis zum Erlahmen ihrer Kräfte wider Erwarten gelänge, sich immer wieder an Bord des Schiffs zu hieven.

[59] BGHSt 7, 296, 297; BGH NJW 1980, 602.

[60] BGHSt 33, 142, 144 f.; 35, 184, 186 f.

[61] S. etwa BGHSt 33, 142: „Vom Versuch der sexuellen Nötigung (Mundverkehr) kann nicht zurücktreten, wer den bereits vor Beendigung des Versuchs gefassten Entschluss, das Opfer im Fortgang des Tatgeschehens auch zu vergewaltigen, nicht aufgibt."

III. Rücktrittsverhalten   365

Ein solches eher rücktrittsfeindliches Konzept der aufzugebenden „Tat" verdient – in Grenzen – durchaus Zustimmung. Zwar trifft es zu, dass der bloße innere Entschluss, es **irgendwann später** noch einmal zu versuchen, einem Aufgeben der konkreten Tat nicht entgegensteht. In solchen Fällen ist durchaus offen, ob der neue Entschluss tatsächlich durchgehalten und umgesetzt wird, und greift gewissermaßen wieder die **Regelvermutung** ein, dass sich der Betreffende möglicherweise noch eines **Besseren besinnt**. 54

Indessen wäre es verfehlt, für den begangenen Versuch auch dann noch Straffreiheit zu gewähren, wenn der Versuchstäter in der Sache mit einem **mindestens gleichwertig missbilligungswürdigen Verhalten fortfährt** oder mit der Tatbestandsverwirklichung nur **kurzfristig** – etwa um eine **Verschnaufpause** einzulegen – innehält. Denn in solchen Fällen hat das Verhalten nicht die unter Ratio-Aspekten erforderliche Bedeutung als actus contrarius im Verhältnis zur begangenen Versuchstat.[62] 55

Möglich ist auch ein teilweises Aufgeben der Tatausführung und damit ein **Teilrücktritt**, soweit der sachliche Grund für eine entsprechende Privilegierung vorliegt. Das gilt z. B. für den Täter der versuchten gefährlichen Körperverletzung, der die zum Schlag erhobene Waffe fallen lässt und zu einer **Körperverletzung ohne qualifizierendes Merkmal** übergeht. Im Hinblick auf den Grund der Strafschärfung problematisch ist demgegenüber der in diesem Zusammenhang z. T. genannte **Dieb** oder **Räuber**, der kurz vor der Wegnahme die mitgeführte **Schusswaffe wegwirft**.[63] Denn die **qualifizierte Gefährlichkeit** war während eines Teilabschnitts der Gesamttat durchaus vorhanden – und das reicht wohl für die Qualifikation nach §§ 244 I Nr. 1a, 250 I Nr. 1a. Die Beschränkung dieser vorhandenen Gefährlichkeit auf einen Teilabschnitt fällt wie sonst auch nur bei der **Strafzumessung** ins Gewicht. 56

b) Freiwilligkeit der Tataufgabe

Das Erfordernis der Freiwilligkeit gilt für alle Rücktrittsformen. Seine nähere Bestimmung hat mit Blick auf die Ratio des strafbefreienden Rücktritts und – mit umgekehrten Vorzeichen – unter Beachtung der Wortlautgrenze zu erfolgen. 57

Der **Wortlaut** des Gesetzes hat beim Freiwilligkeitserfordernis des § 24 einen ganz anderen Stellenwert als bei einer Strafvorschrift. Bei einer Strafvorschrift ist es durch den **nullum crimen-Satz** untersagt, die Strafbarkeit nach dieser Norm über die äußerste Grenze des Wortlauts hinaus durch teleologische Erwägungen auszudehnen (Verbot der analogen Anwendung von Strafgesetzen zu Lasten des Betroffenen[64]). In solchem Sinne kann das **Analogieverbot für Strafgesetze** bei der Bestimmung der Reichweite des strafbefreienden Rücktritts keine Geltung besitzen. 58

---

[62] S. dazu mit weiteren Beispielen und weiterer Ausdifferenzierung *Kühl*, AT⁸, § 16 Rn. 42 ff.
[63] S. dazu etwa *Kühl*, in: Lackner/Kühl²⁹, § 24 Rn. 13 m. w. N.; eingehend *Streng*, JZ 1984, 652 ff.; aus jüngerer Zeit etwa BGH JR 2007, 480 m. Anm. *Schroeder* (kein „Teilrücktritt" von der Qualifikation des § 177 IV Nr. 1, wenn das Qualifikationsmerkmal bereits verwirklicht ist).
[64] „Betroffener" deshalb, weil er gerade kein (Straf-)Täter ist.

Mit Blick auf die Ratio des Analogieverbots bei Strafgesetzen (vereinfacht und verkürzt: formale Garantie für die *maximale Reichweite* der Strafbarkeit[65]) liegt es jedoch nahe, ein dem Analogieverbot entsprechendes **Verbot der teleologischen Reduktion** von **Strafbarkeitsausnahmevorschriften** vorzusehen (wiederum vereinfacht und verkürzt: formale Garantie für die *minimale Reichweite* der Strafbarkeitsausnahme). Indessen kann dieser Problemkreis hier nicht abschließend und vor allem nicht für alle Konstellationen erörtert werden.[66]

59 Geht man für die Vorschrift zum strafbefreienden Rücktritt von einem solchen Verbot teleologischer Reduktion aus[67] – wofür in der Tat einiges spricht –, so bedeutet das im Einzelnen Folgendes: Fälle, in denen es **begrifflich** nicht mehr möglich ist, von **„nicht freiwilligem"** Rücktrittsverhalten zu reden, erfüllen auch dann das gesetzliche Rücktrittserfordernis der Freiwilligkeit, wenn es so zu einem mit der Ratio der Rücktrittsvorschrift unvereinbaren Ergebnis der Strafbefreiung kommt.[68] Bis zu dieser **Grenze** sind aber **teleologisch begründete Einschränkungen** der **Strafbefreiung** sehr wohl möglich.[69]

60 Im umgekehrten Fall des nach dem Wortlaut an sich **unfreiwilligen Verhaltens**, das aber nach der **Ratio** des strafbefreienden Rücktritts die Strafbefreiung rechtfertigt, ist es selbstverständlich auch ohne Weiteres möglich, die **Rücktrittsvorschrift teleologisch** über den Wortlaut hinaus **auszudehnen**. Denn die **Analogie** wirkt sich hier nur **zugunsten** des (so Strafbefreiung erlangenden) Versuchstäters aus.

61 Nach dem bisher Gesagten erscheint es nicht ratsam, das Freiwilligkeitsmerkmal des Gesetzes im Wege einer **psychologisierenden Betrachtungsweise** zu konkretisieren, wie z. T. angenommen wird.[70] Stattdessen muss zunächst die **Funktion** des

---

[65] Näher zur formalen und materialen Garantie des nullum crimen-Satzes oben § 1 Rn. 63, 68 ff.

[66] Entgegen der Auffassung des BGH gilt das Verbot teleologischer Reduktion nicht für eine formelle Subsidiaritätsklausel, wie sie sich etwa bei der Unterschlagung findet. Denn dabei handelt es sich gerade nicht um eine echte Ausnahme von der Strafbarkeit, sondern um eine reine Konkurrenzregel – vergleichbar der Formulierung in § 212 I, nach der wegen Totschlags zu bestrafen ist, wer einen Menschen tötet, „ohne Mörder zu sein". Auch wenn nicht ausgeschlossen werden kann, dass der Täter (sogar) ein Mordmerkmal erfüllt, ist er wegen Totschlags strafbar. Näher zur Problematik der formellen Subsidiaritätsklausel bei der Unterschlagung *Freund/Putz,* NStZ 2003, 242 ff.

[67] I. d. S. nachdrücklich BGHSt 35, 184, 187 m. Bespr. u. a. von *Jakobs,* JZ 1988, 519 ff. und *Grasnick,* JZ 1989, 821 ff.; s. a. *Küpper,* Grenzen der normativierenden Strafrechtsdogmatik, 1990, S. 179 ff.; *Kühl,* in: Lackner/Kühl[29], § 24 Rn. 18; *Schall,* JuS 1990, 623, 629.

[68] Mögliches Beispiel: Wegelagerer lassen nur deshalb von einem Opfer, das zu berauben sie im Begriff sind, ab, weil „fettere Beute" erscheint. – Näher zur Problematik des Spannungsverhältnisses zwischen Freiwilligkeitsbegriff und Ratio der Strafbefreiung beim Rücktritt etwa *Jäger,* in: SK StGB[9], § 24 Rn. 68 f.; *Jescheck/Weigend,* AT[5], § 51 III 2 (S. 544); *Roxin,* FS Heinitz, 1972, S. 251, 255 ff., 262 (der in einem vergleichbaren Wegelagererbeispiel allerdings „Unfreiwilligkeit" im Hinblick darauf annimmt, dass die Wegelagerer „wohl oder übel den kleineren Fisch davonschwimmen lassen" *mussten,* „um den größeren zu erwischen").

[69] I. d. S. mit Recht etwa auch *Roxin,* JZ 1993, 896; s. a. *Schall,* JuS 1990, 623, 629.

[70] Im Sinne eines solchen Vorgehens aber wohl BGHSt 35, 184, 187: Der Begriff der Freiwilligkeit zwinge zu einer Abgrenzung nach psychologisierenden Kriterien – normative Lehren seien mit dem Wortlaut des Gesetzes unvereinbar. – Instruktiv dazu *Grasnick,* JZ 1989, 821 ff.

III. Rücktrittsverhalten

Gesetzesbegriffs der **Freiwilligkeit** im Gesamtzusammenhang der Rücktrittsregelung ratio-orientiert bestimmt und so zunächst inhaltlich ausgefüllt werden. Eine ganz andere Frage ist es sodann erst, ob wegen des Wortlauts weitere – nicht ratiokonforme – Fälle des strafbefreienden Rücktritts gezwungenermaßen (unfreiwillig?!) de lege lata hinzunehmen sind. Nach der hier zugrunde gelegten Ratiobestimmung kann dem Freiwilligkeitserfordernis nur die Funktion zukommen, solche Fälle von der Strafbefreiung auszunehmen, in denen dem Abstandnehmen von der Tat (bzw. dem sonstigen „Rücktrittsverhalten") nicht die Bedeutung eines **actus contrarius** im Verhältnis zum vorangegangenen strafbaren Versuch zukommt.

Freiwillig ist demnach nur eine als **Ausdruck** der **Autonomie der Person** zu begreifende Abkehr von dem deliktischen Verhalten. Sie liegt z. B. vor, wenn infolge der Einsicht in das Unrechtmäßige des bisherigen Verhaltens eine Verhaltensänderung vorgenommen wird. Hier ist es wirklich der „freie Wille des Subjekts", der die Umkehr bewirkt. Dabei schließen begleitende Gefühle wie **Scham, Reue** oder ähnliche Erscheinungen die **Freiwilligkeit** des Rücktritts im maßgeblichen normativen Sinne selbst dann nicht aus, wenn sie für den Betroffenen einen **zwingenden Hinderungsgrund** für die Deliktsvollendung (oder einen zwingenden Grund für die sonstige Vornahme des Rücktrittsverhaltens) bilden.

Eine Orientierung an der psychologisch vorhandenen oder fehlenden Entschließungsfreiheit führt in solchen extremen Fällen geradezu in die Irre: Gerade der Täter, dessen Tat im Versuch stecken bleibt, weil er es **„nicht über das Herz bringt"**, sie zu vollenden, zeigt, dass er letztlich die Verhaltensnorm zutiefst internalisiert hat und achtet, die zu übertreten er zunächst begonnen hatte. Sein Versuch ist nicht etwa im rücktrittsrechtlichen Sinne fehlgeschlagen oder das Abstandnehmen unfreiwillig – weil **psychologisch** gesehen **erzwungen**. Vielmehr **kompensiert** er durch sein Verhalten die zunächst durch den Versuch vorliegende **Infragestellung** der **Normgeltung** besonders eindrucksvoll.

Die nicht weiter substantiierte **allgemeine Furcht** vor späterer **Aufdeckung** der Tat steht einem freiwilligen Rücktritt nicht entgegen.[71]

2. Rücktrittsverhalten beim beendeten Versuch bzw. beim Unterlassungsversuch

Hat der Versuchstäter bereits alles getan, was nach seiner Vorstellung erforderlich war, um die Vollendung der Tat herbeizuführen, muss er **aktiv gegensteuernd tätig werden**, um Strafbefreiung wegen Rücktritts von einem solchen beendeten Versuch zu erlangen. Nach § 24 I 1 Fall 2 bleibt er straflos, wenn er freiwillig die **Vollendung** der Tat **verhindert**. Wird die Tat ohne sein Zutun nicht vollendet, bleibt er nach § 24 I 2 straflos, wenn er sich freiwillig und ernsthaft um die **Verhinderung** der Vollendung

---
[71] Vgl. etwa *Bockelmann/Volk*, AT⁴, S. 215. – Zur Problematik der Freiwilligkeit des Rücktritts bei Herannahen Dritter vgl. BGH v. 28.9.2017 – 4 StR 282/17, BeckRS 2017, 129691.

bemüht. Entsprechendes gilt für den Täter des versuchten Unterlassungsdelikts, der – soll die Vollendung verhindert werden – stets aktiv werden muss.[72]

66 Dabei ist die Inanspruchnahme fremder Unterstützung bei den Verhinderungsbemühungen ohne Weiteres möglich und sinnvoll: Wer das Opfer durch einen mit Tötungsvorsatz geführten Messerstich in die Brust lebensgefährlich verletzt hat, sollte – statt seine eigenen Heilkünste auszuprobieren – besser einen **Arzt herbeirufen**, wenn er strafbefreiend vom Tötungsversuch[73] zurücktreten möchte. Ist allerdings auch der Arzt ein Stümper, und stirbt das Opfer am Blutverlust, weil es die notwendige und an sich mögliche medizinische Versorgung nicht erhält, ist der **Rücktritt fehlgeschlagen**. Das **Risiko**, dass **Vollendung** eintritt, geht zu Lasten dessen, der es **zu verantworten** hat – und das ist allemal derjenige, der dem Opfer die lebensgefährlichen Verletzungen beigebracht hat.

67 Die Sachlage ändert sich erst, wenn – um ein krasses Kontrastbeispiel zu nennen – der herbeigerufene Arzt in dem Verletzten seinen Erzfeind erkennt und ihm eine tödliche Injektion gibt, anstatt ihm zu helfen: Das vorsätzlich-tatbestandsmäßige **Tötungshandeln** des Messerstechers ist hier ohne **spezifische Folgen** geblieben. Der Tod des Opfers ist von dem Arzt, nicht aber von dem Messerstecher in rechtlich zu missbilligender Weise herbeigeführt worden. Von der deshalb im Versuch stecken gebliebenen Tat konnte der Messerstecher aber bereits durch sein **freiwilliges** und **ernsthaftes Bemühen** um **Verhinderung der Vollendung** zurücktreten (§ 24 I 2).

68 Ein solches ausreichendes Bemühen wäre etwa auch gegeben, wenn ein von Dritten herbeigerufener Krankenwagen schneller ist als der vom Zurücktretenden alarmierte, sodass das **Rücktrittsverhalten nicht „erfolgskausal"** für die Nichtvollendung i. S. des § 24 I 1 Fall 2 wird. Entsprechendes gilt für den Fall, dass es aus höherer Warte betrachtet nichts zu verhindern gibt, weil das Opfer entgegen der Situation, die sich dem Versuchstäter darstellt, gar nicht lebensgefährlich verletzt ist.

69 Besondere Schwierigkeiten werfen Konstellationen auf, in denen bestimmte Verhaltensweisen, die als **Rücktrittsverhalten** in Betracht kommen, tatsächlich oder vielleicht auch nur gedanklich **antizipiert** werden. Als Beispiel für die erstgenannte Fallgruppe kann das **Pistolenduell** dienen, bei dem im Vorfeld Sorge dafür getroffen wird, dass ein etwa (nur) lebensgefährlich Verletzter durch einen Arzt lebensrettend behandelt wird.[74] Ein schönes Beispiel für eine bloß gedankliche Antizipation liefert *Herzberg:* Ein **Arzt** führt zur Erprobung eines neuen **Entgiftungsverfahrens** mehreren Patienten im Krankenhaus heimlich Gift zu und **rettet** sie anschließend in **immer riskanteren Zeitabständen**; dabei **nimmt** er aber jedes Mal den **Tod seiner Opfer in Kauf** – etwa weil er sich sehr wohl darüber im Klaren

---

[72] S. dazu bereits oben (§ 9) Rn. 52.
[73] Die Strafbarkeit wegen gefährlicher Körperverletzung (§§ 223, 224) bleibt selbstverständlich erhalten; der strafbefreiende Rücktritt bezieht sich nur auf das versuchte Tötungsdelikt.
[74] S. zu diesem Beispiel *Scheinfeld*, JuS 2006, 397 ff.; vgl. auch BGHSt 44, 204 ff. (mit bedingter Rettungsanweisung verknüpfter Tötungsbefehl) m. Anm. *Rotsch*, NStZ 1999, 239 f.

ist, dass sein neues Verfahren „versagen" könnte.⁷⁵ Jedenfalls die bloß gedankliche Antizipation des Rettungsverhaltens soll nach *Herzberg* der Annahme eines Rücktritts nicht entgegenstehen.⁷⁶ Wenn also der Täter in dem Duell-Fall sich nur vorgenommen hat, bei nicht sofort tödlichem, sondern bloß lebensgefährlich verletzendem Treffer einen Arzt zu rufen, soll er Straffreiheit erlangen, falls er das später tut. Insofern spielt insbesondere der wohl von vielen als eindeutig angesehene **Wortlaut des § 24 I 1 Fall 2** die ausschlaggebende Rolle: Der Täter hat unbestreitbar die „**Vollendung** einer Tat **verhindert**".

Nicht bedacht wird dabei indessen regelmäßig, dass bei der gebotenen Präzisierung des **Tatbegriffs** der Täter die Vollendung seiner Tat nicht in jeder Hinsicht verhindert. Denn soweit der **Schuss sofort tödlich** hätte enden können, gibt es zu einem späteren Zeitpunkt nichts mehr zu verhindern. Eine ausgebliebene Vollendung kann nicht mehr verhindert werden.⁷⁷ Nur durch nicht Schießen im **Duell-Fall** hätte rechtzeitig und mit der erforderlichen Sicherheit erreicht werden können, dass keine Vollendung einzutreten vermag. In dieser Hinsicht ist die **Versuchstat** endgültig **fehlgeschlagen**. Das Sterben-Lassen nach entsprechender Verletzung wäre eine neue Tat gewesen. Nur von dieser neuen Tat ist überhaupt noch ein Rücktritt durch die Einleitung von Lebensrettungsmaßnahmen möglich. Für das **Gift-Arzt-Beispiel** bedeutet das: Da das vom Tötungsvorsatz getragene Geschehen ein Stadium erreicht hat, in dem der Tod durch das neue Mittel nicht mehr jederzeit sicher abwendbar war, sondern trotz späterer sorgfältiger Rettungsbemühungen hätte eintreten können, liegt insoweit ein nicht mehr rücktrittsfähiger fehlgeschlagener Versuch vor. Das gesetzliche Rücktrittserfordernis der Verhinderung der Vollendung *dieser* Versuchstat ist nicht erfüllt. Das Ergebnis des abzulehnenden Rücktritts entspricht nicht nur der **Ratio** des Rücktrittsprivilegs, sondern steht auch noch mit dem **Wortlaut** der gesetzlichen Regelung in Einklang.

An dieser Stelle zeigt sich erneut die Vorzugswürdigkeit einer **strengen Einzelaktskonzeption** gegenüber der ausgeuferten **Gesamtbetrachtungslehre**.⁷⁸ Diese muss sich fragen lassen, welche **Rücktrittsleistung** vorhanden sein soll, wenn der Täter sein Gesamtprojekt ohne jeden Sinneswandel – wie von vornherein im Gift-Arzt-Fall oder im Duell-Fall beabsichtigt – kaltblütig durchzieht. Tatsächlich kann in solchen Fällen der **fehlenden Umkehr** noch nicht einmal von einer Relativierung der im vorsätzlichen Tötungsverhalten zu erblickenden **Infragestellung** der

70

71

---

⁷⁵ S. zu diesem Beispiel *Herzberg,* NJW 1989, 862, 870 f.; interessant in diesem Zusammenhang auch der Fall des Krankenpflegers, der *möglicherweise* zur Demonstration seiner Notfallkompetenz einen Patienten unter den Bedingungen des dolus eventualis in Bezug auf die Herbeiführung des Todes in akute Lebensgefahr bringt; vgl. BGH NStZ 2008, 93, 94 Rn. 5 m. Anm. *Mitsch,* NStZ 2008, 421 ff.

⁷⁶ *Herzberg,* NJW 1989, 862, 870 f. (dabei ist *Herzbergs* Unbehagen bei dem eigenen Ergebnis deutlich zu spüren, er sieht aber keinen dogmatisch akzeptablen Ausweg aus dem Dilemma); s. a. *Scheinfeld,* JuS 2006, 397, 399; ohne Problembewusstsein insofern BGHSt 44, 204, 207 f. m. Anm. *Rotsch,* NStZ 1999, 239 f.

⁷⁷ Zu diesem strengen Einzelaktskonzept beim Rücktritt vom Versuch s. *Jakobs,* AT², 26/19; vgl. auch bereits oben (§ 9) Rn. 28 ff.

⁷⁸ Näher zu dem bestehenden Streit oben (§ 9) Rn. 27 ff.

Geltung des **Tötungsverbots** gesprochen werden. Damit entbehrt eine Strafbefreiung des sachlichen Grundes. Selbst eine über die normale Versuchsmilderung der Strafe hinausgehende Milderung wäre verfehlt.

IV. Besondere Rücktrittsprobleme bei mehreren Beteiligten

72 Der Rücktritt eines Beteiligten (= [Mit-]Täters, Anstifters, Gehilfen) wird in § 24 II geregelt. Eines strafbefreienden Rücktritts bedarf es nicht, wenn noch keine strafbare Beteiligung am Versuch vorliegt. Beispiel: Solange die **Haupttat** nicht ins **Versuchsstadium** getreten ist, liegt in der Lieferung eines wichtigen Tatmittels noch keine strafbare, sondern nur eine zunächst noch **straflose versuchte Beihilfe**.

73 Nach § 24 II 1 ist ein Beteiligter straflos, wenn er freiwillig die **Vollendung** der Tat **verhindert**. In Betracht kommen etwa eine rechtzeitige **Warnung des Opfers** oder die rechtzeitige **Einschaltung der Polizei**, aber auch ein **„Abstiften"** des Haupttäters.

74 Wie beim Alleintäter kommt auch bei mehreren Beteiligten ein strafbefreiender Rücktritt durch bloße **freiwillige** und **ernsthafte Bemühungen** in Betracht, die Vollendung der Tat zu verhindern (§ 24 II 2). Im einen Fall (§ 24 II 2 Fall 1) geht es um Konstellationen, in denen die Tat ohne Zutun des Zurücktretenden nicht vollendet wird. Beispiel: Die Polizei hat schon vor dem **warnenden Anruf** des Beteiligten alles in die Wege geleitet, um die Tat erfolgreich zu verhindern. Weiß das der Warnende nicht, kann der Anruf als Rücktrittsbemühung ausreichen; weiß er es bereits, liegt nach der für ihn maßgeblichen Sachlage keine rücktrittsfähige, sondern eine fehlgeschlagene Versuchstat vor.[79]

75 Im zweiten Fall (§ 24 II 2 Fall 2) handelt es sich um Konstellationen, in denen die Tat zwar vollendet wird, diese **Vollendung** aber von dem **Tatbeitrag** des zurücktretenden „Beteiligten" **unabhängig** ist. Beispiel: Der Lieferant des Nachschlüssels, der bei einem Diebstahl verwendet werden soll, macht den **Nachschlüssel** rechtzeitig **unbrauchbar** und **möchte** das ganze Unternehmen auch **„platzen lassen"**, wird aber von den anderen Beteiligten überwältigt und bis zu dessen Abschluss „außer Gefecht gesetzt".

76 Für einen strafbefreienden Rücktritt hätte in dem zuletzt genannten Beispielsfall das bloße Rückgängigmachen oder Neutralisieren des eigenen Tatbeitrags allerdings nicht ausgereicht. Vielmehr muss das **Bemühen um Verhinderung** des gesamten Unternehmens hinzutreten. Dieses Bemühen liegt in dem (in [§ 9] Rn. 76) genannten Fall vor.

77 Andererseits reicht dieses Bemühen um Verhinderung des gesamten Unternehmens für einen strafbefreienden Rücktritt nicht aus, wenn die Tat unter **Fortwirken des Beitrags** des Beteiligten vollendet wird. Wie der Alleintäter trägt der Beteiligte das **Risiko** des **Misslingens seines Rücktritts**. Kann in dem Nachschlüsselbeispiel

---

[79] Zur rücktrittsfähigen Versuchstat näher oben (§ 9) Rn. 22 ff.

der rücktrittswillige Beteiligte nicht mehr verhindern, dass der von ihm gelieferte Schlüssel bei der Tat verwendet wird, ist er wegen Beteiligung strafbar. Seine fehlgeschlagenen Rücktrittsbemühungen wirken sich nur im Rahmen der **Strafzumessung** aus.

Bei mehreren Beteiligten ist auch an eine Strafbarkeit wegen **versuchter Beteiligung** nach § 30 i. V. m. dem jeweiligen Verbrechenstatbestand zu denken. § 31 enthält eine eigenständige Regelung des strafbefreienden **Rücktritts** von einem solchen Versuch der Beteiligung. **78**

Prüfungsschema zum Rücktritt vom Versuch:
I. Rücktrittsfähige Versuchstat **79**
   Rücktrittsfähig ist die nicht vollendete Tat, sofern entweder
   - ihre weitere Ausführung noch aufgegeben werden kann,
   - ihre Vollendung noch zu verhindern ist oder
   - zumindest ein ernsthaftes Bemühen um Vollendungsverhinderung noch in Betracht kommt

(Problemkreis „fehlgeschlagener Versuch": Einzelaktstheorie/Gesamtbetrachtungslehre)

II. Rücktrittsverhalten
1. Inhaltliche Bestimmung des erforderlichen Verhaltens (abhängig vom Versuchsstadium)
   a) Aufgeben der Tat, § 24 I 1 Fall 1
      Abstandnehmen von der weiteren Vornahme des tatbestandsmäßig missbilligten Verhaltens (möglich, falls weitere Teile der Ausführungshandlung zur Vollendung der Tat aus Sicht des Versuchstäters nötig)
   b) Verhinderung der Vollendung, § 24 I 1 Fall 2, oder ernsthaftes Bemühen um Vollendungsverhinderung, § 24 I 2
      Aktiv gegensteuerndes Tätigwerden in ausreichendem Maße (Umkehrleistung)
2. Freiwilligkeit des Verhaltens
   (Problemkreis: psychologisierende oder normative Bestimmung)

Vertiefungs- und Problemhinweise
Backmann, Strafbarkeit des vor Tatbeginn zurücktretenden Tatbeteiligten wegen vollendeter Tat? – BGHSt 28, 346, JuS 1981, 336 ff.; *M. Bergmann,* Einzelakts- oder Gesamtbetrachtung beim Rücktritt vom Versuch?, ZStW 100 (1988) 329 ff.; *ders.,* Die Milderung der Strafe nach § 49 Abs. 2. StGB, 1988; *Bloy,* Die dogmatische Bedeutung der Strafausschließungs- und Strafaufhebungsgründe, 1976; *Bockelmann,* Wann ist der Rücktritt vom Versuch freiwillig?, NJW 1955, 1417 ff.; *Bottke,* Rücktritt vom Versuch der Beteiligung nach § 31 StGB, 1980; *Bürger,* Der Rücktritt **80**

vom „teilweise fehlgeschlagenen Versuch" – Eine Betrachtung unter Berücksichtigung der aktuellen Rechtsprechung des BGH, NStZ 2016, 578 ff.; *Burkhardt,* Der „Rücktritt" als Rechtsfolgebestimmung, 1975; *Ceffinato,* Vollendungsumkehr und Wiedergutmachung, 2017; *Eisele,* Abstandnahme von der Tat vor Versuchsbeginn bei mehreren Beteiligten, ZStW 112 (2000), 745 ff.; *Grünwald,* Zum Rücktritt des Tatbeteiligten im künftigen Recht, FS Welzel, 1974, S. 700 ff.; *Günther,* Partieller Rücktritt vom Versuch und Deliktswechsel, GS Armin Kaufmann, 1989, S. 541 ff.; *Guhra/Sommerfeld,* Rücktritt vom vollendeten Delikt?, JA 2003, 775 ff.; *Heckler,* Die Ermittlung der beim Rücktritt von Versuch erforderlichen Rücktrittsleistung anhand der objektiven Vollendungsgefahr – Zugleich ein Beitrag zum Strafgrund des Versuchs, 2002; *v. Heintschel-Heinegg,* Versuch und Rücktritt, ZStW 109 (1997), 29 ff.; *Herrmann,* Der Rücktritt im Strafrecht, 2013; *Herzberg,* Gesamtbetrachtung und Einzelaktstheorie beim Rücktritt vom Versuch: Entwurf einer Synthese, NJW 1988, 1559 ff.; *ders.,* Grundprobleme des Rücktritts vom Versuch und Überlegungen de lege ferenda, NJW 1991, 1633 ff.; *ders.,* Der Rücktritt vom Versuch als sorgfältiges Bemühen, FS Kohlmann, 2003, S. 37 ff.; *Hoven,* Der Rücktritt vom Versuch in der Fallbearbeitung, JuS 2013, 305 ff., 403 ff.; *Jakobs,* Rücktritt als Tatänderung versus allgemeines Nachtatverhalten, ZStW 104 (1992), 82 ff.; *Knörzer,* Fehlvorstellungen des Täters und deren „Korrektur" beim Rücktritt vom Versuch nach § 24 Abs. 1 StGB, 2008; *Krauß,* Der strafbefreiende Rücktritt vom Versuch, JuS 1981, 883 ff.; *Kudlich,* Grundfälle zum Rücktritt vom Versuch, JuS 1999, 349 ff., 449 ff.; *Küper,* Der Rücktritt vom „erfolgsqualifizierten Versuch", JZ 1997, 229 ff.; *Lenckner,* Probleme beim Rücktritt des Beteiligten, FS Gallas, 1973, S. 281 ff.; *Loos,* Beteiligung und Rücktritt, Jura 1996, 518 ff.; *Mitsch,* Zum Anwendungsbereich des § 31 StGB, FS Herzberg, 2008, S. 443 ff.; *Murmann,* Rücktritt vom Versuch bei Gleichgültigkeit des Täters? – BGHSt 40, 304, JuS 1996, 590 ff.; *ders.,* Versuchsunrecht und Rücktritt, 1999; *Puppe,* AT-Rechtsprechung[3], § 21; *Roxin,* Der fehlgeschlagene Versuch, JuS 1981, 1 ff.; *ders.,* Einzelaktstheorie und Gesamtbetrachtungslehre, FS Paeffgen, 2015, S. 255 ff.; *Schäfer,* Die Privilegierung des „freiwillig-positiven" Verhaltens des Delinquenten nach formell vollendeter Straftat – Zugleich ein Beitrag zum Grundgedanken des Rücktritts vom Versuch und zu den Straftheorien, 1992; *Schall,* Zum Rücktritt vom Versuch bei bedingtem Tötungsvorsatz und wiederholbarer Ausführungshandlung trotz Zielerreichung – BGH, NStZ 1990, 30, JuS 1990, 623 ff.; *Scheinfeld,* Der strafbefreiende Rücktritt vom Versuch in der Fallbearbeitung, JuS 2002, 250 ff.; *ders.,* Der Tatbegriff des § 24 StGB, 2006; *Schroth,* Rücktrittsnorm und außertatbestandliche Zweckerreichung, GA 1997, 151 ff.; *Schumann,* Der Rücktritt gem. § 24 StGB auf der „Tatbestandsebene" des Versuchs, ZStW 130 (2018), 1 ff.; *Streng,* Tatbegriff und Teilrücktritt, JZ 1984, 652 ff.; *ders.,* Handlungsziel, Vollendungsneigung und „Rücktrittshorizont", NStZ 1993, 257 ff.; *ders.,* Rücktritt vom erfolgsqualifizierten Versuch? – Die aufzugebende „Tat" i. S. v. § 24 Abs. 1 StGB und das Analogieverbot, FS Küper, 2007, S. 629 ff.; *Timpe,* Unbeendeter Versuch und Rücktrittshorizont, Ad Legendum (Juridicum Münster) 2014, 236 ff.; *Ulsenheimer,* Grundfragen des Rücktritts vom Versuch in Theorie und Praxis, 1976; *Walter,* Der Rücktritt vom Versuch als Ausdruck des Bewährungsgedankens im zurechnenden Strafrecht,

IV. Besondere Rücktrittsprobleme bei mehreren Beteiligten

1980; *Wege,* Rücktritt und Normgeltung – Zum Einfluss glaubwürdiger Umkehr auf die Rechtsfolgebestimmung, 2011.

Antizipierte Rücktrittsleistungen: BGHSt 44, 204 ff. (mit bedingter Rettungsanweisung verknüpfter Tötungsbefehl) m. Anm. *Rotsch,* NStZ 1999, 239 f.; BGH NStZ 2008, 93, 94 Rn. 5 m. Anm. *Mitsch,* NStZ 2008, 421 ff. (Krankenpfleger, der *möglicherweise* zur Demonstration seiner Notfallkompetenz einen Patienten unter den Bedingungen des dolus eventualis in Bezug auf die Herbeiführung des Todes in akute Lebensgefahr bringt); *Herzberg,* Problemfälle des Rücktritts durch Verhindern der Tatvollendung, NJW 1989, 862 ff.; *Scheinfeld,* Gibt es einen antizipierten Rücktritt vom strafbaren Versuch?, JuS 2006, 397 ff.

Zum Rücktritt bei „suboptimaler" Vollendungsverhinderung: BGHSt 48, 147, 149 ff. (Gasausströmungsfall); BGHSt 31, 46, 49 f. (Krankenhausfall); *Heckler,* Ermittlung der Rücktrittsleistung, S. 187 ff.; *Herzberg,* Der Rücktritt vom Versuch als sorgfältiges Bemühen, FS Kohlmann, 2003, S. 37 ff.; *Neubacher,* Der halbherzige Rücktritt in der Rechtsprechung des BGH – Zugleich eine Besprechung der Entscheidung vom 20.12.2002 – 2 StR 251/02, NStZ 2003, 576 ff.

Rücktritt vom versuchten Unterlassungsdelikt: Engländer, Der Rücktrit vom versuchten Unterlassungsdelikt durch bloßes Untätigbleiben, JZ 2012, 130 ff.; *Freund,* Anm. zu BGH, Beschl. v. 29.10.2002 – 4 StR 281/02 (LG Rostock): Zum Rücktritt vom Versuch bei einem mehraktigen Unterlassungsdelikt, NStZ 2003, 252 f.; in: NStZ 2004, 326 ff.; *Küper,* Der Rücktritt vom Versuch des unechten Unterlassungsdelikts, ZStW 112 (2000), 1 ff.; *Lönnies,* Rücktritt und tätige Reue beim unechten Unterlassungsdelikt, NJW 1962, 1950 ff.; *Murmann,* Rücktritt vom Versuch des Unterlassungsdelikts durch Verzicht auf aktive Erfolgsherbeiführung?, GA 2012, 711 ff.

S. a. oben § 8 Rn. 72.

Fragen zu § 9: Rücktritt vom Versuch und sonstige Fälle „tätiger Reue"

1. Wie kann der Rücktritt vom Versuch in den herkömmlichen Deliktsaufbau eingeordnet werden? § 9 Rn. 7 f.
2. Was spricht gegen den Gedanken der goldenen Brücke als Ratio des Rücktrittsprivilegs, und wie kann diese Ratio anders präzisiert werden? § 9 Rn. 11 ff.
3. Wann liegt eine rücktrittsfähige Versuchstat vor? § 9 Rn. 19 f., 22.
4. In welchen Fällen ist das Vorliegen eines fehlgeschlagenen Versuchs umstritten? Welche Auffassungen werden dabei zur Bestimmung des Fehlschlags vertreten? § 9 Rn. 27 ff.
5. Skizzieren Sie die Problematik des erreichten bzw. nicht mehr erreichbaren „außertatbestandlichen Handlungsziels" hinsichtlich der Bestimmung des Fehlschlags. § 9 Rn. 39 ff.
6. Erklären Sie den Begriff des „Aufgebens der Tat" als Rücktrittsverhalten beim unbeendeten Versuch. § 9 Rn. 51 ff.
7. Welche Bedeutung hat die Wortlautgrenze für die Konkretisierung der Freiwilligkeit der Tataufgabe? § 9 Rn. 58 ff.

8. Auf welche Weise kann das Freiwilligkeitsmerkmal näher bestimmt werden? § 9 Rn. 61 ff.
9. Wer trägt beim beendeten Versuch grundsätzlich das Risiko, dass Vollendung eintritt? Gibt es Ausnahmen von diesem Grundsatz? § 9 Rn. 66 f.
10. Unter welchen Voraussetzungen kann ein Beteiligter vom Versuch zurücktreten, obwohl später die Tat vollendet wird? § 9 Rn. 75 ff.

§ 10 Täterschaft und Teilnahme als Formen der Straftat

I. Grundlagen

1. Reichweite bestimmter Sanktionsnormen

Die Strafnormen des BT und strafrechtlicher Nebengesetze sind regelmäßig auf das **Verhalten** einer **einzelnen Person** bezogen, wenn es darin etwa heißt: „Wer einen Menschen tötet …" (§ 212 I) oder: „Wer durch Täuschung …" (§ 263 I).

a) Erfassbarkeit auch mittelbar güterschädigender Verhaltensweisen durch solche Strafnormen

Freilich lassen sich mit solchen Sanktionsnormen vielfach nicht nur unmittelbar, sondern auch **mittelbar güterschädigende Verhaltensweisen** erfassen. Auch Verhaltensweisen, die erst im Zusammenwirken mit dem Verhalten des Opfers selbst oder Dritter güterschädigend wirken (können), sind nicht selten durch so formulierte Sanktionsnormen erfassbar. Wer beispielsweise das arglose Opfer unter Vorspiegelung der **Fallschirmeigenschaft** eines **Rucksacks** zum „freiwilligen" Sprung aus dem Flugzeug verleitet oder ein **vergiftetes „Erfrischungsgetränk"** reicht und trinken lässt, hat es getötet. Er hat ein Verhalten vorgenommen, das ohne Weiteres als tatbestandsmäßig-missbilligtes Tötungsverhalten anzusehen ist, und hat auch tatbestandsmäßige Verhaltensfolgen i. S. eines Tötungsdelikts herbeigeführt. Entsprechendes gilt für die **täuschungsbedingte** Herbeiführung der vermögensschädigenden **Verfügung** mit Blick auf die Tatbestandsmäßigkeit als Betrugsverhalten. Ganz genauso ist aber etwa auch die **Veranlassung** eines **Schuldunfähigen** zu einer Tötung ihrerseits eine tatbestandlich erfasste Tötung.

Die Erfassbarkeit auch mittelbar güterschädigenden Verhaltens wird durch die Vorschrift des § 25 I für solche Fälle lediglich klargestellt. Danach wird „als Täter" einer ganz bestimmten Straftat nicht nur der bestraft, der diese **Straftat „selbst"**

begeht, sondern auch derjenige, der diese Straftat „**durch einen anderen begeht**". Im zuletzt genannten Fall spricht man von **mittelbarer Täterschaft** (im Gegensatz zur unmittelbaren Täterschaft). Der Sache nach handelt es sich in derartigen Fällen mittelbarer Täterschaft lediglich um einen phänomenologischen Unterfall der nach der jeweiligen Strafnorm des BT oder eines strafrechtlichen Nebengesetzes ohne Weiteres erfassten Täterschaft. Mit anderen Worten: § 25 I Fall 2 konstituiert für solche Fälle mittelbarer Täterschaft ebenso wenig einen neuen Straftatbestand wie § 25 I Fall 1, sondern hat insoweit lediglich **deklaratorischen Charakter**.[1]

4 Lediglich deklaratorische Funktion besitzt § 25 I Fall 2 auch für viele Fälle des Einsatzes eines **Gehilfen** bei der Tatausführung. Bei den meisten Tatbeständen muss der Betreffende nicht alles selbst – eigenhändig[2] – ausführen, um den Tatbestand als Täter zu verwirklichen. Für die entsprechende Tatbestandserfüllung ist es vielmehr unschädlich, wenn er sich die „Arbeit" erleichtert und einen oder mehrere Gehilfen einsetzt. Dabei können diese Gehilfen durchaus ihrerseits **vollverantwortlich Agierende** sein. Solche werden oft schon allein deshalb eingesetzt, weil sie regelmäßig zuverlässiger „arbeiten" als etwa schuldunfähige oder im Irrtum befindliche Personen. Ein derartiger Gehilfeneinsatz ist genauso ein täterschaftlich tatbestandsmäßiges Verhalten wie die eigenhändige Tatausführung.[3] Das ergibt sich sachlich aus dem Gesamtzusammenhang der Regelungen zu Täterschaft und Teilnahme (§§ 25 ff.) und lässt sich oft auch ohne Weiteres mit dem **Wortlaut** der jeweiligen Sanktionsnorm vereinbaren.

5 Entsprechendes gilt für Fälle der so genannten „**Nebentäterschaft**", die bei Fahrlässigkeitsdelikten recht häufig vorkommt, aber auch in vorsätzlicher Form möglich ist: Als Schulbeispiel dient oft der „**Dohna-Fall**": Fuchs hat erfahren, dass Schütz ihn zur Abendzeit an einer bestimmten Stelle aus dem Hinterhalt erschießen will. Durch geschickte Täuschung lockt er seinen Feind Luchs zum Tatort, wo dieser erwartungsgemäß von Schütz mit Fuchs **verwechselt** und **getötet** wird.[4]

6 Für **Schütz** ist die Personenverwechslung ein strafrechtlich **irrelevanter error in persona**;[5] und **Fuchs** hat dadurch, dass er Luchs „**in den Tod geschickt**" hat, in eigener Person ein tatbestandsmäßiges Tötungsverhalten vorgenommen. Die Strafbarkeit von Schütz und Fuchs

---

[1] Vgl. *Freund*, in: MünchKommStGB³, Vor § 13 Rn. 462 ff.
[2] Als nur „eigenhändig" zu verwirklichende Delikte werden etwa die Aussagedelikte (§§ 153 ff.) aufgefasst; vgl. etwa RGSt 61, 199, 201; *Fischer*⁶⁶, § 25 Rn. 10, Vor § 153 Rn. 2; *Wessels/Beulke/Satzger*, AT⁴⁸, Rn. 57, 800; näher zu dieser Frage *Schall*, JuS 1979, 104, 106 ff.; vgl. ergänzend unten (§ 10) Rn. 29 ff.
[3] Beispiel: Einen alleintäterschaftlichen Raub begeht auch, wer nicht eigenhändig Gewalt zum Zwecke der Wegnahme einsetzt, sondern sich dazu eines ausschließlich zum Zwecke der Opferschädigung – also ohne Zueignungsabsicht – handelnden Gehilfen bedient. Trotz gewisser Gemeinsamkeiten sind davon die Konstellationen der Mittäterschaft (näher dazu unten [§ 10] Rn. 23 ff., 153 ff.) und des „Täters hinter dem Täter" (vgl. dazu etwa *Heine/Weißer*, in: Schönke/Schröder³⁰, § 25 Rn. 22 ff. m. w. N.; s. a. unten [§ 10] Rn. 84 ff.) zu unterscheiden.
[4] S. zu diesem in der Lösung nicht unumstrittenen Fall etwa *Spendel*, FS Richard Lange, 1976, S. 147, 167 ff.; *Roxin*, ZStW 78 (1966), 214, 227 f. (der hier von mittelbarer Täterschaft ausgeht); vgl. ferner zur Nebentäterschaft RGSt 68, 251, 256; *Fincke*, GA 1975, 161 ff. (der sie als überflüssig ansieht); *Murmann*, Die Nebentäterschaft im Strafrecht, 1993.
[5] Vgl. dazu oben § 7 Rn. 85 ff.

I. Grundlagen

wegen eines vorsätzlichen Tötungsdelikts ergibt sich hier somit unmittelbar aus der entsprechenden Strafnorm des Besonderen Teils, ohne dass es der Heranziehung einer ergänzenden Vorschrift des Allgemeinen Teils bedarf. So gesehen ist es zumindest missverständlich anzunehmen, die Nebentäterschaft sei „gesetzlich nicht ausdrücklich"[6] geregelt.

b) Nicht oder nicht unzweifelhaft erfassbare Fälle

aa) Problemfälle des Einsatzes anderer – § 25 I Fall 2 als für Teilbereiche konstitutive Sanktionsnorm

Indessen gibt es Grenzen des strafrechtlich auf diese Weise Erfassbaren: Wer einer verantwortlichen Person einen **Auftrag zur Tötung** eines anderen gibt, lässt sich allenfalls unter großer Anstrengung des Begriffs als „selbst" Tötender begreifen. Auch wenn eine solche Einordnung nicht vollkommen ausgeschlossen erscheint, bedarf es doch besonderer Umstände, um von einem **„Täter hinter dem Täter"**[7] sprechen zu können. Schwierigkeiten in der strafrechtlichen Erfassung bereitet auch der Fall des im Rahmen einer – verbrecherischen oder nichtverbrecherischen – **Organisation Verantwortlichen**, der sich selbst „die Hände nicht schmutzig zu machen pflegt" und der auch keine konkreten Einzelweisungen mehr erteilen muss, weil alle in die Organisation Eingegliederten auch so wissen, was sie zu tun haben. Man denke hier nur an die **Drogenmafia-„Chefs"** oder an die für die **„Mauerschüsse"** in der ehemaligen DDR mittelbar Verantwortlichen.[8] Für die Erfassung solcher Konstellationen als täterschaftliche Straftatbegehung bietet die Regelung des § 25 I Fall 2 immerhin die unter **Wortlautaspekten** erforderliche gesetzliche Grundlage und konstituiert damit für solche Fälle einen neuen Straftatbestand.[9]

Das sachliche Problem der entsprechenden Reichweite täterschaftlicher Strafbarkeit ist damit freilich noch immer offen.[10] Sollte (mittelbare) Täterschaft letztlich zu verneinen sein, bedarf es zur strafrechtlichen Erfassung weiterer **ergänzender Sanktionsnormen**.

---

[6] I. d. S. aber z. B. *Wessels/Beulke/Satzger,* AT[48], Rn. 793.
[7] Näher zu dieser Problematik unten (§ 10) Rn. 84 ff.
[8] S. dazu unten (§ 10) Rn. 91 ff.
[9] Zur Bedeutung der formalen Garantie des Wortlauttatbestands als notwendiger, nicht aber bereits hinreichender Bedingung der Strafbarkeit s. schon oben § 1 Rn. 63, 70 ff.
[10] Zur Bedeutung der sachlichen Legitimation der Strafbarkeit näher bereits oben § 1 Rn. 76 ff. in grundsätzlichem Zusammenhang; zur sachlichen Begründung täterschaftlicher Strafbarkeit im hier interessierenden Bereich näher unten (§ 10) Rn. 29 ff., 53 ff.

bb) Auch mit § 25 I Fall 2 als ergänzender Sanktionsnorm nicht erfassbare Fälle

9 Kaum zu überwindende Hindernisse bei der Anwendung der jeweiligen Strafnormen des BT und strafrechtlicher Nebengesetze ergeben sich etwa beim **Lieferanten** der **Tatwaffe** für einen Mord oder Raub. Diese Lieferanten der Tatwaffe als auch nur mittelbare Täter des Mordes oder des Raubes aufzufassen, wäre eine Überdehnung des Begriffs. Zudem scheitert eine Erfassung des Verhaltens als Raub jedenfalls am Fehlen der vom Raubtatbestand (§ 249 I) geforderten Absicht rechtswidriger Zueignung. Für solche und vergleichbare Konstellationen bedarf es deshalb ergänzender Regelungen zur strafbaren Teilnahme. Als Formen der Teilnahme stellt das Gesetz die **Anstiftung** und **Beihilfe** zu einer „vorsätzlich und rechtswidrig begangenen Haupttat" unter Strafe (§§ 26, 27).

10 Entsprechendes gilt für die Konstellationen der gemeinschaftlichen Ausführung von Verhaltensweisen, die bei alleinigem Handeln einer Einzelperson einen Straftatbestand des BT oder eines strafrechtlichen Nebengesetzes erfüllen würden. Hier greift ergänzend die Regelung zur Strafbarkeit der **mittäterschaftlichen Tatausführung** (§ 25 II) ein.

2. Ergänzende Sanktionsnormen für Anstifter und Gehilfen (§§ 26, 27) – limitierte Akzessorietät

a) Grundsätzlich akzessorische Konstruktion der Teilnehmersanktionsnormen

11 Die Sanktionsnormen für Teilnehmer sind grundsätzlich „akzessorisch" konstruiert. Damit ist gemeint, dass die Teilnehmerstrafbarkeit vom Vorliegen einer fremden **Haupttat abhängig** ist.[11]

12 Nach § 26 (i. V. m. der jeweiligen auf den Haupttäter zugeschnittenen Strafnorm) wird **„als Anstifter"** „gleich einem Täter bestraft, wer vorsätzlich einen anderen zu dessen vorsätzlich begangener rechtswidriger Tat bestimmt hat". Diese Vorschrift stellt etwa für den **Auftraggeber** einer **Tötung** (i. V. m. der täterschaftlich ausgerichteten Sanktionsnorm des § 212 I) eine eigenständige Sanktionsnorm mit ganz speziellen Voraussetzungen zur Verfügung. Und für den **Gehilfen** – etwa den **Lieferanten** der **Tatwaffe** – sieht § 27 I i. V. m. der jeweiligen auf den Haupttäter ausgerichteten Strafnorm als neue Sanktionsnorm vor: „Als Gehilfe wird bestraft, wer vorsätzlich einem anderen zu dessen vorsätzlich begangener rechtswidriger Tat Hilfe geleistet hat." Die Strafdrohung für den Gehilfen richtet sich grundsätzlich nach der für den Haupttäter, ist aber **obligatorisch** nach § 49 I zu **mildern** (§ 27 II).

---

[11] Zur Akzessorietät der Teilnahme vgl. statt vieler *Kühl*, AT[8], § 20 Rn. 7, 134 ff.; *Jescheck/Weigend*, AT[5], § 61 VII (S. 655 ff.).

I. Grundlagen

b) Limitierung der Teilnahmeakzessorietät

aa) Hintergrund der Limitierung

Die vom Gesetz vorgesehene Anbindung der Strafbarkeit des Teilnehmers (Anstifters und Gehilfen) an die Strafbarkeit des Haupttäters unterliegt freilich gewissen Grenzen. Diese **limitierte Akzessorietät der Teilnahme** beruht auf dem Charakter der Straftat des Teilnehmers als selbstständiger Straftat. Trotz der Anbindung an eine Haupttat muss das **Teilnehmerdelikt** eigenständig die hier in grundsätzlichen Zusammenhang (oben § 2) herausgearbeiteten allgemeinen und ggf. auch etwaige besondere Straftatvoraussetzungen erfüllen. Danach kann der Teilnehmer – selbstverständlich – nicht für fremdes unrechtmäßiges bzw. schuldhaftes Verhalten nebst *dessen* Folgen bestraft werden, sondern immer nur für das, was er selbst „verbrochen" hat. Dem versuchen die Vorschriften der §§ 28, 29 Rechnung zu tragen.[12]

13

bb) Keine schuldhaft begangene Haupttat erforderlich

Aus der Einsicht, dass der Teilnehmer nur für das bestraft wird, was *er selbst* „verbrochen" hat, folgt allerdings nicht nur, dass ihm in dieser Hinsicht „*Fremdes*" nicht angelastet werden darf. Nach dieser Einsicht ist es für das Teilnehmerdelikt in der Sache letztlich irrelevant, ob der Haupttäter für seine „Tat" strafrechtlich verantwortlich zu machen ist. Deshalb setzen §§ 26, 27 mit Recht **keine „schuldhafte" Haupttatbegehung** voraus. Nach dem Zuschnitt des Teilnehmerdelikts de lege lata muss die Haupttat lediglich – aber auch immerhin – „vorsätzlich" und „rechtswidrig" verwirklicht werden. Dagegen wird jeder Beteiligte ohne Rücksicht auf die Schuld des anderen nach seiner Schuld bestraft (§ 29).[13]

14

cc) Geforderte „Vorsätzlichkeit" und „Rechtswidrigkeit" der Haupttat

Was im Einzelnen unter den Gesetzesbegriffen der „vorsätzlichen" und „rechtswidrigen" Haupttat im Kontext des Teilnehmerdelikts genau zu verstehen ist, bedarf näherer Klärung. Dabei liefe eine unbedachte Übernahme der im Kontext der Haupttäterstrafbarkeit entwickelten Bestimmungsfaktoren Gefahr, die Extension der Teilnahme falsch abzustecken. Denn die **„vorsätzliche"** und **„rechtswidrige"**

15

---

[12] Zur (limitierten) Akzessorietät vgl. außer den oben zu (§ 10) Rn. 11 Genannten etwa *Heine/Weißer*, in: Schönke/Schröder[30], Vor § 25 Rn. 22 ff.; *Freund*, in: MünchKommStGB[3], Vor § 13 Rn. 481 ff.; *Joecks*, in: MünchKommStGB[3], Vor § 26 Rn. 18 ff.; *Küper*, FS Jakobs, 2007, S. 311 ff.; *Schünemann*, FS Küper, 2007, S. 561 ff. – Zu § 28 s. vor allem auch *Langer*, Sonderstraftat, S. 392 ff.

[13] Was § 29 besagt, ist trivial und folgt bereits aus zweck- und wertrationalen Überlegungen zur Legitimation der Bestrafung – spätestens aus dem verfassungsrechtlichen Schuldprinzip; vgl. dazu in grundsätzlichem Zusammenhang oben § 1 Rn. 1 ff., 28 ff., 38 ff., 59, 76 ff.

Tat hat für die Frage der **Bestrafung des Teilnehmers** einen **anderen Stellenwert** als für die Frage der Bestrafung des Haupttäters: Das Verhalten des Haupttäters ist für den Teilnehmer lediglich eine Art **Erfolgssachverhalt** oder ein diesem **gleichwertiger Tatumstand** und muss deshalb nicht unbedingt den Anforderungen personalen Fehlverhaltens genügen. An diesen Anforderungen ist lediglich das Teilnehmerverhalten zu messen. Deshalb ist es nicht ausgeschlossen, dass unter **demselben Wort** – bei selbstverständlich zu wahrender **Wortlautgrenze** – jeweils **Verschiedenes** zu verstehen ist.[14] Freilich kann sich auch eine – jedenfalls weitgehende – Deckung in der Extension der Begriffe ergeben.

16 Das soeben Gesagte wirkt sich etwa auf das Verständnis des Begriffs der „Rechtswidrigkeit der Haupttat" bei schuldlos handelndem Haupttäter aus. Während der schuldlos handelnde Haupttäter nach der hier vertretenen Position selbstverständlich **in keiner Weise** strafrechtlich relevantes **personales Verhaltensunrecht** verwirklicht, liegen genauso selbstverständlich die Voraussetzungen einer **rechtswidrigen Haupttat** i. S. des **Teilnahmerechts** vor, wenn die Strafbarkeit des Haupttäters z. B. nur an dessen Schuldfähigkeit scheitert. Beim Haupttäter ist zwar – wie gezeigt[15] – ein „erfolgsbezogenes" Verständnis des Begriffs der Rechtswidrigkeit verfehlt. Mit Blick auf den Teilnehmer hat es dagegen seine Berechtigung, in den Fällen, in denen der „Haupttäter" etwa mangels Schuldfähigkeit kein personales Verhaltensunrecht verwirklicht, einen entsprechend teilnahmetatbestandlich zu missbilligenden **mittelbaren Rechtsgutsangriff** des Teilnehmers selbst anzunehmen. Denn der Teilnehmer verstößt in einem solchen Fall gegen ein ihm gegenüber legitimierbares Verbot der Veranlassung oder Förderung einer fremden Güterschädigung, die – als so veranlasste oder geförderte – **von Rechts wegen nicht sein soll**.

17 Ganz genauso verhält es sich, wenn der „Haupttäter" im Falle eines **Nötigungsnotstandes** als gerechtfertigt angesehen wird.[16] Die für ihn geltende *personenbezogene* **Rechtfertigung** schließt es nicht aus, dem nötigenden Veranlasser der fremden Gutsbeeinträchtigung dieselbe als von Rechts wegen zu vermeidende anzulasten. In diesem – modifizierten – Sinne liegt durchaus eine **„vorsätzlich und rechtswidrig begangene Haupttat"** vor. Deshalb sind jedenfalls die Voraussetzungen einer entsprechenden Anstiftungsstrafbarkeit erfüllt. Dieselbe wird allerdings durch die meist ebenfalls eingreifende weitergehende **(mittelbare) Täterschaft** verdrängt.[17]

18 Bei der Teilnehmersanktionsnorm werden folglich nicht alle Erfordernisse der für den Haupttäter relevanten Sanktionsnorm übernommen. Erforderlich ist nur, dass **für den Fall der Schuldfähigkeit** des Haupttäters eine vorsätzliche und rechtswidrige Haupttat **vorgelegen** *hätte*. Die Prüfung der erforderlichen Haupttat bei der Teilnehmersanktionsnorm hat damit zumindest teilweise einen bloß **hypotheti-**

---

[14] Mit Recht betont *Langer*, GA 1976, 193, 217 f. den objektiv-teleologisch begründeten Vorrang einer sachgerechten Begriffsbildung vor den scheinbaren Zwängen gewisser Gesetzesworte. Deren rechtlich relevante Bedeutung erschließt sich erst unter Beachtung des jeweiligen Funktionszusammenhangs.

[15] S. dazu oben § 3 Rn. 38 ff., § 4 Rn. 3 ff., 13 ff.

[16] Zu den Fällen des Nötigungsnotstandes s. oben § 3 Rn. 35 f., § 4 Rn. 54 f.

[17] Zur mittelbaren Täterschaft in solchen Fällen vgl. unten (§ 10) Rn. 80.

I. Grundlagen

schen Charakter. Denn sie abstrahiert von gewissen Momenten des konkreten wirklichen Geschehens beim Haupttäter.

Nicht ausgeschlossen ist es nach dem bisher Gesagten, auch gewisse **Abstriche** bei der zu fordernden **„Vorsätzlichkeit"** der Haupttat vorzunehmen[18] – etwa „Vorsätzlichkeit in Bezug auf ein grundsätzlich tatbestandsmäßig-missbilligtes Verhalten" ausreichen zu lassen. Dies führte dazu, dass in Fällen des **Erlaubnistatbestandsirrtums** eine strafbare Teilnahme trotz ausgeschlossener Vorsatzstrafbarkeit des „Haupttäters"[19] möglich wäre. Genau zu diesem Ergebnis gelangt bekanntlich die **rechtsfolgenverweisende eingeschränkte Schuldtheorie** als Spielart der eingeschränkten Schuldtheorie, indem sie in solchen Fällen den „Tatbestandsvorsatz als Verhaltensform" bejaht und die Vorsatzstrafe lediglich unter Schuldaspekten verneint.[20]

Zu beachten ist bei alledem, dass in den Fällen, in denen die **(Fehl-)Vorstellung** des „Haupttäters" **nicht auf Fahrlässigkeit beruht**, das Verhalten des „Haupttäters" rechtlich gar nicht zu beanstanden – mithin nicht „rechtswidrig" i. S. personalen Fehlverhaltens ist.[21] Deshalb setzt eine strafbare Teilnahme in derartigen Fällen nicht nur ein modifiziertes Vorsatz-, sondern auch ein **modifiziertes Rechtswidrigkeitsverständnis** voraus (was oft nicht bedacht wird).

Dazu ein Beispiel: Der **Arzt**, dem ein Dritter die tatsächlichen Voraussetzungen des **Einverstandenseins** des Patienten **perfekt vorspiegelt**, handelt selbst nicht rechtswidrig (i. S. der Verwirklichung personalen Verhaltensunrechts), wenn er ein **Geheimnis** des Patienten gegenüber dem Dritten **offenbart** (§ 203 I Nr. 1). Das Verhalten des Arztes ist vielmehr nach allgemeinen Regeln rechtlich einwandfrei, wenn die **verkehrserforderliche Sorgfalt** im Umgang mit Patientendaten gewahrt wurde. Das steht indessen einer strafbaren **Anstiftung** des Dritten zur **vorsätzlichen *und rechtswidrigen* Verletzung** von Privatgeheimnissen (§§ 203 I Nr. 1, 26)

---

[18] Mit Recht i. d. S. etwa *Langer*, GA 1976, 193, 217 f.; i. S. einer Irrelevanz des Handlungsunwerts beim Haupttäter für das Teilnehmerunrecht zutreffend etwa a. *Rudolphi*, FS Maurach, 1972, S. 51, 67 ff.; sachgerecht zwischen Haupttäter und Teilnehmer differenzierend a. bereits *Binding*, Der Gerichtssaal 76 (1910), 1, 33.

[19] Zur Inadäquität der Vorsatzbestrafung des „Haupttäters" in den entsprechenden Fällen näher oben § 7 Rn. 110 ff.

[20] S. dazu etwa *Safferling*, Vorsatz, S. 208; *Wessels/Beulke/Satzger*, AT[48], Rn. 755 f. m. w. N. – Zutreffend kritisch weist *Arthur Kaufmann*, FS Lackner, 1987, S. 185, 194, darauf hin, dass ohne das Erfordernis einer „vorsätzlichen" Haupttat in §§ 26, 27 schwerlich jemand auf die Idee gekommen wäre, eine „rechtsfolgenverweisende eingeschränkte Schuldtheorie" für den Haupttäter zu erfinden; vgl. auch *Walter*, in: LK[12], Vor § 13 Rn. 180, der mit Recht die mangelnde Überzeugungskraft des entsprechenden Verbrechensmodells moniert.

[21] Näher dazu bereits oben § 3 Rn. 10 ff., § 5 Rn. 23 ff. – In dem von *Wessels/Beulke/Satzger*, AT[48], Rn. 722, 755 gebildeten Beispielsfall der „irrigen" Annahme der tatsächlichen Voraussetzungen einer rechtfertigenden Einwilligung des Nachbarn in die Vornahme des Sachbeschädigungsverhaltens (Fällen eines Baumes), wäre zumindest zu prüfen, ob die Annahme nach den näheren Umständen von Rechts wegen zu beanstanden war. Das Abstellen auf das – aus höherer Warte bestimmte – „objektive" Nichtvorliegen einer rechtfertigenden Einwilligung (vgl. *Wessels/Beulke/ Satzger*, AT[48], Rn. 723) geht an dem entscheidenden Problem vorbei, ob der den Baum Fällende sich rechtlich überhaupt fehlerhaft *verhalten* hat.

nicht automatisch entgegen. Denn insoweit kommt es ausschließlich auf eine entsprechende Einschätzung des Verhaltens des solches veranlassenden Dritten nebst Folgen an.[22]

22   Freilich ergeben sich insoweit **Grenzen** der strafrechtlichen Erfassbarkeit: Spiegelt der Dritte dem Arzt erfolgreich vor, selbst der das Geheimnis bereits kennende Geheimnisgeschützte zu sein,[23] fehlt es auch bei weitestem Verständnis an einem **„vorsätzlichen Offenbaren"** und damit an einer für eine strafbare Teilnahme erforderlichen Haupttat. Insoweit kommt die **Sperrwirkung** des **Wortlauttatbestands** zum tragen. Der **fragmentarische Charakter des Strafrechts** verhindert eine an sich sachgerechte strafrechtliche Erfassung auch solcher Fälle. – Das zuletzt genannte Beispiel zeigt, dass die gesetzliche Anbindung der Teilnahmestrafbarkeit an eine „vorsätzliche" und „rechtswidrige" Haupttat auch in modifiziertem Sinne nicht ganz unproblematisch ist. Sie ist aber als gesetzgeberische Entscheidung **de lege lata** hinzunehmen.[24]

3. Ergänzende Sanktionsnorm mittäterschaftlicher Tatbegehung (§ 25 II)

23   Eine Ergänzungsfunktion zur Erfassung von Verhaltensweisen, auf die Sanktionsnormen des BT und strafrechtlicher Nebengesetze nicht unmittelbar anwendbar sind, kommt nicht nur den Vorschriften zur strafbaren Anstiftung und Beihilfe (§§ 26, 27) zu. Auch die Regelung des **§ 25 II** über die **mittäterschaftliche Straftatbegehung** normiert (i. V. m. der jeweiligen auf den Alleintäter zugeschnittenen Strafnorm) eine neue und eigenständige Sanktionsnorm für sonst strafrechtlich jedenfalls nicht angemessen erfasste Fälle.

24   Beispielsweise wird vom Straftatbestand des **Raubes** (§ 249 I) zwar die von der Absicht rechtswidriger Zueignung getragene gewaltsame Wegnahme einer fremden beweglichen Sache durch eine **Einzelperson** erfasst. Dagegen fällt unter diese Strafvorschrift nicht das von der entsprechenden Absicht getragene **arbeitsteilige Zusammenwirken** von zwei Personen, wenn etwa die **eine Person Gewalt** anwendet und die **andere** die **Sache wegnimmt**. Um die unangemessene Bestrafung des einen nur wegen Nötigung (§ 240 I, II) und des anderen nur wegen Diebstahls (§ 242 I) zu vermeiden,[25] stellt der Gesetzgeber über § 25 II die gemeinschaftliche

---

[22] Für die Strafbarkeit des Teilnehmers, der nicht selbst zur Wahrung des Arztgeheimnisses verpflichtet ist, muss die Strafrahmenverschiebung des § 28 I beachtet werden.
[23] Ob das perfekt oder mangelhaft geschieht, bleibt sich gleich.
[24] Das schließt es nicht aus, Überlegungen zu einem Konzept de lege ferenda anzustellen, das die im Text angesprochenen Wertungswidersprüche vermeidet. Indessen können die sich dabei stellenden Fragen hier nicht weiter vertieft werden.
[25] Von einer möglichen Strafbarkeit wegen Unterschlagung oder wegen Beihilfe zum Diebstahl bzw. zur Nötigung soll hier aus Vereinfachungsgründen abgesehen werden. Eine entsprechende weitergehende Strafbarkeit bliebe im Niveau ohnehin immer noch erheblich unter der wegen Raubes.

I. Grundlagen

Begehung einer Straftat (hier eines Raubes) durch mehrere in den Rechtsfolgen der alleintäterschaftlichen Verwirklichung gleich: **Jeder (Mittäter)** wird als **Täter** bestraft.[26]

In Entsprechung zur vergleichbaren Teilnahmeregelung des § 28 I versuchen §§ 28 II und 29 mit ihrer allgemeinen Regelung zur selbstständigen Strafbarkeit des Beteiligten (Täters oder Teilnehmers) der **Selbstständigkeit** auch der **Mittäterschaftsstraftat** Rechnung zu tragen.

25

4. Alternative zur Differenzierung nach Beteiligungsformen: Einheitstäterbegriff

Im Gegensatz zum deutschen Strafrecht differenzieren das deutsche **Ordnungswidrigkeitenrecht** (s. § 14 OWiG[27]) und etwa das **österreichische Strafrecht** nicht nach verschiedenen Beteiligungsformen, sondern bezeichnen alle an einer Straftat Beteiligten als Täter.[28] An den sachlichen Problemen würde die Übernahme einer solchen Begrifflichkeit in das deutsche Strafrecht indessen nichts ändern. Die Extension des strafrechtlich erfassten Bereichs bedarf auch in einem **Einheitstäterkonzept** der Legitimation; und Probleme, die ein solches Konzept auf der Ebene des **Schuldspruchs** (wegen täter- oder teilnehmerschaftlicher Tatbegehung) vermeidet, tauchen spätestens auf der Ebene der **Strafzumessung**, auf der sachgerecht differenziert werden muss, wieder auf.[29]

26

Eine ganz bestimmte Art von „Einheitstäter" findet sich allerdings auch im deutschen Strafrecht. So wird beim **Fahrlässigkeitsdelikt** nicht nach verschiedenen Formen der Beteiligung an einer Haupttat unterschieden. Vielmehr ist auch die „fahrlässige Beteiligung" – etwa an einer vorsätzlichen oder fahrlässigen Tötung – ohne Weiteres als Form täterschaftlicher Straftatbegehung (i. S. des § 222) erfassbar und erfasst, sofern nur die allgemeinen Voraussetzungen der fahrlässigen Tatbe-

27

---

[26] Um zu diesem – richtigen – Ergebnis zu gelangen, wird verbreitet auf den Gedanken der wechselseitigen Zurechnung von Beiträgen zur hypothetischen Gesamttat zurückgegriffen; vgl. etwa *Wessels/Beulke/Satzger,* AT[48], Rn. 813; *Kühl,* AT[8], § 20 Rn. 100. – Dazu, dass es dieses Rückgriffs nicht bedarf, sondern jeder Mittäter nur für seine eigene Mittäter-Tat bestraft wird s. unten (§ 10) Rn. 153 ff.

[27] Vgl. dazu BGHSt 31, 309 ff.; zu dieser Entscheidung s. *Göhler,* wistra 1983, 242 ff.; vgl. auch *Seier,* JA 1990, 342 ff., 382 ff.; eingehend *Schumann,* Zum Einheitstätersystem des § 14 OWiG, 1979.

[28] Vgl. dazu *Kienapfel,* JuS 1974, 1 ff., der von einer dogmatischen Vereinfachung durch den Einheitstäterbegriff ausgeht; Erhaltenswertes der Einheitstäterschaft reklamiert *Schmoller,* GA 2006, 365 ff.

[29] Für das allgemeine Strafrecht ist der Einheitstäterbegriff in Deutschland mit Recht überwiegend auf Ablehnung gestoßen; vgl. etwa *Maiwald,* FS Bockelmann, 1979, S. 343 ff.; *Roxin,* JuS 1973, 329, 334; *Jescheck/Weigend,* AT[5], § 61 II 1 (S. 645 f.). – S. freilich *Rotsch,* „Einheitstäterschaft" statt Tatherrschaft – Zur Abkehr von einem differenzierenden Beteiligungsformensystem in einer normativ-funktionalen Straftatlehre, 2009; *dens.,* GS Heine, 2016, S. 309 ff.

standsverwirklichung erfüllt sind.[30] Dafür muss lediglich ein spezifischer Verhaltensnormverstoß mit entsprechenden tatbestandsmäßigen Verhaltensfolgen vorliegen. Die jeweiligen Fahrlässigkeitsstrafnormen sind nach ihrem Zuschnitt weit genug, um auch solche **„Beteiligungen"** (im untechnischen Sinne) als **Fahrlässigkeitstäterschaft** zu erfassen.

28 Allerdings wäre es auch für den Bereich der Fahrlässigkeitstaten durchaus möglich, Beteiligungsformen zu bilden, die denen bei Vorsatztaten entsprechen.[31] Zur strafrechtlichen Erfassung bestimmter fahrlässiger Verhaltensweisen ist das aber nach dem bereits Gesagten jedenfalls in aller Regel nicht erforderlich. Sachliche Bedeutung kann eine Differenzierung nach der **Art** der **fahrlässigen „Beteiligung"** aber für die Frage der **Strafzumessung** haben.[32]

5. Allgemeine Lehren von Täterschaft und Teilnahme

a) Vorbemerkungen zum Stellenwert des Problems: Genaue Sanktionsvoraussetzungen und Konkurrenzfragen

29 Täterschaft und Teilnahme werden vor allem bei den Tatbeständen, die **keine speziellen Begrenzungen** des möglichen **Täterkreises** (z. B. auf Urkundsbeamte, Aussagepersonen oder Unfallbeteiligte) kennen, meist unter dem Aspekt eines sich stellenden Problems der **Abgrenzung** der **Täterschaft** von der **Teilnahme** kontrovers diskutiert. Dass Tatbestände mit bestimmten speziellen Anforderungen an die Personen, die den Tatbestand erfüllen können, von anderen Personen nicht (als Täter) verwirklicht werden können, ist eine Trivialität und steht außer Frage.[33] Nur derjenige, der **im Verkehr ein Fahrzeug führt**, kann sich wegen Trunkenheit im Verkehr (§ 316), wegen Gefährdung des Straßenverkehrs (§ 315c) oder wegen Fahrens ohne Fahrerlaubnis (§ 21 I Nr. 1 StVG) strafbar machen. Die Partei im Zivilprozess kann keine uneidliche Falschaussage (§ 153) begehen, weil sie weder **Zeuge** noch **Sachverständiger** ist. Wer nicht **Unfallbeteiligter** ist, kann sich nicht unerlaubt vom Unfallort entfernen (§ 142). Solche Personen können nur Tatbestände ohne derartige Sanktionserfordernisse verwirklichen.

---

[30] *Kühl*, AT[8], § 20 Rn. 10; *Wessels/Beulke/Satzger*, AT[48], Rn. 795; *Jescheck/Weigend*, AT[5], § 61 VI (S. 654 f.); vgl. a. *Freund*, in: MünchKommStGB[3], Vor § 13 Rn. 494 f.

[31] I. S. einer solchen möglichen Differenzierung auch beim Fahrlässigkeitsdelikt mit Recht z. B. *Otto*, AT[7], § 21 Rn. 109 ff. m. w. N.; s. freilich auch *Kühl*, in: Lackner/Kühl[29], Vor § 25 Rn. 2 m. w. N.; vgl. ferner *Joecks*, in: MünchKommStGB[3], § 25 Rn. 284 ff. m. w. N. zur Problematik.

[32] Zum Zusammenhang zwischen Straftatlehre und Strafzumessung s. bereits oben § 1 Rn. 112 ff., § 2 Rn. 45 f., § 4 Rn. 80 ff., § 5 Rn. 9 ff. sowie unten § 11 Rn. 10, 49, 53 ff.

[33] Insoweit bedarf es keines Rückgriffs auf den problematischen Begriff der „Eigenhändigkeit" als Voraussetzung für die Deliktsverwirklichung; zum Begriff der „eigenhändigen Delikte" vgl. bereits oben (§ 10) Rn. 4.

I. Grundlagen

Zu denken ist insbesondere an die Tatbestände der **Anstiftung** oder der **Beihilfe** 30
zu einem solchen Delikt[34] oder an Tatbestände wie § 160 (**Verleitung zur Falschaussage**) und § 271 (**Mittelbare Falschbeurkundung**). Nach § 21 I Nr. 2 StVG wird es eigenständig tatbestandlich erfasst, wenn der Halter eines Kraftfahrzeugs anordnet oder **zulässt**, dass jemand das **Fahrzeug führt**, der die dazu **erforderliche Fahrerlaubnis** nicht hat.[35]

§ 14 – die Vorschrift über das „**Handeln für einen anderen**" – sieht eine Ausdehnung des An- 31
wendungsbereichs bestimmter Strafgesetze mit **beschränktem Täterkreis** auf gewisse **Vertreter** oder (sonstige) **Sachwalter** vor. Dies geschieht rechtstechnisch dadurch, dass ein bestimmtes Gesetz, nach dem besondere persönliche Eigenschaften, Verhältnisse oder Umstände (**besondere persönliche Merkmale**) die Strafbarkeit begründen, auch auf gewisse Vertreter (oder sonstige Sachwalter) für anwendbar erklärt wird, wenn diese Merkmale zwar nicht beim Vertreter oder sonstigen Sachwalter, wohl aber bei dem vorliegen, für den gehandelt wird. Damit erfüllt der Vertreter oder sonstige Sachwalter die nach Maßgabe des § 14 modifizierten Anforderungen an eine täterschaftliche Bestrafung.[36]

Indessen verhält es sich entgegen verbreiteter Einschätzung bei den sog. **Allge-** 32
meindelikten keineswegs anders. Denn auch bei diesen Tatbeständen ist es für eine entsprechende Bestrafung (als Täter des entsprechenden Delikts) erforderlich, dass sich der Betreffende tatbestandsmäßig verhält und dass auch die sonstigen Sanktionsvoraussetzungen erfüllt sind. Fehlt es auch nur an einer der Voraussetzungen für eine entsprechende Bestrafung, kann sie nicht eingreifen. In Betracht kommt dann ebenfalls nur die Erfüllung der Voraussetzungen einer strafbaren Teilnahme.

Die im Gesetz vorgesehene Unterscheidung der verschiedenen **Beteiligungs-** 33
formen führt vor diesem Hintergrund niemals zu einem Abgrenzungsproblem. Vielmehr entsteht lediglich in manchen Fällen ein – nicht allzu gewichtiges – **Konkurrenzproblem**. Denn es ist denkbar, dass eine bestimmte Person sowohl die Voraussetzungen täterschaftlich tatbestandsmäßigen als auch die teilnehmerschaftlich tatbestandsmäßigen Verhaltens und sonstige entsprechende Sanktionsvoraussetzungen erfüllt. Dieses Konkurrenzproblem ist aber relativ einfach i. S. eines **Vorrangs** der **Täterschaft** vor der dahinter zurücktretenden Teilnahme aufzulösen.[37]

---

[34] Näher zu den Voraussetzungen unten (§ 10) Rn. 109 ff., 137 ff.

[35] Dabei kann der im Gesetz genannte „Jemand" durchaus auch der schuldunfähige Halter selbst sein. Deshalb stellt sich die Problematik der actio libera in causa jedenfalls differenzierter als von BGHSt 42, 235 ff. angenommen. – Näher zur actio libera-Problematik bereits oben § 4 Rn. 34 ff.; vgl. auch § 7 Rn. 51 ff. – Zum Zulassen des Fahrens ohne Fahrerlaubnis s. a. BayObLG NZV 1996, 462 (Sorgfaltspflichtverletzung des Kfz-Halters, der den Zündschlüssel stecken lässt, während ein Beifahrer, dem die Fahrerlaubnis entzogen worden ist, im Fahrzeug wartet, nur bei Gegebensein konkreter Umstände, die einen Missbrauch befürchten lassen).

[36] Näher zur schwierigen Problematik der Organ- und Vertreterverantwortlichkeit etwa *Langer*, Sonderstraftat, S. 352 ff.; *Marxen*, JZ 1988, 286 ff.; *Schünemann*, Jura 1980, 354 ff., 568 ff.

[37] Näher zu den so genannten Konkurrenzen unten § 11.

34 Bleibt unklar, ob jemand die Voraussetzungen der Täterschaft oder der Beihilfe verwirklicht hat, steht aber fest, dass jedenfalls das eine oder das andere zutrifft, wird in der Regel angenommen, dass eine eindeutige Verurteilung wegen Beihilfe möglich ist, weil die **Beihilfe** zur **Täterschaft** und zur **Anstiftung** in einem normativen **Stufenverhältnis** stehe. Deshalb könne auf die Beihilfe als die mindere Unrechtsform zurückgegriffen werden.[38]

b) Konkurrierende allgemeine Lehren

35 Ein gewichtiges sachliches Problem bilden die genauen Anforderungen an ein täter- bzw. teilnehmerschaftliches tatbestandsmäßiges Verhalten. Insoweit konkurrieren verschiedene Lehren:

aa) Formal-objektive Lehre

36 Nach der ganz zu Unrecht als überholt angesehenen älteren **formal-objektiven Lehre** ist Täter, wer die tatbestandliche Ausführungshandlung ganz oder teilweise selbst vornimmt. Teilnehmer dagegen, wer zur Tatbestandsverwirklichung lediglich durch eine Vorbereitungs- oder Unterstützungshandlung beiträgt.[39] Tatsächlich führt eine formal-objektive Betrachtungsweise zu Schwierigkeiten vor allem bei der Erfassung der mittelbaren Täterschaft sowie gewisser Fälle des im Hintergrund bleibenden Bandenchefs.[40] Das gilt jedoch nur, wenn als **tatbestandliche Ausführungshandlung** nur eine solche begriffen wird, die sich unmittelbar güterschädigend auswirkt. Wer das Opfer nicht selbst erschießt oder erschlägt, kann dann nicht Täter sein.

37 Indessen lassen sich bei materialer Bestimmung des (täterschaftlichen) tatbestandsmäßigen Verhaltens durchaus auch mit einer formal-objektiven Täterlehre sachgerechte Ergebnisse erzielen und im Grunde sogar allein auf der Basis einer solchen die material als sachgerecht empfundenen Ergebnisse mit dem nullum crimen-Satz in Einklang bringen: Um dem **nullum crimen-Satz** zu genügen, muss für eine Bestrafung nach einer ganz bestimmten **Sanktionsnorm** (sei es einer täterschaftlichen oder einer teilnehmerschaftlichen) dargelegt werden, dass der Betreffende *deren* Voraussetzungen material und formal – also unter Beachtung des **Wortlauttatbestands**[41] – verwirklicht hat. Jenseits der formalen Erfüllung der Deliktsvoraussetzungen beginnt die **verbotene Analogie** in malam partem.[42]

38 Der nullum crimen-Satz ist aber ohne Weiteres gewahrt, wenn auch Verhaltensweisen, die zu einer **opfer-** und **drittvermittelten Güterschädigung** führen, als tatbestandsmäßige Ausführungshandlung aufgefasst werden können. Der dann

---

[38] S. dazu etwa BGHSt 31, 136 ff.; *Wessels/Beulke/Satzger*, AT[48], Rn. 925 m. w. N.; freilich auch oben § 1 Rn. 73 f. zur berührten Problematik der Wahlfeststellung.

[39] Zur formal objektiven Lehre vgl. *v. Hippel*, Deutsches Strafrecht II, S. 453, 461; *Frank*, StGB[17], § 47 II (S. 110).

[40] I. d. S. die Hauptkritikpunkte etwa bei *Wessels/Beulke/Satzger*, AT[48], Rn. 804, 808; *Kühl*, AT[8], § 20 Rn. 24; zur älteren formal-objektiven Theorie vgl. a. *Hoyer*, in: SK StGB[9], § 25 Rn. 11.

[41] Zur materialen und *formalen* Garantie des nullum crimen-Satzes s. bereits oben § 1 Rn. 63, 70 ff.

[42] Zu Lasten des Betroffenen.

I. Grundlagen

mittelbar güterschädigend Agierende erfüllt *in eigener Person* das Erfordernis der **tatbestandsmäßigen Ausführungshandlung**. Man denke hier etwa an das Beispiel der Tötung des nichtsahnenden Opfers durch Reichen eines vergifteten „Erfrischungsgetränkes". Der **Giftmord** ist in einem solchen Fall auch und gerade auf der Basis einer den formalen Erfordernissen der Tatbestandsverwirklichung Rechnung tragenden Lehre zu bejahen und für die unbefangen wertende Betrachtung geradezu selbstverständlich gegeben.[43]

bb) Subjektive Lehre

Vornehmlich in der Rechtsprechung findet sich eine jedenfalls schwerpunktmäßig auf die innere Willensrichtung des Handelnden oder Unterlassenden abstellende **subjektive Lehre:** Täter ist danach, wer mit **Täterwillen** (animus auctoris) handelt und die Tat „als eigene" will. Teilnehmer ist, wer mit **Teilnehmerwillen** (animus socii) tätig wird und eine Tat „als fremde" veranlassen oder fördern will.

Schulbeispiele für die weitgehende Beliebigkeit der mit der subjektiven Lehre erzielbaren Ergebnisse bieten der Badewannenfall des Reichsgerichts und der Stachynskijfall des BGH: Im **Badewannenfall**[44] diente die extrem subjektive Theorie dazu, die Schwester der Kindesmutter, die das gerade geborene Kind in der Badewanne eigenhändig ertränkte, als Gehilfin dieser Tötung einzustufen, weil sie im ausschließlichen Interesse der Kindesmutter handelte. Ebenso hat der BGH im **Stachynskijfall**[45] einen Agenten, der eigenhändig Menschen tötete, als Gehilfen dieser Tötungen eingestuft, weil er im Auftrag seines Geheimdienstes handelte.

Jedenfalls eine extrem subjektive Theorie der Tatbestandsverwirklichung ist nicht nur mit dem Wortlaut und der Entstehungsgeschichte des § 25 I Fall 1 kaum zu vereinbaren.[46] Sie widerspricht auch einem angemessenen Verständnis der einzelnen Tatbestände. Danach soll die entsprechende Strafbarkeitsanordnung immer, aber auch nur den treffen, der sich in ganz bestimmter Weise **rechtlich missbilligt verhält** – also etwas rechtlich Missbilligtes tut oder unterlässt – und ggf. sonstige Sanktionsvoraussetzungen erfüllt, nicht jedoch den, der sich *irgendwie* verhält und dabei bestimmte **Empfindungen** hegt.[47]

---

[43] Für den Bereich der Mittäterschaft vgl. etwa auch *Frank*, StGB[5–7], § 47 II (S. 87): „Mittäter ist ..., wer das Opfer hält, während ihm der andere den Todesstoß gibt." Vgl. auch *dens.*, StGB[17], § 47 II (S. 110). – Zur Vorzugswürdigkeit einer auch in formaler Hinsicht den Tatbestandserfordernissen Rechnung tragenden Konzeption vgl. a. *Freund*, in: MünchKommStGB[3], Vor § 13 Rn. 467, 475 ff.

[44] RGSt 74, 84 ff.

[45] BGHSt 18, 87 ff.

[46] *Kühl*, AT[8], § 20 Rn. 23: Die extrem subjektive Theorie ist überholt und nicht mehr vertretbar; vgl. a. *Jescheck/Weigend*, AT[5], § 61 IV 3 (S. 651); *Joecks*, in: MünchKommStGB[3], § 25 Rn. 22, 32. – Ganz auf einer extrem subjektiven Linie aus jüngster Zeit allerdings etwa BGH 18.10.2018 – 3 StR 126/18, BeckRS 2018, 33407 (in einem Fall, in dem die Mutter eines Kleinkindes dessen schwere Misshandlung durch den Kindsvater nicht verhinderte, obwohl ihr das möglich gewesen wäre).

[47] Zur Irrelevanz bestimmter Empfindungen oder Hintergedanken für die Frage der tatbestandlichen Missbilligung vgl. bereits oben § 2 Rn. 14, § 5 Rn. 21 (i. V. m. Rn. 17), 45, § 8 Rn. 37.

42   In der Literatur ist die subjektive Lehre jedenfalls in ihrer extremen Ausprägungsform überwiegend auf Ablehnung gestoßen.[48] Stattdessen hat man materiell-objektive oder final-objektive Alternativen entwickelt.

cc) Materiell-objektive Lehren – insbesondere die Tatherrschaftslehren

43   Wohl den größten Verbreitungsgrad hat in der Rechtslehre der Gedanke der „Tatherrschaft" als Leitprinzip für die Abgrenzung[49] der Täterschaft von der Teilnahme gefunden.[50] Tatherrschaft wird dabei als Objektives und Subjektives erfassender Begriff verstanden und meint „das **vom Vorsatz umfasste In-den-Händen-Halten** des **tatbestandsmäßigen Geschehensablaufs**".[51] Als typische Erscheinungsformen der „Tatherrschaft" gelten die **„Handlungsherrschaft"** beim unmittelbaren Tätigwerden, die **„Herrschaft"** des Hintermannes bei der mittelbaren Täterschaft „kraft **überlegenen Wissens** oder **Willens**" und die **„funktionelle Tatherrschaft"** beim arbeitsteilig handelnden Mittäter.

44   Nach den Grundsätzen einer Tatherrschaftslehre ist Täter, wer als **„Zentralgestalt"** (Schlüsselfigur) das Geschehen planvoll lenkt oder mitgestaltet und die Tatbestandsverwirklichung nach seinem Willen hemmen oder ablaufen lassen kann. Der Teilnehmer ist demgegenüber lediglich tatfördernde oder tatveranlassende **„Randfigur"** des Geschehens ohne eigene Tatherrschaft.[52]

45   Bei aller Eigenständigkeit besitzt die von *Schmidhäuser* vertretene **„Ganzheitstheorie"** eine gewisse Nähe zu den Tatherrschaftslehren. Sie stellt eine Synthese verschiedener Täterlehren dar und arbeitet mit einer „wertenden Ganzheitsbetrachtung".[53]

46   In den verschiedenen Ausprägungsformen einer Tatherrschaftslehre sind einige zutreffende Aspekte verarbeitet. Der Gedanke der **Tatherrschaft** als Leitprinzip für die Abgrenzung von Täterschaft und Teilnahme leidet jedoch an einem grundlegenden Mangel: Bei aller Beteuerung der Tatbestandsbezogenheit des Tatherrschaftsbegriffs[54] ist eine überzeugende **Einordnung** in den jeweiligen **Deliktstatbestand**

---

[48] Zur Kritik der subjektiven Lehre näher *Wessels/Beulke/Satzger*, AT[48], Rn. 808; s. a. *Heine/Weißer*, in: Schönke/Schröder[30], Vor § 25 Rn. 54 m. w. N.

[49] Dass es sich sachlich *nicht* um ein Abgrenzungsproblem, sondern um ein solches der jeweiligen genauen Sanktionsvoraussetzungen handelt, wurde gerade oben (§ 10) Rn. 29 ff. dargelegt.

[50] Im Sinne eines Überblicks dazu *Jescheck/Weigend*, AT[5], § 61 V (S. 651 ff.); *Joecks*, in: MünchKommStGB[3], § 25 Rn. 10 ff.; *Kühl*, in: Lackner/Kühl[29], Vor § 25 Rn. 4, 6; *Wessels/Beulke/Satzger*, AT[48], Rn. 803 ff., jew. m. w. N.

[51] Vgl. etwa *Maurach/Gössel/Zipf*, AT 2[8], § 47 Rn. 87 ff.; ferner die in der vorhergehenden Fn. Genannten.

[52] Vgl. etwa *Wessels/Beulke/Satzger*, AT[48], Rn. 806 sowie die weiteren oben zu Rn. 43 genannten Autoren; zur Kritik der Tatherrschaftslehren vgl. etwa *Weber*, in: Baumann/Weber/Mitsch, AT[11], § 29 Rn. 54 ff. (weniger krit. *Eisle*, in: Baumann/Weber/Mitsch/Eisele, AT[12], § 25 Rn. 33).

[53] *Schmidhäuser*, Studienbuch AT[2], 10/163 ff.; ausführlich *ders.*, FS Stree/Wessels, 1993, S. 343 ff.

[54] Vgl. etwa *Jescheck/Weigend*, AT[5], § 61 I 2 (S. 643) i. V. m. § 61 V (S. 651 ff.): „Stück der Lehre vom Tatbestand".

I. Grundlagen

jedenfalls bisher **nicht geglückt** und wohl auch nicht möglich.[55] Soll die Tatherrschaft bei den vollendeten Erfolgsdelikten etwa ein Element des sog. „objektiven Unrechtstatbestands" bilden? – Wenn ja, welches Element soll genau näher beschrieben werden? – Die Handlung, der Erfolg, die Kausalität und/oder die objektive Zurechnung des Erfolgs?

Gegen eine Einordnung in eine der angesprochenen Kategorien dürfte indessen die starke **Anreicherung** des **Tatherrschaftsbegriffs** mit *subjektiven* **Elementen** sprechen. Oder soll etwa „das vom Vorsatz (!) umfasste In-den-Händen-Halten des Geschehens" und die „planvolle Geschehenslenkung" ohne Berücksichtigung dessen bestimmt werden, was der Betreffende selbst weiß?

Im Übrigen kann sinnvoll die Frage nach der Herrschaft nur gestellt werden, wenn der **zu beherrschende** Gegenstand – die **Tat** – genau definiert ist. Solange unklar bleibt, wie die zu beherrschende Tat genau beschaffen sein muss,[56] um eine Verantwortlichkeit als Täter oder Teilnehmer dieser Tat zu begründen, ist der Herrschaftsbegriff ein „Zauberhut", aus dem praktisch jedes beliebige Ergebnis herausgeholt werden kann. Ist dagegen geklärt, wie die Tat, wegen der bestraft werden soll, näherhin beschaffen ist, entbehrt ein *zusätzliches* Herrschaftserfordernis speziell für die Tatbestände, die täterschaftliches Verhalten erfassen, der Berechtigung.[57] Dass die tatbestandsverwirklichenden Verhaltensweisen, um solche zu sein, der **Steuer*barkeit*** (nicht notwendig: der Steuerung) durch die Person unterliegen müssen, kann jedenfalls nicht gemeint sein. Denn dieses **allgemeine Erfordernis jeder Straftat** gilt für die Sanktionsnormen, die den Teilnehmer betreffen, ganz genauso wie für die auf den Täter zugeschnittenen Sanktionsnormen.

Dass die Tatherrschaft bei den **Unterlassungsstraftaten** von vornherein ein wenig passendes „Kriterium" darstellt, räumen selbst Verfechter einer solchen Lehre offen ein.[58] Wer dem Geschehen seinen Lauf lässt, beherrscht es jedenfalls nicht im Sinne eines „vom Vorsatz umfassten In-den-Händen-Haltens" und steuert es nicht. Deshalb werden die Unterlassungsstraftaten z. T. als so genannte **„Pflichtdelikte"** aufgefasst. Bei diesen soll für die Täterschaft nicht die Tatherrschaft, sondern die Verletzung einer außerstrafrechtlichen Sonderpflicht entscheidend sein.[59] Zu den „Pflichtdelikten" werden außer den Unterlassungsstraftaten auch noch die Untreue (§ 266) und z. T. auch die Vereitelung der Zwangsvollstreckung (§ 288) gezählt.

Im Einzelnen sind grundsätzliche Berechtigung und nähere Bestimmung sog. „Pflichtdelikte" allerdings höchst umstritten.[60] Dabei kann sich der kritische

---

[55] Zur Problematik der Einordnung vgl. *Maurach/Gössel/Zipf*, AT 2[8], § 47 Rn. 89 ff. m. w. N.
[56] Zur Konkretisierung der näheren Beschaffenheit der Tat unten (§ 10) Rn. 53 ff.
[57] Sachlich übereinstimmend *Haas*, ZStW 119 (2007), 519, 526.
[58] S. etwa *Otto*, AT[7], § 21 Rn. 37; *Roxin*, Täterschaft und Tatherrschaft[9], S. 462; vgl. zu dieser Problematik auch *Heine/Weißer*, in: Schönke/Schröder[30], Vor § 25 Rn. 93 m. w. N.
[59] Zur Kategorie der Pflichtdelikte vgl. etwa *Roxin*, Täterschaft und Tatherrschaft[9], S. 352 ff.; *Heine/Weißer*, in: Schönke/Schröder[30], Vor § 25 Rn. 83.
[60] Krit. zum durch die Pflichtdeliktslehre postulierten Gegensatz zwischen „Pflichtdelikten" und „Herrschaftsdelikten" mit Recht etwa *Maurach/Gössel/Zipf*, AT 2[7], § 47 Rn. 91; *Murmann*, Die Nebentäterschaft im Strafrecht, S. 181 f.; vgl. a. *Freund*, Erfolgsdelikt und Unterlassen, S. 177

Beobachter des Eindrucks nicht erwehren, dass mit der **Pflichtdeliktskategorie** je nach Bedarf nur die **Leerformel** der Tatherrschaft durch die „Zauberformel" der Verletzung einer außerstrafrechtlichen Sonderpflicht ausgetauscht wird. Eine Integration der als maßgeblich angesehenen **außerstrafrechtlichen Sonderpflicht** in den **strafrechtlichen Tatbestand** ist ebenso wenig gelungen wie die des Herrschaftsbegriffs. Eine selbstständige Kategorie der Pflichtdelikte erübrigt sich bei einem angemessenen Verständnis der Delikte, für die verbreitet noch immer die Tatherrschaft als Täterschaftskriterium aufgefasst wird.

dd) Neuere Entwicklungen zur Lehre von Täterschaft und Teilnahme

51 Mittlerweile ist eine ganze Reihe neuer Täterlehren entwickelt worden, die sich z. T. recht kritisch mit dem Kriterium der Tatherrschaft auseinandersetzen.[61]

52 Im jüngeren Schrifttum setzt sich die Einsicht immer mehr durch, dass die Frage nach Täterschaft und Teilnahme als Problem des je **spezifischen tatbestandsmäßigen Verhaltens** aufzufassen ist.[62] Damit lösen sich zwar nicht alle Schwierigkeiten von selbst, sondern es sind nach wie vor gewisse Wertungen notwendig. Aber immerhin gelingt eine überzeugende Einordnung in den Deliktsaufbau. Und das ist nicht nur für die **Fallbearbeitung**, sondern auch mit Blick auf die Garantien des nullum crimen-Satzes wichtig. Außerdem erlaubt die zutreffende systematische Verortung auch eine angemessene Erfassung der sachlichen Probleme und macht vor allem die notwendigen **Wertungen transparent**. Das wird sich im Folgenden zeigen.

II. Mittelbare Täterschaft (§ 25 I Fall 2)

53 Die mittelbare Täterschaft als ganz bestimmte Form der Straftatbegehung erfordert zunächst die Erfüllung der allgemeinen Kriterien tatbestandsmäßigen Verhaltens (dazu unter 1). Außerdem müssen – insbesondere im Vollendungsfall – auch die etwa erforderlichen weiteren Sanktionsvoraussetzungen (insbesondere tatbestandsmäßige Verhaltensfolgen) vorliegen (dazu unter 2).

Fn. 66, 274 Fn. 6; *Langer,* Sonderstraftat, S. 220 f., 249 ff.; *Putzke,* FS Roxin, 2011, S. 425, 433; *Schünemann,* GA 2017, 678 ff.

[61] S. etwa *Bloy,* Die Beteiligungsform als Zurechnungstypus, S. 192 ff.; *Haas,* ZStW 119 (2007), 591 ff.; *Jakobs,* in: El sistema funcionalista S. 195 ff.; *Schild,* Täterschaft als Tatherrschaft, 1994; vgl. auch *Jakobs,* AT², 21/33 ff.; i. S. eines Überblicks s. *Heine/Weißer,* in: Schönke/Schröder³⁰, Vor § 25 Rn. 57 ff.

[62] So etwa *Stein,* Beteiligungsformenlehre, S. 221 ff., 238 ff. (eingehend und krit. dazu *Küper,* ZStW 105 [1993], 445 ff.); *Frisch,* Tatbestandsmäßiges Verhalten, S. 41 (Fn. 157), 70 ff., 240 ff., 289 ff., 301 f. et passim; s. a. *Murmann,* Die Nebentäterschaft im Strafrecht, S. 154 ff.; *Renzikowski,* Restriktiver Täterbegriff, S. 49, 123 ff.; *Freund,* Erfolgsdelikt und Unterlassen, S. 118 f., 233 Fn. 32, 235 ff., 241, 251 f., 258 f. m. Fn. 51.; vgl. a. *Bloy,* Die Beteiligungsform als Zurechnungstypus, S. 205 ff.; i. S. einer im Verhältnis zur Täterverhaltensnorm selbstständigen Teilnehmerverhaltensnorm bereits *Binding,* Der Gerichtssaal 76 (1910), 1, 33.

II. Mittelbare Täterschaft (§ 25 I Fall 2)

1. Tatbestandsmäßiges Verhalten des „mittelbaren" Täters (spezifischer Verhaltensnormverstoß)

Nach dem bereits Gesagten bedarf es in vielen Fällen, in denen man von mittelbarer Täterschaft reden kann, keines Rückgriffs auf § 25 I Fall 2, um eine bestimmte Sanktionsnorm des BT oder eines strafrechtlichen Nebengesetzes anwenden zu können. Freilich schadet in derartigen Fällen ein Hinweis auf diese Regelung nicht. In Fällen, die nicht ganz eindeutig unmittelbar von der jeweiligen Sanktionsnorm erfasst werden, kann er als **klarstellender Hinweis** u. U. komplizierte Erwägungen zur Reichweite des **Wortlauttatbestands** ersparen. Denn durch § 25 I Fall 2 wird jedenfalls eine entsprechende Erweiterung bewirkt, sodass sich eine nähere Klärung erübrigt. Im Folgenden wird deshalb auch nicht mehr weiter zwischen den Fällen differenziert, in denen **§ 25 I Fall 2** bloß deklaratorische Bedeutung besitzt, und den Fällen, in denen erst durch diese Vorschrift eine **ausreichende Sanktionsnorm geschaffen** wird. Die sachlichen Überlegungen zur Reichweite täterschaftlicher Strafbarkeit decken sich beide Male ohnehin weitgehend. 54

Typisches Kennzeichen häufig diskutierter Fälle mittelbarer Täterschaft ist die Verwirklichung des Straftatbestands durch den Einsatz eines „**Tatmittlers**" in Gestalt eines menschlichen „Werkzeugs" bei der Tatausführung.[63] Nach einem gängigen Bild bedient sich dabei der mittelbare Täter fremder Hände zur Begehung der eigenen Tat.[64] Ganz im Vordergrund der Überlegungen stehen meist Fälle, in denen der Tatmittler eine unterlegene Stellung inne hat und gleichsam vom „**Hintermann**" kraft seiner **überlegenen Position** im Gesamtgeschehen so „beherrscht" wird, dass das, was der Tatmittler naturalistisch tut, bei wertender Betrachtung als „Werk" des Hintermannes erscheint. Letzteres ist aber auch jenseits der Fälle der „Beherrschung" des Vordermanns denkbar.[65] Im Einzelnen lassen sich verschiedene Fallgruppen bilden: Eine Verantwortlichkeit des Hintermannes kann sich wegen seines **überlegenen Wissens**,[66] wegen seiner **überlegenen Einsichts- und Steuerungsfähigkeit** (meist, aber ungenau „Willens-Überlegenheit" genannt),[67] aber auch deswegen ergeben, weil er ohnehin für die Vermeidung bestimmter Gutsbeeinträchtigungen **kraft** entsprechender **Sonderverantwortlichkeit** „zuständig" ist.[68] 55

Meist werden in diesem Zusammenhang bestimmte Fallgruppen aufgezählt, in denen mittelbare Täterschaft in Betracht kommen soll: Genannt werden „tatbestandslos" Handelnde, „rechtmäßig" Handelnde, vorsatzlos Handelnde, schuldlos Handelnde – also Fälle eines Verantwortlichkeitsdefizits beim Tatmittler.[69] Für einen ersten Einstieg in die nähere Prüfung der strafrechtlichen 56

---

[63] *Jakobs*, AT², 21/62; *Kühl*, AT⁸, § 20 Rn. 39; *Hoyer*, in: SK StGB⁹, § 25 Rn. 40 ff.
[64] S. etwa *Wessels/Beulke/Satzger*, AT⁴⁸, Rn. 840 („Hände des Vordermanns").
[65] S. etwa die unten (§ 10) Rn. 103 f. genannten Fälle der Organisationsverantwortlichkeit.
[66] S. dazu sogleich unten (§ 10) Rn. 57 ff.
[67] S. dazu unten (§ 10) Rn. 76 ff.
[68] S. dazu unten (§ 10) Rn. 103 f.
[69] Im Sinne einer solchen Kasuistik etwa *Wessels/Beulke/Satzger*, AT⁴⁸, Rn. 842 ff.

Verantwortlichkeit anderer mag das ganz hilfreich sein. Indessen ist Vorsicht vor voreiligen Schlussfolgerungen aus einem vorhandenen oder fehlenden **Verantwortlichkeitsdefizit** des „**Vordermannes**" angebracht. Wie sich noch zeigen wird, sind solche Defizite **weder** durchweg **notwendige noch hinreichende Voraussetzung** für eine Täterschaft des „Hintermannes".

a) Verantwortlichkeit kraft überlegenen Wissens

57   Die Möglichkeit einer *Verantwortlichkeit* für das Geschehen *kraft überlegenen Wissens* ist in der Sache weithin anerkannt und wird meist unter dem (allerdings nicht unproblematischen; s. dazu sogleich unter bb) Topos der „Tatherrschaft" kraft überlegenen Wissens geführt.

aa) Legitimierbarer Anwendungsbereich – tragfähiger Sachgrund

58   Die Beispiele, die sich hier anführen lassen, sind vielfältig. Der Fall des durch **Täuschung** über die **Fallschirmeigenschaft** eines gewöhnlichen **Rucksacks** veranlassten Sprungs des (selbst tatbestandslos handelnden) Opfers aus einem Flugzeug wurde bereits erwähnt. Die Tatbestandsmäßigkeit solchen Veranlassungsverhaltens unter dem Aspekt eines vorsätzlichen Tötungsdelikts steht außer Frage.

59   Zu nennen ist hier aber auch der Fall des **Begleiters** eines **Wilderers**, der genau erfasst, dass der Wilderer im Dämmerlicht **irrtümlich** den **Förster für ein Wildschwein hält**, und ihm dennoch wunschgemäß das geladene **Gewehr reicht**.[70] Auch wenn in diesem Beispielsfall das geläufige Bild des „planvoll lenkenden" und seinen Vordermann „beherrschenden" Hintermannes einigermaßen schief ist, weil der unmittelbar güterschädigend wirkende Wilderer lediglich in seinem Tun unterstützt wird, ist die Verantwortlichkeit des Begleiters eine (jedenfalls mittelbar) täterschaftlich tatbestandsmäßige i. S. eines vorsätzlichen Tötungsdelikts. Denn der Begleiter verstößt durch sein Verhalten selbst gegen das **Tötungsverbot:** Da der weitere Geschehensverlauf bereits weitgehend programmiert und das Leben des Försters nach dem Reichen des Gewehrs normativ gesehen nur noch durch eine glückliche Fügung zu retten ist, legt der Begleiter hier ein Verhalten an den Tag, das lebensgefahrschaffend wirkt, ohne dass diese Lebensgefahr durch zwischengeschaltete Verantwortlichkeiten anderer hinreichend kompensiert wird. Deshalb vermag es eine **täterschaftliche Verantwortlichkeit** wegen eines (vorsätzlichen) Tötungsdelikts zu begründen.

60   Hierher gehören auch die Fälle überlegenen Wissens, in denen sich der **Vordermann rechtlich einwandfrei** verhält, obwohl aus höherer Warte betrachtet eine Fehleinschätzung vorliegt. Paradebeispiel dafür ist das **Strafverfolgungsorgan**, das durch perfekte Täuschung zur „vorsätzlich-tatbestandsmäßigen" **Freiheitsberaubung** gegenüber einem in Wahrheit **Unschuldigen** veranlasst wird.[71] In derartigen Fällen

---

[70] Fall nach *Wessels/Beulke,* AT[37], Rn. 536.
[71] Vgl. BGHSt 3, 4; 10, 306, 307; *Wessels/Beulke/Satzger,* AT[48], Rn. 845.

II. Mittelbare Täterschaft (§ 25 I Fall 2)

bereitet die Anwendung der Strafbarkeitsfiguren der **Anstiftung** und der **Beihilfe** des geltenden Rechts erhebliche Schwierigkeiten. Denn beide setzen eine **„vorsätzlich-rechtswidrige" Haupttat** voraus.[72] Dagegen ist die Erfassbarkeit unter dem Aspekt der (mittelbaren) Täterschaft leicht begründbar: Der solchermaßen Täuschende verstößt durch sein Verhalten selbst gegen das § 239 zugrunde liegende Freiheitsberaubungsverbot, ohne dass es dafür auf die Frage des korrekten oder fehlerhaften Verhaltens der Strafverfolgungsorgane ankommt. Denn da nach Sachlage jedenfalls keine normativ ausreichenden Sicherungen zugunsten des seiner Freiheit Beraubten mehr eingreifen, ist das weitere Geschehen durch die Täuschung wiederum weitgehend programmiert. Deshalb ist diese **Täuschung** als täterschaftlich **tatbestandsmäßiges Freiheitsberaubungsverhalten** zu missbilligen. Treten tatbestandsmäßige Verhaltensfolgen in Gestalt der dadurch herbeigeführten Verhaftung und Inhaftierung ein, liegt eine Freiheitsberaubung (in vollendeter Form[73]) vor. Entsprechendes gilt für die mit Recht anerkannten Fälle des **Prozessbetrugs**.[74]

bb) Problematischer Topos der „Tatherrschaft" kraft überlegenen Wissens – am Beispiel des Sirius-Falls

Im Sirius-Fall[75] hatte sich der Angeklagte als Bewohner des Sterns Sirius ausgegeben und das leichtgläubige Opfer – eine junge Frau – dazu gebracht, durch einen in die **Badewanne** getauchten **Fön** einen Selbsttötungsversuch zu unternehmen, weil er ihr einreden konnte, sie würde nach der Trennung von ihrem alten Körper in einem **neuen Körper** in einem roten Raum am Genfer See als Künstlerin erwachen und weiterleben. Da die Frau glücklicherweise in der Badewanne in ihrem „alten" Körper überlebte, war nur die Frage des versuchten Tötungsdelikts zu entscheiden. Entgegen verbreiteter Einordnung lässt sich im Sirius-Fall eine mittelbare Täterschaft **nicht überzeugend** mit der Erwägung begründen, der das Selbsttötungsunternehmen der jungen Frau Veranlassende habe in Bezug auf eine tatbestandsrelevante Dimension (des **Selbsttötungs-Verhaltens** der Frau) **überlegenes Wissen** gehabt und sei deshalb für das naturalistische Geschehen verantwortlich.[76] 61

Eine „Tatherrschaft kraft überlegenen Wissens" würde voraussetzen, dass die Frau im Sirius-Fall nicht **wusste**, dass ihr Verhalten (Fallenlassen eines angeschlossenen Föns in die eigene Badewanne) geeignet war, ihren **„Tod"** herbeizuführen. 62

---

[72] S. dazu insbes. oben (§ 10) Rn. 15 ff.; vgl. zur Anstiftung und Beihilfe auch noch unten (§ 10) Rn. 109 ff., 137 ff.

[73] Näher zu den Anforderungen des vollendeten Delikts – also insbesondere den tatbestandsmäßigen Verhaltensfolgen – in grundsätzlichem Zusammenhang oben § 2 Rn. 52 ff.; ferner oben § 5 Rn. 62 ff., § 6 Rn. 137 ff., § 7 Rn. 118 ff. sowie unten (§ 10) Rn. 106 f., 130 ff., 149 f., 177 ff.

[74] Vgl. dazu etwa *Perron*, in: Schönke/Schröder[30], § 263 Rn. 51 f., 69 ff. m. w. N.

[75] BGHSt 32, 38; s. dazu etwa *Bottke*, Täterschaft und Gestaltungsherrschaft, S. 82; *Neumann*, JuS 1985, 677 ff.; *Otto*, Jura 1987, 246, 256; *Roxin*, NStZ 1984, 71 ff.

[76] I. S. einer Verantwortlichkeit kraft überlegenen Wissens aber etwa BGHSt 32, 38, 42; *Kühl*, AT[8], § 20 Rn. 48; vgl. dazu ferner *Joecks*, in: MünchKommStGB[3], § 25 Rn. 123 ff., 132 f.; *Roxin*, Täterschaft und Tatherrschaft[9], S. 585 ff.; *Wessels/Beulke/Satzger*, AT[48], Rn. 848.

Indessen ging die Frau sehr wohl davon aus, durch ihr Verhalten die konkrete psycho-physische Einheit, die ihr aktuelles Menschsein ausmacht, zu zerstören. Denn das war für sie die Voraussetzung dafür, in einem neuen (!) Körper weiter existieren zu können. Das Recht kann aber nicht durch ein strafrechtlich sanktioniertes Tötungsverbot vor Irreführung in dieser Hinsicht bewahren. Das **Tötungsverbot** kann nur darauf abzielen, die konkrete **psycho-physische Einheit** im Interesse des betroffenen Rechtsgutsträgers zu erhalten. Und nur in diesem (Schutz-)Zusammenhang kann ein Irreführungsverbot Bedeutung gewinnen. Niemand käme wohl auf den Gedanken, den Tötungsvorsatz dessen zu verneinen, der unwiderlegt von der (Fehl-?)Vorstellung durchdrungen ist, sein von ihm durch einen Stromschlag getötetes Opfer werde in einem **neuen Körper** sogleich **weiterleben**. Tatsächlich fehlt es ihm nicht am Tötungsvorsatz im rechtlich relevanten Sinn, weil er genau erfasst, dass er die konkrete psycho-physische Einheit durch sein Verhalten zerstört. Im rechtlich relevanten Sinne wusste dann aber auch die Frau im Sirius-Fall sehr wohl, dass sie eine **(Selbst-)Tötungshandlung** vornahm. Will man gleichwohl mittelbare Fremdtötung durch den Hintermann bejahen, bedarf es eines anderen Ansatzpunkts. Tatsächlich handelt es sich in normativer Sicht um ein *nichtfreiverantwortliches* **Selbsttötungsunternehmen**, dessen Veranlassung als tatbestandsmäßiges Tötungsverhalten zu erfassen ist.[77]

63   Der im Vorstehenden gerügte Fehler fällt nur deshalb nicht gleich ins Auge, weil mit einem Kriterium der „Tatherrschaft kraft Irrtums" gearbeitet wird, bei dem der **zentrale Begriff der „Tat"** (i. S. der **Tatbestandsverwirklichung**) nicht näher reflektiert, sondern eher intuitiv und ad hoc bestimmt wird. Man fasst die „Tat", die kraft Irrtums „beherrscht" wird, bei Bedarf einfach so weit, dass auch Fehlvorstellungen relevant werden, die sonst sachlich lediglich die **Bedeutung eines Motivs** für das Verhalten besitzen.

cc) Exkurs: Grunddilemma des Kriteriums der „Tatherrschaft"

(1) Ergebnisoffenheit des Tatherrschaftsbegriffs

64   Der beim Kriterium der Tatherrschaft kraft überlegenen Wissens auftauchende Fehler zeigt sich auch in anderem Zusammenhang. Er wird besonders deutlich etwa in der **E 605 forte-Entscheidung**[78] des BGH: Die angeklagte Frau empfand ihren Ehemann als „Störfaktor". Um ihn loszuwerden, besorgte sie das Gift E 605 forte und vermischte es mit Likör. Ihren depressiv veranlagten Ehemann holte sie mit dem Pkw von der Arbeit ab und schlug ihm vor, mit Hilfe des **vergifteten Likörs** gemeinsam aus dem Leben zu scheiden. Als der **Ehemann** nach dem ersten – bereits tödlichen – **Schluck** erkannte, dass die Angeklagte ihrerseits gar nicht bereit

---

[77] S. dazu näher unten (§ 10) Rn. 95 ff.
[78] BGH GA 1986, 508 f.; s. zu dieser Entscheidung etwa *Zaczyk,* Strafrechtliches Unrecht und die Selbstverantwortung des Verletzten, S. 46; *Charalambakis,* GA 1986, 485 ff.; *Neumann,* JA 1987, 244 ff.

II. Mittelbare Täterschaft (§ 25 I Fall 2)

war, ihm zu folgen, nahm er gleich noch einen weiteren Schluck aus der Flasche und **verstarb** infolge der Giftwirkung.

Der BGH billigte die Verurteilung der Angeklagten wegen **Mordes**. Dabei ließ 65 er offen, ob die **Vorspiegelung** der Bereitschaft, mit ihrem Ehemann aus dem Leben zu scheiden für sich allein für eine täterschaftliche Fremdtötung ausreichend sei. Jedenfalls habe die Angeklagte ihren Ehemann nicht nur durch die Täuschung in den Tod treiben, sondern zugleich auch die **Herrschaft** über den von ihr geplanten **Geschehensablauf** fest in der Hand **behalten wollen und behalten**.[79] Denn sie habe dafür gesorgt, dass ihr Gatte nicht mehr zum ruhigen Überdenken ihres Vorschlags gekommen sei, habe das Fahrzeug an einen einsamen Ort gelenkt usw.

Inwiefern in derartigen Verhaltensweisen eine **straftatbestandsmäßige Tötung** 66 liegen soll, wird bei alledem nicht einmal thematisiert. Dass dies so sei, wird vielmehr der auf die „**Tat**"**-Herrschaft** abstellenden Argumentation einfach als unausgesprochene Prämisse zugrunde gelegt. Indessen ist gerade dringend begründungsbedürftig, weshalb die Angeklagte durch all ihr „beherrschtes" Tun nicht lediglich zu der **Selbsttötung** ihres **Ehemannes** straflos angestiftet oder Beihilfe geleistet hat.[80]

Diese Entscheidung demonstriert in beeindruckender Weise, wie ein scheinbar 67 griffiges – weil primär naturalistisch-deskriptiv orientiertes und deshalb auf den ersten Blick gegen normative „Verbiegungen" weitgehend immunes – Täterschaftskriterium so manipuliert werden kann, dass es an Ergebnisoffenheit der gerade deshalb – und mit Recht – abgelehnten extrem subjektiven Täterlehre (mit dem animus auctoris als Kriterium[81]) in nichts nachsteht. Solange der Begriff der „Tat" (i. S. der Verwirklichung des gesetzlichen Straftatbestands bzw. genauer noch: i. S. der Vornahme eines tatbestandsmäßigen Verhaltens) nicht geklärt wird, verdient das „**Herrschafts***kriterium*" diesen Namen nicht, sondern ist eine **nichtssagende Floskel**.

Sind dagegen die Voraussetzungen eines tatbestandsmäßigen Verhaltens i. S. einer 68 ganz bestimmten Sanktionsnorm (sei es einer täterschaftlichen, einer mittäterschaftlichen oder einer teilnehmerschaftlichen) geklärt,[82] bedarf es keines *zusätzlichen* Herrschaftserfordernisses speziell für die täterschaftliche Tatbestandsverwirklichung. Jedenfalls kann es hier keine Rolle mehr spielen, dass das eigene tatbestandsverwirklichende Verhalten, um ein solches zu sein, der Steuerbarkeit durch die Person unterliegen und in diesem Sinne „beherrscht" werden muss. Denn bei diesem „**Beherrschungserfordernis**" handelt es sich um das allgemeine Kriterium tatbestandsmäßigen Verhaltens, das für die **täterschaftliche** wie für die **teilnehmerschaftliche Tatbestandsverwirklichung** gleichermaßen gilt. Ein „Verhalten", das der Steuerbarkeit durch die Person entzogen ist, kann keinen Verhaltensnormverstoß

---

[79] Hervorhebung von uns.
[80] Zur Lösung des E 605 forte-Falls vgl. noch unten (§ 10) Rn. 69.
[81] S. dazu oben (§ 10) Rn. 39 ff.
[82] S. dazu in grundsätzlichem Zusammenhang oben § 2 Rn. 9 ff.; ferner § 5 Rn. 15 ff., § 6 Rn. 35 ff., § 7 Rn. 37 ff., § 8 Rn. 29 ff.

beinhalten und scheidet schon deshalb aus dem strafrechtlich relevanten Bereich von vornherein aus.[83]

69 Im **E 605 forte-Fall** lässt sich letztlich durchaus eine Tötungstäterschaft der Angeklagten begründen, wenn man erkennt, dass wegen der **fehlenden Freiverantwortlichkeit**[84] des sich naturalistisch selbst tötenden Ehemannes die Veranlassung und Förderung solchen Tötungsgeschehens ein tatbestandsmäßig missbilligtes **Tötungsverhalten** i. S. der §§ 211, 212 darstellt. Geht man dagegen von einer freiverantwortlichen Selbsttötung aus, ist konsequenterweise eine Fremdtötung in mittelbarer Täterschaft zu verneinen.[85]

(2) Problematik der „normativen Tatherrschaft"

70 Dass mit dem Begriff der Tatherrschaft keine Eingrenzung der Fälle möglicher Täterschaft bewirkt wird, sondern praktisch jedes **erwünschte Ergebnis** erzielt werden kann, tritt nicht minder deutlich zutage, sondern wird im Grunde sogar offen eingeräumt, wenn zur Bejahung mittelbarer Täterschaft auch eine „normative Tatherrschaft" möglich sein soll.[86]

71 Als klassisches Beispiel für eine der Konstellationen, die man strafrechtlich gerne als Fälle der mittelbaren Täterschaft erfassen möchte, kann der Fall desjenigen dienen, der einen **bösgläubigen Helfer** einen Ball aus einem fremden Garten holen lässt, um ihn sich selbst zuzueignen.[87] Das Beispiel ist zwar seit dem Inkrafttreten des 6. StrRG am 1. April 1998 ein **historisches Beispiel**, weil nach der damit geänderten Gesetzesfassung bei den Zueignungsdelikten auch die **Drittzueignungsabsicht** für die täterschaftliche Tatbestandsverwirklichung ausreicht.[88] Es veranschaulicht aber nach wie vor das grundsätzliche Problem:

72 Wie sehr im Fall des sog. **„absichtslosen dolosen Werkzeugs"** der Wunsch zum Vater des Gedankens wird, zeigt die Komplettierung des nicht tatbestandsmäßigen Verhaltens des Vordermannes durch die Absicht des Hintermannes zum Delikt (hier des Diebstahls in mittelbarer Täterschaft nach §§ 242 I [a. F.], 25 I Fall 2). Das „Argument", man müsse hier den *rechtlich* notwendigen Einfluss des Hintermannes für dessen Tatherrschaft ausreichen lassen,[89] ist bezeichnend: Dass der Hintermann die vom Diebstahlstatbestand unter anderem vorausgesetzte besondere Absicht besitzt, hat mit einer Beherrschung der von diesem Tatbestand

---

[83] S. dazu oben § 2 Rn. 9 ff., 28 ff., § 5 Rn. 23 ff.
[84] Zur Problematik des Verantwortlichkeitsmaßstabs s. näher oben § 5 Rn. 77.
[85] So etwa *Joecks,* in: MünchKommStGB³, § 25 Rn. 129 ff.; *Roxin,* Täterschaft und Tatherrschaft⁹, S. 596 ff.
[86] Vgl. etwa *Jescheck/Weigend,* AT⁵, § 62 II 7 (S. 669 f.) m. w. N.
[87] Vgl. RGSt 39, 37, 39; vgl. auch den in mehrfacher Hinsicht „gewichtigeren" Fall BGH wistra 1987, 253 (Entwendung eines Tresors im Auftrag).
[88] Inkonsequent insofern die Nichterfassung der Drittbesitzerhaltungsabsicht beim räuberischen Diebstahl (§ 252); vgl. dazu *Dehne-Niemann,* JuS 2008, 589 ff.; *Freund,* ZStW 109 (1997), 455, 482.
[89] I. d. S. etwa *Jescheck/Weigend,* AT⁵, § 62 II 7 (S. 670); ähnlich *Cramer,* FS Bockelmann, 1979, S. 389, 398. – Mit Recht ablehnend gegenüber der Figur einer normativen Tatherrschaft *Roxin,* in: LK¹¹, § 25 Rn. 140 f. (ebenso *Schünemann,* in: LK¹², § 25 Rn. 138 ff.).

II. Mittelbare Täterschaft (§ 25 I Fall 2)

zusätzlich vorausgesetzten Wegnahme einer fremden beweglichen Sache nichts zu tun. Die Figur des **„absichtslos dolosen Werkzeugs"** ist nach dem Gesagten mithin **abzulehnen**. Seit dem Inkrafttreten des 6. StrRG am 1. April 1998 wird jedenfalls für den Bereich der Zueignungsdelikte diese „Rechtsfigur" selbst von ihren Befürwortern regelmäßig nicht mehr herangezogen. Auch das zeigt, dass der eigentliche Lebensquell der Konstruktion nicht in ihrer sachlichen Überzeugungskraft, sondern in dem **empfundenen Bedürfnis** nach **strafrechtlicher Erfassung** der einschlägigen Konstellationen liegt.

In solchen Konstellationen war indessen bis zum Inkrafttreten des 6. StrRG am 1. April 1998 davon auszugehen, dass der **„Hintermann"**, dem der **„Vordermann"** den Ball brachte, eine **Unterschlagung** nach § 246 I beging, während sich derjenige, der den Ball holte, einer **Beihilfe** hierzu (§§ 246 I, 27) schuldig machte.[90] Sah man mit einem Teil des Schrifttums[91] jede Drittzueignung als tatbestandsmäßiges Sichzueignen an, hatte der Wegnehmende selbst einen **Diebstahl** begangen und der Veranlassende war wegen **Anstiftung** hierzu (§§ 242 I, 26) strafbar. Durchaus überlegenswert ist auch, ob ein derartiges **„Sichbringenlassen"** selbst **als Wegnahme** im Sinne des § 242 verstanden werden kann. Ein solches Verständnis ist möglich, wenn man davon ausgeht, dass der Gewahrsamsbruch nicht nur eigenhändig vorgenommen oder unter Einsatz eines (irrenden oder sonst nicht verantwortlichen) Werkzeugs, sondern auch unter Einsatz eines vollverantwortlich Handelnden verwirklicht werden kann. Etwaige Bedenken unter dem Aspekt des Wortlautes des Diebstahlstatbestandes, der von **„Wegnehmen"** und gerade nicht von **„Wegnehmenlassen"** spricht, ließen sich jedenfalls durch eine Heranziehung des **§ 25 I Fall 2** (der nach seinem Wortlaut keinen Werkzeugeinsatz voraussetzt) entkräften. Freilich bleibt die Frage zu klären, ob und inwieweit der **Anstiftung** als Strafbarkeitsfigur eine **„privilegierende" Sperrwirkung** in Bezug auf die Anwendung der mittelbaren Täterschaft zukommt.[92] – „Rechtspraktisch" erledigte auch insoweit das Inkrafttreten des 6. StrRG das Problem jedenfalls weitgehend. Ob die „Rechtsfigur" des absichtslos dolosen Werkzeugs in Fällen **fehlender Drittzueignungsabsicht** in gewisser Hinsicht **weiterlebt**, ist jedoch durchaus offen.[93]

Das soeben mit Blick auf die „historischen" Fälle des „absichtslos-dolosen Werkzeugs" Ausgeführte gilt entsprechend für die nach wie vor aktuellen Konstellationen des sog. **„qualifikationslosen dolosen Werkzeugs"**, in denen dem unmittelbar Handelnden die vom Tatbestand vorausgesetzte Täterqualität fehlt. Beispielsweise erfasst

---

[90] So etwa *Krey*, BT 2[11], § 1 Rn. 85 ff., 90.
[91] *Rudolphi*, GA 1965, 33, 42 f.; *Roxin*, Täterschaft und Tatherrschaft[9], S. 341 f.; *Spendel*, FS Richard Lange, 1976, S. 147, 156 f.; *Tenckhoff*, JuS 1980, 723, 725 f.
[92] Zu solchen „Konkurrenzfragen" vgl. noch unten § 11.
[93] So auch die Einschätzung von *Kühl*, in: Lackner/Kühl[29], § 25 Rn. 4. – Allerdings ist das von *Wessels/Beulke/Satzger*, AT[48], Rn. 844 genannte Beispiel desjenigen, der im Auftrag einen fremden Schirm wegnimmt und dabei davon ausgeht, der Schirm werde alsbald zurückgegeben, nicht geeignet, die Berechtigung der „Rechtsfigur" des absichtslos *dolosen* Werkzeugs zu belegen. Denn in der für ein Zueignungsdelikt entscheidenden Hinsicht der (drohenden) dauernden Enteignung des Berechtigten ist der Wegnehmende gerade gutgläubig (zutreffend dazu *Kühl*, AT[8], § 20 Rn. 56a).

§ 288 I (**Vereitelung der Zwangsvollstreckung**) als Täter nur den, der „bei einer *ihm* drohenden Zwangsvollstreckung" ... „Bestandteile *seines* Vermögens veräußert oder beiseite schafft". Handelt der Vollstreckungsschuldner nicht selbst, sondern lässt einen bösgläubigen anderen Vermögensbestandteile beiseite schaffen, ist der andere als Täter nach § 288 I untauglich, sodass der Vollstreckungsschuldner auch nicht Anstifter sein kann. Wenn in einem solchen Fall zur Vermeidung einer unerwünschten Strafbarkeitslücke eine täterschaftliche Strafbarkeit des Hintermannes auf dessen **„normative Tatherrschaft"** gestützt wird,[94] so vermag das **nicht zu überzeugen**. Denn der Vordermann wird in einem solchen Fall ebenso wenig „beherrscht" wie der gedungene Killer bei der Ausführung eines Mordauftrags.

75   Zur Begründung dessen, dass das entsprechende Veranlassungsverhalten trotz des vermittelnden Agierens eines anderen tatbestandsmäßig i. S. der §§ 288 I, 25 I Fall 2 sein soll, bedarf es deshalb eines anderen Ansatzpunkts – etwa der *besonderen* **Pflichtbindung**,[95] kraft deren auch das **Beiseiteschaffen-*Lassen*** als **tatbestandsmäßiges Beiseiteschaffen** aufzufassen ist. Der Wortlaut des Gesetzes (i. V. m. § 25 I Fall 2) dürfte ein solches Verständnis zulassen. Dann bleibt aber immer noch die Frage der „privilegierenden Sperrwirkung" der Strafbarkeitsfigur der Anstiftung klärungsbedürftig. Indessen kann diese Frage hier nicht weiter vertieft werden.[96]

b) Verantwortlichkeit kraft überlegener Einsichts- und Steuerungsfähigkeit

76   Außer der Verantwortlichkeit kraft überlegenen Wissens (i. e. S.) kommt auch eine solche kraft überlegener Einsichts- und Steuerungsfähigkeit in Betracht (meist, aber ungenau als überlegener „Wille" oder gar „Willensherrschaft" bezeichnet). Dabei lassen sich die bisher diskutierten Fälle des überlegenen **„Wissens"** durchaus als **Unterfälle** der **überlegenen Einsichts-** und **Steuerungsfähigkeit** auffassen. Denn dem Wissensgefälle korrespondiert natürlich ein entsprechendes Einsichts- und Steuerungsgefälle: Der Irrtum oder die Unkenntnis stehen einer angemessenen Erfassung und Bewältigung der Situation im Wege.

77   Die verbreitete Kennzeichnung der hier interessierenden Verantwortlichkeit kraft überlegener Einsichts- und Steuerungsfähigkeit mit dem Begriff des überlegenen **Willens** erscheint nicht unbedenklich. Denn Ansatzpunkt für die Begründung der Verantwortlichkeit des „Hintermannes" ist

---

[94] I. d. S. aber *Jescheck/Weigend*, AT[5], § 62 II 7 (S. 670).
[95] Im Ergebnis ähnlich *Roxin*, in: LK[11], § 25 Rn. 134 f., der bestimmte Strafnormen als „Pflichtdelikte" auffasst und vom Bestehen einer außerstrafrechtlichen Sonderpflicht ausgeht. – Indessen darf der hier angedeutete Ansatz einer *besonderen* Pflichtenbindung nicht mit der problematischen Pflichtdeliktslehre identifiziert werden. Denn die Pflichtdeliktslehre geht von einem so nicht bestehenden Gegensatz zu den sog. „Herrschaftsdelikten" aus; näher zur Kritik der „Pflichtdeliktslehre" oben (§ 10) Rn. 50 ff.
[96] Näher zur Problematik des qualifikationslosen dolosen „Werkzeugs" *Kühl*, in: Lackner/Kühl[29], § 25 Rn. 4; *Roxin*, in: LK[11], § 25 Rn. 134 ff.; *Schünemann*, in: LK[12], § 25 Rn. 133 ff. – Zur Sperrwirkungsproblematik vgl. noch bei den „Konkurrenzen" unten § 11 Rn. 28 ff., 40, 48.

II. Mittelbare Täterschaft (§ 25 I Fall 2) 399

hier das **Verantwortlichkeitsdefizit** beim Tatmittler.[97] Dagegen können Schuldunfähige sehr eigenwillig sein. Ungeachtet dessen ist der sie zu güterschädigendem Tun Veranlassende dafür verantwortlich.

aa) Unproblematische Fälle: fehlende Verantwortlichkeit des Tatmittlers bei Schuldausschluss oder Rechtfertigung

Zu nennen ist in diesem Zusammenhang insbesondere der Fall der Veranlassung eines Schuldunfähigen – etwa eines **Kindes** oder eines **Geisteskranken** – zu einem Verhalten, das bei vorhandener Schuldfähigkeit eine Straftat wäre. Der sachliche Grund, den Hintermann hier für das naturalistische Geschehen verantwortlich zu machen, ist leicht ersichtlich: In derartigen Fällen bietet der unmittelbar güterschädigend Handelnde normativ keine ausreichende Schutzinstanz für die bedrohten Güter. Qualitativ ist deshalb die Veranlassung einer schuldunfähigen Person zu einer Tötung ihrerseits genauso ein tatbestandlich zu missbilligendes **Tötungsverhalten** wie z. B. das Servieren eines vergifteten Essens. Dass die verantwortlichkeitsbegründende Überlegenheit im einen Fall im Bereich der Wertung der Fakten bzw. der Steuerung des Verhaltens liegt, im anderen Fall dagegen bereits im Erfassen der Fakten, rechtfertigt keine andere Beurteilung der **Verantwortlichkeit des Veranlassenden**.

78

Beispiel: Wer einem fünfjährigen **Kind** einen geladenen **Revolver in die Hand drückt** und es **auffordert**, damit auf einem Menschen zu zielen und abzudrücken, nimmt *damit* ein tatbestandsmäßig missbilligtes **Tötungsverhalten** vor. Es kommt nicht darauf an, ob das Kind bereits nicht weiß, dass die Waffe geladen ist, oder ob es nur nicht ermessen kann, was es bedeutet, einen Menschen zu töten, oder ob es das zwar erfasst, aber der Versuchung nicht widerstehen kann, eine als lästig empfundene Person loszuwerden.

79

Das soeben Gesagte gilt ersichtlich auch für andere Konstellationen fehlender Verantwortlichkeit des Tatmittlers. Zu denken ist etwa noch an Fälle des **unvermeidbaren Verbotsirrtums** und des **entschuldigenden Notstands**. In den hier meist genannten Fällen des **Nötigungsnotstands** ist allerdings auch eine Rechtfertigung des Vordermannes in Betracht zu ziehen.[98] Greift für diesen die Verhaltensrechtfertigung ein, liegt strukturell ein Fall des Einsatzes eines **rechtmäßig handelnden Werkzeugs** vor, wie wir ihn oben (§ 10) Rn. 60 (vgl. a. § 3 Rn. 32) bereits kennengelernt haben. Der Unterschied zur Freiheitsberaubung in mittelbarer Täterschaft durch Einsatz der Strafverfolgungsorgane liegt lediglich darin, dass dort die Verantwortlichkeit des Hintermannes in dessen Wissensüberlegenheit, hier dagegen in dessen überlegener Einsichts- und Steuerungsfähigkeit begründet liegt. Bei wertender Betrachtung spielt dieser Unterschied für das Ergebnis aber keine Rolle.

80

---

[97] Verantwortlichkeitsdefizite können sich aus Wissensdefiziten und Defiziten in der Einsichts- und Steuerungsfähigkeit ergeben.
[98] Näher dazu oben § 3 Rn. 35 f., § 4 Rn. 54 f.

bb) Strafrechtlich (beschränkt) verantwortliche Tatmittler

81 Fraglich kann nach allem Bisherigen nur sein, ob eine täterschaftsbegründende Verantwortlichkeit des Hintermannes auch jenseits der Fälle vollkommen ausgeschlossener Verantwortlichkeit des Vordermannes als Tatmittler anzuerkennen ist.

(1) Unschädliche Fahrlässigkeitsverantwortlichkeit des Vordermanns

82 Sicher unschädlich ist jedenfalls die bloße Fahrlässigkeitsverantwortlichkeit des Vordermannes.[99] Man denke hier etwa an den vielleicht fahrlässig handelnden **Wilderer**, der im Förster ein Wildschwein zu erkennen glaubt und dem sein Begleiter, der den Sachverhalt richtig erfasst hat, dennoch das Gewehr zum Schießen reicht.[100] Eine Fahrlässigkeitsverantwortlichkeit des Wilderers nach § 222 steht der für eine **mittelbare Täterschaft** des Begleiters als „Hintermann" ausreichenden Verantwortlichkeit nicht entgegen. Auch **fahrlässiges Fehlverhalten** der **Strafverfolgungsorgane** hindert eine **Freiheitsberaubung** in mittelbarer Täterschaft sicher nicht. Nur handelt es sich dann nicht mehr um den Einsatz eines *rechtmäßig* handelnden Werkzeugs, sondern um einen Fall des im **Erlaubnistatbestandsirrtum** befindlichen und *rechtswidrig*, aber nicht in einer für die Vorsatzbestrafung ausreichenden Weise Handelnden. Der betreffende Amtsträger ist dann also lediglich deshalb nicht strafbar, weil § 239 nur vorsätzlich verwirklicht werden kann.

83 Bemerkenswert ist in diesem Zusammenhang allerdings die weithin zu vermissende **Diskussion** der Frage des **Erlaubnistatbestandsirrtums**[101] und die stillschweigende, aber alles andere als überzeugende durchgängige Annahme, die **Strafverfolgungsorgane** verhielten sich **immer richtig!**

---

[99] Zur Irrelevanz einer etwaigen Fahrlässigkeitsverantwortlichkeit des Tatmittlers vgl. statt vieler *Heine/Weißer*, in: Schönke/Schröder[30], § 25 Rn. 16 m. w. N.

[100] S. zu diesem Beispiel schon oben (§ 10) Rn. 59.

[101] Denn die Ablehnung der Vorsatzstrafe fällt bei exakter Analyse selbst auf der Basis der eingeschränkten Schuldtheorie gar nicht so leicht, wie man bei vordergründiger Betrachtung meinen könnte, weil der Amtsträger u. U. in Anbetracht einer Sachlage handelt, die bei korrekter Wertung (!) die Freiheitsberaubung gar nicht rechtfertigt und allenfalls die unsubstantiierte Annahme vorliegt, der Eingriff in die Freiheit „werde schon den Richtigen treffen und gehe in Ordnung". – Um nicht missverstanden zu werden: Damit soll nicht etwa für eine Vorsatzbestrafung in solchen Fällen plädiert, sondern lediglich eine vertiefte Auseinandersetzung mit den einschlägigen Problemen der Ratio der Vorsatzbestrafung angeregt werden. Vergleichbare Fragen wirft beispielsweise auch ärztliches Handeln auf, das ohne ausreichende Einwilligung, aber in der irrigen Annahme vorgenommen wird, eine solche liege vor. Da es sich auch insoweit um ein *allgemeines* Problem der Vorsatzbestrafung handelt, sind freilich Sonderregeln für Ärzte verfehlt (vgl. dazu *Freund*, ZStW 109 [1997], 455, 467).

II. Mittelbare Täterschaft (§ 25 I Fall 2) 401

(2) Problemfälle: vorsatzverantwortliche Tatmittler

Bei an sich vorhandener, wenngleich beschränkter Vorsatzverantwortlichkeit des Vordermannes ist zu der Frage Stellung zu nehmen, ob es einen „Täter hinter dem Täter"[102] gibt. Zu denken ist etwa an Fälle der **beschränkten Schuldfähigkeit** des Vordermannes nach § 21. Die Fallgruppe des **vermeidbaren Verbotsirrtums**, die in diesem Zusammenhang meist auch noch thematisiert wird, gehört nicht mehr hierher, wenn man mit einer im Vordringen begriffenen zutreffenden Auffassung jedenfalls in der Regel dem Verbotsirrtum genauso vorsatzausschließende Wirkung beimisst wie dem Tatumstandsirrtum – also **Rechts- und Tatfahrlässigkeit** gleich behandelt.[103] 84

Allerdings sollte bedacht werden, dass die **praktische Relevanz** des Problems in vielen Fällen recht gering ist, weil jedenfalls eine Strafbarkeit des Hintermannes wegen **Anstiftung** eingreift und der Anstifter nach § 26 **„gleich einem Täter bestraft"** wird. Die Bestrafungsmöglichkeit der Art und Höhe nach bleibt sich dann allemal gleich, sodass nur der **Schuldspruch** differiert. Auch wenn die Bedeutung des richtigen und angemessenen Schuldspruchs im Strafrecht nicht unterschätzt werden darf,[104] ist die sachliche Differenz im hier interessierenden Zusammenhang etwa zwischen dem Vorwurf, einen Menschen selbst getötet oder aber den Auftrag zu dessen Tötung gegeben zu haben, eher gering. 85

Selbst die auf den ersten Blick extrem unterschiedliche Behandlung des **Versuchs**, der bei der **Anstiftung** zu einem Vergehen grundsätzlich auch bei Strafbarkeit des **täterschaftlichen Versuchs** noch keine Straftat darstellt, relativiert sich erheblich, wenn man den Beginn des täterschaftlichen Versuchs entsprechend spät ansetzt. Ein solcher **Versuchsbeginn** erst nach Vornahme des tatbestandsmäßigen Verhaltens ist immerhin möglich und in anderen Zusammenhängen ebenfalls geläufig.[105] 86

(a) Grundsätzliches – Zur Bedeutung des „Verantwortungsprinzips"

Die Frage, ob es einen „Täter hinter dem Täter" gibt, wird nach wie vor kontrovers diskutiert.[106] Dabei spielt nicht zuletzt die Grundsatzfrage eine Rolle, ob im Strafrecht ein sog. „Verantwortungsprinzip" gilt, das es immer oder doch in der Regel ausschließt, bei in vollem Umfang wegen Vorsatztat verantwortlichem Tatmittler eine (mittelbare) Täterschaft des Hintermannes anzunehmen.[107] 87

Jedenfalls die absolute und durchgängige Geltung eines solchen, die (mittelbare) Täterschaft des Hintermannes sperrenden **„Verantwortungsprinzips"** ist abzulehnen. Im Gesetz ist es in dieser Form **formal** nicht ausdrücklich verankert. Außerdem ist zu beachten, dass das Gesetz **material** den Einsatz verantwortlicher Personen im 88

---

[102] S. dazu die gleichnamige Schrift von *Schroeder,* Der Täter hinter dem Täter, 1965; aus jüngerer Zeit *dens.,* JR 1995, 177 ff.
[103] Vgl. dazu oben § 4 Rn. 80 ff., § 7 Rn. 107 ff., 116.
[104] S. dazu oben § 1 Rn. 28 ff., 38 ff., 59, 77 f. et passim.
[105] Vgl. dazu oben § 8 Rn. 41 ff.
[106] I. S. eines Überblicks dazu etwa *Kühl,* AT[8], § 20 Rn. 72 ff. m. w. N.
[107] Zur Argumentation mit einem „Verantwortungsprinzip" vgl. etwa *Joecks,* in: MünchKommStGB[3], § 25 Rn. 58 ff., 105 ff., 111, 151 m. w. N.

Verhältnis zum Einsatz Nichtverantwortlicher gerade nicht privilegiert. Man denke dabei nur an die Straftaten der **Anstiftung** und der **Mittäterschaft**, bei denen auch verantwortlich agierende Andere vorkommen (§§ 26, 25 II). Schließlich gibt es auch gar keinen überzeugenden sachlichen Grund für eine derartige Begrenzung der Strafbarkeit.

89 Ganz im Gegenteil kennt unser Strafrecht eine ganze Reihe von Straftaten, die auch bei vermittelndem Verhalten vorsatzverantwortlicher anderer ohne Weiteres täterschaftlich verwirklicht werden können. Auf den möglichen **Gehilfeneinsatz** wurde bereits oben (§ 10) Rn. 4 hingewiesen. Nicht anders verhält es sich aber auch im gesamten Bereich des **begehungsgleichen Unterlassens:** Verhindert – um nur ein Beispiel aufzugreifen – der **Vater** eines Kleinkindes entgegen der ihn treffenden und ohne Weiteres erfüllbaren qualifizierten Gefahrenabwendungspflicht dessen **Tötung** durch einen **vollverantwortlichen Dritten** nicht, wäre es verfehlt, die Verantwortlichkeit des Vaters durch den Hinweis auf die Verantwortlichkeit des Dritten zu konterkarieren. – Im Vergleich mit dem entsprechenden Handeln eines Schuldunfähigen oder eines im Tatbestandsirrtum Befindlichen nützt die Vorsatzverantwortlichkeit des Dritten dem Kind nach Sachlage nicht das Geringste.[108]

(b) Beschränkt vorsatzverantwortlicher Tatmittler

90 In der Rechtsprechung des Bundesgerichtshofs ist die Möglichkeit einer mittelbaren Täterschaft bei beschränkt vorsatzverantwortlichem Vordermann im Ergebnis zu Recht anerkannt. Schulbeispiel dafür ist inzwischen der **Katzenkönig-Fall**[109] geworden. In diesem einigermaßen abenteuerlichen Fall wurde der unmittelbar Handelnde gezielt über die Unerlaubtheit seines Tuns[110] getäuscht, sodass er sich nach Auffassung des BGH in einem – wenngleich **vermeidbaren** – **Verbotsirrtum** befand. Die Entscheidung ist teils auf Zustimmung,[111] teils auf Kritik[112] gestoßen. Nach den oben in § 4 Rn. 80 ff. (vgl. a. § 7 Rn. 116) angestellten Überlegungen zur verantwortlichkeitsmindernden Wirkung des Verbotsirrtums erscheint die **Gleichbehandlung** derartiger Fälle der **Rechtsfahrlässigkeit** mit denen der **Tatfahrlässigkeit** des **Tatmittlers** sachgerecht. Dass die Tatfahrlässigkeit des Tatmittlers einer täterschaftlichen Verantwortlichkeit des Veranlassenden oder Fördernden nicht entgegensteht, ist weithin anerkannt.[113]

---

[108] Zur Verantwortlichkeit des personensorgepflichtigen Elternteils wegen begehungsgleichen Unterlassens näher oben § 6 Rn. 4, 34, 111 ff., 120.

[109] BGHSt 35, 347; eine weitere derartige Konstellation wird in BGHSt 40, 257, 266 ff. (Veranlassung von Pflegepersonal zur Einstellung der Ernährung eines Sterbenskranken) behandelt.

[110] Es handelte sich um die versuchte Tötung eines Menschen.

[111] S. etwa *Schaffstein*, NStZ 1989, 153 ff.; *Roxin*, in: LK[11], § 25 Rn. 84 ff.; ferner *Joecks*, in: MünchKommStGB[3], § 25 Rn. 94 ff.; *Schünemann*, in: LK[12], § 25 Rn. 90 ff.

[112] S. etwa *Küper*, JZ 1989, 617 ff. u. 935 ff.; *Schumann*, NStZ 1990, 32 ff.

[113] Vgl. dazu bereits oben (§ 10) Rn. 82. – Zur problematischen Differenzierung zwischen der Rechtsfahrlässigkeit einerseits und der Tatfahrlässigkeit andererseits vgl. auch schon oben § 4 Rn. 82 ff., § 7 Rn. 107 ff., 116 zum spezifischen Unrecht der Vorsatztat.

II. Mittelbare Täterschaft (§ 25 I Fall 2) 403

(c) Uneingeschränkt vorsatzverantwortlicher Tatmittler

In seiner grundlegenden Entscheidung zur strafrechtlichen Verantwortlichkeit von **Mitgliedern** des **Nationalen Verteidigungsrats** der DDR für vorsätzliche Tötungen von Flüchtlingen durch Grenzsoldaten der DDR hat der Bundesgerichtshof auch die Möglichkeit einer (mittelbaren) Täterschaft bei uneingeschränkt verantwortlichem Tatmittler anerkannt.[114] Dabei spielt vor allem der Gedanke eine Rolle, dass der Hintermann durch **Organisationsstrukturen** vorgegebene Rahmenbedingungen ausnutzt, innerhalb deren sein Beitrag zu dem Geschehen **regelhafte Abläufe** auslöst. Erforderlich ist danach ein Handeln in einer hierarchisch geprägten Organisation mit Machtstrukturen, die es ermöglichen, gewisse **Befehlsempfänger** reibungslos und einigermaßen **austauschbar** einzusetzen. Solche Strukturen gibt es nach Auffassung des BGH nicht nur in **staatlichen**, sondern auch in legalen und illegalen **nichtstaatlichen** Organisationen (z. B. in **Betrieben** oder **Verbrechersyndikaten**). 91

Die Möglichkeit einer täterschaftlichen Verantwortlichkeit der in einer hierarchischen Organisation an leitender Stelle Stehenden ist ungeachtet einer etwaigen volldeliktischen Verantwortlichkeit der unmittelbar Agierenden grundsätzlich anzuerkennen. Insofern ist dem Bundesgerichtshof im Ergebnis zu folgen. Nur lässt sich dieses Ergebnis mit dem beschränkten argumentativen **Instrumentarium** der **Tatherrschaftslehre** nicht mehr begründen.[115] 92

Nähme man das Kriterium der Tatherrschaft kraft **Organisationsherrschaft** ernst, müsste man darlegen, inwiefern genau die in eine solche Organisation Eingegliederten denn eigentlich beherrscht sein müssen, um den zu stellenden Anforderungen zu genügen. Indessen wird letztlich gar nicht darauf abgestellt, ob sie etwa konkret unter dem **Druck** eines **empfindlichen Übels** i. S. des § 240 handeln oder ob tatsächlich jemand als Ersatz bereit gestanden hätte (Gedanke der „**Austauschbarkeit**"). Oder sollte es etwa doch relevant sein, wenn einer der Mauerschützen freimütig einräumte, er habe seinen Dienst gerne und ohne Furcht vor Repressalien verrichtet? – Oder sollte es eine Rolle spielen, wenn für eine bestimmte deliktische Verrichtung überhaupt nur ein ganz bestimmter Spezialist in Betracht kommt, der aber seine „Leistungen" über Jahre hinweg – gegen entsprechende Bezahlung versteht sich – bestens und **freiwillig** erbringt? – Dass in derartigen Fällen das Verhalten der unmittelbar agierenden Personen irgendwie „beherrscht" wird, lässt sich indessen gerade nicht mehr sagen. Will man dennoch zur Annahme einer Täterschaft der nicht unmittelbar Agierenden gelangen, bedarf es deshalb eines anderen Ansatzpunkts. Dieser führt allerdings über den **begrenzten Horizont** der „**mittelbaren Täterschaft**" i. e. S. hinaus: Auch bei volldeliktisch unmittelbar Agierenden ist eine 93

---

[114] BGHSt 40, 218 ff.; s. dazu etwa *Jakobs,* NStZ 1995, 26 f.; *Joecks,* in: MünchKommStGB³, § 25 Rn. 135 ff.; *Jung,* JuS 1995, 173 f.; *Roxin,* JZ 1995, 49 ff.; *Schroeder,* JR 1995, 177 ff.
[115] Vgl. dazu auch die Entscheidung BGHSt 42, 275 ff. (zur Verantwortlichkeit eines Bürgers der BRD für eine Freiheitsentziehung in der ehemaligen DDR infolge einer Denunziation von Fluchtplänen).

täterschaftliche Verantwortlichkeit kraft einer allgemeinen **Organisationskreisverantwortlichkeit** möglich.[116]

94   Bevor wir uns diesem über die Fälle der mittelbaren Täterschaft i. e. S. hinausweisenden Aspekt zuwenden, soll das Sonderproblem der Veranlassung oder Förderung einer freiverantwortlichen bzw. einer nicht freiverantwortlichen **Selbstschädigung** erörtert werden. Viele der einschlägigen Fälle lassen sich durchaus noch mit dem „klassischen dogmatischen Instrumentarium" als Spezialfälle mittelbarer Täterschaft lösen.

cc) Problem (nicht) freiverantwortlicher Selbstschädigung

95   Die Selbstschädigung, insbesondere auch die Selbsttötung verwirklicht keinen Straftatbestand. Infolgedessen scheidet eine **strafbare Teilnahme** desjenigen, der ein solches Verhalten veranlasst oder fördert, aus (akzessorischer Charakter der Teilnahme). Nicht ausgeschlossen ist es allerdings, den Veranlasser oder Förderer als (mittelbaren) Täter der Fremdschädigung oder auch der Fremdtötung zu belangen, sofern die entsprechenden Täterschaftsvoraussetzungen vorliegen.

96   Dabei bedarf es für eine **Fahrlässigkeitstäterschaft** – wie bereits in anderem Zusammenhang (oben § 5 Rn. 72 ff.) dargelegt – keines ausdrücklichen Rückgriffs auf die mittelbare Täterschaft als Strafbarkeitsfigur. Die Annahme, der Veranlassende oder Fördernde habe durch Fahrlässigkeit etwa den Tod oder die Körperverletzung eines anderen verursacht, ist auch so sachlich begründbar und vom Wortlaut des entsprechenden Strafgesetzes erfasst.

97   In mehrfacher Hinsicht verfehlt ist es, wenn **BGHSt 24, 342** unter weitgehendem Beifall des Schrifttums[117] davon ausgeht, dass nicht strafbar sei, „wer **fahrlässig** den **Tod** eines **Selbstmörders verursacht**".[118] Der entsprechende Leitsatz ist nicht nur in dieser Allgemeinheit schlichtweg falsch, weil er nicht einschränkend auf die Freiverantwortlichkeit des sich selbst Tötenden abstellt, sondern steht auch in eklatantem **Widerspruch zum Gesetz**, das in **§ 222** gerade die Strafbarkeit desjenigen vorsieht, der „durch Fahrlässigkeit den Tod eines Menschen verursacht". Die entscheidende Frage ist vielmehr, wann genau von einer Verursachung durch Fahrlässigkeit in derartigen Fällen gesprochen werden kann und wann genau es daran mangelt. In diesem Zusammenhang muss dann als Bestimmungsmoment der Fahrlässigkeit i. S. des § 222 auch geklärt werden, wann eine Selbsttötung als (nicht) **freiverantwortlich** anzusehen ist.[119]

98   Dasselbe Sachproblem taucht auch bei den eigentlichen Konstellationen der mittelbaren Täterschaft auf. Insofern ist nach wie vor umstritten, ob die Freiver-

---

[116] Näher dazu sogleich unten (§ 10) Rn. 103 f.
[117] S. dazu die Nachweise oben § 5 zu Rn. 73.
[118] Im Leitsatz des BGH heißt es zwar „*mit*ursächlich", indessen ist auch die Mitverursachung eine Form der Verursachung.
[119] Näher zu dieser Problematik oben § 5 Rn. 77 im Kontext der Fahrlässigkeitstat.

II. Mittelbare Täterschaft (§ 25 I Fall 2) 405

antwortlichkeit der Selbsttötung oder allgemein der Selbstgefährdung oder Selbstschädigung nach den **Exkulpationsregeln** zu bestimmen ist oder ob die **Einwilligungsregeln** gelten. Nach den dazu oben in § 5 Rn. 77 im Zusammenhang der Fahrlässigkeitstat gewonnenen Einsichten wird allein eine Orientierung an den Einwilligungsregeln legitimen Schutzinteressen potenzieller Opfer gerecht.

Auf dieser Basis fällt auch die richtige Lösung des oben (§ 10) Rn. 61 f. angesprochenen **Sirius-Falls** relativ leicht: Unabhängig davon, ob die Frau als geistig gesund anzusehen ist, bedarf sie jedenfalls des (Lebens-)Schutzes vor entsprechender manipulativer Beeinflussung durch den Initiator ihres Tötungsunternehmens. Ihre Selbsttötungsentscheidung ist in ihrem eigenen **Lebensschutzinteresse** von Rechts wegen nicht als zu beachtende **Disposition über das Gut** zu werten. Vielmehr kann sogar angenommen werden, dass die Frau bei entsprechender Aufklärung über die wahre Identität des „Sirianers" und weitere Einzelheiten ganz sicher am Leben in ihrem jetzigen Körper festgehalten und sich gegen die Vornahme der Selbsttötungshandlung entschieden hätte. In einem solchen Fall dennoch von einer **freiverantwortlichen Selbsttötung** zu reden, erscheint einigermaßen **zynisch**. 99

Nach dem zum Sirius-Fall Gesagten ist auch die Lösung des oben (§ 10) Rn. 64 ff. erwähnten **E 605 forte-Falls** vorgezeichnet: Der Ehemann hat sich im Rechtssinne **nicht freiverantwortlich** getötet. Seine Ehefrau war gehalten, ihn von seinem Selbsttötungsunternehmen abzubringen. Sie durfte ihn in seinem Lebensschutzinteresse in diesem Tun nicht etwa noch bestärken oder gar dazu treiben. 100

Hätte – um den im Vorstehenden behandelten Fall zu modifizieren – der **Ehemann** zusätzlich das gemeinsame fünfjährige **Kind** mit in den Tod nehmen wollen, wäre die für das Kind sorgepflichtige **Mutter**[120] rechtlich kraft ihrer **Sonderverantwortlichkeit** gehalten gewesen, das Kind zu retten. Für diese qualifizierte Verpflichtung (Garantenpflicht) zur Rettung des Kindes ist es irrelevant, ob der Ehemann in rechtlich beachtlicher Form freiverantwortlich in Bezug auf seine eigene Tötung handelt oder nicht. Die Ehefrau kann sich nicht etwa mit dem Hinweis auf ein wegen der Verantwortlichkeit des Ehegatten zu ihren Gunsten eingreifendes „**Verantwortungsprinzip**"[121] von dem für das Kind lebensbedrohlichen Geschehen distanzieren. 101

Mit der Strafbarkeitsfigur der mittelbaren Täterschaft im „klassischen" Sinne hat das Eingreifen der Strafnormen der Tötungsdelikte in einem solchen Fall allerdings nur noch wenig gemein. Der Sache nach kommt es entscheidend auf einen über die Konstellationen der mittelbaren Täterschaft hinausweisenden – allerdings auch für diese bedeutsamen – Aspekt an: 102

---

[120] Als für das Kind sorgepflichtige Mutter – nicht als für den Ehemann als gefährliche Person verantwortliche Ehefrau! – Vgl. zu einem entsprechenden Fall mit umgekehrter Rollenverteilung BGHSt 7, 268.
[121] S. dazu bereits oben (§ 10) Rn. 87 ff.

c) Übergreifender Aspekt: die Organisationskreis-Verantwortlichkeit

103 Die zuletzt angesprochene Konstellation hat mit den klassischen Fällen der mittelbaren Täterschaft lediglich gemein, dass verschiedene Personen „beteiligt" sind, von denen eine unmittelbar güterschädigend agiert, die andere aber (auch) **für** diese **Rechtsgutsbeeinträchtigung (sonder-)verantwortlich** ist. Für die rechtliche Bewertung des Verhaltens des jedenfalls nicht sinnlich wahrnehmbar unmittelbar güterschädigend „Beteiligten" kommt es indessen nicht darauf an, ob der andere gleichsam als Werkzeug eingesetzt wird und eine unterlegene Stellung innehat. Eine solche Unterlegenheit des „Tatmittlers" ist nur für die mittelbare Täterschaft im klassischen Sinne typisch. Entscheidend ist allein, ob eine rechtliche Inpflichtnahme zu einer ganz bestimmten **Gefahrenvermeidung** nicht nur auf den **Rechtsgüterschutzaspekt**, sondern auch auf einen **zusätzlichen Legitimationsgrund** der entsprechenden **Sonderverantwortlichkeit** gestützt werden kann. Im Mutter-Kind-Verhältnis des Beispielsfalls ist das unproblematisch zu bejahen. Man sollte hier den Begriff der mittelbaren Täterschaft besser vermeiden und von **Nebentäterschaft** als einer möglichen Form der Tatbestandsverwirklichung sprechen.[122]

104 Die im Verhältnis zu den beschränkten Begründungsmöglichkeiten der mittelbaren Täterschaftslehre erweiterte Perspektive erlaubt auch eine angemessene Beurteilung der oben (§ 10) Rn. 91 ff. angesprochenen Fälle, in denen Personen innerhalb **staatlicher** oder **nichtstaatlicher Organisationen** als **Träger bestimmter Funktionen** güterschädigend agieren oder Güterschädigungen geschehen lassen. Wer es, um ein einfaches Beispiel zu nennen, als verantwortlicher **Betriebsleiter** geschehen lässt, dass der für die Abwasserbeseitigung zuständige Funktionsträger verbotenerweise **giftige Chemikalien** durch einfaches Öffnen eines Schiebers in einen Fluss ablässt, ist für die **Gewässerverunreinigung** selbst als Täter verantwortlich (§§ 324 I, 13).[123] Entsprechendes gilt für das güterschädigende Verhalten der zur **Grenzkontrolle** eingesetzten Personen, das diese im Rahmen (und nicht nur gelegentlich) ihrer Funktionsausübung vornehmen,[124] und auch für das Verhalten von **Funktionsträgern** innerhalb insgesamt verbrecherischer Organisationen.

d) Vorsatz und Fahrlässigkeit bei (mittelbarer) Täterschaft

105 Die im Bisherigen angestellten Überlegungen gelten für die **Vorsatz**- und die **Fahrlässigkeitstat** gleichermaßen. Grundvoraussetzung einer entsprechenden Strafbarkeit ist ein spezifisch tatbestandsmäßig missbilligtes Verhalten. Dafür spielt es keine

---

[122] Zur allerdings bloß deklaratorischen Funktion des Begriffs der Nebentäterschaft s. bereits oben (§ 10) Rn. 5.
[123] Weiteres Beispiel bei *Jakobs,* GA 1997, 553, 571: Täterschaftliche Steuerhinterziehung des Firmeninhabers, der eine lückenhafte Steuererklärung seines Prokuristen nicht unterbindet, ohne dass es auf die Verantwortlichkeit des Prokuristen ankommt.
[124] Vgl. dazu BGHSt 48, 77 ff. = NJW 2003, 522 ff. („mittelbare" Unterlassungstäterschaft) m. krit. Anm. *Ranft,* JZ 2003, 582 ff.

Rolle, ob ein Fall des „**Selbstbegehens**" oder des „**Begehens durch einen anderen**" vorliegt. Für eine Bestrafung wegen vorsätzlicher Tatbegehung muss selbstverständlich als weiteres Spezifizierungskriterium tatbestandsmäßigen Verhaltens vorsätzliches Handeln oder Unterlassen vorliegen. Besonderheiten sind insoweit in Fällen „mittelbarer Täterschaft" nicht zu verzeichnen. Da es sich hier auch nur um eine Form tatbestandsmäßigen Verhaltens handelt, gelten die oben in § 7 Rn. 7, 37 ff. erörterten **allgemeinen Regeln**.

2. Tatbestandsmäßige Verhaltensfolgen und gleichwertige Tatumstände

Zu den nach dem jeweiligen Tatbestand etwa erforderlichen tatbestandsmäßigen Verhaltensfolgen und gleichwertigen Tatumständen können wir uns relativ kurz fassen: Abweichungen von den oben in § 2 Rn. 52 ff. et passim behandelten **allgemeinen Regeln** sind nicht zu verzeichnen. Hat sich das **ereignet, was** durch richtiges Verhalten **hätte vermieden werden können und sollen**, liegen die Anforderungen an ein **vollendetes Delikt** vor. 106

Entsprechendes gilt für die besonderen Anforderungen an eine Bestrafung wegen vorsätzlichen **vollendeten** Delikts. Auch insofern sind die oben in § 2 Rn. 90 f., § 7 Rn. 118 ff. thematisierten allgemeinen Kriterien zu beachten. Sie sind – um ein Beispiel zu nennen – ohne Weiteres erfüllt, wenn das oben (§ 10) Rn. 79 erwähnte schuldunfähige **Kind**, dem die Pistole in die Hand gedrückt wurde, die Person, die es erschießen sollte, tatsächlich „**auftragsgemäß**" **erschießt**. Dagegen liegt nur eine fahrlässige Tötung (§ 222) neben einem idealiter konkurrierenden Tötungsversuch vor, wenn die Kugel ihr Ziel verfehlt, an einer Hauswand abprallt und irgendeinen Menschen trifft.[125] 107

Vertiefungs- und Problemhinweise
Täterschaft und Teilnahme/mittelbare Täterschaft: Ast, Die Manipulation der Organallokation – Das Vereiteln von Rettungshandlungen als mittelbare Täterschaft, HRRS 2017, 500 ff.; *Bloy,* Die Beteiligungsform als Zurechnungstypus, 1985; *ders.,* Grenzen der Täterschaft bei fremdhändiger Tatausführung, GA 1996, 424 ff.; *Bottke,* Täterschaft und Gestaltungsherrschaft, 1992; *Dencker,* Beteiligung ohne Täter, FS Lüderssen, 2002, S. 525 ff.; *Ellerbrok,* Die relative Rechtfertigung, 2001, S. 37 ff.; *Geerds,* Täterschaft und Teilnahme – Zu den Kriterien einer normativen Abgrenzung, Jura 1990, 173 ff.; *Gropp,* Deliktstypen mit Sonderbeteiligung, 1992; *ders.,* Die Mitglieder des Nationalen Verteidigungsrates als „Mittelbare Mit-Täter hinter den Tätern"? – BGHSt 40, 218, JuS 1996, 13 ff.; *Haas,* Kritik der Tatherrschaftslehre, ZStW 119 (2007), 591 ff.; *ders.,* Die Theorie der Tatherrschaft und ihre Grundlagen – Zur Notwendigkeit einer Revision der Beteiligungslehre, 2008; 108

---
[125] Zu solchen Fällen der aberratio ictus s. bereits oben § 7 Rn. 92 ff.; s. ergänzend dazu § 7 Rn. 118 ff.

ders., Die Beteiligung durch Unterlassen, ZIS 2011, 392 ff.; *Heinrich,* Rechtsgutszugriff und Entscheidungsträgerschaft, 2002; *Herzberg,* Täterschaft und Teilnahme[2], 1997; *Hoyer,* Kombination von Täterschaft und Teilnahme beim Hintermann, FS Herzberg, 2008, S. 379 ff.; *Hünerfeld,* Mittelbare Täterschaft und Anstiftung im Kriminalstrafrecht der Bundesrepublik Deutschland, ZStW 99 (1987), 228 ff.; *Jakobs,* Akzessorietät – Zu den Voraussetzungen gemeinsamer Organisation, GA 1996, 253 ff.; *ders.,* Objektive Zurechnung bei mittelbarer Täterschaft durch ein vorsatzloses Werkzeug, GA 1997, 553 ff.; *ders.,* Tatherrschaftsdämmerung – Ein Beitrag zur Normativierung rechtlicher Begriffe, in: El sistema funcionalista, 2000, S. 195 ff.; *ders.,* Beteiligung durch Chancen- und Risikoaddition, FS Herzberg, 2008, S. 395 ff.; *ders.,* Theorie der Beteiligung, 2014; *Küper,* Die dämonische Macht des „Katzenkönigs" oder: Probleme des Verbotsirrtums und Putativnotstandes an den Grenzen strafrechtlicher Begriffe, JZ 1989, 617 ff.; *ders.,* Mittelbare Täterschaft, Verbotsirrtum des Tatmittlers und Verantwortungsprinzip, JZ 1989, 935 ff.; *ders.,* Konvergenz – Die gemeinschaftliche Körperverletzung im System der Konvergenzdelikte, GA 1997, 301 ff.; *Koch,* Grundfälle zur mittelbaren Täterschaft, § 25 I Alt. 2 StGB, JuS 2008, 399 ff., 496 ff.; *Krüger,* Beteiligung durch Unterlassen an fremden Straftaten – Überlegungen aus Anlass des Urteils zum Compliance Officer, ZIS 2011, 1 ff.; *Küper,* Anmerkungen zum Irrtum über die Beteiligungsform – Die irrige Annahme „tatherrschaftsbegründender Umstände" als Versuchs-, Teilnahme- und Fahrlässigkeitsproblem, FS Roxin, 2011, S. 895 ff.; *Kutzner,* Die Rechtsfigur des Täters hinter dem Täter und der Typus der mittelbaren Täterschaft, 2004; *Lüderssen,* Zum Strafgrund der Teilnahme, 1967; *Maiwald,* Historische und dogmatische Aspekte der Einheitstäterlösung, FS Bockelmann, 1979, S. 343 ff.; *Mallison,* Rechtsauskunft als strafbare Teilnahme, 1979; *Mosenheuer,* Unterlassen und Beteiligung – Zur Abgrenzung von Täterschaft und Teilnahme bei Unterlassungsdelikten, 2009; *Murmann,* Die Nebentäterschaft im Strafrecht, 1993; *ders.,* Tatherrschaft durch Weisungsmacht, GA 1996, 269 ff.; *ders.,* Zur mittelbaren Täterschaft bei Verbotsirrtum des Vordermannes, GA 1998, 78 ff.; *ders.,* Grundwissen zur mittelbaren Täterschaft (§ 25 I 2. Alt. StGB), JA 2008, 321 ff.; *Neumann,* Die Strafbarkeit der Suizidbeteiligung als Problem der Eigenverantwortlichkeit des „Opfers", JA 1987, 244 ff.; *Noltenius,* Kriterien der Abgrenzung von Anstiftung und mittelbarer Täterschaft – Ein Beitrag auf der Grundlage einer personalen Handlungslehre, 2003; *Pariona Arana,* Täterschaft und Pflichtverletzung – Zugleich ein Beitrag zur Dogmatik der Abgrenzung der Beteiligungsformen bei Begehungs- und Unterlassungsdelikten, 2010; *ders.,* Täterschaft und Pflichtverletzung – Grundlagen der Pflichtdeliktslehre, FS Roxin, 2011, S. 853 ff.; *Puppe,* Die Architektur der Beteiligungsformen, GA 2013, 514 ff.; *Radtke,* Mittelbare Täterschaft kraft Organisationsherrschaft im nationalen und internationalen Strafrecht, GA 2006, 350 ff.; *Renzikowski,* Restriktiver Täterbegriff und fahrlässige Beteiligung, 1997; *ders.,* Zurück in die Steinzeit? – Aporien der Tatherrschaftslehre, FS Schünemann, 2014, S. 495 ff.; *Robles Planas,* Die zwei Stufen der Beteiligungslehre – am Beispiel der Beteiligung durch Unterlassen, GA 2012, 276 ff.; *Rotsch,* „Einheitstäterschaft" statt Tatherrschaft – Zur Abkehr von einem differenzierenden Beteiligungsformensystem in

II. Mittelbare Täterschaft (§ 25 I Fall 2)

einer normativ-funktionalen Straftatlehre, 2009; *ders.,* „Gemeinsames Versagen" – Zu Legitimität und Legalität der fahrlässigen Mittäterschaft, FS Puppe, 2011, S. 887 ff.; *ders.,* Zur Notwendigkeit einer Dogmatik der Beteiligung – Zugleich ein Beitrag zum Gegenstand objektiver Zurechnung, GS Heine, 2016, S. 309 ff.; *ders.,* Täterschaft bei Pflichtdelikten, GS Joecks, 2018, S. 149 ff.; *Roxin,* Täterschaft und Tatherrschaft[9], 2015; *ders.,* Zum Strafgrund der Teilnahme, FS Stree/Wessels, 1993, S. 365 ff.; *ders.,* Pflichtdelikte und Tatherrschaft, FS Schünemann, 2014, S. 509 ff.; *Sánchez-Vera,* Pflichtdelikt und Beteiligung – Zugleich ein Beitrag zur Einheitlichkeit der Zurechnung bei Tun und Unterlassen, 1999; *Schaffstein,* Der Täter hinter dem Täter bei vermeidbarem Verbotsirrtum und verminderter Schuldfähigkeit (mit Anm. zum Sirius-Fall, BGHSt 32, 38 und Katzenkönigfall, BGHSt 35, 347), NStZ 1989, 153 ff.; *Schild,* Täterschaft als Tatherrschaft, 1994; *Schlösser,* Täterschaft und Teilnahme bei der Untreue – Zugleich Besprechung der „Nürburgring"-Entscheidung, BGH Beschl. v. 26.11.2015 – 3 StR 17/15, BGHSt 61, 48, StV 2017, 123 ff.; *Schmoller,* Erhaltenswertes der Einheitstäterschaft – Überlegungen zu einer internationalen Beteiligungsdogmatik, GA 2006, 365 ff.; *Schroeder,* Der Täter hinter dem Täter, 1965; *ders.,* Der Sprung des Täters hinter dem Täter aus der Theorie in die Praxis, JR 1995, 177 ff.; *Schulz,* Die mittelbare Täterschaft kraft Organisationsherrschaft – eine notwendige Rechtsfortbildung? – BGH, NJW 1994, 2703, JuS 1997, 109 ff.; *Schumann,* Strafrechtliches Handlungsunrecht und das Prinzip der Selbstverantwortung der Anderen, 1986; *ders.,* Die „rechtswidrige" Haupttat als Gegenstand des Teilnehmervorsatzes, FS Stree/Wessels, 1993, S. 383 ff.; *Schünemann,* Die Rechtsfigur des „Täters hinter dem Täter" und das Prinzip der Tatherrschaftsstufen, FS Schroeder, 2006, S. 401 ff.; *Stein,* Die strafrechtliche Beteiligungsformenlehre, 1988; *Streng,* Der Erlaubnistatbestandsirrtum und die Teilnahmefrage – Elemente einer Akzessorietätslösung, FS Paeffgen, 2015, S. 231 ff.; *Wedding,* Mittelbare Täterschaft und Versuchsbeginn bei der Giftfalle – Eine Auseinandersetzung mit dem „Passauer Apothekerfall" (BGHSt 43, 177 ff.); *Weißer,* Täterschaft in Europa – Ein Diskussionsvorschlag für ein europäisches Tätermodell auf der Basis einer rechtsvergleichenden Untersuchung der Beteiligungssysteme Deutschlands, Englands, Frankreichs, Italiens und Österreichs, 2011; *Wendeburg,* Die Bedeutung des Irrtums über täterschaftsbegründende Umstände – Eine Untersuchung der vermeintlichen und verkannten Täterschaft, 2018; *Yamanaka,* Abgrenzung von Beihilfe und Mittäterschaft bei Unterlassungsdelikten, FS Schünemann, 2014, S. 561 ff.; *Zaczyk,* Die „Tatherrschaft kraft organisatorischer Machtapparate" und der BGH, GA 2006, 411 ff.; *Zieschang,* Gibt es den Täter hinter dem Täter? FS Otto, 2007, S. 505 ff.

Besondere persönliche Merkmale: Küper, „Besondere persönliche Merkmale" und „spezielle Schuldmerkmale", ZStW 104 (1992), 559 ff.; *Langer,* Zum Begriff der „besonderen persönlichen Merkmale", FS Lange, 1976, S. 241 ff.; *ders.,* Zur Strafbarkeit des Teilnehmers gemäß § 28 Abs. 1 StGB, FS Wolf, 1985, S. 335 ff.; *ders.,* Sonderstraftat, S. 289 ff.; *Otto,* „Besondere persönliche Merkmale" im Sinne des § 28 StGB, Jura 2004, 469 ff.; *Schünemann,* Die „besonderen persönlichen Merkmale" des § 28 StGB, FS Küper, 2007, S. 561; – Die Garanten- oder

Sonderverantwortlichkeit beim begehungsgleichen Unterlassen ist kein besonderes persönliches Merkmal i. S. d. § 28 I; vgl. dazu *Fischer*⁶⁶, § 13 Rn. 93 (freilich auch § 28 Rn. 5a); *Freund,* FS Herzberg, 2008, S. 225, 238 ff.; *dens.,* Jakobs und die Unterlassungsdelikte – Von der Verhalten*s*form zur Qualität der Verhaltens*norm,* in: Strafrecht und Gesellschaft, 2019, S. 379, 392 ff., jew. m. w. N. auch zur Gegenposition.

S. a. unten (§ 10) Rn. 136, 152, 183.

III. Anstiftung als Form der Straftat

109   Die Anstiftung zu einer vorsätzlich und rechtswidrig begangenen Haupttat ist im Grunde auch nur eine ganz bestimmte Form „täterschaftlicher" (nämlich anstiftungstäterschaftlicher) Straftatbegehung. Für eine entsprechende Strafbarkeit müssen deshalb außer den allgemeinen Kriterien **tatbestandsmäßigen Verhaltens** (dazu unter 1) auch die **zusätzlichen Sanktionsvoraussetzungen** des **Anstifterstraftatbestands** erfüllt sein (dazu unter 2).

1. Tatbestandsmäßiges Anstiftungsverhalten (spezifischer Verhaltensnormverstoß)

a) Schutz vor mittelbarer Güterbeeinträchtigung als Legitimationsgrund spezifischer Verhaltensmissbilligung

110   Tatbestandsmäßiges Anstiftungsverhalten setzt den Verstoß gegen eine im **Rechtsgüterschutzinteresse** und kraft **Sonderverantwortlichkeit** legitimierbare Verhaltensnorm voraus. Das folgt ohne Weiteres aus den oben in § 2 Rn. 9 ff. in grundsätzlichem Zusammenhang angestellten Überlegungen. Inzwischen ist weitgehend anerkannt, dass als Legitimationsgrund in diesem Zusammenhang die zu vermeidende **„Verstrickung des Haupttäters in Schuld und Strafe"** ebenso ausscheidet wie dessen **„soziale Desintegration"**.[126] Mit Recht fordert das Gesetz für eine strafbare Anstiftung keine schuldhafte Haupttatbegehung.

---

[126] Näher zur Kritik der „Schuldverstrickungstheorie" etwa *Heine/Weißer,* in: Schönke/Schröder³⁰, Vor § 25 Rn. 18 m. w. N.; *Kühl,* AT⁸, § 20 Rn. 133; zur Kritik der Theorie der „sozialen Desintegration" vgl. *Hoyer,* in: SK StGB⁹, Vor § 26 Rn. 8 f.; allg. zum Strafgrund der Teilnahme s. *Ellerbrok,* Die relative Rechtfertigung, 2001, S. 37 ff.; *Lüderssen,* Zum Strafgrund der Teilnahme, 1967. – Unter dem Aspekt des legitimierbaren Strafgrundes ist die Vorschrift des § 257 III 2 äußerst bedenklich: Danach soll derjenige, der bereits wegen einer Vortat strafbar ist, sich nochmals in Bezug auf die erlangten Vortatvorteile der Anstiftung zur Begünstigung schuldig machen können, wenn er einen an der Vortat Unbeteiligten zur entsprechenden Begünstigung bestimmt. Problematisch ist insofern auch die Entscheidung BGHSt 17, 236 ff. (Wer einen anderen bestimmt, ihm zur Vereitelung der eigenen Bestrafung zu verhelfen, soll wegen Anstiftung strafbar sein).

III. Anstiftung als Form der Straftat

Legitimierend hinter der Missbilligung bestimmter Verhaltensweisen als tatbestandsmäßiges Anstiftungsverhalten steht vielmehr die Vermeidung derselben **Rechtsgutsbeeinträchtigungen** wie bei der Missbilligung der Haupttatverwirklichung. Konkret: Das Verbot gegenüber dem Haupttäter (H), einen anderen (X) körperlich zu misshandeln oder zu töten, bezieht seine sachliche Legitimation aus dem schutzbedürftigen und schutzwürdigen Interesse des X an Bewahrung seiner Körperintegrität oder seines Lebens. Das der Straftat der **Anstiftung** zu einer Körperverletzung oder Tötung zugrunde liegende **Verbot** wird durch denselben **Sachgrund** gerechtfertigt. Der Unterschied liegt lediglich in der äußerlichen Form der in Frage stehenden Gutsbeeinträchtigung: Während sich der **Haupttäter unmittelbar**[127] **güterschädigend** verhält, beeinträchtigt der **Anstifter** dasselbe Rechtsgut **vermittelt über** eine fremde **Haupttat**. Die akzessorische Ausgestaltung der Teilnehmerstrafbarkeit durch das Gesetz mit seinen beschränkenden Kriterien der „**vorsätzlichen** und **rechtswidrigen Haupttat**" darf zwar bei der Bestimmung der Reichweite strafbarer Teilnahme nicht „ausgehebelt" werden. Nicht ausgeschlossen ist es aber nach dem bereits oben (§ 10) Rn. 15 ff. Gesagten, diese **Kriterien „teilnehmerbezogen"** inhaltlich auszufüllen.[128]

111

Nach dem bisher Gesagten setzt eine strafbare Anstiftung voraus, dass das durch die Haupttat angegriffene Rechtsgut auch im Verhältnis zum Anstifter Schutz genießt. Die formal-begriffliche Subsumierbarkeit unter den **Wortlauttatbestand** der Anstiftungsstrafnorm ist zwar notwendige, aber eben nicht hinreichende Strafbarkeitsbedingung. Wenn in dem oben genannten Beispiel das Opfer (X) selbst den Haupttäter gebeten hat, von ihm getötet zu werden, also zur Begehung einer rechtswidrigen Tat nach §§ 216, 22, 23 aufgefordert hat, passt die Sanktionsnorm der **Anstiftung** zur **versuchten Tötung auf Verlangen** zwar dem Wortlaut nach auf X; sie ist aber dennoch sachlich auf ihn unanwendbar, weil sein Leben im Verhältnis zu ihm selbst kein unter dem Aspekt eines *Fremd*-**Tötungsdelikts** zu erfassendes Rechtsgut darstellt. Und für die versuchte Selbsttötung – auch die über eine fremde Haupttat vermittelte – gibt es im geltenden Recht keinen Straftatbestand.[129]

112

Einer besonderen Rechtsfigur der „**straflosen notwendigen Teilnahme**"[130] bedarf es nach dem soeben Dargelegten nicht. Das damit verbundene Abstellen auf die Erwähnung bestimmter

113

---

[127] Die Fälle der mittelbaren Täterschaft bilden nur bei vordergründig-phänomenologischer Betrachtung eine Ausnahme – normativ gesehen verwirklicht auch der mittelbare Täter den betreffenden Straftatbestand unmittelbar selbst.

[128] Die Kritik, die bisweilen gegenüber den sog. „Verursachungstheorien" im Schrifttum geäußert wird (vgl. etwa *Hoyer*, in: SK StGB⁹, Vor § 26 Rn. 12 ff. m. w. N.), vermag die hier vertretene Position nicht zu treffen.

[129] I. d. S. etwa auch *Roxin*, in: LK¹¹, Vor § 26 Rn. 2 (ebenso *Schünemann*, in: LK¹², Vor § 26 Rn. 2); Versuche, die Fremdtötung und die Selbsttötung gleichsam in einem „Topf" (dem des § 212) unterzubringen (so z. B. *Schmidhäuser*, FS Welzel, 1974, S. 801, 813 f.), sind mit Recht auf Ablehnung gestoßen; vgl. etwa *Derksen*, Handeln auf eigene Gefahr, S. 42 ff. m. w. N.

[130] Zur Figur der notwendigen Teilnahme vgl. etwa *Wessels/Beulke/Satzger*, AT⁴⁸, Rn. 921 m. w. N. und Beispielen; s. a. *Heine/Weißer*, in: Schönke/Schröder³⁰, Vor § 25 Rn. 41 ff.; *Joecks*, in: MünchKommStGB³, Vor § 26 Rn. 31 ff.

Personen im Text einiger Strafnormen ist sogar problematisch, weil es den Gedanken, der hinter der Nichtmissbilligung mancher Verhaltensweisen steht, nicht angemessen zu erfassen vermag.

114 Freilich **bewirkt** in den hier interessierenden Konstellationen der Veranlassende oder Fördernde immerhin den **fremden Verhaltensnormverstoß** (der selbst beim erkannt untauglichen Versuch noch sehenden Auges in die Welt gesetzt oder unterstützt wird) und damit einen geistigen Angriff auf die Geltungskraft der übertretenen Verhaltensnorm.[131] Deshalb erscheint es nicht ausgeschlossen, derartig normbruchveranlassende oder -fördernde Verhaltensweisen wegen ihren möglichen „**Fernwirkungen**" rechtlich zu missbilligen und auf solches Verhalten im Rahmen eines Rechtsgüterschutzstrafrechts entsprechend zu reagieren. Indessen ist die bloße **Veranlassung** oder **Förderung** eines **fremden geistigen Angriffs** auf die **Geltung** einer ganz bestimmten **Verhaltensnorm** von der eigenen – wegen ihren „Nahwirkungen" zu missbilligenden – Übertretung einer solchen zu unterscheiden: Das im erstgenannten Fall betroffene Güterschutzinteresse ist lediglich auf derselben Ebene anzusiedeln wie das der **Strafvereitelung** zugrunde liegende. Im zweitgenannten Fall geht es dagegen um konkret bedrohte Rechtsgüter wie z. B. Leib, Leben und Freiheit. Der gewichtige **Bewertungsunterschied** zeigt sich etwa auch in der unterschiedlichen Behandlung der grundsätzlich straflosen **Nichtanzeige** *begangener* **Straftaten** einerseits und der strafbaren **Nichtanzeige** *geplanter* **Straftaten** sowie der **unterlassenen Hilfeleistung** andererseits (§§ 138, 323c).[132]

b) Konkretisierung des erforderlichen „Bestimmungsverhaltens"

aa) Grundsätzliches

115 „Bestimmen" i. S. des § 26 erfordert jedenfalls ein Verhalten, das **geeignet** ist, den Tatentschluss eines potenziellen Haupttäters hervorzurufen. Deshalb scheidet ein tatbestandsmäßiges Anstiftungsverhalten gegenüber einem (erkanntermaßen) bereits zur Begehung einer konkreten Tat fest Entschlossenen (**omnimodo facturus**) aus.[133] Möglich ist freilich **Beihilfe**.[134] Indessen reicht die Eignung, den Tatentschluss hervorzurufen, allein für eine Anstiftungsstrafbarkeit noch nicht aus. Dass einem Verhalten diese Möglichkeit innewohnt, ist lediglich Minimalvoraussetzung für ein tatbestandsmäßiges Anstiftungsverhalten. Eine rechtliche Missbilligung aller Verhaltensweisen, die diese Eigenschaft aufweisen, kommt ernsthaft nicht in Betracht. Oder sollte etwa die zum Diebstahl **anreizende Präsentation** von unter Eigentumsvorbehalt erworbenen und zum Weiterverkauf bestimmten Waren als Anstiftung zum Diebstahl bewertet werden? Da dies ernsthaft nicht in Betracht kommt, sondern bestimmte Verhaltensweisen trotz Eignung, andere zu Straftaten anzuregen, rechtlich nicht zu missbilligen sind, muss ein **qualitatives Abschichtungskriterium** gefunden werden. Die als Anstiftungsverhalten unerlaubte Tatver-

---

[131] Näher zum strafbaren Versuch oben § 8.
[132] Zu §§ 138, 323c näher oben § 6 Rn. 37 ff.
[133] Vgl. dazu statt vieler *Kühl*, AT[8], § 20 Rn. 177 m. w. N.
[134] Zu deren Voraussetzungen unten (§ 10) Rn. 137 ff.

anlassung muss sich von den Fällen des in dieser Hinsicht **erlaubten (Rest-)Risikos** qualitativ sogar in besonders gewichtiger Weise unterscheiden, wenn die gesetzlich vorgesehene **Gleichschaltung** von **Täterschaft** und **Anstiftung** berechtigt sein soll. Denn nach § 26 wird der Anstifter gleich einem Täter bestraft.[135]

Ein am ehesten tragfähiges qualitatives Abschichtungskriterium liefert ein Verständnis des „Bestimmens" i. S. des § 26 als menschliche **Gedankenerklärung**, die besagt, dass die **Haupttat begangen werden** *soll*. Der Anstifter muss im Verhältnis zum Haupttäter geistig hinter der zu begehenden Haupttat stehen. Dafür reicht etwa die bloße Schaffung einer **tatanreizenden Situation** ohne entsprechenden Erklärungswert nicht aus.[136]   116

Andererseits sind der Fantasie des Anstifters keine (weiteren) Grenzen gesetzt, sodass alle möglichen Verhaltensweisen als Anstiftungsverhalten tatbestandsmäßig zu missbilligen sein können. In Betracht kommt nicht nur **ausdrückliches Auffordern** oder **Überreden**, sondern etwa auch entsprechend **konkludentes Verhalten** in schriftlicher oder mündlicher Form, in Form von Gesten oder auch durch die Mimik (z. B. durch aufforderndes Zuzwinkern). Ausreichend ist etwa auch das **Versprechen** einer **Bezahlung** für den, der schon zuvor unter der entsprechenden **Bedingung** zur **Tatbegehung** bereit ist.   117

Anstiftung durch **begehungsgleiches Unterlassen** ist zwar nicht gänzlich ausgeschlossen, aber wegen des regelmäßig fehlenden **Erklärungswerts** des bloßen Nichtstuns praktisch nur schwer zu verwirklichen.[137] – In Betracht kommt vielleicht folgender Fall: Bei einer erfolgten Anstiftung zur Falschaussage durch aktives Tun ist nach der uneidlichen Vernehmung des Zeugen vor einer Verhandlungsunterbrechung dessen Vereidigung angekündigt worden. Ein „**beredtes**" **Schweigen** des bis dahin nur wegen Anstiftung zur Falschaussage Verantwortlichen in der Verhandlungspause signalisiert dem Zeugen: „Jetzt nur nicht umfallen".   118

---

[135] Zur Legitimationsbedürftigkeit der Gleichbestrafung mit dem Täter und den entsprechenden Legitimationsgesichtspunkten näher etwa *Ingelfinger*, Anstiftervorsatz und Tatbestimmtheit, S. 120 ff.; *Joecks*, in: MünchKommStGB³, § 26 Rn. 15 ff., 18 ff. m. w. N.

[136] Zutreffend etwa *Wessels/Beulke/Satzger*, AT⁴⁸, Rn. 881: Erfordernis einer geistigen Willensbeeinflussung, „die eine (ggf. konkludente) Aufforderung zur Begehung der Haupttat in sich birgt". – Eingehend dazu *Frisch*, Tatbestandsmäßiges Verhalten, S. 333 ff.; vgl. auch *Jescheck/Weigend*, AT⁵, § 64 II 1 (S. 686); *Jakobs*, AT², 22/22 m. w. N. – Noch enger wohl *Puppe*, GA 1984, 101, 111 ff.: Erfordernis eines gemeinsamen Tatplans i. S. eines „Unrechtspaktes".

[137] Die Möglichkeit einer Anstiftung durch Unterlassen gänzlich ablehnend etwa *Jescheck/Weigend*, AT⁵, § 64 II 6 (S. 691) m. w. N. auch abweichender Auffassungen; vgl. dazu auch *Freund*, Erfolgsdelikt und Unterlassen, S. 251 f.

119 | **Definition des Bestimmens i. S. des § 26 (spezifisches Verhaltensunrecht):** Bestimmen i. S. des § 26 erfordert ein Verhalten, das die ausdrückliche oder konkludente Aufforderung enthält, dass der potentielle Haupttäter den Tatentschluss zu der rechtswidrigen Tat fassen und diese begehen soll. Diese Aufforderung muss gerade deshalb rechtlich missbilligt sein.
An der erforderlichen spezifischen Missbilligung fehlt es etwa bei der Aufforderung dessen, der in den Fällen der versuchten Tötung auf Verlangen den Täter zu seiner Tat auffordert.

bb) Einzelne Problemkonstellationen – Sonderfälle

(1) Aufforderung zur Begehung in „qualifizierter" Form

120 Umstritten ist, ob eine Anstiftungsstrafbarkeit in Bezug auf das letztlich verwirklichte qualifizierte Delikt vorliegt, wenn der Haupttäter bereits zur **Begehung des Grunddelikts** fest und unbedingt **entschlossen** war und nur zur Verwirklichung in qualifizierter Form aufgefordert worden ist.[138] – Beispiel: Der zur Begehung einer einfachen Körperverletzung (§ 223) Entschlossene wird zum **Einsatz** eines **Schlagwerkzeugs** – also zur Verwirklichung eines qualifizierenden Merkmals nach § 224 – **überredet**. Oder der zum **einfachen Raub** (§ 249 I) **Entschlossene** wird zu einem **schweren** (§ 250 I) gedrängt.

121 Vorzugswürdig dürfte hier im Grundsatz die engere Auffassung sein, die eine **Anstiftungsverantwortlichkeit** mit Blick auf die Grunddeliktsverwirklichung verneint, sondern eine solche nur für den **überschießenden Anteil** am Geschehen vorsieht. Wer dem zum **einfachen Raub** Entschlossenen rät, das Opfer mit einem **Knüppel** niederzuschlagen (statt es nur mit dem Einsatz der schlichten Körperkraft zu bedrohen), nimmt kein tatbestandlich missbilligtes Anstiftungsverhalten unter dem Aspekt des schweren Raubes vor. Obwohl der **Wortlaut** des entsprechenden Anstiftungstatbestands eine solche Erfassung zuließe (der konkrete Tatentschluss ist hervorgerufen worden), fehlt die qualitativ zu fordernde Verantwortlichkeit für den (einfachen) Raub als solchen. Insoweit greift vielmehr derselbe Gedanke ein, der auch die Anstiftungsstrafbarkeit beim **omnimodo facturus** sperrt: Die in der Haupttat liegende Gutsbeeinträchtigung ist unabhängig von dem Verhalten des Auffordernden als solche bereits durch den Entschluss des Haupttäters programmiert und wird allenfalls noch in den **Modalitäten beeinflusst**. Das reicht höchstens für eine entsprechende **Beihilfe** sowie zu einer Anstiftung in

---

[138] I. S. einer solchen strengen Verantwortlichkeit etwa BGHSt 19, 339, 340 f. (Anstiftung eines zum einfachen Raub Entschlossenen zum schweren Raub nach § 250); ähnlich auch *Eisele*, in: Baumann/Weber/Mitsch/Eisele, AT[12], § 26 Rn. 35, 37 m. w. N.

III. Anstiftung als Form der Straftat 415

Bezug auf den überschießenden Anteil (im Beispielsfall: insbesondere die **Körperverletzung** mit dem **Knüppel**).[139]

Im Falle des zur einfachen Körperverletzung Entschlossenen, der zur Körperverletzung mittels eines Schlagwerkzeugs aufgefordert wird, ist es freilich möglich, den Auffordernden **als Anstifter** für den über das erwartbare Maß der einfachen Körperverletzung **hinausgehenden Körperverletzungsanteil** verantwortlich zu machen. 122

Hinreichendes Anstiftungsunrecht liegt ebenfalls vor, wenn die **begangene Tat** im Verhältnis zur ursprünglich beabsichtigten als **ganz andere** aufzufassen ist: Wer dem zum **Diebstahl** Entschlossenen zur **betrügerischen Erlangung** der begehrten fremden Sache rät, nimmt ein tatbestandsmäßiges Verhalten der Anstiftung zum Betrug vor. Eine „**Verrechnung**" mit dem zu erwartenden Diebstahlsunrecht kommt insoweit nicht in Betracht.[140] 123

(2) „Abstiftung" von „qualifizierter" Begehungsform

Ein interessantes Problem tatbestandsmäßigen Anstiftungsverhaltens stellt sich im umgekehrten Fall, wenn jemand einen zur Begehung eines qualifizierten Delikts – etwa einer gefährlichen Körperverletzung nach § 224 – Entschlossenen dazu bewegt, lediglich den Grundtatbestand (im Beispielsfall: des § 223) zu verwirklichen. Obwohl der **Wortlaut** des Tatbestands der Anstiftung zur (einfachen) Körperverletzung solches Verhalten ohne Weiteres zu erfassen vermag, dürfte klar sein, dass der **Strafgrund** beim „**Abstiften**" von der qualifizierenden Begehungsform nicht trägt. Denn in Bezug auf den **Grundtatbestand** handelt es sich sachlich um einen Fall des **omnimodo facturus**.[141] Fragen mag man lediglich, ob der Betreffende nicht vielleicht hinter dem zurückgeblieben ist, was man rechtlich von ihm erwarten konnte (**§ 323c I**). Anstiftungsunrecht wäre das aber nicht. 124

(3) Aufforderung zu erkanntermaßen untauglichem Versuch – Fälle des „agent provocateur"

Kein Problem des (Vollendungs-)Vorsatzes,[142] sondern ebenfalls ein solches des tatbestandsmäßigen Anstiftungsverhaltens in seiner entsprechenden Unwertdimension ist in dem bekannten Schulfall der „**Anstiftung**" **zum untauglichen Versuch** betroffen, bei dem (nur) der Auffordernde die Untauglichkeit erkennt. In derartigen Fällen trägt der **Strafgrund** der Anstiftung schon grundsätzlich nicht und passt nur der **Wortlaut** der zu weit geratenen Strafnorm: Wer einen anderen unter der Vorspiegelung, es handle sich um den noch lebenden verhassten Widersacher, zum 125

---

[139] In der Sache ähnlich wie hier *Kühl*, AT[8], § 20 Rn. 183; *Heine/Weißer*, in: Schönke/Schröder[30], § 26 Rn. 9 m. w. N.; vgl. a. *Joecks*, in: MünchKommStGB[3], § 26 Rn. 41 f.
[140] Auch eine Rechtfertigung tatbestandsmäßigen Anstiftungsverhaltens scheidet nach Sachlage aus.
[141] Vgl. dazu etwa *Kühl*, AT[8], § 20 Rn. 185.
[142] I. S. einer Einordnung als Vorsatzproblem aber etwa *Wessels/Beulke/Satzger*, AT[48], Rn. 892 f.

Schuss auf eine **Leiche veranlasst**, verhält sich nicht tatbestandlich missbilligt i. S. der Anstiftung zu einem Tötungsdelikt, obwohl der Haupttäter den untauglichen Versuch eines solchen begeht und sein Tatentschluss von dem Auffordernden (vorsätzlich) hervorgerufen worden ist.[143] Die Sachlage ändert sich für den Auffordernden, wenn er seinerseits davon ausgeht, er habe es mit einem lebenden Menschen und nicht mit einer Leiche zu tun. Unter diesen Umständen liegt eine strafbare Anstiftung zum untauglichen Versuch vor.

126 Um ein entsprechendes Problem des **tatbestandsmäßigen Anstiftungsverhaltens** handelt es sich in den Fällen des Einsatzes eines sog. Lockspitzels (**agent provocateur**).[144] Sind hinreichende Vorkehrungen getroffen, dass das betroffene Gut materiell nicht beeinträchtigt werden kann, fehlt es bereits an einem tatbestandsmäßig zu missbilligenden Anstiftungsverhalten (und nicht erst am Vorsatz).[145] Ein Vorsatzproblem stellt sich nur bei zu beanstandender Fehleinschätzung in dieser Hinsicht.

c) Erfordernis vorsätzlichen Handelns

127 Die Sanktionsnorm der Anstiftung i. V. m. dem jeweiligen Tatbestand des BT oder eines strafrechtlichen Nebengesetzes erfordert für ihr Eingreifen vorsätzliches Handeln oder Unterlassen. Es muss den in grundsätzlichem Zusammenhang (oben § 7 Rn. 7, 37 ff.) herausgearbeiteten Kriterien vorsätzlichen Verhaltens genügen. Besonderheiten ergeben sich – bei korrekter Klärung der Vorfrage, welche Verhaltensweisen als Anstiftungsverhalten überhaupt rechtlich zu missbilligen sind – nicht. Der meist als „**doppelter**" **Anstiftervorsatz**[146] bezeichnete Vorsatz des Anstifters ist tatsächlich ein ganz „**normaler**" **Vorsatz**. Lediglich dessen **Gegenstand: das tatbestandsmäßige Anstiftungsverhalten** – besitzt die hier bereits näher erläuterten Besonderheiten.

128 Dementsprechend handelt vorsätzlich im hier interessierenden Zusammenhang, wer ein tatbestandsmäßig-missbilligtes Anstiftungsverhalten vornimmt und dabei

---

[143] Das Bewirken eines die Normgeltung in Frage stellenden Normbruchs müsste durch einen eigenständigen Straftatbestand, der auf der Linie der Strafvereitelung läge, strafrechtlich erfasst sein; vgl. zu diesem Problem des Strafgrundes der Teilnahme bereits oben (§ 10) Rn. 110 ff.

[144] Vgl. dazu (allerdings z. T. unter dem das sachliche Problem nicht genau treffenden Aspekt des Vorsatzes) *Eisele,* in: Baumann/Weber/Mitsch/Eisele, AT[12], § 26 Rn. 43 ff.; *Heine/Weißer,* in: Schönke/Schröder[30], § 26 Rn. 21 ff.; *Hoyer,* in: SK StGB[9], Vor § 26 Rn. 59 ff.; ferner *Eidam,* FS Neumann, 2017, S. 773 ff. (der allerdings teilweise zu problematischen Ergebnissen gelangt). – Zu den Grenzen und Auswirkungen des tatprovozierenden Verhaltens eines Lockspitzels s. BGH NStZ 1984, 519 f. u. 555; 1985, 131 m. Anm. *Meyer; Köhler,* AT, S. 530 f.

[145] Zu einem speziellen Fall vgl. *Freund,* in: MünchKommStGB[3], § 96 AMG Rn. 18 ff.: Ein Apotheker veranlasst konkurrierende Apotheker durch einen Testkäufer gegen das von § 96 Nr. 11 a. F. AMG (jetzt: § 96 Nr. 13 AMG) in Bezug genommene Verbot der Abgabe eines Arzneimittels ohne Vorlage der erforderlichen Verschreibung zu verstoßen, sorgt jedoch dafür, dass von den erlangten Arzneimitteln keinerlei Gefahren ausgehen.

[146] Zu diesem Begriff s. *Jescheck/Weigend,* AT[5], § 64 II 2 b (S. 687 f.); *Kühl,* AT[8], § 20 Rn. 195 ff.

III. Anstiftung als Form der Straftat

dessen **spezifische Unwertdimension** erfasst. Insbesondere muss die mögliche Wirkung des eigenen Verhaltens auf ein etwaiges Haupttäterverhalten erfasst sein: Wer also z. B. eine **Äußerung** mit dem so auffassbaren und möglicherweise in die Tat umsetzbaren Sinngehalt von sich gibt, dass ein anderer eine bestimmte Straftat begehen solle, muss für vorsätzliches Verhalten dabei diesen spezifischen **Sinngehalt erfassen**. Hat der Äußernde im Scherz gesprochen und geht er für sich davon aus, dass der Erklärungsempfänger den **Mangel der Ernstlichkeit** sicher erkennen werde, fehlt es an einem *vorsätzlichen* Anstiftungsverhalten. Anders verhält es sich dagegen, wenn der Äußernde bei sonst gleicher Sachlage den in der scherzhaft gesprochenen Äußerung mitenthaltenen **ernsthaften Unterton** erkennt und sie dennoch von sich gibt.[147]

d) Weitgehende Straflosigkeit versuchter Anstiftung

Tatbestandsmäßiges Anstiftungsverhalten als solches ist nur ausnahmsweise von einer entsprechenden Sanktionsnorm erfasst (in § 30 I i. V. m. einem Verbrechenstatbestand sowie in § 159). Regelmäßig müssen für das Eingreifen einer Sanktionsnorm weitere spezifische Erfordernisse neben dem tatbestandsmäßigen Anstiftungsverhalten vorliegen. Dabei spielen – wie in anderen Bereichen auch – **tatbestandsmäßige Verhaltensfolgen** (bzw. **gleichwertige Tatumstände**) eine herausragende Rolle. 129

2. Tatbestandsmäßige Verhaltensfolgen und gleichwertige Tatumstände

Nach den in grundsätzlichem Zusammenhang gewonnenen Einsichten werfen zusätzliche Sanktionsvoraussetzungen neben dem tatbestandsspezifischen Verhaltensnormverstoß jedenfalls keine größeren Probleme auf: Für eine Bestrafung muss sich – wie sonst auch – das **ereignet** haben, was **Grund für** die **Missbilligung des Verhaltens** als Anstiftungsverhalten war. Außerdem muss ein entsprechender Vorsatzbezug gegeben sein – insbesondere müssen **Verhaltensfolgen vorsätzlich herbeigeführt** worden sein. 130

a) Exzess des Haupttäters

Aus den hier herausgearbeiteten Anforderungen ergibt sich ohne Weiteres, dass der Anstifter für einen sog. Exzess des Haupttäters jedenfalls **nicht als Anstifter** dazu **verantwortlich** zu machen ist. Ermordet der Haupttäter das Opfer, das er lediglich 131

---

[147] Für eine Bestrafung wegen vorsätzlichen *vollendeten* (Anstiftungs-)Delikts müssen freilich außer einem vorsätzlich-tatbestandsmäßigen Anstiftungsverhalten noch weitere Erfordernisse erfüllt sein; s. dazu bereits oben § 2 Rn. 52 ff., § 7 Rn. 118 ff. sowie noch unten (§ 10) Rn. 130 ff.

leicht körperlich misshandeln sollte, im Zuge der zunächst auftragsgemäß begonnenen Körperverletzung, liegt nur eine Anstiftung zur Körperverletzung, dagegen mangels vorsätzlicher Herbeiführung gerade dieser Folge des Anstiftungsverhaltens nicht zu einem vorsätzlichen Tötungsdelikt vor. Denkbar ist freilich eine **fahrlässigkeitstäterschaftliche Verantwortlichkeit** in Bezug auf den bewirkten Todeserfolg.[148]

b) Error in obiecto vel persona beim Haupttäter

132 Umstritten ist die Behandlung eines **error in obiecto vel persona** beim Haupttäter. Beispiel: Haupttäter H soll X erschießen; infolge einer Verwechslung erschießt er Y. Der Irrtum des H über die Identität der getöteten Person schließt dessen Bestrafung wegen vorsätzlichen vollendeten Delikts nicht aus.[149] Im Schrifttum wird für derartige Fälle beim **Anstifter** verbreitet eine **aberratio ictus** angenommen und konsequenterweise eine Bestrafung wegen Anstiftung zum vollendeten Delikt abgelehnt.[150] Demgegenüber geht der BGH in der Entscheidung zum **Hoferbenfall**[151] davon aus, dass ein solcher **Irrtum des Haupttäters** auch für den **Anstifter irrelevant** ist, sofern er sich nur in den Grenzen des nach allgemeiner Lebenserfahrung **Vorhersehbaren** hält (und das trifft praktisch so gut wie immer zu[152]).

133 In derartigen Fällen liegt es zumindest prima facie nahe, darauf abzustellen, ob der **Irrtum** des Haupttäters im erteilten Auftrag angelegt (**programmiert**) war.[153] Im **Hoferbenfall** des BGH könnte man auf diese Weise zur Annahme einer Anstiftung zum vollendeten Delikt gelangen.[154] Die Entscheidung dieser recht kniffligen Frage, hängt freilich auch vom **Inhalt** des erhobenen **Vorwurfs** ab. Tatsächlich erscheint die Annahme einer Anstiftung zur vollendeten Tat in den entsprechenden Fällen eher zweifelhaft. Das zeigt insbesondere folgende Überlegung: Tappt der

---

[148] Vgl. dazu *Heine/Weißer*, in: Schönke/Schröder[30], § 26 Rn. 25; *Maurach/Gössel/Zipf*, AT 2[8], § 51 Rn. 31 ff. (auch zur Problematik erfolgsqualifizierter Delikte).

[149] Näher zu solchen Fällen oben § 7 Rn. 82 ff.

[150] Vgl. etwa *Jescheck/Weigend*, AT[5], § 64 II 4 (S. 690); *Kühl*, AT[8], § 20 Rn. 209; *Otto*, AT[7], § 22 Rn. 46 m. w. N. auch zur Gegenauffassung. – Mögliche Bedenken schon unter dem Aspekt des tatbestandsmäßig missbilligten Bestimmens zu der konkreten Tat des Haupttäters äußert *Schlehofer*, Vorsatz und Tatabweichung, S. 172 f.

[151] BGHSt 37, 214 ff.; s. dazu *Puppe*, NStZ 1991, 124 ff.; *Roxin*, FS Spendel, 1992, S. 289 ff.; *Heine/Weißer*, in: Schönke/Schröder[30], § 26 Rn. 26; *Wessels/Beulke/Satzger*, AT[48], Rn. 896 ff. – Der Hoferbenfall hat als Schulfall den Fall „Rose-Rosahl" des Preuß. Obertribunals, GA Bd. 7 (1859), 332 ff. abgelöst.

[152] Zur geringen Filterwirkung der Vorhersehbarkeit s. bereits oben § 5 Rn. 43 ff. im Kontext der Fahrlässigkeitstat.

[153] *Heine/Weißer*, in: Schönke/Schröder[30], § 26 Rn. 26 stellen darauf ab, ob die Individualisierung des Opfers dem Täter überlassen wurde, und ziehen den Vergleich mit den Fällen der Installation einer Autobombe, bei denen der Täter *den* Menschen vorsätzlich töte, der sie nichtsahnend zünde; vgl. a. *Eisele*, in: Baumann/Weber/Mitsch/Eisele, AT[12], § 26 Rn. 74; *Joecks,* in: MünchKommStGB[3], § 26 Rn. 86.

[154] Wie es zu beurteilen ist, wenn der Haupttäter den Irrtum nachträglich erkennt und anschließend noch „den Richtigen" tötet, ist eine Frage der Auslegung des erteilten Auftrags.

III. Anstiftung als Form der Straftat

Anstifter infolge eines (fahrlässig) programmierten Irrtums des Haupttäters **selbst in die gestellte Falle** und wird er so zum Opfer der vorsätzlichen vollendeten Haupttat (etwa einer Körperverletzung), dann müsste der Anstifter als **quasivorsätzlicher Verletzer** seines **eigenen Rechtsguts** (etwa der Körperintegrität) anzusehen sein. Das ist er jedoch ganz sicher nicht. Dementsprechend handelt er aber auch nicht mit Verletzungsvorsatz in Bezug auf einen Dritten, der wider Erwarten anstelle des vom Anstifter Gemeinten in die über den Haupttäter gestellte Falle geht. Zu einem anderen Ergebnis gelangt man nur, wenn der Anstifter selbst den Dritten als den zu Verletzenden konkretisiert.

Geht man im Regelfall für den Anstifter zutreffend von einer **aberratio ictus** aus, stellt sich das Folgeproblem, ob der Auftraggeber eine **Anstiftung zur versuchten Tötung** „des Richtigen" (des Gemeinten) oder aber nur eine **versuchte Anstiftung** zur Tötung begangen hat. Letztere ist bei Vergehen regelmäßig straflos, sodass die Frage erhebliche praktische Bedeutung besitzt.[155] Da auch die Begehung eines untauglichen Versuchs durch den Haupttäter als tatbestandsspezifische Folge des Anstiftungsverhaltens ausreicht und der Haupttäter in solchen Fällen sämtliche Voraussetzungen des **untauglichen Versuchs „am Richtigen"** verwirklicht, liegt nach zutreffender Auffassung eine Anstiftung zum untauglichen Versuch vor.[156] Dass dieser untaugliche Versuch für den Haupttäter neben der weitergehenden Strafbarkeit wegen vollendeten Deliktes „am Falschen" meist keine besondere Bedeutung mehr besitzt, ist kein relevanter Gegengesichtspunkt. So etwas kommt auch sonst vor, wenn beispielsweise der **Haupttäter** wegen **Tötungsdelikts**, der Anstifter aber wegen **Anstiftung zur Körperverletzung** strafbar ist.

134

Anforderungen an die Vollendung der Anstiftungstat: Für die vollendete Anstiftungstat muss die vorsätzliche rechtswidrige Haupttat (in vollendeter oder versuchter Form) die spezifische Folge des vorsätzlichen Anstiftungsverhaltens sein.	135

Vertiefungs- und Problemhinweise

Amelung, Die Anstiftung als korrumpierende Aufforderung zu strafbedrohtem Verhalten, FS Schroeder, 2006, S. 147 ff.; *Bloy*, Anstiftung durch Unterlassen?, JA 1987, 490 ff.; *Dencker*, Beteiligung ohne Täter, FS Lüderssen, 2002, S. 525 ff.; *Eidam*, Aktuelle Überlegungen zur Strafbarkeit des agent provocateur, FS Neumann, 2017, S. 773 ff.; *Geppert*, Die Anstiftung (§ 26 StGB), Jura 1997, 299 ff., 358 ff.;

136

---

[155] Näher zu diesem Problem *Freund*, JuS 1990, L 36 ff.; *Hoyer*, in: SK StGB[9], Vor § 26 Rn. 51 ff.; *Jescheck/Weigend*, AT[5], § 64 II 4 (S. 690); *Kühl*, AT[8], § 20 Rn. 210; *Puppe*, in: NK[5], § 16 Rn. 107 ff.

[156] Insofern sachlich übereinstimmend etwa *Puppe*, NStZ 1991, 124 (*Puppe* bezeichnet den Satz: „Die Ausführung der Tat am falschen Objekt enthält gerade nicht den Versuch, die Tat am richtigen Objekt auszuführen" mit Recht als „evident falsch"); s. a. *dies.*, in: NK[5], § 16 Rn. 110 f.; ferner *Freund*, JuS 1990, L 36, 37, 39. – Die von *Herzberg* (JuS 1999, 224, 226 f.) unter dem Aspekt der „objektiven Zurechenbarkeit" des (untauglichen) Versuchs des Haupttäters geltend gemachten Bedenken greifen zumindest im Regelfall nicht durch.

Hardtung, "Aufstiftung" bei Unrechtsintensivierungen und Unrechtsverknüpfungen, FS Herzberg, 2008, S. 411 ff.; *Heghmanns*, Überlegungen zum Unrecht von Beihilfe und Anstiftung, GA 2000, 473 ff.; *Herzberg*, Mordauftrag und Mordversuch durch Schaffung einer Sprengfalle am falschen Auto – BGH, NStZ 1998, 249, JuS 1999, 224 ff.; *Ingelfinger*, Anstiftervorsatz und Tatbestimmtheit, 1992; *Kretschmer*, Welchen Einfluss hat die Lehre von der objektiven Zurechnung auf das Teilnahmeunrecht?, Jura 2008, 265 ff.; *Krüger*, Zum „Bestimmen" im Sinne von §§ 26, 30 StGB, JA 2008, 492 ff.; *Noltenius*, Kriterien der Abgrenzung von Anstiftung und mittelbarer Täterschaft – Ein Beitrag auf der Grundlage einer personalen Handlungslehre, 2003; *Otto*, Anstiftung und Beihilfe, JuS 1982, 557 ff.; *Puppe*, Der objektive Tatbestand der Anstiftung, GA 1984, 101 ff.; *Rogall*, Die verschiedenen Formen des Veranlassens fremder Straftaten, GA 1979, 11 ff.; *Riklin*, Anstiftung durch Fragen, GA 2006, 361 ff.; *Roxin*, Rose-Rosahl redivivus, FS Spendel, 1992, S. 289 ff.; *Scheinfeld*, Das „Bestimmt-worden-Sein" in 216 I StGB – Zugleich zum „Bestimmen" in § 26 StGB, GA 2007, 695 ff.; *Schroeder*, Die Veranlassung zur Veränderung der Tatzeit, GA 2006, 375 ff.; *ders.*, Die Anstiftung als Erfolgsdelikt, GA 2016, 65 ff.; *Streng*, Die Strafbarkeit des Anstifters bei error in persona des Täters (und verwandte Fälle) – BGHSt 37, 214, JuS 1991, 910 ff.; *Syrrothanassi*, Die Regelung der Anstiftung in einem europäischen Modellstrafgesetzbuch, 2008; *Timpe*, Zum Begriff des Bestimmens bei der Anstiftung (§ 26), GA 2013, 145 ff.

S. a. oben (§ 10) Rn. 108 und unten (§ 10) Rn. 152, 183.

IV. Beihilfe als Form der Straftat

137 Auch für das Verständnis der Beihilfe zu einem bestimmten Delikt ist es hilfreich, bei den dafür erforderlichen Sanktionsvoraussetzungen zu unterscheiden, ob sie das spezifisch tatbestandsmäßig-missbilligte **Beihilfeverhalten** betreffen oder aber **sonstige Sanktionsvoraussetzungen** – insbesondere spezifische Fehlverhaltensfolgen – normieren.

1. Tatbestandsmäßiges Beihilfeverhalten (spezifischer Verhaltensnormverstoß)

a) Grundsätzliches

138 § 27 I erfordert ein **„Hilfeleisten"** zur vorsätzlichen und rechtswidrigen Tat (Haupttat) eines anderen. Als Beihilfeverhalten missbilligt kann nur ein Verhalten sein, das **geeignet** ist, eine bestimmte Haupttat zu fördern oder – im Unterlassungsfall – eine Chance zur Ausschaltung eines fördernden oder zur Schaffung eines taterschwerenden Faktors auszulassen. Indessen gibt es viele Verhaltensweisen, denen diese Eignung innewohnt, ohne dass ein entsprechendes **Missbilligungsurteil** ernsthaft in

IV. Beihilfe als Form der Straftat

Betracht kommt. Wie bei der Anstiftung muss vielmehr eine **normative Abschichtung** vorgenommen werden, um etwa die deliktserleichternde Präsentation von Waren, die Verteilung von Prospekten über die Funktion von Alarmanlagen oder Auskünfte über das Vermögen bestimmter Personen etc. aus dem Erfassungsbereich der Beihilfe als Fälle des **erlaubten Risikos** (der Förderung von Haupttaten) auszufiltern.[157] Insofern handelt es sich sachlich um das ganz allgemeine Problem der im Wege einer Güter- und Interessenabwägung zu legitimierenden (beihilfetatbestandsspezifischen) Verhaltensnorm.

Verglichen mit dem tatbestandsmäßigen Anstiftungsverhalten zu einer bestimmten Haupttat muss das entsprechend tatbestandsmäßige Beihilfeverhalten freilich nicht denselben Unwertgehalt aufweisen. Mit der täterschaftlichen Haupttatbegehung in den Rechtsfolgen weitgehend gleichgestellt ist nur die Anstiftung. Bei der Beihilfe greift dagegen eine zwingende **(obligatorische) Milderung** der Haupttäterstrafe ein (§§ 27 II, 49 I). Deshalb ist es für die Beihilfe anders als für die Anstiftung irrelevant, ob der Haupttäter etwa entschlossen ist, die Haupttat auch ohne die Unterstützung des Gehilfen zu verwirklichen: Wer dem späteren Dieb die **Leiter** zum **Tatort transportiert**, verhält sich auch dann **beihilfetatbestandsmäßig-missbilligt**, wenn der Haupttäter ansonsten die Leiter selbst getragen hätte.[158]

Entsprechendes gilt für den Fall des ersatzweise schon bereitstehenden oder gar in Aktion getretenen anderen „Helfers": Wer dem zur Körperverletzung bereiten Haupttäter den **Knüppel reicht**, verhält sich beihilfetatbestandsmäßig-missbilligt unabhängig davon, ob ein Dritter bereits im Begriff war, **Entsprechendes zu tun**.[159]

139

140

b) Besonders bedeutsames Kriterium des „eindeutig deliktischen Sinnbezugs"

Im Kontext der Begründung eines beihilfetatbestandsmäßigen Verhaltensnormverstoßes kommt dem Kriterium des eindeutig deliktischen Sinnbezugs des Verhaltens besonderes Gewicht zu. Der sachliche Grund für das Missbilligungsurteil in derartigen Fällen und damit das Abschichtungskriterium für die Konstellationen des erlaubten Risikos liegt auf der Hand: In derartigen Fällen handelt es sich nicht nur um Verhaltensweisen, die die **Eignung** zur **Haupttatförderung** besitzen, sondern um

141

---

[157] Zusammenfassend zu den verschiedenen Ansätzen der Konkretisierung des Begriffs „Hilfeleisten" s. *Kühl*, AT[8], § 20 Rn. 214 ff.; *Kühl*, in: Lackner/Kühl[29], § 27 Rn. 2. – Zur Problematik der Beihilfe durch Rechtsauskunft vgl. BGH StV 1993, 28 (wo allerdings in verfehlter Weise mit dem „Willen" argumentiert wird).

[158] Vorausgesetzt ist freilich, dass das im Folgenden genannte Erfordernis des eindeutigen deliktischen Sinnbezugs erfüllt ist. – Zu diesem – differenziert zu beurteilenden – Schulfall vgl. *Frisch*, Tatbestandsmäßiges Verhalten, S. 295 Fn. 229; zu demselben Ergebnis gelangt auch, wer die Kausalität der Beihilfehandlung verlangt (wegen der Unzulässigkeit des Hinzudenkens von Reserveursachen); vgl. etwa *Jescheck/Weigend*, AT[5], § 64 III 2 c (S. 639 f.).

[159] Auch der Dritte verstößt gegen die der Beihilfesanktionsnorm zugrundeliegende Verhaltensnorm. Seine Strafbarkeit wegen Beihilfe scheitert nur daran, dass er keinen haupttatfördernden Beihilfeerfolg bewirkt hat. Die versuchte Beihilfe ist straflos; vgl. dazu sogleich unten (§ 10) Rn. 148 f.

Verhaltensweisen, die einen eindeutigen Sinnbezug auf die **Haupttatverwirklichung** aufweisen, sodass die negative Bewertung der Haupttat auf das Förderverhalten gleichsam abfärbt. Diese Verhaltensweisen mit dem **eindeutig deliktischen Sinnbezug** lassen sich sozusagen nicht mehr von der (Möglichkeit der) Haupttatbegehung distanzieren und alternativ „harmlos" erklären.[160] Eine solche – wenngleich über die zu begehende Haupttat vermittelte – Rechtsgutsbeeinträchtigung ist als Möglichkeit gedacht[161] bei entsprechender Sonderverantwortlichkeit[162] hinreichender **Legitimationsgrund** für eine **Missbilligung** als Beihilfeverhalten. Auch ein ansonsten „neutrales" Verhalten kann also bei ausnahmsweise eindeutigem deliktischen Sinnbezug gegen eine entsprechende Verhaltensnorm verstoßen und damit ein tatbestandsmäßiges Verhalten i. S. der Beihilfe sein.[163]

142 Der erforderliche eindeutige deliktische Sinnbezug fehlt in dem oben genannten Beispielsfall der **tatfördernden Präsentation von Waren**, die selbstverständlich der **erlaubten Verkaufsförderung** dienen soll und nur als Nebeneffekt Dieben das Handwerk erleichtert. Entsprechendes gilt für vergleichbare Fälle – auch den der Ehefrau, die ihren als **Fassadenkletterer** tätigen Ehemann mit **Fitnessnahrung** versorgt (denn das kann auch andere nichtdeliktische Funktionen erfüllen). Andererseits kommt nahezu jedes Verhalten als tatbestandsmäßiges Beihilfeverhalten mit entsprechend eindeutig deliktischem Sinnbezug in Betracht: Die physisch-praktische **Unterstützung** beim **Bau einer Bombe** für ein geplantes Attentat, die **Lieferung** einer **Pistole** oder eines bestimmten **Giftes** für einen Mord, die **technische Rathilfe** durch gezielte **Informationen** über die **Lebensgewohnheiten** des Opfers oder seine **Alarmanlage** usw.

143 Anders als die technische Rathilfe sind andere Formen der **psychischen Beihilfe** nicht unbedenklich. Zwar erscheint durchaus eine zu missbilligende Beihilfe in der Form denkbar, dass der Haupttäter zur Verwirklichung einer gravierenderen Unrechtsform veranlasst wird. Wird die zu begehende Haupttat als solche aber gar nicht beeinflusst, weil der Haupttäter ohnehin genau dazu auch ohne eine „**Bestärkung im Tatentschluss**" von vornherein fest entschlossen ist, bleibt als Missbilligungsgrund lediglich ein recht farbloses „**Solidarisieren**" mit dem Haupttäter übrig. Das reicht für eine Beihilfe nicht.[164]

---

[160] Näher zur Bedeutung des eindeutigen deliktischen Sinnbezugs für das Verhaltensunrecht der Beihilfe *Frisch*, Tatbestandsmäßiges Verhalten, S. 280 ff., 301 f.; vgl. auch *Freund*, Erfolgsdelikt und Unterlassen, S. 233 Fn. 32, 238.

[161] Zur dafür maßgeblichen Perspektive desjenigen, dessen Verhalten als Beihilfeverhalten missbilligt werden soll, vgl. in grundsätzlichem Zusammenhang oben § 2 Rn. 28 ff.; vgl. auch § 3 Rn. 10 ff.

[162] Zur Sonderverantwortlichkeit als Sanktionserfordernis für Begehen und begehungsgleiches Unterlassen näher oben § 2 Rn. 17 ff., § 6 Rn. 17 ff., 27 ff., 56 ff.

[163] Zur seit geraumer Zeit intensiver diskutierten Problematik sog. „neutraler" Verhaltensweisen im Strafrecht s. etwa *Hartmann*, ZStW 116 (2004), 585 ff.; *Rackow*, Neutrale Handlungen als Problem des Strafrechts, 2007; *Schneider*, NStZ 2004, 312 ff.; aus der Rspr. z. B. BGH NStZ 2018, 328 f. m. Anm. *Kudlich*.

[164] Näher zur Problematik der psychischen Beihilfe etwa BGH StV 1996, 659 f.; *Heine/Weißer*, in: Schönke/Schröder[30], § 27 Rn. 15; *Joecks*, in: MünchKommStGB[3], § 27 Rn. 40 ff.

IV. Beihilfe als Form der Straftat 423

Die Sachlage ändert sich, wenn etwa das gute Zureden die Funktion hat, der (im 144
Prozess feststellbaren!) Gefahr gegenzusteuern, dass der Haupttäter von seinem
Entschluss wieder abrücken könnte. Die Absicherung dessen, dass die Haupttat erfolgreich durchgeführt werden kann, ist auch sonst ein geradezu klassischer Fall
beihilfetatbestandsmäßigen Verhaltens.[165]

Für die „**Beihilfe ohne Vollendungsvorsatz**" gilt das oben (§ 10) Rn. 125 ff. zur 145
Anstiftung Gesagte sinngemäß.

Definition des Hilfeleistens i. S. des § 27 I (spezifisches Verhaltensunrecht): 146
Hilfeleisten ist ein Verhalten, das geeignet ist, eine vorsätzliche rechtswidrige
Haupttat zu fördern und das gerade mit Blick darauf spezifisch rechtlich zu
missbilligen ist. Das ist insbesondere dann der Fall, wenn das Verhalten
insofern einen eindeutig deliktischen Sinnbezug aufweist.

---

c) Vorsätzliches Handeln oder Unterlassen

Für die Beihilfe zu einer Straftat als Vorsatztat gelten – genauso wie für die oben 147
(§ 10) Rn. 109 ff. behandelte Anstiftung – die allgemeinen Regeln. Der Hilfeleistende muss die Dimension seines Verhaltens erfasst haben, die es als Hilfeleistungsverhalten auszeichnet. Insofern kommt es entscheidend auf die **Kenntnis der
Umstände** an, welche die (nicht gerechtfertigte) **Tatbestandsverwirklichung** begründen. Er muss also beispielsweise erfasst haben, dass das gelieferte **Gift** zur
Tötung eines Menschen **dienen** soll.[166]

d) Weitgehende Straflosigkeit versuchter Beihilfe

Der schlichte Verhaltensnormverstoß wird beim beihilfetatbestandsmäßigen Verhal- 148
ten über § 27 i. V. m. der jeweiligen Haupttäterstrafnorm nicht erfasst. Auch die
Versuchsstrafbarkeitsnorm des **§ 23 I** betrifft nicht den Versuch des Gehilfen, sondern nur den des **Haupttäters**. Und § 30 bezieht außer dem (potenziellen) Haupttäter nur noch den **Anstifter** mit ein. Dementsprechend ist die versuchte Beihilfe
regelmäßig straflos. Eine der wenigen Ausnahmen bildet etwa das **Herstellen** einer
unechten Urkunde, mit deren Hilfe ein anderer einen Betrug begehen möchte; ein
solcher Fall wird über die **Sondernorm** der **Urkundenfälschung** ausnahmsweise

---

[165] Für eine vollendete Beihilfe muss es sich dann aber auch noch tatsächlich um eine so abgesicherte Haupttat gehandelt haben. Daran fehlt es, wenn die Entschlussfestigkeit des Haupttäters
letztlich ganz andere Gründe hatte. Dann liegt lediglich eine straflose versuchte Beihilfe vor. – Näher zum erforderlichen Beihilfeerfolg sogleich unten (§ 10) Rn. 150.
[166] Zur Problematik der ausreichenden Konkretisierung des Gehilfenvorsatzes vgl. BGH NJW
2007, 384, 388 ff. (Fall El Motassadeq – insoweit in BGHSt 51, 144 ff. nicht abgedruckt).

strafrechtlich bereits erfasst (allerdings auch nicht unter dem speziellen Aspekt der versuchten Beihilfe zum Betrug).

149 Die strafbare Beihilfe nach § 27 i. V. m. der jeweiligen Haupttäterstrafnorm erfordert neben dem tatbestandsspezifischen Verhaltensnormverstoß den Eintritt **beihilfetatbestandsmäßiger Verhaltensfolgen** bzw. das Gegebensein gewisser **gleichwertiger Tatumstände** als zusätzliche Sanktionserfordernisse.

2. Tatbestandsmäßige Verhaltensfolgen und gleichwertige Tatumstände

150 Tatbestandsmäßige Verhaltensfolgen i. S. der Beihilfe liegen vor, wenn sich das **ereignet hat, was Grund für** die **Missbilligung** als Beihilfeverhalten war: Eine **effektiv geförderte Haupttat** – für die auch ein strafrechtlich erfasster (untauglicher) Versuch ausreicht – muss gegeben sein. Daran fehlt es etwa, wenn der Haupttäter den besorgten **Nachschlüssel vergisst** und sich noch **vor** Eintritt in das **Versuchsstadium** entschließt, auf **andere Einbruchsmethoden** umzusteigen, oder wenn er dem sich eilfertig anbietenden Helfer „**einen Korb gibt**" und den für eine Körperverletzung benötigten Knüppel selbst holt.[167]

151 | **Anforderungen an die vollendete Beihilfetat:**
Für die vollendete Beihilfetat muss als spezifische Folge des vorsätzlichen Beihilfeverhaltens eine entsprechend geförderte vorsätzliche rechtswidrige Haupttat (als vollendete oder versuchte Tat) begangen werden.

Vertiefungs- und Problemhinweise

152 *Dencker,* Beteiligung ohne Täter, FS Lüderssen, 2002, S. 525 ff.; *Frisch,* Beihilfe durch neutrale Handlungen – Bemerkungen zum Strafgrund (der Unrechtskonstitution) der Beihilfe, FS Lüderssen, 2002, S. 539 ff.; *Heghmanns,* Überlegungen zum Unrecht von Beihilfe und Anstiftung, GA 2000, 473 ff.; *Kindhäuser,* Zum Begriff der Beihilfe, FS Otto, 2007, S. 355 ff.; *Kretschmer,* Welchen Einfluss hat die Lehre von der objektiven Zurechnung auf das Teilnahmeunrecht?, Jura 2008, 265 ff.; *Laubenthal,* Zur Abgrenzung zwischen Begünstigung und Beihilfe zur Vortat, Jura 1985, 630 ff.; *Lesch,* Das Problem der sukzessiven Beihilfe, 1992; *Murmann,* Zum Tatbestand der Beihilfe, JuS 1999, 548 ff.; *ders.,* Beteiligung durch Unterlassen, FS Beulke, 2015, S. 167 ff.; *Robles Planas,* Zwischen Beihilfe zur Tat und unterlassener Hilfeleistung – Zugleich ein Beitrag über die Verletzung der Solidaritätspflichten im Strafrecht, GA 2008, 18 ff.; *Rogat,* Die Zurechnung bei der Beihilfe, 1997; *Ru-*

---

[167] Zu solchen Beispielen – jedoch unter dem Aspekt der Kausalität – s. *Eisele,* in: Baumann/Weber/Mitsch/Eisele, AT[12], § 26 Rn. 106.

dolphi, Die zeitlichen Grenzen der sukzessiven Beihilfe, FS Jescheck, 1985, S. 559 ff.; *Samson,* Die Kausalität der Beihilfe, FS Peters, 1974, S. 121 ff.; *Schaffstein,* Die Risikoerhöhungslehre als objektives Zurechnungsprinzip im Strafrecht, insbesondere bei der Beihilfe, FS Honig, 1970, S. 169 ff.; *Scheffler,* Zur Konkretisierung des Gehilfenvorsatzes – BGH, NJW 1996, 2517, JuS 1997, 598 ff.; *Seher,* Grundfälle zur Beihilfe, JuS 2009, 793 ff.; *Spendel,* Beihilfe und Kausalität, FS Dreher, 1977, S. 167 ff.; *Stoffers,* Streitige Fragen der psychischen Beihilfe im Strafrecht, Jura 1993, 11 ff.; *Zieschang,* Der Begriff des „Hilfeleistens" in § 27 StGB, FS Küper, 2007, S. 733 ff.

Beihilfe zur Falschaussage durch Unterlassen: OLG Hamm StV 1994, 132 f. u. LG Münster StV 1994, 134 f. m. Anm. *Brammsen; Scheffler,* Beihilfe zur Falschaussage durch Unterlassen seitens des Angeklagten, GA 1993, 341 ff.

Konkretisierung der zu fördernden Haupttat: BGHSt 42, 135 ff.

Beihilfe durch „neutrales" Verhalten: Bode, Das Providerprivileg aus §§ 7, 10 TMG als gesetzliche Regelung der Beihilfe durch „neutrale" Handlungen, ZStW 127 (2015), 937 ff.; *Mallison,* Rechtsauskunft als strafbare Teilnahme, 1997; *Meyer-Arndt,* Beihilfe durch neutrale Handlungen?, wistra 1989, 281 ff.; *Hartmann,* Sonderregeln für die Beihilfe durch „neutrales" Verhalten?, ZStW 116 (2004), 585 ff.; *Rackow,* Neutrale Handlungen als Problem des Strafrechts, 2007; *Schall,* Strafloses Alltagsverhalten und strafbares Beihilfeunrecht, GS Meurer, 2002, S. 103 ff.; *Schneider,* Neutrale Handlungen: Ein Oxymoron im Strafrecht? – Zu den Grenzlinien der Beihilfe, NStZ 2004, 312 ff.; *Weigend,* Grenzen strafbarer Beihilfe, FS Nishihara, 1998, S. 197 ff.; *Tag,* Beihilfe durch neutrales Verhalten, JR 1997, 49 ff. – BGH NStZ 2018, 328 f. m. Anm. *Kudlich* (Beihilfe durch berufstypische Handlungen).

S. a. oben (§ 10) Rn. 108, 136 und unten (§ 10) Rn. 183.

V. Mittäterschaft als Form der Straftat

1. Grundsätzliches

a) Hintergrund des § 25 II

§ 25 II normiert einen – wenn auch vom Tatbestand des Alleintäters abgeleiteten – neuen Straftatbestand für denjenigen, der mit einem oder mehreren anderen gemeinschaftlich das tut (oder unterlässt), was bei einem Alleintäter zur Tatbestandsverwirklichung führen würde. Dieses zusätzlichen Tatbestands mit eigenen Voraussetzungen für den als Mittäter Handelnden (oder Unterlassenden) bedarf es nicht zuletzt mit Blick auf den nullum crimen-Satz wegen des zu engen Zuschnitts der Tatbestände des BT und strafrechtlicher Nebengesetze auf den Alleintäter. Nicht erfasst wird mit diesen Tatbeständen regelmäßig das – für die Mittäterschaft typische – **arbeitsteilige Zusammenwirken** mehrerer. Allenfalls erfassen lässt sich (unter Berücksichtigung des § 25 I Fall 2) noch der **Einsatz eines Gehilfen**.

153

Sachlich vereinigt die **Mittäterschaft** Elemente der **(gegenseitigen) Anstiftung** und der **(gegenseitigen) Beihilfe**. Das Gesamtgefüge, das sich aus solchen Elementen zusammensetzt, wird durch § 25 II als **verselbstständigter Fall der Täterschaft** behandelt und mit den entsprechenden Rechtsfolgen ausgestattet.

b) Missverständliche Redeweise von der „wechselseitigen Zurechnung fremder Tatbeiträge"

154 Um diese Rechtsfolgenanordnung des Schuldspruchs und der Bestrafung als (Mit-) Täter des entsprechenden Delikts treffen zu können, bedarf es – entgegen einer verbreiteten Sichtweise – keiner „wechselseitigen Zurechnung"[168] der abgesprochenen Tatbeiträge als jeweils eigenhändig verwirklicht. Strafrechtlich verantwortlich gemacht wird vielmehr jeder Mittäter nur für sein **eigenes personales Fehlverhalten** und *dessen* Folgen oder **gleichwertige Tatumstände**. Insoweit verhält es sich nicht anders als im Falle des Anstifters, des Gehilfen oder des mittelbaren Täters, bei denen es ebenfalls keiner Fiktion der Selbstvornahme von Verhaltensweisen bedarf, die nun einmal nicht selbst vorgenommen worden sind. Strafrechtlich zur Verantwortung werden sie nur für ihr eigenes Fehlverhalten und entsprechende Fehlverhaltensfolgen (sowie gleichwertige Tatumstände) gezogen. Dass das Gesetz die **Anstiftung** und die **Mittäterschaft** mit denselben **Rechtsfolgen** versieht wie die **Täterschaft**, bedeutet deshalb keine wechselseitige Zurechnung von fremden Tatbeiträgen, sondern lediglich eine dem Gesetzgeber mögliche und auch in anderen Zusammenhängen anzutreffende,[169] aber u. U. auch „nach oben oder unten" modifizierbare gleiche Bewertung von in der gesetzlichen Konstruktion durchaus **unterschiedlichen Straftaten**.

155 Die Vorschrift des § 25 II schafft sachlich einen **neuen Straftatbestand**, der an das eigenständig definierte Fehlverhalten des einzelnen Mittäters anknüpft. Bei Begehung einer Straftat durch einen Einzeltäter greift die Rechtsfolge der Bestrafung nach dem jeweiligen Tatbestand des Besonderen Teils oder eines strafrechtlichen Nebengesetzes ein, wenn er diesen Tatbestand (allein) verwirklicht. Die Rechtsfolge dieses Tatbestands ist aber unanwendbar, wenn bei arbeitsteiligem Vorgehen mehrerer jeder für sich die Voraussetzungen des auf den Alleintäter zugeschnittenen Tatbestands gerade nicht verwirklicht. Zur strafrechtlichen Erfassung solcher Fälle des Zusammenwirkens mehrerer stellt § 25 II in Verbindung mit der jeweiligen Alleintätersanktionsnorm eine **Mittätersanktionsnorm** auf, die an das **gemeinsame Begehen** einer „Gesamttat" anknüpft, deren Vornahme für einen Alleintäter straf-

---

[168] S. zu diesem verbreiteten „Zurechnungskonstrukt" etwa *Eisele,* in: Baumann/Weber/Mitsch/Eisele, AT[12], § 25 Rn. 53; *Kühl,* AT[8], § 20 Rn. 100; *Köhler,* AT, S. 516.

[169] Man denke etwa an die im Hehlereitatbestand vorgenommene Gleichschaltung sachlicher Fälle der Beihilfe (zum Absatz des Vortäters) mit „normalen" Fällen täterschaftlichen Absatzes. Sachlich dürfte aber wohl jedenfalls auf der Strafzumessungsebene richtigerweise doch zu differenzieren sein. Indessen kann diese Frage hier nicht vertieft werden (Näher zur Bedeutung der Tatbestandsverwirklichungsform der Absatzhilfe *Freund/M. Bergmann,* JuS 1991, 221, 223 f.).

barkeitsbegründend *wäre*. Die „Gesamttat" der Mittäter ist also für den einzelnen Mittäter eine rein **hypothetische Bezugstat**, eine Hilfskonstruktion, um das tatbestandsmäßige Mittäterverhalten gesetzlich festzulegen. Für das so eigenständig definierte spezifische Fehlverhalten des Mittäters nebst Fehlverhaltensfolgen und gleichwertigen Tatumständen ist der einzelne Mittäter (der hypothetischen Gesamttat als Bezugstat) genauso unmittelbar verantwortlich wie der Alleintäter. – Man kann auch sagen: Er verwirklicht den Tatbestand der mittäterschaftlichen Strafnorm sogar als Alleintäter dieser speziellen Sanktionsnorm.

Eine **Fiktion eigenhändiger Verwirklichung fremder Tatbeiträge** kann vor diesem Hintergrund lediglich eine gewisse **„Eselsbrückenfunktion"** bei der Bestimmung dessen übernehmen, wie das mittäterschaftsbegründende tatbestandsmäßige Verhalten genau beschaffen sein muss und welche sonstigen Sanktionsvoraussetzungen neben dem spezifischen Verhaltensnormverstoß genau vorliegen müssen, damit die entsprechende Bestrafung eingreifen kann.

156

Mit dieser Maßgabe lässt sich sagen: **Mittäterschaft** erfordert ein **Gesamtverhalten** aller **Beteiligten** (= anderer **Mittäter** oder **Gehilfen**), das bei eigenhändiger Vornahme wegen des Gegebenseins der sonstigen Sanktionsvoraussetzungen **Alleintäterschaft** i. S. der jeweiligen Strafnorm des BT oder eines strafrechtlichen Nebengesetzes **begründen würde**. Ist das zu verneinen, scheidet eine mittäterschaftliche Strafbarkeit nach dieser Strafnorm i. V. m. § 25 II aus.

157

c) Fälle ausgeschlossener Mittäterschaft

Fehlt einer in das Geschehen involvierten Person der **Tatbestandsvorsatz**, eine vom Gesetz vorausgesetzte besondere **Absicht** oder eine notwendige **Tätereigenschaft** (z. B. die Amtsträgereigenschaft), so scheidet auch Mittäterschaft in Bezug auf das in Frage stehende Delikt aus. Ganz genauso verhält es sich, wenn ein äußerer Tatumstand fehlt, den der auf den Alleintäter zugeschnittene Tatbestand voraussetzt: Wer gemeinschaftlich mit einem anderen seine **eigene Sache** in der irrigen Annahme „stiehlt", sie sei „fremd", kann **nicht Mittäter** des **(vollendeten) Diebstahls** nach §§ 242 I, 25 II sein. Denkbar ist in einem solchen Fall allerdings ein strafbarer mittäterschaftlicher **Diebstahlsversuch** am **untauglichen Tatobjekt**.[170]

158

d) Verhältnis von Allein- und Mittätersanktionsnorm

Wären bei eigenhändiger Vornahme des Gesamtverhaltens aller Beteiligten die Voraussetzungen der Alleintäterschaft erfüllt, ist überdies zu prüfen, ob auch die speziellen Mittäterschaftsvoraussetzungen des § 25 II gegeben sind. Dabei gibt es „die Mittäterschaftsvoraussetzungen" ebenso wenig wie „die Tatbestandsmäßigkeit" in abstrakter Form. Möglich ist de lege lata nur eine **mittäterschaftliche Tatbestandsmäßigkeit** i. S. des § 25 II i. V. m. einer ganz bestimmten Sanktionsnorm des BT

159

---

[170] Vgl. dazu auch oben § 8 Rn. 1 ff., 29 ff.

oder eines strafrechtlichen Nebengesetzes (nullum crimen sine lege).[171] Deshalb ist es schon im Ansatz verfehlt, wenn in manchen **Fallbearbeitungen** Mittäterschaftsvoraussetzungen losgelöst von irgendwelchen Tatbeständen geprüft *und bejaht* werden. Möglich ist es allenfalls, in eindeutigen Fällen fehlenden gemeinschaftlichen Handelns unter Hinweis auf § 25 II Mittäterschaft in jeder erdenklichen Hinsicht zu verneinen.

2. *Tatbestandsmäßiges Mittäterverhalten (spezifischer Verhaltensnormverstoß)*

a) *„Tatherrschaft" als wenig hilfreiches Kriterium*

160   Zur Lösung des Problems, was das Gesetz genau meint, wenn es in § 25 II für das tatbestandsmäßige Mittäterverhalten verlangt, dass **„mehrere die Straftat gemeinschaftlich" „begehen"**, ist der Gedanke der Tatherrschaft – wie sonst auch – nur wenig weiterführend: Solange man nicht geklärt hat, was genau **die Tat** ist, die beherrscht werden muss, um eine Verantwortlichkeit als Mittäter zu begründen, hilft der Herrschaftsbegriff nicht weiter. Hat man aber erst einmal geklärt, welches **Verhalten tatbestandsmäßig** i. S. des § 25 II i. V. m. der jeweiligen Alleintätersanktionsnorm ist, bedarf es keines zusätzlichen Herrschaftserfordernisses mehr.[172]

b) *„Gemeinschaftliche Tatbegehung" i. S. v. § 25 II*

161   Orientiert man sich nur am Wortlaut der durch § 25 II gebildeten Mittäterschaftssanktionsnorm, könnte man auch sagen, dass der **Haupttäter** und der **Gehilfe** „die **Tat gemeinschaftlich begehen**". Dann wäre auch der Gehilfe zwar nicht immer,[173] aber doch regelmäßig Mittäter. Indessen würde eine solche weite Sicht der Mittäterschaftssanktionsnorm zu einer unangemessenen Gleichschaltung unterschiedlicher Unwertsachverhalte in den Rechtsfolgen gelangen. Wegen der Gleichschaltung mit der Alleintäterschaft bedarf es – wie bereits bei der Anstiftung (oben [§ 10] Rn. 109 ff., 115 ff.) – im Verhältnis zur über § 27 (milder) erfassten **schlichten Beihilfe** einer **qualitativen Abschichtung**. Die durch § 25 II gebildete Mittäterschaftssanktionsnorm ist dementsprechend **ratio-orientiert** einschränkend zu **interpretieren**. Freilich bleibt das Problem, wie diese qualitative Abschichtung genau aussieht.[174]

---

[171] S. dazu nochmals oben § 1 Rn. 63, 68 ff., § 2 in grundsätzlichem Zusammenhang.

[172] Vgl. dazu oben (§ 10) Rn. 43 ff., 61 ff.

[173] Täterschaft schiede etwa bei dem Gehilfen fehlenden Tätermerkmalen (besonderen Absichten) aus.

[174] Verbreitet werden dazu die allg. Abgrenzungstheorien zur Hilfe genommen; vgl. oben (§ 10) Rn. 35 ff.

V. Mittäterschaft als Form der Straftat

aa) Eindeutig deliktischer Sinnbezug als Mindesterfordernis

Immerhin ergibt sich auf der Basis des bisher Gesagten Folgendes: Ein mittätertatbestandsmäßiges Verhalten muss **mindestens** den Anforderungen eines entsprechend beihilfetatbestandsmäßigen genügen und deshalb einen **eindeutigen deliktischen Sinnbezug** auf die durch das Verhalten aller hypothetisch verwirklichte Gesamttat aufweisen. 162

bb) Kriterium des „gemeinschaftlichen Tatentschlusses"

Weitergehend ergibt sich bereits aus dem Wortlaut des § 25 II, dass **heimliche Mittäterschaft** – anders als heimliche Beihilfe – **ausgeschlossen** ist. Das mag u. U. zu einer sachlich unbefriedigenden Privilegierung mancher Personen führen, muss aber wegen des in der hier interessierenden Hinsicht eindeutigen **Wortlauts** der Strafnorm hingenommen werden. Mittäterschaftliches Verhalten setzt dessen „Gemeinschaftlichkeit" und damit zumindest **gegenseitige Kenntnisnahme** und **Integration** des zu erwartenden Verhaltens des jeweils anderen in der Planung des eigenen Vorgehens voraus.[175] Eine solche **Abstimmung des Verhaltens** wird zwar oft, muss aber nicht notwendig der Ausführung eine gewisse Zeit vorausgehen, sondern kann auch **ad hoc** erfolgen und ohne Zäsur in die gemeinschaftliche Ausführung übergehen. Anstelle einer ausdrücklichen vorherigen **Absprache** kommt auch eine – wie bei der Anstiftung – **konkludente Verständigung** in Betracht.[176] 163

Meist wird versucht, das soeben angesprochene sachliche Mittäterschaftserfordernis durch das Kriterium des „**gemeinschaftlichen Tatentschlusses**" zu erfassen.[177] Solange man die hier genannten näheren Interpretamente beachtet und nicht aus den Augen verliert, dass das Gesetz (nur) von einer gemeinschaftlichen Tatbegehung – und gerade nicht von einer vorhergehenden Planung und Entschlussfassung – redet, ist dieses Kriterium durchaus akzeptabel. 164

cc) Zeitlicher Rahmen mittäterschaftlicher Beteiligung

Ausgeschlossen ist eine **rückwirkende** mittäterschaftliche Beteiligung an der schon begonnenen Tat eines anderen. Die nachträgliche Billigung eines bereits abgeschlossenen Geschehens erfüllt das gesetzliche Erfordernis gemeinschaftlicher Begehung nicht. Soweit die Rechtsprechung über die Figur der „**sukzessiven Mittäterschaft**" dennoch Mittäterschaft annehmen oder auch nur in Erwägung ziehen 165

---

[175] Näher zu dieser Problematik *Kühl*, AT[8], § 20 Rn. 106; *Maurach/Gössel/Zipf*, AT 2[8], § 49 Rn. 76 ff.; aber auch *Jakobs*, AT[2], 21/41 ff., der einen sog. „Einpassungsentschluss" genügen lässt.
[176] So z. B. auch *Kühl*, AT[8], § 20 Rn. 104; *Roxin*, in: LK[11], § 25 Rn. 173 (ebenso *Schünemann*, in: LK[12], § 25 Rn. 173); krit. *Puppe*, NStZ 1991, 571, 573 f.
[177] S. dazu etwa *Heine/Weißer*, in: Schönke/Schröder[30], § 25 Rn. 71 ff.; *Jescheck/Weigend*, AT[5], § 63 II (S. 678 f.); vgl. a. *Hoyer*, in: SK StGB[9], § 25 Rn. 126 f. (der die gegenseitige Zusage und damit ein gegenseitiges Bestimmen voraussetzt).

möchte,[178] ist sie abzulehnen.[179] Anzuerkennen ist lediglich die Möglichkeit der Mittäterschaft in Bezug auf Tatbestandsverwirklichungen, die nach **Einschaltung in** eine bereits **laufende Tat** vorgenommen werden.[180] Beispiel: A ist dabei, ein **Warenlager „auszuräumen"**; als sein Bekannter B vorbeikommt, erledigen sie die **restliche „Arbeit"** unter Vereinbarung der hälftigen Beuteteilung **gemeinsam**.

c) Allgemeine Abschichtungskriterien (zur Beihilfe) in der Diskussion

166 Nach wie vor offen ist freilich das Problem, wie das tatbestandsmäßige Verhalten des Mittäters im Übrigen aussieht und wodurch genau es sich von der mit dem Haupttäter „gemeinschaftlichen Tatausführung" des Gehilfen unterscheidet. Klar ist nur, dass es die Beherrschung des anderen nicht sein kann. Denn ein Mittäter beherrscht andere Mittäter typischerweise ebenso wenig wie der Gehilfe den Haupttäter. Der eine ist wie der andere darauf angewiesen, dass sich die weiteren Beteiligten absprachegemäß verhalten. **Beherrscht** wird jeweils immer **nur** der **eigene (Verhaltens-)Anteil** am Gesamtgeschehen. Die von den Anhängern einer Tatherrschaftslehre in diesem Zusammenhang bemühte **„funktionelle Tatherrschaft"**[181] entpuppt sich so gesehen als in der Sache nicht weiterführende, sondern nur vordergründig befriedigende **Leerformel**, mit der nahezu jedes beliebige Ergebnis „begründet" werden kann.[182]

167 Deshalb verwundert es nicht, wenn die Anhänger einer Tatherrschaftslehre über die Reichweite der Sanktionsnorm der Mittäterschaft in besonderem Maße uneins sind: Während die einen eine (vorgesehene) wesentliche[183] **Mitwirkung im Ausführungsstadium** – was immer das auch genau heißen mag[184] – verlangen,[185]

---

[178] Vgl. etwa BGHSt 2, 344, 346 f.; BGH JZ 1981, 596.

[179] Lesenswert dazu *Küper*, JZ 1981, 568 ff.; s. a. *dens.*, JuS 1986, 862, 867 (= Bespr. zu BGH NJW 1985, 814); s. a. *Hoyer*, in: SK StGB[9], § 25 Rn. 123 ff. m. w. N.

[180] Zu dieser Möglichkeit mittäterschaftlicher Tatbestandsverwirklichung s. etwa *Kühl*, AT[8], § 20 Rn. 126 m. w. N.

[181] Zur „funktionellen Tatherrschaft" vgl. etwa *Jescheck/Weigend*, AT[5], § 63 III 1 (S. 679 f.); *Roxin*, in: LK[11], § 25 Rn. 154 und *Schünemann*, in: LK[12], § 25 Rn. 156.

[182] Zur Kritik der Tatherrschaftslehre vgl. schon oben (§ 10) Rn. 43 ff., 61.

[183] Das Reichen eines Erfrischungsgetränks für den schwer „arbeitenden" Einbrecher soll nur unwesentlich sein und keine Mittäterschaft begründen (vgl. etwa *Roxin*, in: LK[11], § 25 Rn. 189 und *Schünemann*, in: LK[12], § 25 Rn. 188; ferner *Hoyer*, in: SK StGB[9], § 25 Rn. 109). – Die Frage drängt sich auf, ob sich an der Unwesentlichkeit etwas ändert, wenn der Einbrecher so erschöpft ist, dass er ohne die Erfrischung nicht mehr erfolgreich weiterarbeiten kann. Für den Einbrecher wäre die Erfrischung dann durchaus „wesentlich".

[184] Auf die Vornahme einer *tatbestandlichen* Ausführungshandlung soll es meist nicht ankommen (vgl. etwa *Jescheck/Weigend*, AT[5], § 63 III 1 [S. 679 f.]; *Roxin*, in: LK[11], § 25 Rn. 182 f. und *Schünemann*, in: LK[12], § 25 Rn. 183 f.), sodass das Kriterium: „im Ausführungsstadium" genau genommen auf das Erfordernis einer zeitlichen Parallelität eines nicht tatbestandsmäßigen(?) Verhaltens mit einem tatbestandsmäßigen Verhalten hinausläuft. Räumliche Distanz kann unter Zuhilfenahme moderner Kommunikationstechniken ohne Weiteres überbrückt werden!

[185] S. etwa *Roxin*, in: LK[11], § 25 Rn. 181 f. und *Schünemann*, in: LK[12], § 25 Rn. 182 f.; *Rudolphi*, FS Bockelmann, 1979, S. 369, 372 ff.

V. Mittäterschaft als Form der Straftat

lassen andere auch eine (vorgesehene) Mitwirkung im **Vorbereitungsstadium** ausreichen,[186] wenn z. B. „das Beteiligungsminus" durch „ein Planungsplus" oder durch einen sonst die Tat wesentlich prägenden Beitrag im Vorbereitungsstadium kompensiert wird.[187] Meist findet sich in diesem Zusammenhang das Beispiel des **Bandenchefs**, der zwar die Fäden in der Hand hat, sich aber selbst die Hände nicht schmutzig macht.

Die **Rechtsprechung** stellt insofern noch geringere Anforderungen und lässt – auf der Basis einer primär **subjektiv orientierten Täterlehre** konsequent – praktisch jede beliebige und noch so geringfügige **Mitwirkung** auch im **Vorbereitungsstadium** ausreichen.[188] 168

Im hier gegebenen Rahmen ist eine abschließende Klärung des Problems mittätertatbestandsmäßigen Verhaltens nicht möglich. Insoweit handelt es sich um ein Problem, das gerade nicht mit einem von den Besonderheiten einzelner Tatbestände abstrahierenden **allgemeinen (Mit-)Täterschaftskriterium** sachgerecht zu bewältigen ist. Die für die Gleichschaltung mit der Alleintäterschaft und qualitative Abschichtung – insbesondere von der bloßen Beihilfe – notwendige Bewertung kann nur unter Berücksichtigung etwaiger Besonderheiten des Alleintätertatbestands angemessen vorgenommen werden. Deshalb handelt es sich schwerpunktmäßig um ein **Problem des Besonderen Teils**. 169

d) Fallgruppen mittätertatbestandsmäßigen Verhaltens

Immerhin können einige wichtige Fallgruppen mittätertatbestandsmäßigen Verhaltens bestimmt werden: 170

Relativ unproblematisch als Fall mittäterschaftlicher Tatbestandsverwirklichung ist der schon oben ([§ 10] Rn. 24) angesprochene Fall der **arbeitsteiligen Verwirklichung** der **Raubvoraussetzungen** in der Form aufzufassen, dass der eine das **Opfer festhält** und der andere das **Geld wegnimmt**, sofern die sonstigen Täterschaftsvoraussetzungen gegeben sind. Derartige Konstellationen, deren spezifischer Unwertgehalt sonst kaum angemessen zu erfassen ist, standen ja sogar in erster Linie motivierend hinter der Schaffung der Mittäterschaftssanktionsnorm. Ihre Erfassung ist nach Wortlaut und Ratio angezeigt. 171

Nicht anders wird man auch den Fall einzustufen haben, dass jemand absprachegemäß das **Opfer** einer **Körperverletzung festhält**, während der andere **zuschlägt**. Jedenfalls sofern das Festhalten über das Gelingen der Körperverletzung entscheidet 172

---

[186] So etwa *Heine/Weißer,* in: Schönke/Schröder[30], § 25 Rn. 67 ff.; *Jakobs,* AT[2], 21/47; differenzierend *Stratenwerth/Kuhlen,* AT I[6], § 12 Rn. 93, die auf das Weiterwirken im Ausführungsstadium abstellen; ähnlich *Eisele,* in: Baumann/Weber/Mitsch/Eisele, AT[12], § 25 Rn. 81; *Hoyer,* in: SK StGB[9], § 25 Rn. 115 ff.

[187] So etwa *Jakobs,* AT[2], 21/48, der als ausgleichendes „Plus" die sog. Gestaltungsherrschaft bei der Vorbereitung ansieht; ähnlich *Otto,* AT[7], § 21 Rn. 61.

[188] Vgl. u. a. BGHSt 11, 268, 271 f. („Verfolgerfall"); 14, 123, 128 f.; 16, 12, 14 f.; BGH NJW 1995, 142, 143 (Münzhändlerfall); für weitere Hinweise s. *Schünemann,* in: LK[12], § 25 Rn. 180 f.

(weil der Festhaltende kräftig und der Zuschlagende im Verhältnis zum Opfer schmächtig ist), verstößt (auch) der **Festhaltende** selbst qualitativ in einer über die bloße Beihilfe hinausgehenden Form gegen das **Körperverletzungsverbot**.[189]

173 Umstritten ist das sog. **„Schmierestehen"** etwa bei dem Raub oder Diebstahl, den ein anderer „manuell" ausführt.[190] Dabei gilt es zu beachten, dass Mittäterschaft von vornherein ausscheidet, wenn dem Schmieresteher die Zueignungsabsicht fehlt. Hat er aber die erforderliche **Zueignungsabsicht** in Bezug auf die von dem anderen weggenommenen Sachen und die (gewaltsame) **Wegnahmeaktion** des anderen durch sein Verhalten überhaupt erst **ermöglicht** und durch eine entsprechende Aufforderung im Vorfeld sogar noch **veranlasst**, ist der erforderliche **„qualitative Sprung"** zur **mittäterschaftlichen Verantwortlichkeit** wohl geschafft. Jedenfalls wäre eine Bewertung des Verhaltens als Anstiftung und Beihilfe zum Raub oder Diebstahl (u. U. sogar noch mit nachfolgender Unterschlagung oder Hehlerei in Bezug auf einen Teil der Beute) keineswegs günstiger.

174 Dabei verhält es sich nicht etwa so, dass jemand, der selbst nicht tatbestandsmäßig gehandelt hat, als Mittäter eines Raubes oder Einbruchsdiebstahls bestraft wird. Das wäre ein eklatanter Verstoß gegen den nullum crimen-Satz. Vielmehr ist der Tatbestand des **mittäterschaftlichen Raubes** oder **Diebstahls** bei materialer Betrachtung so zu verstehen, dass sich der Betreffende selbst entsprechend **tatbestandsmäßig-missbilligt verhält**. Und da der **Wortlaut** dieser **Mittäterschaftsstrafnorm** solches Verhalten allemal erfasst, ist der **nullum crimen-Satz** auch in formaler Hinsicht selbstverständlich gewahrt.[191] In Kollision damit gerät, wer ein **nicht tatbestandsmäßiges Verhalten** für eine Strafbarkeit als Mittäter ausreichen lassen möchte.[192]

e) Erfordernis vorsätzlichen Handelns

175 Die Sanktionsnorm zur mittäterschaftlichen Verwirklichung eines Tatbestands des BT oder eines strafrechtlichen Nebengesetzes erfordert für ihr Eingreifen vorsätzliches Handeln. Auch das mittätertatbestandsmäßige Verhalten muss deshalb den in grundsätzlichem Zusammenhang (oben § 7 Rn. 7, 37 ff., 40 ff.) herausgearbeiteten Kriterien **vorsätzlichen Verhaltens** genügen. Besonderheiten ergeben sich – bei korrekter Klärung der Vorfrage, welche Verhaltensweisen als Mittäterverhalten überhaupt rechtlich zu missbilligen sind – nicht.

---

[189] Für eine vergleichbare Konstellation sachlich übereinstimmend *Frank,* StGB[5-7], § 47 II (S. 87): „Mittäter ist ..., wer das Opfer hält, während ihm der andere den Todesstoß gibt." Vgl. auch *dens.,* StGB[17], § 47 II (S. 110). Im Ergebnis wie hier (wenngleich über eine problematische „Zurechnungskonstruktion") etwa auch *Kühl,* AT[8], § 20 Rn. 100; s. freilich auch *Cramer,* FS Bockelmann, 1979, S. 389, 403, welcher Mittäterschaft des Festhaltenden nur annimmt, wenn dieser in der „Rolle des gleichberechtigten Partners" zu sehen ist.

[190] Vgl. dazu *Kühl,* AT[8], § 20 Rn. 116 m. w. N.

[191] Zur doppelten Bedeutung des Satzes „nullum crimen sine lege" näher oben § 1 Rn. 63, 70 ff.

[192] So etwa BGHSt 11, 268, 271: „... setzt nicht voraus, dass er selbst ein Tatbestandsmerkmal ... verwirklicht hat ..."; *Roxin,* in: LK[11], § 25 Rn. 182 f. und *Schünemann,* in: LK[12], § 25 Rn. 182 f.: „... ist Mittäter, obwohl sein Beitrag unmittelbar vor der Tatbestandshandlung endete".

V. Mittäterschaft als Form der Straftat 433

f) Zur strafrechtlichen Erfassung mittäterschaftlichen Verhaltens

Tatbestandsmäßiges Mittäterverhalten als solches ist strafrechtlich wie „normales" 176
täterschaftliches Verhalten i. S. des jeweiligen Alleintätertatbestands erfasst. Deshalb gelten dafür grundsätzlich die **allgemeinen Regeln** etwa zum strafbaren **Versuch** (oben § 8). Regelmäßig müssen für das Eingreifen einer Sanktionsnorm weitere spezifische Erfordernisse neben dem tatbestandsmäßigen Mittäterverhalten vorliegen. Dabei spielen – wie in anderen Bereichen auch – **tatbestandsmäßige Verhaltensfolgen** (bzw. **gleichwertige Tatumstände**) eine herausragende Rolle.

3. Tatbestandsmäßige Verhaltensfolgen und gleichwertige Tatumstände

Auch für solche zusätzlichen Sanktionsvoraussetzungen neben dem tatbestandsspezi- 177
fischen Verhaltensnormverstoß des Mittäters gilt: Für eine Bestrafung muss sich das **ereignet** haben, was **Grund für** die **Missbilligung des Verhaltens** als mittäterschaftliches Verhalten war, und: ein entsprechender Vorsatzbezug muss gegeben sein – insbesondere müssen **Verhaltensfolgen vorsätzlich herbeigeführt** worden sein.

a) Exzess eines Mittäters

Daraus folgt ohne Weiteres: Der Mittäter ist für einen sog. Exzess anderer jedenfalls 178
nicht als Mittäter verantwortlich zu machen. Wendet ein anderer Beteiligter bei einer verabredeten **gemeinschaftlichen Körperverletzung** Gewalt zum Zwecke der Wegnahme der Brieftasche des Opfers an oder benutzt er dazu die Gewaltwirkung der gemeinschaftlichen Körperverletzung, liegt nur eine mittäterschaftliche Körperverletzung, dagegen mangels Vorsatzbezugs in dieser Hinsicht kein mittäterschaftlicher **Raub** vor. Entsprechendes gilt für die nicht vom gemeinschaftlichen Tatentschluss gedeckte **Tötung** des Opfers, das lediglich verletzt werden sollte. Die Todesfolge ist nur von dem einen als **Alleintäterexzess**, aber nicht von dem anderen vorsätzlich herbeigeführt. Für diesen kommt lediglich eine entsprechende **Fahrlässigkeitsverantwortlichkeit** in Betracht (§ 222 u. U. auch § 227).[193]

b) Error in obiecto vel persona

Wie bei der Anstiftung ist auch bei der Mittäterschaft die Behandlung eines error in 179
obiecto vel persona umstritten.[194] In derartigen Fällen wird man (wie in entsprechenden Fällen der mittelbaren Täterschaft und der Anstiftung auch) wohl darauf

---

[193] Vgl. dazu etwa *Otto*, AT[7], § 21 Rn. 59.
[194] Näher zum Streitstand *Kühl*, AT[8], § 20 Rn. 119 ff. m. w. N.; für die Einordnung als (fahrlässiger) Exzess etwa *Roxin*, in: LK[11], § 25 Rn. 178 und *Schünemann*, in: LK[12], § 25 Rn. 177.

abstellen müssen, ob der **Irrtum** im gemeinsamen Plan angelegt (**programmiert**) war.[195]

180 Selbst im ganz speziell gelagerten „**Verfolger-Fall**" des BGH[196] kann man auf dieser Basis zur Annahme eines **mittäterschaftlichen Mordversuchs** gelangen. In diesem Fall war unter den Beteiligten abgesprochen worden, notfalls auf Verfolger zu schießen. Im Eifer des Gefechts **verwechselte** der Schütze einen **Komplizen mit einem Verfolger** und verletzte ihn. Der Annahme eines **mittäterschaftlichen untauglichen Mordversuchs** seitens des **verletzten Komplizen** steht die Straflosigkeit der **Selbsttötung** oder **Selbstverletzung** nicht entgegen. Dass die tatsächlich betroffenen Rechtsgüter des verletzten Komplizen ihm selbst gegenüber nicht geschützt sind, hindert freilich die Annahme tatbestandsmäßiger Verhaltensfolgen i. S. eines **vollendeten Körperverletzungsdelikts** bzw. eines **tauglichen Tötungsversuchs**.

181 Für den mittäterschaftlichen untauglichen Mordversuch reicht es aber aus, dass – wovon wohl ausgegangen werden kann – der Schuss auf die Person, die als Verfolger erschien, im Rahmen des **gemeinsamen Tatplans** lag. Der Fall ist in dieser Hinsicht nicht anders zu beurteilen als der Schuss des Alleintäters auf sein Spiegelbild, das ihm als ein bedrohlich naher Verfolger erscheint. Für den **untauglichen Versuch** reicht die entsprechende **Vorstellung** allemal aus.[197] Bei etwaiger Ablehnung der mittäterschaftlichen Verantwortlichkeit des verletzten Verfolgers wären immerhin die Voraussetzungen der **Anstiftung** zum (im Verhältnis zum Anstiftenden **untauglichen**) **Mordversuch** gegeben, wenn die Anregung, auf Verfolger zu schießen, von dem Verletzten gekommen sein sollte.[198]

Vertiefungs- und Problemhinweise

182 *Bindokat,* Fahrlässige Mittäterschaft im Strafrecht, JZ 1979, 434 ff.; *Böhringer,* Fahrlässige Mittäterschaft – Ein Beitrag zum Verhältnis von Zurechnung und Beteiligung bei Vorsatz- und Fahrlässigkeitsdelikten, 2017; *Herzberg,* Mittäterschaft durch Mitvorbereitung: eine actio communis in causa?, JZ 1991, 856 ff.; *Kraatz,* Die fahrlässige Mittäterschaft – Ein Beitrag zur strafrechtlichen Zurechnungslehre auf der Grundlage eines finalen Handlungsbegriffs, 2006; *Küper,* Versuchsbeginn und Mittäterschaft, 1978; *ders.,* Versuchs- und Rücktrittsprobleme bei mehreren Tatbeteiligten – Zugleich ein Beitrag zur Struktur der Mittäterschaft, JZ 1979, 775 ff.; *ders.,* Zur Problematik der sukzessiven Mittäterschaft, JZ 1981, 568 ff.; *Küpper,* Der gemeinsame Tatentschluss als unverzichtbares Moment der Mittäterschaft, ZStW 105 (1993), 295 ff.; *Lesch,* Die Begründung mittäterschaftlicher Haftung als Moment der objektiven Zurechnung, ZStW 105 (1993), 271 ff.; *Rotsch,*

---

[195] I. d. S. mit Recht etwa *Küper,* Versuchsbeginn und Mittäterschaft, S. 37 ff.; vgl. auch *Jakobs,* AT², 21/45; *Kühl,* AT⁸, § 20 Rn. 121; *Maurach/Gössel/Zipf,* AT 2⁷, § 49 Rn. 60.
[196] BGHSt 11, 268 ff.; krit. dazu z. B. *Scheffler,* JuS 1992, 920 ff.; *Schreiber,* JuS 1985, 873, 876 f.; *Spendel,* JuS 1969, 314 ff.
[197] Im Sinne eines untauglichen Versuchs etwa auch *Heine/Weißer,* in: Schönke/Schröder³⁰, § 25 Rn. 101; *Joecks,* in: MünchKommStGB³, § 25 Rn. 249; wohl auch *Kühl,* AT⁸, § 20 Rn. 122; s. a. *Maurach/Gössel/Zipf,* AT 2⁷, § 49 Rn. 60.
[198] Vgl. dazu oben (§ 10) Rn. 109 ff., 134.

V. Mittäterschaft als Form der Straftat

„Lederspray" redivivus – Zur konkreten Kausalität bei Gremienentscheidungen – Zugleich ein Beitrag zu der vermeintlichen Notwendigkeit der Abgrenzung von Tun und Unterlassen und den Voraussetzungen der Mittäterschaft, ZIS 2018, 1 ff.; *Rudolphi,* Zur Tatbestandsbezogenheit des Tatherrschaftsbegriffs bei der Mittäterschaft, FS Bockelmann, 1979, S. 369 ff.; *Seelmann,* Mittäterschaft im Strafrecht, JuS 1980, 571 ff.; *Seher,* Vorsatz und Mittäterschaft – Zu einem verschwiegenen Problem der strafrechtlichen Beteiligungslehre, JuS 2009, 1 ff.; *ders.,* Grundfälle zur Mittäterschaft, JuS 2009, 304 ff.; *Utsumi,* Fahrlässige Mittäterschaft in Japan, ZStW 119 (2007), 142 ff.; *Wendeburg,* Die Bedeutung des Irrtums über täterschaftsbegründende Umstände – Eine Untersuchung der vermeintlichen und verkannten Täterschaft, 2018.

Mittäterschaftliche Körperverletzung mit Todesfolge: BGH StV 1997, 581 f. m. krit. Anm. *Stein;* s. a. *Stuckenberg,* Körperverletzung mit Todesfolge bei Exzeß des Mittäters, FS Jakobs, 2007, S. 693 ff.

S. a. oben (§ 10) Rn. 108, 136, 152.

Fragen zu § 10: Täterschaft und Teilnahme als Formen der Straftat

1. Gibt es mittelbar güterschädigende Verhaltensweisen, für deren strafrechtliche Erfassung § 25 I Fall 2 lediglich deklaratorische Funktion besitzt? § 10 Rn. 2 ff.
2. Welche Funktion haben die §§ 26, 27 und 25 II? § 10 Rn. 9 f., 23 f.
3. Welche Bedeutung hat die (limitierte) Akzessorietät der Teilnahme? § 10 Rn. 11 ff.
4. Wo findet sich ein „Einheitstäterbegriff"? § 10 Rn. 26 f.
5. Welche allgemeinen Lehren von Täterschaft und Teilnahme gibt es? § 10 Rn. 29 ff.
6. Was ist zur Kritik des Begriffs der „Tatherrschaft" zu sagen? § 10 Rn. 46 ff., 61 ff.
7. Welche Fallgruppen der mittelbaren Täterschaft gibt es, und wie lassen sie sich normativ begründen? § 10 Rn. 55 ff.
8. Wie steht es mit der „Tatherrschaft kraft überlegenen Wissens" im „Sirius-Fall" (BGHSt 32, 38)? § 10 Rn. 61 f.
9. Was ist von der „normativen Tatherrschaft" zu halten? § 10 Rn. 70 ff.
10. Welche Fälle der Verantwortlichkeit (als mittelbarer Täter) kraft überlegener Einsichts- und Steuerungsfähigkeit sind anzuerkennen? § 10 Rn. 76 ff.
11. Gibt es einen „Täter hinter dem Täter"? § 10 Rn. 84 ff.
12. Worin liegt der „Strafgrund der Anstiftung"? § 10 Rn. 110 ff.
13. Was ist unter einem „Bestimmen" i. S. des § 26 zu verstehen? § 10 Rn. 115 ff.
14. Was versteht man unter einem agent provocateur, und welches Problem wirft er auf? § 10 Rn. 126.
15. Gibt es Fälle strafbarer versuchter Anstiftung? § 10 Rn. 129.
16. Wie wirkt sich ein Exzess des Haupttäters auf die Strafbarkeit des Anstifters aus? § 10 Rn. 131.
17. Wie wirkt sich ein error in obiecto vel persona beim Haupttäter auf die Strafbarkeit des Anstifters aus? § 10 Rn. 132 ff.
18. Was ist unter einem „Hilfeleisten" i. S. des § 27 II zu verstehen? § 10 Rn. 138 ff.
19. Gibt es Fälle strafbarer versuchter Beihilfe? § 10 Rn. 148.

20. Weshalb ist die Redeweise von der „wechselseitigen Zurechnung der Tatbeiträge" bei der Mittäterschaft zumindest missverständlich? § 10 Rn. 153 ff.
21. Was ist unter „gemeinschaftlicher Begehung" i. S. des § 25 II zu verstehen? § 10 Rn. 161 ff.
22. Welches Problem wirft die „sukzessive Mittäterschaft" auf? § 10 Rn. 165.
23. Welche Bedeutung haben ein Exzess oder ein error in obiecto vel persona des einen Mittäters für den anderen? § 10 Rn. 178 ff.

§ 11 Straftateinheit und Mehrheit von Straftaten (Straftatenkonkurrenz)

I. Grundlagen

Wir haben uns im Bisherigen vor allem mit der Frage des Eingreifens einzelner **Sanktionsnormen** befasst und diese dabei eher **isoliert** betrachtet. Eine solche isolierte Betrachtungsweise ist nicht selten ausreichend, um dem verwirklichten Straftatunrecht gerecht zu werden: Wenn in einem bestimmten Einzelfall überhaupt nur eine einzige Sanktionsnorm ein einziges Mal einschlägig ist, stellen sich keine Konkurrenzprobleme. Fragen des Verhältnisses der mehrfachen Erfüllung von Sanktionsnormen oder verschiedener Sanktionsnormen zueinander stellen sich erst, wenn in einem bestimmten Fall zumindest formal-begrifflich **eine Sanktionsnorm mehrfach** oder **mehrere Sanktionsnormen** einschlägig sind. Freilich kann material gesehen dennoch nur **eine einzige Straftat** vorliegen. Man spricht dann verbreitet von „**scheinbarer**" oder „**unechter**" **Konkurrenz** oder auch von „**Gesetzeskonkurrenz**".[1]

1

In solchen Fällen der „Gesetzeskonkurrenz", in denen bei formal-begrifflichem mehrfachem Eingreifen eines Strafgesetzes bzw. beim Eingreifen mehrerer Strafgesetze material gesehen lediglich eine einzige Straftat vorliegt, sollte man allerdings besser von **Straftateinheit** sprechen. Denn in solchen Fällen „konkurrieren" durchaus mehrere Strafgesetze genauso „echt" miteinander wie bei mehreren selbstständigen Straftateinheiten. Nur das Konkurrenzverhältnis der einschlägigen Strafgesetze zueinander ist ein anderes.[2] Was in den Fällen der sog. „unechten" Konkurrenz oder der „Gesetzeskonkurrenz" – also bei Straftateinheit – nicht miteinander konkurriert, sind die mehreren Straftaten im materiellen Sinne. Probleme

2

---

[1] Vgl. zu diesen Begriffen etwa *v. Heintschel-Heinegg*, in: MünchKommStGB³, Vor § 52 Rn. 21; *Kühl*, AT⁸, § 21 Rn. 5; *Otto*, AT⁷, § 23 Rn. 31.

[2] Der Begriff der „unechten" (oder „scheinbaren") Konkurrenz ist also genauso irreführend wie der der „unechten" Unterlassungsdelikte, bei denen auch nicht „unecht", sondern durchaus „echt" (i. S. v. tatsächlich) unterlassen wird; s. dazu näher oben § 6 Rn. 14. – Und der Begriff der „Gesetzeskonkurrenz" hilft nicht weiter, weil in den hier interessierenden Fällen mehrere Strafgesetze immer miteinander konkurrieren. Er taugt damit nicht als Differenzierungskriterium.

der Konkurrenz mehrerer Straftaten stellen sich eben nur bei einer **Mehrheit von Straftaten** und nicht bei Vorliegen nur einer Straftateinheit.

3 Fraglich kann aber mitunter sein, ob eine solche als Einheit aufzufassende Straftat vorliegt oder ob nicht stattdessen eine Mehrheit von Straftaten anzunehmen ist.

1. Naturalistische versus normative Bestimmung der Straftateinheit

4 Dabei ist die Bestimmung einer Straftateinheit oder einer Mehrheit von Straftaten nicht an vorrechtlichen Gegebenheiten wie der **„Handlung im natürlichen Sinne"** der gewillkürten Körperbewegung oder der **„Einheitlichkeit eines Lebensvorgangs"** (was immer das auch genau heißen mag) auszurichten.[3] Maßgeblich sind vielmehr ausschließlich die **normativen Anforderungen** an eine Straftat i. S. einer ganz bestimmten Strafvorschrift.

a) Mehrere Straftaten bei einer einzigen Körperbewegung

5 Danach kann ohne Weiteres ein bestimmtes naturalistisches Verhalten – etwa eine einzige gewillkürte Körperbewegung – die Voraussetzungen mehrerer selbstständiger Straftaten verwirklichen. Als Beispiel dafür mag das beschleunigende Zufahren mit einem Pkw auf eine Personengruppe aus Unachtsamkeit dienen, durch das ein Mensch getötet und ein weiterer verletzt wird. Verwirklicht sind durch dieselbe Handlung des weiteren **Durchtretens** des **Gaspedals** die Voraussetzungen der **fahrlässigen Tötung** *und* der **fahrlässigen Körperverletzung** (§§ 222, 229). Entsprechendes gilt für den korrespondierenden Unterlassungsfall des **Nichtabbremsens** des auf die Personengruppe bereits zurollenden Fahrzeugs (§§ 222, 13; 229, 13).

b) Eine einzige Straftat bei mehreren Körperbewegungen

aa) Zum Beispiel: „zweiaktige" Delikte

6 Andererseits ist es möglich, dass erst mehrere getrennte Verhaltensweisen i. S. gewillkürter Körperbewegungen zusammengenommen eine einzige Straftat ausmachen. Man denke etwa an den Tatbestand des **Raubes** (§ 249 I), der nicht allein mit der **Gewaltanwendung** oder der **Drohung** mit gegenwärtiger Leibes- oder Lebensgefahr verwirklicht werden kann, sondern bei dem noch eine **Wegnahmehandlung** in Bezug auf die fremde bewegliche Sache hinzutreten muss. Oder man denke an

---

[3] Mit Recht krit. insofern etwa auch *Puppe,* in: NK[5], § 52 Rn. 17, 35 ff. – Zur verfehlten Orientierung an vorrechtlichen Gegebenheiten s. bereits oben § 1 Rn. 119 im Kontext des strafrechtlichen Handlungsbegriffs. – Zur Kritik am gegenwärtigen Konzept der Konkurrenzlehre näher *Rostalski,* Der Tatbegriff im Strafrecht, D. XI.; s. a. *Freund,* GA 2005, 321, 323 ff.

I. Grundlagen

den Tatbestand des **räuberischen Diebstahls** (§ 252), bei dem zur **Diebstahlshandlung** die spätere **Anwendung von Raubmitteln** mit Beutesicherungsabsicht hinzutreten muss.

bb) Zum Beispiel: unselbstständige Einzelakte bei wiederholter Ausführung

Selbst wenn ein bestimmter Straftatbestand es prima facie an sich zuließe, bestimmte Verhaltensweisen als mehrfache Tatbestandsverwirklichungen aufzufassen, kann statt einer Mehrheit von Straftaten der Sache nach „lediglich" eine einzige **Straftateinheit** vorliegen, die gravierender als die unselbstständigen „Einzelakte" einzustufen ist. Man denke nur an die **mehreren Schläge** gegenüber demselben Opfer bei der **Körperverletzung** (§ 223) als Fall der iterativen (sich wiederholenden, aber dennoch einheitlichen) Tatbegehung. Eine sezierende Betrachtungsweise könnte den spezifischen Unwertgehalt des ganzen Geschehens nachgerade verfehlen.[4] 7

Um das zu vermeiden, bedarf es keines Rückgriffs auf den in der Rechtsprechung z. T. vorfindbaren Begriff der **„natürlichen Handlungseinheit"**, der nicht mit dem Begriff der „Handlung im natürlichen Sinne" der gewillkürten Körperbewegung verwechselt werden darf. Denn durch den Begriff der natürlichen Handlungseinheit sollen gerade mehrere selbstständige Handlungen im natürlichen Sinne im Wege einer „natürlichen Betrachtungsweise" zu einem einheitlichen, zusammengehörigen Tun verschmolzen und so als eine Tat im Rechtssinne aufgefasst werden.[5] Letzteres mag ja im Ergebnis zutreffen, sofern auf diese Weise das verwirklichte tatbestandliche Unrecht angemessen erfasst ist. Indessen ist genau das der normativ klärungsbedürftige Punkt. Bei der Lösung des anstehenden **Bewertungsproblems** hilft aber die **Natur** ebenso wenig weiter wie eine natürliche Betrachtungsweise.[6] 8

2. Probleme der Konkurrenz mehrerer Straftaten nur bei Mehrheit von Straftaten

a) Stellenwert der Lehre von der Konkurrenz mehrerer Straftaten – Verhältnis zur Straftatlehre

Die Frage nach der Straftateinheit gehört systematisch noch immer zur Lehre von der Straftat, nicht aber zur Lehre von den Konkurrenzen bei einer Mehrheit von Straftaten. Die Lösung der speziellen Frage des Verhältnisses mehrerer selbstständiger Straftaten zueinander baut auf den Überlegungen zur Bestimmung einer 9

---

[4] Näher zu solchen Fällen sogleich unten (§ 11) Rn. 31.
[5] Vgl. dazu etwa BGHSt 1, 168, 170 f.; 4, 219, 220 f.
[6] Zur Unbrauchbarkeit eines vorrechtlichen Handlungsbegriffs im (Straf-)Recht s. bereits oben § 1 Rn. 119.

Straftateinheit auf und kann sachgerecht nur angegangen werden, wenn zuvor die tatsächlich konkurrierenden Straftaten bestimmt worden sind.

10 Die Lehre von den Straftatkonkurrenzen knüpft an die Bestimmung der letztlich aufweisbaren Straftateinheiten und die so zunächst eröffneten Rechtsfolgenmöglichkeiten in den Bereichen des **Schuld-** und **Strafausspruchs** an. Sie bildet ein wichtiges Bindeglied zwischen der **Straftatlehre** und der Lehre von den **Folgen der Straftat**. Durch sie werden bei „mehreren Gesetzesverletzungen" i. S. der Straftatlehre die entscheidenden Weichen für die konkret anzuwendenden Rechtsfolgen gestellt.

11 Tatsächlich „verletzt" der **Straftäter** – trotz der insoweit missverständlichen Ausdrucksweise des § 52 – nicht das Strafgesetz, sondern **handelt** ihm **gemäß**, indem er seine Voraussetzungen erfüllt.[7] „Verletzt" wird vielmehr die vom Strafgesetz vorausgesetzte **Verhaltensnorm**. Gegen diese Verhaltensnorm, auf die sich das Strafgesetz bezieht, wird verstoßen. Die vereinfachende Redeweise von der **„Gesetzesverletzung"** hat sich freilich eingebürgert und ist unschädlich, solange nur Klarheit über die sachlichen Zusammenhänge besteht.[8]

12 Hat eine Person **„mehrere Gesetzesverletzungen"** – i. S. der Verwirklichung der entsprechenden Sanktionsvoraussetzungen – begangen, muss geklärt werden, wie sich die bei isolierter Betrachtung nebeneinander anwendbaren **Rechtsfolgen** zueinander verhalten: Sollen sie einfach kumuliert werden? – Oder soll eine differenzierende Kombination derselben stattfinden? – Die Regelungen des geltenden Rechts führen hier zu einer differenzierenden Beantwortung dieser Fragen.

b) Regelung der Konkurrenz mehrerer selbstständiger Straftateinheiten im Gesetz – Überblick

13 Während es sich bei der Frage der Straftateinheit letztlich um ein Problem der speziellen Vorschriften des **Besonderen Teils** handelt und deshalb dazu nicht ohne Grund keine Regelung im Allgemeinen Teil des StGB anzutreffen ist, sind die Fälle der **Konkurrenz** mehrerer **selbstständiger Straftaten** in den **§§ 52 ff.** gesetzlich geregelt. Das Gesetz differenziert zwischen der sog. **Tateinheit** (= Idealkonkurrenz) nach § 52 I und der **Tatmehrheit** (= Realkonkurrenz) nach § 53 I. Angelpunkt der gesetzlichen Differenzierung ist der Begriff **„derselben Handlung"** in § 52 I. Mit diesem – nicht unproblematischen[9] – Begriff sollen selbstverständlich auch bestimmte **Unterlassungen** erfasst sein. Er ist weichenstellend dafür, ob nur auf **eine**

---

[7] Näher dazu oben § 1 Rn. 68 ff.

[8] Zum genauen Verhältnis der kontext- und adressatenspezifisch konkretisierten Verhaltensnorm und der konkreten Sanktionsanordnung durch das Strafgericht, für die das abstrakte Strafgesetz die Ermächtigungsgrundlage bildet, s. *Freund/Rostalski*, GA 2018, 264 ff.

[9] Dem Handlungsbegriff des Gesetzes fehlt das „normative Rückgrat", das im Grunde wiederum erst durch die Straftatlehre Kontur erhält – etwa in Gestalt der Einbeziehung tatbestandsmäßiger (!) Unterlassungsverhaltensweisen in den recht farblosen „Handlungsbegriff" des Gesetzes. – S. zum Ganzen *Rostalski*, Der Tatbegriff im Strafrecht, D. XI.

Strafe erkannt wird oder ob aus mehreren Einzelstrafen eine **Gesamtstrafe** zu bilden ist.

Dabei ist die eine **Strafe** bei **Tateinheit** dem Strafrahmen des Delikts zu entnehmen, das die strengste Bestrafungsmöglichkeit vorsieht. Das ideell konkurrierende andere Delikt wirkt sich nur strafschärfend *innerhalb* des so verfügbaren Strafrahmens aus.[10]

Die **Gesamtstrafenregelung** bei **Tatmehrheit** ist demgegenüber tendenziell strenger: Die Gesamtstrafe kann auch oberhalb des Strafrahmens liegen, der bei den einzelnen Straftaten für die Bildung der Einzelstrafen zur Verfügung steht.

In Abweichung von diesem Differenzierungsprinzip des Erwachsenenstrafrechts gilt im **Jugendstrafrecht** das **Einheitsstrafenprinzip** (§ 31 I JGG), wonach auch bei mehreren selbstständigen Straftaten nur auf *eine* einheitliche Strafe zu erkennen ist.

Der eigentlichen Konkurrenzfrage vorgelagert ist nach dem bereits oben (§ 11) Rn. 1 ff. Gesagten freilich die Frage, ob im Schuldspruch überhaupt mehrere selbstständige Straftaten zu erscheinen haben. Denn möglicherweise liegt nur eine scheinbare („unechte") Konkurrenz vor, sodass tatsächlich nur eine einheitliche Straftat gegeben ist.[11] Deshalb ist *eines* immer im Auge zu behalten: Der **Schuldspruch** muss stimmen – d. h., er muss das verwirklichte **personale Verhaltensunrecht** sowie **sonstige Vorwurfsgegenstände** zutreffend und möglichst prägnant **zum Ausdruck bringen**. Gelingt das, werden auch die Weichen für die letztlich anzuwendenden Rechtsfolgen fast automatisch richtig gestellt.

II. Einheitliche Straftat (Straftateinheit) – Rechtsfolgen

Von vornherein nur eine einzige Straftat kommt in Betracht, wenn ein i. S. eines bestimmten Straftatbestands tatbestandsmäßiges Verhalten nur einmal und nur unter diesen Straftatbestand fällt, sodass nur dieser anwendbar ist. Man denke etwa an das als **Körperverletzung** erfasste **einmalige Schlagen** eines Menschen oder an den **Hundehalter**, der es fahrlässig **zulässt**, dass sein Vierbeiner einen anderen Menschen beißt, und sich so wegen **fahrlässiger Körperverletzung** durch **begehungsgleiches Unterlassen** strafbar macht. – Dass in solchen Fällen nur eine Verurteilung wegen einer einzigen Straftat in Betracht kommt, ist trivial.

Die Frage nach der Einheit oder Mehrheit von Straftaten kann nur auftauchen, wenn ein bestimmtes Verhalten formal-begrifflich von mehreren Strafgesetzen oder

---

[10] Vgl. dazu unten (§ 11) Rn. 54.

[11] Weder Ideal- noch Realkonkurrenz zwischen verschiedenen gleichartigen oder ungleichartigen Straftaten liegt vor, wenn zwar formal-begrifflich die Voraussetzungen mehrerer Sanktionsnormen erfüllt sind, aber sachlich ein Vorrang der einen im Verhältnis zur anderen anzunehmen ist. In derartigen Fällen so genannter unechter Konkurrenz wird die zurücktretende Strafnorm verdrängt und kommt jedenfalls im Schuldspruch nicht mehr selbstständig zum Ansatz. Auch bei formal-begrifflich konstruierbarer mehrfacher Erfüllung derselben Strafnorm kann sachlich eine einzige Straftat vorliegen. – S. dazu sogleich unten (§ 11) Rn. 20 ff.

von demselben Strafgesetz mehrfach erfasst wird. Eine solche mehrfache Erfassung liegt begriffsnotwendig bei **naturalistisch trennbaren** und je selbstständig von bestimmten Straftatbeständen erfassten **Verhaltensweisen** vor.

1. Straftateinheit trotz formaler Erfassung derselben Handlung oder Unterlassung durch verschiedene Sanktionsnormen

a) Verdrängung eines Tatbestands durch eine Qualifikation oder Privilegierung – Spezialität

20 Bei formaler Erfassung derselben Handlung oder Unterlassung (also bei Handlungs- oder Unterlassungseinheit) ist vor allem an die Fälle der Verdrängung eines verwirklichten **Grunddelikts** durch einen ebenfalls eingreifenden **Qualifikationstatbestand** zu denken: Schuldspruch und Bestrafung des Täters etwa einer gefährlichen Körperverletzung, der gleichsam automatisch auch die Voraussetzungen der einfachen Körperverletzung nach § 223 erfüllt, richten sich ausschließlich nach der Strafnorm über die **gefährliche Körperverletzung** (§ 224 I). § 223 wird im Wege der sog. „Gesetzeskonkurrenz" aus Gründen der **Spezialität** verdrängt. Ebenso verhält es sich bei einer Tatbestandsverwirklichung durch **begehungsgleiches Unterlassen** (§§ 224 I, 13 I). Entsprechendes gilt für die Nötigung (§ 240) und den Diebstahl (§ 242 I), die beide durch den **Raubtatbestand** (§ 249 I) als einer spezifischen Kombination von qualifizierter Nötigung und Diebstahl verdrängt werden.

21 In derartigen Fällen spricht man vom Vorrang des spezielleren Gesetzes (der **lex specialis**) im Verhältnis zu allgemeineren Regelungen (der lex generalis bzw. den leges generales). Denn die Verwirklichung der spezielleren Norm beinhaltet begriffsnotwendig, dass zugleich die Voraussetzungen der generellen erfüllt sind. Dann aber gilt nach allgemeinen Regeln der Gesetzesanwendung nur die **Rechtsfolgeanordnung** der **spezielleren Vorschrift**.[12]

22 Nach § 18 setzen **erfolgsqualifizierte Delikte** wenigstens Fahrlässigkeit in Bezug auf die „besondere Folge der Tat" voraus. Hier tritt der betreffende Fahrlässigkeitstatbestand immer hinter dem jeweiligen erfolgsqualifizierten Delikt aus Gründen der Spezialität zurück. Beispielsweise kommt so neben der weitergehenden Strafbarkeit wegen **Körperverletzung mit Todesfolge** (§ 227) die notwendig mitverwirklichte fahrlässige Tötung nach § 222 nicht mehr selbstständig zum Ansatz.[13]

23 Um einen Fall der **privilegierenden Spezialregelung**, welche die strengere allgemeine Strafnorm verdrängt, handelt es sich etwa bei der **Tötung auf Verlangen**

---

[12] Näher zu solchen Fragen der „Konkurrenz" verschiedener Vorschriften *Engisch*, Einführung in das juristische Denken[8], S. 162 ff.
[13] Vgl. nur BGHSt 8, 54.

II. Einheitliche Straftat (Straftateinheit) – Rechtsfolgen

(§ 216).[14] Der besondere Regelungssinn dieser Vorschrift würde bei einer Bestrafung nach dem an sich auch erfüllten strengeren Totschlagstatbestand verfehlt, wenn die besonderen Voraussetzungen der Tötung auf Verlangen vorliegen.

b) Verdrängung formell oder materiell subsidiärer Tatbestände

Indessen findet eine Verdrängung von Strafnormen nicht nur in echten Fällen der Spezialität im vorstehend umschriebenen Sinne statt. Eine solche Verdrängung greift auch für den **Dieb** eines **Kraftfahrzeugs** ein, der zugleich mit dem Diebstahl an sich die Voraussetzungen des **unbefugten Gebrauchs eines Fahrzeugs** nach § 248b I verwirklicht: Beide Straftaten konkurrieren nicht etwa idealiter. Vielmehr verdrängt die (strengere) Strafbarkeit wegen Diebstahls nach § 242 I die nach § 248b schon aufgrund der dort ausdrücklich normierten **formellen Subsidiaritätsklausel**, nach der eine entsprechende Strafbarkeit nur eingreift, „wenn die Tat nicht in anderen Vorschriften mit schwererer Strafe bedroht ist". Eine vergleichbare formelle Subsidiaritätsklausel findet sich etwa in § 145d (**Vortäuschen einer Straftat**), der nur eingreift, wenn die Tat nicht als Falsche Verdächtigung (§ 164) oder Strafvereitelung (§§ 258, 258a) mit Strafe bedroht ist. Ebenfalls mit einer formellen Subsidiaritätsklausel ausgestattet ist seit dem Inkrafttreten des 6. StrRG am 1. April 1998 die **Unterschlagung** (§ 246).[15]

Auch ohne solche formellen Subsidiaritätsklauseln kann sich aufgrund einer **materialen Betrachtungsweise** ergeben, dass die Bestrafung nach einer bestimmten Strafnorm bei anderweitig eingreifender **Strafbarkeit verdrängt** wird.

Zu denken ist etwa an die Strafbarkeit wegen **unterlassener Hilfeleistung** nach § 323c I, die hinter der weitergehenden Verantwortlichkeit wegen **Totschlags durch begehungsgleiches Unterlassen** zurücktritt. Auch wenn im Hinblick auf die konkrete Wortlautfassung des Tatbestands der unterlassenen Hilfeleistung die Tötung durch begehungsgleiches Unterlassen dazu nicht exakt im Verhältnis der Spezialität stehen dürfte, handelt es sich materiell jedenfalls um eine regelmäßige Begleittat, der keine selbstständige Bedeutung zukommt.[16]

Ob das auch für die **Bedrohung mit einem Verbrechen** (§ 241 I) im Verhältnis zur **Nötigung** (§ 240) gilt, ist dagegen zweifelhaft: Die Bedrohung mit einem Verbrechen ist nicht begriffsnotwendig in einer Nötigung enthalten, weil diese auch durch die Androhung anderer – mindergewichtiger – empfindlicher Übel begangen werden kann. Sie ist noch nicht einmal deren regelmäßige Begleittat.[17] Dennoch wird verbreitet eine Verdrängung der Strafbarkeit wegen Bedrohung

---

[14] *Eser/Sternberg-Lieben*, in: Schönke/Schröder[30], Vor § 211 Rn. 7; *Kühl*, in: Lackner/Kühl[29], § 216 Rn. 1.

[15] Näher dazu *Freund/Putz*, NStZ 2003, 242 ff.

[16] Zur Unterscheidung des Unrechts der unterlassenen Hilfeleistung (als eines nichtbegehungsgleichen Unterlassungsdelikts) von dem weitergehenden Unrecht begehungsgleichen Unterlassens näher oben § 6.

[17] Zur Verdrängung regelmäßiger Begleittaten auch bei verschiedenen Handlungen oder Unterlassungen s. noch unten (§ 11) Rn. 46 ff.

durch die Nötigungsstrafbarkeit angenommen.[18] Hierfür lässt sich zwar der Gedanke ins Feld führen, dass die von § 241 erfasste qualifizierte Bedrohung immerhin als nötigungs*typisch* angesehen werden kann und deshalb durch die ausweislich der vorgesehenen Strafrahmen deutlich strengere Nötigungsstrafbarkeit bereits miterfasst ist.[19] Indessen dürfte letztlich die Annahme von **Tateinheit** vorzugswürdig sein, weil nur auf diese Weise der Schuldspruch seine wichtige Klarstellungsfunktion erfüllen kann. Die besonders intensive Einschüchterung durch die Bedrohung mit einem Verbrechen sollte zum Ausdruck gebracht werden.

c) Übergreifender Aspekt: Vorrang abschließender Sonderregeln

28 Sowohl in den Fällen der Verdrängung des Grunddelikts durch eine Qualifikation als auch in den Fällen der Verdrängung formell oder materiell subsidiärer Tatbestände spielt letztlich derselbe **Gedanke** eine entscheidende Rolle. Vereinfacht ausgedrückt kann man sagen, dass **abschließende Sonderregelungen** der Strafbarkeit Vorrang vor anderen Sanktionsnormen besitzen und diese verdrängen. Freilich kann man mit dieser im Grunde trivialen Einsicht nicht ohne Weiteres bestimmte Problemfälle lösen. *Ob* es sich um solche Sonderregelungen handelt, ist jeweils **klärungsbedürftig** und nicht durch eine allgemeine „Zauberformel" zu entscheiden. Denn sachlich handelt es sich um **Fragen des Besonderen Teils**. Die richtige Fragestellung bietet aber immerhin auch in diesem Bereich den Ansatz zur weiteren Problemlösung.

29 Dabei kann die nähere Betrachtung im Einzelfall sogar ein auf den ersten Blick erstaunliches Phänomen zutage fördern: Beispielsweise sperrt eine geringere Strafbarkeit nach dem sogar formell subsidiär ausgestalteten Delikt des § 248b die strengere Diebstahlsstrafbarkeit. Eine solche **privilegierende Sperrwirkung** der Vorschrift über den unbefugten Gebrauch eines Fahrzeugs nach § 248b ist anerkanntermaßen und mit Recht im Verhältnis zu dem regelmäßig mitverwirklichten **Diebstahl** in Bezug auf das verbrauchte **Benzin** anzunehmen.[20] Der aufweisbare Benzindiebstahl ist zwar nicht denknotwendig in den entsprechenden Fällen mitverwirklicht. Denn schließlich könnte der unbefugt mit einem Auto eine Spritztour Unternehmende auch sein eigenes Benzin mitbringen. Aber der Verbrauch des im Tank befindlichen fremden Benzins ist doch **regelmäßige Begleittat** und soll nach dem **Regelungssinn** des § 248b trotz der formellen Subsidiaritätsklausel bei der Bestrafung nicht selbstständig zum Ansatz gebracht werden.

---

[18] Vgl. statt vieler *Eisele,* in: Schönke/Schröder[30], § 241 Rn. 16; für ein Zurücktreten der Bedrohung selbst hinter der versuchten Nötigung BGH NStZ 2006, 342; *Heger,* in: *Lackner/Kühl*[29], § 241 Rn. 4 m. w. N. zu der umstrittenen Problematik.

[19] I. d. S. noch die Vorauflage.

[20] BGHSt 14, 386, 388; *Puppe,* in: NK[5], Vor § 52 Rn. 20; *Samson,* in: SK StGB, 27. Lfg. Juli 1990, § 248b Rn. 18. – I. S. e. problematischen Tatbestandslösung *Hoyer,* in: SK StGB, 47. Lfg. Februar 1999, § 248b Rn. 18, der den im Fahrzeug befindlichen Kraftstoff schon nicht als eigenständige fremde Sache i. S. v. § 242 begreift.

Um ein angemessen nur als Problem des Besonderen Teils diskutierbares Problem handelt es sich 30
auch bei der Frage, ob und inwieweit der Tatbestand des **Widerstands gegen Vollstreckungsbeamte** (§ 113) im Verhältnis zur **Nötigung** (§ 240) eine **Spezialregelung** enthält.[21]

2. Straftateinheit trotz (mehrfacher) formaler tatbestandlicher Erfassung verschiedener Handlungen oder Unterlassungen

a) Wiederholte Verwirklichung desselben Tatbestands

Keine echte Konkurrenzsituation liegt auch dann vor, wenn zwar formal-begrifflich die 31
mehrfache Verwirklichung eines Straftatbestands festgestellt werden kann, aber das
ganze Geschehen eine als eine einzige Tat aufzufassende **Sinneinheit** bildet: Wer auf
sein Opfer **mehrfach** hintereinander **einschlägt**, hat nicht mehrere Körperverletzungen – gar in Tatmehrheit – begangen, sondern *eine* **Straftat nach § 223 I**. Diese ist
freilich wegen der mehrfachen Schläge im Verhältnis zu einer solchen mit nur einem
einmaligen Zuschlagen mit gleicher Intensität als gravierender einzustufen. Entsprechendes gilt für den **Dieb**, der ein **Pelzgeschäft „ausräumt"** und dabei nacheinander
einzelne Pelzmäntel zu seinem Auto trägt und so i. S. des § 242 I an sich mehrfach
wegnimmt, aber dennoch nur *einen* Diebstahl begeht. Die durchaus begründbaren einzelnen Diebstähle – man spricht insoweit von **iterativer** (= sich wiederholender)
Tatbestandserfüllung – werden durch den einen gewichtigeren verdrängt.

Hierin liegt der nach wie vor **berechtigte Kern** der von der Rechtsprechung früher sehr stark aus- 32
gedehnten, inzwischen aber weitgehend zurückgenommenen „Rechtsfigur" der **fortgesetzten Tat**.
Die fortgesetzte Tat diente dazu, den Anwendungsbereich der Realkonkurrenz nach § 53 bei Handlungsreihen mit gleichartig wiederkehrender Tatbestandsverwirklichung massiv einzuschränken.[22]

Für die Annahme einer einzigen fortgesetzten Tat wurde früher lediglich vorausgesetzt, dass 33
die **Einzelakte** der Handlungsreihe sich gegen das **gleiche Rechtsgut** richten, gleichartig in der
Begehungsweise sind und von einem „**Gesamtvorsatz**" getragen werden, der die gesamte fortgesetzte Tat in ihren wesentlichen Grundzügen nach Zeit, Ort und Art der Begehung sowie der
Person des Verletzten umfassen muss.[23] Im Einzelnen war freilich manches unklar. In der Literatur
wurde teilweise statt eines „Gesamtvorsatzes" sogar ein bloßer „**Fortsetzungsvorsatz**" als ausreichend angesehen. Er sollte vorliegen, wenn der spätere Entschluss eine Fortsetzung des vorangegangenen darstellte, sodass zwischen den einzelnen Entschlüssen eine „fortlaufende psychische
Linie" bestand.[24]

---

[21] Vgl. dazu etwa *Eser*, in: Schönke/Schröder[30], § 113 Rn. 3, 43, 45/46; *Wessels/Hettinger/Engländer*, BT 1[42], Rn. 698, jew. m. w. N.

[22] Vgl. etwa RGSt 70, 243, 244 (erklärt sich „aus den Bedürfnissen des Lebens"); BGHSt 5, 136, 138.

[23] Vgl. etwa BGHSt 26, 4, 7 ff.

[24] S. dazu etwa *Stree*, in: Schönke/Schröder[25], Vor § 52 Rn. 52.

34 Der BGH hat das Institut der **fortgesetzten Tat** durch die Entscheidung seines Großen Senats für Strafsachen[25] inzwischen auf den auch hier als berechtigt ausgewiesenen **Kern reduziert:** Die Verbindung mehrerer Verhaltensweisen, die bereits für sich genommen einen bestimmten Straftatbestand verwirklichen, zu einer einzigen Straftat ist nur sachgerecht, wenn es dessen bedarf, um das verwirklichte **spezifische Unrecht** (unter Einschluss von Schuldaspekten) angemessen zu erfassen. Ob diese Verbindung dazu erforderlich ist, richtet sich nach dem jeweils in Frage stehenden Tatbestand.

b) Sukzessive Verwirklichung desselben Tatbestands

35 Eine als eine einzige Tat aufzufassende Sinneinheit liegt auch bei **sukzessiver** (= schrittweise erfolgender) **Tatbestandsverwirklichung** vor. Zu denken ist hier etwa an **mehrere** mit **Tötungsvorsatz** ausgeführte **Schläge** mit einem Hammer auf den Kopf des Opfers, deren letzter den Tod herbeiführt. Hier liegen zwar in Bezug auf jeden einzelnen Schlag die Voraussetzungen eines versuchten Tötungsdelikts vor. Diese **Versuche** haben aber neben dem vollendeten Tötungsdelikt keine selbstständige Bedeutung, sondern gehen gleichsam in demselben auf – werden von ihm **verdrängt**. Das bedeutet allerdings nicht etwa, dass diese sachlich irgendwie entfallen. Vielmehr bezieht sich der Schuldspruch wegen Vollendungstat auch auf die Versuchstaten, die in diese einmünden. Diese werden also **materiell integriert** und sind daher auch ihrerseits Grundlage der an diesen Schuldspruch anknüpfenden Strafe.

c) Mitbestrafte Vor- oder Nachtat

36 Eine solche **materielle Integration** findet auch in den Fällen der sog. mitbestraften Vor- oder Nachtat statt: Die **Unterschlagung** des **Wagenschlüssels** (§ 246 I) ist im Verhältnis zum späteren **Diebstahl** des **Wagens** (§§ 242 I, 243 I 2 Nr. 2) mitbestrafte Vortat.[26] Mitbestrafte Nachtat zum **Diebstahl** (§ 242 I) ist die **Sachbeschädigung** (§ 303 I) durch **Zerstörung** der **entwendeten Sache**.[27] In solchen Fällen spielt der Gedanke der genügenden Erfassung des verwirklichten Unrechts durch die Bestrafung wegen des vorrangigen Delikts – welches das Unrecht des nachrangigen integriert – eine wichtige Rolle. Auf diese Weise ist eine **Konzentration** des **Schuldspruchs** auf das Wesentliche möglich.

---

[25] BGHSt 40, 138 ff.; instruktiv dazu *v. Heintschel-Heinegg,* in: MünchKommStGB³, § 52 Rn. 62; *Jäger,* in: SK StGB⁹, Vor § 52 Rn. 33 ff., jew. m. w. N.

[26] Zur mitbestraften Vortat vgl. etwa *Fischer*⁶⁶, Vor § 52 Rn. 64. – Dieser Gedanke der mitbestraften Vortat ist auch nach Einführung der formellen Subsidiaritätsklausel durch das 6. StrRG nicht entbehrlich geworden, da es sich bei ihr um eine überflüssigerweise ins Gesetz aufgenommene bloße Konkurrenzregel ohne tatbestandseinschränkende Funktion handelt, welche die materiellen Konkurrenzregeln unberührt lässt; näher *Freund/Putz,* NStZ 2003, 242, 245 f.

[27] *Fischer*⁶⁶, § 242 Rn. 59; *Sternberg-Lieben/Bosch,* in: Schönke/Schröder³⁰, Vor § 52 Rn. 131.

II. Einheitliche Straftat (Straftateinheit) – Rechtsfolgen

Auch der **Urkundenfälscher**, der das Falsifikat **später so verwendet**, wie er es von Anfang an vorhatte, begeht insgesamt nur *eine* Urkundenfälschung und wird nicht etwa wegen des Herstellens einer unechten Urkunde *und* wegen des späteren Gebrauchens einer unechten Urkunde – also wegen zweier Urkundenstraftaten – bestraft. Da die Tatbestandsverwirklichungsform des Herstellens einer unechten Urkunde sachlich eine **Vorbereitungshandlung** für den **späteren Gebrauch** erfasst und das Gebrauchmachen von einer unechten Urkunde im Hinblick auf die betroffenen Rechtsgüterschutzinteressen mithin die verletzungsnähere Verwirklichungsform bildet, ist das **Herstellen** als bei der Bestrafung wegen des Gebrauchmachens **mitbestrafte Vortat** aufzufassen.[28] In einem solchen Fall bleibt das verwirklichte Unrecht des Herstellens bei der Bestrafung nicht etwa außer Betracht. Vielmehr bezieht sich der Schuldspruch wegen des Gebrauchens speziell auf den Gebrauch einer zu diesem Zweck selbst hergestellten unechten Urkunde. Und genau dieser umfassende Vorwurfsgegenstand des Schuldspruchs bildet sodann auch die Grundlage für die weitere Rechtsfolgebestimmung (Strafzumessung).

37

Entsprechend verhält es sich etwa auch mit der **Verabredung** eines später ausgeführten **Verbrechens**. Die Strafbarkeit nach § 30 II i. V. m. dem jeweiligen Verbrechenstatbestand tritt hinter der weitergehenden Strafbarkeit wegen der Ausführung des Verbrechens zurück. Man kann sagen: Sie wird **konsumiert** oder ist nur **subsidiär** einschlägig. – Die **Terminologie** ist hier – also jenseits der oben (§ 11) Rn. 20 ff. behandelten klaren Fälle der Spezialität – freilich **uneinheitlich** und z. T. auch **verwirrend**.[29] Wichtig ist bei alledem nur, dass die Annahme des Zurücktretens sachlich begründet wird. Bei der Verbrechensverabredung spricht für deren Zurücktreten die genügende **Erfassung** des gesamten **verwirklichten Unrechts** durch eine Bestrafung wegen der Verbrechens*ausführung*. Der entsprechende Schuldspruch bezieht sich auch und gerade auf die Ausführung der zuvor verabredeten Tat. Derselbe Gedanke taucht auch bei den im Folgenden diskutierten Konstellationen mehr oder weniger deutlich auf:

38

In vielen Fällen ist fraglich, ob etwa der **Dieb** oder **Betrüger** in Bezug auf die deliktisch erlangte fremde Sache durch nachfolgende Verwertungshandlungen noch zusätzlich die Voraussetzungen der **Unterschlagung** (§ 246 I) verwirklichen kann. Das ist sehr umstritten,[30] aber zumeist ergebnisirrelevant, weil ein entsprechender selbstständiger Schuldspruch jedenfalls im Konkurrenzwege mit Blick auf den Gedanken der **mitbestraften Nachtat** ausscheidet. Das darf in der strafrechtlichen **Fallbearbeitung** auch so gesagt werden. Vergleichbares gilt etwa für die Frage der

39

---

[28] S. dazu *Freund*, Urkundenstraftaten², Rn. 230.
[29] Zur „Konsumtion" und zur „Subsidiarität" näher etwa *Wessels/Beulke/Satzger*, AT⁴⁸, Rn. 1283 ff.
[30] Im Sinne eines Tatbestandsausschlusses etwa BGHSt 14, 38, 43 ff.; anders – nämlich für eine Lösung auf Konkurrenzebene – dagegen z. B. *Wessels/Hillenkamp/Schuhr*, BT 2⁴¹, Rn. 328 ff. m. w. N. – An diesem Problem hat sich auch nach der Einführung der formellen Subsidiarität bei § 246 durch das 6. StrRG nichts geändert.

zusätzlichen selbstständigen Betrugsstrafbarkeit bei mit Täuschungsmitteln ermöglichtem Diebstahl (sog. **Trickdiebstahl**).

40 Bei mit Täuschungs- oder Nötigungsmitteln nachträglich abgesichertem Diebstahl oder Betrug ist freilich Vorsicht geboten: Hier *kann* ein als Nachtat mitbestrafter bloßer **Sicherungsbetrug** oder eine mitbestrafte **Sicherungserpressung** vorliegen. Denkbar ist aber auch eine Akzentverlagerung auf den „zweiten Akt" des unwertigen Verhaltens und damit eine Einstufung des vorangegangenen Diebstahls oder Betrugs als **mitbestrafte Vortat** im Verhältnis zu der nachfolgenden **räuberischen Erpressung** (§§ 253, 255). Der Tatbestand des **räuberischen Diebstahls** (§ 252) normiert insoweit eine in den Rechtsfolgen äußerst strenge Spezialregelung für den Bereich des vorangegangenen und mit Mitteln des Raubes abgesicherten Diebstahl. Die Bestrafung erfolgt dann gleich einem Räuber. Das Verhältnis des räuberischen Diebstahls zur räuberischen Erpressung ist alles andere als klar. Insbesondere ist fraglich, ob bei Nichteingreifen des § 252 mit seinen engen Voraussetzungen eine solche Fälle **privilegierende Sperrwirkung** anzunehmen ist. § 252 könnte als *abschließende* Spezialregelung, aber auch als bloße gesetzliche Normierung eines kriminologisch bedeutsamen Phänotyps ohne weitergehenden normativen Aussagegehalt aufgefasst werden. Im letztgenannten Fall ist ein **Rückgriff** auf die Strafvorschrift zur **räuberischen Erpressung** bei Nichteingreifen des § 252 **zulässig** – ansonsten wird eine Strafbarkeitslücke produziert.[31]

41 Bei einem tatsächlich recht häufigen Nacheinander tatbestandsmäßigen **Begehungs**- und **Unterlassungsverhaltens** ist die Annahme einer mitbestraften Vor- oder Nachtat durchaus problematisch: Lässt der Täter sein Opfer, das er vorsätzlich lebensgefährlich **verletzt** hat, anschließend **verbluten**, obwohl er es noch retten könnte und von Rechts wegen auch müsste (§§ 212 I, 13, 323c I), wird er zwar „nur" wegen *eines* vorsätzlichen **Tötungsdelikts** (§ 212 I bzw. §§ 212 I, 13) schuldig gesprochen. Insbesondere tritt die unterlassene Hilfeleistung nach § 323c I hinter der weitergehenden Verantwortlichkeit wegen der Tötung durch begehungsgleiches Unterlassen zurück.[32] Jedoch hat nach zutreffender Auffassung die **Verantwortlichkeit** wegen des vorsätzlichen **Begehungsdelikts keineswegs Vorrang** vor der **begehungsgleichen Unterlassungsverantwortlichkeit** (§ 13).[33] Das gilt auch dann, wenn in der Unterlassungsphase kein schuldspruchrelevantes Qualifikationsmerkmal erfüllt wird. Umgekehrt verdrängt das begehungsgleiche Unterlassen die Tatbestandsverwirklichung durch Tun selbst dann nicht, wenn dadurch eine weitergehende Verantwortlichkeit – im Beispielsfall etwa durch die Verwirklichung von **Mordmerkmalen** – begründet wird. Vielmehr führt das nur zu dem insgesamt strengeren Schuldspruch wegen Mordes. Es ändert aber nichts daran, dass diesem Schuldspruch *auch* das tatbestandsmäßige Tun zugrunde liegt. Dabei muss man sich freilich von der falschen Vorstellung trennen, es handle sich um verschiedene Straftaten, von denen eine die andere verdrängen könne. Richtig ist nur, dass sich mehrere Verhaltensnormverstöße unterscheiden lassen, die je für

---

[31] Insoweit handelt es sich um ein Problem des Besonderen Teils, das hier nicht weiter diskutiert werden kann.
[32] S. dazu bereits oben (§ 11) Rn. 26.
[33] Anders noch die Vorauflage!

sich genommen bereits geeignet sind, eine tatbestandsspezifische Verhaltensmissbilligung zu tragen. Indessen würde mit einem Verdrängungskonzept der tatbestandsspezifische Unwertgehalt nicht ausgeschöpft. Insofern verhält es sich nicht anders als etwa bei den mehreren Schlägen, die dem Opfer verabreicht werden und die i. E. auch nur *eine* – im Verhältnis zu den einzelnen Schlägen gewichtigere(!) – tatbestandsmäßige Körperverletzung darstellen. Ein entsprechender Verhaltensnormverstoß darf nicht deshalb vernachlässigt werden, weil ein anderer vorausgegangen oder nachgefolgt ist. Das gilt auch für die Strafzumessung. Bei dieser darf er aber nur berücksichtigt werden, wenn sie auf einem **Schuldspruch** basiert, der sich auf **sämtliche tatbestandsspezifischen Verhaltensnormverstöße** bezieht. Diese Sacheinsicht wird nicht etwa deshalb irrelevant, weil man dem Schuldspruch – z. B. wegen Körperverletzung, wegen Totschlags oder wegen Mordes nicht ohne Weiteres ansieht, worin sein Bezugsgegenstand besteht – also ob ihm *nur ein* tatbestandsspezifischer Verhaltensnormverstoß oder ob ihm *mehrere* solcher Verstöße (begangen durch Tun und/oder begehungsgleiches Unterlassen) zugrunde liegen. Das näher aufzuzeigen ist **Aufgabe der Urteilsbegründung**.

Vor diesem Hintergrund ist die beliebte **Formel von „Schwerpunkt der Vorwerfbarkeit"** verfehlt, sofern damit bestimmte (minder gewichtige) Vorwurfsgegenstände bei der strafrechtlichen Bewertung außer Betracht bleiben sollen. Wenn die nähere Klärung tatsächlich die Berechtigung eines unterschiedlich gewichtigen Vorwurfs etwa in Bezug auf ein Tun und ein Unterlassen ergibt, erfüllt die Formel auch als eine Art Konkurrenzregel keine sinnvolle Funktion: Hat jemand durch unterschiedliche Verhaltensweisen mehrere Straftatbestände oder denselben Straftatbestand mehrfach verwirklicht, muss das der Schuldspruch erfassen und muss das bei der Bestimmung der richtigen strafrechtlichen Reaktion berücksichtigt werden. Es wäre verfehlt, nicht unerhebliches Unrecht nur deshalb gleichsam unter den Tisch fallen zu lassen, weil der Betreffende noch gewichtigeres begangen hat. 42

Das gilt – sowohl für den **Bezugsgegenstand des Schuldspruchs** als auch für die **Strafzumessung** – bei der Verwirklichung eines Straftatbestands durch mehrere Handlungen oder Unterlassungen. Niemand käme – hoffentlich – auf die Idee, dem „Aktiv-Täter" einer durch mehrere Schläge begangenen Körperverletzung i. S. einer „Schwerpunktsetzung" nur die schwersten anzulasten, die er gegen sein Opfer geführt hat. Dementsprechend ist aber auch zu berücksichtigen, dass das tatbestandsmäßige Fehlverhalten das zu Verletzungen oder zum Tod des Opfers geführt hat, aus einer dem Täter insgesamt vorzuwerfenden Kombination von Tun und Unterlassen bestehen kann: Der Täter hat seinem Opfer, das nicht schwimmen kann, mit Tötungsvorsatz einen heftigen Schlag versetzt, damit es ins eiskalte Wasser fällt und ertrinkt; dies lässt er anschließend auch geschehen, obwohl er das Opfer leicht aus dem Wasser retten könnte. 43

Eine Orientierung an irgendwelchen „Schwerpunkten" würde dem Unwertgehalt dieser **Straftateinheit** nicht gerecht. Es wäre unangemessen zu sagen, der Täter habe sein Opfer nur durch tatbestandsmäßiges Tun oder nur durch tatbestandsmäßiges Unterlassen in seiner Körperintegrität beeinträchtigt bzw. getötet, 44 da beides zutrifft.³⁴ In der Sache handelt es sich letztlich³⁵ um eine einzige, und zwar **durch aktives Tun *und* begehungsgleiches Unterlassen begangene Tötung**, die auch als solche vorzuwerfen ist. Probleme mit dem Verständnis eines derartigen Delikts hat nur, wer bei Tun und Unterlassen mit verschiedenen Tatbestandskriterien arbeitet. Der Schuldspruch lautet in einem solchen Fall schlicht auf Totschlag bzw. – wenn ein Mordmerkmal in der Phase des Tuns *oder* des Unterlassens verwirklicht worden ist – auf Mord. Die Kombination der unterschiedlichen Verhaltensformen spielt für die Berechtigung dieses beide Verhaltensformen erfassenden Vorwurfs keine Rolle.

45 Die **vorsätzliche Tötung** durch begehungsgleiches Unterlassen (§§ 212 I, 13) hat im Schuldspruch Vorrang vor der ebenfalls gegebenen Verantwortlichkeit wegen **fahrlässiger Tötung** (§ 222) desselben Opfers. Beispiel: Der für einen **Verkehrsunfall** Verantwortliche lässt das lebensgefährlich **verletzte Opfer** trotz erkannter Hilfsmöglichkeit liegen, sodass es **verstirbt**. Da nur *ein* Mensch getötet wurde, hat neben der entsprechenden Vorsatzverantwortlichkeit die entsprechende Fahrlässigkeitsverantwortlichkeit keine selbstständige Bedeutung – mag diese auch an ein anderes Verhalten (das Vorverhalten) anknüpfen. Allerdings kommt dann die als Durchgangsstadium der fahrlässigen Tötung verwirklichte fahrlässige Körperverletzung im Schuldspruch wieder zum Zuge: §§ 212 I, 13; 229; 53. Denn der Schuldspruch wegen der vorsätzlichen Tötung (durch begehungsgleiches Unterlassen) vermag die vorangegangene fahrlässige Körperverletzung nicht zu integrieren.

d) Mitbestrafte regelmäßige oder typische Begleittat

46 Ein vergleichbarer Gedanke wie bei der mitbestraften Vor- oder Nachtat spielt in den Fällen der mitbestraften **regelmäßigen Begleittat** eine Rolle: In diesen Fällen verhält es sich zwar nicht wie bei einem von einem Qualifikationstatbestand verdrängten Grunddelikt, dessen Verwirklichung im Qualifikationstatbestand begriffsnotwendig vorausgesetzt und damit bei der entsprechenden Bestrafung auch bereits mit „abgegolten" wird. Vielmehr kann die verdrängende Strafnorm auch ohne die nur regelmäßig, aber nicht immer mitverwirklichte Begleittat eingreifen.

47 So ist etwa ein **Wohnungseinbruchsdiebstahl** (§§ 242 I, 244 I Nr. 3) auch ohne gleichzeitige Verwirklichung des Tatbestands des **Hausfriedensbruchs** denkbar. Dies ist etwa dann der Fall, wenn sich der Täter i. S. v. § 244 I Nr. 3 Fall 4 lediglich in der Wohnung verborgen hält, ohne zuvor vom Hausrechtsinhaber zu deren Verlassen aufgefordert worden zu sein, was tatbestandliche Voraussetzung

---

³⁴ Die gängige Regel des „Vorrangs" der Tatbestandsverwirklichung durch Tun (vgl. statt vieler etwa *Kuhlen*, FS Puppe, S. 669, 682; ferner auch *Freund*, AT², § 11 Rn. 40) ist daher zumindest missverständlich. Richtig ist nur, dass keine zwei vollendeten Taten vorliegen. Es handelt sich aber um *eine Tat*, die durch Tun *und* begehungsgleiches Unterlassen begangen worden ist. Nur diese Sichtweise gewährleistet – auch strafzumessungsrechtlich – die angemessene Erfassung des verwirklichten (Verhaltens-)Unrechts.

³⁵ Die Körperverletzung tritt nach allgemeinen Regeln als Durchgangsstadium hinter der Tötung zurück.

für ein aufforderungswidriges Verweilen i. S. v. § 123 I Fall 2 ist.[36] Ist das Delikt des Hausfriedensbruchs (§ 123) aber mitverwirklicht, so hat es neben der Strafbarkeit wegen Wohnungseinbruchsdiebstahls als regelmäßige Begleittat für die Strafbarkeit keine eigenständige Bedeutung mehr.[37] Entsprechendes gilt im Grundsatz für die gefährliche Körperverletzung (§ 224), die von der schweren Körperverletzung (§ 226) verdrängt wird.[38] Im Gegensatz dazu ist eine solche Verdrängung bei **Regelbeispielsnormen** jedenfalls auf der Basis ihrer bisherigen Einordnung als bloße Strafzumessungsregeln, die – von Sonderfällen wie der Vergewaltigung abgesehen – im Schuldspruch nicht auftauchen,[39] sachwidrig. Denn dadurch wird die Funktion des Schuldspruchs, das verwirklichte Unrecht zutreffend und möglichst vollständig zum Ausdruck zu bringen, nicht mehr gewahrt.[40] Die Sachlage würde sich ändern, wenn man in angemessener Weise auch die Verwirklichung von Regelbeispielsnormen im **Schuldspruch** zum Ausdruck brächte.[41] Deren weitgehende Vernachlässigung ist unter dem Aspekt der angemessenen strafrechtlichen Reaktion und der insofern wichtigen Klarstellungsfunktion des Schuldspruchs verfehlt.

e) Wiederum übergreifender Aspekt: Vorrang abschließender Sonderregeln

Wie bereits bei formaler Erfassung derselben Handlung oder Unterlassung durch verschiedene Sanktionsnormen kann auch bei formaler tatbestandlicher Erfassung verschiedener Handlungen oder Unterlassungen derselbe **übergreifende Gedanke** zur Bestimmung der Straftateinheit benannt werden: Verdrängenden Vorrang haben **abschließende Sonderregeln**.[42] *Ob* das der Fall ist, muss im jeweiligen Einzelfall

48

---

[36] Vgl. *Fischer*[66], § 123 Rn. 27 ff. – Wenn von manchen in derartigen Fällen eine Tatbestandsverwirklichung nach § 123 durch begehungsgleiches Unterlassen angenommen wird (vgl. etwa *Schäfer*, in: MünchKommStGB³, § 123 Rn. 26 m. w. N. auch zur antreffenden Gegenauffassung), so ist dies deshalb fehlerhaft, weil das bloße garantenpflichtwidrige Aufrechterhalten des unrechtmäßigen Zustands (des in der fremden Wohnung Verweilens) das gesetzliche Erfordernis des „Eindringens" nach Wortlaut und Ratio nicht zu erfüllen vermag. Jedenfalls sperrt hier die Entsprechensklausel des § 13 I die Strafbarkeit wegen Hausfriedensbruchs.
[37] *Fischer*[66], § 123 Rn. 45; *Heger*, in: Lackner/Kühl²⁹, § 123 Rn. 13; *Schäfer*, in: MünchKommStGB³, § 123 Rn. 69. Mit Blick auf eine Sachbeschädigung – z. B. an der Tür (§ 303) – ist die Frage sehr umstritten; vgl. dazu *Fischer*[66], § 303 Rn. 23; *Schmitz*, in: MünchKommStGB³, § 244 Rn. 79 i. V. m. § 243 Rn. 93; ferner den Anfragebeschluss BGH v. 06.03.2018 – 2 StR 481/17, BeckRS 2018, 19351, der für die Annahme von Tateinheit (§ 52) plädiert.
[38] I. d. S. etwa BGHSt 21, 194, 195; *Kühl*, in: Lackner/Kühl²⁹, § 224 Rn. 12. – Eine Ausnahme kann sich für § 224 I Nr. 5 ergeben, weil die schwere Folge i. S. des § 226 I Nr. 3 das Unrecht der Lebensgefährdung nicht erfasst; für die Annahme von Tateinheit in solchen Fällen BGHSt 53, 23 f.
[39] Vgl. BGH NJW 1998, 2987, 2988; *Freund*, GA 1999, 509, 512; *Kühl*, in: Lackner/Kühl²⁹, § 46 Rn. 21.
[40] In der Stoßrichtung zutreffend deshalb BGH NStZ 2001, 642 ff. (mit Blick auf §§ 242 I, 243 I 2 Nr. 1 u. 2) m. zust. Anm. *Kargl/Rüdiger*, NStZ 2002, 202 f. und *Sternberg-Lieben*, JZ 2002, 514 ff.
[41] Näher dazu *Eisele*, Die Regelbeispielsmethode, S. 379 f. m. w. N. pro et contra.
[42] S. dazu oben (§ 11) Rn. 28 ff.

unter Heranziehung der allgemeinen Regeln der Rechts- und Gesetzeskonkretisierung geklärt werden und wirft insoweit Probleme des **Besonderen Teils** auf, denen hier nicht weiter nachgegangen werden kann.[43]

3. *Rechtsfolgen bei Verdrängung von Strafgesetzen*

49   In den Fällen, in denen ein Strafgesetz durch eine erschöpfende Sonderregelung verdrängt wird, erscheint dasselbe nicht im Schuldspruch. Der **Schuldspruch** wird vielmehr nur durch die **verdrängende Sanktionsnorm** geprägt.

50   Soweit es sich um einen der seltenen Fälle der Verdrängung durch eine *privilegierende* **Spezialregelung** handelt, ist das verdrängte Strafgesetz als solches auch für den Strafausspruch unmaßgeblich. Im Falle des **Unbefugten Gebrauchs** eines **Kraftfahrzeugs** (§ 248b) darf der verdrängte **Benzindiebstahl** nicht als solcher geahndet werden. Nicht ausgeschlossen ist aber selbstverständlich eine tatbestandsimmanente Relevanz des verbrauchten Benzins bei der Bestrafung nach § 248b.

51   Handelt es sich gar um einen Fall, in dem die **Privilegierung** so weit geht, dass Straflosigkeit eintritt (also eine **Strafbarkeit** nach anderen Vorschriften **gesperrt** ist[44]), kommt es zum **Freispruch**.

52   In allen anderen Fällen kann das verdrängte Strafgesetz dagegen auch als solches rechtsfolgenrelevant werden. So darf z. B. die **Mindeststrafe** des verdrängten Gesetzes bei der Strafzumessung nicht unterschritten werden.[45] Außerdem sind u. U. **Nebenstrafen** oder **Maßnahmen** i. S. des § 11 I Nr. 8 mit Rücksicht auf das verwirklichte zurücktretende Delikt möglich.[46] Selbstverständlich wirken sich auch Straftaten, die im Schuldspruch als regelmäßige Begleittaten verdrängt werden (vgl. oben [§ 11] Rn. 46 f.), bei der Strafzumessung erschwerend aus. Eine solche Verdrängung führt nicht etwa dazu, dass diese Straftaten irrelevant werden. Vielmehr sind diese materiell im Schuldspruch nach dem vorrangigen Delikt integriert. Nur wenn und soweit dies der Fall ist, kann auf dieser Basis eine dem Gesetzlichkeitsgrundsatz entsprechende weitere Rechtsfolgebestimmung (Strafzumessung) stattfinden.

---

[43] Beispielsweise verdrängt nach zutreffender Auffassung das versuchte Tötungsdelikt die vollendete Körperverletzung nicht; vgl. dazu BGHSt 44, 196; s. a. *Eser/Sternberg-Lieben,* in: Schönke/Schröder[30], § 212 Rn. 23.

[44] Eine solche abschließende privilegierende Spezialvorschrift wird – allerdings mit äußerst zweifelhafter Argumentation – vor allem von der Rechtsprechung beim Tatbestand der Rechtsbeugung (§ 339) im Verhältnis zu sonst eingreifenden Strafvorschriften angenommen. Betroffen ist insbesondere die danach ausgeschlossene Strafbarkeit wegen Freiheitsberaubung; solange es die Todesstrafe gab, ging es auch um Mord (§ 211), Totschlag (§ 212) und fahrlässige Tötung (§ 222); vgl. dazu etwa BGHSt 10, 294 ff.; *Heger,* in: Lackner/Kühl[29], § 339 Rn. 11 m. w. N.

[45] Vgl. etwa BGHSt 20, 235, 238.

[46] Vgl. etwa BGHSt 19, 188, 189 f.

III. Mehrheit von Straftaten

Ob mehrere selbstständige Straftaten vorliegen oder nur eine einzige Straftateinheit, richtet sich nach dem unter II. Gesagten. Liegt danach auch materialiter nicht nur eine einzige Straftateinheit vor, sondern handelt es sich um mehrere selbstständige Straftaten (das Gesetz spricht dann in §§ 52 ff. von „mehreren Gesetzesverletzungen"), stellt sich die Frage des Verhältnisses dieser Mehrheit von Straftaten zueinander. Für dieses Problem der Konkurrenz mehrerer Straftaten i. S. v. selbstständigen Straftateinheiten hält das Gesetz zwei Modelle bereit: Die Regelung der **Tateinheit** (= Idealkonkurrenz) des § 52 und die Regelung der **Tatmehrheit** (= Realkonkurrenz) der §§ 53–55. – Nochmals zur Klarstellung: Sowohl die Tatmehrheit nach § 53 als auch die Tateinheit nach § 52 setzen das Vorliegen mehrerer Straftateinheiten voraus. Trotz der missverständlichen Bezeichnung „**Tateinheit**" handelt es sich nicht etwa um eine Tat, sondern um – zueinander im Verhältnis der Tateinheit stehende – **mehrere selbstständige Taten** i. S. des materiellen Strafrechts!

53

1. Idealkonkurrenz (Tateinheit)

§ 52 I bestimmt, dass bei Verletzung mehrerer Strafgesetze oder mehrfacher Verletzung desselben Strafgesetzes **„durch dieselbe Handlung"** – also bei sog. Tateinheit (= Idealkonkurrenz) – nur auf *eine* Strafe erkannt wird. Im ersten Fall spricht man von **ungleichartiger** und im zweiten Fall von **gleichartiger Idealkonkurrenz**. Bei ungleichartiger Idealkonkurrenz wird die Strafe nach dem Gesetz bestimmt, das die schwerste Strafe androht; und sie darf nicht milder sein, als die anderen anwendbaren Gesetze es zulassen (§ 52 II; zu weiteren Einzelheiten s. § 52 III, IV). Es gilt ein **eingeschränktes Absorptionsprinzip**.[47] Bei gleichartiger Idealkonkurrenz gibt es von vornherein nur einen Strafrahmen.

54

Gleichartige Idealkonkurrenz liegt z. B. vor bei **fahrlässiger Tötung zweier Menschen** durch einen einzigen **Fahrfehler** im Straßenverkehr (§§ 222, 222; 52). Um ungleichartige Idealkonkurrenz handelt es sich etwa, wenn die **betrügerische Täuschung** durch den **Gebrauch** einer **unechten Urkunde** bewirkt wurde (§§ 263 I, 267 I Fall 3; 52).

55

Die Annahme von Tateinheit erfordert keine vollkommene Kongruenz des jeweiligen tatbestandsmäßigen Verhaltens, vielmehr reicht dafür eine teilweise Überschneidung – also **Teilidentität** – aus.[48]

56

---

[47] *Fischer*[66], § 52 Rn. 2 ff.; *Kühl*, in: Lackner/Kühl[29], § 52 Rn. 8 ff.
[48] Vgl. etwa BGHSt 26, 24, 27 f. (weitere Straftatbestandserfüllung sogar erst in der Phase der materiellen Beendigung eines formell vollendeten Raubes); *Wessels/Beulke/Satzger*, AT[48], Rn. 1267 m. w. N.

57 Eine solche Teilidentität liegt allerdings nicht schon bei **bloß zeitlichem Zusammentreffen** vor: Der Täter, der nur bei Gelegenheit einer bestimmten Deliktsverwirklichung weitere Straftaten begeht, verwirklicht dieselben nicht „durch dieselbe Handlung" und damit nicht in Tateinheit im Sinne des § 52.[49]

58 Bedeutung hat das etwa für Straftaten, die mit einem **Hausfriedensbruch** (§ 123) oder einer **Freiheitsberaubung** (§ 239) zusammentreffen. Idealkonkurrenz etwa zwischen Körperverletzung und Freiheitsberaubung oder zwischen **Beleidigung** und Hausfriedensbruch oder zwischen Freiheitsberaubung und einem **Sexualdelikt** kann nur angenommen werden, wenn die Verwirklichung des einen Tatbestands bei materialer Betrachtung zugleich als **Teil der Verwirklichung des anderen** aufzufassen ist: Die Freiheitsberaubung wird durch Verabreichen von K.-o.-Tropfen bewirkt; der Schmähreden führende Beleidiger missachtet die Verbotsworte des Hausrechtsinhabers und unterstreicht durch den Hausfriedensbruch seine Missachtung; die Freiheitsberaubung durch Fesselung des Opfers ist zugleich Mittel der Gewaltanwendung beim Sexualdelikt.[50]

2. Realkonkurrenz (Tatmehrheit)

59 Verwirklichen „**mehrere selbstständige Handlungen**" die Voraussetzungen von mehreren Strafgesetzen oder desselben Strafgesetzes mehrmals – also bei sog. Tatmehrheit (= Realkonkurrenz) – und werden so mehrere Freiheitsstrafen oder Geldstrafen verwirkt, so wird bei gleichzeitiger Aburteilung aus den verwirkten Einzelstrafen eine **Gesamtstrafe** gebildet und nur auf diese erkannt (§ 53 I). Dabei wird grundsätzlich die verwirkte schwerste Strafe erhöht („geschärft"; sog. **Asperationsprinzip**[51]), ohne dass freilich die Gesamtstrafe die Summe der Einzelstrafen erreichen oder bei zeitiger Freiheitsstrafe das gesetzliche Höchstmaß von fünfzehn Jahren übersteigen darf (§ 54 II; zu weiteren Einzelheiten s. §§ 53–55).

60 **Realkonkurrenz** ist nach dem bisher Gesagten gleichsam **automatisch** anzunehmen, wenn nicht nur eine einzige Straftateinheit gegeben ist und die Voraussetzungen der Tateinheit nach § 52 nicht vorliegen: Bei mehreren selbstständigen Straftaten, die zueinander nicht im Verhältnis der Idealkonkurrenz stehen, bleibt nur das Verhältnis der Tatmehrheit übrig.

61 Dementsprechend sollte auch in der **Fallbearbeitung** vorgegangen werden. Zunächst ist es empfehlenswert zu klären, welche Straftateinheiten im Einzelnen vorliegen. Sodann sollte der Frage nachgegangen werden, ob und inwieweit die Voraussetzungen der Tateinheit bejaht werden können. Im Übrigen ist abschließend das Vorliegen von Tatmehrheit festzustellen, ohne dass es einer weiteren eigenständigen „Prüfung" bedarf.

---

[49] Vgl. dazu etwa v. *Heintschel-Heinegg*, in: MünchKommStGB³, § 52 Rn. 13 m. w. N.

[50] Weitere Fälle zum Nachdenken: Jemand feuert gleichzeitig zwei Pistolen auf zwei Menschen ab, oder er löst zugleich mit der Schussabgabe auf einen Menschen einen Fernzünder für eine Bombe aus, die mehrere Menschen tötet.

[51] *Kühl*, in: Lackner/Kühl²⁹, § 53 Rn. 3 ff.; *Sternberg-Lieben/Bosch*, in: Schönke/Schröder³⁰, § 54 Rn. 2 ff.

3. Kritik der gesetzlichen Differenzierung

Die im Gesetz vorgesehene **Differenzierung** zwischen Tateinheit und Tatmehrheit anhand des Differenzierungskriteriums, ob mehrere selbstständige Straftaten durch „dieselbe Handlung" oder durch „verschiedene Handlungen" verwirklicht wurden, ist sachlich **verfehlt**. Denn sie ist wegen ihres **primär naturalistischen Ausgangspunkts** nicht in der Lage, das sachliche Problem angemessen **normativ** zu verarbeiten, das sich stellt, wenn eine Person **mehrere Straftaten** begangen hat, die gleichzeitig abzuurteilen sind.

So ist nicht einsichtig zu machen, weshalb z. B. jemand, der durch **einen Knopfdruck** auf den Auslösemechanismus einer **ferngezündeten Bombe** gleichzeitig zwei Menschen tötet oder (ohne Tötungsvorsatz) verletzt, in den Rechtsfolgen anders behandelt werden soll, als derjenige, der gleichzeitig oder auch mit einigem zeitlichen Abstand hinterrücks **zwei Schüsse** aus zwei Pistolen auf dieselben Personen abfeuert und so tötet oder (ohne Tötungsvorsatz) verletzt. Im erstgenannten Fall handelt es sich aber geradezu um einen klassischen Fall der Idealkonkurrenz mit den entsprechenden Rechtsfolgen (§§ 211, 211; 52 bzw. 224, 224; 52) – jedenfalls in dem letztgenannten dagegen eindeutig um einen solchen der Realkonkurrenz (§§ 211, 211; 53 bzw. 224, 224; 53).[52] Wenn die **Praxis der Strafgerichte** derzeit dennoch meist zu einigermaßen akzeptablen Ergebnissen jedenfalls in der letztendlich verhängten Strafhöhe gelangt, so liegt das darin begründet, dass diese **Strafhöhenbemessung** im Grunde **ohne Rücksicht auf** die **gesetzlichen Weichenstellungen** der §§ 52, 53 vorgenommen wird. Die gesetzliche Differenzierung ist dann aber praktisch funktionslos. Sie sollte rechtspolitisch zugunsten eines stimmigen einheitlichen Konzepts der Rechtsfolgenbestimmung in solchen Fällen aufgegeben werden.[53]

Allerdings wäre es zu kurz gedacht, an die Stelle des **gesetzlichen Differenzierungskonzepts** einfach eine „Einheitsstrafe" zu setzen, wie sie etwa im Bereich des Jugendstrafrechts zu finden ist. Eine derartige **„Einheitsstrafe"** könnte leicht als noch **weitergehender Freibrief** für **richterliche Willkür** missverstanden werden. Vielmehr sind die durchaus berechtigten Grundgedanken, die im Kontext der **Gesamtstrafenbildung** geläufig sind, zu bewahren und gerade auch in den bisherigen Fällen der Tateinheit fruchtbar zu machen. Notwendig ist eine strikte Ausrichtung an den begangenen **materiellrechtlich selbstständigen Taten**. Auch bei mehreren Taten gilt es, die für die Rechtsfolgenbestimmung maßgeblichen Kriterien in Bezug auf jede einzelne Tat zu beachten.[54] Ein Abgleiten in ein **Täterstrafrecht** muss

---

[52] Kritisch zur gesetzlichen Differenzierung und mit weiteren Beispielen etwa auch *v. Heintschel-Heinegg*, in: MünchKommStGB³, Vor § 52 Rn. 6; s. a. *dens.*, FS Jakobs, 2007, S. 131, 145.

[53] Zu den hier nicht näher zu diskutierenden Möglichkeiten näher *Puppe*, in: NK⁵, § 52 Rn. 2 ff. m. w. N.; s. a. *Erb*, ZStW 117 (2005), 37 ff.; *Freund*, GA 2005, 321, 323 ff.; *v. Heintschel-Heinegg*, in: MünchKommStGB³, Vor § 52 Rn. 3 ff.

[54] Zu diesen Kriterien s. *Freund*, GA 1999, 509, 526 ff. Insofern genügt die bloße Erfassung des relevanten Strafzumessungs*sachverhalts* noch nicht; vielmehr ist auch eine entsprechende rechtliche Bewertung notwendig.

vermieden werden. Deshalb ist auch bei mehreren Taten im Grundsatz immer anzugeben, wie viel – vereinfacht gesprochen – die einzelne Tat dieses Täters wert ist. Dabei lassen sich ohne Weiteres bereits gewisse **Interdependenzen** der einzelnen Taten (wie etwa die identische Motivationslage oder Gewöhnungseffekte) angemessen berücksichtigen.

65   Erst auf dieser Basis von im **Grundsatz isolierten Tatbewertungen** kann in einem nächsten Schritt insbesondere dem Umstand Rechnung getragen werden, dass die **Kumulation** der an sich verdienten **Einzelstrafen** regelmäßig zu einer im Gesamtergebnis unangemessenen Reaktion auf die begangenen mehreren Straftaten führen würde.[55] Dabei ist der Abschlag begründungsbedürftig. Er muss – soll Recht gesprochen werden und keine Willkür walten – intersubjektiv für den Beschuldigten und die anderen Verfahrensbeteiligten (etwa das Opfer einer der begangenen Taten[56]) nachvollziehbar sein. In der materiellrechtlich entscheidenden Hinsicht gleich gelagerte Fälle müssen auch gleich entschieden werden. Die Relation zu der möglichen Reaktion auf bereits für sich genommen gewichtige Einzeltaten muss stimmen. Nur so lässt sich im Rechtsfolgenbereich wenigstens relative Gerechtigkeit[57] herstellen.

Vertiefungs- und Problemhinweise

66   *Deiters,* Strafzumessung bei mehrfach begründeter Strafbarkeit, 1999; *Erb,* Überlegungen zur Neuordnung der Konkurrenzen, ZStW 117 (2005), 37 ff.; *Freund,* Materiellrechtliche und prozessuale Facetten des gesamten Strafrechtssystems – Gedanken aus Anlass des „Marburger Strafrechtsgesprächs 2004", GA 2005, 321, 323 ff.; *Geerds,* Zur Lehre von der Konkurrenz im Strafrecht, 1961; *Geppert,* Grundzüge der Konkurrenzlehre (§§ 52–55 StGB), Jura 1982, 358 ff., 418 ff.; *v. Heintschel-Heinegg,* Die Konsumtion als eigenständige Form der Gesetzeskonkurrenz, FS Jakobs, 2007, S. 131 ff.; *Keller,* Zur tatbestandlichen Handlungseinheit, 2004; *Küpper,* Die „Sperrwirkung" strafrechtlicher Tatbestände, GS Meurer, 2002, S. 123 ff.; *Lang,* Die Idealkonkurrenz als Missverständnis – Zur Entwicklung der Konkurrenzen im 19. Jahrhundert, 2008; *Maatz,* Kann ein (nur) versuchtes schwereres Delikt den Tatbestand eines vollendeten milderen Delikts verdrängen?, NStZ 1995, 209 ff.; *Mitsch,* Konkurrenzen im Strafrecht, JuS 1993, 385 ff.; *ders.,* Gesetzeseinheit im Strafrecht, JuS 1993, 471 ff.; *Otto,* Mitbestrafte Nachtat, straflose Nachtat und nicht strafbares Verhalten, Jura 1994, 276 ff.; *Puppe,* Idealkonkurrenz

---

[55] Weiterführend dazu etwa *Deiters,* Strafzumessung, S. 15 ff., 60 ff.; *Erb,* ZStW 117 (2005), 37, 50 ff.; zur Bedeutung der Strafwirkung für die angemessene Reaktion auf die begangene(n) Straftat(en) vgl. *Freund,* GA 1999, 509, 531 ff.

[56] Zur Rolle des Opfers, die für die Wiederherstellung des gestörten Rechtsfriedens wichtig ist, s. etwa *Rössner,* FS Roxin, 2001, S. 977, 985 f. – Insofern ist die Einzeltatbewertung keineswegs fiktiv (wie etwa *Erb,* ZStW 117 [2005], 37, 47 annimmt), sondern auf die tatsächlich in einem bestimmten Kontext begangene Tat bezogen.

[57] Vgl. dazu den gleichnamigen Titel der Schrift von *Streng,* Strafzumessung und relative Gerechtigkeit, 1984.

und Einzelverbrechen, 1979; *Schmidhäuser,* Über die strafrechtliche Konkurrenzlehre, in: 140 Jahre Goltdammer's Archiv, 1993, S. 191 ff.; *Seher,* Zur strafrechtlichen Konkurrenzlehre – Dogmatische Strukturen und Grundfälle, JuS 2004, 392 ff., 482 ff.; *Seier,* Die Gesetzeseinheit und ihre Rechtsfolgen, Jura 1983, 225 ff.; *Struensee,* Die Konkurrenz bei Unterlassungsdelikten, 1971; *Tiedemann,* Grundzüge der Konkurrenzlehre, JuS 1987, L 17 ff.; *Walter,* Zur Lehre von den Konkurrenzen: Die Gesetzeskonkurrenz, JA 2005, 468 ff.; *Wolter,* Natürliche Handlungseinheit, normative Sinneinheit und Gesamtgeschehen, StV 1986, 315 ff.

Formelle Subsidiaritätsklauseln: Freund/Putz, Materiellrechtliche Strafbarkeit und formelle Subsidiarität der Unterschlagung (§ 246 StGB) wörtlich genommen – Zugleich eine Besprechung von BGH, Urt. v. 06.02.2002 – 1 StR 513/01, BGHSt 47, 243–245 = NStZ 2002, 480, in: NStZ 2003, 242 ff.; *Puppe,* AT-Rechtsprechung 2, § 53 Rn. 21 ff.

Fortgesetzte Tat: BGHSt (GS) 40, 138 ff.; *Arzt,* Die fortgesetzte Handlung geht – die Probleme bleiben, JZ 1994, 1000; *Geppert,* Zur straf- und strafverfahrensrechtlichen Bewältigung von Serienstraftaten nach Wegfall der Rechtsfigur der „fortgesetzten Handlung", NStZ 1996, 57 ff., 118 ff.; *Hamm,* Das Ende der „fortgesetzten Handlung", NJW 1994, 1636 f.; *Zieschang,* Tendenzen in der Rechtsprechung seit der Entscheidung des Großen Senats für Strafsachen zur fortgesetzten Handlung, GA 1997, 457 ff.; *Zschockelt,* Die praktische Handhabung nach dem Beschluss des Großen Senats für Strafsachen zur fortgesetzten Handlung, NStZ 1994, 361 ff.

Mitbestrafte Nachtat bei Verjährung der Vortat: BGHSt 38, 366, 368 f. m. Anm. *Stree,* JZ 1993, 476 f.

Sukzessive Tatbestandsverwirklichung: BGHSt 41, 368 ff. m. Anm. *Puppe,* JR 1996, 513 ff.; *Beulke/Satzger,* NStZ 1996, 432 f.; BGH NJW 1998, 619 f.

Idealkonkurrenz durch das Prinzip der Verklammerung: BGHSt 31, 29 ff.; BGH NJW 1998, 619 f.; *Peters,* Was bleibt von der „Idealkonkurrenz durch Klammerwirkung"?, JR 1993, 265 ff.

Wahlfeststellung, Präpendenz und Postpendenz: Dannecker, in: LK[12], Anh. § 1 Rn. 1 ff.; *Freund,* Nicht „entweder – oder", sondern „weder – noch"! – Zum Verstoß gesetzesalternativer Wahlfeststellung gegen Art. 103 II GG, FS Wolter, 2013, S. 35 ff.; *Freund/Rostalski,* Verfassungswidrigkeit des wahldeutigen Schuldspruchs – Zum eindeutigen Schuldspruch als dem zentralen Element der Bestrafung, JZ 2015, 164 ff.; *dies.,* Schlusswort: Zum Streit um die gesetzesalternative (sogenannte „echte") Wahlfeststellung (zu Stuckenberg, JZ 2015, 714 ff.) JZ 2015, 716 ff.; *Frister,* in: NK[5], Nach § 2 Rn. 1 ff., 54 ff., 75a ff.; *ders.,* AT[8], 2. Kap. Rn. 36 ff.; *Günther,* Verurteilungen im Strafprozeß trotz subsumtionsrelevanter Tatsachenzweifel – Ein Beitrag zum Institut der sog. „ungleichartigen Wahlfeststellung", 1976; *ders.,* Wahlfeststellung zwischen Betrug und Unterschlagung?, JZ 1976, 665 ff.; *Küper,* Probleme der „Postpendenzfeststellung" im Strafverfahren – Ein Beitrag zur Logik und Dogmatik der Wahlfeststellung, FS Richard Lange, 1976, S. 65 ff.; *ders.,* Wahlfeststellung und Anwendung des § 153 StGB bei einander widersprechenden Zeugenaussagen, NJW 1976, 1828 ff.; *ders.,* Probleme der Hehlerei bei ungewisser Vortatbeteiligung – Wahlfeststellung – in dubio pro reo – Tatsachenalternativität – Postpendenz – Tatbestandsreduktion, 1989; *Norouzi,* Grundfälle zur Wahlfeststellung, Präpendenz und Postpendenz, JuS 2008, 17 ff., 113 ff.; *Pohlreich,* Die Vereinbarkeit der echten Wahlfeststellung mit dem Grundgesetz, ZStW 128 (2016), 676 ff.; *Stuckenberg,* Entscheidungsbesprechung zur Verfassungsmäßigkeit der echten Wahlfeststellung, ZIS 2014, 461; *Wolter,* Strafbemessung bei alternativen Gesetzesverletzungen und Entscheidungsnormen – Ein notwendiger Gesetzesvorschlag (§ 55a StGB-E mit §§ 267a, 200, 207, 265, 266 StPO-E) – Wolfgang Frisch zum 70 Geburtstag, GA 2013, 271 ff.; *ders.,* Verjährung, Strafantrag, Wahlfeststellung, Konkurrenzen: strikte Prozessrechtsinstitute in materiellem Gewand – Gesetzlichkeitsgrundsatz, Gesetzalternativität und Großer Senat, GA 2016, 316 ff.; s. a. BGH NJW 2017, 2842 ff. (Zulässigkeit der gesetzesalternativen Verurteilung wegen Diebstahls oder gewerbsmäßiger Hehlerei); BGH 07.02.2018 – 2 StR 545/17, BeckRS 2018, 6106 (Keine Wahlfeststellung zwischen Diebstahl und Erpressung). – BVerfG v. 05.07.2019 – 2 BvR 167/18 hält in einem Kammerbeschluss die gesetzesalternative Verurteilung wegen Diebstahls oder Hehlerei ohne tragfähige Begründung für verfassungsgemäß. Dem ist nach wie vor entgegenzuhalten: Eine gesetzliche Ermächtigungsgrundlage, die eine solche Verurteilung gestattet, existiert nicht.

Fragen zu § 11: Straftateinheit und Mehrheit von Straftaten (Straftatenkonkurrenz)

67 1. Wie ist eine Straftateinheit zu bestimmen? § 11 Rn. 1 f., 18 ff.
2. Weshalb ist die Rede von der „Gesetzesverletzung" in § 52 schief? § 11 Rn. 11.
3. Was versteht man unter einer „mitbestraften Vor- oder Nachtat"? § 11 Rn. 36 ff.
4. Nennen Sie Fälle „mitbestrafter regelmäßiger oder typischer Begleittaten". § 11 Rn. 46 f.
5. Welche Rechtsfolgen ergeben sich bei Verdrängung von Strafgesetzen? § 11 Rn. 49 ff.
6. Erklären Sie die Begriffe der Tateinheit und der Tatmehrheit. § 11 Rn. 53 ff.
7. Inwiefern ist die gesetzliche Differenzierung zwischen Tateinheit und Tatmehrheit problematisch? § 11 Rn. 62 f.

§ 12 Fallbearbeitung

I. Ein grundlagenorientiertes Gliederungsschema

Gliederungsschema für das fahrlässige Begehungsdelikt, das fahrlässige begehungsgleiche Unterlassungsdelikt, das vorsätzliche Begehungsdelikt und das vorsätzliche begehungsgleiche Unterlassungsdelikt (jeweils als vollendetes Erfolgsdelikt):[1]

I. **Personales Verhaltensunrecht**[2]
1. Tatbestandsmäßiges Verhalten[3]

> Tatbestandsspezifisch missbilligte Schaffung oder Nichtabwendung von Möglichkeiten eines schadensträchtigen Verlaufs; zu beurteilen auf der Basis der für den Handelnden oder Unterlassenden verfügbaren Fakten („Perspektivenbetrachtung") unter Berücksichtigung der individuellen Momente von Verhaltensanforderungen[4] sowie der Sonderverantwortlichkeit.[5]

---

[1] S. dazu *Freund,* JuS 1997, 235 ff., 331 ff.; sich anschließend *Helmert,* Der Straftatbegriff in Europa, 2011, S. 278.

[2] Personales Verhaltensunrecht schließt die bisherigen „Schuld"-Aspekte ein.

[3] Bei Bejahung der Voraussetzungen kann über das Verhalten ein grundsätzliches Missbilligungsurteil gefällt werden; es kann deshalb nur ein *grundsätzliches* Missbilligungsurteil sein, weil es mit dem Vorbehalt des Eingreifens von Rechtfertigungsgründen bzw. des Eingreifens von Gründen, die einem (hinreichend) schuldhaften Verhalten entgegenstehen, zu versehen ist.

[4] Bisherige „objektive und individuelle Fahrlässigkeit" bzw. „missbilligte Gefahrenschaffung" und „missbilligte Nichtabwendung von Gefahren".

[5] Bisher so genannte „Garantenverantwortlichkeit/-stellung" beim begehungsgleichen Unterlassen; beim Begehen fehlt bisher (zu Unrecht) die entsprechende Kategorie; vgl. *Freund,* Erfolgsdelikt und Unterlassen, S. 68 ff.

2. Fehlen von Rechtfertigungsgründen[6]
3. Fehlen von Schuldausschließungs- oder Entschuldigungsgründen[7]

II. Weitere Sanktionserfordernisse

1. Tatbestandsmäßige Verhaltensfolge(n)

   Ein schadensträchtiger Verlauf hat sich ereignet, der hätte vermieden werden können und sollen[8]

2. Sonstige Sanktionserfordernisse
   - sog. objektive Strafbarkeitsbedingungen
   - Strafantrag (bzw. besonderes öffentliches Interesse)
   - fehlende Verjährung

Beim Versuch:
   - fehlender Rücktritt

III. Spezielle Voraussetzungen des Vorsatzdelikts

1. Vorsätzlichkeit des Verhaltensunrechts
   Kenntnis der Umstände, welche die nicht gerechtfertigte Tatbestandsverwirklichung begründen

   a) Vorsätzlichkeit des tatbestandsmäßigen Verhaltens: Erfassung der spezifischen tatbestandlichen Unwertdimension des Verhaltens[9]
   b) Fehlende Nichterfassung des Unrechtsgehalts des Verhaltens mit Blick auf die irrige Annahme von rechtfertigenden Umständen[10]

2. Vorsätzliche Herbeiführung oder Nichtabwendung der tatbestandsmäßigen Verhaltens*folge(n)*

   Realisierung der spezifischen Gefährlichkeit des Vorsatzdelikts[11]

---

[6] Beim Fehlen von Rechtfertigungsgründen wird das grundsätzliche Missbilligungsurteil vorläufig aufrechterhalten mit dem Vorbehalt des Eingreifens von Schuldausschließungs- oder Entschuldigungsgründen.

[7] Beim Fehlen derartiger Gründe kann ein *endgültiges* Missbilligungsurteil über das Verhalten gefällt werden. Zusammen mit der Bejahung der Voraussetzungen zu 1. und 2. liegt das für jede Bestrafung notwendige personale Verhaltensunrecht vor.

[8] Bisher sog. „(hypothetischer) Kausal- und (objektiver) Zurechnungszusammenhang" zwischen Verhalten und Erfolg.

[9] Bei Bejahung dieser Voraussetzungen liegt *grundsätzlich* vorsätzliches Verhaltensunrecht vor; grundsätzlich deshalb, weil das Fehlen von Vorsatzunrecht noch mit Blick auf die irrige Annahme von rechtfertigenden Umständen in Betracht zu ziehen ist.

[10] Das einschlägige Sachproblem wird bisher unter dem Stichwort des „Erlaubnistatbestandsirrtums" diskutiert.

[11] Bisher sog. „subjektiver Zurechnungszusammenhang" zwischen Vorsatztat und Erfolg. – Die jeweiligen *Zusatz*-Erfordernisse beim Vorsatzdelikt zeigen, dass das Unrecht des Fahrlässigkeitsdelikts in der Vorsatztat (als Minus) enthalten ist. Diese Einsicht hat wichtige theoretische und praktische Konsequenzen; vgl. dazu etwa BGHSt 17, 210; BGH(GS)St 39, 100, 104.

II. Weitere mögliche Gliederungsschemata

Fahrlässiges vollendetes Begehungserfolgsdelikt (z. B. §§ 222, 229 StGB)
I. Tatbestand
  1. Handlung
  2. Erfolg
  3. Kausalität
  4. Zurechnung
      a) Tatbestandsspezifisch missbilligte Risikoschaffung

      = missbilligte Schaffung einer entsprechenden Schädigungsmöglichkeit (Kriterien der spezifischen Vermeidepflicht: Erkennbarkeit, Vermeidbarkeit und rechtliches Vermeiden-Müssen seitens der konkreten Person) – bei gegebener Sonderverantwortlichkeit (= Prüfung des fahrlässigen Fehlverhaltens)[12]

      b) Realisierung des geschaffenen missbilligten Risikos im konkreten erfolgsverursachenden Geschehen

      = Realisierung der missbilligterweise geschaffenen Schädigungsmöglichkeit (genau diese Schädigungsmöglichkeit hätte vermieden werden können und sollen = Prüfung der spezifischen Fehlverhaltensfolge)

II. Fehlen von Rechtfertigungsgründen
III. Fehlen von Schuldausschließungs- oder Entschuldigungsgründen

Fahrlässiges vollendetes Unterlassungserfolgsdelikt (z. B. §§ 222, 229 StGB – durch begehungsgleiches Unterlassen unter klarstellendem Hinweis auf § 13 StGB)
I. Tatbestand
  1. Unterlassung
  2. Erfolg
  3. (Quasi-)Kausalität
  4. Zurechnung
      a) Tatbestandsspezifisch missbilligte Risikonichtabwendung

      = missbilligte Nichtabwendung einer entsprechenden Schädigungsmöglichkeit (Kriterien der spezifischen Vermeidepflicht: Erkennbarkeit, Vermeidbarkeit und rechtliches Vermeiden-Müssen seitens der konkreten Person) – bei gegebener Sonderverantwortlichkeit (sog. Garantenverantwortlichkeit) (= Prüfung des fahrlässigen Fehlverhaltens)[13]

      b) Realisierung des missbilligterweise nicht abgewendeten Risikos im konkreten erfolgsverursachenden Geschehen

---

[12] Die Prüfung des fahrlässigen Fehlverhaltens kann auch unmittelbar an die Kausalitätsprüfung angeschlossen oder mit der Prüfung der Handlung verbunden werden. Zu beachten ist dann nur, dass bei der späteren Prüfung der „Zurechnung" auf diese Fahrlässigkeitsprüfung Bezug zu nehmen und nur noch die Realisierung der missbilligterweise geschaffenen Schädigungsmöglichkeit festzustellen ist. Die Prüfung der tatbestandsrelevanten missbilligten Schaffung der Schädigungsmöglichkeit, die sich später realisiert, gehört bereits zum Prüfungsumfang des entsprechend fahrlässigen Fehlverhaltens.

[13] Für die mögliche Prüfung des fahrlässigen Fehlverhaltens an früherer Stelle gilt das für das fahrlässige Begehungserfolgsdelikt in (§ 12) Fn. 12 Gesagte sinngemäß.

= Realisierung der missbilligterweise nicht abgewendeten Schädigungsmöglichkeit (genau diese Schädigungsmöglichkeit hätte vermieden werden können und sollen = Prüfung der spezifischen Fehlverhaltensfolge)

II. Fehlen von Rechtfertigungsgründen
III. Fehlen von Schuldausschließungs- oder Entschuldigungsgründen

Vorsätzliches vollendetes Begehungserfolgsdelikt (z. B. §§ 212 I, 223 I, 303 I StGB)
I. Tatbestand[14]
 1. Handlung
 2. Erfolg
 3. Kausalität
 4. Zurechnung
    a) Tatbestandsspezifisch missbilligte Risikoschaffung

    = missbilligte Schaffung einer entsprechenden Schädigungsmöglichkeit (Kriterien der spezifischen Vermeidepflicht: Erkennbarkeit, Vermeidbarkeit und rechtliches Vermeiden-Müssen seitens der konkreten Person) – bei gegebener Sonderverantwortlichkeit

    b) Realisierung des geschaffenen missbilligten Risikos im konkreten erfolgsverursachenden Geschehen

    = Realisierung der missbilligterweise geschaffenen Schädigungsmöglichkeit (genau diese Schädigungsmöglichkeit hätte vermieden werden können und sollen)

 5. Tatbestandsvorsatz (in Bezug auf das Verhalten und die Erfolgsherbeiführung)
II. Fehlen von Rechtfertigungsgründen
III. Fehlen von Schuldausschließungs- oder Entschuldigungsgründen

Vorsätzliches vollendetes Unterlassungserfolgsdelikt (z. B. §§ 212 I, 223 I, 303 StGB I – durch begehungsgleiches Unterlassen unter klarstellendem Hinweis auf § 13 StGB)
I. Tatbestand[15]
 1. Unterlassung
 2. Erfolg

---

[14] Beim Vorsatzdelikt kann der Tatbestand auch folgendermaßen unterteilt werden:
 1. Tatbestandsmäßiges Verhalten und Erfolgssachverhalt
    a) Handlung
    b) Erfolg
    c) Kausalität
    d) Zurechnung
    aa) Tatbestandsspezifisch missbilligte Risikoschaffung
       = missbilligte Schaffung einer entsprechenden Schädigungsmöglichkeit (Kriterien: Erkennbarkeit, Vermeidbarkeit und rechtliches Vermeiden-Müssen) – bei gegebener Sonderverantwortlichkeit
    bb) Realisierung des geschaffenen missbilligten Risikos im konkreten erfolgsverursachenden Geschehen
       = Realisierung der missbilligterweise geschaffenen Schädigungsmöglichkeit
 2. Tatbestandsvorsatz (in Bezug auf das Verhalten und die Erfolgsherbeiführung).
[15] Für die mögliche Unterteilung des Tatbestands gilt das für das vorsätzliche Begehungserfolgsdelikt in (§ 12) Fn. 14 Gesagte sinngemäß.

3. (Quasi-)Kausalität
4. Zurechnung
   a) Tatbestandsspezifisch missbilligte Risikonichtabwendung

   = missbilligte Nichtabwendung einer entsprechenden Schädigungsmöglichkeit (Kriterien der spezifischen Vermeidepflicht: Erkennbarkeit, Vermeidbarkeit und rechtliches Vermeiden-Müssen seitens der konkreten Person) – bei gegebener Sonderverantwortlichkeit (sog. Garantenverantwortlichkeit)

   b) Realisierung des missbilligterweise nicht abgewendeten Risikos im konkreten erfolgsverursachenden Geschehen

   = Realisierung der missbilligterweise nicht abgewendeten Schädigungsmöglichkeit (genau diese Schädigungsmöglichkeit hätte vermieden werden können und sollen)

5. Tatbestandsvorsatz (in Bezug auf das Verhalten und die Erfolgsherbeiführung)

II. Fehlen von Rechtfertigungsgründen
III. Fehlen von Schuldausschließungs- oder Entschuldigungsgründen

Ein Vergleich der Prüfungsschemata ergibt nur einen einzigen sachlichen Unterschied: Bei Vorsatztaten ist *zusätzlich* das Vorsatzerfordernis zu prüfen. Ansonsten sind die Prüfungskriterien vollkommen identisch. Das gilt auch für die unterschiedlichen Verhaltensformen (Tun und Unterlassen).

III. Allgemeine Hinweise zur strafrechtlichen Gutachtentechnik[16]

Grundregeln der Fallbegutachtung: Der Sachverhalt darf nicht verändert werden. Die Prüfung wird in ihrem Umfang durch die Fallfrage begrenzt. Jede Straftat ist einzeln zu prüfen. Der Umfang der Darstellung hat sich an dem jeweiligen Problemgehalt zu orientieren. Überflüssige Ausführungen sind zu vermeiden.

1. Prüf- und Obersatzbildung

a) Der Eingangs-Obersatz (die Eingangsfrage/der Prüfsatz) wirft die nachfolgend zu beantwortende Frage nach der Deliktsverwirklichung durch den Handelnden oder Unterlassenden auf. Das als Anknüpfungspunkt für eine strafrechtliche Verantwortlichkeit gewählte Verhalten, die gesetzliche Benennung der geprüften Straftat und der einschlägige Gesetzesparagraph (ggf. nach Absatz, Satz und Nr. bzw. Fall) sind in der Eingangsfrage exakt anzugeben. Folgende Formulierungen bieten sich an:

Durch die heimliche Mitnahme des Rings aus dem Juwelierladen kann sich X eines Diebstahls gemäß § 242 I StGB schuldig gemacht haben.

---

[16] I. d. S. auch die „Allgemeinen Hinweise der Marburger Strafrechtslehrerinnen und Strafrechtslehrer zur Fallbearbeitung".

X kann, indem er den Ring aus dem Juwelierladen heimlich mitgenommen hat, einen Diebstahl gemäß § 242 I StGB begangen haben.

Statt eines Obersatzes kann eine Überschrift gebildet werden, z. B.:

§ 242 I StGB, Strafbarkeit des X wegen Diebstahls am Ring durch dessen Mitnahme aus dem Juwelierladen.

Bei mehreren möglichen Tatopfern ist auch anzugeben, auf welches Opfer sich die Prüfung bezieht:

§ 212 I StGB, Strafbarkeit des X wegen Totschlags an O durch den Schuss.

Beim Betrug ist anzugeben, wer getäuscht und wer geschädigt wurde:

Strafbarkeit des X wegen Betruges gegenüber A und zu Lasten des B durch die Angabe, das Fahrzeug sei unfallfrei (§ 263 I StGB).

b) Für die Beantwortung der mit dem Eingangs-Obersatz gestellten Frage müssen sodann schrittweise die einzelnen gesetzlichen Merkmale geprüft werden. Dabei ist darzulegen, ob das zu würdigende Verhalten und sonstige Geschehen – der Lebenssachverhalt – die einzelnen Voraussetzungen erfüllt, ob also darunter subsumiert werden kann. Hierzu bedarf es regelmäßig der weiteren Untergliederung in Untervoraussetzungen und damit der Bildung von Definitionen, unter die subsumiert werden kann (zur Subsumtion näher unten II).

Wenn die Tatbestandsverwirklichung jedenfalls an einem bestimmten einzelnen Tatbestandsmerkmal (etwa am fehlenden Vorsatz) scheitert, darf mit diesem Merkmal begonnen werden, soweit sich dadurch das Gutachten von für die Lösung des konkreten Falles irrelevantem „Ballast" freihalten lässt. In eindeutigen Fällen genügt der Satz, dass z. B. eine Strafbarkeit wegen Totschlags jedenfalls am nicht erfüllten Vorsatzerfordernis scheitert. Dieses durchaus erlaubte „Springen" dient der Konzentration auf das Wesentliche und der angemessenen Gewichtung.

Wenn die eingangs gestellte Frage bejaht werden soll, müssen selbstverständlich alle dafür zu erfüllenden Voraussetzungen im Gutachten erfasst werden. Dazu zählen nicht nur sämtliche gesetzlich ausdrücklich normierten Merkmale (Tatbestandsvoraussetzungen und sonstige geschriebene Merkmale). Zu beachten sind etwa auch ungeschriebene Tatbestandsmerkmale sowie ganz allgemein durch Rechtskonkretisierung zu ermittelnde (ungeschriebene) Voraussetzungen für die infrage stehende Rechtsfolge. Dazu gehört insbesondere das Erfordernis der grundsätzlichen tatbestandlichen Verhaltensmissbilligung, das für Vorsatz- und Fahrlässigkeitstaten gleichermaßen bedeutsam ist.

Auch eindeutig erfüllte Voraussetzungen dürfen nicht vollkommen übergangen werden, sondern sind durch eine entsprechende Aussage festzustellen. Bei Zweifeln, ob diese Aussage mit dem bereits Gesagten implizit verbunden ist, sollte sicherheitshalber die erforderliche Feststellung ausdrücklich getroffen werden:

A hat rechtswidrig und (hinreichend) schuldhaft gehandelt.

III. Allgemeine Hinweise zur strafrechtlichen Gutachtentechnik   465

2. Prüfung der gesetzlichen Straftatmerkmale, Subsumtion

Bei der Prüfung der Strafvorschrift wird im Einzelnen festgestellt, ob das zu würdigende Verhalten und sonstige Geschehen die im jeweiligen Obersatz genannten Bedingungen (Merkmale) erfüllt. Folgende vier Schritte lassen sich unterscheiden:

1. Benennung des zu prüfenden Merkmals.
2. Inhaltliche Bestimmung des Merkmals (Definition; ggf. ist die „richtige" Definition klärungsbedürftig; „Auslegungsproblem"; zu beachten: Art. 103 II GG/§ 1 StGB!).
3. Prüfung, ob der Lebenssachverhalt der vorgenommenen Merkmalsbestimmung entspricht (= Subsumtion im engeren Sinne).
4. Feststellung des Ergebnisses.

Zu achten ist auf den Gutachtenstil, der eine zunächst aufgeworfene Frage nach obigem Schema schrittweise beantwortet. Dagegen ist der vom Ergebnis ausgehende „Urteilsstil" zu vermeiden. (Bsp. für zu vermeidenden Urteilsstil: *Das von X an sich gebrachte Ding ist eine fremde Sache, weil es im Eigentum des Y steht.*)

Sollte das zu prüfende Erfordernis („Merkmal") relativ unproblematisch vorliegen, bietet sich eine Kurzsubsumtion an:

Bei dem Geldschein handelt es sich um einen körperlichen Gegenstand, also um eine Sache.

In absolut unproblematischen Fällen genügt eine lapidare Feststellung:

Der Ring ist eine Sache.

3. Straftataufbau

Welchen Verbrechensaufbau ein Bearbeiter seinem Gutachten zu Grunde legt, liegt allein bei ihm; insoweit gilt das Gebot absoluter Toleranz! Hiervon zu unterscheiden ist die Frage nach der konsequenten Umsetzung der gewählten Systematik. Innere Widersprüche sind insoweit stets gewichtige Fehler.

Die Untergliederung in einen „objektiven" und einen „subjektiven Tatbestand" ist zwar weit verbreitet, birgt aber die große Gefahr innerer Unstimmigkeiten. Sie wurde der Sache nach von einem Straftatsystem übernommen, nach dem Unrecht tatsächlich rein objektiv (= äußerlich) und Schuld rein subjektiv (= innerlich) bestimmt wurden – ein „subjektiver Unrechtstatbestand" im heutigen Sinne also gar nicht existierte: Vorsatz und Fahrlässigkeit waren vielmehr reine Schuldformen.

Da der so genannte „objektive Unrechtstatbestand" immer mehr oder weniger mit subjektiv-individuellen Momenten durchsetzt ist, kann eine insofern unverfängliche Benennung – ohne zu starke Abweichung von der weithin üblichen Vorgehensweise – folgendermaßen aussehen:

1. Tatbestandsmäßigkeit
   a) Tatbestandsmäßiges Verhalten und Erfolgssachverhalt
   b) Vorsätzliche Tatbestandsverwirklichung und *sonst. spezielle* subj. Merkmale (z. B. Absichten)

2. Fehlende Rechtfertigung
3. Hinreichende Schuldhaftigkeit
4. Sonstige Sanktionsvoraussetzungen

Aufbauschemata sollen zwar die Straftatprüfung leiten. Das stereotype „Abklappern" einzelner Elemente ist aber verfehlt. Wenn etwa keine Anhaltspunkte für Rechtfertigungs-, Schuldausschließungs- oder Entschuldigungsgründe bestehen, genügt der dieses Ergebnis zusammenfassende Satz, ohne die stereotype Untergliederung in die nicht gerechtfertigte Tatbestandsverwirklichung einerseits und die hinreichende schuldhafte Tatbegehung andererseits.

Bei der Prüfung einer Fahrlässigkeitstat hat sich ein einstufiges Aufbaumodell bewährt. Das fahrlässige Fehlverhalten wird nach diesem Konzept von vornherein individualisierend bestimmt, ohne dass in einer Vorstufe zunächst ein generalisierendes Fahrlässigkeitsurteil zu fällen ist. Für die Bewertung entscheidend ist allein die sachliche Argumentation zur Begründung oder Ablehnung eines (individuellen) Fehlverhaltens. Selbstverständlich kann auch ein zweistufiges Aufbaumodell zu Grunde gelegt werden. Dann bedarf es jedoch spätestens im Rahmen der Überlegungen zum (hinreichend) schuldhaften Fehlverhalten ebenfalls der Individualisierung des Fahrlässigkeitsurteils – also der Berücksichtigung der individuellen Verhältnisse der konkret handelnden oder unterlassenden Person. Falsch ist in diesem Zusammenhang das Gegensatzpaar „objektiver" vs. „subjektiver Fahrlässigkeits*maßstab*". Der Maßstab ist stets der des Rechts. Nur der Gegenstand der rechtlichen Bewertung ist unterschiedlich.

„Vorprüfungen" sind in der Regel unangemessen und daher zu vermeiden. Das gilt auch beim Versuch einer Straftat. Denn das Fehlen der Vollendung ist keine Voraussetzung des strafbaren Versuchs. Beim Vorliegen eines vollendeten Delikts geht die Versuchsstrafbarkeit in der Strafbarkeit wegen vollendeten Delikts auf. Sachlich handelt es sich also um ein Konkurrenzproblem. Allerdings wäre es unangemessen, bei Bejahung eines vollendeten Delikts stereotyp auf einen ebenfalls vorliegenden Versuch einzugehen. Vielmehr genügt in einem solchen Fall die Bejahung der weitergehenden (den Versuch mit umfassenden) Vollendungstat. Wenn Vollendung ernsthaft nicht in Betracht kommt, ist dazu kein Wort zu verlieren. Kommt dagegen eine Vollendungstat in Betracht, ist diese in einem eigenständigen Prüfungsabschnitt (und nicht etwa als „Vorspann" zur bereits begonnenen Versuchsprüfung) zu thematisieren.

Regelmäßig entbehrlich ist die verbreitete ausdrückliche Feststellung, dass der Versuch eines bestimmten Delikts strafbar ist. Vielmehr muss die gesetzliche Bestimmung, aus der sich die Versuchsstrafbarkeit ergibt (also bei Vergehen die jeweilige Norm des Besonderen Teils und bei Verbrechen §§ 23 I Fall 1, 12 I StGB), richtigerweise bereits beim Einstieg in die betreffende Prüfung – also im Eingangs-Obersatz – genannt werden. Denn nur Delikte, die das geltende Recht in strafgesetzlich normierter Form kennt, können im Hinblick auf das Vorliegen ihrer Voraussetzungen geprüft werden (nullum crimen sine lege). Deshalb ist die Prüfung eines dem geltenden Recht unbekannten Delikts schon im Ansatz verfehlt. Die Strafbarkeit des Versuchs kann dann jedoch nicht mehr als (weitere) Voraussetzung seines

III. Allgemeine Hinweise zur strafrechtlichen Gutachtentechnik

Vorliegens aufgefasst werden. Insoweit gilt für die Versuchsprüfung nichts anderes als für die Prüfung des vollendeten Delikts. Bei der Prüfung eines vollendeten Delikts käme auch niemand auf die Idee, (nochmals) ausdrücklich festzustellen, dass es überhaupt als Straftat – z. B. als Totschlag nach § 212 I StGB – gesetzlich normiert ist. Eine ausnahmsweise Thematisierung dieser Frage ist lediglich in den eher seltenen Fällen angebracht, in denen Probleme in Bezug auf die grundsätzliche Extension einer bestimmten Strafbarkeitsanordnung bestehen (etwa im Bereich der erfolgsqualifizierten Delikte, wo die Versuchsstrafbarkeit zweifelhaft sein kann). Im Einzelfall sinnvoll kann auch die ausdrückliche Feststellung sein, dass die Tat, deren Versuch als Straftat geprüft wird, ein Verbrechen ist. Auch dabei handelt es sich jedoch nicht um eine „Vorprüfung", sondern um die Feststellung der sachlichen Voraussetzungen des strafbaren Versuchs.

Der Eingangsobersatz bei der Prüfung eines strafbaren Versuchs kann z. B. lauten:

Mangels Vollendung kann A durch den Schuss auf B nur einen nach §§ 212 I, 22, 23 I, 12 I StGB strafbaren versuchten Totschlag begangen haben.

Für die Reihenfolge, in der in Betracht kommende Straftatbestände abgehandelt werden, haben sich folgende Gliederungsmöglichkeiten bewährt:

1. Unterscheidung zwischen Sachverhaltsabschnitten („Geschehensabschnitten", „Tatkomplexen"), die getrennt voneinander strafrechtlich gewürdigt werden können. Auch bei einer Orientierung an Geschehensabschnitten kann allerdings die Berücksichtigung später eingetretener Fehlverhaltensfolgen sinnvoll sein; z. B.: das im ersten Abschnitt fahrlässig verletzte Opfer erliegt im zweiten Abschnitt seinen Verletzungen.
2. Gliederung nach Beteiligten, beginnend mit demjenigen, der sich unmittelbar güterschädigend verhalten hat (der sog. „Tatnächste").
3. Gliederung nach Straftatbeständen, entweder in dramatischer Folge (beginnend mit dem schwersten Delikt) oder in chronologischer Folge (beginnend mit dem zeitlich ersten Delikt). Auch bei einer Orientierung am schwersten Delikt ist freilich die Prüfung des Grunddelikts vor der Qualifikation anzuraten.

Bisweilen ist es sinnvoll, gleich eine spezielle Strafnorm zu prüfen, statt zuvor in getrennten Prüfungen zugleich verwirklichte allgemeinere Straftaten abzuhandeln. Das gilt etwa für einen im Ergebnis zu bejahenden Raub. Hier ist am Ende allenfalls *ein* Satz zu den zugleich verwirklichten Tatbeständen des Diebstahls und der Nötigung angebracht.

Bei zu bejahendem Grunddelikt und in Frage kommender Qualifikation ist es *regelmäßig sinnvoll,* zuerst das Grunddelikt (etwa § 223 I StGB) durchzuprüfen und sodann die besonderen Voraussetzungen des Qualifikationstatbestands (etwa des § 224 I StGB) in einem neuen Prüfungsabschnitt zu erörtern. Diese Vorgehensweise ist sogar zwingend, wenn z. B. zwar das Grunddelikt bejaht, die Qualifikation aber verneint wird. Bei Bejahung auch der Qualifikation ist es aber immerhin *möglich* (wenngleich in der Prüfung der Qualifikationsmerkmale schwieriger), nur *einen* entsprechenden Prüfungsabschnitt zu bilden (§§ 223 I, 224 I StGB).

Von den näheren Umständen hängt es ab, ob überhaupt und an welcher Stelle genau z. B. auf subsidiäre oder sonst nicht selbstständig für die Strafbarkeitsfrage bedeutsame Delikte einzugehen ist. Bei bejahter Diebstahlsstrafbarkeit genügt u. U. ein Satz zur nachfolgenden Unterschlagung. Wenn eine Verantwortlichkeit wegen Totschlags in der Form aktiven Tuns bejaht worden ist, sind *regelmäßig* Ausführungen zur entsprechenden Verantwortlichkeit wegen begehungsgleichen Unterlassens oder gar zur unterlassenen Hilfeleistung gegenüber dem Totschlagsopfer entbehrlich. Entsprechendes gilt für die Teilnahme nach bejahter Täterschaft i. S. eines bestimmten Rechtsgutsangriffs oder für die Leistungserschleichung nach bejahtem Betrug.

4. Spezielle Hinweise zur Anfertigung von Strafrechtshausarbeiten

a) Formalien

Die Hausarbeit ist in Maschinenschrift (Schriftgröße 12 pt; 1 1/2-zeilig) auf tintenfestem Papier (Format DIN A 4) – einseitig beschrieben – mit ca 1/3 Rand auf der linken Blattseite anzufertigen und mit fortlaufenden Seitenzahlen zu versehen. Am Ende der Bearbeitung ist diese persönlich zu unterschreiben. Der Arbeit ist ein Deckblatt, der Aufgabentext (Abschreiben des Textes hilft beim „Verinnerlichen"), eine Gliederung sowie ein Literaturverzeichnis voranzustellen. Das **Deckblatt** soll oben links Name, Adresse, Matrikelnummer und Semesterzahl des Bearbeiters enthalten. Oben rechts können Ort und Datum angegeben werden. In der Mitte des Deckblatts ist die Bezeichnung der Übung, der Name des Übungsleiters, das gegenwärtige Semester und die Bezeichnung der Arbeit („1. Hausarbeit") anzugeben. Ein Abkürzungsverzeichnis ist nicht erforderlich. Es sind die gängigen Abkürzungen, wie sie etwa in Kommentaren und Lehrbüchern angegeben werden, zu benutzen.

Die **Gliederung** soll kein ausführlicher Inhaltsbericht sein. Sie soll weder den Deliktsaufbau wiedergeben noch ganze Sätze oder gar das Ergebnis der jeweiligen Prüfung beinhalten. Die Gliederung soll vielmehr den Gedankengang der Arbeit erkennbar machen. Hauptgliederungspunkte sind ggf. Geschehensabschnitte und Beteiligte (s. o.) und jedenfalls jeder geprüfte Straftatbestand. Jede Gliederungsebene muss mindestens zwei Punkte umfassen (Wer „A" sagt, muss auch „B" sagen!).

Bewährt hat sich folgendes Gliederungssystem:
1. Teil
  A.
    I.
      1.
        a)
          aa)
            (1)
              (a)
                (aa)

III. Allgemeine Hinweise zur strafrechtlichen Gutachtentechnik

Gliederungsangaben in Frageform sind zu vermeiden. Da die Gliederung zugleich als Inhaltsverzeichnis dient, ist bei jedem Gliederungspunkt die Seitenzahl anzugeben, auf der in der Ausarbeitung die Erörterung dieser Sachfrage beginnt. Das Gutachten selbst ist mit arabischen Seitenzahlen zu versehen; bis dahin sind römische Zahlen zu verwenden.

In das **Literaturverzeichnis** sind alle zitierten Werke wie insbesondere Kommentare, Lehrbücher und Grundrisse, Monografien, Dissertationen, Beiträge in Sammelwerken und Festschriften sowie Aufsätze in Zeitschriften und Anmerkungen zu Gerichtsentscheidungen aufzunehmen. Die Werke müssen in alphabetischer Reihenfolge der Autoren aufgelistet werden. Anzustreben ist die Verwendung der jeweils jüngsten Auflage eines Werkes. Gerichtsentscheidungen, Entscheidungssammlungen, Gesetzesblätter und Gesetzesmaterialien dürfen nicht in das Literaturverzeichnis aufgenommen werden. Die Angaben zu den jeweiligen Werken und Beiträgen werden mit einem Punkt abgeschlossen.

Kommentare, Lehrbücher und Monografien sind grundsätzlich nach Verfasser (Herausgeber), Titel, Auflage und Erscheinungsjahr aufzunehmen. Titel und Berufsbezeichnungen der Verfasser/Herausgeber werden nicht genannt. Einige Kommentare werden nicht nach ihren Verfassern benannt („Leipziger Kommentar", „Systematischer Kommentar zum Strafgesetzbuch" etc.). Diese Werke ordnet man alphabetisch nach diesen Begriffen ein, also nicht unter ihren Herausgebern oder Bearbeitern. Ein Hinweis auf das Werk unter dem Bearbeiternamen ist freilich möglich und sinnvoll. Bei im Buchhandel nicht erhältlichen Dissertationen tritt zum Erscheinungsjahr die Angabe „Diss. [Universität], [Promotionsjahr]". Bei Aufsätzen wird nach Verfasser und Titel die Fundstelle der Anfangsseite des Aufsatzes angegeben; bei Festschriftenbeiträgen nach einem eventuellen Titel die Angabe „Festschrift für N. N.", das Jahr und die Anfangsseite des Beitrages. Bei Anmerkungen zu Gerichtsentscheidungen und Buchbesprechungen sind die besprochene Entscheidung bzw. Verfasser und Titel des besprochenen Werkes anzugeben.

Am Beginn des **Fußnotentextes** ist ein Großbuchstabe zu verwenden. Am Ende steht immer (nur) *ein* Punkt (falsch: 31 f..). Bei Zeitschriftenaufsätzen und Beiträgen zu Festschriften und Sammelbänden wird der Titel der Abhandlung in der Regel weggelassen. Sowohl bei derartigen Beiträgen als auch bei Gerichtsentscheidungen wird immer die Anfangsseite und die in Bezug genommene Seite zitiert. Gibt es mehrere Autoren oder Bearbeiter, so ist der Autor oder Bearbeiter des jeweiligen Abschnitts anzugeben (*Eser/Bosch*, in: Schönke/Schröder, § 242 Rn. 4). Wird in den Fußnoten nicht der volle Titel eines Werkes wiederholt, so ist im Literaturverzeichnis der verwendete Kurztitel anzugeben. Der Hinweis „aaO." sollte vermieden werden. Bei Zeitschriften und Entscheidungssammlungen folgt die Seitenzahl unmittelbar hinter dem Komma, ohne dass S. vor die Seitenzahl gestellt wird.

Bei der Auswahl der zitierten Beiträge und Werke ist auf qualitativ hochwertige Nachweise zu achten. Primärquellen sind vorrangig heranzuziehen. Nicht alles, was man in irgendwelchen Skripten oder im Internet findet, ist zitierfähig!

Werden im Gutachten fremde Gedanken wiedergegeben oder sonst verwertet, so sind diese mit einem Beleg zu versehen. „Blindzitate" und mittelbare Zitate sind zu unterlassen. Es muss nachgewiesen werden, von wem der Gedanke stammt und wo dieser veröffentlicht ist. Die Herkunft der fremden Gedanken ist durch eine Fußnote auf der jeweiligen Seite genau anzugeben. Wörtliche Zitate sollten jedoch die Ausnahme bilden. Sie sollten – bei größtmöglicher Kürze – nur dann verwendet werden, wenn sonst spezifische Aussagegehalte verlorengehen. Auf den zu prüfenden Sachverhalt bezogene Zitate sind verfehlt. Hat man etwa festgestellt, dass X sich strafbar gemacht habe, darf dieses Ergebnis nicht mit einer Fußnote belegt werden, weil sich der Zitierte zu diesem Sachverhalt nicht geäußert hat. Die Nachweise in den Fußnoten sind in eine sinnvolle Ordnung zu bringen: In der Regel sind Gerichte vor Autoren und Bundesgerichte vor anderen Gerichten zu nennen.

b) Fallbearbeitung, Art der Darstellung und Bewertungskriterien

Die Lösung des Falles sollte bei der Einleitungsfrage abwechseln. Hierzu bieten sich folgende Formulierungen an:

X kann sich durch [Benennung des geprüften Verhaltens] des Betruges gem. § 263 I StGB schuldig gemacht haben; A kann einen Betrug gem. § 263 I StGB begangen haben, indem er [Benennung des geprüften Verhaltens]; X kann sich durch [Benennung des geprüften Verhaltens] wegen versuchten Betruges gem. § 263 I StGB strafbar gemacht haben.

In der sprachlichen Formulierung verfehlt ist die weit verbreitete Kombination von „des" und „strafbar" in der Einleitungsfrage. Richtige Formulierungen lauten etwa:

*X kann sich ... **wegen** Betruges **strafbar** gemacht haben bzw. X kann sich ... **des** Betruges **schuldig** gemacht haben.*

Die Verwendung des Konjunktivs ist zwar weit verbreitet, aber zumindest missverständlich. Dass etwas als möglicherweise gegeben geprüft werden soll, kommt durch die Formulierung „kann" bereits hinreichend zum Ausdruck.

Bei der Erstellung eines Gutachtens geht es nicht zuletzt darum, Rechtsprobleme eines Sachverhalts zu erfassen und diese einer vertretbaren Lösung zuzuführen. Bei der Bearbeitung des Falles sind die einschlägige Literatur und Rechtsprechung zu berücksichtigen. Das Gutachten soll sich jedoch nicht in der Wiedergabe vorgefundener Auffassungen erschöpfen. Die Fallrelevanz ist stets im Auge zu behalten und durch konkrete Subsumtion deutlich zu machen. Zu Streitfragen, die für die Entscheidung des Falles erheblich sind (und nur zu diesen!), soll der Bearbeiter in kritischer Auseinandersetzung mit den in Rechtsprechung und Literatur vorgetragenen Erwägungen *selbstständig* Stellung nehmen. Die Beantwortung einer Rechtsfrage erfolgt nicht in der Auseinandersetzung mit Gerichten, Autoren oder Theorien, sondern mit deren *Argumenten*. Darstellungen nach dem Schema: a) Auffassung des BGH, b) Auffassung des OLG Stuttgart, c) Auffassung Schmidhäuser, d) Auffassung Otto, e) Streitentscheidung – sind zwar bequemer, aber im Rahmen rechtsgutachterlicher Fallbearbeitung kein Ausweis überdurchschnittlicher Qualifikation. Führen konkurrierende Auffassungen im konkreten Fall zum selben Ergebnis, gewährleistet dieser Gleichlauf im Ergebnis allein noch keine Ergebnisrichtigkeit.

Vielmehr muss die Richtigkeit des Ergebnisses stets sachlich begründet werden. Ist das geschehen, erübrigt sich eine Stellungnahme zu Konzepten, die mit abweichender Begründung zum identischen Ergebnis gelangen. Beispiel: Hat man dargelegt, dass im Falle eines Erlaubnistatbestandsirrtums eine Vorsatzbestrafung ausscheidet, bedarf es keiner – gar ablehnenden – Stellungnahme zur Vorsatztheorie, die in derartigen Fällen ebenfalls zum Ausschluss der Vorsatzstrafe gelangt.

Die Lösung ist auf die für den jeweiligen Fall relevanten (d. h. entscheidungserheblichen!) Probleme zu beschränken. Unproblematisches ist kurz und knapp abzuhandeln oder in absolut unproblematischen Fällen einfach festzustellen. Problematisches bedarf hingegen ausführlicher Erörterung. Verweise nach oben sind zulässig, solche nach unten unzulässig. Die Darstellung muss verständlich sein. Formulierungen wie „ich halte diese Auffassung für nicht überzeugend" oder „meines Erachtens" sind fehl am Platz – alles, was der Bearbeiter in dem Gutachten schreibt, ist sein Erachten. Formulierungen wie „zweifellos", „offensichtlich", „eindeutig", „keinesfalls" indizieren das Fehlen von Argumenten. Ein lapidarer Hinweis auf die „herrschende Meinung" oder „herrschende Lehre" stellt eine bloße Behauptung dar und ersetzt nicht die im gegebenen Fall erforderliche Begründung.

Wesentliche Kriterien für die Bewertung der Arbeit sind das Erfassen der Probleme des Sachverhalts, eine richtige Gewichtung, Methodensicherheit, die Art der Darstellung, das Argumentationsniveau sowie die Reichhaltigkeit und Überzeugungskraft der Argumente.

Der Gesetzeswortlaut ist dem Leser des Gutachtens bekannt und daher nicht abzuschreiben. Es ist ausreichend, wenn die entsprechenden Gesetzesvorschriften im Gutachten genau angegeben werden.

Hausarbeiten werden zur selbstständigen Bearbeitung ausgegeben. Das Gebot, die Lösung der gestellten Aufgabe ohne fremde Hilfe anzufertigen, findet seine Erklärung auch darin, dass die Anfertigung von Aufsichts- und Hausarbeiten als Möglichkeit studienbegleitender Selbstkontrolle gedacht ist. Die Arbeit muss sorgfältig auf Schreib- und Satzzeichenfehler durchgesehen werden. Der Abgabetermin ist einzuhalten. Spezielle Hinweise des Aufgabenstellers sind strikt zu befolgen.

Literatur (Auswahl): Arzt, Die Strafrechtsklausur;[7] *Freund,* Der Aufbau der Straftat in der Fallbearbeitung, JuS 1997, 235 ff., 331 ff.; *ders.,* Der praktische Fall – Strafrecht: „Spritztour mit dem ultra krassen 3er BMW", JuS 2001, 475 ff.; *Freund/ Schaumann,* Der praktische Fall – Verhängnisvolle Schläge, JuS 1995, 801 ff.; *Freund/Telöken,* Der praktische Fall – Strafrecht: „Von Höllen-Engeln und Banditen", Zeitschrift für das Juristische Studium, 2012, 796 ff.; *Hardtung,* Gegen die Vorprüfung beim Versuch, Jura 1996, 293 ff.; *ders.,* Das Springen im strafrechtlichen Gutachten, JuS 1996, 610 ff., 706 ff., 807 ff.; *Kern/Langer,* Anleitung zur Bearbeitung von Strafrechtsfällen, 8. Aufl. 1985; *Putzke,* Juristische Arbeiten erfolgreich schreiben, 6. Aufl. 2018.

Zum Literaturverzeichnis und zur Zitierweise: Scheffler, Hinweise zur Bearbeitung von Strafrechtshausarbeiten, Jura 1994, 549, 550 f.; *zu „Sprachfehlern, Formfehlern und Denkfehlern": Horn,* Jura 1984, 499 ff.; s. ferner *Wolf,* JuS 1996, 30 ff.

IV. Modelle zum Unrechtstatbestand

1. Vollendetes Begehungs-Erfolgsdelikt (z. B. §§ 212, 222)

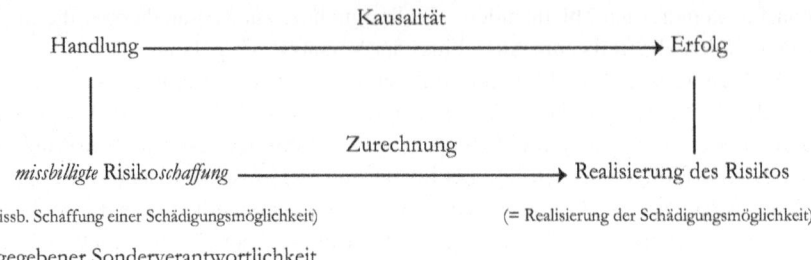

2. Vollendetes begehungsgleiches Unterlassungs-Erfolgsdelikt (z. B. §§ 212, 13; 222, 13)

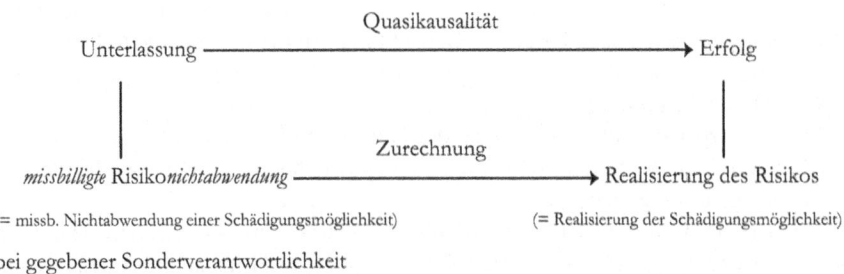

3. Gemeinsames Modell für Begehen und begehungsgleiches Unterlassen

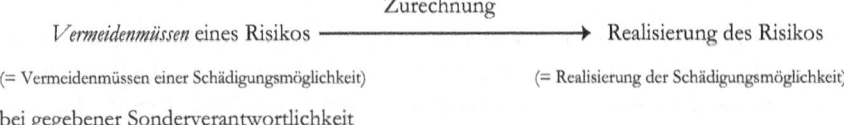

(= Vermeidenmüssen einer Schädigungsmöglichkeit)   (= Realisierung der Schädigungsmöglichkeit)

bei gegebener Sonderverantwortlichkeit

V. Exemplifizierung der Grundschritte

Fall nach RGSt 55, 82: Der Angeklagte (A) hat in seiner Hütte mit einem geladenen Schrotgewehr nachts Wache über seine Obstbäume gehalten. Er bemerkte einen Mann, der Obst von den Bäumen entwendete. Als der Angeklagte ihm etwas zurief, ergriff er mit dem Obst die Flucht. Daraufhin forderte A den Dieb (D) auf, stehen zu bleiben, ansonsten werde er schießen. Nachdem der Dieb auf diese Drohung nicht reagierte, schoss A und verletzte den Dieb ohne Tötungsvorsatz nicht unerheblich. – Strafbarkeit des A?

Lösung: A kann sich wegen Körperverletzung nach § 223 I StGB strafbar gemacht haben, indem er auf D schoss.
I. *Dann muss A den D körperlich misshandelt oder an der Gesundheit geschädigt haben.*
1. **Hierzu ist ein Körperverletzungsverhalten des A erforderlich.**
Das Verhalten des A muss folglich wegen seiner Eignung zum Hervorrufen von körperlichen Misshandlungen oder Gesundheitsschädigungen grundsätzlich rechtlich missbilligt sein.
>>Formal müsste hier folgender Obersatz eingefügt werden: „A muss ein rechtlich missbilligtes Verhalten i. S. einer körperlichen Misshandlung oder Gesundheitsschädigung vorgenommen haben." Dieser Obersatz ist entbehrlich, da er sachlich im vorhergehenden Obersatz enthalten ist.<<
a) *Unter einem Verhalten i. S. einer körperlichen Misshandlung ist eine üble, unangemessene Behandlung zu verstehen, die grundsätzlich rechtlich missbilligt ist, weil durch sie das spätere Opfer in seinem körperlichen Wohlbefinden in mehr als nur unerheblicher Weise beeinträchtigt werden kann.*

Schüsse sind geeignet, Schussverletzungen hervorzurufen, welche ihrerseits in aller Regel schlimme Schmerzen verursachen. Diese Schmerzen beeinträchtigen das körperliche Wohlbefinden in erheblichem Maße. Mit Blick auf diese Eignung sind Schüsse auch grundsätzlich als üble, unangemessene Behandlung rechtlich missbilligt.

Deshalb ist der Schuss des A als körperliches Misshandlungsverhalten grundsätzlich rechtlich missbilligt.
b) >>Mögliche, aber nicht unbedingt erforderliche Überleitung: Fraglich ist weiter, ob auch ein Gesundheitsschädigungsverhalten des A gegeben ist.<<

Unter einem Gesundheitsschädigungsverhalten versteht man jedes Verhalten, welches geeignet ist, einen krankhaften Zustand hervorzurufen oder zu steigern, und über das grundsätzlich ein entsprechendes rechtliches Missbilligungsurteil gefällt werden kann.

Gezielte Schüsse auf Menschen bergen die Gefahr schwerer Verletzungen in sich. Solche Verletzungen führen stets zu einem pathologischen Zustand. Mit Blick auf diese Gefahr sind sie grundsätzlich rechtlich missbilligt.

Ein grundsätzlich rechtlich missbilligtes Gesundheitsschädigungsverhalten des A ist somit gegeben.

2. **Weiterhin müssen die tatbestandsmäßigen Verhaltensfolgen eingetreten sein.**
Dies ist der Fall, wenn sich ein schadensträchtiger Verlauf ereignet hat, der durch richtiges Verhalten hätte vermieden werden können und sollen.

Der Schuss des A, welcher zu der Verletzung des D geführt hat, war wegen dieser Gefahr rechtlich missbilligt. In der Verletzung des D hat sich das Risiko realisiert, welches durch richtiges Verhalten hätte vermieden werden können und sollen.

Folglich sind die tatbestandsmäßigen Verhaltensfolgen eingetreten.

Damit hat A den D körperlich misshandelt und an der Gesundheit geschädigt

{{Die Verwirklichung des Tatbestands könnte auch kürzer formuliert werden. Die langen Ausführungen hätten bei einem derart klaren Sachverhalt auch folgendermaßen verkürzt werden können:
a) *Körperliche Misshandlung ist eine üble, unangemessene Behandlung, durch die das spätere Opfer in seinem körperlichen Wohlbefinden in mehr als nur unerheblicher Weise beeinträchtigt wird.*
Durch den Schuss auf den Dieb hat A eine grundsätzlich missbilligte Gefahr in Bezug auf die Körperintegrität des Opfers geschaffen, die sich dann auch in Form einer schweren Verletzung des Diebes realisiert hat. Hierdurch hat er das körperliche Wohlbefinden des Opfers mehr als nur unerheblich beeinträchtigt.
>>Oder noch kürzer: A hat durch den Schuss, der das Opfer getroffen und verletzt hat, das körperliche Wohlbefinden des Opfers in grundsätzlich rechtlich missbilligter Weise mehr als nur unerheblich beeinträchtigt.<<
b) ....}}

II. **Ferner muss A zunächst in Bezug auf die Tatbestandsverwirklichung i. e. S. ein vorsätzliches Körperverletzungsverhalten vorgenommen und die Körperverletzung des D insoweit auch vorsätzlich herbeigeführt haben.**[17]

Dies ist der Fall, wenn A bei der Vornahme des tatbestandsmäßigen Verhaltens die Umstände kannte, welche die Tatbestandsverwirklichung begründen, und dennoch (willentlich) gehandelt hat. Außerdem muss die eingetretene Körperverletzung des D spezifische Folge des insoweit vorsätzlichen Körperverletzungsverhaltens gewesen sein.

A kam es darauf an, den Dieb fluchtunfähig zu schießen. Er hat folglich erkannt, dass er sein Opfer schwer verletzten könnte, und hat es hierauf auch angelegt und trotz der erkannten Gefahr geschossen. Weiterhin hat sich der von A vorgestellte Erfolg auch in Gestalt der Verletzung des D realisiert.

A handelte somit bei seinem grundsätzlich missbilligten Körperverletzungsverhalten vorsätzlich und hat den eingetretenen Körperverletzungserfolg insoweit auch vorsätzlich herbeigeführt.

>>Mögliche, aber nicht unbedingt erforderliche Zwischenfeststellung: A hat damit den Tatbestand des § 223 I StGB (i. e. S.) erfüllt.<<

III. **Fraglich ist allerdings, ob das Körperverletzungsverhalten des A nicht vielleicht gerechtfertigt war.**
Hier kann A durch Notwehr gemäß § 32 StGB gerechtfertigt sein.

Dann muss eine Notwehrlage vorgelegen haben und der Schuss des A eine Notwehrhandlung darstellen.

---

[17] Sachlich handelt es sich hier um eine noch unvollständige Prüfung der Anforderungen an eine Bestrafung wegen Vorsatztat. Es fehlt der Aspekt der irrigerweise vorgestellten rechtfertigenden Sachlage (vermeidbarer Erlaubnistatbestandsirrtum). Die vollständige Vorsatzdefinition findet sich oben § 7 Rn. 117; vgl. auch § 7 Rn. 158.

V. Exemplifizierung der Grundschritte

>>Obersatz entbehrlich – siehe oben.<<
1. *Die Notwehrlage wird durch einen gegenwärtigen und rechtswidrigen Angriff gekennzeichnet.*
   >>Obersatz entbehrlich – siehe oben.<<
   a) *Angriff erfordert eine durch menschliches Verhalten drohende Verletzung rechtlich geschützter Güter oder Interessen. Dabei muss der Mensch für sein Verhalten uneingeschränkt verantwortlich sein.*[18]

   An den von D entwendeten Äpfeln bestand die rechtlich geschützte Position des A, andere von der Einwirkung auf sein Eigentum auszuschließen (§ 903 S. 1 BGB). Indem sich D mit dem Obst entfernte, schuf er für A die Gefahr des entsprechenden Verlustes. D ist für sein Verhalten uneingeschränkt verantwortlich.

   Ein Angriff liegt daher vor.
   b) >>Mögliche, aber nicht unbedingt erforderliche Überleitung: Der Angriff muss weiter gegenwärtig gewesen sein.<<

   Gegenwärtig ist der Angriff jedenfalls dann, wenn er gerade begonnen hat oder noch fortdauert.

   Durch die Flucht mit der Beute hat D ein Verhalten vorgenommen, mit dem er begonnen hat, dem A dessen geschützte Position endgültig zu entziehen. Der Angriff hat folglich begonnen und dauerte auch noch an *und war deshalb gegenwärtig.*
   c) >>Mögliche, aber nicht unbedingt erforderliche Überleitung: Schließlich muss der Angriff auch rechtswidrig gewesen sein.<<

   Rechtswidrig im Sinne des Notwehrrechts ist der Angriff, wenn er im Widerspruch zu den Normen des Rechts steht.

   Der Dieb hatte kein Recht, das Obst des A mitzunehmen. Sein Verhalten stand damit im Widerspruch zum Recht.

   Sein Angriff war folglich auch rechtswidrig.

   Für A lag somit ein gegenwärtiger und rechtswidriger Angriff vor, der eine Notwehrlage begründet hat.
2. **Indessen ist fraglich, ob eine Notwehrhandlung vorliegt, der Schuss also die erforderliche und gebotene Verteidigung war.**
   >>*Definition entfällt, es werden gleich die einzelnen Merkmale definiert.*<<
   >>Obersatz entbehrlich – siehe oben.<<
   a) *Erforderlich ist diejenige Verteidigungshandlung, die einerseits geeignet ist, den Angriff sofort und endgültig zu beenden, und andererseits das relativ mildeste Gegenmittel darstellt.*

   Um den Dieb an einer weiteren Flucht mit der Beute zu hindern, blieb A kein anderes Mittel als der Schusswaffeneinsatz. Nur ein gezielter Schuss konnte sicherstellen, dass der Obstdieb nicht doch noch mit dem Obst davon kam.

   Der Schusswaffeneinsatz war folglich ein geeignetes und hier auch das mildeste Mittel, um den Dieb endgültig zu stoppen.

---

[18] Zu diesem – umstrittenen – Erfordernis des Angriffs vgl. oben § 3 Rn. 102 f.

b) **Bedenken können jedoch in Hinblick auf die Gebotenheit bestehen.**
Eine Notwehrhandlung ist nicht geboten, wenn sie im Wege einer sozial-ethischen Einschränkung des ansonsten „schneidigen" Notwehrrechts zu missbilligen ist.

Problematisch erscheint hier, dass A lediglich ein relativ geringer Verlust von Obst drohte (nämlich gerade soviel, wie ein flüchtender Mann tragen konnte), er hierfür aber auf einen Menschen geschossen hat. Zwischen der drohenden – relativ geringfügigen – Eigentumsverletzung gegenüber A und den mit dem Schuss des A verbundenen massiven Gefahren für Leib und Leben des D besteht ein krasses Missverhältnis.

{{In der Klausur oder Hausarbeit müsste an dieser Stelle eine *ausführliche* Erörterung der Problematik der sozial-ethischen Notwehreinschränkung folgen. Dies ist das Problem des Falles und muss deshalb den Schwerpunkt der Bearbeitung bilden, was sich auch in der Benotung widerspiegeln wird. Aus Raumgründen wird hier auf eine Diskussion verzichtet und unterstellt, dass das Notwehrrecht in diesem Fall einzuschränken ist. Bei einer – ebenfalls gut vertretbaren – gegenteiligen Entscheidung würde schon an dieser Stelle feststehen, dass sich A aufgrund der Rechtfertigung nach § 32 StGB nicht nach § 223 I StGB strafbar gemacht haben kann.}}

Der Schuss des A auf den mit Obst fliehenden Täter war somit nicht geboten.
A ist deshalb nicht durch Notwehr gerechtfertigt.
Weitere Rechtfertigungsgründe sind nicht ersichtlich.
Die Abgabe des Schusses auf den Dieb war folglich ein rechtswidriges Körperverletzungsverhalten des A.

IV. **Schließlich muss A hinreichend schuldhaft gehandelt haben.**
Gründe, die hinreichend schuldhaftem Handeln entgegenstehen, sind nicht ersichtlich.
A hat sich durch die Abgabe des Schusses auf D nach § 223 I StGB strafbar gemacht.

In einer Klausur wären jetzt noch Qualifikationsgründe zu prüfen (§§ 223 I, 224 I StGB).

VI. Musterklausur/Musterhausarbeit

Fallbearbeitung im Strafrecht: Born to be wild
Der Fall entspricht einer anspruchsvollen Klausur der Anfängerübung und betrifft schwerpunktmäßig Probleme des Allgemeinen Teils. Er war auch Gegenstand einer Hausarbeit der Propädeutischen Übung im Strafrecht.[19]

---

[19] Diese Fallbearbeitung wurde veröffentlicht von *Freund/Malouschek*, MLR 2008, 66 ff.

Sachverhalt

Rocker-Rudi (R) und Headbanger-Harry (H) sind Mitglieder zweier rivalisierender Motorradgruppen, die bei Motorradrennen regelmäßig gegeneinander antreten. Nachdem R den H beim letzten Rennen vernichtend schlug, will H eine weitere Niederlage unter allen Umständen verhindern, indem er Rs Teilnahme am nächsten Rennen vereitelt. Als R, um seinen Teint aufzufrischen, wie schon oft das Sonnenstudio von Hs Freundin Anita (A) aufsucht, in dem H gelegentlich aushilft, verstellt H den Schalter des Bräuners, auf dem R liegt, heimlich auf die höchste Stufe, um bei R erhebliche Verbrennungen zu verursachen. Allerdings bemerkt A die Schalterstellung nach einiger Zeit und schaltet den Bräuner ab. Deshalb erleidet R nur leichte Verbrennungen, mit denen er gleichwohl am Rennen teilnehmen kann.

Daraufhin greift H zu drastischeren Maßnahmen: Am Tag des großen Rennens besorgt er sich ein starkes Schlafmittel. Welche Dosis bewirkt, dass R das Rennen verschläft, weiß H nicht genau. Er denkt sich „besser zu viel als zu wenig" und löst den gesamten Packungsinhalt in einem Glas Bier auf. Dabei nimmt er eine tödliche Dosierung in Kauf. Anschließend sucht er mit dem Glas in der Hand R auf, um mit ihm auf das Motorradrennen anzustoßen. Dieser nimmt das Glas und bietet H im Gegenzug ein anderes an. Beide prosten sich zu und trinken ihre Gläser bis auf den letzten Tropfen aus. Was H jedoch nicht weiß: R hat seinerseits eine Substanz in Hs Bierglas gegeben. Er vermutete nämlich H hinter dem Solarium-Anschlag und wollte sich durch die Verabreichung eines langsam wirkenden Giftes rächen, verwechselte aber das Gift mit einem Abführmittel.

Alsbald von einer starken Müdigkeit übermannt legt sich R zu einer Siesta auf eine Bank. Zufällig kommt A vorbei und findet den mittlerweile bewusstlosen R. Sie will schnell mit dem Handy Hilfe rufen. H, der versteckt hinter einem Baum den R bewacht, streckt sie mit einem Faustschlag nieder, weil er fürchtet, sein Plan könne erneut fehlschlagen. Als H seine Freundin A bewusstlos am Boden liegen sieht, erkennt er, was er angerichtet hat, und beschließt, sofort Hilfe zu rufen, um A und R zu retten. Vor dem Anruf muss er jedoch noch schnell die Toilette aufsuchen und rennt wegen der beginnenden Wirkung des Abführmittels – einem zwingenden Drang folgend – los. Dabei bemerkt ihn Rudis Freund Bernie (B) und glaubt, nach einem Blick auf R und A, die B beide für tot hält, H wolle fliehen. Daher packt er den sich heftig sträubenden H und hält ihn fest. H erläutert ihm glaubhaft die Notwendigkeit von Rettungsmaßnahmen. B glaubt ihm aber nicht, obwohl er bei gehörigem Bemühen erkennen könnte, dass R noch lebt und zur Rettung seines Lebens dringend etwas geschehen muss. Er hält H eine halbe Stunde lang fest, bis die Polizei eintrifft. R stirbt noch vor dem Eintreffen des Krankenwagens an der Überdosis Schlaftabletten. A wäre durch den Faustschlag unter normalen Umständen nur leicht verletzt worden. Unglücklicherweise hat sie jedoch, was H nicht wusste, eine ungewöhnlich dünne Schädeldecke, weshalb sie einen Schädelbruch erlitt, an dem sie kurze Zeit später im Krankenhaus stirbt. Auch ein früherer Abtransport hätte an dem tödlich endenden Verletzungsverlauf nichts geändert. Ob das Leben des R gerettet worden wäre, wenn B dem H geglaubt hätte, lässt sich später nicht mehr klären, ist aber sehr wahrscheinlich.

Strafbarkeit von H und B nach dem StGB? – Hinweis: Mord, Qualifikationen der Körperverletzung, Körperverletzung mit Todesfolge, Nötigung, Aussetzung und unterlassene Hilfeleistung sind nicht zu prüfen.

Gutachten
1. Geschehensabschnitt – Im Sonnenstudio
Strafbarkeit des H

Indem H den Schalter der Sonnenbank auf die höchste Stufe stellte, kann er sich einer Körperverletzung nach § 223 I[20] an R schuldig gemacht haben.

I. Dann muss H ein Körperverletzungsverhalten vorgenommen haben und der entsprechende Erfolgssachverhalt eingetreten sein.

1. Ein Körperverletzungsverhalten liegt vor, wenn das Verstellen des Schalters aufgrund seiner Eignung zum Hervorrufen körperlicher Misshandlungen oder Gesundheitsschädigungen grundsätzlich rechtlich missbilligt ist.[21]

a) Eine körperliche Misshandlung erfordert eine üble unangemessene Behandlung, die das körperliche Wohlbefinden oder die körperliche Unversehrtheit mehr als nur unerheblich beeinträchtigt.[22] Das Verstellen des Schalters auf die höchste Stufe birgt die Gefahr in sich, auf der Sonnenbank liegenden Personen mehr als nur geringfügige und vor allem auch schmerzhafte Verbrennungen zuzufügen. Es stellt daher eine Behandlung dar, die geeignet ist, das körperliche Wohlbefinden des R nicht nur unerheblich zu beeinträchtigen. Bei Abwägung der widerstreitenden Güter und Interessen ist das Verstellen deshalb auch grundsätzlich als übel und unangemessen rechtlich missbilligt. Somit handelt es sich bei dem Verstellen des Schalters um ein Misshandlungsverhalten mit Blick auf den Körper eines anderen Menschen.

b) Eine Gesundheitsschädigung beinhaltet das Steigern oder Hervorrufen eines pathologischen Zustands.[23] Verbrennungen sind erheblich nachteilige Abweichungen vom körperlichen Normalzustand, mithin pathologisch. Das Verhalten, das solches bewirken kann, ist bei Abwägung der widerstreitenden Güter und Interessen deshalb auch als Schädigungsverhalten mit Blick auf die Gesundheit eines anderen grundsätzlich rechtlich missbilligt.

Somit hat H ein Körperverletzungsverhalten vorgenommen.

---

[20] §§ ohne Gesetzesangabe sind solche des StGB.
[21] Zum Straftaterfordernis der grundsätzlichen rechtlichen Verhaltensmissbilligung s. etwa *Freund/Rostalski*, Strafrecht Allgemeiner Teil (AT), 3. Aufl. 2019, § 2 Rn. 9 ff.; grundlegend dazu *Frisch*, Tatbestandsmäßiges Verhalten und Zurechnung des Erfolgs (Tatbestandsmäßiges Verhalten), 1988, S. 33 ff., 69 ff. et passim; weiterführend *Freund*, Erfolgsdelikt und Unterlassen, 1992, S. 51 ff.; *ders.*, in: Münchener Kommentar zum StGB (MünchKommStGB), Band 1, 3. Aufl. 2017, Vor § 13 Rn. 130, 133 ff.
[22] Zur entsprechenden – erfolgsbezogenen – Definition s. etwa BGHSt 25, 277, 277 f.; *Kühl*, in: Lackner/Kühl, Strafgesetzbuch mit Erläuterungen, 29. Aufl. 2018, § 223 Rn. 4 m. w. N.; *Wessels/Hettinger/Engländer*, Strafrecht Besonderer Teil, Band 1 (BT/1), 42. Aufl. 2018, Rn. 278; *Otto*, Grundkurs Strafrecht – Allgemeine Strafrechtslehre (AT), 7. Aufl. 2004, § 15 Rn. 2.
[23] Zur entsprechenden – wiederum erfolgsbezogenen – Definition s. etwa BGHSt 36, 1, 6; *Fischer*, Strafgesetzbuch mit Nebengesetzen, 66. Aufl. 2019, § 223 Rn. 8; *Kühl*, in: Lackner/Kühl[29], § 223 Rn. 5 m. w. N.

2. Darüber hinaus muss auch die tatbestandsmäßige Verhaltensfolge (zurechenbar) eingetreten sein. Das ist der Fall, wenn sich ein schadensträchtiger Verlauf ereignet, der durch richtiges Verhalten hätte vermieden werden können und sollen.[24] R hat immerhin leichte Verbrennungen erlitten. Das Verstellen des Schalters kann nicht hinweggedacht werden, ohne dass diese Verbrennungen entfielen. Folglich war die Handlung des H kausal i. S. der conditio sine qua non-Formel. Mit dieser Handlung hat H – wie dargelegt – ein in der hier interessierenden Hinsicht rechtlich missbilligtes Körperverletzungsrisiko geschaffen. Damit hat sich ein schadensträchtiger Verlauf ereignet, der durch richtiges Verhalten hätte vermieden werden können und sollen. Somit sind die Verbrennungen von H diesem auch als tatbestandsmäßige Verhaltensfolge zurechenbar.

II. Ferner muss H vorsätzlich gehandelt und die Verhaltensfolge vorsätzlich herbeigeführt haben. Dies ist der Fall, wenn er die Umstände, welche die nicht gerechtfertigte Tatbestandsverwirklichung begründen, kannte und dennoch willentlich handelte.[25] Überdies muss die Verhaltensfolge sich als Realisierung der spezifischen Gefährlichkeit des vorsätzlichen Körperverletzungsverhaltens darstellen.[26] H wusste, dass R erhebliche Verbrennungen erleiden kann, wenn er den Schalter der Sonnenbank auf die höchste Stufe verstellt. Es kam ihm sogar darauf an, dies zu bewirken, um die Teilnahme des R an dem Motorradrennen zu verhindern. Rechtfertigende Umstände hat er sich nicht vorgestellt. Somit handelte er in Bezug auf die nicht gerechtfertigte Tatbestandsverwirklichung vorsätzlich. In den Verbrennungen des R hat sich auch gerade die spezifische Gefährlichkeit seines vorsätzlichen Körperverletzungsverhaltens realisiert. Folglich wurden die Verbrennungen vorsätzlich herbeigeführt.

III. Rechtfertigungsgründe sowie Schuldausschließungs- oder Entschuldigungsgründe liegen nicht vor. Deshalb handelte H rechtswidrig und hinreichend schuldhaft.

Er hat sich daher einer Körperverletzung an R nach § 223 I schuldig gemacht. – Für die Strafverfolgung ist § 230 I zu beachten.

2. Geschehensabschnitt – Vor dem großen Rennen
A. Strafbarkeit des H

I. H kann sich wegen Totschlags nach § 212 I an R strafbar gemacht haben, indem er ihm das Bierglas reichte, in das er vorher eine hohe Dosis Schlafmittel gegeben hatte.

---

[24] Zu diesem Erfordernis des vollendeten Erfolgsdelikts näher etwa *Freund/Rostalski*, AT, § 2 Rn. 54 ff.; sachlich übereinstimmend etwa auch *Sternberg-Lieben/Schuster*, in: Schönke/Schröder, Strafgesetzbuch Kommentar (Schönke/Schröder), 30. Aufl. 2019, § 15 Rn. 156; Wessels/Beulke/Satzger, Strafrecht Allgemeiner Teil (AT), 48. Aufl. 2018, Rn. 1126.

[25] Zu dieser Definition vorsätzlichen Verhaltens s. *Freund*, FS Küper, 2007, S. 63, 82; sachlich übereinstimmend etwa BGHSt 19, 295, 298; 31, 264, 286 f. (Annahme eines rechtfertigenden Sachverhalts ist wie ein den Vorsatz ausschließender Tatumstandsirrtum nach § 16 I zu bewerten); *Wessels/Beulke/Satzger*, AT[48], Rn. 316.

[26] Dieses spezielle Erfordernis der Bestrafung wegen vorsätzlichen vollendeten Delikts wird oft nicht hinreichend deutlich vom Erfordernis vorsätzlichen Handelns i.e.S. unterschieden, ist aber in der Sache allgemein anerkannt; s. dazu etwa *Freund/Rostalski*, AT, § 2 Rn. 90 f., § 7 Rn. 124 ff.

1. H muss R getötet haben.

a) Dies setzt zunächst voraus, dass H ein Verhalten vorgenommen hat, das aufgrund seiner Eignung zur Tötung eines Menschen grundsätzlich rechtlich missbilligt ist. H gab eine hohe Dosis Schlaftabletten in das Glas des R und reichte es R. Dieses Verhalten ist geeignet, den Tod des R zu bewirken. Unter den gegebenen Umständen ist die Aushändigung im Interesse des Schutzes des Lebens des R grundsätzlich rechtlich missbilligt. Dass H sich des R bedient hat, damit dieser das Schlafmittel zu sich nimmt, steht einem Tötungsverhalten i. S. des § 212 I wegen des Einsatzes des R als nichts Böses ahnendes Werkzeug gegen sich selbst (vgl. § 25 I Fall 2) nicht entgegen.[27] Somit hat H ein tatbestandsmäßiges Tötungsverhalten im Sinne des § 212 I vorgenommen.

b) Darüber hinaus muss auch die tatbestandsmäßige Verhaltensfolge eingetreten sein. R ist an der Überdosis Schlaftabletten gestorben. Problematisch könnte erscheinen, dass H den Tod des R letztendlich vermeiden wollte und daran von B gehindert wurde. Jedoch hat H die Gefahr des Todes des R überhaupt erst begründet. Er kann daher nicht dadurch von der Verantwortung dafür freigestellt werden, dass er vergeblich versucht hat, das von ihm geschaffene Übel zu beseitigen. Vielmehr liegt das Risiko, dass der Erfolg trotz seiner Bemühungen tatsächlich eintritt, nach wie vor in seinem Verantwortungsbereich. Der Zurechnungszusammenhang wird nicht etwa unterbrochen. Es hat sich genau der schadensträchtige Verlauf ereignet, der durch richtiges Verhalten hätte vermieden werden können und sollen. Der Tod des R kann H mithin als tatbestandsmäßige Verhaltensfolge zugerechnet werden.

2. Ferner muss H vorsätzlich gehandelt und die Verhaltensfolge vorsätzlich herbeigeführt haben. Für vorsätzliches Handeln genügt es, wenn der Täter die Möglichkeit der Rechtsgutsverletzung im verhaltensrelevanten Bewusstsein klar erkennt – diese ernst nimmt – und sich schließlich mit der Möglichkeit der Tatbestandsverwirklichung abfindet.[28] H war bewusst, dass die Dosis, die er R verabreichte, zu dessen Tod führen konnte. Dieses Risiko nahm er wissentlich in Kauf. Somit handelte er mit Eventualvorsatz. Auch ist die eingetretene Verhaltensfolge auf die spezifische Gefährlichkeit des vorsätzlichen Tötungsverhaltens des H zurückzuführen.

3. H handelte rechtswidrig und hinreichend schuldhaft.[29]

Er hat sich daher des Totschlags an R nach § 212 I schuldig gemacht. – Die als Durchgangsstadium verwirklichte Körperverletzung tritt dahinter zurück.

---

[27] Für eine vergleichbare Konstellation sachlich übereinstimmend BGH NStZ 1998, 294, 295 (ohne den Rekurs auf eine „mittelbare Täterschaft").

[28] Zur weitgehenden Einigkeit in der Sache trotz unterschiedlicher Umschreibungen *Frisch*, GS Karlheinz Meyer, 1990, S. 533, 545 ff.

[29] Schon mangels Wahl eines zur Angriffsabwehr geeigneten Mittels kann das Verhalten des H nicht durch Notwehr gegenüber einem Angriff des R gerechtfertigt sein. – Aufgrund des Versuchs von H, die Folgen seines Tuns wenigstens abzumildern, könnte an eine analoge Anwendung der Vorschriften zur tätigen Reue, respektive des Rücktritts vom Versuch zugunsten des H gedacht werden. Diese scheitert jedoch an der Tatsache, dass hier – anders als bei gewissen, nur formell vollendeten Vorbereitungs- oder Gefährdungsdelikten – bereits die materielle Vollendung seiner Tat durch die nicht mehr „zurücknehmbare" Tötung eingetreten ist.

II. H kann sich durch den Faustschlag der Körperverletzung nach § 223 I an A schuldig gemacht haben.

1. Dazu muss H ein Körperverletzungsverhalten vorgenommen haben und der entsprechende Erfolgssachverhalt muss eingetreten sein.

a) Mit dem Faustschlag hat H für A die Gefahr einer körperlichen Misshandlung in Form von Bewusstlosigkeit begründenden Verletzungen geschaffen. Diese Gefahrschaffung war auch grundsätzlich rechtlich zu missbilligen. H hat also ein Körperverletzungsverhalten vorgenommen.

b) Mit den die Bewusstlosigkeit begründenden Verletzungen der A als pathologischem Zustand hat sich auch die tatbestandsmäßige Verhaltensfolge realisiert, die bei richtigem Verhalten hätte vermieden werden können und sollen.

2. H muss die Vorsatzanforderungen erfüllen. H wusste um die möglichen Verletzungsfolgen seines Faustschlags und kannte damit alle Umstände, welche die nicht gerechtfertigte Tatbestandsverwirklichung begründen. Zudem hat sich mit den Folgen des Faustschlags gerade die spezifische Gefährlichkeit seines vorsätzlichen Körperverletzungsverhaltens realisiert.

3. H handelte rechtswidrig und hinreichend schuldhaft.

H hat sich der vorsätzlichen Körperverletzung nach § 223 I an A schuldig gemacht. – Gemäß § 230 I bedarf es für die Strafverfolgung grundsätzlich eines Strafantrags.

III. Weiterhin kann H sich durch den Faustschlag einer fahrlässigen Tötung der A nach § 222 schuldig gemacht haben.

1. Dann muss H sich im Hinblick auf das Leben der A fahrlässig verhalten haben, d. h. er muss eine nach seinen individuellen Verhältnissen vorhersehbare, vermeidbare und von Rechts wegen zu vermeidende Schädigungsmöglichkeit in dieser Hinsicht geschaffen haben.[30]

a) Für ihn muss es also vorhersehbar gewesen sein, dass A durch den Faustschlag sterben kann. Insofern kommt es nur darauf an, was er bei einer ihm möglichen verständigen und sorgfältigen Würdigung der vorgefundenen Sachlage hätte erkennen können. Mit einer „normalen" Schädeldecke hätte A den Faustschlag überlebt. Daher stellt sich die Frage, ob es sich in concreto für H um einen so ungewöhnlichen – „atypischen" – Verlauf der Dinge handelt, dass er damit nicht rechnen konnte.[31] Immerhin ist allgemein – also auch H – bekannt, dass Menschen Unterschiede aufweisen, und zwar auch hinsichtlich der möglicherweise tödlichen Wirkung von Schädelverletzungen. Deshalb hätte H klar sein können, dass zumindest die *Mög-*

---

[30] *Freund/Rostalski*, AT, § 5 Rn. 44 f.; *Kühl*, Strafrecht Allgemeiner Teil (AT), 5. Aufl. 2005, § 17 Rn. 16 f.; zur Vorhersehbarkeit und zur Vermeidbarkeit als Voraussetzungen fahrlässigen Verhaltens s. a. *Sternberg-Lieben/Schuster*, in: Schönke/Schröder[30], § 15 Rn. 123 ff. sowie Rn. 127 (zum normativen Erfordernis des Vermeidenmüssens). – Ein Vorschlag für eine gesetzliche Regelung der Definition fahrlässigen Verhaltens findet sich bei *Freund*, FS Küper, 2007, S. 63, 78 bzw. bei *Freund/Rostalski*, AT, § 5 Rn. 91 ff.

[31] Vgl. zu solchen Fällen abnormer Opferkonstitution *Freund/Rostalski*, AT, § 7 Rn. 146 f.; *Frisch*, Tatbestandsmäßiges Verhalten, S. 405 ff.; *Heinrich*, Strafrecht Allgemeiner Teil, 5. Aufl. 2016, Rn. 249; *Jescheck/Weigend*, Strafrecht Allgemeiner Teil (AT), 5. Aufl. 1996, § 28 IV 6 (S. 289).

lichkeit einer tödlichen Wirkung bei A bestand. Folglich ist – rein empirisch – die Vorhersehbarkeit für H durchaus zu bejahen.

b) Die Schaffung der Lebensgefahr für A hätte er auch leicht dadurch vermeiden können, dass er sie nicht mit der Faust niedergeschlagen hätte.

c) Des Weiteren muss für H eine spezifische Vermeidepflicht bestanden haben. Insoweit kollidiert das auf dem Spiel stehende Leben der A mit dem Interesse des H, den Schlag gegenüber A auszuführen. Diesem Interesse des H kommt jedoch kein Gewicht zu, weil – wie oben dargelegt – dieser Schlag ohnehin unter dem Aspekt der Körperverletzung bereits missbilligt ist. Damit geht die Abwägung auch unter Lebensschutzaspekten zu Lasten des H aus. H war also von Rechts wegen verpflichtet, den Schlag zum Schutz des wegen der dünnen Schädeldecke gefährdeten Lebens der A zu unterlassen.[32]

Somit hat H sich im Hinblick auf das Leben der A fahrlässig verhalten.

2. Darüber hinaus hat sich mit dem Tod der A genau diejenige Schädigungsmöglichkeit realisiert, die H durch richtiges Verhalten hätte vermeiden können und sollen. Daher ist auch die tatbestandsmäßige Verhaltensfolge eingetreten.

3. H handelte rechtswidrig und hinreichend schuldhaft.

Er hat sich somit einer fahrlässigen Tötung an A nach § 222 schuldig gemacht.

B. Strafbarkeit des B

I. Indem B den H durch Festhalten daran hinderte, einen Krankenwagen zu rufen, kann er sich einer fahrlässigen Tötung an R nach § 222 schuldig gemacht haben.

1. Dazu muss er sich fahrlässig verhalten haben.

a) Für B muss es vorhersehbar gewesen sein, dass R sterben kann. Bei gehörigem Bemühen wäre für ihn ersichtlich gewesen, wie es um R steht. Somit war es für ihn vorhersehbar, dass R sterben kann, wenn er H daran hindert, einen Krankenwagen zu rufen.

b) Vermeiden können hätte B die im Verhaltenszeitpunkt (ex ante) anzunehmende Möglichkeit, dass R gerade deshalb versterben könnte, weil keine Rettungsmaßnahmen eingeleitet werden, ganz einfach, indem er H den Krankenwagen hätte rufen lassen.

c) Im Hinblick darauf, dass das Leben eines Menschen auf dem Spiel stand, wäre B auch von Rechts wegen gehalten gewesen, H die erforderlichen Rettungsmaßnahmen in die Wege leiten zu lassen. Das Strafverfolgungsinteresse ist kein ausreichendes Gegeninteresse, um das Festhalten als erlaubtes Risiko anzusehen.

Somit hat B sich mit Blick auf das Leben des R fahrlässig verhalten.

2. Darüber hinaus muss auch die tatbestandsmäßige Verhaltensfolge eingetreten sein. Im Nachhinein ließ sich jedoch nicht mehr klären, ob R durch rechtzeitige Maßnahmen tatsächlich hätte gerettet werden können.

Nach den sog. Risikoerhöhungslehren soll in derartigen Fällen die Zurechenbarkeit des Erfolges bereits dann zu bejahen sein, wenn durch das fehlerhafte Verhalten des Täters die Gefahr des Erfolgseintrittes auch noch ex post betrachtet erhöht wurde.[33]

---

[32] Für eine Missbilligung in entsprechenden Fällen nur unter engeren Voraussetzungen etwa *Frisch*, Tatbestandsmäßiges Verhalten, S. 405 ff.

[33] Grundlegend i. S. einer Risikoerhöhungslehre *Roxin*, ZStW 74 (1962), 411 ff.; s. a. *dens.*, Strafrecht Allgemeiner Teil, Band 1 (AT I), 4. Aufl. 2006, § 11 Rn. 76 ff.; ergänzend z. B. *Dehne-Niemann*, GA 2012, 89 ff.; *Hoyer*, in: SK StGB⁹, Anh. zu § 16 Rn. 72 ff.

Immerhin spricht eine überwiegende Wahrscheinlichkeit dafür, dass bei Nichthinderung der angebrachten Rettungsmaßnahmen das Leben des R gerettet worden wäre. Deshalb könnte man geneigt sein zu sagen, B habe durch sein Verhalten die Gefahr, dass R stirbt, auch noch ex post betrachtet erhöht.[34] Auf dieser Basis wäre B nach § 222 strafbar, obwohl nicht zweifelsfrei feststeht, dass seine Handlung wirklich kausal für den Tod des R war.

Indessen ist zu beachten, dass ein vollendetes Erfolgsdelikt der fahrlässigen Tötung schon nach dem eindeutigen Wortlaut des § 222 nur dann vorliegt, wenn (sicher) *feststellbar* ist, dass der Erfolg *durch* das fahrlässige Verhalten des Täters herbeigeführt wurde. Auch in der Sache kann man sonst nicht davon sprechen, dass sich im Erfolg ein vom Täter geschaffenes rechtlich missbilligtes Risiko realisiert hat. Daher verstößt diese Auffassung gegen den Gesetzlichkeitsgrundsatz des Art. 103 II GG, wonach ein Täter nur bestraft werden darf, wenn die Voraussetzungen eines bestimmten Strafgesetzes tatsächlich – und nicht nur möglicherweise – erfüllt sind. Es muss danach feststehen, dass der Erfolg bei richtigem Verhalten nicht eingetreten wäre. Andernfalls werden im Besonderen Teil normierte Verletzungsdelikte contra legem zu Gefährdungsdelikten umgedeutet. Eine entsprechende Rechtssetzungsbefugnis hat indes nur der dazu legitimierte Gesetzgeber. Aus diesen Gründen sind die Risikoerhöhungslehren abzulehnen.[35] Der Tod des R ist B daher nicht zuzurechnen.

B ist nach alledem nicht nach § 222 strafbar.

II. Allerdings kann B sich wegen Freiheitsberaubung nach § 239 I Fall 2 strafbar gemacht haben, indem er H eine halbe Stunde lang festhielt.

1. Das tatbestandsmäßige Verhalten und der entsprechende Erfolgssachverhalt müssen vorliegen. Als Tathandlung kommt nach Sachlage nur die Freiheitsberaubung „auf andere Weise" in Betracht. Hiervon ist jedes Tun oder Unterlassen erfasst, durch das ein anderer Mensch unter vollständiger Aufhebung seiner Fortbewegungsfreiheit daran gehindert wird, seinen Aufenthaltsort zu verlassen.[36] B hielt H so fest, dass dieser, obwohl er sich dagegen sträubte, nicht in der Lage war, sich loszureißen und an einen anderen Ort zu bewegen. Das Verhalten des B war in dieser Hinsicht auch grundsätzlich rechtlich missbilligt und hat den entsprechenden Erfolgssachverhalt bewirkt. Somit hat B den H seiner Freiheit i. S. des § 239 I Fall 2 beraubt.

2. B muss zudem mit Blick auf das grundsätzlich missbilligte Verhalten vorsätzlich gehandelt und den Erfolg vorsätzlich bewirkt haben. B kam es gerade darauf an zu erreichen, dass H den Ort des Geschehens nicht verlassen kann, um zu verhindern, dass dieser sich dem Zugriff der Polizei entzieht. Somit erfüllt er insoweit das Vorsatzerfordernis.

---

[34] Jedenfalls dürften viele Vertreter einer Risikoerhöhungslehre zu dieser Einschätzung gelangen. Indessen ist eine solche ex post-Gefahrsteigerung keineswegs unproblematisch, wenn man den Hinweis im Sachverhalt zutreffend als rein statistische Aussage versteht, die für den konkreten Einzelfall nicht das Notwendige besagt; näher zu dieser Problematik *Freund*, Erfolgsdelikt und Unterlassen, S. 128 ff. mit Fn. 269.

[35] *Freund/Rostalski*, AT, § 2 Rn. 59, § 5 Rn. 84; *Freund*, Erfolgsdelikt und Unterlassen, S. 128 ff.; *Wessels/Beulke/Satzger*, AT[48], Rn. 307; sachlich übereinstimmend etwa a. BGHSt 11, 1, 7.

[36] *Eisele*, in: Schönke/Schröder[30], § 239 Rn. 6.

3. B muss auch rechtswidrig gehandelt haben. Sein Verhalten kann allerdings nach § 127 I 1 StPO gerechtfertigt sein.

a) Dies setzt voraus, dass H auf frischer Tat betroffen wurde.

aa) „Tat" i. S. des § 127 I 1 StPO ist jede strafbare Handlung.[37] Als strafbare Handlung kommt der Faustschlag in Betracht, den H der A versetzt hat. Durch diesen hat sich H schon zum für das hier interessierende Festnahmerecht relevanten Zeitpunkt wegen Körperverletzung nach § 223 I strafbar gemacht. Insofern handelt es sich um eine Tat i. S. des § 127 I 1 StPO.

bb) Auf frischer Tat betroffen ist derjenige, der bei Verwirklichung des Straftatbestands oder unmittelbar danach am Tatort oder in dessen unmittelbarer Nähe gestellt wird.[38] Das Niederschlagen der A geschah unmittelbar bevor H von B angetroffen wurde. H war zwar gerade im Begriff, vom Tatort wegzulaufen, befand sich jedoch noch in dessen unmittelbarer Nähe. Somit ist H auf frischer Tat betroffen worden.

b) Zudem muss Fluchtverdacht bestanden haben. Dies ist der Fall, wenn nach dem erkennbaren Verhalten des Täters vernünftigerweise davon ausgegangen werden darf, dass dieser sich dem Strafverfahren entziehen werde, wenn er nicht alsbald festgenommen wird.[39] Als B den H antraf, war dieser gerade im Begriff wegzulaufen. Zwar beabsichtigte er lediglich, eine Toilette aufzusuchen. Für B wirkte dieses Verhalten im Hinblick auf die beiden am Boden Liegenden jedoch in nachvollziehbarer Weise so, als laufe H weg, um nicht mit der Tat in Verbindung gebracht zu werden. Im Hinblick auf die Situation, die sich B darbot, durfte dieser das Verhalten des H auch als Flucht auffassen. Somit bestand ein für das Eingreifen des Festnahmerechts hinreichender Fluchtverdacht. – Bedenken unter dem Aspekt der Verhältnismäßigkeit der Festnahme bestehen nicht.

Folglich ist das Verhalten des B *insoweit* nach § 127 I 1 StPO gerechtfertigt. Er ist daher nicht nach § 239 I Fall 2 strafbar.

Konkurrenzen und Gesamtergebnis

H hat sich gemäß § 223 I einer Körperverletzung an R schuldig gemacht. Daneben hat er einen Totschlag gemäß § 212 I an R begangen. Diese Taten stehen – weil durch verschiedene Handlungen begangen – in Tatmehrheit: §§ 223 I, 212 I, 53.

Des Weiteren hat sich H einer Körperverletzung gemäß § 223 I und einer fahrlässigen Tötung gemäß § 222 an A schuldig gemacht. Die vorsätzliche Körperverletzung tritt nicht hinter die fahrlässige Tötung zurück. Diese beiden Taten stehen als durch dieselbe Handlung begangene Delikte in Tateinheit: §§ 223 I, 222, 52.

Mit Blick auf die Körperverletzungen ist für die Strafverfolgung jeweils § 230 I zu beachten.

B hat sich nicht strafbar gemacht.

---

[37] *Beulke/Swoboda*, Strafprozessrecht, 14. Aufl. 2018, Rn. 235.
[38] Sachlich übereinstimmend etwa *Haller/Conzen*, Das Strafverfahren, 4. Aufl. 2006, Rn. 936.
[39] S. dazu etwa *Hellmann*, Strafprozessrecht, 2. Aufl. 2006, Rn. 267.

Literaturverzeichnis

Achenbach, Hans Historische und dogmatische Grundlagen der strafrechtssystematischen Schuldlehre, 1974.
Adams, Michael/Shavell, Steven Zur Strafbarkeit des Versuchs, GA 1990, 337.
AK StGB Kommentar zum Strafgesetzbuch, Reihe Alternativkommentare, Band 1 (§§ 1 – 21), hrsg. v. Wassermann, 1990 (zit.: Bearbeiter, in: AK).
Albrecht, Anna Helena Notwehrexzess und Putativnotwehr, GA 2013, 369.
Albrecht, Dietlinde Begründung von Garantenstellungen in familiären und familienähnlichen Beziehungen, 1998 (zit.: Begründung von Garantenstellungen).
Alwart, Heiner Strafwürdiges Versuchen, eine Analyse zum Begriff der Strafwürdigkeit und zur Struktur des Versuchsdelikts, 1982.
Alwart, Heiner Zum Begriff der Notwehr, JuS 1996, 953.
Amelung, Knut Rechtsgüterschutz und Schutz der Gesellschaft – Untersuchungen zum Inhalt und zum Anwendungsbereich eines Strafrechtsprinzips auf dogmengeschichtlicher Grundlage – Zugleich ein Beitrag von der Lehre der „Sozialschädlichkeit" des Verbrechens, 1972.
Amelung, Knut Zur Verantwortlichkeit Drogenabhängiger für Selbstschädigungen durch den Gebrauch von Suchtstoffen, NJW 1996, 2393.
Amelung, Knut Willensmängel bei der Einwilligung als Tatzurechnungsproblem, ZStW 109 (1997), 490.
Amelung, Knut Irrtum und Täuschung als Grundlage von Willensmängeln bei der Einwilligung des Verletzten, 1998.
Amelung, Knut Sein und Schein bei der Notwehr gegen die Drohung mit einer Scheinwaffe, Jura 2003, 91.
Amelung, Knut Die Anstiftung als korrumpierende Aufforderung zu strafbedrohtem Verhalten, in: Festschrift für Friedrich-Christian Schroeder, 2006, S. 147 (zit.: FS Schroeder).
Amelung, Knut/Brauer, J. Anm. zu OLG Schleswig, Beschl. v. 15.06.1984 – 1 Ws 366/84, JR 1985, 474.
Amelung, Knut/Eymann, Frieder Die Einwilligung des Verletzten im Strafrecht, JuS 2001, 937.
Androulakis, Nikolaos Studien zur Problematik der unechten Unterlassungsdelikte, 1963 (zit.: Studien).
Appel, Ivo Verfassung und Strafe – Zu den verfassungsrechtlichen Grenzen staatlichen Strafens, 1998 (zit.: Verfassung und Strafe).
Archangelskij, Alexander Das Problem des Lebensnotstandes am Beispiel des Abschusses eines von Terroristen entführten Flugzeuges, 2005.
Arzt, Gunther Willensmängel bei der Einwilligung, 1970.
Arzt, Gunther Zur Garantenstellung beim unechten Unterlassungsdelikt, JA 1980, 553, 647, 712.
Arzt, Gunther Die fortgesetzte Handlung geht – die Probleme bleiben, JZ 1994, 1000.

Arzt, Gunther Die Strafrechtsklausur, 7. Aufl. 2006 (zit.: Die Strafrechtsklausur[7]).
Arzt, Gunther Anm. zu BGH, Urt. v. 17.10.1996 – 4 StR 389/96, JR 1997, 469.
Arzt, Gunther Mord durch Unterlassen, in: Festschrift für Claus Roxin, 2001, S. 855 (zit.: FS Roxin).
Arzt, Gunther Über die subjektive Seite der objektiven Zurechnung, in: Gedächtnisschrift für Ellen Schlüchter, 2002, S. 163 (zit.: GS Schlüchter).
Ast, Stephan Normentheorie und Strafrechtsdogmatik – Eine Systematisierung von Normarten und deren Nutzen für Fragen der Erfolgszurechnung, insbesondere die Abgrenzung des Begehungs- vom Unterlassungsdelikt, 2010.
Ast, Stephan Die Manipulation der Organallokation – Das Vereiteln von Rettungshandlungen als mittelbare Täterschaft, HRRS 2017, 500.
Bacigalupo, Enrique Die Diskussion über die finale Handlungslehre im Strafrecht, in: Festschrift für Albin Eser, 2005, S. 61 (zit.: FS Eser).
Bacigalupo, Enrique Rechtsgutsbegriff und Grenzen des Strafrechts, in: Festschrift für Günther Jakobs, 2007, S. 1 (zit.: FS Jakobs).
Backmann, Leonhard Strafbarkeit des vor Tatbeginn zurücktretenden Tatbeteiligten wegen vollendeter Tat? – BGHSt 28, 346, JuS 1981, 336.
Baier, Helmut Unterlassungsstrafbarkeit trotz fehlender Handlungs- oder Schuldfähigkeit – Zugleich ein Beitrag zur Rechtsfigur der omissio libera in causa, GA 1999, 272.
Basler Kommentar zum StGB Basler Kommentar – Strafgesetzbuch, hrsg. v. Niggli u. a., Bd. I und II, 2003 (zit.: Bearbeiter, in: Basler Kommentar zum StGB).
Baumann, Jürgen/Weber, Ulrich/Mitsch, Wolfgang Strafrecht, Allgemeiner Teil, Lehrbuch, 11. Aufl. 2003 (zit.: AT[11]).
Baumann, Jürgen/Weber, Ulrich/Mitsch, Wolfgang/Eisele, Jörg Strafrecht, Allgemeiner Teil, Lehrbuch, 12. Aufl. 2016 (zit.: AT[12]).
Beckemper, Katharina Unvernunft als Zurechnungskriterium in den „Retterfällen", in: Festschrift für Claus Roxin, 2011, S. 397 ff. (zit.: FS Roxin).
Becker, Christian/Martenson, Jule Asche zu Asche, Staub zu Staub – Wortlaut, möglicher Wortsinn und Sprachspielabhängigkeit von Bedeutung – Überlegungen anlässlich von BGH, Beschl. v. 30.06.2015 – 5 StR 71/15, JZ 2016, 779.
Becker, Karina Der Strafgrund der Verbrechensverabredung gem. § 30 Absatz 2, Alt. 3 StGB, 2012.
Bedecarratz Scholz, Francisco Javier Rechtsvergleichende Studien zur Strafbarkeit juristischer Personen – Eine Untersuchung ihrer Strafzurechnungsmerkmale in den Rechtsordnungen von Chile, Deutschland, England, Frankreich, Spanien und den Vereinigten Staaten, 2016.
Behm, Ulrich Nichtzahlung des Lohns für „Telefonsex": Betrug, versuchter Betrug oder Wahndelikt?, zugleich Besprechung von LG Mannheim, NJW 1995, 3398, in: NStZ 1996, 317.
Behrendt, Hans-Joachim Die Unterlassung im Strafrecht – Entwurf eines negativen Handlungsbegriffs auf psychoanalytischer Grundlage, 1979.
Behrendt, Hans-Joachim Zur Synchronisation von strafrechtlicher Handlungs-, Unrechts- und Zurechnungslehre, GA 1993, 67.
Beling, Ernst Grundzüge des Strafrechts, 1930.
Berger, Bernadette Das Gesinnungsmoment im Strafrecht, 2008.
Bergmann, Alfred Strafrecht: Ohrfeigen, JuS 1987, L 53.
Bergmann, Alfred Einwilligung und Einverständnis im Strafrecht, JuS 1989, L 65.
Bergmann, Alfred Die Grundstruktur des rechtfertigenden Notstandes (§ 34 StGB), JuS 1989, 109.
Bergmann, Marcus Strafbarkeit vertragswidrigen Unterlassens – Zur Rechtspflicht nach § 13 Abs. 1 StGB unter besonderer Berücksichtigung des Vertrages mit Schutzwirkung für Dritte, 2012.
Bergmann, Matthias Einzelakts- oder Gesamtbetrachtungslehre beim Rücktritt vom Versuch?, ZStW 100 (1988), 329.
Bergmann, Matthias Die Milderung der Strafe nach § 49 Abs. 2 StGB – Zugleich ein Beitrag zu § 157 Abs. 1 und § 113 Abs. 4 StGB sowie zum Rücktritt vom formell vollendeten Delikt, 1988 (zit.: Die Milderung der Strafe nach § 49 Abs. 2 StGB).
Bernsmann, Klaus „Entschuldigung" durch Notstand. Studien zu § 35 StGB, 1989.

Berster, Lars Anm. zu BGH, Beschl. v. 7. 7. 2009 – 3 StR 204/09 (Zur Begehung eines Mordes durch Unterlassen aufgrund der Mordmerkmale „mit gemeingefährlichen Mitteln" und „Heimtücke"), ZIS 2011, 255.
Berster, Lars Das unechte Unterlassungsdelikt – Der gordische Knoten des Allgemeinen Teils, 2014 (zit.: Unterlassungsdelikt).
Berster, Lars Der subjektive Exzess der Notwehr und Putativnotwehr, GA 2016, 36.
Berz, Ulrich Formelle Tatbestandsverwirklichung und materialer Rechtsgüterschutz – Eine Untersuchung zu den Gefährdungs- und Unternehmensdelikten, 1986 (zit.: Rechtsgüterschutz).
Beulke, Werner Opferautonomie im Strafrecht – Zum Einfluss der Einwilligung auf die Beurteilung der einverständlichen Fremdgefährdung, in: Festschrift für Harro Otto, 2007, S. 207 (zit.: FS Otto).
Beulke, Werner Klausurenkurs im Strafrecht I – Ein Fall- und Repetitionsbuch für Anfänger, 7. Aufl. 2016 (zit.: Klausurenkurs I[7]).
Beulke, Werner/Satzger, Helmut Anm. zu BGH, Urt. v. 30.11.1995 – 5 StR 465/95, NStZ 1996, 432.
Beulke, Werner/Swoboda, Sabine Beschützergarant Jugendamt – Zur Strafbarkeit von Mitarbeitern des Jugendamtes bei Kindestod, Kindesmisshandlung oder -missbrauch innerhalb der betreuten Familie, in: Festschrift für Karl Heinz Gössel, 2002, S. 73 (zit.: FS Gössel).
Beulke, Werner/Swoboda, Sabine Strafprozessrecht, 14. Aufl. 2018.
Biewald, Gunther Regelmäßiges Verhalten und Verantwortlichkeit – Eine Untersuchung der Retterfälle und verwandter Konstellationen, 2003.
Binding, Karl Handbuch des Strafrechts, Band 1, 1885 (zit.: Handbuch des Strafrechts).
Binding, Karl Der objektive Verbrechenstatbestand in seiner rechtlichen Bedeutung – Studie für das künftige Strafgesetzbuch, Der Gerichtssaal 76 (1910), 1.
Bindokat, Heinz Fahrlässige Mittäterschaft im Strafrecht, JZ 1979, 434.
Birnbaum, Christian Die Leichtfertigkeit – zwischen Fahrlässigkeit und Vorsatz, 2000.
Blassl, Johannes Zur Garantenpflicht des Compliance-Beauftragten, 2017.
Blassl, Johannes Strafrechtliche Pflichten des Compliance Officers, WM 2018, 603.
Bleckmann, Albert Begründung und Anwendungsbereich des Verhältnismäßigkeitsprinzips, JuS 1994, 177.
Bleckmann, Albert Spielraum der Gesetzesauslegung und Verfassungsrecht, JZ 1995, 685.
Blei, Hermann Strafrecht I, Allgemeiner Teil, ein Studienbuch, 18. Aufl. 1983 (zit.: StrafR I[18]).
Block, Florian Atypische Kausalverläufe in objektiver Zurechnung und subjektivem Tatbestand – Zugleich ein Beitrag zur Rechtsfigur des Irrtums über den Kausalverlauf, 2008.
Bloy, René Die dogmatische Bedeutung der Strafausschließungs- und Strafaufhebungsgründe, 1976.
Bloy, René Anm. zu BGH, Urt. v. 21.12.1982 – 1 StR 662/82, JR 1984, 123.
Bloy, René Die Beteiligungsform als Zurechnungstypus im Strafrecht, 1985 (zit.: Die Beteiligungsform als Zurechnungstypus).
Bloy, René Anstiftung durch Unterlassen?, JA 1987, 490.
Bloy, René Anm. zu BGH, Beschl. v. 13.01.1988 – 2 StR 665/87, JR 1989, 70.
Bloy, René Funktion und Elemente des subjektiven Tatbestandes im Deliktsaufbau, JuS 1989, L 1.
Bloy, René Grenzen der Täterschaft bei fremdhändiger Tatausführung, GA 1996, 424.
Bockelmann, Paul Zur Abgrenzung der Vorbereitung vom Versuch, JZ 1954, 468.
Bockelmann, Paul Die jüngste Rechtsprechung des Bundesgerichtshofs zur Abgrenzung der Vorbereitung vom Versuch, JZ 1955, 193.
Bockelmann, Paul Wann ist der Rücktritt vom Versuch freiwillig?, NJW 1955, 1417.
Bockelmann, Paul Verkehrsstrafrechtliche Aufsätze und Vorträge, 1967.
Bockelmann, Paul/Volk, Klaus Strafrecht, Allgemeiner Teil, 4. Aufl. 1987 (zit.: AT[4]).
Bode, Thomas Das Providerprivileg aus §§ 7, 10 TMG als gesetzliche Regelung der Beihilfe durch „neutrale" Handlungen, ZStW 127 (2015), 937.
Böhm, Sonja Garantenpflichten aus familiären Beziehungen – Zur Deutung des § 13 Abs. 1 StGB als Blankettvorschrift, 2006 (zit.: Garantenpflichten).
Bohnert, Joachim Das Bestimmtheitserfordernis im Fahrlässigkeitstatbestand, ZStW 94 (1982), 68.

Böhringer, Jacob Fahrlässige Mittäterschaft – Ein Beitrag zum Verhältnis von Zurechnung und Beteiligung bei Vorsatz- und Fahrlässigkeitsdelikten, 2017.
Bollacher, Florian/Stockburger, Jochen Der ärztliche Heileingriff in der strafrechtlichen Fallbearbeitung, Jura 2006, 908.
Bonner Kommentar Bonner Kommentar zum Grundgesetz, 2. Ordner: Art. 2-3, Stand 193. Lfg. Okt. 2018 (zit.: Bearbeiter, in: Bonner Kommentar, spezieller Bearbeitungsstand).
Bottek, Carl Unterlassungen und ihre Folgen – Handlungs- und kausalitätstheoretische Überlegungen, 2014.
Bottke, Wilfried Rücktritt vom Versuch der Beteiligung nach § 31 StGB, 1980.
Bottke, Wilfried Suizid und Strafrecht, 1982 (zit.: Suizid).
Bottke, Wilfried Probleme der Suizidbeteiligung, GA 1983, 22.
Bottke, Wilfried Anm. zu BayObLG, Urt. v. 09.01.1985 – RReg. 5 St 272/84, JR 1986, 292.
Bottke, Wilfried Täterschaft und Gestaltungsherrschaft – Zur Struktur von Täterschaft bei aktiver Begehung und Unterlassung als Baustein eines gemeineuropäischen Strafrechtssystems, 1992 (zit.: Täterschaft und Gestaltungsherrschaft).
Brammsen, Joerg Erfolgszurechnung bei unterlassener Gefahrverminderung durch einen Garanten, MDR 1989, 123.
Brammsen, Joerg Anm. zu LG Münster, Beschl. v. 24.01.1992 – 7 Qs 216/91, StV 1994, 135.
Brammsen, Joerg Anm. zu OLG Düsseldorf, Beschl. v. 29.01.1993 – 5 Ss 421/92 – 133/92 I, JR 1994, 373.
Brandts, Ricarda/Schlehofer, Horst Die täuschungsbedingte Selbsttötung im Lichte der Einwilligungslehre, JZ 1987, 442.
Bresser, Paul Probleme bei der Schuldfähigkeits- und Schuldbeurteilung, NJW 1978, 1188.
Bringewat, Peter Die Strafbarkeit der Beteiligung an fremder Selbsttötung als Grenzproblem der Strafrechtsdogmatik, ZStW 87 (1975), 623.
Bringewat, Peter Anm. zu OLG Oldenburg, Urt. v. 02.09.1996 – Ss 249/96, StV 1997, 135.
Bringewat, Peter Grundbegriffe des Strafrechts – Grundlagen – Allgemeine Verbrechenslehre – Aufbauschemata, 3. Aufl. 2018 (zit.: Grundbegriffe[3]).
Brocker, Lars Wider die Angst vor dem sog. doppelten Irrtum im Strafrecht – der „Mauswieselfall", JuS 1994, L 17.
Bürger, Sebastian Der Rücktritt vom „teilweise fehlgeschlagenen Versuch" – Eine Betrachtung unter Berücksichtigung der aktuellen Rechtsprechung des BGH, NStZ 2016, 578.
Bürger, Sebastian Unternehmen als Täter, ZStW 130 (2018), 704.
Burgstaller, Manfred Das Fahrlässigkeitsdelikt im Strafrecht, unter besonderer Berücksichtigung der Praxis in Verkehrssachen, 1974 (zit.: Das Fahrlässigkeitsdelikt).
Burkhardt, Björn Der „Rücktritt" als Rechtsfolgebestimmung – eine Untersuchung anhand des Abgrenzungsproblems von beendetem und unbeendetem Versuch, 1975 (zit.: Rücktritt).
Burkhardt, Björn Tatbestandsmäßiges Verhalten und ex-ante-Betrachtung – Zugleich ein Beitrag wider die „Verwirrung zwischen dem Subjektiven und dem Objektiven", in: Straftat, Strafzumessung und Strafprozeß im gesamten Strafrechtssystem, Straftatbegriff – Straftatzurechnung – Strafrechtszweck – Strafausschluß – Strafverzicht – Strafklagverzicht, hrsg. v. Wolter u. a., 1996, S. 99 (zit.: Wolter/Freund, Straftat).
Burkhardt, Björn Abweichende Kausalverläufe in der Analytischen Handlungstheorie, in: Festschrift für Haruo Nishihara, 1998, S. 15 (zit.: FS Nishihara).
Burmann, Michael/Heß, Rainer/Hühnermann, Katrin/Jahnke, Jürgen Straßenverkehrsrecht, 25. Aufl. 2018 (zit.: StraßenverkehrsR[25]).
Burr, Christian Notwehr und staatliches Gewaltmonopol, JR 1996, 230.
Caro John, José Antonio Das erlaubte Kausieren verbotener Taten – Regressverbot, 2007 (zit.: Regressverbot).
Castaldo, Andrea R. „Non intelligere, quod omnes intelligunt" – Objektive Zurechnung und Maßstab der Sorgfaltswidrigkeit beim Fahrlässigkeitsdelikt, 1992 (zit.: „Non intelligere, quod omnes intelligunt").
Castaldo, Andrea R. Offene und verschleierte Individualisierung im Rahmen des Fahrlässigkeitsdelikts, GA 1993, 495.

Ceffinato, Tobias Vollendungsumkehr und Wiedergutmachung, 2017.
Charalambakis, Aristotelis Selbsttötung aufgrund Irrtums und mittelbare Täterschaft, GA 1986, 485.
Cigüela Sola, Javier Schuld und Identität in kollektiven Organisationen: eine Kritik der Kollektivschuld, GA 2016, 625.
Colombi, Ciacchi Aurelia Fahrlässigkeit und Tatbestandsbestimmtheit – Deutschland und Italien im Vergleich, 2005.
Constadinidis, Angelos Die „actio illicita in causa" – Ein Beitrag zu den Voraussetzungen und Grenzen der strafrechtlichen Zurechnung eines Handlungserfolges sowie zur Problematik der provozierten Notwehr, 1982.
Cornelius, Kai Die Verbotsirrtumslösung zur Bewältigung unklarer Rechtslagen – ein dogmatischer Irrweg, GA 2015, 101.
Cramer, Peter Gedanken zur Abgrenzung von Täterschaft und Teilnahme, in: Festschrift für Paul Bockelmann, 1979, S. 389 (zit.: FS Bockelmann).
Cramer, Steffen Anm. zu LG Osnabrück, Urt. v. 06.03.1996 – 22 Ns (VII 124/95), NStZ 1997, 238.
Dannecker, Gerhard/Stoffers, Kristian F. Anm. zu BayObLG, Beschl. v. 30.12.1992 – 4 St RR 170/92, StV 1993, 642.
Deckert, Martina R. Zur Einführung: Die folgenorientierte Auslegung, JuS 1995, 480.
Dehne-Niemann, Jan Tatbestandslosigkeit der Drittbesitzerhaltungsabsicht und Beteiligungsdogmatik, JuS 2008, 589.
Dehne-Niemann, Jan Omissio libera in causa bei „echten" Unterlassungsdelikten? – Zur Verhaltensgebundenheit „echten" Unterlassens am Beispiel der §§ 266a I, 323c StGB, GA 2009, 150.
Dehne-Niemann, Jan Sorgfaltswidrigkeit und Risikoerhöhung – Zur normtheoretischen Reformulierung der „Risikoerhöhungstheorie", GA 2012, 89.
Dehner, Friedrich/Jahn, Ralf M. Anschnallpflicht und Bußgeldbewehrung als Grundrechtsproblem – BVerfG (3. Kammer des Ersten Senats), NJW 1987, 180, JuS 1988, 30.
Deichmann, Marco Vormundschaftsgerichtlich genehmigtes Töten durch Unterlassen?, MDR 1995, 983.
Deiters, Mark Strafzumessung bei mehrfach begründeter Strafbarkeit, 1999 (zit.: Strafzumessung).
Deiters, Mark Legalitätsprinzip und Normgeltung, 2006.
Delonge, Franz-Benno Die Interessenabwägung nach § 34 StGB und ihr Verhältnis zu den übrigen strafrechtlichen Rechtfertigungsgründen, 1988 (zit.: Interessenabwägung).
Dencker, Friedrich Erfolg und Schuldidee – Zur Diskussion um die systematische und sachliche Bedeutung des Erfolges im Strafrecht, in: Gedächtnisschrift für Armin Kaufmann, 1989, S. 441 (zit.: GS Armin Kaufmann).
Dencker, Friedrich Zum Erfolg der Tötungsdelikte, Besprechung des BGH-Urteils vom 12.02.1992 – 3 StR 481/81, NStZ 1992, 311.
Dencker, Friedrich Ingerenz: Die defizitäre Tathandlung, in: Festschrift für Walter Stree und Johannes Wessels, 1993, S. 161 (zit.: FS Stree/Wessels).
Dencker, Friedrich Beteiligung ohne Täter, in: Festschrift für Klaus Lüderssen 2002, S. 525 (zit.: FS Lüderssen).
Dencker, Friedrich Über Gegenwärtigkeit, in: Festschrift für Wolfgang Frisch, 2013, S. 477.
Derksen, Roland Handeln auf eigene Gefahr, 1992.
Deutsch, Erwin Haftungsrecht, erster Band: Allgemeine Lehren, 1976 (zit.: Haftungsrecht I).
Deutsch, Erwin Allgemeines Haftungsrecht, 2. Aufl. 1996 (zit.: Allgemeines Haftungsrecht²).
Díaz y García Conlledo, Miguel Zum elterlichen Züchtigungsrecht, in: Festschrift für Bernd Schünemann, 2014, S. 325 (zit.: FS Schünemann).
Díaz y García Conlledo, Miguel Strafrechtliche Verantwortlichkeit juristischer Personen? – Einige Thesen, GA 2016, 238.
Dießner, Annika Die Unterlassungsstrafbarkeit der Kinder- und Jugendhilfe bei familiärer Kindeswohlgefährdung, 2008.
Dietmeier, Frank Blankettstrafrecht – Ein Beitrag zur Lehre vom Tatbestand, 2002.
Dold, Dennis Die actio libera in causa als Sonderfall der mittelbaren Täterschaft, GA 2008, 427.
Dölling, Dieter Fahrlässige Tötung bei Selbstgefährdung des Opfers, GA 1984, 71.

Dölling, Dieter Einwilligung und überwiegende Interessen, in: Festschrift für Karl Heinz Gössel, 2002, S. 209 (zit.: FS Gössel).
Dölling, Dieter Soziale Adäquanz und soziale Systeme, in: Festschrift für Harro Otto, 2007, S. 219 (zit.: FS Otto).
Donner, David Die Zumutbarkeitsgrenzen der vorsätzlichen unechten Unterlassungsdelikte, 2007 (zit.: Zumutbarkeitsgrenzen).
Dornseifer, Gerhard Unrechtsqualifizierung durch den Erfolg – ein Relikt der Verdachtsstrafe?, in: Gedächtnisschrift für Armin Kaufmann, 1989, S. 427 (zit.: GS Armin Kaufmann).
Dreher, Eduard Die Willensfreiheit, ein zentrales Problem mit vielen Seiten, 1987.
Dreher, Eduard Unser indeterministisches Strafrecht, in: Festschrift für Günter Spendel, 1992, S. 13 (zit.: FS Spendel).
Drews, Bill/Wacke, Gerhard/Vogel, Klaus/Martens, Wolfgang Gefahrenabwehr: Allgemeines Polizeirecht (Ordnungsrecht) des Bundes und der Länder, 9. Aufl. 1986 (zit.: Gefahrenabwehr[9]).
Duden Band 7: Etymologie – Herkunftswörterbuch der deutschen Sprache, 5. Aufl. 2014 (zit.: Herkunftswörterbuch).
Duden Das große Wörterbuch der deutschen Sprache, in zehn Bänden, Band 1: A – Bedi, 3. Aufl. 1999 (zit.: Band 1).
Duttge, Gunnar Zur Bestimmtheit des Handlungsunwerts von Fahrlässigkeitsdelikten, 2001 (zit.: Bestimmtheit des Handlungsunwerts).
Duttge, Gunnar Die „hypothetische Einwilligung" als Strafausschlußgrund: wegweisende Innovation oder Irrweg?, in: Festschrift für Friedrich-Christian Schroeder, 2006, S. 179 (zit.: FS Schroeder).
Duttge, Gunnar Einflüsse der Rechtsphilosophie auf die Strafrechtsdogmatik – am Beispiel des (individualisierten) Fahrlässigkeitsunrechts, in: Festschrift für Manfred Maiwald, hrsg. v. Fritz Loos u. a., 2007, S. 167 (zit.: FS Maiwald).
Duttge, Gunnar Erfolgszurechnung und Opferverhalten – Zum Anwendungsbereich der einverständlichen Fremdgefährdung, in: Festschrift für Harro Otto, 2007, S. 227 (zit.: FS Otto).
Duttge, Gunnar Zum Begriff des erfolgsqualifizierten Delikts, in: Festschrift für Rolf Dietrich Herzberg, 2008, S. 309 (zit.: FS Herzberg).
Duttge, Gunnar Wider die Palmströmische Logik: Die Fahrlässigkeit im Lichte des Bestimmtheitsgebotes, JZ 2014, 261.
Ebert, Udo Strafrecht, Allgemeiner Teil, 3. Aufl. 2001 (zit.: AT[3]).
Eidam, Lutz Aktuelle Überlegungen zur Strafbarkeit des agent provocateur, in: Festschrift für Ulfrid Neumann, 2017, S. 773 (zit.: FS Neumann).
Eisele, Jörg Abstandnahme von der Tat vor Versuchsbeginn bei mehreren Beteiligten, ZStW 112 (2000), 745.
Eisele, Jörg Die Regelbeispielsmethode im Strafrecht – Zugleich ein Beitrag zur Lehre vom Tatbestand, 2004 (zit.: Die Regelbeispielsmethode).
Eisele, Jörg Hypothetische Einwilligung bei ärztlichen Aufklärungsfehlern, JA 2005, 252.
Eisele, Jörg Bedingter Tötungsvorsatz bei verbotenen Kraftfahrzeugrennen? – Zu BGH, Urteile v. 01.03.2018 – 4 StR 399/17, 311/17 und 158/17, JZ 2018, 549.
Ellerbrok, Ralf Die relative Rechtfertigung, 2001.
Engisch, Karl Untersuchungen über Vorsatz und Fahrlässigkeit im Strafrecht, 1930, Neudruck 1964 (zit.: Untersuchungen über Vorsatz und Fahrlässigkeit).
Engisch, Karl Die Kausalität als Merkmal der strafrechtlichen Tatbestände, 1931 (zit.: Kausalität).
Engisch, Karl Die Einheit der Rechtsordnung, 1935.
Engisch, Karl Logische Studien zur Gesetzesanwendung, 1943.
Engisch, Karl Auf der Suche nach Gerechtigkeit – Hauptthemen der Rechtsphilosophie, 1971.
Engisch, Karl Tun und Unterlassen, in: Festschrift für Wilhelm Gallas, 1973, S. 163 (zit.: FS Gallas).
Engisch, Karl Einführung in das juristische Denken, hrsg. v. Thomas Würtenberger und Dirk Otto, 12. Aufl. 2018 (zit.: Einführung in das juristische Denken[12]).
Engländer, Armin Grund und Grenzen der Nothilfe, 2008.
Engländer, Armin Anm. zu BGH, Urt. v. 2.11.2011 – 2 StR 375/11, NStZ 2012, 274.

Engländer, Armin Der Rücktrit vom versuchten Unterlassungsdelikt durch bloßes Untätigbleiben, JZ 2012, 130.
Engländer, Armin Die Entschuldigung nach § 33 StGB bei Putativnotwehr und Putativnotwehrexzess, JuS 2012, 408.
Engländer, Armin Revitalisierung der materiellen Rechtsgutslehre durch das Verfassungsrecht?, ZStW 127 (2015), 616.
Engländer, Armin Anm. zu BGH, Beschl. v. 12.04.2016 – 2 StR 523/15, NStZ 2016, 527.
Engländer, Armin Der Gefahrzusammenhang bei der Körperverletzung mit Todesfolge durch Unterlassen – Zugleich Besprechung von BGH 3 StR 479/16 – Urt. v. 26.01.2017 (NStZ 2017, 410), NStZ 2018, 135.
Erb, Volker Rechtmäßiges Alternativverhalten und seine Auswirkungen auf die Erfolgszurechnung im Strafrecht – Eine systematische Darstellung unter Berücksichtigung der entsprechenden zivilrechtlichen Fragestellung, 1991.
Erb, Volker Zur Konstruktion eines untauglichen Versuchs der Mittäterschaft bei scheinbarem unmittelbarem Ansetzen eines vermeintlichen Mittäters zur Verwirklichung des Tatbestandes, zugleich eine Besprechung des BGH-Urteils vom 25.10.1994, NStZ 1995, 424.
Erb, Volker Die Schutzfunktion des Art. 103 Abs. 2 GG bei Rechtfertigungsgründen – Zur Reichweite des Grundsatzes „nullum crimen sine lege" unter besonderer Berücksichtigung der „Mauerschützen-Fälle" und der „sozialethischen Einschränkungen" des Notwehrrechts, ZStW 108 (1996), 266.
Erb, Volker Notwehr gegen rechtswidriges Verhalten von Amtsträgern, in: Festschrift für Karl Heinz Gössel, 2002, S. 217 (zit.: FS Gössel).
Erb, Volker Aus der Rechtsprechung des BGH zur Notwehr seit 1999, NStZ 2004, 369.
Erb, Volker Nothilfe durch Folter, Jura 2005, 24.
Erb, Volker Überlegungen zur Neuordnung der Konkurrenzen, ZStW 117 (2005), 37.
Erb, Volker Notwehr als Menschenrecht – Zugleich eine Kritik der Entscheidung des LG Frankfurt am Main im „Fall Daschner", NStZ 2005, 593.
Erb, Volker Der rechtfertigende Notstand, JuS 2010, 17, 108.
Erb, Volker Die Rechtsprechung des BGH zur Notwehr seit 2004, NStZ 2012, 194.
Erb, Volker Zur Unterscheidung der aberratio ictus vom error in persona, in: Festschrift für Wolfgang Frisch, 2013, S. 389 (zit.: FS Frisch).
Erb, Volker Das Verhältnis zwischen mutmaßlicher Einwilligung und rechtfertigendem Notstand, in: Festschrift für Bernd Schünemann, 2014, S. 337 (zit.: FS Schünemann).
Erb, Volker Der Erlaubnistatbestandsirrtum als Anwendungsfall von § 17 StGB, in: Festschrift für Hans-Ullrich Paeffgen, 2015, S. 205 (zit.: FS Paeffgen).
Erb, Volker Rechtfertigung und Entschuldigung von Taten zur Ermöglichung der Flucht deutscher Staatsbürger aus Krisengebieten – Zugleich Besprechung von OLG München, Urteil vom 27.04.2017, GA 2018, 399.
Eser, Albin/Burkhardt, Björn Strafrecht, Schwerpunkt allgemeine Verbrechenslehre, 4. Aufl. 1992 (zit.: Strafrecht I^4).
Fahl, Christian Der „fehlgeschlagene Versuch" – ein „Fehlschlag"?, GA 2014, 453 ff.
Fahl, Christian 30 Jahre und kein bisschen weiter – eigenverantwortliche Selbstgefährdung im Strafrecht, GA 2018, 418 ff.
Fahl, Christian Die Änderungen durch das Gesetz zur Stärkung des Schutzes von Vollstreckungsbeamten und Rettungskräften aus rechtsdogmatischer Sicht, ZStW 130 (2018), 745.
Fakhouri Gómez, Yamila Vorsatztheorie vs. Schuldtheorie – Zum Umgang mit der Irrtumsproblematik bei normativen Tatbestandsmerkmalen und Blankettstrafgesetzen, GA 2010, 259.
Feijoo Sánchez, Bernardo Positive Generalprävention – Gedanken zur Straftheorie Günther Jakobs', in: Festschrift für Günther Jakobs, 2007, S. 75 (zit.: FS Jakobs).
Feijoo Sánchez, Bernardo Strafrechtliche Schuld im demokratischen Rechtsstaat, in: Festschrift für Wolfgang Frisch, 2013, S. 555 (zit.: FS Frisch).
Feltes, Thomas Der (vorläufig) fehlgeschlagene Versuch, zur Abgrenzung von fehlgeschlagenem, beendetem und unbeendetem Versuch, GA 1992, 395.

v. Feuerbach, Johann Anselm Lehrbuch des Peinlichen Rechts, 14. Auflage 1847(zit.: Lehrbuch[14]).
Fezer, Gerhard Tatrichterlicher Erkenntnisprozess – „Freiheit" der Beweiswürdigung, StV 1995, 95.
Fincke, Martin Der Täter neben dem Täter, GA 1975, 161.
Fischer, Kai Die Zulässigkeit aufgedrängten staatlichen Schutzes vor Selbstschädigung, 1997.
Fischer, Thomas Strafgesetzbuch mit Nebengesetzen, 66. Auflage, 2019 (zit.: *Fischer*[66]).
Foerster K./Winckler, P. Anm. zu BGH, Urt. v. 17.11.1994 – 4 StR 441/94, NStZ 1995, 344.
Frank, Reinhard Das Strafgesetzbuch für das Deutsche Reich nebst dem Einführungsgesetze, 5. – 7. Aufl. 1908 (zit.: StGB[5–7]).
Frank, Reinhard Das Strafgesetzbuch für das Deutsche Reich nebst dem Einführungsgesetz, 17. Aufl. 1926 (zit.: StGB[17]).
v. Freier, Friedrich Zurück hinter die Aufklärung: Zur Wiedereinführung von Verbandsstrafen, GA 2009, 98.
Frellesen, Peter Die Zumutbarkeit der Hilfeleistung, 1980.
Freund, Georg Funktion und Inhalt des Begriffs des Unfalls bei der Verkehrsunfallflucht, GA 1987, 536.
Freund, Georg Normative Probleme der „Tatsachenfeststellung" – Eine Untersuchung zum tolerierten Risiko einer Fehlverurteilung im Bereich subjektiver Deliktsmerkmale, 1987 (zit.: Normative Probleme der „Tatsachenfeststellung").
Freund, Georg Anm. zu BGH, Urt. v. 20.11.1986 – 4 StR 633/86, JR 1988, 116.
Freund, Georg Der praktische Fall – Strafrecht: Ein Kneipenbummel mit Folgen, JuS 1990, 213.
Freund, Georg Strafrecht: Wer andern eine Grube gräbt …, JuS 1990, L 36.
Freund, Georg Anm. zu OLG Köln, Beschl. v. 14.12.1988 – Ss 685/88, StV 1991, 23.
Freund, Georg Richtiges Entscheiden – am Beispiel der Verhaltensbewertung aus der Perspektive des Betroffenen, insbesondere im Strafrecht, zugleich ein Beitrag zur Relativität objektiver Daten, GA 1991, 387.
Freund, Georg Über die Bedeutung der „Rechts"-Folgenlegitimation für eine allgemeine Theorie juristischer Argumentation, JZ 1992, 993.
Freund, Georg Erfolgsdelikt und Unterlassen – Zu den Legitimationsbedingungen von Schuldspruch und Strafe, 1992 (zit.: Erfolgsdelikt und Unterlassen).
Freund, Georg Täuschungsschutz und Lebensmittelstrafrecht – Grundlagen und Perspektiven, ZLR 1994, 261.
Freund, Georg Klausur Strafrecht: Der Sohn des Weingutsbesitzers, JA 1995, 660.
Freund, Georg Zulässigkeit, Verwertbarkeit und Beweiswert eines heimlichen Stimmenvergleichs – BGHSt 40, 66, JuS 1995, 394.
Freund, Georg Der Zweckgedanke im Strafrecht?, GA 1995, 4.
Freund, Georg Zur Legitimationsfunktion des Zweckgedankens im gesamten Strafrechtssystem, in: Straftat, Strafzumessung und Strafprozess im gesamten Strafrechtssystem, Straftatbegriff – Straftatzurechnung – Strafrechtszweck – Strafausschluss – Strafverzicht – Strafklagverzicht, hrsg. v. Wolter u. a., 1996, S. 43 (zit.: Wolter/Freund, Straftat).
Freund, Georg Urkundenstraftaten, 2. Aufl. 2010.
Freund, Georg Der Aufbau der Straftat in der Fallbearbeitung, JuS 1997, 235, 331.
Freund, Georg Der Entwurf eines 6. Gesetzes zur Reform des Strafrechts – Eine Würdigung unter Einbeziehung der Stellungnahme eines Arbeitskreises von Strafrechtslehrern, ZStW 109 (1997), 455.
Freund, Georg Straftatbestand und Rechtsfolgebestimmung – Zur Bedeutung der gesetzlichen Regelungstechnik und der „harmonisierten" Strafrahmen für die Strafzumessung, GA 1999, 509.
Freund, Georg Äußerlich verkehrsgerechtes Verhalten als Straftat? – BGH, NJW 1999, 3132, JuS 2000, 754.
Freund, Georg Besprechung von Krahl, Matthias, Tatbestand und Rechtsfolge – Untersuchungen zu ihrem strafrechtsdogmatisch-methodologischen Verhältnis, Frankfurt a. M.: Klostermann 1999, XIV, 368 S. (Juristische Abhandlungen Bd. 35), ZStW 112 (2000), 665.
Freund, Georg Der praktische Fall – Strafrecht: „Spritztour mit dem ultra krassen 3er BMW", JuS 2001, 475.

Freund, Georg Die Tatfrage als Rechtsfrage – „Persönliche Gewißheit", „objektive Schuldwahrscheinlichkeit" und rechtsgenügender Beweis, in: Festschrift für Lutz Meyer-Goßner, 2001, S. 409 (zit.: FS Meyer-Goßner).
Freund, Georg Anm. zu BGH, Urt. vom 31.01.2002 – 4 StR 289/01: Zur Garantenstellung und Garantenpflicht bei arbeitsteiliger Beseitigung einer Gefahrenquelle im schienengebundenen Verkehr, NStZ 2002, 424.
Freund, Georg Erlöschen strafrechtlicher Garantenpflichten bei Ehegatten, NJW 2003, 3384.
Freund, Georg Verdeckungsmord durch Unterlassen? – Zugleich eine Besprechung von BGH, Urt. v. 12.12.2002 – 4 StR 297/02, NStZ 2004, 123.
Freund, Georg Anm. zu BGH, Beschl. v. 29.10.2002 – 4 StR 281/02 (LG Rostock): Zum Rücktritt vom Versuch bei einem mehraktigen Unterlassungsdelikt, NStZ 2004, 326.
Freund, Georg Materiellrechtliche und prozessuale Facetten des gesamten Strafrechtssystems – Gedanken aus Anlass des „Marburger Strafrechtsgesprächs 2004", GA 2005, 321.
Freund, Georg Actio illicita in causa – Ein Übel oder eine Möglichkeit, das Übel an der Wurzel zu packen?, GA 2006, 267.
Freund, Georg Die Definitionen von Vorsatz und Fahrlässigkeit – Zur Funktion gesetzlicher Begriffe und ihrer Definition bei der Rechtskonkretisierung, in: Festschrift für Wilfried Küper, 2007, S. 63 (zit.: FS Küper).
Freund, Georg Tatbestandsverwirklichungen durch Tun und Unterlassen – Zur gesetzlichen Regelung begehungsgleichen Unterlassens und anderer Fälle der Tatbestandsverwirklichung im Allgemeinen Teil des StGB, in: Festschrift für Rolf Dietrich Herzberg, 2008, S. 225 (zit.: FS Herzberg).
Freund, Georg Recht als Weg zu Gerechtigkeit am Beginn und am Ende des Lebens? – Gedanken zu (Spät-)Abtreibung und Sterbehilfe, in: Humane Orientierungswissenschaft – Was leisten verschiedene Wissenschaftskulturen für das Verständnis menschlicher Lebenswelt?, hrsg. v. Janich, 2008, S. 149 (zit.: Humane Orientierungswissenschaft).
Freund, Georg Gefahren und Gefährlichkeiten im Straf- und Maßregelrecht – Wider die Einspurigkeit im Denken und Handeln, GA 2010, 193 (Der Beitrag ist auch in spanischer Übersetzung erschienen in: Delincuentes peligrosos, Jon-M. Landa Gorostiza (Herausgeber), Enara Garro Carrera (Koordination), 2014, S. 25).
Freund, Georg Das Spezifikum der vollendeten Vorsatztat, in: Festschrift für Maiwald, 2010, S. 211 (zit.: FS Maiwald).
Freund, Georg Die besonders leichtfertige Tötung – Zugleich ein Beitrag zur „spezifischen Gefahrverwirklichung" bei der Körperverletzung mit Todesfolge (§ 227 StGB), in: Festschrift für Wolfgang Frisch, 2013, S. 677 (zit.: FS Frisch).
Freund, Georg Nicht „entweder – oder", sondern „weder – noch"! – Zum Verstoß gesetzesalternativer Wahlfeststellung gegen Art. 103 II GG, in: Festschrift für Jürgen Wolter, 2013, S. 35 (zit.: FS Wolter).
Freund, Georg Actio libera in causa vel omittendo bei Rauschdelikten im Straßenverkehr – Zum Begriff der Tat und zum Zeitpunkt ihrer (fahrlässigen oder vorsätzlichen) Begehung, GA 2014, 137.
Freund, Georg Anm. zu BGH, Urt. v. 18.09.2013 – 2 StR 365/12 (LG Bonn): Zur Blankettstrafnorm des § 95 Abs. 1 Nr. 2a i.V. mit § 6a Abs. 1 und Abs. 2 Satz 1 AMG (strafbewehrtes Dopingverbot), JZ 2014, 362.
Freund, Georg Straftatbegriff der personalen Straftatlehre und Deliktsaufbau, in: Festschrift für Feridun Yenisey, Istanbul 2014, S. 13 (zit.: FS Yenisey) – Übersetzung ins Chinesische durch Chen Xuan, in: Zhao Bingzhi (Hrsg.), Criminal Law Review, Vol. 40, Law Press China 2015, S. 378; spanische Fassung des Beitrags, in: Cuestiones Fundamentales del Derecho Penal, Percy García Cavero/Raúl Pariona Arana (Koordination), Perú 2014, S. 65; portugiesische Fassung des Beitrags, in: Revista Argumentum (Online-Publikation), Vol. 19, Num. 2 (2018), 555.
Freund, Georg „Imputación objetiva" de los resultados del injusto personal – Un caso de imposibilidad objetiva, in: Angel Gaspar Chirinos, Raúl Ernesto Martínez Huamán (Hrsg.), Estudios de Política Criminal y Derecho Penal – Actuales tendencias, Tomo I, Perú 2015, S. 409 (zit.: Estudios de Política Criminal y Derecho Penal).

Freund, Georg Gefährdung als Straftat – Strafrechtliche Produktverantwortlichkeit de lege lata und de lege ferenda, in: Freund/Rostalski (Hrsg.), Strafrechtliche Verantwortlichkeit für Produktgefahren – Internationales Symposium vom 18.–20. Juli 2013 an der Philipps-Universität Marburg mit Beiträgen aus China, Deutschland, Japan, Spanien, Taiwan und der Türkei, 2015, S. 141 (zit.: Strafrechtliche Verantwortlichkeit für Produktgefahren).

Freund, Georg Verfassungswidrige Dopingstrafbarkeit nach § 95 Abs. 1 Nr. 2a AMG – Ein Beitrag zum Gesetzlichkeitsgrundsatz (Art. 103 Abs. 2 GG), in: Festschrift für Rössner, 2015, S. 579 (zit.: FS Rössner).

Freund, Georg Angemessener Lebensschutz vor voreiligen Sterbehelfern? – Überlegungen de lege lata und de lege ferenda, in: Festschrift für Bohl, 2015, S. 569 (zit.: FS Bohl).

Freund, Georg Jakobs und die Unterlassungsdelikte – Von der Verhaltens*form* zur Qualität der Verhaltens*norm*, in: Strafrecht und Gesellschaft – Ein kritischer Kommentar zum Werk von Günther Jakobs, hrsg. v. Urs Kindhäuser u. a., 2019, S. 379 (zit.: Strafrecht und Gesellschaft).

Freund, Georg/Bergmann, Matthias Der praktische Fall – Strafrecht: „Der alte Meister", JuS 1991, 221.

Freund, Georg/Garro Carrera, Enara Strafrechtliche Wiedergutmachung und ihr Verhältnis zum zivilrechtlichen Schadensersatz – Zu den gemeinsamen materiellen Grundlagen eines Europäischen Strafrechtssystems, ZStW 118 (2006), 76.

Freund, Georg/Heubel, Friedrich Der menschliche Körper als Rechtsbegriff, MedR 1995, 194.

Freund, Georg/Klapp, Sarah Anm. zu BayObLG Beschl. v. 28.08.2002 – 5 St RR 179/2002: 1. Kausalität und Abgrenzung zwischen bewusster Fahrlässigkeit und bedingtem Vorsatz bei Herbeiführung einer (weiteren) Sucht durch einen Arzt anlässlich einer Substitutionsbehandlung durch Verschreibung von kontraindizierten Medikamenten mit eigenem Suchtpotential. 2. Zur Frage der Teilnahme an einer bewussten Selbstgefährdung durch einen Arzt bei überlegenem Sachwissen, JR 2003, 431.

Freund, Georg/Malouschek, Isabel Strafrecht – Born to be wild, MLR 2008, 66.

Freund, Georg/Putz, Sarah Materiellrechtliche Strafbarkeit und formelle Subsidiarität der Unterschlagung (§ 246 StGB) wörtlich genommen – Zugleich eine Besprechung von BGH, Urt. v. 06.02.2002 – 1 StR 513/01, BGHSt 47, 243-245 = NStZ 2002, 480, NStZ 2003, 242.

Freund, Georg/Renzikowski, Joachim Zur Reform des § 323a StGB, ZRP 1999, 497.

Freund, Georg/Rostalski, Frauke Verfassungswidrigkeit des wahldeutigen Schuldspruchs – Zum eindeutigen Schuldspruch als dem zentralen Element der Bestrafung, JZ 2015, 164.

Freund, Georg/Rostalski, Frauke Schlusswort: Zum Streit um die gesetzesalternative (sogenannte „echte") Wahlfeststellung (zu Stuckenberg, JZ 2015, 714 ff.) JZ 2015, 716.

Freund, Georg/Rostalski, Frauke Gesetzlich bestimmte Strafbarkeit durch Verordnungsrecht? – Rückverweisungsklauseln als Verstoß gegen das Delegationsverbot aus Art. 103 II, Art. 104 I 1 GG, GA 2016, 443.

Freund, Georg/Rostalski, Frauke Normbildung und Normbefolgung – Zu den Entstehungsbedingungen kontext- und adressatenspezifischer Ver- und Gebote sowie von konkreten Sanktionsanordnungen, GA 2018, 264.

Freund, Georg/Schaumann, Karsten Der praktische Fall – Strafrecht: Verhängnisvolle Schläge, JuS 1995, 801.

Freund, Georg/Telöken, Verena Der praktische Fall – Strafrecht: „Von Höllen-Engeln und Banditen", ZJS 2012, 796.

Freund, Georg/Timm, Frauke Die Aussetzung durch „Im-Stich-Lassen in hilfloser Lage" (§ 221 Abs. 1 Nr. 2 StGB) im Kontext der Unterlassungsdelikte – Zugleich Besprechung von BGH v. 19. 10. 2011 – 1 StR 233/11, HRRS 2011 Nr. 1164, in: HRRS 2012, 223.

Freund, Georg/Timm, Frauke Stellungnahme zum Referentenentwurf des BMJ zu einem Gesetz zur Strafbarkeit der gewerbsmäßigen Förderung der Selbsttötung, GA 2012, 491.

Frisch, Wolfgang Das Marburger Programm und die Maßregeln der Besserung und Sicherung, ZStW 94 (1982), 565.

Frisch, Wolfgang Vorsatz und Risiko – Grundfragen des tatbestandsmäßigen Verhaltens, zugleich ein Beitrag zur Behandlung außertatbestandlicher Möglichkeitsvorstellungen, 1983 (zit.: Vorsatz und Risiko).

Frisch, Wolfgang Grund- und Grenzprobleme des sog. subjektiven Rechtfertigungselements, in: Festschrift für Karl Lackner, 1987, S. 113 (zit.: FS Lackner).

Frisch, Wolfgang Gegenwärtiger Stand und Zukunftsperspektiven der Strafzumessungsdogmatik, ZStW 99 (1987), 349, 751.

Frisch, Wolfgang Tatbestandsmäßiges Verhalten und Zurechnung des Erfolgs, 1988 (zit.: Tatbestandsmäßiges Verhalten).

Frisch, Wolfgang Grundprobleme der Bestrafung „verschuldeter" Affekttaten – Eine dogmatische Zwischenbilanz aus Anlass neuerer Entwicklungen, ZStW 101 (1989), 538.

Frisch, Wolfgang Vorsatz und Mitbewusstsein – Strukturen des Vorsatzes, in: Gedächtnisschrift für Armin Kaufmann, 1989, S. 311 (zit.: GS Armin Kaufmann).

Frisch, Wolfgang Gegenwartsprobleme des Vorsatzbegriffs und der Vorsatzfeststellung am Beispiel der AIDS-Diskussion, in: Gedächtnisschrift für Karlheinz Meyer, 1990, S. 533 (zit.: GS Karlheinz Meyer).

Frisch, Wolfgang Der Irrtum als Unrechts- und/oder Schuldausschluss im deutschen Strafrecht, in: Rechtfertigung und Entschuldigung III, Deutsch-italienisch-portugiesisch-spanisches Strafrechtskolloquium, hrsg. v. Eser u. a., 1990, S. 217 (zit.: Rechtfertigung und Entschuldigung III).

Frisch, Wolfgang Die Maßregeln der Besserung und Sicherung im strafrechtlichen Rechtsfolgensystem – Straftheoretische Einordnung, inhaltliche Ausgestaltung und rechtsstaatliche Anforderungen, ZStW 102 (1990), 343.

Frisch, Wolfgang Die Strafrahmenmilderung beim Versuch, in: Festschrift für Günter Spendel, 1992, S. 381 (zit.: FS Spendel).

Frisch, Wolfgang Wesentliche Strafbarkeitsvoraussetzungen einer modernen Strafgesetzgebung, in: Von totalitärem zu rechtsstaatlichem Strafrecht, hrsg. v. Eser u. a., 1992, S. 201 (zit.: Von totalitärem zu rechtsstaatlichem Strafrecht).

Frisch, Wolfgang An den Grenzen des Strafrechts, in: Festschrift für Walter Stree und Johannes Wessels, 1993, S. 69 (zit.: FS Stree/Wessels).

Frisch, Wolfgang Straftatsystem und Strafzumessung – Zugleich ein Beitrag zur Struktur der Strafzumessungsentscheidung, in: 140 Jahre Goltdammer's Archiv für Strafrecht, eine Würdigung zum 70. Geburtstag von Paul-Günter Pötz, hrsg. v. Wolter, 1993, S. 1 (zit.: 140 Jahre Goltdammer's Archiv).

Frisch, Wolfgang Verwaltungsakzessorietät und Tatbestandsverständnis im Umweltstrafrecht – Zum Verhältnis von Umweltstrafrecht und Strafrecht und zur strafrechtlichen Relevanz behördlicher Genehmigungen, 1993.

Frisch, Wolfgang Straftat und Straftatsystem, in: Straftat, Strafzumessung und Strafprozeß im gesamten Strafrechtssystem, Straftatbegriff – Straftatzurechnung – Strafrechtszweck – Strafausschluß – Strafverzicht – Strafklagverzicht, hrsg. v. Wolter u. a., 1996, S. 135 (zit.: Wolter/Freund, Straftat).

Frisch, Wolfgang Leben und Selbstbestimmungsrecht im Strafrecht, in: Selbstbestimmung in der modernen Gesellschaft aus deutscher und japanischer Sicht, Symposion der rechtswissenschaftlichen Fakultäten der Albert-Ludwigs-Universität Freiburg und der Städtischen Universität Osaka, hrsg. v. Leipold, 1997 (zit.: Osaka-Symposion).

Frisch, Wolfgang Schwächen und berechtigte Aspekte der Theorie der positiven Generalprävention – Zur Schwierigkeit des „Abschieds von Kant und Hegel", in: Positive Generalprävention – Kritische Analysen im deutsch-englischen Dialog (Uppsala-Symposium 1996), hrsg. v. Schünemann u. a., 1998, S. 125 (zit.: Positive Generalprävention).

Frisch, Wolfgang Strafrechtssystem und Rechtsfindung – Zur Bedeutung systematischer Einsichten für die Beantwortung von Sachfragen – am Beispiel der „Zurechnung bei Retterunfällen", in: Festschrift für Haruo Nishihara, 1998, S. 66 (zit.: FS Nishihara).

Frisch, Wolfgang Zum Unrecht der sittenwidrigen Körperverletzung (§ 228 StGB), in: Festschrift für Hans Joachim Hirsch, 1999, S. 485 (zit.: FS Hirsch).

Frisch, Wolfgang Faszinierendes, Berechtigtes und Problematisches der Lehre von der objektiven Zurechnung des Erfolges, in: Festschrift für Claus Roxin, 2001, S. 213 (zit.: FS Roxin).

Frisch, Wolfgang Unrecht und Schuld im Verbrechensbegriff und in der Strafzumessung, in: Festschrift für Heinz Müller-Dietz, 2001, S. 237 (zit.: FS Müller-Dietz).

Frisch, Wolfgang Die Conditio-Formel: Anweisung zur Tatsachenfeststellung oder normative Aussage?, in: Festschrift für Karl Heinz Gössel, 2002, S. 51 (zit.: FS Gössel).
Frisch, Wolfgang Beihilfe durch neutrale Handlungen – Bemerkungen zum Strafgrund (der Unrechtskonstitution) der Beihilfe, in: Festschrift für Klaus Lüderssen, 2002, S. 539 (zit.: FS Lüderssen).
Frisch, Wolfgang Zum gegenwärtigen Stand der Diskussion und zur Problematik der objektiven Zurechnungslehre, GA 2003, 719.
Frisch, Wolfgang Gewissenstaten und Strafrecht, in: Festschrift für Friedrich-Christian Schroeder, 2006, S. 11 (zit.: FS Schroeder).
Frisch, Wolfgang Einwilligung und mutmaßliche Einwilligung in ärztliche Eingriffe, in: Gegenwartsfragen des Medizinstrafrechts – Portugiesisch-deutsches Symposium zu Ehren von Albin Eser in Coimbra, hrsg. v. Frisch, 2006, S. 33 (zit.: Gegenwartsfragen).
Frisch, Wolfgang Objektive Zurechnung des Erfolgs – Entwicklung, Grundlinien und offene Fragen der Lehre von der Erfolgszurechnung, JuS 2011, 19, 116, 205.
Frisch, Wolfgang Notstandsregelungen als Ausdruck von Rechtsprinzipien, in: Festschrift für Ingeborg Puppe, 2011, S. 425 (zit.: FS Puppe).
Frisch, Wolfgang Schuldgrundsatz und Verhältnismäßigkeitsgrundsatz, NStZ 2013, 249.
Frisch, Wolfgang Strafbarkeit juristischer Personen und Zurechnung, in: Festschrift für Jürgen Wolter, 2013, S. 349 (zit.: FS Wolter).
Frisch, Wolfgang Über das Verhältnis von Straftatsystem und Strafzumessung – Unrecht und Schuld in der Verbrechenslehre und in der Strafzumessung, GA 2014, 489.
Frisch, Wolfgang Strafrechtliche Produktverantwortlichkeit und Strafbarkeit juristischer Personen, in: Freund/Rostalski (Hrsg.), Strafrechtliche Verantwortlichkeit für Produktgefahren – Internationales Symposium vom 18.-20. Juli 2013 an der Philipps-Universität Marburg mit Beiträgen aus China, Deutschland, Japan, Spanien, Taiwan und der Türkei, 2015, S. 153 (zit.: Strafrechtliche Verantwortlichkeit für Produktgefahren).
Frisch, Wolfgang Strafe, Straftat und Straftatsystem im Wandel, GA 2015, 65.
Frisch, Wolfgang Voraussetzungen und Grenzen staatlichen Strafens, NStZ 2016, 16.
Frisch, Wolfgang Strafrecht und Solidarität – Zugleich zu Notstand und unterlassener Hilfeleistung, GA 2016, 121.
Frisch, Wolfgang Strafwürdigkeit, Strafbedürftigkeit und Straftatsystem, GA 2017, 364.
Frisch, Wolfgang Schwächen und Notwendigkeit einer Revision der Lehre vom Unrechtsbewusstsein, GA 2017, 699.
Frisch, Wolfgang Zur Problematik und zur Notwendigkeit einer Neufundierung der Notwehrdogmatik, in: Festschrift für Keiichi Yamanaka, 2017, S. 49 (zit.: FS Yamanaka).
Frisch, Wolfgang Erfolgsgeschichte und Kritik der objektiven Zurechnungslehre – Zugleich ein Beitrag zur Revisionsbedürftigkeit des Straftatsystems, GA 2018, 553.
Frisch, Wolfgang Die Entscheidung über den Strafrahmen (unveröffentlichtes Manuskript).
Frister, Helmut Zur Einschränkung des Notwehrrechts durch Art. 2 der Europäischen Menschenrechtskonvention, GA 1985, 553.
Frister, Helmut Die Notwehr im System der Notrechte, GA 1988, 291.
Frister, Helmut Schuldprinzip, Verbot der Verdachtsstrafe und Unschuldsvermutung als materielle Grundprinzipien des Strafrechts, 1988 (zit.: Schuldprinzip).
Frister, Helmut Die Struktur des „voluntativen Schuldelements" – Zugleich eine Analyse des Verhältnisses von Schuld und positiver Generalprävention, 1993.
Frister, Helmut Erlaubnistatbestandszweifel – Zur Abwägung der Fehlentscheidungsrisiken bei ungewissen rechtfertigenden Umständen, in: Festschrift für Hans-Joachim Rudolphi, 2004, S. 45 (zit.: FS Rudolphi).
Frister, Helmut Überlegungen zu einem agnostischen Begriff der Schuldfähigkeit, in: Festschrift für Wolfgang Frisch, 2013, S. 533 (zit.: FS Frisch).
Frister, Helmut Strafrecht Allgmeiner Teil, 8. Aufl. 2018 (zit.: AT[8]).
Gaede, Karsten Auf dem Weg zum potentiellen Vorsatz? – Problematik und Berechtigung der zunehmenden Tendenzen zur normativen Relativierung des Vorsatzerfordernisses, ZStW 121 (2009), 239.

Gallas, Wilhelm Pflichtenkollision als Schuldausschließungsgrund, in: Festschrift für Edmund Mezger, 1954, S. 311 (zit.: FS Mezger).
Gallas, Wilhelm Beiträge zur Verbrechenslehre, 1968.
Gallas, Wilhelm Studien zum Unterlassungsdelikt, 1989 (zit.: Studien).
Gast, Wolfgang Juristische Rhetorik, 5. Aufl. 2015 (zit.: Juristische Rhetorik[4]).
Gauger, Michael Die Dogmatik der konkludenten Täuschung – Zugleich eine Abhandlung über die Täuschungshandlung des Betrugstatbestands, 2001 (zit.: Konkludente Täuschung).
Geerds, Detlev Der vorsatzausschließende Irrtum, Jura 1990, 421.
Geerds, Friedrich Zur Lehre von der Konkurrenz im Strafrecht, 1961.
Geerds, Friedrich Täterschaft und Teilnahme, zu den Kriterien einer normativen Abgrenzung, Jura 1990, 173.
Geilen, Gerd Garantenpflicht aus ehelicher und eheähnlicher Gemeinschaft, FamRZ 1961, 147.
Geilen, Gerd Suizid und Mitverantwortung, JZ 1974, 145.
Georgy, Philipp Die strafrechtliche Verantwortlichkeit von Amtsträgern für Arzneimittelrisiken – Am Beispiel öffentlich-rechtlicher Ethik-Kommissionen und des Bundesinstituts für Arzneimittel und Medizinprodukte, 2011 (zit.: Die strafrechtliche Verantwortlichkeit von Amtsträgern).
Geppert, Klaus Grundzüge der Konkurrenzlehre (§§ 52–55 StGB), Jura 1982, 358, 418.
Geppert, Klaus Vorläufige Festnahme, Verhaftung, Vorführung und andere Festnahmearten, Jura 1991, 269.
Geppert, Klaus Zur straf- und strafverfahrensrechtlichen Bewältigung von Serienstraftaten nach Wegfall der Rechtsfigur der „fortgesetzten Handlung", NStZ 1996, 57, 118.
Geppert, Klaus Die Anstiftung (§ 26 StGB), Jura 1997, 299, 358.
Giezek, Jacek Normative Voraussetzung der Tatbestandsverwirklichung einer fahrlässigen Straftat, in: Festschrift für Karl Heinz Gössel, 2002, S. 117 (zit.: FS Gössel).
Gimbernat Ordeig, Enrique Rechtsgüter und Gefühle, GA 2011, 284.
Gimbernat Ordeig, Enrique Die Omissio libera in causa, in: Festschrift für Bernd Schünemann, 2014, S. 351 (zit.: FS Schünemann).
Gimbernat Ordeig, Enrique Das rechtmäßige Alternativverhalten, GA 2018, 65 (Teil I), 127 (Teil II).
Göbel, Alfred A. Die Einwilligung im Strafrecht als Ausprägung des Selbstbestimmungsrechts, 1992.
Goeckenjan, Inke Überprüfung von Straftatbeständen anhand des Verhältnismäßigkeitsgrundsatzes: überfällige Inventur oder Irrweg?, in: Jestaedt/Lepsius (Hrsg.), Verhältnismäßigkeit – Zur Tragfähigkeit eines verfassungsrechtlichen Schlüsselkonzepts, 2015, S. 184 (zit.: Verhältnismäßigkeit).
Goeckenjan, Inke Revision der Lehre von der objektiven Zurechnung – Eine Analyse zurechnungsausschließender Topoi beim vorsätzlichen Erfolgsdelikt, 2017.
Göhler, Erich Die „Beteiligung" an einer unvorsätzlich begangenen Ordnungswidrigkeit, wistra 1983, 242.
Gössel, Karl Heinz Anm. zu OLG Stuttgart, Beschl. v. 21.11.1996 – 1 Ws 166/96, JR 1997, 519.
Gössel, Karl Heinz Widerrede zum Feindstrafrecht – Über Menschen, Individuen und Rechtspersonen, in: Festschrift für Friedrich-Christian Schroeder, 2006, S. 33 (zit.: FS Schroeder).
Gössel, Karl Heinz Enthält das deutsche Recht ausnahmslos geltende »absolute« Folterverbote? Festschrift für Harro Otto, 2007, S. 41 (zit.: FS Otto).
Gössel, Karl Heinz Objektive Zurechnung und Kausalität, GA 2015, 18.
Gracia, Luis Kritische Anmerkungen zur Lehre von der objektiven Zurechnung im Verbrechensaufbau aus historischer Sicht, in: Festschrift für Bernd Schünemann, 2014, S. 363 (zit.: FS Schünemann).
Grasnick, Walter Über Schuld, Strafe und Sprache – Systematische Studien zu den Grundlagen der Punktstrafen- und Spielraumtheorie, 1987.
Grasnick, Walter volens – nolens – Methodologische Anmerkungen zur Freiwilligkeit des Rücktritts vom unbeendeten Versuch, JZ 1989, 821.
Graßberger, Roland Aufbau, Schuldgehalt und Grenzen der Fahrlässigkeit, unter besonderer Berücksichtigung des Verkehrsstrafrechts in Österreich, ZfRV 1964, 18.
Graul, Eva Anm. zu BGH, Urt. v. 25.10.1994 – 4 StR 173/94, JR 1995, 427.
Graul, Eva Notwehr oder Putativnotwehr – Wo ist der Unterschied?, JuS 1995, 1049.
Greco, Luís Was lässt das Bundesverfassungsgericht von der Rechtsgutslehre übrig? – Gedanken anlässlich der Inzestentscheidung des Bundesverfassungsgerichts, ZIS 2008, 234.

Greco, Luís Feindstrafrecht, 2010.
Greco, Luís Kausalitäts- und Zurechnungsfragen bei unechten Unterlassungsdelikten, ZIS 2011, 674.
Greco, Luís Steht das Schuldprinzip der Einführung einer Strafbarkeit juristischer Personen entgegen? – Zugleich Überlegungen zum Verhältnis von Strafe und Schuld, GA 2015, 503.
Greco, Luís Analogieverbot und europarechtliches Strafgesetz, GA 2016, 138, 195.
Greco, Luís Objektive Zurechnung als Vorsatzgegenstand? – Überlegungen aus Anlass des BGH-Urteils zum Göttinger Transplantationsskandal (BGHSt 62, 233), GA 2018, 539.
Greco, Luís Notwehr und Proportionalität, GA 2018, 665.
Gropp, Walter Deliktstypen mit Sonderbeteiligung – Untersuchungen zur Lehre von der „notwendigen Teilnahme", 1992.
Gropp, Walter Die Mitglieder des Nationalen Verteidigungsrates als „Mittelbare Mit-Täter hinter den Tätern"? – BGHSt 40, 218, JuS 1996, 13.
Gropp, Walter Die „Pflichtenkollision": weder eine Kollision von Pflichten noch Pflichten in Kollision, in: Festschrift für Hans Joachim Hirsch, 1999, S. 207 (zit.: FS Hirsch).
Gropp, Walter Vom Rücktrittshorizont zum Versuchshorizont – Überlegungen zur Abgrenzung zwischen Vorbereitung und Versuch, in: Festschrift für Karl Heinz Gössel, 2002, S. 175 (zit.: FS Gössel).
Gropp, Walter Strafrecht, Allgemeiner Teil, 4. Aufl. 2015 (zit.: AT[4]).
Gropp, Walter Hypothetische Einwilligung im Strafrecht?, in: Festschrift für Friedrich-Christian Schroeder, 2006, S. 197 (zit.: FS Schroeder).
Gropp, Walter Der Radartechniker-Fall – ein durch Menschen ausgelöster Defensivnotstand? – Ein Nachruf auf § 14 III Luftsicherheitsgesetz, GA 2006, 284.
Gross, Norbert J. Über das „Rückwirkungsverbot" in der strafrechtlichen Rechtsprechung, GA 1971, 13.
Grosse-Wilde, Thomas Verloren im Dickicht von Kausalität und Erfolgszurechnung – Über „Alleinursachen", „Mitursachen", „Hinwegdenken", „Hinzudenken", „Risikorealisierungen" und „Unumkehrbarkeitszeitpunkte" im Love Parade-Verfahren, ZIS, 2017, 638.
Grotendiek, Sven Strafbarkeit des Täters in Fällen der aberratio ictus und des error in persona, 2000.
Grünewald, Anette Zivilrechtlich begründete Garantenpflichten im Strafrecht?, 2001.
Grünewald, Anette Das vorsätzliche Tötungsdelikt, 2010.
Grünewald, Anette Notwehreinschränkung – insbesondere bei proviziertem Angriff, ZStW 122 (2010), 51.
Grünewald, Anette Selbstgefährdung und einverständliche Fremdgefährdung, GA 2012, 364.
Grünhut, Max Grenzen strafbarer Täterschaft und Teilnahme, JW 1932, 366.
Grünwald, Gerald Zum Rücktritt des Tatbeteiligten im künftigen Recht, in: Festschrift für Hans Welzel, 1974, S. 700 (zit.: FS Welzel).
Grünwald, Gerald Die Entwicklung der Rechtsprechung zum Gesetzlichkeitsprinzip, in: Strafgerechtigkeit, Festschrift für Arthur Kaufmann, 1993, S. 433 (zit.: FS Arthur Kaufmann).
Guhra, Emanuel Das vorsätzlich-tatbestandsmäßige Verhalten beim beendeten Versuch – Ein Beitrag zur personalen Unrechtslehre, 2002.
Guhra, Emanuel/Sommerfeld, Michael Rücktritt vom vollendeten Delikt?, JA 2003, 775.
Günther, Hans-Ludwig Strafrechtswidrigkeit und Strafunrechtsausschluss – Studien zur Rechtswidrigkeit als Straftatmerkmal und zur Funktion der Rechtfertigungsgründe im Strafrecht, 1983 (zit.: Strafrechtswidrigkeit).
Günther, Hans-Ludwig Partieller Rücktritt vom Versuch und Deliktswechsel, in: Gedächtnisschrift für Armin Kaufmann, 1989, S. 541 (zit.: GS Armin Kaufmann).
Günther, Hans-Ludwig Klassifikation der Rechtfertigungsgründe im Strafrecht, in: Festschrift für Günter Spendel, 1992, S. 189 (zit.: FS Spendel).
Günther, Hans-Ludwig Verurteilungen im Strafprozeß trotz subsumtionsrelevanter Tatsachenzweifel – Ein Beitrag zum Institut der sog. „ungleichartigen Wahlfeststellung", 1976.
Günther, Hans-Ludwig Wahlfeststellung zwischen Betrug und Unterschlagung?, JZ 1976, 665.
Günther, Klaus Schuld und kommunikative Freiheit – Studien zur personalen Zurechnung strafbaren Unrechts im demokratischen Rechtsstaat, 2005.
Gusy, Christoph Anm. zu BVerfG, Beschl. v. 02.08.1996 – 2 BvR 1511/96, JZ 1996, 1176.

Haas, Robert Notwehr und Nothilfe – Zum Prinzip der Abwehr rechtswidriger Angriffe – Geschichtliche Entwicklung und heutige Problematik, 1978.
Haas, Volker Kausalität und Rechtsverletzung – Ein Beitrag zu den Grundlagen strafrechtlicher Erfolgshaftung am Beispiel des Abbruchs rettender Kausalverläufe, 2002 (zit.: Kausalität und Rechtsverletzung).
Haas, Volker Die strafrechtliche Lehre von der objektiven Zurechnung – Eine Grundsatzkritik, in: Zurechnung als Operationalisierung von Verantwortung, hrsg. v. Kaufmann u. a., 2004, S. 193 (zit.: Operationalisierung von Verantwortung).
Haas, Volker Zur Erfüllung des Mordmerkmals der Verdeckungsabsicht durch Unterlasssen, in: Festschrift für Ulrich Weber, 2004, S. 235 (zit.: FS Weber).
Haas, Volker Kritik der Tatherrschaftslehre, ZStW 119 (2007), 591.
Haas, Volker Die Theorie der Tatherrschaft und ihre Grundlagen – Zur Notwendigkeit einer Revision der Beteiligungslehre, 2008.
Haas, Volker Strafbegriff, Staatsverständnis und Prozessstruktur, 2008 (zit.: Strafbegriff).
Haas, Volker Die Beteiligung durch Unterlassen, ZIS 2011, 392 ff.
Haas, Volker Organisierte Unverantwortlichkeit – Wie kann man Kollektive strafrechtlich zur Verantwortung ziehen?, ARSP-Beiheft 184 (2012), 125.
Haas, Volker Die Bedeutung hypothetischer Kausalverläufe für die Tat und ihre strafrechtliche Würdigung, GA 2015, 86.
Haas, Volker Zur Bedeutung hypothetischer Geschehensverläufe für den Ausschluss des Tatunrechts, GA 2015, 147.
Haas, Volker Zur strafrechtlichen Verantwortlichkeit wegen fahrlässiger Tat bei Selbstgefährdungen und Selbstschädigungen des Opfers – Zugleich eine Besprechung von BGH 1 StR 518/08 – vom 29.04.2009, in: Festschrift für Keiichi Yamanaka, 2017, S. 71 (zit.: FS Yamanaka).
Haft, Fritjof Die Unterlassungsdelikte – Ein Lernprogramm, JA 1982, 473.
Haft, Fritjof Strafrecht, Allgemeiner Teil – Eine Einführung für Anfangssemester, 9. Aufl. 2004 (zit.: AT^9).
Haller, Klaus/Conzen, Klaus Das Strafverfahren, 4. Aufl. 2006.
Hamm, Rainer Das Ende der fortgesetzten Handlung, NJW 1994, 1636.
Hamm, Rainer Objektive Zurechnung bei nur „statistischen" NN-Kausalitäten, in: Festschrift für Bernd Schünemann, 2014, S. 377 (zit.: FS Schünemann).
Hardtung, Bernhard Gegen die Vorprüfung beim Versuch, Jura 1996, 293.
Hardtung, Bernhard Das Springen im strafrechtlichen Gutachten, JuS 1996, 610, 706, 807.
Hardtung, Bernhard Die „Rechtsfigur" der actio libera in causa beim strafbaren Führen eines Fahrzeugs und anderen Delikten: Möglichkeit und Grenzen der Bestrafung, NZV 1997, 97.
Hardtung, Bernhard Versuch und Rücktritt bei den Teilvorsatzdelikten des § 11 Abs. 2 StGB – Über Erfolgsqualifikationen und andere so genannte Vorsatz-Fahrlässigkeitskombinationen, 2002.
Hardtung, Bernhard Gegen die Vorprüfung beim Versuch, Jura 1996, 293.
Hardtung, Bernhard „Aufstiftung" bei Unrechtsintensivierungen und Unrechtsverknüpfungen, in: Festschrift für Rolf Dietrich Herzberg, 2008, S. 411 (zit.: FS Herzberg).
Hardwig, Werner Vorsatz bei den Unterlassungsdelikten, ZStW 74 (1962), 27.
Hardwig, Werner Grundprobleme der Allgemeinen Strafrechtslehre, 1984.
Hartmann, Arthur Sonderregeln für die Beihilfe durch „neutrales" Verhalten?, ZStW 116 (2004), 585.
Hassemer, Winfried Symbolisches Strafrecht und Rechtsgüterschutz, NStZ 1989, 553.
Hauf, Claus-Jürgen Der Große Senat des BGH zum Rücktritt vom unbeendeten Versuch bei außertatbestandlicher Zielerreichung, MDR 1993, 929.
Heckler, Andreas Versuchsbeginn bei vermeintlicher Mittäterschaft, GA 1997, 72.
Heckler, Andreas Die Ermittlung der beim Rücktritt von Versuch erforderlichen Rücktrittsleistung anhand der objektiven Vollendungsgefahr – Zugleich ein Beitrag zum Strafgrund des Versuchs, 2002 (zit.: Ermittlung der Rücktrittsleistung).
Hefendehl, Roland Organisierte Kriminalität als Begründung für ein Feind- oder Täterstrafrecht?, StV 2005, 156.
Hefendehl, Roland Mit langem Atem: Der Begriff des Rechtsguts – Oder: Was seit dem Erscheinen des Sammelbandes über die Rechtsgutstheorie geschah, GA 2007, 1.

Hefendehl, Roland Objektive Zurechnung bei Rechtfertigungsgründen? – Begründbarkeit und Grenzen, in: Festschrift für Wolfgang Frisch, 2013, S. 465 (zit.: FS Frisch).
Hegel, Georg Wilhelm Friedrich Grundlinien der Philosophie des Rechts, 1821, hrsg. v. Hoffmeister, 5. Aufl. 1995 (zit.: Grundlinien).
Heghmanns, Michael Überlegungen zum Unrecht von Beihilfe und Anstiftung, GA 2000, 473.
Heil, Juliane Die Folgen der Unterlassenen Hilfeleistung gemäß § 323c StGB – Zur Begründung der Hilfeleistungspflicht und der Bewertung der Unterlassensfolgen bei der Strafzumessung, 2001.
Heimberger, Joseph Der Begriff der Gerechtigkeit im Strafrecht, 1903.
Heinrich, Bernd Strafrecht, Allgemeiner Teil, 5. Aufl. 2016 (zit.: AT[5]).
Heinrich, Julia Die gesetzliche Bestimmung von Strafschärfungen – Ein Beitrag zur Gesetzgebungslehre, 2016.
Heinrich, Manfred Rechtsgutszugriff und Entscheidungsträgerschaft, 2002.
v. Heintschel-Heinegg, Bernd Versuch und Rücktritt, eine kritische Bestandsaufnahme, ZStW 109 (1997), 29.
v. Heintschel-Heinegg, Bernd Die Konsumtion als eigenständige Form der Gesetzeskonkurrenz, in: Festschrift für Günther Jakobs, 2007, S. 131 (zit.: FS Jakobs).
Hellmann, Uwe Strafprozessrecht, 2. Aufl. 2006.
Helmert, Volker Der Straftatbegriff in Europa – Eine rechtsvergleichende Untersuchung der allgemeinen Voraussetzungen der Strafbarkeit in Deutschland, England, Frankreich und Polen, 2011 (zit.: Der Straftatbegriff in Europa).
Hennes, Virginia-Beatrice Das elterliche Züchtigungsrecht – Ein derogierter Rechtfertigungsgrund?, 2010.
Henrici, Andreas, Die Begründung des Strafrechts in der neueren deutschen Rechtsphilosophie, 1961.
Henssler, Martin/Hoven, Elisa/Kubiciel, Michael/Weigend, Thomas Kölner Entwurf eines Verbandssanktionengesetzes, Köln 2017.
Hernández Basualto, Héctor Die Betriebsbezogenheit der Garantenstellung von Leitungspersonen im Unternehmen, in: Festschrift für Wolfgang Frisch, 2013, S. 333 (zit.: FS Frisch).
Herrmann, Mareike Der Rücktritt im Strafrecht, 2013.
Herzberg, Rolf Dietrich Die Kausalität beim unechten Unterlassungsdelikt, MDR 1971, 881.
Herzberg, Rolf Dietrich Die Unterlassung im Strafrecht und das Garantenprinzip, 1972 (zit.: Unterlassung).
Herzberg, Rolf Dietrich Aberratio ictus und abweichender Tatverlauf, ZStW 85 (1973), 867.
Herzberg, Rolf Dietrich Der Versuch beim unechten Unterlassungsdelikt, MDR 1973, 89.
Herzberg, Rolf Dietrich Die Schuld beim Fahrlässigkeitsdelikt, Jura 1984, 402.
Herzberg, Rolf Dietrich Die Verantwortung für Arbeitsschutz und Unfallverhütung im Betrieb, 1984 (zit.: Die Verantwortung für Arbeitsschutz).
Herzberg, Rolf Dietrich Die Abgrenzung von Vorsatz und bewusster Fahrlässigkeit – ein Problem des objektiven Tatbestandes, JuS 1986, 249.
Herzberg, Rolf Dietrich Wegfall subjektiver Tatbestandsvoraussetzungen vor Vollendung der Tat, in: Festschrift für Dietrich Oehler, 1985, S. 163 (zit.: FS Oehler).
Herzberg, Rolf Dietrich Zur Garantenstellung aus vorangegangenem Tun, JZ 1986, 986.
Herzberg, Rolf Dietrich Grund und Grenzen der Strafbefreiung beim Rücktritt vom Versuch – Von der Strafzwecklehre zur Schulderfüllungstheorie, in: Festschrift für Karl Lackner, 1987, S. 325 (zit.: FS Lackner).
Herzberg, Rolf Dietrich Gesamtbetrachtung und Einzelakttheorie beim Rücktritt vom Versuch: Entwurf einer Synthese, NJW 1988, 1559.
Herzberg, Rolf Dietrich Das Wollen beim Vorsatzdelikt und dessen Unterscheidung vom bewusst fahrlässigen Verhalten, JZ 1988, 573, 635.
Herzberg, Rolf Dietrich Erlaubnistatbestandsirrtum und Deliktsaufbau, JA 1989, 243, 294.
Herzberg, Rolf Dietrich Problemfälle des Rücktritts durch Verhindern der Tatvollendung, NJW 1989, 862.
Herzberg, Rolf Dietrich Zum Grundgedanken des § 24 StGB, NStZ 1989, 49.
Herzberg, Rolf Dietrich Abergläubische Gefahrabwendung und mittelbare Täterschaft durch Ausnutzen eines Verbotsirrtums – BGHSt 35, 347, Jura 1990, 16.

Herzberg, Rolf Dietrich Theorien zum Rücktritt und teleologische Gesetzesdeutung, Erwiderung auf Rudolphi, NStZ 1989, 508 ff, NStZ 1990, 172.
Herzberg, Rolf Dietrich Grundprobleme des Rücktritts vom Versuch und Überlegungen de lege ferenda, NJW 1991, 1633.
Herzberg, Rolf Dietrich Mittäterschaft durch Mitvorbereitung: eine actio communis in causa?, zugleich eine Besprechung des BGH-Urteils v. 15.01.1991 – 5 StR 492/90, JZ 1991, 856.
Herzberg, Rolf Dietrich Gedanken zur actio libera in causa: Straffreie Deliktsvorbereitung als „Begehung der Tat" (§§ 16, 20, 34 StGB)?, in: Festschrift für Günter Spendel, 1992, S. 203 (zit.: FS Spendel).
Herzberg, Rolf Dietrich Tatbestands- oder Verbotsirrtum?, GA 1993, 439.
Herzberg, Rolf Dietrich Gedanken zum strafrechtlichen Handlungsbegriff und zur „vortatbestandlichen" Deliktsverneinung, GA 1996, 1.
Herzberg, Rolf Dietrich Sterbehilfe als gerechtfertigte Tötung im Notstand?, NJW 1996, 3043.
Herzberg, Rolf Dietrich Das vollendete vorsätzliche Begehungsdelikt als qualifiziertes Versuchs-, Fahrlässigkeits- und Unterlassungsdelikt, JuS 1996, 377.
Herzberg, Rolf Dietrich Täterschaft und Teilnahme – Eine systematische Darstellung anhand von Grundfällen, 2. Aufl. 1997.
Herzberg, Rolf Dietrich Mordauftrag und Mordversuch durch Schaffung einer Sprengfalle am falschen Auto – BGH, NStZ 1998, 249, JuS 1999, 224.
Herzberg, Rolf Dietrich Vollendeter Mord bei Tötung des falschen Opfers?, NStZ 1999, 217.
Herzberg, Rolf Dietrich Zur Strafbarkeit des untauglichen Versuchs, GA 2001, 257.
Herzberg, Rolf Dietrich Rechtsirrige Annahme einer Straftatbegehung – Versuch oder Wahndelikt?, in: Gedächtnisschrift für Ellen Schlüchter, 2002, S. 189 (zit.: GS Schlüchter).
Herzberg, Rolf Dietrich Die Differenz zwischen Unterlassen und Handeln im Strafrecht, in: Recht – Gesellschaft – Kommunikation, Festschrift für Klaus F. Röhl, hrsg. v. Machura u. a., 2003, S. 270 (zit.: FS Röhl).
Herzberg, Rolf Dietrich Der Rücktritt vom Versuch als sorgfältiges Bemühen, in: Festschrift für Günter Kohlmann, 2003, S. 37 (zit.: FS Kohlmann).
Herzberg, Rolf Dietrich Grundprobleme der deliktischen Fahrlässigkeit im Spiegel des Münchener Kommentars zum Strafgesetzbuch, NStZ 2004, 593 und 660.
Herzberg, Rolf Dietrich Wann ist die Strafbarkeit „gesetzlich bestimmt" (Art. 103 Abs. 2 GG)?, in: Empirische und dogmatische Fundamente, kriminalpolitischer Impetus, Symposium für Bernd Schünemann zum 60. Geburtstag, hrsg. v. Hefendehl, 2005, S. 31 (zit.: Empirische und dogmatische Fundamente).
Herzberg, Rolf Dietrich Fahrlässigkeit, Unrechtseinsicht und Verbotsirrtum, in: Festschrift für Harro Otto, 2007, S. 265 (zit.: FS Otto).
Herzberg, Rolf Dietrich „Die Vermeidbarkeit einer Erfolgsdifferenz" – Überlegungen zu Günther Jakobs' strafrechtlichem Handlungs- und Verhaltensbegriff, in: Festschrift für Günther Jakobs, 2007, S. 147 (zit.: FS Jakobs).
Herzberg, Rolf Dietrich Vorsatzausschließende Rechtsirrtümer, JuS 2008, 385.
Herzberg, Rolf Dietrich Die Fahrlässigkeit als Deliktsvoraussetzung und das Bestimmtheitsgebot (Art. 103 Abs. 2 GG), ZIS 2011, 444.
Herzberg, Rolf Dietrich Straftat und Verhaltensnormverstoß, GA 2016, 737.
Herzberg, Rolf Dietrich Setzt „vorsätzliches Handeln" (§ 15 StGB) ein „Wollen" der Tatbestandsverwirklichung voraus?, JZ 2018, 122.
Herzberg, Rolf Dietrich/Hardtung, Bernhard Grundfälle zur Abgrenzung von Tatumstandsirrtum und Verbotsirrtum, JuS 1999, 1073.
Herzberg, Rolf Dietrich/Scheinfeld, Jörg Der Erlaubnistatbestandsirrtum – dargestellt in Form eines Seminarvortrags, JuS 2002, 649.
Herzog, Felix Nothilfe für Tiere?, JZ 2016, 190.
Hettinger, Michael Die „actio libera in causa" – Strafbarkeit wegen Begehungstat trotz Schuldunfähigkeit?, eine historisch-dogmatische Untersuchung, 1988 (zit.: Die „actio libera in causa").
Hettinger, Michael Der Irrtum im Bereich der äußeren Tatumstände, eine Einführung, JuS 1988, L 71; JuS 1989, L 17, L 41; JuS 1990, L 73; JuS 1991, L 9, L 25, L 33, L 49.

Hettinger, Michael Der sog. dolus generalis: Sonderfall eines „Irrtums über den Kausalverlauf"?, in: Festschrift für Günter Spendel, 1992, S. 237 (zit.: FS Spendel).
Hettinger, Michael Die „actio libera in causa": eine unendliche Geschichte? – Eine Kritik neuer Begründungsversuche, in: Kriminalistik und Strafrecht, Festschrift für Friedrich Geerds, 1995, S. 623 (zit.: FS Geerds).
Hettinger, Michael Die zentrale Bedeutung des Bestimmtheitsgrundsatzes (Art. 103 II GG), JuS 1997, L 17, L 25.
Hettinger, Michael Handlungsentschluss und -beginn als Grenzkriterium tatbestandsmäßigen Verhaltens beim fahrlässig begangenen sog. reinen Erfolgsdelikt – Zugleich zur sog. fahrlässigen actio libera in causa, in: Festschrift für Friedrich-Christian Schroeder, 2006, S. 209 (zit.: FS Schroeder).
Hettinger, Michael Notiz zum „dolus generalis", GA 2006, 289.
Heuchemer, Michael Der Erlaubnistatbestandsirrtum, 2005.
Heuchemer, Michael Zur funktionalen Revision zur Lehre vom konkreten Vorsatz: Methodische und dogmatische Überlegungen zur aberratio ictus, JA 2005, 275.
Hillenkamp, Thomas Die Bedeutung von Vorsatzkonkretisierungen bei abweichendem Tatverlauf, 1971.
Hillenkamp, Thomas Zur „Vorstellung von der Tat" im Tatbestand des Versuchs, in: Festschrift für Claus Roxin, 2001, S. 689 (zit.: FS Roxin).
Hillenkamp, Thomas Strafrecht ohne Willensfreiheit? Eine Antwort auf die Hirnforschung, JZ 2005, 313.
Hillenkamp, Thomas Zur Strafbarkeit des Arztes bei verweigerter Bluttransfusion, in: Festschrift für Wilfried Küper, 2007, S. 123 (zit.: FS Küper).
Hillenkamp, Thomas Garantenpflichtwidriges Unterlassen nach vorsätzlichem Tatbeginn?, in: Festschrift für Harro Otto, 2007, S. 287 (zit.: FS Otto).
Hillenkamp, Thomas Hirnforschung, Willensfreiheit und Strafrecht – Versuch einer Zwischenbilanz, ZStW 127 (2015), 10.
Hillenkamp, Thomas/Cornelius, Kai 32 Probleme aus dem Strafrecht – Allgemeiner Teil, 15. Aufl. 2017 (zit.: 32 Probleme aus dem Strafrecht, AT^{15}).
Hilgendorf, Eric Wozu brauchen wir die „Objektive Zurechnung"? – Skeptische Überlegungen am Beispiel der strafrechtlichen Produkthaftung, in: Festschrift für Ulrich Weber, 2004, S. 33 (zit.: FS Weber).
Hilgendorf, Eric Dilemma-Probleme beim automatisierten Fahren – Ein Beitrag zum Problem des Verrechnungsverbots im Zeitalter der Digitalisierung, ZStW 130 (2018), 674.
Hilgendorf, Eric/Valerius, Brian Strafrecht Allgemeiner Teil, 2. Aufl. 2015 (zit.: AT^2).
v. Hippel, Robert Deutsches Strafrecht II, 1930, Nachdruck 1971.
v. Hirsch, Andreas/Neumann, Ulfrid/Seelmann, Kurt (Hrsg.) Solidarität im Strafrecht – Zur Funktion und Legitimation strafrechtlicher Solidaritätspflichten, 2013.
Hirsch, Hans Joachim Die Lehre von den negativen Tatbestandsmerkmalen – Der Irrtum über einen Rechtfertigungsgrund, 1960 (zit.: Die Lehre von den negativen Tatbestandsmerkmalen).
Hirsch, Hans Joachim Zur Problematik des erfolgsqualifizierten Delikts, GA 1972, 65.
Hirsch, Hans Joachim Anm. zu BGH, Urt. v. 15.05.1979 – 1 StR 74/79, JR 1980, 115.
Hirsch, Hans Joachim Der Streit um Handlungs- und Unrechtslehre, insbesondere im Spiegel der Zeitschrift für die gesamte Strafrechtswissenschaft, ZStW 93 (1981), 831; ZStW 94 (1982), 239.
Hirsch, Hans Joachim Das Schuldprinzip und seine Funktion im Strafrecht, ZStW 106 (1994), 746.
Hirsch, Hans Joachim Strafrecht und Überzeugungstäter, 1996.
Hirsch, Hans Joachim Anm. zu BGH, Beschl. v. 19.02.1997 – 3 StR 632/96, JR 1997, 391.
Hirsch, Hans Joachim Anm. zu BGH, Beschl. v. 19.02.1997 – 3 StR 632/96, NStZ 1997, 230.
Hirsch, Hans Joachim Zur actio libera in causa, in: Festschrift für Haruo Nishihara, 1998, S. 88 (zit.: FS Nishihara).
Hirsch, Hans Joachim Untauglicher Versuch und Tatstrafrecht, in: Festschrift für Claus Roxin, 2001, S. 711 (zit.: FS Roxin).

Hirsch, Hans Joachim Einordnung und Rechtswirkung des Erlaubnissachverhaltsirrtums – Über eine vermittelnde Schuldtheorie, in: Festschrift für Friedrich-Christian Schroeder, 2006, S. 223 (zit.: FS Schroeder).
Hirsch, Hans Joachim Defensiver Notstand gegenüber ohnehin Verlorenen, in: Festschrift für Wilfried Küper, 2007, S. 149 (zit.: FS Küper).
Hölzel, Niki Gibt es „Tätigkeitsdelikte"?, 2016.
Horn, Eckhard Anm. zu BayObLG, Urt. v. 18.08.1978 – RReg. 1 St 147/77, JR 1979, 291.
Horn, Eckhard Sprachfehler, Formfehler, Denkfehler, Jura 1984, 499.
Horn, Eckhard Anm. zu PfälzOLG Zweibrücken, Beschl. v. 24.10.1994 – 1 Ss 110/94, JR 1995, 304.
Horn, Eckhard Der Anfang vom Ende der actio libera in causa, StV 1997, 264.
Hörnle, Tatjana Tatproportionale Strafzumessung, 1999.
Hörnle, Tatjana Grob anstößiges Verhalten – Strafrechtlicher Schutz von Moral, Gefühlen und Tabus, 2005 (zit.: Grob anstößiges Verhalten).
Hörnle, Tatjana Deskriptive und normative Dimensionen des Begriffs „Feindstrafrecht", GA 2006, 80.
Hörnle, Tatjana Töten, um viele Leben zu retten – Schwierige Notstandsfälle aus moralphilosophischer und strafrechtlicher Sicht, in: Festschrift für Rolf Dietrich Herzberg, 2008, S. 555 (zit.: FS Herzberg).
Hörnle, Tatjana Kriminalstrafe ohne Schuldvorwurf – Ein Plädoyer für Änderungen in der strafrechtlichen Verbrechenslehre, 2013.
Hörnle, Tatjana Straftheorien, 2. Aufl. 2017 (zit.: Straftheorien[2]).
Hoven, Elisa Der Rücktritt vom Versuch in der Fallbearbeitung, JuS 2013, 305, 403.
Hoven, Elisa Zur Verfassungsmäßigkeit von Blankettstrafgesetzen – Eine Betrachtung der aktuellen Rechtsprechung zu § 52 Abs. 2 VTabakG und § 10 RiFlEtikettG, NStZ 2016, 377.
Hoven, Elisa Ingerenz und umgekehrter Erlaubnistatbestandsirrtum, GA 2016, 16.
Hoyer, Andreas Das Rechtsinstitut der Notwehr, JuS 1988, 89.
Hoyer, Andreas Wie wesentlich muss das „wesentlich überwiegende Interesse" bei § 34 StGB überwiegen?, in: Festschrift für Wilfried Küper, 2007, S. 173 (zit.: FS Küper).
Hoyer, Andreas Kombination von Täterschaft und Teilnahme beim Hintermann, in: Festschrift für Rolf Dietrich Herzberg, 2008, S. 379 (zit.: FS Herzberg).
Hruschka, Joachim Anstiftung zum Meineid und Verleitung zum Falscheid, JZ 1967, 210.
Hruschka, Joachim Strukturen der Zurechnung, 1976.
Hruschka, Joachim Rechtfertigung oder Entschuldigung im Defensivnotstand?, NJW 1980, 21.
Hruschka, Joachim Über Schwierigkeiten mit dem Beweis des Vorsatzes, in: Strafverfahren im Rechtsstaat, Festschrift für Theodor Kleinknecht, 1985, S. 191 (zit.: FS Kleinknecht).
Hruschka, Joachim Strafrecht nach logisch-analytischer Methode: Systematisch entwickelte Fälle mit Lösungen zum Allgemeinen Teil, 2. Aufl. 1988 (zit.: AT[2]).
Hruschka, Joachim Rechtfertigungs- und Entschuldigungsgründe: Das Brett des Karneades bei Gentz und bei Kant, GA 1991, 1.
Hruschka, Joachim Die actio libera in causa – speziell bei § 20 StGB mit zwei Vorschlägen für die Gesetzgebung, JZ 1996, 64.
Hruschka, Joachim Die actio libera in causa bei Vorsatztaten und bei Fahrlässigkeitstaten – Zur neuesten Rechtsprechung des BGH, JZ 1997, 22.
Hruschka, Joachim „Actio libera in causa" und mittelbare Täterschaft, in: Festschrift für Karl Heinz Gössel, 2002, S. 145 (zit.: FS Gössel).
Hünerfeld, Peter Mittelbare Täterschaft und Anstiftung im Kriminalstrafrecht der Bundesrepublik Deutschland, ZStW 99 (1987), 228.
Ida, Makoto Inhalt und Funktion der Norm beim fahrlässigen Erfolgsdelikt, in: Festschrift für Hans Joachim Hirsch, 1999, S. 225 (zit.: FS Hirsch).
Iijima, Mitsuru Die Entwicklung des strafrechtlichen Unrechtsbegriffs in Japan – Eine kritische Betrachtung aus strafrechtsdogmatischer und rechtsphilosophischer Perspektive, 2004.
Ingelfinger, Ralph Anstiftervorsatz und Tatbestimmtheit, 1992.
Ingelfinger, Ralph „Schein"-Mittäter und Versuchsbeginn, JZ 1995, 704.

Ingelfinger, Ralph Die Körperverletzung mit Todesfolge durch Unterlassen und die Entsprechensklausel des § 13 Abs. 1 Halbs. 2 StGB, GA 1997, 573.
Ingelfinger, Ralph Grundlagen und Grenzbereiche des Tötungsverbots – Das Menschenleben als Schutzobjekt des Strafrechts, 2004 (zit.: Tötungsverbot).
Isensee, Josef Leben gegen Leben – Das grundrechtliche Dilemma des Terrorangriffs mit gekapertem Passagierflugzeug, in: Festschrift für Günther Jakobs, 2007, S. 205 (zit.: FS Jakobs).
Jäger, Christian Zurechnung und Rechtfertigung als Kategorialprinzipien im Strafrecht, 2006.
Jäger, Christian Die hypothetische Einwilligung – ein Fall der rückwirkenden juristischen Heilung in der Medizin, in: Festschrift für Heike Jung, 2007, S. 345 (zit.: FS Jung).
Jäger, Christian Die Lehre von der einverständlichen Fremdgefährdung als Grenzproblem zwischen Täter- und Opferverantwortung, in: Festschrift für Bernd Schünemann, 2014, S. 421 (zit.: FS Schünemann).
Jäger, Christian Das dualistische Notwehrverständnis und seine Folgen für das Recht auf Verteidigung – Zugleich eine Untersuchung zum Verhältnis der Garantenlehre zu den sozialethischen Einschränkungen des Notwehrrechts, GA 2016, 258.
Jäger, Christian Examens-Repetitorium Strafrecht, Allgemeiner Teil, 8. Aufl. 2017 (zit.: Repetitorium AT[8]).
Jahn, Matthias Das Strafrecht des Staatsnotstandes – Die strafrechtlichen Rechtfertigungsgründe und ihr Verhältnis zu Eingriff und Intervention im Verfassungs- und Völkerrecht der Gegenwart, 2004.
Jahn, Matthias Strafrecht AT – Garantenstellung des Tatzeugen, JuS 2018, 296.
Jahn, Matthias/Brodowski, Dominik Das Ultima Ratio-Prinzip als strafverfassungsrechtliche Vorgabe zur Frage der Entbehrlichkeit von Straftatbeständen, ZStW 129 (2017), 363.
Jakobs, Günther Studien zum fahrlässigen Erfolgsdelikt, 1972.
Jakobs, Günther Regreßverbot beim Erfolgsdelikt – Zugleich eine Untersuchung zum Grund der strafrechtlichen Haftung für Begehung, ZStW 89 (1977), 1.
Jakobs, Günther Kriminalisierung im Vorfeld einer Rechtsgutsverletzung, ZStW 97 (1985), 751.
Jakobs, Günther Risikokonkurrenz – Schadensverlauf und Verlaufshypothese im Strafrecht, in: Festschrift für Karl Lackner, 1987, S. 53 (zit.: FS Lackner).
Jakobs, Günther Anm. zu BGH, Beschl. v. 13.01.1988 – 2 StR 665/87, JZ 1988, 519.
Jakobs, Günther Über die Behandlung von Wollensfehlern und von Wissensfehlern, ZStW 101 (1989), 516.
Jakobs, Günther Tätervorstellung und objektive Zurechnung, in: Gedächtnisschrift für Armin Kaufmann, 1989, S. 271. (zit.: GS Armin Kaufmann).
Jakobs, Günther Behandlungsabbruch auf Verlangen und § 216 StGB (Tötung auf Verlangen), Medizinrecht – Psychopathologie – Rechtsmedizin, diesseits und jenseits der Grenzen von Recht und Medizin, in: Festschrift für Günter Schewe, hrsg. v. Schütz u. a., 1991, S. 72 (zit.: FS Schewe).
Jakobs, Günther Strafrecht, Allgemeiner Teil – Die Grundlagen und die Zurechnungslehre, 2. Aufl. 1991 (zit.: AT[2]).
Jakobs, Günther Rücktritt als Tatänderung versus allgemeines Nachtatverhalten, ZStW 104 (1992), 82.
Jakobs, Günther Der strafrechtliche Handlungsbegriff, 1992.
Jakobs, Günther Das Schuldprinzip, 1993.
Jakobs, Günther Anm. zu BGH, Urt. v. 26.07.1994 – 5 StR 98/94, NStZ 1995, 26.
Jakobs, Günther Akzessorietät, zu den Voraussetzungen gemeinsamer Organisation, GA 1996, 253.
Jakobs, Günther Die strafrechtliche Zurechnung von Tun und Unterlassen, 1996.
Jakobs, Günther Norm, Person, Gesellschaft, Vorüberlegungen zu einer Rechtsphilosophie, 3. Aufl. 2008 (zit.: Norm, Person, Gesellschaft[3]).
Jakobs, Günther Objektive Zurechnung bei mittelbarer Täterschaft durch ein vorsatzloses Werkzeug, GA 1997, 553.
Jakobs, Günther Die sogenannte actio libera in causa, in: Festschrift für Haruo Nishihara, 1998, S. 105 (zit.: FS Nishihara).

Jakobs, Günther Urkundenfälschung – Revision eines Täuschungsdelikts, 2000 (zit.: Urkundenfälschung).
Jakobs, Günther Das Selbstverständnis der Strafrechtswissenschaft vor den Herausforderungen der Gegenwart, in: Die deutsche Strafrechtswissenschaft vor der Jahrtausendwende – Rückbesinnung und Ausblick, hrsg. v. Eser u. a., 2000, S. 47 (zit: Die deutsche Strafrechtswissenschaft).
Jakobs, Günther Tatherrschaftsdämmerung – Ein Beitrag zur Normativierung rechtlicher Begriffe, in: El sistema funcionalista del Derecho penal, hrsg. v. Jakobs u. Cancio Meliá, Lima, Perú, 2000, S. 195 (zit.: El sistema funcionalista).
Jakobs, Günther Gleichgültigkeit als dolus indirectus, ZStW 114 (2002), 584.
Jakobs, Günther Staatliche Strafe: Bedeutung und Zweck, 2004 (zit.: Staatliche Strafe).
Jakobs, Günther Bürgerstrafrecht und Feindstrafrecht, HRRS 2004, 88.
Jakobs, Günther Dolus malus, in: Festschrift für Hans-Joachim Rudolphi, 2004, S. 107 (zit.: FS Rudolphi).
Jakobs, Günther Einwilligung in sittenwidrige Körperverletzung, in: Festschrift für Friedrich-Christian Schroeder, 2006, S. 507 (zit.: FS Schroeder).
Jakobs, Günther Beteiligung durch Chancen- und Risikoaddition, in: Festschrift für Rolf Dietrich Herzberg, 2008, S. 395 (zit.: FS Herzberg).
Jakobs, Günther Altes und Neues zum strafrechtlichen Vorsatzbegriff, Rechtswissenschaft – Zeitschrift für rechtswissenschaftliche Forschung (RW) 2010, 283.
Jakobs, Günther System der strafrechtlichen Zurechnung, 2012.
Jakobs, Günther Rechtsgüterschutz? Zur Legitimation des Strafrechts, 2012.
Jakobs, Günther Theorie der Beteiligung, 2014.
Jakobs, Günther Der sogenannte Erlaubnistatbestandsirrtum, in: Festschrift für Hans-Ullrich Paeffgen, 2015, S. 221 (zit.: FS Paeffgen).
Jakobs, Günther Bemerkungen zu einigen Modellen des Vorverschuldens, in: Festschrift für Ulfrid Neumann, 2017, S. 899 (zit.: FS Neumann).
Jerouschek, Günter Die Rechtsfigur der actio libera in causa: Allgemeines Zurechnungsprinzip oder verfassungswidrige Strafbarkeitskonstruktion?, JuS 1997, 385.
Jescheck, Hans-Heinrich Wesen und rechtliche Bedeutung der Beendigung der Straftat, in: Festschrift für Hans Welzel, 1974, S. 683 (zit.: FS Welzel).
Jescheck, Hans-Heinrich Probleme des unechten Unterlassungsdelikts in rechtsvergleichender Sicht, in: 140 Jahre Goltdammer's Archiv, eine Würdigung zum 70. Geburtstag von Paul-Günter Pötz, hrsg. v. Wolter, 1993, S. 115 (zit.: 140 Jahre Goltdammers's Archiv).
Jescheck, Hans-Heinrich/Weigend, Thomas Lehrbuch des Strafrechts, Allgemeiner Teil, 5. Aufl. 1996 (zit.: Jescheck/Weigend[5]).
Jestaedt, Matthias/Lepsius, Oliver (Hrsg.), Verhältnismäßigkeit – Zur Tragfähigkeit eines verfassungsrechtlichen Schlüsselkonzepts, 2015.
Joerden, Jan C. Strukturen des strafrechtlichen Verantwortlichkeitsbegriffs: Relationen und ihre Verkettungen, 1988 (zit.: Verantwortlichkeitsbegriff).
Joerden, Jan C. Tod schon bei „alsbaldigem" Eintritt des Hirntodes?, Anmerkungen zu einer These von Dencker, NStZ 1993, 268.
Joerden, Jan C. Anm. zu BGH, Urt. v. 25.10.1994 – 4 StR 173/94, JZ 1995, 735.
Jordan, Adolf-Dietrich Rechtmäßiges Alternativverhalten und Fahrlässigkeit, GA 1997, 349.
Jung, Heike Anm. zu BGH, Urt. v. 26.07.1994 – 5 StR 98/94, JuS 1995, 173.
Jürgens, Oliver Die Beschränkung der strafrechtlichen Haftung für ärztliche Behandlungsfehler, 2005 (zit.: Ärztliche Behandlungsfehler).
Kahlo, Michael Das Problem des Pflichtwidrigkeitszusammenhangs bei den unechten Unterlassungsdelikten – Eine strafrechtlich-rechtsphilosophische Untersuchung zur Kausalität menschlichen Handelns und deren strafrechtlichem Begriff, 1990 (zit.: Pflichtwidrigkeitszusammenhang).
Kahlo, Michael Überlegungen zum objektiven Zusammenhang zwischen Grunddelikt und qualifizierender Folge bei den todeserfolgsqualifizierten Delikten, in: Festschrift für Ingeborg Puppe, 2011, S. 581 (zit.: FS Puppe).

Kahrs, Hans Jürgen Das Vermeidbarkeitsprinzip und die condicio-sine-qua-non-Formel im Strafrecht, 1968 (zit.: Vermeidbarkeitsprinzip).
Kaminski, Ralf Der objektive Maßstab im Tatbestand des Fahrlässigkeitsdelikts – Struktur und Inhalt, 1992.
Kant, Immanuel Metaphysik der Sitten, hrsg. v. Vorländer, 1966.
Kargl, Walter Der strafrechtliche Vorsatz auf der Basis der kognitiven Handlungstheorie, 1993.
Kargl, Walter Friede durch Vergeltung – Über den Zusammenhang von Sache und Zweck im Strafbegriff, GA 1998, 53.
Kargl, Walter Die intersubjektive Begründung und Begrenzung der Notwehr, ZStW 110 (1998), 38.
Kargl, Walter Inhalt und Begründung der Festnahmebefugnis nach § 127 I StPO, NStZ 2000, 8.
Kargl, Walter Die Bedeutung der Entsprechensklausel beim Betrug durch Schweigen, ZStW 119 (2007), 250.
Kargl, Walter Strafbegründung im Zeichen des Determinismus – Anmerkungen zu Boris Bröckers' ‚Strafrechtliche Verantwortlichkeit ohne Willensfreiheit', GA 2017, 330.
Kargl, Walter/Rüdiger, Christiane Anm. zu BGH, Urt. v. 07.08.2001 – 1 StR 470/00 (NJW 2002, 150 ff.), NStZ 2002, 202.
Kaspar, Johannes Gewaltsame Verteidigung gegen den Erpresser? – Zu den Grenzen der Notwehr in den Fällen der sog. „Chantage", GA 2007, 36.
Kaspar, Johannes Grundprobleme der Fahrlässigkeitsdelikte, JuS 2012, 16, 112.
Kaspar, Johannes „Rechtsbewährung" als Grundprinzip der Notwehr? Kriminologisch-empirische und verfassungsrechtliche Überlegungen zu einer Reformulierung von § 32 StGB, in: Rechtswissenschaft – Zeitschrift für rechtswissenschaftliche Forschung, 2013, 40.
Kaspar, Johannes Verhältnismäßigkeit und Grundrechtsschutz im Präventionsstrafrecht, 2014 (zit.: Verhältnismäßigkeit und Grundrechtsschutz).
Kaspar, Johannes Strafrecht – Allgemeiner Teil, 2. Aufl. 2017 (zit.: AT[2]).
Kaufmann, Armin Die Dogmatik der Unterlassungsdelikte, 1959 (zit.: Unterlassungsdelikte).
Kaufmann, Armin Das fahrlässige Delikt, ZfRV 1964, 41.
Kaufmann, Armin Zum Stande der Lehre vom personalen Unrecht, in: Festschrift für Hans Welzel, 1974, S. 393 (zit.: FS Welzel).
Kaufmann, Armin Strafrechtsdogmatik zwischen Sein und Wert – Gesammelte Aufsätze und Vorträge, hrsg. v. Dornseifer u. a., 1982 (zit.: Strafrechtsdogmatik).
Kaufmann, Armin „Objektive Zurechnung" beim Vorsatzdelikt?, in: Festschrift für Hans-Heinrich Jescheck, 1985, S. 251 (zit.: FS Jescheck).
Kaufmann, Armin Lebendiges und Totes in Bindings Normentheorie – Normlogik und moderne Strafrechtsdogmatik, 2. Aufl. 1988 (zit.: Bindings Normentheorie[2]).
Kaufmann, Arthur Zur Lehre von den negativen Tatbestandsmerkmalen, JZ 1954, 653.
Kaufmann, Arthur Tatbestand, Rechtfertigungsgründe und Irrtum, JZ 1956, 353, 393.
Kaufmann, Arthur Das Schuldprinzip – Eine strafrechtlich-rechtsphilosophische Untersuchung, 2. Aufl. 1976 (zit.: Das Schuldprinzip[2]).
Kaufmann, Arthur Einige Anmerkungen zu den Irrtümern über den Irrtum, in: Festschrift für Karl Lackner, 1987, S. 185 (zit.: FS Lackner).
Kelker, Brigitte Erlaubnistatumstands- und Erlaubnisirrtum – Eine systematische Erörterung, Jura 2006, 591.
Keller, Christoph Zur tatbestandlichen Handlungseinheit, 2004.
Kern, Eduard/Langer, Winrich Anleitung zur Bearbeitung von Strafrechtsfällen, 8. Aufl. 1985 (zit.: Anleitung[8]).
Kertai, Benjamin Strafbarkeitslücken als Argument – Gesetzesauslegung und Bestimmtheitsgebot, JuS 2011, 976.
Kienapfel, Diethelm Der Einheitstäter im Strafrecht, 1971.
Kienapfel, Diethelm Das Prinzip der Einheitstäterschaft, JuS 1974, 1.
Kienapfel, Diethelm Die Hilfeleistungspflicht des Arztes nach deutschem und österreichischem Strafrecht, in: Festschrift für Paul Bockelmann, 1979, S. 591 (zit.: FS Bockelmann).

Kindhäuser, Urs Gefährdung als Straftat – Rechtstheoretische Untersuchungen zur Dogmatik der abstrakten und konkreten Gefährdungsdelikte, 1989 (zit.: Gefährdung als Straftat).
Kindhäuser, Urs Personalität, Schuld und Vergeltung – Zur rechtsethischen Legitimation und Begrenzung der Kriminalstrafe, GA 1989, 493.
Kindhäuser, Urs Strafe, Strafrechtsgut und Rechtsgüterschutz, in: Modernes Strafrecht und ultima-ratio-Prinzip, hrsg. v. Lüderssen u. a., 1990, S. 29 (zit.: Modernes Strafrecht und ultima-ratio-Prinzip).
Kindhäuser, Urs Zur Unterscheidung von Tat- und Rechtsirrtum, GA 1990, 407.
Kindhäuser, Urs Erlaubtes Risiko und Sorgfaltswidrigkeit – Zur Struktur strafrechtlicher Fahrlässigkeitshaftung, GA 1994, 197.
Kindhäuser, Urs Zur Unterscheidung von Einverständnis und Einwilligung, in: Festschrift für Hans-Joachim Rudolphi, 2004, S. 135 (zit.: FS Rudolphi).
Kindhäuser, Urs Gleichgültigkeit als Vorsatz?, in: Festschrift für Albin Eser, 2005, S. 345 (zit.: FS Eser).
Kindhäuser, Urs Schuld und Strafe – Zur Diskussion um ein „Feindstrafrecht", in: Festschrift für Friedrich-Christian Schroeder, 2006, S. 81 (zit.: FS Schroeder).
Kindhäuser, Urs Der subjektive Tatbestand im Verbrechensaufbau – Zugleich eine Kritik der Lehre von der objektiven Zurechnung, GA 2007, 447.
Kindhäuser, Urs Zum Begriff der Beihilfe, in: Festschrift für Harro Otto, 2007, S. 355 (zit.: FS Otto).
Kindhäuser, Urs Zum strafrechtlichen Handlungsbegriff, in: Festschrift für Ingeborg Puppe 2011, S. 39 (zit.: FS Puppe).
Kindhäuser, Urs Zurechnung bei alternativer Kausalität, GA 2012, 134.
Kindhäuser, Urs Zur Genese der Formel „das Recht braucht dem Unrecht nicht zu weichen", in: Festschrift für Wolfgang Frisch, 2013, S. 493 (zit.: FS Frisch).
Kindhäuser, Urs Zur Funktion von Sorgfaltsnormen, in: Festschrift für Bernd Schünemann, 2014, S. 143 (zit.: FS Schünemann).
Kindhäuser, Urs Straf-Recht und ultima-ratio-Prinzip, ZStW 129 (2017), 382.
Kindhäuser, Urs StGB, Lehr und Praxiskommentar, 7. Aufl. 2017 (zit.: LPK[7]).
Kindhäuser, Urs Strafrecht, Allgemeiner Teil, 8. Aufl. 2017 (zit.: AT[8]).
Kingreen, Thorsten/Poscher, Ralf Polizei- und Ordnungsrecht mit Versammlungsrecht, 10. Aufl. 2018 (zit.: Polizei- und Ordnungsrecht[10]).
Kioupis, Dimitrios Notwehr und Einwilligung – Eine individualistische Begründung, 1992.
Kirchhof, Paul Unterschiedliche Rechtswidrigkeiten in einer einheitlichen Rechtsordnung, 1978.
Klatt, Mathias Theorie der Wortlautgrenze – Semantische Normativität in der juristischen Argumentation, 2004.
Kleinert, Tino Persönliche Betroffenheit und Mitwirkung – Eine Untersuchung zur Stellung des Deliktsopfers im Strafrechtssystem, 2008 (zit.: Persönliche Betroffenheit).
Kleszcewski, Diethelm Anm. zu HansOLG Hamburg, Urt. v. 04.08.1995 – 2 Ss 113/94, NStZ 1996, 103.
Knörzer, Sybille Fehlvorstellungen des Täters und deren „Korrektur" beim Rücktritt vom Versuch nach § 24 Abs. 1 StGB, 2008 (zit.: Rücktritt).
Koch, Alexander Strafrechtliche Probleme des Angriffs und der Verteidigung in Computernetzen, 2008.
Koch, Alexander Unterlassene Hilfeleistung durch Behindern von Rettungsmaßnahmen – Nichts tun ist bisweilen besser als Aktionismus – auch auf der Ebene der Gesetzgebung, GA 2018, 323.
Koch, Arnd Grundfälle zur mittelbaren Täterschaft, § 25 I Alt. 2 StGB, JuS 2008, 399, 496.
Köhler, Michael Die bewusste Fahrlässigkeit – Eine strafrechtlich-rechtsphilosophische Untersuchung, 1982.
Köhler, Michael Über den Zusammenhang von Strafrechtsbegründung und Strafzumessung, 1983.
Köhler, Michael Strafrecht, Allgemeiner Teil, 1997 (zit.: AT).
Konu, Metin Die Garantenstellung des Complianceofficers, 2013.

Konze, Janina Die Jugendstrafe wegen schädlicher Neigungen gemäß § 17 II Fall 1 JGG – Gemessen an den Grundsätzen angemessenen Strafens, 2015.
Koriath, Heinz Grundlagen strafrechtlicher Zurechnung, 1994.
Koriath, Heinz Überlegungen zu einigen Grundsätzen der strafrechtlichen Irrtumslehre, Jura 1996, 113.
Koriath, Heinz Einige Gedanken zur aberratio ictus, JuS 1997, 901.
Koriath, Heinz Einige Überlegungen zum error in persona, JuS 1998, 215.
Koriath, Heinz Die Schuldtheorie und der Erlaubnistatbestandsirrtum, in: Festschrift für Egon Müller, 2008, S. 357 (zit.: FS Müller).
Kraatz, Erik Die fahrlässige Mittäterschaft – Ein Beitrag zur strafrechtlichen Zurechnungslehre auf der Grundlage eines finalen Handlungsbegriffs, 2006.
Krack, Ralf Anm. zu BGH, Urt. v. 21.03.1996 – 5 StR 432/95, JR 1996, 468.
Krahl, Matthias Die Rechtsprechung des Bundesverfassungsgerichts und des Bundesgerichtshofs zum Bestimmtheitsgrundsatz im Strafrecht (Art. 103 Abs. 2 GG), 1986.
Kramer, Wolfgang/Trittel, Manfred Zur Bindungswirkung der Entscheidung des Bundesverfassungsgerichts über die Verfassungsmäßigkeit des § 17 StGB, zugleich Stellungnahme zu Schmidhäuser JZ 1979, 361, JZ 1980, 393.
Krauß, Detlef Der strafbefreiende Rücktritt vom Versuch, JuS 1981, 883.
Kremer-Bax, Alexandra Das personale Verhaltensunrecht der Fahrlässigkeitstat – Zur Individualisierung des Bewertungsgegenstands, 1999 (zit.: Verhaltensunrecht der Fahrlässigkeitstat).
Kreß, Claus Einführung, in: Strafrecht und Gesellschaft – Ein kritischer Kommentar zum Werk von Günther Jakobs, hrsg. v. Urs Kindhäuser u. a., 2019, S. 1 (zit.: Strafrecht und Gesellschaft).
Kretschmer, Joachim Welchen Einfluss hat die Lehre von der objektiven Zurechnung auf das Teilnahmeunrecht?, Jura 2008, 265.
Krey, Volker Keine Strafe ohne Gesetz – Einführung in die Dogmengeschichte des Satzes „nullum crimen, nulla poena sine lege", 1983.
Krey, Volker Strafrecht, Besonderer Teil, Band 2, Vermögensdelikte, 11. Aufl. 1997 (zit.: BT 2^{11}).
Krey, Volker/Esser, Robert Deutsches Strafrecht, Allgemeiner Teil, 6. Aufl. 2016 (zit.: AT[6]).
Kröger, Thomas Der Aufbau der Fahrlässigkeitsstraftat – Unrecht, Schuld, Strafwürdigkeit und deren Bezüge zur Normentheorie, 2016 (zit.: Aufbau der Fahrlässigkeitsstraftat).
Kroß, Antje Notwehr gegen Schweigegelderpressung, 2004.
Krüger, Matthias Zum „Bestimmen" im Sinne von §§ 26, 30 StGB, JA 2008, 492.
Krüger, Matthias Beteiligung durch Unterlassen an fremden Straftaten – Überlegungen aus Anlass des Urteils zum Compliance Officer, ZIS 2011, 1.
Krüger, Matthias Zur hypothetischen Einwilligung – Grund, Grenzen und Perspektiven einer verkannten Zurechnungsfigur, in: Festschrift für Werner Beulke, 2015, S. 137 (zit.: FS Beulke).
Krümpelmann, Justus Schutzzweck und Schutzreflex der Sorgfaltspflicht, in: Festschrift für Paul Bockelmann, 1979, S. 443 (zit.: FS Bockelmann).
Krümpelmann, Justus Schuldzurechnung unter Affekt und alkoholisch bedingter Schuldunfähigkeit, ZStW 99 (1987), 191.
Kubiciel, Michael/Hoven, Elisa Die Strafbarkeit illegaler Straßenrennen mit Todesfolge, NStZ 2017, 439.
Kudlich, Hans Anm. zu BGH, Urt. v. 17.10.1996 – 4 StR 389/96, NStZ 1997, 432.
Kudlich, Hans Grundfälle zum Rücktritt vom Versuch, JuS 1999, 349, 449.
Kudlich, Hans Die Verletzung gesetzlicher Sondernormen und ihre Bedeutung für die Bestimmung der Sorgfaltspflichtverletzung, in: Festschrift für Harro Otto, 2007, S. 373 (zit.: FS Otto).
Kudlich, Hans Fälle zum Strafrecht Allgemeiner Teil, 2. Aufl. 2014 (zit.: Fälle zum Strafrecht AT[2]).
Kudlich, Hans Die Relevanz der Rechtsgutstheorie im modernen Verfassungsstaat, ZStW 127 (2015), 635.
Kudlich, Hans Anm. zu BGH, Urt. v. 19.12.2017 – 1 StR 56/17, NStZ 2018, 329.
Kühl, Kristian Grundfälle zu Vorbereitung, Versuch, Vollendung und Beendigung, JuS 1979, 718, 874; JuS 1980, 120, 273, 506, 650, 811; JuS 1981, 193; JuS 1982, 110, 189.
Kühl, Kristian „Sozialethische" Einschränkungen der Notwehr, Jura 1990, 244.

Kühl, Kristian Die „Notwehrprovokation", Jura 1991, 57, 175.
Kühl, Kristian Naturrechtliche Grenzen strafwürdigen Verhaltens, in: Festschrift für Günter Spendel, 1992, S. 75 (zit.: FS Spendel).
Kühl, Kristian Angriff und Verteidigung bei der Notwehr, Jura 1993, 57, 118, 233.
Kühl, Kristian Notwehr und Nothilfe, JuS 1993, 177.
Kühl, Kristian Die Notwehr: Ein Kampf ums Recht oder Streit, der missfällt? – Schlaglichter der Notwehrdiskussion der 2. Hälfte des 19. Jahrhunderts in Deutschland und Österreich, in: Festschrift für Otto Triffterer, 1996, S. 149 (zit.: FS Triffterer).
Kühl, Kristian Die gebotene Verteidigung gegen provozierte Angriffe – Überlegungen aus Anlass der neuesten Rechtsprechung des BGH zur Notwehrprovokation, in: Festschrift für Günter Bemmann, 1997, S. 193 (zit.: FS Bemmann).
Kühl, Kristian Das erfolgsqualifizierte Delikt, Jura 2002, 810.
Kühl, Kristian Die sittenwidrige Körperverletzung, in: Festschrift für Friedrich-Christian Schroeder, 2006, S. 521 (zit.: FS Schroeder).
Kühl, Kristian Die strafrechtliche Garantenstellung – Eine Einführung mit Hinweisen zur Vertiefung, JuS 2007, 497.
Kühl, Kristian Versuchsstrafbarkeit und Versuchsbeginn, in: Festschrift für Wilfried Küper, 2007, S. 289 (zit.: FS Küper).
Kühl, Kristian Die Unterlassungsdelikte als Problemfall für Rechtsphilosophie, Strafrechtsdogmatik und Verfassungsrecht, in: Festschrift für Rolf Dietrich Herzberg, 2008, S. 177 (zit.: FS Herzberg).
Kühl, Kristian Anm. zu BGH, Beschl. v. 06.03.2008 – 4 StR 669/07, NJW 2008, 1899.
Kühl, Kristian Zur Legitimität der Strafvorschrift „Unterlassene Hilfeleistung", in: Festschrift für Wolfgang Frisch, 2013, S. 785 (zit.: FS Frisch).
Kühl, Kristian Strafrecht, Allgemeiner Teil, 8. Aufl. 2017 (zit.: AT[8]).
Kuhlen, Lothar Die Unterscheidung von vorsatzausschließendem und nichtvorsatzausschließendem Irrtum, 1987.
Kühl, Kristian Fragen einer strafrechtlichen Produkthaftung, 1989.
Kuhlen, Lothar Strafhaftung bei unterlassenem Rückruf gesundheitsgefährdender Produkte – Zugleich Anm. zum Urteil des BGH vom 06.07.1990 – 2 StR 549/89 (NStZ 1990, 588), NStZ 1990, 566.
Kuhlen, Lothar Anmerkungen zur positiven Generalprävention, in: Positive Generalprävention – Kritische Analysen im deutsch-englischen Dialog (Uppsala-Symposium 1996), hrsg. v. *Schünemann* u. a., 1998, S. 55 (zit.: Positive Generalprävention).
Kuhlen, Lothar Objektive Zurechnung bei Rechtfertigungsgründen, in: Festschrift für Claus Roxin, 2001, S. 331 (zit.: FS Roxin).
Kuhlen, Lothar Ausschluss der objektiven Erfolgszurechnung bei hypothetischer Einwilligung des Betroffenen, JR 2004, 227.
Kuhlen, Lothar Hypothetische Einwilligung und „Erfolgsrechtfertigung", JZ 2005, 713.
Kuhlen, Lothar Die verfassungskonforme Auslegung von Strafgesetzen, 2006.
Kuhlen, Lothar Zum Verhältnis von Bestimmtheitsgrundsatz und Analogieverbot, in: Festschrift für Harro Otto, 2007, S. 89 (zit.: FS Otto).
Kuhlen, Lothar Einschränkungen der Verteidigungsbefugnis bei der Nothilfe, GA 2008, 282.
Kuhlen, Lothar Besprechung von Walter, Tonio, Der Kern des Strafrechts – Die allgemeine Lehre vom Verbrechen und die Lehre vom Irrtum, Tübingen: Mohr Siebeck, 2006, 481 S., ZStW 120 (2008), 140.
Kuhlen, Lothar, Zur Unterscheidung von Tun und Unterlassen, in: Festschrift für Ingeborg Puppe, 2011, S. 669 (zit.: FS Puppe).
Kuhlen, Lothar Kongruenz zwischen Erfüllung des objektiven und des subjektiven Tatbestandes bei Rechtfertigungsgründen, in: Festschrift für Werner Beulke, 2015, S. 153 (zit.: FS Beulke).
Kuhlen, Lothar Eine Anmerkung zur Lehre vom Doppelirrtum, in: Festschrift für Hans-Ullrich Paeffgen, 2015, S. 247 (zit.: FS Paeffgen).
Kühnbach, Lena Solidaritätspflichten Unbeteiligter – Dargelegt am Beispiel von Aggressivnotstand, Defensivnotstand, unterlassener Hilfeleistung und polizeilichem Notstand, 2007 (zit.: Solidaritätspflichten).

Küper, Wilfried Die Merkmale „absetzt" und „absetzen hilft" im neuen Hehlereitatbestand – OLG Köln, NJW 1975, 987, JuS 1975, 633.

Küper, Wilfried Probleme der „Postpendenzfeststellung" im Strafverfahren – Ein Beitrag zur Logik und Dogmatik der Wahlfeststellung, in: Festschrift für Richard Lange, 1976, S. 65 (zit.: FS Richard Lange).

Küper, Wilfried Wahlfeststellung und Anwendung des § 153 StGB bei einander widersprechenden Zeugenaussagen, NJW 1976, 1828.

Küper, Wilfried Versuchsbeginn und Mittäterschaft, 1978.

Küper, Wilfried Grund- und Grenzfragen der rechtfertigenden Pflichtenkollision im Strafrecht, 1979 (zit.: Pflichtenkollision).

Küper, Wilfried Versuchs- und Rücktrittsprobleme bei mehreren Tatbeteiligten, zugleich ein Beitrag zur Struktur der Mittäterschaft, JZ 1979, 775.

Küper, Wilfried Zur Problematik der sukzessiven Mittäterschaft, zugleich Anm. zum Urteil des BGH vom 16.12.1980, JZ 1981, 596, JZ 1981, 568.

Küper, Wilfried Aspekte der „actio libera in causa" – Ein Dialog, in: Kriminologie – Psychiatrie – Strafrecht, Festschrift für Heinz Leferenz, 1983, S. 573 (zit.: FS Leferenz).

Küper, Wilfried Der „verschuldete" rechtfertigende Notstand – Zugleich ein Beitrag zur „actio illicita in causa", 1983.

Küper, Wilfried Das „Wesentliche" am „wesentlich überwiegenden Interesse" – Zur Interpretation der Interessenabwägungsformel des § 34 StGB, GA 1983, 289.

Küper, Wilfried Zur Abgrenzung von Vorbereitung und Versuch, NJW 1984, 777.

Küper, Wilfried Darf sich der Staat erpressen lassen? – Zur Problematik des rechtfertigenden Notstandes, 1986 (zit.: Darf sich der Staat erpressen lassen?).

Küper, Wilfried „Sukzessive" Tatbeteiligung vor und nach Raubvollendung – BGH, NJW 1985, 814, JuS 1986, 862.

Küper, Wilfried Grundsatzfragen der „Differenzierung" zwischen Rechtfertigung und Entschuldigung: Notstand, Pflichtenkollision, Handeln auf dienstliche Anweisung, JuS 1987, 81.

Küper, Wilfried Überlegungen zum sog. Pflichtwidrigkeitszusammenhang beim Fahrlässigkeitsdelikt, in: Festschrift für Karl Lackner, 1987, S. 247 (zit.: FS Lackner).

Küper, Wilfried Vorsatz und Risiko – Zur Monographie von Wolfgang Frisch, GA 1987, 479.

Küper, Wilfried Die dämonische Macht des „Katzenkönigs" oder: Probleme des Verbotsirrtums und Putativnotstandes an den Grenzen strafrechtlicher Begriffe – Zum Urteil des BGH vom 15.09.1988, JZ 1989, 617.

Küper, Wilfried Probleme der Hehlerei bei ungewisser Vortatbeteiligung – Wahlfeststellung – in dubio pro reo – Tatsachenalternativität – Postpendenz – Tatbestandsreduktion, 1989.

Küper, Wilfried Mittelbare Täterschaft, Verbotsirrtum des Tatmittlers und Verantwortungsprinzip – Zugleich zu BGH, 15.09.1988 – 4 StR 352/88 („Katzenkönig"-Urteil), JZ 1989, 935.

Küper, Wilfried „Besondere persönliche Merkmale" und „spezielle Schuldmerkmale", ZStW 104 (1992), 559.

Küper, Wilfried Ein „neues Bild" der Lehre von Täterschaft und Teilnahme – Die strafrechtliche Beteiligungsformenlehre Ulrich Steins, ZStW 105 (1993), 445.

Küper, Wilfried Konvergenz, die gemeinschaftliche Körperverletzung im System der Konvergenzdelikte, GA 1997, 301.

Küper, Wilfried Der Rücktritt vom „erfolgsqualifizierten Versuch", JZ 1997, 229.

Küper, Wilfried Der Rücktritt vom Versuch des unechten Unterlassungsdelikts, ZStW 112 (2000), 1.

Küper, Wilfried Notstand und Zeit – Die „Dauergefahr" beim rechtfertigenden und entschuldigenden Notstand, in: Festschrift für Hans-Joachim Rudolphi, 2004, S. 151 (zit.: FS Rudolphi).

Küper, Wilfried Von Kant zu Hegel – Das Legitimationsproblem des rechtfertigenden Notstandes und die freiheitsphilosophischen Notrechtslehren, JZ 2005, 105.

Küper, Wilfried Die „Sphinx" des § 28 Abs. 2 StGB – Zurechnungs- oder Strafzumessungsnorm?, in: Festschrift für Günther Jakobs, 2007, S. 311 (zit.: FS Jakobs).

Küper, Wilfried „Erfolgsqualifizierter" oder „folgenschwerer" Versuch? – Über die Grundlagen des sog. erfolgsqualifizierten Versuchs, in: Festschrift für Rolf Dietrich Herzberg, 2008, S. 323 (zit.: FS Herzberg).

Küper, Wilfried Anmerkungen zum Irrtum über die Beteiligungsform – Die irrige Annahme „tatherrschaftsbegründender Umstände" als Versuchs-, Teilnahme- und Fahrlässigkeitsproblem, in: Festschrift für Claus Roxin, 2011, S. 895 (zit.: FS Roxin).

Küper, Wilfried „Gesamttatbewertende" Deliktsmerkmale im Straftatsystem – dargestellt am Merkmal der „Verwerflichkeit", GA 2018, 477.

Küper, Wilfried/Zopfs, Jan Strafrecht Besonderer Teil, Definitionen mit Erläuterungen, 10. Aufl. 2018 (zit.: BT[10]).

Küpper, Georg Grenzen der normativierenden Strafrechtsdogmatik, 1990.

Küpper, Georg Der gemeinsame Tatentschluss als unverzichtbares Moment der Mittäterschaft, ZStW 105 (1993), 295.

Küpper, Georg Anm. zu HansOLG Hamburg, Urt. v. 02.08.1995 – 2 Ss 113/94, JR 1996, 524.

Küpper, Georg Die „Sperrwirkung" strafrechtlicher Tatbestände, in: Gedächtnisschrift für Dieter Meurer, 2002, S. 123 (zit.: GS Meurer).

Küpper, Georg/Mosbacher, Andreas Untauglicher Versuch bei nur vermeintlicher Mittäterschaft – BGH, NJW 1995, 142, JuS 1995, 488.

Kusch, Roger Der Vollrausch – § 323a StGB in teleologischer Auslegung, 1984 (zit.: Der Vollrausch).

Kutzner, Lars Die Rechtsfigur des Täters hinter dem Täter und der Typus der mittelbaren Täterschaft, 2004.

Lackner, Karl Prävention und Schuldunfähigkeit – Zur Verknüpfung von Schuld und Prävention bei der Konstituierung des Begriffs der Schuldunfähigkeit, in: Strafverfahren im Rechtsstaat, in: Festschrift für Theodor Kleinknecht, 1985, S. 245 (zit.: FS Kleinknecht).

Lackner, Karl Anm. zu BGH, Beschl. v. 13.01.1988 – 2 StR 665/87, NStZ 1988, 405.

Lackner, Karl Strafgesetzbuch mit Erläuterungen, erläutert von Karl Lackner und Kristian Kühl, 22. Aufl. 1997 (zit.: *Lackner*[22] bzw. *Lackner/Kühl*[22]).

Lackner, Karl/Kühl, Kristian Strafgesetzbuch Kommentar, bearbeitet von Kristian Kühl und Martin Heger, 29. Aufl. 2018 (zit.: Lackner/Kühl[29]).

Lagodny, Otto Notwehr gegen Unterlassen – Zugleich ein Beitrag zur Subsidiarität der Notwehr gegenüber gerichtlichem (Eil-)Rechtsschutz, GA 1991, 300.

Lagodny, Otto Strafrecht vor den Schranken der Grundrechte – Die Ermächtigung zum strafrechtlichen Vorwurf im Lichte der Grundrechtsdogmatik dargestellt am Beispiel der Vorfeldkriminalität, 1996 (zit.: Strafrecht vor den Schranken der Grundrechte).

Lagodny, Otto Anm. zu BGH, Urt. v. 19.03.1996 – 1 StR 497/95, JZ 1997, 48.

Lampe, Ernst-Joachim Das personale Unrecht, 1967.

Lampe, Ernst-Joachim Rücktritt vom Versuch „mangels Interesses" – BGHSt 35, 184, JuS 1989, 610.

Lampe, Ernst-Joachim Strafphilosophie – Studien zur Strafgerechtigkeit, 1999.

Lang, Bernd Die Idealkonkurrenz als Missverständnis – Zur Entwicklung der Konkurrenzen im 19. Jahrhundert, 2008.

Langer, Winrich Zum Begriff der „besonderen persönlichen Merkmale", in: Festschrift für Richard Lange, 1976, S. 241 (zit.: FS Richard Lange).

Langer, Winrich Vorsatztheorie und strafgesetzliche Irrtumsregelung, zur Kompetenzabgrenzung von Strafgesetzgebung, Verfassungsgerichtsbarkeit und Strafrechtswissenschaft, GA 1976, 193.

Langer, Winrich Zur Strafbarkeit des Teilnehmers gemäß § 28 Abs. 1 StGB, in: Recht und Rechtserkenntnis, Festschrift für Ernst Wolf, 1985, S. 335 (zit.: FS Ernst Wolf).

Langer, Winrich Strafrechtsdogmatik als Wissenschaft, Eberhard Schmidhäuser zum 70. Geburtstag am 10. Oktober 1990, GA 1990, 435.

Langer, Winrich Verfassungsvorgaben für Rechtfertigungsgründe – Strafrechtssystematische und verfassungsrechtliche Fragen zu § 218a Abs. 1 StGB n. F., JR 1993, 1.

Langer, Winrich Gesetzesanwendung und Straftataufbau, in: Gedächtnisschrift für Dieter Meurer, 2002, S. 23 (zit.: GS Meurer).

Langer, Winrich Die Sonderstraftat – Eine gesamtsystematische Grundlegung der Lehre vom Verbrechen (2. Aufl. des Werks „Das Sonderverbrechen"), 2007 (zit.: Sonderstraftat).

Langer, Winrich Die tatbestandsmäßige Strafwürdigkeit, in: Festschrift für Harro Otto, 2007, S. 107 (zit.: FS Otto).
Laubenthal, Klaus Zur Abgrenzung zwischen Begünstigung und Beihilfe zur Vortat, Jura 1985, 630.
Laubenthal, Klaus Anm. zu BayObLG, Beschl. v. 18.10.1990 – RReg. 5 St 92/90, JR 1991, 519.
Laubenthal, Klaus Strafrechtliche Garantenhaftung von Polizisten und außerdienstliche Kenntniserlangung – BGH NJW 1993, 544, JuS 1993, 907.
Leipziger Kommentar Leipziger Kommentar zum Strafgesetzbuch, Großkommentar in mehreren Bänden, hrsg. v. Jähnke u. a., 11. Aufl. 1992 bis 2006 (zit.: Bearbeiter, in: LK[11]).
Leipziger Kommentar Leipziger Kommentar zum Strafgesetzbuch, Großkommentar in mehreren Bänden, hrsg. v. Laufhütte u. a., 12. Aufl. 2006 bis 2008 (zit.: Bearbeiter, in: LK[12]).
Lenckner, Theodor Der rechtfertigende Notstand, zur Problematik der Notstandsregelung im Entwurf eines Strafgesetzbuches (E 1965), 1965.
Lenckner, Theodor Die Rechtfertigungsgründe und das Erfordernis pflichtgemäßer Prüfung – Beiträge zur gesamten Strafrechtswissenschaft, in: Festschrift für Hellmuth Mayer, 1966, S. 165 (zit.: FS Hellmuth Mayer).
Lenckner, Theodor Technische Normen und Fahrlässigkeit, in: Festschrift für Karl Engisch, 1969, S. 490 (zit.: FS Engisch).
Lenckner, Theodor Probleme beim Rücktritt des Beteiligten, in: Festschrift für Wilhelm Gallas, 1973, S. 281 (zit.: FS Gallas).
Lenckner, Theodor Anm. zu BGH, Urt. v. 21.12.1982 – 1 StR 662/82, NStZ 1983, 409.
Lenckner, Theodor Strafrecht und ziviler Ungehorsam – OLG Stuttgart, NStZ 1987, 121, JuS 1988, 349.
Lenckner, Theodor Der „rechtswidrige verbindliche Befehl" im Strafrecht – nur noch ein Relikt?, in: Festschrift für Walter Stree und Johannes Wessels, 1993, S. 223 (zit.: FS Stree/Wessels).
Lermann, Marcelo D. Die fakultative Strafmilderung für die unechten Unterlassungsdelikte, GA 2008, 78.
Lesch, Heiko Das Problem der sukzessiven Beihilfe, 1992.
Lesch, Heiko Die Begründung mittäterschaftlicher Haftung als Moment der objektiven Zurechnung, ZStW 105 (1993), 271.
Lesch, Heiko Zur Einführung in das Strafrecht: Über den Sinn und Zweck staatlichen Strafens, JA 1994, 510, 590.
Lesch, Heiko Der Verbrechensbegriff – Grundlinien einer funktionalen Revision, 1999 (zit.: Verbrechensbegriff).
Lesch, Heiko Unrecht und Schuld im Strafrecht, JA 2002, 602.
Leupold, Henning Die Tathandlung der reinen Erfolgsdelikte und das Tatbestandsmodell der „actio libera in causa" im Lichte verfassungsrechtlicher Schranken, 2005 (zit.: Die Tathandlung der reinen Erfolgsdelikte).
Lilie, Hans Zur Erforderlichkeit der Verteidigungshandlung, in: Festschrift für Hans Joachim Hirsch, 1999, S. 277 (zit.: FS Hirsch).
v. Liszt, Franz Der Zweckgedanke im Strafrecht, ZStW 3 (1883), 1.
Lisken/Denninger Handbuch des Polizeirechts – Gefahrenabwehr – Strafverfolgung – Rechtsschutz, 6. Aufl. 2018 (zit.: Handbuch des Polizeirechts[6]).
LK Leipziger Kommentar.
Loewenheim, Ulrich Error in obiecto und aberratio ictus – OLG Neustadt, NJW 1964, 311, JuS 1966, 310.
Löffler, Sebastian Rechtsgut als Verfassungsbegriff – Der Rekurs auf Güter im Verfassungsrecht unter besonderer Berücksichtigung der Rechtsprechung des Bundesverfassungsgerichts, 2017.
Lönnies, Otward Rücktritt und tätige Reue beim unechten Unterlassungsdelikt, NJW 1962, 1950.
Loos, Fritz Anm. zu BGH, Beschl. v. 16.07.1993 – 2 StR 294/93, JZ 1994, 511.
Loos, Fritz Beteiligung und Rücktritt, Jura 1996, 518.
Loos, Fritz Zur Einschränkung des Notwehrrechts wegen Provokation, in: Festschrift für Erwin Deutsch, 1999, S. 233 (zit.: FS Deutsch).

Lüderssen, Klaus Zum Strafgrund der Teilnahme, 1967.
Lüderssen, Klaus Der „Erfolgsunwert", in: Festschrift für Rolf Dietrich Herzberg, 2008, S. 109 (zit.: FS Herzberg).
Ludwig, Dominik „Gegenwärtiger Angriff", „drohende" und „gegenwärtige Gefahr" im Notwehr- und Notstandsrecht – Eine Studie zu den temporalen Erfordernissen der Notrechte unter vergleichender Einbeziehung der Gefahrerfordernisse des Polizeirechts, 1991 (zit.: Notwehr- und Notstandsrecht).
Luzón Peña, Diego-Manuel Vernünftige Annahme (objektiv unvermeidbarer Irrtum) und mutmaßliche Einwilligung: erlaubtes Risiko oder Straftatbestandsausschließungsgrund, GA 2006, 317.
Luzón Peña, Diego-Manuel Schuld und Freiheit, GA 2017, 669.
Luzón Peña, Diego-Manuel Gleichwertigkeit der Unterlassung mit der Begehung: Schaffung oder Erhöhung der Gefahr durch die Unterlassung – Eine Skizze, GA 2016, 275.
Luzón Peña, Diego-Manuel Kausalität beim unechten Unterlassungsdelikt?, GA 2018, 520.
Maaß, Wolfgang Betrug gegenüber einem Makler – BGHSt 31, 178, JuS 1984, 25.
Maatz, Kurt Rüdiger Kann ein (nur) versuchtes schwereres Delikt den Tatbestand eines vollendeten milderen Delikts verdrängen? – Die Konkurrenz-Rechtsprechung in Fällen versuchten Totschlages/Mordes, versuchter Vergewaltigung und versuchter Nötigung auf dem Prüfstand, NStZ 1995, 209.
Maiwald, Manfred Der Zueignungsbegriff im System der Eigentumsdelikte, 1970.
Maiwald, Manfred Zum fragmentarischen Charakter des Strafrechts, in: Festschrift für Reinhart Maurach, 1972, S. 9 (zit.: FS Maurach).
Maiwald, Manfred Zum Maßstab der Fahrlässigkeit bei trunkenheitsbedingter Fahruntüchtigkeit, in: Festschrift für Eduard Dreher, 1977, S. 437 (zit.: FS Dreher).
Maiwald, Manfred Historische und dogmatische Aspekte der Einheitstäterlösung, in: Festschrift für Paul Bockelmann, 1979, S. 343 (zit.: FS Bockelmann).
Maiwald, Manfred Kausalität und Strafrecht – Studien zum Verhältnis von Naturwissenschaft und Jurisprudenz, 1980.
Maiwald, Manfred Moderne Entwicklungen in der Auffassung vom Zweck der Strafe, in: Rechtswissenschaft und Rechtsentwicklung, hrsg. v. Immenga, 1980, S. 291 (zit.: Rechtswissenschaft und Rechtsentwicklung).
Maiwald, Manfred Grundlagenprobleme der Unterlassungsdelikte, JuS 1981, 473.
Maiwald, Manfred Zur Leistungsfähigkeit des Begriffs „erlaubtes Risiko" für die Strafrechtssystematik, in: Festschrift für Hans-Heinrich Jescheck, 1985, S. 405 (zit.: FS Jescheck).
Maiwald, Manfred Zur strafrechtssystematischen Funktion des Begriffs der objektiven Zurechnung, in: Festschrift für Koichi Miyazawa, dem Wegbereiter des japanisch-deutschen Strafrechtsdiskurses, hrsg. v. Kühne, 1995, S. 465 (zit.: FS Miyazawa).
Maiwald, Manfred An den Anfängen des Finalismus – Hellmuth von Weber, JZ 2016, 401.
Maiwald, Manfred Kein Vorsatz ohne Fahrlässigkeit – Die Lehre von der objektiven Zurechnung in der italienischen Doktrin, in: Festschrift für Keiichi Yamanaka, 2017, S. 153 (zit.: FS Yamanaka).
Malitz, Kirsten Der untaugliche Versuch beim unechten Unterlassungsdelikt – Zum Strafgrund des Versuchs, 1998 (zit.: Untauglicher Versuch).
Mallison, Jochen Rechtsauskunft als strafbare Teilnahme, 1979.
Marxen, Klaus Die strafrechtliche Organ- und Vertreterhaftung – eine Waffe im Kampf gegen die Wirtschaftskriminalität?, JZ 1988, 286.
Marxen, Klaus Anm. zu KG, Beschl. v. 30.07.1996 – 1 AR 415/96 – 4 Ws 55/96, JZ 1997, 630.
Matsumiya, Takaaki Zum Nötigungsnotstand, in: Festschrift für Günther Jakobs, 2007, S. 361 (zit.: FS Jakobs).
Matt, Holger/Renzikowski, Joachim Strafgesetzbuch, Kommentar, 2013 (zit.: Bearbeiter, in: Matt/Renzikowski).
Maurach, Reinhart/Gössel, Karl Heinz/Zipf, Heinz Strafrecht, Allgemeiner Teil, Teilband 2: Erscheinungsformen des Verbrechens und Rechtsfolgen der Tat, ein Lehrbuch, 7. Aufl. 1989 (zit.: AT 2^7).

Maurach, Reinhart/Gössel, Karl Heinz/Zipf, Heinz Strafrecht, Allgemeiner Teil, Teilband 2: Erscheinungsformen des Verbrechens und Rechtsfolgen der Tat, ein Lehrbuch, 8. Aufl. 2014 (zit.: AT[8]).
Meißner, Andreas Die Interessenabwägungsformel in der Vorschrift über den rechtfertigenden Notstand (§ 34 StGB), 1990.
Meliá, Manuel Cancio Feind„strafrecht"?, ZStW 117 (2005), 267.
Menrath, Marc Die Einwilligung in ein Risiko, 2013.
Merkel, Reinhard Ärztliche Entscheidungen über Leben und Tod in der Neonatalmedizin – Ethische und strafrechtliche Probleme, JZ 1996, 1145.
Merkel, Reinhard Folter und Notwehr, in: Festschrift für Günther Jakobs, 2007, S. 375 (zit.: FS Jakobs).
Merkel, Reinhard Die Abgrenzung von Handlungs- und Unterlassungsdelikt – Altes, Neues, Ungelöstes, in: Festschrift für Rolf Dietrich Herzberg, 2008, S. 193 (zit.: FS Herzberg).
Meurer, Dieter/Kahle, Franz Strafrecht: Das Fahrrad, ein Irrtum, der Streit und ein zerrissenes Hemd, JuS 1993, L 60.
Meyer, K. Anm. zu BGH, Urt. v. 23.05.1984 – 1 StR 148/84, NStZ 1985, 134.
Meyer, Maria-Katharina Ausschluss der Autonomie durch Irrtum – ein Beitrag zu mittelbarer Täterschaft und Einwilligung, 1984 (zit.: Ausschluss der Autonomie).
Meyer-Arndt, Lüder Beihilfe durch neutrale Handlungen?, wistra 1989, 281.
Mezger, Edmund Strafrecht – Ein Lehrbuch, 3. Aufl. 1949, Stand 1933 (zit.: Lehrbuch Strafrecht[3]).
Mezger, Edmund Anm. zu BGH, Urt. v. 20.12.1951 – 4 StR 839/51, NJW 1952, 514.
Michalke, Regina Die Strafbarkeit von Amtsträgern wegen Gewässerverunreinigung (§ 324 StGB) und umweltgefährdender Abfallbeseitigung (§ 326 StGB) in neuem Licht, NJW 1994, 1693.
Mikus, Rudolf Alexander Die Verhaltensnorm des fahrlässigen Erfolgsdelikts, 2002.
Mir Puig, Santiago Die „ex-ante"-Betrachtung im Strafrecht, in: Festschrift für Hans-Heinrich Jescheck, 1985, S. 337 (zit.: FS Jescheck).
Mir Puig, Santiago Über das Objektive und das Subjektive im Unrechtstatbestand, in: Gedächtnisschrift für Armin Kaufmann, 1989, S. 253 (zit.: GS Armin Kaufmann).
Mir Puig, Santiago Objektive Rechtswidrigkeit und Normwidrigkeit im Strafrecht, ZStW 108 (1996), 759.
Mir Puig, Santiago Wertungen, Normen und Strafrechtswidrigkeit, GA 2003, 863.
Mir Puig, Santiago Über die Normen in Roxins Konzeption des Verbrechens, GA 2006, 334.
Mir Puig, Santiago Norm, Bewertung und Tatbestandsunwert, in: Festschrift für Rolf Dietrich Herzberg, 2008, S. 55 (zit.: FS Herzberg).
Mitsch, Wolfgang Tödliche Schüsse auf flüchtende Diebe, JA 1989, 79.
Mitsch, Wolfgang Anm. zu BGH, Urt. v. 29.10.1992 – 4 StR 358/92, NStZ 1993, 384.
Mitsch, Wolfgang Gesetzeseinheit im Strafrecht, JuS 1993, 471.
Mitsch, Wolfgang Konkurrenzen im Strafrecht, JuS 1993, 385.
Mitsch, Wolfgang Grundfälle zu den Tötungsdelikten, JuS 1995, 787, 888; JuS 1996, 26, 121, 213, 309, 407.
Mitsch, Wolfgang Festnahme mit Todesfolge – BGH, NJW 2000, 1348, JuS 2000, 848.
Mitsch, Wolfgang Fahrlässigkeit und Straftatsystem, JuS 2001, 105.
Mitsch, Wolfgang Notwehr gegen fahrlässig provozierten Angriff – BGH, NStZ 2001, 143, JuS 2001, 751.
Mitsch, Wolfgang Die „hypothetische Einwilligung" im Arztstrafrecht, JZ 2005, 279 und 718.
Mitsch, Wolfgang Actio libera in causa und mittelbare Täterschaft, in: Festschrift für Wilfried Küper, 2007, S. 347 (zit.: FS Küper).
Mitsch, Wolfgang Zum Anwendungsbereich des § 31 StGB, in: Festschrift für Rolf Dietrich Herzberg, 2008, S. 443 (zit.: FS Herzberg).
Mitsch, Wolfgang Anm. zu BGH, Urt. v. 18.10.2007 – 3 StR 226/07, NStZ 2008, 421.
Modrey, Matthias Grenzen der Strafbarkeit des Versuchs im deutschen und niederländischen Recht, 2008.
Molina Fernández, Fernando Antijuridicidad penal y sistema del delito, Barcelona, 2001.
Momsen, Carsten Die Zumutbarkeit als Begrenzung strafrechtlicher Pflichten, 2006.

Momsen, Carsten Überlegungen zu einem zweckrationalen Schuldbegriff, in: Festschrift für Heike Jung, 2007, S. 569 (zit.: FS Jung).
Montiel, Juan Pablo Obliegenheiten im Strafrecht?, ZStW 126 (2014), 592.
Moos, Reinhard Die subjektive Sorgfaltswidrigkeit bei der Fahrlässigkeit als Unrechtselement, in: Festschrift für Manfred Burgstaller, 2004, S. 111 (zit.: FS Burgstaller).
Morgenstern, Christine Abstoßend, gefährlich, sozialschädlich? – Zur Unbestimmtheit der Sittenwidrigkeitsklausel des § 228 StGB, JZ 2017, 1146.
Mosbacher, Andreas Naturwissenschaftliche Scheingefechte um die Willensfreiheit, JR 2005, 61.
Mosenheuer, Andreas Unterlassen und Beteiligung – Zur Abgrenzung von Täterschaft und Teilnahme bei Unterlassungsdelikten, 2009 (zit.: Unterlassen und Beteiligung).
Motsch, Thomas Der straflose Notwehrexzess – Analyse der ratio legis und Lösung der Erscheinungsformen des § 33 StGB unter besonderer Berücksichtigung neuerer Tendenzen, 2003.
Mulch, Franziska Strafe und andere staatliche Maßnahmen gegenüber juristischen Personen – Zu den Legitimationsbedingungen entsprechender Rechtseingriffe, 2017.
Müller-Christmann, Bernd Der Notwehrexzess, JuS 1993, L 41.
Müller-Dietz, Heinz Hirnforschung und Schuld, GA 2006, 338.
Müller-Franken, Sebastian Bindung Privater an Grundrechte? – Zur Wirkung der Grundrechte auf Privatrechtsbeziehungen, in: Festschrift für Herbert Bethge, 2009, S. 223 (zit.: FS Bethge).
Münchener Kommentar StGB Münchener Kommentar zum Strafgesetzbuch, hrsg. v. Joecks u. a., mehrere Bände 2003 bis 2007 (zit.: Bearbeiter, in: MünchKommStGB).
Münchener Kommentar StGB Münchener Kommentar zum Strafgesetzbuch, hrsg. v. Joecks u. a., 3. Aufl., mehrere Bände 2016 ff. (zit.: Bearbeiter, in: MünchKommStGB³).
Murmann, Uwe Die Nebentäterschaft im Strafrecht, ein Beitrag zu einer personalen Tatherrschaftslehre, 1993.
Murmann, Uwe Rücktritt vom Versuch bei Gleichgültigkeit des Täters? – BGHSt 40, 304, JuS 1996, 590.
Murmann, Uwe Tatherrschaft durch Weisungsmacht, GA 1996, 269.
Murmann, Uwe Zur mittelbaren Täterschaft bei Verbotsirrtum des Vordermannes, GA 1998, 78.
Murmann, Uwe Versuchsunrecht und Rücktritt, 1999.
Murmann, Uwe Zum Tatbestand der Beihilfe, JuS 1999, 548.
Murmann, Uwe Die Selbstverantwortung des Opfers im Strafrecht, 2005 (zit.: Selbstverantwortung).
Murmann, Uwe Zur Berücksichtigung besonderer Kenntnisse, Fähigkeiten und Absichten bei der Verhaltensnormkonturierung, in: Festschrift für Rolf Dietrich Herzberg, 2008, S. 123 (zit.: FS Herzberg).
Murmann, Uwe Grundwissen zur mittelbaren Täterschaft (§ 25 I 2. Alt. StGB), JA 2008, 321.
Murmann, Uwe Rücktritt vom Versuch des Unterlassungsdelikts durch Verzicht auf aktive Erfolgsherbeiführung?, GA 2012, 711.
Murmann, Uwe Anm. zu BGH, Urt. v. 21.12.2011 – 2 StR 295/11 (NStZ 2012, 319) (Totschlag durch Unterlassen bei GBL-Gefahren), NStZ 2012, 387.
Murmann, Uwe Beteiligung durch Unterlassen, in: Festschrift für Werner Beulke, 2015, S. 167 (zit.: FS Beulke).
Murmann, Uwe Paternalismus und defizitäre Opferentscheidungen, in: Festschrift für Keiichi Yamanaka, 2017, S. 289 (zit.: FS Yamanaka).
Murmann, Uwe Grundkurs Strafrecht, 4. Aufl. 2017 (zit.: GK⁴).
Müssig, Bernd Antizipierte Notwehr, ZStW 115 (2003), 224.
Mutzbauer, Norbert Actio libera in causa, JA 1997, 97.
Mylonopoulos, Christos Vorsatz als Dispositionsbegriff, in: Festschrift für Wolfgang Frisch, 2013, S. 349 (zit.: FS Frisch).
Nestler, Cornelius Die strafrechtliche Verantwortlichkeit eines Bürgermeisters für Gewässerverunreinigungen der Bürger, GA 1994, 514.
Nestler, Cornelius Betäubungsmittelstrafrecht – Bürgerautonomie und Drogenkontrolle durch Strafrecht, Handbuch des Betäubungsmittelstrafrechts, hrsg. v. Kreutzer, 1998, S. 697 (zit.: Handbuch des Betäubungsmittelstrafrechts).

Neubacher, Frank Zur Konkretisierung von Sorgfaltspflichten beim fahrlässigen Erfolgsdelikt – Überlegungen im Anschluss an BGHSt 49, 1, Jura 2005, 857.
Neumann, Ulfrid Abgrenzung von Teilnahme am Selbstmord und Tötung in mittelbarer Täterschaft – BGHSt 32, 38, JuS 1985, 677.
Neumann, Ulfrid Normtheorie und strafrechtliche Zurechung, GA 1985, 389.
Neumann, Ulfrid Die Strafbarkeit der Suizidbeteiligung als Problem der Eigenverantwortlichkeit des „Opfers", JA 1987, 244.
Neumann, Ulfrid Der strafrechtliche Nötigungsnotstand, Rechtfertigungs- oder Entschuldigungsgrund?, JA 1988, 329.
Neumann, Ulfrid Konstruktion und Argument in der neueren Diskussion zur actio libera in causa, in: Strafgerechtigkeit, Festschrift für Arthur Kaufmann, 1993, S. 581 (zit.: FS Arthur Kaufmann).
Neumann, Ulfrid Der Verbotsirrtum (§ 17 StGB), JuS 1993, 793.
Neumann, Ulfrid Sterbehilfe im rechtfertigenden Notstand (§ 34 StGB), in: Festschrift für Rolf Dietrich Herzberg, 2008, S. 575 (zit.: FS Herzberg).
Neumann, Ulfrid Die Rechtsprechung im Kontext des verfassungsgerichtlichen Prüfungsprogramms zu Art. 103 Abs. 2 GG (Rückwirkungsverbot, Analogieverbot, Bestimmtheitsgebot) – Überlegungen im Anschluss an die Entscheidung des Bundesverfassungsgerichts zum „Präzisierungsgebot" (BVerfGE 126, 170), in: Festschrift für Werner Beulke, 2015, S. 197 (zit.: FS Beulke).
Neumann, Ulfrid Zur Struktur des strafrechtlichen Instituts der „Pflichtenkollision", in: Festschrift für Keiichi Yamanaka, 2017, S. 171 (zit.: FS Yamanaka).
Niedermair, Harald Körperverletzung mit Einwilligung und die Guten Sitten – Zum Funktionsverlust einer Generalklausel, 1999.
Niepoth, Burkhard F. Der untaugliche Versuch beim unechten Unterlassungsdelikt – Zugleich Anm. zum Urteil des BGH vom 22. September 1992 (BGHSt 38, 356), JA 1994, 337.
Nitze, Paul Die Bedeutung der Entsprechensklausel beim Begehen durch Unterlassen (§ 13 StGB), 1989.
NK Nomos Kommentar.
Noak, Torsten Zur „Abschaffung" des elterlichen Züchtigungsrechts aus strafrechtlicher Sicht, JR 2002, 406.
Noltenius, Bettina Kriterien der Abgrenzung von Anstiftung und mittelbarer Täterschaft – Ein Beitrag auf der Grundlage einer personalen Handlungslehre, 2003.
Nomos Handkommentar Nomos Handkommentar Gesamtes Strafrecht (StGB, StPO, Nebengesetze), hrsg. v. Dölling u. a., 2008 (zit.: NomosHK-GS).
Nomos Kommentar Nomos Kommentar zum Strafgesetzbuch, hrsg. v. Kindhäuser u. a., Band 1 und Band 2, 2. Aufl. 2005 (zit.: Bearbeiter, in: NK²).
Nomos Kommentar Nomos Kommentar zum Strafgesetzbuch, hrsg. v. Kindhäuser u. a., Band 1, 5. Aufl. 2017 (zit.: Bearbeiter, in: NK⁵).
Nomos Kommentar Nomos Kommentar zum Strafgesetzbuch, hrsg. v. Kindhäuser u. a., Band 3, 5. Aufl. 2017 (zit.: Bearbeiter, in: NK⁵).
Norouzi, Ali B. Grundfälle zur Wahlfeststellung, Präpendenz und Postpendenz, JuS 2008, 17, 113.
Odenwald, Steffen Die Einwilligungsfähigkeit im Strafrecht unter besonderer Hervorhebung ärztlichen Handelns, 2004.
Ohly, Ansgar Einwilligung und „Einheit der Rechtsordnung", in: Festschrift für Günther Jakobs, 2007, S. 451 (zit.: FS Jakobs).
Ossenbühl, Fritz Die verfassungsrechtliche Zulässigkeit der Verweisung als Mittel der Gesetzgebungstechnik, DVBl 1967, 401.
Otto, Harro Fehlgeschlagener Versuch und Rücktritt, GA 1967, 144.
Otto, Harro Grenzen der Fahrlässigkeitshaftung im Strafrecht – OLG Hamm, NJW 1973, 1422, JuS 1974, 702.
Otto, Harro Risikoerhöhungsprinzip statt Kausalitätsgrundsatz als Zurechnungskriterium bei den Erfolgsdelikten, NJW 1980, 417.
Otto, Harro Anstiftung und Beihilfe, JuS 1982, 557.

Otto, Harro Der Vollrauschtatbestand (§ 323a StGB), Jura 1986, 478.
Otto, Harro Garantenpflicht des Grundstückseigentümers bzw. Wohnungsinhabers, JK 1987, StGB § 13/11.
Otto, Harro Täterschaft, Mittäterschaft, mittelbare Täterschaft, Jura 1987, 246.
Otto, Harro Der Verbotsirrtum, Jura 1990, 645.
Otto, Harro Anm. zu OLG Zweibrücken, Beschl. v. 4.12.1990 – 1 Ss 163/89, JR 1991, 215.
Otto, Harro Mitbestrafte Nachtat, straflose Nachtat und nicht strafbares Verhalten, Jura 1994, 276.
Otto, Harro Rechtfertigung einer Körperverletzung durch das elterliche Züchtigungsrecht, Jura 2001, 670.
Otto, Harro Ingerenz und Verantwortlichkeit, in: Festschrift für Karl Heinz Gössel, 2002, S. 99 (zit.: FS Gössel).
Otto, Harro Grundlagen der strafrechtlichen Haftung für fahrlässiges Verhalten, in: Gedächtnisschrift für Ellen Schlüchter, 2002, S. 77 (zit.: GS Schlüchter).
Otto, Harro Grundkurs Strafrecht – Allgemeine Strafrechtslehre, 7. Aufl. 2004 (zit.: AT^7).
Otto, Harro Einwilligung, mutmaßliche, gemutmaßte und hypothetische Einwilligung, Jura 2004, 679.
Otto, Harro „Besondere persönliche Merkmale" im Sinne des § 28 StGB, Jura 2004, 469.
Otto, Harro Übungen im Strafrecht, 6. Aufl. 2005 (zit.: Übungen im Strafrecht^6).
Otto, Harro Entwicklungen im Rahmen der Garantenstellung aus enger menschlicher Verbundenheit, in: Festschrift für Rolf Dietrich Herzberg, 2008, S. 255 (zit.: FS Herzberg).
Otto, Harro/Brammsen, Joerg Die Grundlagen der strafrechtlichen Haftung des Garanten wegen Unterlassens, Jura 1985, 530, 592, 646.
Paeffgen, Hans-Ullrich Anmerkungen zum Erlaubnistatbestandsirrtum, in: Gedächtnisschrift für Armin Kaufmann, 1989, S. 399 (zit.: GS Armin Kaufmann).
Paeffgen, Hans-Ullrich Die erfolgsqualifizierten Delikte – eine in die allgemeine Unrechtslehre integrierbare Deliktsgruppe?, JZ 1989, 220.
Paeffgen, Hans-Ullrich Gefahr-Definition, Gefahr-Verringerung und Einwilligung im medizinischen Bereich – Problem-Beschreibung und Methodologisches, veranschaulicht am Beispiel des virus-infektiösen Chirurgen, in: Festschrift für Hans-Joachim Rudolphi, 2004, S. 187 (zit.: FS Rudolphi).
Paeffgen, Hans-Ullrich Zur Unbilligkeit des vorgeblich „Billigen" – oder: Höllen-Engel und das Gott-sei-bei-uns-Dogma – (Noch einmal) einige Gedanken zum Erlaubnis-Tatbestandsirrtum, in: Festschrift für Wolfgang Frisch, 2013, S. 403 (zit.: FS Frisch).
Paeffgen, Hans-Ullrich Gefahr, Anscheinsgefahr und Gefahrverdacht im Polizeirecht, GA 2014, 638.
Paradissis, Alexander Unterlassungsstrafbarkeit in sog. Weiterungsfällen – Zugleich ein Beitrag zu Legitimität und Grenzen der Garantenstellung aus Ingerenz, 2015.
Pariona Arana, Raúl Täterschaft und Pflichtverletzung – Zugleich ein Beitrag zur Dogmatik der Abgrenzung der Beteiligungsformen bei Begehungs- und Unterlassungsdelikten, 2010.
Pariona Arana, Raúl Täterschaft und Pflichtverletzung – Grundlagen der Pflichtdeliktslehre, in: Festschrift für Claus Roxin, 2011, S. 853 (zit.: FS Roxin).
Pawlik, Michael Der Polizeibeamte als Garant zur Verhinderung von Straftaten, ZStW 111 (1999), 335.
Pawlik, Michael Der rechtfertigende Notstand – Zugleich ein Beitrag zum Problem strafrechtlicher Solidaritätspflichten, 2002.
Pawlik, Michael Der rechtfertigende Defensivnotstand, Jura 2002, 26.
Pawlik, Michael Person, Subjekt, Bürger – Zur Legitimation von Strafe, 2004.
Pawlik, Michael Kritik der präventionstheoretischen Strafbegründungen, in: Festschrift für Hans-Joachim Rudolphi, 2004, S. 213 (zit.: FS Rudolphi).
Pawlik, Michael „Der wichtigste dogmatische Fortschritt der letzten Menschenalter"? – Anmerkungen zur Unterscheidung zwischen Unrecht und Schuld im Strafrecht, in: Festschrift für Harro Otto, 2007, S. 133 (zit.: FS Otto).
Pawlik, Michael „Das dunkelste Kapitel in der Dogmatik des Allgemeinen Teils" – Bemerkungen zur Lehre von den Garantenpflichten, in: Festschrift für Claus Roxin, 2011, S. 931 (zit.: FS Roxin).

Pawlik, Michael Das Unrecht des Bürgers – Grundlinien der Allgemeinen Verbrechenslehre, 2012 (zit.: Das Unrecht des Bürgers).

Pawlik, Michael Verbotsirrtum bei unklarer Rechtslage, in: Festschrift für Ulfrid Neumann, 2017, S. 985 (zit.: FS Neumann).

Pawlowski, Hans-Martin Methodenlehre für Juristen – Theorie der Norm und des Gesetzes, 3. Aufl. 1999 (zit.: Methodenlehre für Juristen[3]).

Pelz, Christian Notwehr- und Notstandsrechte und der Vorrang obrigkeitlicher Hilfe, NStZ 1995, 305.

Perdomo-Torres, Jorge F. Garantenpflichten aus Vertrautheit, 2006.

Perdomo-Torres, Jorge F. Das Begehen durch Unterlassen im positiven Recht, in: Festschrift für Günther Jakobs, 2007, S. 497 (zit.: FS Jakobs).

Pérez-Barberá, Gabriel Vorsatz als Vorwurf – Zur Abkehr von der Idee des Vorsatzes als Geisteszustand, GA 2013, 454.

Pérez-Barberá, Gabriel Probleme und Perspektive der expressiven Straftheorien – Eine diskursive und deontologische Rechtfertigung der Strafe, GA 2014, 504.

Pérez del Valle, Carlos Zur rechtsphilosophischen Begründung des Feindstrafrechts, in: Festschrift für Günther Jakobs, 2007, S. 515 (zit.: FS Jakobs).

Perron, Walter Rechtfertigung und Entschuldigung im deutschen und im spanischen Recht – Ein Strukturvergleich strafrechtlicher Zurechnungssysteme, 1988.

Peters, Karl Die strafrechtsgestaltende Kraft des Strafprozesses, 1963.

Peters, Ralf Was bleibt von der „Idealkonkurrenz durch Klammerwirkung"?, JR 1993, 265.

Pfefferkorn, Fabian Grenzen strafbarer Fahrlässigkeit im französischen und deutschen Recht, 2006.

Pohlreich, Erol Die Vereinbarkeit der echten Wahlfeststellung mit dem Grundgesetz, ZStW 128 (2016), 676.

Polaino Navarrete, Miguel Die Funktion der Strafe beim Feindstrafrecht, in: Festschrift für Günther Jakobs, 2007, S. 529 (zit.: FS Jakobs).

Pouleas, Alexandros Sozialethische Einschränkungen von Rechtfertigungsgründen – Am Beispiel der strafrechtlichen Notrechte, 2008.

Prittwitz, Cornelius Zur Dikrepanz zwischen Tatgeschehen und Tätervorstellung, GA 1983, 110.

Puppe, Ingeborg Idealkonkurrenz und Einzelverbrechen – Logische Studien zum Verhältnis von Tatbestand und Handlung, 1979.

Puppe, Ingeborg Grundzüge der actio libera in causa, JuS 1980, 346.

Puppe, Ingeborg Zur Revision der Lehre vom „konkreten" Vorsatz und der Beachtlichkeit der aberratio ictus, GA 1981, 1.

Puppe, Ingeborg Zurechnung und Wahrscheinlichkeit, zur Analyse des Risikoerhöhungsprinzips, ZStW 95 (1983), 287.

Puppe, Ingeborg Der halbherzige Rücktritt – Zugleich eine Besprechung zu BGHSt 31, 46, NStZ 1984, 488.

Puppe, Ingeborg Der objektive Tatbestand der Anstiftung, GA 1984, 101.

Puppe, Ingeborg Zur Unterscheidung von unbeendetem und beendetem Versuch beim Rücktritt – Zugleich eine Besprechung der Entscheidung des BGH vom 22.08.1985 – 4 StR 326/85 – NStZ 1986, 25, NStZ 1986, 14.

Puppe, Ingeborg Die strafrechtliche Verantwortlichkeit für Irrtümer bei der Ausübung der Notwehr und für deren Folgen – Zugleich Besprechung des Urteils des LG (Schwurgericht) München I vom 10.11.1987 – KS 121 Js 4866/86, JZ 1989, 728.

Puppe, Ingeborg Anm. zu BGH, Urt. v. 20.09.1989 – 2 StR 251/89, NStZ 1990, 433.

Puppe, Ingeborg Tatirrtum, Rechtsirrtum, Subsumtionsirrtum, GA 1990, 145.

Puppe, Ingeborg Anm. zu BGH, Urt. v. 25.10.1990 – 4 StR 371/90, NStZ 1991, 124.

Puppe, Ingeborg Wie wird man Mittäter durch konkludentes Verhalten? – Zugleich eine Besprechung des Urteils des 5. Strafsenats des BGH vom 15.01.1991 – 5 StR 492/90, NStZ 1991, 571.

Puppe Ingeborg Der Vorstellungsinhalt des dolus eventualis, ZStW 103 (1991), 1.

Puppe, Ingeborg Vorsatz und Zurechnung, 1992.

Puppe, Ingeborg Anm. zu BGH, Beschl. v. 27.10.1992 – 1 StR 273/92, JZ 1993, 361.

Puppe, Ingeborg „Naturgesetze" vor Gericht – Die sogenannte generelle Kausalität und ihr Beweis, dargestellt an Fällen strafrechtlicher Produkthaftung, JZ 1994, 1147.
Puppe, Ingeborg Anm. zu BGH, Urt. v. 30.11.1995 – 5 StR 465/95, JR 1996, 513.
Puppe, Ingeborg Anm. zu BGH, Urt. v. 19.03.1996 – 1 StR 497/95, NStZ 1996, 597.
Puppe, Ingeborg Die adäquate Kausalität und der Schutzzweck der Sorgfaltsnorm, in: Festschrift für Günter Bemmann, 1997, S. 227 (zit.: FS Bemmann).
Puppe, Ingeborg Die Lehre von der objektiven Zurechnung, dargestellt an Beispielsfällen aus der höchstrichterlichen Rechtsprechung, Jura 1997, 408, 513, 624; Jura 1998, 21.
Puppe, Ingeborg Strafrecht Allgemeiner Teil im Spiegel der Rechtsprechung, Bd.1, Die Lehre vom Tatbestand, Rechtswidrigkeit, Schuld, 2002 (zit.: AT-Rechtsprechung 1).
Puppe, Ingeborg Die strafrechtliche Verantwortlichkeit des Arztes bei mangelnder Aufklärung über eine Behandlungsalternative, GA 2003, 764.
Puppe, Ingeborg Bemerkungen zum Verbotsirrtum und seiner Vermeidbarkeit, in: Festschrift für Hans-Joachim Rudolphi, 2004, S. 231 (zit.: FS Rudolphi).
Puppe, Ingeborg Strafrecht Allgemeiner Teil im Spiegel der Rechtsprechung, Bd. 2, Sonderformen des Verbrechens, 2005 (zit.: AT-Rechtsprechung 2).
Puppe, Ingeborg Das sog. gerechtfertigte Werkzeug, in: Festschrift für Wilfried Küper, 2007, S. 443 (zit.: FS Küper).
Puppe, Ingeborg Der Aufbau des Verbrechens, in: Festschrift für Harro Otto, 2007, S. 389 (zit.: FS Otto).
Puppe, Ingeborg Vorsatz und Rechtsirrtum, in: Festschrift für Rolf Dietrich Herzberg, 2008, S. 275 (zit.: FS Herzberg).
Puppe, Ingeborg Zu einem Zusammenstoß gehören zwei – Überlegungen zum Zusammentreffen mehrerer Sorgfaltspflichtverletzungen bei Unfällen im Straßenverkehr, in: Festschrift für Wolfgang Frisch, 2013, S. 447 (zit.: FS Frisch).
Puppe, Ingeborg Die Architektur der Beteiligungsformen, GA 2013, 514.
Puppe, Ingeborg Tötungsvorsatz und Affekt – Über die neue Rechtsprechung des BGH zum dolus eventualis in Bezug auf den möglichen Todeserfolg bei offensichtlich lebensgefährlichen Gewalthandlungen, NStZ 2014, 183.
Puppe, Ingeborg Das System der objektiven Zurechnung, GA 2015, 203.
Puppe, Ingeborg Strafrecht Allgemeiner Teil – im Spiegel der Rechtsprechung, 3. Aufl. 2016 (zit.: AT-Rechtsprechung[3]).
Puppe, Ingeborg Neuere Entwicklungen in der Rechtsprechung des BGH zum Tötungsvorsatz bei lebensbedrohlicher Gewalt, NStZ 2016, 575.
Puppe, Ingeborg Die Zurechnung des Erfolges zum Vorsatz, ZStW 129 (2017), 1 ff.
Puppe, Ingeborg Die psychische Kausalität und das Recht auf die eigene Entscheidung – Der Galavit-Fall und die Hätte-Frage, JR 2017, 513.
Puschke, Jens Der Ausbau des Terrorismusstrafrechts und die Rechtsprechung des Bundesgerichtshofs – Kritische Betrachtung des Gesetzes zur Änderung der Verfolgung der Vorbereitung von schweren staatsgefährdenden Gewalttaten, StV 2015, 457.
Puschke, Jens Legitimation, Grenzen und Dogmatik von Vorbereitungstatbeständen, 2017.
Putzke, Holm Der strafbare Versuch, JuS 2009, 894, 985, 1083.
Putzke, Holm Pflichtdelikte und objektive Zurechnung – Zum Verhältnis der allgemeinen Tatbestandsvoraussetzungen zu den Merkmalen des § 25 StGB, in: Festschrift für Claus Roxin, 2011, S. 425 (zit.: FS Roxin).
Putzke, Holm Juristische Arbeiten erfolgreich schreiben, 6. Aufl. 2018.
Quednau, F. H. J. Anm. zu AG Neuwied, Urt. v. 08.02.1996 – 2102 Js 38144/95 – 8 Ds, NStZ 1997, 239.
Quentin, Andreas Fahrlässigkeit im Strafrecht, JuS 1994, L 41, L 49, L 57.
Rackow, Peter Neutrale Handlungen als Problem des Strafrechts, 2007.
Radtke, Henning An der Grenze des strafbaren untauglichen Versuchs – BGH, NJW 1995, 2176, JuS 1996, 878.
Radtke, Henning Mittelbare Täterschaft kraft Organisationsherrschaft im nationalen und internationalen Strafrecht, GA 2006, 350.

Radtke, Henning Die Leichtfertigkeit als Merkmal erfolgsqualifizierter Delikte?, in: Festschrift für Heike Jung, 2007, S. 737 (zit.: FS Jung).
Rahmani, Ashkan Raub durch Unterlassen, 2017.
Ranft, Otfried Berücksichtigung hypothetischer Bedingungen beim fahrlässigen Erfolgsdelikt? – Zugleich eine Kritik der Formel vom „rechtmäßigen Alternativverhalten", NJW 1984, 1425.
Ranft, Otfried Rechtsprechungsbericht zu den Unterlassungsdelikten, JZ 1987, 859, 908.
Ranft, Otfried Anm. zu BGH, Urt. v. 19.07.1989 – 2 StR 270/89, JZ 1989, 1128.
Ranft, Otfried Anm. zu BGH, Urt. v. 6.11.2002 – 5 StR 281/01, JZ 2003, 582.
Ranft, Otfried Bemerkungen zu Täterschaft und Teilnahme durch garantiepflichtwidriges Unterlassen, in: Festschrift für Harro Otto, 2007, S. 403 (zit.: FS Otto).
Ransiek, Andreas Das unechte Unterlassungsdelikt, JuS 2010, 490, 585, 678.
Rath, Jürgen Zur strafrechtlichen Behandlung der aberratio ictus und des error in objecto des Täters, 1993.
Rath, Jürgen Zum Standort einer error in objecto-Prüfung im Unrechtsaufbau des Versuchs, JuS 1997, 424.
Rath, Jürgen Grundfälle zum Unrecht des Versuchs, JuS 1998, 1006, 1106 und JuS 1999, 32, 140.
Rath, Jürgen Das subjektive Rechtfertigungselement – Zur kriminalrechtlichen Relevanz eines subjektiven Elements in der Ebene des Unrechtsausschlusses – auf der Grundlage einer Rechtsphilosophie im normativen Horizont des Seins – Eine rechtsphilosophisch-kriminalrechtliche Untersuchung, 2002 (zit.: Das subjektive Rechtfertigungselement).
Rauber, Kirsten Mord durch Unterlassen? – Ist es möglich, die Mordmerkmale des § 211 II StGB im Falle einer Tötung durch Unterlassen zu verwirklichen?, 2008.
Rengier, Rudolf Erfolgsqualifizierte Delikte und verwandte Erscheinungsformen, 1986.
Rengier, Rudolf Kündigungs-Betrug des Vermieters durch Tun und Unterlassen bei vorgetäuschtem Eigenbedarf – BayObLG, NJW 1987, 1654, JuS 1989, 802.
Rengier, Rudolf Strafrecht Allgemeiner Teil, 10. Aufl. 2018 (zit.: AT[10]).
Renzikowski, Joachim Notstand und Notwehr, 1994.
Renzikowski, Joachim Restriktiver Täterbegriff und fahrlässige Beteiligung, 1997 (zit.: Restriktiver Täterbegriff).
Renzikowski, Joachim Die Unterscheidung von primären Verhaltens- und sekundären Sanktionsnormen in der analytischen Rechtstheorie, in: Festschrift für Karl Heinz Gössel, 2002, S. 3 (zit.: FS Gössel).
Renzikowski, Joachim Wahnkausalität und Wahndelikt – Zur Strafbarkeit des untauglichen Versuchs, in: Wahn und Wirklichkeit – Multiple Realitäten – Der Streit um ein Fundament der Erkenntnis, hrsg v. Matthias Kaufmann, 2003, S. 309 (zit.: Wahn und Wirklichkeit).
Renzikowski, Joachim Normentheorie und Strafrechtsdogmatik, in: Juristische Grundlagenforschung, hrsg. v. Alexy, ARSP-Beiheft Nr. 104, 2005, S. 115 (zit.: Juristische Grundlagenforschung).
Renzikowski, Joachim Pflichten und Recht – Rechtsverhältnis und Zurechnung, GA 2007, 561.
Renzikowski, Joachim Die fahrlässige Mittäterschaft, in: Festschrift für Harro Otto, 2007, S. 423 (zit.: FS Otto).
Renzikowski, Joachim Ist psychische Kausalität dem Begriff nach möglich?, in: Festschrift für Ingeborg Puppe, 2011, S. 201 (zit.: FS Puppe).
Renzikowski, Joachim Zurück in die Steinzeit? – Aporien der Tatherrschaftslehre, in: Festschrift für Bernd Schünemann, 2014, S. 495 (zit.: FS Schünemann).
Renzikowski, Joachim Der Gegenstand des Unrechtsbewusstseins, in: Festschrift für Keiichi Yamanaka, 2017, S. 185 (zit.: FS Yamanaka).
Requejo, Carmen Die Putativnotwehr als Rechtfertigungsgrund, JA 2005, 114.
Retzko, Susanne Die Angriffsverursachung bei der Notwehr, 2001.
Reus, Katharina Das Recht in der Risikogesellschaft – Der Beitrag des Strafrechts zum Schutz vor modernen Produktgefahren, 2010 (zit.: Das Recht in der Risikogesellschaft).
Richter, Ronny Rudi, Strafvereitelung wegen Nichtanzeige von Straftaten nach Prüfung durch die Stellen zur Bekämpfung von Fehlverhalten im Gesundheitswesen, 2017.
Riemenschneider, Sabine Der praktische Fall – Strafrecht: „Ein Beifahrer steigt aus", JuS 1997, 627.

Riemenschneider, Sabine/Paetzold, Harald Strafrechtliche Verantwortlichkeit des Arztes für Folgen behandlungsbedingter Fahrunsicherheit, NJW 1997, 2420.
Riklin, Franz Anstiftung durch Fragen, GA 2006, 361.
Robles Planas, Ricardo Zwischen Beihilfe zur Tat und unterlassener Hilfeleistung – Zugleich ein Beitrag über die Verletzung der Solidaritätspflichten im Strafrecht, GA 2008, 18.
Robles Planas, Ricardo Das Wesen der Strafrechtsdogmatik, ZIS 2010, 357.
Robles Planas, Ricardo Die zwei Stufen der Beteiligungslehre – am Beispiel der Beteiligung durch Unterlassen, GA 2012, 276.
Robles Planas, Ricardo Negative und positive Pflichten im Strafrecht, GA 2013, 624.
Robles Planas, Ricardo Die „Lehre von der objektiven Zurechnung": Gedanken über ihren Ursprung und ihre Zukunft, GA 2016, 284.
Robles Planas, Ricardo Notwehr, Unternehmen und Vermögen – Zugleich zum Vorrang der rechtlich institutionalisierten Verfahren und den Einschränkungen des Notwehrrechts, ZIS 2018, 14.
Rodríguez Horcajo, Daniel Menschliches Verhalten und staatliche Strafe: Abschreckung, Kooperation und Verteilungsgerechtigkeit, GA 2018, 609.
Rogall, Klaus Die verschiedenen Formen des Veranlassens fremder Straftaten, GA 1979, 11.
Rogall, Klaus Der Notwehrexzess – ein Schuldprivileg, in: Gedächtnisschrift für Weßlau, 2016, S. 529 (zit.: GS Weßlau).
Rogat, Stefan Die Zurechnung bei der Beihilfe – Zugleich eine Untersuchung zur Strafbarkeit von Rechtsanwälten nach § 27 StGB, 1997.
Roja, Luís E. Grundprobleme der allgemeinen Verbrechenslehre bei der unterlassenen Verbrechensanzeige – §§ 138, 139 StGB, GA 2017, 147.
Rönnau, Thomas Willensmängel bei der Einwilligung im Strafrecht, 2001.
Rönnau, Thomas Einwilligung und Einverständnis, JuS 2007, 18.
Rönnau, Thomas/Becker, Christian Vorsatzvermeidung durch Unternehmensleiter bei betriebsbezogenen Straftaten, NStZ 2016, 569.
Rönnau, Thomas/Bröckers, Kurt Die objektive Strafbarkeitsbedingung im Rahmen des § 227 StGB, GA 1995, 549.
Rosenau, Henning, Der Notwehrexzess, in: Festschrift für Werner Beulke, 2015, S. 225 (zit.: FS Beulke).
Rössner, Dieter Die besonderen Aufgaben des Strafrechts im System rechtsstaatlicher Verhaltenskontrolle, in: Festschrift für Claus Roxin, 2001, S. 977 (zit.: FS Roxin).
Rostalski, Frauke Normentheorie und Fahrlässigkeit – Zur Fahrlässigkeit als Grundform des Verhaltensnormverstoßes, GA 2016, 73.
Rostalski, Frauke Vernunft und Unvernunft in der (höchstrichterlichen) Rechtsprechung zum Fahrlässigkeitskriterium der Vorhersehbarkeit, JZ 2017, 560 ff.
Rostalski, Frauke Der (straf-)rechtliche Umgang mit illegalen Kraftfahrzeugrennen – Überlegungen de lege lata und de lege ferenda, GA 2017, 585 ff.
Rostalski, Frauke Strafbefreiung und Strafmilderung im Steuerstrafrecht als rechtliche Institute, JR 2017, 620.
Rostalski, Frauke Die strafrechtliche Verantwortlichkeit für spezifische Fehlverhaltensfolgen bei alternativer Tatsachengrundlage und statistischen (Kausal-)Zusammenhängen am Beispiel des Bottroper Apothekerfalls, GA 2018, 700.
Rostalski, Frauke Der Tatbegriff im Strafrecht – Entwurf eines im gesamten Strafrechtssystem einheitlichen normativ-funktionalen Begriffs der Tat, 2019 (zit.: Der Tatbegriff im Strafrecht).
Roßmüller, Christian/Rohrer, Guido Versuch und Mittäterschaft – Anm. zu BGHSt 40, 299 = MDR 1995, 83, MDR 1996, 986.
Rothenfußer, Christoph Kausalität und Nachteil, 2003.
Rotsch, Thomas Anm. zu BGH, Beschl. v. 28.10.1998 – 5 StR 176/98, NStZ 1999, 239.
Rotsch, Thomas „Einheitstäterschaft" statt Tatherrschaft – Zur Abkehr von einem differenzierenden Beteiligungsformensystem in einer normativ-funktionalen Straftatlehre, 2009.
Rotsch, Thomas „Gemeinsames Versagen" – Zu Legitimität und Legalität der fahrlässigen Mittäterschaft, in: Festschrift für Ingeborg Puppe, 2011, S. 887 (zit.: FS Puppe).
Rotsch, Thomas Besprechung von BGH v. 2.11.2011 – 2 StR 375/11, ZJS 2012, 109.

Rotsch, Thomas Zur Notwendigkeit einer Dogmatik der Beteiligung – Zugleich ein Beitrag zum Gegenstand objektiver Zurechnung, in: Gedächtnisschrift für Günter Heine, 2016, S. 309 (zit.: GS Heine).
Rotsch, Thomas Achtung: Gefahr! – Anregungen für eine neue Diskussion über die Voraussetzungen der Notstandslage i. S. d. § 34 StGB, in: Festschrift für Ulfrid Neumann, 2017, S. 1009 (zit.: FS Neumann).
Rotsch, Thomas „Lederspray" redivivus – Zur konkreten Kausalität bei Gremienentscheidungen – Zugleich ein Beitrag zu der vermeintlichen Notwendigkeit der Abgrenzung von Tun und Unterlassen und den Voraussetzungen der Mittäterschaft, ZIS 2018, 1.
Rotsch, Thomas Täterschaft bei Pflichtdelikten, in: Gedächtnisschrift für Wolfgang Joecks, 2018, S. 149 (zit.: GS Joecks).
Röttger, Wolfgang Unrechtsbegründung und Unrechtsausschluss nach den finalistischen Straftatlehren und nach einer materialen Konzeption, 1993 (zit.: Unrechtsbegründung und Unrechtsausschluss).
Roxin, Claus Pflichtwidrigkeit und Erfolg bei fahrlässigen Delikten, ZStW 74 (1962), 411.
Roxin, Claus Literaturbericht, Allgemeiner Teil, ZStW 78 (1966), 214.
Roxin, Claus Sinn und Grenzen staatlicher Strafe, JuS 1966, 377.
Roxin, Claus Der Anfang des beendeten Versuchs, in: Festschrift für Reinhart Maurach 1972, S. 213 (zit.: FS Maurach).
Roxin, Claus Über den Rücktritt vom unbeendeten Versuch, in: Festschrift für Ernst Heinitz, 1972, S. 251 (zit.: FS Heinitz).
Roxin, Claus ESJ Strafrecht, Allgemeiner Teil, ausgewählte Entscheidungen mit erläuternden Anmerkungen, 1973 (zit.: ESJ-Strafrecht AT).
Roxin, Claus Zum Schutzzweck der Norm bei fahrlässigen Delikten, in: Festschrift für Wilhelm Gallas, 1973, S. 241 (zit.: FS Gallas).
Roxin, Claus Unterlassung, Vorsatz und Fahrlässigkeit, Versuch und Teilnahme im neuen StGB, JuS 1973, 197, 329.
Roxin, Claus Über den Notwehrexzess, in: Festschrift für Friedrich Schaffstein, 1975, S. 105 (zit.: FS Schaffstein).
Roxin, Claus Gedanken zum „Dolus Generalis", in: Kultur, Kriminalität, Strafrecht, Festschrift für Thomas Würtenberger, 1977, S. 109 (zit.: FS Th. Würtenberger).
Roxin, Claus Tatentschluss und Anfang der Ausführung beim Versuch, JuS 1979, 1.
Roxin, Claus Der fehlgeschlagene Versuch, JuS 1981, 1.
Roxin, Claus Anm. zu BGH, Urt. v. 05.07.1983 – 1 StR 168/83, NStZ 1984, 71.
Roxin, Claus Der durch Menschen ausgelöste Defensivnotstand, in: Festschrift für Hans-Heinrich Jescheck, 1985, S. 457 (zit.: FS Jescheck).
Roxin, Claus Von welchem Zeitpunkt an ist ein Angriff gegenwärtig und löst das Notwehrrecht aus?, in: Gedächtnisschrift für Zong Uk Tjong, 1985, S. 137 (zit.: GS Zong Uk Tjong).
Roxin, Claus Rechtfertigungs- und Entschuldigungsgründe in Abgrenzung von sonstigen Strafausschließungsgründen, JuS 1988, 425.
Roxin, Claus Der entschuldigende Notstand nach § 35 StGB, JA 1990, 97, 137.
Roxin, Claus Rose-Rosahl redivivus, in: Festschrift für Günter Spendel, 1992, S. 289 (zit.: FS Spendel).
Roxin, Claus Anm. zu BGH, Beschl. v. 19.05.1993 – GSSt 1/93, JZ 1993, 896.
Roxin, Claus Das Schuldprinzip im Wandel, in: Strafgerechtigkeit, Festschrift für Arthur Kaufmann, 1993, S. 519 (zit.: FS Arthur Kaufmann).
Roxin, Claus Zum Strafgrund der Teilnahme, in: Festschrift für Walter Stree und Johannes Wessels, 1993, S. 365 (zit.: FS Stree/Wessels).
Roxin, Claus Anm. zu BGH, Urt. v. 26.07.1994 – 5 StR 98/94, JZ 1995, 49.
Roxin, Claus Die Abgrenzung von untauglichem Versuch und Wahndelikt – Zugleich ein Beitrag zum Problem der wiederholten Ausführungshandlung, JZ 1996, 981.
Roxin, Claus Zur Mittäterschaft beim Versuch – Zugleich ein Beitrag zur Frage, ob Vorbereitungshandlungen Mittäterschaft begründen können, in: Festschrift für Walter Odersky, 1996, S. 489 (zit.: FS Odersky).

Roxin, Claus Anm. zu BGH, Urt. v. 12.08.1997 – 1 StR 234/97, JZ 1998, 211.
Roxin, Claus Über den Strafgrund des Versuchs, in: Festschrift für Haruo Nishihara, 1998, S. 157 (zit.: FS Nishihara).
Roxin, Claus Anm. zu BGH, Urt. v. 22.11.2000 – 3 StR 331/00, JZ 2001, 667.
Roxin, Claus Die Entsprechungsklausel beim unechten Unterlassen, in: Festschrift für Klaus Lüderssen, 2002, S. 577 (zit.: FS Lüderssen).
Roxin, Claus Anm. zu BGH, Urt. v. 12.02.2003 – 1 StR 403/02, JZ 2003, 966.
Roxin, Claus Strafrecht, Allgemeiner Teil, Band 2, Besondere Erscheinungsformen der Straftat, 2003 (zit.: AT II).
Roxin, Claus Die strafrechtliche Beurteilung der elterlichen Züchtigung, JuS 2004, 177.
Roxin, Claus Zur Normativierung des dolus eventualis und zur Lehre von der Vorsatzgefahr, in: Festschrift für Hans-Joachim Rudolphi, 2004, S. 243 (zit.: FS Rudolphi).
Roxin, Claus Rechtsgüterschutz als Aufgabe des Strafrechts?, in: Empirische und dogmatische Fundamente, kriminalpolitischer Impetus, Symposium für Bernd Schünemann zum 60. Geburtstag, hrsg. v. Hefendehl, 2005, S. 135 (zit.: Empirische und dogmatische Fundamente).
Roxin, Claus Kann staatliche Folter in Ausnahmefällen zulässig oder wenigstens straflos sein?, in: Festschrift für Albin Eser, 2005, S. 461 (zit.: FS Eser).
Roxin, Claus Anm. zu BGH, Urt. v. 2.11.2005 – 2 StR 237/05, StV 2006, 235.
Roxin, Claus Strafrecht, Allgemeiner Teil, Band 1, Grundlagen, der Aufbau der Verbrechenslehre, 4. Aufl. 2006 (zit.: AT I[4]).
Roxin, Claus Täterschaft und Tatherrschaft, 9. Aufl. 2015 (zit.: Täterschaft und Tatherrschaft[9]).
Roxin, Claus Zur Strafbarkeit des untauglichen Versuchs, in: Festschrift für Heike Jung, 2007, S. 829 (zit.: FS Jung).
Roxin, Claus Zum unbeendeten Versuch des Einzeltäters, in: Festschrift für Rolf Dietrich Herzberg, 2008, S. 341 (zit.: FS Herzberg).
Roxin, Claus Zur Strafbarkeit des Geschwisterinzests – Zur verfassungsrechtlichen Überprüfung materiellrechtlicher Strafvorschriften, StV 2009, 544.
Roxin, Claus Der gesetzgebungskritische Rechtsgutsbegriff auf dem Prüfstand, GA 2013, 433.
Roxin, Claus Notwehr und Rechtsbewährung, in: Festschrift für Kristian Kühl, 2014, S. 391 (zit.: FS Kühl).
Roxin, Claus Pflichtdelikte und Tatherrschaft, in: Festschrift für Bernd Schünemann, 2014, S. 509 (zit.: FS Schünemann).
Roxin, Claus Prävention, Tadel und Verantwortung – Zur neuesten Strafzweckdiskussion, GA 2015, 185.
Roxin, Claus, Einzelaktstheorie und Gesamtbetrachtungslehre, in: Festschrift für Hans-Ullrich Paeffgen, 2015, S. 255 (zit.: FS Paeffgen).
Roxin, Claus Anm. zu BGH, Beschl. v. 05.08.2015 – 1 StR 328/15, StV 2016, 428 f.
Roxin, Claus Der Strafgrund beim untauglichen und beim tauglichen Versuch, GA 2017, 656.
Roxin, Claus Die strafrechtliche Beurteilung unbehebbarer Unrechtszweifel, GA 2018, 494.
Roxin, Claus/Schünemann, Bernd/Haffke, Bernhard Strafrechtliche Klausurenlehre mit Fallrepetitorium, 4. Aufl. 1982 (zit.: Strafrechtliche Klausurenlehre[4]).
Rückert, Christian Effektive Selbstverteidigung und Notwehrrecht, 2017.
Rudolphi, Hans-Joachim Begriff der Zueignung, GA 1965, 33.
Rudolphi, Hans-Joachim Die Gleichstellungsproblematik der unechten Unterlassungsdelikte und der Gedanke der Ingerenz, 1966.
Rudolphi, Hans-Joachim Unrechtsbewusstsein, Verbotsirrtum und Vermeidbarkeit des Verbotsirrtums, 1969.
Rudolphi, Hans-Joachim Die verschiedenen Aspekte des Rechtsgutsbegriffs, in: Festschrift für Richard M. Honig, 1970, S. 151 (zit.: FS Honig).
Rudolphi, Hans-Joachim Inhalt und Funktion des Handlungsunwerts im Rahmen der personalen Unrechtslehre, in: Festschrift für Reinhart Maurach, 1972, S. 51 (zit.: FS Maurach).
Rudolphi, Hans-Joachim Zur Tatbestandsbezogenheit des Tatherrschaftsbegriffs bei der Mittäterschaft, in: Festschrift für Paul Bockelmann, 1979, S. 369 (zit.: FS Bockelmann).

Rudolphi, Hans-Joachim Häusliche Gemeinschaften als Entstehungsgrund für Garantenstellungen?, NStZ 1984, 149.
Rudolphi, Hans-Joachim Die zeitlichen Grenzen der sukzessiven Beihilfe, in: Festschrift für Hans-Heinrich Jescheck, 1985, S. 559 (zit.: FS Jescheck).
Rudolphi, Hans-Joachim Anm. zu BGH, Urt. v. 06.05.1986 – 4 StR 150/86, JR 1987, 162.
Rudolphi, Hans-Joachim Rechtfertigungsgründe im Strafrecht, ein Beitrag zur Funktion, Struktur und den Prinzipien der Rechtfertigung, in: Gedächtnisschrift für Armin Kaufmann, 1989, S. 371 (zit.: GS Armin Kaufmann).
Rudolphi, Hans-Joachim Der Rücktritt vom beendeten Versuch durch erfolgreiches, wenngleich nicht optimales Rettungsbemühen – Zugleich eine Besprechung der Entscheidung des BGH vom 01.02.1989 – 2 StR 703/88, NStZ 1989, 508.
Rudolphi, Hans-Joachim Anm. zu BGH, Urt. v. 29.10.1992 – 4 StR 358/92 (BGHSt 38, 388), JR 1995, 167.
Ruppenthal, Miriam Der bedingte Tötungsvorsatz – Eine rechtsvergleichende Studie, 2017.
Sachs Kommentar zum Grundgesetz, hrsg. v. Michael Sachs, 8. Aufl. 2018 (zit.: Sachs, GG^8).
Safferling, Christoph J. M. Vorsatz und Schuld – Subjektive Täterelemente im deutschen und englischen Strafrecht, 2008 (zit.: Vorsatz).
Salger, Hannskarl/Mutzbauer, Norbert Die actio libera in causa – eine rechtswidrige Rechtsfigur, NStZ 1993, 561.
Saliger, Frank Alternativen zur hypothetischen Einwilligung im Strafrecht, in: Festschrift für Werner Beulke, 2015, S. 257 (zit.: FS Beulke).
Samson, Erich Begehung und Unterlassung, in: Festschrift für Hans Welzel, 1974, S. 579 (zit.: FS Welzel).
Samson, Erich Die Kausalität der Beihilfe, in: Einheit und Vielfalt des Strafrechts, Festschrift für Karl Peters, 1974, S. 121 (zit.: FS Peters).
Samson, Erich Strafrecht I, 7. Aufl. 1988 (zit.: Strafrecht I^7).
Sánchez Lázaro, Fernando Guanarteme Zur Zurechnung des Erfolgs – Prolegomena einer personalen Zurechnungslehre, ZStW 126 (2014), 277.
Sánchez Lázaro, Fernando Guanarteme Auf dem Weg zu einer prinzipiengestützten Theorie der Strafe, ZStW 129 (2017), 177.
Sánchez-Vera, Javier Pflichtdelikt und Beteiligung – Zugleich ein Beitrag zur Einheitlichkeit der Zurechnung bei Tun und Unterlassen, 1999 (zit.: Pflichtdelikt und Beteiligung).
Sancinetti, Marcelo A. Subjektive Unrechtsbegründung und Rücktritt vom Versuch – Zugleich eine Untersuchung der Unrechtslehre von Günther Jakobs, 1995.
Sancinetti, Marcelo A. „Dolus generalis" und „strafrechtliches Glück", in: Festschrift für Claus Roxin, 2001, S. 349 (zit.: FS Roxin).
Sancinetti, Marcelo A. Risikoverringerungsprinzip versus Relevanz des Erfolgsunwertes in der Unrechtslehre, in: Festschrift für Günther Jakobs, 2007, S. 583 (zit.: FS Jakobs).
Sancinetti, Marcelo A. Der Handlungsunwert als Grundlage einer rationalen Strafrechtsdogmatik, GA 2016, 411 ff.
Sangenstedt, Christof Garantenstellung und Garantenpflicht von Amtsträgern, 1989 (zit.: Garantenstellung).
Satzger, Helmut Dreimal „in causa" – actio libera in causa, omissio libera in causa und actio illicita in causa, Jura 2006, 513.
Satzger, Helmut Die sog. „Retterfälle" als Probleme der objektiven Zurechnung, Jura 2014, 695.
Satzger, Helmut/Schluckebier, Wilhelm/Widmaier, Gunter Strafgesetzbuch Kommentar, 3. Aufl. 2016 (zit.: Satzger/Schluckebier/Widmaier^3).
Sauer, Dirk Die Fahrlässigkeitsdogmatik der Strafrechtslehre und der Strafrechtsprechung, 2003 (zit.: Fahrlässigkeitsdogmatik).
Sauer, Dirk Das Strafrecht und die Feinde der offenen Gesellschaft, NJW 2005, 1703.
Sax, Walter Grundsätze der Strafrechtspflege, in: Die Grundrechte, Handbuch der Theorie und der Praxis der Grundrechte, 3. Band, 2. Halbb.: Rechtspflege und Grundrechtsschutz, hrsg. v. Bettermann u. a., 1959, S. 909 (zit.: Bettermann/Nipperdey/Scheuner, Die Grundrechte Bd. 3, 2. Halbb.).

Schäfer, Rüdiger Die Privilegierung des „freiwillig-positiven" Verhaltens des Delinquenten nach formell vollendeter Straftat – Zugleich ein Beitrag zum Grundgedanken des Rücktritts vom Versuch und zu den Straftheorien, 1992.

Schaffstein, Friedrich Die Risikoerhöhungslehre als objektives Zurechnungsprinzip im Strafrecht, insbesondere bei der Beihilfe, in: Festschrift für Richard M. Honig, 1970, S. 169 (zit.: FS Honig).

Schaffstein, Friedrich Handlungsunwert, Erfolgsunwert und Rechtfertigung bei den Fahrlässigkeitsdelikten, in: Festschrift für Hans Welzel, 1974, S. 557 (zit.: FS Welzel).

Schaffstein, Friedrich Der Maßstab für das Gefahrurteil beim rechtfertigenden Notstand, in: Festschrift für Hans-Jürgen Bruns, 1978, S. 89 (zit.: FS Bruns).

Schaffstein, Friedrich Der Täter hinter dem Täter bei vermeidbarem Verbotsirrtum und verminderter Schuldfähigkeit des Tatmittlers – Zugleich eine Besprechung von BGH – 4 StR 352/88, NStZ 1989, 153.

Schales, Isabel Spezifische Fehlverhaltensfolgen und hypothetische Kausalverläufe – Zur Bedeutung der von Rechts wegen zu vermeidenden Kausalverläufe für Verhaltens- und Erfolgsunrecht, 2014.

Schall, Hero Auslegungsfragen des § 179 StGB und das Problem der eigenhändigen Delikte – KG, NJW 1977, 817, JuS 1979, 104.

Schall, Hero Der Rücktritt vom Versuch bei bedingtem Tötungsvorsatz und wiederholbarer Ausführungshandlung trotz Zielerreichung – BGH, NStZ 1990, 30, JuS 1990, 623.

Schall, Hero Strafloses Alltagsverhalten und strafbares Beihilfeunrecht, in: Gedächtnisschrift für Dieter Meurer, 2002, S. 103 (zit.: GS Meurer).

Schall, Hero Grund und Grenzen der strafrechtlichen Geschäftsherrenhaftung, in: Festschrift für Hans-Joachim Rudolphi, 2004, S. 267 (zit.: FS Rudolphi).

Schatz, Holger Der Pflichtwidrigkeitszusammenhang beim fahrlässigen Erfolgsdelikt und die Relevanz hypothetischer Kausalverläufe – Zum Einwand rechtmäßigen Alternativverhaltens bei fehlgeschlagener Lockerungsgewährung, NStZ 2003, 581.

Scheffler, Uwe Der Verfolger-Fall (BGHSt 11, 268) und die Strafbarkeit der „versuchten fahrlässigen Selbsttötung", JuS 1992, 920.

Scheffler, Uwe Beihilfe zur Falschaussage durch Unterlassen seitens des Angeklagten, GA 1993, 341.

Scheffler, Uwe Der Erlaubnistatbestandsirrtum und seine Umkehrung – das Fehlen subjektiver Rechtfertigungselemente, Jura 1993, 617.

Scheffler, Uwe Hinweise zur Bearbeitung von Strafrechtshausarbeiten, Jura 1994, 549.

Scheffler, Uwe Von Telefonsex, Sittenwidrigkeit und Betrug – LG Mannheim, NJW 1995, 3398, JuS 1996, 1070.

Scheffler, Uwe Die Wortsinngrenze bei der Auslegung – Ist der Verlust der Empfängnisfähigkeit von § 224 StGB umfasst?, Jura 1996, 505.

Scheffler, Uwe Zur Konkretisierung des Gehilfenvorsatzes – BGH, NJW 1996, 2517, JuS 1997, 598.

Scheid, Georg Maria Grund- und Grenzfragen der Pflichtenkollision beim strafrechtlichen Unterlassungsdelikt (unter besonderer Berücksichtigung der Abwägung Leben gegen Leben), 2000.

Scheinfeld, Jörg Der strafbefreiende Rücktritt vom Versuch in der Fallbearbeitung, JuS 2002, 250.

Scheinfeld, Jörg Gibt es einen antizipierten Rücktritt vom strafbaren Versuch?, JuS 2006, 397.

Scheinfeld, Jörg Der Tatbegriff des § 24 StGB, 2006.

Scheinfeld, Jörg Das „Bestimmt-worden-Sein" in § 216 I StGB – Zugleich zum „Bestimmen" in § 26 StGB, GA 2007, 695.

Scheinfeld, Jörg Besprechung von Struensee, Eberhard, Grundlagenprobleme des Strafrechts (Strafrechtswissenschaft und Strafrechtspolitik; Bd. 14) BWV – Berliner Wissenschafts-Verlag, 2005, 159 S., GA 2007, 721.

Scheinfeld, Jörg Betrug durch unternehmerisches Werben? – Zur Divergenz zwischen Wettbewerbsrecht und Absichtskriterium des BGH, wistra 2008, 167.

Scheinfeld, Jörg Normschutz als Strafrechtsgut? – Normentheoretische Überlegungen zum legitimen Strafen, in: Festschrift für Claus Roxin, 2011, S. 183 (zit.: FS Roxin).

Scheuerl, Walter/Glock, Stefan Hausfriedensbruch in Ställen wird nicht durch Tierschutzziele gerechtfertigt – Anmerkung zu OLG Naumburg, Urt. v. 22.02.2018 – 2 Rv 157/17 und LG Magdeburg, Urt. v. 11.10.2017 – 28 Ns 182 Js 32201/14 (74/17), NStZ 2018, 448.

Schild, Wolfgang Vorsatz als „sachgedankliches Mitbewusstsein" – Kritische Bemerkungen zur strafrechtswissenschaftlichen Begriffsbildung, in: Festschrift für Walter Stree und Johannes Wessels, 1993, S. 241 (zit.: FS Stree/Wessels).
Schild, Wolfgang Täterschaft als Tatherrschaft, 1994.
Schlehofer, Horst Juristische Methodologie und Methodik der Fallbearbeitung, JuS 1992, 572, 659.
Schlehofer, Horst Vorsatz und Tatabweichung – Zur Auslegung der §§ 16 Abs. 1 Satz 1, 22 StGB, 1996 (zit.: Vorsatz und Tatabweichung).
Schlehofer, Horst Täterschaftliche Fahrlässigkeit, in: Festschrift für Rolf Dietrich Herzberg, 2008, S. 355 (zit.: FS Herzberg).
Schlösser, Jan Täterschaft und Teilnahme bei der Untreue – Zugleich Besprechung der „Nürburgring"-Entscheidung, BGH, Beschl. v. 26.11.2015 – 3 StR 17/15, BGHSt 61, 48, StV 2017, 123.
Schlüchter, Ellen Irrtum über normative Tatbestandsmerkmale im Strafrecht, 1983.
Schlüchter, Ellen Zur Abgrenzung von Tatbestands- und Verbotsirrtum – BayObLG, NJW 1992, 2306, JuS 1993, 14.
Schlüchter, Ellen Grenzen strafbarer Fahrlässigkeit, Aspekte zu einem Strafrecht in Europa, 1996.
Schmakowski, Oliver Die Garantenstellung aus Verantwortung für gefährliche Sachen – Zu Legitimation und Umfang der Gefahrquellenverantwortlichkeit beim Unterlassungsdelikt, 2017.
Schmidhäuser, Eberhard Vom Sinn der Strafe, 2. Aufl. 1971 (zit.: Vom Sinn der Strafe^2).
Schmidhäuser, Eberhard Selbstmord und Beteiligung am Selbstmord in strafrechtlicher Sicht: in: Festschrift für Hans Welzel, 1974, S. 801 (zit.: FS Welzel).
Schmidhäuser, Eberhard Fahrlässige Straftat ohne Sorgfaltspflichtverletzung, in: Festschrift für Friedrich Schaffstein, 1975, S. 129 (zit.: FS Schaffstein).
Schmidhäuser, Eberhard „Objektiver" und „Subjektiver" Tatbestand: eine verfehlte Unterscheidung, in: Lebendiges Strafrecht, Festgabe zum 65. Geburtstag von Hans Schultz (SchwZStr 94 [1977]), hrsg. v. Walder u. a., 1977, S. 61 (zit.: FS Schultz).
Schmidhäuser, Eberhard Der Verbotsirrtum und das Strafgesetz (§ 16 I Satz 1 und § 17 StGB), zugleich zum Beschluss des Bundesverfassungsgerichts vom 17.12.1975 über die Verfassungsmäßigkeit des § 17 StGB: JZ 1976, 91, BVerfGE 41, 121, JZ 1979, 361.
Schmidhäuser, Eberhard Schlusswort zu Kramer/Trittel – Zur Bindungswirkung der Entscheidung des Bundesverfassungsgerichts über die Verfassungsmäßigkeit des § 17 StGB, zugleich Stellungnahme zu Schmidhäuser JZ 1979, 361, JZ 1980, 396.
Schmidhäuser, Eberhard Strafrecht, Besonderer Teil, Grundriß, 2. Aufl. 1983 (zit.: BT^2).
Schmidhäuser, Eberhard Strafrecht, Allgemeiner Teil, Studienbuch, 2. Aufl. 1984 (zit.: Studienbuch AT^2).
Schmidhäuser, Eberhard Strafrechtlicher Vorsatzbegriff und Alltagssprachgebrauch, in: Festschrift für Dietrich Oehler, 1985, S. 135 (zit.: FS Oehler).
Schmidhäuser, Eberhard Die Begründung der Notwehr, GA 1991, 97.
Schmidhäuser, Eberhard Die actio libera in causa – Ein symptomatisches Problem in der deutschen Strafrechtswissenschaft, 1992.
Schmidhäuser, Eberhard Über die strafrechtliche Konkurrenzlehre, in: 140 Jahre Goldtdammer's Archiv, eine Würdigung zum 70. Geburtstag von Paul-Günter Pötz, hrsg. v. Wolter, 1993, S. 191 (zit.: 140 Jahre Goldtdammers's Archiv).
Schmidhäuser, Eberhard „Tatherrschaft" als Deckname der ganzheitlichen Abgrenzung von Täterschaft und Teilnahme im Strafrecht, in: Festschrift für Walter Stree und Johannes Wessels, 1993, S. 343 (zit.: FS Stree/Wessels).
Schmidhäuser, Eberhard Über Unterlassungsdelikte – Terminologie und Begriffe, in: Festschrift für Heinz Müller-Dietz, 2001, S. 761 (zit.: FS Müller-Dietz).
Schmitz, Martin Die Funktion des Begriffs Unglücksfall bei der unterlassenen Hilfeleistung unter Berücksichtigung spezieller inhaltlicher Problemfelder – Ein Beitrag zum personalen Verhaltensunrecht und zum Erfolgssachverhalt des § 323c StGB, 2006 (zit.: Die Funktion des Begriffs Unglücksfall).
Schmoller, Kurt Zur Argumentation mit Maßstabfiguren – Am Beispiel des durchschnittlich rechtstreuen Schwachsinnigen, JBl 1990, 631, 706.

Schmoller, Kurt Erhaltenswertes der Einheitstäterschaft – Überlegungen zu einer internationalen Beteiligungsdogmatik, GA 2006, 365.

Schmoller, Kurt Das „tatbestandsmäßige Verhalten" im Strafrecht, in: Festschrift für Wolfgang Frisch, 2013, S. 237 (zit.: FS Frisch).

Schmoller, Kurt Der „subjektive Tatbestand" des Fahrlässigkeitsdelikts, in: Festschrift für Kristian Kühl, 2014, S. 433 (zit.: FS Kühl).

Schmoller, Kurt Zur Konturierung von „Unrecht" und „Schuld" – Überlegungen anhand des Fahrlässigkeitsunrechts, ZStW 129 (2017), 1063.

Schneider, Anne Die Verhaltensnorm im Internationalen Strafrecht, 2011.

Schneider, Hartmut Anm. zu BGH 01.03.2018 – 4 StR 399/17 (Mord durch illegales Autorennen).

Schneider, Hendrik Kann die Einübung in Normanerkennung die Strafrechtsdogmatik leiten? – Eine Kritik des strafrechtlichen Funktionalismus, 2004.

Schneider, Hendrik Neutrale Handlungen: Ein Oxymoron im Strafrecht? – Zu den Grenzlinien der Beihilfe, NStZ 2004, 312.

Schneider, Ursula Die Reform des Maßregelrechts, NStZ 2008, 68.

Schöch, Heinz Beendigung lebenserhaltender Maßnahmen, zugleich eine Besprechung der Sterbehilfeentscheidung des BGH vom 13.09.1994, NStZ 1995, 153.

Schöch, Heinz Die erste Entscheidung des BGH zur sog. indirekten Sterbehilfe, zum Urteil des BGH vom 15.11.1996 – 3 StR 79/96, NStZ 1997, 409.

Schöch, Heinz Zur Strafbarkeit der Behinderung von hilfeleistenden Personen, GA 2018, 510.

Schöch, Heinz/Verrel, Torsten Alternativ-Entwurf Sterbebegleitung (AE-StB), GA 2005, 553.

Schönke, Adolf/Schröder, Horst Strafgesetzbuch, Kommentar, 25. Aufl. 1997 (zit.: Bearbeiter, in: Schönke/Schröder²⁵).

Schönke, Adolf/Schröder, Horst Strafgesetzbuch, Kommentar, 30. Aufl. 2019 (zit.: Bearbeiter, in: Schönke/Schröder³⁰).

Schrägle, Hannes Das begehungsgleiche Unterlassungsdelikt – Eine rechtsgeschichtliche, rechtsdogmatische und rechtsvergleichende Untersuchung und die Entwicklung eines Systems der Garantietypen, 2017 (zit.: Das begehungsgleiche Unterlassungsdelikt).

Schreiber, Hans-Ludwig Grundfälle zu „error in obiecto" und „aberratio ictus" im Strafrecht, JuS 1985, 873.

Schröder, Christian Angriff, Scheinangriff und die Erforderlichkeit der Abwehr vermeintlich gefährlicher Angriffe, JuS 2000, 235.

Schröder, Christian Anm. zu BGH, Urt. v. 16.05.2017 – VI ZR 266/16, JZ 2018, 255.

Schroeder, Friedrich-Christian Der Täter hinter dem Täter – Ein Beitrag zur Lehre von der mittelbaren Täterschaft, 1965.

Schroeder, Friedrich-Christian Notstandslage bei Dauergefahr – BGH, NJW 1979, 2053, JuS 1980, 336.

Schroeder, Friedrich-Christian Der Rechtfertigungsgrund der Entscheidung von Rechtssachen, GA 1993, 389.

Schroeder, Friedrich-Christian Der Sprung des Täters hinter dem Täter aus der Theorie in die Praxis – Zugleich Besprechungsaufsatz zum Urteil des BGH v. 26.07.1994 – 5 StR 98/94, JR 1995, 177.

Schroeder, Friedrich-Christian Zwischen Absicht und dolus eventualis, in: Festschrift für Hans-Joachim Rudolphi, 2004, S. 285 (zit.: FS Rudolphi).

Schroeder, Friedrich-Christian Die Veranlassung zur Veränderung der Tatzeit, GA 2006, 375.

Schroeder, Friedrich-Christian Die Rechtsnatur des Grundsatzes „ne bis in idem", JuS 1997, 227.

Schroeder, Friedrich-Christian Das Strafgesetz zwischen Tatvergeltung und Verhaltensverbot, in: Festschrift für Harro Otto, 2007, S. 165 (zit.: FS Otto).

Schroeder, Friedrich-Christian Die Anstiftung als Erfolgsdelikt, GA 2016, 65 ff.

Schroth, Hans-Jürgen Rücktrittsnorm und außertatbestandliche Zweckerreichung, GA 1997, 151.

Schroth, Ulrich Die Differenz von dolus eventualis und bewusster Fahrlässigkeit, JuS 1992, 1.

Schrott, Timo Unterlassungszurechnung bei drittvermittelten Rettungsgeschehen – Unter besonderer Berücksichtigung von Compliance-Systemen, 2014 (zit.: Unterlassungszurechnung).

Schüler, Thilo Zweifel über das Vorliegen einer Rechtfertigungslage, 2004.

Schulte, Stefanie Die Rechtsgüter des strafbewehrten Organhandelsverbotes – Zum Spannungsfeld von Selbstbestimmungsrecht und staatlichem Paternalismus, 2009.
Schultz, Michael Amtswalterunterlassen, 1984.
Schulz, Joachim Parallelwertung in der Laiensphäre und Vorsatzbegriff – Skizzen zur Dogmengeschichte eines dogmatischen Kuriosums, in: Festschrift für Günter Bemmann, 1997, S. 246 (zit.: FS Bemmann).
Schulz, Lorenz Der nulla-poena-Grundsatz – ein Fundament des Rechtsstaats?, in: Der Universalitätsanspruch des demokratischen Rechtsstaates, die Verschiedenheit der Kulturen und die Allgemeinheit des Rechtes, ARSP-Beiheft 65, hrsg. v. Pawlowski u. a., 1996, S. 173 (zit.: ARSP-Beiheft 65 [1996]).
Schulz, Uwe Die mittelbare Täterschaft kraft Organisationsherrschaft – eine notwendige Rechtsfortbildung? – BGH, NJW 1994, 2703, JuS 1997, 109.
Schumann, Antje Der Rücktritt gem. § 24 StGB auf der „Tatbestandsebene" des Versuchs, ZStW 130 (2018), 1.
Schumann, Heribert Zum Einheitstätersystem des § 14 OWiG, 1979.
Schumann, Heribert Zum Notwehrrecht und seinen Schranken – OLG Hamm, NJW 1977, 590, JuS 1979, 559.
Schumann, Heribert Strafrechtliches Handlungsunrecht und das Prinzip der Selbstverantwortung der Anderen, 1986.
Schumann, Heribert Anm. zu BGH, Urt. v. 15.09.1988 – 4 StR 352/88, NStZ 1990, 32.
Schumann, Heribert Die „rechtswidrige" Haupttat als Gegenstand des Teilnahmevorsatzes, in: Festschrift für Walter Stree und Johannes Wessels, 1993, S. 383 (zit.: FS Stree/Wessels).
Schumann, Heribert/Schumann, Antje Objektive Zurechnung auf der Grundlage der personalen Unrechtslehre?, in: Festschrift für Wilfried Küper, 2007, S. 543 (zit.: FS Küper).
Schünemann, Bernd Grund und Grenzen der unechten Unterlassungsdelikte – Zugleich ein Beitrag zur strafrechtlichen Methodenlehre, 1971 (zit.: Grund und Grenzen).
Schünemann, Bernd Moderne Tendenzen in der Dogmatik der Fahrlässigkeits- und Gefährdungsdelikte, JA 1975, 435, 511, 575, 647, 715, 787.
Schünemann, Bernd Neue Horizonte der Fahrlässigkeitsdogmatik? – Zur Stellung der individuellen Sorgfaltswidrigkeit und des Handlungserfolgs im Verbrechensaufbau, in: Festschrift für Friedrich Schaffstein, 1975, S. 159 (zit.: FS Schaffstein).
Schünemann, Bernd Die Bedeutung der „Besonderen persönlichen Merkmale" für die strafrechtliche Teilnehmer- und Vertreterhaftung, Jura 1980, 354, 568.
Schünemann, Bernd Einführung in das strafrechtliche Systemdenken, in: Grundfragen des modernen Strafrechtssystems, hrsg. v. Schünemann, 1984, S. 1 (zit.: Grundfragen).
Schünemann, Bernd Anm. zu BGH, Beschl. v. 03.05.1984 – 4 StR 266/84, StV 1985, 229.
Schünemann, Bernd Die deutschsprachige Strafrechtswissenschaft nach der Strafrechtsreform im Spiegel des Leipziger Kommentars und des Wiener Kommentars – 1. Teil: Tatbestands- und Unrechtslehre, GA 1985, 341.
Schünemann, Bernd Zum gegenwärtigen Stand der Dogmatik der Unterlassungsdelikte in Deutschland, in: Internationale Dogmatik der objektiven Zurechnung und der Unterlassungsdelikte – Ein spanisch-deutsches Symposium zu Ehren von Claus Roxin, hrsg. v. Gimbernat u. a., 1995, S. 49 (zit.: Internationale Dogmatik).
Schünemann, Bernd u. a. (Hrsg.), Positive Generalprävention – Kritische Analysen im deutschenglischen Dialog (Uppsala-Symposium 1996), 1998.
Schünemann, Bernd Die deutsche Strafrechtswissenschaft nach der Jahrtausendwende, GA 2001, 205.
Schünemann, Bernd Die Rechtsfigur des „Täters hinter dem Täter" und das Prinzip der Tatherrschaftsstufen, in: Festschrift für Friedrich-Christian Schroeder, 2006, S. 401 (zit.: FS Schroeder).
Schünemann, Bernd Die „besonderen persönlichen Merkmale" des § 28 StGB, in: Festschrift für Wilfried Küper, 2007, S. 561 (zit.: FS Küper).

Schünemann, Bernd Das Schuldprinzip und die Sanktionierung von juristischen Personen und Personenverbänden – Lehren aus dem deutsch-spanischen Strafrechtsdialog, GA 2015, 274.

Schünemann, Bernd Die unechten Unterlassungsdelikte: Zehn Kardinalfragen, -fehler und -fixpunkte, GA 2016, 301.

Schünemann, Bernd Herrschaft über die Hilflosigkeit des Rechtsguts oder Pflichtverletzung als Strafgrund der Sonderdelikte?, GA 2017, 678.

Schürer-Mohr, Wiebke Erlaubte Risiken – Grundfragen des „erlaubten Risikos" im Bereich der Fahrlässigkeitsdogmatik, 1998 (zit.: Erlaubte Risiken).

Schwabe, Jürgen Der Schutz des Menschen vor sich selbst, JZ 1998, 66.

Schwarz, Andreas Anm. zu BGH, Urt. v. 7.11.1991 – 4 StR 451/91, JR 1993, 31.

Schwarz, Andreas Zum richtigen Verständnis der Verwaltungsakzessorietät des Umweltstrafrechts, GA 1993, 318.

Schweinberger, Dirk Actio libera in causa: Folgeprobleme des herrschenden Tatbestandsmodells, JuS 2006, 507.

Seeberg, Rouven Aufgedrängte Nothilfe, Notwehr und Notwehrexzess, 2005.

Seebode, Manfred Zur gesetzlichen Bestimmtheit des unechten Unterlassungsdelikts, in: Festschrift für Günter Spendel, 1992, S. 317 (zit.: FS Spendel).

Seebode, Manfred Anm. zu BVerfG Kammer-Beschl. v. 21.11.2002 – 2 BvR 2202/01, JZ 2004, 305.

Seelmann, Kurt Hegels Straftheorie in seinen „Grundlinien der Philosophie des Rechts", JuS 1979, 687.

Seelmann, Kurt Mittäterschaft im Strafrecht, JuS 1980, 571.

Seelmann, Kurt Probleme der Unterscheidung von Handeln und Unterlassen im Strafrecht, JuS 1987, L 33.

Seelmann, Kurt Opferinteressen und Handlungsverantwortung in der Garantenpflichtdogmatik, GA 1989, 241.

Seelmann, Kurt „Unterlassene Hilfeleistung" oder: Was darf das Strafrecht?, JuS 1995, 281.

Seher, Gerhard Zur strafrechtlichen Konkurrenzlehre – Dogmatische Strukturen und Grundfälle, JuS 2004, 392, 482.

Seher, Gerhard Vorsatz und Mittäterschaft – Zu einem verschwiegenen Problem der strafrechtlichen Beteiligungslehre, JuS 2009, 1.

Seher, Gerhard Grundfälle zur Mittäterschaft, JuS 2009, 304.

Seher, Gerhard Grundfälle zur Beihilfe, JuS 2009, 793.

Seier, Jürgen Die Gesetzeseinheit und ihre Rechtsfolgen, Jura 1983, 225.

Seier, Jürgen Umfang und Grenzen der Nothilfe im Strafrecht, NJW 1987, 2476.

Seier, Jürgen Der Einheitstäter im Strafrecht und im Gesetz über Ordnungswidrigkeiten, JA 1990, 342, 382.

Seier, Jürgen Strafrecht: Die misslungene Festnahme, JuS 1991, L 92.

Shimada, Soichiro Über die Erfolgszurechnung bei vorzeitig ausgelöstem Kausalverlauf in Japan, GA 2011, 103.

Sickor, Andreas Das Festnahmerecht nach § 127 I 1 StPO im System der Rechtfertigungsgründe, JuS 2012, 1074.

Silva Sánchez, Jesús-María Zur Dreiteilung der Unterlassungsdelikte, in: Festschrift für Claus Roxin, 2001, S. 641 (zit.: FS Roxin).

Silva Sánchez, Jesús-María Notstandsrechte und Duldungspflichtverletzungen, GA 2006, 382.

Silva Sánchez, Jesús-María Objektive Zurechnung und Rechtfertigungsgründe – Versuch einer Differenzierung, in: Festschrift für Bernd Schünemann, 2014, S. 533 (zit.: FS Schünemann).

Silva Sánchez, Jesús-María Zum Stand der Diskussion über den Schuldbegriff sowie über die Verbandsstrafe in der spanischen Doktrin und Gesetzgebung, GA 2015, 267.

Silva Sánchez, Jesús-María Über die Konstruktion der Straftat im Werk von Santiago Mir Puig – Zugleich eine Laudatio, GA 2017, 647.

Simmler, Monika/Markwalder, Nora Roboter in der Verantwortung? – Zur Neuauflage der Debatte um den funktionalen Schuldbegriff, ZStW 129 (2017), 20.

Sinn, Arndt Notwehr gegen nicht sorgfaltswidriges Verhalten, GA 2003, 96.

SK StGB Systematischer Kommentar zum Strafgesetzbuch.

Sonnen, Bernd Rüdeger/Hansen-Siedler, Thomas Die Abgrenzung des Versuchs von Vorbereitung und Vollendung, JA 1988, 17.
Sowada, Christoph Zur strafrechtlichen Zurechenbarkeit von durch einen Primärtäter ausgelösten Retterunfällen, JZ 1994, 663.
Sowada, Christoph Sind zwei Halbe ein Ganzes? – Zur Addierbarkeit teilverwirklichter Fallgruppen bei den sozialethischen Notwehreinschränkungen, in: Festschrift für Rolf Dietrich Herzberg, 2008, S. 459 (zit.: FS Herzberg).
Spendel, Günter Kritik der subjektiven Versuchstheorie, NJW 1965, 1881.
Spendel, Günter Zur Kritik der subjektiven Versuchs- und Teilnahmetheorie – BGHSt 11, 268, JuS 1969, 314.
Spendel, Günter Zur Dogmatik der unechten Unterlassungsdelikte, JZ 1973, 137.
Spendel, Günter Der „Täter hinter dem Täter" – eine notwendige Rechtsfigur?, zur Lehre von der mittelbaren Täterschaft, in: Festschrift für Richard Lange, 1976, S. 147 (zit.: FS Richard Lange).
Spendel, Günter Beihilfe und Kausalität, in: Festschrift für Eduard Dreher, 1977, S. 167 (zit.: FS Dreher).
Spendel, Günter Actio libera in causa und Verkehrsstraftaten, JR 1997, 133.
Spendel, Günter Kausalität und Unterlassung, in: Festschrift für Rolf Dietrich Herzberg, 2008, S. 247 (zit.: FS Herzberg).
Spendel, Günter „Zum Vergehen der unterlassenen Hilfeleistung", in: Festschrift für Manfred Seebode, 2008, S. 377 (zit.: FS Seebode).
Sprotte, Sabrina Die poena naturalis im Straf- und Strafzumessungsrecht, 2013 (zit.: poena naturalis).
Staffler, Lukas Presseinterview als fahrlässige Tötung: Der italienische Strafprozess gegen die Expertenkommission zum Erdbeben von L'Aquila (2009) – Die Feststellung der psychischen Kausalität im Erdbebenfall, ZIS 2017, 125.
Stahl, André Notwehr gegen Unterlassen, 2015.
Stam, Fabian Strafzumessungsrelevanz der Vorsatzform? – Überlegungen anlässlich des Anfragebeschlusses des 2. Strafsenats des BGH vom 01.06.2016 – 2 StR 150/15, JZ 2018, 601.
Stangl, Benedikt „Verhältnismäßige Notwehr" – Untersuchung der Rechtsprechung zu Abwägungen bei der Auslegung des § 32 StGB, 2013.
Starck, Christian Anm. zu BVerfG, Beschl. v. 24.10.1996 – 2 BvR 1851, 1853, 1875 u. 1852/94, JZ 1997, 147.
Stefanopoulou, Georgia Verantwortlichkeit und Schuldzumessung in Mitwirkungsfällen, 2018.
Stein, Ulrich Die strafrechtliche Beteiligungsformenlehre, 1988 (zit.: Beteiligungsformenlehre).
Stein, Ulrich „Gewissheit" und „Wahrscheinlichkeit" im Strafverfahren, Entscheidungsnormen als Teil des Verhaltensnormensystems, in: Zur Theorie und Systematik des Strafprozeßrechts, Symposium zu Ehren von Hans-Joachim Rudolphi, hrsg. v. Wolter, 1995, S. 233 (zit.: Zur Theorie und Systematik des Strafprozessrechts).
Stein, Ulrich Anm. zu BGH, Urt. v. 17.10.1996 – 4 StR 343/96, StV 1997, 582.
Stein, Ulrich Garantenpflichten aufgrund vorsätzlich-pflichtwidriger Ingerenz – Zugleich Besprechung des Urteils des BGH vom 24.10.1995 – 1 StR 465/95, JR 1999, 265.
Stein, Ulrich Verhaltensnorm und Strafsanktionsnorm bei § 323c StGB, in: Festschrift für Wilfried Küper, 2007, S. 607 (zit.: FS Küper).
Stein, Ulrich Beendeter und unbeendeter Versuch beim Begehungs- und Unterlassungsdelikt, GA 2010, 129.
Stein, Ulrich Vorsatz bei Gefährlichkeits-, Gefährdungs- und Verletzungsdelikten, in: Festschrift für Jürgen Wolter, 2013, S. 521 (zit.: FS Wolter).
Steinberg, Georg Indizwert einer höchst lebensgefährlichen Tathandlung für den Tötungsvorsatz, JZ 2010, 712.
Steinberg, Georg/Stam, Fabian Der Tötungsvorsatz in der Revision des BGH, NStZ 2011, 177.
Sternberg-Lieben, Detlev Die objektiven Schranken der Einwilligung im Strafrecht, 1997.
Sternberg-Lieben, Detlev Grenzen fahrlässiger actio libera in causa, in: Gedächtnisschrift für Ellen Schlüchter, 2002, S. 217 (zit.: GS Schlüchter).

Sternberg-Lieben, Detlev Anm. zu BGH, Urt. v. 07.08.2001 – 1 StR 470/00 (NJW 2002, 150 ff. = JZ 2002, 512 ff.), JZ 2002, 514.
Sternberg-Lieben, Detlev Anm. zu BGH, Urt. v. 05.07.2007 – 4 StR 549/06, StV 2008, 190.
Sternberg-Lieben, Detlev Die Sinnhaftigkeit eines gesetzgebungskritischen Rechtsgutsbegriffs – exemplifiziert am Beispiel der Beschimpfung religiöser Bekenntnisse, in: Festschrift für Hans-Ullrich Paeffgen, 2015, S. 31 (zit.: FS Paeffgen).
Sternberg-Lieben, Detlev/Sternberg-Lieben, Irene Vorsatz im Strafrecht, JuS 2012, 884, 976.
Stoffers, Kristian K. Streitige Fragen der psychischen Beihilfe im Strafrecht, Jura 1993, 11.
Stoppenbrink, Katja Verantwortung für unabsichtliches Handeln – Rechtsphilosophische und handlungstheoretische Grundlagen der Fahrlässigkeit, 2016.
Störmer, Rainer Beurteilungsspielräume im Strafverfahren, ZStW 108 (1996), 494.
Strangas, Johannes Methodologische Überlegungen zum Begriff der „Regelbeispiele für besonders schwere Fälle" – Zugleich ein Beitrag zur Interpretation der §§ 211 f StGB, Rechtstheorie 16 (1985), 466.
Strasser, Fedor Die Zurechnung von Retter-, Flucht- und Verfolgerverhalten im Strafrecht, 2008.
Stratenwerth, Günter Prinzipien der Rechtfertigung, ZStW 68 (1956), 41.
Stratenwerth, Günter Bemerkungen zum Prinzip der Risikoerhöhung, in: Festschrift für Wilhelm Gallas, 1973, S. 227 (zit.: FS Gallas).
Stratenwerth, Günter Zur Relevanz des Erfolgsunwerts im Strafrecht, in: Festschrift für Friedrich Schaffstein, 1975, S. 177 (zit.: FS Schaffstein).
Stratenwerth, Günter Strafrecht, Allgemeiner Teil I: Die Straftat, 3. Aufl. 1981 (zit.: AT I^3).
Stratenwerth, Günter Zur Individualisierung des Sorgfaltsmaßstabes beim Fahrlässigkeitsdelikt, in: Festschrift für Hans-Heinrich Jescheck, 1985, S. 285 (zit.: FS Jescheck).
Stratenwerth, Günter Was leistet die Lehre von den Strafzwecken?, 1995.
Stratenwerth, Günter/Kuhlen, Lothar Strafrecht, Allgemeiner Teil I: Die Straftat, 6. Aufl. 2011 (zit.: AT I^6).
Stree, Walter Anm. zu BGH, Beschl. v. 27.10.1992 – 5 StR 517/92, JZ 1993, 476.
Stree, Walter Anm. zu BGH, Urt. v. 24.08.1993 – 1 StR 380/93, JZ 1994, 370.
Streng, Franz Tatbegriff und Teilrücktritt – Zugleich eine Besprechung zum Urteil des BGH vom 23.08.1983 – 5 StR 408/83, JZ 1984, 652.
Streng, Franz Strafzumessung und relative Gerechtigkeit, 1984.
Streng, Franz Schuld ohne Freiheit? – Der funktionale Schuldbegriff auf dem Prüfstand, ZStW 101 (1989), 273.
Streng, Franz Rücktritt und dolus eventualis, freiwillige Aufgabe der Tat trotz entfallenen Tatinteresses?, JZ 1990, 212.
Streng, Franz Die Strafbarkeit des Anstifters bei error in persona des Täters (und verwandte Fälle) – BGHSt 37, 214, JuS 1991, 910.
Streng, Franz Handlungsziel, Vollendungsneigung und „Rücktrittshorizont", NStZ 1993, 257.
Streng, Franz Der neue Streit um die „actio libera in causa", JZ 1994, 709.
Streng, Franz Der Irrtum beim Versuch – ein Irrtum?, ZStW 109 (1997), 862.
Streng, Franz Actio libera in causa und verminderte Schuldfähigkeit – BGH (07.06.2000 – 2 StR 135/00) NStZ 2000, 584, JuS 2001, 540.
Streng, Franz Schuldbegriff und Hirnforschung, in: Festschrift für Günther Jakobs, 2007, S. 675 (zit.: FS Jakobs).
Streng, Franz Rücktritt vom erfolgsqualifizierten Versuch? – Die aufzugebende „Tat" i. S. v. § 24 Abs. 1 StGB und das Analogieverbot, in: Festschrift für Wilfried Küper, 2007, S. 629 (zit.: FS Küper).
Streng, Franz Das subjektive Rechtfertigungselement und sein Stellenwert – Grundlagen, Anforderungen und Irrtumskonstellationen, in: Festschrift für Harro Otto, 2007, S. 469 (zit.: FS Otto).
Streng, Franz Die Struktur des Raubtatbestands – Zugleich ein Beitrag zum Raub als unechtem Unterlassensdelikt, GA 2010, 671.
Streng, Franz „Passives Tun" als dritte Handlungsform – nicht nur beim Betrug, ZStW 122 (2010), 1.
Streng, Franz Strafrechtliche Sanktionen – Die Strafzumessung und ihre Grundlagen, 3. Aufl. 2012 (zit.: Strafrechtliche Sanktionen^3).

Streng, Franz Straflose „aktive Sterbehilfe" und die Reichweite des § 216 StGB – Zugleich ein Beitrag zum System der Handlungsformen, in: Festschrift für Wolfgang Frisch, 2013, S. 739 (zit.: FS Frisch).
Streng, Franz, Schuldausgleich im Zweckstrafrecht? – Befunde und Überlegungen zu Schuld, Vergeltung und Generalprävention, in: Festschrift für Bernd Schünemann, 2014, S. 827 (zit.: FS Schünemann).
Streng, Franz Wie weit reicht das Koinzidenzprinzip? – Aspekte des Zusammenhangs von Tatbestandsmäßigkeit, Rechtswidrigkeit und Schuld, in: Festschrift für Werner Beulke, 2015, S. 313 (zit.: FS Beulke).
Streng, Franz Der Erlaubnistatbestandsirrtum und die Teilnahmefrage – Elemente einer Akzessorietätslösung, in: Festschrift für Hans-Ullrich Paeffgen, 2015, S. 231 (zit.: FS Paeffgen).
Streng, Franz Perspektiven für die Strafzumessung, StV 2018, 593.
Struensee, Eberhard Die Konkurrenz bei Unterlassungsdelikten, 1971.
Struensee, Eberhard „Objektives" Risiko und subjektiver Tatbestand – Eine Entgegnung zu dem vorstehenden Aufsatz von Herzberg JZ 1987, 536 ff., JZ 1987, 541.
Struensee, Eberhard Objektive Zurechnung und Fahrlässigkeit, GA 1987, 97.
Struensee, Eberhard Der subjektive Tatbestand des fahrlässigen Delikts, JZ 1987, 53.
Struensee, Eberhard Verursachungsvorsatz und Wahnkausalität, ZStW 102 (1990), 21.
Struensee, Eberhard Handeln und Unterlassen, Begehungs- und Unterlassungsdelikt, in: Festschrift für Walter Stree und Johannes Wessels, 1993, S. 133 (zit.: FS Stree/Wessels).
Struensee, Eberhard Individueller Maßstab der Fahrlässigkeit, in: Festschrift für Erich Samson, 2010, S. 199 (zit.: FS Samson).
Stübinger, Stephan „Not macht erfinderisch" – Zur Unterscheidungsvielfalt in der Notstandsdogmatik – am Beispiel der Diskussion über den Abschuss einer sog. „Terrormaschine", ZStW 123 (2011), 403.
Stübinger, Stephan Die Unbestimmtheit des Verbrechensbegriffs – Neues zu einer alten Geschichte, in: Festschrift für Hans-Ullrich Paeffgen, 2015, S. 49 (zit.: FS Paeffgen).
Stuckenberg, Carl-Friedrich Provozierte Notwehrlage und actio illicita in causa: Der Meinungsstand im Schrifttum, JA 2001, 849 ff.
Stuckenberg, Carl-Friedrich Körperverletzung mit Todesfolge bei Exzeß des Mittäters, in: Festschrift für Günther Jakobs, 2007, S. 693 (zit.: FS Jakobs).
Stuckenberg, Carl-Friedrich Vorstudien zu Vorsatz und Irrtum im Völkerstrafrecht, 2007.
Stuckenberg, Carl-Friedrich Grundrechtsdogmatik statt Rechtsgutslehre – Bemerkungen zum Verhältnis von Strafe und Staat, GA 2011, 653.
Stuckenberg, Carl-Friedrich „Risikoabnahme" – Zur Begrenzung der Zurechnung in Retterfällen, in: Festschrift für Claus Roxin, 2011, S. 411 (zit.: FS Roxin).
Stuckenberg, Carl-Friedrich Zum Streit um die echte Wahlfeststellung – Erwiderung zu Freund/Rostalski JZ 2015, 164–170, JZ 2015, 714.
Stuckenberg, Carl-Friedrich Rechtsgüterschutz als Grundvoraussetzung von Strafbarkeit?, ZStW 129 (2017), 349.
Sturm, Jan Felix Die hypothetische Einwilligung im Strafrecht – Überlegungen zu den dogmatischen Grundlagen und zum Anwendungsbereich der Rechtsfigur, 2016.
Suarez Montes, Rodrigo Fabio Weiterentwicklung der finalen Unrechtslehre?, in: Festschrift für Hans Welzel, 1974, S. 379 (zit.: FS Welzel).
Sydow, Dorothee Die actio libera in causa nach dem Rechtsprechungswandel des Bundesgerichtshofs, 2002 (zit.: Die actio libera).
Syrrothanassi, Olga Die Regelung der Anstiftung in einem europäischen Modellstrafgesetzbuch, 2008.
Systematischer Kommentar zum Strafgesetzbuch Band 1, Allgemeiner Teil (§§ 1–79b); Band 2, Besonderer Teil (§§ 80–358), hrsg. v. Rudolphi u. a., Stand November 2007 (zit.: Bearbeiter, in: SK StGB, spezieller Bearbeitungsstand).
Systematischer Kommentar zum Strafgesetzbuch Band 1 §§ 1–37, 9. Aufl. 2017 (zit.: Bearbeiter, in: SK StGB⁹).
Systematischer Kommentar zum Strafgesetzbuch Band 2 §§ 38–79b, 9. Aufl. 2016 (zit.: Bearbeiter, in: SK StGB⁹).

Systematischer Kommentar zum Strafgesetzbuch Band 4 §§ 174–241a, 9. Aufl. 2017 (zit.: Bearbeiter, in: SK StGB⁹).
Tag, Brigitte Nichtanzeige geplanter Straftaten, unterlassene Hilfeleistung oder Freispruch?, Besprechungsaufsatz zum Urteil des BGH v. 23.03.1993 – 1 StR 21/93 – (BGHSt 39, 164, NJW 1993, 1871), JR 1995, 133.
Tag, Brigitte Beihilfe durch neutrales Verhalten, JR 1997, 49.
Tag, Brigitte Richterliche Rechtsfortbildung im Allgemeinen Teil am Beispiel der hypothetischen Einwilligung, ZStW 127 (2015), 523.
Tenckhoff, Jörg Der Zueignungsbegriff bei Diebstahl und Unterschlagung, JuS 1980, 723.
Tenckhoff, Jörg Zur Anwendbarkeit des § 13 StGB auf schlichte Tätigkeitsdelikte, in: Festschrift für Günter Spendel, 1992, S. 347 (zit.: FS Spendel).
Thalheimer, Karol Die Vorfeldstrafbarkeit nach §§ 30, 31 StGB, 2008.
Theile, Hans Der bewusste Notwehrexess, JuS 2006, 965.
Theile, Hans Das Strafrecht und die „Dritte Halbzeit" – Zur paternalistischen Deutung von § 228 StGB, in: Festschrift für Werner Beulke, 2015, S. 557 (zit.: FS Beulke).
Tiedemann, Klaus Zur legislatorischen Behandlung des Verbotsirrtums im Ordnungswidrigkeiten- und Steuerstrafrecht, ZStW 81 (1969), 869.
Tiedemann, Klaus Grundzüge der Konkurrenzlehre, JuS 1987, L 17.
Timm, Frauke Gesinnung und Straftat – Besinnung auf ein rechtsstaatliches Strafrecht, 2012 (zit.: Gesinnung und Straftat).
Timm, Frauke Tatmotive und Gesinnungen als Strafschärfungsgrund am Beispiel der „Hassdelikte" – Zugleich eine Stellungnahme zum „Entwurf eines Gesetzes zur Änderung des Strafgesetzbuchs – Aufnahme menschenverachtender Tatmotive als besondere Umstände der Strafzumessung", JR 2014, 141.
Timpe, Gerhard Grundfälle zum entschuldigenden Notstand (§ 35 I StGB) und zum Notwehrexzeß (§ 33 StGB), JuS 1985, 35, 117.
Timpe, Gerhard Zum Begriff des Bestimmens bei der Anstiftung (§ 26), GA 2013, 145.
Timpe, Gerhard Unbeendeter Versuch und Rücktrittshorizont, Ad Legendum (Juridicum Münster) 2014, 236.
Toepel, Friedrich Kausalität und Pflichtwidrigkeitszusammenhang beim fahrlässigen Erfolgsdelikt, 1992 (zit.: Kausalität und Pflichtwidrigkeitszusammenhang).
Toepel, Friedrich Conditio sine qua non und alternative Kausalität – BGHSt 39, 195, JuS 1994, 1009.
Toepel, Friedrich Sich Abfinden mit der Tatbestandsverwirklichung, in: Festschrift für Hans-Ullrich Paeffgen, 2015, S. 177 (zit.: FS Paeffgen).
Triffterer, Otto Die „objektive Voraussehbarkeit" (des Erfolges und des Kausalverlaufs) – unverzichtbares Element im Begriff der Fahrlässigkeit oder allgemeines Verbrechenselement aller Erfolgsdelikte?, in: Festschrift für Paul Bockelmann, 1979, S. 201 (zit.: FS Bockelmann).
Trüg, Gerson/Wentzell, Stefanie Grenzen der Rechtfertigung und Erlaubnistatbestandsirrtum, Jura 2001, 30.
Tsai, Sheng-Wie Die vorsätzlich-vollendete Zurechnung, in: Festschrift für Wolfgang Frisch, 2013, S. 281 (zit.: FS Frisch).
Ueckötter, Klaus Das Merkmal Leichtfertigkeit bei strafrechtlichen Erfolgsdelikten und erfolgsqualifizierten Delikten, 1993.
Ulsenheimer, Klaus Grundfragen des Rücktritts vom Versuch in Theorie und Praxis, 1976.
Utsumi, Tomoko Fahrlässige Mittäterschaft in Japan, ZStW 119 (2007), 142.
Valerius, Brian Übungsklausur – Strafrecht: Der Untergang Babylons (Offenbarung 18), Grundrechte als Rechtfertigungsgrund, JuS 2007, 1105.
Vehling, Karl-Heinz Die Abgrenzung von Vorbereitung und Versuch, 1991.
Verrel, Torsten Selbstbestimmungsrecht contra Lebensschutz, Bringt der BGH Bewegung in die Sterbehilfediskussion?, JZ 1996, 224.
De Vicente Remesal, Javier Die Einwilligung in ihrer strafrechtlichen Bedeutung – Bemerkungen über Tatbestandsausschluss und Rechtfertigungsgründe, in: Festschrift für Claus Roxin, 2001, S. 379 (zit.: FS Roxin).

De Vicente Remesal, Javier Die mutmaßliche Einwilligung und ihre besondere Bedeutung im Rahmen einer Operationserweiterung, GA 2017, 689.

Vogel, Benjamin Zur Bedeutung des Rechtsguts für das Gebot strafgesetzlicher Bestimmtheit, ZStW 128 (2016), 139.

Vogel, Benjamin Rechtsgüterschutz und Normgeltung – Zur Funktion des Rechtsguts im Schuldstrafrecht, ZStW 129 (2017), 629.

Vogel, Joachim Norm und Pflicht bei den unechten Unterlassungsdelikten, 1993 (zit.: Norm und Pflicht).

Vogel, Joachim Strafrechtsgüter und Rechtsgüterschutz durch Strafrecht im Spiegel der Rechtsprechung des Bundesverfassungsgerichts, StV 1996, 110.

Vogel, Joachim Normativierung und Objektivierung des Vorsatzes?, GA 2006, 386.

Vogler, Theo Der Beginn des Versuchs, in: Festschrift für Walter Stree und Johannes Wessels, 1993, S. 285 (zit.: FS Stree/Wessels).

Voigt, Lea/Hoffmann-Holland, Klaus Notwehrprovokation und actio illicita in causa in Fällen der Putativnotwehr – Überlegungen aus Anlass von BGH, Urt. v. 2.11.2011 – 2 StR 375/11, NStZ 2012, 362.

Volckart, Bernd Anm. zu OLG Hamburg, Urt. v. 02.08.1995 – 2 Ss 113/94, StV 1996, 608.

Volk, Klaus Zur Abgrenzung von Tun und Unterlassen – Dogmatische Aspekte und kriminalpolitische Probleme, in: Festschrift für Herbert Tröndle, 1989, S. 219 (zit.: FS Tröndle).

Volk, Klaus Kausalität im Strafrecht, zur Holzschutzmittelentscheidung des BGH vom 02.08.1995 – NStZ 1995, 590, NStZ 1996, 105.

Volkmann, Uwe Qualifizierte Blankettnormen – Zur Problematik einer legislativen Verweisungstechnik, ZRP 1995, 220.

Voßgätter genannt Niermann, Isabel Die sozialen Handlungslehren und ihre Beziehung zur Lehre von der objektiven Zurechnung, 2004 (zit.: Die sozialen Handlungslehren).

Wachter, Matthias Das Unrecht der versuchten Tat, 2015.

Wagner, Heinz Individualistische oder überindividualistische Notwehrbegründung, 1984.

Wagner, Heinz Beteiligung an einer Schlägerei (§ 227 StGB) bei Verursachung des Todes in Notwehr – BGHSt 39, 305, JuS 1995, 296.

Walter, Michael Der Rücktritt vom Versuch als Ausdruck des Bewährungsgedankens im zurechnenden Strafrecht, 1980.

Walter, Stefan Die Pflichten des Geschäftsherrn im Strafrecht, 2000 (zit.: Pflichten des Geschäftsherrn).

Walter, Tonio Zur Lehre von den Konkurrenzen: Die Gesetzeskonkurrenz, JA 2005, 468.

Walter, Tonio Der Kern des Strafrechts – Die allgemeine Lehre vom Verbrechen und die Lehre vom Irrtum, 2006 (zit.: Kern des Strafrechts).

Walter, Tonio Hirnforschung und Schuldbegriff – Rückschau und Zwischenbilanz, in: Festschrift für Friedrich-Christian Schroeder, 2006, S. 131 (zit.: FS Schroeder).

Walter, Tonio Die Lehre von der „einverständlichen Fremdgefährdung" und ihre Schwächen – eine Verteidigung der Rechtsprechung, NStZ 2013, 673.

Walter, Tonio Das Märchen von den Tätigkeitsdelikten, in: Festschrift für Werner Beulke, 2015, S. 327 (zit.: FS Beulke).

Walter, Tonio Der vermeintliche Tötungsvorsatz von „Rasern", NJW 2017, 1350.

Walter, Tonio Anm. zu BGH 01.03.2018 – 4 StR 399/17, BeckRS 2018, 2754, NStZ 2018, 413.

Walther, Julien Schuld und Haftung juristischer Personen im deutsch-französischen Vergleich – Kurze Bemerkungen zum Zusammenspiel von Dogmatik und Pragmatik, GA 2015, 682.

Walther, Susanne Notwehr – und danach? – Zur Hilfspflicht des Notwehrberechtigten, in: Festschrift für Rolf Dietrich Herzberg, 2008, S. 503 (zit.: FS Herzberg).

Warda, Günter Grundzüge der strafrechtlichen Irrtumslehre, Jura 1979, 1, 71, 113, 286.

Warda, Günter Die Geeignetheit der Verteidigungshandlung bei der Notwehr – Strittiges in der aktuellen Diskussion, GA 1996, 405.

Wedding, Jörg Mittelbare Täterschaft und Versuchsbeginn bei der Giftfalle – Eine Auseinandersetzung mit dem „Passauer Apothekerfall" (BGHSt 43, 177 ff.).

Wege, Heike Rücktritt und Normgeltung – Zum Einfluss glaubwürdiger Umkehr auf die Rechtsfolgebestimmung, 2011.
Wegscheider, Herbert Zum Begriff der Leichtfertigkeit, ZStW 98 (1986), 624.
Weigend, Thomas Grenzen strafbarer Beihilfe, in: Festschrift für Haruo Nishihara, 1998, S. 197 (zit.: FS Nishihara).
Weigend, Thomas Zum Verhaltensunrecht der fahrlässigen Straftat, in: Festschrift für Karl Heinz Gössel, 2002, S. 129 (zit.: FS Gössel).
Weigend, Thomas Vorsatz und Risikokenntnis – Herzbergs Vorsatzlehre und das Völkerstrafrecht, in: Festschrift für Rolf Dietrich Herzberg, 2008, S. 997 (zit.: FS Herzberg).
Weißer, Bettina Täterschaft in Europa – Ein Diskussionsvorschlag für ein europäisches Tätermodell auf der Basis einer rechtsvergleichenden Untersuchung der Beteiligungssysteme Deutschlands, Englands, Frankreichs, Italiens und Österreichs, 2011.
Welp, Jürgen Vorangegangenes Tun als Grundlage einer Handlungsäquivalenz der Unterlassung, 1968.
Welzel, Hans Das Deutsche Strafrecht – Eine systematische Darstellung, 11. Aufl. 1969 (zit.: Das Deutsche Strafrecht[11]).
Wendeburg, Isabel Die Bedeutung des Irrtums über täterschaftsbegründende Umstände – Eine Untersuchung der vermeintlichen und verkannten Täterschaft, 2018.
Werle, Gerhard Die allgemeine Straftatlehre – Insbesondere: Der Deliktsaufbau beim vorsätzlichen Begehungsdelikt, JuS 1986, L 41.
Wessels, Johannes Strafrecht, Allgemeiner Teil – Die Straftat und ihr Aufbau, 27. Aufl. 1997 (zit.: AT[27]).
Wessels, Johannes Strafrecht, Besonderer Teil 1, Straftaten gegen Persönlichkeits- und Gemeinschaftswerte, 21. Aufl. 1997 (zit.: BT 1[21]).
Wessels, Johannes/Beulke, Werner/Satzger, Helmut Strafrecht, Allgemeiner Teil – Die Straftat und ihr Aufbau, 48. Aufl. 2018 (zit.: AT[48]).
Wessels, Johannes/Hettinger, Michael Strafrecht, Besonderer Teil 1, Straftaten gegen Persönlichkeits- und Gemeinschaftswerte, 31. Aufl. 2007 (zit.: BT 1[31]).
Wessels, Johannes/Hettinger, Michael/Engländer, Armin Strafrecht, Besonderer Teil 1, Straftaten gegen Persönlichkeits- und Gemeinschaftswerte, 42. Aufl. 2018 (zit.: BT 1[42]).
Wessels, Johannes/Hillenkamp, Thomas/Schuhr, Jan C. Strafrecht, Besonderer Teil 2, Straftaten gegen Vermögenswerte, 41. Aufl. 2018 (zit.: BT 2[41]).
Weßlau, Edda Der Exzeß des Angestifteten, ZStW 104 (1992), 105.
Wilenmann, Javier, Die Unabwägbarkeit des Lebens beim rechtfertigenden Notstand, ZStW 127 (2015), 888.
Wittmann, Roland Die unterlassene Hilfeleistung aus rechtsvergleichender und rechtsethischer Sicht, in: Festschrift für Keiichi Yamanaka, 2017, S. 363 (zit.: FS Yamanaka).
Wohlers, Wolfgang Generelle Kausalität als Problem richterlicher Überzeugungsbildung, JuS 1995, 1019.
Wohlers, Wolfgang Die Einschränkung des Notwehrrechts innerhalb sozialer Näheverhältnisse, JZ 1999, 434.
Wolf, Gerhard Bemerkungen zum Gutachtenstil, JuS 1996, 30.
Wolfslast, Gabriele Die Regelung der Schuldfähigkeit im StGB, JA 1981, 464.
Wolter, Jürgen Adäquanz- und Relevanztheorie – Zugleich ein Beitrag zur objektiven Erkennbarkeit beim Fahrlässigkeitsdelikt, GA 1977, 257.
Wolter, Jürgen Der Irrtum über den Kausalverlauf als Problem objektiver Erfolgszurechnung, ZStW 89 (1977), 649.
Wolter, Jürgen Objektive und personale Zurechnung von Verhalten, Gefahr und Verletzung in einem funktionalen Straftatsystem, 1981.
Wolter, Jürgen Vorsätzliche Vollendung ohne Vollendungsvorsatz und Vollendungsschuld?, zugleich ein Beitrag zum „Strafgrund der Vollendung", in: Kriminologie – Psychiatrie – Strafrecht, Festschrift für Heinz Leferenz, 1983, S. 545 (zit.: FS Leferenz).
Wolter, Jürgen Der „unmittelbare" Zusammenhang zwischen Grunddelikt und schwerer Folge beim erfolgsqualifizierten Delikt, GA 1984, 443.

Wolter, Jürgen Natürliche Handlungseinheit, normative Sinneinheit und Gesamtgeschehen – Zugleich eine Besprechung von BGH 1 StR 427/84, Urt. v. 28.08.1984 = StV 1986, 293, StV 1986, 315.
Wolter, Jürgen Tatbestandsmäßiges Verhalten und Zurechnung des Erfolgs – Überlegungen zu der gleichnamigen Monographie von Wolfgang Frisch, GA 1991, 531.
Wolter, Jürgen Strafwürdigkeit und Strafbedürftigkeit in einem neuen Strafrechtssystem – Zur Strukturgleichheit von Vorsatz- und Fahrlässigkeitsdelikt, in: 140 Jahre Goltdammer's Archiv, eine Würdigung zum 70. Geburtstag von Paul-Günter Pötz, hrsg. v. Wolter, 1993, S. 269 (zit.: 140 Jahre Goltdammers's Archiv).
Wolter, Jürgen Verfassungsrechtliche Strafrechts-, Unrechts- und Strafausschlussgründe im Strafrechtssystem von Claus Roxin, GA 1996, 207.
Wolter, Jürgen Zum umgekehrten dolus generalis – Subjektive Zurechnung eines beendeten (tauglichen) Versuchs bei objektiver Zurechnung der Vollendung, GA 2006, 406.
Wolter, Jürgen Strafbemessung bei alternativen Gesetzesverletzungen und Entscheidungsnormen – Ein notwendiger Gesetzesvorschlag (§ 55a StGB-E mit §§ 267a, 200, 207, 265, 266 StPO-E) – Wolfgang Frisch zum 70 Geburtstag, GA 2013, 271.
Wolter, Jürgen Verjährung, Strafantrag, Wahlfeststellung, Konkurrenzen: strikte Prozessrechtsinstitute in materiellem Gewand – Gesetzlichkeitsgrundsatz, Gesetzesalternativität und Großer Senat, GA 2016, 316.
Wolters, Gereon Das Unternehmensdelikt, 2001 (zit.: Unternehmensdelikt).
Wolters, Gereon Die Milderung des Strafrahmens wegen versuchter Tat beim echten Unternehmensdelikt, in: Festschrift für Hans-Joachim Rudolphi, 2004, S. 347 (zit.: FS Rudolphi).
Wössner, Marion Die Notwehr und ihre Einschränkungen in Deutschland und in den USA, 2006.
Yamanaka, Keiichi Zur Entwicklung der Notwehrlehre in der japanischen Judikatur – Der Streit um den Fall der selbst herbeigeführten Notwehrlage, in: Festschrift für Wolfgang Frisch, 2013, S. 511 (zit.: FS Frisch).
Yamanaka, Keiichi Abgrenzung von Beihilfe und Mittäterschaft bei Unterlassungsdelikten, in: Festschrift für Bernd Schünemann, 2014, S. 561 (zit.: FS Schünemann).
Yoon, Young-Cheol Strafrecht als ultima ratio und Bestrafung von Unternehmen, 2001 (zit.: Strafrecht als ultima ratio).
Yoshida, Nobuyuki Zur materiellen Legitimation der mutmaßlichen Einwilligung, in: Festschrift für Claus Roxin, 2001, S. 401 (zit.: FS Roxin).
Zabel, Benno, Die Einwilligung als Bezugspunkt wechselseitiger Risikoverantwortung – Haftungsbegrenzung und Opferschutz in der aktuellen Rechtfertigungsdogmatik, GA 2015, 219.
Zabel, Benno Die Ordnung des Strafrechts – Zum Funktionswandel von Normen, Zurechnung und Verfahren, 2017.
Zaczyk, Rainer Das Unrecht der versuchten Tat, 1989.
Zaczyk, Rainer Strafrechtliches Unrecht und die Selbstverantwortung des Verletzten, 1993.
Zaczyk, Rainer Zur Garantenstellung von Amtsträgern, in: Festschrift für Hans-Joachim Rudolphi, 2004, S. 361 (zit.: FS Rudolphi).
Zaczyk, Rainer Die „Tatherrschaft kraft organisatorischer Machtapparate" und der BGH, GA 2006, 411.
Zaczyk, Rainer Über den Grund des Zusammenhangs von personalem Unrecht, Schuld und Strafe, in: Festschrift für Harro Otto, 2007, S. 191 (zit.: FS Otto).
Zaczyk, Rainer Das Subjekt der objektiven Zurechnung und die Lehre von Günther Jakobs, in: Festschrift für Günther Jakobs, 2007, S. 785 (zit.: FS Jakobs).
Zaczyk, Rainer Kritische Bemerkungen zum Begriff der Verhaltensnorm, GA 2014, 73.
Zenker, René Actio libera in causa – Ein Paradoxon als öffentlicher Strafanspruch in einem vom Schuldprinzip geprägten Rechtsstaat, 2003 (zit.: Actio libera in causa).
Zhang, Zhengyu Der Straftatbegriff im chinesischen und deutschen Strafrecht, 2017.
Zielinski, Diethart Handlungs- und Erfolgsunwert im Unrechtsbegriff – Untersuchungen zur Struktur von Unrechtsbegründung und Unrechtsausschluß, 1973 (zit.: Unrechtsbegriff).
Zieschang, Frank Tendenzen in der Rechtsprechung seit der Entscheidung des Großen Senats für Strafsachen zur fortgesetzten Handlung, GA 1997, 457.

Zieschang, Frank Die Gefährdungsdelikte, 1998.
Zieschang, Frank Einschränkung des Notwehrrechts bei engen persönlichen Beziehungen?, Jura 2003, 527.
Zieschang, Frank „Der Gefahrbegriff im Recht – Einheitlichkeit oder Vielgestaltigkeit?", GA 2006, 1.
Zieschang, Frank Tödliche Notwehr zur Verteidigung von Sachen und Art. 2 II a EMRK, GA 2006, 415.
Zieschang, Frank Der Begriff des „Hilfeleistens" in § 27 StGB, in: Festschrift für Wilfried Küper, 2007, S. 733 (zit.: FS Küper).
Zieschang, Frank Gibt es den Täter hinter dem Täter?, in: Festschrift für Harro Otto, 2007, S. 505 (zit.: FS Otto).
Zieschang, Frank Das Verbandsstrafgesetzbuch – Kritische Anmerkungen zu dem Entwurf eines Gesetzes zur Einführung der strafrechtlichen Verantwortlichkeit von Unternehmen und sonstigen Verbänden, GA 2014, 91.
Zimmermann, Frank/Linder, Benedikt Die Unterlassungskausalität im Fall Jalloh: Ein Schritt zur Anerkennung der hypothetischen Genehmigung?, ZStW 128 (2016), 713.
Zippelius, Reinhold Rechtsphilosophie – Ein Studienbuch, 6. Aufl. 2011 (zit.: Rechtsphilosophie^6).
Zippelius, Reinhold Juristische Methodenlehre, 11. Aufl. 2012 (zit.: Juristische Methodenlehre^{11}).
Zopfs, Jan Vermeintliche Mittäterschaft und Versuchsbeginn – BGH – Urt. v. 25.10.1994 – 4 StR 173/94, Jura 1996, 19.
Zopfs, Jan „Begründet die Sachgefahr einen Unglücksfall im Sinne des § 323c?", in Festschrift für Manfred Seebode, 2008, S. 448 (zit.: FS Seebode).
Zopfs, Jan Dogmatisch fragwürdig und weitgehend ohne praktischen Nutzen – Die Vorschriften zur Bekämpfung des Missbrauchs der Kronzeugenregelung, ZIS 2011, 669.
Zschockelt, Alfons Die praktische Handhabung nach dem Beschluss des Großen Senats für Strafsachen zur fortgesetzten Handlung, NStZ 1994, 361.

Stichwortregister

Die angegebenen Zahlen beziehen sich auf die Paragraphen/Randnummern bzw. die Fußnoten des Textes und bei § 12 auf Gliederungspunkte. Bei häufig vorkommenden Stichworten sind nur die wichtigeren Fundstellen angegeben. Hauptfundstellen sind durch **Fettdruck** hervorgehoben. Verweise auf weitere Stichworte sind durch einen Pfeil (→) gekennzeichnet.

A

aberratio ictus: 7/92 ff.
   Abweichungen des Kausalverlaufs vom Vorsatz 7/129 ff.
Absehen von Strafe: 9/9
Absicht: 7/66 f., 10/71 ff.
absolut geschützte Güter: 1/51
   → Rechtsgüterschutz
absolute Straftheorie: 1/9 f., 9/5
Absorptionsprinzip, eingeschränktes: 11/54
„Abstiftung" des Haupttäters: 9/73
   von der „qualifizierten" Begehungsform 10/124
   → Anstiftung
actio illicita in causa: 4/43
actio libera in causa: 4/34 ff., 7/51 ff.
   Anwendbarkeit der ~ auf Straßenverkehrsgefährdung und Fahren ohne Fahrerlaubnis 4/39, 4/45
   Ausnahmemodell 4/37
   fahrlässige ~ 4/36
   Tatbestandsmodell 4/38
   vorsätzliche ~ 4/36, 7/51 ff.
actus contrarius: 9/23, 9/28, 9/55, 9/61
Adäquanztheorie: 2/77
Adäquanzzusammenhang: 2/85, 5/68
   → tatbestandsmäßige Verhaltensfolgen
Adressatenperspektive: 2/28
   → Perspektivenbetrachtung

Äquivalenztheorie: 2/72 ff.
ärztliche Kunst, Regeln der
   Relevanz für fahrlässiges Verhalten 5/57 f.
ärztlicher Heileingriff: 3/7 f. m. Fn. 11, 3/47 f.
„äußerer Tatbestand": 7/23
   → tatbestandsmäßige Verhaltensfolgen
Affekt als Bewusstseinsstörung i. S. des § 20: 4/50
agent provocateur: 10/125 f.
Aggressivnotstand: 3/5, 3/43, **3/82 ff.**
Akzessorietät der → *Teilnahme:* 10/11 ff.
   Limitierung der ~ 10/13 ff.
Allgemeindelikte: 10/32
allgemeiner rechtfertigender Notstand
   → Notstand
allgemeines Lebensrisiko: 2/14
Amtsbefugnisse: 3/43
Analogieverbot: 1/63, **1/70 ff.**, 4/44
   Beispiele für Verstoß gegen das ~ 1/71 ff.
   ~ und formal-objektive Täterlehre 10/37
   ~ und Freiwilligkeit der Tataufgabe beim Rücktritt 9/58
Angriff: 3/99
   Gegenwärtigkeit des ~ 3/105
   Rechtswidrigkeit des ~ 3/106 f.
   → Notwehrlage
Animus-Formel: 10/39
Anstiftung: 10/109 ff.
   ~ durch Unterlassen 10/118

erforderliches „Bestimmungsverhalten" als
  Anstiftungsverhalten 10/115 ff., 10/119
  (Definition)
error in objecto vel persona beim
  Haupttäter 10/132 ff.
Exzess des Haupttäters 10/131
Legitimationsgrund der Missbilligung
  eines Verhaltens als
  Anstiftungsverhalten 10/110 ff.
privilegierende Sperrwirkung der ~ 10/73,
  10/75
tatbestandsmäßige Verhaltensfolgen
  i. S. der ~ 10/130 ff., 10/135
  (Definition)
versuchte ~ 10/129
Vorsatz bei der ~ 10/127 f.
~ zum untauglichen Versuch 10/125 f.
zur Begehung in „qualifizierter" Form
  10/120 ff.
  → tatbestandsmäßiges Verhalten
atypischer Kausalverlauf
  → Kausalität
Aufgabe der Strafe
  → Strafzweck
Aushilfskellner-Fall (nach Jakobs): 6/105 ff.
Ausnahmemodell: 4/37
  → actio libera in causa
Aussagenotstand: 3/91
  → tatbestandsmäßige Verhaltensfolgen
außertatbestandsmäßiges Handlungsziel:
  9/39 ff.
  → Rücktrittsfähige Versuchstat
Autorennen, illegales
  → Kraftfahrzeugrennen (illegales)

B
Badewannenfall: 10/40
Bagatellunrecht: 2/45 f., 4/8
bedingter Vorsatz
  → Eventualvorsatz
beendeter Versuch: 8/32 ff.
  Identität des personalen Fehlverhaltens
    beim ~ und bei Vollendung 8/32 ff.
  problematische Fälle des Anfangs des ~
    8/41 ff.
  Rücktritt vom ~ 9/65 ff.
  Tatentschluss und unmittelbares Ansetzen
    beim ~ 8/34 ff.
Beendigung, materielle: 8/28
begehungsgleiche Unterlassungsdelikte:
  2/23 f., **6/49 ff.**, 10/89
  gesetzliche Grundlagen 6/49 f.
  Klarstellungsfunktion des § 13 6/5

Spezifikum der hinzukommenden
  → Sonderverantwortlichkeit 2/19 ff.,
  6/17 f., 6/27 ff.
~ und Erfolgsdelikte 6/25
Verwirklichung des Unrechtstatbestands
  der ~ 6/62 f.
wichtige Fallgruppen 6/65 ff.
  → Beschützerverantwortlichkeiten
  → Gefahrenquellenverantwortlichkeiten
Begehungsgleichwertigkeit: 6/9
  → begehungsgleiche Unterlassungsdelikte
Begehungstäter
  Unterscheidung vom Unterlassungstäter 6/24
Begleitmoment des Verhaltens: 7/69 m. Fn. 61
Begleittat, regelmäßige: 11/27, 11/29, **11/46 f.**,
  11/52
*Begrenzungswirkung des
  Wortlauttatbestandes:* 1/70 ff.
  → Analogieverbot
Behandlungsabbruch: 6/59 m. Fn. 56
Behinderung von Rettungsmaßnahmen: 6/73
Beihilfe: 10/137 ff.
  Abgrenzung zur Mittäterschaft 10/166 ff.
  „Hilfeleisten" als tatbestandsmäßiges
    Beihilfeverhalten 10/138 ff., 10/146
    (Definition)
  Kriterium des „eindeutigen deliktischen
    Sinnbezugs" 10/141 ff.
  psychische ~ 10/143
  tatbestandsmäßige Verhaltensfolgen i. S.
    der ~ 10/150, 10/151 (Definition)
  versuchte ~ 10/148
  Vorsatz bei der ~ 10/147
  → tatbestandsmäßiges Verhalten
Belastung, übermäßige
  → Wahrung anderweitiger Interessen
Beschützerverantwortlichkeiten: 6/34, 6/111 ff.
  Bedeutung des Aspekts der
    → Sonderverantwortlichkeit 6/115 f.
  ~ bei Amtsträgern 6/124 f.
  beschränkte Gefahrenabwendungspflicht
    bei ~ 6/114 ff.
  ~ kraft gegenseitiger Hilfszusage (Bsp.
    Ehegatten) 6/118
  ~ kraft Verantwortungsübernahme 6/117 ff.
  Sorgepflicht der Eltern 6/120, 6/123
  Unterhaltspflicht 6/121
besondere persönliche Merkmale: 10/25,
  10/31, 10/108
Bestimmtheitsgrundsatz (Art. 103 II GG): 1/63
  ~ und Fahrlässigkeitsdelikte 5/3
Bestimmungsnorm: 3/5 m. Fn. 8, 3/10 m. Fn.
  15, 5/20
  → Verhaltensnormen

Stichwortregister 541

Bestrafung
  zusätzliche formale Voraussetzungen der ~ 1/63 ff.
Beteiligung
  → Teilnahme
Betroffenenperspektive
  ~ beim Eingreifen eines
      → Rechtfertigungsgrundes 3/10 ff.
  Bestimmung der Notstandsvoraussetzungen aus der ~ 3/50
  Beurteilung der → Notwehrlage aus der ~ 3/108
  Gegenstand rechtlicher Verhaltensbewertung aus der ~ 3/10, 5/35
  → Perspektivenbetrachtung
Betrug: 1/88, 8/45 f., 10/60, 10/123, 10/148, 11/39 f.
Bewusstseinsstörung, tiefgreifende i. S. des § 20: 4/50
Blutspende, erzwungene: 3/77

C
casum sentit dominus: 3/71
Conditio sine qua non-Formel: 2/72 ff.
Constitutio Criminalis Carolina: 3/2

D
Dauergefahr: 3/56
Deduktion: 1/76, 5/3
Defensivnotstand: 3/5, 3/43, 3/73 f., **3/84 f.**
  § 228 BGB als Ausdruck eines allgemeinen Rechtsgedankens 3/74, 3/85
  Wahrung des wesentlich überwiegenden Interesses beim ~ 3/72
  → Notstand
deklaratorische Wirkung
  ~ des § 25 I Fall 2 10/3 ff.
  ~ eines Straftatbestands 1/80
Deliktsaufbau
  → Straftataufbau
Determinismus: 4/49
Diebstahl: 2/93, 3/6, 5/89 f., 7/122 f., 10/72 f., 10/123, 11/24, 11/39
  räuberischer ~ 11/6
Dohna-Fall: 10/5 f.
dolus
  ~ antecedens 7/44, 7/50
  ~ directus 7/68
  ~ eventualis 7/60, 7/69 ff.
  ~ generalis 7/151
  ~ subsequens 7/41

doppelter Anstiftervorsatz: 10/127
Dosenchampignon-Fall: 7/139 ff.
dualistische Notwehrkonzeption: 3/89 f.
  → Notwehr
dualistische Unrechtskonzeption: 2/65 ff.
dualistisch legitimierte Verhaltensnorm
  → Verhaltensnorm
Duldungspflicht: 3/28 ff.
  gegenüber Schuldunfähigen 3/38 f.

E
echte Unterlassungsdelikte: 6/14 f.
  → nichtbegehungsgleiche Unterlassungsdelikte
Ehrverletzung
  Wahrnehmung berechtigter Interessen bei der ~ 3/43
E 605 forte-Entscheidung: 10/64 ff., 10/100
eigenhändige Delikte: 10/4, 10/4 m. Fn. 2
Eigenverantwortlichkeit, Prinzip der: 2/85, 5/68, 10/97 ff.
eingeschränkte Schuldtheorie
  → Schuldtheorie
Einheitsstrafenprinzip: 11/16, 11/64
Einheitstäterbegriff: 10/26 ff.
Einstandspflicht für den Nichteintritt eines tatbestandsmäßigen Erfolges: 6/9
  → Sonderverantwortlichkeit
Einstellung des Verfahrens wegen Geringfügigkeit: 2/46, 4/8, 9/5
Einwilligung
  hypothetische ~ 3/47 f.
  mutmaßliche ~ 3/43, 3/54
  rechtfertigende ~ 3/43
  in Risikogeschäfte bei der Untreue 3/8
  tatbestandsausschließende ~ 3/6 ff.
  ~ und mangelndes Interesse an der Verhaltensmissbilligung 3/6 ff.
Einverständnis: 3/9 m. Fn. 14
Einzelaktstheorie: 9/28 ff., 9/69 ff.
Entschlussfassung
  strafrechtliche Irrelevanz der bloßen ~ 8/23
entschuldigender Notstand: 4/7, **4/52 ff.**
  Irrtum über das Vorliegen der Voraussetzungen des ~ 4/56
  notstandsfähige Güter beim ~ 4/52
  Rechtswidrigkeit der Tat beim ~ 4/57
  Selbstverursachung der Gefahr 4/53
Entschuldigung
  unzureichende ~ als Problem angemessener Bestrafung 4/78 ff.
Entschuldigungsgründe: 1/113, 2/6, 4/6 ff.
  allgemeines Prinzip der Entschuldigung 3/4

~ im Einzelnen 4/47 ff.
kein numerus clausus gesetzlich vertypter
~ 3/4
Konsequenzen von ~ 4/27 ff.
Entsprechensklausel (§13): 6/9
Erbonkelfall: 2/14 ff., 5/45, 8/4 m.
Fn. 4, 8/37
Erfolgsabwendungspflicht: 6/10 f.
Erfolgsbezug
~ der Anzeigepflicht bei § 138 6/38
~ einer Hilfeleistungspflicht 6/12
Erfolgsdelikte: 1/79, 5/4
begehungsgleiche Unterlassungsdelikte
und ~ 6/25
reine ~ 6/9
erfolgskupierte Delikte: 8/6 m. Fn. 7
erfolgsqualifizierte Delikte: 5/6
Erfolgsunrecht: 2/4, 2/61 ff., 7/27
→ tatbestandsmäßige Verhaltensfolgen
erfolgsverbundene Delikte: 6/11
Erfolgszurechnung: 2/15, 2/82 ff., 5/55
~ als Gleichstellungsproblem 6/21
subjektive ~ beim Fahrlässigkeitsdelikt
5/70
→ tatbestandsmäßige Verhaltensfolgen
Erheblichkeitsschwelle für die
Tatbestandsverwirklichung: 2/46
→ personales Verhaltensunrecht
Erlaubnisirrtum: 4/68 ff., 7/107 ff.
Beurteilung nach der strengen
Schuldtheorie 7/17
Mauerschützenproblematik 4/70
Erlaubnissachverhaltsirrtum
→ Erlaubnistatbestandsirrtum
Erlaubnistatbestandsirrtum: 2/44, **7/110 ff.**,
10/19, 10/82 f.
Beurteilung nach der eingeschränkten
Schuldtheorie 7/18
Beurteilung nach der Lehre von den
negativen Tatbestandsmerkmalen 7/19
Beurteilung nach der strengen
Schuldtheorie 7/17
rechtliche Fehleinschätzung als ~ 7/112
umgekehrter ~ 3/17 ff.
Vergleichbarkeit des ~ mit dem
→ Tatumstandsirrtum 7/114 ff.
erlaubtes Risiko: 2/15
kein eigenständiger Rechtfertigungsgrund
3/45
error in obiecto vel persona: 7/82 ff.
~ bei der Mittäterschaft 10/179 ff.
den Vorsatz nicht betreffende Fälle des ~
7/86 ff., 10/5

~ des Haupttäters bei der Anstiftung
10/132 ff.
vorsatzausschließender Fall des ~ 7/83
Erwartungs-Erwartung: 6/15
Eventualvorsatz: 7/59 ff., 7/69 ff.
~ als Grundform des Vorsatzes 7/71 ff.
Einwilligungs- und Billigungstheorie 7/70
→ Vorsatz
ex ante-Betrachtung
~ aus der Adressatenperspektive bei der
Legitimation von Verhaltensnormen
2/42, 3/10 ff.
~ des zu vermeidenden Verlaufs 5/66, 5/68
~ einer Rettungsmöglichkeit 6/146 ff.
~ und Rechtfertigung 3/10 ff.
ex post-Betrachtung
~ bei der Bestimmung einer
Verhaltensnormverletzung 2/33 ff.
~ einer Rettungsmöglichkeit 6/146 ff.

F
Fahrerlaubnis, Fahren ohne: 4/39, 6/50
fahrlässige actio libera in causa
→ actio libera in causa
fahrlässige Tötung: 1/95, 5/62, 8/20
~ bei Verursachung einer nicht
freiverantwortlichen Selbsttötung
5/72 ff., 10/96 f.
~ bei fehlendem Ortsschild 5/50 ff., 6/75
→ Fahrlässigkeit
fahrlässiger Falscheid: 7/121
Fahrlässigkeit: 5/1 ff., 5/91 ff. (Definition)
~ als bestimmte Form unrechtmäßigen
Verhaltens 5/18, 5/94, 7/33
~ als Minus zum Vorsatz 7/35 ff., 7/39
ärztliche Kunst, Regeln der 5/57 f.
Bestimmungsnormen 5/20
→ Betroffenenperspektive 5/35
bewusste ~ 5/9
bewusste ~ und bedingter Vorsatz 7/59 ff.,
7/77 ff.
Fahrlässigkeitsunrecht 5/19
folgenlose ~ 5/62
Geschwindigkeitsbegrenzung und
Zusatzschilder 5/56
Lärmschutz 5/56
Legitimationsgrund der übertretenen
Verhaltensnorm 5/15
leichte ~ 5/11
Leichtfertigkeit 5/6, 5/12
Maßstabsfigur, „objektive" 5/24 ff.,
5/36 ff., 5/51

Stichwortregister

"objektive" Erkennbarkeit der Tatbestandsverwirklichung 5/24 f.
Orientierungshilfen für die Bestimmung fahrlässigen Verhaltens im Einzelfall 5/47 ff.
Ortsschild, fehlendes 5/50 ff., 6/75
→ personales Verhaltensunrecht, hinreichend gewichtiges 5/9
Rechts~ 4/74
Sonderwissen und Sonderfähigkeiten 5/26, 5/30 f., 5/51, 5/94
Spezifizierungskriterien 5/15 ff.
Übernahme~ 5/41
unbewusste ~ 5/9
~ und mittelbare Täterschaft 10/105
~ und Versuch 8/2 ff.
Verkehrsregeln 5/48 ff.
Vermeidbarkeit 5/43 ff.
Vermeidenmüssen 5/37, 5/45 f.
Verursachung durch ~ 5/9, 5/62 ff., 5/71 ff., 5/84
Vorhersehbarkeit 5/25, 5/43 ff.
Vorsatz-Fahrlässigkeits-Kombination 5/5 ff.
→ Fahrlässigkeitsdelikt, einstufiger Aufbau
→ Sorgfaltsmaßstab, durchgängig individualisierter
→ Sorgfaltspflichtverletzung
Fahrlässigkeitsdelikt: 5/1 ff.
einstufiger Aufbau 5/52
→ Sorgfaltsmaßstab, durchgängig individualisierter
Erfolgssachverhalt (Fehlverhaltensfolgen) 5/62 ff., 5/96
Erfordernis ausdrücklicher Normierung 5/1
Gesetzgebungsvorschlag 5/91 ff.
keine Unterscheidung verschiedener Beteiligungsformen beim ~ 10/27 f.
reine ~ 5/4
"subjektive" Erfolgszurechnung 5/70
Tun und Unterlassen beim ~ 6/53 ff.
~ und Rechtfertigung 5/59 ff.
~ und Tatumstandsirrtum 5/2
zweistufiger Aufbau 5/16 ff., 5/22
→ Fahrlässigkeit, Maßstabsfigur
→ Pflichtwidrigkeitszusammenhang
→ Schutzzweckzusammenhang
→ Sorgfaltsmaßstab, durchgängig individualisierter
Fahrlässigkeitslehre
klassische ~ 5/17
Lehre vom personalen Verhaltensunrecht
→ Sorgfaltsmaßstab, durchgängig individualisierter

traditionelle ~ 5/16 ff., 5/22
→ Risikoerhöhungslehren
Fahrlässigkeitsschuld: 5/16 f.
Fallbearbeitung: 1/90 ff., 1/99 ff., 1/107, 2/88 f., 3/3, 3/16, 4/30 f., 5/15, 5/69, 7/21, 10/52, 10/159, 11/39, 11/61, 12/unter I. bis VI.
fehlgeschlagener Versuch: **9/22 ff.**, 9/74
Bestimmungskriterien des Fehlschlags 9/25 ff.
→ Einzelaktstheorie 9/28 ff.
Gesamtbetrachtungslehre 9/31 ff., 9/71
Orientierung am materiell-rechtlichen Straftatbegriff 9/45 ff.
Perspektive zur Bestimmung des Fehlschlags 9/23 ff.
→ Rücktrittshorizont 9/33 ff.
→ Tatplantheorie 9/32, 9/34
Wegfall des Motivs als Fall des Fehlschlags (Verwechslung der Opfer) 9/26
Fehlleistung, qualifizierte personale: 7/125, 7/138, 7/140
→ tatbestandsmäßiges Verhalten
Fehlverhalten: 1/115
~ als Vorwurfsgegenstand bei der Verurteilung 1/77 f.
vorangegangenes ~ → Ingerenz
→ tatbestandsmäßiges Verhalten
→ Verhaltensunrecht
Fehlverhaltensfolgen
→ tatbestandsmäßige Verhaltensfolgen
Feindstrafrecht: 1/67
Festnahmerecht: 3/12 ff.
~ als Rechtfertigungsgrund 3/43
Erfordernis der "wirklich begangenen" Tat 3/13 ff.
formal-objektive Täterlehre: 10/36 ff.
fortgesetzte Tat: 11/32 ff.
Fortsetzungsvorsatz: 11/33
fragmentarischer Charakter des Strafrechts: 1/63, 1/87 ff., 6/89, 10/22
freie richterliche Beweiswürdigung: 7/80
Freiheitsberaubung: 10/60
Freiheitsentfaltungsinteresse: 2/11
Freiverantwortlichkeit: 1/53, **5/75 ff.**
Beurteilung der ~ nach Einwilligungsregeln 5/77, 10/98
~ einer → Selbstschädigung und mittelbare Täterschaft 10/95 ff.
Problematik bezüglich § 323c I 6/44 ff.
Problematik von Zwangsbehandlungen 6/59 ff.

Freiwilligkeit der Tataufgabe beim Rücktritt: 9/57 ff.
~ als Ausdruck der Autonomie der Person 9/62 ff.
Funktion des Gesetzesbegriffs der Freiwilligkeit 9/61
~ und Verbot der teleologischen Reduktion 9/58 ff.
Fremdgefährdung: 2/11 ff., 5/14 ff., 5/47 ff.
→ Eigenverantwortlichkeit, Prinzip der
Funktion der Strafe: 1/9 ff.
→ Strafzweck
Funktionenlehre: 6/28 f.
→ begehungsgleiche Unterlassungsdelikte

G

Garantenstellung und Garantenpflicht: 6/9 f., 6/51 f.
Einteilung nach der Funktionenlehre 6/29
→ Beschützerverantwortlichkeiten
→ Gefahrenquellenverantwortlichkeiten
→ Sonderverantwortlichkeit
Gebotsirrtum
→ Verbotsirrtum
Gefährdungserfolg: 5/4
Gefährdungsvorsatz: 7/77 ff.
Gefahrenabwehrmaßnahmen: 1/65 f.
→ Maßregeln der Besserung und Sicherung
Gefahrenabwendungspflicht
alternativ gefasste ~ 6/132 ff.
dualistisch fundierte ~ → Verhaltensnorm, auf zwei Säulen gegründete
Gefahrenquellenverantwortlichkeiten: 6/32 f., **6/66 ff.**
Abgrenzung zur allgemeinen Hilfspflicht 6/96 f.
~ aus vorangegangenem Fehlverhalten → Ingerenz
bedingte Gestattung einer qualifiziert riskanten Tätigkeit 6/92 ff.
beschränkte Gefahrenabwendungspflicht 6/67 ff.
~ des Kraftfahrers für die Rettung des von ihm verletzten Unfallopfers 6/93
~ des Wohnungsinhabers 6/99 ff.
~ für den eigenen Körper 6/72
~ zwischen Ehegatten 6/102 f.
Gefahrrealisierung
→ tatbestandsmäßige Verhaltensfolgen
gegenwärtige Gefahr: 3/56 ff.
~ für notstandsfähige Güter 3/55 ff.

Generalprävention
~ als Strafzweck? 1/18 ff.
~ und Rücktritt 9/13, 9/17
→ Strafzweck
Gesamtbetrachtungslehre: 9/31 ff.
→ Rücktrittshorizont
Gesamtstrafenregelung
~ bei der → Tatmehrheit 11/15, 11/59
Gesamtvorsatz: 11/33
Geschwindigkeitsbegrenzung und Zusatzschilder: 5/56
Gesetzesbindung der staatlichen Strafgewalt: 1/63, 4/44
→ nullum crimen/nulla poena sine lege
Gesetzeskonkurrenz: 11/1 ff., 11/20
→ Straftateinheit
Gesinnungsstrafrecht: 3/109, 8/9, 8/37, 8/61
Gewohnheitsstrafrecht, Verbot von: 1/63, 4/44
Gleichschaltung von Unterlassen mit aktivem Tun: 6/4, 6/56 ff.
Gleichstellungskriterium: 6/9
→ begehungsgleiche Unterlassungsdelikte
Gleichstellungslehre: 6/56 ff.
gleichwertige Tatumstände: 1/79, 1/94 f., 2/92 ff.
Beispiele 2/93 f.
→ Sanktionserfordernisse
„*Glück-Pech-Strafrecht*": 2/64, 8/12
„*goldene Brücke*" zum Rückzug: 9/11
Grunddelikt: 11/20
grundlagenorientiertes Gliederungsschema: 1/99 f., 12/unter I.
Gütererhaltungsinteresse: 2/11
→ Rechtsgüterschutz

H

Handlungsbegriff: 1/115 ff.
→ Verhaltensnormen
Handlungseinheit, „natürliche": 11/8
Handlungsfreiheit: 1/55
Einschränkung der ~ durch § 323c I 6/41
→ Verhaltensnormen
Handlungsunrecht: 2/66
→ personales Verhaltensunrecht
Haupttat
vorsätzliche ~ 7/31, 10/19 ff.
rechtswidrige ~ 3/34 ff., 10/16 ff.
Hausfriedensbruch: 3/6, 6/49, 11/47, 11/58
Hehlerei: 8/45, 10/173
hinreichendes Gewicht des tatbestandsspezifischen Verhaltensnormverstoßes

Stichwortregister   545

→ personales Verhaltensunrecht,
  Erfordernis des hinreichenden Gewichts
Hoferbenfall: 10/132 f.
hypothetischer Vorsatz ? 7/76
hypothetisches Geschehen/hypothetischer
  Kausalverlauf
  Außerachtlassung von ~ 2/75, 3/48, 7/144
  → Kausalität

I

Idealkonkurrenz
  → Tateinheit
Imperativentheorie: 5/19 ff. m. Fn. 33, 6/84
in dubio pro reo: 1/59, 2/59, 2/102
Indeterminismus: 4/49
indirekter Verbotsirrtum
  → Erlaubnisirrtum
Indisponibilität des Rechtsguts Leben: 1/89
Ingerenz: 6/66, **6/76 ff.**
  Aufgabe des
    Pflichtwidrigkeitserfordernisses bei der
    ~ 6/96
  vorsätzliche ~ 6/78 ff.
  → begehungsgleiche Unterlassungsdelikte
„innerer" Tatbestand: 7/23
Interessenkollision
  ~ bei der Verhaltensnormbegründung
    1/55 ff., 1/64
irrige Annahme privilegierender Tatumstände:
  7/8 ff.
Irrtümer (allg.)
  ~ jenseits der Tatbestandsmäßigkeit des
    Verhaltens 7/100 ff.
  Ausfüllung der gesetzlichen
    Irrtumsregelung 7/98 m. Fn. 92
  Bedeutung der Perspektivenbetrachtung für
    die ~ 7/103
  → Vorsatz und Irrtum
Irrtum
  ~ über das Vorliegen von
    Notstandsvoraussetzungen 4/56
  ~ über den Kausalverlauf 7/96, 7/129 ff.
iterative Tatbestandserfüllung: 11/31

J

Jauchegrubenfall: 7/152
Jedermann-Festnahmerecht
  → Festnahmerecht
Jugendstrafrecht
  ~ und Einheitsstrafenprinzip 11/16
juristische Person: 1/60 ff.

K

Katzenkönig-Fall: 10/90
Kausalität: 2/71 ff.
  alternative ~ 7/142
  atypische ~ 2/75, 2/77
  Doppel- 7/142
  hypothetische ~ 2/75, 3/48, 7/144
  kumulative ~ 7/142
  ~ und Rechtsverletzung 2/81
Kausierungsverbote: 2/33 m. Fn. 45
  → Verhaltensnormen
Kellner-Fall
  → Aushilfskellner-Fall (nach Jakobs)
Kernstrafrecht: 2/2
Körperbegriff, rechtlicher: 6/72 m. Fn. 72
Koinzidenzprinzip: 4/37 f.
Konditionalprogramm von
  Gesetzesrechtssätzen: 1/69
Konkurrenz
  Gesetzes~ → Straftateinheit
  unechte oder scheinbare ~
    → Straftateinheit
  ~ von Straftaten 11/1 ff., 11/53 ff.
  ~ von Straftaten nur bei Mehrheit von
    Straftaten 11/9 ff.
konstitutive Wirkung
  ~ des § 25 I Fall 2 10/6 f.
  ~ des Straftatbestands 1/80
Konsumtion: 11/38
Kraftfahrzeugrennen (illegale): 7/74 ff.

L

Lärmschutz: 5/56
Laplacescher Weltgeist: 2/28 m. Fn. 38
Lastwagen-Radfahrer-Fall: 5/82 ff.
Lebensverkürzung und Lebensschutzinteresse:
  5/86 f.
Lebensverlängerung: 6/63 f.
Lederriemen-Fall: 7/55, 7/70
Lederspray-Fall: 6/95
Legitimation
  ~ der härteren Bestrafung bei Vollendung
    2/69 ff., 8/11 ff.
  ~ der Strafe 1/1 ff.
  maßgebliche Perspektive bei der ~ von
    Verhaltensnormen 2/28 ff.
  ~ staatlicher Rechtseingriffe 1/1 ff.
  ~ von Verhaltensnormen 2/11 ff., 2/48 f.
  → Verhaltensnormen
Legitimationsgrund
  ~ einer Verhaltensnorm 2/11 ff., 5/15,
    6/144

~ für eine Missbilligung als
    Anstiftungsverhalten 10/110 ff.
~ für eine Missbilligung als
    Beihilfeverhalten 10/141
zusätzlicher ~ bei begehungsgleichen
    Unterlassungsdelikten 2/19, 2/23, 6/17
Lehre
    Stellenwert der ~ von der Straftat im
        System des Strafrechts 1/108 ff.
    ~ von den Konkurrenzen 11/9 ff.
    ~ von den negativen Tatbestandsmerkmalen
        7/19
    ~ von der „unwesentlichen Abweichung"
        7/136 ff.
    ~ von der Straftat 11/9 ff.
Leichtfertigkeit: 5/6, **5/12**
lex specialis: 11/21
Limonaden-Fall: 7/143 ff.

M
mangelndes Interesse: 3/6 ff.
    → Wahrung des überwiegenden Interesses
*maßgeblicher Zeitpunkt vorsätzlichen
    Verhaltens:* 7/43 ff.
    Einbeziehung gesteigert unwertiger
        Entscheidungen im Vorfeld 7/47 ff.
    Unerheblichkeit des nachträglichen
        Wegfalls subjektiver Merkmale 7/45
Maßregeln der Besserung und Sicherung:
    1/65 f. m. Fn. 83, 4/32
Maßstabsperson: 3/10, 5/24 ff., 5/36 ff., 5/51
*materiell-objektive Täterlehren
    (Tatherrschaftslehren):* 10/43 ff.
Mauerschützenproblematik: 4/70, 10/91 ff.
Mehrfachbestrafung
    Verbot der ~ (Art. 103 III GG) 1/63
Mehrheit von Straftaten: 11/1 ff., 11/53 ff.
    Bedeutung der Lehre von den
        Konkurrenzen bei ~ 11/9 ff.
Meineid: 6/25 f.
Menschenwürde: 1/20, 1/41 ff.
Milderung der Strafe
    → Strafmilderung
Missbilligungsurteil: 1/71 m. Fn. 92
mitbestrafte Vor- oder Nachtat: 11/36 ff.
Mittäterschaft: 10/10, 10/23 ff., **10/153 ff.**
    Abschichtungskriterien zur Beihilfe
        10/166 ff.
    error in obiecto vel persona 10/179 ff.
    Exzess eines Mittäters 10/178
    Fälle ausgeschlossener ~ 10/158
    Fallgruppen mittätertatbestandsmäßigen
        Verhaltens 10/170 ff.

„gemeinschaftliche Tatbegehung"
    10/161 ff.
„gemeinschaftlicher Tatentschluss"
    10/163 f.
keine wechselseitige Zurechnung fremder
    Tatbeiträge 10/154 ff.
Mittäterschaftsvoraussetzungen 10/159 ff.
sukzessive ~ 10/165
~ und Versuchsbeginn 8/43
Vorsatz bei der ~ 10/175
zeitlicher Rahmen bei der ~ 10/165
→ tatbestandsmäßiges Verhalten
mittelbar güterschädigende Verhaltensweisen
    Erfassbarkeit ~ durch die Strafnormen des
        BT 10/2 ff.
mittelbare Täterschaft: 10/3, **10/54 ff.**
    „absichtsloses doloses Werkzeug" 10/72 f.
    ~ bei nicht freiverantwortlicher
        Selbstschädigung 10/95 ff.
    ~ bei rechtlich einwandfreiem Verhalten
        des → Tatmittlers 10/60, 10/80
    ~ bei Verantwortlichkeitsdefizit des
        → Tatmittlers 10/77 ff.
    deklaratorischer Charakter des § 25 I Fall 2
        10/3 ff.
    ~ durch Ausnutzung hierarchischer
        Organisationsstrukturen 10/91 ff.
    konstitutiver Charakter des § 25 I Fall 2 für
        bestimmte Teilbereiche 10/7 f.
    ~ kraft
        Organisationskreisverantwortlichkeit
        10/93, 10/103 f.
    „qualifikationsloses doloses Werkzeug"
        10/74
    Täter hinter dem Täter 10/7, 10/84 ff.
    ~ und Versuchsbeginn 8/43
    Verantwortlichkeit kraft überlegen
        Wissens 10/57 ff.
    Verantwortlichkeit kraft überlegener
        Einsichts- und Steuerungsfähigkeit
        10/76 ff.
    Vorsatz und Fahrlässigkeit bei ~ 10/105
    →tatbestandsmäßiges Verhalten
Möglichkeit der Erfolgsherbeiführung: 7/71
    → Verhaltensnormen
*monistisch-individualrechtliche
    Notwehrkonzeption:* 3/93 ff.
monistisch legitimierte Verhaltensnorm
    → Verhaltensnorm
monistisch-subjektive Unrechtslehre: 2/65 ff.
*monistisch-überindividuelle
    Notwehrkonzeption:* 3/91 f.
mutmaßliche Einwilligung
    → Einwilligung

N

Nachtatverhalten: 9/4 ff., 9/16, 9/21, 9/36, 9/45
„*natürliche" Handlungseinheit*
 → Handlungseinheit, natürliche
ne bis in idem: 1/63
Nebenstrafrecht
 Beispiele für Strafnormen des ~ 2/2
Nebentäterschaft: 10/5, 10/103
negative Tatbestandsmerkmale
 Rechtfertigungsgründe als ~ 3/25, 7/19
nemo tenetur se ipsum accusare:
 4/11 m. Fn. 16
nicht freiverantwortliche Selbsttötung bzw. -schädigung: 5/72 ff., 10/62, 10/69, 10/95 ff.
 → Freiverantwortlichkeit
Nichtanzeige geplanter Straftaten: 2/24, 6/38 f.
nichtbegehungsgleiche Unterlassungsdelikte
 ~ als Tätigkeitsdelikte 6/25
 Rechtsgüterschutz als einziger Legitimationsgrund 2/24, 6/37
 wesentliche Beispiele 2/24, 6/37 ff.
Nichtvermeiden
 sonderverantwortliches ~ des schadensträchtigen Verlaufs 6/139
 → tatbestandsmäßige Verhaltensfolgen
Nötigungsnotstand: 3/35 ff., 4/54 f., 10/17
 ~ bei den Aussagedelikten 3/35 ff.
normative Gefahrentsprechung: 7/129 ff.
normative Tatherrschaft: 10/70 ff.
Normbruch
 Normenordnung
  primäre ~ 1/48
  sekundäre ~ 1/50 ff.
 → Sanktionsnorm
 → Verhaltensnormen
 → Verhaltensnormverstoß
Normgeltungsschaden 1/31 ff., 1/49, 1/59 m. Fn. 63, 7/37, 8/14, 9/16 ff.
Normierung
 Sinn des Erfordernisses gesetzlicher ~ 1/87 ff.
Normverständnis, teleologisches: 1/76 ff.
Normzweck: 2/17
 → Sanktionsnorm
 → Verhaltensnormen
Notstand: 3/43, **3/49 ff.**
 Aggressiv~ 3/43, 3/82 f.
 allgemeiner rechtfertigender ~ 3/43, 3/49 ff.
 Aussage~ 3/91
 → Defensiv~ 3/43, 3/73 f., 3/84 f.

 → entschuldigender ~ 4/7, 4/52 ff.
 Nötigungs~ 3/35 ff., 4/15, 4/54 f., 10/17
 übergesetzlicher ~ 3/2
 Verhältnis zu anderen Rechtfertigungsgründen 3/78 f.
 zivilrechtlicher ~ 3/43, 3/81 ff.
Notstandshandlung: 3/49, 3/61 ff.
 Angemessenheitsklausel 3/76 f.
 Eignungserfordernis 3/63
 Erforderlichkeit der ~ 3/62 ff.
 Erforderlichkeit i. e. S. 3/64
 Güter- und Interessenabwägung 3/68 ff.
 Nothilfe eines Dritten 3/66
 Wahrung des wesentlich überwiegenden Interesses 3/67 ff.
Notstandslage: 3/49, 3/52 ff.
 Erfordernis einer gegenwärtigen Gefahr 3/55, 3/56 ff.
 keine ~ bei Ausweichmöglichkeit 3/65
 Notstandsfähige Rechtsgüter 3/53 f.
Notwehr: 3/5, 3/43, **3/86 ff.**
 Begriff 3/86
 keine Rechtfertigung von Beeinträchtigungen Dritter 3/87
 Nothilfe 3/86
 ~provokation 3/121 ff.
 Schneidigkeit der ~ 3/88, 3/111 ff.
 sozialethische Beschränkungen der ~ 3/104, 3/115 ff.
 und Verteidigungswille 3/109
 → Notwehreinschränkung
Notwehreinschränkung: 3/115 ff.
 Ausweichmöglichkeit 3/117, 3/119
 ~ bei familiären Beziehungen 3/128 ff.
 ~ gegenüber Kindern und schuldlos Irrenden 3/118
 ~ gegenüber Volltrunkenen 3/120
 krasses Missverhältnis 3/125 ff.
 nicht hinreichend verantwortlicher Angreifer 3/101 ff., 3/116 ff.
 Provokation der Notwehr 3/121 ff.
 Rechtsmissbrauchsgedanke 3/123
 rechtstechnische Einordnung der ~ 3/131 f.
Notwehrexzess: 4/9, 4/58 ff.
 extensiver ~ 4/60
 Nichtbestrafung bei Fehlen personalen Verhaltensunrechts 4/63
 Nichtbestrafung trotz personalen Verhaltensunrechts 4/59 ff.
 Putativ~ 4/60
Notwehrhandlung: 3/110 ff.
 automatische Abwehreinrichtungen 3/113
 Eignung der Abwehrhandlung 3/114

Notwehrkonzeption
　dualistische ~ 3/89 f.
　monistisch-individualrechtliche ~ 3/93 ff.
　monistisch-überindividuelle ~ 3/91 f.
Notwehrlage: 3/86, 3/88, 3/99 ff.
　Beurteilung aus der
　　→ Betroffenenperspektive 3/108
　gegenwärtiger rechtswidriger → Angriff
　　3/99, 3/105 ff.
　nicht hinreichend verantwortlicher
　　Angreifer 3/101 ff., 3/116 ff.
　notwehrfähige Rechtsgüter 3/100
notwendige Teilnahme: 10/113
nulla poena sine culpa: 1/59, 1/64
　→ Schuld
nullum crimen sine lege certa: 1/63
nullum crimen sine lege praevia: 1/63
nullum crimen sine lege scripta: 1/63, 1/70 ff.
nullum crimen/nulla poena sine lege: 1/63 f., 2/5, 2/70, 4/44, 5/1
nullum crimen-Satz
　formale Garantie des ~ 1/70
　fragmentarischer Charakter des
　　Strafrechts als Konsequenz
　　des ~ 1/63
　materiale Garantie des ~ 1/87 f.
　~ und formal-objektive Täterlehre 10/37
　und Mittäterschaft 10/174
　und Wahlfeststellung 1/73 f.
numerus clausus
　kein ~ der Rechtfertigungs-,
　　Schuldausschließungs- und
　　Entschuldigungsgründe 3/4

O

objektive Strafbarkeitsbedingungen: 2/4, 2/65, 2/96 ff.
objektive Unrechtslehre: 7/23 ff.
objektive Zurechnung: 2/71, 2/82 ff.
　→ tatbestandsmäßige Verhaltensfolgen
„*objektiver" Tatbestand*
　→ „objektiver" Unrechtstatbestand
„*objektiver" Unrechtstatbestand:* 2/71, 2/89, 7/22
Obliegenheitsverletzung: 2/33 ff.
omissio libera in causa: 4/41 f.
omnimodo facturus: 10/115, 10/121, 10/124
Opferanfälligkeit, besondere: 7/146
Opferschutzinteressen, berechtigte: 6/78, 6/83 f., 7/146, 9/42 f., 10/98
Organisationskreisinhaber
　besondere Inpflichtnahme 6/32 ff., 6/70 ff.
Ortsschild, fehlendes: 5/50 ff., 6/75

P

Parallelwertung in der Laiensphäre:
　→ Vorsatz und Irrtum
„*passives Tun" als contradictio in adiecto:* 2/27
personales Verhaltensunrecht: 2/6 f., 5/16, 5/18 ff., 7/26, 10/15 ff.
　Erfordernis des hinreichenden Gewichts ~ 1/64, 2/45 f., 3/1, 4/1 ff., 5/9, 7/105
　~ und Notwehrexzess 4/59 ff.
　~ und Schuld 4/65 ff.
　→ Verhaltensunrecht
Perspektivenbetrachtung: 2/28 ff., 3/10, 5/35
　~ bei den → Irrtümern 7/103
　~ bei der Bestimmung der
　　Notstandsvoraussetzungen 3/50
　~ bei der Bestimmung des Fehlschlags 9/23 f.
　~ bei der Beurteilung einer → Notwehrlage
　　3/108
　~ bei der Feststellung einer
　　Rettungsmöglichkeit 6/146 ff.
　~ beim Eingreifen eines
　　→ Rechtfertigungsgrundes 3/10 ff.
　→ Verhaltensnormen
Pfeffertütenfall: 8/63 ff.
Pflicht zur Bevormundung: 6/59
Pflichtdelikte: 10/49 f.
Pflichtenkollision
　→ Wahrung anderweitiger Interessen
Pflichtwidrigkeitszusammenhang: 5/68 m. Fn. 91, 5/84
　→ Lastwagen-Radfahrer-Fall
　→ tatbestandsmäßige Verhaltensfolgen
Pilzgericht-Fall: 7/139 ff.
Pistolenfall: 5/72 ff.
poena naturalis: 9/9 m. Fn. 12
primäre Normenordnung: 1/48
　→ Verhaltensnormen
*privilegierende Tatbestände für die Fälle
　unvollkommener Entschuldigung:* 4/91
Produktverantwortlichkeit, strafrechtliche: 5/62, 6/94 ff.
Provokation der Notwehrlage: 3/121 ff.
prozessuale Erfordernisse der Strafverfolgung: 1/96
punitur quia peccatum est: 1/9
Putativnotwehrexzess
　→ Notwehrexzess

Q

Qualifikationstatbestand: 1/114, 11/20, 11/47
qualifizierende Merkmale
　Problem der Verwirklichung zwischen
　　Vollendung und Beendigung 8/28

Stichwortregister 549

Quasi-Kausalität: 2/71 ff., 6/138 ff.
  Möglichkeit der Vermeidung des Erfolgs
    durch richtiges Verhalten 6/141 ff.
  Perspektive bei der Feststellung einer
    Rettungsmöglichkeit 6/146 ff.
  → Kausalität
  → tatbestandsmäßige Verhaltensfolgen

R
Ratio
  ~ des Rücktrittsprivilegs 9/10 ff.
  ratio-orientierte Interpretation 1/114
  ratio-orientiertes Normverständnis 1/76 ff.
  → Normzweck
Rauschtat, vorsätzliche: 7/32
Realkonkurrenz
  → Tatmehrheit
rechtfertigende Einwilligung
  → Einwilligung
Rechtfertigung: 3/1 ff.
  ~ bei Fahrlässigkeitsdelikten 5/59 ff.
  keine Besonderheiten bei
    → begehungsgleichen
      Unterlassungsdelikten 6/132 ff.
  personenbezogene ~ 10/17
  → subjektives Rechtfertigungselement
Rechtfertigungsgründe: 2/6, 3/42 ff.
  ~ als Erlaubnissätze 3/24
  ~ als negative Tatbestandsmerkmale 3/25
  als Unrechtsausschließungsgründe 3/24
  Grundrechte als ~? 3/46
  kein numerus clausus gesetzlich vertypter
    ~ 3/4
  Konsequenz des Eingreifens von ~ 3/24 ff.
  Perspektivenbetrachtung der ~ 3/10 ff.
Rechtfertigungsprinzip, allgemeines: 3/4
  ~ der Wahrung des überwiegenden
    Interesses 3/5 ff.
Rechtsauskunft: 4/73
Rechtsfahrlässigkeit: 4/71 f., 4/74
  → Fahrlässigkeit
  → Verbotsirrtum
Rechtsfolgen
  ~ bei Verdrängung von Strafgesetzen
    11/49 ff.
  Schuldspruch und Strafe als ~ 1/68 f.
Rechtsfolgenlegitimation: 1/76 m. Fn. 101
Rechtsfolgenverweisung: 5/2
Rechtsgrundverweisung: 5/2
Rechtsgüterschutz
  ~ als Aufgabe des Staates 1/54 ff.
  ~ als Legitimationsgrund von
    Verhaltensnormen 2/11 ff., 5/34

  ~ durch Verhaltens- und Sanktionsnormen
    1/29 ff., 1/49
  mittelbarer ~ als Legitimationsgrund bei
    der Anstiftung 10/111 ff.
Rechtsgüterschutzkonzept: 1/48
Rechtsgut
  absolut geschütztes ~ 1/51
  ~ einer Sanktionsnorm 1/46
  ~ einer Verhaltensnorm 1/46
  Geltungskraft der übertretenen
    Verhaltensnorm als ~ 1/31 ff., 1/49
Rechtspflicht, qualifizierte aufgrund einer
    → *Sonderverantwortlichkeit:* 2/17 ff.,
    6/72, 6/75 ff.
  → Verhaltensnormen, auf zwei Säulen
    gegründete
Rechtswidrigkeit
  Beurteilung der ~ der Haupttat für die
    Teilnahme 3/34 ff., 10/16 ff.
  ~ der Tat beim entschuldigenden Notstand
    4/57
  ~ des Verhaltens als Vorbehaltsurteil
    4/2 ff.
Rechtswidrigkeitsurteil: 3/3, 3/38 ff.
Regelbeispiele: 1/71, 11/47
regelmäßige Begleittat
  → Begleittat, regelmäßige
relative Straftheorie: 1/1 ff.
Relevanztheorie: 2/77
Rettungsmöglichkeit
  ex ante und ex post betrachtete
    ~ 6/146 ff.
Rettungspflicht
  ~ aufgrund einer Notwehrhandlung 6/97
Risikoerhöhungslehren: 2/58 ff.
  ~ beim Fahrlässigkeitsdelikt 5/81
  ~ für den Bereich des Unterlassungsdelikts
    6/148 f. m. Fn. 151
  ~ jenseits der Erfolgsdelikte 5/89 f.
Risikogeschäfte: 3/8
Rücktritt vom Versuch: 9/1 ff.
  Abgrenzung zum → fehlgeschlagenen
    Versuch 9/22 ff.
  ~ als Grund für die Beseitigung
    strafrechtlichen Reaktionsbedarfs 9/9
  als persönlicher Strafaufhebungsgrund 9/8
  antizipierter ~ 9/69 f.
  ~ bei mehreren Beteiligten 9/72 ff.
  gesetzliche Regelung des ~ 9/2 f.
  Prüfungsschema 9/79
  Teilrücktritt (bzgl. qualifizierender
    Merkmale) 9/56
  ~ und tätige Reue 8/27, 9/1 ff.
  ~ und Tatschuld 9/7

Wirkung und strafsystematische
  Einordnung des ~ 9/6 ff.
  → Rücktrittsverhalten
Rücktrittsbemühungen, fehlgeschlagene: 9/66,
  9/77
rücktrittsfähige Versuchstat: **9/19 ff.**, 9/74
  kein Rücktritt vom vollendeten Delikt
    9/19 ff.
  kein Rücktritt vom → fehlgeschlagenen
    Versuch 9/22 ff.
Rücktrittshorizont: 9/33 ff.
  Erfordernis „artgleicher
    Fortsetzungsmöglichkeiten" 9/37 f.
  Erfordernis einer „räumlich-zeitlichen
    Grenze" 9/36
  Problematik des „außertatbestandsmäßigen
    Handlungsziels" 9/39 ff.
Rücktrittsprivileg, Ratio des: 9/10 ff.
  Beseitigung der Gefahr eines
    Normgeltungsschadens 9/16 ff.
  Beseitigung des Strafgrundes 9/12 ff.
  Gedanke der „goldenen Brücke" 9/11
Rücktrittsverhalten: 9/49 ff.
  Aufgeben der Tat 9/51 ff.
  ~ beim beendeten Versuch 9/30, 9/65 ff.
  ~ beim unbeendeten Versuch 9/50 ff.
  ~ beim Unterlassungsdelikt 9/52
  Inanspruchnahme fremder Unterstützung
    9/66 f.
  → Freiwilligkeit des ~ 6/85, 9/57 ff.
Rückwirkungsverbot für Strafgesetze: 1/63
*„Rundumverteidigung" eines zu schützenden
  Rechtsgutes:* 6/113 f.

S
Sanktionenrecht
  Verhältnis des ~ zur Lehre von der Straftat
    1/112 ff.
*Sanktionierung eines
  Verhaltensnormverstoßes:* 1/50
  → Strafzweck
  → Verhaltensnormen
*Sanktionserfordernisse, zusätzliche neben dem
  spezifischen Verhaltensnormverstoß:*
  1/94 f., 2/1 ff., **2/52 ff.**
Sanktionsnorm
  Rechtsgut einer ~ 1/46, 1/49, 1/64
  Verhältnis zur Verhaltensnorm 1/78, 2/8,
    2/34 f.
Schuld: 4/1 ff.
  ~ und einstufiger Deliktsaufbau 4/22
  ~ und personales Verhaltensunrecht
    4/65 ff.

schuldausschließender Notstand
  → entschuldigender Notstand
Schuldausschließungsgründe
  → Entschuldigungsgründe
Schuldbegriff: 4/1 m. Fn. 1
Schulderfüllungstheorie: 9/14
Schuldfähigkeit
  bedingte ~ von Jugendlichen 4/48
  Fiktion der ~ beim normalen Erwachsenen
    4/11
  verminderte ~ 4/78 f.
Schuldhaftigkeit: 2/6
Schuldprinzip: 1/59, 1/64, 4/4
Schuldspruch
  ~ als Rechtsfolge 1/68 f.
  Ausdruck des verwirklichten personalen
    Verhaltensunrechts im ~ 11/17, 11/47
  Prägung des ~ durch die verdrängende
    Sanktionsnorm 11/49
  Vorwurf eines spezifisch fehlerhaften
    Verhaltens als Inhalt des ~ 1/77
Schuldtheorie: 4/80, 7/16 ff.
  eingeschränkte ~ 7/18
  strenge ~ 7/17
Schuldunfähigkeit
  ~ nach § 20 4/49 ff.
  ~ von Kindern 4/47
Schuldverstrickungstheorie: 10/110 m.
  Fn. 126
Schutzgarantenpflichten
  → Beschützerverantwortlichkeiten
*Schutzzweckzusammenhang/Schutzzweck der
  Norm:* 5/56, 5/65 ff.
  → tatbestandsmäßige Verhaltensfolgen
  → Verhaltensnormen
sekundäre Normenordnung des Strafrechts:
  1/50 ff.
Selbstbelastung, Verbot des Zwanges zur:
  4/11 m. Fn. 16
Selbsthilfe, erlaubte: 3/43
Selbstschädigung/Selbsttötung
  Veranlassung zur unbewussten ~ 3/33
  Verursachung einer nicht
    freiverantwortlichen ~ 5/72 ff., 10/62,
    10/69, 10/95 ff.
sexueller Missbrauch eines Kindes: 8/39 f.
Sicherheitsrichtlinien: 5/57 f.
Sirius-Fall: 10/61 ff., 10/99
Sonderregelungen, abschließende: 11/28 ff.,
  11/48
Sonderverantwortlichkeit: 6/17, 6/25 ff.
  ~ als zusätzlicher Legitimationsgrund
    von Verhaltensnormen 2/17 ff.,
    5/15, 6/30

Stichwortregister 551

Ansatzpunkte zur Begründung der ~
6/27 ff.
bedeutsame Fallgruppen der ~ beim
Unterlassen 6/32 ff.
→ Beschützerverantwortlichkeiten 6/85 f.
~ bei Ver- und Geboten 2/21 f.
~ des Meineidigen 6/26
~ des Zeugen? 6/126 ff.
Ermittlung der ~ durch Auslegung 2/23 ff.,
6/17 ff.
→ Gefahrenquellenverantwortlichkeiten
6/67 ff.
Sonderstraftat und spezielle ~ → besondere
persönliche Merkmale
Überflüssigkeit der ~ bei § 323c I und
§ 138 2/24, 6/37 ff.
~ und Begründung von → mittelbarer
Täterschaft 10/101, 10/103
~ und Störerbegriff 6/31, 6/73
Sonderwissen: 5/26, 5/31, 5/51, 5/94, 6/105 ff.
Sorgepflicht der Eltern
→ Beschützerverantwortlichkeiten
*Sorgfaltsmaßstab, durchgängig
individualisierter:* 5/16, 5/20, 5/23 ff.,
5/32 ff.
→ Fahrlässigkeit, Maßstabsfigur
→ Verhaltensnormen
Sorgfaltspflichtverletzung
individuelle ~ → Sorgfaltsmaßstab,
durchgängig individualisierter
objektive ~ 5/25 → Fahrlässigkeit,
Maßstabsfigur
spezifische ~ 5/15
tatbestandliche Relevanz der ~ 2/85, 5/68
Sorgfaltswidrigkeit
→ Sorgfaltspflichtverletzung
Spannerfall: 3/57
Sperrwirkung, privilegierende: 11/29 f., 11/40
Spezialität: 11/20 ff.
~ von erfolgsqualifizierten Delikten 11/22
Spezialprävention
~ als Strafzweck? 1/13 ff.
~ als Maßregelzweck 1/14, 1/65 ff.
~ und Rücktritt 9/13, 9/17
Spezifizierungskriterien: 2/43 f.
Staatsnotstandshilfe: 3/53 m. Fn. 63
Stachynskijfall: 10/40
Sterbehilfe: 3/54 m. Fn. 67, 6/59 m. Fn. 56
Strafaufhebungsgrund: 9/8
Strafbarkeit: 1/96 f.
Strafbarkeitsirrtum: 4/76
Strafe
Absehen von ~ 9/9
~ als personaler Tadel 1/59

~ als Rechtsfolge 1/68 f.
Vorwurfscharakter der ~ 1/59
~ zur Beseitigung eines
→ Normgeltungsschadens 1/31 ff., 1/49
Strafgrund bei Versuch und Vollendung:
8/9 ff.
„gemischt subjektiv-objektive Theorie"
(„Eindruckstheorie") 8/10
*Strafhöhenbemessung ohne Rücksicht auf
§§ 52, 53:* 11/63
Strafmilderung
~ beim Gehilfen 10/12, 10/139
~ beim Versuch 8/6 f.
~ in Unterlassungsfällen 6/7, 6/155
Strafprozessrecht: 1/108 ff.
Strafrecht
~ als sekundäre Normenordnung 1/50 ff.
fragmentarischer Charakter des ~ 1/63,
10/21
ultima Ratio-Funktion des ~ 1/109 f.,
6/91 m. Fn. 97
Verbot von Gewohnheits~ 1/63
Strafregister: 4/32
Straftat: 1/115 ff., 4/92
Straftataufbau: 1/99 ff.
dualistischer ~ 1/104 ff.
zwei- oder dreistufiger ~ 1/101 ff.
Straftatbestand
Anwendungsvoraussetzungen eines ~
1/90 ff.
Straftateinheit: 11/1 ff., 11/17, **11/18 ff.**
~ bei sukzessiver
Tatbestandsverwirklichung 11/35
~ bei Tun *und* Unterlassen 6/88, 11/40 ff.
~ bei wiederholten unselbstständigen
Einzelakten 11/7
~ bei wiederholter Verwirklichung
desselben Tatbestands 11/31 ff.
~ bei zweiaktigen Delikten 11/6
Bestimmung aufgrund der normativen
Anforderungen an eine Straftat 11/4 ff.
Fälle der → mitbestraften Vor- oder
Nachtat 11/36 ff.
Fälle der → Spezialität 11/20 ff.
Fälle der → Subsidiarität 11/24 f.
Zugehörigkeit der Frage nach der ~ zur
Lehre von der Straftat 11/9 ff.
Straftheorie(n): 1/1 ff.
Etikettenschwindel bei ~ 1/26
traditionelle ~ 1/3 ff.
restitutive ~ 1/24 ff.
retributive expressive ~ 1/37 ff.
~ und Gesetzlichkeitsgrundsatz 1/27
Strafvereitelung: 8/46

Strafwürdigkeit: 1/76 m. Fn. 99, 2/46 m. Fn. 56
Strafzumessung: 1/113 f.
~ bei Fällen unvollkommener Entschuldigung 4/91
Strafzumessungsrelevanz
~ der Art der fahrlässigen „Beteiligung" 10/28
~ der eingetretenen Folgen bei § 323c I 6/21 ff.
~ der Folgen einer Nichtanzeige (§ 138) 6/38
~ fehlgeschlagener Rücktrittsbemühungen 9/77
Strafzweck: 1/9 ff.
Strafzwecktheorie
~ und Rücktritt 9/13, 9/17
Streichholzfall: 5/10
strenge Schuldtheorie
→ Schuldtheorie
subjektive Täterlehre: 10/39 ff.
subjektive Unrechtselemente: 7/28
„subjektiver" Tatbestand
→ „subjektiver" Unrechtstatbestand
„subjektiver" Unrechtstatbestand: 2/89, 7/22
subjektives Rechtfertigungselement: 3/17 ff.
Berechtigung eines ~ 3/17 ff.
Versuchslösung 3/20
Vollendungslösung 3/20
Subsidiarität
formelle ~ 11/24
materielle ~ 11/25
Subsumtion: 1/76, 12/unter III.
Subsumtionsirrtum: 4/76

T

Täter hinter dem Täter: 10/7
Täterschaft
Abgrenzung von ~ und Teilnahme
→ Täterschaft und Teilnahme
~ bei Allgemeindelikten 10/32
~ bei Tatbeständen mit besonderen Sanktionsvoraussetzungen 10/29 ff.
Vorrang der ~ vor der Teilnahme 10/33
Täterschaft und Teilnahme: 10/1 ff.
Abgrenzung von ~ 10/29 f., **10/35 ff.**
formal-objektive Lehre 10/36 ff.
Ganzheitstheorie 10/45
Konkurrenzprobleme zwischen ~ 10/33 f.
subjektive Lehre 10/39 ff.
Tatherrschaftslehren 10/43 ff.
→ tatbestandsmäßiges Verhalten

tätige Reue: 8/27, 9/4 f.
Tätigkeitsdelikte: 5/4, 6/11, 6/25
Tatbestand: 1/68 f.
sog. „objektiver" und „subjektiver" ~ 2/71, 2/89
Tatbestandserfüllung
iterative ~ 11/31
keine Indizfunktion der ~ i. S. einer Beweislastumkehr 3/2
sukzessive ~ 11/35
Tatbestandsirrtum
→ Vorsatz und Irrtum
tatbestandsmäßige Verhaltensfolgen: 1/94 f., 1/115, **2/55 ff.**, 2/71 ff.
~ als Vorwurfsgegenstand bei der Verurteilung 1/79
Anforderungen an ~ 2/55 ff.
Bedeutung der Kausalität und der objektiven Zurechnung für ~ 2/71 ff.
~ bei der Anstiftung 10/130 ff.
bei der Beihilfe 10/150
~ bei der Mittäterschaft 10/177 ff.
bei der Vorsatztat 2/90 f., 7/118 ff.
→ vorsätzliches vollendetes Delikt
bei hypothetischer Einwilligung 3/48
~ bei mittelbarer Täterschaft 10/106 f.
~ beim Fahrlässigkeitsdelikt 5/9, 5/21, 5/53 ff., 5/62 ff.
~ beim Unterlassungsdelikt 6/137 ff.
sachliche Legitimation der Berücksichtigung von ~ 2/61 ff.
strafbarkeitsbegründende und -schärfende Funktion von ~ 7/27
tatbestandsmäßiges Verhalten: 1/120 f.
allgemeine Kriterien 2/1 ff.
~ als Sanktionserfordernis 2/9 ff.
~ bei der Anstiftung 10/110 ff.
~ bei der Beihilfe 10/138 ff.
~ bei der Mittäterschaft 10/160 ff., 10/170 ff.
~ beim Begehungsdelikt (im Vergleich zum Unterlassungsdelikt) 6/71
~ beim Fahrlässigkeitsdelikt 5/14 ff., 5/32 ff., 5/38 ff., 5/74 f., 5/85
~ beim Unterlassungsdelikt 6/35 ff.
~ beim Vorsatzdelikt 7/35 ff.
des mittelbaren Täters 10/54 ff.
~ und Gegenstand des Vorsatzes 7/41
→ Verhaltensunrecht
Tatbestandsmäßigkeit als Vorbehaltsurteil: 3/1, 4/2 ff.
Tatbestandsmodell: 4/38
Tatbestandsvoraussetzungen: 1/69

Stichwortregister 553

Tateinheit: 11/13 f., **11/54 ff.**
~ bei Teilidentität 11/56 f.
eingeschränktes Absorptionsprinzip bei der
~ 11/54
Tatentschluss
→ Versuchsdelikt
Tatfahrlässigkeit: 4/71 f.
→ Fahrlässigkeit
Tatherrschaft: 10/43 ff.
~ bei den Unterlassungsdelikten 10/49 f.
Ergebnisoffenheit des
Tatherrschaftsbegriffs 10/64 ff.
funktionelle ~ 10/43, 10/166
~ kraft Organisationsherrschaft 10/93
~ kraft überlegenen Willens 10/43, 10/76 f.
~ kraft überlegenen Wissens 10/43, 10/57 ff.
Problematik der → normativen ~ 10/70 ff.
Tatmehrheit: 11/13, 11/15, **11/59 ff.**
Asperationsprinzip 11/59
Tatmittler
Fahrlässigkeitsverantwortlichkeit des ~ 10/82 f.
fehlende Verantwortlichkeit des ~ 10/78 ff.
Vorsatzverantwortliche ~ 10/84 ff.
Tatplantheorie: 9/32, 9/34
Tatschuld: 1/11, 1/59, 1/113 f., 4/6 ff., 4/19, 4/23 ff., 4/78 ff., 9/7
Tatumstandsirrtum: 4/88, 7/82 ff.
~ und Strafbarkeit wegen fahrlässigen Verhaltens 5/2
Tauglichkeit des Tatobjekts: 2/93
technische Regelwerke: 5/57 f.
Teilnahme: 10/9
Abgrenzung von Täterschaft und ~
→ Täterschaft und Teilnahme
Abstriche bei der Vorsätzlichkeit der Haupttat 3/34 m. Fn. 43, 10/19 ff.
Erfordernis einer vorsätzlichen und rechtswidrigen Haupttat 10/15 ff.
keine schuldhafte Haupttatbegehung erforderlich 10/14
limitierte Akzessorietät der ~ 10/11 ff.
notwendige ~ 10/113
relative Beurteilung der
→ Rechtswidrigkeit 3/34 ff., 10/16 ff.
versuchte ~ →Versuch
Teilrücktritt: 9/56
teleologische Reduktion: 1/114
Verbot der ~ von
Strafbarkeitsausnahmevorschriften 9/58 ff.
teleologisches Normverständnis: 1/76 ff.

Tötung auf Verlangen: 1/89, 4/91, 7/10
tolerierte Lebensrisiken: 1/52
Tun und Unterlassen
→ Verhaltensform

U
übergesetzlicher Notstand: 3/2
überschießende Innentendenz
→ Absicht
ultima ratio-Funktion des Strafrechts: 1/109 f., 6/91 m. Fn. 97
ultra posse nemo obligatur: 2/29 m. Fn. 39 f., 6/65 m. Fn. 67, 6/132
umgekehrter Erlaubistatbestandsirrtum: 3/17 ff.
→ subjektives Rechtfertigungselement
unbeendeter Versuch: 8/47 ff.
Rücktritt vom ~ 9/50 ff.
„unechte" Unterlassungsdelikte: 6/14 f.
→ begehungsgleiche Unterlassungsdelikte
unmittelbares Ansetzen
→ Versuchsbeginn
Unrechtsbewusstsein
~ als konstitutiver Bestandteil des Vorsatzes 7/14, 7/97 ff.
~ als selbstständiges Schuldelement 7/16
Unrechtserfolg: 5/21
→ tatbestandsmäßige Verhaltensfolgen
Unrechtslehre
dualistische ~ 2/65 ff.
klassische objektive ~ 2/67, 7/23 ff.
monistisch-subjektive ~ 2/65 ff.
untauglicher Versuch
Anstiftung zum ~ 10/125, 10/134, 10/181
~ bei untauglichem Tatobjekt 10/158
~ beim Schuss auf eigenes Spiegelbild 7/90 f., 10/181
grundsätzliche Strafbarkeit des ~ 8/7 m. Fn. 11
Unterhaltspflicht
→ Beschützerverantwortlichkeiten
Unterlassen: 1/116 f., 2/43 f., 6/1 ff.
Anstiftung durch ~ 10/118
→ Unterlassungsdelikt
Unterlassene Hilfeleistung: 2/24, 6/40 ff., 6/129, 11/26
Hilfspflicht bei freiverantwortlich Handelnden 6/44 ff.
Unterlassungsdelikt: 6/1 ff.
Abgrenzung von → begehungsgleichem und → nichtbegehungsgleichem ~ 6/11 ff., **6/17 f.**

Gesetzgebungsvorschlag 6/151 ff.
Prüfungsschema 6/156
tatbestandsmäßiges Verhalten beim ~ allg.
   6/35 f.
~ und Tatherrschaft 10/55 f.
Unterlassungsdogmatik, traditionelle: 6/51 ff.
~ beim Fahrlässigkeitsdelikt 6/53 ff.
*Unwertdimension eines tatbestandsmäßigen
   Verhaltens:* 7/71
Unzumutbarkeit
→ Verhaltensnormen, Legitimation von
Urkundenfälschung: 7/63, 8/21, 8/25, 9/5,
   10/148, 11/37
Ursachenzusammenhang: 6/143
→ Kausalität

V

*Veranlassung zu einem rechtmäßigen
   Verhalten:* 3/33, 10/78 ff.
Verantwortlichkeitsdefizit des Tatmittlers:
   10/77 ff.
Verantwortungsprinzip: 10/87 ff., 10/101
Verbotsirrtum: 4/64 ff., 7/11 f., **7/97 ff.**
   Begriff der Vermeidbarkeit des ~ 4/65,
      4/72 ff.
   indirekter ~ → Erlaubnisirrtum
   Strafbarkeitsirrtum 4/76
   Subsumtionsirrtum 4/76
   ~ und personales Verhaltensunrecht 4/65 ff.
   unvermeidbarer ~ 4/64 ff., 7/21
   vemeidbarer ~ 4/80 ff., 7/20
Verbrechen: 8/1
Verbrechensverabredung: 11/38
Verdachtsstrafe, Verbot der: 3/2
Verdrängung
   ~ durch Spezialität 11/20 ff.
   Rechtsfolgen bei ~ 11/49 f.
   ~ von subsidiären Tatbeständen 11/24 f.
Vereitelung der Zwangsvollstreckung: 10/74 f.
Verfolgbarkeit, strafrechtliche: 1/97
Verfolger-Fall: 10/180
Vergehen: 8/1
Verhältnismäßigkeitsgrundsatz
   bei der Legitimation von Verhaltensnormen
      1/55 ff., 1/64
   und ultima ratio-Funktion des Strafrechts
      1/109 f., 6/91 m. Fn. 97
Verhaltensform (Tun und Unterlassen): 6/150,
   11/44
   Irrelevanz der ~ 6/57, **2/25 ff.,** 6/104
   Schwerpunkt der Vorwerfbarkeit 11/42 ff.
   ~ tatbestandlich erfasste 6/1 ff.
Verhaltenskreise: 1/80 ff.

Verhaltensmissbilligung
   Gründe für die tatbestandliche ~ 6/144 ff.
Verhaltensnorm(en)
   auf „zwei Säulen gegründete" (dualistisch
      legitimierte)~ **2/17 ff.,** 2/48 f., 6/17 f.,
      6/25, 6/30, 6/57 ff.
   Begriff 1/46, 1/64, 5/18 ff.
   Begründung von ~ 1/50 ff., 1/55
   Legitimation von ~ 2/11 ff., 2/48 f., 5/56,
      6/24 f.
   monistisch legitimierte ~ 2/18, 2/23, 2/25,
      6/37 ff., 6/107 ff., 6/127
   strafbewehrte ~ **1/83,** 1/85 f., 4/9, 4/61,
      9/43
   Verhältnis zur Sanktionsnorm 1/78, 2/8,
      2/34 f.
   Voraussetzungen der zu legitimierenden ~
      1/55 ff.
Verhaltensnormsystem: 1/48 f.
Verhaltensnormverstoß
   ~ am Beispiel einzelner Sanktionsnormen
      1/88 f.
   ~ einer juristischen Person? 1/60 ff.
   ~ eines schuldunfähigen Kindes? 5/66
   → Verhaltensunrecht, hinreichend
      gewichtiges
   ex post-Betrachtung bei der Bestimmung
      eines ~ 2/33 ff.
   qualifizierter ~ 6/18, 6/22
   tatbestandsspezifischer ~ 1/91 ff.
   Versuchsdelikt als zum Ausdruck gelangter
      ~ 8/29 ff.
   → personales Verhaltensunrecht
   → tatbestandsmäßiges Verhalten
Verhaltensunrecht: 1/77
   deliktsspezifisches ~ als
      Sanktionserfordernis 2/4 ff.
   hinreichend gewichtiges ~ 1/64, 2/45 f.,
      4/1 ff., 5/9, 7/105
   kein ~ des Schuldunfähigen 3/39 ff.
   spezifisches ~ der Vorsatztat 7/35 ff.
   ~ und Vorsatz 7/22 ff.
   → personales ~
   → tatbestandsmäßiges Verhalten
Verhaltensunrechtsfolgen
   → tatbestandsmäßige Verhaltensfolgen
Verjährung: 9/9
*verkehrsgerechtes Verhalten im
   Straßenverkehr:* 2/13, 5/48 ff.
Verletzung von Privatgeheimnissen: 10/21 f.
Verletzungserfolg: 5/4
Vermeidbarkeit des → *Verbotsirrtums:* 4/65,
   4/72 ff.
verminderte Schuldfähigkeit: 4/78 f.

Stichwortregister 555

Versuch
→ beendeter ~ 8/32 ff.
~ der Beteiligung 9/78, 10/129, 10/148
~ eines Fahrlässigkeitsdelikts 8/2 ff.
→ fehlgeschlagener ~ 9/22 ff.
Strafgrund beim ~ 8/9 ff.
→ unbeendeter ~ 8/47 ff.
→ untauglicher ~
→ Versuchsdelikt
Versuchsbeginn (Problematik des unmittelbaren Ansetzens)
Abgrenzung zu bloßen Vorbereitungshandlungen 8/61 ff.
~ bei Mittäterschaft 8/43 ff.
~ bei mittelbarer Täterschaft 8/43 ff., 10/86
~ beim Unterlassungsdelikt 8/69
Fälle der angefangenen Ausführung 8/51 ff.
problematische Fälle des ~ beim beendeten Versuch 8/41 ff.
~ vor Beginn einer Teilverwirklichung des tatbetandsmäßigen Verhaltens 8/55 ff.
Versuchsdelikt: 8/1 ff.
Abgrenzung vom Wahndelikt 8/36 ff.
Ableitung des Verhaltensnormverstoßes beim ~ vom entsprechenden Vollendungsdelikt 8/30
~ als zum Ausdruck gelangter Verhaltensnormverstoß 8/29 ff.
Erfolgssachverhalt beim ~ 8/44 ff.
Prüfungsschema 8/71
Tatentschluss beim ~ 8/4, 8/15 (Definition), 8/34 f., **8/36 ff.**
unmittelbares Ansetzen beim ~ 8/34 f., 8/41 ff., 8/51 ff. → Versuchsbeginn
Versuchsstrafbarkeit, gesetzliche Vorgaben: 8/1 ff.
Versuchstheorien
formal-objektive Theorie 8/55
gemischt subjektiv-objektive Theorie 8/58
matieriell-objektive Theorien 8/56
rein subjektive Theorie 8/57
Verursachungsverbote: 1/52, 2/33 ff.
→ Verhaltensnormen
Verwaltungsrechtsakzessorietät: 4/75 m. Fn. 92
Verwirklichungsstufen der Güterbeeinträchtigung: 8/16 ff.
Auseinanderfallen von Entschlussfassung, Umsetzung, Gefährdung und Verletzung 8/20 f.
strafrechtliche Irrelevanz des bloßen Entschlusses 8/23
Vollendung, formelle: 8/28

Vollrausch: 4/34
~ als Bewusstseinsstörung 4/50
voluntatives Vorsatzelement
Bedeutung des gewollten Verhaltens 7/56
deliktisches Vorhaben als maßgeblicher Bewertungs- und Vorsatzgegenstand 7/62 ff.
Irrelevanz emotionaler Einstellungen 7/57 f.
Vorbereitungshandlungen
Abgrenzung zum Versuchsbeginn 8/55 ff.
grundsätzliche Straflosigkeit von ~ 8/25
Vorhersehbarkeit
~ als Kriterium für eine nur unwesentliche Abweichung vom Kausalverlauf 7/137
individuelle ~ 5/16
naturalistische ~ 5/45 f. m. Fn. 65
→ Verhaltensnormen
Vorrang
~ abschließender Sonderregelungen 11/28 ff., 11/48
~ des spezielleren Gesetzes 11/21
vorsätzliches vollendetes Delikt: 7/118 ff., 7/158 (Definition der Anforderungen)
Abgrenzung zu rein zufälligen Folgen der Vorsatztat 7/133 ff., 7/140
allgemeines Erfordernis spezifischer Verhaltensfolgen 7/119
besonderes Erfordernis der Realisierung des vorsätzlich gesetzten Risikos 7/125 ff.
Fälle der Nichtentsprechung von Verlaufsvorstellung und Wirklichkeit 7/129 ff.
Fälle mehraktigen Geschehens 7/148 ff.
Fallen-Fälle 7/156 f.
Lehre von der „unwesentlichen Abweichung" 7/136 ff.
Zusammenwirken mehrerer Bedingungen 7/142 ff.
→ tatbestandsmäßige Verhaltensfolgen
Vorsatz
~ als bestimmte Verhaltensunrechtsform 2/43 f., 5/18, 7/31
bedingter ~ in Abgrenzung zur bewussten Fahrlässigkeit 7/59 ff., 7/69
~ bei der Anstiftung 10/127 f.
~ bei der Beihilfe 10/147
bei der Mittäterschaft 10/176
Definition vorsätzlichen Verhaltens 7/117
Doppelfunktion des ~ 7/30
Erscheinungsformen des ~
→ Vorsatzformen
Gefährdungsvorsatz 7/77 ff.

Gegenstand des ~ 7/41 ff.
hypothetischer ~? 7/76
Inhaltsbestimmung vorsätzlichen
  Verhaltens 7/7, 7/37 ff.
→ maßgeblicher Zeitpunkt 7/43 ff.
Nachweis des ~ im Prozess 7/80
spezifisches ~unrecht 5/19, 7/35 ff.
  → tatbestandsmäßiges Verhalten
~ und Irrtum 7/81 ff.
~ und mittelbare Täterschaft 10/105
→ voluntatives ~element 7/54 ff.
Wissenselement des ~ 7/46
→ vorsätzlich vollendetes Delikt
Vorsatz-Fahrlässigkeits-Kombination: 5/5 ff.
Vorsatzformen: 7/65 ff.
  Absichtlichkeit 7/66 f.
  → Eventualvorsatz 7/69 ff.
  Wissentlichkeit 7/68
Vorsatztat
  ~ als Form tatbestandsmäßigen Unrechts 7/29
  Fahrlässigkeit als Minus 7/39
  qualitativer Unterschied zur Fahrlässigkeitstat 7/2, 7/36 ff.
  spezifisches Verhaltensunrecht der ~ 7/35 ff.
Vorsatztheorie: 4/80, 7/14 ff., 7/20 f.
Vorverlagerung der Strafbarkeit: 8/25
*Vorwurfsgegenstand bei der
  Verurteilung:* 1/79

W
Wahlfeststellung: 1/73 f., 11/66
Wahndelikt: 8/36 ff.
*Wahrnehmung berechtigter Interessen bei
  Ehrverletzungen:* 3/43
Wahrung anderweitiger Interessen
  Bestehen einer alternativ gefassten
    Gefahrenabwendungspflicht 6/132 ff.
  Fälle der Pflichtenkollision beim
    Unterlassen 3/44, 3/75, 6/132 ff.

  Fälle der übermäßigen Belastung 6/131
  ~ und tatbestandsmäßiges
    Verhaltensunrecht 5/59, 6/130 ff.
Wahrung des überwiegenden Interesses: 3/5 ff.
  ~ beim Notstand 3/67 ff.
Willkürverbot: 4/81
*Wissen und Wollen der
  Tatbestandsverwirklichung:* 7/40
Wohnungseinbruchsdiebstahl: 11/47
Wortlautgrenze: 1/70 ff.
  → Analogieverbot
wortlautmäßige Ableitung
  → Deduktion

Z
zivilrechtlicher Notstand
  → Notstand
Züchtigungsrecht: 3/43
„Zufallskomponente" der Erfolgsdelikte: 2/64, 8/11 f.
*Zurechenbarkeit eines erfolgskausalen
  Verhaltens:* 2/36
  → tatbestandsmäßige Verhaltensfolgen
Zurechnung, „objektive"
  → „objektive" Zurechnung
Zurechnungszusammenhang: 2/85
  Unterbrechung des ~ bei
    Eigenverantwortlichkeit 2/85, 5/59
  → tatbestandsmäßige Verhaltensfolgen
*zusätzliche Sanktionserfordernisse neben dem
  spezifischen Verhaltensnormverstoß:*
  1/94 f., 2/4 f., 2/52 ff.
Zusammenwirken mehrerer Bedingungen:
  7/142 ff.
Zwangsbehandlung: 6/59 ff.
Zweck der Strafe
  → Strafzweck
Zweckgedanke im Strafrecht: 1/2 ff., 2/24 ff.
zweiaktige Delikte: 11/6
„Zwei-Säulen-Modell" bei Verhaltensnormen:
  2/17 ff., 2/49, 6/17 f., 6/30, 6/57 ff.

The manufacturer's authorised representative in the EU is Springer Nature Customer Service Centre GmbH, Europaplatz 3, 69115 Heidelberg, Germany. If you have any concerns regarding our products, please contact ProductSafety@springernature.com

Printed and bound by CPI Group (UK) Ltd, Croydon, CR0 4YY

25/03/2026

02078210-0004